INTERROGANTES

Y

RESPUESTAS

TOMO UNO

Por

Bill Reeves

INTERROGANTES Y RESPUESTAS

Por Bill Reeves

Haga sus pedidos a Wayne Partain:

partainwayne@gmail.com

1714 W. 25th Street
Odessa, TX 79763

Página web: waynepartain.com

1. COMENZAR LA REUNIÓN DE VARONES

"¿Qué se debe hacer cuando se comienza una nueva obra, y los hermanos no entienden lo que deben y cómo deben hacer la reunión de varones? ¿Puede estar el predicador que comenzó la obra en la reunión de varones por algún tiempo (no mandando, sino dando sugerencias)?"

- - -

1. Se debe enseñar a los hermanos que cada uno tiene responsabilidad en la obra local, y que como miembro tiene que funcionar en el "cuerpo". Esto requiere que esté presente en las reuniones (algunos dicen, juntas) de los varones.

2. El predicador (que comenzó la obra), si es miembro de esa congregación, tiene la misma responsabilidad que los demás miembros. Desde luego debe estar en la junta.

3. Nadie manda en la iglesia local, ni el predicador, ni otro. Todos tienen voz y voto de igual manera. La iglesia local es un acuerdo mutuo, y como tal, debe funcionar en acuerdo.

4. Si el predicador que comenzó la iglesia local no es miembro de ella, no tiene parte en la reunión de los varones (que sí son miembros de ella). Se le puede invitar a que asista alguna junta en particular, para pedirle consejos, pero luego las decisiones serán hechas por los miembros mismos.

5. Hay hermanos que no permiten por nada que esté presente en la junta ninguna persona no miembro de la congregación. Bueno, hay ocasiones cuando no conviene que otros oigan cierta discusión, pero no hay ley que obligue que no presencie la junta alguna persona no miembro de la iglesia local. El asunto es éste: que solamente los miembros participen en la junta.

* * *

2. NI AUN COMER. ¿CON QUIENES?

"¿Hasta cuándo se rompe comunión de la familia? Tengo hermanos carnales que son liberales. Yo sé que con ellos no puedo tener compañerismo, no comer, no juntarme, no trabajar con ellos porque ellos se han ido al error".

- - -

1. La enseñanza de 1 Cor. 5 tiene que ver con romper comunión con algún miembro de la misma congregación, con el fin de que la disciplina le conduzca al arrepentimiento (2 Cor. 2:6,7). Los deberes familiares son otro asunto diferente. Por ejemplo, una esposa tiene sus obligaciones de esposa, aunque su marido sea ateo, o sea hermano disciplinado en la congregación local. O el hijo siempre es hijo en la casa, comiendo con los demás y ocupándose en sus quehaceres, aunque haya sido disciplinado en la iglesia local. Las relaciones familiares no son cambiadas por la disciplina en la iglesia local. (Ahora, el miembro de la familia, que es hermano fiel en la iglesia local, siempre procurará exhortar a otro miembro de la familia que haya sido disciplinado en la iglesia local a que se arrepienta de su error, y no hará nada que anime al disciplinado a seguir en su error).

2. En cuanto a hermanos "liberales", ya saben que no tenemos comunión con ellos en las prácticas no bíblicas que ellos promueven. Si en un dado caso un hermano "conservador" y uno "liberal" comieran juntos, por ser familiares, o socios en el trabajo, o como vendedor y cliente, etcétera, ese acto de comer no se tomaría como aprobación del error.

3. Debemos recordar que no dice Pablo, "no comer" (en lo absoluto, ver. 10, y sólo eso), sino "ni aun comer" (ver. 11). Antes nos juntábamos (aun hasta comer) con el hermano de la congregación, pero ya que pecó y no se arrepiente, ahora no nos juntamos con el, ni aun a comer. El ve la gran diferencia de relación; siente la excomunión.

4. No hay "comunión" cuando comemos con personas "en el mundo" (ver. 10). Ellos ya saben que no estamos de acuerdo con ellos en sus errores. Comer con ellos (por ser de la familia, por razones de negocio, etcétera) no es señal de compañerismo (Gál. 2:9) en lo que ellos hacen. Lo mismo se puede decir en cuanto a hermanos (liberales) que andan mal. Ellos ya saben que no pueden participar con nosotros en el culto público. Es como cuando la esposa cristiana come diariamente con su marido ateo. Ella no está comulgando el ateísmo, y él no entiende que ella, al comer con él todos los días, lo haga porque apruebe el ateísmo.

* * *

3. LOS FORNICARIOS SE CASARON

(Hubo un caso en que un hermano en Cristo fornicó. Después que otros lo supieron, se casaron él y la mujer. Se celebró una cena con motivo del casamiento de los dos. El predicador también asistió la cena, <juntamente con otros, hermanos e inconversos>, sin saber de antemano de qué se trataba la cena <fue invitación a una "sorpresa">, como tampoco saber del pecado del hermano. Al predicador, por participar en la cena, se le acusó de "estar involucrado" en el pecado del fornicario. El me mandó las siguientes preguntas. Enseguida de cada una, va mi respuesta).

- - -

1. "¿Puede ser tratado el pecado de un hermano fornicario a nivel congregacional si solamente lo saben 5 hermanos m/m de 20 miembros?"

1

No tiene nada que ver el número de hermanos que sepan de algo. Si el pecado llegó a ser sabido por otras personas, ya es caso público. Debe haber confesión pública.

2. "¿Cuándo y cuántos hermanos deben saber un asunto de fornicación para que sea o sean (involucrados por saber), corregidos (as) o disciplinados?"

No es pecado darse cuenta de algún pecado que otros hayan cometido. Sería pecado no exhortarles a que se arrepintieran de su pecado e hicieran confesión pública. (El hecho de que otro lo sabe es prueba de que ya es pecado público. Si el otro rehusara exhortar a la pareja pecadora, entonces posiblemente habría razón por qué involucrarle en el pecado, pero no es pecado sencillamente darse cuenta de algún pecado de parte de otros).

3. "Si un hermano me dice forniqué, ¿cuál es mi misión? ¿Aconsejarlo y que quede ese asunto entre los dos nada más?"

Su misión es exhortarle, o exhortarles, a que se arrepientan y hagan confesión pública de su pecado (ya es caso público porque otro lo sabe aparte de ellos). Si no lo hacen, es su deber traer el caso a la atención de la iglesia de la cual son miembros para los pasos siguientes de disciplina.

4. ¿Qué hacer cuando por incrédulos algún hermano o hermanos saben que hay un fornicario en la congregación?"

Se hace lo mismo ya dicho arriba en el #2. La fuente de la información no tiene que ver con el caso. Ahora, el hecho de que el mundo inconverso ya sabe del caso da urgencia al caso, pues la iglesia local puede sufrir la mala reputación.

5. "Si un hermano está involucrado en un asunto vergonzoso que afecte la pureza de la iglesia ante Dios y el mundo, y no lo sabe, ¿tal hermano debe confesar su pecado ante la hermandad y nada más?"

No estoy seguro de haber entendido bien lo que usted me está diciendo con la palabra "involucrado". El simple hecho de que alguien sepa de algún caso de fornicación no es en sí pecado, ni es "involucrarse". Ahora si la persona trata de cubrir el pecado, o si anima al pecador en su pecado, obviamente la persona está pecando (públicamente, pues otros saben de ello, cuando menos el pecador), y tiene que arrepentirse y hacer confesión pública también. ¿Por qué? Porque ha pecado públicamente.

Me parece que algunos tienen a usted (y a otros) por "involucrado" porque estuvo en la "sorpresa" en la casa de la madre del hermano fornicario. Pero no es cierto. El celebrar su casamiento no era malo. Es más; usted no estuvo obligado a reprender al hermano su pecado en ese instante, u ocasión. Cuándo hacerlo es cosa del juicio de uno. Si hay validez en la acusación de "involucrado en el pecado" es porque la persona se involucró, respaldando al pecador en su pecado.

* * *

4. EL PANTALÓN EN LA MUJER

"¿Es pecado que una hermana use pantalón con tal que no sea ajustado?"

- - -

1. Usted dice que no piensa que "es pecado con tal que el pantalón no sea apretado como los 'jeans'". Es cierto. Siendo ropa floja, cubre bien el cuerpo y no es nada lasciva. Puede ser más honesta y modesta que la falda misma, especialmente si esta última es corta y ajustada. Las Escrituras no especifican cuáles artículos de ropa deba llevar el hombre, y cuáles la mujer. Hay algunos hermanos que quieren tomar el papel de Dios y legislar sobre el asunto. Dicen que el pantalón es ropa de hombre, y que el vestido, o la blusa y falda, son ropa de mujer. Pero la Biblia no dice esto. Jesús ¡no vestía pantalón y camisa!

2. No obstante, hay cosas legítimas que no siempre convienen (1 Cor. 6:12). No digo que en un dado caso, por ser permisible cierto pantalón en la mujer, le conviene ponérselo. No es sabio insistir en cierta cosa permisible pero no exigida. Pero, tampoco debemos someternos a las leyes de los hombres, para satisfacer sus prejuicios.

* * *

5. ESCUCHAR MÚSICA POR RADIO

"¿Es pecado que un(a) hermano(a) escuche la música que transmiten por la radio?"

- - -

1. Otra vez cito las palabras de usted mismo: "Pienso que no es pecado escuchar música, solo que por la radio a veces transmiten canciones que la letra de ellas son perversas, por lo tanto el hermano debe ser prudente en seleccionar que clase de música escuchar". Yo no puedo contestar la pregunta más sabiamente.

2. Nadie tiene derecho de legislar a todos los demás en asuntos como éstos. Si alguien opina que es mejor nunca prender el aparato para escuchar algo por radio, que así lo haga. Pero muchas veces el fanático quiere imponer sus ideas en todos los demás. O no ha leído Romanos cap. 14, o no quiere someterse a sus instrucciones.

* * *

6. DONAR DINERO ALGUNAS IGLESIAS A OTRA IGLESIA PARA UN LOCAL

"¿Es bíblico que algunas iglesias envíen dinero a una iglesia necesitada de un local? Algunos dicen que si la ofrenda es para las necesidades de los santos, entonces está bien, porque esto es una necesidad".

- - -

1. El local, o casa de reunión, es una conveniencia, no una necesidad. Los hermanos en ——————hace tiempo son una iglesia, aunque sin local propio en que reunirse. Se reúne, como lo hace muchísimas iglesias en el mundo, en una

casa privada. Así se hacía en tiempos del Nuevo Testamento (Rom. 16:3,5; 1 Cor. 16:19; Col. 4:15; File. 2). Un local propio para reuniones no es esencial para que la iglesia exista y funcione. Es una conveniencia, y según el poder financiero de la iglesia local para proporcionarse uno, que lo tenga. Por eso no cae bajo la categoría de necesidad como cuando la gente pasa hambre (por ej., Hech. 11:28).

2. Los liberales argumentan que una iglesia puede enviar fondos a otra iglesia necesitada, pero no definen bíblicamente la palabra "necesitada". ¡Todo proyecto de ellos según ellos es una necesidad! Esa filosofía ha producido la "iglesia patrocinadora". Si una iglesia ambiciosa quiere patrocinar (centralizar) una obra, la declara una "necesidad", luego pide "ayuda" (dinero de otras muchas iglesias), y luego controla la obra para toda la hermandad. Todo lo trata de justificar bajo el nombre de "cooperación" (ayudar muchas iglesias a la "necesitada").

3. La iglesia local es como el individuo. Que viva dentro de su capacidad financiera para tener bienes (Mat. 25:15, "capacidad"; 2 Cor. 8:3, "fuerzas"). El que tiene más, compra más, y él que menos, pues menos.

4. Ahora el individuo puede ayudar a una iglesia local con los gastos de un local, exactamente como contribuye el domingo como visitante. Pero la iglesia que pide fondos a otras iglesias, para suplir sus llamadas "necesidades", viola el patrón bíblico de actuar cada iglesia autónomamente.

* * *

7. GÉNESIS 6:4 - GIGANTES, HIJOS DE DIOS, HIJAS DE LOS HOMBRES

"¿De dónde salieron los gigantes que menciona la Biblia en Génesis cap. 6, y quiénes eran los hijos de Dios y las hijas de los hombres?"

- - -

1. La teoría, de que "los hijos de Dios" eran ángeles que cohabitaron con las mujeres, y que de estas uniones nacieron gigantes, es falsa, pues contradice la enseñanza de las Escrituras. Jesús nos informa que los ángeles son seres sin sexo (Mar. 12:25). Notemos también que estos "gigantes", varones de renombre, ya existían antes de lo mencionado en este versículo. La palabra hebrea para "gigante" significa también "tirano".

2. El versículo enseña que hombres espirituales con el paso del tiempo se corrompieron, formando casamientos en base a la mundanalidad. Tal es el significado de la expresión: "hijos de Dios con hijas de los hombres". Los descendientes de tales uniones llegaron a ser tiranos, poseyendo gran fuerza física, y la aplicaban en la práctica de cosas pecaminosas, ver. 5.

3. Como los hombres antes del diluvio vivían centenares de años, y ahora no, también hubo unos gigantes por un tiempo durante la historia del Antiguo Testamento. Era un fenómeno temporal.

* * *

8. ARGUMENTOS LIBERALES EN DEFENSA DE LAS INSTITUCIONES HUMANAS

"Hermano, espero que me ayude a comentar sobre lo que dicen los liberales" (y luego me menciona los pasajes siguientes que cierto hermano liberal, dirigente de una de las Escuelas Para Predicadores, citó en defensa del sostenimiento de tales instituciones de parte de iglesias de Cristo).

- - -

1. Mateo 5:13-16 no toca la cuestión. El pasaje trata de las "buenas obras" del individuo; la cuestión trata de la obra colectiva de las iglesias locales. Según el argumento de _____, todo se justifica si nada más se le llama "buena obra". Las buenas obras del pasaje son las que Dios preparó (Efes. 2:10). Afirmar, como lo hizo _____, que las "canchas de deporte" (por ejemplo, de baloncesto, o básquetbol) son buenas obras, con referencia a Mateo 5, es torcer el pasaje. Trabajar y ganar dinero es una "buena obra". ¿Por eso la iglesia local puede meterse en el negocio para realizar ganancia monetaria? Los liberales abusan de las Escrituras igualmente como cualquier sectario.

2. Hech. 19:7-10 no toca la cuestión. El pasaje habla de lo que hizo un individuo, Pablo. Nos dice a dónde fue a discutir, ya que no podía más en el otro sitio (en la sinagoga). La cuestión tiene que ver con otra cosa completamente distinta: con el sostenimiento de escuelas humanas de parte de iglesias de Cristo. Si el argumento del liberal tiene validez, las iglesias de Cristo pueden enviar fondos a sinagogas judías, porque ¡Pablo predicaba en una de ellas! (como también predicaba en la escuela de Tiranno).

3. Sobre 2 Cor. 9:12-15, puede consultar mi obra, **Notas Sobre 2 Corintios**.

4. Gál. 6:10 no toca la cuestión. Habla de actividades del individuo, y no de la iglesia local por medio de las colectas.

5. En cuanto a la acusación de _____ de que "hemos dejado la iglesia por no apoyar las instituciones que ellos tienen", es una acusación ridícula. La iglesia es de Cristo, no de los liberales. Si seguimos a Cristo en nuestras prácticas, y en no apostatarnos con los liberales, ¿cómo es que dejamos la iglesia de Cristo? Ellos son quienes han dejado el patrón novo testamentario, para seguir las prácticas sectarias de centralización y de institucionalismo.

* * *

9. DIRIGIR LA MUJER LA ORACIÓN EN CULTO PÚBLICO

"¿Puede la mujer dirigir una oración en culto público con tal que tenga la voluntad y la capacidad, y si el director del servicio se lo indica? ¿Lo autoriza Hech. 1:13,14?"

- - -

1. Una hermana, con o sin voluntad, con o sin capacidad, no puede hacer lo que se le prohíbe. ¿Acaso puede una hermana dirigir los cantos, si tiene voluntad y capacidad, y si "el director del servicio se lo indica"? ¿Podría predicar? Nadie tiene permiso de dar permiso a hacer lo prohibido.

2. El pasaje Hech. 1:13,14, no toca la cuestión, ni de lejos. No hay nada en ese pasaje de una mujer que dirija oraciones. Sí, aparecen las palabras oración y mujeres, pero ¿qué? ¿No pueden las mujeres orar sin que dirijan las oraciones? ¿No pueden tomar la Cena sin que la sirvan? ¿No pueden ser edificadas sin que prediquen?

* * *

10. ¿HABLA JESÚS DE ALCOHOL PORQUE DICE "AÑEJO"?

"Luc. 5:39; 7:34; 21:34. ¿Podemos decir que Jesús habla de alcohol, porque dice 'añejo'?"

- - -

1. Solamente Luc. 5:39 menciona 'añejo'; los otros dos pasajes no mencionan esta palabra. El "vino" nuevo (jugo de uva), no hervido, se fermenta, y por eso se ponía en "odres nuevos" (Mat. 9:17), los cuales se expandirían, o se extenderían. (En esos tiempos no se conocía el proceso de hervir para matar microbios, y así evitar la fermentación). Así que el "vino" viejo podría tener un porcentaje bajo de alcohol, aunque no necesariamente.

2. El deducir de eso que Jesús aprobaba el uso del vino moderno, con su alto porcentaje de alcohol (por medio de la destilación), es torcer el pasaje e ignorar por completo el punto que Jesús hizo a aquellos escribas y fariseos (ver. 30,33) que le criticaban.

3. No dijo Jesús que el vino añejo (supuestamente con alcohol) es mejor que el vino nuevo (puro jugo de uva). Hizo uso de la ilustración de no poner vino nuevo en odres viejos para enseñar lo no apropiado de ayunar sus discípulos en aquel tiempo en que Jesús estaba con ellos en persona. Luego, terminando con aquel punto, dijo lo del ver. 39, comparando "vinos", porque acabó de hablar de una ilustración en que se usaban el vino nuevo y el viejo. Pero en esta comparación, notemos dos cosas:

a. No dice Jesús que el viejo es más alcohólico que el nuevo. Tampoco implica que lo alcohólico es mejor que el no alcohólico. La palabra griega para decir "mejor" (krestos) quiere decir, "placentero, suave, ligero", lo contrario de "amargo, áspero". Se emplea en Mat. 11:30 (fácil); Rom. 2:4; 1 Ped. 2:3 (benignidad); Efes. 4:32 (benignos); Luc. 5:35 (benigno). La Ver. Biblia De Las Américas, en el margen, dice "literalmente, bueno". El vino añejo es placentero, suave, bueno. Esto es lo que el texto dice.

b. Tampoco dice Jesús que él prefiere el vino añejo (juntamente con la implicación de que es alcohólico y por eso preferible, o mejor). Al añejo no lo llama Jesús "bueno", o "suave", sino el que lo toma. El que toma el añejo se acostumbra a lo suave y placentero de él, y ya no quiere el nuevo. Jesús está exponiendo la actitud de los que se oponían a él y a su enseñanza, pues no querían cambiar de mente, de pensar. Iban a seguir sus tradiciones y prácticas viejas, y no aceptar lo que Jesús les enseñaba, que para ellos era "nuevo". Ellos decían que el viejo les satisfacía, pues era "bueno", y no deseaban en nada lo nuevo que Jesús traía. En esa actitud consistía el problema de ellos. ¡Ése es el punto de Jesús!

4. Luc. 7:34 nada más relata la falsa representación de los fariseos y otros judíos incrédulos. Jesús no tomaba bebidas alcohólicos, como tampoco tenía demonio Juan el Bautista.

5. Luc. 21:34 condena la glotonería y la embriaguez.

* * *

11. ¿SERIA ESTO ADULTERIO, O SIMPLEMENTE FORNICACION?

"Si alguien lleva una mujer a cualquier lugar y están juntos por dos días o una semana, sin tener planes de vivir juntos por toda la vida, ¿sería esto adulterio en el caso de un casado, o simplemente fornicación?"

- - -

1. El "estar juntos" (la cohabitación, en unión sexual) dos personas, no siendo esposos, es fornicación (o adulterio, en caso de un casado). El tiempo que lleven en esto, sea de días o de semanas, no tiene nada que ver.

2. Dios conoce los corazones (1 Rey. 8:39; 1 Crón. 28:9; Jer. 17:10; Jn. 2:25); sabe, pues, cuáles son las intenciones de la pareja. Si viven juntos como esposos, para ver si les gusta o conviene, Dios lo sabe. Si nada más fornican, Dios lo sabe. La pareja también sabe cuáles son sus intenciones o propósitos a juntarse en unión sexual.

3. No tienen que casarse civilmente para que en la vista de Dios estén casados. Aquí entran sus intenciones, las cuales Dios las conoce.

4. Si viven juntos con la idea de actuar como esposos (aunque sin casarse civilmente, y viviendo en unión libre), Dios los tiene responsables por su "matrimonio". No pueden separarse por cualquier causa y volver a juntarse con otros. Eso sería adulterio. No pueden hacer uso del tecnicismo, diciendo que nunca estaban casados (es decir, civilmente).

* * *

12. TENER LAS COSAS EN COMUN
———— HECHOS 4:32-35

"Si los cristianos de Hech. 4:32-35 tenían en común todas las cosas, ¿cuál sería la explicación que daríamos hoy en día?"

- - -

1. No es cuestión de que si las tenían en común; las Escrituras dicen que "tenían todas las cosas en común". Hoy en día, bajo semejantes circunstancias, deberíamos hacer lo mismo.

2. Leyendo el contexto (2:5,41,44-47; 4:32——5:11) nos damos cuenta de que las circunstancias del momento fueron peculiares. Por haber en aquellos días tanto judío de lejos, y ahora que había mucha conversión de gente, fue necesario que los hermanos con bienes cooperaran con los nuevos hermanos necesitados. Compartieron de sus bienes (es decir; tenían en común todas las cosas).

3. La frase "tener todas las cosas en común" no significa el comunismo político, en el cual nadie tiene posesión propia. 5:4 enseña el derecho a la propiedad. Compartían de sus bienes con otros, para que no hubiera entre los hermanos ninguna necesidad, pero todavía los propietarios mantenían control de sus bienes.

4. Es de notarse que 2:45 dice "todos", pero éstos eran "todos los que habían creído" (ver. 44); es decir, todos los cristianos. También 4:34 limita esta benevolencia a los cristianos, pues el texto dice, "no había entre ellos ningún necesitado". Los hermanos liberales ignoran esto, y gastan fondos de la iglesia local en no cristianos, y esto con el fin de "evangelizarles".

* * *

13. ¿JUZGAR, O NO?

"¿Por qué dice Jesús que no juzguemos, Luc. 6:37? El no juzgaba, 6:40; 12:14, y si nosotros lo hacemos, ¿sería esto correcto, 6:46; Sant. 4:11; Judas 9?"

- - -

1. Son dos preguntas. A la primera contesto: lo dice Jesús porque es la verdad. Pero se supone que el autor de la pregunta tiene otra cosa en mente. La pregunta implica que algunos juzgan, que creen que es correcto hacerlo, y que si es así, entonces ¿cómo se explica que Jesús condena el juzgar, como también es condenado en los demás pasajes presentados? Ese es el punto del autor de las dos preguntas.

2. La confusión consiste en no tomar en cuenta todo lo que Jesús, y los mensajeros inspirados de él, enseñan sobre el tema de "juzgar". Jesús nos manda, "juzgad con justo juicio" (Juan 7:24). El apóstol Pablo mandó a la iglesia en Corinto juzgar (1 Cor. 5:12——6:5; 10:15).

3. Lucas 6:37. Compárese el pasaje paralelo, Mat. 7:1-5. Se condena el juzgar del hipócrita.

4. Lucas 6:40. El citar este pasaje presupone lo que no se ha probado; a saber, que Jesús no juzgaba. Véase Juan 5:30; 9:39; etcétera.

5. Lucas 12:14. Fue un caso en particular, en que Jesús rehusó tener parte en una discusión basada en la avaricia, respecto a la posesión de bienes materiales.

6. Lucas 6:46. Al citar este pasaje, el interrogador presupone lo que no se ha probado. Jesús nos manda juzgar con justo juicio (Juan 7:24). Si le vamos a llamar Señor, tenemos que hacer lo que nos dice. Tenemos que juzgar con justo juicio.

7. Santiago 4:11. El juzgar de este pasaje es lo mismo que murmurar de otros. Claro que esto se condena en la Palabra de Cristo.

8. Judas 9. Este pasaje no dice que Miguel no juzgó al diablo. Dice que "no se atrevió a proferir juicio de maldición contra él". Al contender y disputar con el diablo, le juzgaba justamente, porque era de condenar. De igual manera Pablo juzgó a Pedro (Gál. 2:11).

9. Lo que se condena es el juzgar injustamente (según las apariencias). Lo que se manda es el juzgar con justo juicio.

* * *

14. EL ERROR DE LA ESCUELA BÍBLICA.

"¿En dónde está el error de una Escuela Bíblica si todos los que estudian son santos y son sostenidos por la iglesia local?"

- - -

1. Esta pregunta no describe la cuestión.

2. La cuestión que ha dividido la hermandad es el institucionalismo; a saber, el sostenimiento de instituciones humanas con dinero de iglesias de Cristo.

3. El error de la Escuela Bíblica no está en su existencia. Nadie se opone a que haya instituciones llamadas Escuelas Bíblicas. Los hombres tienen derecho de instituir empresas privadas, y de sostenerlas como quieran, para ganancia, o no. Pero no tienen derecho bíblico de pedir dinero a las iglesias de Cristo para el sostenimiento de ellas.

4. El que es estudiante en la Escuela Bíblica, si recibe dinero de alguna iglesia de Cristo, para recibir bíblicamente tiene que ser, u objeto de benevolencia, o predicador. Según las Escrituras, iglesias envían a santos necesitados, y a predicadores. Si el estudiante estudia, bien, pero el sostenimiento sería porque predica.

5. La pregunta no describe toda la realidad. ¿De dónde viene el dinero, no para el estudiante, sino para los maestros, los muebles, los edificios, el terreno, y todo lo demás que requiera fondos para sus operaciones? ¡Viene de las iglesias! El asunto del estudiante es nada más un detalle en todo el cuadro.

6. La realidad del caso es que los hermanos liberales establecen empresas privadas (instituciones bajo mesa directiva) y luego quieren que las iglesias las sostengan, o

centralizan la obra de preparación de predicadores en una sola iglesia (en la llamada "patrocinadora"), y luego quieren que las iglesias la sostengan. Las dos cosas, el institucionalismo, y la centralización, carecen de autoridad bíblica. No dejemos que la cuestión misma sea mal representada. No dejemos que los astutos nos confundan.

* * *

15a. ¿FUE JESÚS AL INFIERNO, O AL HADES?

"¿Por qué, en la Versión Antigua, dice que Cristo al morir fue al infierno, y la Versión Sesenta dice que al Hades?"

- - -

1. No sé por qué los traductores de la versión antigua de Valera escogieron la palabra "infierno" para traducir la palabra griega, hades (Mat. 11:23; 16:18; Luc. 10:15; 16:23; Hech. 2:27,31; Apoc. 1:18; 6:8).

2. Hoy en día la palabra "infierno" se emplea para indicar el lugar de castigo eterno. La palabra griega para esto es "Gehena", y aparece en tales textos como Mat. 18:9; Mar. 9:45 (donde la Ver. Antigua dice, "Gehena"); Mat. 10:28 (en el pasaje paralelo, Luc. 12:5, la Ver. Antigua dice "Gehena").

3. La palabra griega, HADES, significa el lugar de la morada de los espíritus sin cuerpo.

4. El Hades es una morada temporaria (Apoc. 20:14). Sirve su propósito hasta que llegue el día final. El infierno es eterno.

* * *

15b. ¿DESCENDIÓ JESÚS AL HADES PARA SACAR A LOS FIELES ANTIGUOS?

"Quisiera pedirle que si ud. tiene algún estudio sobre el hades y en consecuencia como el lugar en donde todos esperarán la venida del Señor para juicio, le agradecería me lo enviara … tiene el concepto de que el cristiano cuando muere va directamente a los cielos con el Señor y que el juicio será más bien para los que no han obedecido, puesto que según considera este hermano cuando Jesús descendió al hades después de su muerte fue con el propósito de sacar de allí a todos los fieles antiguos y llevarlos a su presencia. El toma en consideración el pasaje en el cual el Señor le dice a Pedro que las puertas del hades no prevalecerán contra la iglesia y que por consecuencia los cristianos no pueden ir al lugar de los muertos".

- - -

1. Sí, hay algunos comentaristas que, tocando al pasaje Mateo 16:18, afirman tal posición (véase Nuevo Diccionario Bíblico Ilustrado, p. 1082), pero ella no concuerda con todos los hechos del caso.

2. La expresión "las puertas del Hades" en el tiempo de Jesús era una expresión oriental para significar el poder del reino infernal. Dice Jesús que edificaría su iglesia, y que el poder del reino de Satanás no podría prevalecer contra la iglesia para lograr su destrucción. No hay ninguna referencia en esta frase para indicar alguna resurrección de ciertos muertos en el tiempo entre la muerte de Jesús y su resurrección. La sencilla referencia es a lo invencible de la iglesia, al sufrir los ataques del maligno.

3. Sobre la frase "las puertas del Hades", compárese Job 38:17.

4. La palabra griega, traducida "Hades", es derivada de dos palabras que significan "no visto", o "invisible". Corresponde a la palabra "Seol", la que se encuentra en el Antiguo Testamento. Como el cuerpo muerto es bajado al sepulcro, también se considera que el alma "desciende" al Hades. Por eso en figura dice Cristo que Capernaum sería bajada de su gloria terrestre a la degradación más baja; no sería exaltada (hacia arriba, hacia el cielo), sino sería abatida (hacia abajo, hacia el Hades), Mat. 11:23. (Compárense Job 11:8; Isa. 57:9).

5. Cristo tiene "las llaves de la muerte y del Hades" (Apoc. 1:18), porque tiene poder sobre la muerte y el Hades (20:13,14). En su segunda venida, Cristo reunirá las almas y sus cuerpos por medio de la resurrección; él tiene las "llaves" (poder) para esto (Juan 11:25).

6. Según Luc. 16:19-31, tanto Lázaro como el rico se encontraban en el Hades. El rico estaba en tormentos, y Lázaro se encontraba en el "seno de Abraham", figura de la consolación que Lázaro gozaba allí. Esto corresponde al "paraíso" de Luc. 23:43. Jesús fue al Hades (Hech. 2:31), al lugar invisible, a la parte llamada "el paraíso".

7. Apoc. 20:11-15 habla de que en el día del Juicio Final "la muerte y el Hades" van a entregar los muertos que habrá en ellos. Cada uno va a ser juzgado. (Estos juzgados no van a ser puros inicuos, pues dice el pasaje que será juzgado "cada uno según sus obras". De entre éstos, el que no se halla inscrito en el libro de la vida será lanzado al lago de fuego). Véase también Mat. 25:31-46. Todo el mundo será juzgado en el mismo día final. ¡Nadie va a ir al cielo para estar con Cristo antes del día final; o sea, antes de la resurrección final!

8. Jn. 5:28,29 hace bien claro que la resurrección final será de una sola ocasión, en la cual todos los muertos, tanto los buenos como los malos, serán resucitados para juicio.

9. Todos los muertos serán resucitados en la misma ocasión, 1 Tes.4:13-18. ¡Ningún cristiano fue llevado al cielo en el año 33 d. de J.C.!

10. Fil. 1:23 ("partir y estar con Cristo") no quiere decir que el cristiano, al partir de esta vida, va directamente al cielo. (Otro pasaje semejante es 2 Cor. 5:6-8). El texto no dice "partir e ir al cielo", sino "estar con Cristo". Cuando el malhechor de Luc. 23:43 muriera, estaría "con Cristo", pero ¡no en el cielo! Iba a estar en el Paraíso, lugar que corresponde a ese lugar del Hades, a donde fue el alma de Jesús aquel día de

la crucifixión (Hech. 2:31). Estaría con Jesús en el paraíso, pero no en cielo. Al morir, el alma del cristiano fiel va a estar con Cristo en que va al reposo que Cristo ha preparado para los tales, y allí reposa hasta el día de la resurrección. Considérese 2 Tim. 4:8: dice Pablo que sabía que la corona de justicia le sería dada, no al morir, sino "en aquel día" en el cual "todos los que aman su venida" (de Cristo) la recibirán. Nadie va a cielo hasta "aquel día" en el cual el cristiano fiel recibirá dicha corona.

11. Conclusión: la interpretación de dicho hermano, como también la de algunos comentaristas, sobre el pasaje Mat. 16:18, y la interpretación del pasaje Fil. 1:23, que envía al cristiano fiel directamente al cielo al morir éste, son interpretaciones que contradicen todos los pasajes que hablan de la resurrección de todo el mundo en el día final, para aparecer ante el tribunal de Cristo.

Por eso se puede decir, sin implicar ninguna jactancia ni orgullo, que "nadie llegará al cielo antes que yo".

* * *

16. LUCAS 9:50 ¿ES PARA SALVACIÓN LO QUE PREDICAN LOS SECTARIOS?

"Luc. 9:50; Mat. 23:1-3. ¿Con estos pasajes podríamos decir que lo que otros predican sin pertenecer a la iglesia de Cristo es para salvación? Luc. 11:23".

- - -

1. Antes de preguntar sobre aplicaciones de estos pasajes, vamos primero a llegar al entendimiento correcto de dichos textos; es decir, vamos a ver primero lo que dicen, y luego veremos lo que no dicen. (Con esta actitud debemos siempre llegar a las Escrituras).

2. Luc. 9:49,50 (Mar. 9:38-40). Algunos discípulos vieron a otro (discípulo) que echaba fuera demonios en el nombre de Jesús. Le trataron de prohibir hacerlo. ¿Por qué? Porque aquél no quiso seguir a ellos en la misma compañía.

3. Aquel otro echaba fuera demonios "en tu nombre"; es decir, en el nombre o por la autoridad, de Jesús.

4. Solamente Jesús impartía ese poder milagroso (Mat. 10:1; Luc. 10:1-20). No podía ejercer ese poder ninguno que no fuera discípulo de Cristo.

5. Ese otro era tanto discípulo de Jesús que éstos que mostraban algo de carnalidad, al querer dominar las actividades de un siervo de otro.

6. Mat. 23:1-3. Jesús, sus discípulos, y la gente judía (ver. 1) todos vivían bajo la Ley de Moisés. Con razón mandó Jesús que todos hicieran conforme a la enseñanza de Moisés, la cual la enseñaban los que se sentaban en la cátedra de Moisés. Lo que Jesús aquí prohibía fue que se siguieran los hechos hipócritas de esos maestros religiosos.

7. Luc. 11:23. El contexto hace claro que Jesús exponía el error y la malicia de aquéllos de entre la gente (ver. 14-16) que atribuía a "Beelzebú, príncipe de los demonios", la obra milagrosa de Jesús. Estos por ser contra Jesús, no eran con él; por desparramar, no recogían con Él. Se oponían a las reclamaciones y pruebas que Jesús presentaba.

8. Hemos visto que estos textos no tocan la cuestión levantada en la pregunta arriba. Lucas 9:50 no trata de denominaciones humanas, sino de discípulos de Cristo. Mat. 23:1-3 trata de la enseñanza correcta de la Ley de Moisés para los judíos, y no de la enseñanza falsa del denominacionalismo. Luc. 11:23 trata de judíos incrédulos y de corazón endurecido (ver. 16), y se aplica a cualquier hombre o grupo de hombres que rechacen la autoridad de Jesús. Si alguno no es de la iglesia de Cristo, no está en el cuerpo sobre el cual Cristo es la cabeza (Col. 1:18). Si reclama predicar a Jesús, es a "otro Jesús" a quien predica (2 Cor. 11:4). Recuérdese que no había denominaciones en el tiempo de Jesús, que él se refiriera a ellas. El pasaje que a ellas se aplica es Mat. 15:13.

* * *

17. ¿ES PARA NOSOTROS TODO LO QUE SE DICE EN LOS CUATRO EVANGELIOS?

"¿Es para nosotros todo lo dicho por Jesús en los cuatro evangelios, como matrimonio, bautismo, y vender lo que poseemos, Lucas 18:22?"

- - -

1. La pregunta no toma en cuenta el propósito de las cuatro narraciones de la vida y obra de Jesucristo.

2. Jesús fue enviado "a las ovejas perdidas de la casa de Israel" (Mat. 15:24). Con razón mucho de lo que se narra en los "cuatro evangelios" tuvo que ver con deberes judaicos. Algunos ejemplos: Luc. 2:22-24; Mar. 1:44; Mat. 23:1-3.

3. Al mismo tiempo, hay mucho narrado en ellos que es enseñanza respecto al reino de los cielos, o de Dios, y se aplica a nosotros de la dispensación cristiana. Jesús vino a cumplir la ley (Mat. 5:17,18. Véase también Gál. 4:4), y a anunciar la venida próxima de su reino (Mar. 1:15). Comenzó a anunciar ciertos principios que gobernarían a su pueblo. El "sermón del monte" ilustra esto ("Oísteis que fue dicho, pero yo os digo"). Mencionó asuntos de la iglesia antes de que ella fuera establecida (Mat. 18:15-18). Cuando se le preguntó acerca del matrimonio, en vista de la enseñanza de la Ley de Moisés, dijo: "Yo os digo", al responder cómo ha sido la enseñanza de Dios desde el principio. Dio la "gran comisión", que manda el bautismo, antes de ascender al cielo, y esto se registra en Mateo y Marcos, pero no era enseñanza de la Ley de Moisés.

4. Así que no todo lo dicho por Jesús, de lo que registraron Mateo, Marcos, Lucas, y Juan, fue dicho con respecto a los judíos, o con

respecto a nosotros de hoy en día. El contexto revela si lo que dijo en cierta ocasión se dirigió a un caso en particular (por ejemplo, Luc. 17:14; 18:22), o si sirve de principio para todo hombre en todo tiempo (por ejemplo, Luc. 12:32-34).

5. Juan 20:30,31 nos da una buena declaración respecto a uno de los propósitos principales de las narraciones de los "cuatro evangelios". Lo hace también Luc. 1:1-4.

6. Los judíos no tenían los "Cuatro Evangelios"; éstos fueron escritos después del Día de Pentecostés. Pero sí tenían las enseñanzas orales de Jesús.

* * *

18. LUCAS 12:48 -¿HABRA GRADOS DE CASTIGO?

"Lucas 12:48. Según este pasaje, ¿podemos decir que Dios castigará en partes o por medidas? Al que peca más, ¿recibirá más castigo?"

\- \- \-

1. Este pasaje (ver. 41-48) enseña la responsabilidad que tiene toda persona que reclama ser siervo del Señor. La responsabilidad de cada uno es proporcional, según lo que ha recibido. Véanse 19:15-19 y Mat. 25:20-23, pasajes que sirven de buen comentario sobre el asunto.

2. Va a haber vida eterna en gloria para los obedientes, y castigo eterno para los desobedientes (Juan 5:28,29). Al mismo tiempo, las Escrituras revelan que entrarán en el Juicio de Dios grados de castigo y de recompensa.

* * *

19. EL "MOVIMIENTO DISCIPULADOR"

"Quiero saber sobre un movimiento que dice ser iglesia de Cristo. Comenzó en Boston y se llama 'Boston Crossroads'".

\- \- \-

No trataré de describir en detalle lo que es el llamado "movimiento discipulador"; basta notar brevemente estos puntos:

1. Son hermanos liberales, tan liberales que otros liberales los están combatiendo.

2. Tuvieron su principio en la iglesia de Cristo Crossroads, de Gainsville, Florida, pero ahora se admite que la Iglesia Boston (es decir, la iglesia de Cristo en la ciudad de Boston, Massachusetts) es la cabeza del movimiento.

3. Estos hermanos reclaman que debe haber una iglesia con sus ancianos para cada ciudad, siendo compuesta la iglesia de diferentes "iglesias casas" por todo el área. (Tuercen Tito 1:5 y Hech. 14:23). (En realidad la Iglesia Boston cuenta con "iglesias casas" fuera de los límites de la ciudad de Boston).

4. Tienen oficios no bíblicos. Hay "líderes" con el poder de "ancianos".

5. Tienen coros, escuelas, obras sociales, celebran fiestas seculares, etc.

6. Se distinguen por su uso de "compañero en oración" ("prayer partner"), el cual domina la vida del individuo a quien supuestamente enseña. El discipulado tiene que confesar a su "compañero en oración". (Tuercen Sant. 5:16, igual que el sacerdote católico). La Iglesia Boston cambió el término original, "prayer partner", a "discipleship partners" ("compañeros en el discipulado). Pero sigue el mismo control mental de uno sobre otro.

7. Se promueve una iglesia universal, con la Iglesia Boston como la cabeza. Allí se entrenan personas para ser enviadas a dirigir, o participar en, iglesias en otras partes.

* * *

20. SERPIENTES PRUDENTES; PALOMAS SENCILLAS

"¿A qué se refiere el apóstol Mateo (10:16) al decir 'sed prudentes como serpientes y sencillos como palomas'. Yo conozco serpientes muy peligrosas. Sin tocarlas, atacan; es decir, no tienen nada de prudentes. En cuanto a las palomas no sabría decir nada porque hay palomas sencillas, pero hay algunas bien bonitas físicamente".

\- \- \-

1. Los apóstoles, al ir a predicar en la comisión limitada (10:5,6), serían como ovejas en medio de lobos, pues algunos de los incrédulos les perseguirían. Por eso les dice Jesús que sean "prudentes como serpientes, y sencillos como palomas". Recordando que la serpiente es astuta (Gén. 3:1), es buena figura de la sagacidad. Los apóstoles tenían que usar de sagacidad, de astucia, de prudencia o sabiduría, para escapar o huir de la persecución (ver. 23), como David huía de Saúl (1 Sam. 18:10,11; etcétera). Considérense Hech. 9:23-25; 23:12-21. Al mismo tiempo les tocaba ser sencillos o inocentes como palomas, en que no deberían resistir la persecución, no volviendo mal por mal. En esto seguirían el ejemplo de Jesús (1 Ped. 2:23). Las palomas no dañan a nadie; en eso consiste su sencillez.

* * *

21. ¿ES CONVENIENTE O NO CONTINUAR?

"En la iglesia local colaboro en la exposición de estudios y mensajes. Sin embargo hay algunos problemas en mi hogar (esposa e hija) como indisciplina y falta de comprensión, motivados en parte porque mi esposa y yo trabajamos y por el descuido en la tarea de controlar la conducta de nuestra hija. Últimamente, mi esposa dice que no volverá a la iglesia. Ante esta situación, ¿es conveniente o no que continúe sirviendo en la congregación?

\- \- \-

1. Que sea conveniente o no es cosa que sólo ustedes lo pueden decidir. Es lícito que siga enseñando y predicando; que sea conveniente, es

otra cosa. Si la iglesia, comprendiendo la situación, quiere que siga enseñando y predicando, bien. Si no, al seguir enseñando y predicando, su trabajo no fuese efectivo. Yo de lejos no estoy en condiciones para juzgar los méritos del caso. Es un caso particular de la iglesia local.

* * *

22. ¿ES UNA FORMA MAS ADECUADA DE ADORAR A DIOS?

"En un sermón reciente, un hermano introdujo la lectura pausada y meditativa de un Salmo, aduciendo que es una forma más adecuada de adorar a Dios que la que usamos comúnmente de exhortación bíblica. Personalmente me sentí bien ante tal práctica, no obstante tengo mis dudas de sus aseveraciones".

- - -

1. Está bien que en el culto se lean salmos (pausada y meditativamente, o no; eso no tiene que ver). Que el hacer esto sea "una forma más adecuada de adorar a Dios" es otra cosa. No puede ser substituto por otras actividades en el culto. La exhortación bíblica no puede ser substituida por nada. (Considérense los textos que hablan de la necesidad de la exhortación ————— véase una concordancia). Ignoro los detalles del caso, pero me parece que alguien prefiere algo sentimental y emocional más bien que la exhortación necesaria. Esto no debe ser admitido.

* * *

23. ¿QUE OPINA SOBRE LA GUERRA EN EL GOLFO PÉRSICO?

"Me gustaría conocer su punto de vista acerca de la guerra en el Golfo Pérsico".

- - -

1. Sobre la guerra en el Golfo Pérsico, ya terminó, y todos damos gracias a Dios por ello. Una guerra es una actividad de ciertas naciones. Dios obra por las naciones para lograr sus fines y propósitos, castigando a algunos, y poniendo a pruebas a otros (por ej., Dan. 4:17). El propósito principal del gobierno se presenta en Rom. 13:4. Los malos tienen que ser castigados. Ahora, como cristianos, no nos metemos en la política; nuestras armas no son carnales (2 Cor. 10:3,4). Como ciudadanos de diferentes países, obedecemos a las leyes del país que no contradigan la Ley de Dios (Hech. 5:29; 4:19).

* * *

24. MATEO 12:31,32 - LA BLASFEMIA CONTRA EL ESPÍRITU SANTO

"Mat. 12:31,32.
1- ¿Por qué la blasfemia contra el Espíritu Santo no es perdonada?
2- ¿Por qué cualquiera que diga una palabra contra el Hijo del Hombre se le perdonará?

3- ¿El siglo venidero es el actual?"

- - -

1. Mar. 3:28-30 debe ser consultado (como también Luc. 12:10). No es perdonada porque Jesús así lo dijo. Nótese Mar. 3:30; esos incrédulos habían atribuido la obra del Espíritu Santo a Satanás (Mat. 12:24). La persona que atribuye a Satanás la obra redentora del Espíritu Santo, no tiene manera de salvarse, pues rechaza la única fuente de información inspirada respecto a la salvación del evangelio. Tal actitud en la persona no deja ninguna esperanza de salvación. Por eso no será perdonada. Tales personas se destinan a sí mismos a la destrucción. Considérese Mat. 23:33.

2. (Sobre la pregunta #2). Un ejemplo de esto lo tenemos en Saulo de Tarso. Él había perseguido a Jesús (Hech. 9:5; 1 Tim. 1:13). Él había pecado grandemente contra el Hijo del Hombre. Pero cuando fue persuadido por la verdad, siendo hombre honesto, aceptó la verdad, y ahora predicaba la fe que en otro tiempo asolaba (Gál. 1:23). Todo lo fue perdonado (Hech. 22:16).

3. (Sobre la pregunta #3). No, el siglo venidero es el tiempo de la eternidad. Como lo expresa Marcos, "no tiene jamás perdón"; es decir, ni ahora en el tiempo, ni después a través de la eternidad. ¡Nunca!

* * *

25. ¿TENER AL HERMANO EN PRUEBA DE ARREPENTIMIENTO?

"Hay problemas en la iglesia local porque alguien pidió al hno.____ que dirigiera una oración, pero es que él está en prueba, a ver si trae frutos de arrepentimiento. No hay confianza en él porque antes cometió fornicación, y luego dejó pasar dos años sin depositar la colecta de cada domingo. Es que él era el tesorero. Dice que no depositaba las colectas por descuido. Ahora él ha depositado el dinero que faltaba. En los servicios algunos le abrazan y otros dicen que él no es digno de confianza. Los hermanos están divididos".

- - -

1. Según se me informa, hay dos casos distintos en el cuadro: el de la fornicación, y el de la colecta. Se me dice que el hermano confesó su pecado de fornicación; que se arrepintió, "llorando amargamente". Si fue así, entonces Dios le perdonó y se olvidó de ese pecado (Hech. 8:22; 1 Juan 1:9; Heb. 8:12). Los hermanos debieron haberle confirmado su amor para con él (2 Cor. 2:7,8).

2. Si hay hermanos que no obedecen lo que dice 2 Cor. 2:7,8, que no quieren perdonar al hermano y olvidarse de ese pecado, ellos mismos andan desordenadamente y deben ser disciplinados. Jesús nos enseña que si no perdonamos a otros, Dios no nos perdonará a nosotros (Mat. 6:12,14,15; 7:2; 18:23-35; Mar. 11:25, 26; Luc. 6:37; Efes. 4:32; Col. 3:13; Sant.

2:13).

3. Pecan los hermanos que continúan mencionando ese caso de fornicación que ha sido perdonado, como razón de por qué no tener confianza en el hermano. ¿Que de ellos, pues que también han pecado pero han sido perdonados de pecados pasados? ¿No se debe ahora tener confianza en ellos? Con la misma medida con que ellos miden, Dios les va a medir (Mat. 7:2). Ellos están condenándose a sí mismos.

4. Ahora el caso de la colecta es otro. El no depositar las colectas por dos años no es asunto de descuido. Se me ha dicho que durante esos dos años él presentaba los reportes financieros como si hubiera estado haciendo los depósitos. Mentía, pues. Si el caso es así, entonces el hermano debe arrepentirse de su pecado de mentira y de avaricia, hacer confesión pública, y pedir que Dios le perdone. Si no lo hace, debe ser disciplinado por la iglesia. Si lo hace, debe ser perdonado (véanse los textos arriba).

5. Pero es ley humana el "ponerle en prueba, a ver si trae frutos de arrepentimiento", no permitiéndole dirigir la oración pública, etcétera. Dios no revela tal ley.

6. Los mismos hermanos que se quejan de que él dirija la oración (un acto de culto público), comulgan con él en el tomar la cena, el ofrendar, el cantar y el ser edificado (otros actos de culto público). El hermano está en comunión con los demás, o no lo está. Si ha pecado, y no se corrige según nos instruyen las Escrituras, entonces debe ser excomulgado. En tal caso no habría comunión con él en nada. Si ha pecado, y si se corrige bíblicamente, debe ser perdonado y aceptado en plena comunión. En tal caso, el seguir algunos con desconfianza hacia él sería pecado. Esa desconfianza sería prueba de que no le han perdonado, aunque Dios sí le perdonó. ¿Nos trata Dios así, desconfiándose de nosotros después de habernos perdonado?

7. Que algunos continúen trayendo a la memoria el caso pasado de fornicación, es pecado. Los que tal cosa hacen se están condenando a sí mismos. Según se me informó, ese caso ya se resolvió bíblicamente. Es historia olvidada. El caso presente, acerca de la ofrenda, es el que debe ser atendido bíblicamente. El hermano debe hacer confesión completa. Allí habrá la prueba de su arrepentimiento. Si lo hace, y pide a Dios perdón, debe ser perdonado y recibido por todo miembro de la congregación. Que él continuara siendo el tesorero sería cuestión de opinión, y la de la congregación debería prevalecer. (Entiendo que ya no es el tesorero).

8. Cualquier otro proceso, como por ejemplo el llamado "estar en prueba", es humano y por eso falso. El proceso divino es claro; que se aplique en todo caso. La desconfianza hacia el culpable que ha hecho corrección según el patrón divino es carnalidad y merece la disciplina de la congregación hacia aquéllos que no desistan de ello.

* * *

26. DEUTERONOMIO 7:9 EL PACTO POR MIL GENERACIONES

"Un pastor adventista habló de Deut. 7:9, y preguntó cuántas generaciones habían pasado de Abraham a David y luego hasta nuestro tiempo. El quiso apoyar la guarda del sábado".

- - -

1. Sobre Deut. 7:9 ————— La expresión "hasta mil generaciones" obviamente es figurada. ¿Acaso cree algún sabatista que literalmente el viejo pacto con los Diez Mandamientos va a durar exactamente mil generaciones, y luego terminar? ¿Acaso cree que la misericordia del Señor dura solamente un plazo literal de tiempo, y que luego él ya no más tendrá misericordia de los que guardan sus mandamientos? Compárese el uso *figurado* del término "mil" en estos pasajes: Deut. 32:30; 1 Crón. 16:15; Job 9:3; Sal. 50:10 ("el ganado sobre mil colinas"; y el ganado sobre las demás colinas ¿no son del Señor?); 84:10; 91:7; Ecle. 6:6; 7:28; Isa. 30:17; Apoc. 20:4-7.

2. Heb. 8:7-13; 915; 10:9,15-18 enseñan claramente que el primer pacto ya pasó con el sacrificio que lo regía, Heb. 7:12.; ahora rige el nuevo pacto, que es el Nuevo Testamento. Todo falso maestro literaliza lo figurado, y al hacerlo tuerce las Escrituras (2 Ped. 3:16).

3. Como punto aparte, diré esto: el sabatista (cuando le conviene) ve la palabra "mandamientos", e inmediatamente concluye (sin razón ni prueba) que el pasaje trata de los Diez Mandamientos.

* * *

27. PEDIR DINERO PARA TERRENO Y LOCAL.

"El precio del terrenito es de _____ millones de pesos … contamos con _____ millones de pesos … nos decidimos a pedir ayuda a algunas congregaciones de por acá Quisiéramos que esta petición la hiciera llegar a algunas de esas congregaciones que usted conozca".

- - -

1. La cantidad de dinero que me mencionó el hermano en su carta, si hubiera bastado para la compra del terreno, no habría resuelto el problema, porque el costo de construcción de un local representa una cantidad grande adicional. Después de la compra del terreno, habría habido peticiones por dinero para la construcción de un local.

2. Tenemos que enseñar a las iglesias dondequiera, que como el individuo y la familia tienen que vivir dentro de sus capacidades financieras, así también la iglesia local. El edificio propio no es requisito para que la iglesia local haga su obra y adore a Dios. Es una conveniencia. Si la iglesia local puede tener algo propio, bien; si no, como el individuo y la familia

lo hacen, así lo hace la iglesia local.

3. Los líderes liberales han dejando un patrón muy malo en el pensar de los hermanos; a saber, que la iglesia local dependa de dinero del extranjero para los gastos de salario para el predicador y de adquisición de un local. Con razón muchas iglesias en la hermandad hispana son anémicas, dependientes, y sin crecimiento espiritual. La mentalidad de los liberales deja a las iglesias siempre como niños que tienen que ser llevados en los brazos de otros. Este no es el plan del Nuevo Testamento. Una iglesia que de veras es de Cristo es independiente (autónoma), trabajando según sus fuerzas (2 Cor. 8:3), y creciendo hasta llegar a la madurez, con el gobierno bíblico de ancianos y diáconos (y nunca con un llamado "ministro encargado", que siempre está por delante).

4. El adquirirse un terreno y un local no representa caso de benevolencia, sino de conveniencia en el evangelismo. Ahora, no hay autorización bíblica por enviar fondos una iglesia a otra para el evangelismo.

5. Que individuos donen a una iglesia para la compra de un terreno y un local es otro asunto.

* * *

28. SOBRE LA AUTENTICIDAD DE ALGUNOS PASAJES.

(Un predicador me preguntó respecto a la autenticidad de estos pasajes: Mar. 16:9-20; Juan 8:1-11; 1 Juan 5:7).

\- \- \-

1. El simple hecho de que todas las versiones modernas, y tres interlineales que tengo, contienen el pasaje de Marcos 16:9-20, da fuerte evidencia de que el pasaje es genuino. Las versiones Hispanoamericana, Nuevo Mundo, Latinoamericana, y la Nueva Versión Internacional no omiten el pasaje, aunque sí dan notas explicativas sobre el pasaje.

2. Lo mismo se puede decir del pasaje Juan 8:1-11.

3. No es así con el pasaje, 1 Juan 5:7. Este versículo es omitido en varias versiones excelentes, aunque ellas dan notas explicativas. Sin duda el versículo 7, según dado en la Ver. Valera de 1960, es espurio. (Ahora, la verdad bíblica de la trinidad no depende de ese versículo). Consúltese mi obra, Notas Sobre 1 Juan.

* * *

29. EL BAUTISMO DE JESUS A LOS 30 AÑOS

"¿Por qué Jesús se bautizó a los 30 años"?

\- \- \-

1. Bueno, pregunto yo: ¿hay algo de curioso en ello? Seguramente no se bautizó, como nosotros los hombres, para el perdón de pecados, que él se bautizara de joven. Su bautismo fue para su introducción en su ministerio personal,

cosa que comenzó ya de adulto. Véanse Juan 1:19-34; Luc. 3:1-23; Mar. 1:1-11. Mateo cap. 3 debe ser leído, dando atención al propósito del bautismo de Jesús, 3:15.

2. Jesús nunca pecó (Heb. 4:15; 7:26; 2 Cor. 5:21; 1 Ped. 2:22). Su bautismo no fue para perdón de pecados. Ya adulto, y listo para entrar en su ministerio personal en la tierra, se presentó a Juan para ser bautizado, así cumpliendo toda justicia. Parte de la justicia de Dios consistía en que los judíos se presentaran para el bautismo de Juan, y Jesús se sometió al plan. También era la voluntad de Dios que el bautismo de Jesús fuera la presentación pública que Juan hiciera del Cristo (Juan 1:33,34). Jesús se sometió a la voluntad de Dios; o sea, cumplió la justicia de Dios en el asunto al cumplir con este mandato de Dios.

* * *

30. ¿COPAS O COPITAS?

"Tomamos la cena del Señor en copitas cuando la Biblia habla de copa. Por favor necesito explicación acerca de esto".

\- \- \-

1. Sí, muchos de los hermanos tomamos la Cena del Señor, usando copitas en que servir el fruto de la vid. También es cierto que la Biblia dice "copa". Lo que la Biblia no dice es que dicho fruto de la vid se sirva en una sola copa, o copita.

2. Considérense los pasajes en Mat. 26, Mar. 14, Luc. 22, y 1 Cor. 11, y el uso de la palabra "copa" en ellos. Jesús tomó la copa, sí, pero la referencia es al contenido de ella. Esa "copa" (no la vasija, sino el contenido) la repartieron (Luc. 22:17); es el nuevo pacto (ver. 20); es la comunión de la sangre de Cristo (1 Cor. 10:16; la bebieron (1 Cor. 11:25). ¿Quién puede creer que una copa literal, una vasija o recipiente, debe ser repartida y bebida, y que es el nuevo pacto y la comunión de la sangre de Cristo? ¿Cuál copa (vasija) de las muchas que se usan en el mundo es el nuevo pacto? En 1 Cor. 10:16, Pablo estando en Éfeso, y escribiendo a los hermanos en Corinto, dice, "La copa de bendición que bendecimos…". ¿Fue una copa (vasija) en Éfeso, o una en Corinto?

3. Usando de una figura que se llama "metonimia", los diferentes pasajes dicen "copa", pero con referencia al contenido de la vasija. En Luc. 22:17 se dice que Jesús tomó la copa, y en el 18 la llama "el fruto de la vid". Claro es que tomó en sus manos una copa, o recipiente, porque es imposible manejar líquidos sin una vasija, pero en ese pasaje, y en otros paralelos, la frase "tomando la copa" quiere decir, "tomando el fruto de la vid".

* * *

31. LAS CONFRATERNIDADES

"¿Cuál es el concepto que tiene sobre las

Confraternidades?"

- - -

1. Una confraternidad es una serie de actividades de colegas. En sí no es mala en nada. Las actividades pueden ser varias.

2. El caso en particular tiene que ver con las actividades mismas y con los arreglos empleados.

3. Algunos hermanos, actuando en capacidad de individuos, pueden realizar una "confraternidad", o sea, una actividad social. Tal cosa no ha causado problema en la hermandad.

4. Que iglesias locales realicen tal actividad es otra cosa, porque ahora se involucran esas iglesias en una obra puramente social, cosa que carece de autorización bíblica.

5. Diferentes arreglos se llaman "confraternidad". El mal, si alguno, consiste en lo que se haga, y no en lo que se llame.

6. La iglesia local, columna y baluarte de la verdad, no debe meterse en actividades sociales de juego y comida. El local, erigido para las actividades de la iglesia, no debe ser usado para actividades puramente sociales, aun en casos en que los individuos paguen los gastos de las actividades de comer y jugar.

* * *

32. ACTIVIDADES RECREATIVAS PARA JÓVENES DE LA IGLESIA.

"Dentro de su opinión, ¿considera bíblicas las actividades recreativas para jóvenes de la iglesia?"

- - -

1. Es bíblico que cualquier miembro de la iglesia, o grupo de miembros, se recreen (Mar. 6:31; 1 Tim. 4:8).

2. La pregunta no toca la cuestión que ha causado problemas en la hermandad. Lo que algunos hermanos practican, y lo que ha causado muchos problemas, es el arreglar actividades recreativas con dinero y con la propiedad de la iglesia local. (Véase el tema #31).

3. La recreación es responsabilidad del hogar. Los padres deben ver por la recreación de sus hijos (de sus "jóvenes"), como ven por su educación secular. No toca a la iglesia local, ni la recreación ni la educación secular. La obra de la iglesia local es espiritual (con la excepción de la obra benévola para los santos).

4. En un dado caso puede ser que todos los jóvenes sean de la misma iglesia local, los que salen a recrearse. Pero no por eso es una actividad de "los jóvenes de la iglesia". Puede ser que el lunes, que los mismos jóvenes van a la escuela, todos ellos sean miembros de la misma congregación, pero no por eso está involucrada la iglesia local en la educación pública.

5. Que el hogar sea hogar, y que la iglesia local sea iglesia local. Cada cual tiene sus responsabilidades y obra.

6. Considérese 1 Tim. 5:16. La Biblia hace distinción entre la obra del individuo y la de la iglesia local.

* * *

33. PARTICIPAR EN ACTIVIDADES NAVIDEÑAS

".... en el Departamento de Lenguas, y por estas fechas se está preparando un programa especial para diciembre con motivo de la Navidad, en el cual los alumnos van a participar, cantando canciones navideñas en inglés. Además habrá una comida o cena, también van a adornar el Departamento de Lenguas con adornos navideños: esferas, arbolito de navidad, foquitos, etc. Todo esto lo harán los alumnos y piden que participen todos. ¿Puedo yo como cristiano participar?"

- - -

1. Todo depende de las circunstancias. El cristiano puede participar en actividades honestas (como cantar en otra lengua————en este caso, en inglés, adornar edificios con luces y árboles, comer, y otras cosas tradicionales). Ahora, en este caso en particular, todo depende de las circunstancias. Si la actividad se entiende como cosa religiosa (y así es el caso casi siempre en los países considerados católicos), y si las canciones, o algunas de ellas, son de adoración a Dios, entonces el cristiano no puede participar en ello. Sería raro el caso en que en un país como México hubiera una serie de actividades de éstas puramente seculares y nada religiosas. Y hay otro factor: de entre las cosas lícitas a veces hay cosas que no convienen (1 Cor. 6:12). Suponiendo que en este caso usted pudiera participar en las actividades, si el hacerlo causara problemas serios en la iglesia, o si causara que la influencia suya sufriera, no convendría hacerlo. Así es que solamente usted, que conoce las circunstancias del caso, puede juzgar los méritos de él.

* * *

34. MATEO 7:6

"¿Qué debe entenderse en Mateo 7:6 al decir "lo santo y las perlas", luego, "los perros y los cerdos"?"

- - -

1. Quedándonos con el contexto (los ver. 1-6) vemos que se nos prohíbe juzgar (ver. 1,2) si nosotros mismos somos culpables (ver. 3-5). Pero al mismo tiempo sí tenemos que discernir (juzgar) entre caracteres. Como la carne de sacrificio no sería echada a los perros, que son animales inmundos y que no pueden distinguir entre cosa santa y la basura, y como no serían echadas perlas a cerdos (también animales inmundos que no distinguen entre perlas y piedras comunes), tampoco debemos dejar de discernir entre personas que aprecien lo que es de valor y los que no lo aprecien.

2. Jesús no está llamando "perro" o "cerdo" a nadie. Está ilustrando el hecho de que hay personas que no distinguen (aunque pueden hacerlo) entre lo santo y lo común, como

tampoco lo hacen los animales (que de naturaleza no lo pueden hacer).

3. Como cristianos tenemos que discernir; tenemos que juzgar. Si vemos que la persona está pervertida y obstinada de corazón, y que por esa actitud básica no aprecia el valor de lo santo, o de los valores espirituales, no hemos de darle de ello, porque no solamente no lo apreciaría, sino que sería capaz de atacarnos.

4. Para ejemplos de este principio, Véanse Mat. 10:11-15; 16:1-4; Luc. 23:8,9; Hech. 8:9-24; 13:4-12, 44-51; 18:5-7.

* * *

35. EL SIGNIFICADO DE LA FRASE "EN EL NOMBRE DE".

"Cuando la Biblia dice 'en el nombre de', además de 'por el poder o autoridad de', ¿va implicado algún otro concepto?"

- - -

1. El concepto correcto de la frase en un dado caso depende de una comprensión correcta de la frase preposicional según el texto griego. No toda versión en español del Nuevo Testamento da una traducción adecuada de ella; es decir, la frase "en el nombre" no es siempre la traducción más indicada. Como en el español hay las tres preposiciones "en", "para", y "sobre", también las hay en el griego (en, eis, epi). La traducción de un dado pasaje debe reflejar la preposición en particular que se emplee en el pasaje.

2. Por ejemplo, Mateo 28:19 no dice en el griego "en el nombre del Padre, y del Hijo, y del Espíritu Santo", sino "para el nombre". La preposición aquí es "para", igualmente como en Hech. 2:38, "para perdón de los pecados". La Versión Moderna en Mateo 28:19, en la margen, dice, "para unirlos con el nombre…". Eso es lo que Jesús está diciendo; a saber, que debemos bautizar a la gente con la finalidad de que ella entre en relación con la Deidad, o que sea de la misma comunión.

3. Ahora, en Hech. 2:38, la frase en español "en el nombre de Jesucristo" se expresa en el griego con la preposición epi, que significa "sobre". La persona debe ser bautizada "sobre" el nombre de Jesucristo, en el sentido de que su bautismo debe ser basado en el reconocimiento de quién es Jesucristo; es el a quien Dios hizo "Señor y Cristo" (ver. 36). En base de esto, la persona arrepentida debe ser bautizada. El bautismo queda sin base si Jesús de Nazaret no es el Hijo de Dios. Pero si lo es, entonces la persona arrepentida lo admite, al ser bautizada, y Dios le perdona sus pecados. El bautismo bíblico tiene por base la deidad de la persona de Jesús de Nazaret.

4. Los pasajes siguientes, al hablar de bautizar, emplean la preposición "para" (eis), y no "en" (en): Hech. 8:16; 19:5; Rom. 6:3; 1 Cor. 1:13,15 (nótese el ver. 12, que la idea es de ser de alguien————de Pablo, de Apolos, de Cefas, de Cristo; bautizarse para el nombre de alguien es

bautizarse para ser de esa persona); 10:2; 12:13; Gál. 3:27. Léanse estos pasajes, diciendo "bautizar para", o "bautizar al", y no "en", y así se entenderá correctamente el sentido de ellos.

5. Hay muchos pasajes en los cuales sí se emplea la preposición griega en (en) al aparecer la frase "en el nombre", dando a entender la idea de "en representación de la autoridad de", o "en el poder de", la persona. Algunos ejemplos: 1 Cor. 5:4; Mar. 16:17; Luc. 10:17; Hech. 3:6; 4:10 (nótese el ver. 12). Pero en otros pasajes, en que dice el texto español "en el nombre", el texto griego emplea otras preposiciones (eis o epi). Algunos ejemplos: Mat. 18:5; Luc. 24:47 (epi) (en base de la autoridad de Cristo, o porque Cristo lo manda); Mat. 18:20 (eis) (congregados con la finalidad de encontrarse dentro de la autoridad de Cristo).

6. Hay algunos textos en los cuales otras preposiciones griegas se emplean juntamente con la palabra "nombre". Notemos los siguientes:

a. Mat. 19:29, "jeneken mi nombre" = por causa de mi nombre.

b. Mat. 10:22, "dia mi nombre" = por, o a través de, mi nombre; es decir, los apóstoles serían aborrecidos por causa de todo lo que el nombre de Jesucristo representaba.

c. Hech. 5:41, "juper el nombre" = por, a causa de, o en lugar de, el nombre de Cristo. Este pasaje dice que Pedro y Juan padecieron afrenta por el nombre de Cristo; es decir, a favor de la causa de Cristo, o en lugar de Cristo.

* * *

36. JUAN 14:20 ———— ¿A QUE DÍA SE REFIERE?

"En Juan 14:20 Jesús dice lo siguiente: 'En aquel día vosotros conoceréis que yo estoy en mi padre, y vosotros en mí, y yo en vosotros'. ¿A qué día se estaba refiriendo Jesús?"

- - -

1. Se refiere al período de tiempo que comenzó el día de Pentecostés, pero no exclusivamente a ese día mismo.

2. En el ver. 19, según la Ver. Valera 1960, la frase "me veréis" debe ser "me veis" (tiempo presente, que en griego indica acción continua). Iba a ser una visión continua. El mundo no le vería más porque al día siguiente sería muerto y sepultado. Pero los apóstoles le verían, no solamente unas cuantas veces durante los cuarenta días de apariciones, sino más especialmente durante todo el tiempo de su ministerio bajo la dirección del Espíritu Santo, a quien Jesús enviaría a ellos (15:26).

* * *

37. LA ESCUELA BÍBLICA (PRESENTE CONTROVERSIA, PAG. 21)

"Quiero que por favor me explique como está eso de que un colegio (escuela bíblica) es dirigido por hermanos conservadores, tratado:

'La Presente Controversia En La Hermandad', página 21, tercer párrafo. Sabemos que no se necesitan instituciones para preparar obreros más que la iglesia. Quiero saber si es escuela de la iglesia, o solamente son hermanos en lo individual que dan clases en él".

- - -

1. Estos "colegios" (así se llaman entre los de habla inglesa), o universidades, no son la misma cosa que "las escuelas para predicadores", como la que usted conoció en _____. Estas últimas representan otro caso.

2. Son escuelas privadas, o particulares, que ofrecen la misma educación formal que se presenta en cualquier escuela pública. Son empresas privadas. Aquí en este país los padres pueden enviar sus hijos a una de ellas, o a alguna pública. El gobierno reconoce la educación recibida en los dos sistemas, sea en la escuela pública o sea en la particular.

3. Para establecer una de estas "escuelas bíblicas" algunos hermanos se constituyen una corporación, o entidad legal, o política, para originar, mantener y operar tal institución educativa. Venden sus servicios como cualquier empresa. Los padres pagan por el servicio rendido (la educación formal).

4. Así comenzaron todas las escuelas de éstas en este país. Yo soy graduado de dos de ellas (David Lipscomb College, Nashville, Tennessee, y Abilene Christian College, Abilene, Texas). Pero con el tiempo, ya que el liberalismo entró en la hermandad, todas estas escuelas (menos la Florida College, Tampa, Florida) ¡comenzaron a pedir donativos y fondos a las iglesias de Cristo! (bajo el pretexto de estar contribuyendo al crecimiento de la iglesia por medio de dar clases bíblicas y así preparar a predicadores).

5. Al principio del liberalismo, en cuanto al sistema de centralización e institucionalismo (como por ejemplo, la iglesia "patrocinadora" y el sostenimiento de parte de iglesias locales de los orfanatos), los hermanos liberales en general no favorecían el sostenimiento de parte de las iglesias locales de estas universidades, o colegios. Pero hoy en día ya es cosa algo común, aunque todavía muchos hermanos liberales se oponen a que dichas escuelas reciban fondos de las iglesias locales. (Pero pregunto: ¿Qué diferencia hay? Tanto el **orfanato** como la **escuela** son instituciones **humanas**. Las dos son dirigidas por mesa directiva. Si es permisible que iglesias de Cristo envíen a una de ellas, ¿por qué no es permisible que envíen a la otra?)

6. Conclusión: Tales empresas privadas tienen derecho de existir, pero con tal que sean precisamente eso: una empresa privada, y no nada anexo a las iglesias de Cristo.

7. Pero en la actualidad la única escuela de éstas que rehúsa recibir fondos de las iglesias de Cristo es la Florida College, en Tampa, Florida, dirigida por hermanos conservadores. De esa escuela se han graduado mis ocho hijos.

8. Ahora las llamadas "escuelas para predicadores" representan sencillamente caso de patrocinio (centralización). Una iglesia "patrocinadora" pide y recibe fondos de muchas iglesias locales para hacer la obra de preparar a predicadores que en turno llenen los púlpitos de las iglesias. Esta iglesia erige la "escuela para predicadores", a veces en su propia localidad, a veces en otro país, pero la dirige y la controla ella. Se dice que es "obra de ella", ayudada por otras iglesias. La obra se hace por toda la hermandad. (Pero según las Escrituras, no hay obra a nivel de toda la hermandad).

* * *

38. ¿FORNICACION O ADULTERIO? 1 CORINTIOS 7:10-15.

"¿En qué estado vive esta pareja: la muchacha en el mundo tuvo novios, y con uno de los novios duró dos o tres años. Después de esto él le propuso que fuera con él para pasar con ella un fin de año, aunque no hubo promesa de matrimonio. El caso es que estuvieron juntos por una semana; al final de la misma se separaron y cada cual vivió por su lado. Después ella se casó con quien ahora es su esposo. La pregunta es: ¿Vive ella en adulterio y hace que por causa de ella él sea adúltero?

"Por otro lado, dígame si una pareja estando bien en su matrimonio se podrá dejar por cualquier causa y permanecer soltero por toda su vida y así seguir siendo cristiano, o esto sólo lo puede hacer el incrédulo, 1 Cor. 7:10-15?"

- - -

1. El único comentario que hago sobre el caso de la hermana casada, según usted lo cuenta en el artículo y en su carta a mí, es que ella es quien tiene que contestar la pregunta de que si lo que hizo fue simple fornicación o adulterio, porque solamente ella sabe lo que tenía en mente al hacer aquello. ¿Quién no sabe si está viviendo con alguien como esposo, o si sencillamente está cometiendo fornicación repetidas veces?

2. Sobre 1 Cor. 7:10-15:

a. El ver. 10 prohíbe el divorcio por cualquier causa. El ver. 11 no lo contradice, dando permiso para el divorcio. Lo que hace es especificar las dos alternativas que le quedan al que se separa: quedarse así; es decir, no volver a casarse; o reconciliarse con el esposo. La persona hace mal al divorciarse por cualquier causa, y debe buscar la reconciliación en lugar de volver a casarse. Si la persona no lo hace, no hace la voluntad de Cristo. Si en algún caso no puede reconciliarse con el esposo, Dios tomará en cuenta el intento de corazón de la persona.

b. El incrédulo hará según su propia voluntad; no sigue la de Cristo. Ahora, si el incrédulo se separa, el cristiano no tiene obligación de seguirle a toda costa, negando su fe en Cristo. Pero por no ser el caso uno de fornicación, tampoco se le permite al cristiano volver a casarse.

* * *

39. MATEO 2:23 ¿CUAL PROFETA DIJO ESTO?

"¿Cumplió Cristo el nazareato? El texto dice que Cristo se fue a vivir a al ciudad de Nazaret para que se cumpliera lo dicho por el profeta, que sería llamado Nazareno. Pero no puedo saber qué profeta dijo esto".

- - -

1. Juan el bautista era nazareo (Luc. 1:15; Núm. 6)), pero no Jesús. El no "cumplió el nazareato".

2. Con respecto a Mateo 2:23, no hay registro en el Antiguo Testamento de un profeta en particular que profetizara que el Mesías se llamaría "nazareno". Pero nótese que Mateo no dice "el profeta", sino "los profetas". Esto hace referencia, o a varios escritos proféticos en particular, o al mensaje general de los profetas. Si el nombre propio "Nazaret" se deriva de la palabra hebrea (netzer) que significa reverdeciente o vástago, entonces se puede decir que Isaías usó este término en 11:1 con referencia al Mesías. El término "renuevo" es usado por Jeremías (23:5) y Zacarías (3:8) con referencia al Mesías. Por otra parte, si la frase "los profetas" se refiere al mensaje general de ellos, de que el Mesías sería hombre despreciado y rechazado (por ej., Salmos 22; Isa. 53:3), entonces no hay que buscar ninguna profecía en particular para el cumplimiento referido en Mateo 2:23. El pueblo de Nazaret era tenido por insignificante por los judíos de Judea (Juan 1:45,46). Ser nazareno significaría ser persona considerada de poco valor, y esto es lo que los profetas habían profetizado con respecto al Mesías.

* * *

40. MATEO 25:31 ¿SE REFIERE AL TIEMPO PRESENTE? MATEO 18:20 -¿2 O 3 FORMAN UNA IGLESIA?

"Yo pienso que el verso 31 se refiere al tiempo presente, ya que habla de la gloria futura de Cristo. De esta gloria nos informa 1 Ped. 1:21".

"Muchos piensan que Cristo dijo que 2 o 3 forman una iglesia pero me doy cuenta que una iglesia es un grupo bien numeroso y bien organizado".

(El hermano enumera un buen número de pasajes para respaldar su posición).

- - -

1. Mateo 25:31 tiene que entenderse dentro del contexto tratado, que es el del juicio final, como el ver. 46 lo hace bien claro. La gloria de 1 Ped. 1:21 es la que recibió Jesucristo al ascender a los cielos, y Mat. 19:28 profetiza acerca de ella. La gloria de 25:31 es la con que Cristo vendrá la segunda vez para juzgar a todas las naciones (32).

2. Mateo 18:20, dentro de contexto, trata de la disciplina de un hermano pecador (ver. 17). Los apóstoles tenían el poder de atar y desatar (ver. 18) y por estar ellos primero en la iglesia

naciente (1 Cor. 12:28), aquí Jesús les recuerda que la enseñanza inspirada de ellos ha de prevalecer en todo caso de disciplina colectiva. Ahora no están ellos en persona pero sí la iglesia local tiene sus escrituras inspiradas para guiarse en la disciplina. Jesús prometió acompañar a los apóstoles en cualquier caso en que oraran, ya puestos ellos de acuerdo en la verdad y pidiendo algo con respecto a la disciplina de alguno (ver. 19). De igual manera Jesús acompaña a cualquier grupo (ver. 20), por pequeño que sea, que se haya congregado en su nombre (literalmente, para su nombre; para entrar en relación con Cristo y su autoridad) para tratar un caso de disciplina. Compárese 2 Cor. 2:10. De esto se deduce que Jesús está en medio de cualquier asamblea de santos que se haya reunido "para su nombre".

3. Claro es que la iglesia local debe procurar crecer en número, y usted menciona varios textos que hablan de congregaciones de membresía numerosa. Pero eso no toca la cuestión de que si dos o tres cristianos pueden formarse, o no, en una congregación local.

4. Según las Escrituras, hermano, si dos o tres cristianos no pueden formarse en una iglesia local, ¿cuántos tiene que haber para que puedan formarse en una congregación? ¿100? ¿3000? ¿Quién tiene la autoridad de especificar cierto número?

5. La promesa a Abraham de lo numeroso de su descendencia (Gén. 12:2), ni Apoc. 7:9-14, tienen nada que ver con la cuestión, pues estos pasajes tratan, no de congregaciones locales, sino del pueblo de Dios colectivamente. Tampoco tocan la cuestión las "gavillas" de Sal. 126:6.

* * *

41. LA TRINIDAD. "JESUS ES DIOS PERO NO COMO EL PADRE". JUAN 10:34-36

"Tenemos un problema con …. ellos creen algo como creen los Testigos de Jehová, que el Dios Todopoderoso es el Padre y que Jesús también es Dios pero no como el Padre. Usan Juan 17:3; 1 Cor. 8:6; Rom. 16:27; 2 Cor. 1:3; etcétera, para probar que Jesús no es parte del Dios único y verdadero. Dicen que Jesús es Dios como lo eran aquellos jueces de Israel (Juan 10:34-36), o Moisés (Éxodo 7:1). Aplican mal a Fil. 2:4-8".

- - -

1. En cuanto a la naturaleza divina de Jesús de Nazaret, ¡él es Dios! (Isa. 9:6; Rom. 9:5; Mat. 1:23———Isa. 7:14; Juan 1:1; 10:30,33; 20:28; Fil. 2:6; Isa. 45:23; Tito 2:13; Heb. 1:8-12 ——— Sal. 102:25-27; 2 Ped. 1:1; 1 Juan 5:20). Es eterno (Miq. 5:2; Juan 1:1; 8:58 ———Éxodo 3:14; Heb. 13:8; Apoc. 1:8,17 ———Isa. 48:12). Aunque hay tres personas (2 Cor. 13:14) en la deidad (un solo Dios), son uno en propósito (Juan 10:30; 17:22). (No son "tres dioses" competidores, según el concepto pagano del politeísmo. En esto los Testigos de

Jehová, y otros unitarios, nos representan mal. No creemos en tres dioses, sino en un solo Dios, o Deidad, compuesto de tres personas que son una sola cosa).

2. Los pasajes Juan 17:3; 1 Cor. 8:6; Rom. 16:27 y 2 Cor. 1:3 no niegan la deidad de Jesucristo. Los que citan tales pasajes para negar la deidad de Jesucristo ignoran el papel de Cristo el Señor al venir a este mundo a salvar al pecador. En cuanto a su naturaleza, eternidad, y divinidad, esta persona de la deidad no se llama el Cristo, o el Hijo de Dios, sino El Verbo, o sencillamente, Dios. Como el Hijo de Dios (frase que en sí indica deidad, en lugar de humanidad) en este papel Cristo estuvo sujeto al Padre. Hay que tomar en cuenta esta verdad al hacer aplicaciones de los pasajes mencionados arriba.

En Juan 17:3, Jesús habla en papel de Salvador. En Rom. 16:27 la gloria se atribuye "al único y sabio Dios" por medio de la intercesión de Jesucristo en papel de Mediador. En 2 Cor. 1:3 Pablo adscribe loor a Dios, reconociendo a la vez el papel de Mediador de Jesucristo (1 Juan 2:1). Este Mediador es divino; Dios es su Padre (es decir, los dos son de la misma naturaleza). En tales pasajes no hay ninguna distinción entre la naturaleza de las dos Personas Divinas. No dicen que el Padre es el único Dios y que el Verbo (por no decir, Jesús o Cristo, en papel de Salvador) es algo menor. Conviene al falso maestro tomar esto en cuenta.

3. Juan 10:34-36 no enseña que Jesucristo era simplemente un hombre, como los jueces del Antiguo Testamento, o un "dios" en el mismo sentido en que aquellos jueces eran llamados dioses (Sal. 82:6). Todo lo contrario, el pasaje distingue entre Jesucristo y aquellos hombres.

4. Como todos los hijos del Sr. Suárez son Suárez, todos los hijos de Dios son de la familia de Dios; son dioses. (Nótese la segunda parte de Sal. 82:6). Ahora si aquellos jueces, por tener la autoridad de hablar por Dios (Jn. 10:35), eran dignos de llamarse dioses, seguramente no era incorrecto llamar Hijo de Dios a la persona a quien Dios había dotado de tales honores como los que recibió Jesús del Padre (Mat. 3:17; 17:5). La misión divina de Jesucristo probó su Deidad (el significado de la frase, "Hijo de Dios").

5. Éxodo 7:1 no enseña que Jesucristo era un "dios" igual que el hombre, Moisés. Moisés fue constituido "dios" en el sentido de ser comisionado a hablar a Faraón como si Dios lo hubiera hecho en persona. Compárese 2 Cor. 5:20. Pero Jesucristo nunca fue constituido Dios; por naturaleza es Dios. Es eterno. Véanse los textos dados arriba en 1.

6. Todo unitario niega los pasajes bíblicos que se refieren a la naturaleza eterna de Jesucristo, e ignora el contexto al usar pasajes que toman en cuenta el papel temporario que jugó Jesucristo en este mundo.

* * *

42. COROS DE JÓVENES; REUNIONES

DE JÓVENES Y DE PREDICADORES.

"En la península cada cuatro meses se hacen reuniones llamadas juveniles. Duran casi un día. Estudian, cantan, presentan coros, y hacen juegos".

- - -

1. No me especifica en su carta quiénes son los que llevan a cabo estas reuniones. No es nada malo en sí que jóvenes se reúnan para jugar, o para estudiar. No es nada malo que canten himnos de alabanza al Señor. Pero muy posiblemente el caso es diferente. Lo que practican muchos hermanos liberales es que una iglesia, o varias, promueven tales actividades, y sufragan los gastos, usando fondos de las colectas de cada domingo. La actividad viene siendo una obra social de la iglesia. Esto carece de autorización bíblica.

2. El haber "coro" implica que también hay audiencia; es decir, algunos cantan y otros escuchan. Si el coro usa himnos y canciones espirituales, entonces la práctica es puramente sectaria. En cuanto a los cánticos espirituales, las Escrituras dicen que cantemos, exhortándonos y enseñándonos, unos a otros, y no que canten ciertos escogidos y entrenados a los demás que nada más escuchan la presentación del grupo especial.

"Cada cuatro meses también se reúnen los llamados predicadores o líderes de las iglesias donde también estudian temas de edificación".

- - -

1. Otra vez veo que lo que me dice no especifica el caso en particular en cuanto a los arreglos de tales reuniones. No es nada malo que predicadores se reúnan y estudien las Escrituras, y esto con cierta frecuencia. Pero si la iglesia local se mete en el asunto, proveyendo reuniones de personas de otras iglesias, y dando sentido oficial a las discusiones y estudios, es otra cosa. ¿Quiénes promueven estas reuniones? ¿Es sencillamente caso en que unos predicadores sugieren a otros que todos se reúnan y estudien? O, ¿es caso en que una iglesia, o iglesias, hacen los arreglos y promueven el asunto?

"En _____ los hermanos de distintas congregaciones se reúnen y hacen campañas. En una de ellas observé lo que le comunico: después del sermón se presentó lo que puede llamarse un coro de jóvenes y cantaron un himno, continuando el servicio. En todo lo anterior, ¿qué es correcto y qué no lo es?"

- - -

1. La única unidad de acción que Cristo tiene organizada en este mundo es la iglesia local. Cuando dos o más iglesias locales se unen para hacer una campaña, es evidente que los hermanos en ellas están ignorando el patrón bíblico y están siguiendo más bien la centralización, modelo que promueve el denominacionalismo.

2. El uso de un coro de jóvenes en la hora del culto de la iglesia es práctica netamente sectaria.

Los hermanos liberales comienzan la práctica de tales coros en las llamadas reuniones de jóvenes, y luego meten la práctica en la iglesia local. Al hacer eso imitan, no al ejemplo apostólico, sino al que siguen las llamadas iglesias evangélicas. Más y más los hermanos liberales están llevando las iglesias al sectarismo.

3. Espero que estas explicaciones le ayuden. Usted, hermano, debe quitar su comunión de quienes practican estas cosas sectarias, para no sufrir las mismas consecuencias que ellos van a sufrir.

* * *

43. LA ESPOSA Y LOS HIJOS DEL QUE HA DE SER NOMBRADO ANCIANO

"¿Es necesario que la esposa del candidato para anciano sea cristiana como él, e igual sus hijos e hijas?"

- - -

1. El requisito dado en 1 Tim. 3:4 ("que gobierne bien su casa") implica que su esposa y sus hijos van a ser ejemplares en todo, pues en esto consiste la prueba de que la persona sí tiene buen control de su familia. Si la esposa del candidato para anciano no es cristiana, o si es cristiana pero no fiel en sus deberes, una vez que la persona se nombre anciano, ¿cómo podrá disciplinar a un miembro de la iglesia local que sea infiel en sus deberes? Le echarían a la cara el caso de su propia esposa. Todo el punto es que la iglesia local se cuide debidamente, y la prueba de que el nombrado para anciano va a poder hacerlo tiene que mostrarse en la dirección correcta que él haya dado a su propia casa (ver. 5).

2. El anciano tiene que tener "buen testimonio de los de afuera" (ver. 7). Un anciano con una esposa infiel podría ser desacreditado por los inconversos, y la iglesia local sufriría reproche.

===

"Cuando dice que 'tenga hijos creyentes', dice "hijos" en plural. ¿Significa eso que si un hermano con todos los demás requisitos, excepto que tiene una hija creyente y una no es bautizada, pero vive ordenadamente, que ese hermano no puede ser nombrado anciano?"

- - -

1. El término plural, "hijos", incluye al singular. Gén. 21:7 sirve de ejemplo. Sara dijo "dar de mamar a hijos", cuando en realidad tuvo un solo hijo. Considérese también Efes. 6:4; ¿acaso el padre de un solo hijo no tiene que criarlo en disciplina y amonestación del Señor? El anciano, pues, que tiene un solo hijo, y éste cristiano, cumple con el requisito de "tener hijos creyentes" (Tito 1:6). En el caso específico mencionado arriba, ya que la otra hija vive ordenadamente, es obvio que el padre tiene a sus hijos en sujeción (1 Tim. 3:4).

===

"Si nos apegamos estrictamente a la letra nadie sería anciano de la iglesia, ¿no cree así?"

- - -

1. No, no creo así. Los requisitos dados por el apóstol inspirado, al escribir a Timoteo y a Tito, no son opcionales. Son cosas "necesarias" (ver. 2). Compárese 1 Cor. 14:37. Es cuestión de perseverar en la doctrina de Cristo (2 Jn. 9). Ignorar algo de estos requisitos en 1 Tim. 3 y en Tito 1 es extraviarse de dicha doctrina, y no tener a Dios en comunión. Los sectarios y los hermanos liberales no quieren "apegarse estrictamente a la letra" para poder promover sus propios sistemas de cosas. No hemos de pensar más de lo que está escrito (la letra) (1 Cor. 4:6).

* * *

44. ¿BAUTIZARSE DE NUEVO?

"En la 'iglesia de Cristo' donde prediqué en algunas oportunidades, se predicaba el bautismo por inmersión para perdón de pecados ... Pero en la iglesia donde eran miembros no practicaban algunas cosas como establece Dios en su palabra. Por ejemplo, usar instrumentos mecánicos para acompañar las alabanzas, recoger en cada servicio la ofrenda y sólo tener un 'anciano' en la congregación. Yo cuando prediqué, me dijeron que así entendían el bautismo, aunque algunos reconocieron aprender algunas cosas nuevas respecto a él. También les enseñé, que no basta 'llevar el nombre de iglesia de Cristo' para ser una iglesia de Cristo como descrita en el Nuevo Testamento. Ellos ¿tendrían que bautizarse 'de nuevo'?"

- - -

1. Puedo comentar sobre el caso en general, pero no puedo de lejos juzgar bien en un dado caso específico. Al decir usted que "algunos reconocieron aprender algunas cosas nuevas respecto a él" (al bautismo), esto me indica que en el tiempo de su bautismo no entendían bíblicamente. El caso es que para que la persona obedezca bien al evangelio, tiene que ser enseñada en cuanto al reino (Hech. 8:12), que es la iglesia. Tiene que entender que el bautismo, dado que le lava los pecados, le constituye parte de la gente que ya tiene el perdón de los pecados. En ese sentido Dios le "añade" a la iglesia, que es el reino de Dios. La persona que oye el evangelio según el Nuevo Testamento va a entender que la iglesia de Dios no es ninguna denominación, sino que es una sola iglesia unida. Ahora, después de ser bautizada, si se da cuenta de que la iglesia local tiene algunas prácticas no bíblicas, deja de comulgar a los miembros de ella. Ahora se congrega con hermanos fieles. Yo esto lo explico a la persona, y dejo la decisión a ella. Es la enseñanza lo que aclara el punto, y solamente la persona misma puede decidir si así fue en el caso suyo.

* * *

45. ¿LEGALIZARSE SU MATRIMONIO O NO?

"Un matrimonio, los dos viudos, que

dependen de su jubilación para vivir, han estudiado con los hermanos, pero no han legalizado ante las autoridades civiles su matrimonio, porque la mujer perdería inmediatamente su jubilación, y ya los dos bien entrados en años no pueden trabajar … Yo les dije que sí eran matrimonio ante Dios, pero que estaban en rebeldía a la ley civil, por lo tanto era imperioso que hiciesen tal trámite. Ellos han manifestado el deseo de bautizarse, pero les hemos hecho ver esto. ¿Está bien la explicación nuestra al caso de ellos?"

- - -

1. Si los dos viudos viven como "un matrimonio" son esposos, no viudos. Para agradar a Dios en su matrimonio no tienen que legalizar su matrimonio. Pero están viviendo una mentira, pues son esposos pero ante el gobierno se presentan como dos viudos para poder seguir recibiendo una jubilación.

2. Tienen que arrepentirse del pecado de mentir. Ahora pueden legalizar su matrimonio para representarse al gobierno en verdad como dos personas casadas. Así perderán la jubilación que es para viudos porque no son viudos sino casados. O bien pueden rehusar la jubilación para viudos y seguir con su matrimonio no legalizado. Si quieren legalizar su matrimonio para recibir beneficios gubernativos para casados, entonces automáticamente se perderá la jubilación para viudos.

3. No hay que pensar en el bautizarse, si no hay disposición de obedecer a Cristo. Ahora, el hombre carnal va a pensar más bien en las consecuencias materiales si obedece a Cristo. En este caso, se piensa en la pérdida de la "jubilación". ¿Dependemos de Dios, o de jubilaciones? ¿No está Dios en los cielos? Aparte de esa jubilación, ¿no hay manera de subsistir? ¿No hemos de andar por fe y depender de nuestro Padre Celestial? El hablar de bautizarse o no, con la consideración principal por delante de esa jubilación, muestra que no hay suficiente fe para obedecer a Cristo.

* * *

46. ¿POR QUE HAY ENFERMEDAD Y SUFRIMIENTO?

"¿Por qué tiene el cristiano enfermedad y sufrimiento en la vida? ¿Ha permitido Dios las enfermedades para probarnos la fe como en el caso de Job, o son nada más casos de suerte?"

- - -

1. No, la llamada "suerte" no controla el universo, sino Dios. Aunque es cierto que ciertas enfermedades y sufrimientos son consecuencias físicas del pecado, a veces pasan cosas adversas en la vida del cristiano porque Dios permite que Satanás nos tiente. El caso de Job lo ilustra. Luego, hay veces cuando Dios disciplina y castiga (Heb. 12:4-11) como Padre amoroso. También hay veces cuando el cristiano sufre sencillamente porque es humano y está en el

mundo (1 Ped. 2:20-24; Jn. 15:18 y sig.).

2. No nos toca preguntar, "¿Por qué me pasa esto?", sino preguntar "¿Qué he de hacer yo con este suceso?", recordando que como cristiano, todo es mío, aun la muerte misma (1 Cor. 3:21-23).

3. Hemos de dejar todas las cosas de la vida física en las manos de Dios, y andar por fe, glorificándole en nuestras vidas, porque de esto resultará la vida eterna cuando esta vida breve y física termine. Hacer de otra manera es andar por vista y no por fe (2 Cor. 5:7).

4. Dios no promete al cristiano puras bendiciones y completa libertad de toda prueba, sino le promete la victoria sobre toda prueba y adversario en la vida (Apoc. 7:14-17; 3:10-12; Rom. 8:35-39; Juan 16:33).

5. El cristiano hace buen uso de las aflicciones en la vida, aprendiendo la perseverancia. El libro de Job en el Antiguo Testamento le sirve bien. Véase Sant. 5:11.

6. Ecles. 9:11 dice que "tiempo y ocasión acontecen a todos". Hay mucho que nos acontece por ser nosotros seres humanos en este mundo.

* * *

47. EL VELO.

"Acabo de conocer la palabra de Cristo. Tengo como 5 meses leyendo la Biblia y tengo dudas. Antes era católico pero conocí una Iglesia Bíblica en _____. Después conocí al hermano _____. Y me habló de usted. Pero ya estudiamos en su casa de _____ los domingos y yo tengo problemas con las siguientes temas que no se llevan a cabo en la Iglesia Bíblica … También tengo dudas con los seminarios. El Pastor de la Iglesia me invita al seminario porque dice que la Biblia se interpreta gramatical, cultural e historial, para conocer lo que debemos seguir".

(Los temas que él menciona son: el velo, la ropa de mujer, la cena con jugo, la ofrenda, y los seminarios. Ahora comento sobre ellos en ésta, y en las preguntas siguientes, números 48, 49, y 50).

- - -

1. El velo. La Iglesia Católica Romana impuso el velo en la mujer, pero no el Nuevo Testamento. En el primer siglo, durante el tiempo cuando todavía existían los dones espirituales (entre ellos, la profecía ————1 Cor. 12:10), la mujer profetisa, ya que ejercía en público el mismo don milagroso que el hombre profeta, tenía que mostrar su sujeción como mujer por medio de ponerse el velo mientras profetizaba (1 Cor. 11:2-16). (Ejemplos de profetisas en el tiempo del Nuevo Testamento: Ana, Luc. 2:36-38; las cuatro hijas de Felipe el evangelista, Hech. 21:9). Hoy en día no existen estos dones, pues cumplieron su propósito. No hay profetisas hoy en día, y el mandamiento de cubrirse con velo nunca fue dado a cualquier mujer.

* * *

48. LA ROPA DE MUJER

(El segundo de los temas del amigo arriba)

1. La ropa de mujer. El Nuevo Testamento no especifica cierta "ropa de mujer". Tal cosa no existe, sino en la imaginación de quienes quieran hacer leyes humanas. Uno es el Dador de la ley, Cristo (Sant. 4:12). Lo que la Palabra de Cristo dice es que tanto el hombre, como la mujer, se vista de ropa decorosa y honesta (1 Tim. 2:9,10; 1 Ped. 3:1-7). La Biblia no impone las costumbres de algunos en todos los demás en el mundo. Hay diferencia de modas, pero el cristiano siempre emplea las modas en conformidad con los principios de la ley de Cristo. Decir que el "pantalón" es "ropa de hombre", y que el vestido y la falda y blusa son "ropa de mujer", es decir algo que el Nuevo Testamento no dice. Las costumbres de vestirse se difieren en el mundo, y no podemos ser dirigidos por los prejuicios. La ley de Cristo decide en todo caso.

* * *

49. LA CENA DEL SEÑOR CON JUGO.

(El tercero de los temas del amigo arriba)

1. La cena del Señor con jugo. En la religión católica, se usa el "vino" en la Cena del Señor, pero ¡solamente el sacerdote lo toma! No se sirve a los feligreses. Se argumenta, diciendo que el cuerpo contiene sangre; así que al comer el pan (el "cuerpo") los feligreses están tomando el vino (la "sangre"). Si es así, ¿por qué no se contentan los sacerdotes con sólo el pan? Una iglesia humana va a legislar según la autoridad de su directiva, pero los que nos sometemos a Cristo, y somos de su iglesia, seguimos la autoridad del Nuevo Testamento. El nos enseña que comamos el pan, y que *también* tomemos la copa, el fruto de la vid (1 Cor. 11:23-29).

* * *

50. LA OFRENDA y LOS SEMINARIOS

(El cuarto y el quinto de los temas del amigo arriba)

1. La ofrenda. Sobre la ofrenda, la Biblia enseña muy claramente que cada primer día de la semana el cristiano eche a la colecta de la iglesia local (1 Cor. 16:1,2), y nos dice con qué actitud de corazón hacerlo (2 Cor. 9:7-9). Las iglesias que practican el diezmo del Antiguo Testamento no son de Cristo, sino de los hombres. Las iglesias que imponen o exigen cuotas estipuladas, al hacerlo muestran que son iglesias humanas.

* * *

2. Seminarios. Los seminarios son instituciones humanas. De ellas no leemos nada en las Sagradas Escrituras. No fueron instituidas por Cristo, sino por hombres sectarios muchos siglos después del primero. Son dirigidos por los "líderes" de las iglesias humanas con el fin de moldear las mentes de los alumnos según las doctrinas y prácticas de su sectarismo. No hacen falta a ningún cristiano genuino. Son parte de la política de las iglesias humanas.

* * *

51. ¿DE CUALES TRIBUS ERAN LOS JUDÍOS?

"¿Es cierto que sólo las tribus de Judá y de Benjamín son judías, y que la casa de Israel (10 tribus) no es judía? Explíqueme por favor".
- - -

1. No, no es cierto. En el Nuevo Testamento no hay distinción de tribus en el término "judío", sino que el se aplica a todos los descendientes de Abraham (Mat. 3:9). El Nuevo Testamento distingue solamente entre gentiles e Israel (Luc. 2:32; Ana, profetisa judía, era de la tribu de Aser, versículo 36; Rom. 1:16; Gál. 3:28). Pedro era judío (Gál. 2:14), pero era galileo (Hech. 1:11; 2:7). Pablo se refiere a las doce tribus, y a los judíos, como siendo los mismos (Hech. 26:7).

* * *

52. ¿DOCE TRIBUS, O TRECE?

"¿Es cierto que hubieron 13 tribus porque Efraín y Manasés representaban a José? Si estuvieran separadas (en el pasado), ¿serían 13 tribus?"
- - -

1. Hay que expresarnos según se expresan las Escrituras, y no meternos en tecnicismos. El nombre de Jacob, el nieto de Abraham, fue cambiado a Israel. Tuvo doce hijos. De ellos salieron las doce tribus de Israel. Pero José, uno de los doce, tuvo dos hijos, Manasés y Efraín, y el anciano Jacob, al bendecir a sus hijos, adoptó a estos dos nietos como suyos (Gén. 48:5,6). Pero cuando bendijo finalmente a sus doce hijos (capítulo 49), bendijo a José, completando así la bendición de sus doce hijos.

2. Efraín y Manasés llegaron a ser las cabezas de las dos tribus que llevarían sus nombres (Jos. 14:4). Ya eran trece tribus, las once más estas dos; pero el número "doce" (derivado de los doce hijos de Jacob, de las cuales José era uno) continuó a usarse. Cuando la tierra de promesa fue repartida, ya que Leví no recibió una porción específica (por ser Leví la tribu de sacerdotes), se quedaban doce territorios, y así se perpetuaba el concepto de "doce tribus de Israel". Véase Hech. 26:7, y Sant. 1:1 (judíos convertidos en cristianos).

* * *

53. ¿LAS DIEZ TRIBUS PERDIDAS?

"Una persona me dijo: 'La casa de Judá regresó a Jerusalén en tiempos de Esdras y Nehemías'. ¿Qué se hizo de la casa de Israel (10 tribus) que no estaba representada en Judá? ¿Qué responde ante esto? Explíqueme".

- - -

1. Las Escrituras no usan la frase algo común de "las diez tribus perdidas de Israel". Sin duda muchos de los israelitas de las diez tribus perdieron su identidad como judíos mientras estaban en la cautividad, pero otros muchos formaron la "dispersión" (judíos a través de las naciones, pero siempre judíos). Sin duda algunos de éstos volvieron a Jerusalén, pues el edicto de Ciro era para todo su reino (Esdras 1:1-3). Véase Esdras 7:21,22. (Hemos visto como Ana era de la tribu de Aser, Luc. 2:36. Pablo era de la tribu de Benjamín, Fil. 3:5). Los que primero volvieron no eran los únicos que volvieran.

* * *

54. 1 SAM. 28:3-20 ¿DIOS O DEMONIO?

"1 Samuel 28:3-20. ¿Lo que Saúl oyó era de Dios, versículo 15-20, o era un demonio que estaba imitando a Samuel, versículo 15-20"?

- - -

1. Este es un caso de usar Dios medios no comunes de comunicaciones (Heb. 1:1). (No es caso de "espiritismo", la teoría acerca de comunicación con los muertos, pues esa adivina misma se sorprendió grandemente cuando apareció Samuel, y al principio no sabía quién era). Dios hizo uso de esa mujer mala para llevar a cabo su propósito, como lo ha hecho en otras ocasiones. Hizo aparecer a Samuel, contra la expectación de ella, y le reveló que era Saúl quien estuvo disfrazado (versículo 8,13).

* * *

55. DAN. 8:13,14; 11:31; 12:11

"¿Qué significan estos textos: Dan. 8:13,14; 11:31; 12:11?"

- - -

1. Estos pasajes tienen que ver con la obra desoladora y profana de Antíoco Epífanes (rey de Siria del año 175 al 164 a. de J.C.). En el año 167 a. de J.C. Antíoco profanó el templo en Jerusalén en dos ocasiones, ofreciendo un puerco en el altar y poniendo ídolos en el templo. En el año 165, Judas Macabeo restauró el culto judaico, habiendo purificado el templo. Hay que estudiar la historia del período entre Malaquías y Mateo para comprender bien el cumplimiento de tales porciones de Daniel.

* * *

56. ¿EL ARREPENTIMIENTO INCLUYE LA CONFESIÓN?

"Los mormones enseñan que el arrepentimiento incluye la confesión de pecados, y por eso el Plan de Salvación de los Mormones es: Fe, arrepentimiento, bautismo, recibir al Espíritu Santo. El plan de salvación es: fe, arrepentimiento, confesión de pecados, bautismo. ¿Cómo refutar esto?"

- - -

1. Afirmar que el arrepentimiento incluye la confesión de pecados es aseverar sin prueba. Al que afirma, a él le toca probar. El arrepentimiento es cambio de pensar, o de actitud; es cambio de mente. Pero tiene que haber "frutos dignos del arrepentimiento". Véanse Mat. 3:6,8; Hech. 19:18,19.

2. El plan de salvación para la persona es así: oír el evangelio de Cristo, creer que Jesús es el Hijo de Dios, arrepentirse de todos sus pecados pasados, confesar la fe que tiene en Jesús de Nazaret, y bautizarse para perdón de ellos. La reformación de vida, incluyendo la confesión pública de pecados, comienza con la fe y el arrepentimiento y continúa al descubrir el creyente el error que públicamente tenga (Hech. 19:18,19).

* * *

57. APÓSTOLES MORMONES

"Los mormones dicen que nuestra organización en la iglesia de Cristo no es bíblica porque no tenemos apóstoles según Efes. 4:11; 2:20. ¿Cómo argumentar?"

- - -

1. Los mormones mismos comprueban que no son la iglesia de Cristo porque tienen llamados "apóstoles" vivos pero que no tienen "las señales de apóstol" (2 Cor. 12:12), en lugar de los apóstoles de Cristo quienes todavía están sentados en sus tronos, juzgándonos por su doctrina (Mat. 19:28; Hech. 2:42). Los llamados "apóstoles" mormones son completamente falsos. No son hombres llevados milagrosamente por el Espíritu Santo; no son testigos oculares del Cristo resucitado (Hechos 1:21,22); no hacen milagros para confirmar su mensaje sectario (Mar. 16:20).

2. El falso maestro ignora la palabra "hasta" (Efes. 4:13), como también el propósito expresado en la frase "a fin de" (versículo 12). Ignora la enseñanza bíblica sobre la duración de los dones espirituales, o milagrosos (1 Cor. 13:10). Los oficios de hombres inspirados no iban a durar indefinidamente. No existen hoy en día. La iglesia primitiva llegó a la unidad de la fe, y vino lo perfecto, cuando toda la verdad fue revelada por inspiración. Entonces ya, con la muerte de los apóstoles, y de quienes recibieron la imposición de las manos de los apóstoles para recibir dones milagrosos, los dones milagrosos para profetizar,

para hacer milagros, etcétera, pasaron. Cumplieron su propósito. La verdadera iglesia de Cristo está fundada sobre los doce apóstoles originales, escogidos por Cristo mismo (Efes. 2:20). Los falsos de hoy no los sustituyen.

3. Nótese el requisito para ser un verdadero apóstol de Cristo: Hech. 1:20-26. No hay hoy en día quien pueda llenar ese requisito de versículos 21, 22.

* * *

58. ¿MUJER ENSEÑAR HIMNOS?

"¿Está bien que una hermana enseñe a cantar himnos a la iglesia, no en la adoración, pero en el mismo local, después de una hora empezar la adoración?

- - -

1. Una mujer puede enseñar la melodía de algún himno, o himnos, dentro del local o fuera de el, en un tiempo señalado para ello (que no seria hora de adoración o culto), con tal que no ejerza autoridad sobre el hombre (1 Tim. 2:12). Puede quedarse sentada, y de alguna manera modesta y con sentido de sujeción enseñar a los demás cómo va la melodía del himno. ¡De hecho esto pasa con frecuencia en que el hombre director de los himnos, parado ante la congregación, no sabe bien cómo va la melodía, y alguna o algunas hermanas sentadas en la congregación, con nada más cantar con voces un poco subidas, llevan la entonación del himno! De esta manera ayudan, sin que dirijan públicamente.

* * *

59. ¿QUÉ SIGNIFICA CARNAVAL?

"¿Qué significado tiene carnaval?"

- - -

1. "Carnaval" es una palabra compuesta de "carne" y "vale". "Vale" es del latín, e indica una expresión de despedida. En el catolicismo romano, el "cuaresma" es el tiempo de abstinencia entre el miércoles de ceniza y la llamada Pascua de la Resurrección. Ya que por esos cuarenta días no se le permitía al católico comer carne, surgió la costumbre de celebrar con mucha comida y juego antes del principio de dichos días. De eso, "carnaval": ¡adiós, carne!

* * *

60. SOBRE CONSEGUIRSE SALARIO

"¿Qué requisitos o medios necesito tener o tomar para que pueda yo merecer una ayuda económica de alguna iglesia de Cristo que está en la disposición de ayudar?"

- - -

1. No es cuestión de requisitos o medios, sino de que usted presente su caso a alguna iglesia, o que alguien le recomiende a ella. Cada caso es diferente. Hay quienes dedican todo su tiempo al evangelio, y por eso tienen el derecho de vivir del evangelio (1 Cor. 9:14). Si deciden hacer eso, deben hablar con las iglesias que conozcan y procurar personalmente ponerse en contacto con otras desconocidas, según su necesidad. Si es cuestión de necesitar algo limitado, para gastos de viajar para predicar, se solicita menos. Bíblicamente no hay persona indicada que administre fondos de iglesias para salarios de predicadores. No hay (bíblicamente) ninguna iglesia patrocinadora para centralizar fondos para salarios de predicadores. Todo es cuestión del individuo y de las iglesias entre las cuales ande o que conozca por recomendación de otros.

2. Los hermanos entre los cuales usted anda, si están ofrendando bíblicamente, deben poder pagar el pasaje de su pueblo a _____.

3. Todo el mundo me escribe y me pide que le ayude a conseguir sostenimiento. Yo sí recomiendo a veces a ciertos hermanos bien conocidos, pero yo no soy centro de dispensación de salarios. Yo soy evangelista, nada más. Tengo en este momento una lista de nombres para los cuales he tratado de conseguir salario; no siempre tengo éxito. (Se debe en gran parte a la economía del país).

4. Espero que esta explicación le haya servido para comprender el cuadro general. Siga su lucha por la verdad, haciendo cualquier sacrificio necesario. Ore mucho; Dios nos oye, y provee.

* * *

61. ¿DIÁCONOS PRIMERO?

"¿Qué se eligen o se instituyen primero, los ancianos o los diáconos? ¿Cómo afecta a la iglesia instituir primero a los diáconos?"

- - -

1. Las Escrituras mencionan primero a los ancianos, y luego a los diáconos (Fil. 1:1). Hechos 14:23 dice que constituyeron ancianos en cada iglesia; no dice que también diáconos. En el primer caso mencionado de diáconos (Hech. 6), vemos que la iglesia en Jerusalén era dirigida todavía por los apóstoles. Cuando hay necesidad en la iglesia local de servidores especiales, se eligen diáconos.

2. El tener la iglesia local diáconos, o no tenerlos, no es cuestión de formalidades ni de oficios. No se eligen por elegirse. No es cuestión de tenerlos por tenerlos. Se eligen para que los dirigentes espirituales de la congregación (los ancianos) no tengan que gastar tiempo en "servir mesas". Si no hay ancianos en alguna iglesia local, el trabajo que harían los diáconos puede ser repartido entre los varios varones.

*   *   *

62. MATEO 24

"¿Cómo puedo comprender que Mat. 24 es en ese tiempo del primer siglo? porque me confunden los versículos 3, 14, 29 que se refieren más bien al fin de todo".

- - -

1. Puede comprenderlo por el contexto y por los pasajes paralelos (Mar. 13 y Luc. 21). Véanse Mat. 24:15-20 y Luc. 21:20, en particular.

2. Lo que dice Mat. 24:1-34 tiene que ver con cosas que se cumplieran antes de pasar esa generación (versículo 34).

3. En cuanto a Mat. 14:3, Cristo sí contestó las preguntas de los discípulos, aunque no en base al concepto de las cosas que ellos tenían equivocadamente. Después del versículo 34, Cristo ahora comienza a hablar acerca del fin del mundo físico (el versículo 3 no dice, "el fin de todo", según usted lo expresa).

4. En cuanto a Mat. 24:14, véase Col. 1:23. La frase "todo el mundo" a menudo se refiere al mundo conocido de aquel tiempo.

5. En cuanto a Mat. 24:29, se emplea en ese versículo lenguaje simbólico con referencia a la caída de poderes políticos de aquel tiempo, a consecuencia de la invasión de los romanos. Compárense Isa. 13:10 (la caída de Babilonia); 24:23.

*   *   *

63. COMENTARIOS DE UN ATEO (JN. 20:26,27)

"Ayúdame a refutar los argumentos que un ateo me presenta. Me dice el ateo que la Biblia tiene muchos absurdos como: Jn. 20:26,27. En el versículo 26 se ve claramente que los discípulos tenían las puertas cerradas y Jesús se puso en medio de ellos. Entonces Jesús era espíritu porque sólo los seres espirituales pueden traspasar paredes. Pero en el versículo 27 se ve que Jesús era de carne y hueso".

- - -

1. Seria interesante saber si alguna vez el ateo ha leído (que no diga, estudiado) el Nuevo Testamento con el fin de ser juez justo (es decir, sin ideas preconcebidas) con su contenido, o si nada más está repitiendo aparentes discrepancias que desde hace tiempo han presentado los incrédulos.

2. El punto que el ateo ignora es que el Cristo resucitado ya andaba entre sus discípulos con un cuerpo glorificado, y no con el cuerpo de antes de su sepultura. "Se manifestó" varias veces a ellos (Jn. 21:1,14). Pudo desaparecerse de ellos (Luc. 24:31), como también aparecerse (versículo 36).

(El registro inspirado no dice que traspasó una pared). No siempre le reconocían en su cuerpo glorificado (Luc. 24:16; Jn. 20:14; 21:4). Esto indica algo de diferencia que había en su cuerpo glorificado, o cuando menos que Cristo tenía el poder de materializarse a los sentidos naturales como quisiera. En Luc. 24:37-43 vemos que los discípulos pensaban que veían un espíritu. Cristo les comprobó que no era puro espíritu, sino que tenia cuerpo (el glorificado, desde luego), mostrándoles sus manos y sus pies, y comiendo lo que le dieron. En el versículo 51 vemos que en ese mismo cuerpo, y delante de sus ojos, fue llevado arriba al cielo.

3. El amigo ateo ignora que la Biblia nos enseña acerca del cuerpo glorificado (Fil. 3:21; 1 Jn. 3:2). ¡El está lleno de absurdos!

*   *   *

64. OTRA OBJECIÓN DEL ATEO (MAR. 11:12-14)

"Dice que Jesús no era cuerdo porque en Marcos 11:12-14 Jesús maldice a la higuera estéril. ¿Por qué Jesús la maldijo, si no era tiempo de higos todavía, según el versículo 13? ¿Qué dirían de un hombre que maldice a una planta o árbol si no es tiempo de cosecha? Dicen que ese hombre es loco".

- - -

1. El ateo duda de la prudencia de Jesús al maldecir a una planta supuestamente buena; dice que Jesús actúa como loco. Pero, ¡qué oposición más loca es la del ateo! Si Jesús habló unas palabras, dirigiéndolas a un árbol, y si al día siguiente los discípulos, al pasar por allí, lo vieron secado desde las raíces (versículo 20), entonces Jesús no era meramente hombre, ¡sino Dios! ¿Cuál hombre, cuerdo o loco, puede hacer cosa semejante? Y ¿quién es el hombre que dude de la prudencia de Dios?

2. Todavía no era la sazón de higos (versículo 13). Salía primero el fruto y luego las hojas. Dado que no era todavía el tiempo de higos, las higueras no tendrían hojas. El tener esta higuera hojas daba evidencia de que tendría fruto. Pero no, no tenía higos; tenia nada más la apariencia de tener. Era completamente inútil, estéril. No valía nada.

3. Teniendo hojas, y por eso promesa de fruta, Jesús fue al árbol para ver si tal vez hallaba algo en él. Esa higuera, con ya tener hojas, debía ya tener fruto No tenía; Jesús la maldijo, y ella murió.

4. Hay una gran lección en eso para nosotros, de que lo inútil o estéril merece la muerte. Pero, nótese que Cristo no hizo del evento una parábola. Los discípulos preguntaron, no por alguna lección o aplicación, sino sobre cómo "es que se secó enseguida la higuera" (Mat. 21:20). ¡Fue hecho por

el poder de Dios (milagro)! La respuesta de Cristo (versículo 21,22) fue que si creyeran, y no dudaran, ellos también podrían hacer grandes milagros (una vez que salieran en la Gran Comisión bajo la dirección del Espíritu Santo ———— Mar. 16:20; Heb. 2:4). (Nótese que Mat. 21:21,22 no se aplica a cristianos en general. El contexto trata de los escogidos apóstoles de Cristo y de la fe milagrosa, 1 Cor. 12:9).

* * *

65. OTRA OBJECIÓN DEL ATEO (MAT. 12:46-50)

"Mateo 12:46-50. Los ateos dicen que en esta ocasión Jesús no reconoció a María como su madre y a sus hermanos como tales, porque temía ser descubierto, que su origen no era divino. Los ateos no dicen que esta ocasión solamente, sino que durante todo el ministerio de Jesús, y si él decía que María era su madre, y José su padre, estaba aceptando que su origen era terrenal, no divino".
- - -

1. En primer lugar, el ateo representa mal los hechos del caso. El texto sagrado no dice que Jesús no reconoció a su madre y a sus hermanos. Dice que cuando uno le dijo: He aquí tu madre y tus hermanos están fuera, y te quieren hablar, que Jesús se dirigió a ese individuo y extendiendo su mano hacia sus discípulos, todos hombres, le dijo: He aquí mi madre y mis hermanos. Es decir, hay una relación más alta e importante que la relación familiar. (¿O acaso llamó Jesús "madre" a hombres?)

2. Como niño, Jesús estaba sujeto a José y a María (Luc. 1:51). ¿Cómo es que no los reconocía? Después de haber entrado en su ministerio personal, en una ocasión entró en Nazaret, donde había sido criado, y comenzó a enseñar en la sinagoga. Todo el mundo sabía quién era. No negó su crianza (Mar. 6:1-3).

3. Cuando estuvo en la cruz, reconoció a su madre (Jn. 19:26). Lucas, el historiador inspirado, reclamó que María era su madre (Hech. 1:14).

4. Siendo Dios venido en carne, un cuerpo físico tuvo que ser preparado para él (Heb. 10:5). Ese cuerpo fue preparado milagrosamente en la virgen María. Los incrédulos seguían pensando que José y María eran sus padres naturales, pero Jesús nunca reconoció a José como su padre terrenal.

5. Pero decir que nunca reconoció a José y a María como sus padres porque temía ser descubierto como no divino, es ridículo. Reclamaba ser divino y lo comprobaba con sus múltiples milagros. No tuvo que depender de encubrir su crianza en la carne.

* * *

66. OTRA OBJECIÓN DEL ATEO (MARIA SIEMPRE VIRGEN, MAT.12:46-50; 13:53-58)

" … María fue la primera y la única persona que ha salido embarazada sin haber tenido contacto sexual; es decir era virgen. Dicen los modernistas: ¿pero cómo es que las personas siguen diciendo que es virgen si después del nacimiento de Jesús tuvo más hermanos? Mat. 12:46-50; 13:53-58".
- - -

1. El hermano que me escribe es de un país católico. "Todo el mundo" allí dice que María seguía siendo virgen hasta la muerte. Los ateos, y demás incrédulos, residentes en tales países, tienen la idea de que el catolicismo romano (y aun el protestantismo) representa bien a la Biblia. Pero la verdad es que los enemigos más grandes de la Biblia son, en muchos casos, los mismos "creyentes" en ella. ¡La representan mal! La Biblia no dice que María seguía siendo virgen. Los ateos, como todos los demás, deben leer la Biblia por sí mismos, con mentes honestas y sinceras, y juzgarla según sus méritos y enseñanzas, y no según oigan de ella. Los mismos textos arriba referidos prueban que ella no seguía siendo virgen.

* * *

67. BAUTIZARSE DE NUEVO, "COMUNIÓN CERRADA"

"Hay una señora que los domingos asiste con sus dos hijas, y a veces durante la semana. Fue bautizada en la Iglesia Pentecostal. Ella firmemente insiste en que fue bautizada en el nombre de Jesús para la remisión de sus pecados, y por eso cree que su bautismo es bíblico y válido. Sin embargo, algunos no están de acuerdo con ello. Hay desacuerdo en la congregación sobre lo que enseñen las Escrituras sobre el particular. Yo y el hno. _____ queremos que usted nos ayude.

"Aparte de juzgar la condición de ella, ¿Qué constituye un bautismo válido o bíblico? Específicadamente, ¿importa a cuál iglesia pertenezca el que bautice? ¿Quién tiene la autoridad de bautizar? ¿A qué grado tiene que entender el converso el plan de Dios para su iglesia? ¿Añadirá Dios a la iglesia de El a la persona que después de su bautismo se asocie con una iglesia humana? Si no, ¿a qué grado tiene que ser escritural la iglesia a la cual se asocie?

"¿Tenemos el derecho de negar a alguien la cena del Señor?"
- - -

1. Antes de dirigirme a las preguntas mismas, planteo estos puntos básicos: No podemos entender mal las Escrituras y bautizarnos bien. La predicación de la verdad precede al bautismo, y si la persona oye la verdad y la cree, va a bautizarse

bien. Hechos 8:12 dice que hombres y mujeres fueron bautizados cuando creyeron lo que Felipe les decía, y lo que les decía tenía que ver con el reino de Dios (su iglesia) y el nombre de Jesucristo (la autoridad plena de él como el Salvador del mundo). Es imposible predicar el evangelio de Cristo sin hacer a la gente entender lo que es la iglesia de Cristo, el cuerpo (iglesia) de los salvos

2. Ahora, nadie oye el evangelio puro por primera vez, habiéndose hallado en un vacío religioso y cultural. Todo el mundo, para cuando oye el evangelio por primera vez, ya está acondicionado por la religión de sus padres, por la cultura en que nació, y por cierto entendimiento de las cosas ya conseguido. Entre las religiones del mundo, hay ciertas denominaciones humanas que enseñan algunos puntos correctamente. Por ejemplo, los mormones enseñan que el bautismo es para perdón de los pecados, y reclaman ser "La Iglesia de Jesucristo", pero para ellos Jesús era polígamo, etcétera. La Iglesia Pentecostal, que usted mencionó, enseña que el bautismo es "en el nombre de Jesús", pero lo que ella quiere decir con esa frase, y lo que las Escrituras quieren decir con ella, ¡no son la misma cosa! (Si es la Iglesia Apostólica, sus miembros son unitarios, y según ellos Jesús es el Padre, el Hijo, y el Espíritu Santo). La cuestión, pues, no tiene que ver solamente con usarse ciertas frases y hacer ciertas reclamaciones. Es cuestión de que ¡la persona oiga y entienda la verdad del evangelio de Cristo! Considérese el caso en Hech. 19:1-7.

3. Ahora a las preguntas en orden:

a. Un bautismo válido y bíblico es uno en que la persona oye la verdad del evangelio (Mar. 16:15,16), y de corazón (Rom. 6:17) obedece (Heb. 5:9), arrepintiéndose (Hech. 2:38), confesando su fe en Cristo (Hech. 8:37; Rom. 10:9,10), y siendo sumergida en agua para perdón de sus pecados (Hech. 2:38; Col. 2:12).

b. No, no importa a cuál iglesia pertenezca el que bautice. La validez del bautismo no depende de la persona que sumerja en agua.

c. Tiene autoridad para bautizar cualquier cristiano (Hech. 8:4 más 11:19-21).

d. El que quiere bautizarse debe entender que Cristo salva por su muerte en la cruz, que salva a todos de igual manera (con las mismas condiciones de perdón), y que los salvos así componen su cuerpo, o iglesia, o reino (Hech. 8:12; Efes. 1:22,23). No hay más iglesias de Cristo que salvaciones de Cristo. El denominacionalismo no se constituye la iglesia de Cristo, ni "invisible" ni "mística". El denominacionalismo no es parte del "plan de Dios para su iglesia"; es pura sabiduría humana, y está condenada en las Escrituras (Mat. 15:9,14).

e. Dios añade a su iglesia a quien salva, o perdona. Esa persona no va a asociarse después con nada humana; no habría por qué hacerlo. Dios ¡ya le añadió a lo suyo! Hacer otra cosa muestra que la persona no oyó el evangelio puro de Cristo.

f. Añadir Dios a la iglesia, y asociarse la persona con alguna iglesia, son dos conceptos completamente diferentes. Hay una sola iglesia, o cuerpo de salvos en el mundo; es la que Cristo compró con su sangre (Hech. 20:28). O somos de ella, o no lo somos. Como cristianos debemos "asociarnos" con una congregación de hermanos que fielmente siga la doctrina de Cristo (Hech. 9:26; 2 Jn. 9; Apoc. 2:13; 14:12). La frase "asociarse", como usada en la pregunta, se usa en el sentido de identificarse con dicha iglesia, y de participar plenamente como miembro de ella. Dios no va a añadir a su iglesia a una persona que en seguida vaya a hacer eso de asociarse con una iglesia humana.

g. Negar servir la cena a alguien es practicar lo que a veces se llama "la comunión cerrada". Las Escrituras no enseñan tal cosa. Pero la Cena es para cristianos, y no hay por qué servirla a propósito a personas no cristianas. El servicio de la cena no es para evitar ofender sentimientos. Si no ha sido establecido que cierta persona es, o no es, ya cristiana, la cena no debe ser servida a propósito a ella (primero, hay que establecer la verdad del caso). Tampoco hay que hacer gran caso de ello, absolutamente prohibiendo que la persona se sirva. Si el pan y el jugo se pasan por la persona no cristiana, y ella se sirve, es cosa de la persona. No entiende bien, pero en la Cena cada persona ha de examinarse a sí misma (1 Cor. 11:28). No toca a otros examinar (y juzgar) a los demás.

h. En realidad, servir o no la Cena a cierta persona presente, o que ella se sirva o no, no es el problema. El problema consiste en no haber establecido todavía el estado espiritual de la persona. Si ella reclama ser cristiana, siendo persona desconocida, se tiene que investigar el caso. Puede ser que tenga razón; puede ser que no. Cuando esto está establecido, si es cristiana, se le sirve la Cena. Si no lo es, se le enseña la verdad del evangelio.

i. Casi siempre pasa que entre más enseñanza clara, bíblica, y explícita se presenta a una persona como aquélla descrita en su carta, más comienza a reconocer que obedeció más bien a un evangelio pervertido (Gál. 1:6-10), y que no entendía bien la verdad de Cristo. Pero a fin de cuentas, después de la enseñanza clara y bíblica, si la persona insiste en que así fue el caso con ella, que fue bautizada bíblicamente, hay que aceptar su palabra (como aceptamos la palabra de la persona que, al confesar su fe en Cristo dice: "Yo creo que Jesús es el Hijo de Dios", aunque haya dicho eso nada más para agradar a otro). Con el tiempo la verdad del caso siempre saldrá.

j. Ningún predicador sectario enseña la verdad del evangelio (por eso es sectario). Si la persona es enseñada por el sectario, es enseñada mal. No va a aprender la verdad por conducto de un sectario. Ahora, si la persona con sólo el Nuevo Testamento se enseña a sí misma, y luego va a buscar a alguien que le bautice, llega a ser cristiana, porque Dios le salva (le añade a su iglesia). Por la misma verdad con que aprendió acerca del bautismo, aprende que no debe "asociarse" con ninguna denominación.

k. Dios decide si la persona es salva, o no. Los hermanos de una dada congregación deciden si extienden, o no, su comunión a la persona. Tienen que hacerlo, juzgando el caso en base a lo que enseñan las Escrituras.

4. Resumen:

a. La cuestión no es una de sentimientos. No es cuestión de complacer a la gente.

b. No hay substituto por la enseñanza de la verdad. Solamente la verdad liberta, hace libres (Jn. 8:32).

* * *

68. DONAR TERRENO A OTRA IGLESIA.

"Si una congregación es muy pobre económicamente y no puede comprar solar ni reunir dinero para construir y tomando en cuenta que cada Iglesia local tiene que llevar su obra, ¿es contrario a la Biblia que otra Iglesia lo done (como lo es nuestro caso acá que la Iglesia de _____ nos donó el terreno)?"

- - -

1. Que una iglesia ayude a otra a tener terreno y local (o edificio), no es caso de centralización. (El mal, pues, si lo hay, no está en eso). Algunos tratan de justificar la práctica en base a que es bíblico que una iglesia coopere con otra "necesitada," (dando una iglesia a otra en el asunto de terreno y local). Sí, el cooperar es bíblico. En la benevolencia la Biblia enseña que haya cooperación. Pero, en realidad este asunto no es uno de benevolencia; es más bien uno de evangelismo. El sitio de reunión (local) ¡es una conveniencia! No es una necesidad. Hay varias referencias en el Nuevo Testamento de iglesias congregándose en casas particulares (Rom. 16:5; Col. 4:15; etcétera). El local no es cosa esencial; es cosa de conveniencia, nada más. Y como lo es en todo caso de conveniencia, si hay fondos disponibles para ello, bien; si no, bien.

2. La justificación para comprar terreno y construir un local se encuentra en el mandamiento general de congregarse para adorar a Dios y predicar el evangelio. El local viene siendo un medio por el cual predicarse el evangelio. Ahora,

en el evangelismo, no hay caso alguno en el patrón bíblico de que una iglesia enviara a otra. Cada iglesia debe hacer conforme a su capacidad individual (2 Cor. 8:3,11,12).

3. Resumen:

a. El ayudar una iglesia a otra con finanzas para la adquisición de un local no toca la cuestión que ha dividido la hermandad. No es caso de centralización. Pero sí carece de autorización bíblica. El asunto tiene que ver con el evangelismo, y no con la benevolencia. Por eso no debe de haber envío de fondos de una iglesia a otra en este asunto. El local, como toda conveniencia, es conseguido, o no, según la fuerza financiera de cada congregación. ¡El local no es esencial!

b. Se ha puesto demasiada importancia en el local. No era así en tiempos novotestamentarios. Es más; muchas veces la iglesia que dona el dinero a otra iglesia sigue ejerciendo cierto grado de control indirecto sobre la iglesia recipiente, y la recipiente tiende a someterse a la donadora. Esto es del todo antibíblico.

c. La iglesia local puede hacer su obra sin edificio propio. Muchos hermanos suponen que el asunto es de otra manera, y luego se justifican, haciendo arreglos no autorizados.

* * *

69. SOSTENER A PREDICADORES

"¿Es bíblico que una Igla. como en los EE.UU. pague el predicador que está enseñando a los hermanos en _____ (así es nuestro caso)?".

- - -

1. Sí, es bíblico que una iglesia de los EE.UU. (o de ¡cualquier otra parte en el mundo!) sostenga a un predicador en otro país (2 Cor. 11:8; Fil. 4:15,16).

2. Muchos líderes liberales andan representando falsamente a sus hermanos, diciendo y escribiendo que los "antis" no creen en que los hermanos latinos reciban dinero de los EE.UU. ¡Es pura mentira! A través de los años he participado en conseguir salarios de aquí (EE.UU.) para predicadores en la América latina. Pero, la comunión que es representada en ese dinero de la iglesia de aquí para el predicador de allí es comunión entre dicha iglesia y el predicador. ¡No es caso de que una iglesia de aquí ¡esté sosteniendo a una obra de allí! Así se expresan los liberales, y al hacerlo exponen su falta de comprensión bíblica en el asunto.

3. El predicador que recibe el salario de otra parte ¡no es miembro de la iglesia de esa parte, ni está bajo los ancianos (si los hay) de allí; es miembro de la iglesia donde predica! Cuando yo predicaba en _____, Texas, recibía salario de una iglesia lejos de allí. Era miembro allí, sujeto a la

disciplina de esa iglesia. No era miembro en otra parte, ni sujeto a los ancianos de aquella otra parte. ¿Cómo puede un cuerpo físico en los EE.UU. tener un miembro en otro país? ¿Cómo puede una oveja ser pastoreada por un pastor en diferente país?

* * *

70. INSTITUTOS

"¿De qué manera una Iglesia local entrega parte de su obra, cuando manda a un hermano que se entrene en un instituto, si este es más bien para que se prepare más y pueda servir mejor en la Obra del Señor?"

\- - -

1. Si parte de la obra de la iglesia local es entrenar a hermanos, y si un hermano de la congregación es enviado a otra organización (al instituto humano), ¿no se entrega parte de su obra? Cristo organizó la iglesia local para toda la obra que él quiere que se haga colectivamente. Ahora, si la iglesia local tiene que depender de alguna organización humana para que sus miembros tengan lo que necesitan, ¿que pasa con la suficiencia de la iglesia, la organización divina?

2. Lo que está pasando es que las iglesias locales ¡no están haciendo su obra, sino entregando gran parte de ella a las instituciones humanas! Es más: envían parte de su dinero a dichas instituciones para sostenerlas. Todo esto es admisión de que Cristo falló cuando estableció la iglesia local. ¡No está adecuada para hacer toda su obra designada!

3. Los hermanos que perpetúan el institucionalismo (el sostenimiento de instituciones de parte de iglesias de Cristo) roban a las iglesias locales de sus jóvenes, los "entrenan", y luego participan en colocarlos en las iglesias según su juicio, y así llegan a controlar la hermandad. Las iglesias que participan en esto son anémicas, contentándose en que otros hagan la obra que a éstas toca, y así ellas no tienen que molestarse.

4. La edificación (entrenamiento para llegar a la madurez y para poder dirigir en la obra local) es parte de la obra de la iglesia local. Si algún individuo quiere estudiar materia secular en las escuelas públicas y privadas, es cosa de él. Si los llamados "institutos para predicadores" no metieran la mano en las tesorerías de las iglesias de Cristo, y si existieran solamente para ofrecer educación adicional al que lo quiera, estaría bien. Pero no es así. Las iglesias locales están entregando parte de su responsabilidad (y dinero) a los institutos que los hombres han establecido (muchos siglos después del primero, cuando tales cosas no existían), para que lo humano supla lo que a lo divino supuestamente falte. ¿Esto es bíblico?

5. La pura verdad es que tal sistema mata la espiritualidad y crecimiento de la iglesia local. Las iglesias locales no están produciendo ancianos, diáconos, maestros, predicadores, y hermanos maduros, porque no están ocupándose bien en la edificación. Dependiendo de los "graduados de institutos", las iglesias locales no se maduran nada. El graduado, ya asegurado de una iglesia dónde predicar, y con salario de otra parte, comienza a ponerse "al frente de la obra", se encarga casi de todo, y los demás se mueren espiritualmente. El está contento, porque sabe más que otros y tiene sostenimiento, y los miembros están contentos porque no tienen que crecer y hacer nada.

6. Los hermanos liberales están siguiendo el patrón denominacional, en el cual las iglesias locales entregan sus jóvenes interesados y sus cuotas a los seminarios para que allí reciban la educación juzgada necesaria por una mesa directiva en la organización denominacional. De esta manera la central controla a las iglesias individuales.

7. Un comentario adicional: Va sugerida en su pregunta la idea de que el fin justifica los medios ("si este es más bien para que se prepare más y pueda servir mejor en la Obra del Señor"). Recuérdese Rom. 3:8. ¿Cuántas cosas no se tratan de justificar, apelando al buen fin supuestamente logrado por ellas? El institucionalismo no es bíblico, y por mucho que se crea conveniente, no tiene autorización divina.

* * *

71. HACER REPORTES

"¿Si a un hermano lo patrocinan de los Estados Unidos, es correcto que este hermano rinda informes a ellos de la obra del número de miembros, etcétera, porque tengo entendido que los hermanos sí rinden informe. Cuando yo me di cuenta (antes de tener correspondencia con Ud.) a mi no me gustó porque me puse a pensar de que qué tenían que ver los Ancianos de los EE.UU. con nosotros, pero el hermano me respondió que Pablo daba informes de la obra cuando a él le ayudaban".

\- - -

1. Hay varios puntos involucrados en esta pregunta como va presentada.

  a. El "patrocinio" no es bíblico. Es bíblico que una o más iglesias envíen sostenimiento directamente al predicador, pero no es bíblico que una reciba de otras, para centralizar estos fondos y luego enviarlos al predicador.

  b. Sí, es correcto que el predicador, recibiendo salario de otra iglesia, haga reporte a ella de sus actividades en el evangelio. La iglesia que envía el dinero tiene que responder a Dios por el uso de ese dinero recogido en las colectas de cada domingo. Para esto tiene que saber qué está haciendo el predicador sostenido. Yo recibo de una iglesia lejos de mí (en millas) y reporto todos los meses. Tenemos comunión unos con otros; esos hermanos tienen interés en mí, y yo en ellos. A veces visito a esa iglesia; a veces miembros de allí me visitan a mí. Repito, ¡hay comunión entre nosotros! No soy miembro allí; no estoy sujeto a los ancianos de allí. Si resulta algún día que ellos deciden que ya no soy digno de ese sostenimiento (debido a una falsa doctrina y falla en mi vida personal), dejarán de enviarme sostenimiento. Esa iglesia no se entremete en la iglesia local donde soy miembro. El reporte mensual que yo hago es según el acuerdo que tenemos esa iglesia y yo. Es cuestión de "procurar hacer todas las cosas honestamente, no sólo delante del Señor sino también delante de los hombres" (2 Cor. 8:21).

c. La palabra "reporte" puede significar varias cosas. Hay iglesias patrocinadoras liberales que preparan un formulario para quienes sostienen y exigen que se llene cada mes y que se les devuelva. En este formulario van preguntas sobre cuántos miembros hay en la iglesia local, cuánto es la colecta de cada domingo, cuántos bautismos ha habido en un dado intervalo de tiempo, cuáles planes de obra tiene la iglesia en la cual es miembro el predicador recipiente del sostenimiento, etcétera, etcétera. ¡Esto es totalmente antibíblico! Yo no me sometería a ello por nada. En pocas palabras: ¡no le importan estos datos a aquella iglesia patrocinadora! ¿Acaso ella reporta a la iglesia de la cual es miembro el predicador recipiente del salario? ¡Claro qué no! El sostenimiento bíblico es entre la iglesia que envía y el predicador que recibe, y ¡no entre la iglesia que envía y otra iglesia!

d. Pablo y Bernabé reportaron una vez en persona a la iglesia en Antioquía (Hech. 14:27), porque esa iglesia les había encomendado para esa obra (versículo 26; 13:1-3). Fue voluntario; fue conveniente. Hablaron de su obra en el evangelio (versículo 27). Pero no llenaron formularios, sometiéndose a requisitos de otros respecto a asuntos de otras iglesias locales.

* * *

72. ¿FUE ESTABLECIDA LA IGLESIA DE CRISTO DURANTE SU MINISTERIO PERSONAL?

"Tuvimos una plática con los bautistas … que la iglesia o reino quedó establecido el día de Pentecostés, registrado en Hechos 2, pero ellos dijeron que la iglesia fue fundada cuando Cristo estuvo en la tierra … citaron a Mat. 18:15-17, alegando que la iglesia estaba en vigencia … dijeron que el reino ya había venido; nos citaron Lucas 17:21. Si puede ayudarme para poder debatir

ese argumento del bautista, pues quiero aprender más y a defender la doctrina bíblica. Espero en Dios su valiosa ayuda".

- - -

1. Los bautistas afirman que la iglesia de Cristo (ellos dicen, la Iglesia Bautista) fue establecida durante su ministerio personal. ¿Cuándo fue? ¿Dónde? ¿Cuáles pasajes nos lo enseñan? ¡Que sean específicos! No basta sencillamente decir que tal y tal pasaje enseña que la iglesia existía durante los días de Cristo sobre la tierra. Se les obliga decirnos cuándo y dónde fue establecida. (Una vez que hagan eso, entonces podremos comenzar a mostrar las muchas inconsecuencias en que se encuentran con dicha posición).

Comúnmente afirman que fue en el monte cuando Jesús escogió a sus doce apóstoles (Mar. 3:13-19; Luc. 6:12-16).

2. Mat. 18:17. Este pasaje menciona la palabra "iglesia". Sí, es cierto; pero también es cierto que es parte de la enseñanza de Cristo de preparación. Esta ley fue dada por anticipación, como también Mat. 19:9 en cuanto al matrimonio. La ley de Moisés permitía otra cosa (versículo 7,8), pero cuando el Nuevo Testamento fuera ratificada por la muerte de Cristo, entonces la ley de Cristo estaría en vigencia (Heb. 9:15-17). Jn. 3:3-5 es otro ejemplo de la nueva ley de Cristo que vino a estar en vigor con la muerte de Cristo. Bajo el Nuevo Testamento todo hombre tiene que nacer de nuevo (Hech. 2:38).

3. Tocante a Luc. 17:21, los fariseos, que tenían un concepto puramente literal, físico, y material del reino, preguntaron cuando vendría (versículo 20). Cristo les hace ver que la naturaleza de su reino no es material; es espiritual. No iba a tener un advenimiento visible en una dada ciudad del mundo. No se observaría de manera visible y material, porque es un reinado en el corazón del hombre. El punto de Cristo no es que ya existía plenamente su reino (y por consiguiente, su iglesia), sino que la naturaleza de su reino es espiritual, y no material como lo esperaban los fariseos. Está en el hombre que deje que Cristo reine en su corazón. Dice la Versículo Hispanoamericana, "dentro de vosotros está".

Algunas versiones dicen, "entre vosotros está". En este sentido el reino estaba entre ellos en el sentido de que El que lo iba a establecer estaba entre ellos, y que su doctrina que iba enseñando era la que regiría en él.

4. El reino iba a venir con poder (Mar. 9:1). El poder vino en día de Pentecostés (Hech. 1:6-8; 2:1-4). ¡Que los bautistas nos digan cuándo vino el reino (la iglesia), y cuál demostración de poder hubo en la ocasión!

5. Si la iglesia fue establecida durante la vida personal de Cristo, hubo un apóstata en la iglesia,

pues Judas cayó y se condenó. Pero los bautistas niegan la posibilidad de apostasía. Si el reino y la iglesia no siempre son lo mismo, entonces los pasajes que citan, en cuanto al reino durante la vida personal de Cristo, no valen para probar que la iglesia existiera entonces.

6. Notemos las consecuencias de la posición falsa de la Iglesia Bautista: Si la iglesia fue establecida antes de la cruz de Cristo:

    a. Fue un cuerpo sin cabeza (Efes. 1:19-23)

    b. No tenía Rey (Hech. 2:32-36)

    c. El Nuevo Testamento no tenia testador (Heb. 9:15-17)

    d. Fue comprada sin la sangre de Cristo (Hech. 20:28; Heb. 10)

    e. Tenia a un diablo en ella (Jn. 6:70)

    f. El nuevo pacto no tenia Sumo Sacerdote (Heb. 8:4)

    g. No tenia al Espíritu Santo en ella (Jn. 7:39)

    h. Existía antes de ser comprada (1 Cor. 6:20)

    i. Existía antes de poder predicarse el evangelio (1 Cor. 15:1-8)

    j. Existía sin una cruz en que gloriarse (Gál. 6:14)

    k. Existía bajo la ley de Moisés (Rom. 7:1-4; Col. 2:14)

7. Si la iglesia o reino existía en realidad antes de la muerte de Cristo:

    a. Cristo no lo sabía (Luc. 22:18)

    b. El malhechor no lo sabía (Luc. 23:42)

    c. Los discípulos no lo sabían (Hech. 1:6)

    d. José de Arimatea no lo sabía (Mar. 15:43)

8. Véase Luc. 19:11-27. Por aplicación vemos que la parábola enseña que Cristo (el hombre noble) iba ir a "un país lejano" (al cielo, después de la resurrección), para recibir un reino y volver. Volverá en su segunda venida (Heb. 9:28). Esta parábola fue dada unos cuantos días antes de su crucifixión.

9. La Iglesia Bautista se fecha desde la Gran Reforma Protestante, y no desde el Nuevo Testamento. Ninguna iglesia fue establecida durante la vida personal de Cristo, mucho menos una humana que diera en su nombre toda la gloria a un hombre. De cristianos leemos en las páginas del Nuevo Testamento, pero no de ningún "bautista", por la simple razón de que no existía.

* * *

73. SOBRE ROMANOS 16:16

"¿Qué significa Rom. 16:16?"

1. Esta es la primera vez en mi vida que se me ha hecho esta pregunta (tengo como 46 años de estar predicando). Pero, dado el abuso que se ha dado a este pasaje bíblico, es natural que se haga la pregunta. Primero notaremos lo que significa este pasaje, y luego comentaremos sobre el abuso de él.

Cito de mi comentario, NOTAS SOBRE ROMANOS:

"'ósculo santo', o 'beso santo' (Versículo Moderna). (Véanse 1 Cor. 16:20; 2 Cor. 13:12; 1 Tes. 5:26; 1 Ped. 5:14). El beso era el saludo acostumbrado entre los judíos (2 Sam. 20:9; Mat. 26:49; Luc. 7:45). Todavía lo es en ciertas partes del mundo. No es el propósito del Nuevo Testamento imponer en algunos las costumbres sociales de otros. No está diciendo Pablo que todo el mundo adopte cierta forma de saludo fraternal. Esta costumbre existía entre aquéllos a quienes escribió Pablo (y también Pedro), y nada más les recuerda a saludar los unos a los otros con beso santo (no sensual). Sea lo que sea la costumbre en cuanto a saludar según las naciones, que se ejerza y que sea santa y no fingida. Este es todo el punto.

"'todas las iglesias de Cristo'. Mandaron también sus saludos las congregaciones de cristianos alrededor de Pablo que sabían que él iba a escribir a los hermanos en Roma".

2. Suponiendo que el interrogador, al preguntar sobre Romanos 16:16, tiene en mente en particular el uso común de la frase "las iglesias de Cristo os saludan", quiero hacer algunas observaciones:

    a. La frase, "iglesia de Cristo", ¡no debe ser considerada como nombre propio, con todo y letra mayúscula así: Iglesia de Cristo! (La letra mayúscula se usa para indicar nombre propio, como por ejemplo Bill H. Reeves). Pablo no dijo: "La Iglesia de Cristo os saluda". Repito: ¡no lo dijo! Pero esto es exactamente lo que muchos hermanos quieren sacar de Rom. 16:16.

    b. La iglesia que es de Cristo no tiene nombre propio. La frase "Iglesia de Cristo" (con letra mayúscula; nombre propio) no se encuentra en las Escrituras. Ahora, la frase "iglesia de Cristo" (así en el número singular), aunque no se encuentra en el Nuevo Testamento, sí representa concepto novotestamentario, porque si hay "iglesias de Cristo" (Rom. 16:16), cada una de ellas es una "iglesia de Cristo".

    c. Hay varias expresiones bíblicas para referirse al pueblo que Cristo compró con su sangre, o a grupos locales de miembros de dicho pueblo. Considérense Mat. 16:18 (mi iglesia); Hech. 20:28 (la iglesia del Señor); 1 Cor. 16:19 (las iglesias <de Asia>); Gál. 1:22 (las iglesias <de Judea> que eran en Cristo); 1 Tes. 2:14 (las iglesias de Dios en Cristo Jesús); Heb. 12:23 (iglesia de los primogénitos————Versículo Moderna); 1 Cor. 1:12 (la iglesia de Dios). Ahora, ¿cuál es el nombre propio de la iglesia? ¿La Iglesia de Cristo? ¿La Iglesia de Dios? ¿La Iglesia del Señor? ¿La Iglesia de Dios en Cristo Jesús? ¿Cuál es? La verdad es que ¡ninguno de estos términos es nombre propio para la iglesia! Todos son términos, o expresiones, comunes que enfatizan alguna característica o circunstancia de ella (universal), o de ellas (locales). La iglesia que Cristo prometió establecer, y que estableció, ¡no tiene nombre propio!

3. Los hermanos (y son muchos) que usan el término bíblico, "las iglesias de Cristo", y luego citan Romanos 16:16, dejando la impresión con el publico de que "Iglesia de Cristo" es el nombre propio de la iglesia, yerran en gran manera, tuercen este pasaje, revelan su pensar sectario e ignorancia, y conducen a otros a creer que la iglesia del Señor es una denominación entre otras muchas.

4. No me opongo nada al uso de la frase "iglesia de Cristo", pero reconozco que es una deducción, dada la frase bíblica, "iglesias de Cristo". (Si hay "iglesias de Cristo", cada una de ellas es una "iglesia de Cristo"). Pero las frases "mi iglesia", "la iglesia del Señor", o sencillamente "la iglesia", todas se refieren a la colectividad de todos los salvos (vivos y muertos). Al leer en las Escrituras estas frases, u oírlas usadas en predicación o en clases bíblicas, no debemos pensar en otra cosa que en la totalidad de todos los salvos en el mundo. Si alguno quiere referirse a todos los salvos en el mundo, y para ello dice, "la iglesia de Cristo" ("iglesia" en letra minúscula), bien; nada más que esté pensando en Mateo 16:28 ("mi iglesia"), y no en Rom. 16:16 ("las iglesias de Cristo"). Ya que dijo Cristo "mi iglesia", obviamente la iglesia es de Cristo (la "iglesia de Cristo"). Pero cuando Pablo dijo "las iglesias de Cristo os saludan", obviamente se refería, no a todos los salvos en el mundo, sino a las congregaciones del área que sabían que iba a escribir a los santos en Roma.

5. Si algunos hermanos no tuvieran un concepto denominacional de la iglesia, no harían de la frase "iglesia de Cristo" un nombre propio ("La Iglesia de Cristo). Toda denominación por necesidad (en la palabra "denominación va la palabra "nombre") tiene un nombre propio para distinguirse de los demás grupos denominados. Pero lo que Cristo "estableció" no es una denominación.

6. Mateo 16:18 ("edificaré mi iglesia") no quiere decir: "edificaré mi denominación llamada, La Iglesia de Cristo". Quiere decir: "haré posible la salvación de pecadores, y estos salvos serán míos".

* * *

74. EL USO DE COROS

"¿Por qué razón ustedes se oponen al uso del coro, o que haya coro en la iglesia o como lo hay en el Instituto Baxter y la Universidad de TX.?"

- - -

1. Al decir "ustedes", ¿me está diciendo que usted aprueba el uso de coros en la iglesia local?

2. Me opongo al uso de él en la iglesia local porque el patrón bíblico, en cuanto al culto de la iglesia local, no autoriza su uso. Lo que autoriza es el cantar congregacional. Ahora, si alguien quiere usar para el culto de la iglesia local el coro, el incienso o el baile, que presente un texto novotestamentario que lo apruebe. No me toca a mí probar que tal o tal cosa es mala; le toca al que la promueve y la practica probar con las Escrituras que queda autorizada. No le toca a usted, hermano, probar que el piano en el culto de la iglesia local es malo; le toca al que lo usa probar que es bíblico.

3. Ahora, que una institución humana (como el Instituto Baxter, o la Universidad Cristiana de Abilene) use coros, etcétera, ¡es otra cosa! ¿Acaso es ese instituto humano una iglesia de Cristo? ¿Es esa universidad una iglesia de Cristo?

4. Lo que está pasando es que tales instituciones humanas se están presentando como si fueran adjuntos o anexos de la iglesia por la cual nuestro Señor murió, y no solamente solicitan fondos de iglesias locales para su operación y obra, sino a veces se meten en los servicios de iglesias de Cristo, ¡con todo y coro! Tal mixtura de cosa humana con una cosa divina ¡es institucionalismo! Los hermanos ambiciosos y promovedores de instituciones no pueden sino meter su mano en las tesorerías de las iglesias de Cristo. Que existan como empresas privadas, con o sin coro, está bien. Tienen derecho de existir. Pero que metan sus manos en la tesorería de la iglesia local, es cosa que no pasará sin que se le exponga por lo que es: ¡el institucionalismo!

5. Hasta que los hermanos aprendan a distinguir entre una iglesia de Cristo (que es una institución divina) y cualquier empresa privada (que es una institución humana), no van a salir de la confusión sobre muchas cosas que van pasando en la hermandad de hoy.

* * *

75. ¿COMO ENVIAR DINERO AL PREDICADOR?

"¿Cómo debe de enviársele el dinero al predicador, por ejemplo que varias congregaciones o individuos lo sostengan, cuál es su caso, como se lo hacen llegar a Ud, ya que en una carta me dice que una iglesia lo sostiene y que está largo (en millas)?"

- - -

Aquí se hacen dos preguntas en una. Las contesto una por una.

1. El cómo enviarle dinero al predicador no es problema. No es la cuestión ante la hermandad. Hoy en día se usa el correo, el cheque bancario, o

sencillamente el tesorero de la iglesia lo pasa al predicador. Nadie está diciendo que hay cierto medio de enviársele el salario.

En tiempos apostólicos, no había servicio postal. No había cuentas bancarias. No había servicio de telegramas. No había giros postales. Se hacía uso de mensajeros para hacer llegar cartas, dinero, etcétera. El medio de hacer llegar el dinero de las iglesias, o individuos, al predicador no está especificado en las Escrituras. No es caso que haya causado problema alguno.

2. En cuanto al caso mío en particular, no que importe, el salario me llega por medio del correo, ya que la iglesia que me sostiene queda a gran distancia de mí.

3. Ya contesté las preguntas, pero paso a comentar sobre lo que en realidad es el problema ante la hermandad, y lo que la ha dividido.

4. Algunos han citado el caso de los mensajeros de las iglesias, para llevar dinero a otra iglesia (2 Cor. 8:23), o para llevarlo a un predicador (Fil. 2:25). (Debe notarse que en los dos pasajes la palabra "mensajero" es, según el texto griego, literalmente "apóstol"; o sea, uno enviado). Estos "mensajeros" sirvieron en lugar del moderno servicio de correo. Sencillamente entregaron el dinero al destinatario. No tuvieron ninguna autoridad para nada; repito, sencillamente llevaron el dinero a su destino.

5. Pero algunos "líderes" liberales tuercen el caso bíblico, haciendo de estos mensajeros como paralelos a las instituciones humanas de hoy en día. Afirman que como ellos estaban entre las iglesias y los objetos de las aportaciones, de igual manera, dicen, las instituciones humanas están entre las iglesias que aportan el dinero, y la obra que ha de ser hecha.

6. Pero este paralelismo es falaz. No hay comparación alguna. Las instituciones humanas inician obras, solicitan dinero, y controlan todo el proceso en el nombre de "la Iglesia de Cristo". Pero, como ya dije arriba, aquellos mensajeros no iniciaban nada, no solicitaban nada, y no controlaban nada. Los liberales pervierten las Sagradas Escrituras al procurar justificar sus instituciones semireligiosas, pero no las logran justificar.

7. La pregunta que estoy repasando no tendría caso si no fuera por las instituciones humanas que siempre tratan de conseguir dinero de las iglesias locales y luego dirigir obras que supuestamente son de las iglesias. ¿Qué importa cómo alguna iglesia local haga llegar el dinero al predicador a quien manda sostenimiento? Siempre ella tiene comunión directamente con el predicador, al enviarle el dinero. Pero el liberalismo aboga por otra cosa completamente diferente. Quiere que haya alguna forma de centralización de obra y de dinero entre las iglesias locales y la obra que ha de ser hecha por las iglesias. Para esto no hay autorización bíblica.

8. Los liberales no pueden hallar ninguna defensa bíblica por esto. Pero tratan de confundir las mentes de quienes no piensan con cuidado, al decir que sus centralizaciones son paralelas a los mensajeros mencionados arriba.

* * *

76. EL MERCADO NEGRO

"¿Si la Ley de Honduras dice que el cambio oficial del \$ es de \$1.00 por L.2.00, será pecado cambiarlos a L3.50 por \$1.00 a los llamados aquí coyotes o Mercado Negro, ya que aquí así es el caso?"

- - -

1. El cristiano procura siempre ser ciudadano obediente, sujetándose a las leyes del país (Rom. 13:1-7; 1 Ped. 2:13-17). Debe recordarse que estos pasajes fueron escritos a cristianos quienes vivieron ¡bajo una dictadura pagana!

* * *

77. COMER SANGRE

"Sobre Hech. 15:28,29 y 1 Cor. 8 quiero saber cuáles son los animales ahogados, sacrificio a ídolos, sangre, por ejemplo cuando alguna gallina es matada que le tuercen el pescuezo no me la como porque considero que es ahogado, ¿Qué dice usted?"

- - -

1. Sugiero que se lea el comentario sobre 1 Corintios (Capítulo 8), de Glenn Rogers (408 LaVista, McAllen, Texas, 78501), como también el mío.

2. Los gentiles estaban acostumbrados a participar en sacrificar animales a ídolos, a comer sangre y carne de animales ahogados, y a la fornicación. La carta inspirada, referida en Hechos 15:23-30, prohibía estas cosas. Ya que había gentiles que comenzaban a obedecer al evangelio, y que los judaizantes querían imponerles la circuncisión, pareció bien al Espíritu Santo (versículo 28) que se les escribiera, imponiéndoles, no la circuncisión, sino estas cuatro cosas necesarias.

3. Si el animal es ahogado, la sangre queda en el cuerpo. No debe ser comido. Si en la matanza del animal se le derrama la sangre, entonces sí puede ser comido.

4. Hay comidas preparadas con sangre (por ej., la morcilla). Se nos prohíbe comerlas.

5. Se nos prohíbe la participación en cualquier acto de idolatría.

* * *

78. PROGRAMA RADIAL POR CASETE

"Aquí la iglesia pasa un programa radial y quien habla es el hno. _____ por casete grabado, ¿Es esto bíblico o no? si no lo es ¿dónde está el problema?"

- - -

1. Predicar por radio, o en persona, o por casete, es todo bíblico. Son de veras métodos de predicar. (Supongo que la iglesia local paga el programa).

* * *

79. UNA IGLESIA REGALAR A OTRA

"Ya que ustedes enseñan y practican que la iglesia local es la única unidad de acción para toda buena obra y mayormente para el evangelismo, deseo hacerle la siguiente pregunta ¿Es bíblico o no, que una iglesia done o regale a otra, por ej. a) una copiadora (fotocopiadora), b) mimeógrafo o algunas veces hasta dinero para sufragar gastos por algún servicio como lo es una campaña, a propósito están de acuerdo con las campañas?"

- - -

1. Primero, las campañas. Si con la palabra "campaña" usted quiere decir una serie de servicios especial como actividad de la iglesia local, sí es bíblico. Es lo que todos practicamos. Esto no ha causado problema alguno.

2. Pero hay otras clases de "campañas" (como por ej., la "campaña global"); de ellas no hablo.

3. Donar una iglesia dinero a otra, para sufragar gastos que incurrió la otra, no es bíblico. Una iglesia no debe incurrir gastos que no pueda pagar. Todos, tanto el individuo como la iglesia local, deben obrar según su capacidad (Mat. 25:15; 2 Cor. 8:3). Ahora, el pasar una iglesia a otra una pieza de equipo que ya no necesita, no viola este principio de que cada iglesia haga su propia obra. No es caso de obrar una iglesia por medio de otra en proyecto de evangelismo indefinido. Puede ser, en algún caso específico, que no sea conveniente, pero sí es bíblico. Es un caso singular en que es más práctico regalar la cosa a otra iglesia que deshacerse de ella en otra forma. Es cuestión de ser buenos mayordomos de los bienes que Dios nos da (Lucas, capítulo 16).

4. Ahora, pregunto a usted: "Si la iglesia local no es la única unidad de acción, ¿cuáles otras hay, según las Escrituras? Díganos en cuáles pasajes hablan las Escrituras de "Iglesias Patrocinadoras", de "Sociedades", etcétera.

* * *

80. ¿DE CUANTOS AÑOS DE SER CRISTIANO PARA PREDICAR A TIEMPO COMPLETO?

"¿De cuantos años de ser cristiano, puede servir un hermano a tiempo completo?"

- - -

1. A nadie se le autoriza fijar un tiempo de años para esto. Que alguno decida dedicarse tiempo completo a la predicación es cosa de él. Si predica tiempo completo, tiene que vivir de alguna fuente de ingresos. Si no es rico, para vivir de sus propios fondos, tiene que arreglar sostenimiento con alguna iglesia, o iglesias, o con individuos (Fil. 4:15.16; 2 Cor. 11:8; Gál. 6:6). Si él y las iglesias se ponen de acuerdo, es cosa de ellos.

* * *

81. EL SUELDO DEL PREDICADOR

"Mucho se critica por el sueldo de los hermanos liberales por ser tan altos; un hermano me decía que _____ le visitó y le decía que los liberales tenían fungosos sueldos ¿cómo considera esto Ud., se puede o no regular el salario en cuanto a cantidad?"

- - -

1. Como dije arriba, el salario representa un acuerdo entre el predicador y la iglesia, las iglesias, o los individuos que se lo envían. Nadie tiene derecho de meterse en asunto ajeno. Si en un dado caso alguien cree que debe reportar su queja a la iglesia, las iglesias, o individuos que envían el salario al predicador, lo puede hacer. Pero la decisión queda con quienes envían el salario. Y siempre que haya caso de posible fraude de parte del predicador, es imperativo que se les informe del caso a quienes envían el salario. No es justo que ellos sean engañados en casos semejantes.

* * *

82. NO SER CONSERVADOR, NI LIBERAL, SINO SIMPLEMENTE CRISTIANO

"Lo único que sí dejé claro es que no iba a tomar una posición partidista ya que se utilizaban los términos Conservador y Liberal. Yo no soy conservador ni liberal sino simplemente Cristiano".

- - -

1. Con esas dos frases, hermano, usted muestra o confusión o cobardía. Usted, y yo, y todo hermano, tomamos cierta posición con relación a la cuestión de la centralización y del institucionalismo. O estamos a favor o estamos en contra. Los que promueven la centralización (la llamada "iglesia patrocinadora") y el institucionalismo (el sostenimiento de instituciones humanas por iglesias de Cristo) toman la libertad de actuar sin autorización bíblica, y por eso decimos que son hermanos "liberales". Nosotros nos oponemos a ello, y por eso nos dicen "antis". Ahora, usted, o aprueba la centralización y el institucionalismo, o se opone a ellos. ¿Cuál es? ¿Va

a tratar de conservar las cosas como eran antes de la introducción de patrocinios e instituciones (es decir, ser "conservador"), o va a ser partícipe en esas cosas, actuando como libre de autorización bíblica (es decir, ser "liberal")? O ¿va a ser cobarde, rehusando declarar su posición? ¡Con razón usted ha recibido crítica!

2. Usted habla de no tomar "una posición partidista". No es cuestión de posición partidista, o de ser partidarios. Es cuestión de quedarnos con las prácticas autorizadas bíblicamente, o de irnos tras innovaciones humanas. ¿Tomaron Pablo y Bernabé "una posición partidista" en Antioquía (Hech. 15:1,2)? Seguramente tomaron una posición concreta y definida, frente a la cuestión que surgieron los judaizantes. Si usted, mi hermano, hubiera vivido en el siglo pasado, cuando algunos hermanos tomaron la libertad de abogar por la Sociedad Misionera, ¿habría sido "liberal" o "conservador"? ¿Habría tomado "una posición partidista"? Bueno, es cierto que, para no ser cobarde, habría tenido que declararse o en contra de esa organización humana, o a favor de ella. Al oponerse a ella, algunos le habrían llamado "anti". Al apoyarla, otros le habrían llamado "liberal". ¿Habría participado usted en la Sociedad Misionera "para conocer el sistema"?

3. Usted dice que "no soy conservador ni liberal sino simplemente Cristiano". Esa expresión revela de parte de usted, hermano, una ignorancia de la cuestión misma, o una cobardía. Los términos "conservador" y "liberal" ¡no son nombres propios, como lo es "Cristiano"! Son adjetivos que expresan cierta actitud hacia la cuestión a la mano. Usted es cristiano, yo soy cristiano, el hermano liberal es cristiano. Todos bajo consideración somos cristianos. No es cuestión de ser cristiano, o no. No es cuestión de escoger entre tres entidades distintas, a saber, ser cristiano, ser liberal, o ser conservador. La cuestión es ésta: Dadas las promociones humanas en la hermandad, ¿vamos a ser cristianos conservadores o cristianos liberales? La pregunta que hacerse es ésta: Como cristiano, ¿cuál es mi actitud hacia esas promociones?

* * *

83. CONDENAR A LOS QUE CONDENAN

"He visitado a algunos hermanos de los mencionados (conservadores———bhr), pero me da tristeza mirar las actitudes condenatorias que toman, cuando en verdad las fundan en la opinión personal. Los argumentos expuestos son pobres a nivel doctrinal, a ellos también les hace falta estudiar sus estudios, principalmente Centralización de Fondos y Cooperación Benevolencia".

- - -

1. Usted condena a los hermanos que según usted son de "actitudes condenatorias".

2. El condenar en sí no es pecado (Gál. 2:11; Heb. 11:7). Si ellos le condenan porque es de condenar, porque usted defiende la centralización y el institucionalismo, entonces hacen bien. Si le condenan en base a opinión personal, no hacen bien. Yo no puedo ser juez entre usted y ellos, no habiendo oído la defensa de ellos. No sé si en realidad sus argumentos son "pobres a nivel doctrinal", o si en realidad su argumentación es basada en pura "opinión personal". Puede ser que les falte estudiar bien mis escritos; no sé. Yo sí sé que muchos hermanos no están estudiando bien.

3. Sus palabras implican que usted no toma la misma posición que ellos con relación a la cuestión de la centralización y del institucionalismo. (De otra manera ellos no tendrían las llamadas "actitudes condenatorias"). ¿No es así? ¿De qué le "condenan" a usted?

4. Yo he estudiado bien la cuestión, y supuestamente usted lo ha hecho también (de otra manera no criticaría a ellos de no haberla estudiado bien). Usted debe, pues, dirigirme a mí sus dudas, críticas o argumentos a favor de las promociones de los liberales, para que estudiemos juntamente. Entonces, como cristianos que somos los dos, tomaremos una posición concreta y definida respecto a la cuestión, o condenando la centralización y el institucionalismo, o aprobándolos. Hasta entonces usted deja a sus hermanos en confusión, tratando de mantener la posición imposible de neutralidad.

5. Por favor contésteme esta pregunta sencilla: ¿Son bíblicos la centralización (ilustrada por la llamada "Iglesia Patrocinadora") y el institucionalismo (ilustrado por los orfanatos bajo mesa directiva y sostenidos por iglesias de Cristo)? ¿Sí, o no? Hermano, espero su respuesta. De nuevo le doy las gracias por su carta. Dios le bendiga.

* * *

84. LA HERENCIA PECAMINOSA

"El escuchó su predicación de Ezequiel 18, y aunque reconoce que no heredamos el pecado de Adán y Eva, él habla de la herencia pecaminosa del hombre".

- - -

1. No se hereda ni culpa ni justicia de parte de otros. Ezequiel capítulo 18 lo hace bien claro.

2. Es una contradicción abierta afirmar que no se hereda el pecado de Adán, y al mismo tiempo afirmar que el hombre nace con una "herencia pecaminosa".

3. El pecado no consiste en nacer (con algo heredado de parte de otros), sino en transgredir algún mandamiento de Dios (1 Jn. 3:4).

4. Salmos 51:5 no dice que David nació "con pecado", sino "en pecado"; es decir, en un mundo caracterizado por el pecado, exactamente como la persona nace en una lengua (Hech. 2:8); es decir, en una parte del mundo caracterizada por cierta lengua.

5. Rom. 5:12 no dice que por Adán entró "la culpa" en el mundo, sino "el pecado". El es quien introdujo el pecado. Tampoco dice que la muerte pasó a todos los hombres por cuanto Adán pecó, sino por cuanto ¡todos pecaron!

6. Efes. 2:3 no dice "somos por naturaleza", sino ¡"éramos"! No afirma Pablo que los cristianos (a cristianos él escribió) somos de cierta naturaleza heredada de Adán, sino que antes de nuestra conversión "éramos" de cierta manera habituada de vivir, la que nos identificaba con la ira de Dios.

7. Aquí la palabra griega, traducida "naturaleza", aparece en Rom. 2:14. ¿Acaso afirma Pablo que los gentiles, por una "herencia pecaminosa", hacían lo que era de la ley de Moisés? No, sino afirma que por costumbre de larga duración sí hacían muchas cosas que la ley de Moisés imponía al judío con respecto a la moralidad.

* * *

85. CASADOS SIN CONTAR CON LO CIVIL

"¿Está casada una pareja ante Dios que no ha ido a la ley civil? Algunos dicen que debido al mucho tiempo que ha estado viviendo la pareja (tal vez hasta 20 años) le constituye un matrimonio, y que si quieren bautizarse no necesitan casarse por lo civil, y ni tienen que separarse 'pues lo que Dios juntó que no lo separe el hombre'".

\- \- \-

Para atender a su pregunta, diré lo siguiente:

1. No conozco en detalle el caso en particular al cual usted se refiere en su pregunta. Por eso mi respuesta es general.

2. El matrimonio, en la vista de Dios, no requiere acto civil. El matrimonio es un pacto entre dos personas y con Dios (Prov. 2:17; Mal. 2:14). Así que, si dos personas, teniendo derecho el uno al otro como esposos, acuerdan delante de Dios y de los hombres vivir como esposos, entonces al hacerlo están casados. En mi país se llama "el matrimonio de ley común".

3. Ahora, Cristo nos manda que nos sometamos a las leyes del país (Rom. 13:1; Tito 3:1; 1 Ped. 2:13). Si alguna pareja, casada bien ante los ojos de Dios, no sabía que es la voluntad de Dios que su casamiento se registre (por ser en un dado caso requisito del gobierno), y ahora sí lo sabe, entonces para agradar a Dios, lo va a hacer. La pareja cumplirá con los requisitos del gobierno. (No es ley en todo país que los matrimonios se registren, pero sí es requisito si la pareja quiere aprovecharse de derechos civiles. Hay hermanos que equivocadamente argumentan como si en todo país el gobierno demandara que para vivir un hombre y una mujer como esposos tendrían que registrar civilmente su matrimonio. No es así).

4. Los gobiernos mandan que los matrimonios se registren solamente para la protección de los derechos de los hijos legítimos de la unión, y para razones de propiedades. Pero el gobierno no establece lo legítimo de cierta unión ante los ojos de Dios. El matrimonio es una cosa; el registrarlo es otra. Dios determina la primera; el gobierno, la segunda.

5. El que quiere bautizarse debe reconocer que es para ser persona completamente obediente a Dios. Esta completa obediencia involucra el asunto de ser ciudadano sujeto a las leyes del país.

6. Véase INTERROGANTE # 45.

* * *

86. ESTAR CORTADO DE COMUNION

"Es bíblico decirle a un hermano que anda descarriado está cortado de comunión?".

\- \- \-

1. Entiendo por la pregunta que el hermano descarriado todavía no ha sido disciplinado. Si el caso es así, todavía no le ha sido cortada la comunión de la iglesia local. No anda, pues, cortado de comunión.

2. Cualquier hermano descarriado anda desordenadamente, y los demás hermanos deben buscar su rescate (Gál. 6:1; 2 Tes. 3:6-15; Sant. 5:19,20).

3. Si el hermano exhortado no deja su pecado, debe ser excomulgado por la congregación (Rom. 16:17,18; 1 Cor. 5; Tito 3:10,11).

* * *

87. CURSO BIBLICO

"El curso bíblico, ¿es lícito usarlo?"

\- \- \-

1. Claro que sí. Es un medio de evangelización.

* * *

88. LA MUJER EN EL CULTO

"Tenemos muchas mujeres que quieren servir al Señor. ¿Es lícito limitarlas a los cultos?"

\- \- \-

1. En cuanto a dirección publica, no es lícito que la mujer hable en la congregación (1 Cor. 14:34,35). No se le permite (en ninguna parte) que enseñe ni ejerza dominio sobre el hombre (1 Tim. 2:11,12); su papel en esta vida no es tal. Pero sí hay

mucho que la mujer puede hacer para "servir al Señor" sin que ella tome parte pública en la congregación. Servir y dirigir no son términos sinónimos.

2. Usted habla de "muchas mujeres que quieren servir al Señor." No muchas, sino todas, deben querer hacerlo.

* * *

89. ENTRENAR JÓVENES EN UNA ESCUELA

"Hay muchos jóvenes deseosos de usar todo o parte de su tiempo en servir al Señor. ¿Es lícito entrenarles en una escuela como tenía Tiranno, que aprovechó Pablo para enseñar?"

\- \- \-

1. ¿Entrenarles quiénes? 2 Tim. 2:2 habla del entrenamiento de otros de parte de evangelistas. ¿De eso habla? ¿No tiene en mente más bien el entrenamiento de ellos de parte de institutos humanos sostenidos por iglesias de Cristo?

2. La iglesia local en su programa de enseñanza bíblica entrena a toda la membresía, inclusive a los jóvenes.

3. Lo que hacen los hermanos liberales, que es antibíblico, es centralizar en la llamada iglesia patrocinadora una obra de entrenamiento de jóvenes para toda la hermandad, o lo hacen por medio de entregar dinero a las instituciones humanas para que ellas (llamadas Escuelas Para Predicadores, o Institutos Bíblicos) se encarguen de la tarea.

4. Usted se expresa, diciendo, "una escuela como tenía Tiranno". ¿Cómo era esa escuela que tenía Tiranno? ¿Sabe? Por cierto era una empresa privada; era de él. No era una escuela de alguna iglesia patrocinadora. No recibía fondos de iglesias de Cristo. ¿Sabe usted lo que se enseñaba en esa escuela? ¿Tal vez la filosofía griega? No sabemos, ¿verdad? No importa saber, porque el punto de Lucas, el historiador divino, fue el de hacer saber en dónde (lugar, sitio) Pablo comenzó a enseñar a los discípulos, ya que el otro lugar (la sinagoga) ya no estaba a su disposición.

5. Lo que pasa es que algunos hermanos, viendo en las Escrituras, en Hech. 19:9, la palabra "escuela", dejan que su mente vaya volando a lo que los hermanos liberales llaman "escuelas para predicadores", o "centros de estudios teológicos", o "institutos bíblicos". ¿Eso es usar bien las Escrituras (2 Tim. 2:15)?

6. Hech. 19:8 habla de un sitio (una sinagoga), y el versículo 9 habla de otro (una escuela). Pablo no enseñaba cursos de judaísmo en la sinagoga, como tampoco de los cursos que se enseñaran en la escuela de Tiranno. Enseñaba a los discípulos primero en la sinagoga, porque el lugar les convenía, y cuando ese lugar ya no convenía, cambió de sitio, enseñándoles ahora en una escuela de un cierto Tiranno.

* * *

90. ¿JUGO DE UVA, O VINO FUERTE?

"Por razones de cultura usamos jugo de uva, pero el 'hermanito' de Ozark quiere vino fuerte. ¿Debemos ofender la cultura donde vivimos?"

\- \- \-

1. No es cuestión de ofender la cultura. En cuanto a qué usar en la Cena del Señor, las Escrituras no dicen "vino", sino "fruto de la vid" (Mat. 26:29). Eso es lo que llamamos "jugo de uva". Las Escrituras condenan el uso del vino fuerte (Prov. 23:29-35). (Es de notarse que en las Escrituras la palabra "vino" sola no da a entender si está en condición de jugo natural, o de jugo fermentado. El contexto rige en el asunto).

* * *

91. DIEZMAR

"Personalmente he hecho una decisión de dar al menos el 10% de mis ingresos, pero no lo pongo por regla en la iglesia. ¿Es buena actitud?"

\- \- \-

1. Sí, es buena, con tal que en el caso suyo el 10% represente liberalidad (2 Cor. 9:6-13). Cada cual determina en su corazón cuánto va a ofrendar (2 Cor. 9:7). No es asunto de otro. Tampoco debe alguno imponer su juicio sobre otro.

2. En un dado caso, 10% puede representar ningún sacrificio; en otro, gran sacrificio.

3. La persona no debe escoger hacer caso del 10% en base a legislación de la quitada ley de Moisés.

* * *

92. EL LAVATORIO DE LOS PIES

"Quiero que me haga el favor de mandarme explicación del lavatorio de los pies, Juan 13:5".

\- \- \-

Sobre Juan 13:1-17:

1. Los discípulos ya se habían bañado. En ese momento tenían sucios solamente los pies, debido a su viaje que acabaron de hacer desde Betania a Jerusalén (versículo 10).

2. Si el Señor se humilló, haciendo un servicio muy humilde, tanto más debe su discípulo saber mostrar humildad, al servir al consiervo.

3. Jesús ¡no instituyó ninguna práctica nueva! El lavatorio de los pies era una práctica, o costumbre, corriente, basada en las condiciones del tiempo y del lugar. Jesús sencillamente tomó un acto común,

de gran humildad, para ilustrar cómo debemos seguirle a él en el servir unos a otros.

4. No dice Jesús "hacer lo que yo he hecho", sino "hacer cómo yo he hecho" (versículo 15). Nos dejó un ejemplo de servicio humilde hacia otros.

5. Lo que Jesús hizo en esta ocasión fue un acto ordinario de hospitalidad, dadas las circunstancias del tiempo y del lugar. En cualquier parte del mundo el cristiano fiel va a expresar su humildad, siguiendo el ejemplo del Maestro, al ser hospitalario a otros, aun a grado de servicio muy humilde.

6. En ninguna parte habla el Nuevo Testamento de alguna ceremonia eclesiástica de lavatorio de los pies. En las iglesias humanas, que tienen ceremonia de esto, en realidad no se lavan los pies, pues todos los participantes llegan a la ceremonia con los pies ¡ya lavados! (y hasta perfumados).

7. Sobre 1 Tim. 5:10, usted puede leer mis comentarios en NOTAS SOBRE 1 TIMOTEO.

* * *

93. BAUTIZADO MAL

"Puede ser bautizado otra vez un miembro de la iglesia de Cristo, que según él no fue instruido debidamente acerca de todos los planes de salvación? Es decir, se bautizó pero según no supo de antemano que tenía que tener fe, arrepentirse, y confesar. ¿Es posible bautizar otra vez a esta persona que aunque se le predicó bien, se bautizó sin el propósito bíblico?"

- - -

1. La persona que es sencillamente sumergida en agua (bautizada), sin saber cuáles son las condiciones de perdón según el evangelio (el oír, el creer que Jesús es el Cristo, el Hijo de Dios, el arrepentirse de todos sus pecados, la confesión de fe en Jesús, y el bautismo en agua para el perdón de pecados), ¡no es miembro de la iglesia de Cristo! El Señor añade a su iglesia a salvos (Hech. 2:47), y la persona mencionada arriba no fue salva de sus pecados.

2. Es imposible ser instruido mal y bautizado bien.

3. El bautismo bíblico no es cualquier acto de inmersión en agua, basado en cualquier juego de condiciones.

4. No es cuestión de "bautizar otra vez" a la persona mencionada arriba, sino de bautizarla por primera vez. Hasta que la persona se bautice según las condiciones del evangelio, ¡no está bautizada (bíblicamente)!

5. Si "se le predicó bien" a esa persona, ella no prestó atención, pues hizo un acto de inmersión en agua pero "sin el propósito bíblico". ¿Acaso los mandamientos del Señor son obedecidos de cualquier manera, y sin cumplir con los requisitos de dichos mandamientos?

* * *

94. 1 COR. 10:8; NUM. 25:9 - ¿COMO SE ARMONIZAN?

"¿Por qué en 1 Cor. 10:8 dice, y cayeron en un día veintitrés mil y por qué en Números 25:9 dice: y murieron de aquella mortandad veinticuatro mil? ¿Por qué hay diferencia de mil si es el mismo suceso?"

- - -

1. Hay varias explicaciones posibles tocantes al asunto. (1) Los dos números distintos pueden ser aproximaciones, siendo la cantidad exacta de muertos entre 23,000 y 24,000. (2) Sabemos que se mandó a los jueces ahorcar a los príncipes del pueblo que se habían juntado con Baal-peor. Puede ser que mil fueron los matados por los jueces, y 23,000 los que murieron de la plaga, de la mortandad. (3) Pablo da el número que cayeron en un solo día.

2. Cualquier de estas explicaciones basta para armonizar los dos pasajes. Esta llamada discrepancia es más bien cosa aparente que de realidad. Habiendo manera satisfactoria de armonizar lo que aparentemente se contradice, la honestidad nos obliga a concluir que en realidad no hay contradicción. Solamente un espíritu de incredulidad conduciría al enemigo de la Biblia a gritar que "esta discrepancia entre los dos pasajes es fatal para la teoría de la infalibilidad verbal".

* * *

95. DOS GOBIERNOS EN LA IGLESIA
(Uno espiritual, otro material)

"Dicen ellos que la iglesia tiene que tener dos (2) gobiernos, uno espiritual y uno material, y ellos quieren dirigir ese gobierno material, y que en eso el evangelista no se meta en nada. Que ellos manejan la ofrenda para las cosas materiales. Se basan en Hechos 6:1-7 y dicen que la iglesia tiene que nombrar a 7 varones con su presidente, vicepresidente, secretaria, tesorero y vocales para gobernar en las cosas materiales".

- - -

1. Esos dos hermanos suponen lo que no han probado, ni pueden probar; a saber, que la iglesia local tiene dos gobiernos. ¿Cuál pasaje habla de dos gobiernos? ¡Pues ninguno! Habla de uno solo: el de los ancianos (1 Ped. 5:1-4; 1 Tes. 5:12; Heb. 13:17; Hech. 20:28).

2. Todo su argumento se basa en suposiciones, y no en usar bien las Escrituras. Suponer no es probar bíblicamente.

3. Hechos 6:1-6 trata de la elección de siete servidores (diáconos) para "servir a las mesas". No dice absolutamente nada acerca de "gobierno", como tampoco de "presidente, vicepresidente, secretario, tesorero y vocales". ¡Todo esto lo inventan los dos hermanos que obviamente buscan algún control en la iglesia local, en el cual no quieren que el evangelista "se meta"! ¡No quieren competencia!

4. Para tener "dos gobiernos", ¿qué harían las muchas iglesias locales que no cuentan con siete varones en la membresía? Según ellos tiene que haber siete. ¿Qué harían esos dos, ya con otros cinco? ¡Seguramente querrían ser el presidente y el vicepresidente!

5. Esos dos hermanos citan un pasaje que habla de un "trabajo" (versículo 3) en la "distribución diaria" (versículo 1), y concluyen que el pasaje habla de gobierno (material).   Servir no es gobernar.

6. Hay tanta autorización en Hech. 6:1-6 para papas y cardenales que para presidentes y vicepresidentes, etcétera. La pura verdad es que en ese pasaje no hay autorización para ninguna clase de gobierno.

7. El trabajo del diácono es principalmente el de servir en asuntos materiales; no es el de gobernar. Esos dos hermanos toman la idea de servir en lo material, y meten la idea de gobernar, y luego concluyen que hay un gobierno material en la iglesia local.

8. En la iglesia local debe haber "obispos y diáconos", juntamente con los santos (Fil. 1:1). Los obispos gobiernan; los diáconos sirven la iglesia en lo material. El "obispado" (1 Tim. 3:1) es para gobernar (en el sentido de presidir, dirigir, supervisar). Pero no hay "diaconado" (como si fuera otro oficio juntamente con el obispado). Los versículos 10 y 13, donde en la Versículo Valera, Rev. 1960, dice el texto "diaconado", emplean en el texto griego un verbo, ¡no un sustantivo! Ese verbo significa, "que sirvan", o "que ministren", y así lo traduce varias versiones muy buenas. La Versículo Antigua de Valera (1909) bien lo traduce, diciendo, "y así ministren" (v. 10), y "los que bien ministraren" (v. 13).

La palabra "diaconado" no aparece en el texto griego. No hemos de pensar en cierto puesto oficial. El diácono no tiene ningún puesto; no es parte de ninguna mesa directiva. ¡Sirve; punto y aparte!

* * *

96. ECLESIASTÉS 2:24, ¿ES MALO BEBER?

"¿Qué me dice, o aconseja, de lo que dice la palabra de Dios en Eclesiastés 2:24 … que beba, no se embriague? … me tiene confundido. ¿Es

verdaderamente malo que uno 'beba'? porque al ultimo del versículo dice … 'También he visto que esto es de la mano de Dios'".

\- - -

1. Me parece que la confusión consiste en tener la palabra "beba" en el sentido limitado de "tomar (bebida alcohólica para embriagarse)". El texto sencillamente dice, "coma y beba". Esto es todo normal. El hombre trabaja para tener qué comer y beber, para sustentar su vida sobre la tierra. Esto es de Dios. Hay que reconocer que, aunque el hombre puede esperar gozar de sus labores (comiendo y bebiendo), el gozo verdadero depende de una fuente más alta que la del hombre. Este es el punto del pasaje.

* * *

97. ECLES. 7:16-18, NO SER DEMASIADO JUSTO

"Dice Eclesiastés 7:16-18 que uno no tiene ("no seas") que ser muy perfecto".

\- - -

1. No me hace pregunta sobre este pasaje, pero supongo que usted ve una posible contradicción entre lo que este pasaje dice y la enseñanza de que el cristiano debe tratar de ser perfecto.

2. El pasaje no dice "perfecto", sino "justo". No hay hombre "justo" en lo absoluto (versículo 20; Rom. 3:10), pero sí hay hombres "justos" en lo relativo (Hech. 10:22). Este pasaje habla del justo, pero no trata de la perfección absoluta.

3. Este pasaje trata de la Sabiduría (versículo 11, en adelante) como el medio de oro entre dos extremos. El sabio no trata de cambiar la obra de Dios (la que para el hombre está torcida), sino todo lo considera (versículo 13,14).   Se observa en la vida que hay casos en que el justo perece por la justicia (pero tendrá gran recompensa), y en que el impío alarga su vida en su perversidad (aunque perecerá en el Juicio Final) (versículo 15), pero el sabio teme a Dios y confía en que Dios todo lo sacará para el beneficio de los suyos (versículo 12, 18).

4. La sabiduría sirve de freno tanto para el justo como para el impío. El justo sabio no deja que su celo por la justicia le conduzca en caminos de fanatismo que puedan terminar en su destrucción. Considérense Mat. 10:16, 17,23; 7:6. El impío sabio no se lleva al "desenfreno de disolución" (1 Ped. 4:4), para destruirse antes del tiempo. Todo el mundo debe dejarse guiar por la Sabiduría. Este es el punto del pasaje.

* * *

98. ISA. 11:6-9, EL LOBO, EL CORDERO, Y EL NIÑO

"¿Cómo explicaría los versos de Isaías 11:6-9? Lo único que sé es que el becerro, niño, vaca ————débiles———— son los cristianos, y los lobos, leones, osa ————fuertes———— son los del mundo".

- - -

1. El libro de Isaías es muy mesiánico; es decir, presenta mucha profecía con respecto al Mesías, Jesucristo.

2. Todo el capítulo 11 es mesiánico. Se emplea mucho simbolismo en él. El error principal de los sectarios que tuercen y aplican mal a partes de este capítulo consiste en que literalizan lo que es simbólico. Reconocen que hay mucho simbolismo empleado aquí, pero sus doctrinas falsas requieren que algunos de los símbolos se tomen literalmente.

3. Los versículos 1-5 describen al Mesías. Sobre la frase, "un vástago retoñará de sus raíces", véanse Apoc. 5:5; 22:16. Sobre la que dice, "reposar sobre él el Espíritu de Jehová", véase Mat. 3:16. Sobre "herirá la tierra con la vara de su boca", véanse Apoc. 1:16; 2:16; 19:15; 2 Tes. 2:8. Los "mansos de la tierra" (versículo 4) serían los ciudadanos de su reino, Mat. 5:3,5. Nadie tiene problema con estos símbolos.

4. Ahora, en los versículos 6-10, se describe simbólicamente el carácter de sus ciudadanos. El cuadro, de animales salvajes y de domados, todos en paz, juntamente con el niño pequeño quien los guía, es uno de paz y tranquilidad "en todo mi santo monte", que es la iglesia de Cristo (Isa. 2:1-4; Zac. 8:3; Heb. 12:18-28). En ella nadie daña ni hace mal, porque prevalece la paz (Efes. 2:14-16) entre los cristianos que ahora son "nuevas criaturas…las cosas viejas pasaron" (2 Cor. 5:17). Son de la disposición de niños (Mat. 18:3).

Los premilenarios literalizan esta parte del capítulo 11 de Isaías, aplicándola a un tiempo todavía futuro, afirmando que durante el supuesto milenio todos los animales literalmente vivirán en paz. Pero ¡no literalizan la frase del versículo 4, "la vara de su boca"!

Es más, los escritores inspirados del Nuevo Testamento aplican el capítulo 11 al tiempo del evangelio y de la iglesia; es decir, al tiempo desde el día de Pentecostés, Hechos capítulo 2. Véase Rom. 15:12. Dice Isaías, "en aquel tiempo", versículo 10. Los gentiles van a tener esperanza en el Mesías en el mismo tiempo en que todos los animales y el niño habitarán juntos en paz. Si Cristo no está reinando ahora en su iglesia, en su reino, los gentiles todavía no pueden ser salvos por el evangelio. Este pasaje en Isaías es una profecía del tiempo del evangelio, que es ahora, en que los pecadores pueden convertirse a Cristo y así hallar paz con Dios y entre sí.

5. Los versículos 11-16 tratan de la obra del evangelio, en la cual Dios está juntando al "remanente" de todas partes del mundo. Véanse Rom. 11:5; 9:27.

* * *

99. USAR DIAS FESTIVOS (HALLOWEEN)

"Sobre la Navidad, ¿será pecado el usar nosotros los cristianos ese día como día festivo, como un cumpleaños, y no como día festivo religioso? Y, ¿Qué de Halloween? ¿Está bien que un cristiano saque a sus hijos a pedir dulces el día de las brujas?"

- - -

1. No, no es pecado usar días sencillamente como días festivos, sea el 25 de diciembre, el día de cumpleaños de alguien, o el 31 de octubre (Halloween, en los EE.UU.). Sería pecado hacer caso religioso de tales días, porque sería rendir culto a Dios en una manera no autorizada por él. Ahora, la persona que no puede hacer distinción entre el día festivo nacional (según las costumbres del país) y el aspecto religioso que algunos atribuyen al día, no debe violar su conciencia, al participar de alguna manera en las actividades del día. Pero tampoco tiene derecho de condenar al que usa el día sencillamente como día festivo, participando en actividades que en sí son indiferentes.

2. Aquí caben algunas explicaciones:

a. El nombre en inglés, "Halloween," es contracción de las palabras Hallowed Evening (tarde santificada). No significa "día de las brujas." El calendario católico romano hace caso del llamado Día De Los Muertos. De eso salió la costumbre de tomar la tarde antes de aquel día como santificada (Hallowed Evening, o sencillamente Halloween), y se desarrolló la idea de celebrarla por medio de vestirse como espíritus (esqueletos, brujas, apariencias espantosas, etcétera).

b. En los EE.UU. de hoy en día no hay uno en diez mil (o más) que sepa la derivación del nombre Halloween. (Yo he hecho en clases bíblicas pregunta sobre Halloween, y nadie me ha podido decir su significado por derivación). Nadie ahora piensa en celebrar a los muertos; todo el mundo ahora nada más se divierte en el asunto de vestir a los niños de manera curiosa y espantosa y de que ellos visiten las casas de la vecindad (y últimamente a los centros comerciales) para exhibirse en cambio de dulces regalados por los entretenidos.

c. La frase "Trick or Treat" da a entender cometer un Trick (truque, o travesura) contra la casa visitada, o para evitar esto, que se le regale un Treat (gusto, regalo, algo dulce). "Trick or Treat" es la expresión que acostumbra el niño disfrazado decir al llegar a la puerta de una casa visitada, y la casa ya está preparada para regalar al niño un dulce. Todo es una ocasión de diversión para los niños pequeños.

d. El significado original de la palabra Halloween se ha perdido por completo y modernamente se emplea para indicar cierto día en el año que de costumbre se celebra la ocasión ya descrita.

* * *

100. SOBRE LA DISCIPLINA

"¿Cuándo y cómo disciplinar? Yo he escuchado que el hermano no dirige, está en disciplina o en su defecto; este hermano no predica, está en disciplina. ¿Es esto correcto?"

\- - -

1. Cuando algún hermano es disciplinado por la congregación, es decir, cuando la congregación le corta la comunión (la excomunión), claro es que no le va a poner a predicar, ni a hacer nada como participante en las asambleas. Los siguientes pasajes tratan de la excomunión: Rom. 16:17,18; 1 Cor. capítulo 5; 2 Cor. 2:5-11; 2 Tes. 3:14,15; Tito 3:10; 2 Juan 9-11. (Véanse mis comentarios en NOTAS SOBRE ROMANOS, 2 CORINTIOS, TITO, 2 JUAN). La congregación tiene que marcar y cortarle la comunión al hermano que anda desordenadamente en el pecado y que no se arrepiente y hace confesión pública. Los textos arriba dicen cuándo, cómo, y a quién excomulgar.

2. La excomunión es una cosa, el "estar en castigo" es otra completamente distinta. El hermano que anda desordenadamente, y no se arrepiente, debe ser descomulgado, o excomulgado (2 Tes. 3:11-15). En este estado él no puede seguir participando (que es tener comunión) en la obra de la iglesia local. Si se arrepiente, debe ser perdonado (2 Cor. 2:6,7). Ahora perdonado, seguirá participando (teniendo comunión). (Que convenga que ahora haga exactamente lo que antes hacía en la iglesia, como por ejemplo, predicar, dependería de las circunstancias y juicio de la iglesia).

Pero, aunque ya se arrepintió el hermano y la iglesia le perdonó, algunos hermanos quieren ponerle en castigo por un tiempo que ellos señalen, antes de permitirle participar (tener comunión) en la iglesia local. ¡Esto es totalmente antibíblico!

* * *

101. 1 COR. 7:14, LA SANTIFICACION

"Respecto a 1 Cor. 7:14, hablando de la unión de persona inconversa y cristiana, ¿cómo puede ser uno santificado por el otro? ¿en qué consiste esta santificación?"

___

1. La ley de Moisés prohibía el casamiento entre judíos y no judíos (Exod. 34:15,16; Deut. 7:3; Jos. 23:12; Esd. capítulo 9,10; Neh. 13:23-31). Probablemente en Corinto algunos conversos de entre los judíos estaban insistiendo en que los conversos nuevos se apartaran de los cónyuges inconversos. Pablo ya escribió que el converso *no se apartara* del inconverso (versículo 12,13).

Ahora explica que el caso bajo la ley de Cristo es distinto. Dios reconoce el matrimonio del converso con el inconverso (lo reconocía antes de que la persona llegara a ser cristiana); no es matrimonio "inmundo", sino "santificado". La palabra griega para decir "santificado" significa apartado para el Señor. Lo que es de la aprobación del Señor no es cosa común o inmunda. En ese sentido se usa la palabra "santificado" en este contexto. Dios reconoce el matrimonio del ahora cristiano con el no cristiano, y por eso los hijos de la unión no son considerados por Dios como inmundos, sino como "santos" (es decir, legítimos).

2. La palabra "santo" no siempre quiere decir, "cristiano" (por ej., raíz santa—Rom. 11:16; beso santo—2 Cor. 13:12; alimentos santificados—1 Tim. 4:5; el templo y el altar santifican—Mat. 23:17,19). No siempre significa "salvación". La idea es de que son cosas separadas para el uso del Señor, o que tienen su aprobación.

3. Es obvio, por los muchos pasajes que tratan la cuestión de cómo la persona se salva, y así llega a ser cristiana, que nadie puede hacer nada para que otro se salve. Cada quien es responsable por su propia salvación.

* * *

102. LA ASOCIACION DE IGLESIAS (EN MEXICO)

"El gobierno de mi país ha dictado una ley en la que cada grupo deberá registrarse en una asociación con un Presidente, y demás miembros. ¿Es correcto esto para la Iglesia de Cristo? Si es, ¿por qué? Si no, ¿por qué?"

___

1. Yo no soy juez sobre las leyes de su país. Las ignoro. Pero tengo entendido que el caso no es así, y muchas iglesias de Cristo en México no van a suscribirse a ninguna asociación humana. Muchos gobiernos sí quieren que cada iglesia se registre, y esto se puede hacer sin que se haga parte de una jerarquía humana. Pero si en un dado caso el gobierno demanda algo que viola la ley de Cristo, entonces la iglesia que de veras es de Cristo va a seguir las palabras de los apóstoles halladas en Hechos 4:19 y 5:29.

2. ¿Quiénes tienen la autoridad de nombrarse ellos solos como el Presidente, Vicepresidente, etcétera de la "asociación" que responda al gobierno por todas las iglesias de Cristo? ¿Qué pasa si otros desean nombrarse así? ¿Quién o quiénes deciden sobre esto? ¿Quién o quiénes establecerán las "leyes" o "estatutos" de la organización? ¿Qué pasa si algunas iglesias de la "asociación" no están de acuerdo con la dirección, o administración, de ella? ¿Tienen que someterse a dictámenes humanos?

3. No hemos de hacer mal para que vengan bienes (Rom. 3:8). Las iglesias que son de Cristo no se unen en ninguna forma de centralización, llámese ella "Sociedad Misionera", "Iglesia Patrocinadora", o "Asociación de las Iglesias de Cristo". A veces los hermanos ambiciosos se valen de supuestos requisitos de gobiernos para avanzar sus esquemas no bíblicos de centralización.

* * *

103. ACCION DE GRACIAS DE LOS 15 AÑOS

"Respecto a las Acciones de Gracias, bíblicamente ¿cómo deben de realizarse? ¿Son un culto especial? Una hermana cumple 15 años y sus papás van a realizar una 'Acción de Gracias', para lo que invitan a hermanos e inconversos (para que escuchen el mensaje y a lo mejor se conviertan), pero el día elegido es el domingo. Para evitar, según ellos, desórdenes durante la cena (por los inconversos que no entienden), acuerdan hacer otra reunión a las 8 de la noche. Hacen invitaciones para la 'Acción de Gracias de 15 años', e incluso nos invitan para que los jóvenes participen en un coro que cantaría durante la entrada y salida de la quinceañera. ¿Es correcto esto? ¿Por qué asistir a las 8 con una ropa considerada especial, y a las 5 de la tarde no? ¿Por qué a la hermanita se le da una ocasión y un lugar especial adelante? ¿Por qué actuación de coro? Se está dando más importancia a la festejada que a Dios".

—

1. La iglesia local se congrega para adorar a Dios, edificarse a sí misma, y predicar el evangelio al perdido. Los hombres carnales, bajo el pretexto de tal vez ganar a inconversos, han originado mucha actividad de naturaleza social, como en el caso de esta llamada "Acción de Gracias de 15 años", y luego de establecer la ocasión, comienzan a meter prácticas que saben que en el culto de la iglesia no se admitirían. Ya que la congregación se habitúa a oír "coros" especiales en estas actividades sociales, no es difícil que se meta el coro en el culto mismo.

2. El hombre espiritual sabe distinguir entre el hogar, con sus actividades sociales, y la iglesia que es del Señor Jesucristo. Que el hogar sea hogar, y la iglesia local, iglesia local. No hemos de seguir prácticas aprendidas a los sectarios, sino seguir el patrón bíblico (2 Tim. 1:13) en todas las cosas.

* * *

104. LA FORNICACION Y EL ADULTERIO — FALSAS DOCTRINAS AL RESPECTO

"El hermano nos dice que la Biblia no toma la palabra fornicación para las relaciones matrimoniales ilícitas. En 1 Cor. dice que este hombre es soltero y como están tratando de su falta es fornicación. Cuando se habla de fornicación como en el caso de Mat. 5:32 son parejas que Dios no ha bendecido su unión (incestos, matrimonios entre familiares) y que Jesús se está refiriendo a esto y es la única causa para dar carta de divorcio.

Mat. 5:32 a no ser por causa de fornicación: podemos afirmar ¿Fue un agregado de los traductores?" (Juntamente con la carta se me envió una fotocopia de la obra de 14 páginas del hermano referido arriba — bhr).

—

1. La obra escrita del hermano se basa en la premisa equivocada, y no probada, de que la *fornicación* es acto siempre de parte de solteros, y que el *adulterio* es acto siempre de parte de casados. (Basándose en esta premisa falsa, el autor aboga por posiciones falsas). No ofrece cita de ninguna autoridad en la lengua griega (pues el Nuevo Testamento fue escrito en griego, no en español) para sostener su afirmación. Nada más dice que la palabra "fornicación" es del vocablo griego (PORNEIA), y que "adulterio" es del (MOICHEIA). ¿Por qué no citó alguna obra reconocida como autoritaria para darnos las definiciones de estos dos vocablos griegos?

2. Según el léxico de THAYER, PORNEIA significa "cópula sexual ilícita en general ... Es usado con referencia al adulterio (Oseas 2:2,4, etcétera; Mat. 5:32; 19:9)". Sobre la palabra PORNE, dice Thayer que significa "prostituta, ramera ... cualquier mujer que se permite ocupar en la cópula sexual ilícita, sea por ganancia o por concupiscencia". La fornicación, pues, es el término general para referirse a toda inmundicia sexual. El adulterio, la homosexualidad, la bestialidad, el incesto, y la poligamia van incluidos en este término.

El distinguido Sr. W. E. Vine define la palabra griega, PORNEIA, así: la "relación sexual ilícita", y dice que "en Mat. 5:32 y 19:9 se usa denotando, o incluyendo, adulterio".

Ahora, los dos eruditos en la lengua griega dicen que la palabra MOICHEIA significa cópula ilícita con la esposa de otro. MOICHEIA es el término limitado, mientras que PORNEIA es el término general e inclusivo.

3. Según la carta que me llegó, "el hermano" afirma que "la Biblia no toma la palabra fornicación para las relaciones matrimoniales ilícitas". ¿Qué no? Vamos a ver:

Oseas, en cuanto a Israel, 2:2, dice que esta "madre" (Israel, la esposa de Jehová, versículo 7,8) fornicaba y adulteraba. Los versículo 4,5 hablan de esta "madre" que "prostituyó" (PORNEIO). Compárense 3:3; esta esposa no había de *fornicar*.

Estúdiese Ezequiel 23, guardando presente el contexto, y de quiénes habla el profeta. En los versículos siguientes aparece el verbo griego PORNEIO, fornicar: 3, 5, 7, 8, 11, 14, 18, 19, 27, 29, 30, 35, 43, 44 (sustantivo, PORNEIA). Nótese el versículo 43; la "envejecida en adulterios" cometía "fornicaciones con ellos". Ella (la esposa de Dios, versículo 4,37) se llama "ramera" (PORNE).

Estúdiese también Jeremías 3, con referencia a Judá, la esposa de Jehová (versículo 14; 2:2; 31:32.), que fornicaba de igual manera como el reino del norte, Israel, también del pueblo (esposa) de Dios, había fornicado. En los versículos siguientes aparece el vocablo griego PORNEIO: 1, 2,

3, 6, 8, 9, 13. En el versículo 9 se emplean los dos términos: PORNEIO y MOICHEO.

4. Unas preguntas para "el hermano":

a. ¿Puede una persona casada fornicar? Si lo puede, su forzada distinción entre "fornicar" y "adulterar" se desvanece. Si usted dice que no lo puede, entonces usted niega lo que autores inspirados han escrito.

b. Siempre y cuando el pasaje dice "fornicar", ¿se aplica la enseñanza a puro solteros (como por ejemplo, 1 Cor. 10:8)? ¿Era "el pueblo" y "todos los príncipes del pueblo" en Números 25 puros solteros? ¿Se aplican solamente a solteros Hech. 15:29; 21:25; 1 Cor. 6:13, 18; 2 Cor. 12:21; Efes. 5:3; Col. 3:5; 1 Tes. 4:3; Apoc. 2:20; 9:21?

c. ¿Se le permite al hombre cuya esposa adultera (que yo no diga, fornica) divorciarse de ella? Si dice que sí, ¿cuál pasaje lo autoriza? (No puede citar Mat. 19:9, pues dice "fornicación", y no "adulterio"). Si dice que no, usted ignora completamente el contexto de Mat. 19:1-9 y Deut. 24. Usted tendrá que afirmar que el inocente tiene que vivir, hasta la muerte (de ella) con una esposa ramera.

5. Según la carta, "el hermano" afirma que el hombre de 1 Cor. 5 era soltero. ¿Cómo lo supo? No nos dice en su escrito. Lo supone, basándose en su definición arbitraria de la palabra, "fornicación". El arregla sus propias definiciones, y luego "prueba" su caso por medio de sus definiciones.

El hombre de 1 Cor. 5 tuvo, o tenía, a una esposa (a la mujer de su padre). Las relaciones ilícitas con la esposa de otro es "adulterio" (en particular). Aquí Pablo (el escrito del hermano dice, "San Pablo") usa el término comprensivo, o general, "fornicación". La fornicación de 1 Cor. 5 ¡no fue caso de relaciones sexuales ilícitas entre dos solteros!

6. Según la carta, "el hermano" afirma que en Mateo 5:32 se trata el caso de una pareja a que Dios no ha bendecido en su unión, por ser caso de incesto, y que solamente en este caso se puede divorciar.

Tal afirmación se basa solamente en la definición equivocada de la palabra "fornicación". Tal posición no solamente ignora el uso bíblico de la palabra "fornicación" (término comprensivo para abarcar toda forma de cópula sexual ilícita), sino también ignora por completo el contexto del pasaje. Como también en Mateo 19:1-9, aquí se trata de lo que decía Deut. 24 con lo que dice Jesucristo. Deut. 24 trataba el caso de una pareja bien casada, pero que ahora el marido quería divorciarse de ella. Moisés lo permitía por la dureza del corazón, pero dice Cristo que ahora el hombre (bien casado delante de Dios) no lo puede hacer, a menos que sea por causa de "fornicación" (el término general para toda forma de sexualidad ilícita, inclusive el adulterio).

7. Preguntas para nuestro "hermano", el autor del escrito de 14 páginas:

a. Si una esposa se junta sexualmente con un animal, "fornica" o "adultera"?

b. Si lo hace con otra mujer soltera, ¿"fornica" o "adultera"?

c. Si se hace polígama (poliandra) con puros hombres solteros, ¿"fornica" o adultera"? Al contestarlas, recuérdese de sus definiciones arbitrarias.

8. Sobre el texto de Mat. 5:32, la frase "a no ser por causa de fornicación" no fue agregada por los traductores. Hay quienes dudan de la frase en Mat. 19:9, pero los manuscritos no están con ellos en su contención.

9. El autor afirma que "lo único que disuelve el matrimonio es la muerte". No, Dios es quien junta, y es quien desata. Si uno de los dos cónyuges muere, Dios desata al vivo de sus votos que hizo con el ahora difunto. Dios también desata de dichos votos al que se divorcia de su compañero por causa de fornicación. Dice Cristo por implicación que si el tal se vuelve a casar no adultera, porque el que se divorcia de su compañero no por dicha causa, y se vuelve a casar, sí adultera.

9. Dice Cristo, en Mat. 5:32 y 19:9, "el que"; eso incluye a cualquier hombre, soltero o casado. ¿No es así? Ahora:

a. Si solamente el soltero "fornica", y solamente el casado "adultera", ¿son todos casados los de "el que" que se casan con repudiadas, ya que "adulteran"? ¿No se casan solteros con repudiadas?

b. En Mat. 5:28, ¿se limita la frase "cualquiera" a puros casados, ya que estos "adulteran" con la mujer codiciada? ¿No pueden solteros mirar a una mujer para codiciarla? ¿Exodo 20:17 no se aplica nada a los solteros?

c. Si un soltero mira a una virgen para codiciarla, ¿adultera con ella en su corazón (recuérdese que según el autor de la obra el soltero solamente fornica, no adultera)? (Véase Mat. 5:28). Si no, ¿peca? ¿Cuál pasaje lo condenaría?

d. En 1 Cor. 5:1 aquel hombre y aquella mujer de su padre eran culpables de fornicación, dice Pablo. La cópula de uno con una persona casada se define como "adulterio" (MOICHEIA). Esto prueba que el término general, "fornicación", incluye al adulterio.

10. El simple hecho de que los dos términos se mencionan en el mismo versículo no prueba que se usan *exclusivamente*, como tampoco la mención en el mismo versículo de los dos términos, alma y espíritu.

En 1 Cor. 6:9 Pablo menciona a "los fornicarios", a "los adúlteros", a "los efeminados", y a "los que se echan con varones". ¿Son cuatro términos exclusivos? ¿Los homosexuales no son fornicarios? Según Judas 7, los homosexuales son culpables de fornicación. Se emplean los varios términos para dar énfasis a la enseñanza, pero la verdad es que el término "fornicación" incluye toda forma de impureza sexual.

Nótese 2 Ped. 2:14. Ya que se emplea el término "adulterio", ¿eran estos falsos hermanos todos hombres casados? ¿ni un soltero entre ellos?

Considérese Mat. 12:39. ¿Esa generación "mala y adúltera" era compuesta de puros casados (pues dice, "adúltera")? ¿ni un soltero en toda esa generación mala?

La fuente de mucha doctrina falsa es la forzada definición de términos bíblicos.

* * *

105. QUERER IR AL INSTITUTO

"Por ejemplo: donde usted se reúne hay un hermano que quiera ir al Instituto de los hermanos liberales, porque dice que va a aprender más. ¿Qué debe hacer la iglesia, o la junta de varones en ese caso? ¿Se puede tener comunión con ese hermano, si o no?"

—

1. La iglesia debe enseñar al hermano que el referido Instituto es caso de institucionalismo, cosa que no autoriza el Nuevo Testamento. Debe insistir en que él pruebe con las Escrituras que tal cosa es bíblica (cosa que no lo puede hacer). Si siempre va a hacerse alumno en el Instituto, o si siempre insiste en la defensa del institucionalismo, la iglesia debe disciplinarle, porque anda desordenadamente, propagando doctrina falsa.

* * *

106. ¿SEGUIR CON LA SEGUNDA ESPOSA DESPUES QUE LA PRIMERA MUERA?

"Ejemplo: yo estoy casado pero me separo de mi esposa por pleito, pero a los días me caso con otra. ¿Es fornicación, sí o no? Pero a los días de separado de mi primera esposa ella muere. ¿Estoy libre para seguir con mi segunda esposa?"

- - -

1. Al divorciarse de su primera esposa, no por causa de fornicación, y casarse con la segunda mujer, sí adultera (Mat. 19:9). (También se puede decir que ahora está en fornicación, pues el vocablo "fornicación" abarca el adulterio).

2. Mientras está con la segunda esposa, está adulterando. Nunca tenía derecho a ella. Debe arrepentirse de su pecado, y separarse de ella. La muerte de alguien no cambia un caso de adulterio en caso de matrimonio legítimo.

3. Si usted no se arrepentía de su adulterio mientras vivía su primera esposa, no se arrepiente ahora. Nada más espera que la muerte de ella ahora logre algún cambio en la relación adúltera que usted ha sostenido por un tiempo.

4. El pecado no se cambia en justicia sencillamente porque alguien murió. Lo que hace cambios es el arrepentimiento. Debe arrepentirse, dejando la mujer a la cual usted nunca tenía derecho, y así el mundo sabrá que usted sí se arrepintió. Luego, que vaya a casarse con ella es otra cosa, ya que su primera esposa murió.

5. En un dado caso, hay que tener mucho cuidado de que no se juegue con apariencias, sino que haya arrepentimiento genuino.

* * *

107. MATEO 18:8

"¿A qué se refiere Jesús al decir en Mateo 18:8, 'Por tanto, si tu mano tu pie te es ocasión de caer, córtalo y échalo de ti; mejor te es entrar en la vida cojo o manco, que teniendo dos manos o dos pies ser echado en el fuego eterno'".

—

1. Léase también Mat. 5:27-30.

2. El hombre quiere echar la culpa de sus pecados a los miembros de su cuerpo. "No puedo menos que codiciar a la mujer hermosa porque mi ojo la quiere ver". Si es así su excusa, implica Jesús, entonces que el ojo se saque y se eche. Mejor es ser ciego en esta vida para no irse al infierno.

3. Pero en realidad el ciego y el eunuco pueden codiciar. El problema está con *el corazón* del hombre, y no sencillamente con los miembros físicos del cuerpo (Mat. 15:19,20).

4. El hombre debe hacer cualquier sacrificio necesario para no ser perdido eternamente. Debe negarse de cualquier placer temporario para no pasar la eternidad en el infierno. Esta es la lección que Jesús está enseñando.

* * *

108. ¿PUEDE SER ANCIANO EL DIVORCIADO?

"Tito 1:6 dice que el anciano debe ser marido de una sola mujer. Ejemplo: soy casado pero mi mujer comete adulterio. Yo estoy libre para casarme y me caso con otra mujer. No puedo ser anciano en una iglesia porque dice, "marido de una sola mujer". ¿No es así?"

- - -

1. Si su esposa comete adulterio, usted está libre:

a. para perdonarle si ella se arrepiente y pide perdón (Luc. 17:3,4);

b. para divorciarse de ella si no se arrepiente.

2. Si se divorcia de ella, y vuelve a casarse, ahora usted es "marido de una mujer", y no de dos. Tiene una sola.

3. Tito 1:6, y 1 Tim. 3:2, en el texto griego, y según las versiones más pegadas al texto griego, no "marido de una sola mujer", sino, "marido de una mujer". La palabra "sola" ha sido añadida en algunas versiones, como la de Valera, revisión del año 1960.

4. Cito de NOTAS SOBRE 1 TIMOTEO, página 23, "El viudo que vuelve a casarse, y el divorciado y que ahora está nuevamente casado, todo según el permiso bíblico (Mat. 19:9), son maridos de una mujer, no de varias. Tienen una sola mujer. Llenan este requisito. (Que a tales personas les *convenga* servir como obispos, dadas ciertas circunstancias locales, es otra cuestión. Que *quieran* seguir sirviendo de obispos, o no, es otra cuestión)".

* * *

109. PRUEBA / TENTACION

"¿Qué diferencia hay entre una prueba y una tentación?"

- - -

1. Para contestar cito de NOTAS SOBRE SANTIAGO, página 11,12, con respecto a 1:2:

"La palabra griega aquí traducida "prueba", PEIRASMOIS, significa una experiencia o comprobación, o un examen que prueba, pero también a veces lleva la idea de incitación o solicitación para pecar (tentación). La palabra tiene los dos sentidos. (La Versión de Valera de 1909 usa casi totalmente la palabra "tentación", lo cual confunde en algunos textos donde sobresale la idea de prueba. Pero es interesante notar que en Apocalipsis 3:10 en dicha versión aparecen ambos 'tentación' y 'probar', pero según el texto griego ¡son la misma palabra! la una siendo sustantivo y la otra verbo). Aquí en Santiago, en 1:13,14, el sentido es el de 'tentación', pero no este versículo 2. Es el sentido de 'prueba', como también en tales pasajes como Lucas 22:28, Hechos 20:19; 1 Pedro 4:12; Apocalipsis 3:10".

* * *

110. ¿EL BAUTISMO SALVA, O SOLAMENTE ES SIMBOLO?

"Los bautistas me dicen que el bautismo es sólo un símbolo, y que no nos salva".

- - -

1. Los bautistas, y casi todas las denominaciones humanas, afirman que la salvación de los pecados pasados es solamente por la fe, y por eso tienen que negar lo esencial del bautismo para dicha salvación. Un error conduce a otro. ¡La salvación no es por nada solo!

2. No dice el Nuevo Testamento en ninguna parte que el bautismo es "sólo un símbolo". Tal afirmación es de la sabiduría humana (Sant. 3:15); es doctrina de demonios (1 Tim. 4:1).

3. Los bautistas afirman que el bautismo no salva, pero el apóstol Pedro por inspiración del Espíritu Santo afirma que sí salva (1 Ped. 3:21). Nos salva porque es para perdón de los pecados (Hech. 2:38; 22:16). Es esencial, pues, para la salvación. Dios lo manda (Hech. 2:37,38; 10:48; Mar. 16:15,16).

4. Los que reciben la palabra de Pedro el apóstol se bautizan (Hech. 2:41). Los que creen la predicación del evangelio según Felipe, evangelista inspirado, se bautizan (Hech. 8:12).

5. La urgencia del bautismo se ve en los casos de conversión en el libro, Hechos (Hech. 8:37,38; 16: 33). Los que oyen a los predicadores bautistas no se apuran a bautizarse. Lo posponen largo tiempo, porque creen la mentira de que ya han sido salvos con nada más creer.

6. En el Nuevo Testamento vemos que en todo caso el bautizado era pecador inconverso. Pero en todo caso de bautismo de parte de bautistas, los bautizados son cristianos, según ellos. Así que el bautismo *bíblico* es para pecadores, y el *bautista* para cristianos. ¡No son el mismo bautismo!

* * *

111. LA CARTA DE DIVORCIO

"Acerca de la carta de divorcio, algunos dicen que si el inocente (un inconverso) no dio la carta, y se une a otra mujer, este tiene que dar la carta para seguir con ella, y otros dicen que él perdió el derecho a las segundas nupcias. Nota: la carta de divorcio, me refiero a la causa de adulterio".

—

1. El Antiguo Testamento habla de la "carta de divorcio" (Deut. 24). El Nuevo Testamento no habla precisamente de "carta de divorcio"; habla de la *causa* por la cual la persona se divorcia de otra persona (Mat. 5:32).

2. La ley de Cristo es para todo el mundo, tanto como para el inconverso que para el cristiano. Dice Jesús: "cualquiera" (Mat. 19:9).

3. El Nuevo Testamento habla de que se obedezcan las leyes del país (Rom. 13:1; 1 Ped. 2:13,14). Por eso, la persona que se divorcia legalmente de su compañero (por causa de la fornicación) va a cumplir con los requisitos de la ley en el proceso. Desde luego va a informar al compañero de sus intenciones, y lo tendrá que hacer formalmente según la ley.

4. No veo cómo la persona podría divorciarse del compañero sin haberle informado de sus intenciones y razones, para irse luego a casarse con otra persona. ¿No hizo ningún esfuerzo por rescatar al compañero de su pecado? Si el compañero se arrepintió de su error, la persona no lo perdonó (Luc. 17:3,4)?

5. Si el cónyuge comete adulterio, o fornicación, el inocente no sale de la casa para casarse luego con otra mujer. Eso no pasa. No puede volverse a casar legalmente si primero legalmente no se divorció del esposo. Para divorciarse así del esposo tiene que pasar por un proceso que precisa la razón de la acción. Hay que hacer notoria la razón del divorcio.

* * *

112. VOTACION PARA TOMAR LAS DECISIONES.

"¿Qué de la votación en las juntas de los varones para tomar las decisiones?"

- - -

1. Las decisiones en las sesiones o juntas siempre tienen que ver con asuntos de juicio, y nunca de fe. (El Nuevo Testamento decide sobre cuestiones de fe).

2. Claro que va a haber diferencia de opinión o juicio en la mayoría de los casos. Pero no habiendo ningún "Diótrefes" (3 Juan 9) en la congregación, no va a haber ningún problema. Se respetará el juicio u opinión de los más maduros e informados, según el caso, y siempre habrá un acuerdo entre todos.

3. Se propone algo, se discuten los méritos y deméritos del caso, tal vez se propone algo como poco diferente pero siempre de la misma categoría, cada quien se expresa según su juicio, y luego la cosa propuesta es aceptada o rechazada, todo con acuerdo mutuo.

4. ¿Por qué insistiría alguno en su propio

juicio, siendo que la mayoría, o que los más experimentados y maduros no creen que dicho juicio conviene? ¿No sería por orgullo que lo haría? En tal caso, el hermano anda desordenadamente.

5. La congregación no es una democracia. No es dirigida por la votación de mayoría. ¡Es un acuerdo mutuo! Todos en amor discuten el caso, y deciden como una entidad, nadie insistiendo en que su propio juicio se acepte.

6. Si yo veo que casi todos opinan que es mejor hacer así y así, aunque para mí fuera mejor hacerlo de otra manera, me conformo, porque no soy persona orgullosa. A fin de cuentas es asunto de opinión. Me conformo y digo que estoy de acuerdo, y la decisión viene siendo la de *todos los varones*. ¡No fue por votación de mayoría!

7. La armonía siempre debe regir la sesión de varones, y no la democracia. Si hay fuerte discusión e insistencia en cierto juicio, es porque hay falta de carácter cristiano en alguno, o algunos. Los tales deben ser disciplinados, si no se corrigen. No hay lugar en ninguna congregación para ningún "Diótefes".

* * *

113. EL EVANGELISTA Y LA MEMBRESIA EN LA IGLESIA LOCAL

"Algunos creen que la Biblia no dice que el evangelista tiene que ser miembro de alguna iglesia local, haciendo esta pregunta: ¿De dónde eran miembros Timoteo y Tito?"

- - -

1. No sé en cuál congregación Timoteo o Tito, en un dado tiempo, fueran miembros; ni tengo que saberlo. (Tampoco sé cuántos años tenían, cuánto pesaban, ni si tenían hijos. ¿Por eso no tenían años, no pesaban nada, y no podían haber tenido hijos?).

2. Lo que todos sabemos, por las Escrituras, es que Dios quiere que haya iglesias locales, con miembros activos y responsables en ellas. Esto es según el patrón novotestamentario (Hech. 9:26; 14:23; 1 Cor. 12:27; Rom. 16:16b).

3. ¿Por qué no querría cierto predicador ser miembro de alguna iglesia local? ¿Para no tener ninguna responsabilidad en ella? ¿Con quiénes va a tomar la cena del Señor (1 Cor. 11:33), ya que según él no es miembro de ninguna? ¿Con quiénes se reúne él (1 Cor. 14:26), ya que no es miembro de ninguna? ¿Cómo podría ser disciplinado, dado que no es miembro de ninguna, o es que solamente él queda libre de toda disciplina (Rom. 16:17)?

4. Lo que pasa es que hay algunos que quieren andar libres, para no tener ninguna responsabilidad de membresía (como los demás sí tienen). ¿De dónde sacan la idea de que solamente los evangelistas no tienen que estar sujetos a las mismas responsabilidades de membresía que los demás cristianos? Ellos no andan conforme al patrón novotestamentario. Andan conforme a su vanidad. No quieren imitar a Pablo quien intentó hacerse miembro de la iglesia en el pueblo a donde llegó (Hech. 9:26).

* * *

114. LA LOTERIA

"¿Es pecado jugar lotería? Algunos dicen que es cosa de opinión".

- - -

1. Sí es pecado; y no, no es cuestión de opinión. El simple hecho de que no aparece el término "lotería" en las Escrituras, no por eso es cuestión de opinión. Va incluida en la frase "cosas semejantes a éstas" (Gál. 5:21), como obra de la carne.

2. Dios ha hablado (Heb. 1:1), y nos ha dicho cómo conseguir dinero para nuestras necesidades y para las de otros (Efes. 4:28; Tito 3:14).

3. El apostar, o jugar dinero, es poner dinero sobre la eventualidad, basándose la acción en la *avaricia* (2 Tim. 3:2). Los cristianos avaros han de ser descomulgados (1 Cor. 5:11).

4. Toda la atracción de la lotería (y otras formas de jugar dinero) contradice lo que nos dice Dios en 1 Tim. 6:9,10. Pero el pobre hombre (entre ellos algunos cristianos) no quiere creer a Dios.

5. Considérense 1 Juan 2:15-17; 1 Tes. 5:22.

6. Jugar la lotería es robar por consentimiento mutuo, igual que el duelo es matar por consentimiento mutuo. Es idolatría (Col. 3:5).

7. Los frutos de jugar al azar:

a. la irresponsabilidad, pues se gasta dinero que debe usarse en pagar los gastos que uno, o la familia, tiene.

b. produce la deshonestidad, pues el adicto al jugar al azar hasta roba para tener con qué seguir con su afición.

c. destruye el respeto por el plan de Dios de trabajar para ganar.

d. promueve otros males y vicios (por ej., el divorcio), porque contradice el plan de Dios.

e. esclaviza; el pobre se queda todavía más pobre.

f. asocia al que lo hace con los elementos criminales.

g. por ser su fundamento la misma avaricia, la persona se puede caer en "codicias necias y dañosas, que hunden a los hombres en destrucción y perdición" (1 Tim. 6:9).

* * *

115. CENAS DE AGAPE, REFRIGERIOS

"¿En qué se puede gastar el dinero de la iglesia? ¿Se puede hacer cenas de ágape, o refrigerios, invitando a otra iglesia a participar con nosotros?"

- - -

1. Se puede gastar el dinero de la iglesia local en la obra de la iglesia local. Tomando las Escrituras, vemos que esa obra consiste en tres categorías, no en cuatro o más. Son: la *benevolencia* limitada a los santos (1 Cor. 16:1), el *evangelismo* (Fil. 4:15,16), y la *edificación* (Efes. 4:12-16; 1 Cor. 14:26).

2. Hay hermanos que, imitando a los sectarios, quieren ocupar la iglesia local en *obras sociales*, gastando dinero de la iglesia local en comedores, y

cocinas, en gimnasios y campos de retiro, y en el recreo. En los EE. UU. algunas iglesias de Cristo liberales han gastado grandes cantidades de dinero en la construcción de "Centros Familiares". No se molestan en buscar autorización bíblica por sus actividades; ¡no la hay! No les interesa seguir el patrón bíblico (2 Tim. 1:13).

3. Judas 12 menciona los "ágapes", pero no eran actividades de la colectividad, sino de individuos. Los más ricos pagaban los gastos. No hay mal alguno en que algunos hermanos preparen comidas y las sirvan gratis a hermanos más pobres. Para tales comidas dice el apóstol Pablo que hay casas en que comerlas (1 Cor. 11:22,34; véase también Hech. 2:46).

4. Sí se pueden hacer cenas, o refrigerios, con tal que sean hechas por individuos, y no por la iglesia local. La iglesia local no existe para servir de restaurante.

* * *

116. MARCOS 5:1-20

"Se trata del endemoniado gadareno, y sobre todo, el pasaje de los cerdos. ¿Qué relación puede haber entre ellos y los demonios? ¿Por qué se introducen en sus cuerpos y se despeñan finalmente en el mar? ¿Qué aplicación espiritual podemos sacar de dicho pasaje?"

- - -

1. Se deben leer los pasajes paralelos, Mat. 8:28-34 y Luc. 8:26-39.

2. Aunque eran dos hombres (Mat. 8:28), Marcos y Lucas mencionan solamente al que tal vez era el más feroz y notorio. (Hay casos de esto en otros pasajes; compárese por ejemplo a Mateo 21:2,5 con Marcos 11:1 y Luc. 19:30).

3. Cuando Jesús salió de la barca, en seguida llegó este hombre, pues el demonio en él tenía completo control de él. El demonio preguntó: "¿Has venido acá para atormentarnos antes del tiempo" (Mat. 8:29), y luego pidió que Jesús no le atormentara (Mar. 5:7).

4. Todo esto sucedió porque Jesús ya le había mandado salir del hombre (Mar. 5:8). Evidentemente para el demonio era tormento hallarse fuera de cuerpo. Estos espíritus pidieron permiso para quedarse en aquella región (versículo 10). Pidieron que Jesús no les mandara para el abismo (Luc. 8:31; véase también Apoc. 9:1,2,11).

5. En realidad el hombre había sido poseído de una multitud de demonios (Mar. 5:9). Una "legión" era una división (de unos 6000 soldados) en el ejército romano. Pudo haber habido miles de demonios en estos dos hombres, pues entraron en unos 2000 cerdos (versículo 13).

6. Ya que Jesús les había mandado salir del pobre hombre endemoniado, esos espíritus pidieron permiso para entrar en los cuerpos del hato de cerdos que se encontraba cerca de allí (versículo 11,12).

7. Jesús, siendo Dios venido en carne, y poseyendo todas las cualidades de deidad, les dio permiso para entrar en los cerdos. Mostró así su autoridad y poder aun sobre el mundo de los demonios.

8. Los cerdos, ya una vez que los demonios habían ocupado sus cuerpos, perdieron todo control de sí, y así se precipitaron en el mar por un despeñadero, y se ahogaron. Ya estando muertos los cerdos, los espíritus tuvieron que volver al abismo.

9. La pérdida de tanto animal puede justificarse, si entendemos que Jesús se aprovechó de la ocasión para castigar a los dueños por algunos pecados de ellos. (Era ilícito que el judío negociara con este animal inmundo). No tenemos información sobre este detalle del evento, pero sabemos que Dios siempre es justo.

10. Evidentemente Dios permitió por un tiempo breve que los demonios entraran en ciertas personas para dar ocasión a Jesús para probar su deidad, al echarlos fuera de los hombres. (A sus apóstoles dio este poder, Mat. 10:1; Mar. 16:17).

* * *

117. AMOS 5:23

"¿Amós 5:23 prohíbe definitivamente el uso del instrumento, o se usa mal este texto para probar que Dios prohibió el uso del instrumento?"

- - -

1. En lugar de decir, "el uso del instrumento", mejor es expresarnos así: "el uso del instrumento de música en el culto de la iglesia".

2. No, este pasaje no condena definitivamente el uso del instrumento de música en el culto de la iglesia del Nuevo Testamento. El pasaje menciona dos cosas, y no solamente una: los cantares y los instrumentos. Dios no aceptaba ni una cosa ni la otra, bajo las circunstancias. (Seguramente Dios no rechaza el cantarle himnos de alabanza). ¿Eran antibíblicos las solemnidades, las asambleas, los holocaustos, y las ofrendas (versículo 21,22)?

3. Para entender bien un dado pasaje de la Biblia (como es el caso en cualquier publicación), hay que tomar en cuenta el contexto. Lo que va condenado en este pasaje es la mixtura del culto de Dios con la idolatría y con las demás injusticias de parte del pueblo de Dios. Véase en particular el versículo 26.

4. La música instrumental no fue introducida por la Ley de Moisés, sino bien más tarde por David, pero Dios lo aceptó y la presencia de la gloria de Dios en el templo, donde se tocaban los instrumentos, evidencia su aprobación. Véanse 2 Crón. 5:12,14; 29:25).

5. No estamos bajo la Ley de Moisés, la cual fue quitada por Cristo en su cruz (Col. 2:14). El haber uso de instrumentos en el culto a Dios, con o sin aprobación divina, en el Antiguo Testamento, no tiene nada que ver con lo que sea autorizado por la Ley de Cristo en el Nuevo Testamento.

* * *

118. GENESIS 5:2; 1:26; 2:7

"Génesis 5:2 dice que Dios creó al hombre varón y hembra, y llamó el nombre de ellos Adán.

¿Qué quiere decir esto? Sobre Génesis 1:26, ¿a qué imagen Dios creó al hombre, si Dios es espíritu, y si 2:7 dice que Dios modeló al hombre de arcilla y sopló aliento de vida?"

- - -

1. El contexto siempre rige en la buena interpretación de un dado pasaje.

2. El capítulo 5 trata de las generaciones, o descendientes, de Adán. Ya que el autor habla de estos seres humanos, descendientes todos de Adán, es natural que él use el pronombre plural, "de ellos", al decir que Dios les llamó Adán. El nombre "Adán" fue dado al primer hombre y a su esposa, y representa a todos los que de él descendieron.

3. El nombre "Adán", según una opinión común muy antigua, se deriva de la palabra que significa "rojo", el color de la tierra. El nombre significa "hombre." En Génesis capítulos 2 y 3 las versiones varían con sus traducciones entre "Adán" y "hombre."

4. En cuanto al cuerpo de Adán, Dios lo creó del polvo de la tierra (2:7). Luego, al soplar Dios en el nariz de Adán aliento de vida, Adán llegó a ser un ser viviente, pues Dios formó el espíritu del hombre dentro de él (Zac. 12:1; Heb. 12:9; 1 Tes. 5:23).

5. Ahora, dice Gén. 1:26 que Dios hizo al hombre a su propia imagen, y conforme a su semejanza. Dios es espíritu (Juan 4:24); no tiene cuerpo físico. Es evidente, pues, que esta imagen y semejanza tienen que ver con "el hombre interior" (2 Cor. 4:16), con el alma, el espíritu, la mente del hombre.

Dios le hizo recto (Ecles. 7:29). Le hizo sabio, santo y justo, haciéndolo superior a toda criatura ya creada y dándole autoridad sobre ella. Le dio honra y gloria (Sal. 8:5-9). En esto el hombre era como su Creador.

El pecador, destituido de la gloria de Dios (Rom. 3:23), al convertirse en cristiano llega a ser "nuevo hombre, creado según Dios en la justicia y santidad de la verdad". Véase Col. 3:10. Cuando Dios creó al hombre en el principio, así le hizo: justo, sabio y santo. En este sentido fue creado a la imagen de Dios.

* * *

119. EL ADMINISTRADOR DEL BAUTISMO

"¿El hombre (administrador del bautismo) también entra en la doctrina del bautismo?"

- - -

1. No, en la enseñanza del Nuevo Testamento la validez del bautismo no depende del que "administre" el bautismo; es decir, del que sumerja a la persona. Normalmente va a ser un cristiano, porque el que enseña la verdad sobre el bautismo va a ser un cristiano. Pero no hay enseñanza alguna que especifique que la persona que bautiza a otro tiene que ser cristiana. Si la validez del bautismo dependería, cuando menos en parte, del que bautizara, nadie podría estar seguro de haber sido bautizado bien, porque es imposible determinar todos los casos de bautismo desde el siglo primero.

Tampoco podría la persona recibir el perdón de los pecados si no hubiera de cerca persona cristiana que le sumergiera en agua. Se admite que estamos hablando de caso muy raro, pero al mismo tiempo de una posibilidad.

2. Se admite que en todos los casos de bautismo en el Nuevo Testamento el que bautizaba era cristiano, pero también tiene que admitirse que en todo caso de mención del tomar la cena del Señor el evento sucedió en un aposento alto. Pero ni el que bautice, ni el lugar de tomarse la cena, son asuntos esenciales, según la enseñanza del Nuevo Testamento sobre los particulares.

3. ¿Puede suceder que una persona, leyendo a solas el Nuevo Testamento, aprenda qué hacer para ser salva? ¿No puede ser bautizada si no hay cristiano de cerca que lo sumerja en agua?

4. El patrón novotestamentario sobre el bautismo enseña que el bautismo que manda Cristo es inmersión de la persona en agua, en el nombre de Jesucristo, para perdón de los pecados, para que la persona así entre en el cuerpo, o iglesia, de Cristo, la cual es el reino. Dicho patrón no enseña que la validez del bautismo depende en parte de quién sea la persona que haga el acto de sumergir. Desde luego, lo natural o normal del caso será que dicha persona es cristiana, pero no es requisito. Dios no ha dejado la salvación de pecadores a la disponibilidad de cierto administrador.

* * *

120. GALATAS 1:22

"Los hermanos liberales dicen que Gál. 1:22 se puede aplicar a Hech. 11:27-30 para probar que Pablo y Bernabé no llevaron la ayuda a las iglesias de Judá, sino a los ancianos patrocinadores de Jerusalén, porque dice Hech. 12:25 que volvieron de Jerusalén. ¿Será cierto?"

- - -

1. No, no es cierto. La cuestión tiene que ver con la cronología. ¿Cuándo no era conocido Pablo de vista a los hermanos de Judea? ¿Antes o después de los eventos de Hechos 11? La cronología que sigue contesta la pregunta, y vemos que fue precisamente durante la ministración de Hechos 11:29,30 que Pablo vino a ser conocido por las iglesias de Judea. Los liberales ignoran esta cronología y nada más juegan con palabras, juntando textos arbitrariamente.

—LA CRONOLOGIA—

"No Conocido De Vista" Gál 1:22. ¿Cuándo?

1. Damasco. Convertido, Hech. 9:19-23. A Arabia, versículo 23-25.

2. Arabia, Gál. 1:17. Volvió a Damasco. Unos tres años, versículo 18.

3. Visitó a Jerusalén, Gál. 1:18-20; Hech. 9:26-30. Visita breve. Bernabé le trajo a los apóstoles, 9:27, pero solamente a Pedro y a Jacobo, Gál. 1:18. Todavía "desconocido", Gál. 1:22.

4. Fue a Tarso, Hech. 9:30; a regiones de Siria y Cilicia, Gál. 1:21.

5. Pablo en Tarso, Hech. 11:25; fue a Antioquía (Siria), versículo 26. Aquí un año.

6. Fue a Jerusalén por segunda vez, Hech. 11:29 con 12:25. Este viaje no es mencionado en Gálatas. En este viaje fue "conocido de vista a las iglesias de Judea".

Algunos afirman que Hech. 11:29,30, con 12:25 y Gál. 1:22, prueban la "iglesia patrocinadora". ¡No! Lo de Gál. 1:22 tiene aplicación al tiempo de antes de lo de Hechos 11:29,30, y no después de él.

7. Primer viaje de predicación desde Antioquía, Hechos 13,14.

8. Segundo viaje, pasando por Galacia, Hech. 16:6.

9. 14 años después de convertido, Pablo hizo el tercer viaje a Jerusalén, Gál. 2:1; Hech. 15:1 y sig.

10. Hechos 26:20 prueba la cronología de arriba, de que lo de Gál. 1:22 fue antes de lo de Hech. 11:29,30.

b. Primero en Damasco, Hech. 9:20-22.

c. Después en Jerusalén, Hech.9:26-29.

d. Después en Judea.

e. Después entre los gentiles, Hech. 13 y sig.

f. La única vez por toda Judea, en Hech. 11:29,30.

11. El simple hecho de que, al terminar su servicio, Pablo y Bernabé volvieron de Jerusalén no prueba que entregaron todo el dinero a los ancianos de la iglesia de Jerusalén para que ella patrocinara la distribución de él. Prueba una sola cosa: que el punto de partida para volver de Judea a Antioquía fue la ciudad de Jerusalén, y esto después de cumplir su servicio (y no antes de él, ni sin cumplirlo).

12. La llamada "Iglesia Patrocinadora" origina proyectos, avisa a otras iglesias, solicitándolas donativos mensuales, y luego con el dinero así reunido se encarga de llevar a cabo el proyecto. ¿Esto es lo que pasó según los pasajes de Hechos 11:27-30 y 12:25? ¿Los ancianos de la iglesia en Jerusalén idearon un proyecto de enviar subsidio a iglesias de Judea, y luego avisaron a otras muchas iglesias, inclusive a la de Antioquía, pidiéndoles dinero, y luego las diferentes iglesias comenzaron a enviar donativos regulares a ella para su obra a nivel de la hermandad? Hacer esta pregunta es contestarla.

* * *

121. FIL. 4:15,16, ¿FILIPOS, IGLESIA PATROCINADORA?

"A la luz de Fil. 4:15,16 y 2 Cor. 11:8,9, ¿podríamos decir que Filipos era patrocinadora para Pablo?"

- - -

1. Los hermanos liberales que inventaron y promueven la llamada "Iglesia Patrocinadora" argumentan que 2 Cor. 11:8,9 enseña que varias iglesias aportaban dinero a la iglesia en Filipos, la cual centralizaba esos fondos para después enviar de ellos a Pablo en Corinto (Fil. 4:15,16). De esta manera piensan hallar un ejemplo bíblico de la

"iglesia patrocinadora".

2. Los dos textos no son del mismo contexto. Juntarlos de la manera presentada arriba es torcerlos e ignorar la cronología de eventos en Hechos.

3. Fil. 4:15 dice que "ninguna iglesia *participó*"; no dice, "ninguna iglesia *patrocinó*". En ese período de tiempo bajo consideración, dice Pablo que ninguna iglesia tenía comunión con él en el asunto de dinero. Si él hubiera estado refiriéndose a patrocinio, seguramente habría admitido que las supuestas iglesias aportadoras tenían comunión con él. ¿Acaso creen los hermanos liberales que no hay comunión entre el predicador y las iglesias que aportan dinero a la llamada patrocinadora, dinero que es para él?

4. La ayuda esas dos veces de parte de la iglesia en Filipos llegó a Pablo ¡en Macedonia! (Fil. 4:16). La ayuda de otras iglesias que va referida en 2 Cor. 11:8,9 llegó a Pablo en Corinto.

5. Lo que los dos pasajes ilustran no es la llamada "iglesia patrocinadora", sino que es según el patrón bíblico, que las iglesias envíen directamente al predicador, sin hacer uso de ninguna central de institución humana.

6. Ni la palabra "patrocinadora", ni el concepto involucrado en ella, aparece en el Nuevo Testamento.

* * *

122. EL SABADO

"¿De cuántos sábados habla la Biblia, y cuál era el del reposo?

- - -

1. La palabra "sábado" significa "reposo". El día séptimo de la semana no era el único día de reposo para el israelita. Estúdiese el capítulo 23 de Levítico. En seguida cito de NOTAS SOBRE LEVITICO, página 61, por Wayne Partain:

"Varios días del séptimo mes eran consagrados a Dios: 'al primero del mes', el día para sonar las trompetas; 'a los diez días', día de la expiación (versículo 27); 'a los quince días', la fiesta de los tabernáculos (versículo 34). Había convocaciones y cesación de trabajo".

2. Nótese que en este primer día del séptimo mes los israelitas no habían de trabajar (versículo 25), tampoco en el día décimo (versículo 28-32), ni tampoco en el día quince (versículo 35).

3. El versículo 38 habla de "los días de reposo", o sea los "sábados", como aparte de las fiestas solemnes (mencionadas arriba).

4. Hebreos 4:11 habla del reposo sabático eterno en los cielos que se reserva para el cristiano fiel.

* * *

123. LAS PARABOLAS

"¿Qué significa 'parábola' en sí, y desde cuándo se empleaba?"

- - -

1. Cito del erudito, W. E. Vine, tomo M-S,

página 126:

"denota lit., un poner al lado (relacionado con PARABALLO, arrojar o depositar al lado, comparar)".

2. La palabra griega, PARABOLE, pues, es compuesta de dos partes: "para" significa, "al lado", y "bole" significa "arrojado". Una parábola, pues, es un relato de algo basado en la realidad de la vida diaria que presenta una verdad. Es como una comparación, un proverbio, o una similitud.

3. En el Nuevo Testamento las parábolas se encuentran casi totalmente en Mateo, Marcos y Lucas (véase por ej., Mateo capítulo 13). Hay ejemplos de ellas también en el Antiguo Testamento (Jueces 9:7-15; 2 Samuel 12:1-4; 2 Reyes 14:9; etcétera).

4. La parábola, pues, es una manera de enseñar que se ha empleado desde la antigüedad.

* * *

124. TRICOTOMIA (DIVIDIR EN TRES PARTES)

"¿Qué es esto que el hombre se compone de tres partes?"

- - -

1. Dice el apóstol Pablo que "todo vuestro ser, <u>espíritu</u>, <u>alma</u> y <u>cuerpo</u>, sea guardado irreprensible…" (1 Tes. 5:23). De esta manera Pablo se refiere a la totalidad del ser humano.

2. En otros pasajes el ser humano se presenta como de dos partes: cuerpo y alma (Mateo 10:28); y el hombre exterior y el interior (2 Cor. 4:16).

3. En Mat. 6:25 se habla de la <u>vida</u> y del cuerpo; en Luc. 12:19,20 del hombre que habla a su alma, y que Dios le pide su <u>alma</u>; y en Luc. 8:55 de la muchacha muerta cuyo <u>espíritu</u> volvió.

4. A veces el hombre interior se presenta como el <u>alma</u> (Heb. 10:39), a veces como el <u>espíritu</u> (1 Cor. 5:5).

5. Heb. 4:12 hace distinción entre el alma y el espíritu. En seguida cito de mi obra, NOTAS SOBRE HEBREOS, página 21:

"El alma (PSUKE) es la vida que el espíritu da al cuerpo, mientras van juntos los dos. Es la vida animal, la sede de lo que pertenece y concierne a la vida en la carne. El espíritu (PNEUMA) es el principio vital que anima al cuerpo; es la parte inmortal del hombre, dada por Dios. Pablo, en 1 Tesa. 5:23, hace esta distinción (aunque en otros textos se usan alternativamente los dos términos). En 1 Cor. 2:14,15 vemos que el *hombre natural* (PSUKIKOS, la palabra PSUKE, en forma de adjetivo) se distingue del hombre espiritual (PNEUMATIKOS, la palabra PNEUMA en forma de adjetivo).

"No obstante, no entiendo que el autor inspirado está diciendo que la Palabra de Dios literalmente hace separación entre el alma y el espíritu (como si fueran dos entidades separadas e independientes), sino que solamente hace uso de una expresión para denotar la obra de la Palabra de Dios en exponer lo más interior de nuestra vida terrestre y la condición de nuestro espíritu. Todo nuestro ser es expuesto por la Palabra de Dios y ella declara la condición de él. Nos revela el hombre natural y también el espiritual".

* * *

125. EL PREDICADOR Y LA AUTORIDAD

"¿Qué autoridad tiene un predicador sobre la iglesia?"

- - -

1. Ninguna persona singular tiene autoridad sobre la iglesia (local).

2. La iglesia local es un acuerdo mutuo entre los miembros que la componen. Pueden aceptar o rechazar a quienes propongan poner su membresía en ella (Hech. 9:26-28; 18:27).

3. Si la iglesia local tiene ancianos, ellos son quienes la dirigen, no el evangelista (Heb. 13:17; 1 Tes. 5:12; 1 Ped. 5:1-3).

4. Algunos aplican mal Tito 1:5 para sostener su doctrina de control evangelístico. En seguida cito de mi obra, NOTAS SOBRE TITO, página 5:

"Tito era *evangelista*, como Timoteo (2 Tim. 4:5), y no "supervisor", "encargado de iglesias", "superintendente", etcétera. Los comentaristas sectarios se refieren a Tito y a su obra con términos semejantes, porque están habituados al concepto de "clérigos," cosa desconocida en el Nuevo Testamento. Como predicador, o evangelista, corregiría por medio de predicación, enseñanza, y ejemplo, y por medio de la instalación de ancianos. Esta última cosa no lo haría arbitrariamente, sino con la cooperación de las iglesias, según el ejemplo apostólico hallado en Hech. 6:3, y 1:23-26. No hay nada de "control evangelístico" en este pasaje. Compárese 2 Tim. 4:1-5, caso paralelo".

* * *

126. LA IGLESIA Y LA AUTORIDAD

"¿Desde cuándo la iglesia que se va desarrollando ejerce la autoridad?

- - -

1. Desde su formación la iglesia local se dirige sola, sometiéndose a la autoridad final, a la doctrina de Cristo en las Escrituras. Esto es "autonomía" (ley para sí misma). (Hay evangelistas que enseñan la autonomía de la iglesia local y al mismo tiempo practican la dictadura).

2. Su autoridad no consiste en determinar las creencias y prácticas, pues esto ya va establecido en la Palabra de Cristo. Consiste en dirigirse en sus asuntos como congregación local.

3. Si en un dado lugar un evangelista hizo conversos y así se estableció una iglesia de Cristo allí, claro es que él va a ser el miembro de más conocimiento bíblico y experiencia en la Palabra. Su juicio valdrá mucho. Pero el Nuevo Testamento no le autoriza para que sirva de dictador sobre la iglesia local (3 Juan 9).

4. Si la iglesia local fue iniciada por cristianos de otras congregaciones ya establecidas, entonces ellos van a tener ya experiencia y conocimiento en

la Palabra, con o sin evangelista de tiempo completo. En todo caso la membresía dirige los asuntos de la congregación local. El evangelista, si hay uno, tiene voz y voto juntamente con los demás, pero el Nuevo Testamento no le otorga ninguna supremacía sobre los demás miembros.

* * *

127. MATEO 24:29

"¿Se refiere todo el capítulo a la destrucción de Jerusalén? ¿Es verdad que el versículo 29 se refiere a reyes y príncipes, y por tanto es simbólico?"

- - -

1. Entiendo que solamente los primeros 34 versículos tratan la destrucción de Jerusalén. Todas las señales mencionadas en los primeros versículos tuvieron que ver con eventos de esa generación (versículo 34). El resto del capítulo, y lo del 25, tratan la segunda venida de Cristo en el día final.

2. Sí, el versículo 29 emplea lenguaje figurado. Compárense Isa. 13:1,10,17; 24:21-23.

3. Véanse Interrogantes # **62, 150**

* * *

128. ROMANOS 8:11

"¿Es verdad que este texto prueba que sólo los cristianos, los que tengan el Espíritu Santo, van a resucitar, y que esto excluye al mundo inicuo?"

- - -

1. Para contestar la pregunta, cito de mi obra NOTAS SOBRE ROMANOS, sobre 8:11.

"¿Se refiere Pablo a la resurrección final? Así muchos aplican este versículo, aunque no es la idea del contexto. Además, todos seremos resucitados en el día final, buenos y malos, aparte de la consideración de morar el Espíritu de Dios en alguien. El punto del contexto es que el cuerpo, muerto al pecado (no activo ya en el pecado, no instrumento ya del pecado), es vivificado a la justicia. Si Cristo está en uno, el espíritu es vida y "también" (dice este versículo) al cuerpo le es dada vida (vivificado). Se emplea el tiempo futuro ("vivificará") porque hay condiciones que ha de cumplir el hombre. Tiene que dejar que Cristo esté en él. El cristiano presenta su cuerpo en sacrificio vivo (12:1). No solamente tiene vida el espíritu, sino el cuerpo también, en el servicio de Dios. (Véase también 2 Cor. 4:11). La incapacidad de la ley sola (7:7-25) para producir vida (espiritual) para el espíritu y el cuerpo se contrasta con la capacidad del evangelio para hacerlo (8:1-11). Como se habla de vida y muerte espiritual, también es espiritual la 'resurrección' aquí referida".

* * *

129. DIVIDIR LA ASAMBLEA

"Cuando la iglesia se reúne con el propósito de adorar a Dios, ¿es lícito dividir la asamblea, apartando a los niños y demás jóvenes para las clases sólo porque se argumenta de que los niños molestan el sermón, y que ellos no son llamados a adorar a Dios, y que por eso se debieran apartar?

- - -

1. La pregunta está complicada, involucrando varias ideas. Las tomaremos una por una.

2. "Cuando la iglesia se reúne con el propósito de adorar a Dios", debe adorar a Dios (¡punto y aparte!).

3. Cuando llega el tiempo que la iglesia ha acordado para clases bíblicas, todos deben irse a las clases señaladas.

4. Se dice que los niños "molestan el sermón". ¿Por qué hablar solamente del **sermón**? ¿No molestarían también la Cena del Señor, las oraciones, el canto y la ofrenda? Muchas veces los padres irresponsables no quieren que sus hijos faltos de disciplina les distraigan durante el sermón, y por eso quieren que otros (los maestros) los lleven a alguna parte para que así los padres pueden oír el sermón "en paz". Tales padres deben aprender a disciplinar a sus hijos para que estén quietos a su lado, aprendiendo a apreciar el por qué todos están en la asamblea; a saber, para adorar a Dios.

5. Si los niños "no son llamados a adorar a Dios", ¿por qué no dejarlos solos en la casa? ¿Han sido llamados a "clases"? No es cuestión de "ser llamados". Es cuestión de que los padres tengan sus hijos a su lado, para enseñarles, aun en la asamblea. Compárese Esdras 10:1.

* * *

130. ¿TIENTA DIOS, O NO?

"¿Por qué en Sant. 1:13 dice, "cuando alguno es tentado, no diga que es tentado de parte de Dios, porque Dios no puede ser tentado por el mal, ni él tienta a nadie", y en Mateo 6:13, dice "y no nos metas en tentación"? ¿Por qué uno dice que Dios no tienta a nadie, pero Jesús pone a Dios como si él manda las tentaciones? A ver si me puede explicar esto".

- - -

1. No hay ninguna contradicción en la Palabra de Dios.

2. El pasaje en Santiago afirma que Dios no es la fuente de la tentación. (De Dios vienen dádivas buenas y dones perfectos, versículo 17). El hombre es responsable por todos sus pecados. Satanás es quien le tienta (le induce a pecar). Compárese 1 Cor. 7:5.

3. El pasaje en Mateo no tiene a Jesús poniendo a Dios como si él mandara tentaciones. Dios no manda la tentación en el sentido de **incitación** al mal, o de **seducción**. Pero sí permite que seamos **probados,** el otro sentido de la palabra tentar. Mateo 6:13 trata el punto en particular de que al orar nosotros pidamos que Dios no nos meta en pruebas demasiado difíciles para nosotros; es decir, que no permita que las pruebas de la vida nos venzan. Pedimos que al experimentar nosotros las pruebas y tentaciones diarias, Dios nos ayude a ser librados del mal, porque todo el poder para esto

está en Dios. Véanse Col. 1:13; Heb. 2:14,15. El da la salida, 1 Cor. 10:13, pero tenemos que cooperar con Dios por medio de hacer su voluntad (1 Cor. 6:18; 2 Tim. 2:22; 2 Ped. 1:4). Un buen comentario sobre esto lo tenemos en 1 Ped. 1:5-9.

* * *

131. MATEO 19:24, EL CAMELLO Y LA AGUJA

"'Mateo 19:24 dice, Otra vez os digo, que es más fácil pasar un camello por el ojo de una aguja, que entrar un rico en el reino de Dios'. ¿A qué se refiere Jesús al decir eso? porque muchas personas se burlan y dicen que cuando Jesús estaba en la tierra, no había aguja, y que ¿cómo un camello va a pasar por el ojo de una aguja?"

- - -

1. El contexto trata de la imposibilidad del asunto, aparte de la intervención de Dios, pues con él todo es posible.

2. En esos tiempos era un refrán, para expresar lo imposible de un asunto, decir: "pasar un camello por el ojo de una aguja". El camello, animal grande, sencillamente no puede pasar por un agujero tan pequeño; tampoco puede el hombre, representado por el joven rico (v. 22), entrar en el reino de los cielos. Si el rico está dispuesto a seguir a Cristo de todo corazón, haciendo cualquier sacrificio personal necesario, entonces Dios sí le puede salvar eternamente.

3. ¿Cómo que no había agujas aun antes del tiempo de Jesús? (Exod. 26:36; Juec. 5:30; Sal. 45:14; Ezeq. 13:18).

* * *

132. ROM. 3:10, NI UN JUSTO EN LA IGLESIA

"Quisiera tener una explicación de la tesis de que en la iglesia no hay ni siquiera un justo".

- - -

1. Hay quienes están afirmando tal cosa, con el propósito de engrandecer los límites de comunión para así justificarse en tener comunión con personas que no se someten a la autoridad del Nuevo Testamento. Razonan así: que si nosotros en la iglesia de Cristo no somos justos, ¿quiénes somos nosotros para negar la comunión a gente equivocada en otras iglesias?

2. Los promovedores de este movimiento o no saben "usar bien" las Escrituras, o no respetan el contexto de algún dado pasaje.

3. Rom. 3:10 no trata de miembros de la iglesia de Cristo, sino de gente fuera de Cristo. El falso maestro ignora esto. Juega con palabras, torciendo las Escrituras. Tiene algo que promover, busca aprobación bíblica, y va buscando algún juego de palabras que al parecer le apoye.

4. Si el versículo 10 describe a miembros de la iglesia de Cristo, entonces de igual manera **todas las descripciones** de los demás versículos citados (11-18) les describen. ¿Está dispuesto el falso maestro a admitir esto?

5. El capítulo uno trata del estado perdido del gentil, el dos del judío, y ahora el tres de todo el mundo juntamente (3:22). Sin Cristo, todo el mundo está perdido.

6. Al falso maestro no le importa trazar bien las Escrituras. Le interesa nada más promover sus propios programas y proyectos.

* * *

133. ¿QUITA EL BAUTISMO EL DESEO DE PECAR?

1. No, porque no tiene tal propósito. Cualquier persona, bautizada o no, que se dejar llevar por su propio concupiscencia, comete pecado (Sant. 1:14, 15). El bautismo quita la culpa de los pecados del creyente en Cristo que se arrepiente. El creyente hace morir lo terrenal en él (Col. 3:5), dejando atrás toda la carnalidad (versículo 8). Esas cosas mundanas las desecha (1 Ped. 2:1). Tiene las Escrituras para que no peque (1 Jn. 2:1), pero si alguna vez peca, se arrepiente y confiesa su pecado (1:7) a Dios por Jesucristo.

* * *

134. 1 JUAN 1:6-9

¿"Establece este pasaje que los cristianos siempre estamos en pecado?

- - -

1. Este es otro pasaje que hermanos liberales están empleando para tratar de justificarse en hacer más grande el círculo de comunión con otros. (Véase el número **132** arriba).

2. La táctica favorita de todo maestro falso es ignorar el contexto, y así aplicar el pasaje a su gusto.

3. El apóstol Juan está tratando el problema presentado por el gnóstico del siglo primero, que afirmaba que no hay pecado, sino que el cuerpo es materia, y que toda materia es mala. Por eso según él lo que el cuerpo hacía era humana, normal, y natural, y que no afectaba al alma protegida por su gran conocimiento filosófico. Juan dice que ¡no es así!

4. Versículo 5—Dios es luz; en él no hay tinieblas.

5. Versículo 6—Siendo así el caso, el gnóstico, al afirmar que tenía comunión con Dios, pero que al mismo tiempo andaba en tinieblas, mentía y no practicaba la verdad.

6. Versículo 7—Los cristianos, hijos de Dios, andando continuamente en luz, como Dios es luz, tenemos comunión con él, y él con nosotros, y al cometer algún pecado (2:1), la sangre de Jesucristo nos limpia de ese pecado (porque lo confesamos, abandonándolo por completo). El pecado no reina en los cristianos (Rom. 6:12). Hemos muerto al pecado, y por eso no podemos seguir viviendo en él (Rom. 6:2), como lo hace el gnóstico.

7. Versículo 8—El gnóstico reclamaba que su alma no fue contaminada por lo que el cuerpo hacía, y que por eso no tenía pecado, o responsabilidad de pecado. El no hacía caso del

pecado. Por eso se engañaba a sí mismo.

8. Versículo 9—En lugar de negar la realidad del pecado, o la responsabilidad hacia él, como hacía el gnóstico, el cristiano admite la realidad de él, y de la eficacia de la sangre de Cristo para darle perdón cuando peca. El gnóstico negaba que Cristo vino en la carne, y que murió en la cruz para salvarnos del pecado, y por eso negaba la necesidad de hacer caso del pecado.

9. El hermano liberal de hoy, al torcer este pasaje para acomodarlo a su programa de extender la comunión a otros hermanos, y aun a sectarios, sigue el ejemplo de los gnósticos antiguos. Juan no está diciendo que los cristianos siempre vivimos en pecado, y que por eso no debemos hacer caso de los pecados de otros, sino comulgarles.

* * *

135. 1 JUAN 1:7, LIMPIEZA (PERDON) AUTOMATICA, O CONTINUA

"¿Será cierto que el perdón de los pecados en el cristiano se da de manera automática?"

—

1. Para contestar la pregunta, la respuesta es que no.

2. Hay hermanos que durante las últimas tres décadas han estado **promoviendo** una unidad **nueva**, en lugar de "**guardar** la unidad del **Espíritu**", o sea la de la cual el Espíritu Santo es el autor (Efes. 4:3). Quieren extender la comunión nuestra a hermanos liberales, a los de la Iglesia Cristiana, y últimamente aun a ciertas denominaciones protestantes. Para promover esta llamada "unidad" con personas en el error, han pervertido el pasaje, 1 Juan 1:7, para que diga que los pecados de ignorancia y de debilidad automática y continuamente son perdonados por Dios. Si el caso es así, no debemos condenar a los que andan en el error, pues son ignorantes de la verdad, y por eso no son responsables por sus pecados, y nosotros debemos más bien comulgarles. Véase Interrogante #134 .

3. Si el pasaje enseña que el cristiano está continuamente limpiado de pecado, y esto automáticamente, entonces se sigue que el cristiano está pecando continuamente. Pero el pasaje trata de quien anda habitualmente en la luz, ¡no en el pecado! ¿Cómo puede la persona llamarse "santo fiel" y al mismo estar pecando continuamente?

El que anda en la luz no practica el pecado (1 Juan 3:6,9; 5:18). Pregunta Pablo, "¿Perseveraremos en el pecado?" Luego dice, "en ninguna manera".

4. 1 Juan 1:7 **no** dice, "la sangre de Jesucristo su Hijo nos limpia de pecados de debilidad y de ignorancia", sino "de **todo** pecado". ¿Por qué no son perdonados automática y continuamente los pecados deliberados, o de presunción? "Pero", dirá la persona, "el que comete el pecado de debilidad o de ignorancia está andando en la luz". Ningún pecado es de la luz.

5. Consideremos el ejemplo de Moisés. Según Heb. 3:2, era fiel en toda la casa de Dios. ¿No andaba, pues, en la luz? Pero en una ocasión cometió un pecado (¿de "debilidad"?). Núm. 20:12, (le dijo Jehová) "Por cuanto no creísteis en mí, para santificarme delante de los hijos de Israel, por tanto, no meteréis esta congregación en la tierra que les he dado". El versículo 24 dice que Moisés y Aarón fueron rebeldes al mandamiento de Dios en esa ocasión. ¿Dios en esta ocasión perdonó automáticamente a Moisés por cuanto "era fiel" en toda la casa de Dios?

6. El calvinismo afirma que **todo** pecado del elegido es cubierto por la gracia de Dios. La persona que es de los elegidos puede morir en el mismo acto de fornicación, pero siempre será salvo. De esta idea viene la doctrina de que "una vez salva la persona, siempre salva", también llamada, la imposibilidad de apostasía , o la perseverancia de los santos. Hay hermanos liberales entre nosotros que afirman que cuando menos los pecados de debilidad o de ignorancia serán perdonados en el mismo momento de cometerse.

7. Los falsos categorizan el pecado. Como los católicos hablan de pecados veniales y de mortales, de manera semejante los hermanos falsos hablan de pecados de debilidad y de ignorancia. Todo pecado es de debilidad; seguramente no es cometido ningún pecado en fuerza (espiritual). Los hermanos débiles pueden perderse (1 Cor. 8:11). Los que cometen pecado en ignorancia siempre tienen culpa (Levítico capítulo 4 y 5).

8. El cristiano no tiene que pecar, el calvinismo al contrario. Nunca debe pecar (1 Juan 2:1). Si hace ciertas cosas, nunca caerá jamás (2 Ped. 1:10). Pero si peca, es porque escogió o eligió hacerlo. ¿Qué tuvo que hacer para ser salvo el primero de los pecadores que pecaba en ignorancia (1 Tim. 1:13-16; Hech. 9:6,18)? Jesús en la cruz oró al Padre que perdonara a los que le crucificaban porque no sabían lo que hacían (Luc. 23:34), pero no automáticamente. Dios lo hizo el día de Pentecostés para cuantos obedecieron los términos de perdón (Hech. 2:37,38). A tales ignorantes se les predicó el arrepentimiento y la conversión (3:17-19).

9. El mismo pasaje que habla de la sangre de Jesucristo que limpia de **todo pecado** (1 Jn. 1:7) también dice que el **limpiarnos de toda maldad** depende de la confesión de nuestros pecados (v. 9).

10. Los falsos hermanos han adaptado una forma del calvinismo (por eso los llamamos y con razón, neocalvinistas) con el fin de tener una razón fundamental sobre la cual justificar su "nuevo movimiento de unidad".

* * *

136. LA UNIDAD EN LA DIVERSIDAD

"¿Depende la comunión de la unidad?"

- - -

1. Sí, según el apóstol Pablo, (Efes. 4:3; 1 Tim. 1:3) y el apóstol Juan (2 Jn. 9-11). La unidad de la cual el Espíritu Santo es autor es algo que **guardar**, y no cosa que **promover** en base nueva.

2. Los falsos hermanos, en su nuevo movimiento de unidad, quieren justificarse en comulgar a personas que enseñan y practican cosas no autorizadas en la doctrina de Cristo, en la de los apóstoles (2 Jn. 9; Hech. 2:42). Por eso afirman que puede haber comunión con ellos sin que haya unidad de doctrina. Hablan mucho de "la unidad en diversidad". Tal clase de unidad es puramente humana.

3. En realidad estos hermanos no creen que están mal las personas de esas otras prácticas y creencias. Una vez que se unen con ellas, comienzan a practicar las mismas cosas. Más y más hermanos ahora están negando que el bautismo es para perdón de los pecados. Han comenzado a decir que el bautismo es nada más "una respuesta (reacción) adecuada de la fe". Con eso quieren decir que somos salvos por la fe sola, y que al ser bautizados nada más dejamos que la fe (que sola nos salvó) reaccione o responda. Esto es puro denominacionalismo.

* * *

137. "LIDERES DE LA IGLESIA"

"¿Son los líderes de la iglesia autoridad orgánica?"

- - -

1. El Nuevo Testamento no habla de "líderes de la iglesia". En cuanto a autoridad, dice Jesús que él la tiene toda en el cielo y en la tierra (Mat. 28:18). Usando de esa autoridad, autorizó que la unidad de acción colectiva sea la iglesia local, completamente autónoma e independiente. El autorizó que en cada iglesia haya ancianos (Hech. 14:23; 20:28; Tito 1:5; 1 Ped. 5:1-3).

2. Ahora, ¿quiénes son estos llamados "líderes de la iglesia"? Cítesenos algún pasaje bíblico para la respuesta.

3. Ellos son la fabricación de quienes no respetan el patrón bíblico (2 Tim. 1:13). Los que se someten a la supuesta "autoridad orgánica" de ellos se someten, no a Cristo, sino a los hombres.

* * *

138. EL REMATRIMONIO DE UN ADULTERO

Véase Interrogante **106**
"¿Aprueba la Biblia el rematrimonio de un adúltero?"

- - -

1. No, sencillamente no.

2. Lo que Cristo aprueba es que el cónyuge inocente y fiel, después de repudiar a su compañero por fornicación, vuelva a casarse.Toda otra persona, al hacer segundas nupcias mientras su compañero vive, adultera (Mat. 19:9; Rom. 7:2,3).

3. Afirmar que el adúltero tiene el mismo permiso que el inocente es hacer absurdo y sin sentido a estas palabras de Cristo.

4. Cuando hay divorcio y segundas nupcias, ¡hay adulterio! con una sola excepción. Ella la da Cristo en Mat. 19:9. El hombre no puede dar otra.

* * *

139. EL ARREPENTIMIENTO, UNA SIMPLE FORMALIDAD ECLESIASTICA

"Hay quienes dicen que el arrepentimiento es una simple formalidad eclesiástica. Quiero una explicación".

—

1. El que afirme eso, que nos dé prueba bíblica de ello. ¿Quién no puede afirmar algo por decirlo? Yo puedo decir que soy Napoleón. ¿Por eso lo soy? Aseverar no es probar.

2. El arrepentimiento es cambio de mente, según el significado de la palabra griega, METANOIA. Consúltese el Diccionario Expositivo De Palabras Del Nuevo Testamento, por W. E. Vine, u otra autoridad sobre el griego.

3. Es **mandamiento** de Dios, no una simple formalidad eclesiástica (Hech. 2:38; 17:30). Cristo lo predicaba (Mar. 1:14,15; Luc. 13:3; Apoc. capítulo 2,3).

4. Dios no tiene obligación de aceptar nuestro arrepentimiento, sino es algo que él nos permite (Hech. 5:31; 11:18; Rom. 2:4; 2 Tim. 2:25). Nos lo manda, y si lo hacemos, nos acepta.

* * *

140. LA PERFECCION EN EL CRISTIANO

"¿Es cierto que nadie es perfecto, que la perfección no se puede dar en los cristianos?"

- - -

1. La contestación correcta a esta pregunta depende del sentido en que se use la palabra "perfecto", de la definición que se le dé, y de la aplicación que se haga de la pregunta.

2. Hay hermanos falsos que están afirmando que "nadie es perfecto, que la perfección no se puede dar en los cristianos", con el fin de promover una comunión más amplia que incluya hasta a los sectarios. Razonan así: que si nosotros los cristianos no somos perfectos, ¿cómo podemos negar la comunión nuestra a otros también imperfectos; es decir, a quienes están en ciertos errores doctrinales?

3. Las Escrituras emplean la palabra "perfecto" en dos sentidos. Fil. 3:12,15 ilustra el punto. En el versículo 12 Pablo usa la palabra en el sentido **absoluto.** Todavía corría la carrera cristiano, luchando contra el mal, y sirviendo al Señor. No había completado o perfeccionado su carrera. En el versículo 15 vuelve a usar la misma palabra, pero ahora en el sentido **relativo.** Dice, "Así que, todos los que somos perfectos". En este sentido Pablo y muchos de los filipenses eran perfectos, o maduros.

4. La palabra en sí significa el estado de haber llegado a su fin, y de eso de desarrollado o madurado. En el versículo 15 Pablo habla de cristianos perfectos; es decir, maduros. Santiago (1:4) también habla de los tales. Véanse también Col. 4:12; Heb. 5:14. Si alguno me preguntara, usando la palabra en este sentido relativo,

"¿Hermano, es usted perfecto?" yo contestaría: "Seguro que sí. Si no soy perfecto ahora, después de más de mitad de siglo de haber sido bautizado, jamás lo seré". En el sentido absoluto de la palabra, de vivir siempre sin pecar jamás, claro es que nadie es perfecto.

5. Pero los falsos tuercen las Escrituras y evitan la cuestión por delante de qué hacer cuando alguno peca. Ellos buscan algo. Tienen una agenda escondida. Procuran incluir en la comunión a hermanos errados y hasta a sectarios. "Si no somos perfectos (en lo absoluto), no debemos negar la comunión a otros imperfectos", razonan ellos. Pero la cuestión es ésta: ¿qué hacer cuando la persona peca (por no ser perfecto en lo absoluto)? Ellos ignoran esto. No procuran dejar sus errores, ni corregir los de otros. Procuran más bien comulgar el error. A eso nos quieren llevar: a las prácticas de los sectarios.

Al cristiano, cuando peca, se le manda arrepentirse de su pecado, confesándolo, y pedir que Dios le perdone (Hech. 8:22; 1 Jn. 1:9). Ahora los sectarios deben venir al conocimiento de la verdad para ser salvos (1 Tim. 2:4). Por eso se les debe predicar el evangelio, la verdad que hace libres. Esto es atender al pecado. Esto es lo que Dios quiere. Los hermanos falsos buscan otra cosa.

* * *

141. RESISTIR TENTACIONES

"¿Hay algunas tentaciones que es imposible que el cristiano las pueda resistir?"

- - -

1. No, no las hay (1 Cor. 10:13).
2. Véase Interrogante #**130.**
3. Se nos manda resistir al diablo (1 Ped. 5:9). Si somos firmes en la fe seguramente podemos hacer lo que Dios nos manda hacer (o ¿acaso Dios nos manda hacer lo imposible?). Si resistimos al diablo, huye de nosotros (Sant. 4:7).
4. Por diferentes razones el hombre busca justificarse en sus pecados (Luc. 16:15), pero no lo halla en la Palabra de Dios. Ella nos manda limpiar las manos y purificar los corazones, humillándonos delante del Señor (Sant. 4:8,10).

* * *

142. PECAR POR DEBILIDAD DE LA CARNE

"¿Es cierto que el hombre peca por la debilidad de la carne?"

—

1. Santiago explica por qué el hombre peca (Sant. 1:13-15). Peca porque se dejar llevar por sus *propias concupiscencias.*
2. El calvinismo enseña que el hombre nace totalmente depravado, y que por eso peca. Según esta falsa doctrina, ¡tiene que pecar, no puede menos! Esto es lo que muchos tienen en mente al afirmar que "el hombre peca por la debilidad de la carne". En este sentido, la respuesta es que no.
3. En un sentido se puede decir que el hombre peca por la debilidad de la carne, pero el punto que

recordar es que el hombre *es responsable por esa debilidad.* ¡No tiene que pecar! La Biblia fue escrita para que no pequemos (1 Jn. 2:1). El espíritu a la verdad está dispuesto, pero la carne es débil, pero *velando y orando* el cristiano no entra en tentación (Mat. 26:41).

* * *

143. ESPÍRITU Y CUERPO—¿OPUESTOS?

"¿Enseñan las Escrituras que el espíritu y el cuerpo son opuestos por naturaleza?"

—

1. No, no enseñan tal cosa.
2. Por naturaleza, es decir, por la creación de Dios, el hombre es compuesto de espíritu y cuerpo. El cuerpo (que es de carne, hueso y sangre) es nada más el hombre exterior en que habita el hombre interior (el espíritu, o alma) (2 Cor. 4:16). El cuerpo es compuesto de miembros que son dirigidos por el espíritu (mente, corazón, alma) del hombre. El hombre presenta los miembros de su cuerpo, o para instrumentos de iniquidad, o para instrumentos de justicia (Rom. 6:13,19). ¡El cuerpo en sí (o por "naturaleza") no es nada malo! Por eso es erróneo decir que "el espíritu y el cuerpo son opuestos por naturaleza".
3. Ahora, dice Gál. 5:17, en cuanto a lo que Pablo llama "la carne" y "el espíritu", que "éstos se oponen entre sí". En este contexto "carne" no significa el cuerpo físico, como el tabernáculo del espíritu. Significa todo lo que la persona *practica* (versículo 21), empleando los miembros del cuerpo, cuyo corazón no es dirigido por la enseñanza del Espíritu Santo, sino por la mentira del diablo en la mundanalidad (1 Jn. 2:15-17). Los ojos solos no miran ni el bien ni el mal; nada más miran. Ahora el hombre carnal usa los ojos para codiciar, mientras que el hombre espiritual usa los ojos para ocuparse en lo santo. Las manos del impío son usadas como instrumentos para robar y herir, mientras que las del santo son empleadas en las buenas obras.

Entre las "obras de la carne" van la enemistad, el pleito, el celo, la ira, la contienda, y la disensión (Gál. 5:17-21). Obviamente estas cosas son *mentales*, o de los pensamientos. No obstante se llaman "de la carne". ¿Acaso puede el pie derecho contender o tener celos? ¿Puede el ojo izquierdo tener ira?

Los gnósticos antiguos argumentaban que el cuerpo físico, siendo materia, era mala en sí. Agustín, del siglo 4, andaba por unos años entre los gnósticos, y es el padre de la doctrina de "el pecado original". Hasta la fecha la Iglesia Católica Romana, y las Protestantes que de ella salieron en el tiempo de la Gran Reforma, han perpetuado esta falsa doctrina de que hay algo malo inherente en el cuerpo físico. Hasta hermanos en la fe han salido últimamente propagando una forma de este error.

* * *

144. LA CIZAÑA Y EL TRIGO

"¿Coexisten la cizaña y el trigo en el cuerpo de Cristo?"

—

1. No, porque según Jesús "el campo es el mundo"(Mat. 13:38), no el cuerpo de Cristo (la iglesia, Efes. 1:22,23; Col. 1:18).

2. Hay quienes tuercen esta parábola de Jesús para enseñar que no debe haber ahora disciplina en la iglesia. Tal interpretación contradice los muchos pasajes novotestamentarios que mandan la disciplina en la iglesia local.

3. Coexisten en este mundo los cristianos y los no cristianos (los sembrados por el Hijo del hombre, Cristo Jesús, y los mundanos sembrados por el diablo). Va a haber una gran separación de ellos en el fin de este siglo.

4. La palabra "reino", en el versículo 41, se emplea en el sentido del mundo controlado por Dios, pues él gobierna el reino de los hombres (Dan. 4:17,25).

* * *

145. ¿CRISTO PECADOR?

"¿Fue tratado Cristo por el Padre como pecador?"

—

1. Siempre que se emplea una frase no hallada textualmente en las Escrituras, es necesario que la persona la defina. ¿Qué quiere decir con la frase, "tratado como pecador?"

2. El calvinismo enseña que nuestros pecados fueron imputados a Cristo (después que el de Adán fue imputado al hombre), y que la justicia de Cristo luego es imputada al creyente. Esta es la imputación de tres puntos del calvinismo. Si la persona tiene en mente, al decir que el Padre trató a Cristo como pecador, que el Padre imputó a Cristo nuestros pecados, la respuesta es que no. Dios no imputa el pecado de nadie a otro (como tampoco la justicia de nadie a otro — la culpa y la justicia no son traspasados o transmitidas por herencia).

3. Si con la frase se quiere decir que Cristo cargó nuestros pecados en su cruz (1 Ped. 2:24; Isa. 53:11), que Dios permitió que su Hijo muriera por el pecador, aceptando la muerte (que él no merecía) por nosotros, los pecadores, entonces se puede decir que Dios le trató como si fuera pecador (Gál 3:13; 1 Tim. 2:6; Heb. 10:4-10). Dice 2 Cor. 5:20 que Dios a Cristo lo *hizo pecado* por nosotros, en el sentido de que lo hizo *el sacrificio* por los pecados (Heb. 10:12-14). No lo hizo pecado en el sentido de hacerlo pecador.

* * *

146. ¿CRISTO EN EL INFIERNO?

"Cuando Cristo sufrió y murió en la cruz, sufrió en el infierno que es para los ángeles y el diablo y los impíos?"

—

1. No, Cristo nunca ha estado, y jamás estará alguna vez, en el infierno.

2. La versión Reina-Valera de 1906, en Hech.

2:31 sí dice que el alma de Jesús no fue dejada en el infierno. La revisión de 1960, y la de 1977, dicen "hades", en lugar de "infierno".

3. En el texto griego hay dos palabras distintas, una (Geenna) que significa "infierno", y la otra (Hades) que significa "lugar, o morada, de los espíritus de los difuntos". Hechos 2:27,31 emplea la palabra Hades, no infierno.

4. Ahora el infierno ha sido preparado para el diablo y sus ángeles (Mat. 25:41), y los que hacen la voluntad del diablo participarán del mismo destino eterno (Apoc. 21:8).

Véase Interrogante **15a**

* * *

147. ¿TIENE CRISTO ESPÍRITU?

"Se afirma que Cristo no tiene espíritu personal, sino en lugar de ello posee la naturaleza divina. ¿Qué opina usted?"

—

1. No sé qué finalidad o empuje quiere dar la persona que afirma esa declaración. No sé qué punto, si alguno, quiera hacer en cuanto a este asunto que hoy en día sí es controvertible. Por eso no me dirigiré a ninguna posición en particular, sino al tema en general.

2. Cristo es Dios (Jn. 1:1; 20:28; Mat. 1:23; Col. 2:9). Dios es Espíritu (Jn. 4:24). No tiene espíritu; ¡es Espíritu! Es el Padre de los espíritus (Heb. 12:9; Zac. 12:1).

3. Dios se hizo carne (la encarnación, o nacimiento virginal, milagroso) (Jn. 1:14; Heb. 10:5). No llegó a tener dos espíritus, uno divino, otro humano. Siendo Dios, siendo Espíritu, al entrar en un cuerpo físico no le fue problema alguno tomar el papel de hombre; es decir, tomar la *naturaleza humana,* con todas las pasiones y sentimientos que experimenta el hombre que vive en el mundo que "yace en el maligno" (1 Jn. 5:19, Lacueva). Pudo sentir y aun sufrir lo que el hombre siente y sufre (Heb. 2:17; 4:15). Era en la carne el Hijo del hombre; es decir, identificado con la naturaleza del hombre.

4. El ser humano es ser de cuerpo y espíritu. A cada persona que nace Dios da un espíritu (Gén. 1:26; Ecles. 12:7; Heb. 12:9). Por eso el hombre es hecho a la imagen de Dios (Hech. 17:28, somos linaje de Dios). El espíritu del hombre, dado por Dios, no es Deidad; no tiene los atributos de Dios. No posee el poder de la Deidad. Pero sí es de Dios.

5. Dios, pues, en la persona del Verbo, siendo Espíritu, se encarnó, haciéndose "semejante a los hombre y estando en la condición de hombre" (Fil. 2:7,8). Cristo no necesitaba otro espíritu llamado "humano". Tomó sobre sí la naturaleza humana. Ahora podía vivir, sufrir y morir como hombre (pues Dios, Espíritu, es eterno; no puede morir). De esta manera llegó a ser nuestro sacrificio perfecto (Heb. 2:17,18; 9:26-28; 10:12-14).

6. Cuando dijo Jesús, "Padre, en tus manos encomiendo mi espíritu" (Luc. 23:46), y luego expiró, se expresó como un buen servidor de Dios

que ha cumplido su misión. Su vida humana le fue quitada por la crucifixión, y ahora entraba en el Paraíso (versículo 43), o Hades (Hech. 2:31). No decía: ya entrego mi espíritu humano, quedándome con mi divino.

* * *

148. ROMANOS CAPÍTULO 7

"¿Es Romanos, capítulo 7, base para la vida cristiana?"

—

1. No, el propósito del apóstol Pablo al escribir la información en el capítulo 7 no fue presentar alguna base para la vida cristiana. Afirmar tal cosa es ignorar por completo el tema de Pablo en esta carta.

2. En este capítulo Pablo continúa su argumento de que el cristiano no está bajo la ley de Moisés (según contendían los judaizantes), sino bajo la gracia de Dios (el evangelio de Cristo). Es lo que había dicho explícitamente en 6:14, y luego, después del capítulo 7, vuelve a esta gran conclusión (8:1-4).

3. 7:1-6 presenta una analogía tomada del matrimonio para probar que el cristiano no está bajo la ley de Moisés. 7:7-12 habla de lo bueno que era la ley de Moisés para los propósitos para los cuales Dios la instituyó. 7:13-24 habla de lo desesperado que es el caso del que está bajo la ley, pues no tenía perdón para el que la violaba. 7:25 da la solución para el pobre pecador condenado por la ley: en Cristo Jesús hay salvación. Luego dice Pablo, "Ahora, pues" (8:1), reafirmando esta conclusión.

* * *

149. FIL. 2:7, ¿DE QUE SE DESPOJO?

"¿Se despojó Cristo de su divinidad al encarnarse?"

—

1. No, ¡en ninguna manera!

2. El texto no dice tal cosa. La frase que dice "se despojó a sí mismo" va definida en el texto mismo. Pablo pasa a explicarlo, al decir, "tomando forma de siervo, hecho semejante a los hombres". ¿Cómo es que se despojó a sí mismo? Lo hizo al encarnarse. Esto es lo que el texto dice.

3. Los dos gerundios (*tomando*, y *haciendo*) ("*tomando* forma de siervo, *haciéndose* semejante a los hombres", Versíon Biblia de las Américas) describen cómo se hizo la acción de la frase ya declarada ("se despojó a sí mismo").

4. El texto no dice que se depojó de algo. Tal no es el punto de Pablo.

5. Afirmar que Cristo en la tierra andaba desprovisto de los atributos de deidad es negar su deidad. Dios no puede ser Dios y al mismo tiempo no tener los atributos divinos. Dios no puede dejar de ser Dios. Afirmar que Jesús en la carne era Dios, pero que no tenía los atributos de Dios, es una contradicción en sí.

6. Véase el tratamiento exhaustivo de este tema en la obra de Wayne Partain, titulada SERMONES Y ARTICULOS IV. En él se da el fondo de esta controversia en la hermandad.

* * *

150. MATEO CAPÍTULO 24, LAS SEÑALES

"Quiero una explicación de Mateo 24, en particular sobre las señales de su venida".

—

1. El tema de Jesús fue la destrucción de Jerusalén, versículo 2 (lo que sucedió en el año 70 d. de J.C.).

2. Los discípulos pensaban que eso no podría suceder excepto en el fin del mundo cuando Cristo volvería. Por eso hicieron 3 preguntas, que para ellos fueron nada más una sola, versículo 3.

3. Jesús no les contestó según el arreglo suyo de preguntas. Primero contestó la pregunta: ¿cuándo serán estas cosas (de la destrucción de Jerusalén)? y luego la pregunta: ¿qué señal habrá de tu venida, y del fin del mundo (su segunda venida al fin del mundo)?

4. Para contestar la primera pregunta, Jesús dio algunas señales que servirían de advertencia:

    a. guerras, terremotos, etcétera, versículo 6-8; Hech. 11:28.

    b. persecución, falsos profetas, apostasía, versículo 9-12. Versículo 13, salvación física (Luc. 21:28, redención de persecución judaica).

    c. el evangelio sería predicado en todo el mundo, versículo 14; Col. 1:23; Rom. 15:19.

5. Jesús dio advertencias adicionales respecto al tiempo de la destrucción del templo:

    a. al ver acercarse los ejércitos, versículo 15 (Luc. 21:20), huir a los montes (versículo 16).

    b. no demorarse en huir, versículo 17,18.

    c. esperar que la madre no tuviera infante que llevar en la huida, versículo 19.

    d. orar que la huida no fuera en invierno ni en día sábado, por la dificultad que habría en huir, versículo 20,21. (Las puertas cerradas en sábado).

6. Cuidarse de la falsa esperanza ofrecida por algunos, versículo 23-26 (Deut. 13:1-5). La venida de Cristo contra la nación judaica sería bien evidente, versículo 27. El cuerpo muerto = el judaísmo; las águilas = los romanos, versículo 28.

7. Lenguaje simbólico de la eliminación del estado o nación judaico, versículo 29. Véanse Isa. 13:10; 24:23; Ezeq. 32:7; Joel 2:31; Amós 8:9.

8. El reinado de Cristo desde el cielo y en su reino en la tierra es demostrado y magnificado de manera gloriosa y poderosa, versículo 30. Venir en juicio, Mat. 26:64. (Compárese Jn. 14:18, presencia espiritual). Nubes = gloria, Isa. 19:1; Sal. 97:2,3; 104:3.

9. La predicación del evangelio por mensajeros, y la conversión universal, versículo 31. Angeles = mensajeros (compárese Mat. 11:10, Juan el bautista, "ángel" en griego). Trompeta = gran liberación (Isa. 27:13).

10. Todos los eventos (y todas las señales de Mateo 24) mencionados hasta aquí eran para

cumplirse dentro de la vida de esa generación, versículo 34.

11. Ahora Jesús se dirige a las últimas dos partes de su pregunta: ¿qué señales de su segunda venida (Heb. 9:28), y del fin del mundo? Respuesta: no las habrá, versículo 36. Estos eventos serán sin aviso y el mundo no los estará esperando, versículo 37-41.

12. La necesidad de velar, versículo 42-44. El que no vigila, será castigado, versículo 45-51.

Véanse Interrogantes **62, 127**

* * *

151. ¿SON PECADORES LOS CRISTIANOS FIELES?

"Hay quienes afirman que los cristianos fieles somos pecadores. Será cierto".

—

1. Esta afirmación es argumento adicional de parte de los falsos hermanos que promueven la unidad en la diversidad. Es parte de su fundamento sobre el cual erigir su promoción de comunión con sectarios. (Véanse los Interrogantes anteriores, especialmente #132—#136, #140, #148).

2. Las Escrituras describen a los cristianos fieles de manera completamente opuesta a la que afirman estos hermanos falsos. Dijo Pablo a Pedro (Gál. 2:15) que **no somos pecadores** de entre los gentiles (que sí lo son, por no ser cristianos) por haber sido justificados por la fe de Cristo (ver. 16). El cristiano ha muerto al pecado; ya no vive en él (Rom. 6:2). El pecado ya no reina en su cuerpo mortal (ver. 12). Lo que le caracteriza no es el pecado, sino la santidad (2 Cor. 7:1; 1 Tes. 4:7; Heb. 12:14; 1 Jn. 3:3; Apoc. 19:8).

* * *

152. EXODO 4:26

"¿Por qué en Ex. 4:26 dice que Dios quiso matar a Moisés, si él lo había escogido para un trabajo?"

—

1. Ningún hombre es indispensable en los planes de Dios. Según el hombre se prepare, así Dios lo empleará (2 Tim. 2:21,22). Moisés había desobedecido a Dios en el asunto de la circuncisión de su hijo, y por eso Dios iba a castigar al padre del niño en este caso. La madre, Séfora, una pagana, aunque no de acuerdo en el pacto de la circuncisión, por amor a su marido circuncidó al niño, y así Moisés escapó del castigo severo.

2. Sí, Dios había llamado a Moisés para una misión bastante importante, pero eso no le libró de sus responsabilidades en otros asuntos. Dios puede de piedras levantar hijos (Mat. 3:9). Dios no necesitaba a Moisés para llevar a cabo sus planes. Todos estamos necesitados de Dios, y para que nos emplee tenemos que hacer su voluntad.

* * *

153. ¿PODER LA MUJER INOCENTE VOLVER A CASARSE?

"¿Se le autoriza a la mujer inocente (cuando el marido de ella ha caído en adulterio) volverse a casar? El Hno.[   ] afirma que el marido sí lo puede (cuando su esposa cae en adulterio), porque así lo afirma Mat. 19:9. El texto dice "mujer". Si dijera "cónyuge", abarcaría a la mujer (según él). Entonces él dice que la mujer solamente puede volver a tener esposo si su esposo actual muere, y si cae en adulterio, no".

—

1. El pasaje Mar. 10:11,12 lo hace bien claro que la ley de Dios sobre el divorcio es igual para el hombre como para la mujer.

2. La ley de Dios es la misma desde el principio (Mat. 19:4). En el ver. 5, la palabra "hombre" (griego, *anthropos)* indica **hombre** o **mujer**, un ser humano (varón = *aner*). El hombre, como la mujer, dejan sus padres y se unen en el matrimonio. Nótense estos pasajes en los cuales aparece la palabra griega, *anthropos*: Mat. 4:4; 15:11,18; Juan 7:51; 16:21. ¿Alguien osará afirmar que la mujer se excluye en estos casos porque la palabra española que aparece en ellos es "hombre"? ¡Claro que no! La mujer va incluida en la palabra "hombre".

3. En Mat. 19:6 también aparece la palabra griega, *anthropos, y* significa varón o mujer.

4. Dios no hace acepción de personas (Hech. 10:34). El pasaje Mat. 19:9 da derecho *al inocente* a las segundas nupcias, sea al varón, sea a la mujer. Dios es justo. Pero el hombre machista quiere privilegios especiales para sí mismo, pero no para la mujer.

* * *

154. ¿CONFESAR A LA IGLESIA O A JESUS?

"¿Enseña 1 Jn. 1:9 y Sant. 5:16 que se confiesan los pecados a la iglesia o a Jesús?"

—

1. 1 Jn. 1:9 habla de no negar la realidad del pecado, sino confesar los pecados a Dios por el Mediador, Jesucristo.

2. Sant. 5:16 habla de confesar nuestros pecados unos a otros y de orar unos por otros. Por ejemplo, Hech. 8:24. Debemos admitir nuestros pecados, confesándolos unos a otros, según el caso y la ocasión, y orar unos por otros, al confesarlos a Dios y orar a él por medio de Jesucristo.

* * *

155. ¿ES EL HADES EL INFIERNO?

Véase Interrogante #15, 15b

"¿Es el Hades el mismo Infierno, porque así lo traduce la Versión Jerusalén?"

—

1. No, el Hades es la morada de los espíritus sin cuerpo, y el Infierno es el lugar de castigo eterno. Las dos palabras son representadas en el texto griego por dos palabras distintas.

2. La Versión Valera, 1906, en Hech. 2:27, dice "infierno", pero la Versión del año 1960 lo

55

corrige, diciendo, "Hades". La Versión Biblia De Jerusalén también dice Hades. El texto griego, en Hech. 2:27, dice *Hades*.

3. La palabra "infierno" aparece en Mar. 9:43-48, siendo traducción del vocablo griego, *geenna*.

* * *

156. COMER SANGRE Y HECHOS 15

Véase Interrogante #77

"¿Es prohibido el comer sangre? Pues el Hno. _____ afirma que si Hech. 16:4 usa la palabra 'dogma', esto viola la autonomía de las iglesias porque esto era la opinión de Jacobo (Hech. 15), y también porque en Hech. 21:25 los ancianos de Jerusalén se hicieron cargo de la carta redactada en Hech. 15. Dice que esto de Hech. 15 se aconsejó para que hubiera armonía entre judíos y gentiles".

- - -

1. Sí, el Nuevo Testamento prohibe el comer sangre.

2. "Las ordenanzas" de Hech. 16:4 (griego, *dogma*) fueron ordenados por **los apóstoles** y los ancianos, según la dirección del **Espíritu Santo** (15:28). No fueron sencillamente alguna expresión de opinión de algunos ancianos.

* * *

157. ¿QUE SIGNIFICA "JEHOVÁ"?

"¿Qué significa 'Jehová'?"

—

1. Es el nombre de Dios en el Antiguo Testamento (Exod. 6:3; 17:15, etc.). Significa "autoexistente, eterno".

2. En el texto hebreo del Antiguo Testamento el nombre no tiene vocales, sino solamente consonantes. Aparece así: "*JHVH*". (Por eso la versión Nácar- Colunga translitera, diciendo "Yahvé").

3. Los judíos no pronunciaban el nombre de Dios (por eso de Exod. 20:7), y por eso, al llegar a dicho nombre, sustituían más bien el nombre "Señor". Por esto la versión Septuaginta en griego, hecho como 300 años a. de J.C., emplea el término "Señor", en lugar de "Jehová".

4. Cuando por fin los judíos agregaron vocales al nombre "JHVA", usando los vocales del término "Señor", salió **Jehová.**

5. Es interesante notar que muchos pasajes del Antiguo, donde aparece el nombre divino, Jehová, se aplican en el Nuevo Testamento a Jesucristo. Esto prueba que él es Dios. Véanse por ejemplo Isa. 8:13 más 1 Ped. 2:8; Isa. 40:3 más Mat. 3:3; Isa. 44:6,12 más Apoc. 1:17,18 (2:8; 22:13,16); Joel 2:32 más Rom. 10:13.

* * *

158. PELO LARGO O CORTO EN LA MUJER

"¿La mujer tiene que utilizar el pelo, o es pecado, o sólo tiene que utilizarlo largo? Según los evangélicos la mujer tiene que utilizar el pelo largo porque es el velo de la mujer, y por lo tanto si lo usa pequeño es pecado delante de Dios".

—

1. La Biblia (1 Cor. 11:14,15) no especifica lo largo del cabello de la mujer. (Largo y corto son términos relativos). No habla de "cortarse el cabello para arreglárselo". Dice que "**komao** — dejarse crecer el cabello" es gloria para la mujer, y deshonra para el hombre.

2. El hombre, en su manera de llevar el cabello, no debe parecer mujer, ni la mujer, hombre. Esto nos enseña la naturaleza.

3. Algunos van más allá de lo que enseña la Biblia, al hacer reglamentos humanos, prohibiendo a la mujer echar tijeras al cabello. El texto griego emplea una sola palabra, KOMAO, para decir, vv. 14,15, "dejarse crecer el cabello". (Las palabras "corto" y "largo" no están en el texto griego como palabras aparte). KOME (que es sustantivo) (v. 15b) quiere decir "**cabellera**" (cabello como ornamento), lo largo de ello siendo nada más sugerido, y de importancia secundaria. El "kome" es dado a la mujer para **cubierta natural**, y por eso es deshonra para el hombre que lo lleve.

* * *

159. MORIR MAS DE UNA VEZ

"Si Hebreos 9:27 dice que está establecido para todo hombre la muerte una vez, no dos o tres veces, ¿qué de los resucitados por Jesús, como el hijo de la viuda de Nain, y Lázaro muerto por cuatro días, y la hija de Jairo, y los resucitados por Pedro y Pablo, a Dorcas y a Eutico?"

—

1. Hebreos 9:27 trata del orden ordinario del hombre en esta vida, que después de nacer y vivir su vida, muere. No vive y muere repetidas veces. La muerte pone fin a su vida en el cuerpo. Así pasa con todo ser humano. No hay excepciones.

2. Ahora, Dios permitió algunos contados casos **milagrosos** para evidenciar la deidad de Jesús y la comisión inspirada de los apóstoles, dejando que éstos resucitaran de la muerte. Jesucristo es la resurrección y la vida (Juan 11:25). Nos hizo (1:3), y por eso le es fácil dar vida nuevamente al muerto. Esto lo probó milagrosamente.

3. Los milagros tuvieron su propósito especial (Jn. 20:0,31; Mar. 16:20; Heb. 2:3,4). No hay milagros hoy en día porque ya cumplieron su propósito.

4. Todo el mundo sigue muriendo una sola vez.

5. Hebreos 9:27 trata de la **norma** para el hombre; los casos especiales y milagrosos de resurrección tratan de **evidencias sobrenaturales** para probar la deidad de Jesús y confirmar el mensaje inspirado de los apóstoles. No hay contradicción alguna entre los dos fenómenos.

* * *

160. USAR EL LOCAL PARA BODAS

"¿Puede la iglesia local prestar el lugar de reunión (su local de reunión) para realizar una boda de personas no cristianas pero hijos de éstos? Al ser hijos de personas cristianas ellos entienden y creen el evangelio, pero son rebeldes y no se someten, pero a la hora de contraer matrimonio además de la ceremonia en el civil ellos desean hacer una (u otra) ceremonia en el local de reunión de la iglesia local, y ser declarado marido y mujer por un ministro de Dios.   Pero ellos no son cristianos. ¿Qué puede hacer la iglesia en ese caso?   ¿Qué puede hacer el ministro de Dios?"

—

1. El local de la iglesia es para adoración, edificación y predicación.   Gastar dinero de los fondos de la iglesia para un local para estos propósitos bíblicos, y luego usar el local para otros propósitos, es administrar mal dicho dinero; es actuar sin autorización divina.

2. ¿Qué se entiende por "boda"? Esa palabra puede traer a la mente un sinnúmero de situaciones distintas. La idea más común involucra actividades de música especial, flores, procesiones, ropa elegante, y mucha pompa, y después comida o refrescos y presentación de regalos. El local no es para tales actividades y casos.

3. Si el caso tiene que ver sencillamente con congregarse la pareja, sus familiares, amigos y hermanos en Cristo, para oír enseñanza bíblica con respecto al matrimonio, magnífico, pero son raras las veces que ésta sea la idea singular de los interesados, al hablar de una "boda". Si la reunión en el local es para oír enseñanza bíblica, no importa que la pareja sea cristiana, o no.

4. En mi experiencia he visto que, en este asunto de bodas, para muchos el local es sencillamente un lugar conveniente para los usos egoístas de los interesados. Es amplio, pudiendo acomodar mucha gente, y sobre todo ¡es gratis! ¡No cuesta dinero usarlo, como sí cuesta un salón público! El pensar de tales personas se basa solamente en su conveniencia y egoísmo; ellas no toman en cuenta nada el uso correcto de dicho local según las Escrituras, ni les importa.

5. La ceremonia civil es para cumplir con la ley del país, según Rom. 13:1,2; 1 Ped. 2:13-15, para registrar legalmente el matrimonio. Si la pareja ha hecho un pacto entre sí, y con Dios, al juntarse sexualmente los dos llegan a ser una sola carne. La parte civil es para el registro del matrimonio. Todo cristiano fiel va a cumplir con estos requisitos de la ley para ese propósito. Pero la iglesia, ni en el sentido local, y mucho menos en el sentido universal, tiene nada que ver con la validez del matrimonio. El matrimonio no es "sacramento" de la iglesia. El llamado "ministro de la iglesia" (en el sentido de clérigo) no tiene nada que ver con el caso (excepto en el caso en que como agente del gobierno se le otorga el privilegio de declarar marido y mujer a los dos y de firmar la licencia. Tal es el caso en los EE.UU. En este sentido yo he casado a un número de personas a través de los años. En muchos países al predicador no se le permite este privilegio). Si el agente civil les ha declarado marido y mujer, no hay por qué el llamado "ministro" vuelva a hacerlo.

6. Al evangelista, o predicador (que no diga "ministro"), le toca **predicar y enseñar**, dentro y fuera del local.

7. He visto muy pocos casos de "bodas" en el local que yo he considerado apropiados. Pura reunión para enseñanza bíblica de parte del predicador está bien, pero en la mayoría de los casos, eso solo no satisface a los interesados.

8. Mejor es que la pareja cumpla con la ley del país y luego para cosas puramente sociales y tradicionales (con todo y música especial, comida, refrescos, etcétera) arreglen el uso de algún local público para todo aquello. El sitio de reunión de la iglesia local no es para eso.

* * *

161. HECHOS 2:42

"Hechos 2:42, ¿se refiere a la cena del Señor, o no?"

—

1. La expresión "partir el pan" se usa en las Escrituras para decir "comer algo", como por ejemplo en Hech. 20:11. En ese caso Pablo solo comió. Así se usa en Luc. 24:30,35 para indicar una comida común. Véanse también Hech. 2:46; 27:35.

2. Se usa con referencia especial a la cena del Señor, como por ejemplo en Mat. 26:26; Hech. 20:7; 1 Cor. 10:16; 11:24.

3. El contexto decide en cuanto a cuál cosa se hace referencia, si a una comida común, o a la cena del Señor. Dado que Hech. 2:42 trata de cuatro actividades de acción colectiva de la iglesia (y el comer comidas comunes **no es** actividad de la iglesia colectivamente, 1 Cor. 11:22,34), se implica que el partimiento de pan aquí mencionado es el de la cena del Señor.

* * *

162. ¿A QUE EDAD SER BAUTIZADO?

"¿A qué edad es lícito bautizar a una persona (si lo pidiere naturalmente)?"

—

1. Las Escrituras no estipulan cierta edad para el bautismo de la persona. (Tengo entendido que cierta denominación ha legislado que no se puede bautizar a persona de menos de ocho años de edad). La edad de la persona no entra en el caso del bautismo bíblico.

2. El bautismo en Cristo requiere que la persona haya creído en la deidad de Jesús (de que es el Hijo de Dios), y que se haya arrepentido de sus pecados pasados (Mar. 16:16; Hech. 2:38).

3. Es natural que los hijos criados en hogares cristianos desde temprano en la vida hayan entendido bien que como personas que han pecado necesitan ser bautizados en Cristo para perdón de sus pecados.   (Así fue en el caso mío; yo fui bautizado teniendo todavía once años edad). He

bautizado a personas de edad "tierna", pero siempre después de convencerme de que en realidad entendían ellas los requisitos bíblicos para el bautismo.

4. Sugiero que en un dado caso de persona de tierna edad, que pida ser bautizada, se le tome aparte para preguntarle por qué quiere ser bautizada. La respuesta del "niño" es la mejor indicación de su comprensión correcta, o de falta de ella. Si habla de pecados que ha cometido, de por qué murió Cristo en la cruz, y de la necesidad del bautismo para perdón de sus pecados, entonces es evidente que entiende bien y que se debe bautizar. Si el caso es de otra manera, eso también se revelará.

* * *

163. ¿ES CORRECTO LLAMARLE HERMANO?

"¿Es correcto llamar a una persona "hermano" si se bautizó, acudió algunas veces a las reuniones, y luego se retiró voluntariamente, y ahora asiste a una denominación?"

—

1. Si la persona en realidad se bautiza en Cristo, llega a ser mi hermano en Cristo, porque nace (espiritualmente) en la misma familia de Dios en que yo también nací. (Ahora que cierta persona en realidad haya sido bautizada en Cristo es otra cosa. De lejos no puedo juzgar).

2. Toda persona bautizada en Cristo tiene el deber de congregarse con los santos localmente (Heb. 10:25; 1 Cor. 11:20).

3. Si una persona de éstas se retira de la iglesia local y comienza a asistir a una denominación, hace mal. Sigue siendo mi hermano en Cristo, porque somos de la misma familia de Dios, pero sí hace mal. Debe desistir de su mal, y arrepentido, volver a su primer amor (Apoc. 2:4).

4. Si en un dado caso la persona, que se bautizó y asistió algunas veces, ahora que asiste alguna denominación diga que todas las iglesias son buenas, y que la iglesia de Cristo es solamente una de muchas denominaciones, etcétera, es evidente que dicha persona nunca se convirtió a Cristo, y por eso nunca era nuestro hermano en Cristo. Su "conversión" fue un engaño.

5. Hay falsos hermanos (1 Cor. 11:26; 2 Ped. 2:1), pero siempre son hermanos. (Desde luego están perdidos en sus apostasías, pero no necesitan ser bautizados de nuevo, sino arrepentirse de sus males). Hay "hijos pródigos" (Lucas 15), pero siguen siendo hijos. No tienen que nacer de nuevo para volver a ser hijos en la familia. Necesitan volver a la comunión con el padre por medio del arrepentimiento y confesión de pecados.

* * *

164. ¿SE PUEDE LLAMAR DIVISION?

"¿Se puede llamar división el hecho que una familia por problemas en la congregación donde se reúne se separa para asistir a otra iglesia de Cristo?"

—

1. No necesariamente. Todo depende del caso. La pregunta arriba no especifica el "problema".

2. Hay un caso de "separarse el uno del otro" en Hech. 15:39, pero no hubo "división". Pero Rom. 16:17 habla de caso de división y de apartamiento.

3. Si un individuo, o varios, por problemas de la clase mencionada en Hech. 15:38,39, dejan la congregación y pasan a hacerse miembros en otra, no es caso de división. En cuestiones de opinión, la persona queda libre para escoger con cuál congregación trabajar como miembro. Pone y quita su membresía.

4. Si un individuo, o varios, introducen el error "en contra de la doctrina" apostólica (Rom. 16:17), y por haber sido disciplinados salen de la congregación, llevando consigo a sus simpatizantes, sí es caso de división. Dividieron la congregación por medio de su doctrina falsa. El error siempre causa la división, y nunca la defensa de la verdad.

5. Si alguno anda desordenadamente en la congregación (2 Tes. 3:11-15), y sale para poner su membresía en otra, sin haber corregido primero su error, o para evitar la disciplina, hace mal. Peca. Pero su caso no lo llamaría "división". No divide la congregación; la abandona injustamente.

* * *

165. ¿LLEVAR LA CENA A LOS ENFERMOS?

"Si un hermano o hermana están quebrantados de salud, ¿es lícito llevarles el pan y el vino, cantar algún himno, orar por estos elementos, cuando el o ella por su enfermedad no pudiera asistir al culto del domingo?"

—

1. La celebración de la cena del Señor es un acto en reunión (1 Cor. 11:20,33). Se congregan los miembros en asamblea el primer día de la semana para conmemorar la muerte del Señor. Este acto no es "sacramento", como lo es en la Iglesia Católica Romana: acto religioso que tiene por objeto la santificación de la persona. La cena del Señor no tiene ciertas virtudes en sí, impartidas por medio de su celebración. Es un acto de culto colectivo que anuncia la muerte del Señor hasta que él venga.

2. Si alguno no puede estar en la asamblea para tomar la cena, no le falta ninguna "gracia" o "virtud" que ahora le sería proporcionada por tener la cena traída a su presencia para tomarla.

3. La práctica de llevar nada más la cena del Señor al enfermo se basa en el concepto erróneo de que ella es como "sacramento".

4. Si van varios hermanos a visitar al enfermo en día domingo, para hacer un culto con él, cantando himnos, orando, estudiando las Escrituras, sirviéndole la cena, y levantando su ofrenda, cuando menos se hace una reunión y no hay nada de "sacramento" en el acto de servirle la cena del Señor. Pero no veo nada en las Escrituras que indique que esto se requiera, aunque no puedo decir

tampoco que es pecado hacerlo.

5. Lo que el Señor diseñó para la cena, al instituirla, y las instrucciones dadas por inspiración al respecto a la iglesia del siglo primero, todo apunta a una celebración hecha por la iglesia colectivamente en asamblea. De esto estamos seguros.

* * *

166. CAMBIO DE NOMBRES DE PERSONAJES BIBLICOS

"¿Por qué Dios les ponía otros nombres desde el Antiguo Testamento, y en el Nuevo Testamento? Por ejemplo: Era Simón, y Jesús lo puso Pedro; era Saulo y después fue Pablo; era Abram y después fue llamado Abraham".

—

1. Simón era uno de los discípulos de Cristo escogido para ser apóstol. Cristo, al verle por primera vez y discernir su carácter, le dio el sobrenombre de Cefas (forma aramea), o Pedro (forma griega), que significa "piedra".

2. Era costumbre para los judíos de la dispersión llevar dos nombres, uno según el hebreo, y otro según el griego, la lengua universal de aquel tiempo. El apóstol Pablo, siendo judío de raza, aunque romano de ciudadanía, Hech. 22:3,25-28), se llamaba Saulo, según la lengua hebrea. Desde la primera mención de él, Hech. 7:58, hasta el principio de la obra de él como apóstol entre los gentiles, 13:9, Lucas el historiador se refiere a él con el nombre de Saulo. Pero ahora que sale Saulo a predicar entre los gentiles, le llama Pablo, que es según el griego, la lengua de los gentiles.

3. Génesis 17:1-8 explica por qué Dios alteró el nombre de Abram (que significa "padre exaltado") a Abraham (que significa "padre de una multitud").

* * *

167. ¿ES BÍBLICA LA JUNTA DE VARONES?

"¿Es bíblica la junta de varones (sesiones donde los hombres toman decisiones por la iglesia, si la Biblia dice que todos somos la iglesia, incluyendo mujeres)?"

—

1. Hay iglesias sin ancianos (Hech. 14:23; Tito 1:5). Son autónomas, y por eso no son dirigidas por elementos ajenos.

2. Todo ha de ser hecho decentemente y con orden (1 Cor. 14:40).

3. A la mujer no se le permite enseñar ni ejercer autoridad sobre el hombre (varón) (1 Tim. 2:12).

4. De estos datos bíblicos se deduce que los varones de la iglesia local la deben dirigir hasta que haya hombres con los requisitos bíblicos que se nombren ancianos en ella.

5. Es cierto que la iglesia la componen los varones y las mujeres que se constituyen la membresía, pero eso no tiene que ver con la dirección de la iglesia. El simple hecho de que

"todos somos la iglesia, incluyendo mujeres" no autoriza que las hermanas prediquen, dirijan himnos y oraciones, repartan la cena del Señor, ni que sean ancianas en la iglesia. El papel de la mujer en la iglesia no incluye la dirección de ella.

* * *

168. JUAN 20:17

"En los evangelios, y acerca de la resurrección, Mateo 28:9; Lucas 24:39, se habla de un contacto corporal (por decirlo así) de Jesús con las mujeres y sus discípulos. Sin embargo, el evangelio de Juan en el cap. 20:17, Jesús dice a María: "No me toques porque aún no he subido a mi Padre". Yo particularmente no creo que haya contradicción escritural, pero mi pregunta es: ¿Por qué esta prohibición? Le pregunto esto porque algunos, tomando estos pasajes, quieren hacernos creer que la Biblia se contradice, cosa que yo no comparto en absoluto".

—

1. Bien afirma usted que la Biblia no se contradice, porque es cierto. Solamente el enemigo de la Biblia busca hallar contradicciones. El está en contra de la Biblia por la simple razón de que la Biblia está en contra de él, por ser él pecador.

2. El verbo griego, APTO, en imperativo presente, significa "no estar asiendo de". La idea no es sencillamente la de no estar tocando, como hacer llegar la mano brevemente a cierto objeto para hacer contacto. Notemos cómo se expresan estas diferentes versiones:

"Suéltame" (Valera 1977, y otras).

"Suéltame—margen, O, Deja de asirte a mí" (Biblia de Las Américas).

"No me retengas" (Nueva Versión Internacional, y otras).

"Deja de colgarte de mí" (Nuevo Mundo).

3. Lo que María había perdido en la muerte de Jesús (la compañía física de él de día en día) ahora, al ver a Jesús vivo, lo quiere poseer de nuevo para no perderlo. ¡Se ase de él!

4. Jesús le explica que no debe hacer eso, sino que fuera a avisar a los discípulos del Señor resucitado y darles el mensaje encargado. Todavía no ascendía al Padre; iba a estar con ellos más tiempo (unos 40 días, Hech. 1:3). Después de ascender al Padre, estaría con ellos para siempre (Mat. 28:20). Estas nuevas eran para todos los discípulos, y por eso María no había de quedarse allí en la presencia de Jesús, colgándose de él enérgicamente, sino de irse con prisa para dar las nuevas a los demás.

* * *

169. ¿QUE PONER EN EL LETRERO?

"¿Está bien poner en el letrero 'Aquí se reúne **una** iglesia de Cristo? Y poner 'Aquí se reúne **la** iglesia de Cristo?"

—

1. Sí, está bien porque representa una realidad. Una iglesia de Cristo, o sea una congregación de

cristianos, se reúne regularmente en tal sitio.

2. Sí, está bien poner las palabras "Aquí se reúne la iglesia de Cristo" porque representa una realidad. La iglesia de Cristo, o sea la congregación de cristianos, que se reúne allí es de tal y tal barrio, sección de la ciudad, o pueblo. *Va por entendido* que la iglesia local que se reúne allí es de tal parte.

3. Si se usa la segunda forma de las dos mencionadas arriba, para evitar una posible confusión, mi juicio es que conviene hacer el anuncio más explícito, poniendo por ejemplo, "Aquí se reúne la iglesia de Cristo (central, barrio X, Ave. X, etcétera). La costumbre aquí en los EE. UU., entre los de habla inglesa, es poner, por ejemplo, "La Iglesia de Cristo Ave. Mayor", o "La Iglesia de Cristo Sudeste".

4. Nadie con razón, o inteligencia común, pensaría, al ver un letrero con las palabras, "Aquí se reúne la iglesia de Cristo", que todos los cristianos en el mundo se congregan en ese sitio marcado. Pero hay hermanos que se meten en el tecnicismo para discutir, por discutir. Para evitar esto, digo que conviene hacer el letrero de otra manera.

5. Sea como sea la frase pintada en el letrero, todo el mundo sabemos que se habla en brevedad por razones de espacio en el letrero. El letrero no para presentar un sermón. Pero al usarlo, conviene evitar confusiones.

* * *

170. ¿QUEDAN LIBRES LOS FORNICARIOS PARA OTRAS RELACIONES?

"Cuando un soltero se mete (relación conyugal) con una soltera ambos vírgenes y al tener esta relación sin hacer pacto solemne, ellos cometen fornicación. Al ser fornicación, ¿quedan ellos libres para tener otras relaciones? ¿No tienen ellos ninguna responsabilidad el uno al otro? ¿Si ellos no tienen responsabilidad, pueden seguir buscando vírgenes y así llegar a un número infinito?'

—

1. La fornicación es una relación sexual ilícita (es decir, fuera del matrimonio). El fornicario se entrega a la fornicación. Véanse Hech. 15:20; 21:25; 1 Cor. 6:9,10,13,18; 7:2; 10:8; 2 Cor. 12:21; Col. 3:5; 1 Tes. 4:3; Apoc. 2:20,21; 9:21.

2. Hay quienes fornican repetidas veces, como vemos en los pasajes arriba.

3. Sí, la persona **puede** fornicar muchas veces, pero **no debe** hacerlo.

4. La frase "se mete con una soltera" tiene mucho que ver con el caso. Tiene que ser definida. ¿Qué quiere decirse con esa frase?

Ahora, si la pareja comienza a vivir juntos como esposos (y muchas veces a consecuencia de esto la mujer llega a estar encinta), aunque lo hagan "sin hacer pacto solemne", y pensando que harán una prueba de su unión a ver si puede durar o no, Dios puede tenerlos responsables de su matrimonio. Dios conoce los corazones de las personas. Si la pareja va a vivir como esposos, lo son en la vista Dios, y son responsables. Si su relación es sencillamente una de actos sexuales, desde luego no es matrimonio, sino pura fornicación. Pero una cosa es cierta: no podemos burlarnos de Dios (Gál. 6:7).

* * *

171. EL COMER SANGRE Y LA TRANSFUSION DE ELLA NO SON LA MISMA COSA

Véanse Interrogantes #77, #156

"¿Hay diferencia entre el comer sangre y la transfusión de sangre? Un Testigo me dijo que es lo mismo".

—

1. Durante la dispensación patriarcal se prohibía el comer sangre (Gén. 9:1-4), como también durante la mosaica (Lev. 3:17; 7:26,27; 17:10-14; Deut. 12:15,16; 1 Sam. 14:31-34). La misma prohibición sigue en pie en la dispensación cristiana (Hech. 15:19-29; 21:25).

2. No es cuestión de opinión, sino de ordenanzas del Espíritu Santo y de los apóstoles. Se trata de "carga impuesta", de "cosas necesarias" (ver. 28), y de "ordenanzas" (16:4).

3. Son cuatro cosas de las cuales hemos de abstenernos (v. 29). Si hay permiso para comer sangre, también lo hay para fornicar y comer cosas sacrificadas a ídolos.

4. La transfusión de sangre no tiene que ver con el comerla. Si fueran la misma cosa, al paciente carente de sangre el doctor le diría que ¡nada más comiera sangre!

5. Lo que la Biblia prohíbe es el **comer** sangre. Comer es el acto de introducir alimento en el cuerpo por vía de la boca, mascando y tragando. Introducir sangre en las venas por vía de una aguja es salvar la vida física de la persona (Luc. 6:9), porque en la sangre hay vida.

6. Hay oxígeno en la sangre que por transfusión se introduce en las venas, pero seguramente el paciente, al recibir ese oxígeno, ¡no está respirándolo por la nariz!

7. El mismo verbo griego para decir "abstenerse" en Hech. 15:20,29 se emplea también en 1 Tim. 4:3. Ahora, ¿qué es lo que mandarían los apóstatas? ¿que se abstuviera de transfusiones de alimentos? Sabemos todos que ellos mandarían abstenerse de comer por boca ciertos alimentos. De igual manera el Espíritu Santo manda que abstengamos de comer por boca la sangre. Es obvio, pues, que la frase "se abstengan" en Hech. 21:25 significa lo mismo. Los Testigos de Jehová usan una definición forzada para "probar" que transfundir es igual que comer (por boca). Ningún diccionario dice eso. Ellos no usan bien la palabra de verdad (2 Tim. 2:15).

* * *

172. ISACAR, ASNO FUERTE

"En Gén. 49:14 a Isacar se le llama asno. ¿Por qué?"

—

1. Se describe la característica profética de esta tribu que sería semejante al asno agachado entre dos cargas que se cuelgan sobre él. Como el asno cargado así se agacha con su carga por encima, Isacar sería un trabajador y asalariado, bajando su hombro a llevar, y pagando tributo a otros. El nombre Isacar significa "recompensa" (30:18).

* * *

173. HECHOS 13:1-3, LA IMPOSICION DE MANOS, Y EL AYUNAR

"¿Por qué les impusieron las manos sobre Bernabé y Saulo, y ayunaban, y hoy no se ayuna ni se imponen las manos sobre los que se van de viaje"?

—

1. Lo que dice Hech. 13:3 refleja la manera empleada en ese tiempo y lugar para encomendar a la persona a una obra importante. Era un gesto de aprobación y de comunión. Gál. 2:9 muestra otra expresión semejante de aprobación y de comunión ("dar la diestra en señal de compañerismo").

2. Era un método de hacer lo que el Espíritu Santo les mandó que hicieran (ver. 2, "apartadme...."). Este método solemne se ve también en Hech. 14:23, donde vemos que fue para "encomendar al Señor". 13:3 menciona tres cosas: ayunar, orar, imponer manos; 14:23 solamente dos: orar, ayunar. Cuando Timoteo fue encomendado públicamente para su ministerio, algunos ancianos le impusieron las manos (1 Tim. 4:14). Nada se dice acerca de ayunar y orar.

3. La recomendación solemne de personas no se llama en ninguna parte "servicio de ordenación". Las Escrituras no señalan cierta forma, o ceremonia, de encomendar para cierta obra.

4. No hay nada malo en ayunar y orar en conexión con cierta recomendación de la persona a una obra, pero debe ser algo totalmente voluntario. El ayunar no es cosa de exhibición (Mat. 6:16). Es personal (Luc. 2:37), y símbolo de pesar o aflicción (Mat. 9:15). No es cosa que se pueda mandar a otros.

5. Ningún "poder milagroso o mágico" fue impartido por esa imposición de manos. Pablo y Bernabé ya gozaban de la gracia de Dios. Ningún "don milagroso" fue impartido por esos "profetas y maestros" en la iglesia de Antioquía; solamente podían los apóstoles impartir dones milagrosos (Hech. 8:14-17).

6. Como el "ósculo santo" (beso santo) era la costumbre de aquel tiempo y lugar para expresar el sentido de afecto, fraternidad y comunión (Rom. 16:16; 1 Cor. 16:20; 2 Cor. 13:12; 1 Tes. 5:26; 1 Ped. 5:14) (hombres besando a hombres, y mujeres a mujeres), también era costumbre el imponer manos solemnemente sobre la persona para encomendarle a cierta obra importante. Las costumbres locales no son para exportación forzosa. Como todos los hombres en todas las partes han de expresar, según sus costumbres, el afecto y fraternidad hacia sus hermanos en Cristo (sea con beso, con el apretón de manos, con abrazo, etcétera), así han de expresar según sus costumbres la recomendación de la persona a su obra importante.

7. La pregunta de arriba habla de quienes "van de viaje", pero Hech. 13:1-3 no trata sencillamente de viajes. Trata de encomendar a una obra importante, señalada por Dios mismo. ¿Acaso Hech. 14:23 trata de viaje?

8. Hoy en día, al instalar ancianos al ancianato, o al encomendar a algún evangelista para cierta obra, debemos ser serios en el asunto, invocando el nombre del Señor en oración, y dándoles el apretón de manos o el abrazo sincero, o la imposición de la mano sobre sus hombros, o según la costumbre local de expresar el sentido de comunión y amor. Si los hermanos quieren ayunar voluntariamente, no para ninguna exhibición ni cumplimiento de mandamiento de jerarquía, sino para aumentar su seriedad en el asunto, bien hacen.

* * *

174. LEV. 18:6. EL INCESTO

"¿Qué dice Dios acerca de matrimonio entre primos hermanos en primer grado? Yo sé que el Antiguo Testamento no lo aprobó, Lev. 18:6. También sé que es incesto, pero no sé qué dice el Nuevo Testamento".

—

1. Levítico capítulo 18 habla del incesto (relaciones sexuales entre parientes próximos), pero también señala los parámetros, o factores que constituyen el incesto. Los primos hermanos del primer grado no van incluidos.

2. Es cierto que no estamos bajo el Antiguo Testamento, pero al mismo tiempo Rom. 15:4 dice que hay cosas que aprender del Antiguo Testamento. Dios no cambia (Mal. 3:6) en su carácter. Lo que aborrecía (en este caso, el incesto, Lev. 18:30), todavía lo aborrece. Por eso en 1 Cor. 5:1 vemos la indignación del apóstol Pablo que hubiera en la iglesia de Cristo en Corinto un caso de incesto. 1 Cor. 5:1 presenta un ejemplo apostólico de la condenación en el Nuevo Testamento del incesto.

3. Las leyes del país pueden entrar en el caso. Hay variación de leyes al respecto, y el cristiano, por ser ciudadano obediente (en lo que no contradiga las leyes de Dios) no va a infringir las leyes que prohiban el matrimonio en ciertas relaciones consanguíneas.

Aun los incrédulos reconocen el mal del incesto (1 Cor. 5:1).

* * *

175. ¿POR QUE EL JUICIO FINAL?

"Si el hombre al morir sabe de su destino final, ¿para qué es el juicio final?"

—

1. La pregunta se basa en la idea errónea de que el Juicio Final servirá el propósito de que Dios entonces decida qué hacer con cada individuo, pero no va a ser así. En el Juicio Final Dios no va sacar básculas para pesar todo el bien y todo el mal de cada persona para así decidir su destino final.

2. El destino del hombre está sellado en la muerte de él. Esto se enseña claramente en Luc. 16:22-31; Apoc. 14:13.

3. Para el Juicio Final, todos serán resucitados de los muertos y comparecerán ante el tribunal de Cristo (2 Cor. 5:10; Rom. 2:5-16; Hech. 10:42; Mat. 25:31-46. Ningún muerto está en el cielo ahora. Pedro no va a estar a la puerta del cielo en el día final para juzgar sobre la entrada de la personas.

4. Nadie va al cielo en seguida de la muerte; los cuerpos de los muertos van al sepulcro y sus almas al Hades. En el Día Final, los muertos todos serán resucitados, y luego el Juicio Final, y entonces el cielo para algunos y el infierno para los demás (Jn. 5:28,29; Hech. 24:15; 1 Tes. 4:13-17; Jn. 14:12,3). Por eso se puede afirmar que María, la madre de Jesús según la carne no está ahora en el cielo, ni otra persona tampoco. Puede cualquier persona afirmar que nadie puede llegar al cielo antes que ella, porque todos serán resucitados en el día final y todos serán juzgados formalmente. Cristo será el Juez (Hech. 17:31; Jn. 5:27).

El Hades es el estado intermediario entre la muerte y la resurrección, y el alma de la persona en el Hades o está en un estado de reposo, o en uno de tormento.

5. En el gran evento del Juicio Final la causa de Cristo será formalmente vindicada cuando los que de corazón le sirven en esta vida sean reconocidos delante de Dios, y los que le niegan sean negados (Mat. 10:31,32). Los que rehusan doblar la rodilla delante de Cristo el Señor en esta vida, lo harán forzosamente en el Juicio Final (Rom. 14:11,12; Fil. 2:9-11; Judas 15).

* * *

176. DOCE PREGUNTAS SOBRE EL LIBERALISMO

(Un hermano predicador preparó la siguiente lista de preguntas. Son muy buenas para enfocar la cuestión que por más de cuatro décadas (los 50, los 60, los 70, y los 80) ha causado división en la hermandad. Ha habido otras cuestiones en la hermandad aparte de la centralización y del institucionalismo, por ejemplo el neopentecostalismo, el neocalvinismo, y más recientemente la llamada "Nueva Hermenéutica", pero estas preguntas tienen que ver con el **institucionalismo** y la **centralización**).

—

1. "¿Quiénes son los liberales?"

Dentro del *contexto* de la controversia sobre la "iglesia patrocinadora" y el institucionalismo (el sostenimiento de instituciones humanas de parte de iglesias de Cristo), los liberales son los hermanos que abogan por estas dos prácticas no bíblicas. (Ahora hay iglesias conservadoras que en *otras cuestiones* son "liberales", porque toman cierta libertad en el asunto que la autoridad bíblica no les concede).

Debe notarse que una dada iglesia de Cristo no necesariamente ha de ser tildada de "liberal" sencillamente porque sus miembros fueron convertidos por un predicador liberal. Pero una vez que dichos miembros hayan tenido la oportunidad de informarse sobre la cuestión, si continúan en el error, tendrán que aceptar la realidad de que constituyen una iglesia local liberal.

Si una iglesia me rehusa la comunión, no permitiéndome predicar sobre la cuestión, pero a la vez permite a un predicador liberal predicarle, entonces ella sola da a entender que es liberal.

2. "¿Son los liberales nuestros hermanos?"

Sí, son nuestros hermanos, aunque errados. El "hijo pródigo" seguía siendo hijo de su padre, aunque no estaba en comunión con su padre. No tuvo que nacer físicamente de nuevo para volver a ser hijo de su padre. Necesitaba la restauración de comunión.

Así es que nuestros hermanos liberales siguen siendo nuestros hermanos; de otra manera, tendrían que ser bautizados de nuevo para llegar a ser hijos de Dios, y así nuestros hermanos.

Pero el simple hecho de que alguno es mi hermano en Cristo no implica que debo comulgarle (2 Juan 11). Nótese también 2 Tes. 3:15.

3. "¿ En que puntos están errados los liberales?"

Quedándonos dentro del contexto de la controversia sobre la centralización (iglesia patrocinadora) y el institucionalismo (por ejemplo, el sostenimiento de parte de iglesias de Cristo de orfanatos, como de institutos o escuelas seculares), al decir "liberales" estamos diciendo que están errados en esos dos puntos de la controversia.

Al pasar el tiempo, el liberalismo (que representa una actitud de actuar en una supuesta libertad, y por eso actuar sin autorización bíblica) en nuestra hermandad ha avanzado mucho, y ahora hay otras cuestiones en que hay liberalismo. El contexto siempre determina cuáles puntos de error son los que van indicados. (Por eso digo que hay hermanos muy liberales en cuanto a la cuestión de las segundas nupcias que en cuanto a la centralización y al institucionalismo son muy conservadores).

Hay que recordar que los dos términos, "liberal" y "conservador" son términos *relativos*, y por eso fuera de algún contexto no tienen por qué usarse.

4. "¿Cuál debe ser nuestra actitud hacia un liberal?"

Depende del caso en particular. Como explicado arriba en la pregunta #1, hay hermanos asociados con predicadores bien liberales, pero sin estar ellos al tanto de la cuestión. Con los tales yo tengo bastante paciencia (y por eso algunos dicen que el hno. Reeves es "suave" o aún "liberal"). Ellos me reciben y están dispuestos a estudiar conmigo, informándose de la cuestión y de la posición bíblica.

Pero hay muchos hermanos que saben mucho,

o algo, acerca de la cuestión y que no quieren discutirla ni escuchar a ninguno tildado de "anti". Con los tales no tengo ninguna comunión (2 Jn. 11). No los odio; al contrario busco juntarme con ellos para estudiar (2 Tes. 3:15). Busco su salvación; busco ganarles, no para el lado mío, sino para la verdad (Mat. 18:15, "has ganado a tu hermano"; 1 Cor. 5:5, "sea salvo en el día del Señor").

Son ellos, y los líderes con los cuales se asocian estrechamente, quienes manifiestan una actitud de odio, y de falsa representación, y que se esconden de mí.

5. "¿Que es un 'anti', o 'conservador'?"

Repito lo que dije en la pregunta #1: Dentro del *contexto* de la controversia sobre la "iglesia patrocinadora" y el institucionalismo (el sostenimiento de instituciones humanas de parte de iglesias de Cristo), los liberales son los hermanos que abogan por estas dos prácticas no bíblicas. Los "antis", o "conservadores", pues, son los hermanos que nos oponemos a estas dos prácticas no bíblicas, y tratamos de conservar las prácticas en que todos los hermanos andábamos antes de la introducción de esas dos referidas. El término "anti" es el con que el liberal nos tilda (porque nos oponemos a sus prácticas), mientras que el término "conservador" es el que usamos para indicar nuestra relación frente a la cuestión de la centralización y el institucionalismo (es decir, conservamos las cosas como eran antes de la introducción de la centralización y del institucionalismo).

También repito que hay más cuestiones en la hermandad que aquella aquí referida. Un hermano "conservador" (con referencia a la cuestión de la centralización y el institucionalismo) puede ser muy "liberal" en otras cuestiones.

6. "¿Todas las iglesias que no son conservadoras o antis son liberales?"

Hay solamente dos posiciones que ocupar con referencia a cualquier cuestión. La persona o es a favor, o en contra, de ella. *No hay ninguna posición neutral.* La cuestión puede ser el judaísmo o el gnosticismo (del primer siglo), la Sociedad Misionera y la introducción de la música mecánica en el culto (del siglo pasado), la centralización y el institucionalismo (de la década de los 50 en este siglo), o la Nueva Hermenéutica (de estos últimos años), pero cada cristiano tiene que informarse acerca de toda cuestión surgida en la hermandad, para poder defender la Verdad y no rendirse al error.

En el caso de una iglesia informada sobre una dada cuestión, ella o es conservadora o es liberal, en cuanto a que o comulga a quienes se oponen al error o a quienes lo promueven.

En el caso en que la iglesia local no está informada sobre la cuestión, aunque el predicador de tiempo completo sí lo está, pero los miembros están dispuestos a considerar la cuestión para hallarse siempre en la verdad, no es iglesia liberal, ni conservadora, en el contexto de estos dos términos descriptivos. Pero no puede continuar indefinidamente así, porque es la voluntad de Dios

que sus hijos anden informados y siempre en la verdad.

Dios en su providencia va a ver que esa iglesia tenga la oportunidad de aprender sobre la cuestión (Mat. 7:7); el que busca, halla.

Ahora, si esa iglesia evita la confrontación, queriendo quedarse "neutral" para "no tener problemas", es una iglesia cobarde que necesita arrepentirse (2 Tim. 1:7; Apoc. 2:15).

7. "¿Reconoce usted que hay una división en la iglesia de Cristo, entre 'liberales' y 'antis'? Si contesta que sí, ¿podría explicarme Juan 17:21; Lucas 11:17 y 1 Corintios 1:10?"

Sí, reconozco tal cosa.

Los pasajes referidos hablan del mal de la división, y de que la voluntad de Dios es que haya unidad en su pueblo.

Por eso es preciso que cada cristiano se informe sobre las cuestiones y se halle en la verdad, solícito a guardar la unidad del Espíritu en el vínculo de la paz (Efes. 4:3). El Espíritu Santo es el autor de esta unidad, revelándonos la verdad que nos hace libres (Jn. 8:32).

Los innovadores promueven proyectos no bíblicos, y luego abogan por una unidad *suya* (y no aquélla del Espíritu), insistiendo en que todos aceptemos sus promociones, que si no, ¡no queremos la unidad! Mal representan a sus hermanos que no aceptan sus innovaciones, llamándoles "antis", y esto sin explicar a qué se oponen dichos hermanos. Esto lo hacen para asustar a los hermanos bajo su control, con el fin de que no se informen sobre la cuestión. Tal táctica carnal expone la falsedad de su posición.

8. "¿Está bien si alguien decide no ser liberal ni anti y quedarse en medio?"

En el caso bajo consideración (la centralización y el institucionalismo) no existe un "medio" en que quedarse. O está la persona de acuerdo con la cuestión, o en contra de ella; o liberal o anti. O vamos a acceder a someternos a los falsos maestros, o no hacerlo para que la verdad permanezca con nosotros (Gál. 2:5). Yo voy a tomar la postura que tomó el apóstol Pablo.

¿No dijo Cristo las palabras halladas en Mat. 12:30; Luc. 11:23?

Siglo primero: ¿Para la salvación es esencial la circuncisión? ¿Sí, o no, o neutral?

Siglo diecinueve: Para el evangelismo, ¿es bíblico que iglesias de Cristo donen fondos a una Sociedad Misionera con Presidente, Vicepresidente, Secretario, y Tesorero? ¿Sí, o no, o neutral? Para el culto de la iglesia local, ¿es bíblico meter el piano, u órgano, y hasta toda una orquesta? ¿Sí, o no, o neutral?

Siglo veinte: Para el evangelismo, ¿es bíblico que un sinnúmero de iglesias locales entreguen dinero y obra a una sola que se nombre arbitrariamente "la patrocinadora" y así ella supervise una obra a nivel global? ¿Sí, o no, o neutral? Para la benevolencia, y para la edificación, ¿es bíblico que las iglesias locales donen dinero a orfanatos institucionales y a escuelas institucionales ("institutos"), con sus mesas directivas y actividades seculares y sociales? ¿Para estas cosas Cristo murió? ¿Sí, o no, o neutral?

Los hermanos de la llamada "Nueva Hermenéutica" (la más reciente innovación en la hermandad) han rechazado el ejemplo apostólico y la inferencia necesaria, como manera de establecer autoridad bíblica, abogan por la participación de las mujeres en el culto público de la iglesia, y por la comunión con iglesias denominacionales, y otras cosas. A estas cosas, ¿qué diremos? ¿Sí, o no, o neutral?

En cuestiones de *opinión*, no tiene que haber conformidad, pero la cuestión de la centralización y el institucionalismo, cuestión que afecta el gobierno y la obra de la iglesia local, no es una de opinión. El patrón bíblico revela claramente el caso, y los liberales hacen caso omiso de este patrón divino.

9. **"¿Qué haría usted si alguien se le presenta como miembro de la iglesia de Cristo, y como tal hermano suyo, ¿haría algo para averiguar si es liberal o anti?"**

La pregunta, por no indicar ningún juego de circunstancia en particular, tiene que ser contestada en general.

Antes de pensar en que si es liberal o anti, primero tendría que averiguar que es miembro de la iglesia de Cristo y como tal mi hermano en Cristo. El simple hecho de que cierta persona se me presenta como miembro de la iglesia de Cristo no es prueba en sí de que lo es.

Pero en un dado caso, *las circunstancias de la presentación* de la persona me indicarían si dicha persona es en realidad miembro de la iglesia de Cristo, y *las mismas circunstancias* también me indicarían si es liberal o anti.

Si se me presentara alguna persona como cristiana, ¿qué haría para averiguar si está viviendo en adulterio, o no? ¿Qué haría para averiguar si está descomulgada por alguna iglesia local, o no? ¿o si es hermano fiel, o no? Estas cosas se averiguan según las circunstancias demanden.

En un dado caso de no saber acerca de la posición o postura de la persona ante cierta cuestión, yo pregunto. Es fácil averiguar. Si la persona viene de alguna congregación liberal, le pregunto respecto a su posición. Si viene de alguna conservadora, pero que a la vez es una congregación donde el predicador tiene fama de defender las segundas nupcias del fornicario, le pregunto respecto a su posición. Las circunstancias rigen.

La misma pregunta arriba se podría hacer en cuanto a cualquier cuestión ante la hermandad (el judaísmo, el gnosticismo, la Sociedad Misionera, la música mecánica en el culto de la iglesia, la participación de la mujer en el culto público, etcétera). O vamos a informarnos (averiguar) con respecto a los hermanos que comulguemos, o vamos a correr el riesgo de participar en malas obras (2 Juan 11).

En el caso de algún hermano no informado sobre una dada cuestión, la solución es sencilla: le informamos. Mientras siga dócil y deseoso de aprender, yo le comulgaré, porque es mi hermano en Cristo.

10. **"¿Por cuál iglesia vendrá Cristo, por la liberal o por la anti?"**

La pregunta no representa una realidad. No hay dos iglesias, una liberal y otra anti. Hay una iglesia de Cristo, pero en ella ha habido, desde el siglo primero, falsos hermanos (2 Cor. 11:26), de los cuales tenemos que apartarnos (Rom. 16:17,18). Los tales causan divisiones al meter en la obra y culto y organización de la iglesia del Señor prácticas de sabiduría humana, y tenemos que desecharles (Tito 3:10,11).

Cuando Cristo venga la segunda vez, los que han hecho la voluntad del Padre (y no la suya) entrarán en el reino de los cielos (Mat. 7:21). Solamente los que han sido fieles hasta la muerte recibirán de Cristo la corona de la vida (Mat. 10:22; 25:21; Apoc. 2:10). A éstos dirá Cristo las palabras de Mat. 25:34. Es cuestión de fidelidad en el servicio del Maestro, y no de "cuál iglesia".

11. **"¿Podemos o debemos comer, visitar y compartir con los liberales en sus hogares o en los nuestros?"**

La cuestión tiene que ver con comulgar, no con visitar. Tiene que ver con no ser partícipes en malas obras (2 Juan 11). Pero no hemos de considerar al descomulgado como si fuera nuestro enemigo; es nuestro hermano todavía y por eso le debemos amonestar (2 Tes. 3:15). Para esto tenemos que estar en su presencia, pero si convivimos con él como si nada hubiera pasado, ¿cuál vergüenza sentirá él por su error (1 Cor. 5:5)? No nos juntamos con el que ha sido descomulgado; le quitamos de entre nosotros (1 Cor. 5:11,13), pero al mismo tiempo le buscamos para buscar su rescate.

En la pregunta arriba, se supone, al usarse el término "liberales", que se trata de los que están informados sobre la cuestión de la centralización y el institucionalismo y que a sabiendas promueven ese error. No se trata el caso de los muchos hermanos en la hermandad que no saben acerca de esta cuestión pero que están dispuestos a aprender la verdad sobre ella. Véase mi respuesta a la pregunta #1.

12. **"¿Debe uno de hablar de una iglesia liberal, o desechar a una iglesia liberal, porque su "líder" dijo que lo eran o porque no permite que se hable del asunto?"**

Respondo a esta pregunta en parte en mi respuesta del #6.

Ni el predicador, ni nadie fuera de la iglesia local, determina si ella es "liberal" o "conservadora". Lo que determina eso es la realidad del caso. Los dos términos, como explicado anteriormente, representan dos *actitudes hacia las Escrituras frente a cierta cuestión*. Hay muchos casos en que la membresía en general de la iglesia local no ha tenido ocasión de saber acerca de cierta cuestión. Pero una vez que se informa, forzosamente tiene que declarar si está de acuerdo, o en contra, basándose en la enseñanza de las Escrituras.

Hay muchos casos en que el predicador, bien enterado sobre la cuestión, trata de mantener a la congregación en ignorancia al respecto. El es liberal, pero no la iglesia.

Es ignorancia, si no carnalidad abierta, categorizar a una iglesia, basándose solamente en la postura del predicador. Pero, por otra parte, en general se puede asumir que, en el caso de una iglesia *bien enterada de la cuestión*, ella está de acuerdo con el predicador que comulga. Si él es liberal, entonces lo es toda la iglesia que le comulga.

En el caso de la iglesia no enterada, como en el caso del individuo no enterado, la cosa que hacer ¡es enseñar, educar, informar! y no sencillamente tildar de "liberal".

* * *

177. ¿CUANDO DEJO DE SER VIRGEN?

"¿Cuándo María dejó de ser virgen, al dar a luz a Jesús, o cuando José la conoció? Mat. 1:25"

—

La pregunta encierra cierto tecnicismo, porque María, la madre de Jesús en la carne, no representa un caso normal. El nacimiento virginal de Jesús fue milagroso (Luc. 1:35). Una virgen es una mujer que no ha conocido carnalmente a un hombre. Cuando María conoció a José su marido, entonces dejó de ser virgen, en el sentido normal de la palabra.

* * *

178. EL NOMBRE EN EL LETRERO

"¿Qué nombre debe ser puesto en el letrero?"

—

1. En cuanto a qué nombre ponerle a la congregación, es cuestión de juicio. La iglesia del Señor no tiene **nombre propio.** La frase "La Iglesia de Cristo" no debe ser entendida como si fuera un nombre propio, como por ejemplo, "La Iglesia Metodista". Significa solamente que la iglesia es de Cristo. Vemos en las Escrituras diferentes maneras en que se hace referencia a la iglesia que Cristo edificó ("mi iglesia", Mat. 16:18; "la congregación de los primogénitos", Heb. 12:23; "la iglesia en Cristo Jesús", Efes. 3:21; etcétera). También hay diferentes expresiones con referencia a la iglesia en el sentido local ("la iglesia de Dios que está en Corinto", 1 Cor. 1:2; "las iglesias de Galacia", Gál. 1:2; "las iglesias de Judea que eran en Cristo", 1:22; "la iglesia de los tesalonicenses en Dios Padre y en el Señor Jesucristo", 1 Tes. 1:1; etcétera).

2. Aquí en los EE.UU. se acostumbra poner en los letreros la frase "iglesia de Cristo" con el nombre del barrio o con alguna designación semejante. Donde soy miembro (en una iglesia de habla inglesa) el letrero dice, "la iglesia de Cristo Bellaire" (Bellaire es el nombre del pueblo). Entre algunos hispanos se acostumbra poner, "aquí se reúne la iglesia de Cristo".

3. Aunque es bíblico usar la frase "iglesia de Dios", *por haber una denominación pentecostal de ese* **nombre propio,** sería confusión para el pueblo ver un letrero nuestro con esa designación. Los hermanos locales pueden usar de buen juicio para decidir qué poner en el letrero. No hay una designación exclusiva qué poner en él.

* * *

179. LA DEDICACION DE NIÑOS

Se me envió una grabación del sermón de Juan Monroy predicada en la iglesia de Cristo liberal en Dos Hermanas, España, en la ocasión de la ceremonia de presentación de un niño al Señor. Hago los siguientes comentarios sobre el contenido de esta grabación.

—

Veo a Juan Monroy como a hombre bien confundido, con referencia a las Escrituras. No sabe usarlas bien. Se contradice muchas veces en su discurso. Apela a las emociones, igualmente como cualquier predicador sectario, y no a la autoridad de las Escrituras. Evade la cuestión misma, levantando cuestiones falsas para combatir a éstas. Confunde los dos Testamentos y la autoridad de ellos. Es ignorante en cuanto a lo que el Nuevo Testamento sí enseña.

Notaré algunos de muchos puntos que se podrían comentar:

1. Mat. 19:13 (Mar. 10:13-16; Luc. 18:15-17). Este pasaje no tiene nada que ver con una ceremonia en la iglesia local. Juan comete el mismo error que el llamado "teólogo" que cita este pasaje para justificar la práctica de la iglesia que bautice a los niños. Estos niños fueron traídos a Jesús para que los bendijera, orando por ellos. Cristo también "bendijo" panes y peces (Mar. 8:7; Luc. 9:16). Pero una ceremonia de "presentación de niños" no se halla en este pasaje, como tampoco de presentación de panes y peces. Monroy todavía está lleno de catolicismo en su pensar, pues cree que se imparte alguna "gracia" por medio de cierta "bendición" de parte del "clero" en una ceremonia eclesiástica. (El todavía dice, "San" Mateo, "San" Pablo, etcétera).

2. Juan ahora predica en contra del "pecado original". Es bueno. Pero en sus primeros libros abogaba por el "pecado original". ¿Ha repudiado esos libros? ¿Los vende todavía? ¿Ha declarado públicamente que estaba bien equivocado cuando los escribió?

3. La frase, "de los tales es el reino de los cielos" (Mat. 19:14) no quiere decir que la iglesia es compuesta de niños también, sino que es compuesta de "los tales", o sea, de personas con la disposición y el carácter de niños. Juan afirma que al morir el niño, "va directamente al reino de Dios". No, va directamente al Hades, como toda persona que muere.

4. "La presentación de los niños" era una ceremonia judaica, según la ley de Moisés, la cual ley ha sido clavada a la cruz de Cristo (Luc. 2:22-27; Col. 2:14). No todos los niños fueron dedicados así, sino solamente el primer nacido de

entre los hombres (Exod. 13:11-16; 34:19,20; Núm. 18:15 y sig.). El primer nacido de los animales también fue sacrificado a Dios (o redimido con precio). ¿Esto también en la iglesia lo practica Monroy? ¿Se hizo en la iglesia en Dos Hermanas el sacrificio requerido (Luc. 2:24)? Es como los sabatistas que profesan "guardar el sábado" pero no en la forma en que Dios lo requería a los judíos.

5. Todo eso de que la ceremonia no fue para quitar el supuesto "pecado original" (como en el caso del "bautismo" de infantes en la Iglesia Católica Romana) ¡no toca la cuestión! La cuestión es ésta: ¿Enseña el Nuevo Testamento (la doctrina de los apóstoles) que la iglesia local debe celebrar tal servicio?

6. El pregunta que "si la ley es mala", con referencia a la Ley de Moisés. ¡Claro que no (Rom. 7:7,12)! ¿Por eso Monroy guarda el sábado en la forma señalada (Ex. 20:10)? ¿demanda la circuncisión de todo niño varón? ¿celebra las tres fiestas judaicas anuales? La cuestión no consiste en que si la Ley de Moisés es mala o buena. Consiste en que si estamos bajo ella, o no (Rom. 6:14).

7. El o es ignorante o pervierte a Mat. 5:17,18. El quiere dejar la impresión de que la iglesia de Cristo local puede hacer cosas de la Ley de Moisés porque Cristo dijo que no vino a abrogar la ley. Los sabatistas hacen el mismo argumento equivocado. Dice Cristo que su venida no era para destruir (mejor que, abrogar) la ley, negándola o haciéndole competencia, sino para **cumplirla**, e hizo lo que vino a hacer: ¡la cumplió! y ya no estamos bajo ella. Las iglesias humanas que usan el instrumento mecánico de música en sus cultos citan este pasaje para justificarse en el uso del Sal. 150. Pero Cristo cumplió esa ley, y ya no está en vigor. Ahora, ¿que dice el N.T. acerca de la música en la iglesia? ¡Esa es la cuestión!

8. El afirma que los Diez Mandamientos son "el centro de la ley", y pregunta: "¿No están en vigor hoy?" Pregunta sobre cómo podemos condenar la idolatría, si afirmamos que los Diez Mandamientos no están en vigor. El pobre no conoce la enseñanza del N.T. (1 Jn. 5:21; Hech. 17:24,25; 1 Tes. 1:9; etcétera). Si los Diez Mandamientos están en vigor hoy, entonces así es con toda la Ley de Moisés. Los Diez Mandamientos eran parte de un pacto hecho, no con todo el mundo (los gentiles), sino solamente con los judíos (Deut. 5:2,3). Los cristianos no hacemos hoy en día las cosas prohibidas en los Diez Mandamientos porque la Ley de Cristo (Gál. 6:2) nos las prohibe. ¿Acaso Monroy guarda el sábado según el mandamiento? ¡Claro que no!

9. El pregunta que si "ofendemos a Dios" al abogar por la ceremonia en la iglesia de la presentación de cualquier niño. Sí, le ofendemos, ofreciendo algo que El no ha mandado (Mat. 15:9; Jn. 4:24; Col. 2:8,23).

10. El repite sus referencias a "la virgen María", aun después de ya no ser más virgen (Mat. 1:25). Su hablar refleja su mentalidad todavía según el romanismo. Claro es que ella vivía bajo la ley de Dios, y dice Juan Monroy: yo también vivo bajo la ley de Dios. En esto evade la cuestión: ¿estamos los cristianos bajo la ley de Dios (la de Moisés), o bajo la gracia de Dios (el N.T. de Cristo Jesús)? ¡Allí está la cuestión! José y María no eran cristianos cuando dedicaron su niño al Señor.

11. El caso de Ana (1 Sam. 1) tampoco toca la cuestión. ¿En la iglesia en Dos Hermanas se dedicó al papel de profeta por toda su vida al niño, como en el caso de Samuel? ¿Ese niño va a quedarse en el local todo el tiempo, como en el caso de Samuel (1 Sam. 2:11)?

12. Tampoco la cuestión tiene que ver con "dar gracias", ni con "regocijarnos con otros". Claro es que debemos siempre dar gracias por todo (Efes. 5:20) y regocijarnos (1 Cor. 12:26; Fil. 2:18). "¿Hay que callar esta alegría"? pregunta Juan. No, Juan. Podemos y debemos regocijarnos con otros, pero eso no tiene nada que ver con la cuestión. Ella tiene que ver con meter en el culto de la iglesia local una práctica basada principalmente en una ceremonia del Antiguo Testamento.

13. El acudir Juan a Mat. 23:4, acusando a sus oponentes de atar cargas pesadas y difíciles de llevar, es torcer las Escrituras. Juan es el culpable, juntamente con los fariseos del tiempo de Cristo, al abogar por tradiciones humanas en lugar de someterse a la doctrina de Cristo. Es fácil tildar a otro de algo denigrativo, pero es otra cosa trazar bien las Escrituras. Juan necesita aprender a hacer todo por la autoridad de Cristo (Col. 3:17), y no por la autoridad de Moisés o las tradiciones de los hombres. Juan, repito, ¡no estamos bajo la ley!

14. Al final de su sermón, Juan dio a entender que los inconversos presentes debieron seguir pensando en obedecer al evangelio, pero no hacer nada en ese tiempo, pues lo importante del momento fue la dedicación del niño. Con él más importante y urgente es la celebración de algo semejante a una ceremonia del Antiguo Testamento, que ¡la obediencia de almas a Cristo!

Juan Monroy no quiere debate público en formato honroso. Nada más se jacta, para parecer muy valiente. Es fácil retar, pero es otra cosa llevar a cabo. "No se alabe tanto el que se ciñe las armas, como el que las desciñe" (1 Reyes 20:11). El dice, "nombre el lugar y la fecha y allí estoy con la Biblia abierta". Bueno, si digo "Houston, mañana día tal", Juan Monroy estará presente? El sabe que no, y que nada más se alaba. Ahora si alguien cree que en esto estoy equivocado, hable con Monroy que me envíe la proposición para debatir, juntamente con los arreglos de lugar y tiempo, convenientes para los dos, y veremos quien firmará su nombre a sus palabras. Veremos si él pone su nombre por donde está su boca. Mi dirección está indicada.

180. JUAN 5:18 Y LOS TESTIGOS DE JEHOVA.

"Los llamados Testigos de Jehová afirman que en Juan 5:18 Jesús jamás dio a entender que era igual a Dios. ¿Es verdad dicha afirmación?"

—

1. Los Testigos niegan lo obvio. Aun ellos admiten que el apóstol Juan está escribiendo por inspiración, y es él quien dice las palabras: "haciéndose igual a Dios". Los Testigos tratan de quitar la fuerza de este pasaje, que obviamente niega la posición blasfema de ellos referente a la deidad de Jesús (Col. 2:9; 1:19), afirmando que los judíos fueron quienes decían las palabras: "haciéndose igual a Dios".

Los judíos vieron claramente, como los Testigos, nosotros, y todo el mundo lo podemos ver, que lo que hacía Jesús en el día de reposo (aunque no lo quebrantaba en realidad, sino solamente según el concepto de ellos), y el decir Jesús que Dios era su Padre, las dos cosas llevaban a la única conclusión posible: la de que ¡Jesús es igual a Dios! Pero es Juan, por la inspiración del Espíritu Santo, quien registra esta conclusión innegable, y Jesús nunca la negó.

¿Por qué no corrigió Jesús esa impresión, o conclusión innegable, si no era cierta? ¿Por qué el Espíritu Santo no guió a Juan a corregirla? Por la simple razón de que ¡era cierta! Y por eso los judíos por fin le crucificaron.

* * *

181. JUAN 8:58, Y LOS TESTIGOS DE JEHOVA.

"Los llamados Testigos de Jehová afirman que en Juan 8:58 Jesús jamás dio a entender que era igual a Dios. Dicen que la frase "yo soy" es muy diferente de la que se usa en Exodo 3:14. Dicen que Jesús no la usó como nombre ni título, sino como medio de explicar la existencia que tuvo antes de ser humano. ¿Es verdad dicha afirmación?".

———

1. No, no es cierta. En Juan 8:58 dice Jesús: "Antes que Abraham fuese, **yo soy** (no, yo era, ni mucho menos, "yo he sido"—según la Versión Nuevo Mundo de los Testigos de Jehová). La doctrina de ellos, que niega la deidad de Jesucristo, es que Jesús está diciendo en este pasaje que él existía antes de que viniera a existir Abraham. No, en ese caso Jesús hubiera usado el tiempo **imperfecto** (griego, EGO EMÉN, yo era). Pero usó más bien el tiempo **presente** (griego, EGO EIMI, yo soy). El interlineal de los Testigos da bien el texto griego, "ego eimi", y lo traduce bien, "yo soy", pero abajo en la margen se da una nota *explicativa*, ya que este pasaje obviamente está en contra de su doctrina. La explicación es de que el caso aquí requiere el tiempo **perfecto**, cosa que no se puede probar. El tiempo aquí es el presente ("ego eimi", yo soy), igual que en Exodo 3:14, ("ego eimi jo on") (yo soy el que soy).

2. Con referencia a Abraham Jesús dijo, "Antes que Abraham <u>fuese</u>", usando el tiempo **aoristo**. De esta manera se marcó el tiempo en el pasado cuando Abraham comenzó a tener existencia, y antes del cual no tenía existencia. Pero con referencia a sí mismo, Jesús usó el tiempo **presente** que se basa en la existencia absoluta.

Pudo haber usado el tiempo **imperfecto,** si hubiera querido indicar sencillamente que existía antes de que Abraham comenzara a existir. Pero, no, usó el tiempo presente, porque El es eterno. Es Dios.

3. Los Testigos, para evitar la fuerza de este pasaje, han inventado un tiempo, llamado el "perfecto indefinido", pero ninguna autoridad en la gramática griega reconoce tal cosa. En su versión interlineal se da correctamente el texto griego (tiempo presente) y la traducción correcta (yo soy), pero en el texto español (El Nuevo Mundo) lo cambian a "yo he sido".

4. Los judíos que oyeron las palabras de Jesús en esta ocasión entendieron muy bien el significado de ellas; es decir, que Jesús afirmaba ser deidad (¡y no solamente que era una persona más vieja que Abraham!). El versículo siguiente (el 59) prueba esto. Procuraron apedrearle. Véase Lev. 24:16.

5. La afirmación de los Testigos de que la frase "yo soy" en Juan 8:58 es muy diferente de la que se halla en Exodo 3:14, no es cierta. Las dos palabras griegas (EGO EIMI) se encuentran en los dos pasajes. ¡Son idénticas! No obstante, en la Versión Nuevo Mundo en Juan 8:58 se da la traducción, "yo he sido", y en Exodo 3:14, "<u>Yo resultaré ser</u>". ¡Que manipulación más engañosa de las Escrituras! Están en contra de las Sagradas Escrituras porque ellas están en contra de ellos, y por eso tuvieron que fabricar *su propio versión.* **Ego eimi** quiere decir **yo soy.**

6. Véanse también Juan 8:24; 13:19.

* * *

182. JUAN 10:30-33, Y LOS TESTIGOS DE JEHOVA.

"Los llamados Testigos de Jehová afirman que en Juan 10:30-33 Jesús jamás dio a entender que era igual a Dios. ¿Es verdad dicha afirmación?"

———

1. Jesús reclamó ser igual a Dios en el asunto de poder proteger a las "ovejas", los creyentes en Dios (v. 28,29). Por eso, dice Jesús, "yo y el Padre uno somos"; "el Padre está en mí, y yo en el Padre"(v. 38). Los ver. 33 y 36 considerados juntamente prueban que las expresiones "hacerse Dios" e "Hijo de Dios" significan la misma cosa.

2. Los judíos entendieron muy bien el significado de esas palabras. Otra vez procuraron apedrearle por blasfemia.

3. Jesús había hecho solamente buenas obras "de **su** Padre" (que no dijera, "de **nuestro** Padre"). Se identificaba con Dios. No negaba que era Dios, cosa que habría hecho, si los judíos hubieran estado equivocado en sus conclusiones.

4. Los Testigos tratan de quitar la fuerza de este pasaje, al afirmar que Jesús decía solamente que era un "dios" en el sentido en que los jueces malos eran "dioses" (Sal. 82). Pero tal no es el punto de Jesús. El hace contraste entre aquellos jueces, y sí mismo, diciendo que si era justo llamarles a ellos "dioses", mucho más a él hace sentido que él se llame Dios, porque el Padre le santificó y le envió al mundo. Los Testigos admiten

que a los hombres no se permite que se les rinda adoración, pero ¡Jesús aceptaba adoración (Mat. 2:11; 8:2; 9:18; 14:33; 15:25; 20:20; 28:9,17; Juan 9:38—en todos estos textos aparece la misma palabra griega que significa, "adorar"). Véanse también Juan 5:23; 20:28; Hech. 7:59; Heb. 1:6; Apoc. 1:17.

* * *

183. JUAN 1:1, Y LOS TESTIGOS DE JEHOVA.

"Los Testigos afirman que, referente a Juan 1:1, el Sr. Joseph Henry Thayer dice que el Logos era divino, no el ser divino mismo. ¿Es verdad dicha afirmación?".

—

1. El Sr. Joseph Henry Thayer es el famoso lexicógrafo, reconocido por todo el mundo como persona de autoridad en el campo de la lengua griega. Tengo entendido que ¡era unitario!

2. He leído sus comentarios sobre la palabra griega, LOGOS, y no hallo la frase que va referida arriba.

3. Thayer, si era unitario, personalmente no creía en las tres personas de la deidad. Si hizo el comentario, como usted dice que algunos Testigos se lo atribuyen, entonces es comentario de la creencia personal de él, y ¡no punto de definición en cuanto al significado de cierta palabra griega!

4. Si alguien me apunta en el léxico del Sr. Thayer a la frase referida, diciéndome dónde en su obra aparece, con gusto lo consideraré.

5. La palabra misma, LOGOS, quiere decir, "verbo", o "palabra" (véala en 1 Cor. 14:19). Ahora *la aplicación* de la palabra es determinada por medio del contexto y el uso inmediato en un determinado texto.

6. El Espíritu Santo inspiró a Juan a escribir, en Juan 1:1, que el Verbo (Jesucristo, ver. 14) ¡era Dios! Punto y aparte.

7. En Col. 2:9 la palabra "deidad" traduce la palabra griega, THEOTES, que según el Sr. Thayer significa, "el estado de ser Dios". ¡En Jesucristo, pues, habita corporalmente toda la plenitud del estado de ser Dios!

* * *

184. ¿CUANTAS DIVISIONES HAY?

"¿Cuántas divisiones o corrientes hay de la iglesia?"

—

1. En cuanto a la hermandad de hoy en día, ha habido una gran división concerniente a **la centralización y el institucionalismo**. La mayoría de la hermandad ha aceptado el concepto no bíblico de la llamada "iglesia patrocinadora", y el de sostener iglesias de Cristo a instituciones humanas en el campo de la benevolencia (orfanatos, hospitales),y de la educación secular (escuelas, institutos).

2. Ahora, hay otras varias cuestiones vivas. Ha mucha división respecto al tema **del matrimonio, el divorcio, y las segundas nupcias**. Hay iglesias, tanto de las "liberales" (que digo yo), o "institucionales", como de las iglesias "conservadoras" (en cuanto a la centralización y el institucionalismo), que enseñan que el fornicario divorciado tiene tanta libertad para volver a casarse que el inocente en el caso.

3. El movimiento más nuevo en la hermandad tiene que ver con la **Nueva Hermenéutica.** Estos hermanos son de los "super liberales" (que digo yo), pues quieren llevar la hermandad a una llamada "unidad" que abarca hasta los sectarios. Niegan el ejemplo apostólico y la inferencia necesaria como maneras de establecer la autoridad bíblica. Los niegan porque quieren comulgar a los hermanos errados, y a los sectarios, que creen y practican cosas para las cuales no hay autorización bíblica. Estos andan rumbo al modernismo clásico.

4. El término "liberalismo" es relativo. Hay varias cuestiones en que muchas iglesias de Cristo andan más o menos liberales con respecto a ellas. No puedo señalar un número fijo para indicarlo. Y no hay espacio en esta respuesta breve para tocar toda cuestión existente. (Debo notar que algunas de las cuestiones tienen que ver con asuntos de opinión, o escrúpulo personal, y por eso no afectan la iglesia local colectivamente—Romanos capítulo 14).

5. Si puedo comentar algo sobre alguna dada cuestión que usted tenga en mente, con gusto lo hago.

* * *

185. APRESURAR EL BAUTISMO

"Está bien apresurar el bautismo en la persona?"

—

1. Dentro del contexto en que me hace la pregunta, de que "sabemos que podríamos tener muchas personas bautizadas, pero que no seguirían perseverando, porque se emocionan y en ese momento dicen estar preparados para el bautismo", y de que "sé que muchos bautizados vuelven a lo mismo luego de un mes", la respuesta mía es que no está bien "apresurar" el bautismo en la persona; es decir, no está bien presionarle a que se bautice luego, luego.

2. Cada caso en particular determinará cuándo debe ser bautizada la persona. Sabiendo alguno que la persona es muy emocionante, y que no ha tenido suficiente instrucción en la Verdad, no debe insistir en que ella se bautice en seguida. Ahora, si resulta que la persona *sí entiende* y desea ser bautizada, no hay por qué demorar su obediencia.

* * *

"El hecho que alguien lo solicite, ¿es suficiente?"

—

1. La respuesta de arriba aquí entra también. Si el caso trata de la persona que no entiende la enseñanza bíblica sobre el bautismo, pero por alguna razón extraña lo solicita, no hay razón (bíblicamente) por qué bautizarle así. Hay

necesidad de instruirle. Pero si la persona entiende lo que solicita, y las razones bíblicas, no hay razón por qué demorar su obediencia. Esto los casos de conversión en Hechos lo indican explícitamente.

* * *

186. ¿COMO INVITAR AL EVANGELISTA?

"Para pedirle al hno. _____ que se venga (a trabajar como evangelista en tal parte), ¿cómo hay que hacerlo? ¿Es necesario enviarle una carta pidiéndoselo?"

—

1. Cualquier iglesia queda libre para invitar a cualquier evangelista a que venga a trabajar con ella en el evangelio, y el evangelista queda libre para hacer su propia decisión en el asunto. Nadie de afuera tiene palabra en el caso. Que la invitación se haga por carta no es requisito. (Se puede hacer por teléfono, en persona de parte de alguna portavoz de la congregación, etcétera). Pero es la congregación la entidad que tiene que extenderle la invitación. También queda libre el evangelista para ofrecer venir y trabajar con cierta congregación, si ella así lo desea. Es cuestión de haber un acuerdo mutuo entre ella y él.

2. Sobre el hacer cartas a otras congregaciones al respecto, el hacerlo es cuestión de cortesía para ellas, y de conveniencia. No es requisito. Pero tampoco hay por qué no hacerlo del conocimiento de otras congregaciones interesadas. El evangelista mismo querrá hacerlo saber a otras congregaciones por razones que él tenga.

* * *

187. ¿MUERE EL ALMA?

"El cree que cuando el hombre muere el alma, como está en Ezeq. 18:4 y Rom. 6:23. Dice que nadie sabe si el espíritu del hombre sube arriba y de los animales desciende abajo. El cree que los peses tienen espíritu como el hombre".

—

1. Si *el hombre* fuera solamente *alma*, entonces la persona tendría razón: muere el hombre, muera el alma.

2. Pero el hombre, en todo su ser, es espíritu, alma, y cuerpo (1 Tes. 5:23). La separación del espíritu del cuerpo es lo que ocasiona la muerte (Sant. 2:26).

3. La persona ignora el uso de las palabras en las Escrituras. En Ezeq. 18:4 se emplea la palabra "alma" para decir persona ("vosotros", v. 2; "el hombre", ver. 5; "el hijo, su padre", v.19), como también en 1 Ped. 3:22 (donde la Versión Valera de 1960 dice "persona" en lugar de "alma", que es el vocablo que emplea el texto griego en este caso).

4. Rom. 6:23, según el contexto, emplea la palabra "muerte" con referencia a la muerte (separación) espiritual, y no física, como en el ver. 4 se hace referencia a la vida espiritual. La persona ignora por completo el uso de las palabras según el contexto. Esto se llama "jugar con palabras".

5. La referencia de subir o descender el espíritu se halla en Ecles. 3:21. Otra vez la persona no se dirige al contexto del pasaje, sino nada más juega con algunas palabras en 3:21. El punto del escritor divino es que, vistas las cosas que suceden "debajo del sol", y según la perspectiva solamente del ser humano, lo mismo acontece al hombre como al animal, pues los dos mueren, y sus cuerpos vuelven al polvo. En cuanto a sus espíritus, se hace una afirmación en forma de pregunta. El ver. 17, y 12:7, implican que el espíritu del hombre en su muerte vuelve a Dios y que Dios le juzgará.

6. Sí, Dios da espíritu (aliento, vida) al animal, como también al hombre. Los dos tienen "una misma respiración" (ver. 19; Sal. 104:29,30). Pero el animal no ha sido hecho a la imagen de Dios; el hombre, sí (Gén. 1:26).

* * *

188. ¿QUIEN TIENTA, SATANAS O EL HOMBRE?

"El cree que una serpiente tentó a Eva, y no Satanás, que Jesucristo fue tentado por un hombre pero no por la persona de Satanás. El pone ejemplos como los siguientes: que Cristo le dijo a Pedro, "Satanás", y que Cristo a sus discípulos dijo de Judas, ¿no escogí a vosotros y uno es Diablo? Por esta razón el dice que el Diablo no existe; es cada persona mentirosa o mala. Además él no ha visto al Diablo".

—

1. Las Escrituras no dicen que una serpiente tentó a Eva. Dice Gén. 3:14 que el animal, por el cual habló Satanás antes de ser maldito dicho animal, era bestia. Su maldición consistió en parte en que ahora andaría sobre su pecho, comiendo polvo. Ahora era serpiente.

2. Gén. 3:15 es la primera revelación por profecía de que la simiente de la mujer, Jesucristo, heriría la cabeza del diablo; es decir, daría una herida mortal a él. El pasaje no trata de puros animales y de sus destinos.

3. 2 Cor. 11:3 dice que la serpiente engañó a Eva; *no dice* que una serpiente lo hizo. Esa referida serpiente es Satanás (Apoc. 12:9).

4. Según Mateo (4:1,3,10) el diablo, Satanás era el tentador en esta ocasión de ser tentado Jesús.

5. La palabra griega "satanás" significa "adversario". A veces los traductores traducen la palabra, y sale "adversario". A veces no la traducen, sino la transliteran, y sale "satanás". En Mateo 16:23 Cristo llama a Pedro "adversario" porque Pedro se puso en contra de sus planes (ver. 21,22).

6. Jn. 6:70 revela que Cristo llama a Judas "diablo", pero no dice que texto que Judas era *el diablo*. Dijo Cristo que Judas era un diablo, y el versículo siguiente da la razón por qué le llamó así. El vocablo griego, diablo, quiere decir "calumniador". En Tito 2:3 se hace referencia a ciertas mujeres ancianas con el mismo término, nada más que en Jn. 6:70 se translitera la palabra (diablo), y en Tito 2:3 se traduce (calumniadoras).

7. Con razón él no ha vista al Diablo, porque

es un ser espiritual creado por Dios (véanse los pasajes dado en seguida en el punto #8). ¿Por qué no dice él que *Dios no existe*, porque tampoco a El le ha visto?

8. Satanás (el diablo, la serpiente — Apoc. 12:9) es un espíritu caído, un ser creado por Dios que se rebeló. Considérense los pasajes siguientes:

1 Tim. 3:6; Job 1:12; 2:6; Zac. 3:1,2; Juan 8:44; 12:31; 14:30; 16:11; 2 Cor. 4:4; 1 Tes. 3:5; 1 n. 3:8; Judas 9; Apoc. 12:9,10,12.

Está sujeto a Dios (Job. 1:12; 2:6). Se le ha permitido llegar a la presencia de Dios (Job. 2:1,7. ¿Ha *serpientes* en la presencia de Dios?). Es el malo, o maligno (Mat. 13:19,38; 1 Jn. 5:19). Tiene ángeles, y servidores (Mat. 25:41; Efes. 6:12; 2 Cor. 11:15). Busca el mal para el hombre (Hech. 10:38; Apoc. 12:9). Es el dios de este mundo (2 Cor. 4:3,4; Col. 1:l3; 1 Jn. 2:15-17). Su destino final será el tormento eterno (Apoc. 20:10).

* * *

189. ¿MUEREN LOS ESPIRITUS?

"El dice que los espíritus de los que murieron en el diluvio murieron".

—

1. Sin duda se hace referencia a 1 Ped. 3:19,20, donde el texto inspirado habla de "espíritus encarcelados" y del diluvio en el tiempo de Noé.

2. Este pasaje no dice que murieron espíritus. (Otra vez vemos cómo la persona juega con palabras, ignorando el contexto). Dice que en el espíritu Cristo predicó a los espíritus encarcelados. Cristo lo hizo por medio de Noé, pregonero de justicia (2 Ped. 2:5); él estuvo en todos los profetas (1 Ped. 1:11). Predicó a gente viva, que en el tiempo de escribir Pedro eran espíritus desencarnados y encarcelados, o detenidos en el Hades. Esta gente pecadora sin duda murió en el gran diluvio, pues eso fue el propósito del diluvio.

3. El ver. 20 dice que fueron salvadas ocho almas, o personas, no ocho espíritus. No murieron, ni fueron salvados, espíritus, sino personas.

* * *

190. SERVICIO FUNERAL EN EL LOCAL

"¿Es bíblico hacer cultos agarrando de pretexto al muerto"?

—

1. Véase Interrogante #160. Lo que digo allí sobre las bodas cabe aquí con respecto a los muertos.

2. El local es una conveniencia para la iglesia para que se reúna para adorar a Dios y predicar el evangelio. No se debe usar para otros propósitos. Si a la iglesia se le manda no dejar de reunirse (Heb. 10:25), entonces por inferencia necesaria se autoriza el gasto de parte de las colectas de la iglesia para adquirir el local en qué reunirse. Usar el local para otros propósitos equivale a maladministrar los fondos de la iglesia.

3. Si las circunstancias de la muerte de alguna persona presenta la oportunidad de predicar el evangelio a gente inconversa (es decir, a familiares del difunto), entonces es sabio hacer uso de dicha oportunidad para alcanzar a esa gente con algún mensaje evangélico.

4. He participado muchas veces en tales servicios, predicando, cantando himnos, y orando, y así he logrado alcanzar con el evangelio el oído de católicos, de protestantes, y aún de ateos, personas que por ser familiares o amigos del difunto se han dignado asistir el servicio.

5. Pero también puede haber abusos de lo que aquí digo, dirigiéndose el servicio de otra manera y para otros propósitos. De eso no hablo, ni lo justifico.

* * *

191. NEGOCIAR LA IGLESIA

"Si la iglesia ha comprado un terreno y los hermanos siembran café y la cosecha la venden, y el dinero lo ocupan para hacer comida en el edificio porque tendrán seminario, ¿es bíblico eso?"

—

1. La iglesia no existe para que negocie, logrando ganancia para hacer obras. Ese no es el plan divino. Es lo que hacen las iglesias humanas, porque no siguen el patrón divino, sino la sabiduría humana.

2. Si la iglesia compra un terreno con el propósito de erigir un edificio en él, está bien. Pero si lo compra para cultivar, cosechar y vender lo cosechado, entonces es otra cosa, y carece de autorización bíblica.

3. Tampoco es bíblico que la iglesia haga comida en la iglesia por cualquier actividad. No digo que bajo toda circunstancia es malo comer en el local; digo que no hay autorización bíblica para que se tome dinero de los fondos de la iglesia para comprar comida para cualquier actividad.

* * *

192. EL LOCAL NO ES HOTEL

"¿Es bíblico que vivan hermanos en el edificio de la iglesia? por ejemplo, una hermana que no tiene quien por ella, y dos hermanos más que trabajan por temporadas en el corte de café y argumentan que no les alcanza lo que ganan?"

—

1. El edificio de la iglesia, o sea, el local, no es hotel. No existe para la conveniencia de cualquier hermano en la fe. Existe para la obra de la iglesia, que consiste en el evangelismo, en la edificación, y en la benevolencia limitada (a los santos).

2. Si la hermana es viuda "que en verdad lo es" (1 Tim. 5:3-10), la iglesia local puede optar por cuidar de ella en el edificio. Si no la es, entonces no es carga de la iglesia local. Puede depender de los suyos (5:8), los cuales no van a hacer nada si ven que la iglesia local cuida de ella. Ella puede trabajar, pero si le falta para tener un techo sobre su cabeza, la iglesia puede ayudarle con algo, porque es una santa necesitada. (No toda persona pobre es

persona necesitada).

3. Los referidos hermanos que trabajan temporalmente pueden ver por sus propias necesidades, aunque pobremente; que si no, deben volver a sus casas de donde salieron. Todo el mundo dice que "no le alcanza lo que gana", no importando la cantidad de sueldo. Todo el mundo busca la conveniencia. Es egoísmo y falta de sentido de responsabilidad.

* * *

193. MARCOS 11:12-14

"¿Q ué enseñanza tenemos de la maldición a la higuera, Marcos 11:12-14?"

—

1. Véase también Mateo 21:18-22.

2. Esa clase de higuera daba el fruto antes de las hojas, y por tener hojas aquella higuera a la cual fue Jesús daba la promesa de fruto, pero sin tenerlo. Por eso la maldijo.

3. La lección para nosotros es que si como cristianos profesos afirmamos ser hijos de Dios, sin producir nosotros en nuestras vidas los frutos del espíritu (Gál. 5:22,23; Rom. 8:9-13), somos en realidad hipócritas y merecedores de la condenación de Dios. El cristiano puede asistir servicios públicos de la iglesia y participar exteriormente en los actos de culto, pero si su vida diaria no es conforme a la mente de Cristo en todas las relaciones que sostiene, viene siendo como una higuera con hojas pero sin fruto. Le espera la condenación.

* * *

194. LA MANERA DE INTERPRETAR

"... que me aconseje la manera de interpretar la escritura como usted lo sabe hacer, por ejemplo: ¿cuáles son los primeros pasos a seguir para interpretar? ¿Qué necesito observar, o tomar en cuenta? ¿Cómo utilizar por ejemplo, la concordancia, otros comentarios, los léxicos, etc.? ¿Cómo relacionar los pasajes para interpretar la Biblia con la Biblia?"

—

1. Aprecio mucho el buen deseo de este hermano de aprender a "usar bien las Escrituras" (2 Tim. 2:15). No puedo tomar tiempo ni espacio para escribir adecuadamente sobre todas las preguntas que sugiere. Por eso nada más comento brevemente sobre ellas.

2. Para interpretar un dado pasaje, hay que tomar en cuenta el contexto, observando el *tema* tratado y el *propósito* del autor al escribirlo. Por ejemplo, en mi Biblia al principio de algunas de las cartas apostólicas he escrito el tema y el propósito de dichas cartas). El contexto siempre rige en la interpretación correcta.

3. Hay que tomar en cuenta la manera de expresarse las Escrituras en otros pasajes también, dando a las palabras su sentido según el uso en el tiempo del autor.

4. Hay que observar el uso figurado de las palabras, y no literalizar lo que es figurado. Este es el error principal de muchos falsos maestros.

5. Ninguna interpretación puede ser correcta, si contradice lo que claramente dicen las Escrituras sobre el tema en otros pasajes.

6. La concordancia sirve solamente para hallar cierta palabra en cierto pasaje. El simple hecho de que cierta palabra se encuentra en dos pasajes no quiere decir necesariamente que los dos pasajes tratan el mismo punto. Mucho cuidado en este particular.

7. Se enseña en el mundo religioso mucho error porque los maestros, antes de llegar a las Escrituras, tienen un concepto preconcebido, y luego llegan a ellas para buscar y hallar algo que les respalde en sus creencias ya determinadas. Claro es que van a usar mal la palabra de verdad.

8. Los léxicos sirven para explicar los diferentes usos que cierta palabra en el texto original puede tener, y para decir dónde en el Nuevo Testamento aparece tal y tal palabra. Pero hay que tener cuidado con referencia a los *comentarios* que el lexicógrafo pueda hacer en un dado caso. El es humano, y puede ser que esté promoviendo cierta doctrina sectaria.

9. Es muy útil el interlineal (griego / español). Por medio de él se puede saber cuál palabra griega es la que aparece en tal y tal texto.

10. Los comentarios, aun de sectarios, pueden ser muy útiles, mayormente en cuanto a su enseñanza sobre las costumbres y los lugares geográficos, etcétera, del tiempo referido en el texto bíblico. También enseñan mucha verdad en cuanto a la interpretación correcta de un dado pasaje. Pero a la vez hay que tener presente que sus autores van a reflejar sus conceptos sectarios cuando les conviene. La misma cosa se puede decir en cuanto al usa de diferentes versiones de las Escrituras. Algunas de éstas son el producto de quienes quieren promover cierta doctrina sectaria.

11. Hay algunas obras útiles de hermanos en la fe que pueden ser de ayuda en el estudio del individuo. Lo que han escrito es lo que dirían en persona si estuvieran presentes. ¡Cuidado con el hermano que hable mal de los comentarios y otros libros no inspirados, como si él se apegara solamente a la Biblia! Cuando él habla palabras, no citando la Biblia misma, está hablando palabras tampoco inspiradas. Las palabras, que salgan en forma *verbal* o en forma *escrita* (2 Tes. 2:15), expresan la misma enseñanza. Cuando él hace sus comentarios en viva voz, y cuando otra persona los hace en sus escritos, los dos están hablando palabras no inspiradas. El caso es que los dos hablen "conforme a las palabras de Dios" (1 Ped. 4:11). Pero hay hermanos que no estudian, y para justificarse salen con eso de no hacer caso de los escritos no inspirados de otros.

* * *

195. ¿ES ETERNA LA TIERRA?

"El Salmo 148:5,6 dice, 'Los hizo ser eternamente y para siempre'. Es el pasaje que pudieran usar o usan los Russellistas para afirmar que la tierra no será quemada. Si por favor me ayudara a explicar qué es lo que el salmista está diciendo al hablar de esto".

—

1. Se hace referencia a la perpetuidad de la ley que Dios puso sobre el mundo de su creación, y ella continuará "eternamente y para siempre", en el sentido de hasta el fin del tiempo; o sea, por toda la duración que Dios tenga para él.

2. El pasaje no dice que esta misma tierra física ha de durar eternamente, en el sentido de nunca tener fin. Los Salmos mismos dicen que la tierra perecerá (102:25-28; Heb. 1:10-12).

3. El apóstol inspirado dice, respecto a la duración de la tierra, que "la tierra y las obras que en ella hay serán quemadas" (2 Ped. 3:10).

4. La frase "eternamente y para siempre", según el texto original, se aplica en las Escrituras a cosas y a situaciones que admitidamente tendrán su fin, aunque durarán "para siempre" dentro del contexto de su existencia según los planes de Dios. Considérense: Sal. 21:4 (¿dio Dios a David el rey una eternidad a la largura de sus días sobre la tierra? ¿Vive David hasta la fecha?); 119:44 (¿está guardando David la ley de Dios hasta el día de hoy?); Jer. 7:7; 25:5 (¿prometió Dios a los judíos que morarían en Palestina hasta la fecha, y sin haber tiempo en que pondría fin a la ley de Moisés?).

5. El falso maestro ignorar la manera de las Escrituras de usar ciertas frases, y da interpretaciones que hacen que las Escrituras se contradigan, todo para sostener una doctrina falsa de él.

* * *

196. SEGUNDAS NUPCIAS SIN EL DIVORCIO.

"En el mundo una persona se casó, encontró a su mujer con otro y la dejó, se casó con otra y ahora ha obedecido y se ha bautizado para el perdón de sus pecados. El caso es que él ha pedido el divorcio con la que fornicó, pero ella aunque está casada no da el divorcio. Yo le he dicho que él debe casarse por lo civil con la que ahora vive, aunque la otra no quiera darle el divorcio, pero ya delante de Dios no son esposos. Mi pregunta es: ¿Puede casarse por lo civil con la que ahora vive sin tener el divorcio de la otra?"

—

1. Yo no voy a juzgar los méritos de este caso, porque no tengo suficiente información para hacerlo. Yo tendría que hacer algunas preguntas al que ahora ha sido bautizado en Cristo, y según él me las contestara comprendería yo mejor su situación en vista de la enseñanza bíblica sobre el matrimonio, el divorcio, y las segundas nupcias.

2. Usted me dice que el señor se casó con una mujer, y que después le encontró con otro hombre. Yo no voy a suponer que ella y él fornicaron. Estar con otro hombre no es fornicar. ¿Fornicaron, o no?

3. Dice que él la dejó. Eso no me dice mucho.

Dice Jesús que "el que repudia a su mujer, por causa de fornicación, y se casa con otra" (Mat. 19:9). ¿Es lo que pasó en este caso, o no? "Dejarla" no es necesariamente divorciarla, o repudiarla. ¿Hizo lo que Jesús nos dice, o no? ¡Allí está el caso!

4. Me dice, "se casó con otra". ¿Tuvo, o no, relaciones sexuales entre el "dejarla" y el "casarse con otra"? Eso tiene mucho que ver.

5. ¿Por qué no se casó por lo civil cuando se casó con la segunda mujer? Si no estuvo divorciado de la primera, ¿se casó, cometiendo la bigamia?

6. Toda la cosa tiene que ver con haber cumplido con la voluntad de Cristo, y no simplemente con ciertos tecnicismos. Yo puedo decir a cualquier persona lo que las Escrituras dicen respecto al matrimonio, el divorcio, y las segundas nupcias, pero solamente la persona involucrada puede decidir si ha hecho la voluntad de Señor en su propio caso. No es cuestión de satisfacer a los hombres con lo que la persona haya hecho o entendido, sino de estar bien con Dios, habiendo hecho su voluntad.

7. Una vez que enseño a la persona la voluntad de Dios sobre el tema, acepto la palabra de ella con respecto a haber cumplido con esa voluntad, a menos que me es obvio por las circunstancias y las palabras de la persona que no lo hecho.

* * *

197. LA DISTINCION EVANGELIO / DOCTRINA

"¿Es todo el Nuevo Testamento el evangelio, o lo es solamente la muerte, sepultura, y resurrección de Jesucristo (1 Cor. 15:1-4)?"

—

1. Comenzando en la década de los cincuenta, el hno. Carl Kercherside comenzó a empujar la creencia de que los términos "evangelio" y "doctrina" son mutuamente exclusivos; es decir, que hay enseñanza en el Nuevo Testamento que encierra el evangelio, y que lo demás tiene que ver con la doctrina. Con esta posición el hermano y sus seguidores han tratado de engrandecer el círculo de comunión con hermanos liberales, premilenialistas, y también con los más conservadores de entre la Iglesia Cristiana. (Hoy en día hay quienes extienden la comunión hasta a los denominacionalistas).

Se afirma que todo el mundo que crea el evangelio debe ser comulgado, y que a la vez puede haber diversidad de creencia en la doctrina. Se habla mucho acerca de "la unidad en la diversidad".

Se emplea el pasaje, 1 Cor. 15:1-4, mayormente la Nueva Versión Internacional, que en el v. 3 dice, "os transmití a vosotros *como algo de mayor importancia"*, y luego pasan a mencionar solamente *tres* puntos: la muerte, la sepultura, y la resurrección de Jesucristo. Para ellos el evangelio consiste en la muerte, sepultura, y resurrección de Jesucristo, y afirman que ésta es la base de la comunión. Puede ser comulgada cualquier persona que crea en la muerte, sepultura, y resurrección del Señor.

Se afirma que el "evangelio" *se predica*, y esto solamente a los inconversos, y que la "doctrina" *se enseña*, y esto solamente a los cristianos. Según tales hermanos el evangelio no se enseña, ni la doctrina se predica.

2. En primer lugar la frase adverbial griega, "en protois", significa "primeramente". Pablo habla de lo que primeramente predicó al llegar a Corinto (1 Cor. 2:2; Hech. 18:5-8). (Aunque la frase es capaz de significar la idea de primera importancia, tal traducción no cabe aquí).

3. En los ver. 3-5 aparece el conjuntivo "que", no tres veces, ¡sino cuatro! "que murió", "que fue sepultado", "que resucitó", y "que apareció". Las apariciones de Jesús son parte del evangelio, tanto como las otras tres cosas.

4. Los términos "evangelio" y "doctrina", aunque no tienen el mismo significado en sí, se aplican al mismo cuerpo de enseñanza (como tampoco los términos "obispo" y "anciano" tienen el mismo significado, pero se aplican a los mismos hombres en la iglesia local). ¡No se emplean en el Nuevo Testamento como términos "mutuamente exclusivos"!

5. Hech. 5:28 — Al hablar (predicar) acerca de la muerte (sangre) de Cristo, los apóstoles, **enseñando,** llenaron a Jerusalén de **doctrina.**

6. El evangelio es obedecido, y también es obedecida la doctrina (2 Tes. 1:8; Rom. 6:17).

7. El evangelio es predicado a cristianos (Rom. 1:15) y la doctrina es enseñada a los inconversos (Hech. 5:28).

8. Según Hech. 4, cuando Pedro y Juan predicaban acerca del Señor crucificado y resucitado (v. 10), "hablaban" y "enseñaban en el nombre de Jesús" (v.18-20).

9. Los judaizantes, al traer la doctrina de la necesidad de la circuncisión para que la persona se salve, predicaban otro *evangelio* (2 Cor. 11:4).

10. Hay muchísimos pasajes que destruyen la posición falsa de Ketcherside de que los términos "evangelio (solamente predicado)" y "doctrina (solamente enseñada)" se usan en el Nuevo Testamento mutuamente exclusivos.

11. Todo el cuerpo de la enseñanza en el Nuevo Testamento es el evangelio de Jesucristo. No hay buenas nuevas de salvación, si no hay a la vez información sobre cómo apropiarse esa salvación (las condiciones de salvación), y sobre cómo vivir para mantener esa salvación (como cristianos).

Véase Interrogantes, #**136.**

* * *

198. MATEO 12:40

"Hades significa lugar invisible. No se sabe dónde queda, si es en el cielo o es en la tierra; no se sabe, ¿verdad? Pero ¿por qué dice así estará el hijo del hombre tres días y tres noches en el corazón de la tierra, y la Biblia dice que Jesús fue al Hades?"

—

1. La experiencia de Jonás es figura de lo que pasó a Jesús, hombre. La referencia tiene que ver con la sepultura de Jesús después de su muerte en la cruz. Estuvo en el sepulcro ("en el corazón de la tierra"). El Hades no entra en este punto de Mat. 12:40. Todo cuerpo muerto es sepultado, pero el espíritu de la persona muerta va al Hades. El cuerpo de Jesús fue sepultado en la tierra, y durante esos "tres días y noches" su espíritu estuvo en el Hades (Hech. 2:27,31).

2. Sobre el Hades, véanse Interrogantes #**15, 15b, 155.**

* * *

199. LOS DONES ESPIRITUALES

"¿Todos los dones (1 Cor. 12) se terminaron, o sólo los de profecía, de sanidad, y de milagros? ¿Hoy recibimos dones cada cristiano, y cómo sabemos que tenemos dones, y cómo desarrollar estos dones si los tenemos? ¿Qué diferencia hay entre talento y habilidad?"

—

1. Los nueve dones enumerados en 1 Cor. 12:8-10 todos son espirituales, o milagrosos. Sí, se terminaron (13:8,9), porque ya cumplieron su propósito (Mar. 16:20; Heb. 2:3,4). Como se emplea un andamio en la construcción de un edificio, una vez que se termina la construcción, se quita el andamio.

2. Hoy en día nadie recibe esos dones milagrosos. Tenemos por los dones milagrosos la revelación completa y confirmada del mensaje de Dios en las Sagradas Escrituras. Los que equivocadamente abogan por tales dones hoy en día, por sus hechos y reclamaciones niegan la suficiencia de las Escrituras de Dios.

3. Hay dones ordinarios o naturales en cada persona (1 Cor. 7:7; Rom. 12:8; 1 Ped. 4:10). Cada cristiano debe procurar servir a Dios con toda energía y dedicación, según los dones que tenga.

4. La palabra "talento" en las Escrituras (p. ej., Mat. 25:15) significa el peso antiguo de los griegos; es decir, la cantidad de dinero según un talento de oro o plata. Hoy en día se usa en el significado figurado de habilidad o aptitud para hacer alguna cosa (Mat. 25:15, capacidad; 2 Cor. 8:3, fuerzas).

* * *

200. LAS TRADICIONES ¿BUENAS O MALAS?

"¿Es mala la cosa por ser 'tradicional'? ¿Qué de las tradiciones?"

—

1. No, no es mala la cosa por ser tradicional. Muchos hermanos liberales hoy en día están tratando de meter en el culto y en la obra de la iglesia local prácticas no autorizadas por medio de poner por el suelo a lo que ellos llaman "tradicional", como si la práctica fuera mala por ser tradicional.

2. Por otra parte hay sectarios que tratan de

imponer en otros lo que es puramente tradición humana como si fuera enseñanza bíblica.

3. En el Nuevo Testamento aparece la palabra griega, "paradosis", que se traduce "tradición", o doctrina, y literalmente significa *dar o entregar a otro*. Viene siendo, pues, una enseñanza o doctrina que uno da a otro. El sentido en que se usa, si en sentido bueno o si en malo, depende del contexto. En Mat. 15:3 esa tradición era condenable; en 1 Cor. 11:2 (instrucciones) es encomiable.

4. La palabra griega, "paradosis", aparece en 2 Tes. 2:15 (doctrina); 3:6 (enseñanza). Nótese que en los dos pasajes (como en 1 Cor. 11:2) la fuente de la doctrina es el apóstol Pablo.

5. Lo que determina si una dada tradición es buena o mala es su fuente. Si es de los apóstoles inspirados, es buena; si es del hombre falible, no puede ser promovida como artículo de fe.

* * *

201. DONDE VIVIR LOS SEPARADOS

"Dos personas cristianas ahora reconocen que antes de su bautismo vivían en adulterio. Se han separado para no vivir más como casados. ¿Se les permite ahora seguir viviendo bajo el mismo techo? ¿Puede ella lavarle a él su ropa? ¿No tiene que seguir él cuidando de sus hijos?"

- - -

Respecto al asunto que me trae a la atención:

1. La única cosa en que podemos insistir es que la pareja deje de vivir en adulterio. (En este caso en particular, según usted me escribe, ella ya ha dejado de vivir juntos).

2. En cuanto a dónde vivir ellos, si bajo el mismo techo o no, etcétera, es cuestión de buen juicio y de "procurar lo bueno delante de todos los hombres" (Rom. 12:17), "haciendo las cosas honradamente" (2 Cor. 8:21). Ningún hermano tiene el derecho de imponer su juicio sobre el de la pareja y de los demás hermanos. (Amonestar, sí; pero imponer, no).

3. Las dos personas que antes eran reconocidas como casadas ahora deben ser vistas y conocidas públicamente como dos personas no casadas. ¿Es juicioso y sabio que dos personas solteras vivan solas bajo el mismo techo? ¿Qué diría el mundo si dos jóvenes solteros de la iglesia local vivieran solos bajo el mismo techo? Aunque fueran dos personas más espirituales, ¿qué de la tentación a la cual se podrían someter bajo esas circunstancias?

El simple hecho de vivir bajo el mismo techo no es el caso; el caso consiste en que se deben llevar las cosas honradamente y de buen testimonio de parte de los de afuera.

4. Sí, la mujer puede lavar la ropa del que antes fuera considerado como su esposo (aunque en realidad no lo era), y los dos tienen responsabilidades hacia los hijos que han nacido a consecuencia de esa unión pasada. Ahora el caso es que ellos procuren cumplir con estos deberes de tal manera que los de afuera no tengan nada qué decir en su contra.

5. No entiendo esto de "estar bajo disciplina", si ya dejaron de vivir en el adulterio e hicieron confesión pública de su pecado. Dios los perdonó, y ahora es cuestión de ordenar sus vidas como dos personas no casadas, no dando ocasión al enemigo de sospecharles de cosas malas. Esto se puede arreglar en varias maneras, mientras siempre se llevan a cabo los deberes que resultaron de esa unión ilícita. ¡La **conveniencia** no debe ser el factor primario, sino el buen testimonio de vida delante de los de afuera!

6. Espero que esto le ayude, como también a toda la iglesia, y muy especialmente a los dos que han dejado el adulterio.

* * *

202. EL INSTITUCIONALISMO

"¿Conoce usted, o tiene algún antecedente sobre Drawer W. Wichita Falls, TX 76308-0095?"

- - -

1. Sobre la empresa en Wichita Falls, TX, (Western Christian Foundation, Spanish Literature Ministry), con la dirección dada arriba, es que hay algunos hermanos liberales que han formado esa empresa para imprimir y distribuir literatura sobre el evangelio. Está bien que los hermanos (o quienquiera) hagan tal cosa, pero el mal consiste en que esta institución humana solicite y reciba dinero de iglesias de Cristo (una institución divina). Las iglesias del Señor no deben donar dinero a ninguna clase de institución humana. Ellas, por ser del Señor, no deben depender de ninguna institución humana, entregándole dinero para que ella haga la obra que el Señor ha entregado a ellas.

2. Es que los hermanos liberales establecen sus propias empresas e instituciones (orfanatos, editoriales, escuelas, etcétera) y luego piden dinero a las iglesias locales para pagar los gastos de ellas. Esto es *institucionalismo*. Ahora, en este caso de la casa de publicaciones, en Wichita Falls, Texas, lo que publican los hermanos es en gran parte enseñanza correcta y por eso útil. Yo puedo comprarles materiales, como a cualquier negocio de venta, pero no puedo donarles dinero sin participar en sus malas obras. Tampoco deben hacerlo las iglesias locales.

* * *

203. EL JUICIO FINAL, ¿CUANDO?

"El explica que en el juicio final solamente las naciones paganas estarán; que solamente los pecadores de las naciones que hayan quedado vivos comparecerán ante el tribunal de Cristo. Enseña que una vez que uno llegue al lugar de tormento o al lugar de consolación en el Hades es porque ya fue juzgado y no tiene ya más que estar en ningún juicio. Cita 2 Tim. 4:7, y cree que Pablo recibió su corona de justicia por el hecho de estar en el lugar llamado Hades. Cita también el caso de los que perecieron en el diluvio, y que toda esa gente que pereció ya fue juzgada, y que por eso el cristiano fiel o infiel cuando muere es juzgado".

1. Mateo 25:31-46. El hno. _____ ignora por completo que en la segunda venida de Cristo va a haber, como dice este pasaje, un juicio de todas las naciones, y no de solamente los pecadores. A algunos dirá Cristo las palabras del ver. 34 (éstos ciertamente no son pecadores), y a los otros las palabras del 41. Luego, véase el ver. 46. El ignora la enseñanza clara de Hech. 24:15.

2. Sobre 2 Tim. 4:8, _____ ignora lo que dice Pablo, "en aquel día", no solamente con referencia a sí mismo (según_____), sino también a "todos los que aman su venida". "Aquel día" es cuando Cristo volverá "por segunda vez" para salvar a los que le esperan (Heb. 9:28).

3. En cuanto al Hades, sí el cristiano fiel "descansa de sus obras" en el Hades (Lucas 16:23,24; Apoc. 14:13), pero el Hades es un lugar temporáneo, entre la muerte y el Juicio Final, y el Hades en el día final va a ser destruido (Apoc. 20:13,14).

4. Sí, muchos perecieron físicamente cuando fueron ahogados en el diluvio en el tiempo de Noé, pero los muertos van a ser juzgados (Hech. 24:15; Apoc. 20:13). Va a haber una segunda muerte, y no solamente una sola, la física (Apoc. 2:11).

5. La autonomía de la iglesia local no entra en la cuestión de informarse hermanos, unos con otros, para entender bien la Palabra de Dios (Hech. 15:2,22-32).

* * *

204. EL TRABAJO DEL EVANGELISTA

"¿Qué es el trabajo del evangelista? ¿Cuándo comienza? ¿Cuándo termina? ¿Qué función cumple cuando están los ancianos? ¿Qué función cumple localmente cuando no están los ancianos?"

- - -

1. El trabajo del evangelista: Pablo toca esta cuestión en sus dos cartas a Timoteo y en la a Tito. Conviene a todo evangelista (como a todo cristiano) leer estas cartas con frecuencia.

2. 2 Tim. 4:5 dice, "Pero tú ... haz obra de evangelista". De mi comentario, NOTAS SOBRE 2 TIMOTEO cito las palabras siguientes:

"haz obra de evangelista". El sustantivo griego para decir *evangelista* se emplea en Hech. 21:8 y en Efes. 4:11. La palabra radicalmente significa uno que anuncia buenas nuevas. En este sentido Pablo era evangelista (1 Cor. 1:17, "a predicar el evangelio"; en griego una sola palabra: "evangelizar"). Felipe también era evangelista (Hech. 8:12, griego, "evangelizando"; ver. 35, griego, "le evangelizó").

Notemos algunas observaciones generales sobre "evangelista":

1. Timoteo era evangelista. ¡No era "pastor", ni "obispo"! Varios comentaristas de entre los sectarios se refieren a él como tal, pero nada más están reflejando su concepto totalmente sectario de las palabras "pastor" y "obispo". Según las Escrituras, el término "pastor" se refiere al anciano, u obispo, en la iglesia local. Ahora, si en un dado caso el evangelista (predicador) no es a la vez obispo en la iglesia local, ¡no es pastor!

2. Sobre la obra de evangelista, véanse los comentarios dados arriba en el ver. 2 sobre la distinción artificial que algunos hermanos liberales hacen para promover la comunión con los sectarios. Timoteo era evangelista, pero su *obra como tal* requería que hiciera más que sencillamente anunciar los principios del evangelio a inconversos. Parte de ella consistía en redargüir, reprender, y exhortar con doctrina, y esto a hermanos en la fe. La obra de evangelista no puede ser limitada a la de predicar a inconversos. El evangelista también *enseña doctrina a los cristianos.*

3. "La supervisión evangelística", o "el control evangelístico", es una doctrina que afirma que el evangelista tiene control de la congregación hasta que se nombren en ella ancianos (u obispos, o pastores). Es una doctrina falsa. Véase **Notas Sobre Tito**, 1:5, comentarios. El evangelista tiene una obra, no un control dictatorial. En las congregaciones donde todavía no se ha podido nombrar ancianos, el evangelista es miembro entre miembros. Se supone que tiene más experiencia, mayormente en la Palabra, y por eso su juicio en ciertos asuntos puede tener mucho valor, pero no es el mandamás en la iglesia local".
—fin de la cita—

3. "¿Cuándo comienza? ¿Cuándo termina?" No sé qué en particular tenga en mente el que hace la pregunta.

Comienza cuando comienza a dedicar su vida a predicar el evangelio y termina cuando deja de hacerlo, o cuando muere.

4. "¿Qué función cumple cuando están los ancianos?" Que haya o no ancianos en la iglesia local no tiene nada que ver. La obra del evangelista es la de predicar la palabra (2 Tim. 4:2). No es ser "líder", no es ser "supervisor", no es ser "pastor", no es ser "director". ¡El es **evangelista**! Predica. Es otro miembro en la iglesia local. No tiene mando.

5. "¿Qué función cumple localmente cuando no están los ancianos?" Cumple la misma que cuando hay ancianos en la iglesia local. Predica la palabra. Ahora, es miembro entre otros miembros, y si no hay ancianos en la iglesia local, él tiene que tomar una parte responsable en la obra local, participando con "voz y voto" juntamente con los demás varones fieles de la congregación. Por ser de más experiencia que otros es justo que se considere mucho su juicio en ciertos asuntos, pero las decisiones deben ser hechas, no por él solo, sino por los varones en conjunto.

Véanse Interrogantes 113, 125, 186

* * *

205. MATEO 11:2,3, LA PREGUNTA DE JUAN EL BAUTISTA

"¿Por qué Juan mandó a pregunta a Jesús en Mat. 11:2,3 si era el que venía si le bautizó?"

- - -

1. Juan bautizó a Jesús y sabía que era el Cristo (Jn. 1:33,34).

2. Sabía que bautizaría en agua y en fuego, que haría obra de gracia como también de juicio de condenación. (Mat. 3:11,12).

3. Ahora, encarcelado, oía acerca de ciertas obras de Jesús, pero no había habido nada de juicio de condenación, y estando él inactivo por estar encarcelado, parece que tenía algo de dudas. Por eso envió a preguntar. No le había sido revelado cuánto tiempo habría entre la obra de gracia y la de juicio, de parte de Jesucristo.

4. No, no era incrédulo, en el sentido de no creer en Jesucristo. Si no hubiera creído en él, no le habría hecho tal pregunta.

5. La respuesta de Jesús fue por medio de lo implicado en Mat. 11:4-6. No contestó con un sí o un no, sino con palabras que implicaban una respuesta de sí.

6. Luego pasó Jesús a alabar a Juan (ver. 7-10). Esto prueba que Juan no eran un "incrédulo".

* * *

206. ¿ACEPCIÓN DE PERSONAS DE PARTE DE JESÚS?

"¿Qué tenían Pedro, Jacobo y Juan que casi siempre iban a todas partes con Jesús? ¿Acaso Jesús hacía acepción de personas? (Mat. 17:1; Mar. 5:37)"

- - -

1. Hay otra ocasión de esto en Mat. 26:36,37.

2. La Ley de Moisés requería el testimonio de dos o de tres testigos para establecer la veracidad de algo. Tal vez por esto Jesús llevó consigo a tantas personas en estas tres ocasiones.

3. Estos tres constituyeron un círculo íntimo en las actividades de Jesús, pero no sabemos por qué éstos, y no otros.

4. Dios no hace acepción de personas (Deut. 10:17; 2 Crón. 19:7; Hech. 10:34; Rom. 2:11; Gál. 2:6; Efes. 6:9; Col. 3:25; 1 Ped. 1:17).

* * *

207. EL CÓNYUGE INFIEL

"¿Cómo queda ante los ojos de Dios el caso de un matrimonio en el que uno de los dos acepta seguir unido a su cónyuge, sabiendo que éste le es infiel?"

- - -

1. La Palabra de Cristo permite al inocente divorciarse del cónyuge adúltero (Mat. 19:9), pero en ninguna parte *manda* que en todo caso de adulterio el inocente se divorcie del culpable.

2. Desde luego el inocente no va a aprobar la infidelidad del culpable, sino reprenderle.

3. Hay mucho caso de injusticias que el cristiano inocente sufre en esta vida. En el caso de fornicación, se le permite al inocente divorciarse del culpable, pero no se le manda que lo haga.

* * *

208. MATEO 12:31,32.

"Debatiendo con un Testigo de Jehová sobre la deidad de Jesús, él me decía que el Padre y el Hijo y el Espíritu Santo no son iguales, porque según Mateo 12:31,32 uno es perdonable y el otro imperdonable. Ayúdeme a entender este texto, y me explique el ver. 27".

—

1. Los tres no son iguales en persona, pero sí en propósito y naturaleza. Constituyen la Deidad o la Divinidad (Hech. 17:29; Rom. 1:20; Col. 2:9).

2. Considerando el contexto (ver. 22-37), vemos que los Fariseos atribuyeron a Beelzebú (un nombre dado por los judíos a Satanás) el poder que empleaba Jesús para echar fuera demonios, siendo en realidad poder del Espíritu Santo.

3. Al pecar el hombre contra Jesús, como contra "el Hijo del hombre" (ver. 32), término que enfatiza la humanidad de Cristo, él peca como contra alguna persona humana, y al ver su pecado, puede arrepentirse y hallar perdón. Pero, cuando la persona atribuye a Satanás la obra que hace el mismo Espíritu Santo, no va a acepta los términos de perdón que el Espíritu Santo revela en el evangelio de Cristo, y por eso no se arrepentirá, y nunca recibirá el perdón de sus pecados.

4. Sobre el ver. 27, el argumento es éste: "ustedes los fariseos reclaman que personas asociadas con ustedes ("vuestros hijos") echan fuera demonios, pero sin atribuir ese poder a Satanás. Se condenan a sí mismos, pues, al afirmar que yo lo hago por Satanás, porque si tal obra es hecha por Satanás, sus socios también están mal".

* * *

209. HECH. 16:3, LA CIRCUNCISIÓN DE TIMOTEO

"Según Hech. 16:3, Timoteo fue circuncidado por causa de los judíos. ¿Esto significaría que Timoteo tenía que mostrárselo a los judíos, o solamente era por motivos de su conciencia?

- - -

1. Convino que Timoteo fuera circuncidado para que pudiera tener entrada entre los judíos inconversos para predicarles el evangelio. Las circunstancias locales lo demandaban (ver. 3). No fue asunto de mostrarse a otros, ni de la conciencia de Timoteo. Fue cosa de conveniencia para que el evangelio tuviera entrada entre los judíos inconversos.

2. El ser cristiano no obligó al judío que dejara de circuncidar a sus hijos, como tampoco que forzosamente comiera carne de puerco, etcétera. Véanse Hech. 21:20-25; 1 Cor. 9:19-23.

* * *

210. BAUTIZAR A NO CASADOS

"Hay una pareja que los dos no son casados y ambos viven, pero alguien los conoce, les habla del plan de salvación, éstos aceptan y se bautizan. Son cristianos. ¿Es válido su bautismo? ¿Tenía que bautizarlos bajo compromiso?"

- - -

1. Al decir usted, "pareja", entiendo que las dos personas viven como esposos.

2. Por no haberme dado algunos detalles con respecto a esta pareja, me obligo a suponer varios factores.

3. Si dos personas, sin matrimonios previos, comienzan a vivir juntos como esposos, pero sin haber registrado su matrimonio, deben cumplir con la ley y casarse legalmente (si la ley demanda esto; si no, es cuestión de conveniencia).

4. Como pecadores del mundo, al oír el evangelio, si obedecen al evangelio, siendo bautizados para perdón de sus pecados, ya son cristianos. Si no sabían antes de la voluntad de Dios sobre el obedecer las leyes del país (Rom. 13:1-5), ahora, si es ley que todo matrimonio se registre, deben registrar su matrimonio, y seguir en la fidelidad de su matrimonio como antes lo hacían.

5. Si el uno, o el otro, no tenía derecho a matrimonio, por haber violado la ley de Dios sobre el matrimonio, entonces el bautismo no le va a ayudar en nada. Debe separarse de esa persona a la cual nunca tenía derecho. Si lo hace, y luego es bautizado, entonces ahora tiene el perdón de sus pecados, pero no tiene derecho a segundas nupcias. Llega a ser cristiano.

6. La persona inocente, en cuanto a previos matrimonios, debe dejar a esa persona, para no seguir en el adulterio con ella, y luego ser bautizada para el perdón de sus pecados pasados. Ahora es cristiano.

* * *

211. HECH. 8:26-40, EL EUNUCO ETIOPE

"Mi pregunta es: ¿la condición de este hombre es la de un gentil que ha vivido una vida de fornicación y deliberada sin un conocimiento de Dios y de Cristo? ¿Usted cree que con la premura con que este fue bautizado se puede con un latino que no ha conocido a Dios?"

—

1. Ya que la conversión de Cornelio (dos capítulos más tarde) es la primera de una persona gentil (o sea, no judía), es evidente que este etíope era o judío o prosélito.

2. Ya conocía a Dios (aunque no a Jesucristo), y habido ido a Jerusalén a adorar a Dios según la ley de Moisés.

3. El oyó el evangelio y lo obedeció, y Dios le salvó.

4. Un solo sermón, como fue el caso en otras conversiones registradas en Hechos, bastó para su conversión.

5. Cualquier persona, latina o no, si es de "corazón bueno y recto"(Luc. 8:15), al oír el evangelio una sola vez (no es cuestión de "premura"), puede obedecer al evangelio y ser salva. Esto incluye a ateos o a politeístas (Hech. 18:8; 1 Cor. 6:9-11). Claro es que las Escrituras no especifican cierto número de veces que se requiera que la persona oiga el evangelio predicado para que pueda obedecerlo.

* * *

212. HECH. 3:19,20

"¿Es que primero se arrepintieron esas personas (efectuaron un cambio de mente o corazón), luego se convirtieron (teniendo sus pecados borrados y siendo justificados y reconciliados con Dios)?"

—

1. El pasaje es paralelo a Hech. 2:38. Los dos pasajes enseñan la misma cosa, el mismo plan de salvación. El mismo Espíritu Santo inspiró al apóstol Pedro a enseñar la misma cosa en toda ocasión. Hay un solo plan de salvación (Gál. 1:8,9).

2. En los dos pasajes se manda que la persona se arrepienta. Esto sí es cambiar la manera de pensar.

3. Convertirse, en 3:19, corresponde a bautizarse, en 2:38. Ser borrados los pecados, en 3:19, corresponde al perdón de los pecados, en 2:38. El venir de la presencia del Señor tiempos de refrigerio, 3:19, corresponde a recibir el don del Espíritu Santo, en 2:38.

El bautismo es el acto inherente en el mandamiento de "convertirse", según el uso novotestamentario de la palabra en este contexto.

* * *

213. EPÍSTOLAS NO EXISTENTES

"¿Existen o no cartas o epístolas de los demás apóstoles? Si existen, ¿por qué no se registraron?

- - -

1. Hay referencias en el Nuevo Testamento a algunas cartas que ya no existen (1 Cor. 5:9; Col. 4:16).

2. Es evidente que **en la providencia** de Dios esas cartas no habían de ser parte del canon del Nuevo Testamento. Dios sabe por qué fue así. Tal vez no contenían información adicional a lo que las 27 cartas del Nuevo Testamento contienen. Lo que tenemos es lo que nos basta. Dios todo lo controla.

* * *

214. PREDICACIÓN Y ÁGAPE

"Referente al 31 de diciembre, ¿se puede hacer una reunión para la predicación de la palabra de Dios, y posteriormente pasar a un convivio (ágape)? ¿Puede una iglesia de Cristo hacer esto?

- - -

1. La iglesia local puede hacer una reunión para la predicación de la palabra de Dios en cualquier día del año.

2. Sobre la frase, "posteriormente pasar a un convivio (ágape)", pregunto: ¿pasar a dónde? Dicen las Escrituras que tenemos casas en que comer y beber (1 Cor. 11:22,34; Hech. 2:46). Si la congregación pasa a alguna casa para su convivio, proporcionando la comida las personas mismas, y no la iglesia, está bien.

3. Si en el local, o edificio, la iglesia pasa del lugar de la asamblea a un comedor proporcionado por la iglesia para actividades puramente sociales, hace algo que las Escrituras no autorizan.

215. EL NIÑO QUE NACE, ¿ES HIJO DE DIOS, O CRIATURA?

"Hay una pareja de cristianos y les viene un hijo. ¿Es este niño hijo de Dios, o criatura?"

- - -

1. El término, "hijo de Dios", se refiere a un pecador perdido que ha llegado a ser salvo por la sangre de Cristo, y ahora está en comunión con Dios como parte de su familia.

2. El niño que acaba de nacer entra en este mundo sin pecado. Por eso no está perdido; no necesita de salvación o de reconciliación con Dios. Por eso las Escrituras, al decir "hijo de Dios", no hace referencia a él.

3. El término "criatura" se emplea en español para indicar, entre otras cosas, un niño recién nacido. En este sentido el niño de la pareja cristiano es una criatura.

4. La palabra griega, BREPHOS, se emplea en Luc. 1:41,44 (criatura) para referirse a un niño todavía no nacido; en Luc. 2:12; 18:15; 2 Tim. 3:15 (niño) para referirse a un niño de edad.

5. El hijo de una pareja en que uno es cristiano, y el otro, no, siempre es hijo santo, y no inmundo, *en el sentido* de que Dios reconoce el matrimonio de esos dos, y por eso sus hijos son legítimos. Véase 1 Cor. 7:14. (En este caso la palabra "santo" no quiere decir "cristiano" o "hijo de Dios").

* * *

216. NO ASISTIR TODOS LOS SER-VICIOS

"¿Puede el Espíritu Santo morar en un cristiano cuando no se congrega, a sabiendas que la iglesia se reúne de 3 a 4 veces en la semana para edificación de sus miembros en la palabra de Dios, y éste sólo llega los domingos?"

- - -

1. El Espíritu Santo mora en el cristiano fiel, porque éste sigue las instrucciones del Espíritu Santo (Rom. 8:14).

2. El Nuevo Testamento, inspirado por el Espíritu Santo, nos enseña que la unidad de acción es la iglesia local (Rom. 16:16; Fil. 1:1; 1 Cor. 1:2; etc.).

3. Cada cristiano procura hacerse miembro del alguna iglesia local, para trabajar con sentido de responsabilidad mutuamente con los demás miembros de ella (Hech. 9:26-30; 18:27).

4. Una iglesia local, pues, ejemplifica **acuerdo mutuo**. Si el acuerdo de cierta iglesia local es de reunirse tres veces, o cuatro, cada semana, en ciertos días y a ciertas horas, todo miembro de ese acuerdo va a hacer lo posible por estar presente.

Claro es que habrá veces cuando un dado miembro no podrá estar presente, sea en domingo, o en algún día de entre semana, debido a enfermedades, a horas de trabajo, u a otras circunstancias fuera de su control.

Ahora, si cierta persona rehúsa asistir algunos de los servicios regulares de la iglesia local, solamente porque no quiere hacerlo, es miembro rebelde, porque se hizo miembro de cierto acuerdo y ahora no cumple con él. ¡Seguramente en esta persona no mora el Espíritu Santo!

* * *

217. ¿CUANDO NACIÓ JESÚS?

"Mat. 2:1 nos dice que el nacimiento de Jesús fue en los días del rey Herodes, y Luc. 2:2 nos dice que fue en los días de Cirenio. ¿No hay discrepancias en cuanto a fecha?"

- - -

1. No, no hay discrepancia alguna.

2. Los dos pasajes declaran ciertos hechos. Mateo registra la verdad de que el nacimiento de Jesús fue en el tiempo del Rey Herodes, rey sobre Judea, pero bajo el dominio romano. Lucas registra la verdad de que el nacimiento de Jesús fue en el tiempo de Cirenio, gobernador de Siria, quien mandó hacerse el censo en ese tiempo.

* * *

218. HECH. 19:18, ¿CUAL CONFESIÓN?

"Hech. 19:18. ¿Esta confesión fue en el momento de obedecer, o después, o sea ya siendo cristianos?"

- - -

1. La confesión que el pecador arrepentido hace, antes de ser bautizado, es la de que cree que Jesús es el Hijo de Dios (Hech. 8:37).

2. La confesión de Hech. 19:18 tuvo que ver con admitir públicamente que antes los ahora creyentes habían andado en el engaño y la mentira. Confesaron sus secretos que antes habían empleado para engañar. Compárese Mat. 3:6.

3. La confesión de fe en Jesucristo, hecha por la persona antes de ser bautizada, la sigue confesando en su vida de cristiana (Mat. 10:32,33; 1 Tim. 6:13; 1 Jn. 4:2, acción continua).

4. La confesión de pecados el cristiano la sigue haciendo cuando peca (públicamente) (Sant. 5:16).

* * *

219. CONSOLAR A LOS FAMILIARES

"¿Es recomendable predicar un sermón en el hogar de una hermana, que su hijo se ahogó siendo él impío? ¿De qué manera podríamos consolar a los familiares?"

- - -

1. Siempre conviene predicar la palabra (2 Tim. 4:2).

2. Consolar es una cosa; cambiar el destino eterno de un difunto es otra cosa.

3. Hay que predicar a los vivos, diciéndoles que obedezcan al evangelio para ser salvos (Mar. 16:15,16; Luc. 24:47). El destino del impío está sellado en el momento de su muerte, y no se puede decir nada para cambiar eso (Luc. 16:19-31). Lo inesperado de la muerte subraya la necesidad de

que todo el mundo obedezca al evangelio sin demora. El hijo que se ahogó encontró la muerte sin esperarla.

4. La consolación viene de Dios por su palabra (Job 15:11; Sant. 5:11; 1 Tes. 4:18). Nuestra presencia con los sobrevivientes del difunto consuela. Nuestro interés genuino en los familiares consuela. Consuelan nuestras oraciones para con el cristiano que pierde un ser amado.

Pero la paz con Dios, que es lo que vale, viene solamente a la persona que se encuentra en Cristo (Rom. 5:1). Si los familiares en este caso son inconversos, se les debe predicar las buenas nuevas de Cristo, porque de otra manera no va a haber ninguna consolación que valga.

5. La hermana en la fe, en la tristeza de la pérdida de su hijo, debe cumplir con Fil. 4:6 para hallar la paz de Dios (ver. 7).

* * *

220. ASPECTOS GRAMATICALES

"A menudo leo y escucho que tales palabras o frases están en nominativo, acusativo, dativo, genitivo, etc. ¿Qué están indicando estas palabras? ¿Cómo saber que tales palabras están en nominativo, acusativo, etc. Favor de ilustrármelo con versículos o palabras bíblicas".

- - -

1. Las palabras arriba (nominativo, etc.) representan diferentes casos en la oración. El caso nominativo designa el sujeto de la frase; el genitivo designa posesión o propiedad; el dativo, el caso que indica atribución o destinación (en español para esto se usan la preposiciones "a", y "para"); el acusativo indica el complemento directo.

2. El griego es una lengua declinable; es decir, los sustantivos tienen diferentes casos y esto es indicado por medio de diferentes terminaciones.

3. En los comentarios sobre diferentes pasajes a veces conviene comentar sobre el caso del sustantivo (que es nominativo, genitivo, etc.) para aclarar cierto punto, o probar falsa a cierta reclamación que alguno haya hecho con respecto al pasaje.

4. Para entender el uso y los nombres de los diferentes casos es necesario que la persona estudie la gramática.

5. Todo el mundo al hablar hace uso de las diferentes partes de la oración, aunque no sepa en un dado caso cómo se llamen. En la frase "casa grande", la palabra "grande" se llama adjetivo, porque describe al sustantivo "casa". Pero todo el mundo puede decir "casa grande" sin saber que la palabra "grande" es adjetiva.

* * *

221. HERMANOS FIELES O LIBERALES

"DeWayne Shappley de Alamo, Larry White, Harris Lee Goodwin, Joe Lee, Jerry Hill, Dryden Sinclair. Hermano, tengo duda acerca de ellos. ¿Fueron hermanos fieles algún tiempo? ¿Son hermanos fieles hoy en día?"

- - -

1. De los mencionados conozco en persona solamente a los hnos. Shappley (él no se apellida, "de Alamo"), Goodwin, y Sinclair. Al hno. White le escribí una vez, pero no me contestó. Nunca conocí a los otros dos, aunque sí sé quiénes son.

2. El hno. Goodwin y su servidor nos conocimos en el año 1943, y trabajamos en el evangelio en comunión por varios años. Cuando en la década de los cincuenta surgió la controversia sobre la centralización (involucrada en ella la llamada "iglesia patrocinadora") y el institucionalismo, el hno. Goodwin optó por ir en el camino de los hermanos liberales. Antes de la división, que surgió a consecuencia de la introducción de las mencionadas prácticas no bíblicas, no había hermanos "antis" y "liberales" (en el contexto de la centralización y el institucionalismo).

3. El hno. Shappley y su servidor tuvimos un debate público sobre estas cuestiones en Puerto Rico, en diciembre de 1982. En ese debate argumentó que hay dos organizaciones divinas, la iglesia de Cristo, y otra, la cual nunca la nombró, pero argumentó que sí existe. Para él es cualquier grupo de predicadores que planee un proyecto "iglesia de Cristo", y que luego espera que las iglesias locales lo sostengan con fondos de las colectas de cada domingo.

Ese fue mi primer contacto personal con el hermano, y el último. El lector puede consultar mi obra titulada, REPASOS III, pues en ella hay material sobre algunos de los argumentos del hno. Shappley, y mis refutaciones de ellos.

El hermano, aunque no tan liberal (pues es término relativo) como algunos otros, sí defiende la práctica no bíblica de la centralización y el institucionalismo.

4. Hace varios años que en una ocasión estuve presente en una congregación en Barquisimeto, Lara, Venezuela, y oí hablar al hno. Sinclair. (Después en el viaje de regresó a los EE.UU., vi. al hermano en el mismo avión en que yo iba). Es la única vez en que he estado en la presencia del hermano.

El hno. Sinclair, en el contexto de la controversia sobre la centralización y el institucionalismo, es liberal.

5. Los otros dos hermanos, Jerry Hill y Joe Lee, también se asociaron con los hermanos liberales, y no con los fieles (los conservadores, llamados "antis" por ellos).

* * *

222. PAROUSIA: ¿PRESENCIA O VENIDA?

"Hay quienes afirman que la palabra griega, PAROUSIA, significa, no venida, sino presencia. La Versión Nuevo Mundo, de los Testigos de Jehová, no la traduce "venida", sino "presencia". La Versión Valera 1960 a veces la traduce "presencia", y a veces "venida". ¿Cuál es la traducción correcta?"

—

1. Según el Sr. Thayer, la palabra PAROUSIA tiene dos definiciones: 1. presencia (y da como ejemplos: 1 Cor. 16:17; 2 Cor. 10:12; y dice que es el opuesto de ausencia, Fil. 2:12). 2. la presencia de uno que viene; por consiguiente, venida, llegada, advenimiento. Entre otros varios ejemplos da estos pasajes: Mat. 24:3; 1 Tes. 3:13; 4:15; 2 Cor. 7:6 y siguiente; 2 Tes. 2:9; Sant. 5:7 y siguiente.

2. Los que niegan alguna venida de Cristo en el futuro no emplean la palabra "venida", sino "presencia". ¡No les conviene! No son honestos con la traducción correcta de la palabra. El contexto determinan cuál de las dos palabras es la más indicada en un dado caso. Por ejemplo, 2 Ped. 3:4 y 1 Juan 2:28 obviamente hablan de un advenimiento, no de una presencia como ya cosa vieja de antes.

* * *

223. EL NOVIAZGO

"Hoy los jóvenes dicen que el noviazgo es para conocerse. ¿Es eso lo que se conoce como noviazgo en José y María? ¿Es bíblico el noviazgo? ¿Cuándo tuvo su inicio?"

- - -

1. La palabra "noviazgo" se emplea hoy en día para indicar el tiempo en que dos personas van conociéndose bien como novios. Es un período en que los dos se observan, en cuanto a sus caracteres, intereses y maneras de hacer. Salen juntos en diversas actividades sociales. Se visitan y se comunican frecuentemente, porque tienen mutuamente la meta de conocerse mejor para decidir sobre un posible matrimonio. Es una cosa más natural, y que data desde el principio del tiempo.

2. Ahora, las costumbres y límites, si algunos, que gobiernan el noviazgo se varían según las culturas que ha habido. La Biblia no establece costumbres locales, sino enseña los principios de vida que agradan a Dios y que por eso son buenos para todo hombre. Claro es que el cristiano va a seguir esos principios de vida en su relación de novio con otra persona, no importando la cultura en que se encuentre. La cultura no va a ser su dios, sino ¡Jehová va a ser Dios!

3. La palabra "conocer" tiene varios sentidos, y por eso son varias las aplicaciones que se hacen con dicha palabra. Puede significar tener conocimiento sexual de alguna persona. Se emplea en este sentido en Mat. 1:25 y Luc. 1:34 (como también en Gén. 4:1,17; 19:8; 1 Sam. 1:19; etc.). Desde luego José y María andaban desposados (Mat. 1:18), pero José no tuvo conocimiento carnal de María antes del nacimiento de Jesús.

4. En aquel tiempo los desposorios se consideraban tan firmes como el mismo matrimonio, disuelto solamente por el divorcio (compárense Exodo 21:8; Deut. 22:23,24 —"desposada ... mujer"; en sentido figurado, véanse Óseas 2:19,20; 2 Cor. 11:2).

* * *

224. JEREMÍAS 17:5; 9:4

"Jeremías 17:5, ¿en qué forma es maldito el hombre que confía en el hombre? Jeremías 9:4, ¿en qué forma no podemos confiar en los hermanos?"

- - -

1. No hemos de leer pasajes de la Biblia como si fueran nada más dichos sueltos y sin contexto. Todo texto es parte de un contexto más grande. Hay que tomar en cuenta el contexto del pasaje.

2. Jeremías no dice que como ley de Dios es cosa de maldición el confiar el hombre en otro hombre. Jeremías, en el contexto de 17:5, habla de la idolatría de Judá y de la ira consecuente de Dios para ella (ver. 1-4). El mal de Judá consistía en confiar en la sabiduría y la fuerza del hombre, en lugar de confiar en Jehová Dios. Por eso Judá se había apostado tanto.

2. Jeremías, en 9:4, no habla a cristianos de hoy en día, diciendo que "no podemos confiar en los hermanos". Dice a los judíos de su tiempo que el estado de iniquidad de parte de ellos hacía sabio que ninguno de ellos confiara en sus compatriotas, tan corruptos que eran todos.

3. Aprendamos todos a leer las Escrituras, siempre tomando en cuenta el contexto, en lugar de aislar frases y darles cualquier interpretación según ciertas palabras sugieran ideas generales.

* * *

225. ¿PAN CON ACEITE Y SAL?

"Contenía el pan de la proposición aceite y sal? Si el pan de la pascua contenía aceite y sal, aunque no levadura, ¿no podemos hacer el pan para la Cena del Señor con esos dos ingredientes? Las Escrituras dicen "pan", y no galleta. ¿Es correcto que usemos galletas en la Cena del Señor?"

- - -

1. Hay varios puntos distintos en estas preguntas. Vamos a tomarlos uno por uno.

2. Los hechos del caso son éstos:

a. El pan de la proposición (o, de la Presencia) (2 Crón. 2:4; pan continuo, Núm. 4:7) fue hecho de flor de harina en forma de tortas (Lev. 24:5-9). Josefo afirma que fue hecho sin levadura. Esto se puede asumir, dado que el pan de la pascua no podía tener levadura, por ser símbolo de la influencia mala (compárense Mat. 16:5-12; Luc. 12:1; 1 Cor. 5:7,8).

b. el pan de la pascua, Ex. 12:15ff (véase ver. 39 en particular); 13:3 y siguiente. Fue hecho sin levadura.

c. la ofrenda de cereal. Este pan contenía aceite, pero no levadura (Lev. 6:14-18). También contenía sal (2:4-13).

d. la ofrenda mecida sí usaba el pan con levadura (Lev. 23:15-20).

e. en la consagración de Aarón y de sus hijos, el pan empleado fue, en parte, pan de aceite, aunque sin levadura (Ex. 29:2; Lev. 8:26).

f. véase Lev. capítulo 23 para las tres fiestas solemnes anuales.

3. Ahora para contestar a la primera pregunta,

diré que las Escrituras no especifican que el pan de la presencia contenía aceite y sal.

4. Referente a la segunda pregunta, el pan de la pascua era pan sin levadura. Las Escrituras no dicen que contenía aceite y sal. Dado que Jesús usó dicho pan para instituir la Cena del Señor, inferimos que el pan que se debe usar ahora en la Cena del Señor sea pan sin levadura. No hay legislación novotestamentaria con respecto a los ingredientes que tenga el pan para usarse en la Cena, por eso si usamos pan sin levadura (que es lo que usó Jesús en la institución de la Cena), cumplimos con lo necesario. No veo razón por qué usarse más que la harina de trigo y agua para hacer dicho pan (aunque tampoco veo pecado en agregarle aceite para que se junte más bien la masa). Agregarle sal le daría mejor sabor, pero dicho pan no se come para razones de sabor.

5. Ahora, la tercera pregunta. El Nuevo Testamento no da énfasis a la forma física que tenga el pan de la Cena del Señor. Pan es pan. Lo grueso de la torta no importa. Todo el mundo come pan, pero en todo el mundo no es igual la forma en que se prepara el pan. La galleta es pan.

* * *

226. PLURALIDAD DE IGLESIAS EN LA MISMA CIUDAD.

"¿Hay autoridad bíblica para que existan pluralidad de iglesias locales en una ciudad o pueblo? Favor los textos bíblicos".

- - -

La pregunta supone lo que las Escrituras no afirman; a saber, que el número de iglesias en un solo pueblo es cosa de importancia o significado. El evangelio ha de ser predicado dondequiera, y la formación de iglesias locales es el resultado de ello. Entre más grande la ciudad, más probabilidad hay de que haya un número de congregaciones en ella. Por ejemplo, en Romanos capítulo 16 (ver. 3-15) vemos que Pablo saluda a hermanos de diferentes congregaciones en la gran ciudad de Roma.

La predicación del evangelio, y la formación de iglesias locales, no son limitadas por los límites físicos de una ciudad de los hombres.

* * *

227. MATEO 24, LUCAS 17, ¿CONTRADICCIÓN?

"Si Mateo 24 enseña en la parte final, la segunda venida del Señor y el fin del mundo, ¿no contradice el pasaje paralelo de Lucas 17:20-37?"

- - -

No veo ninguna contradicción. Veo que el Señor emplea las mismas ilustraciones para los dos eventos, la segunda venida de Cristo en el fin del mundo (Mateo 24:36—25:46), y la destrucción de Jerusalén (Lucas 17:20-37; 21:5-32), porque los dos tienen que ver con eventos no anunciados y no esperados por la gente en general, y por eso demandan que el discípulo de Cristo esté siempre en estado de preparación, que esté apercibido. Un

ejemplo de esto de repetir, lo vemos en Mateo 7:13,14, donde Jesús habla de la puerta angosta o estrecha, y luego en Luc. 13:24 otra vez habla de ella, pero tiempo después de eso del sermón del monte.

Es obvio que los primeros 34 versículos tratan de la destrucción de Jerusalén, y que las señales mencionadas fueron cumplidas durante la vida de esa generación. También es obvio que Jesús termina el capítulo 25 hablando acerca del Juicio final (v. 46), del cual sirve de tipo el juicio contra Jerusalén. Jesús pasa del primer juicio de los dos al otro, sin indicar explícitamente ninguna línea de demarcación, porque las mismas exhortaciones en general sirven para los dos eventos de juicio de parte de Dios.

Como la persona, que ve en Mat. 24:35-51 una referencia más bien a la destrucción de Jerusalén, ha de admitir que las exhortaciones y los principios tratados allí también pueden tener aplicación general en cuanto al juicio final, yo también admito que, aunque veo en esta sección una referencia primaria a la segunda venida de Cristo, seguramente los principios y las exhortaciones aquí referidas tienen aplicación a la destrucción de Jerusalén.

Para mí la transición del juicio contra Jerusalén al del día final se ve más probable en Mateo 24:35 que en 25:1. Pero sea como sea, la enseñanza es igual para aquellos discípulos, como para nosotros hoy en día: hay que estar apercibidos. Véanse Interrogantes #62, #127, y #150

* * *

228. MATEO 12:40

"¿En qué sentido estuvo Jesús tres días y tres noches en el corazón de la tierra?"

- - -

1. Literalmente, Jesús en su muerte, estuvo un día entero, dos noches enteras, y parte de otros dos días en el sepulcro.

2. Los judíos usaban tres expresiones, las cuales significaban la misma cosa: el tercer día, después de tres días, y tres días y noches. Véanse Mat. 16:21; 26:61; 27:40,63; Mar. 8:31; Luc. 24:1,21; Jn. 2:19.

3. La expresión "corazón de la tierra" se refiere a la tumba.

* * *

229. ISAÍAS 43:10; 2 COR. 4:4

"Si la Biblia presenta a Satanás como un dios (2 Cor. 4:4), ¿por qué dice Isa. 43:10 que "antes de mí no fue formado dios, ni lo será después de mí"?

- - -

1. En los dos pasajes aparecen las palabras Dios y dios, pero ¡no tratan el mismo contexto! Por eso no hay ninguna contradicción. (Siempre tenemos que guardar presente el contexto, y no meramente jugar con palabras).

2. El contexto de Isa. 43 trata del hecho de que Jehová Dios es el Dios verdadero, el "Yo soy", y

bien lo sabían los judíos en el tiempo de Isaías. Ellos bien sabían (eran testigos de) que no hubo entre ellos "dios ajeno" (ver. 12). Ni antes ni después ha habido dios formado que competa con Jehová Dios, el único Dios. El es el principio y el fin.

3. 2 Cor. 4:4 llama a Satanás "el dios de este siglo". Pero no es el dios de "aquel siglo" (Luc. 20:35), el "venidero" (Mar. 10:30).
Es un ser creado, no el Creador. Se llama "el príncipe de este mundo" (Jn. 12:31; 14:30).

Satanás se llama el dios de este siglo porque es a la voluntad de él que el hombre inconverso se somete, y esto desde el tiempo de Adán y Eva (2 Cor. 11:3). Hay un solo Dios (1 Cor. 8:6), pero el mundo adora y sirve a Satanás como si fuera un dios (ver. 5). Compárese Fil. 3:19, donde el vientre es llamado un dios.

Satanás es "el príncipe de la potestad del aire, el espíritu que ahora opera en los hijos de desobediencia" (Efes. 2:2).

* * *

230. LOS MODERNISTAS Y EL TEXTO DE LAS ESCRITURAS SAGRADAS

Un hermano en la fe cita de cierta obra en inglés en la cual el autor afirma:
1. que "el final de Marcos 16:9-20 no es auténtico. Del mismo modo, la impresionante historia de la mujer sorprendida en adulterio, que parece flotar sin ancla en el evangelio de Juan. No está en ningún manuscrito anterior a fin del siglo IV".
2. que, referente al evangelio según Juan, "hay pruebas de grandes manipulaciones en los manuscritos más tempranos, glosas evidentes, por ejemplo: además de simple desorden, el capítulo 5 deberá seguir al capítulo 6, y el último capítulo, el 21, es sin duda un agregado".
3. que "tenemos la suerte de contar con cuatro narraciones evangélicas de diferentes fuentes, cuyos conflictos manifiestos de nuevo indican … dudosas. Las más obvias se refieren al pasado de Jesús. Por ejemplo, su origen davídico, necesario para su papel, se establece a través de José, aunque eso es incompatible con la teoría o el hecho de la concepción virginal".

Luego el hermano pregunta: ¿"Hasta qué punto mi fe debe afianzarse en los hechos comprobados históricamente?"

- - -

Primero, guardemos presente que el autor de las afirmaciones dadas arriba es un modernista; no cree en la inspiración de las Escrituras. No cree que Jesús de Nazaret era más que hombre exactamente como lo somos nosotros. No cree en los milagros de la Biblia, ni en la existencia de un cielo y un infierno, después de un juicio final. No cree en la resurrección. La obra del modernista es principalmente la de ¡sembrar duda! No trata de explicar aparentes contradicciones o fallas, porque no es creyente. El hace muchas aseveraciones como si fueran hechos probados. Habla de sus teorías e ideas, como si fueran verdades establecidas. Afirma, pero no prueba.

Véase la obra, LA BIBLIA Y ATAQUES DEL MODERNISMO, por Wayne Partain y Bill Reeves.

Ahora comentamos sobre los tres puntos de arriba:
1. El dice que "el final de Marcos 16:9-20 no es auténtico", pero no lo prueba; nada más lo asevera. El hecho del caso es que dos de los manuscritos bien antiguos no contienen los ver. 9-20, pero otros antiguos sí los contienen. Es fácil suponer que una parte final de un rollo se perdería con el uso, pero es ridículo creer que Marcos terminaría su libro tan abruptamente. Las muchas versiones actuales de la Biblia que tenemos son la obra de muchísimos eruditos, y éstas contienen el texto referido. ¿He de aceptar la palabra de un solo modernista, y rechazar la erudición de muchos hombres que han estudiado el caso de los manuscritos antiguos?

Sobre la narración de la mujer tomada en adulterio (Juan 8:1-11), las buenas versiones de hoy dan en el margen de la página una explicación como ésta que aparece en la ver. Biblia De Las Américas: "Los ver. de 7:53 a 8:11 no aparecen en los mss. más antiguos". Esto manifiesta la honestidad de los redactores y traductores de las versiones. Pero con o sin la información de los referidos versículos, el mensaje del Nuevo Testamento no es variado en ningún sentido. El mensaje sigue igual.

No existen los manuscritos originales. Se perdieron con el uso y el tiempo. Pero se hicieron versiones (traducciones) de ellos, y de éstas muchas antiguas existen hasta la fecha, juntamente con las muchísimas copias de los originales. Las evidencias a favor de lo auténtico de los versículos referidos se ve en que las versiones buenas de hoy los incluyen.

2. No hay necesidad de comentar sobre esta sección, pues el autor modernista nada más asevera cosas. Dice que "hay pruebas", pero no las presenta.

3. Nótese que el autor modernista dice "la teoría … de la concepción virginal". El no cree que Jesús nació de una virgen, y por eso trata de sembrar duda en la mente de los creyentes, hablando de su "origen davídico" que se establece "a través de José". El habla de "las narraciones evangélicas de diferentes fuentes", porque no cree que Mateo, Marcos, Lucas y Juan escribieron por inspiración del Espíritu Santo. Habla de sus "conflictos manifiestos". El es un incrédulo.

Mateo, en su genealogía (Mat. 1:1-16), da la genealogía de Jesús por la línea de José, su padre legal, dando así para la mente judía legalidad al nacimiento de Jesús. Pero nótese que Mateo dice, ver. 16, que Jesús nació de María. José no le engendró.

Lucas, en su genealogía (Luc. 3:23-38) de Jesús, dice que se suponía que Jesús era el hijo de José. En realidad ¡no lo era! Lucas da la genealogía de Jesús por la línea de María. ¿De qué serviría que Lucas diera la genealogía del supuesto padre de Jesús?

El texto griego, en esta genealogía, no emplea la palabra "hijo", al decir "de (fulano)", y las versiones buenas que suplen la palabra "hijo", lo hacen en letra cursiva, para indicar que es una palabra intercalada. La Versión de Pablo Besson bien traduce el texto griego así: "Jesús ... siendo hijo, como se suponía, de José, de Elí, de Mathat, de Leví, etcétera, etcétera". El texto griego, antes de todo nombre en la lista de esta genealogía emplea el artículo definido, en el caso genitivo, "del", *excepto en el caso de José*. El texto griego dice así, "siendo hijo, como se suponía de José, del Elí, del Mathat, del Leví, etcétera". Es decir, se suponía que Jesús era un hijo de José, pero no; era hijo de María, y su madre era hija del que se llamaba Elí, quien era hijo del que se llamaba Matat, quien era hijo del que se llamaba Leví, etcétera.

Luego el hermano pregunta: ¿"Hasta qué punto mi fe debe afianzarse en los hechos comprobados históricamente?"

Los hechos comprobados históricamente no contradicen lo que la Biblia afirma, ni la Biblia contradice los hechos históricos. Pero los enemigos de la Biblia tuercen los hechos del caso para que aparezcan contradecir a la Biblia.

Nuestra confianza está en las evidencias innegables de la inspiración de las Sagradas Escrituras.

* * *

231. LOS SEIS DÍAS DE LA CREACIÓN

Un hermano en la fe cita una obra de los Testigos de Jehová en la cual se pregunta: "¿Se logró toda la creación física en solamente seis días en algún momento dentro de los últimos 6,000 a 10,000 años? Los hechos no concuerdan con tal conclusión: 1) La luz procedente de la nebulosa de Andrómeda se puede ver en una noche clara en el hemisferio norte. Dicha luz se toma 2,000,000 años en llegar a la Tierra, lo cual indica que el universo tiene que tener, por lo menos, varios millones de años de edad. 2) Los productos finales de la degeneración radiactiva en rocas de la Tierra indican que algunas formaciones rocosas han estado en la misma condición por miles de millones de años. Génesis 1:3-31 no es una consideración de la creación original de la materia ni de los cuerpos celestes. Describe la preparación de la Tierra, que ya existía, para ser habitada por humanos. En esto se incluye la creación de los géneros o tipos básicos de vegetación, vida marina, criaturas volantes, animales terrestres y la pareja humana".

- - -

1. La Biblia dice que **en seis días** Dios hizo los cielos, y la tierra, y el mar, y todas las cosas que en ellos hay, y reposó el séptimo día (Exodo 20:11; 31:17). Jesús dijo que Dios hizo al hombre en el principio de la creación (Mat. 19:4; 10:6), y no millones de años después del principio. Esos "días" fueron de 24 horas, y no épocas de años, porque fueron días de tarde y mañana (Gén. 1:6). La palabra "día", cuando acompañado de un número cardinal (un día, el día segundo, etcétera), siempre indica un día de 24 horas. Adán vivió el día sexto, el de su creación, y el séptimo, en el cual Dios descansó (Gén 1:27–2:3). Si esos días fueron de millones de años, entonces la Biblia miente al decirnos que Adán vivió 930 años (Gén. 5:5).

2. Los teístas quieren armonizar la teoría de la evolución con la creencia en Dios y en su palabra, al afirmar que Dios primero hizo el cielo y la tierra, y luego dejó el desarrollo de toda la vida animal, vegetal y humana al proceso de la evolución orgánica, proceso que necesitó muchos millones de años. Tal posición es imposible y contradictoria.

3. El orden de la evolución es que primero existieron los organismos marineros, y luego las plantas de la tierra, y que por fin vinieron las aves. Pero la Biblia dice que Dios primero hizo las plantas de la tierra, después los animales del mar, y las aves, al mismo tiempo.

4. En la creación Dios todo lo hizo ya adulto y completo. Adán, en el primer día de su existencia, ¡ya era hombre crecido! La luz de los astros ya llegaba a la tierra en el día de su creación. Lo que Dios creó ya tenía apariencia de edad. (Así es en el caso de todo milagro verdadero: el hombre nacido cojo, al ser sanado por el poder de Jesús, ya sabía andar. ¡No tuvo que aprender a hacerlo, como es el caso de toda persona que nace! Hech. 3:1-8).

5. La teoría de datar la edad de la tierra por medio de la radioactividad está llena de suposiciones y se basa en la premisa de que todas las cosas han continuado desde el principio a paso de uniformidad absoluta. Tal teoría ignora por completo la posibilidad de catástrofes y eventos de gran conmoción geográfica en el pasado (2 Ped. 3:4-7). Además de esto, nadie puede saber la constitución de la materia en el momento de la creación, que ya tenía propiedades de edad, para poder medir alguna descomposición de ella.

* * *

232. DARÍO Y CIRO

"El famoso rey Darío de Persia no es contemporáneo sino sucesor de Ciro, por cuanto el rey mencionado en Daniel 5:31; 6:28; 9:1 y que se describe como rey de Media no puede ser él, ¿no es así? Mi confusión se debe a que a este Darío de Media no le he encontrado en la Historia Universal. Quisiera que me aclarara esto por favor".

- - -

1. El nombre, Darío, era común entre los reyes de Media y Persia. El Darío de Daniel, capítulos 5,6,9, y Darío, el que sucedió a Ciro, son dos personas distintas.

2. Darío de Media, al conquistar a Babilonia, actuó en nombre de su sobrino, Ciro de Persia. Eran corregentes. Ciro le dio el trono de Babilonia, porque Darío fue el que en persona tomó la ciudad capital. Pero era Ciro quien en realidad siguió rigiendo al imperio persa.

* * *

233. JUAN 6:53

"Algunos predicadores dicen que se refiere al partimiento del pan, o sea a la Santa Cena. ¿Será cierto?"

- - -

1. El contexto de Juan 6 no trata de la Cena del Señor. El **pan** referido en Juan 6 (ver. 36, etcétera) no es el **pan** referido en 1 Cor. 11:26).

2. Juan 6 trata de creer en Jesús de Nazaret como Dios venido en la carne (ver. 35). Comer su cuerpo y beber su sangre equivale a venir a Cristo con fe (ver. 35).

* * *

234. DESPEDIR A UN HERMANO DE LA CONGREGACIÓN

"El caso trata de un hermano que se aparta y vuelve a la iglesia varias veces al año, y esto desde hace 4 o 5 años. Sus vicios consisten en "usar drogas, la borrachera, y las malas compañías". Ha amenazada a su esposa, y ella le está divorciando. Algunos visitantes dicen que no vuelven mientras él esté en la iglesia. Hace poco este hermano volvió otra vez a la iglesia. La iglesia tuvo una junta y se sugirió al hermano que por el bien de todos retirara su membresía, 'porque ha vuelto a la iglesia y la iglesia sigue recibiendo reproche y crítica.' Algunos hermanos han expresado retirar la membresía. La iglesia ha decidido no dejar al hermano dirigir o presidir en los servicios. ¿Puede la iglesia despedir a este miembro de la iglesia para que ponga su membresía en otro lugar?"

- - -

1. La hermana que se divorcia, ¿tiene razón bíblica para hacerlo? Si la tiene, es que el marido fornicó. ¿Ha hecho confesión pública de ello el hermano referido? Si la hermana tiene justificación en divorciarse de él, él no podrá volver a casarse (a menos que ella muera primero). ¿Sabe él esto? ¿Lo acepta? ¿Se divorcia la hermana por otras razones? Si lo hace, está pecando, y tendrá que ser disciplinada.

2. El hermano, "volvió a la iglesia." ¿Aceptaron su confesión? Si la aceptaron, orando a Dios por él para el perdón de sus pecados confesados, ¿por qué no le dejan participar en los servicios? (Aunque tal vez no convenga que predique, cuando menos tiene que ser recibido como hermano perdonado y aceptado).

3. No, no puede la iglesia "despedir" a un hermano, u obligarle a que vaya a hacerse miembro de otra congregación. Le puede comulgar, o excomulgar. Si es pecador no arrepentido, se le debe excomulgar. Con eso ya no sigue siendo miembro local. Si se le perdona, hay que recibirle (2 Cor. 2:5-11). No habría por qué él se hiciera miembro en otra congregación.

4. No hay tal cosa como "medio hermano". El querer "despedirle" de la membresía local indica que en algo él anda desordenadamente. ¿Para qué querer que otra iglesia local le acepte?

5. Si el único problema en el caso es que hay algunos visitantes que reclaman no volver a visitar la iglesia local mientras él sea miembro en ella, hay que hablar con los visitantes y enseñarles que a quien Dios perdona, nosotros también tenemos que perdonar. ¿No quieren ellos ser perdonados de Dios?

6. El hermano o anda bien ahora, o sigue en el pecado. Esto es lo que debe determinar lo que la iglesia local haga con él como miembro de ella.

7. Si por las muchas y repetidas veces, de salir (pecando) y volver ("arrepentido") el hermano, la iglesia local ya no le perdona, y por eso le excomulga, él debe probar su sinceridad con seguir asistiendo y llevando una vida ejemplar (sin poder participar en los servicios). Viendo esto, la iglesia querrá perdonarle y recibirle de nuevo en la membresía (comunión), una vez que de nuevo haga confesión pública y pida perdón a Dios y a la iglesia.

8. De lejos, y no conociendo los detalles del caso (por eso formulo varias preguntas), no puedo servir de juez en algunas decisiones específicas que se quieran hacer.

* * *

235. HECH. 10:25 Y 16:29, ¿LO MISMO?

"En Hechos 16:29 nos dice del carcelero que "… se postró a los pies de Pablo y Silas". En los versículos que siguen no vemos que Pablo haya rehusado esa reverencia como Pedro (Hech. 10:25,26). ¿Es la misma palabra griega?"

- - -

1. Básicamente se emplea en los dos pasajes el mismo verbo griego. En Hech. 10:25 es PIPTO, y en 16:29 PROSPIPTO. La primera significa sencillamente "caer", y la segunda, con el prefijo "pros", significa "caer hacia"; es decir, a los pies de una persona.

2. Los dos casos no son iguales. En Hechos 10:25 el texto no dice solamente que la persona se postró a los pies de otra, sino también ¡que le adoró!

Hechos 16:29 dice que la persona se postró a los pies de (cayó hacia) otras dos personas. *El texto no dice que les adoró.* El Sr. Thayer nos informa que el verbo en este caso puede significar postrarse para adorar, *o para suplicar.* El carcelero seguramente reconoció que los hechos del caso (el terremoto, el estar todos los presos presentes, etcétera) indicaban que algo sobrenatural estaba pasando, y que sin duda todo tenía que ver con Pablo y Silas. Pablo acabó de salvarle la vida, gritándole las palabras del ver. 28. Con razón entró con toda prisa y se postró a los pies de ellos en gratitud, y tal vez para suplicarles algo.

Lucas no registra lo que se dijera entre el acto del carcelero de postrarse a los pies de Pablo y de Silas, y el acto de sacarles fuera y preguntarles qué hacer para ser salvo.

3. La Biblia no es una grabadora, registrándonos toda palabra hablada en una dada ocasión. Si en esta ocasión el carcelero les quiso adorar, seguramente Pablo y Silas le prohibieron hacerlo (compárese 14:11-15). Pero el texto no

dice que el carcelero intentó adorar a Pablo y a Silas.

* * *

236. 2 PEDRO 3:10

"¿Dice realmente 2 Pedro 3:10 que la tierra será destruida? Creo que la Biblia muestra en muchos versículos la destrucción de la tierra, y he revisado sus NOTAS SOBRE 2 PEDRO, pero quisiera que me contestara este argumento de los "testigos":

"El Códice Sinaítico y el MS Vaticano 1209, ambos del siglo IV E.C., dicen: 'serán descubiertas'. Manuscritos posteriores, el Códice Alejandro del siglo V y la recensión clementina de la Vulgata del siglo XVI, dicen: 'serán quemadas'. Si estos textos (2 Pedro 3:7,10 y Revelación 21:1) significan que la Tierra literal ha de ser consumida por fuego, entonces los cielos literales (las estrellas y otros cuerpos celestes) también han de ser destruidas por fuego … puesto que el sol y las estrellas ya son cuerpos intensamente calientes, ¿qué efecto podría tener sobre ellos el fuego? Así que el término 'tierra' que se usa en los textos supra citados tiene que entenderse en otro sentido".

"Además de esto, el texto de Francisco Lacueva dice en el versículo 10: '… y las obras que en ella hay, quedarán al descubierto'".

- - -

1. Lo cierto es que hay un problema textual en este pasaje (2 Ped. 3:10). Algunas versiones dicen, "serán quemadas", y otras: "serán descubiertas", o literalmente, "serán encontradas".

2. Pero si admitimos que la manera más exacta de rendir el pasaje es decir: "serán encontradas", o "descubiertas", siempre Pedro ¡lo hace bien claro lo que por el Espíritu Santo quiere decir! Ya dijo las palabras el en ver. 7, y luego pasa a decir las del 11 y 12. *Esto es lo que quiere decir en el 10*. Y ¿qué dice la Versión Nuevo Mundo de los "testigos" en el 7, 11 y 12? Leamos: "…los cielos y la tierra actuales están guardados **para fuego** y quedan reservados para el día de juicio y de la destrucción de los hombres impíos … Puesto que todas estas cosas así han de ser **disueltas** … por el cual (los) cielos estando encendidos serán **disueltos** y (los) elementos estando intensamente calientes **se derretirán**!"

3. Pedro primero habló del mundo del tiempo de Noé, y de lo que Dios hizo por medio del **agua**; luego habla de la misma tierra y de lo que va a hacer a ella en el futuro por medio del **fuego**. Los dos mundos son literales en los dos casos.

4. El autor "testigo", que es citado arriba, argumenta que "el término 'tierra' tiene que entenderse en otro sentido" (es decir, no en sentido literal—BHR) porque "el sol y las estrellas ya son cuerpos intensamente calientes", y que por eso el fuego ordinario no podría tener efectos en ellos.

¡Qué conclusión más ridícula! en vista de lo que Pedro ha dicho en los versículos 7, 11, 12. ¿Acaso Dios no es capaz de crear una clase de fuego para llevar a cabo lo que ha revelado? ¿Dios no puede hacer lo que dice que hará, solamente porque el hombre enclenque y finito no entiende cómo lo podría hacer?

* * *

237. FECHAS DE MATEO Y MARCOS

"¿Cuáles son las fechas en que se escribieron los evangelios Marcos y Mateo? ¿Llegó a conocer Pablo alguno de estos escritos?"

- - -

1. Los llamados "padres eclesiásticos", o sea, ciertos comentaristas y autores de los primeros siglos del cristianismo, datan el libro de Mateo a mediados del siglo primero (es decir, más o menos en el año 50 d. de J.C.), y el libro de Marcos entre 64 y 68 d. de J. C.

2. Según las fechas dadas arriba, sí es muy posible que Pablo llegó a conocer estos dos escritos. Mateo era apóstol y su libro se circulaba antes de la muerte de Pablo (67 d. de J. C.). Marcos en ocasiones era compañero de Pablo, aun tarde en la vida de Pablo (2 Tim. 4:11). Pudo haber escrito su libro antes de la muerte de Pablo.

3. Pero las respuestas dadas arriba son suposiciones, nada más. Estas preguntas no pueden ser contestadas con certeza.

* * *

238. JESÚS Y LA VER. DE LOS SETENTA

"¿Qué escritos leyó Jesús? ¿Es correcta la suposición de algunos estudiosos de que Jesús usaba la Versión de los Setenta?"

- - -

1. No sé cuáles escritos leyera Jesús, pero sí se sabe que muchas veces al citar el Nuevo Testamento pasajes del Antiguo Testamento, se usó la Versión Septuaginta, o sea, la de los Setenta. Esto se puede probar, al comparar los dos textos, y al notar las diferencias según el texto hebreo.

2. El pasaje que Jesús leyó en la ocasión narrada en Lucas 4:16-21 es Isaías 61:1,2, según la Septuaginta, no el texto hebreo.

* * *

239. GEN. 29:21; MAT. 1:18; NOVIAZGO

"Quisiera que me ayude en el entendimiento de dos textos; son Gén. 29:21 y Mat. 1:18, ya que veo el noviazgo o compromiso es inquebrantable excepto por fornicación".

- - -

1. No veo razón por qué llegar a tal conclusión, basándose en estos dos textos, en cuanto al noviazgo para hoy en día.

2. Es cierto que entre los judíos del Antiguo Testamento el compromiso para matrimonio era una relación seria y casi inquebrantable. En caso de fornicación, la ley de Moisés mandaba que las dos personas fueran apedreadas (Deut. 22:23). No hay nada aquí de divorcio por causa de fornicación (y segundas nupcias de parte del inocente; en realidad, no había primeras nupcias para que ahora

hubiera segundas nupcias. ¡No estaban casados!).

3. En Gén. 29:21 Jacob llamó "mi mujer" a Raquel, porque ya era su mujer por compromiso, pero todavía no por matrimonio

4. En el caso de José (Mat. 1:18-20), él se llama "su marido", y María "tu mujer", por la relación de estar los dos desposados, y no por el estado de matrimonio consumado.

5. Al parecer María había cometido fornicación, porque ¿de qué otra manera podría ella estar encinta, dado que José y ella no se habían juntado? José le amaba mucho, y tenía toda confianza en ella, pero siendo hombre justo no pudo casarse con una fornicadora. Pero tampoco quiso infamarle, acusándole públicamente de fornicación, cosa que le habría dejado a ella a las acciones de la ley en aquel tiempo. Por eso pensaba más bien repudiarle (dejarla; en griego se emplea la palabra para decir, repudiar) de manera secreta, dándole carta de divorcio sin especificar acusación. Pero se debe recordar que todavía los dos no estaban casados; estaban desposados.

6. Bajo la ley de Cristo, no hay legislación específica sobre el compromiso, sino solamente sobre el matrimonio. Las dos cosas son muy distintas.

* * *

240. LA ENVIDIA ENTRE CONGREGACIONES

"Ha despertado una gran envidia entre las congregaciones hermanas. ¿Por qué nos pelean a los miembros que siguen en esta congregación las buenas predicaciones? Yo tengo esta idea: que todos somos bautizados para perdón de pecados y por posesión geográfica debemos pertenecer a una congregación, que junto con otras congregaciones pertenecemos a la iglesia universal. Pero algunas veces hay iglesias egoístas que no aumentan y marginan al miembro que este opta por irse a otra donde le permitan trabajar y desarrollarse".

- - -

1. ¿Quién no sabe que la envidia es pecado (Rom. 1:29; 13:13; Gál. 5:21), y que motiva al que no anda bien (Mat. 27:18; Hech. 13:45)? Si una congregación está muerta, no debe envidiar a otra bien viva, sino ¡imitarla! Pero los que andan carnalmente no van a imitar lo bueno.

2. Sí, todo cristiano debe procurar ser miembro de alguna congregación. No se le obliga ser de cierta congregación; queda libre para pasar a una para llegar a otra más distante. Ser miembro de una iglesia local es ser parte de un acuerdo mutuo; es comunión. Si la persona no puede estar de acuerdo con un grupo medio muerto, queda libre para ir a comulgar otra congregación. En lugar de quejarse la primera congregación, debe más bien corregir sus faltas para no se le vayan los miembros.

3. La iglesia universal *!no es compuesta de iglesias locales!* Es compuesta de cristianos. El Señor añade a su iglesia (universal), no a congregaciones, sino a individuos (Hech. 2:47).

* * *

241. ¿PARA BAUTIZARSE NECESITA SEPARARSE?

"Un hombre ha convivido con más de cinco mujeres. Se le enseña el plan de salvación. Se encuentra viviendo con otra mujer (la octava). ¿Puede llevársele a bautismo, casarse bajo la ley civil, o para bautizarse necesita separarse y quedarse solo por lo anterior de su vida?"

- - -

1. Toda persona puede obedecer al evangelio y así alcanzar el perdón de Dios. Pero para esto tiene que arrepentirse de todos sus pecados pasados, muriendo a ellos en el bautismo (Hech. 2:38; Rom. 6:1-6). El hombre de veras arrepentido, cambia de mente y ya no vive en los pecados del pasado.

2. Usted pregunta, sin duda, sobre un caso en particular que usted conoce. Pero lo poco que me dice en su pregunta no me informa suficiente para que yo juzgue el caso, excepto en generalidades. La sencilla verdad es que si un marido deja su esposa, no por causa de fornicación, al casarse con otra (o aun irse con otra), adultera (Mat. 19:9). El adúltero, para salvarse, tiene que dejar su adulterio, como el polígamo tiene que dejar la poligamia, el ladrón tiene que dejar de robar, el homosexual tiene que dejar sus compañeros homosexuales, etcétera.

3. Si no es lícito que la persona tenga la mujer con la cual vive actualmente (Marcos 6:18), entonces no es lícito y si quiere estar bien con Dios tiene que dejar lo que no es lícito. La ley civil no hace lícito lo que Dios llama "no lícito".

4. Si el marido, dejando su esposa legítima y yendo de otras mujeres más, y esto sin justificación bíblica, si no puede volver a ella entonces tiene que vivir sin mujer durante la vida de la primera esposa (Rom. 7:1-3). Se juzgó indigno de esposa, al dejar la que Dios unió a él en el principio. Si quiere salvar su alma, dejará las otras mujeres, se bautizará para perdón de sus pecados, y será fiel al Señor todos los días de su vida. Cuesta ser cristiano. Muchos no quieren pagar el precio, y se perderán eternamente.

5. El caso del individuo que usted tenga en mente puede ser aplicado a lo que acabo de explicar. El puede juzgar su caso a la luz de las Escrituras y conformarse, si quiere. Usted y yo no tenemos que hacerlo por él.

* * *

242. ¿FUE CORRECTA SU ACTITUD?

"El caso consiste en que un hermano ha visitado a una hermana que tenía años en la iglesia, pero se fue al mundo, conviviendo con un hombre no su marido. Fue disciplinada por la iglesia. El hermano sintió la necesidad de visitarle para exhortarle a que dejara su actual situación, volviendo al Señor. Cuando el hermano lo informó a la iglesia, hubo mucha polémica. Algunos se opusieron a lo que el hermano hizo. Me pregunta que si lo que hizo fue correcto".

1. Según me cuenta el caso, sí fue buena su actitud, y sin duda siguió su conciencia al procurar hacer una visita a la persona con el propósito de buscar su rescate del pecado. En eso hizo bien. Si nada más le exhortó a dejar el pecado, a arrepentirse, y a volver a su primer amor, a Cristo, hizo bien. Nos manda Pablo: "Si alguno no obedece a lo que decimos por medio de esta carta, a ése señaladlo, y no os juntéis con él, para que se avergüence. Mas no lo tengáis por enemigo, sino amonestadle como a hermano" (2 Tes. 3:14,15).

2. Dado que no me dice nada acerca de la base de la oposición de algunos hermanos, no puedo comentar sobre la "polémica" que se levantó.

* * *

243. MADRE SOLTERA DIACONISA

"¿Puede una madre soltera ser diaconisa?"

- - -

1. Cualquier mujer casada o soltera puede ser servidora de Cristo. Pero la palabra "diaconisa", en sentido oficial o eclesiástico, no expresa concepto novotestamentario. No hay lista de cualidades o requisitos para que las mujeres sirvan en alguna capacidad oficial, como en el caso de los ancianos y diáconos. Es como una mujer anciana sí es de edad, pero no es "anciana", o obispa, en la iglesia local. Así que una mujer puede servir, pero no es "diaconisa", en sentido oficial. Es cierto que en Rom. 16:1 algunas versiones llaman a Febe "diaconisa". La palabra "diaconisa" (como también "diácono") no es traducción, sino transliteración. La palabra griega, *diakonos*, en las Escrituras se aplica al gobierno, y a Cristo, pero, ¿quién diría que eran "diáconos"?

2. Las Escrituras hablan de "obispos y diáconos" (Fil. 1:1), pero no de "obispos, obispas, diáconos y diaconisas". La mujer no tiene papel público en la iglesia local.

* * *

244. LA VERSIÓN NUEVO MUNDO

"¿Cómo podemos probar que la versión Nuevo Mundo es de los Testigos de Jehová y que es doctrina de ellos, porque ellos se oponen y no están de acuerdo con la versión que usamos porque no concuerdan muchas veces con la del Nuevo Mundo?"

- - -

1. Es versión de ellos porque se anuncia en el prefacio que es publicada por la Sociedad de Biblias y Tratados Atalaya en Brooklyn, Nueva York. La doctrina de los Testigos se presenta por medio del uso de esta versión oficial de ellos.

2. Los Testigos no están de acuerdo con la versión que usamos comúnmente, la Valera Revisión de 1960, porque no les facilita presentar sus doctrinas falsas. Si una buena traducción del texto griego expone el error de cierto grupo sectario, se soluciona el problema por medio de fabricarse una versión propia que favorezca sus

doctrinas peculiares.

* * *

245. "JEHOVÁ" Y "SEÑOR"

"¿Qué quiere decir el término 'Señor' en la Biblia? Sal. 110:1 dice, 'Jehová dijo a mi Señor', y Hechos 2:34 dice, 'Dijo el Señor a mi Señor'? Jehová y Señor, ¿es igual?"

- - -

1. El texto hebreo en Sal. 110:1 dice, "Jehová dijo a mi Señor," y la versión Septuaginta (la griega del Antiguo Testamento) dice, "El Señor dijo a mi Señor." Hechos 2:34 sigue la versión Septuaginta. El significado del texto es que Jehová dijo al Mesías, al Señor de David. Ese es el punto de Pedro en Hechos 2. David, el rey, reconocía que el Mesías era su Señor. Pedro afirmaba que Jesús de Nazaret era el Mesías aquí referido por David.

2. Los judíos, para no pronunciar el nombre de Dios, Jehová, (Lev. 24:16) substituían el término Señor. La versión de los setenta (la Septuaginta) siguió esa costumbre, y por eso en Sal. 110:1 el texto dice, "El Señor dijo a mi Señor".

3. No, no son iguales "Jehová" y "Señor." "Jehová" es derivado del verbo "ser", y así implica que Dios es eterno, él que existe. "Señor" significa propietario, dueño, o maestro, de autoridad. A veces es usado como término de respeto (Mat. 21:30). Es usado con referencia a Dios (Mat. 1:22; Hech. 7:33), y a Jesucristo (Hech. 2:36; Rom. 1:3). A veces es difícil saber a cuál de los dos se hace referencia al aparecer el término.

* * *

246. "3 CLASES DE PERFECCIÓN"

"¿Es cierto que hay tres clases de perfección? Esta son: 1. Limpieza espiritual (la vida sin pecado, Heb. 12:14) mediante el bautismo, y después que peque como cristiano, mediante la restauración (Gál. 6:1); 2. Madurez espiritual (Fil. 3:15; 2 Tim. 3:17); 3. Transformación del cuerpo (el cuerpo glorificado en la resurrección cuando venga Cristo) (1 Juan 3:2; Rom. 8:23). Hasta entonces no se alcanza la perfección (Fil. 3:12)".

- - -

1. Lo que se presenta arriba no es del todo incorrecto, pero las palabras griegas para decir "perfeccionar, perfecto, perfección" no se presentan contextualmente en esas tres categorías.

2. El sentido central de la palabra griega (en sus diferentes formas: sustantivo, verbo, adjetivo, etcétera) es el de meta o fin, de llevar a la totalidad o culminación, de madurez, y de virtud cabal. Se usa en sentido absoluto (Dios es perfecto, Mat. 5:48) y en el sentido relativo (Fil. 3:15, maduros, pues). En el sentido absoluto Pablo todavía no había sido perfeccionado (Fil. 3:12, alcanzado la meta final en la gloria), pero en el sentido relativo sí ya era cristiano perfecto (maduro en su pensar, ver. 15). En este sentido imitamos a Dios (Mat. 5:48).

3. Heb. 12:14 habla de *santificación*, no de

perfección. Gál. 6:1 habla de hombres *espirituales*, no perfectos. 2 Tim. 3:17 no emplea la palabra griega para decir "perfecto" (según la versión Valera 1960), sino otra distinta que significa equipado, o completo.

* * *

247. 666, MARCA DE LA BESTIA

"Dos jóvenes egresados de una Escuela Bíblica Teológica andan enseñando que si alguna persona ocupa un taxi con número de placa 666, o cualquier medicina como Procold 666, automáticamente recibe el sello de la bestia. Le suplico me escriba sobre este asunto. Yo no acepto tal cosa".

\- \- \-

1. Si esos jóvenes en su enseñanza sobre este punto reflejan la instrucción que recibieron en la Escuela Bíblica Teológica, dicha escuela necesita cambiar de profesorado, o cuerpo docente.

2. El error principal de tales maestros, al tratar el libro Apocalipsis, es que literalizan lo que es simbólico. Ignoran el mismo versículo 1 del libro, que dice que Jesucristo "significó", Versión Moderna ("declaró", Versión Valera 1960) esta revelación. El texto griego emplea la palabra para decir, "significar". Esta revelación está presentada bajo signos, o símbolos. **Ahora el símbolo nunca simboliza a sí mismo**. 666 no representa a 666, como un león no representa a un león, ni un cordero a un cordero. 144,000 no representa a 144,000, ni 1000 a 1000. Los premilenaristas literalizan el número 1000 en Apoc. 20:2-7, y los Testigos de Jehová literalizan el número 144,000 en los capítulos 7 y 14.

3. Cito de NOTAS SOBRE APOCALIPSIS, 13:18: "La bestia, en el tiempo de Juan, era el imperio romano perseguidor, y en cualquier tiempo es el poder político que emplee el diablo para oponerse a la iglesia de Cristo. Por eso, este número simbólico no apunta a ninguna persona en particular, sea Nerón, sea Hitler, o cualquier otro de los muchos que los sensacionalistas siempre están proponiendo según los eventos actuales de la historia secular, sino apunto al poder político perseguidor.

El número "seis" equivale a siete menos uno; "siete" simboliza lo completo. "Seis", pues, simboliza lo incompleto, lo humano, el fracaso. El número 666 significa puro fracaso, por ser humano.

El cristiano sabio y entendido puede ver, por medio del simbolismo de este número, que toda oposición humana a la Causa de Cristo está destinada al fracaso completo. Sabiendo esto, no se dejará engañar por las reclamaciones mentirosas de la mundanalidad. Cristo es el Rey, y no "Cesar".

3. Hay otros números en Apocalipsis. ¿Qué dirán los dos egresados de la escuela si ven en un taxi una placa con el número 3 o 12, o 144, o 12,000 (Apoc. 21:13-17).

* * *

248. ESPÍRITU REBELDE, ¿QUE HACE?

"Una persona con la que estoy estudiando la Biblia me expresa que tiene un problema para obedecer, y es un espíritu rebelde, y no encuentra la forma de abandonarlo. ¿Qué puedo decirle?"

\- \- \-

1. Puede decirle la verdad del caso, que es que no quiere obedecer a Cristo. No hay persona que no pueda ser salva de sus pecados pasados.

2. Los judíos eran rebeldes (Rom. 10:21), y Jesús dijo que estaban perdidos porque no querían venir a él (Mat. 23:37). La invitación de Cristo a la salvación, la que el Espíritu Santo ha revelado y que la iglesia predica (Apoc. 22:17), es para toda persona que **quiera**.

3. El que oye el evangelio, cree en Cristo Jesús, se arrepiente de sus pecados, y se bautiza para perdón de pecados, ¡se salva! En cambio, la persona que sigue en su rebeldía ¡no se ha arrepentido! El hombre que se arrepiente, ya no es rebelde.

4. La persona con la cual usted está estudiando o no es sincera, al decir que tiene un problema para obedecer, o no quiere ser salva. Eso de espíritu de rebeldía es nada más un pretexto. Ella quiere echar la responsabilidad de no obedecer a Cristo a algo fuera de su propia voluntad, y eso es una mentira. Cada cual es responsable por su estado delante de Dios (Gál. 6:5,7,8).

* * *

249. ¿COMO ENSEÑAR A LOS HERMANOS?

"¿Cómo puedo enseñar a los hermanos que Mateo 24:27 se refiere a la destrucción de Jerusalén, pues ellos no creen que versículo 34 es clave? Dicen que este versículo nos tiene confundidos. ¿Será recomendable que ignore mejor en este punto a los hermanos? ¿Será lo mejor para la paz que debe haber en el cuerpo de Cristo?"

\- \- \-

1. Lo puede hacer exactamente como lo ha estado haciendo; a saber, por la presentación del contexto y de los pasajes paralelos. Pero, enseñar una cosa, y convencer a otro de la verdad de la cosa, son dos asuntos distintos. El que no quiere la verdad, no la va a ver. Es como preguntar: ¿cómo puedo enseñar a los bautistas que el bautismo es para alcanzar el perdón de pecado, pues ellos nos dicen que Hech. 2:38 nos tiene confundidos.

2. Es fácil decir que fulano está confundido, pero es otra cosa señalar en qué esté confundido. La persona que afirma que Mateo 24:34 nos tiene confundidos tiene la obligación de señalar en qué consista la confusión, y de enseñarnos la verdad del caso.

3. Siempre es recomendable contender por la verdad de una cuestión, y luego dejar la enseñanza con la persona, o personas. Toca al oyente aceptar o rechazar la verdad. No nos toca obligar a nadie a aceptarla.

4. La paz en el cuerpo de Cristo sí es de mucha importancia. No se gana nada seguir discutiendo un punto, referente a cierto versículo en Mateo 24, que no tiene que ver con nuestra

salvación eterna, ya que los dos lados aceptamos la enseñanza de que el pasaje nos exhorta a estar apercibidos y alertas, para no ser perdidos en una venida de Cristo. Seguir discutir con el motivo de ganar una victoria sobre otro es carnalidad.

* * *

250. ¿CUANDO FUE ESTABLECIDO EL REINO?

"¿Cómo probaría usted a un testigo o a un bautista que el reino fue establecido en día de Pentecostés?"

—

1. Antes de la muerte de Cristo en la cruz no se hace mención del reino como en existencia, sino como algo que se acercaba (por ej., Mar. 1:15). Después del Día de Pentecostés, se menciona como cosa existente (por ej., Col. 1:13).

2. Mar. 9:1 nos enseña que el reino iba a venir **con poder** durante la vida de algunos de los presentes en esa ocasión.

3. Luc. 24:49 nos dice que Cristo, después de su resurrección y antes de su ascensión al cielo, mandó a sus apóstoles a que esperaran en Jerusalén hasta ser investidos **de poder** desde lo alto.

4. Esperaron en Jerusalén, pues, y como a los diez días de esa promesa, vino el referido **poder** sobre ellos en el Día de Pentecostés (Hechos 2:1-4). Vino, pues, el reino aquel día; aquel día fue establecido porque aquel día fue establecida la iglesia de Cristo, compuesta de los salvos (ver. 47).

5. Más tarde las Escrituras hacen referencias a cristianos ya como parte de ese reino, o iglesia (por ej., 1 Tes. 2:12; Col. 1:13; Heb. 12:28; Apoc. 1:9).

6. La iglesia de Cristo es el único pueblo que voluntariamente se somete a Rey de los reyes, a Cristo la cabeza de su iglesia.

* * *

251. EL NOVIAZGO MIXTO

"¿Aprueba Dios el noviazgo mixto? ¿Es pecado tener una novia inconversa?"

- - -

1. El Nuevo Testamento no trata en particular esta cuestión. Por eso tenemos que aplicarle los principios que el Nuevo Testamento sí revela.

2. El cristiano sabio va a asociarse con gente de principios morales y buena conducta (1 Cor. 15:33). Tiene el interés debido en convertir a todo el mundo (Mat. 5:13,14). Con más interés va a querer convertir a sus socios.

3. El noviazgo es un período bastante serio en la vida del cristiano joven, porque naturalmente tiende a conducir al matrimonio mismo. Por eso el cristiano sabio desde el principio del noviazgo procura convertir a la persona.

4. Si halla que la persona no tiene ningún interés en el evangelio de Cristo, es perder tiempo continuar con ella. Seguramente no va a querer unir su vida en matrimonio hasta que la muerte separe con dicha persona si ella no ama nada a Cristo.

5. El cristiano sabio no va a pensar en el matrimonio con una persona antes de la conversión de ella. Además va a cuidar que la persona no finja la conversión solamente para agradarle y casarse con él.

6. El Nuevo Testamento no enseña que el joven cristiano salga solamente con cristianos. Esto fuera deseable, pero no siempre es posible. Pero lo importante es que la persona sea convertida a Cristo antes de que se hagan planes de matrimonio.

7. Recuérdense Ecles. 11:9; 12:1; Gál. 6:7,8.

* * *

252. MAT. 3:17; MAR. 1:11; LUC. 3:22

"El relato en Marcos y en Lucas, acerca de lo que dijo la voz del cielo en la ocasión del bautismo de Jesús, no concuerda con lo que dice Mateo, pues ellos dicen: "Tú eres mi Hijo amado" (dirigidas las palabras a Jesús), pero Mateo dice: "Este es mi hijo amado" (dirigidas las palabras al público)". ¿Cómo se explica esto?"

- - -

1. Juan 1:29-34 revela que el suceso en el bautismo de Jesús fue público, visto y oído de otros aparte de Jesús.

2. Marcos y Lucas registran las palabras como llegaron desde el cielo, dirigidas a Jesús mismo ("Tú eres"), pero Mateo dice a sus lectores el significado de esas palabras para nosotros ("Este es"). Juan y otros presentes fueron testigos del evento sobrenatural. Al decir Dios a Jesús: "Tú eres ….," con razón Mateo nos relata el significado de eso para nosotros al decir, "éste es ……". Dios no pronunció en esta ocasión las palabras "éste es" pero lo que sí dijo ("tú eres") significa para nosotros que Jesús es el Hijo de Dios. Ese es el punto de Mateo. Dios dijo a los presentes en esa ocasión, y a nosotros hoy en día, que "este es mi Hijo amado" al decir a él directamente, "tú eres … ".

* * *

253. ¿COMO TRABAJAR EN LA OBRA?

"Yo soy un predicador egresado de un Instituto Bíblico y estoy trabajando en la iglesia como predicador sostenido por una iglesia en U.S.A. ¿Cómo trabajan ustedes?"

- - -

Su pregunta, "¿Cómo trabajan ustedes en la obra?" es muy general en su forma de expresarse, y por eso tengo que tantear lo que en particular tenga en mente. El caso no es nada difícil ni complicado. La manera de trabajar "nosotros" nunca ha sido cosa controvertida en la hermandad. Todos admitimos libremente que es todo bíblico que la iglesia, o iglesias, envíen sostenimiento directamente al predicador (Fil. 4:15,16; 2 Cor. 11:8). Todos en la hermandad admitimos que en la benevolencia la iglesia, o iglesias, envían a santos necesitados (1 Cor. 16:1; 2 Cor. 9:1). Pero una gran parte de la hermandad actual practica otras cosas: (1) muchas iglesias envían a una sola, llamada la "patrocinadora", que sirve de central entre las iglesias que aportan el dinero y el predicador que lo recibe, y así ella hace una obra por una gran parte de la hermandad. (2) muchas iglesias toman de la colecta de cada día del Señor para socorrer a no santos, y para erigir, y sostener, a instituciones humanas.

Aquí entra la controversia. Estas, y no las "nuestras", son las prácticas discutidas. Los que nos llaman "antis" no nos condenan por lo que practicamos, sino por lo que *rehusamos practicar*, que es la centralización y el institucionalismo. Y es cierto que somos anti (en contra de) prácticas no bíblicas; es cierto que nos oponemos a lo que carece de autorización bíblica y que no es según el patrón bíblico. Pero estos promotores de prácticas no bíblicas no quieren representarnos correctamente. No les conviene. Prefieren andar carnalmente, representándonos mal, al decir que estamos en contra de la cooperación.

* * *

254. LA AUTONOMÍA DE LA IGLESIA

"Respecto a su folleto, 'LA IGLESIA PATROCINADORA',

a. no entiendo el propósito de dos congregaciones en la misma vecindad, si tienen la misma doctrina. ¿Por qué no unirse si están tan cerca la una a la otra?

b. ¿Por qué los ancianos de una iglesia reprendieron a un hermano por tener una predicación o estudio en casa de él? ¿Es que ellos no tienen la misma doctrina? ¿O ustedes estaban en desacuerdo con esa congregación, o ellos temían que usted los convenciera a hacerse miembros de donde usted es, o decían que no se estaba respetando la autonomía?"

- - -

1. El folleto no habla de "la misma vecindad", sino de la misma ciudad. Puede haber diferentes propósitos por qué exista más de una sola congregación en una ciudad. La pregunta ignora el punto del folleto que es éste: la supervisión de los ancianos de una congregación no es determinada por los límites de una ciudad, sino por la membresía de la iglesia que supervisan, no importando dónde vivan los miembros. Los pastores cuidan a las ovejas del rebaño (Hech. 20:28), y no a otros cristianos en la ciudad, o en el estado, o en el mundo, que no son de ese rebaño.

2. El folleto menciona, para ilustrar el punto tratado, un caso en que un anciano de una iglesia local reprendió a uno de los miembros "por haberme invitado a su casa a predicar a un grupo invitado *sin el permiso y aprobación de ellos*". Pero la pregunta que se me hace sobre esto es seguida de una serie de preguntas para implicar unas posibles explicaciones respecto al caso. Esas preguntas son innecesarias, pues el folleto en seguida presenta el punto tratado, que es que los ancianos de una iglesia local no tienen control absoluto "sobre las mismas actividades privadas de toda casa (de miembros) dentro de la ciudad" como si la ciudad fuera su "diócesis". ¡Ese es el punto! Un miembro de una iglesia local no tiene que sacar permiso de

los ancianos para invitarme a su casa a estudiar la Biblia.

Ahora, si la pregunta es una de curiosidad, en cuanto a ese caso en particular, por lo que valga puedo revelar que esos ancianos iban llevando la iglesia local tras el liberalismo (la centralización y el institucionalismo), y ese miembro quiso que yo explicara al grupo invitado la verdad sobre la cuestión. Los ancianos no quisieron que yo expusiera sus errores, y por eso se quejaron. Su represión de aquel hermano, miembro de la congregación de ellos, reveló el concepto sectario de ellos, al demandar que siempre dieran permiso antes de que el individuo hablara con otro cristiano sobre cierto tema. Los ancianos no son dictadores.

La violación de autonomía no entró en nada en este caso. Yo puedo hablar con cualquier cristiano que me invite a explicarle algo, sin primero sacar permiso a los ancianos de una dada congregación. Cualquier cristiano queda libre para hablar con cualquier otro cristiano sin primero sacar permiso de ciertos dictadores para hacerlo. Gritar "violación de autonomía" es un subterfugio.

* * *

255. MATEO 15:4-6 Y LA EXCOMUNIÓN

"Por años he dado a mis padres alimentación, ropa, calzado, medicamento, etc. cuando lo requieren. Pero hace meses fueron descomulgados y desde entonces no lo hago. Al no seguir haciéndolo, ¿estoy o no estoy desobedeciendo al mandamiento de honrar a los padres (Mat. 15:4-6)?"

- - -

1. La comunión es una cosa, la benevolencia, y otros deberes del cristiano, son otras cosas. No hemos de confundirlas.

2. Cuando se descomulga la persona, le privamos de esas actividades y asociaciones que antes teníamos con él *como expresión de plena comunión y acuerdo*. Ahora él siente la pérdida de ello y se siente aislado. Esto tiene por propósito hacerle reflejar en su estado de pecado y sentir vergüenza (2 Tes. 3:14).

3. La benevolencia es otra cosa. El cristiano ayuda a cualquier persona necesitada, aun al ateo o al borracho. Si un borracho cae al suelo y está sangrando, ¿no le socorremos? Al hacerlo, ¿es expresión de comunión con la borrachera? ¡Claro que no! La esposa prepara para su marido sus comidas, le lava y plancha la ropa, y cumple con él sus deberes conyugales. Son sus deberes de esposa. Si él es descomulgado, sigue con sus deberes, y no son expresión de comunión con el pecado, sino de cumplimiento de deberes de esposa como antes.

4. Ahora en cuanto al caso *específico* que se me pregunta, si los bienes que se les hacían a los padres eran una necesidad, basada en las enseñanza de Mat. 15:4-6, esa necesidad continúa a pesar de la excomunión. Si eran más bien una expresión de cariño de parte de un familiar, es otra cosa.

Al parecer, los padres han seguido viviendo por meses sin esos bienes regalados. No eran, pues, tan necesarios. No murieron a consecuencia de faltar ellos.

5. Es lícito ayudar al necesitado, pero no siempre es conveniente lo que es lícito (1 Cor. 6:12; 10:23). Es lícito socorrer al borracho herido, pero si en un dado caso el borracho herido va a considerar mi ayuda como aprobación de su pecado (comunión), no le ayudo. Si los padres van a morir sin su ayuda, ayúdeles. Si van a gloriarse en su pecado, dado que no han perdido nada de los bienes del familiar, y así no sufren ninguna consecuencia mala de su pecado, que no se ayuden.

Todo el punto es que el hermano descomulgado entienda por las circunstancias que la persona que le beneficia en algún bien material no simpatiza nada con el pecado en que él anda, que no aprueba en nada su pecado, que aborrece su pecado, y que el hermano está perdido hasta que se arrepienta. El pecador tiene que sentir vergüenza. No hagamos nada que le quite esa vergüenza necesaria para su restauración. Al mismo tiempo, no ignoremos nuestros otros deberes en otros asuntos.

* * *

256. PREGUNTAR ANTES DE BAUTIZAR

"Usted sabe que estamos predicando en un mundo donde lo que más abunda es la desorganización en el matrimonio y a veces encontramos hombres y mujeres que quieren ser bautizados para ser cristianos. ¿Es justo bautizarles sin preguntarles sobre su situación en el matrimonio? Pues usted sabe que tantos hombres como mujeres a veces han tenido más de un marido las mujeres y más de una mujer los hombres, inclusive habiendo tenido hijos con los anteriores esposos y esposas".

- - -

1. Es justo bautizar a los creyentes para la deidad de Jesús que se hayan arrepentido de sus pecados y hayan confesado con su boca esa fe que tienen en Jesucristo.

2. Si en un dado caso se sabe de antemano que de entre tales personas descritas arriba hay una que sigue en cierto pecado (el adulterio, la idolatría, la poligamia, etcétera), no es justo bautizarle para perdón de los pecados, porque no se ha arrepentido de su pecado. En este caso convendría primero preguntarle respecto a su pecado, y si se arrepiente de él, dejándolo, entonces bautizarle.

3. No podemos legislar en el asunto, diciendo que siempre se haga pregunta a la persona sobre su matrimonio, antes de bautizarle, pero si en un dado caso se sabe que la persona no está bien en su matrimonio, o si hay fuerte sospecha de ello, lo que le falta primero no es el bautismo sino la enseñanza y el arrepentimiento subsecuente.

4. Puede haber circunstancias locales que a uno le obliguen que pregunte a las personas antes de bautizarles, respecto a su matrimonio actual. Es cuestión de juicio.

* * *

257. EVANGELISTAS ENGAÑOSOS

"Deseo saber si envía literatura a hermanos que no perseveran, y si hermanos que reciben ayuda económica solamente deben visitar iglesias ya establecidas y luego tomarles fotos a cristianos ya antiguos para decir que ellos los han evangelizado a los hermanos que les dan ayuda económica. Les dicen que ellos trabajan en el evangelio."

- - -

1. No, normalmente no sigo regalando literatura a hermanos que llegan a ser infieles, y ciertamente no tengo comunión con ellos (2 Juan 9-11). Pero sí envío literatura a quien me la pide, muchas veces no sabiendo yo si es hermano fiel, hermano infiel, o inconverso.

2. No, no debe nadie engañar a otro (Efes. 4:25). Sí, hay casos de hermanos que no merecen el sostenimiento económico de iglesias por no trabajar, sino que viven de las iglesias y las engañan. Deben ser expuestos. No es justo que las iglesias sean engañadas. No basta quejarnos de tales casos. Es preciso que las iglesias se den cuenta de ellos para decidir sobre ellos.

* * *

258. UNA IGLESIA ANUNCIAR LO DE OTRAS IGLESIAS LOCALES

"¿Puede una iglesia en su programa de radio anunciar la dirección y horario de cultos de otras congregaciones locales?"

- - -

1. El propósito del programa de radio de parte de la iglesia local es hacer llegar al auditorio las buenas nuevas del evangelio. Por eso se predican sermones y luego se anuncia la dirección y el horario de los servicios de la iglesia local para que la gente se interese en asistir para oír más del evangelio. Dado el caso de que algunos radioescuchas vivirán demasiado lejos del local de la iglesia con el programa de radio, si ella lo juzga conveniente puede anunciar la dirección y horario de servicios de otras iglesias fieles en el área para que la gente pueda asistir y oír predicado el evangelio. Es cuestión de juicio.

2. Claro es que la iglesia con el programa radial no debe dejar la impresión de que esté actuando en capacidad de iglesia universal, o que otras iglesias dependan de ella. No debe procurar hacer alguna obra de otras iglesias. Es correcto cuidar mucho de que tales impresiones no se dejen, ni que ella piense estar en algún sentido como sobre otras iglesias locales.

3. El cuidado y afán por hacer las cosas bíblicamente de parte de algunos no deben ser burlados por otros, sino apreciados. Es el descuidado en estos asuntos que puede conducir a prácticas no bíblicas. En cuestiones de juicio que nadie trate de hacer leyes, por una parte, ni por otra parte menosprecie al que es de otra opinión.

* * *

259. EL PREDICADOR Y LA EDUCACIÓN SECULAR

"¿Está bien que un predicador… estudie el nivel superior, para que tenga una preparación integral?"

—

1. Sí, está bien que el predicador, o cualquier otra persona, estudie en las escuelas seculares para mejorar su educación general. La educación secular es una conveniencia. Puede utilizarse como buena herramienta en la obra de la persona.

2. En cuanto al predicador, si no sabe leer, no puede predicar con facilidad, porque otro va a tener que leer por él para que sepa él qué predicar. (Por ejemplo, así sería el caso con un predicador ciego). Pero conviene que el predicador sepa leer y escribir. Hay otras materias en el campo de la educación que le pueden convenir, como también las hay que tenderían a corromperle en su fe. La persona tiene que ser juicioso en el asunto.

3. Cierto nivel de educación secular no es requisito para que la persona predique el evangelio. El requisito básico es que la persona conozca el contenido del evangelio, y que fielmente lo haga saber al oyente.

4. Muchos cometen el error de hacer de la educación secular un amo, en lugar de hacerle su siervo.

* * *

260. EL PREDICADOR, ¿CASADO O NO?

"¿Es necesario que el predicador esté casado?"

—

1. Si es necesario, entonces el apóstol Pablo andaba mal, pues era soltero.

2. Tiene derecho de casarse (1 Cor. 9:4), pero no es requisito.

3. Lo que se requiere es la fidelidad (1 Cor. 4:2).

* * *

261. ANTHROPOS, ANER, GUNE

"¿Me puede decir los textos del Nuevo Testamento donde se usa la palabra "Anthropos", y también todos los textos donde se usa la palabra "Aner", y cuál es la palabra griega para referirse a mujer y dónde se usa?"

—

1. No tengo tiempo ni espacio para darle todos los textos en el N.T. donde aparecen los vocablos Anthropos y Aner, pero algunos son éstos: "anthropos", Mat. 4:4; 10:32; Luc. 5:10; 1 Tim. 6:11. "Aner", Hech. 8:12; 1 Tim. 2:12; Mat. 1:16 (marido); 14:21. La palabra griega para referirse a mujer es "Gune", y aparece en Mat. 9:20; 13:33; en sentido de esposa, 1 Cor. 7:3; Efes. 5:22 (literalmente, las mujeres a sus propios hombres—aner).

* * *

262. ¿ES LÍCITO QUE LA MUJER CASADA TRABAJE?

"¿Es lícito que la mujer casada trabaje? Gén. 3:16 fue dado como ley de castigo por la desobediencia de la mujer … 3:17-19 fue dado como ley de castigo por la desobediencia del hombre. Si el apóstol Pablo usa ese argumento (la ley) en contra de la mujer (1 Cor. 14:34), correspondería también entonces, prohibirle trabajar, pues esto es una parte del castigo del hombre. El punto que quiero citar es que, como a cada uno (hombre y mujer) le fue aplicada su propia pena, dentro de una misma ley, uno no debería llevar el castigo del otro.

¿Es válido dividir la ley para aplicarla? ¿No sería una arbitrariedad hacerlo?"

—

1. La pregunta inicial especifica a la mujer casada. ¿Hay problema con que "trabaje" la mujer soltera, la viuda, la divorciada, la abandonada? Hay mujeres casadas que no pueden tener hijos. ¿Qué de ellas en cuanto a que "trabajen"?

2. El papel de la mujer es el de ayudante (Gén. 2:18; 11:9), el de engendrar hijos (1 Tim. 2:15), y el de gobernar la casa (1 Tim. 5:14), cuidando de ella (Tito 2:5; en este texto el griego dice literalmente, "dedicadas a las faenas de casa"—Lacueva). (En todo esto hay ¡pero mucho trabajo!). Este es el papel general y principal de la mujer, y dadas estas circunstancias, Gén. 3:16 se aplica a ella como mujer casada que vaya a tener hijos. Obviamente la mujer soltera, etc., evita el "castigo" de Gén. 3:16, pero ella no representa a la mujer en general.

3. El papel principal de la mujer, como hemos visto, no es el de trabajar *en lo secular*. Eso toca al hombre, pues ella va a estar en la casa. Pero eso no quita que en algunas circunstancias trabaje la mujer fuera de casa (por ej., Rut (viuda) cap. 2; Rebeca (doncella) y otras, Gén. 24:12,13; la mujer virtuosa de Prov. 31:24; Lidia, Hech. 16:14; Priscila la esposa de Aquila, 18:3, "el oficio de *ellos* era hacer tiendas"; las mujeres que habían viajado con Jesús, sirviéndole de sus bienes, Mat. 27:55; etc.. Muchas mujeres tienen que trabajar fuera de casa para sostener a la familia cuando alguna tragedia o enfermedad grave incapacita a sus maridos. A veces las viudas y las abandonadas tienen que trabajar con las manos para sostenerse y a sus hijos pequeños. Pero en todo esto no hay nada de mujer profesional según el movimiento femenil moderno.

4. Gén. 3:16-19 describe las consecuencias físicas que Dios trajo sobre la mujer y el hombre, debido a su pecado de comer del fruto del árbol prohibido. El hombre *ya estaba trabajando* antes de su pecado (Gén. 2:15). Su "castigo" no fue el trabajar, sino el trabajar *duro* para lograr su sustento. Dios no maldijo al hombre sino a la tierra (Gén. 3:17) para que el hombre con dificultad sacara de ella su sustento. La palabra "trabajo" no aparece en estos versículos.

5. Este pasaje no prohíbe que el hombre tenga hijos, ni que la mujer no trabaje. No prohíbe nada. El hombre no puede por naturaleza tener hijos, pero la mujer sí es capaz físicamente de trabajar, aunque

no con la fuerza de constitución con que puede el hombre hacerlo (1 Ped. 3:7). Su trabajo dentro de la esfera de su papel es un trabajo a veces duro y físico. Levanta y carga cosas pesadas, y es capaz de transpirar, o sudar. No tratemos de sacar del pasaje más que lo que en él Dios puso.

6. En esto nadie está "dividiendo la ley para aplicarla". No es cuestión de dividirla para aplicarla. Gén. 3:16-19 habla de castigos, no de prohibiciones. No prohíbe al hombre dar a luz con dolores; no prohíbe a la mujer con dolor comer de la tierra.

7. Dios hizo al hombre y le puso a trabajar. Entonces le hizo una ayuda idónea, para ayudarle en su obra. Hizo a la mujer de tal naturaleza que pudiera engendrar hijos como su papel principal (1 Tim. 2:15), y así "llenar la tierra". Hizo a los dos y a los dos mandó sojuzgar la tierra (Gén. 1:28). Pero ya que pecaron, les castigó con las consecuencias de 3:16-19.

8. No se le obliga a toda mujer que se case (1 Cor. 7:34-40). Puede quedarse soltera. Como tal no va a sentir dolores de preñez; con dolor no va a dar a luz. Tendrá que buscar manera de sostenerse, según las circunstancias. Pero en esto ella no está pecando. La viuda también muchas veces se encuentra en tribulación (Sant. 1:27), y tiene que esforzarse por hallar sustento. Esto es trabajo.

9. Las Escrituras no prohíben a la mujer que trabaje. Su papel requiere que trabaje mucho, y a menudo es con cansancio y sudor. Pero la mujer moderna, que trata de competir con el hombre, y que se considera igual a él *en papel*, procurando vivir independientemente del papel que Dios le dio a ella, se rebela y será castigada eternamente, porque peca. Ella quiere "trabajar" profesionalmente, hasta aún llegar a tener dominio sobre el hombre, como si ella fuera igual al hombre en su papel. En esto hay rebeldía y condenación.

10. La pregunta, "¿Es lícito que la mujer casada trabaje?" no es la indicada, porque no define la palabra "trabaje". El papel bíblico de la mujer es uno de trabajo. La cuestión tiene que ver con la clase de trabajo que la mujer quiera y procure hacer. El pecado consiste en que la mujer trate de trabajar *en el papel del hombre* en lugar de trabajar en el suyo. Consiste en que la mujer no reconozca la diferencia entre los dos papeles, procurando igualarse al hombre, actuar como si fuera hombre, e ignorar el papel que Dios le dio. La mujer rebelde quiere ignorar su sujeción al hombre y ejercer dominio sobre él en el trabajo secular. Esto es lo que la Biblia condena.

* * *

263. MATEO 27:52-53

"En relación a Mateo 27:52-53, ¿cuáles santos son éstos que se levantaron de los sepulcros después de la resurrección de Cristo? ¿Estuvieron vivos algún tiempo y después murieron? Al mencionar "vinieron a la santa ciudad", ¿a qué ciudad se refiere aquí?"

\- - -

1. Entiendo que esos santos se levantaron de sus sepulcros el viernes que Jesús murió, pues es cuando se abrieron sus sepulcros. El domingo, después de la resurrección de Jesús, entraron en Jerusalén (la santa ciudad). Atestiguaron al poder de Jesús de resucitar a los muertos.

2. No sabemos quiénes en particular eran ellos.

3. Sí, estuvieron vivos por algún tiempo, pero no sabemos qué les pasó finalmente, aunque es razonable suponer que Dios les llevó (como en el caso de Enoc, Gén. 5:24).

* * *

264. OFRENDAR UNA VEZ AL MES

"Estoy totalmente convencido que el mandamiento de ofrendar es claro cada primer día de la semana. Ahora si un hermano le pagaran cada mes sería correcto que diera en junto las 4 o 5 semanas en junto, se podría tomar el texto a opción individual?"

—

1. Cuando Pablo dio el mandamiento de 1 Cor. 16:2, no escribía a una gente que sin excepción recibiera su salario cada ocho días. Dondequiera y en toda cultura hay variedad en cuanto al tiempo de recibir los ingresos o sueldos. Los agricultores reciben ingresos cuando vendan sus cosechas.

2. En cuanto a la colecta, debemos hacer con los ingresos lo que hacemos en el caso de cualquier otro deber en la vida, que es apartar para los pagos cuando lleguen. Si la persona recibe un salario mensualmente sabe que esos ingresos tienen que durar un mes, hasta que reciba su próximo sueldo. Hay que comprar comida de vez en cuando, hacer los pagos de agua y electricidad cuando las cuentas llegan, etcétera. También, como cristiano, sabe que tiene que ofrendar todos los domingos. Para todo aparta para poder cumplir cuando llegue el momento.

Recuérdese que el mandamiento es semanal, sin importar la forma y horario de pago que el cristiano tiene.

* * *

265. OFRENDAR EN DOS IGLESIAS

"El cumplir con los privilegios el primer día de la semana (oración, himnos, la cena, ofrenda, edificación) localmente por la mañana, ¿podría dividir la ofrenda en dos, para participar por la tarde en otra localidad de hermanos fieles, o se puede omitir la ofrenda en la segunda reunión en otra localidad, tomando en cuenta que es una bendición, dondequiera que nos reunamos?"

—

1. La cuestión no es una de "privilegios" ni de "bendición". La pregunta, como va expresada arriba, no toma en cuenta que la cuestión tiene que ver con los deberes de membresía en la iglesia local.

2. Cada cristiano debe procurar hacerse miembro de alguna congregación local (Hech.

9:26) y luego ser miembro responsable. La colecta es para la obra de la iglesia local (la benevolencia, 1 Cor. 16:2; la predicación y la edificación, Fil. 4:15,16). El va a ofrendar, teniendo en mente la obra de la iglesia local de la cual es miembro. Si visita a otra congregación, en una hora en que la iglesia local no tiene servicio, como visitante si quiere ofrendar algo *adicional* a lo que propone dar como miembro responsable en su propia congregación, queda libre para hacerlo. Pero sería algo más allá de sus responsabilidades.

3. Ahora, si divide la cantidad que propuso en su corazón dar el domingo, como miembro responsable en la iglesia local, para dar una parte de ello a otra iglesia de la cual no es miembro, no cumple con sus deberes como miembro responsable. ¿Cómo podría la iglesia local hacer su obra si todos los miembros dieran la mitad de su ofrenda a otras iglesias? No ofrendamos por ofrendar, sino para que la iglesia de la cual somos miembros pueda llevar a cabo su obra.

4. Hay actos en el culto (los cinco van enumerados arriba en la pregunta) que se repiten diariamente (el cantar himnos, el orar, y el edificarnos). Por eso, si visitamos a otra iglesia local, cantamos, oramos y escuchamos predicaciones. Pero hay dos actos (el ofrendar y el tomar la Cena del Señor) que son de otra clase o índole. La Cena es un memorial, y como tal se celebra una sola vez en la ocasión apropiada. (Al visitar a otra iglesia local el domingo por la tarde, no se toma la Cena otra vez). Así es con la colecta: es algo que el miembro de la iglesia local hace el primer día de la semana. Si visita a otra iglesia local no debe llevar consigo una parte de su obligación como miembro de su propia congregación, para depositarla en la otra.

* * *

266. LA EXCOMUNIÓN

"Me dicen que si no nos juntamos con el disciplinado, ¿cómo vamos a amonestarle? También citan Mat. 18:7,14 y dicen que después de descomulgar a un hermano estos textos dicen qué hacer con él, y que estoy mal en no aceptarle".

- - -

1. Referente a este texto, 2 Tes.3:14,15, usted lo entiende bien. No debemos juntarnos (tener vida social) con el descomulgado. Al mismo tiempo no rehusamos buscar su rescate, amonestándole cuando la ocasión se nos presente. Todo el punto es que la disciplina se sienta y logre su propósito. Si el disciplinado no siente vergüenza, no va a tener motivo por qué arrepentirse y volver a Cristo.

Los hermanos y tuercen las escrituras, al aplicar Mat. 18:7,14 y Gál. 6:1 a la excomunión. No tienen que ver con el tema. Mat. 18:7 habla de hacer cosas que causan que otro, que es inocente, caiga en el pecado que le condene. Pero el hermano pecador, que no se arrepiente, ya está caído en el pecado y necesita ser disciplinado. Mat. 18:14 habla de la obra de salvar a personas perdidas, porque Dios no quiere que nadie se pierda. Pero la disciplina no pierde a nadie; al contrario tiene por propósito salvarle (1 Cor. 5:5). Los que rehúsan aplicar la disciplina son quienes buscan la perdición eterna de la persona, porque en sus hechos le animan a continuar en su pecado. Gál. 6:1 habla de la responsabilidad nuestra de buscar la restauración del hermano pecador. La disciplina es un paso en el proceso de su restauración. El amonestarle cuando se pueda es otro paso. El pecó, y la responsabilidad de él es la de arrepentirse, confesar públicamente su pecado(s), y pedirle a Dios perdón. Podemos cumplir con la parte nuestra, pero si él no cumple con la suya, no va a haber restauración.

Citar esos pasajes de Mateo y Gálatas, como si hablaran en contra de la excomunión, es hacer que la Biblia se contradiga. La persona que hace tal cosa no respeta la Palabra de Dios, no se interesa en la salvación del hermano perdido, y va a perder su propia alma porque tuerce las Escrituras (2 Ped. 3:16). La pura verdad es que en el caso que se me cita, los familiares aman más a los suyos que a Cristo (Mat. 10:34-37). No tratan de explicar tales textos como 1 Cor. 5:1-13; 2 Tes. 3:14,15; Tito 3:10, sino los evaden, aplicando al caso pasajes que no tienen que ver con ello, y todo esto para justificarse (Luc. 16:15) en su rebeldía y defensa del que anda mal.

* * *

267. LA JUNTA DE LOS VARONES

"¿Cuál es el trabajo de la junta de los varones? Si la junta de varones hace decisiones, ¿hará falta que la iglesia las apruebe? La iglesia da voz y voto a la junta de varones. Por lo tanto ¿está la junta en capacidad de hacer decisiones para el bien común?"

—

Son tres preguntas. Vamos a contestarlas una por una, aunque primero es necesario aclarar una confusión que implican estas preguntas.

1. Las preguntas #2 y #3, como expresadas, hacen una distinción *entre la iglesia y la junta de los varones.* ¡Tal distinción no existe! Los varones que se juntan para tratar los negocios de la iglesia local <u>son parte de la iglesia</u>. La iglesia no es una entidad aparte que en turno "apruebe" o dé "voz y voto" a la junta de varones. Borrado este concepto equivocado, la persona puede ver mejor cuál es el papel de los varones de la iglesia local al juntarse para tratar los negocios de ella.

2. #1, El trabajo de la junta de varones es la de dirigir los asuntos y actividades de la iglesia local.

3. #2, Los varones en la junta actúan por la iglesia entera (los miembros, hombres y mujeres). Así que no es cuestión de que "la iglesia apruebe" nada. La iglesia no existe como una entidad distinta de la junta de varones. Los varones que se juntan para tratar los asuntos de la iglesia entera son parte de la iglesia misma.

4. #3, No, la iglesia no "da voz y voto a la junta de varones" porque tal cosa no representa la realidad. ¿No son los varones parte de la iglesia?

¿Es la iglesia una cosa y los varones miembros de ella otra cosa distinta? ¡Claro que no!

5. Sabemos que es la voluntad de Dios que cada iglesia local crezca hacia la meta de tener la organización bíblica, que es la de tener ancianos, pastores, u obispos que la dirijan (Hech. 14:23; 20:28; Fil. 1:1; 1 Tim. 3:1 y sig.; Tito 1:5 y sig.; Heb. 13:17). Pero la iglesia, antes de tener ancianos, siempre es iglesia (Hech. 14:23). Los ancianos fueron instituidos en lo que ya eran iglesias. La pregunta que entra es ésta: ¿qué hacer la iglesia local antes de tener ancianos?

6. La respuesta se halla, por inferencia necesaria, en los principios bíblicos referentes al tema de dirección. El liderazgo pertenece al varón (Efes. 5:23; 1 Cor. 11:3). La mujer no ha de tener autoridad sobre el hombre (1 Tim. 2:12). Ella ha de callar en las congregaciones (1 Cor. 14:34). En la iglesia, los ancianos han de ser hombres, maridos de mujeres (1 Tim. 3:2). La dirección, pues, toca al varón.

7. Por eso como los varones dirigen el servicio público de la iglesia, también dirigen los demás asuntos de ella. Como las mujeres, que también son parte de la iglesia local, participan en el culto público, que los varones dirigen, ellas participan en las actividades que deciden los varones en sus juntas.

8. Los varones, si son sabios, al hacer sus decisiones en las juntas, toman en cuenta las circunstancias de todos los miembros de la iglesia local, y esto desde luego incluye a los miembros que son mujeres.

9. El cuadro no es uno de *varones e iglesia* (que la iglesia apruebe las decisiones de los varones), sino de la iglesia compuesta de varones y mujeres. En ella son los varones quienes la dirigen.

* * *

268. EL SOSTENIMIENTO DEL MINISTERIO DE CRISTO Y SUS APÓSTOLES.

"¿Quiénes mantuvieron el ministerio de Cristo y sus apóstoles?"

\- \- \-

1. Durante el ministerio personal de Jesús él y sus apóstoles tenían una bolsa, o caja, de fondos (Jn. 12:6; 13:29). De este fondo común vivían.

2. Había un grupo de mujeres ricas que con razón seguían a veces a Jesús, y ellas contribuían al fondo (Luc. 8:1-3; Mat. 27:55).

2. Leemos de varias ocasiones en que Jesús fue invitado a comer en diferentes casas (por ej., Luc. 9:38 y sig.; Mat. 9:10 y sig.; etc.).

3. Cuando menos algunos de los apóstoles eran personas de medios (Mateo pudo hacer un banquete para Jesús, Luc. 5:29; el padre de Juan y Jacobo era de medios, pues tenía jornaleros, Mar. 1:20).

4. Durante la comisión limitada, al irse los apóstoles por diferentes pueblos, fueron mantenidos por las casas que visitaron (Mat. 10:9-14).

5. En la Gran Comisión, a veces se

mantuvieron con los trabajos de sus propias manos (Hech. 20:34; Hech. 18:3), a veces recibieron salario de iglesias (2 Cor. 11:8; Fil. 1:5; 4:14,15).

* * *

269. COMPRAR TERRENOS, Y CONSTRUIR EDIFICIOS

"Hace pocos días le envié una carta diciéndole sobre un terreno que venden, que estaría muy bonito para construir un edificio para la Iglesia. Si está a su alcance y puede hacer algo está bien. Lo que deseo hermano es saber si ustedes tienen planes en establecer congregaciones aquí en _____ (un país), y si es así puede escribirme cuando pueden hacerlo yo estaría dispuesto a trabajar después de estar bien informado. Hay zonas muy buenas donde se pueden establecer Iglesias de Cristo".

\- \- \-

1. Este hermano representa en el pensar a otros muchos hermanos que tienen un concepto muy pobre de lo que es la iglesia del Señor, y la obra del cristiano y del evangelista. Tal mentalidad es el fruto de las enseñanzas y prácticas de líderes americanos liberales a través de los años.

2. Yo le contesté, diciendo:
"Gracias por su carta ....," en la que me vuelve a hablar acerca de un terreno de venta en que construir un edificio.

Terrenos de venta, hermano, son para iglesias establecidas que busquen dónde erigirse locales. Yo no compro terrenos ni construyo edificios. Parece que me tiene como si fuera algún dirigente de algo que compre y erija edificios para iglesias de Cristo. Yo no soy sino un cristiano como usted, miembro de una iglesia local, y un evangelista.

Habla de que "si ustedes tienen planes en establecer congregaciones aquí en _____". Yo no sé de quiénes habla al decir "ustedes". Yo no tengo tales planes para ninguna parte. Lo que hago es predicar el evangelio dondequiera que se me abra una puerta de oportunidad, sea aquí o allí. Usted debe estar hablando a las gentes acerca de Cristo, y yo lo mismo aquí, y así se establecen congregaciones. No es cuestión de grandiosos proyectos patrocinados por alguien, o por alguna iglesia central.

Le exhorto a que estudie mucho la literatura que le he enviado y que hable a las personas acerca del evangelio. Así se convierte gente. Luego los nuevos conversos, según sus capacidades (y no según las de gente de otros países) deben ver por sus necesidades en cuanto a dónde congregarse para rendir culto a Dios colectivamente".

3. El hermano dice: "que estaría muy bonito para construir un edificio para la Iglesia". ¿Para cuál iglesia? El habla de un edificio antes de haber una iglesia que lo necesite.

4. Muchos hermanos en los diferentes países, para que comiencen a convertir gente a Cristo, están esperando que algún americano con dinero, o alguna iglesia, done dinero para comprar un terreno, erija un local, y les consiga un salario. *Entonces están dispuestos a hacer algo*. Esta es la

mentalidad heredada del liberalismo.

5. No hace falta ningún terreno ni edificio para que se establezca una iglesia de Cristo. Lo que falta es la predicación del evangelio y el ejemplo de vida digno de imitarse de parte del que siembra la semilla del reino (Luc. 8:11). No es cuestión tanto de "establecer iglesias de Cristo", sino de convertir personas en cristianos. Los cristianos, al juntarse para trabajar y rendir culto a Dios colectivamente constituirán una iglesia de Cristo. Se congregarán dónde y cómo puedan, según sus habilidades o capacidades. No mirarán a ninguna parte para nada. Cada iglesia local es independiente y autónoma, si de veras es de Cristo.

* * *

270. EL VELO

"¿Es obligatorio, según la Biblia, la cubierta o 'velo' para la mujer en el culto"?

—

1. Respecto a su pregunta sobre el velo, no, no es obligatorio que la mujer lleve cubierta, o velo, en el culto. No puedo en esta carta corta profundizarme en el tema, porque tal no es mi propósito. Cito de INTERROGANTES Y RESPUESTAS (#47), pág. 19, "La Iglesia Católica Romana impuso el velo en la mujer, pero no el Nuevo Testamento. En el primer siglo, durante el tiempo cuando todavía existían los dones espirituales (entre ellos, la profecía—1 Cor. 12:10), la mujer profetisa, ya que ejercía en público el mismo don milagroso que el hombre profeta, tenía que mostrar su sujeción como mujer por medio de ponerse el velo mientras profetizaba (1 Cor. 11:2-16). (Ejemplos de profetisas en el tiempo del Nuevo Testamento: Ana, Luc. 2:36-38; las cuatro hijas de Felipe el evangelista, Hech. 21:9). Hoy en día no existen estos dones, pues cumplieron su propósito. No hay profetisas hoy en día, y el mandamiento de cubrirse con velo nunca fue dado a cualquier mujer".

* * *

271. EL MATRIMONIO Y LO CIVIL

"En la congregación donde me reúno se enseña que no existe matrimonio sin ceremonia civil o religiosa".

- - -

1. El matrimonio consiste en la relación de un hombre y una mujer que es formada en base a votos entre los dos, y delante de Dios y los hombres, de vivir como esposos hasta que la muerte les separe. Es sellado en el acto sexual que sigue a la declaración pública de sus votos.

2. El Nuevo Testamento no habla de "sacramentos". La idea de exigencia de ceremonia religiosa para validar el matrimonio viene del sacramento católico de matrimonio. Las bodas que dan aviso público a las intenciones matrimoniales de la pareja son cuestión de costumbre y no dependen en nada de algún acto considerado como de autorización eclesiástica.

3. La ceremonia civil es nada más una manera pública de registrar el matrimonio para el bien legal de la pareja y de los hijos que nazcan de dicha unión. La validez del matrimonio, una relación originada por Dios, no depende de algo que el hombre inconverso haga en el ejercicio de gobierno civil. No todo gobierno exige tal registro formal para que se reconozca el matrimonio en un dado caso. El acto civil nada más facilita el reconocimiento del matrimonio entre dos personas y evita en el futuro confusión y disensión sobre la cuestión.

* * *

"Se acusa de fornicación a los solteros que forman hogar, y se les disciplina por no tener constancia civil de matrimonio".

- - -

1. Como explicado arriba, la formación de un matrimonio no depende de la constancia civil.

2. La ley de Cristo nos enseña que nos sujetemos a las leyes del país (Rom. 13:1-7). Toda pareja casada debe procurar cumplir con los requisitos de la ley respecto al registrar su matrimonio si tales leyes así exigen. (Se supone que en cierta parte la ley civil exige que todo matrimonio se registre). Sería raro el caso en que no pudiera la pareja cumplir con ellos. Pero el sencillo caso de que dos esposos no hayan registrado su matrimonio no les constituye fornicarios.

3. Es injusto disciplinar por fornicación a dos esposos unidos por Dios en el matrimonio (Mat. 19:6). Por otro lado, si ellos rehúsan cumplir con las leyes del país, pudiendo hacerlo, deben ser disciplinados por ello.

Debe notarse que al hablar de cumplir con la ley del gobierno, se trata de un caso en que para que dos personas vivan como esposos es exigido que primero tengan una ceremonia civil al respecto. En lo personal yo no conozco a tal ley civil, pero lo puede haber en alguna parte. Todo es posible.

* * *

"La fornicación de Mateo 19:9 ¿se refiere a acto sexual prohibido, o a unirse sin ceremonia civil o religiosa?"

—

1. Se refiere al acto sexual prohibido.

* * *

272. LA OFRENDA EN EL BANCO

"En la actualidad transgrede el hecho de que la ofrenda permanezca depositada en un banco, esto para que no permanezca en la casa de un hermano que cumple la función de Tesorero, ¿cómo debe cumplirle a fin de que no parezca que es él el que determina como, cuando y en que ocuparla?"

—

1. El asunto de dónde debe guardarse la colecta de cada domingo debe ser determinado por la iglesia, y no por ningún individuo, ni el tesorero.

2. Es sabio usar la seguridad de un banco para guardar el dinero de la iglesia, si esto es posible. (En los EE.UU. no conozco a iglesia alguna que no

guarde su dinero en un banco). Si la iglesia quiere que se guarde en la casa de alguien, es cosa de la iglesia.

3. El tesorero no tiene nada que ver con el cómo, cuándo, y en qué el dinero de la iglesia se ocupe. El nada más se encarga de cuidarlo (o depositarlo en el banco) y de dispensarlo según las decisiones de la iglesia. Es un servidor de la iglesia, no una cabeza en ella. El es contador. Mantiene un registro de las colectas, los gastos, y los saldos. No toca ese dinero para usos personales (no lo puede, si el dinero está en el banco), ni lo gasta según su propio juicio. Es dinero de la iglesia y la iglesia determina su uso.

* * *

273. LA JUNTA Y HERMANOS IRRESPONSABLES

"Si en una congregación hay siete hermanos, cuatro son responsables y tres irresponsables, ¿qué podemos hacer en esta situación? ¿Forman ellos parte en la Junta de los Varones?"

\- - -

1. Todo hermano irresponsable en la congregación anda desordenadamente (2 Tes. 3:6-15). El tal debe ser exhortado en el asunto, y él debe corregirse en seguida. Si no se corrige, debe ser excomulgado. Durante el tiempo de la disciplina del hermano, que no es proceso ni largo ni complicado, no debe participar en las decisiones de la Junta de los Varones.

2. Todo hermano varón, que anda ordenadamente, es parte de la Junta que hace decisiones en la iglesia local (que no tiene ancianos).

* * *

274. 1 CORINTIOS 13:10

"¿En dónde empezó lo perfecto (1 Cor. 13:10)?"

\- - -

1. La frase "lo perfecto" se refiere a la revelación completada del evangelio de Cristo; o sea, a toda la doctrina de Cristo dada por inspiración a los apóstoles y a los a quienes ellos impartieron dones milagrosos para este propósito. Efes. 4:11-16 también trata este mismo punto. Una vez completada esta revelación, se cumplió el propósito de los dones milagrosos y dejaron de existir. Eran transitorios.

"Lo perfecto" no se refiere a Cristo en su segunda venida. La gramática del pasaje no permite tal interpretación, pues no dice "el perfecto" (como si fuera una persona, Cristo), sino "lo perfecto". El pronombre "lo" es neutro, no masculino.

La cuestión no tiene que ver con algún lugar "en donde empiece lo perfecto", sino con cierta situación que estaba en vigencia hasta que la iglesia infantil recibiera lo que se describe con la frase, "lo perfecto".

2. Para tener más detalles sobre este pasaje, consúltese mi obra titulada, EL MOVIMIENTO CARISMÁTICO.

* * *

275. LA EXCOMUNIÓN Y LA IGLESIA

"En cuanto a la obra de la iglesia, y la excomunión de un hermano (por ej., 1 Cor. 5:1-7; Mat. 18:15-17), lo que la junta de varones acuerde hacer ¿es necesario tomar en cuenta a la iglesia, o solamente informarle lo que se acordó hacer?"

\- - -

1. **Informar** (enseñar) a la iglesia es una cosa, y **hacer decisiones** en la junta de los varones es otra.

2. La acción disciplinaria es algo en que toda la iglesia participa. Para esto es necesario informar a la iglesia el caso y los pasos necesarios que se deban tomar. Pero en cuanto a las decisiones específicas, de cuándo y cómo proceder en un dado caso, son cosas que atienden los varones de la congregación.

3. Actuar los varones de la iglesia local, independientemente de las hermanas de la congregación, equivale a algo hecho, no por la iglesia, sino por una sola parte de ella. Pero esto no justifica que las hermanas participen en la junta para hacer decisiones como si fueran varones.

4. Hechos 6 y 15, pasajes que mencionan a la iglesia entera (6:5; 15:22), son empleados por algunos hermanos para probar que las mujeres pueden participar en las decisiones de la junta de los varones, pero tales pasajes no dicen tal cosa. El hecho de que a toda la iglesia cierta cosa pareciera bien no indica que todo miembro de ella participara en las decisiones, sino que todos se sometieron a las decisiones.

* * *

276. LA LABOR DEL EVANGELISTA E INFORMES

"Tengo algunas dudas en cuanto a la labor de algunos evangelistas aquí en mi país. ¿Podría enviarme su comentario en cuanto a la labor del mismo? 1.¿Qué relación tiene la congregación local con él? 2. ¿Que la iglesia puede marcar un alto a éste cuando no está realizando bien su obra? 3. ¿Está obligado éste a informar de sus labores a la congregación? 4. ¿Podría el o los hermanos que colaboran con él económicamente demandar razón de sus labores como tal?"

\- - -

1. No puedo comentar sobre "la labor de algunos evangelistas (en su país)" porque no conozco ni a ellos ni a los arreglos en particular que ellos tengan con ciertas iglesias. Ignoro las circunstancias que usted pueda tener en mente. Su carta no me habla en detalle de un cierto caso para que yo lo comente. Lo que a continuación comento, pues, tiene que ser en general, con principios que pueden ser aplicados dondequiera.

2. Pregunta #1. Depende del arreglo que tenga la iglesia local con él. Si no es miembro de la iglesia local, sino viene de otra parte, esto tiene que

ser por mutuo acuerdo entre la iglesia y él. Llegando él, llega como visitante, pero con el propósito de predicar, según el acuerdo ya hecho. No puede imponerse en la iglesia local. No tiene voz ni voto en los asuntos de la iglesia local. Predica, y se va. Se le puede pedir consejos e información bíblica, pero él, por no ser miembro allí, no debe meterse en los asuntos internos de dicha iglesia.

Ahora, si es miembro de la iglesia local donde predica, él predica porque, o los ancianos o la junta de los varones, acordaron con él que predique localmente en las ocasiones señaladas. Como miembro de la iglesia local tiene las mismas responsabilidades de membresía que tienen los demás miembros. Es un miembro entre otros. No manda; no dirige. No está "al frente de la obra" (como se suele decir en algunas partes). No está "encargado de la obra". Si tiene experiencia en predicar, se supone que su juicio u opinión va a tener cierto valor, y naturalmente a él se acudirá para consejos. Pero él no manda.

Si el caso es de una iglesia que manda dinero a un evangelista para que, viviendo del evangelio, dedique todo su tiempo a la predicación, entonces dicha iglesia tiene comunión con él en el evangelio (Fil. 4:15). La iglesia aportadora no le trata como miembro local porque no lo es; es miembro de alguna congregación en otra parte. No le puede disciplinar, pero si puede descontinuar enviar dinero a él, el cual ha sido expresión de la comunión que hasta ahora ha tenido con él. La iglesia local tiene control sobre su dinero, no sobre el evangelista.

3. Pregunta #2. La iglesia local puede "marcar un alto" al evangelista cuando quiera hacerlo. Si es visitante (miembro de otra iglesia, y nada más viene a predicar), se le termina el acuerdo que ha habido, y ya no sigue viniendo a predicar. No tiene que ser solamente por no "realizar bien su obra". Ahora si es miembro de la iglesia local, o los ancianos o los varones de la junta concuerdan en suspender el acuerdo de que él sea quien predique regularmente, y se hace otro arreglo. El, si sigue siendo miembro de esa iglesia local, sigue con sus responsabilidades de antes, nada más que ahora no predica.

4. Pregunta #3.Tengo que preguntar: ¿a cuál congregación? Me imagino que la pregunta tiene que ver con algún evangelista no miembro de la iglesia local, y que ésta le envía sostenimiento. Si el caso es así, entonces la respuesta es que sí, enfáticamente que sí. Hay predicadores que piden a las iglesias que les envíen dinero, y luego no quieren dar cuenta de nada a dichas iglesias. ¿No tienen que dar esas iglesias cuenta al Señor por el uso de las colectas que se ofrendan cada domingo? ¿Pueden sin castigo nada más enviar de ese dinero a evangelistas, aunque éstos estén malgastándolo, o estén viviendo en pecado, o no estén haciendo nada de obra? ¿No quieren saber si llegó su envío de dinero al evangelista? Otra pregunta: ¿por qué no querría el evangelista dar un reporte de sus actividades en el evangelio a la iglesia, o iglesias, que le envían sostenimiento para que predique? ¿No son socios, partícipes (comunión) en la obra, él y las iglesias? ¿Qué tiene que esconder (si merece dicho sostenimiento)?

5. Pregunta #4. Entiendo por "el o los hermanos" un individuo, o varios, o los hermanos de una iglesia local, que envían sostenimiento al evangelista. A veces lo hace un individuo o varios; a veces una iglesia, o iglesias, locales. Como sea, el que envía y el que recibe son socios, participando en una obra. El que envía no puede ir, pero el evangelista sí; el evangelista no puede hacerlo sin fondos, pero el que envía puede aportar fondos. ¡Son socios! ¡Tienen comunión en una obra! La obra, pues, interesa a los dos. Los dos tienen que estar igualmente informados sobre ella.

Si en alguna ocasión el dinero no llega a ciertos evangelistas, o escriben (o ¡llaman a larga distancia!) para informarle al que envía que no llegó el dinero. Pero siempre que llega, los mismos no quieren molestarse en nada para que el que aporta sepa que el dinero llegó. ¡Qué falta de agradecimiento! Son egoístas que piensan solamente en sí mismos. No merecen ninguna cooperación.

Ahora, si dice la persona que enviar informes es invasión de su privacidad, o que no importa a otros lo que él esté haciendo (reclamaciones que son falsas en sí), entonces que no pida ni reciba fondos de otros. Sencillo, ¿verdad? Pero, ¡no! ¡Ellos quieren ese dinero! Pero no quieren dar cuenta de sí, muchas veces porque no tienen nada que reportar. "Pero, es que no siempre hay bautismos que reportar. Por eso no mando informes". La obra del evangelista no es la de bautizar, sino de predicar. El evangelio convierte, no el evangelista (Rom. 1:16). Si él está ocupado en sembrar la semilla (Luc. 8:11), tiene mucho que informar, y los que le envían tienen mucho por qué regocijarse.

* * *

277. NO DIVORCIADA CON EL PRIMER MARIDO

"Había una pareja recién casada, el esposo vive con ella dos meses … salió y no regresa más … ella le espera tres años … se une con otro hombre y con este hombre vive hasta el momento y tienen dos hijos … pero ella con este hombre no tienen firmado el acto en el registro civil ante la ley …ella cree al evangelio y se bautizó … según ella, con el marido que se casó legalmente y le fue dejando ella no tuvo la culpa para que él le abandone. Ahora bien, algunos hermanos han dicho que esta hermana no puede cenar, por la razón de no haberse divorciado con el primer marido y por no haberse casado con este otro hombre que tiene como marido. Otros han dicho que ella no debía haber sido bautizada si no se hubiera divorciado ante la ley con el primero marido y casado ante la ley con el que tiene en estos momentos".

- - -

1. La única causa que nos da Cristo para que la

persona inocente pueda repudiar a su cónyuge es la fornicación de parte de él (Mat. 5:32; 19:9). El abandono no es esa causa; no es fornicación.

2. Vivir como esposos, sin registrar el matrimonio, es desobedecer a las leyes del país si lo exige, y sería pecado (Rom. 13:1,2). No todo país tiene leyes que exigen que todo matrimonio sea registrado. Por eso no castigan a esposos cuyo matrimonio no ha sido registrado. (¿No es cierto que en este caso a la mano la ley no ha encarcelado a la presente pareja por no haber registrado civilmente su matrimonio?)

3. Basándome en la información como dada arriba, digo:

La referida persona hizo bien en bautizarse si pensaba que lo iba a hacer para perdón de sus pecados, y sin saber que supuestamente su estado matrimonial era pecado (si lo era en este caso en particular). Dios le perdonó sus pecados arrepentidos. Ahora si sabe que está en pecado (por vivir en un país que exige el registro civil de todo matrimonio, suponiendo yo que así es el caso), con respecto a su estado matrimonial, debe corregir su situación y pedir que Dios le perdone este pecado también.

Nota: En todo país que tiene leyes respecto al matrimonio, lo que se exige es que *para razones de registro civil* haya una ceremonia civil formal. Esta es la manera en que el gobierno fácilmente puede probar la existencia de un matrimonio en un dado caso de conflictos y pleitos. Ahora lo que todo país no exige es que la pareja no viva como esposos excepto primero registre su matrimonio civilmente. Es decir, no es ilegal en todo país que un hombre y una mujer se casen bíblicamente sin registrar civilmente su matrimonio. En realidad el gobierno de hombres incrédulos no valida lo que Dios ha instituido. La validez de las instituciones y leyes de Dios no depende de la aceptación de hombres carnales en sus cortes civiles. Hombres paganos no determinan lo que es aceptable a Dios.

4. ¿Qué debe hacer la hermana en Cristo? De lejos no puedo aconsejarle bien en cuanto a los pasos específicos, si hay algunos, que deba tomar para que pueda vivir con el presente hombre, el padre de sus dos hijos. Pero una cosa es cierta: vive con un hombre sin haberse divorciado civilmente de su primer marido. Siendo así el caso, la ley no le permite que se case civilmente con otro hombre (excepto en un país que permita la poligamia). Si ella repudió (rechazó) a su primer marido, no lo hizo por causa de fornicación. No debe seguir viviendo con el hombre presente. Si puede divorciarse del verdadero marido por causa de la fornicación cometida, ése es el primer paso para luego tomar algún paso adicional hacia las segundas nupcias. Si no ha habido caso de fornicación, ella debe ser reconciliada con el primer y único marido, o quedarse sin casar de nuevo (1 Cor. 7:10 11).

5. No necesita bautizarse de nuevo, sino como cristiana arrepentirse de sus males y corregirlos en seguida.

* * *

278. LA BENEVOLENCIA CONGREGACIONAL, Y 1 TIM. 5:8

"... una hermana fiel con 15 años en el evangelio, que ha dado muestras de fidelidad ... su esposo tuvo un accidente, fue hospitalizado ... ella no tenía para alimento ... tuvo que recurrir a los hermanos porque ya se le había agotado el poco dinero que tenía ... Cuando ella pidió una ayuda a la iglesia le negaron porque ella tenía sobrinos en la iglesia y de ellos era la obligación de velar por ella, nos citaban 1 Tim. 5:8 ... a los sobrinos nos querían excomulgar ... los sobrinos le ayudábamos con lo que podíamos ... ¿Hasta qué generación abarca 1 Tim. 5:8? ¿Quiénes son los suyos? ¿Tiene que ser viuda mayor de 60 años para que se cumpla 1 Cor. 16:1? ¿Tiene que ser cristiano el esposo para que la iglesia ayude a la hermana?"

- - -

1. 1 Tim. 5:3-10 trata el asunto de alistar (de incluir en una lista), para cuidado continuo, a las viudas que realmente lo son. Ellas están desamparadas, porque no tienen parientes que les cuiden (ver. 5). Pero la viuda con hijos o nietos (ver. 4) debe ser atendida en sus necesidades por ellos (ver. 4,8). Si a la iglesia se le carga la benevolencia necesaria que toca a los parientes, entonces no va a tener lo necesario para su obra de cuidar de las que en verdad son viudas, y necesitan sostén continuamente.

La hermana de este caso, según se me explica en la carta, no es de las que son viudas en verdad.

2. 1 Tim. 5:8 no especifica cierto límite en cuanto a generaciones. Dice, "los suyos", que son parientes (en particular, hijos y nietos, ver. 4), y "los de su casa", que son los de la familia inmediata; o sea, los seres con quienes vive o tiene contacto continuo.

3. 1 Cor. 16:1 no tiene que ver con el contexto de viudas en verdad según 1 Tim. 5, pasaje que trata de socorro continuo para viudas en verdad que son mayores de 60 años de edad. La benevolencia congregacional, la de una iglesia o iglesias, a santos necesitados (1 Cor. 16:1; 2 Cor. 8,9; Rom. 15:26; Hech. 24:17) es otro caso. Se trata de una ayuda que atiende a las necesidades temporales, y no continuas (2 Cor. 9:12).

Si la iglesia local, viendo que los familiares cercanos del santo necesitado ya no pueden (por sus propias necesidades básicas) socorrerle suficientemente, por ser la persona miembro fiel sí puede ayudarle con dinero para sus gastos más necesarios. Esto es lo que hicieron las iglesias de Galacia, Macedonia, y Acaya. No enviaron dinero a viudas en verdad para sostenimiento continuo, sino a "los pobres que hay entre los santos que están en Jerusalén" (Rom. 15:26). Sin duda esos santos tenían familiares, pero la necesidad era tan grande, que era necesario que iglesias de otras regiones enviaran subsidio. Compárese Hech. 11:28-30.

Desde luego las Escrituras enseñan que el individuo sea benévolo. La mayoría de los pasajes bíblicos, que hablan de la benevolencia, tratan del deber del individuo de ser "buenos samaritanos". El individuo (y mayormente el familiar) no agrada al Señor si echa toda la responsabilidad de la benevolencia para los santos a la iglesia local.

4. No, el cónyuge del santo no tiene que ser cristiano para que la iglesia ayude al santo necesitado.

* * *

279. INSTRUMENTOS MUSICALES EN CASA (Y CON ELLOS ALABAR A DIOS)

"Hay un grupo denominacional … que aunque no usan instrumentos musicales en la adoración a Dios en la iglesia, algunos de sus miembros tienen en casa guitarras … las usan para cantar alabanzas a Dios. Aunque las usan para otro fin no religioso, ¿no sería pecado de todas maneras tener algún instrumento musical en casa? Porque uno de plano que caería en la tentación de usarlo en la adoración a Dios, ¿no?"

- - -

1. En cuanto a la alabanza al Señor con música, las Escrituras especifican que se cante, usando las cuerdas del corazón (Efes. 5:19; Col. 3:16). El uso de instrumentos de música para la alabanza al Señor, no importando dónde se usen para esto, queda sin autorización bíblica. El sitio, sea un local de la iglesia, sea una casa privada, no tiene que ver con el asunto. Hemos de adorar al Señor según él nos ha dicho, y no conforme a gustos nuestros.

2. No, no es pecado tener instrumentos musicales en la casa. Yo tengo varios en la mía. No es pecado tener velas en la casa (aunque algunos queman velas en adoración a Dios). No es pecado tener comida en la casa (aunque algunos introducen comidas en las actividades de la iglesia en asamblea).

3. A la persona que entiende que es pecado usar instrumentos musicales en la adoración al Señor no le es tentación tener alguno en su casa. Pero no siempre conviene lo que es lícito (1 Cor. 6:12; 10:23). En un dado caso, si la persona está habituada a usar el instrumento musical en adoración a Dios, y ya aprende que es pecado, puede ser que le sea tentación tenerlo en su casa. Esa persona tendrá que decidir qué convenga más. Pero nosotros no tenemos derecho de mandar a otros a que no los tengan en casa a causa de una posible tentación que veamos.

* * *

280. AL BAUTIZAR, ¿QUE DECIR?

"¿Es necesario mencionar las palabras 'en el nombre del Padre, del Hijo, y del Espíritu Santo' en el momento del bautismo?"

- - -

1. No, no es necesario repetir ninguna fórmula de palabras exactas en el momento de bautizar a la persona. Las Escrituras nos enseñan qué hacer, no qué decir, al bautizar.

2. Lo que Jesús mandó a sus discípulos a hacer, según Mateo 28:19,20, fue que yendo ellos, **hicieran discípulos**, y luego les explicó cómo se hace eso. Se hace al **bautizar** a las personas para entrar ellas en comunión con quienes son el Padre, el Hijo, y el Espíritu Santo, y al **enseñarles** que guarden todas las cosas que él les había mandado.

En nuestra versión Valera 1960 en este versículo hay dos mandamientos, "id" y "haced discípulos", y luego dos frases aposicionales, "bautizándolos" y "enseñándoles". (El texto griego emplea solamente un mandamiento, "haced discípulos," y tres participios, "yendo," "bautizándolos," y "enseñándoles").

3. La Ver. Valera 1960 dice, "bautizándolos **en** el nombre", pero la preposición griega en esta frase no es "en", sino "para" (en griego, EIS). La Ver. Moderna dice, en la margen, "para unirlos con el nombre". La versión que uso en inglés, la ASV, dice: "para", y no "en".

El bautismo es para poner a la persona en comunión con la Deidad (el Padre, el Hijo, y el Espíritu Santo).

La preposición EIS siempre mira para delante, e indica moción hacia cierto fin. Por ejemplo, Mat. 26:28, la sangre de Cristo "derramada para remisión de pecados", y Hech. 2:38, bautizarse cada uno en el nombre de Jesucristo "para perdón de los pecados". Tal es el significado de esta preposición en Mat. 28:19, "para el nombre de".

4. Los Apostólicos (Solo Jesús) cometen el error de pensar que Jesús está mandando que se diga cierta fórmula de palabras. Son ignorantes de la enseñanza de Jesús en éste y en otros pasajes relacionados en cuanto al bautismo. Ellos afirman que hay cierta cosa que decir, pero Cristo enseña que hay cierta cosa que hacer.

* * *

281. 1 SAMUEL 28:3-25

"En cuanto a 1 Samuel 28:3-25, específicamente apareció Samuel? ¿Dios se valió de la adivina? Ver. 13 dice, 'He visto dioses que suben de la tierra'".

- - -

1. Véase Interrogante #54.
2. Si, apareció Samuel.
3. Dios hizo uso de esa mujer mala para llevar a cabo su propósito en ese caso. Dios ha hecho uso de sus enemigos para lograr sus fines. Considérese Isa. 10:5-12.

* * *

282. ELÍAS Y ENOC, ¿EN EL CIELO, O EN EL HADES?

"¿Fue directamente Elías al cielo como trono de Dios, o fue al Hades? Enoc, ¿fue también al cielo?

- - -

1. Tomando en cuenta todo lo que las Escrituras revelan respecto al estado intermediario, entre la muerte y el juicio final, y a la morada eterna de los redimidos en los cielos, contesto la primera pregunta, diciendo que Elías (2 Reyes 2:11,

"Elías subió al cielo en un torbellino") no fue directamente al cielo, en el sentido de llegar a estar frente al trono de Dios. Desde el punto de vista de Eliseo (ver. 12), Elías "subió al cielo". Pero esa frase no significa que llegó al trono de Dios, a su misma presencia. Su espíritu está en el paraíso del Hades, esperando la segunda venida de Cristo, juntamente con las demás almas de personas redimidas.

2. De igual manera con Enoc. "Caminó, pues, Enoc con Dios, y desapareció, porque le llevó Dios" (Gén. 5:24). Desapareció de la vista de los hombres. Dios le llevó; es decir, Dios dispuso del cuerpo de Elías, de Enoc (y aún del cuerpo de Moisés, Deut. 34:6). No experimentaron la muerte en forma natural. Dios intervino de manera sobrenatural.

3. Está establecido al hombre que muera una sola vez (Heb. 9:27). El cuerpo retorna al polvo (Gén. 3:19), y el espíritu a Dios al Seol (Antiguo Testamento, hebreo) o al Hades (Nuevo Testamento, griego) (Ecles. 9:10; 12:7). La muerte es la separación del alma del cuerpo. Los sobrevivientes sepultamos al cadáver del difunto. Pero en el caso de Enoc y de Elías, Dios dispuso de sus cuerpos de manera sobrenatural, y por eso se dice que ellos fueron llevados al cielo.

4. Pablo dijo que al morir él partiría a estar con Cristo (Fil. 1:23) porque estaría en el estado (si no lugar) preparado por Cristo para los suyos en espíritu y fuera de sus cuerpos. Este estado se describe como un paraíso (Luc. 23:43), donde hay reposo (Apoc. 6:11; 14:13).

5. Cristo dejó esta tierra para ir a preparar un lugar para los suyos, y cuando regrese recibirá a los tales a sí mismo (Jn. 14:1-3). Todos los salvos llegarán a esas moradas eternas al mismo tiempo.

6. 1 Tes. 4:13-18 nos enseña que cuando Cristo venga la segunda vez (Heb. 9:28), resucitará primero a los santos muertos, trayéndolos consigo (ver. 14), y los santos vivos serán transformados (1 Cor. 15:52), y juntamente todos éstos serán arrebatados para recibir al Señor (ver. 17).

7. El Hades es la morada de los espíritus sin cuerpo. Los espíritus no ocupan espacio. Por eso prefiero pensar más bien en un estado que en un lugar, al pensar en dónde estén los que ya murieron. El Hades tiene dos estados (Luc. 16:23-26).

8. Después del Juicio Final los redimidos irán a la vida eterna (al cielo de la presencia de Dios), y no antes (Mat. 25:46; Apoc. 20:11-15; 21:1-8).

9. La herencia incorruptible está reservada en los cielos (1 Ped. 1:4), y será dada cuando Cristo sea manifestado en su segunda venida (ver. 7). Es cuando el cristiano fiel obtendrá el fin de su fe, la salvación de su alma eternamente (ver. 9).

* * *

283. HABITANTES EN EL CIELO APARTE DE "LAS HUESTES CELESTIALES"

"¿Hay habitantes en el cielo aparte de las huestes celestiales?"

- - -

1. La frase "huestes celestiales" traduce dos palabras griegas que significan "ejército" y "celestial". Aparecen en Luc. 2:13 (huestes celestiales, con referencia a una multitud de seres celestiales) y en Hech. 7:42 (ejército del cielo, con referencia a las estrellas del cielo). Apoc. 5:11 menciona a los habitantes del cielo alrededor del trono de Dios.

2. Si la pregunta (que acompaña el Interrogante #282) quiere saber si Enoc y Elías están en el cielo, como distintos de las "huestes celestiales", ya la contesté.

3. No hemos de agregar a la frase "huestes celestiales" ningún sentido adicional a lo que las Escrituras emplean. Los habitantes del cielo (los ángeles, no las estrellas) son un gran "ejército" en número. Son seres que Dios creó que son distintos a los seres humanos que Dios también creó. Por medio de la salvación en Cristo el hombre puede participar de la naturaleza divina (2 Ped. 1:4). Para los ángeles no hay salvación en Cristo (Heb. 2:16).

* * *

284. "YA HE SIDO BAUTIZADO"

"Hay un joven de la Iglesia del Nazareno que insiste en que un pariente, pastor en dicha iglesia, le bautizó para perdón de los pecados, y que por eso no necesita volver a bautizarse. El dice que la Iglesia de Cristo estudia la Biblia con mucho empeño y que si fuera correcta en el asunto de los instrumentos y las palmas en los cantos, sería 'única'".

- - -

1. En cuanto al joven y su bautismo, yo trataría de hacerle ver que hay más en el cuadro que eso de para qué es el bautismo. Yo uso Hech. 8:12. La gente a quien bautizó Felipe en Samaria ya entendió, por la predicación del evangelio que es puro, lo que es el reino de Dios. Los sectarios reclaman predicar el evangelio, pero los resultados siempre son que la gente llega a ser miembros de las iglesias "evangélicas" (protestantes). Nadie puede ser bautizado bien y luego hallarse en una iglesia denominacional. El reino es la iglesia del Señor. Ese amigo no tiene el concepto novotestamentario de la iglesia, que es el "un cuerpo", al cual entra la persona cuando es bautizada (1 Cor. 12:13; Col. 1:18). Su manera de expresarse, al hablar de "la iglesia de Cristo", evidencia que su concepto de ella es puramente denominacional. Los mormones bautizan para perdón de los pecados; ¿cree él que sólo por eso son la iglesia del Nuevo Testamento?

2. A tales personas les falta aprender lo que es la iglesia del Señor, y que el denominacionalismo no es de Dios. Cuando la persona aprende eso, la parte del bautismo lo comprende fácilmente. Hasta entonces, el "evangélico" va a seguir creyendo que el bautismo es una "ordenanza de la iglesia" y que su forma y propósito son así y así.

3. Si él fue bautizado bíblicamente, que es para hallarse en el cuerpo de Cristo, su iglesia, ¿por qué sigue asistiendo y comulgando una iglesia

denominacional (la del Nazareno)? Lo hace porque no entiende bien lo que es la iglesia de Cristo, y por eso no ha sido bautizado bíblicamente, como tampoco está bautizado bien el mormón.

* * *

285. "¿EN EL NUEVO NACIMIENTO SON PERDONADOS LA FORNICACIÓN Y EL ADULTERIO?"

"¿Los antepasados tienen todavía sus fornicaciones y sus adulterios, o en Cristo son perdonado todo, Jn. 3:3,7; Efes. 2:15; Heb. 10:9,12,17,24,26; 2 Cor. 5:17-19; Col. 3:9-17? ¿En el nuevo nacimiento son perdonada la fornicación y el adulterio, son perdonados todos los pecados, o quedan algunos, Hech. 2:38?"

- - -

1. La nueva criatura en Cristo tiene todos sus pecados pasados perdonados, porque se arrepintió de ellos y fueron lavados en el bautismo (Hech. 2:38; 22:16).

2. Ahora, si en un dado caso la persona no se arrepiente de sus fornicaciones y adulterios pasados, sino que continúa en ellos, no es nueva criatura y no se encuentra en Cristo. Dios no perdona pecados no arrepentidos.

3. Lo que pasa a veces es que los hermanos bautizan a una persona que no tiene derecho al cónyuge presente, y luego dicen que la persona es una nueva criatura y que así tiene perdonados todos sus pecados, inclusive su adulterio presente. Pero si continúa con el cónyuge ilícito, no se arrepintió de su adulterio, y el bautismo no lava ningún pecado no arrepentido y dejado.

4. El polígamo que se bautiza, pero que continúa con su pluralidad de esposas, no llega a ser nueva criatura. No murió a la pasada manera de vivir. No se arrepintió de su poligamia. Dios no le perdonó. ¡El bautismo lava pecados arrepentidos, pero no lava de esposas ilícitas!

5. ¿Pueden dos hombres homosexuales, o dos mujeres homosexuales, llegar a ser nuevas criaturas? Sí. ¿Pueden ser bautizados para perdón de sus pecados? Sí. ¿Pueden continuar en su homosexualidad? No. Si continúan en ella, ¿les perdonó Dios? No. ¿Llegaron a ser nuevas criaturas? No.

6. No confundamos dos cosas distintas; a saber, el perdón en el bautismo para los pecados pasados arrepentidos y dejados, y el derecho que tenga una dada persona al presente cónyuge. El perdón es una cosa, pero el permiso de Dios para que la persona se divorcie y vuelva a casarse es otra cosa. Véase Mat. 5:32; 19:9. Todo el mundo está sujeto a esta ley que según Cristo ha existido desde el principio, 19:8.

7. La cuestión no tiene que ver con el perdón de Dios y la nueva creación. Se puede citar un sinnúmero de pasajes sobre el perdón, pero tales pasajes no tocarán la cuestión. La cuestión es ésta: en un dado caso, ¿tiene la persona derecho bíblico para estar casada con el presente cónyuge? ¿Se ha arrepentido la persona de los adulterios y fornicaciones pasados? Si no, ¡ni pensar en el perdón de Dios! ¡En tal caso no puede ser nueva criatura!

8. Siempre mantengamos por delante la cuestión misma, y no dejemos que otros la obscurezcan con asuntos ajenos (como el perdón y la nueva creación). Dios perdona los pecados condicionalmente. Una de las condiciones es el arrepentimiento. Hasta que la persona se arrepienta de sus adulterios y fornicaciones, no puede esperar el perdón de Dios. Punto y aparte.

* * *

286. EL "REBAUTIZAR"

"Cuando una persona es bautizada dentro del cuerpo, pero con el tiempo esta persona, ahora hermana o hermano, se da cuenta que lo hizo para agradar a una segunda persona, 'forzadamente', ¿debería él o ella ser bautizada nuevamente, o únicamente arrepentirse y confesar su pecado? Dos hermanos me han dicho que es necesario el bautizarse nuevamente, y yo me opongo a eso ya que la Biblia no habla del rebautizo, según Efesios 4:4".

- - -

1. Cuando la persona es "forzada" a ser sumergida en agua, ¡no es bautizada "dentro del cuerpo", ni llega a ser hermana o hermano en Cristo! El cuerpo de Cristo, que es su iglesia, no es entrado forzadamente. Nadie llega a ser hermano en Cristo por medio de cierta acción que tenga por motivo el agradar al hombre. La persona que se sumerge en agua, con el propósito de agradar a otra persona, se burla de Cristo y de sus mandamientos y se queda en sus pecados.

2. Hay condiciones que preceden al bautismo en Cristo, el bautismo que es "uno", según Efes. 4:5. Si la persona no cree que Jesús es el Hijo de Dios, si no se arrepiente de sus pecados, y si no confiesa esa fe con su boca, el sumergirse en el agua no le logra nada, excepto el mojarse el cuerpo y la ropa. ¡No fue bautizada ni la primera vez! ¿Para qué hablar acerca de algún "rebautizo"?

3. Es cierto que "la Biblia no habla del rebautizo". Hay un solo bautismo bíblico que ahora está en vigor (Efes. 4:5). La persona que no ha sido bautizada según los términos de ese bautismo, que es uno, necesita ser bautizada según ellos. Hasta que no lo haga, no ha sido bautizada bíblicamente. Ha sido sumergido en agua para mojarse, pero no ha sido bautizado bíblicamente.

4. Si la persona mencionada en la pregunta del interrogador reconoce su pecado y es sumergida en agua según las condiciones del bautismo, y para perdón de sus pecados, entonces *en cuanto al acto visible mismo* habrá sido sumergido en agua *dos veces*. Solamente en este sentido habrá sido *rebautizada*. Pero en cuanto a la enseñanza del Nuevo Testamento habrá sido bautizada una sola vez, y con el bautismo que es uno.

* * *

287. LA CENA DEL SEÑOR Y EL HERMANO

DISCIPLINADO

(Cierto hermano, que había sido excomulgado, pero que ahora se reconcilió, afirma que al hermano disciplinado siempre se le debe servir la Cena del Señor. El acusa al predicador de pecado, al negarle la Cena del Señor durante el tiempo de la excomunión, e insiste en que se arrepienta de dicho pecado — BHR). El predicador escribe: "Mi respuesta es que la Biblia enseña en 1 Cor. 11:28,29 que cada uno debe examinarse. Pero no hermanos bajo disciplina; en tal caso se tiene que corregir la vida espiritual para poder participar de la comunión con Dios y con nuestros hermanos, y sea aceptable la adoración. Su esposa ya lo ha entendido, hasta exhorta al hermano, pero él insiste. En este caso, si tienen vida social con todos los hermanos bajo disciplina, ¿es necesario dar con ellos otra vez los pasos que indica Mateo 18:15-17, o nada más aplicar Tito 3:10?"

- - -

1. Aunque no me pregunta sobre el caso, usted contesta bien al hermano que insiste en que la Cena del Señor se sirva al hermano excomulgado. El que anda fuera de comunión con el cuerpo de Cristo ciertamente, al examinarse a sí mismo no va a estar en condiciones espirituales para recordar la muerte de Cristo por sus pecados, pues continúa en sus pecados. Por eso sigue excomulgado. Dicho hermano, que se dice se reconcilió con la iglesia (eso me implica que se arrepintió de sus pecados e hizo confesión pública de ellos) debe tener un concepto bien sectario de lo que es la Cena del Señor, como si fuera un "sacramento" con cualidades místicas si no milagrosas que logran grandes beneficios para quienquiera que la tome, hasta para el que anda en pecado.

No, la Cena es un memorial (1 Cor. 11:24) que anuncia la muerte de Jesús por los pecados del hombre. Es imposible que un hermano que persiste en el pecado pueda tomar la Cena "dignamente". Al contrario, juicio come y bebe para sí (ver. 27-29).

2. Si éste, y otros hermanos, siguen teniendo comunión con "los hermanos bajo disciplina" (excomulgados), en realidad no se reconciliaron. Sea como sea, andan mal y "participan en sus malas obras" (2 Juan 11). Tienen comunión, no con la iglesia que excomulgó a aquéllos, sino con los excomulgados. Si no oyen a la iglesia (Mat. 18:17), que les exhorta a dejar tal comunión con el error, deben ser desechados (Tito 3:10). Aunque dejaran de comulgar a los excomulgados, si el hermano siguiera con la doctrina falsa de servir la Cena del Señor a los excomulgados, y con acusarle de pecado porque usted no sirve la Cena a los tales, entonces debe ser excomulgado por su falsa doctrina (Tito 3:10; Rom. 16:17,18; 2 Tes. 3:14).

* * *

288. "PARTIR EL PAN" HECHOS 2:46; 20:7-12"

"¿Cuándo se usa la expresión 'partir el pan'

para indicar la Cena del Señor, y cuándo la comunión con los hermanos? Según Hech. 2:46 ¿a cuál de las dos expresiones corresponde? En caso que sea la Cena, ¿se tomaba todos los días?

De acuerdo a Hech. 20:7-12, ¿cuál fue la Cena del Señor, ya que aparentemente Pablo comió en la madrugada del lunes antes de partir?"

- - -

1. La frase "partir el pan" se emplea en el Nuevo Testamento para referirse:

(1) a una comida ordinaria (Hech. 2:46; 20:11; 27:35),

(2) a la Cena del Señor (Mat. 26:26; Mar. 14:22; Luc. 22:19; Hech. 20:7; 1 Cor. 10:16; 11:24),

(3) al acto milagroso del Señor al alimentar a la gente con comida ordinaria (Mat. 14:19; 15:36; Mar. 8:6,19).

El contexto en cada caso determina el sentido en que se emplee.

2. Nunca se emplea para indicar "la comunión con los hermanos". (La Cena del Señor es una comunión "del cuerpo de Cristo" y "de la sangre de Cristo", 1 Cor. 10:16), pero no "con los hermanos").

3. La comida común, como ilustrada en Hech. 2:46, desde luego se toma todos los días. "En las casas" es donde ordinariamente se debe comer para satisfacer el hambre (véase también 1 Cor. 11:34). No hay autorización alguna para que la iglesia local gaste dinero en la construcción y operación de cocinas y comedores en los locales, con el propósito de celebrar comidas sociales. Para tales comidas tenemos casas en que comer. La obra de la iglesia local no admite actividades puramente sociales.

(Ahora, en un dado caso que cada miembro lleve comida y bebida al local para comer y beber en el debido tiempo, dado que la reunión va a durar un buen número de horas, es otra cosa. En tal caso, el beber, comer y usar los sanitarios es una necesidad física, y no una actividad social, y como tal cada miembro vea por sus necesidades. Se satisface la sed y el hambre y luego en seguida y sin demora siguen su marcha las actividades en el evangelio para el día).

3. Hecho. 20:7 habla de una reunión para tomar la Cena del Señor, de acuerdo con las instrucciones de 1 Cor. 11:19,20,33. En esta Cena participaron los discípulos. El "partido de pan" del ver. 11 fue un acto en que solamente participó Pablo, y por eso fue obviamente un acto de comer para satisfacer su propio hambre físico.

* * *

289. ¿ES LA OFRENDA UN MANDAMIENTO?

"¿Es la ofrenda un mandamiento? El hermano dice que no porque fue un caso voluntario de colaboración, Hech. 11:29, y que incluso los hermanos de Macedonia 'pidieron' que se les permitiera ayudar, 2 Cor. 8:3,4. Dadas las circunstancias anteriores, ¿es la ofrenda "adoración" o parte de la "adoración"?

- - -

1. Sí, la ofrenda de cada primer día de la semana es un mandamiento del Señor. En 1 Cor. 16:1 Pablo da a la iglesia en Corinto la misma orden apostólica que había dado a las iglesias de Galacia. Ordenar es mandar.

2. Hech. 11:29 ciertamente nos informa que los discípulos en Antioquía voluntariamente aceptaron enviar subsidio a los santos necesitados en Judea. Todos los mandamientos del Señor tienen que ser obedecidos voluntariamente. La voluntad del hombre concuerda con el mandamiento del Señor cuando hay obediencia. Cantamos voluntariamente, como también oramos voluntariamente, pero siempre estamos haciéndolo porque son mandamientos del Señor. En ese sentido se puede decir que en Antioquía los discípulos hicieron algo "voluntariamente" (aunque la palabra "voluntariamente" no aparece en el texto.

3. Si, los hermanos de las iglesias en Macedonia pidieron que se les concediera participar en el servicio para los santos necesitados en Jerusalén (2 Cor. 8:4), a pesar de su pobreza general. Dios les había dado la gracia de dar (el poder financiero para contribuir), ver. 1. No quisieron excusarse de esta orden apostólica, basándose en su pobreza. No podían dar mucho, comparativamente hablando, pero sí podían participar (tener comunión) en ese caso de benevolencia congregacional hacia los santos necesitados en Jerusalén.

4. El interrogador dice: "Dadas las circunstancias anteriores, ¿es la ofrenda 'adoración' o parte de la 'adoración'?"

Su pregunta supone que "las circunstancias anteriores" son verdades establecidas, pero no es cierto. La ofrenda no es cosa de preferencia personal o acto puramente voluntario. Es un mandamiento del Señor.

Si con el término "adoración" se hace referencia a los actos de culto público de la iglesia local cada primer día de la semana, la ofrenda sí es parte de esos actos de adoración. El mandamiento directo, el ejemplo apostólico, y la implicación divina, (con nuestra inferencia necesaria), nos enseñan que cada domingo la iglesia local debe reunirse para adorar a Dios en la realización de los actos específicos de cantar, orar, ofrendar, tomar la Cena, predicar el evangelio y edificar por medio de la enseñanza.

* * *

290. REUNIONES DE CONGREGACIONES

"Acá en _____ se llevan a cabo reuniones de congregaciones de _____, _____, y lógicamente de _____, nada más que en cada caso se reúnen sólo hermanos, hermanas, o jóvenes. ¿Será bíblico o lícito, o sólo conveniencia?"

- - -

1. Entiendo que la pregunta tiene que ver con reuniones solamente para hombres, y otras solamente para mujeres, y aún otras solamente para jóvenes. Clases especiales, para hombres, o para mujeres, o para jóvenes, en sí no es malo; al contrario, pueden ser muy convenientes. Pero el interrogador no me dice para qué son dichas reuniones. ¿Son para clase bíblica? ¿Son para diversiones y comidas sociales? La respuesta tiene mucho que ver con la justificación de la reunión.

2. El problema en el caso sobre el cual el interrogador pregunta puede ser otro. Aunque no se me da mucha información, deduzco que lo que está pasando es que una congregación está arreglando actividades para otras varias, y llevándolas a cabo como si todo el asunto fuera obra de ella como patrocinadora. Si tal congregación, o iglesia local, se considera así como si fuera una central para actividades de otras varias iglesias, no tiene concepto claro de la independencia o autonomía de la iglesia local.

3. No es nada malo que una iglesia local arregle una clase de enseñanza, por ejemplo especialmente (pero no solamente) para jóvenes, y luego lo anuncie a otras iglesias vecinas para que de ellas algunos que puedan y se interesen asistan la clase como visitantes. Esto se compararía con una serie especial de predicaciones de noche en noche, anunciándose a otras congregaciones del área para que ellas también se aprovechen de la oportunidad de oír las predicaciones. (Dudo que esto describa la situación sobre la cual se me hace la pregunta).

* * *

291. REUNIR UN FONDO PARA UNA CONFERENCIA SOBRE EL MATRIMONIO

"Dos o tres hermanos de _____ pasaron una invitación a hermanos que consideraron que pudieran colaborar económicamente, de distintas congregaciones, con el fin de reunir un fondo, invitar a un hermano que predica en otro estado, y dar una serie de 'Conferencias Sobre El Matrimonio', y dar bocadillos a los asistentes, hermanos e inconversos de preferencia matrimonio, después de o durante las conferencias 'bautizar a los que los pidieran'. Tengo mis dudas acerca de lo lícito de esta actividad".

- - -

1. ¡Con razón tiene dudas!

2. La iglesia local, como el individuo, tiene que aprender a vivir dentro de sus propias fuerzas monetarias. Ninguna iglesia tiene autorización bíblica para solicitar dinero de otras iglesias para nada. Todo el mundo quiere hacer obras por medio del dinero de otros.

3. Si alguna iglesia desea y puede cubrir los gastos de invitar a un predicador de otra parta para que venga a predicar sobre cierto tema, bien. Que lo haga e invite a todo el mundo a venir a escuchar la Verdad. Pero los hermanos liberales están habituados a centralizar fondos de varias iglesias en las manos de la llamada "iglesia patrocinadora", para que se pueda hacer una obra a nivel regional. No se contentan con el patrón bíblico que limita la

obra de la iglesia local a sus "fuerzas".

4. La iglesia local no es restaurante para que provea comida para los asistentes de la reunión. Si la serie de estudios o sermones ha de durar la mayor parte del día, y conviene que la gente coma durante ese período, para tal exigencia cada quien puede proporcionar su comida, si desea asistir. La invitación de la iglesia local debe ser una de venir a oír el evangelio predicado, y no una de venir a oír el evangelio predicado y a comer.

5. Siempre conviene bautizar a cualquier persona que desee obedecer al evangelio, no importando el tema en particular que se esté predicando en alguna conferencia, o serie.

* * *

292. EL PRESIDENTE DE LA JUNTA DE LOS VARONES

"¿Cuáles son las funciones de un hermano que es elegido como presidente de la junta de los varones?"

\- \- \-

1. Un presidente preside. En este caso presidir es dirigir. En lugar de que hablen todos a la vez, o que uno solo todo lo diga, ya que la junta es compuesta de varias personas, y para que todo se lleve en buen orden, alguien tiene que dirigir las actividades de la junta. **El tal no tiene ninguna autoridad específica sobre otros**; sencillamente abre la junta, pide que el secretario lea las minutas o actas, que el tesorero presente el reporte financiero, reconozca a quién entre las varias personas siga en la presentación de opiniones u observaciones o preguntas. En fin, mantiene buen orden en el proceso de las deliberaciones y demás actos de la junta.

2. Es bueno que un hermano sirva de presidente, o dirigente, de la junta por un tiempo determinado (como por ej., seis meses o un año), y luego que otro acepte la responsabilidad para que así todos los varones ganen experiencia en este servicio. (Es un servicio, no un puesto de autoridad).

3. Un buen dirigente de la junta ve que todos se queden dentro del tema tratado, que los negocios viejos se lleven a una conclusión y que los nuevos se presenten, todo en buen orden. Es eficiente en su proceder, viendo que el tiempo no se mate en discusiones extrañas para la junta, y que siempre se lean las minutas, se hagan los reportes financieros, y que todo se registre debidamente. El debe ser respetado por los demás varones, y no menospreciado en base a su edad, su falta de educación formal, o falta de experiencia. Si en un dado caso el presidente de la junta necesita ayuda departe de los demás, mientras gana experiencia, se le debe dar con alegría y amor.

4. Cuando los varones se portan como es digno de cristianos las juntas siempre resultan beneficiosas para la congregación local. Se celebran con el fin de que la iglesia local pueda funcionar como una entidad de acción autónoma, haciendo "todo decentemente y con orden" (1 Cor. 14:40).

* * *

293. RESPONSABILIDAD FORMAL DEL MATRIMONIO

"Si el pacto matrimonial no implica trámite ante autoridad, sea esta Padre de familia, Jueces, ¿por qué se menciona o se registra esto en la Biblia, ejemplo Isaac, Jacob, las 10 vírgenes, la boda de Canaán, etc.?"

\- \- \-

1. El interrogador cita una obra en que el autor afirma que "Rom. 13:1-4 enseña que debemos guardar la ley civil … los requisitos del gobierno. Pero las dos personas descritas arriba están casadas con o sin licencia. Uno debe sacar licencia para conducir un auto, pero sería absurdo decir de uno, que obviamente está conduciendo un auto, que no lo hace porque no trae licencia. Revise todos los textos que hablan de 'casarse', 'tener' marido o esposa, unirse, vivir con, etc. para reconocer que sí están casadas con la aprobación de Dios; desde luego, si quieren ser cristianos, deben cumplir con la ley cuanto antes, pero es muy injusto acusarles de fornicación, o de concubinato".

2. Luego dice el interrogador que está de acuerdo con esta explicación, pero que "los otros hermanos contrarios afirman que el propósito de ese comentario es "evadir responsabilidad formal de un matrimonio", ya que el caso de Gén. 2:24 es una **explicación**, y que la **aplicación** se da en todos los casos de contrato de matrimonio o unión registrada en la Biblia".

3. Para contestar la pregunta del interrogador dada arriba en 1., digo lo siguiente: Dios es quien une en el matrimonio Gén. 2:24; Mat. 19:6); son los hombres quienes establecen costumbres en cuanto a ceremonias de festividad en caso de haberlas, y es el gobierno la entidad que en muchos casos registra el matrimonio. No hemos de confundir las diferentes consideraciones.

4. El "Padre" de familia no es "autoridad" para validar un matrimonio que Dios haya establecido. Gén. 24:67 registra un caso en que una mujer llegó a ser la esposa de uno sin que hubiera presente ni padre de familia para "validar" el matrimonio.

5. "Los otros hermanos contrarios" confunden la "explicación" de Gén. 2:24 con las ceremonias humanas. ¿Quiénes unen en el matrimonio, Dios o los hombres?

Nota: Sobre mis comentarios referente a la cita que el interrogador da de un escrito mío sobre Rom. 13:1-4, debo aclarar este punto: Dije esto: "desde luego, si quieren ser cristianos, deben cumplir con la ley cuanto antes." Al decir estas palabras, supongo que el caso tiene que ver con un gobierno que exija trámite civil para que dos personas vivan como esposos. Si el país no exige tal cosa, no es violación de ley de dicho país que dos personas vivan como esposos sin haber tenido registro civil de ello. En tal caso el gobierno no reconoce su matrimonio legalmente, pero tampoco castiga como si una ley fuera infraccionada.

* * *

294. CONDUCIR EL PADRE AL HIJO

Un hermano en la fe me escribe acerca de cómo poder conducir a su hijo de 3 años por el camino de Jesús. Le está enseñando a orar antes de comer, pero la madre se ríe del hermano al respecto. No obstante él sabe que "hay que darle a Dios gracias por todas las cosas que nos da", y no se avergüenza de ello.

\- - -

1. Los padres han de criar a sus hijos "en disciplina a amonestación del Señor" (Efes. 6:4). Esto requiere que se les lea mucho la Biblia para que conozcan la voluntad de Dios para ellos. Requiere que los niños aprendan a obedecer a sus padres (ver. 1,2), respetando la autoridad de sus padres sobre ellos. Cuando no obedecen, deben ser castigados, para que lleguen a ser adultos jóvenes respetuosos y de buenas costumbres.

2. Sugiero que la familia lea diariamente en voz alta pasajes bíblicos. Es muy bueno   leer repetidas veces el libro PROVERBIOS. Tómese nota de 1:3, pues si los padres no inculcan en los hijos el temor de Jehová, los van a perder cuando ellos sean grandes.

3. Unos buenos pasajes en PROVERBIOS sobre la disciplina de los hijos son:

3:12; 13:24; 22:6,15; 23:13,14; 19:18; 29:-15,17. La filosofía humana de los incrédulos aborrece lo que estos pasajes dicen. Estos incrédulos se oponen fuertemente a la enseñanza de Dios sobre éste y otros puntos semejantes. Pero el cristiano sabio no hace caso de lo que dicen los hombres, sino de lo que Dios nos ha dicho, para no perder sus hijos como los mundanos pierden a los suyos.

En el Nuevo Testamento, considérese Heb. 12:5-11.

4. Es difícil para el cristiano criar a sus hijos bien sin la ayuda de su compañero en el hogar, pero debe perseverar en el bien hacer (Rom. 2:7; Gál. 6:9; 2 Tes. 3:13; 1 Ped. 2:15; 3:17; 4:19), y orar sin cesar (1Tes. 5:17).

* * *

295. ¿ERA JUAN EL PRIMER BAUTISTA?

Algunos afirman que Juan era el primer bautista. ¿Será cierto?

\- - -

1. Las Escrituras del Nuevo Testamento hablan de varios hombres de nombre Juan. El que bautizaba en el desierto, como precursor de Cristo, era el que bautizaba con comisión divina. (Otro era uno de los doce apóstoles, Luc. 6:14; otro era Juan Marcos, Hech. 12:12).

2. Su nombre no era "Juan el Bautista", sino sencillamente "Juan" (Luc. 1:13,63; 3:2).   Para distinguirle de otros del mismo nombre, las Escrituras, al referirse a este Juan, dicen, "Juan el bautizador".

3. Marcos 6:14,24,25 tres veces hace mención de él. En los versículos 14 y 24 el texto griego dice, "Juan el (que está)   bautizando", empleando un participio (bautizando). De esta manera la gramática griega expresa un adjetivo, o palabra descriptiva, pues el participio participa a la vez de las cualidades del verbo y de las del adjetivo. Literalmente dice el texto griego, "Juan el bautizando". Por eso la Versión American Standard, la que uso cuando predico en inglés, dice, "John the Baptizer". En el ver. 14, las versiones Hispanoamericana, Pablo Besson, Nuevo Mundo, etcétera, dicen "Juan el que bautizaba".

4. En Mar. 6:24 el texto griego, ya habiendo usado dos veces el participio (bautizando), en el versículo 25 emplea un sustantivo, BAPTISTES, bautista; o sea, uno que bautiza.

5. Los que bautizan son propiamente bautistas. Por ejemplo, bautizaban los discípulos de Cristo (Juan 4:2). Eran, pues, bautistas; es decir, bautizadores o unos que bautizaban.

6. El Juan que bautizaba, en cuanto a nombre propio, se llamaba Juan (Luc. 1:63), y no Juan el Bautista. En cuanto a actividad principal, dado que tenía como comisión el bautizar a los judíos arrepentidos, se distinguía con la descripción (adjetivo), "el que bautizaba", o sencillamente, "el bautista" (nombre común, una transliteralización del sustantivo griego, BAPTISTES).

7. Si podemos entender por qué Simón se llamaba "el curtidor" (uno que curte pieles), debemos poder entender tan fácilmente por qué Juan se llamaba "el bautista", pues era uno que bautizaba gente).

8. En cuanto a la gente religiosa de nombre propio, "Bautistas", los tales no existían en el tiempo del referido Juan, ni por largos siglos después de dicho tiempo.   La Iglesia Bautista es una denominación (un grupo religioso denominado así) que da importancia al bautismo, en cuanto a ser un acto de inmersión, pero a la vez niega que el bautismo tenga que ver con la salvación.   Juan, el que bautizaba en el desierto del Jordán, bautizaba "para perdón de pecados" (Mar. 1:4). Sin duda, pues, ese Juan no era Bautista de los de hoy en día.

* * *

296. ¿COMER CON MANOS SUCIAS?

"¿Comían a veces los discípulos de Cristo sin primero lavarse las manos?"

\- - -

1. Sí, así comían cuando menos a veces, pues de otra manera la acusación de los escribas y de los fariseos no habría tenido caso.

2. La controversia de Mat. 15:1-20 no tuvo que ver con la higiene. No entra la discusión sobre los méritos de siempre lavarse las manos antes de comer, de que si es bueno o no, o si es necesario o no.   Obviamente para evitar enfermedades a consecuencia de meter microbios en el estómago por medio de la boca, es importante que la persona se lave las manos antes de comer.

3. El caso con los escribas y los fariseos tuvo que ver con una "tradición de los ancianos", una

que daba importancia a la limpieza ceremonial. El contacto en público con los gentiles contaminaba ceremonialmente a los judíos, según la tradición del ver. 2. Este es el punto de discusión en este pasaje.

4. Esos judíos invalidaban mandamientos de Dios con sus tradiciones, ver. 3,6. "Enseñaban como doctrinas mandamientos de hombres", ver. 9.

5. La contaminación de importancia eterna es la que Cristo enfatizaba (ver. 17—20), mientras que los escribas y fariseos se interesaban más en una contaminación ceremonial de su propia invención.

* * *

297. EL MODERNISTA

"Usted en sus escritos hace mención de los modernistas. ¿Cómo se puede identificar a uno de éstos?"

\- - -

1. Un hermano me escribió, refiriéndose a otro hermano como "modernista" porque ese otro abogaba por la llamada "Iglesia Patrocinadora". No, eso no es ser modernista. (Liberal, sí, pero modernista, no).

2. "Modernista" es un término que describe a quienes abogan por la filosofía de algunos religiosos europeos del siglo pasado, que como racionalistas comenzaron a negar la inspiración de las Escrituras, los milagros de la Biblia, la deidad de Jesús de Nazaret, la resurrección de Jesucristo de los muertos, el juicio final, y la existencia de un cielo y de un infierno. En ese tiempo todo eso fue "moderno". De eso salió la descripción de "modernistas".

3. Estos más y más están ocupando los púlpitos de las grandes y principales denominaciones protestantes (y de la misma Iglesia Católica Romana) y controlando estos púlpitos por medio de controlar las instituciones educativas de dichas iglesias.

4. Los medios de comunicación, por ser de los que comparten esta filosofía falsa que deshonra a Dios, al presentar un cuadro desde el punto de vista religiosa, siempre promueven a los Ministros modernistas (a los "reverendos" de tales iglesias modernistas). Nunca presentan con bien al "fundamentalista" (al que sí cree en la inspiración de la Biblia, en Jesús como el Hijo de Dios, etcétera).

5. Hay una ola modernista que ahora ha invadido nuestra hermandad. A mi juicio, la próxima división principal en la hermandad va a ser una sobre la cuestión del modernismo. Hay maestros en las universidades llamadas "cristianas" (instituciones privadas promovidas por cristianos) que niegan la deidad de Jesús, y que enseñan (sin exponer su falsedad) la evolución orgánica. Más y más predicadores están llevando las iglesias a más comunión con las iglesias sectarias, y a practicar cosas netamente sectarias como el uso de instrumentos mecánicos de música en el culto, y el uso de la mujer en el culto público de la iglesia. Han aceptado doctrinas del calvinismo y las promueven.

6. El modernismo no es una iglesia o doctrina específica, sino *una actitud diabólica* hacia Dios y las Sagradas Escrituras. Por eso es difícil reconocer al modernista en el principio de su apostasía de la verdad. Pero he notado que los modernistas entre nosotros están imitando a los modernistas clásicos (a los de entre las denominaciones), al usar la misma perversión de ciertos pasajes para adelantar su causa. Dos pasajes de éstos son Mateo 23:23 y 2 Cor. 3:6.

7. Mateo 23:23. Hay dos frases completas en este versículo. Los modernistas citan solamente la primera; siempre ignoran la segunda. Luego tuercen el pasaje para que diga que son hipócritas quienes insisten en que el culto de la iglesia debe ser así y así (por ej., la música vocal, la Cena cada domingo y solamente en domingo), y que lo único que importa es ser personas de justicia, de misericordia y de fe. Para ellos la doctrina y el culto no importan nada. Hacen que Cristo diga que "lo más importante de la ley" es ser persona justa y misericordiosa, no importando a cual iglesia pertenezca.

Pero Cristo, en la segunda frase completa, dice que ¡las dos cosas deben ser hechas! Los escribas y fariseos no hacían mal al diezmar esas hierbas del jardín. Debían haber hecho todo eso. El mal consistía en dejar de hacer las otras cosas.

8. 2 Cor. 3:6. Ignorando por completo el contexto, el modernista hace que Pablo diga que el texto mismo de la Biblia ("la letra mata") no importa. "No hay que citar libro, capítulo y versículo, pues eso mata", dicen ellos. En cambio lo que vivifica, según la torcida interpretación del modernista, es "el espíritu" ("el espíritu vivifica"), que según ellos es la emoción de la persona y su propio pensar en un dado asunto.

El modernista, pues, pone por el suelo al texto de la Biblia, y exalta su propia mente para hacer según sus propios deseos. No le importa nada el contexto. No le importa que Pablo en este pasaje habla, no de un contraste entre el texto bíblico y las ideas de los hombres, sino de un contraste entre la ley de Moisés ("la letra mata") y el evangelio del Nuevo Testamento ("el espíritu vivifica").

Para más información sobre el modernismo, véase el librito, "La Biblia Y Ataques Del Modernismo", por Wayne Partain y Bill H. Reeves.

* * *

298. CHISMEAR. ¿SERÁ CIERTO?

"¿Es chismear comentar sobre los hechos de otra persona, censurando su proceder?"

\- - -

1. Chismear es murmurar en contra de otra persona, injustamente. Es parlotear con palabras malignas (3 Juan 10). Es denigrar. 1 Tim. 5:13 habla de viudas jóvenes que son "chismosas". La palabra griega misma significa "hervir, arrojar pompas". Desde luego chismear es pecar.

2. Pero mucho llaman "chisme" lo que en realidad es llamar la atención de otros a lo que cierta persona ha hecho de mal. Pablo, al exponer

delante de todos la hipocresía de Pedro (Gál. 2:11-14), ¡no chismeaba! Lo que hizo Pedro fue hecho públicamente, y "era de condenar" (ver. 11). Pablo le censuró públicamente. No fue una cosa personal entre Pablo y Pedro. ¡No debían perdonarse el uno al otro!

3. A veces surgen casos en que alguno expone los hechos censurables de otro, y el que los hizo se queja de ser víctima de los chismes del primero. Luego la tercera persona, procurando lograr la paz, en realidad juega política, buscando salvar las apariencias, y diciendo que "los dos deben perdonarse".

4. En un dado caso, el primer paso es determinar quién pecó, y luego hablarle, no de perdonar a otro, sino *de arrepentirse de su pecado*. No puede haber perdón antes de haber arrepentimiento (Luc. 17:3). Hablar de reconciliarse los dos hermanos, de establecer de nuevo la paz, de perdonarse uno al otro, ¡no es lo que Cristo nos enseñe en Luc. 17:3! No se debe hablar de perdonar hasta que haya arrepentimiento. Si el pecador se arrepiente, pero la víctima del pecado no quiere perdonarle, entonces es tiempo de hablar de perdonar al que rehúsa hacerlo.

5. La sabiduría humana, que busca salvar las apariencias, y quedarse bien con todo el mundo, dice que "los dos deben perdonarse". La sabiduría divina dice que en el caso de pecado, que se le reprenda al que peca, y que si se arrepiente, que se le perdone. Leamos el texto: "Si tu hermano pecare contra ti, repréndale; y si se arrepintiere, perdónale".

¿Y si no se arrepiente? ¡No se le puede perdonar! ¿Perdona Dios al que no se arrepiente? ¡Claro que no! Por eso Dios habla tanto en sus Escrituras del arrepentimiento. Quiere perdonar al pecador, pero sin el arrepentimiento no puede haber perdón.

* * *

299. MATEO 9:27-31. NO DIVULGARLO

"¿Por qué no quiso Jesús que los dos ciegos sanados fueran a hablar de este milagro de Jesús? ¿No les obligó su gran gozo divulgarlo?

- - -

1. Jesús "les encargó rigurosamente, diciendo: Mirad que nadie lo sepa". Ellos le desobedecieron, pues "salidos ellos, divulgaron la fama de él por toda aquella tierra". Jesús tenía sus razones de por qué darles esa prohibición.

2. La desobediencia nunca tiene justificación. Es mentira del diablo afirmar que "el fin justifica los medios". Véase Rom. 3:8. La Ética Situacional (de los modernistas) afirma que no siempre es mala cierta cosa, que todo depende de la situación a la mano. Todo es relativo, dicen; nada es absoluto, según ellos. Afirman que está bien usar de algo malo si con ello se logra algún fin bueno. Pero mentir siempre es mentir, y desobedecer siempre es desobedecer.

3. Mar. 1:45 nos ayuda a comprender mejor el caso de Mat. 9:30. La razón por qué Jesús dijo en ocasiones que la persona sanada no lo divulgara fue que quería poder "entrar abiertamente en la ciudad". La mucha atención que el milagro atrajera provocaría a las autoridades incrédulas a celos, y de eso resultaría problemas innecesarios para él al entrar abiertamente en la ciudad.

* * *

300. EL MAR DE GALILEA

"¿Son el mar de Galilea y el lago de Genesaret el mismo cuerpo de agua?"

- - -

1. Sí, Mar. 1:16, dice "mar de Galilea", y Luc. 5:1 dice, "lago de Genesaret". En Jn. 21:1 el mismo cuerpo de agua se llama "mar de Tiberias". Gente de diferentes regiones le daba diferentes nombres, pero todos los nombres se asociaban con lugares de la costa occidental del mar.

* * *

301. LOS GENTILES

"De dónde dependió el pueblo Gentil?

—

1. El término "gentiles" es traducción del vocablo griego, ETHNOS (considérense las palabras, étnico y etnología). Significa una multitud de gente, una raza o nación de personas.

2. En forma singular, se usa a veces con referencia a la nación judaica (Luc. 7:5).

3. En forma plural, se hace referencia a las demás naciones como distinguidas de los judíos. Este es el uso común de la palabra. Ejemplos: Hech. 14:2; Rom. 3:29.

4. Antes de la llamada de Abraham (Gén. 12), no había distinción entre judíos y gentiles. Ya que Dios hizo de Abraham el padre de la nación judaica (Rom. 4:1), los judíos entonces consideraban a las demás gentes como gentiles; es decir, gentes de las demás naciones. Para los judíos, los gentiles eran "el resto de los hombres" (Hech.15:17).

5. Algunos pasajes que considerar: Gál. 2:8, 12,14; Efes. 3:1,8; Rom. 11:11,13; 15:10; 16:4.

* * *

302. JUNTA DE VARONES, ¿ES BÍBLICA? ¿ES MANDAMIENTO? ¿ES PECADO NO TENERLA?

1. "¿Por qué la junta es bíblica y no mandamiento? (Algunos hermanos afirman que es bíblica pero que no es mandamiento, y que por lo tanto no es pecado si no se tiene).

2. Si la junta de varones es un ejemplo apostólico, ¿por que no es pecado no tenerlas?

3. ¿Es pecado tener las juntas Generales (¿Por qué NO? ¿Por qué SI?) y para que sirven?

4. Si no tenemos junta de varones, ¿estamos pecando?

5. ¿Qué quiere decir que es bíblica pero no mandamiento?

- - -

Contestaré las preguntas en el orden en que aparecen:

1. Una cosa puede ser bíblica sin que sea de mandamiento. La Biblia autoriza por medio de ejemplos apostólicos, la implicación divina (de donde se saca la inferencia necesaria), y mandamientos. No hay mandamiento de tomar la Cena del Señor en el día domingo, pero la Biblia lo autoriza por medio del ejemplo apostólico (Hech. 20:28). El día en la semana en que se debe tomar la Cena no es especificado en la Biblia por mandamiento. ¿Por eso se puede tomar el día jueves? ¡No! Lo que la Biblia autoriza, y esto por medio de un ejemplo apostólico aprobado, es que se tome el primer día de la semana. ¿No sería pecado no tomar la Cena del Señor en domingo por no haber mandamiento específico de que se tome en dicho día?

2. El arreglo conocido como "la junta de varones" no es cosa de ejemplo apostólico.

3. Esta es la primera vez que oigo la expresión, "las juntas Generales". Sin que se me defina la frase, no puedo más que especular lo que signifique. Ellas deben ser algo diferente de "la junta de varones". Por ignorar la diferencia, no puedo comentar sobre ello.

Una cosa sí lo se: No habiendo ancianos en la congregación, a los hombres toca el tomar la dirección o liderazgo de ella. Para llevar a cabo sus responsabilidades de manera decente y ordenada, tienen que juntarse para hacer las decisiones concernientes a la obra y actividades de la iglesia local.

A las mujeres no les toca nada de liderazgo. No hacen decisiones.

Ahora, otra cosa es que todo miembro tenga la oportunidad y manera de saber de las actividades de la iglesia local, y de hacer sugerencias cuando esto conviene. Los varones, dirigiendo una junta de toda la iglesia, pueden avisar a todos los miembros acerca de cierta acción congregacional que se esté contemplando, y pueden preguntar si alguno (incluyendo a las mujeres) tiene alguna sugerencia o información útil sobre el caso, pero luego los varones se juntan para hacer las decisiones.

4. Si una iglesia local no tiene ancianos, y si los varones en ella no se juntan para tomar la dirección de las actividades de ella, entonces esa iglesia, si algo hace, lo va a hacer de alguna manera en que las mujeres van a verse en el papel de liderazgo, y ¡eso sí es pecado! A la mujer no le toca la dirección de la iglesia (1 Cor. 14:34,35; 1 Tim. 2:12).

5. Una cosa es bíblica, si la Biblia lo autoriza. Puede autorizar algo, sin hacer uso del mandamiento directo. Puede autorizar por medio de la implicación divina, y por medio del ejemplo apostólico aprobado. Si la Biblia autoriza algo por medio de una implicación divina, entonces necesariamente se infiere que esa cosa se debe hacer. Pero en tal caso la autorización no fue hecha por medio de un mandamiento.

* * *

303. ANCIANOS CONTRA JÓVENES

"La Biblia habla de ancianos contra jóvenes. ¿De qué edad es un anciano? ¿Es cosa relativa? ¿Qué tan joven puede ser un anciano? Recuerdo que los Testigos tienen ancianos muy jóvenes, de la edad de los veinte".

\- - -

1. Sí, la Biblia habla de hombres y mujeres de mayor edad, como contrastados con hombres y mujeres jóvenes (1 Tim. 5:1,2). Aunque los términos "anciano" y "joven" son relativos, en cuanto a especificación de años, el contexto en que se emplean hace claro lo que se da a entender.

2. El vocablo griego PRESBUTEROS (masculino), o PRESBUTERA (femenino), es la forma *comparativa* del sustantivo que quiere decir, "viejo"; de eso, *mayor* de edad (que otro). Por eso el hermano mayor, Luc. 15:25, en el texto griego aparece como "el hijo el PRESBUTEROS".

3. En el sentido de quienes tienen la responsabilidad de dirigir la congregación, según los requisitos que el Espíritu Santo ha dado para esta supervisión, a estas personas se les llama PRESBUTEROI, ancianos. El contexto da a entender que no son novatos en la fe, sino de tiempo para tener aptitud para enseñar la palabra. No son jóvenes, sino de edad para tener hijos suficientemente grandes para poder ser cristianos (creyentes). 1 Timoteo capítulo tres, y Tito capítulo uno, tratan de estos requisitos.

4. ¿Qué tan "joven" pude ser uno de estos ancianos? Bueno, no es cuestión de cuántos años tenga, sino de que llene los requisitos. Jamás he sabido de alguna persona de la edad de los veinte años que sea casado y padre de hijos cristianos. Si los Testigos de Jehová, o los mormones, tienen "ancianos" de veinte años de edad, no son ancianos en el sentido bíblico.

5. Si la persona llena los requisitos para anciano, en el sentido y uso bíblico del término, la edad en años de vida sobre la tierra no importa. Seguramente no va a ser ningún "joven", sino uno de mayor edad. Pero que tenga 40 años u 80 años de edad no va a entrar en el caso.

* * *

304. LA EDAD PARA SER BAUTIZADO

"¿Cómo se puede saber si el hijo sabe suficiente para ser bautizado? Mi hijo tiene 10 años de edad, y todavía en todo sentido de la palabra es niño, pero me habla de querer ser bautizado, ya que otro muchacho de 12 años fue bautizado. Parece que quiere ser bautizado porque el otro se bautizó. Yo platiqué con él, y parece que él no entiende cómo es que necesitamos a Jesús por Salvador para ser nosotros salvos. Cuando le hago preguntas de cierta manera, él da las respuestas esperadas. ¿Qué opina usted?"

\- - -

1. Yo opino que usted solo ha contestado sus propias preguntas.

* * *

305. CORINTO, PABLO, NO SALARIO

"¿Por qué razón el apóstol Pablo no recibió ayuda económica de parte de los hermanos en Corinto? ¿Después sí recibió?"

- - -

1. Pablo deliberadamente rehusó tomar salario de los corintios, por razones que él tenía, aunque tenía todo derecho de tomarlo. (En otras ocasiones ejercía este derecho, Fil. 4:15,16).

2. Pablo no explica sus razones de por qué no tomar salario de los corintios. Había circunstancias que a su juicio dictaban que no conviniera tomarlo de ellos. El explica su conducta en este asunto en 2 Cor. 11:7-15. En todo él siempre procuraba adelantar la causa del evangelio (1 Cor. 9:12-18).

3. No, después no recibió salario de ellos (2 Cor. 11:9).

* * *

306. EL USO BIBLICO DE LA OFRENDA

1—"Actualmente soy el responsable de la tesorería y algunas veces no he cedido a las peticiones con la ofrenda.

2—En 2 Cor. 9:8 la frase 'a fin…. abundáis para toda buena obra'. Con la ofrenda ¿qué podemos establecer bíblicamente como buena obra de la iglesia?

3—¿Esto puede involucrar compra de un local para adoración con la ofrenda?

4—En una ocasión una hermana me solicitó de la ofrenda equis cantidad para cubrir el transporte para asistir a una cita judicial; consideré que la ofrenda no está para gastos de esa naturaleza, ya que sería igual usar de la ofrenda para gasto de transporte a asistir a una escuela. Otros hermanos consideraron que sí se debía dar a razón de que era una necesidad".

- - -

(He puesto números a las diferentes preguntas, para contestarlas por número, y así no tener que repetirlas).

1. Antes de dirigirme a las preguntas mismas, quiero comentar sobre el asunto de considerarse usted como "el responsable de la tesorería". Sin duda sus intenciones son buenas, cosa indicada por sus preguntas y deseos de llevar las cosas bíblicamente. Pero en realidad no toca a ningún hermano en particular decidir en qué gastar el dinero de la tesorería de la iglesia local. El tesorero de la iglesia es un servidor de la iglesia para mantener un record de las colectas y gastos de ella, para depositar dinero en el banco, para escribir cheques o dispensar fondos, etcétera, según las actividades de la iglesia. Pero, no habiendo ancianos en la iglesia local, toca a los varones en sesión decidir sobre los gastos del dinero de la iglesia. El dinero es de la iglesia, y por eso la iglesia, y no algún individuo, decide eso sobre ello. Nadie debe venir con usted, hermano, para pedir dinero que es de la iglesia. Se le pide a la iglesia. Usted no debe decidir sobre el gasto del dinero que no es suyo.

2. Fijándonos en el contexto (ver. 6-11) vemos que el pasaje se trata, no de obras de la iglesia colectivamente, sino de "toda buena obra" de individuos. Dios bendice al dador alegre con bendiciones para que pueda ofrendar. Véase Prov. 11:24,25.

Ahora, la ofrenda se usa en la obra de la iglesia local. ¿Qué es su obra? Según las Escrituras vemos que consiste en (1) la predicación de la palabra, en (2) la benevolencia limitada, y (3) en la edificación de sí misma. Ella no tiene otra obra aparte de estas tres. La transportación para citas judiciales, o para asistir una escuela secular (pregunta #4), ¡no son de la obra de la iglesia! Si algún individuo quiere ayudar a otra persona a llegar a sus citas, bien, pero tal actividad no es de la obra de la iglesia local.

3. La obra de la iglesia local, respecto a predicar el evangelio y edificarse en asamblea y clases bíblicas, se lleva a cabo según su habilidad financiera. El local (sea uno comprado, alquilado, o prestado) siempre es, no una necesidad, sino una conveniencia para la ejecución de la obra. Si en un dado caso la iglesia local dispone de fondos para comprarse un local (siendo esto una administración de los fondos más sabia que el gastar dinero en renta, etcétera), entonces gasta dinero en ello, para adelantar su obra en este particular. El caso es del juicio de la iglesia local según su capacidad o habilidad en cuanto a finanzas. Debemos siempre procurar ser buenos administradores de las bendiciones de Dios, sea caso de individuos o de iglesias.

4. La pregunta #4 va contestada en mis comentarios, pregunta número 2. Se le tienta a la gente mirar al dinero de la iglesia local como una fuente de "ayuda" para cualquier actividad suya, sin tomar en cuenta que ese dinero fue ofrendado para la obra de la iglesia local. El individuo siempre tiene sus "necesidades", creadas o verdaderas. De ellas nunca hay falta. Pero la iglesia tiene las suyas, y las colectas son para ellas solamente.

* * *

307. MATEO 26:41

"En las tentaciones 'el espíritu está dispuesto' 'pero la carne es débil'. ¿A cuál espíritu se refiere? ¿A cuál carne se refiere, o qué sentido tiene la palabra carne aquí? ¿Y en qué sentido es débil? En Mateo 26:41 yo entiendo que la debilidad está en que no se puede evitar las tentaciones (pero sí evitar caer en ellas) y así entiendo Heb. 4:15. Pero los interrogantes anteriores no las puedo desenredar. Ayúdeme por favor.

- - -

1. Léanse los pasajes paralelos, Mar. 14:32-42; Luc. 22:39-46.

2. En Getsemaní Cristo apartó a Pedro, a Jacobo, y a Juan y les llevó consigo a un lugar para orar, y dejando a éstos siguió unos pasos más, y allí oró.

3. Pedro hacía un poco de tiempo había demostrado sus intenciones y determinaciones de serle fiel a Jesús, no importando nada (26:33). En esto "el espíritu estaba bien dispuesto". En cuanto a disposición mental, había fuerza; no tenía problema. Pero grandes tentaciones (pruebas) estaban inmediatamente por delante, y la victoria sobre ellas demandaría velar y orar mucho. Pero no, en lugar de hacer lo que Cristo les mandó hacer (26:41), para no entrar en esas pruebas sin la preparación necesaria, la que les vendría solamente por el velar y el orar (exactamente como Jesús se iba preparando en esos momentos), los tres discípulos permitieron que la debilidad de la carne, o sea, el deseo de cerrar los ojos en sueño, y así no velar y no ocuparse en orar, ganara la lucha entre sus buenas intenciones y el deseo natural de rendirse a la demanda del cuerpo de dormir.

4. ¿Acaso no tenía Jesús tanto sueño como ellos? Pero no se durmió; siguió luchando en velar y orar (y venció la tentación de rendirse al enemigo). Pedro y los otros discípulos no velaron y no perseveraron en orar, y fueron vencidos (26:56, 69-75).

5. La palabra "espíritu" en este contexto se refiere a las sinceras intenciones de los discípulos (de serle fieles al Señor en sus pruebas). La palabra "carne" en este contexto se refiere a lo que hace el cuerpo normalmente (en este caso, dormirse) cuando no es gobernada por la mente del individuo para hacer algo sobre lo normal (en este caso, quedarse despierto a pesar del sueño pesado, para que la persona en ese cuerpo se ocupara en oración persistente).

6. Los comentaristas que son influidos por el calvinismo y su doctrina de la "naturaleza pecaminosa o adámica", ven en la frase, "la carne está débil" esta llamada "naturaleza pecaminosa" que según ellos continúa en el cristiano. Pero si fuera así, no habría caso en que Cristo les criticara por algo sobre el cual no hubieran tenido control alguno.

7. El simple hecho es que los discípulos tuvieron buenas intenciones, y en su corazón sabían que estaban dispuestos aún a morir por Cristo (Mar. 14:31) – el espíritu estaba dispuesto —, pero no se fortalecieron para las fuertes tentaciones, o pruebas, que tenían a la puerta (pues no obedecieron el mandamiento de Jesús, Mat. 26:41), y en eso demostraron debilidad, rindiéndose al sueño en la carne. No fue maravilla, pues, que poco después dejaran a Cristo y huyeran, y Pedro le negara tres veces. En Mat. 26:41 la "carne" representa lo que se hizo en la carne, que fue dormirse. Ellos se permitieron dormir, en lugar de velar y orar, porque dormirse es lo que sus cuerpos (normalmente) demandaban en ese momento de la noche. Lo que ellos permitieron hacerse en la carne demostró debilidad, y esa debilidad obró la cobardía que después ellos exhibieron, en lugar de victoria sobre las pruebas presentadas.

8. Heb. 4:15 es de otro contexto completamente distinto. La palabra "debilidades" en este pasaje apunta al simple hecho de que el hombre, tentado en esta vida, se rinde al pecado (Rom. 3:23). Cristo puede compadecerse del hombre pecador porque él también fue tentado exactamente como el hombre es tentado por Satanás, pero la diferencia consiste en que Cristo nunca se rindió (la debilidad) a la tentación; es decir, nunca pecó. Cristo sabe y comprende lo que el hombre experimenta en esta vida de tentaciones, pero Cristo nunca mostró debilidad al rendirse a ella, pero el hombre, sí.

* * *

308. GÁLATAS 3:13, CRISTO MALDITO

"Cristo fue maldito. ¿Por quién? Yo he encontrado comentarios que explican que Cristo fue maldito por el Padre eterno; otros dicen que fue maldito por la ley, y esto fue porque en lugar de castigarnos a nosotros, castigó a su Hijo.

Quiero explicar lo que yo entiendo, y que me corrija con toda confianza, hermano.

1. que los judíos estaban bajo de maldición por no cumplir la ley, ver. 10-12.

2. que Cristo nos redimió de esa maldición con su sangre.

3. Cristo fue maldito no por el Padre, ni la ley, pues él nunca quebrantó la ley, fue sin pecado. Hay muchos textos de la Biblia que lo enseñan. ¿Por quién fue maldito entonces? Dice el texto, "por nosotros", ver. 13. Fueron los hombres con su juicio (no basándose en la ley de Dios, sino en un juicio humano) que le condenaron a muerte. Hermano, ayúdeme a corregirme en lo que esté equivocado".

\- \- \-

1. La pregunta del interrogador se basa en la fraseología de nuestra Versión 1960, "hecho… maldición". Pero en realidad la pregunta no entra. Mejores (más apegadas al texto griego) son las versiones que dicen, "habiendo llegado a ser maldición" (ASV.), "habiéndose hecho maldición" (B.A., 1977), "llegando a ser una maldición" (N.M.), "haciéndose él mismo maldición" (NVI., B.J.), "al hacerse maldición" (1990), "haciéndose por nosotros maldición" (N.C.). El texto griego emplea un participio adverbial (GENOMENOS) que significa "llegar a ser", y luego sigue la frase HUPER HEMON que significa, "a favor de nosotros". Así lo traduce Lacueva en su Interlineal Griego-Español. No es "por nosotros", en el sentido de nosotros como el agente de acción, sino "a favor de nosotros".

2. Hay que considerar Deut. 21:22,23. Dios aborrece el pecado. La paga del pecado es la muerte. Bajo la ley de Moisés, después de apedrear al malhechor, digno de muerte, a veces fue colgado en un madero para exhibición pública. Por eso Dios tenía por maldita a cualquier persona colgada en un madero. Pero la ley requería que el colgado fuera quitado de la vista pública antes de que terminara el día. (Compárese Juan 19:31).

3. En este pasaje, pues, el punto de Pablo, es que al sufrir Jesús el castigo que se debe a los transgresores del mundo, la muerte de cruz (Fil.

2:8), llegó a ser maldición a favor de nosotros.

4. Cristo llegó a ser maldición, no a consecuencia de algún pecado suyo, sino a consecuencia de aceptar la muerte de cruz (ser colgado), siendo nosotros los pecadores quienes merecemos la paga del pecado que es la muerte. Véase 1 Ped. 2:24.

* * *

309. ¿QUE HACER LA ESPOSA CON EL?

El hombre vive con dos mujeres. "Antes la hermana le echó de la casa… al mes pidió perdón y la hermana lo dio entrada en su casa. Pero si sigue en lo mismo, ¿qué puede hacer la hermana en estos casos … El ama a su mujer y también a la otra. ¿Qué lo puedo decir? Yo sé que si no pone de su parte y si no pone en Dios sus problemas, no podrá hacer nada".

- - -

1. Ese hombre no ama a su esposa, al vivir a la vez con otra mujer también. Tampoco ama a la otra, porque el amor no hace mal al prójimo (Rom. 13:10). El está haciendo mal a las dos mujeres.

Ese hombre no ama a nadie, excepto a sí mismo. El adulterio no es cometido a base de amor, sino de sensualidad carnal.

2. No se puede perdonar al no arrepentido (Luc. 17:3). Si ese hombre continúa adulterando, no está arrepentido y su esposa no le puede perdonar. Ella, al recibirle y dejar que viva con ella, aunque él sigue con la otra, le está consintiendo y él nunca va a dejar su pecado. Consentir no es amar.

3. Usted dice bien al decir que si ese hombre no pone de su parte, que es la contrición de corazón y el arrepentimiento, odiando el pecado en que ha estado andando, no hay esperanza, no hay nada, para él. El anda mal precisamente porque no pone sus problemas en Dios; no lo hace porque no lo quiere hacer.

4. ¿Qué decirle a él? Bueno, entre otros textos, Luc. 13:3; Hech. 8:22. ¿A ella? Luc. 17:3; Efes. 5:11; y otros.

* * *

310. JUAN 4:18

"¿Estuvo bien ante los ojos de Dios la samaritana con los cinco maridos que tuvo? ¿Por qué el sexto no era su marido?"

- - -

1. Jesús le dio el mandamiento del ver. 16, sabiendo que ella no pudo hacerlo, para hacerle ver su condición espiritual. No pudo traer a su esposo, porque el hombre con quien vivía no era su esposo. No pudo traer a ninguno de los cinco por estar muertos o divorciados.

2. No sabemos acerca de los cinco maridos, si murieron o si hubo casos de divorcio, o las dos cosas. No necesitamos saber. Ella vivía en pecado y necesitaba la gracia de Dios para su salvación.

3. El divorcio por cualquier causa existía entre los judíos en aquel tiempo, y es de suponerse que los samaritanos no serían mejores que los judíos en este particular. Suponiendo que sus cinco maridos le habían divorciado (o ella a ellos), cuando menos en el caso sexto no había nada de legalidad en él.

4. Jesús, siendo Dios encarnado, leyó el corazón de esta mujer pecadora. Este es el punto de Juan, el autor de la carta. Esta mujer, en lugar de correr o tratar de encubrir su estado pecaminoso, confesó que no tenía esposo, aunque en ese tiempo vivía con un hombre. Ella iba reconociendo que hablaba con un hombre excepcional; pensaba que sería un profeta (ver. 19). Para ella esto explicaba cómo podía Jesús saber de su vida pasada. Al llamarle profeta, ella confesaba que lo que Jesús había dicho respecto a su estado matrimonial era la verdad. Ella iba confesando sus pecados.

5. Lo importante para nosotros hoy en día, con respecto a este caso de la mujer samaritana con tantos esposos, no es saber detalles acerca del caso (por eso Dios no nos ha revelado ninguno), sino es ver en él la deidad de Jesús de Nazaret. El evangelio según Juan es un gran libro de evidencias de la deidad de Jesús.

* * *

311. LA SALVACIÓN Y LA DOCTRINA DE LA IGLESIA DE CRISTO

"Si una persona no cree ni practica la doctrina de la Iglesia de Cristo tal y como enseñamos nosotros estricta y bíblicamente, ¿no será salvo? ¿Será condenada así, sea buena moralmente, haga buenas obras y adore a Dios en su grupo, y haya sido bautizada por inmersión y para perdón de los pecados, como lo hacen por ejemplo los pentecostales, los mormones. Bautizan como dije (Hech. 2:38), sólo que no practican estricta y exactamente la doctrina de la Iglesia de Cristo, y también nosotros mismos los de las Iglesias 'liberales', ¿si no nos sometemos a lo que dicen los 'antis'? ¿No seremos salvos, y Dios nos enviará al castigo eterno?"

- - -

1. En primer lugar, ¡olvidémonos de "doctrina de la iglesia de Cristo"! La iglesia que es de Cristo, o Dios, ¡no tiene doctrina! (Es el conjunto de los salvos, y no tiene poder legislativo alguno). La doctrina es de Cristo (2 Juan 9). Los que no se sujetan a ella serán perdidos eternamente (Mat. 15:9; Rom. 16:17,18; 1 Cor. 4:6; 1 Tim. 1:3; 2 Juan 9-11), sean pentecostales, mormones, "liberales" o "antis".

2. En cuanto a los pentecostales y los mormones, ¡no bautizan con el "un bautismo" de Efes. 4:5! porque sus bautismos ponen a la gente en las iglesias de ellos, y no en la que es de Cristo. Referente a "hacer buenas obras", léase Mat. 7:21-23.

3. El uso de los términos "estrictamente" y "exactamente" implica que se puede obedecer la doctrina de Cristo (Rom. 6:17) ¡a medias! ¿O acaso hay algunos mandamientos de Dios que se pueden obedecer no estrictamente, o no exactamente? Si

los hay, ¿cuáles son? La pura verdad es que o obedecemos la doctrina de Cristo, o no la obedecemos.

El autor de las preguntas (y todos nosotros) haría mejor en pensar detenidamente en la doctrina de Cristo, para obedecerla y hacer todo lo posible por hacer que otros hagan lo mismo. La pregunta que debe hacerse, no es ¿qué enseña la iglesia de Cristo? (o, los liberales, o los antis, o los pentecostales, o los mormones), sino, ¿que enseña la doctrina de Cristo? No se debe enseñar otra doctrina (1 Tim. 1:3; Gál. 1:9)

* * *

312. ¿HAY DIFERENCIA DE PECADOS?

"¿Hay diferencia de pecados? ¿Hay pecados graves y otros no graves? Por ejemplo, una 'mentira piadosa' (como decimos a veces) creo que no es comparable o es lo mismo que un homicidio".

- - -

1. Las Escrituras hablan de pecados, no de graves y no graves. El pecado es transgresión o infracción de la ley de Dios (1 Jn. 3:4). El que comete pecado, dice Juan, transgrede la ley de Dios. ¿Es pecado mentir? Sí, Efes. 4:25. Entonces, el que miente, peca, y el que peca se constituye pecador. La paga del pecado es la muerte (Rom. 6:23).

2. Yo no digo, ni a veces, "pecado piadoso", porque tal cosa no existe. Mentir es mentir. Los mentirosos van a participar del mismo destino que los homicidas (Apoc. 21:8). Necesitamos aprender a aborrecer lo que Dios aborrece (Prov. 6:16-19; Rom. 12:9). Considérese 1 Ped. 3:10-12.

3. Sí, hay diferencia en consecuencias físicas en cuanto al pecado de mentir y el de matar, pero no hay diferencia de culpabilidad. Las dos cosas son pecado, y el pecado nos condena por toda la eternidad (Jn. 8:24).

* * *

313. COL. 3:16, E INSTRUMENTOS

"Cuando en Colosenses 3:16 dice cantando al Señor… con Salmos, ¿no se refiere a salmodiar como lo hicieron los israelitas, y utilizar instrumentos en la alabanza a Dios?"

- - -

1. Lo que el pasaje dice es que "cantando (ADONTES) en vuestros corazones a Dios". No dice, "tocando en vuestros instrumentos (mecánicos de música)". Las cuerdas que se tocan, según este pasaje, cuando uno canta, son las del corazón.

El pasaje paralelo, Efes. 5:19, dice "hablando entre vosotros con salmos, con himnos y cánticos espirituales, cantando (ADONTES) y alabando (PSALLONTES) al Señor en vuestros corazones".

De este pasaje aprendemos:

a—lo que se debe hacer es hablar entre nosotros, empleando salmos, himnos y canciones espirituales.

b – Hacemos esto de hablar cuando cantamos y alabamos. No hay nada de tocar en este mandamiento. Hablamos, cantando y alabando.

c – La palabra griega PSALLONTES significa "cantar un himno, o celebrar las alabanzas del Señor en canción" (Sr. Thayer). La versión American Standard Version, la que uso en inglés, dice, "haciendo melodías".

2. Según el diccionario de Larousse, salmodiar quiere decir "recitar salmos sin inflexión de voz, monótonamente", y figuradamente, "cantar monótonamente". Una salmodia es un "canto que se usa en la Iglesia para los salmos". No hay en la palabra misma nada de instrumentos mecánicos de música.

* * *

314. 1 TES. 5:23, ¿TRES ENTIDADES?

"Algunos enseñan, apoyados en este texto, que hay un cuerpo, un alma y un espíritu, tres entidades diferentes. Dicen que el espíritu vuelve a Dios (Ecles. 12:7; no es el Hades), el alma va al Hades, y el cuerpo es sepultado. ¿Qué dice usted?".

- - -

1. En 1 Tes. 5:23, por haber dicho Pablo "por completo", él emplea los tres términos: espíritu, alma, y cuerpo, los tres que se emplean en las Escrituras con referencia al hombre total en la carne.

2. No obstante, la distinción como es descrita arriba no es tan absoluta y arbitraria. El uso de los términos "espíritu" y "alma" en las Escrituras lo hace bien claro. Veremos algunos ejemplos de esto. Pero, primero notaremos que:

3. el término "espíritu" se emplea generalmente para indicar el principio vital que Dios da a cada persona que nace. En este sentido el hombre es hecho a la imagen de Dios, y

4. el término "alma" se emplea generalmente para indicar la vida resultante de estar en unión (vida) el espíritu y el cuerpo físico.

5. Nótese que digo, "generalmente". Las Escrituras no siempre hacen distinción entre los dos términos (espíritu y alma). Algunos pasajes hablan del hombre como compuesto de cuerpo y alma (Mat. 6:25; 10:28; Luc. 12:20); otros hablan de como es compuesto de cuerpo y espíritu (Luc. 8:55; Sant. 2:26). Las emociones (por ej., la tristeza) se asocian con el alma (Mat. 26:38), pero también se asocian con el espíritu (Jn. 13:21). El alma se regocija (Sal. 35:9), como también el espíritu (Luc. 1:47). Las Escrituras no hacen una distinción absoluta entre el alma y el espíritu.

6. Sí, Ecles. 12:7 dice que el espíritu vuelve a Dios. Pero Hech. 7:59 dice que Jesús recibe el espíritu, y dice Pablo que para él morir significaría partir y estar con Cristo (Fil. 1:23). Es más; los que "mueren en el Señor" (Apoc. 14:13) descansan de sus obras, siendo almas (que pueden hablar), 6:9-11. Estas almas reinan en la muerte (20:4). El Hades va a entregar a sus muertos para el Juicio Final (20:13). Además, la parte del Hades para los santos se llama "el seno de Abraham" (Luc. 16:22), y el "paraíso" (23:43). Los que duermen en Cristo, Dios los traerá con Cristo en el día de la

resurrección (1 Tes. 4:14). 1 Ped. 1:22 habla acerca de purificar el alma; Heb. 12:23 habla acerca de espíritus hechos perfectos.

Estos pasajes nos hacen ver cómo las Escrituras a menudo emplean los términos "espíritu" y "alma" alternativamente. La distinción absoluta, como es presentada en la cita inicial, no toma en cuenta otros muchos pasajes que también tratan de la naturaleza del hombre y que describen la situación de la persona después de la muerte.

* * *

315. ¿SON LOS LIBERALES NUESTROS HERMANOS?

"¿Qué textos se pueden utilizar para apoyarnos en que los liberales son nuestros hermanos"?

- - -

1. Véase INTERROGANTE #176. 2.

2. Los textos que hablan acerca de qué hacer para llegar a ser hijo de Dios (cristiano) me dirán si una dada persona es mi hermano en Cristo. La persona que obedece al evangelio llega a ser miembro de la familia de Dios, y así es mi hermano. Después, esa persona puede llegar a ser un hermano falso (2 Cor. 11:26), pero sigue siendo mi hermano. Ahora no le comulgo, para no ser partícipe en sus malas obras (2 Jn. 9-11).

3. 2 Tes. 3:15 hace claro que el hermano excomulgado no debe ser tratado como si fuera enemigo, sino como a hermano.

4. Recuérdese que el hijo pródigo no dejó de ser hijo por ser pródigo.

* * *

316. ¿USAR GALLETAS Y VINO EN LA CENA DEL SEÑOR?

"¿Se puede usar pan elaborado con mantequilla, o galletas, vino, o cualquier bebida de uva?"

- - -

1. Véanse INTERROGANTES #90, 225.

2. Esta pregunta es múltiple; por eso requiere varias observaciones.

3. Lo que se debe usar en la Cena del Señor es pan sin levadura, y fruto de la vid (Mat. 26:26-29; el pan de la pascua era pan sin levadura. Compárese 1 Cor. 5:6-8). En ningún pasaje, con referencia a la Cena del Señor, se dice "vino"; siempre se dice "fruto de la vid". El fruto de la vid es el jugo de la uva que la vid produce. Debemos contentarnos con lo que las Escrituras dicen, y no con lo que no dicen.

4. No hay razón porque comenzar a agregar ingredientes al pan sin levadura. El aceite, agregado a la harina de trigo y al agua, puede ayudar para que la masa se pegue, pero agregar aceite, mantequilla, u otros ingredientes, para razones de sabor, es irnos más allá de lo que está escrito (1 Cor. 4:6).

5. El término "galletas" no nos dice de qué son hechas. Mucho se llama "galletas", y aparece en diferentes formas y de diferentes ingredientes.

6. El pan sin levadura de necesidad va a salir en forma de torta plana, delgada. A cosa semejante no se suele llamar "galleta".

7. La palabra "vino" en las Escrituras no especifica si el líquido está fermentado o no. El contexto determina el caso. Por ejemplo, el jugo de la uva se llama "vino" en Jer. 48:33; Isa. 40:12; 65:8; Hageo 1:11. Pero el "vino" de Prov. 20:1 y 23:29-35 obviamente es el vino con alcohol, y ha de ser evitado.

8. El vino alcohólico debe usarse solamente para tratamiento medicinal (Prov. 31:4-7;   Luc. 10:34; 1 Tim. 5:23). De otra manera, su uso se condena (1 Ped. 4:3—disipación = concurso de bebedores, la bebida social).

9. No hay razón bíblica por qué insistir en que se use el vino moderno (el cual ha sido destilado) en la Cena del Señor. El que insiste en ello sin duda lo hace porque quiere gustar el sabor de tal vino, juntamente con el efecto del alcohol.

10. Véanse mis comentarios en NOTAS SOBRE 1 TIMOTEO, 5:23; NOTAS SOBRE 1 PEDRO, 4:3.

* * *

317. COMER SANGRE: ARGUMENTOS

"Respecto a la enseñanza de la sangre, ¿se puede comer? A continuación le envío un mensaje que presentó un hermano en la iglesia de _____. Esto ha traído diferencias en las iglesias que están cerca".

- - -

(Luego sigue el mensaje que trata de justificar el comer sangre. Comentaré sobre las falacias de la argumentación).

1. Véanse INTERROGANTES #77, 156, 171.

2. El autor argumenta que Hech. 15:29 es el único texto en el N.T. que prohíbe el comer sangre, y que si esta prohibición no se repite en otra parte del N.T., no puede estar en vigor. (Se equivoca, pues se repite en Hech. 21:25).

Dada esta clase de lógica, sería interesante ver cómo el hermano probaría que la Cena del Señor debe ser celebrada solamente en día domingo (y no en jueves, etcétera). No bastaría citar Hech. 20:7, porque no podría citar aún otro texto en el N.T. que autorice tal hecho.   ¿Cuántas veces tiene que decirnos Dios que se haga, o que no se haga, cierta cosa? La lógica falaz del hermano es como la del que argumenta que Mat. 19:6 no puede aplicarse hoy en día porque no se repite de Hechos en adelante.

3. Argumenta que la prohibición contra el comer sangre "venía de la ley y esa ley quedó abrogada por Cristo".   Si esa lógica es válida, entonces toda cosa prohibida en la ley de Moisés se puede practicar hoy en día, porque dicha ley "quedó abrogada por Cristo". Por eso, ¿se permite adulterar? (Exodo 20:14). "Pero esa prohibición se encuentra en el Nuevo Testamento", dirá la persona.   ¡Exactamente! como también la prohibición de comer sangre.   La prohibición

contra el comer sangre antedata la ley de Moisés (Gén. 9:4).

4. El autor tuerce Rom. 14:17, ignorando el contexto. El apóstol Pablo habla de "comer carne" o "legumbres" (y de "beber vino"), pero el autor habla de ¡comer sangre! Al torcer las Escrituras, lo hace "para su propia perdición"(2 Ped. 3:16).

5. Lo mismo el autor lo hace con 1 Cor. 10:25; ignora el contexto y hace una aplicación ajena al contexto. Pablo trata de comprar en el mercado de toda carne relacionada con ídolos; el autor habla de comprar sangre para comerla. Tal es la táctica de todo falso maestro; siempre ignora el contexto.

6. De nuevo lo hace con Mar. 7:18,19, con 1 Tim. 4:4,5, y con Heb. 13:9. Consideremos primero a Mar. 7:18,19:

a. El dice que "nada de lo que el hombre coma contamina el alma". El tiene a Cristo diciendo que comer sangre no contamina el alma. ¿De esto trata el contexto? Los judíos no comían sin que primero se lavaran las manos, porque habiendo tenido contacto con los gentiles en las calles se consideraban como "inmundos" (ver. 2,3,5). La palabra griega significa "comunes". Esta inmundicia era totalmente ceremonial (los judíos se sentían como inmundos y no como santos). En el ver. 15 Cristo emplea esta misma palabra en forma verbal, "contamina"; es decir, hacer inmunda, o común, a la persona.

Cristo está diciendo que la suciedad que pueda estar en las manos cuando la persona come no puede hacerle inmunda, o no santa. Lo que hace que la persona sea pecadora son los hechos que se originan en el corazón del hombre.

Pregunta: ¿No dijo Cristo todo esto a los judíos que vivían bajo la ley de Moisés, la que prohibía el comer sangre? El ver. 19 dice que la enseñanza de Cristo en esta ocasión hizo "limpios todos los alimentos". ¿Hizo limpia la sangre para los judíos? Estimado hermano errado, díganos: ¿permitió Cristo a los judíos comer sangre, que según usted es un "alimento limpio"?

b. 1 Tim. 4:4,5. Pablo aquí habla de quienes en el tiempo de la apostasía mandarían abstenerse de alimentos que Dios creó para que de ellos participasen los creyentes. Dios creó las legumbres y plantas verdes, como también los animales, para comida (Gén. 9:3). Pero prohibió la carne con la sangre (ver. 4). En la apostasía algunos impondrían ciertos ayunos. Este pasaje no ayuda en nada al falso hermano que aboga por el comer sangre.

c. Heb. 13:9. La comida de este contexto no tiene nada que ver con la sangre, sino solamente con las comidas consideradas inmundas bajo la Ley de Moisés. Véase Heb. 9:9,10. En esta sección el autor de Hebreos tiene en mente a los judaizantes (véase ver. 10,11) que querían imponer restricciones de la Ley de Moisés. Aquí el autor de Hebreos habla de carne de animales (ver. 11), y no de comer sangre. La Ley de Moisés prohibía el comer sangre. Pero el autor del mensaje que estamos examinando tiene al autor de Hebreos diciendo que los cristianos afirmamos el corazón con gracia, y no con el comer o no sangre.

Vemos que en todo caso el contexto rige. ¡Con razón el falso maestro ignora el contexto!

7. Afirma el autor que hay muchos alimentos que son elaborados hoy en día con sangre, incluyendo chocolates. Bueno, si es así, entonces no los comeremos, porque se nos prohíbe comer sangre. Claro es que el hombre incrédulo ha incluido la sangre en la preparación de algunos de sus alimentos, y peca al comerlos.

* * *

318. LA IGLESIA DESPEDIR EL AÑO

"Es fin de año (31 de Dic.) y a la iglesia no le toca reunión ese día, pero acuerda hacer un culto de adoración a las 10:00 de la noche para despedir el año y tener un convivio en el local con comida y piñata. ¿Hace mal? ¿Ustedes hacen tal actividad? ¿Cómo lo hacen?"

- - -

1. La iglesia puede reunirse para adorar a Dios en cualquier día del año, y a cualquier hora. Así que el día del año, y la hora, no entran en la cuestión propiamente. La palabra clave en la primera frase de la cita arriba es "para". ¿Con qué propósito se reunió la iglesia aquel día y a esa hora?

2. Despedir al año no es adorar a Dios. (Que no se diga que está bien dar gracias a Dios por un año más de vida, porque eso se hace en oración en el servicio de adoración. Pero según lo que el interrogador describe arriba, esa reunión especial de la iglesia no tuvo por propósito dar gracias a Dios en oración. No, el propósito de esa reunión se ve en el convivio y la piñata).

3. El simple hecho de que existe la palabra "convivio" prueba que existe cierto evento, o actividad, y por eso se inventó un nombre para identificarlo. ¿Qué es ese evento? Es una reunión propiamente para comer y alegrarse (piñata), cosa puramente social. No es cosa mala en sí, pero tampoco es adoración a Dios.

4. La obra de la iglesia local es triple: el evangelismo, la benevolencia limitada, y la adoración a Dios y edificación de sí misma. Las iglesias humanas han agregado otras "obras", entre ellas las actividades sociales. Muchos de mis hermanos están cayendo en este mismo error.

5. Sí, hace mal aquella iglesia porque está haciendo algo no autorizado por el patrón bíblico.

6. No, nosotros (la iglesia de la cual yo soy miembro) no hacemos tal actividad, ni lo haríamos.

7. La última pregunta, "¿Cómo lo hacen?" necesita una explicación para que sea contestada. ¿A qué se refiere "lo"? ¿Hacer qué cosa? Si no participamos en convivios, no es cuestión de cómo hacerlo. La iglesia local de la cual soy miembro se ocupa en las tres obras especificadas, utilizando el local para ellas. Como individuos en los hogares, a veces nos juntamos y nos alegramos con comidas y actividades de juego. Nosotros, como los demás, tenemos casas en que comer y beber (1 Cor. 11:22,34; Hech. 2:46).

8. A veces la iglesia local tiene reuniones que

duran todo el día, y conviene que las personas tomen un poco de tiempo durante el día para tomar agua, comer algo que cada quien haya traído para eso, y usar el baño. Estas cosas son incidentales para el servicio de adoración. No son actividades en sí que requieran un nombre para describirlas. Tampoco se requieren cocinas y comedores bien equipados, ni se requiere que unas hermanas estén cocinando y haciendo otros preparativos durante las horas de la adoración. Sencillamente se toma un tiempo breve para atender a las necesidades físicas del cuerpo, y luego el servicio continúa.

9. Hay que tener mucho cuidado de que no se justifique el punto # 3 con el punto #8. Son dos cosas completamente distintas. En el punto #8 no hay nada de días especiales, horas especiales, cocinas, comedores, piñatas, ni nombre para identificar un evento (porque no hay evento). El punto #3 trata de un evento social, y el 8 de incidentales de una adoración a Dios. Hay hermanos que han salido del liberalismo, pero han traído consigo algunas prácticas no bíblicas. Las deben dejar allí donde dejaron las demás prácticas liberales.

10. Véase # 31

* * *

319. ¿PUEDE EL PADRE SERVIR AL SEÑOR SI SU HIJO NO ES CRISTIANO?

"Cuando un hijo, enseñándole las cosas de Dios y no quiere obedecerlas, con la diferencia que él es obediente a los quehaceres del hogar, ¿qué puedo hacer, porque he sido criticado por unos hermanos que yo por tener un hijo así de esta manera no puedo servir al Señor?"

- - -

1. Ignoro mucho detalle del caso, y por eso tengo que contestar la pregunta en general.

2. Si el hijo es obediente en los quehaceres de la casa, eso indica que tiene carácter, y que hay esperanza de que llegue a ser cristiano algún día.

3. ¿Cuántos años tiene? ¿8, o 18? El simple hecho de que todavía no es cristiano no hace incapaz al padre para que no pueda servir al Señor.

4. La frase "servir al Señor" necesita definición. ¿Se trata de tomar parte pública en la iglesia local, o de llevar la vida diaria como cristiano? En cualquier caso la persona puede servir a Dios, no importando la clase de hijo que tenga. Un padre bueno puede tener un hijo malo, y un malo un hijo bueno (Ezequiel 18:5,10,14). Cada quien determina su destino.

* * *

320. ROMANOS 11:26 – TODA ISRAEL SERÁ SALVO

"Entiendo que de ningún modo podría contradecir a Hechos 10:34,35, texto que nos asegura que Dios no hace acepción de personas".

- - -

1. Es cierto; ningún pasaje inspirado contradice a otro.

2. A continuación cito de mi comentario, NOTAS SOBRE ROMANOS, 11:26:

"y luego". No hay justificación para esta traducción. La palabra griega HOUTOS significa "así". Las versiones Latinoamericana, Moderna (y otras muchas) dicen "así". HOUTOS es adverbio, indicando manera. Dice Pablo, "así…. como". La salvación de Israel es como fue profetizado en estos dos pasajes (Isa. 59:20; Jer. 31:33,34). Es como Pablo ha estado explicando en este capítulo de Romanos: será por medio de la fe en Cristo Jesús, el Redentor o Libertador. Pablo, en los versículos anteriores, había explicado que Israel había sido desechado (no totalmente, porque había remanente) y quebrado del olivo a causa de su incredulidad (ver. 20), y que por su fe los gentiles obedientes al evangelio (pues millones de gentiles rechazaban al evangelio) habían sido injertados (convertidos a Cristo para participar con los judíos obedientes en las bendiciones del evangelio). Si los judíos desobedientes obedecen a Cristo (ver. 23), serán injertados en el olivo (favor de Dios) de nuevo. Así, como los demás hombres se salvan, serán salvos ellos. ¡No hay otra manera!

Estas profecías comenzaron a cumplirse el día de Pentecostés, cuando se predicó sobre los términos del evangelio por primera vez. Los que abogan por la restauración de la nación judaica admiten que la primera de las dos ya se cumplió, pero que la segunda todavía no se cumple. Si la segunda es Jer. 31:33,34 (como parece ser), sin duda ya se cumplió, según Hebreos 8:8-13. De todos modos, de la manera ("así") como es descrita en este libro e introducida en 1:16, "todo Israel será salvo" que va a ser salvo, y esto es por el evangelio. "Todo Israel" no quiere decir que cada individuo de esa nación será salvo, como tampoco Hechos 15:7-11 quiere decir que cada uno de los gentiles va a ser salvo, o Rom. 5:18 que todos los hombres van a ser justificados. La promesa de perdón es para toda criatura, pero basada en la obediencia del individuo. Todos (los que van a ser salvos) serán salvos de la misma manera.

* * *

321. LA ENUMERACIÓN DE AÑOS Y MESES

"Yo quisiera me mandara una explicación que en los libros del Antiguo Testamento se encuentra 'en el año noveno, en el mes décimo' (Ezeq. 24:1), 'Venido el mes séptimo' (Neh. 8:1)'".

- - -

1. Tales expresiones, referentes a años, indican la fecha de tal y tal evento, datándose de cierto evento pasado. A veces el evento pasado era el principio del reinado de cierto rey (por ej., 2 Reyes 18:1). En este caso (Ezeq. 24:1), el evento referido es el año de ser llevado Ezequiel a Babilonia. Nueve años y diez meses después de eso, el evento referido en 24:1 comenzó. Ese evento fue el sitio de Jerusalén de parte de Nabucodonosor, el rey de Babilonia, ver. 2.

2. Neh. 8:1 (o sea, 7:73): la referencia al mes séptimo apunta al mes del calendario judaico. El

primer mes (el principio del año) comenzaba en nuestra primavera (meses de marzo, abril), y el séptimo en nuestro otoño (meses de septiembre, octubre).

* * *

322. APOC. 1:10, EL DÍA DEL SEÑOR

"¿Qué significa en Apoc. 1:10, 'el día del Señor'? Dicen que todo el domingo debemos dedicárselo a Dios porque es de él".

- - -

1. La palabra griega, KURIAKOS ("del Señor"), se encuentra solamente dos veces en el Nuevo Testamento, en este texto y en 1 Corintios 11:20 (la cena **del Señor**). Quiere decir, perteneciente al Señor. El único día de la semana, perteneciente al Señor Jesucristo en sentido especial es el primero (domingo). Resucitó en este día y en él tomaban la Cena del Señor los cristianos primitivos (Hechos 20:7).

2. El que afirme que "todo el domingo debemos dedicárselo a Dios porque es de él" afirmará algo que no podrá probar con las Escrituras, porque ellas no enseñan tal cosa. Ellas nos enseñan qué hacer el primer día de la semana, y cuando lo hacemos, cumplimos con lo que se manda. (Si alguno quiere hacer más, es cosa de su propia conciencia y privilegio). Lo que se nos manda es que nos reunamos como iglesia local para adorar a Dios, celebrando la Cena del Señor y ofrendando de nuestra prosperidad (Hech. 20:7; 1 Cor. 16:1,). La hora en qué hacerlo, y la duración de tal servicio, son dos cosas dejadas al juicio de la iglesia local.

3. Las denominaciones han promovido la idea de que el domingo tomó el lugar del sábado del Antiguo Testamento, y que por eso se debe descansar todo el domingo. Su conclusión es falsa porque se basa en una premisa falsa. El día del Señor no tomó el lugar de nada. Es el día en que ciertos actos de culto deben ser rendidos al Señor, punto y aparte.

4. Cuando yo era niño, en mi país no abría en domingo casi ningún negocio. Después de la Segunda Guerra Mundial, más y más se abrían los negocios en día domingo, y hoy en día el domingo es igual (para los comerciantes y para el público en general) que cualquier otro día. La situación actual refleja el materialismo del día. Cuando mi nación temía más a Dios no buscaba tanto hacer comercio, ni aún diversiones, en día domingo.

Pero no podemos hacer leyes en asuntos en que Dios no las ha hecho. No somos legisladores (Sant. 4:12). Por otra parte, sí debe el cristiano procurar con toda diligencia hacer lo posible por estar en asamblea el día domingo para adorar a Dios en espíritu y en verdad. Lo que haga de más es cosa entre él y Dios.

* * *

323. JOB 31:1-5, ¿DA DIOS LO BUENO Y LO MALO?

"He oído decir a un hermano que Job no entendía todavía que Dios no da lo malo, Job 31:1-5, y he oído decir a otro que Dios nos da lo malo y lo bueno. ¿Cuál es lo malo que Dios nos da?"

- - -

1. El pasaje enseña que Job era de carácter moral muy alto. Determinó en su corazón (hizo pacto con sus ojos) no codiciar a una mujer joven, cosa que sería igual que cometer fornicación en su corazón con ella (Mat. 5:28).

2. Hizo tal determinación (de no pecar así) porque sabía que Dios castiga al pecador con calamidad y quebrantamiento. (Cómo y cuándo lo hace no se trata aquí, sino el hecho de que Dios castigará al impío).

3. Nada viene de Dios, en cuanto a sus dádivas para el hombre, sino lo bueno (Sant. 1:17,18). Dios es la fuente de todo lo que es bueno. Dios no es la fuente de dádivas malas.

4. A veces, en la sabiduría de Dios, él permite que cosas malas vengan sobre el justo (Job 1:8-12,21). Sirven de pruebas para los suyos, pero él no es la fuente directa de tales cosas, sino Satanás. Compárese 2 Cor. 12:7-10. Dios siempre está en control, aún cuando permite que Satanás haga mal al hombre.

* * *

324. LAS MUJERES EN LAS JUNTAS

"en la iglesia donde están los hermanos _____, predica el hno. _____ y yo y lo que hacemos en las juntas generales es determinar los trabajos que se hacen en la iglesia. El caso más claro para que Ud. me entienda creo que es éste: cuando se va a acordar sobre una serie nos reunimos toda la iglesia y entre todos acordamos a quién invitar a que nos predique. ¿Ud. cree que por esto las mujeres estén dirigiendo juntamente con nosotros o que estén haciendo un trabajo que no les corresponde? ¿Estaremos en pecado por hacer esto?"

- - -

1. Me parece que el caso es uno de una iglesia en que hay dos hombres y varias mujeres, y que esos dos hombres "determinan los trabajos que se hacen en la iglesia", menos la selección de quien les predicará cuando la iglesia va a tener una serie de servicios de predicación. En ese caso, se reúne toda la iglesia (es decir, esos dos hombres y las mujeres) y se decide a quién invitar.

2. Si los hombres (dos o más) pueden determinar todos los trabajos de la iglesia local, ¿por qué no pueden determinar el trabajo de invitar a un evangelista para una serie de servicios?

3. Para contestar la pregunta que se me hace, respondo: sí, según se me pinta el cuadro, cuando menos en un caso las mujeres de la iglesia están dirigiendo juntamente con los hombres, si están participando en una decisión de la iglesia. Sí, ustedes están en pecado por hacer eso.

Ahora, si el caso es uno de que los varones están consultando a las mujeres, y luego aparte ellos en su junta están haciendo las decisiones, no, ellas no están dirigiendo y nadie está en pecado.

El interrogador cambia de verbos; primero dice "determinar" (en cuanto a lo que los varones hacen en la junta), y luego dice "acordar" (en cuanto a lo que los varones y las mujeres hacen en una junta). Por eso es difícil para mí estar seguro del caso. Si usa los dos verbos como sinónimos, las mujeres están participando en las decisiones de la iglesia y pecan por participar en el liderazgo de ella. ¡Ese no es su papel! Si usa la palabra "acordar" para decir que ellas nada más son consultadas, para luego "determinar" los hombres qué hacer, entonces no hay pecado. Los varones pueden tomar en cuenta el juicio o preferencia de las hermanas de la iglesia, y luego aparte tener su junta y hacer sus decisiones. Hechas ellas, se deben anunciar a la iglesia entera. El caso es sencillo y no hay por qué tener problemas.

Consúltese INTERROGANTE # 302

* * *

325. COMER EN EL LOCAL

"Un hermano de _____ dice que no se debe comer o tomar alimentos en la casa de oración cuando nos reunimos a adorar al Señor. Esta enseñanza la trajo el hermano _____ en una visita que hizo acá a _____".

- - -

1. Véanse #31, #318.

2. La cuestión no tiene que ver con comer o no en el local, como tampoco tiene que ver con beber agua, o no en el local. Si el predicador pasa todo el día en el local estudiando y preparando sermones y estudios, va a tener sed y hambre, y va a necesitar los servicios del baño. El tomar agua, el comer algo que trajera para su hambre, y el usar el baño son incidentales de su trabajo de evangelista durante el día.

3. La cuestión tiene que ver con usar el local para propósitos ajenos a lo que justifica el tener locales. El local es una conveniencia para las obras de la iglesia local. La iglesia local tiene sus tres obras: el evangelismo, la edificación y predicación, y la benevolencia limitada. Según la capacidad económica de la iglesia local, se proporciona un edificio (local) en que hacer sus obras. (Lo puede rentar o comprar, o bien puede hacer uso de un hogar privado). El problema entra cuando la iglesia local se mete en obras no autorizadas por las Escrituras. Actividades sociales no son autorizadas. La iglesia local no tiene obra social, y por eso no tiene justificación al celebrar eventos llamados "confraternidades" o "convivios" en que hay comida y juego. Por eso no necesita cocinas y comedores y hasta gimnasios equipados (como es el caso en muchas iglesias de Cristo liberales).

4. Si en un dado caso la iglesia se congrega por un tiempo extenso, como todo el día o la mayor parte de él, la gente va a tener hambre y sed y necesidades físicas personales. No hay problema. Se puede tomar un receso juicioso para que todo el mundo se refresque brevemente, tomando y comiendo algo que haya traído para eso, y usar los baños, para luego continuar con las actividades espirituales. Para esto la iglesia no necesita tener cocinas y comedores; tener baños y fuente de agua, sí conviene.

5. Toda la cuestión tiene que ver con usar el local estrictamente para lo que fue hecho; a saber, para las obras de la iglesia local. Lo que sea de incidentales al usarse el local bíblicamente se justifica. Lo que sea de otras clases de obras y actividades no se justifica.

* * *

326. NO PREDICAR A OTRAS IGLESIAS

"Otra enseñanza es: Ningún evangelista o predicador puede salir a predicar a otras iglesias pues no hay base bíblica, sólo puede hacerlo en su congregación. Si quiere enseñar a otros tiene que hacerlo personalmente por sus casas. ¿Me puede contar algo al respecto?".

- - -

1. Esta enseñanza sí es "un tanto rara", y "la Biblia no va con lo que ellos manifiestan ser la verdad", como dice el interrogador. No me presenta ninguna argumentación de "ellos". Por lo tanto, no tengo nada que examinar, sino solamente la afirmación de que "ningún evangelista puede salir a predicar a otras iglesias … sólo puede hacerlo en su congregación".

2. Pablo y Bernabé, dos evangelistas, fueron a predicar en las iglesias de Listra, Iconio y Antioquía (Hech. 14:21), sin ser ellos miembros de esas iglesias. Más tarde Pablo y Silas hicieron lo mismo (15:36-41). Bernabé, miembro en Jerusalén, fue a predicar en Antioquía de Siria, y luego trajo de Tarso a Pablo para que él también predicara en Antioquía (11:22-26).

* * *

327. ¿ES BÍBLICA LA REUNIÓN DE SÁBADO?

"(Algunos dicen que) tampoco es bíblico las reuniones de los sábados, hacerlas o asistir a las que las hacen y menos promover a hermanos para que asistan a tales reuniones. Manifiestan que en la Biblia no hay base para ello. Las iglesias que hacen estas reuniones, dicen ellos, que vienen a ser iglesias patrocinadoras".

- - -

1. El interrogador no me da suficiente información para que pueda comentar inteligentemente sobre el caso. ¿Qué en particular son "las reuniones de los sábados"? ¿Qué se hace en ellas?

2. Si el caso tiene que ver con que no haya reunión de la iglesia en el día séptimo, el sábado, entonces aquellos "algunos" están bien equivocados. Los discípulos primitivos se congregaban todos los días (Hech. 2:46). La iglesia puede celebrar un servicio en cualquier tiempo, según las circunstancias (Hech. 12:12).

3. ¿Qué tiene que ver reuniones de la iglesia

en día sábado, y ser ella una patrocinadora? No hay conexión alguna. La iglesia patrocinadora es una que asume la dirección de obra y de dinero de otras muchas iglesias. Su pecado es el de centralización.

* * *

328. ¿NECESITAMOS ENCONTRARLOS EN EL ACTO MISMO?

(Un hombre casado fue visto de la mano con otra mujer. El admitió que había estado con ella por un buen tiempo, pero afirmaba que no tuvo relación sexual con ella. La esposa se separó de él, y un hermano en la fe afirmaba que ella quedaba libre de él porque su marido quiso otra mujer. Otros no creían así, sino decían que tenían que encontrar a los dos en el acto mismo, o por lo menos tener pruebas del caso). La pregunta sigue:

"Necesitamos ver que salgan juntos de un hotel, o basta encontrarlos de la mano como novios para decir que el inocente queda libre, o tenemos que encontrarlos en el acto mismo?"

\- - -

1. La Biblia habla bien claro sobre el asunto.

    a. La mujer no debe dejar su marido (ni él a ella) - 1 Cor. 7:10; Rom. 7:2,3.

    b. En el caso de fornicación, o adulterio de parte de uno de los dos cónyuges, el inocente puede repudiar al culpable, y así quedarse libre para segundas nupcias - Mat. 19:9.

2. En este caso, pregunto: ¿cometió adulterio el marido? Nadie le acusó de ello. Algunos suponían que lo habría cometido, pero suponer no es probar (Hech. 21:29).

3. También pregunto: ¿Es el querer otra mujer causa bíblica para el divorcio y segundas nupcias? Todos sabemos que no la es. ¿Por qué, pues, proponer tal situación?

4. No, no es necesario ver al marido y la otra mujer salir de un hotel (cosa que en sí no probaría caso de adulterio), ni es necesario encontrarlos en el acto mismo de fornicación. Lo que es necesario, para que el inocente quede libre de los votos del matrimonio, es que el cónyuge haya cometido adulterio. Hasta que esto se establezca, no hay que pensar en el divorcio y las segundas nupcias. Juzgar por las apariencias es pecar (Jn. 7:24).

5. Sí, tiene que haber pruebas. ¿Por qué no quererlas, buscarlas? ¿Acaso queremos pecar al acusar falsamente a otro? Si no hay razón bíblica para el divorcio, no la hay. Si la hay, hay suficiente prueba de ello.

* * *

329. ¿EL EVANGELISTA SUPERVISA?

"El evangelista no puede supervisar ya que esto lo hace Cristo. ¿Cómo es esto? ¿Podría aclararme paso por paso el trabajo del evangelista?"

\- - -

1. Cristo "supervisa" (1 Ped. 2:25, griego, EPISKOPOS, = obispo, superintendente, supervisor) en el sentido de que todo lo gobierna por su palabra. Los ancianos de la congregación son quienes entre los hombres supervisan. La palabra "obispo" (griego, EPISKOPOS) significa "supervisor" (Hech. 20:28; Fil. 1:1; 1 Tim. 3:1; Tito 1:7). 1 Ped. 5:2 dice, "cuidando de ella". El verbo griego en este caso es EPISKOPEO = literalmente, mirar sobre.

2. Ahora, el evangelista no es supervisor; no es obispo. Es uno que hace "la obra de evangelista" (2 Tim. 4:5), y esa obra es anunciar las buenas del evangelio (ver. 2). Con o sin ancianos en la iglesia local, el evangelista predica (no supervisa).

3. Como miembro de la congregación, tiene voz y voto juntamente con los demás varones en la iglesia. Obviamente tiene más experiencia en la palabra que los recién convertidos y más que otros varios miembros, y por eso su influencia es grande como debe ser. Pero no es mandón; no es dictador. No tiene la obra local "a su cargo" (no "está encargado de la obra", como se suele decir). La iglesia no es de él; es de Cristo.

4. Claro es que el evangelista, o el hermano de más experiencia en la palabra, debe ser reconocido y estimado por su talento y habilidad.

5. Véanse INTERROGANTE #125, 204.

* * *

330. ¿ES BÍBLICA LA JUNTA DE VARONES? ¿ES CONSTITUIDA DE HERMANOS QUE HAN PECADO?

"¿Es realmente bíblica la junta de varones? ¿Esta puede estar constituida por hermanos que han pecado y tienen un mal testimonio ante la iglesia?"

\- - -

1. Sí, la junta de los varones es bíblica. Es una inferencia necesaria, pues no habiendo obispos (ancianos, pastores) en la iglesia local, toca a los varones encargarse de los negocios de ella. Seguramente el liderazgo no toca a las mujeres. Las cosas tienen que ser hechas "decentemente y con orden" (1 Cor. 14:40).

2. La junta no puede ser constituida por hermanos que están en pecado, pero sí por hermanos que han pecado y que ahora han sido perdonados. (¿Cuál hermano no ha pecado en su vida?).

3. No puede ser constituida por hermanos que tienen un mal testimonio ante la iglesia (porque están en pecado), pero sí por hermanos que en el pasado pecaron, fueron perdonados, y que por eso ya no tienen mal testimonio ante la iglesia. Hay gran diferencia entre "tienen" y "tenían". El hermano que se arrepintió, y fue perdonado, debe tener un buen testimonio ante la iglesia porque hizo lo correcto y delante de Dios anda en la justicia. (Muchas veces hay hermanos que quieren "tener bajo disciplina", dicen, al que pecó, se arrepintió, y fue perdonado por Dios. Quieren controlarle por medio del pecado que cometió en el pasado y que fue perdonado. Estos no hacen la voluntad de Dios, sino la suya propia.

* * *

331. LA DIRECCIÓN DE LA IGLESIA

"Existen dos hermanos con mucho conocimiento de la Biblia, o por lo menos tienen los libros y comentarios, y habemos tres hermanos con poco conocimiento, pero tratamos de ser fieles al Señor. ¿Cómo debe ser la dirección de la iglesia, o ser dirigida? ¿Hasta dónde está limitado el evangelista?"

- - -

1. Con muchos hermanos conocedores de la Biblia, o con pocos, la iglesia local, no teniendo obispos (ancianos, pastores), debe ser dirigida (en cuanto a decisiones en la obra local, y no en cuestiones de fe) por los varones. Esto lo hacen en sus juntas, o reuniones, para esto.

2. El evangelista es uno que dedica su tiempo completo a la predicación del evangelio (2 Tim. 4:2-5; Hech. 21:8; Efes. 4:11). Es un predicador, o heraldo) (1 Tim. 2:7; 2 Tim. 1:11; 2 Ped. 2:5). El término predicador se emplea para dar énfasis al acto de proclamar; el término evangelista se emplea para dar énfasis a las buenas nuevas del mensaje. El evangelista, o predicador, está limitado hasta donde están limitados los demás varones de la iglesia local. No tiene más ni menos autoridad que los demás. No tiene "puesto"; tiene "obra" (2 Tim. 4:5). Esa obra es la de evangelizar, o predicar. ¡Que lo haga! (2 Tim. 4:2), y que no trate de ser un Diótrefes (3 Jn. 9).

* * *

332. LA CONFESIÓN DE PECADOS

"¿Podría aclararme sobre los pecados que tienen que confesarse y los que no es necesario?"

- - -

1. Todo pecado tiene que ser confesado (1 Jn. 1:9).

2. Ahora, no todo pecado es público. La persona puede mirar a una mujer para codiciarla, y así pecar (adulterar en su corazón, Mat. 5:28). Solamente Dios y él saben de este pecado. Pero debe arrepentirse y confesar su pecado a Dios por Jesucristo, y Dios le perdonará. Pero también hay pecados que vienen a ser de información pública, y en este caso la confesión tiene que ser pública. La confesión debe ser tan pública como el pecado. La razón es obvia: si el público no sabe del arrepentimiento del pecador (cosa hecha por la confesión pública), ¿cómo va a poder saber que la persona ya no anda en el pecado y que Dios le ha perdonado? Es más; el hombre de veras contrito de corazón, arrepentido y perdonado, quiere que todo el mundo se entere de esto para que otros no caigan y anden en el pecado en que él cayó y anduvo.

3. Véanse Sant. 5:16; Hech. 8:22-24.

4. Véanse INTERROGANTES #154, 218.

* * *

333. DOS ADÚLTEROS BAUTIZADOS

"Se predica el evangelio, llega a oídos de una familia, la cual considera su situación y se bautiza, pero al paso del tiempo la iglesia se entera que tanto él (esposo) como ella (esposa) están en segundas nupcias (adulterio). Pero la esposa de él (ahora hermano) ha formado un hogar con otra persona, creando una nueva familia, y lo mismo él esposo de ella (la hermana). ¿Qué hacer en este caso? Ninguno puede regresar con sus anteriores cónyuges. En un caso particular a los hermanos se les hizo ver que estaban en pecado, que era inútil que regresaran a la iglesia en esa situación, y lógicamente se apartaron. Sé que fallamos porque se perdieron dos almas por las cuales Jesucristo dio su vida, sin embargo ¿qué hacer? ¿Se acepta que sigan apartados? ¿Se les llama a una restauración? Por favor oriénteme".

- - -

1. Dos personas casadas se bautizaron. Después la iglesia se dio cuenta de que estaban "en segundas nupcias (adulterio)". ¿Cómo pudo saber la iglesia que vivían en adulterio? Las segundas nupcias en sí no lo indican. Por ejemplo, un hombre, cuya esposa le es infiel, puede divorciarse de ella, y casarse con una virgen. Ahora él se encuentra en segundas nupcias, pero no se encuentran él y ella en adulterio. Muchas veces las segundas nupcias representan casos de adulterio, pero no siempre.

2. Si esa pareja bautizada estaba en adulterio era porque esas dos personas no tenían derecho el uno del otro. Uno de los dos, o los dos, ya estaban bajo votos de matrimonio con otras personas y Dios no les había separado de ellos. En este caso la cosa que hacer era separarse el uno del otro, porque adulteraban, no teniendo derecho de vivir como esposos.

3. Se me dice que estos dos pasaron a "formar un hogar" con otras dos personas. ¿Con esta frase he de entender que no se divorciaron primero, y que no se casaron nuevamente? ¿Solamente fueron a vivir con otras dos personas? Si fue así, no murieron al viejo hombre de pecado cuando fueron bautizados, porque están pasando de persona a persona en el adulterio.

4. Claro es que la iglesia no puede tener comunión con los tales. No entiendo cómo se puede decir que la iglesia falló en el asunto, a menos que sea que la iglesia no les disciplinara. Cuando la iglesia supo que vivían en adulterio (no simplemente por estar en segundas nupcias, sino porque no tenían derecho el uno al otro), debió haberles exhortado a que se separaran y que no siguieran en el adulterio. El segundo paso, al no separarse ellos, habría sido excomulgarles.

5. Ahora la cosa que hacer es exhortarles a que dejen sus adulterios repetidos para no perder sus almas eternamente (Heb. 13:4). Si lo hacen, arrepentidos pedirán perdón a Dios, y Dios les perdonará, y la iglesia les recibirá en su comunión. (Lo que hagan después de separarse de sus adulterios, depende de las opciones que les queden. Si cada uno puede volver a su cónyuge legítimo, bien. Si no, tienen que vivir célibes el resto de la vida, porque dieron espaldas a su matrimonio legítimo, destruyéndolo. No tienen derecho a otras

nupcias.

6. Pare evitar que sucedan casos semejantes, hay que predicar, pero mucho, sobre la seriedad del matrimonio, para que los jóvenes entren en él, conociendo bien lo que Dios nos ha dicho en cuanto al mismo. Sin la santidad de vida, nadie va a ver a Dios (Heb. 12:14).

* * *

334. LA CENA DEL SEÑOR Y EL NIÑO

"Hay una hermana que tiene un hijo de dos años más o menos, que cuando cena deja un trozo de pan y un poco de jugo en su copa, y se los da a su hijo. ¿Está bien que lo haga? El marido habló con ella y por dos semanas ya no lo hacía, pero nuevamente lo hace. ¿Qué hacer en el caso?"

\- - -

1. He conocido varios casos de esto en que se le da al infante o al niño un trocito del pan de la Cena. Aunque algunas madres tal vez lo hagan por complacer al niño, casi siempre el caso es uno de pensar beneficiar espiritualmente al hijo. Tal madre no entiende nada respecto al propósito de la Cena del Señor. Puede ser que influya mucho en ella la doctrina católica romana de la Transubstanciación, la que afirma que el pan se convierte en el mismo cuerpo de Cristo, y la copa en su sangre.

2. Ella está comiendo y bebiendo juicio para sí, porque no está discerniendo el cuerpo del Señor; no está examinándose antes de comer la Cena del Señor. Ella está usando la Cena del Señor para un propósito ajeno. La Cena del Señor es algo que la persona, redimida por Cristo, hace en memoria de Cristo. El infante, o niño, no sabe nada de esto; la Cena del Señor no es para él.

4. Los corintios usaban mal la Cena del Señor y les censuró fuertemente el apóstol Pablo (1 Cor. 11:27-29). La hermana también la está usando mal, y se encuentra en la misma condenación. El caso es serio.

4. ¿Qué hacer? En general diría yo: estudiar con la persona sobre el tema de la Cena del Señor, haciéndole preguntas, para saber si en realidad ella entiende lo que las Escrituras dicen sobre el particular. Luego, una vez que entienda bien la enseñanza, ella dejará de una vez para siempre lo que antes hacía y que le condenaba. Si la persona no acepta la verdad, no va a dejar su práctica censurable, y la iglesia no podrá comulgarle.

* * *

335. ¿DE DONDE SALIO LA ESPOSA DE CAÍN?

\- - -

1. Caín se casó con su hermana, hija de Adán y Eva, a quienes se les mandó, "Fructificad y multiplicaos; llenad la tierra"(Gén. 1:28). Eva era la madre de todos los vivientes (3:20). Era, pues, la madre de la esposa de Caín. Dios no creó sino a Adán y a Eva. De ellos salieron todos los hombres en esta vida.

* * *

336. DANIEL CAPITULO DOS

"¿Qué significa la estatua de Daniel (cap. 2), y qué significado tiene hoy en día?"

\- - -

1. La gran y gloriosa imagen era de cuatro partes distintas: cabeza de oro, pecho y brazos de plata, vientre y muslos de bronce, piernas de hierro (pies, parte de hierro y parte de barro cocido). 2:31,32.

2. La cabeza representaba a Babilonia, el pecho a Medo Persia, el vientre y muslos a Grecia, y las piernas y pies a Roma. Estos eran los cuatro imperios mundiales sucesivos entre Nabucodonosor y el establecimiento del reino de los cielos, la iglesia de Cristo.

3. La piedra, que destruyó a la imagen, fue cortada del monte, no con mano (2:34,44,45), y representa al reino de Cristo, su iglesia sobre esta tierra. (La expresión "no hecha a mano", o "no con mano", significa algo hecho por Dios, y no el hombre. Véase Col. 2:11).

4. Por ser el reino de Dios espiritual (Jn. 18:36; Luc. 1:33; Mat. 16:18,19; 1 Cor. 15:24,25; Col. 1:13; Heb. 12:28; Apoc. 1:9) conquista dondequiera y permanece hasta el fin del tiempo.

5. La iglesia de Cristo fue establecida durante el tiempo del cuarto imperio mundial, Roma.

6. Cualquier imaginado reino de Cristo que según los premilenarios será establecido en el futuro llegará tarde por cuando menos dos mil años.

* * *

337. MATEO 20:20,21 Y MAR. 10:35-37

"¿Por qué en Mateo 20:20,21 dice que la madre de los hijos de Zebedeo le pidió a Jesús que sus hijos se sentaran uno a la derecha, y el otro a la izquierda, pero Marcos 10:35-37 dice que los que pidieron esto fueron los hijos de Zebedeo, y no la madre como dice Mateo?"

\- - -

1. No hay ninguna contradicción. Los dos hijos hicieron esa petición a Jesús por boca de su madre, la esposa de Zebedeo.

2. Aunque ella inició la petición, fue hecha de tal manera que se dio a entender que los dos hijos de ella en realidad eran quienes deseaban tal petición, porque en Mat. 20:22 dice Jesús: "No sabéis lo que pedís ... Y ellos le dijeron: Podemos".

3. Mateo agrega un detalle que omite Marcos, el de la madre como portavoz de la petición. Pero la petición se hizo de tal manera que en realidad eran los dos quienes la hacían, y Marcos toma nota solamente de este punto.

* * *

338. HEB. 4:12, COYUNTURAS, TUÉTANOS

"¿Qué significa, o qué es coyunturas y tuétanos?"

\- - -

1. En cuanto a definiciones, "coyuntura" significa la articulación de los huesos, y "tuétano"

significa la medula del hueso.

2. La expresión figurada, "las coyunturas y los tuétanos", ilustra el poder de la palabra de Dios en penetrar a los rincones más íntimos e interiores del hombre. Es en vano tratar de escondernos de la investigación de la palabra de Dios".

* * *

339. LA FORNICACION EN EL NOVIAZGO

"Si una pareja anda en noviazgo y caen en fornicación, pero se arrepienten y confiesan su pecado, ¿tendrán ellos que dejar su noviazgo para demostrar su arrepentimiento?

- - -

1. No se arrepintieron de noviazgo; ¿qué, pues, tendría el dejar el noviazgo para demostrar arrepentimiento?

2. Su vida de santidad ahora es lo que tiene que demostrar, o ser los frutos de lo genuino de su arrepentimiento y de la confesión de su pecado.

3. El noviazgo es un período de tiempo que toma la pareja para conocerse de personalidad, de intereses mutuos, y de lo apropiado de entrar los dos en el matrimonio para la vida.

4. Esa pareja en particular "cayó en fornicación" porque no se respetaba debidamente el uno al otro; ni temían a Dios. Su conducta durante el noviazgo no presentaba sus "miembros a Dios como instrumentos de justicia"(Rom. 6:13). No huyeron de la fornicación (1 Cor. 6:18); no huyeron de las pasiones juveniles (2 Tim. 2:22). Andaban en circunstancias que permitían fuerte tentación para fornicar, y se rindieron a ella.

5. Si andaban seriamente en el noviazgo, con el noble fin y deseable de considerarse para el matrimonio, ya que se conocieron carnalmente, para mí lo sabio sería el casarse y comenzar su vida de esposos. Por otra parte, si nada más salían juntos como "novios", y por fin fornicaron, aunque hicieron bien en arrepentirse de ese pecado y confesarlo, el volver a andar como "novios", y no seriamente en el noviazgo, de nada serviría seguir el noviazgo, pues en realidad nunca andaban en él.

6. De lejos, y desconociendo más hechos del caso, no puedo recomendar nada específico, pero sí sé que nadie tiene derecho de demandar cierta cosa para que ellos "demuestren" a otros lo genuino de su arrepentimiento y confesión.

* * *

340. MATEO 5:22,23; 18:15-17. ¿PEDIR PERDÓN PÚBLICAMENTE, O NO?

"Si mi hermano peca contra mí, o yo peco contra él, debemos pedirnos perdón. Pero, ¿este pecado tiene que ser público, o sea que el lo sepa, o es todo pecado aunque él no lo sepa? Por ejemplo, un mal pensamiento hacia el hermano, ¿tengo que pedir perdón a él? ¿o una codicia hacia una hermana, aunque ella no lo sepa, se le tiene que pedir perdón?"

- - -

1. La respuesta se descubre con nada más leer con mucha atención el texto mismo. En Mat. 5 se trata de decir cosas a otro, y de reconciliarse con otro, cosa que sería imposible si el otro no supiera nada del caso. Mat. 18 trata de reprender al que pecó, cosa que sería imposible si el caso no fuera conocido por el inocente.

2. Cuando la persona tiene un mal pensamiento con respecto a otro, debe confesar su pecado a Dios y pedirle perdón, porque sólo Dios y la persona saben del pecado.

* * *

341. MATEO 13:55,56, ¿HERMANOS O PRIMOS?

"Jesús tenía hermanos y hermanas, pero según la Biblia Católica latinoamericana, en su comentario abajo del texto, dice que eran primos, y que en la palabra hebrea se llama hermano a cualquier pariente, y pone de ejemplo Génesis 14:14. Esto para decir que Jesús no tuvo hermanos, hijos de María".

- - -

1. Gén. 14:14, en la Ver. de los Sesenta (la Septuaginta, la versión del Antiguo Testamento en griego) no emplea la palabra griega que aparece en Mat. 13:55, sino otra que significa "sobrino". Lot era sobrino de Abraham (Gén 14:12).

2. Mat. 1:25; Luc. 2:7. Si María no hubiera tenido más hijos después de Jesús, en estos dos pasajes Jesús habría sido llamado el "unigénito hijo" (el único) y no el "primogénito" (primero de varios).

3. Jn. 7:3-5. Los hermanos uterinos de Jesús en ese tiempo no creían en Jesús. Después de la resurrección, ya creían (Hech. 1:14).

4. En Mat. 12:46-49, se hace distinción entre los hermanos espirituales de Jesús (o sea, sus discípulos) y sus hermanos en la carne.

5. Que los católicos nos digan cómo las Escrituras se hubieran expresado, o cuál palabra diferente de ADELPHOS (hermano) hubieran usado, si habrían querido dar a entender, en Mat. 13:55, hermanos uterino de Jesús? La traducción normal de ADELPHOS es "hermano".

* * *

342. PROVERBIOS 5:15-18

"Me puede explicar Proverbios 5:15-18? Un hermano dijo que se refiere al semen del hombre".

- - -

1. El pasaje habla de los deleites de la vida conyugal en un matrimonio lícito, aprobado de Dios.

2. El ver. 15 habla de la esposa bajo la figura de cisterna y pozo. El marido se goza en la esposa de su juventud (ver. 18,19; Ecle. 9:9; Mal. 2:14).

3. El ver. 16, 17 hablan de que los hijos (fuentes, aguas) producidos por esta unión legítima y dichosa, procediendo como fuera de la referida cisterna, sean hijos del hombre y su esposa, y no de mujeres rameras, y que sean numerosos. Los hijos deben ser suyos de los dos esposos, y no en parte

de extraños.

4. En Isa. 48:1 leemos que los judíos (Israel) "salieron de las aguas de Judá". Las aguas de los dos casados en este proverbio son los hijos que resultan de la unión conyugal.

* * *

343. LUCAS 16:8-11

"¿Me puede explicar eso de ganar amigos por medio de las riquezas injustas?"

\- - -

1. Este pasaje nos enseña que el cristiano es mayordomo, o administrador, de los bienes materiales (llamados "riquezas injustas" porque el mundo las emplea injustamente) que Dios le da en la vida. Como aquel mayordomo "malo" usó de sagacidad y urgencia, para ganar amigos que le recibieran, a causa de la nueva amistad ganada, después de ser él despedido de su mayordomía, así debe el cristiano no disipar en vida egoísta y vanagloriosa sus bienes que Dios le ha dado para usarse en servicio de Dios, sino ser benévolo y considerado del necesitado.

2. Mateo 25:34-40 es un buen comentario sobre este pasaje. Al hacer bien al necesitado, lo hacemos a Cristo. Al usar las bendiciones de Dios para ayudar al necesitado, hacemos amigos y seremos recibidos en las mansiones eternas, porque no las gastamos egoístamente en lo nuestro, disipándolas así.

3. Los versículos 19-31 de este capítulo de Lucas muestran las consecuencias terribles de ser mayordomos malos de los bienes de Dios. El rico todo lo gastó en sí mismo, no ayudando nada a Lázaro, y como consecuencia no fue recibido en las mansiones del cielo, sino tuvo que pagar por su mala administración de las bendiciones de Dios.

4. Job 1:21 y 1 Tim. 6:17-19, como Mat. 6:19-21, nos ayudan a apreciar la lección de Luc. 16:1-15.

* * *

344. LOS ANABAPTISTAS

"¿Me puede decir quiénes son los ANABAPTISTAS, y cuáles son algunas de sus enseñanzas erróneas?"

\- - -

1. El nombre es una transliteración de una palabra compuesta en griego: ANA = de nuevo, y BAPTISTA = sumergidor; es decir, uno que rechaza el bautismo infantil, e insiste en bautizar de nuevo, una vez grande la persona, al que en la infancia fue bautizada por rociamiento.

2. Los que llevan este nombre nacieron en el tiempo de la Gran Reforma Protestante en Europa, al comprender que el bautismo del infante, según el catolicismo, y de algunos grupos protestantes que del catolicismo salieron, no es el bautismo del Nuevo Testamento. Por eso insistían en que las personas, ya de edad para creer y arrepentirse debían volver a bautizarse, esta vez por inmersión y por su propia cuenta.

3. Ellos tenían razón, en cuanto a lo incorrecto del bautismo infantil, y por rociamiento o aspersión.

4. No hay más de un bautismo bíblico (Efes. 4:5). Por eso no hemos de hablar de "rebautizar". La persona o es bautizada bíblicamente, o no lo es. Puede ser que ella pase un sinnúmero de veces por algo llamado bautismo, pero hasta que se bautice según las Escrituras del Nuevo Testamento, ¡no ha sido bautizada!

* * *

345. JEREMÍAS 8:20

"Dice, 'Pasó la siega, terminó el verano, y nosotros no hemos sido salvos'. ¿Por qué se incluye Jeremías en la oración, diciendo 'no hemos sido salvos', siendo él un profeta?"

\- - -

1. El pueblo de Judá, ante la invasión inminente de los babilonios, había visto pasar las oportunidades de salvación, como pasa la siega y el verano. No habían sido salvados de la invasión que les amenazaba.

2. Jeremías está hablando por el pueblo, al decir "no hemos sido salvos", al referirse a la amenaza del enemigo.

3. No se trata de salvación espiritual, salvación del pecado, sino de salvación física y literal de lo que venía sobre Judá a causa de su apostasía.

* * *

346. EL ORIGEN DE LAS DIFERENTES RAZAS

"Si venimos de Adán y Eva, ¿de dónde vienen las diferentes razas, indios, blancos, etcétera?"

\- - -

1. Véanse Gén. 10, y 11:1-9.

2. Después de la dispersión de la gente, a consecuencia de la torre de Babel, se originaron las diferentes características de las razas conforme a diferentes climas, a adaptación geográfica, y a otros factores. Dios pudo haber tenido parte directa en estas diferencias de característica. Seguramente su Providencia obraba en todo aspecto de su dispersión.

* * *

347. GÉNESIS 4:17; 5:4. CAÍN Y SET

"Conforme a Génesis 4:17, si solamente estaban Caín y Abel, ¿de dónde salió la mujer de Caín, si todavía no había nacido Set, y conforme a 5:4 fueron los días de Adán después que engendró a Set ochocientos años, y engendró hijos e hijas. Entonces de dónde salió la mujer de Caín, y conforme al 4:14, parte b (y sucederá que cualquiera que me hallare, me matará), ¿por qué Caín dice esto si solamente estaban él, Adán y Eva?"

\- - -

1. Véase Interrogante # 335 arriba.

2. La suposición de que "solamente estaban

Caín y Abel" cuando Caín conoció a su esposa (4:17) está equivocada.

3. También está equivocada la suposición de que "solamente estaban él, Adán Eva" en el momento de decir Caín las palabras de 4:14. El simple hecho de que lo dice indica que Adán y Eva para aquel entonces ya tenían otros hijos. (Recuérdese 1:28).

4. El error principal al leer estos primeros capítulos de Génesis es pensar que todo va registrado cronológicamente, pero no es así. Nacieron primero Caín y Abel (4:1,2). Pasaron los años y ya de grandes los dos tenían sus distintos empleos. Mientras tanto se nacían otros hijos e hijas a Adán y a Eva (la madre de todos los vivientes, 3:20). Para cuando Caín mató a Abel, ya había otros hijos de Adán y Eva.

5. El propósito del capítulo 4:1-16 es hablarnos del pecado de Caín y de su destierro. Los ver. 17-24 nos hablan de la descendencia de Caín. Sin duda su descendencia como él andaba retirada de Dios.

6. Luego el propósito de 4:25,26 es introducirnos a otro ramo de la raza humana, por Set. Estos comenzaron a invocar el nombre de Jehová, o a ser llamados por el nombre de Jehová.

Cuando fue muerto Abel, sus padres perdieron dos hijos: Abel por la muerte y Caín por el destierro. Dios consoló a los padres, dándoles el hijo, Set (4:25). (En 4:25 Moisés vuelve en la narración de la historia al tiempo de la muerte de Abel, para introducir a Set y luego a su descendencia por Enós.

7. El cap. 5 registra los descendientes de Adán hasta Noé por medio de Set. (Nótese que se menciona la creación de Adán y Eva, y de que engendraron a Set. Nada se dice de los nacimientos anteriores de Caín y de Abel. ¿Por eso no existieron esos dos? No, no se mencionan aquí porque no tienen que ver con el punto principal del capítulo 5, el cual es darnos la descendencia de Adán por su hijo, Set, hasta Noé.

8. Adán y Eva tuvieron muchos hijos (1:18; 4:14; 4:25; 5:4). Pero, Moisés, el historiador inspirado nos revela las porciones de la historia temprana de la raza humana para llevar a cabo sus propósitos divinos.

* * *

348. ¿DESHACER EL NOVIAZGO?

"El noviazgo es para conocerse. ¿Se puede deshacer el noviazgo por cualquier causa? …. que el noviazgo termine en matrimonio para honra de Dios y de los padres de los dos jóvenes y honra de la iglesia, y esto lo pienso en base al compromiso de José y María, Mat. 1:18. Dios no quiso que se rompiera aquel noviazgo".

- - -

1. Hay varios puntos que considerar en la discusión del tema, tal como es presentado arriba. Primero, hay que definir el término "noviazgo". Puede significar diferentes cosas para diferentes personas. ¡El noviazgo no es matrimonio! Las leyes de Dios respecto al matrimonio no se pueden aplicar a algo llamado noviazgo. Mat. 19:9 no trata del noviazgo, sino del matrimonio.

2. Sí, el noviazgo es una condición de novio, o novia; es un tiempo que dura poco o mucho, según el caso (a mi juicio, más vale que dure un buen tiempo), y durante este tiempo los dos novios se van conociendo en cuanto a sus caracteres, gustos, maneras, puntos de vista, etcétera. Esto es para decidir si pueden concordarse para matrimonio. ¡No hay en sí compromiso para matrimonio! Dándose cuenta, o él o ella, que hay impedimentos para el matrimonio, la persona va a romper, no la amistad, sino la relación de novios, y las cosas en general deben seguir adelante como antes.

(Claro es que en un dado caso la otra persona puede quedarse de desacuerdo, desanimada, disgustada, y hasta enojada. Pero eso se debería a la esperanza en la mente de ella de que el noviazgo terminara en el matrimonio. De tales emociones la persona que rompe la relación de noviazgo no tiene responsabilidad.

Muchas veces resulta que durante el tiempo del noviazgo, el hombre decide proponer a la novia el casamiento, y si ella acepta, entonces anuncian públicamente el compromiso de matrimonio que han concordado, y la costumbre en algunas partes es que se le dé a la novia un "anillo de prometida".

En este último caso, todavía no están casados (y por eso no deben tomarse las libertades de relaciones íntimas que pertenecen solamente a los casados).

Ha habido casos en que el estado de comprometidos ha sido roto (y a veces con buena razón). Por no haber estado casados los dos individuos, no se ha violado ninguna ley referente al matrimonio. Puede haber caso de falsedad o mentira, de parte de uno de los dos novios, y el culpable está mal delante de Dios (como lo está cualquier mentiroso).

3. El caso de José y María no entra en el asunto de lo que nosotros llamamos "noviazgo". Bajo la ley de Moisés la virgen desposada era tratada como mujer esposa. Véase Deut. 22:22-29. Notemos el verbo griego que se emplea sólo en Mat. 1:18; Luc. 1:27; 2:5, MNESTEUO, en español se traduce "desposar". Significa "comprometida para casar". El verbo castellano, "desposar", se encuentra también en 2 Cor. 11:2, donde aparece el verbo griego, HARMOSO. (Este es el único caso de este vocablo en el Nuevo Testamento). Significa "unir o ajustar". (Considérese "armonía" en castellano). Pablo metafóricamente unió a los corintios a Cristo; es decir, los desposó.

4. Las Escrituras no enseñan que "Dios no quiso que se rompiera aquel noviazgo", sino que no hubo necesidad de romperlo, por hallarse María en cinta. Se le dijo a José que no temiera recibir a su mujer desposada en esa condición.

5. No estamos bajo la ley de Moisés que se nos apliquen restricciones para los judíos referentes a esponsales.

6. Las diferentes culturas del mundo tienen costumbres diferentes respecto a lo que se puede

llamar "noviazgo", pero la ley de Cristo nos enseña claramente referente, no a noviazgo, sino al matrimonio. Tenemos que guardar presente la diferencia entre las dos cosas. Ahora, en cuanto al noviazgo, se le aplican bajo cualquier circunstancia los principios de la ley de Cristo que gobiernan el comportamiento o conducta general del individuo en su vida diaria.

* * *

349. HECHOS 15:10

"Algunos hermanos, promoviendo el neocalvinismo, y afirmando que tenemos que pecar, citan Hech. 15:10, y luego dicen que los judíos no podían guardar la ley de Moisés. Con eso concluyen que tenemos que pecar, y que por eso tenemos que comulgar a personas imperfectas (hermanos liberales y sectarios evangélicos)".

\- - -

1. Este pasaje, que emplea el verbo "poder" (ni nosotros hemos podido llevar), no habla de poder físico, o capacidad moral o mental.

2. Si alguno quiere afirmar que los judíos no tenían la capacidad mental para obedecer todo cuanto Dios les había mandado, que nos diga ¡cuál mandamiento de Dios era aquél que no pudieran obedecer!   ¿Tenían que mentir, o fornicar, o maldecir?

3. Si Dios nos manda hacer algo, y no podemos hacerlo, ¿cómo puede Dios ser justo y al mismo tiempo tenernos responsables de lo que no podemos hacer? ¿Sería Dios justo si nos mandara saltar de la tierra a la luna, o atravesar el océano nadando?

4. Los calvinistas reclaman que el hombre no puede guardar la ley de Dios porque tiene una "naturaleza pecaminosa".

5. Los judíos sí podían guardar todo mandamiento de Dios, pero ¡no podían llevar como yugo la ley de Moisés y al mismo tiempo reclamar ser justos delante de Dios a base de ser judíos circuncidados, y no como los gentiles incircuncisos!   Véanse Rom. 6:14; Gál. 3:10-14. Sin Cristo, el judío estaba perdido igualmente como el gentil. Sí podían guardar la ley de Moisés, pero no lo habían hecho, y por eso se constituyeron pecadores, necesitados del evangelio salvador de Cristo.

6. Compárese Luc. 14:6, "no le podían replicar a estas cosas". No, no lo podían. ¿Por qué? ¿Por no tener la capacidad física y mental ? ¡No!   No podían responder a Jesús, y al mismo tiempo mantener su oposición a él, rehusando creer en la presencia de tanta evidencia milagrosa. Por eso callaron. Véase Mat. 21:23-27; 22:46.

7. Otra pregunta para los falsos maestros: En Juan 8:43 dice Cristo, "no podéis escuchar mi palabra".   ¿Afirmarán éstos que ha habido personas sin la capacidad de escuchar la palabra de Cristo?

* * *

350. HECHOS 15:21

"¿Con qué propósito dijo Jacobo las palabras de este versículo: para decir que los judíos ya sabían de estas cosas, o para decir que los gentiles deben apartarse de tales contaminaciones porque los judíos, que seguirán obedeciendo al Antiguo Testamento, serán ofendidos si los gentiles no se apartan de ellas?"

\- - -

1. Jacobo, tratando el punto controvertido respecto a la aceptación de los gentiles, con o sin la necesidad de que se circuncidaran para ser salvos, afirmó que la profecía del Antiguo Testamento apuntó al tiempo del evangelio, en el cual no solamente los judíos podrían ser salvos, sino también de igual manera los gentiles (ver. 15-18). La conclusión del asunto fue, pues, no, los gentiles no necesitan hacer algo adicional a lo que el evangelio manda; no necesitan ser circuncidados, cosa de la ley de Moisés.

2. Ahora, dado que los gentiles acostumbran las cosas mencionadas en el ver. 20, convenía escribirles que se apartaran de dichas cosas.

3. No había necesidad de decir, o escribir, algo semejante a la hermandad judía, "porque Moisés desde tiempos antiguos tiene en cada ciudad quien lo predique en las sinagogas, donde es leído cada día de reposos" (ver. 21), y por eso ellos ya sabrían que hay que apartarse de tales cosas.

4. Hoy en día hay hermanos que quieren justificarse en comer sangre, y tuercen este pasaje para que Jacobo diga que se escribiera a los hermanos gentiles tales instrucciones, con el fin de no ofender la sensibilidad de los judíos respecto a tales prácticas mencionadas en el ver. 20. Ellos, pensando solamente en eso de comer sangre, pasan por alto al asunto de la fornicación. ¿Deben los hermanos gentiles apartarse de la fornicación, para no ofender a los hermanos judíos?

* * *

351. ISRAEL ACTUAL, Y PALESTINA

"¿Dónde se encuentra actualmente Israel? ¿Palestina es el mismo Israel?

\- - -

1. El Israel de las Escrituras ya no existe. La nación judaica, que comenzó con el llamamiento de Abraham, fue destruida en el año 70 d. de J.C. por los romanos, y dejó de existir como nación. Tanto la ciudad de Jerusalén como el templo fueron completamente destruidos, y ya no existían registros de los descendientes judaicos por tribus. El Estado de Israel, formado en 1948, es una entidad política compuesta de judíos modernos, de diferentes países. No hay conexión directa entre este país nuevo y el Israel de la Biblia.

2. Palestina es el nombre de la tierra de los judíos de tiempos bíblicos, incluyendo el área entre el Mar Mediterráneo y la parte al oriente del río Jordán, de poniente a oriente; y entre la parte al sur del mar Muerto y el sur del Líbano, de sur a norte. Se llamaba en tiempos bíblicos La Tierra de Canaán y La Tierra de Promisión. En general tenía

sus tres divisiones: Judéa, Samaria, y Galilea.

La Palestina moderna comprende la misma área pero por supuesto es compuesta de entidades políticas modernas.

Las profecías bíblicas referentes a la tierra de Israel fueron todas cumplidas (Jos. 21:43-45). El Israel bíblico ya no existe. La tierra de Palestina de hoy no entra nada en el cuadro bíblico. El evangelio de Cristo es para todas las naciones (Mar. 16:15; Mat. 28:19; Rom. 1:16); no tiene nada especial para el judío moderno. El premilenarismo yerra en gran manera al hablar de alguna futura restauración de Israel, y de habitar él de nuevo la tierra de Palestina. Las promesas de Dios, que son "preciosas y grandísimas" (2 Ped. 1:4), constituyen "una herencia incorruptible, incontaminada e inmarcesible, reservada en los cielos" (1 Ped. 1:4), y no en esta tierra física.

* * *

352. MUERE LA PRIMERA ESPOSA

"Un hombre que está casado da carta de divorcio a su esposa sin el motivo que dice la Biblia, y se casa con otra; él peca. Pero si después muere la primera mujer, ¿él queda legalmente casado con la otra mujer? Y si esta mujer se ha separado de él, no se ha divorciado, sólo se ha separado, antes que la primera esposa muriera, ¿él puede darle carta de divorcio a esta mujer y casarse con otra?

- - -

1. Usted bien dice que aquel hombre, al divorciarse de su esposa, no por causa de fornicación, pecó (Mat. 5:32). Al casarse con la segunda mujer, cometió adulterio (19:9).

2. Nunca ha tenido derecho a otra esposa, ya que se divorció de la primera que Dios le dio. La muerte de su única esposa, la primera, no tiene que ver con el caso, pues él nunca tenía derecho a esa mujer, la segunda. La tiene que dejar.

3. Ahora parece que quiere buscar una tercera mujer por esposa.

4. En lugar de estar hablando de "derechos" que el tenga para volver a casarse, ese hombre debe estar más bien preocupado por la necesidad que tiene de arrepentirse de sus pecados.

* * *

353. EL FORNICARIO NO QUIERE EL DIVORCIO, ¿QUE HACER?

"En una pareja el esposo le engaña a la esposa con otra mujer y la esposa quiere darle carta de divorcio al esposo, pero él no quiere separarse de la esposa, y ella no quiere seguir junto a él. ¿Qué se puede hacer en este caso?"

- - -

1. La fornicación de parte de uno de los cónyuges da derecho al otro de divorciarse (Mat. 19:9).

2. No voy a comentar sobre algún caso en particular que el interrogador tenga en mente,

porque ignoro los detalles del caso. Comento solamente en general.

3. Hay casos en que se comete un acto de inmoralidad, la persona se arrepiente, y su compañero le perdona. No hay necesidad de divorcio. Hay casos en que la persona persiste en su pecado, y no se le puede perdonar, porque no se arrepiente.

4. Si a fin de cuentas el cónyuge inocente decide divorciarse del culpable, debe someterse al proceso que la ley del país exija. No le puede impedir la falta de permiso de parte del culpable.

5. Si en algún dado caso la ley no permitiera al inocente divorciarse sin el mutuo acuerdo del otro cónyuge, entonces el inocente se podría separarse de él, para no seguir viviendo con un fornicario. Dios no obliga al inocente seguir viviendo como esposo para con el cónyuge fornicario.

* * *

354. ¿EN EL HADES HAY CONOCIMIENTO DE EVENTOS EN LA TIERRA?

"Cuando un cristiano muere y va al Paraíso, o lugar de descanso, como dice la Biblia, ¿el cristiano está consciente de todo, se acuerda de su familia que quedó aquí en la tierra, o ya no recuerda nada de lo terrenal"?

- - -

1. Lucas 16:19-31 nos enseña que cuando la persona muere y se encuentra en el Hades sí está consciente, y que se acuerda de su familia todavía en la tierra, ver. 27,28.

2. Pero el muerto no está consciente de eventos actuales en la tierra, "debajo del sol" (Ecles. 9:10). Hay diferencia entre conocimiento de eventos actuales y memoria de algo en la vida pasada.

* * *

355. LA MUJER CASADA Y EL TRABAJO

"¿Es pecado que una mujer casada (con o sin hijos) trabaje como maestra de escuela primaria, secretaria o enfermera, etc.?"

- - -

1. No (Prov. 31:24).

2. Su trabajo fuera del hogar no debe ser tal que se perjudiquen sus deberes como esposa y madre.

* * *

356. ¿CUANDO UNA SOLA CARNE?

"¿En qué momento podemos decir (con toda certeza bíblica) de una pareja: Ya no son dos sino una sola carne?

- - -

1. La declaración de Gén. 2:24 (véanse también Mat. 19:5; Efes. 5:31) se cumple en la consumación del matrimonio cuando la pareja por primera vez se une en el acto sexual. Esto se echa de ver en 1 Cor. 6:16.

* * *

357. NO LO SEPARE EL HOMBRE, ¿DESDE CUANDO?

"¿Desde cuándo pesa sobre una pareja la prohibición: No lo separe el hombre?"

- - -

1. Pesa desde su unión en el matrimonio, hecho consumado en el primer acto sexual como esposos.

* * *

358. MAT. 5:32; 19:9 ¿PARA INCREDULOS?

"Como usted ya sabrá existen hermanos que hablan que Mat. 5:32 y 19:9 son aplicados solamente a cristianos. Bueno, la duda es que ¿cuándo Dios atestigua en una pareja? Ya que hermanos me han dicho que Isaías 59:1,2 habla de que Dios tiene volteado el rostro de los incrédulos. Dicen que los fariseos eran conocedores de la ley, y por esta razón les habla de esa manera en Mat. 5:32 y 19:9. Dicen también que la mujer samaritana conocía también la ley, y por esto Cristo le dijo que el marido que tenía no era su marido, dicen que ni el primero lo era".

- - -

1. Los referidos hermanos están bien equivocados, pues dice Jesús que su ley sobre el matrimonio es para "cualquiera" (Mat. 5:32, 19:9). Su ley es "desde el principio" (19:8, Biblia de las Américas). El Interlineal de Lacueva también dice "desde".

2. Isa. 59:1,2 fue dirigido y aplicado al mismo pueblo de Dios, los judíos, y no a los incrédulos del mundo.

3. Los incrédulos del mundo están sujetos a la ley de Cristo, o de Dios. De otra manera no podrían ser culpables del adulterio, etcétera. Véase 1 Cor. 6:9-11.

4. Claro es que la enseñanza de Mat. 5:32 fue dirigida a los discípulos (5:1,2), y que la discusión narrada en Mat. 19:3-9 fue entre Jesús y los fariseos, pero eso no quiere decir que *la aplicación* de la enseñanza y de la discusión fue limitada solamente a ciertas personas. Por ejemplo, Hech. 2:38 fue dirigido a los judíos presentes el día de Pentecostés que hicieron la pregunta del ver. 37, pero ese mandamiento se aplica a todo el mundo.

5. Los samaritanos no eran judíos. Algunos de ellos sabrían algo acerca de la Ley de Moisés. Pero eso no limita la enseñanza de Cristo en la referida ocasión a los samaritanos.

* * *

359. AL AMONESTAR, ¿HABLAR FUERTE DESDE EL PULPITO?

"Cuando un cristiano comete un error, ¿cómo se le debe amonestar? ¿Se le debe hablar fuerte desde el púlpito y delante de todo la congregación si es la primera vez? O ¿se le debe tratar en privado con amor? Y si ya es frecuente este error que lo comete, ¿cómo se le debe tratar o amonestar?"

- - -

1. Toda admonición debe ser hecha con amor, sea en el púlpito o en privado, buscando la salvación del que está errado.

2. Debemos amonestar a veces con lágrimas (Hech. 20:31), como a hijos amados (1 Cor. 4:14), y como a hermanos (3 Tes. 3:15). Nuestro motivo es ganar la persona a Cristo, su Señor. Avergonzar por avergonzar, es carnalidad.

3. Si la persona ha pecado públicamente, y no lo confiesa, debe ser públicamente reprendido (Gál. 2:11-14). No es asunto privado.

4. Las circunstancias del caso y del momento determinarán las circunstancias para amonestar, pero el motivo nuestro debe ser solamente la salvación del que anda mal. El púlpito no es lugar para que la persona tome ventaja sobre otro, para gloriarse la persona en lo malo que sea el otro.

* * *

360. TENER UN NOVIO INCREDULO

"Si una hermana ha tomado la decisión de tener un novio incrédulo, ¿qué se puede hacer? ¿Cómo se debe tratar a esta hermana si persiste en seguir con él?"

- - -

1. No es pecado tener un novio incrédulo. Lo sabio es convertirle a Cristo antes de casarse con él.

2. La cosa que hacer con esa hermana es aconsejarle mucho que se dedique a convertir a su amigo, y si no le puede convertir, que considere lo difícil que le puede ser si se casa con él.

3. Mi segunda hija tuvo un novio no cristiano. Después de un año de noviazgo, en el cual ella le enseñó el evangelio, él fue bautizado en Cristo, y después los dos se casaron. Hoy en día él es columna en una iglesia local; es a la vez uno de los ancianos.

* * *

361. EL MATRIMONIO DE LOS INCONVERSOS, ¿ESTA SUJETO A LA LEY DE CRISTO?

"Estoy estudiando con un hermano acerca de si el matrimonio de los inconversos está bajo la ley de Cristo. El cree que no. Algunos de los argumentos que el presenta son éstos:" (A continuación los presento y contesto—bhr).

- - -

A. "Según I Cor. 9:20,21, Pablo hace alusión a tres clases de personas.

    a. Los judíos que estaban bajo la ley de Moisés, y que Pablo se había hecho a ellos para ganarlos para Cristo.

    b. Los que están bajo la ley de Cristo tales como Pablo y los demás apóstoles y todos los cristianos.

    c. Los que 'están' sin ley; en este caso,

los gentiles. El hace aquí notar que en este tiempo también existen personas que no están bajo la ley de Cristo, los cuales tenemos que ganar para que se sujeten a vivir bajo las leyes de Cristo".

1. En este pasaje Pablo usa las frases "sujetos a la ley" para decir "judíos", y usa la frase "sin ley" (es decir, sin la ley de Moisés) para decir "gentiles". El se acomodaba a las costumbres y prejuicios raciales de los dos grupos, cuando no entraban asuntos de fe, con el fin de ganar algunos para Cristo. Ése es todo su argumento. No habla de "tres clases de personas", sino de dos: él, y los no cristianos, siendo éstos o judíos o no judíos.

2. El hermano cree equivocadamente que Pablo está hablando de tres leyes distintas. El hermano haría bien en preguntarse: ¿a cuál ley está sujeto el judío de hoy? No a la ley de Moisés, porque ha sido clavada a la cruz de Cristo (Col. 2:14). ¿O es que él tiene a los judíos y a los gentiles de hoy bajo la misma ley?

3. La verdad es que desde la cruz de Cristo todo el mundo está bajo la ley de Cristo, porque no hay otra. Cristo tiene toda autoridad en el cielo y en la tierra (Mat. 28:18). Es cierto que todo el mundo no se sujeta voluntariamente a la ley de Cristo, pero no por eso no está bajo dicha ley. Hay ciudadanos de países que están obligados a guardar las leyes de sus países, pero no siempre se sujetan a ellas. Pero esas leyes les juzgarán según sus hechos. ¿Por qué? Porque están bajo dichas leyes.

Hay diferencia, pues, entre estar la persona susceptible u obligada a cierta ley, y estar sujeta (voluntariamente) a ella. La ley rige a quienquiera que esté susceptible a ella, pero en un dado caso puede ser que la persona no se sujete a ella.

B. "Si la ley de Cristo con respecto al matrimonio es para todos cristianos y no cristianos, entonces no sólo esa ley es para ellos sino también todas las demás. Ejemplo: Cena del Señor, cantar, ofrendar, etc."

1. Este argumento es viejo y completamente falaz. Ignora el simple hecho de que dentro de una ley hay reglamentos que tocan solamente a ciertas personas bajo dicha ley. El hermano admitirá que dos cristianos, un hombre y una mujer, "están sujetos a la ley de Cristo". ¿Por eso dicho hombre tiene que obedecer a Efes. 5:22, o dicha mujer a 5:25? ¿Puede el amo cristiano obedecer a 6:2; o el hijo a 6:4?

2. Todo el mundo tiene que obedecer el evangelio de Cristo, que es su ley (Mar. 16:15,16). Todo el mundo va a ser juzgado en el día final por la palabra de Cristo (Jn. 12:48). Pero no todo el mundo se ha sujetado voluntariamente a la ley que le rige, que es la de Cristo. Por eso la Cena del Señor no es para él, ni la ofrenda, sino para quienes se encuentran en el Nuevo Pacto con Dios por Jesucristo. Si el inconverso no es regido por la ley de Cristo, ¿por qué se le predica el evangelio (los principios de él, que tienen que ver con qué hacer para alcanzar el perdón de sus pecados pasados)? El hermano equivocado tiene que admitir que cuando menos el inconverso está sujeto a una parte de la ley de Cristo (es decir, a ella que le rige). Que

él nos diga cuál ley manda a todo el mundo que se arrepienta (Hech. 17:30).

C. "La palabra 'cualquiera' de Mateo 19:9, según el contexto se refiere a personas que conocían la ley del Antiguo Testamento, en este caso los judíos. Así que la palabra 'cualquiera' se refiere a cualquiera de los judíos y no universalmente a todos los hombres.

a. En el Antiguo Testamento decía: 'cuando alguno' ese alguno se refería a uno del pueblo de Dios (los israelitas) y no a todas las personas del mundo. (Vea Deut. 24:1,5,7)".

1. Se afirma que el contexto de Mat. 19:9 hace referencia solamente a los judíos, pero el lector cuidadoso del contexto ve que tal afirmación no se concuerda con la verdad. El contexto trata de un asunto "desde el principio" (dice el texto griego, y no "al principio"; véase el Interlineal de Lacueva), y no solamente desde el tiempo de la ley de Moisés de los judíos. Cristo hace contraste entre lo que permitía Moisés a los judíos y lo que ha regido desde el principio cuando Dios instituyó el matrimonio. Y luego dice Cristo, "cualquiera". La afirmación del hermano equivocado, respecto a "cualquiera", sencillamente no es válida. Una afirmación no es una prueba. Yo puedo afirmar que soy Napoleón; pero no lo puedo probar.

2. La referencia a Deut. 24:1,5,7, y a la frase 'cuando alguno', no representa caso paralelo. Deuteronomio era parte de la ley de Moisés, dada a los judíos solamente. Las palabra de Cristo en Mat. 19:4-6,8,9 tratan de la institución del matrimonio en Génesis cap. 2 y de la ley de Dios "desde el principio".

D. "Aunque la ley del matrimonio nació en el principio con la primera pareja, la ley de poder separarse o divorciarse por la causa de fornicación nació con Cristo".

1. ¿Y cuál es la aplicación que el hermano hace de tal afirmación? ¿Se aplica al judío solamente esto de poder divorciarse por causa de la fornicación? (Recuérdese que él afirma que el "cualquiera" es solamente el judío). ¿Es lícito que el cristiano se divorcie por causa de la fornicación? Si se contesta que sí, ¿dónde dice Cristo esto al no judío? ¿Cuál pasaje lo autoriza?

2. La ley de Dios desde el principio ha sido que el hombre y su mujer no se separen. Ahora, Cristo, quien tiene toda autoridad en el cielo y en la tierra, autoriza el divorcio por una sola causa. Esta excepción él la aplica a cualquier persona.

* * *

362. ¿INCESTO, O FORNICACION?

"Quiero hacer las preguntas siguientes:

A. ¿El incesto es pecado? Es cohabitación sexual con un pariente cercano. ¿Qué tan cerca, o qué tan lejano? ¿Tíos, primos, cuñados, madrastras, padrastros, hermanos, solamente?

"B. El caso de 1 Cor. 5:1-5, ¿se excomulgó por fornicación o por incesto?

"C. El matrimonio de Herodes con Herodías

debía romperse, ¿por adulterio, fornicación o incesto?

"D. ¿Liga Dios a la pareja incestuosa? Si no, porque es fornicación, ¿deben separarse? Una vez separados, ¿quedan libres para casarse con uno no pariente?

"E. ¿Qué dice la ley de Cristo al respecto?

\- - -

A continuación contesto las preguntas en orden: (Véase el #174)

A. — 1. Sí, el incesto es pecado (1 Cor. 5:1,12).

2. En cuanto a los parámetros del incesto, véanse Lev. 18:6-18; 20:11,12,14, 17,20, 21; Deut. 2:30; 27:20,22,23. El Nuevo Testamento no especifica parámetros, por eso entran aquí tales pasajes como Rom. 15:4; 1 Cor. 10:11. El Nuevo Testamento seguramente condena el incesto (1 Cor. 5).

B. — 1. El incesto es fornicación (1 Cor. 5:1). El término "fornicación" es un término general que abarca el término específico, "incesto".

C. – 1. Los términos "adulterio" e "incesto", siendo términos específicos, van incluidos en el término "fornicación".

2. Los tres términos tienen cabida en este caso. Era adulterio porque era caso de sexo ilícito entre casados; era incesto por la unión de Herodías con el medio hermano de su marido, Felipe; era fornicación porque era sexo ilícito. Herodes ya tenía una esposa.

D. – 1. No, Dios no une en matrimonio a dos personas que no tienen derecho el uno al otro.

2. Dos personas que viven en unión ilícita deben disolver dicha unión, para dejar el pecado que ella representa.

3. Dos pecadores, arrepentidos de una unión ilícita y habiendo disuelto tal unión, se encuentran ahora como estaban antes de entrar en tal unión pecadora. Si antes tenían derecho a casarse legítimamente, ahora lo tienen.

E. – 1. Véase A. 2, arriba. El Nuevo Testamento trata específicamente un caso de incesto en 1 Cor. 5. Pero dicho pecado va incluido en tales pasajes como 1 Cor. 6:9,10 (fornicarios); Gál. 5:19-21 (inmundicia); Efes. 5:5 (inmundo).

2. Debe recordarse que las leyes del país también pueden tratar el caso de incesto, y el cristiano se sujeta a las leyes del país (Rom. 13:1; 1 Ped. 2:13,14).

* * *

363. LUCAS 21:24

"¿A qué se refiere la frase, 'hasta que los tiempos de los gentiles se cumplan' (Lucas 21:24)?"

\- - -

1. La ciudad de Jerusalén fue completamente destruida por los gentiles (los romanos en particular). Esta destrucción y desolación continuó la duración de tiempo que Dios juzgó apropiado para que él manifestara su disgusto con el rechazamiento de los judíos del Cristo. No se especifica qué tanto tiempo sería esa duración, ni qué cosa, si alguna, pasaría después del referido tiempo.

2. La frase significa, pues, que los gentiles tendrían a Jerusalén en destrucción y desolación por el tiempo que Dios juzgara apropiado, nada más.

* * *

364. DISPENSACIONES, ¿SEIS?

"¿Por qué algunos dicen que hay seis dispensaciones en la Biblia: la patriarcal, la torre de Babel, el diluvio, la Ley de Moisés, el cautiverio de Israel, y los cristianos?"

\- - -

1. Yo no sé por qué lo dicen. Hay que preguntar a ellos.

2. Mucho tiene que ver con definiciones. Siempre conviene preguntar a la persona: "¿Qué es su definición de tal y tal término?"

3. Las Escrituras hablan de tres dispensaciones principales (o sea, tres administraciones en que Dios ha tratado al hombre): la patriarcal (Heb. 1:1; Rom. 2:14,15; 5:14), la mosaica (Jn. 1:17; Rom. 2:17; 9:4; Gál. 3:15-22; Heb. 7:12; 8:7-13), y la que comúnmente llamamos la cristiana (el Nuevo Pacto) (Heb. 1:2; 9:15; 10:9; Gál. 6:2; Mat. 28:18).

4. Las Escrituras hablan de los gentiles (las naciones a lo largo del tiempo), los judíos, y los cristianos. Por eso yo hablo de tres dispensaciones: a los patriarcas Dios hacía revelaciones de diferentes maneras; a los judíos Dios habló por la Ley de Moisés; y a todo el mundo ahora nos habla por Cristo.

* * *

365. BAUTIZADO POR UN SECTARIO

"Si un sectario le predica el evangelio a una persona, y esta persona oye el evangelio, se arrepiente, confiesa su pecado y se bautiza, ¿esta persona llega a ser parte de la iglesia universal, o sea al grupo de los salvos, solamente porque obedeció estos mandamientos de Jesús? ¿A esta persona le podemos llamar hermano?"

\- - -

1. Véase Interrogante #284.

2. Aunque la pregunta es hipotética, muy posiblemente el interrogador tenga en mente un caso en particular. Sobre caso particular no estoy comentando, pues no estoy presente para investigar el caso y saberlo más al fondo.

3. ¿Cómo puede haber caso de "un sectario" que predique el evangelio y convierta en cristianos a otros, mientras que él mismo siga siendo "sectario" y no cristiano? Si no entiende suficientemente bien para convertirse a sí mismo, ¿cómo puede entender bien el evangelio y predicarlo a otros?

4. Por otro lado, la validez del bautismo no depende de las manos del bautizador. Si la verdad

se le predica a una persona, y esa persona la obedece (1 Ped. 1:22), esa persona es añadida a la iglesia de Dios porque Dios le salva (Hech. 2:47). El bautismo bíblico es un acto entre el individuo y Dios, el Salvador (Hech. 22:16). No es un "sacramento de la iglesia", para que su validez consista en que sea administrado por cierto clérigo.

5. Al mismo tiempo, sería caso muy raro que la persona, aprendiendo la voluntad del Señor respecto a qué hacer para llegar a ser cristiana, lo hubiera hecho sin contacto con ningún cristiano, o que no pudiera hallar a ningún cristiano que le bautizara.

6. Yo no hablo de la "persona" referida en la pregunta del interrogador, sea una persona verdadera o sea hipotética, al decir que toda persona que obedece al evangelio llega a ser mi hermano en Cristo porque nace en la misma familia espiritual que yo.

* * *

366. MATEO 27:66, EL SELLAR DEL SEPULCRO.

"Se me ha preguntado: ¿qué tan grueso fue el sello? Yo no he podido dar contestación a la pregunta porque no tengo ninguna idea en cuanto a lo grueso que podía ser".

- - -

1. Tampoco puedo yo dar contestación a esa pregunta.

2. Las Escrituras nos revelan *el hecho* de que el sepulcro fue sellado. No nos dan detalles sobre el sello. Los judíos recibieron de Pilato un guarda romano para acompañarles al sepulcro, y ellos bien sabían asegurar el sepulcro. Conectaron la piedra a la pared del sepulcro por medio de algún sello, para que en caso de que fuera removida la piedra, el sello quebrado revelaría el hecho. Lo grueso del sello no tenía nada que ver con el hacer más seguro al sepulcro.

3. Todos los preparativos de los judíos fueron en vano (Mat. 28:2-4).

* * *

367. EL PREDICADOR, LAS OFRENDAS

"¿Es correcto que un predicador obtenga la mitad de las ofrendas recaudadas en la iglesia?"

- - -

1. La pregunta, como está formulada, no me explica el problema, y no voy a adivinarlo.

2. ¿Qué se quiere decir con la palabra "obtenga"? Las cosas son obtenidas (conseguidas) de muchas maneras diferentes (por el robo, por acuerdos, por trabajos, etcétera).

3. Hablando en general, puedo decir esto: El predicador es digno de su salario (Mat. 10:10; Luc. 10:7; 1 Cor. 9:14; 2 Cor. 11:8; Gál. 6:6; Fil. 4:15,16; 1 Tim. 5:17,18). El predicador no es mendigo, ni objeto de benevolencia. Trabaja y se le debe su salario.

4. Ahora, si el acuerdo entre él y la iglesia es de que reciba la mitad de las ofrendas cada

domingo, entonces es un acuerdo y se debe honrar.

5. Por otra parte, si el predicador se osa a tomar una cantidad arbitraria de las ofrendas, sea la mitad u otro porcentaje, actúa sin autorización bíblica, porque la colecta debe ser administrada por la iglesia y no por algún individuo auto-escogido. El predicador no es la iglesia local, ni de él es la iglesia, ¡si en realidad es una iglesia de Cristo!

6. El punto importante es éste: ¿qué fue el acuerdo entre la iglesia y el predicador respecto a su salario? Según el acuerdo mutuo él debe recibir su salario.

* * *

368. 1 COR. 11: 27 NADIE ES DIGNO

"Con relación a la cena del Señor se ha dicho que nadie es digno de tomarla".

- - -

1. Si nadie es digno de tomar la Cena del Señor, ¿por qué tomó el Espíritu Santo la molestia de escribir por medio de Pablo una mitad de capítulo para enseñar sobre la manera correcta de tomarla?

2. Este versículo no dice que nadie es digno de tomar la Cena del Señor. No habla nada de la dignidad de nadie. ¡Nos olvidemos de la palabra "digno" y concentremos en la palabra del texto, que es "dignamente". "Digno" es adjetivo, palabra que se emplea para calificar a un sustantivo. Por ejemplo, Es un hombre digno de alabanza. Pero "dignamente" es un adverbio, palabra que califica a un verbo, describiendo la manera en que algo se hace. Por ejemplo, El hombre escribe rápidamente. (Muchos adverbios terminan en "mente").

3. Muchos cristianos entienden mal esta frase (o no quieren entenderla bien). Pablo no habla de que la persona sea digna al comer la Cena del Señor. Nadie es digno de lo que Cristo ha hecho por nosotros. Habla de la manera en que ha de ser comida la Cena. La palabra "indignamente" es un adverbio, palabra que describe al verbo (comer, beber). El punto es de comer la Cena de cierta manera, y no de ser digno para poder comerla. La Cena del Señor no es una comida común, para satisfacer el hambre física (para ello hay casas en que comer y beber, ver. 22,34). Es una conmemoración que proclama la muerte de Cristo. Por eso, ha de ser comida de manera digna, discerniendo el cuerpo de Cristo (ver. 29), y no con descuido o falta de respeto y discernimiento. Aunque en las iglesias de Cristo en la observancia de la Cena del Señor no hay comida común, si los participantes dejan vagar la mente durante la Cena, pensando en cosas ajenas, o si no se concentran en lo que están haciendo, cometen el mismo error que cometían algunos de los corintios y violan las instrucciones apostólicas de este pasaje. Hacer burla de los emblemas de la mesa del Señor es burlarse de lo que ellos representan. ¿No es profanar la bandera del país menospreciar al país mismo?

4. "será culpado del cuerpo y de la sangre del

Señor". Esta es la consecuencia seria de comer la Cena del Señor indignamente. Cuando la persona come la Cena del Señor indignamente, peca contra el sacrificio de Cristo en la cruz por los pecadores. Muestra terrible falta de respeto por lo que el pan y la copa representan, o simbolizan. Una manera indigna de comer la Cena menosprecia el cuerpo y la sangre de Cristo, y deja a la persona con una grandísima culpabilidad. Los corintios, por convertir la Cena del Señor en un banquete para algunos mientras éstos menospreciaban a otros, hacían del cuerpo del Señor algo igual a la carne del cuerpo del animal que comían. No distinguían nada y así pecaban contra Cristo. Véase ver. 29.

* * *

369.   1 COR. 11: 24,25, HACER EN MEMORIA

"Algunos afirman que por el hecho de estar presente uno hace memoria, nadie puede hacer memoria o hacer una película en su mente de algo que no vio. Por consiguiente, hacer memoria es estar presente y comer. Por consiguiente en mi mente yo puedo pensar lo que sea".

- - -

1. Según la definición de "hacer memoria" dada arriba, nadie puede hacerlo al tomar la Cena del Señor porque nadie de los vivos hoy estuvo presente para ver la muerte de Cristo en la cruz. Los corintios tampoco vieron la muerte de Cristo en el lugar llamado de la Calavera (pero se les mandó tomar la Cena dignamente).

2. Además de eso, según la definición dada arriba, "estar presente y comer" tampoco es "haced esto en memoria de mí". Según la definición dada arriba, nadie hoy puede tomar la Cena del Señor. ¿De dónde sacan los autores de dicha definición que "estar presente y comer", pensando en lo que una quiera, cumpla con lo que requiere esa definición?

3. Esta cena espiritual tiene por propósito conmemorar la muerte de Cristo por nosotros. Se revive la realidad del siglo primero que sucedió en la crucifixión de Jesucristo. El texto griego dice literalmente, "para mi recuerdo" (Lacueva). La Ver. NVI dice, "en recuerdo mío". El famoso lexicógrafo, el Sr. Henry Thayer, dice que la palabra griega en este caso significa "considerar". ¿Acaso, para creer que cierto hecho sucedió, tenemos que haber estado presentes en la ocasión? ¿No andamos por fe (2 Cor. 5:7)?

4. Exodo 13:8,9 habla de cómo las generaciones venideras comerían la Pascua "como un memorial", sin haber estado presentes ellas en aquel gran día de la salida de Egipto.

* * *

370. 1 COR. 11:24, ¿DAR GRACIAS, O BENDECIR?

"¿Podemos pedir en la oración de dirección de la Cena que Dios bendiga el pan y el jugo, o limitarnos a dar gracias por esta bendición?"

- - -

1. Jesús tomó el pan (una torta sin levadura) y dio gracias por él. Aquí y en Luc. 22:19 el texto dice que Jesús dio gracias, mientras que en Mat. 26:26 y en Mar. 14:22 el texto dice que tomó el pan, lo *bendijo*, y luego lo partió. De esto aprendemos que bendecir el pan equivale a dar gracias por él. Al decir en oración lo que representa el pan (así lo bendecimos), en seguida damos a Dios gracias por él. (Las dos expresiones, dar gracias y bendecir, se usan alternativamente. Véanse Mar. 14:22,23; Luc. 22:19,20). Esto es lo que debemos hacer antes de comer el pan de la Cena del Señor. (Dar gracias a Dios por otras miles de cosas pertenece a otras ocasiones, y no a ésta).

* * *

371. ¿JUGO CON SABOR A UVA? ¿PAN CON MANTEQUILLA?

"¿El jugo puede ser cualquier bebida con sabor a uva?   ¿El pan no importa si lleva mantequilla, o debe ser pan sin levadura y nada más?"

- - -

1. El jugo debe ser lo que las Escrituras dicen, "fruto de la vid" (Mat. 26:29). El fruto de la vid es el jugo de la uva. Cualquier otra cosa es un substituto no autorizado.

2. El pan debe ser de la misma clase de pan que tomó Jesús, que fue pan sin levadura (Mat. 26:26).   El pan que Jesús y sus discípulos estuvieron comiendo fue el pan de la Pascua, y éste tenía que ser pan sin levadura (Exodo 13:1-10). ¿Con qué autoridad se agrega mantequilla, mermelada o cualquier otra cosa? ¿No hemos aprendido que sustituir lo que Dios manda por algo de nuestro gusto es invitar la ira de Dios sobre nosotros (Lev. 10:1-3; Heb. 10:31)?

* * *

372. ¿DOS REUNIONES PARA TOMAR LA CENA?

"En el capítulo 14 de 1 Corintios, se dice: Si la iglesia se debe reunir en un solo lugar o cuando os reunís, significa: que todas las reuniones cuando se convocan deben ser para edificación, que la mujer no puede preguntar (v. 34). Quiero preguntarle si nosotros o una iglesia local puede los días domingos hacer una reunión en la mañana y otra en la tarde para tomar la cena del Señor.

- - -

1. "Varios puntos distintos se presentan en la cita anterior, pero tocaré solamente la pregunta que viene al final de la cita.

2. Una iglesia local queda libre para reunirse el domingo, o en cualquier otro día de la semana, cuántas veces quiera, según el acuerdo mutuo de sus miembros.

3. Si todos los miembros pueden llegar el domingo al servicio, o a uno de los servicios de varios, entonces se puede tomar la cena en esa

reunión, y no habría por qué ofrecer la cena más veces, pues todos la hubieran tomado ya.

4. Si por razones de trabajo por turnos, o por causa del cuidado de un enfermo crónico, etcétera, algunos de los miembros no pueden asistir a cierta hora de reunión, conviene que la iglesia arregle otro servicio en el día domingo para que éstos puedan tomar la cena. La iglesia debe buscar una hora para su reunión o sus reuniones que convenga a todos los miembros, y no arbitrariamente arreglar una hora que se conforme a alguna costumbre en la hermandad y que a la vez obligue que algunos de sus miembros tengan que faltar.

5. No es cuestión de hacer un servicio, o hacer dos, para que se tome la Cena del Señor, sino de hacer un servicio, o hacer dos, para que todos los miembros puedan adorar a Dios en día domingo, el día del Señor (Apoc. 1:10). La Cena del Señor es uno de varios actos de adoración para la reunión, o reuniones, del domingo.

* * *

373. ¿EL ESPIRITU SANTO O EL ESPIRITU DE CRISTO EN LOS PROFETAS?

"Usted dice que el espíritu de Cristo estuvo en los profetas; es así claro según 1 Pedro 1:11 y 1 Corintios 10:4. Yo tengo entendido que el Espíritu Santo estuvo en los profetas, Sansón, etc. Sabemos que el Espíritu Santo es una personalidad independiente que nuestro Señor Jesucristo. ¿Las dos personalidades divinas estaban actuando al mismo tiempo? Explíqueme por favor".

- - -

1. No hay ninguna contradicción en las Escrituras pero sí hay diversidad de expresión en cuanto a la obra de la Deidad. Estas diferentes expresiones halladas en las Escrituras muestran la unidad de propósito y la armonía de acción, al obrar las tres personas de la Deidad según sus papeles particulares.

2. Lo que se atribuye a una de las tres personas de la Deidad muchas veces se atribuye a otra persona de la Deidad. Por ejemplo:

a. Jehová (Dios) dijo a Moisés (Exodo 17:5,6; Núm. 20:7 y sig.), y 1 Cor. 10:4 dice que Cristo ....

b. Jehová (Dios) es la Roca (Deut. 32:1-43); Cristo es la Roca (1 Cor. 10:4).

c. Jehová (Dios) (Neh. 9:5) envió su buen Espíritu para enseñar al pueblo judío (ver. 20,30). El Espíritu Santo estaba en los profetas (1 Ped. 1:12; 2 Ped. 1:21). Dios le envió. Cristo le envió (Jn. 15:26; 16:7).

d. En la creación, vemos la obra del Espíritu (de Dios), Gén. 1:2; de Dios el Creador, Ecl. 12:1; 1 Ped. 4:19; y de Jesucristo (Jn. 1:3).

e. En la salvación, Dios es llamado nuestro Salvador, como también lo es Jesucristo (Tito 1:3; 2 Ped. 1:1). Se pueden multiplicar otras tales ilustraciones.

* * *

374. ¿TRATAR LA OFENSA PUBLICA DE IGUAL MANERA COMO LA PERSONAL?

"Deseo saber si en una ofensa PUBLICA se sigue el mismo proceso como en una ofensa personal (visitarlo para que se arrepienta y si no se arrepiente buscar testigos, y si no entiende llevarlo a la iglesia, Mat. 18:15). El hno. _____ dice que no se debe exhortar en público porque si lo hacemos se van los miembros, y además dice que cuando es una ofensa pública se debe de seguir los pasos de una ofensa personal".

- - -

1. En Mat. 18:15-18 Cristo nos enseña lo que se debe hacer cuando una persona peca contra otra persona. El caso está claro y el pasaje no debe ser aplicado a otro asunto diferente.

2. Cuando la persona peca públicamente, o de manera que el pecado viene a ser del conocimiento común, tiene que hacer confesión pública. Para que ella lo haga, hermanos individuales pueden ir con la persona y exhortarle a hacer confesión pública. La iglesia en reunión puede hacer del conocimiento de todos el pecado de la persona para exhortarle a arrepentirse. Si las circunstancias son como las del caso de Pedro (Gál. 2:12,13), es correcto que algún hermano bien enterado del caso reprenda públicamente a la persona (ver. 11-16). Otro caso de reprensión pública se registra en Hech. 5:1-11.

3. Puede haber circunstancias en que no falta ninguna reprensión, sino la acción colectiva de la iglesia de excomulgar al hermano culpable de pecado público (1 Cor. cap. 5).

4. Se complican casos cuando los hermanos tienen más cuidado de que no se vayan miembros de la congregación que de que se haga la voluntad de Dios y que la persona se discipline para su propio bien, como en el caso del fornicario, 1 Cor. 5. Véase 2 Cor. 2:6,7 (el fornicario se arrepintió).

5. Considérese 1 Tim. 5:20.

6. El Dios de mucha gente, inclusive de mucha gente que se considera cristiana, no es Jehová Dios, sino ¡sus sentimientos y emociones! Para los tales está bien ignorar la voluntad de Dios para evitar que se lastimen los sentimientos de la gente. Muchas veces, pues, lo que predomina es la cultura (la voluntad humana) y no la Biblia (la voluntad de Dios).

7. Véase el interrogante siguiente.

* * *

375. LA EXHORTACION DESDE EL PULPITO.

"¿Es bíblico o no la exhortación desde el púlpito a un hermano en particular que no se congregó el domingo anterior? ¿Está obligado a explicar el motivo de su ausencia en domingo anterior? ¿Está pecando contra la iglesia o contra Dios? ¿Debe pedir perdón a la iglesia o a Dios por no haberse congregado? ¿Es una falta que debe corregirse públicamente o una falta que se arregla en privado?"

1. La forma en que me vienen expresadas las preguntas no me da suficiente información detallada para poder comentar sobre el caso local en particular, pero sí son claras las preguntas y daré contestación a ellas en el orden en que se hacen.

2. Es todo bíblico exhortar desde el púlpito (Heb. 10:25, etcétera; véase en una concordancia la palabra exhortar, exhortación). Que a un hermano en particular se le exhorte desde el púlpito dependería de las circunstancias del caso. Sin saber las circunstancias del caso, no puedo dar una respuesta categórica. (La pregunta no me dice por qué no se congregó el hermano el domingo anterior. ¿Estuvo enfermo? ¿Estuvo fuera del pueblo trabajando? etcétera).

3. La segunda pregunta no me dice por qué estuvo ausente. El simple hecho de que alguien estuvo ausente en un dado servicio no da derecho a nadie de suponer que hubo culpa en ello y por consiguiente de comenzar a exhortar a la persona como si tuviera culpa, y esto desde el púlpito.

La persona que falta en un servicio, pudiendo normalmente poder asistir todos los servicios, al estar en el servicio próximo, va a mencionar el por qué de su ausencia, porque la iglesia local es una familia y es normal que todos los miembros de una familia se interesen en el bienestar de cada miembro. Si estuvo enferma, y por eso faltó, lo va a hacer del conocimiento de los demás. (Muchas veces se sabe aun antes del próximo servicio por medio del teléfono, u otra comunicación).

En la congregación donde soy miembro el hermano encargado de hacer los anuncios junta la información apropiada y al hacer los anuncios, entre otras noticias, explica la ausencia que ha habido de ciertos hermanos y la salida de los que van a estar ausentes por razones del trabajo, etcétera. Nos informamos unos a otros, y de esta manera podemos orar unos por otros, según las necesidades.

4. El simple hecho de que una persona faltó en un servicio no es en sí prueba de culpa que necesite ser confesada, ni privada ni públicamente. Ahora, si la persona por razones carnales faltó, entonces sí es obvio que pecó. Todo pecado es contra Dios (Sal. 51:4). Toda confesión de pecado tiene que hacerse a Dios, por medio de Jesucristo, nuestro Intercesor. Como miembro de la iglesia local, la persona es parte de un acuerdo mutuo que ella hizo al juntarse a la congregación (Hech. 9:26). Si faltó sin razón, su ausencia afectó la obra local de la cual ella es parte. Su ausencia fue cosa pública. Debe confesar su culpa públicamente.

Ahora, en un dado caso, ¿cómo se supo que la persona faltó sin razón? ¿Nada más se supone que fue así y luego desde el púlpito se procura avergonzar a la persona? ¿Se supo porque la persona lo confesó a alguien? Si fue así, le tocó exhortarle a que lo confesara públicamente (y así no habría por qué exhortarle desde el púlpito). Si se le exhortó a que lo confesara y si no lo quiso hacer, entonces convendría desde el púlpito hacer saber el caso a toda la congregación para que de parte de todos la persona fuera exhortada a arrepentirse.

5. La confesión que se debe hacer es la que se hace a Dios, y esto delante de la congregación.

6. Esta pregunta se contesta arriba. Ausentarse de la asamblea pública, y esto sin justificación, no es pecado privado. Si la persona falta en un servicio sin razón, al arrepentirse debe en seguida pedir perdón a Dios, y luego en la primera oportunidad debe confesarlo a la iglesia (Sant. 5:16). Haciendo así no va a haber por qué se haga una exhortación desde el púlpito.

7. Véase el interrogante anterior (374).

* * *

376. Joel 2:26,27

"y nunca jamás será mi pueblo avergonzado". Ese "nunca jamás", ¿hasta cuándo es? Si es por siempre, entonces ¿cómo explicamos la relación de este pueblo con los romanos? Y hay otras cosas que hacen ver a Israel siendo, desde mi opinión, avergonzado. Por favor ayúdeme a entender el punto tratado".

- - -

1. La frase "nunca jamás" no ha de ser entendida en sentido absoluto y fuera del contexto, pues Joel no está hablando de la futura historia completa de Israel secular. El simple hecho de que Dios destruyó la nación judaica en 70 D. de J.C. muestra la vergüenza a la cual dicha nación llegó.

2. Los judíos, después de sufrir el traslado de su tierra a Babilonia y de gozar de un retorno a su tierra, tal vergüenza no sufrirían otra vez. Joel estuvo dirigiéndose a los judíos de su época y hablándoles de cosas que precederían a la dispensación del Mesías.

3. En el ver. 27 de nuevo Joel repite la frase, "mi pueblo nunca jamás será avergonzado". Y luego en el ver. 28 pronuncia las palabras famosas citadas en el Nuevo Testamento (Hech. 2:17-21).

4. Todas las promesas de Dios están basadas en la condición de que el hombre obedezca a Dios en fidelidad de vida (véase Deut. 28:1 y sig.). Los judíos, a los cuales hablaba Joel, al seguir en obediencia a Dios, nunca jamás serían avergonzados como en el tiempo de su destierro.

5. Véase Rom. 9:33. El obediente a la ley de Dios es quien nunca será avergonzado, porque no tendrá pecado (debido al hecho de que Dios le perdona), cosa que trae la vergüenza al hombre.

* * *

377. EL BAILE MODERNO

"Algunos hermanos están dando lugar al libertinaje en los deseos de la carne… entiendo que no hay mandamiento explícito al respecto, sin embargo eso no autoriza que el baile sea aprobado o practicado entre el pueblo de Dios, teniendo en cuenta lo que es el mismo baile moderno".

- - -

1. El interrogador me manda una lista de pobres argumentos falaces de quienes están

justificando la participación del cristiano en el baile moderno. Según la lógica tan errada de estos hermanos carnales, se podría hallar justificación para una serie de pecados. Notemos algunos de estos llamados "argumentos":

—"Todo me es lícito".

—"Ustedes son imponentes".

—"Debemos aceptar el hermano como es". – "Son prejuiciosos".

Pregunto al que sale con tales "argumentos" ridículos: ¿Qué haría usted si el homosexual, o el ladrón, viniera a usted con estos argumentos? Si sustituyéramos el baile moderno por el tomar tequila, según los argumentos de tales hermanos no podríamos condenar el tomar tequila.

2. Otro argumento falaz de los hermanos carnales es que "la Biblia no lo dice explícitamente" (que el baile moderno es pecado). "No está declarado específicamente: No bailarás)".

Léase Gál. 5:19-21. Luego, desafíese al hermano carnal que él nombre dos o tres cosas más que según él se incluyen en la frase "tales cosas". ¿Puede él hacerlo? Sí, lo puede, pero no lo hará, porque sabe que no puede hallar mención específica de tales cosas sin que se exponga como uno probado equivocado por su propia regla. Pablo no intenta mencionar todas las prácticas carnales en el mundo, como tampoco todos los frutos del Espíritu (ver. 23, "tales cosas").

3. Otro argumento favorito de los hermanos carnales es el que afirma que "David danzó" (2 Sam . 6:14). Basta decir que la cuestión no tiene que ver con el bailar sino ¡con el **baile moderno**! David danzó solo. La danza de Exodo 15:20 fue de parte de mujeres solamente. En cambio, el baile moderno es una cosa muy diferente. No puede existir sin que haya hombre y mujer que cuerpo a cuerpo se muevan a cadencia y en circunstancias que estimulan la lascivia. La atracción fuerte del baile moderno es la excitación de los deseos sexuales, dando lugar a las caricias atrevidas.

4. La Biblia no menciona la frase "baile moderno", pero sí condena en muchos pasajes el pecado que bien describe dicha frase. Claro es que tal hecho no persuade a la mente carnal que está entregada al hedonismo (Luc. 8:14, "placeres"; 2 Ped. 2:13; Tito 3:3, Sant. 4:3, "deleites"; griego, HEDONE). La mente carnal se describe en 2 Tim. 3:4, "amadores de los deleites".

El pecado al cual aquí me refiero es la lascivia. El vocablo griego para decir "lascivia" es ASELGEIA. Aparece en los pasajes siguientes: Mar. 7:22; Judas 4 (libertinaje); 2 Cor. 12:21; Gál. 5:19; Efes. 4:19; 2 Ped. 2:7 (nefanda); y en forma plural, Rom. 13:13 (lascivias); 1Ped. 4:3; 2 Ped. 2:2 (disoluciones). Según la definición de este vocablo griego que da el famoso lexicógrafo, Sr. Henry Thayer, se significan movimientos indecentes del cuerpo y el manejo sensual de hombres y mujeres.

Desafío a los referidos hermanos carnales a que ellos definan la palabra "lascivia" (según aparece en los pasajes arriba) y nos den algunas ilustraciones de ello. La verdad es que ellos no aman a la Biblia, ni son maestros de ella. En realidad ellos menosprecian a la Biblia, y hacen de ella su esclava para que ella les justifique en sus pecados.

Con referencia al baile moderno, recuérdese: ¡No se apaga el fuego por echarle gasolina, ni es sabio andar con vela prendida en un cuarto lleno de dinamita!

5. El cristiano que de veras procura salvar su alma eternamente se guarda sin mancha del mundo (Sant. 1:27), huye de las pasiones juveniles (2 Tim. 2:22), y no da lugar al diablo (Efes. 4:27). En cambio el amador de los deleites no se escapa del lazo del diablo, estando cautivo a la voluntad de él (2 Tim. 2:26).

6. Se debe descomulgar a hermanos que participan en el baile moderno y que tratan de justificarlo, torciendo las Sagradas Escrituras (Efes. 5:11). Son una levadura que puede leudar toda la masa (1 Cor. 5:6). Hemos de limpiarnos de toda contaminación de carne y de espíritu, perfeccionando la santidad en el temor de Dios (2 Cor. 7:1). Sin la santidad, nadie verá a Dios (Heb. 12:14).

* * *

378. LA IGLESIA COMO MADRE – Oseas 2:2-5; Gál. 4:26; Apoc. 21:9,10

"Quiero que me ayude a entender sobre que la iglesia es nuestra madre. Es en Oseas 2:2-5; Gál. 4:26; Apoc. 21:9,10. No lo puedo entender".

- - -

1. El primer punto que entender es que las Escrituras muchas veces, como aquí, emplean lenguaje figurado.

2. En Oseas, cap. 2, Dios contiende con la nación, Israel, como con su esposa, y los hijos de esta "madre" son los israelitas, los individuos de la nación. Se les manda a los individuos de la nación que no estaban dados a la idolatría que contendieran con la nación que en general iba tras la idolatría. Ya que la nación adoraba a otros dioses, Jehová no podía reconocer a Israel como a esposa suya. Ella buscaba juntarse con los ídolos de la tierra en lugar de ser como esposa fiel a su marido, Jehová Dios.

3. La alegoría que Pablo emplea en Gál. cap. 4 presenta en figura la diferencia entre los judíos según la carne (como lo era Ismael, el hijo de Abraham por medio de Agar, la esclava) y los cristianos, hijos de Abraham por la promesa (como lo era Isaac, el hijo de Abraham por promesa de Dios por medio de Sara, la libre).

La Jerusalén actual era la literal en Palestina, la capital del judaísmo y donde los judíos incrédulos estaban esclavizados a la ley de Moisés que no podía salvar.

La Jerusalén de arriba es la iglesia del Señor y los cristianos son los 'hijos' de esta "madre" porque adoran a Dios según el Nuevo Pacto, siendo personas redimidas por la fe en Cristo Jesús. (Dios es el "marido", ver. 28).

Ella se llama "libre" porque en Cristo Jesús hay libertad de la condenación del pecado. Véanse Gál. 5:1; Jn. 8:32; Rom. 8;1; 2 Cor. 3:17.

4. Respecto a Apoc. 21:9,10, cito de NOTAS SOBRE APOCALIPSIS, página 75. "Véase ver. 2, comentario. La 'esposa' y la 'ciudad' son dos símbolos distintos, pero representan los dos a la iglesia redimida. El ángel le iba a mostrar a la esposa del Cordero, pero le mostró una ciudad (versículo 10). Es decir, la misma cosa son. El uso de dos símbolos a la vez es común en la Palabra de Dios. Por ejemplo, Cristo es llamado la puerta y el pastor (Juan 10:7-17), y es el Cordero y pastor a la vez (Apocalipsis 7:17). El mundo pecador es llamado la ramera y Babilonia, y ahora los redimidos (la iglesia) la esposa y Jerusalén la celestial. 'Ciudad' significa lugar de residencia, y 'esposa', relación íntima".

La frase "que desciende del cielo, de Dios" (versículo 10) enfatiza el origen divino de la iglesia.

* * *

379. ¿SACERDOTES Y SACERDOTISAS?

"De acuerdo a la Palabra de Dios el cristiano es Sacerdote, pero para la mujer (hermana), ¿cómo se le puede decir Sacerdotisa?"

- - -

1. Al cristiano (y esto incluye a las mujeres tanto como a los varones) se le llama "sacerdote" (1 Ped. 2:5,9; Apoc. 1:6; 5:10) porque ofrece a Dios sacrificios espirituales (1 Ped. 2:5; Rom. 12:1; Heb. 13:15).

2. Dado que este sacerdocio es espiritual, el término "sacerdote" es término figurado. Eso de distinción entre los términos "sacerdote" y "sacerdotisa" tiene que ver solamente con un sacerdocio literal compuesto de mujeres tanto como de varones, y la diferencia de género en los dos términos es cuestión solamente de gramática.

Pero, si la ocasión tiene que ver con una mujer cristiana, para hablar correctamente según la gramática, diríamos que ella sí es una sacerdotisa, porque ofrece a Dios los sacrificios que él demanda.

2. En Apoc. 1:6, leemos que "nos hizo reyes", con referencia a los cristianos. ¿Por eso debemos decir que las hermanas no son reyes, sino reinas? Hacer tal distinción, basándonos solamente en la gramática, con referencias a términos literales, es perder la fuerza del punto espiritual o figurado.

* * *

380. APARENTE CONTRADICCION — Mat. 10:10; Luc. 9:3; Mar. 6:8.

"¿Por qué Mateo y Lucas dicen algo diferente a lo que dice Marcos con respecto a la orden de no llevar nada cuando los manda a predicar? Aquí hay una aparente contradicción".

- - -

1. Los tres pasajes dan el mismo mensaje a los apóstoles; a saber, irse en la misión con lo que ya tenían, dependiendo totalmente de Cristo Jesús, quien les enviaba.

2. Marcos menciona que Cristo dijo a los doce apóstoles "no llevar nada" (excepto lo que ya tenían en su posesión), como también lo expresa Lucas, mientras que Mateo menciona que Cristo les dijo no *procurar* nada adicional.

3. Cristo les mandó irse en su misión con las sandalias que ya llevaban pero sin pensar en la necesidad de procurar sandalias adicionales por el camino, proveyendo así por sí mismos, pues el Señor iba a mirar por ellos. Tocaba a los beneficiados de su misión compartir con los apóstoles según sus necesidades físicas (Mat. 10:10,11, y sig..; Mar. 6:10; Luc. 9:4; 10:7; Gál. 6:6; 1 Cor. 9:14; 1 Tim. 5:18).

4. Cuando los hombres piensan en viajar, se consiguen las provisiones que crean que van a necesitar para completar el viaje. Pero en este caso, el Señor envió a sus doce apóstoles en el viaje, y les mandó llevar solamente lo que ya tenían, y no pensar en conseguirse por el camino lo que normalmente habría sido necesario para completar el viaje. Les mandó así porque Dios cuida de los suyos, haciendo por medio de educar a los beneficiados a compartir con los que benefician.

* * *

381. EL DIA DE PENTECOSTES, ¿HABLARON LOS APOSTOLES A UN MISMO TIEMPO?

"Cuando los apóstoles hablaron en lenguas el día de Pentecostés, ¿hablaron todos a un mismo tiempo? o ¿turnados primero uno y después el otro (1 Cor. 14:40); es decir, con orden?"

- - -

1. Obviamente lo que hicieron los apóstoles en esta ocasión fue cosa de buen orden. Dios no es Dios de confusión (1 Cor. 14:33).

2. Hech. 2:4 nos dice que "comenzaron a hablar en otras lenguas, según el Espíritu les daba que hablasen". Aunque estaban en al principio en una casa (ver. 2), el ruido causado por la venida del Espíritu Santo sobre los apóstoles fue oído desde lejos (ver. 6,) y causó que se acercara una multitud (miles) de gente. El fenómeno de las "lenguas repartidas, como de fuego" continuó por un buen tiempo, porque al llegar la multitud (cosa que costó algo de tiempo) ella lo vio (ver. 33).

3. Llegando la multitud, compuesta de judíos de muchas diferentes naciones extranjeras (ver. 5, 9-11), cada persona oía a los apóstoles hablar en su propia lengua en que había nacido (ver. 8). Esto indica que para ese momento, los apóstoles habían salido de la casa para dirigirse a la multitud que se congregaba, y que las lenguas repartidas como de fuego, que se les aparecieron (ver. 3), todavía estaban en evidencia, pues la multitud las vio (ver. 33). También se deduce que los apóstoles se separaron algo el uno del otro, aunque todavía en un lugar céntrico, para poder hablar cada uno en

alguna lengua extranjera las maravillas de Dios (ver. 11). De esta manera, aunque todo el mundo entendía y hablaba en griego (la lengua universal de aquel tiempo), cada uno de la multitud oiría a uno de los apóstoles hablando en su lengua. Se comentaría entre las personas que cada uno había oído su propia lengua hablada por los apóstoles (ver. 8), o por alguno de ellos.

Así es que, aunque todos los apóstoles para entonces estaban hablando al mismo tiempo, se dirigían a diferentes grupos juntos al acercarse la multitud. El hablar los apóstoles en diferentes lenguas llamaría la atención de grupos según su lengua nativa. La gente, luego, comentaría entre sí, en la lengua común, el griego, que cada uno había oído las maravillas de Dios habladas en su propia lengua. Cada uno diría, "Pues, yo también". Esto causó gran maravilla y perplejidad (ver. 7-12). Lo que pasaba no podía explicarse por medio de fenómenos normales (ver. 7). (Pero siempre hay personas que ignoran la fuerza de testimonio innegable, y por eso algunos se dedicaron a burlarse, ver. 13).

4. Todos los apóstoles estuvieron predicando el evangelio aquel día de Pentecostés (ver. 4, 14,37). Lucas registra solamente algunas de las palabras de Pedro (ver. 40). El Espíritu Santo no nos ha revelado, como si fuera una grabadora, toda palabra expresada por todo apóstol, aquel día. Nos ha revelado lo que necesitamos saber concerniente a la predicación del evangelio en realidad aquella primera vez en la historia. Tenemos registrado lo que necesitamos saber para obedecer al evangelio también como lo hicieron esos miles en día de Pentecostés.

Todos los apóstoles (ver. 14) predicaron el mismo evangelio (como revelado por el Espíritu Santo y registrado en Hech. 2), cada uno hablando a grupos aparte. La pregunta registrada en el ver. 37 fue hecha a los doce apóstoles, y no solamente a Pedro. (Esto implica que cada apóstol la contestaría). Cada grupo, al oír a un apóstol predicando el evangelio, hacía la misma pregunta. El Espíritu Santo revela la respuesta de los doce, al citar solamente las palabras de Pedro (ver. 38), porque el mismo Espíritu Santo guiaba a los doce.

* * *

382. ¿PREDICO PEDRO EN GRIEGO O EN HEBREO?

"Cuando el apóstol Pedro (el día de Pentecostés) predicó , ¿lo hizo en Hebreo o en griego?"

- - -

1. El, juntamente con los demás apóstoles, comenzaron a hablar las maravillas de Dios en las diferentes lenguas representadas por los judíos "de todas las naciones bajo el cielo" (ver. 5-11).

2. Pero para dirigirse al grupo (ver. 14,22) después de lograrse el efecto del fenómeno de la venida del Espíritu Santo, ya que la mayor parte de ellos eran helenistas (judíos esparcidos en las

muchas naciones de habla griega, ver. 9,10), ellos sin duda les predicaron el evangelio en la lengua común de todos, en el griego.

* * *

383. ¿COMO PUDO TODA LA MULTITUD OÍR UNA SOLA VOZ?

"(El día de Pentecostés), ¿cómo pudo oír una multitud tan enorme de miles de personas la voz de un solo hombre (la del apóstol Pedro)? Por muy alta que sea la voz que predica no es tan fácil hacer llegar la voz a millares de personas como la multitud del día de Pentecostés".

- - -

1. Esta pregunta presupone que Pedro solo habló o predicó el evangelio a todos los oyentes, dentro de los cuales tres mil de ellos obedecieron al evangelio, porque Lucas registra las palabras de Pedro solamente.

2. Pedro no fue el único que predicó a esos miles de personas. Véase **#381** arriba.

* * *

384. ¿PUEDE EL CRISTIANO IR A LA PLAYA PÚBLICA?

"¿Puede el cristiano ir a la playa pública?"

1. No hay pecado en ir a la playa a ver la hermosura de esta parte de la creación de Dios. Pero la parte "pública" de una playa muy posiblemente tenga en un dado momento mucha gente andando en traje de baño, cosa de indecencia con la cual el cristiano no quiere asociarse. La cosa que evitar no es la playa sino la desnudez de gente mundana. Si en una dada circunstancia un cristiano puede andar en la playa a solas, no hace mal. Si no puede andar en la playa sin tener que presenciar la desnudez de los mundanos, no anda allí. Casi siempre es posible hallar un sitio en donde andar para ver en la costa la hermosura de la creación de Dios, aunque muchas veces esto puede costar cierta inconveniencia. Pero el cristiano aborrece la carnalidad de los inconversos, porque Dios lo aborrece, y por eso no va a hallarse voluntariamente en la presencia de tal cosa. Con la misma razón el cristiano no andaría en presencia de bailes y fiestas de tomar, ni en otros centros de carnalidad. 1 Ped. 2:11,12.

* * *

385. ¿UN SÓLO PACTO?

Se me pidió que preparara un artículo en inglés sobre el sacerdocio de Cristo según el orden de Melquisedec, para probar que el sacerdocio levítico, y la ley de Moisés (el primer pacto) que lo gobernaba, fueron quitados y que el de Cristo fue instituido, Heb. 7:12. Debido a que ya ha llegado a la América Latina la falsa doctrina de que hay un sólo pacto, desde Abraham hasta ahora, y no dos pactos (el viejo y el nuevo), a continuación se presenta la versión española del artículo.

- - -

La Historia Sagrada acerca de Melquisedec es muy breve (Gén. 14:18-20). El, un cananeo, era rey de Salem (probablemente la ciudad que más tarde fue llamada Jerusalén), y sacerdote del Dios Altísimo. Después de una batalla en la cual salió victorioso Abraham, Melquisedec sacó pan y vino y bendijo a Abraham. En cambio, Abraham le dio los diezmos a Melquisedec. Lo que se omite en esta historia acerca de Melquisedec, como también lo poco que se dice acerca de él, importan para que Melquisedec sirva de tipo de Cristo. El autor de la epístola a los Hebreos introduce el caso de Melquisedec en 5:6,10; y en 6:20; y luego lo desarrolla en el capítulo 7.

La argumentación del autor se basa en la historia registrada acerca de Melquisedec. No tuvo principio ni fin, ni padres, ni descendientes, ¡que registre la historia! Aparece en las páginas inspiradas de Génesis como rey y como sacerdote de Dios, no habiendo registro que se relacione con su linaje ni con eso de predecesor ni sucesor para su sacerdocio, y por eso él sirve de tipo de Cristo en su reinado y su sacerdocio, como uno que permanece para siempre.

Heb. 7:3 es un hebraísmo que expresa la completa falta de registro o historia tocante al origen o el fin de uno como ser humano. (Obviamente Melquisedec tenía padres, porque era un ser humano, Gén. 3:20). Melquisedec llenó completamente su sacerdocio en su propia persona, no teniendo ni predecesor ni sucesor, y por eso es llamado un "sacerdote para siempre" (Heb. 7:3). La frase 'para siempre" indica el período completo bajo consideración, sea el período largo o corto.

La historia de Gén. 14:18-20, y Sal. 110:4, presentan toda la información inspirada con referencia a este hombre, y de estas dos fuentes el autor a los Hebreos deriva su argumentación. El argumento en breve es éste: el sacerdocio levítico no era cosa final; que otro sacerdocio se levantaría que duraría para siempre. Antes de existir la Ley de Moisés y el sacerdocio levítico, la Historia Sagrada registra el caso de un rey y un sacerdote, Melquisedec, quien era mayor que Abraham, el padre de los judíos (porque el menor paga diezmos al mayor, y el mayor bendice mientras que el menor es bendecido). Luego, el Salmo 110, escrito siglos después de ser instituidos la Ley de Moisés y el sacerdocio levítico, declara que Dios ha jurado que el Mesías (el Cristo) había de ser constituido sacerdote según el orden de Melquisedec. Jesucristo cumplió esa profecía y su sacerdocio es final y perfecto.

Nótese este bosquejo breve de Hebreos capítulo 7:

1. VV. 1-10, la historia de Melquisedec y la superioridad de su sacerdocio al del primer pacto porque era superior a Abraham, el patriarca.

2. VV. 11-19, la imperfección del sacerdocio levítico es evidenciada por la declaración de Dios en Sal. 110:4. Fue abrogado, pues, y el sacerdocio del Mesías, según el orden de Melquisedec, fue instituido para lograr dicha perfección.

3. VV. 20-22, la superioridad del sacerdocio de Cristo al levítico porque el sacerdocio de Cristo fue instituido por un juramento de Dios, mientras que el levítico no lo fue. Por eso Jesús fue hecho fiador de un mejor pacto.

4. VV. 23-25, la permanencia para siempre del sacerdocio de Cristo, porque Cristo vive para siempre, mientras que la muerte caracterizaba al sacerdocio de Leví.

5. VV. 26-28, la superioridad del sacerdocio de Cristo es evidenciada por el carácter perfecto de Jesús que no requería más sacrificio aparte del uno solo de la cruz, mientras que el sumo sacerdote del sacerdocio levítico tenía que ofrecer sacrificios por sus propios pecados, y luego por los del pueblo.

Las Escrituras hablan de dos pactos, el "nuevo pacto" (Jer. 31:31-34; Heb. 8:13), cosa que implica un "viejo pacto". El viejo había de desaparecer (Heb. 8:13). Pablo, en 2 Cor. 3:6,14, habla acerca de un "nuevo pacto" y de un "antiguo pacto", y en su alegoría en Gál. 4:21-31, habla acerca de "los dos pactos" (4:24). Cristo es "mediador de un nuevo pacto" (Heb. 9:15; 12:24), el cual es contrastado con el antiguo pacto del monte de Sinaí (12:18-21). Habiendo un pacto nuevo, necesariamente el pacto previo es hecho "viejo" (8:13). El antiguo tenía debilidad o defecto, y el nuevo no lo tiene (8:7,8; Rom. 8:3). El primero no podía quitar pecados en realidad (sino solamente en figura o tipo), mientras que el segundo sí lo puede (10:1-18). Por esta razón el primer pacto es llamado "ministerio de muerte y de condenación", mientras que el nuevo pacto es llamado "ministerio de justificación", escrito en los corazones (2 Cor. 3:7,9; Heb. 10:16). El viejo había de perecer, y el nuevo había de permanecer (2 Cor. 3:11). El israelita era del primer pacto en consideración de su nacimiento físico (Gén. 15:18; 17:7,8), pero solamente los que nacen de nuevo (Jn. 3:3-7) son del nuevo pacto. El antiguo pacto por Cristo fue quitado (2 Cor. 3:14), mientras que el nuevo es eterno (Heb. 13:20). El nuevo pacto, que es el Nuevo Testamento, fue confirmado o dedicado por la sangre de Cristo (Heb. 9:15-22), fue ministrado por los apóstoles (2 Cor. 3:6; 5:19,20), y es recordado por los cristianos en la Cena del Señor (1 Cor. 11:25). El antiguo fue uno de esclavitud (Gál. 5:1). El nuevo es "el camino nuevo y vivo" (Heb. 10:20).

La gran conclusión se presenta en Heb. 7:12, "Porque cambiado el sacerdocio, necesario es que haya también cambio de ley". Si el sacerdocio levítico no fue cambiado al sacerdocio de Cristo según el orden de Melquisedec, entonces la lógica demanda que ha habido un solo pacto, o ley, desde el tiempo de Aarón hasta ahora, y que todos estamos todavía bajo el antiguo pacto, la ley de Moisés. Algunos de nuestros hermanos en Cristo nos están diciendo que ha habido, y que hay todavía, solamente un pacto. Si esto es cierto, el sacerdocio de Cristo queda totalmente invalidado, como también el nuevo pacto, y estamos todavía bajo la ley de Moisés. Esta doctrina ha alcanzado la América latina, y los que predicamos en español lo estamos combatiendo.

¿Qué son algunas de las afirmaciones y finalidades de la teoría de "un solo pacto"?

1. Se emplea para enfatizar la doctrina de "la salvación por la gracia sola". Al mismo tiempo se está negando que el Nuevo Testamento contiene un patrón para el culto.

2. Se emplea para hacer obligatorio Deut. 24:1-4 para nosotros hoy en día como parte de "la ley moral de Dios, la cual no cambia". Esto permite a cualquier divorciado que se vuelva a casar. (Se hace distinción entre la llamada "ley moral y la ley ceremonial", un argumento viejo de La Iglesia Adventista Del Séptimo Día.

3. Se afirma que el reino profetizado, y propuesto en el Nuevo Testamento es el reino "renovado" pero que no es "nuevo".

4. Se afirma que el "pacto perpetuo" (Gén. 17:1-7) es como el "propósito eterno" (Efes. 3:11), ambos términos refiriéndose al mismo asunto.

5. Se afirma que es imposible aislar un viejo pacto distinto de un nuevo pacto. Nos dicen que Jer. 31:31-34 se cumplió en el retorno de los judíos de su cautiverio en Babilonia.

6. Se afirma que Jesús perpetuó la ley y los profetas, y no que los cumplió (Mat. 5:17,18).

Esta falsa doctrina de un solo pacto continuo, desde el tiempo de Abraham hasta ahora, es refutada sumariamente por el sacerdocio de Cristo según el orden de Melquisedec. Jesús no era del tribu de Leví, sino del tribu de Judá (Heb. 7:14). Por eso él no podía ser sacerdote del primer pacto, la ley de Moisés (8:9). Su sacerdocio cambió el sacerdocio según "el orden de Aarón" (7:11), y necesariamente cambió la ley que regía "el sacerdocio levítico" (7:11,12).

El capítulo 7 de Hebreos completamente derriba la falsa doctrina de los que abogan por "un solo pacto".

* * *

386. ¿ES UNA OFRENDA, O SON DOS?

"Para costear los gastos (de reparación de la estructura del local) se les repartieron sobres a los hermanos para que dieren su aporte; este sobre se recogió junto con la ofrenda del día domingo. El dinero del sobre sería para las reparaciones, el que va sin sobre es la ofrenda para los santos. Se dice que no se está torciendo el mandamiento de ofrendar porque se hizo una sola ofrenda".

- - -

1. La colecta de cada domingo es para la obra de la iglesia, que es triple: el evangelismo, la edificación, y la benevolencia limitada (a los santos). De la colecta se gasta para enviar salario a predicadores (evangelismo), para un local para reuniones de la iglesia colectivamente (evangelismo y edificación), y para ayudar a santos necesitados (benevolencia).

2. Debe haber una colecta cada primer día de la semana, según el patrón bíblico (2 Tim. 1:13; 1 Cor. 16:1,2). De esta sola colecta se hace cualquier

gasto que la iglesia tenga dentro de las tres obras que corresponden a la iglesia hacer.

3. Cuando hay un gasto no regular o mayor, como en este caso de la reparación de la estructura del local, si no hay suficiente en la tesorería para la necesidad, se le exhorta a la congregación a que cada miembro se sacrifique más al ofrendar para juntar la cantidad necesaria para el proyecto.

4. Es sabio que la iglesia local incluya en su presupuesto de gastos anuales una cantidad para tales exigencias como la de este caso. Esto evita la necesidad de "colectas especiales". Como es el caso con la familia, así es igual con la iglesia local. Siempre surgen problemas no esperados, y la familia, como también la iglesia local (que es una familia, también), deben guardar en su tesorería un margen de dinero para ello, y no siempre tenga gastado hasta el último centavo de cada ingreso.

* * *

387. GAL. 6:1, SORPRENDIDO

"¿A qué se refiere la palabra "sorprendido"? ¿Cómo se usa en este texto?"

- - -

1. La idea es de que el pecado sorprende al individuo, tomándole de antemano porque la persona no ejercía la debida vigilancia. El vocablo griego literalmente significa "tomar antes" ('véase en 1 Cor. 11:21, "se adelanta a tomar"), y se emplea aquí en voz pasiva. La persona es tomada por el pecado antes (de reconocer que el pecado le ponía trampa para hacerle caer). La persona no velaba y oraba y por eso cayó en pecado. Véase Mat. 26:41.

2. El contexto demanda esta interpretación. El resto del ver. 1, y el ver. 2, enseñan que la persona más espiritual, que a la vez tiene que considerarse a sí mismo, no sea que él también caiga en semejante pecado, debe buscar la restauración del hermano caído en el pecado ("sorprendido" o "tomado antes" en conexión con el pecado).

3. La idea no es la de ser detectado o descubierto el pecador de parte de otra persona.

* * *

388. EL PECADO ORIGINAL

"¿Hereda uno el pecado o muere uno por su propio pecado?"

- - -

1. No, el pecado de otro no se hereda, como tampoco la justicia de otro. Ni la culpa del pecado de otro, ni la justicia hecha por otro, son transmitidas por la sangre. Estúdiese bien Ezequiel capítulo 18.

2. Sí, la persona muere espiritualmente a causa de sus propios pecados. El pasaje que los católicos, los Testigos de Jehová, y algunos evangélicos, citan para probar que todos heredamos la culpa del pecado de Adán, Rom. 5:12, desmiente tal doctrina. El pasaje dice así:

"Por tanto, como el pecado entró en el mundo por un hombre, y por el pecado la muerte, así la muerte pasó a todos los hombres, por cuanto todos pecaron".

Notemos esto: (1) el pasaje no dice que la culpa del pecado de otro entró en el mundo, sino el pecado entró. Adán, al pecar, introdujo el pecado en el mundo. (2) la paga del pecado es la muerte, 6:23. Ya que hay pecado en el mundo hay muerte espiritual. (De la muerte física no se trata en este pasaje). (3) la muerte espiritual pasó a todos los hombres por la sencilla razón de que ¡todos pecaron! (y no solamente Adán).

La Biblia no enseña en ninguna parte que el hombre nace pecador.

* * *

389. 1 COR. 7:14, HIJOS INMUNDOS. ¿SIGNIFICA ESTO EL PECADO ORIGINAL?

"Respecto a que los hijos son inmundos, ¿significa esto acaso que tienen los niños el pecado original? ¿Cómo se comprendería esto respecto a lo que Cristo dijo: "Dejad a los niños venir a mí ya que de ellos es el reino de los cielos"?

\- \- \-

1. En el contexto de 1 Cor. 7:14, la palabra "santo" se emplea en el sentido de "acepto". La palabra "inmundo" se emplea en el sentido de "no acepto". En este contexto Pablo está hablando de la santidad (aceptación de parte de Dios) del matrimonio bajo consideración. El punto queda establecido: no hay necesidad de divorcio de los dos esposos. Su cohabitación es moral y los niños nacidos de la unión son legítimos.

2. Aplicar la palabra "inmundo" al llamado "pecado original", cosa que ni existe en la Biblia, es ignorar por completo el contexto de este pasaje.

3. De lo que Cristo dijo en Mat. 19:14 aprendemos que el reino de los cielos es compuesto de personas semejantes en carácter a los niños. Ahora, si los niños nacen pecadores, se sigue que la persona tiene que tener carácter pecaminoso para ser del reino de los cielos. ¿Será posible esto? ¡No! El hombre pecador tiene que convertirse en niño para entrar en el reino de los cielos (18:2-4). Esto prueba que el niño no es de naturaleza pecaminosa.

* * *

390. MAT. 28:19, HACER DISCIPULOS

"La parte que me confunde un poco es la de hacer discípulos. Por ejemplo los Testigos de Jehová dicen que no se puede bautizar a cualquier persona. Es decir, en primer lugar debe ser discípulo como Jesús hizo sus discípulos, y tardó cierto tiempo; no fue de un día a otro. Los Testigos de Jehová exigen que la persona antes de bautizarse debe realizar una serie de estudios (unos 16 lecciones). Por ejemplo: ¿Quién es Dios? ¿Quién es Jesucristo? ¿Quién es el diablo? ¿Cuál es el propósito de Dios para la tierra? ¿Qué es el reino de Dios? ¿Cómo orar? Una vida familiar que agrada a Dios. Limpieza moral. Creencias y costumbres que a Dios no agradan. Que Dios no es una trinidad. Que no existe el infierno, etcétera".

\- \- \-

1. Lo que el pasaje (Mat. 28:19,20) dice consiste en un solo mandamiento, y en tres frases apositivas. El mandamiento es: **haced**. Las tres frases apositivas, que explican la manera de llevar a cabo los mandamientos, o lo que este mandamiento involucra, son: **id, bautizándolos** y **enseñándoles**.

2. La palabra "discípulo" en este contexto significa un cristiano, seguidor de Jesucristo.

3. Las Escrituras no hablan nada de "16 lecciones" de determinación humana. Hablan de "Id por todo el mundo y **predicad el evangelio** a toda criatura. El que creyere y fuere bautizado, será salvo; mas el que no creyere, será condenado" (Mar. 16:1516).

4. Cuando se le predica el evangelio (las buenas nuevas de salvación) a la persona, si lo cree, se arrepiente, y confiesa su fe en Cristo, entonces debe ser bautizada. Así fue en todos los casos de conversión en el libro de Hechos. Considérense Hech. 16:32; 10:34-48; 8:35-38; 8:12; 1 Cor. 1:21; 2 Tes. 1:8.

5. Los Testigos de Jehová doctrinan a la persona para que llegue a ser Testigo de Jehová, y no cristiano. De cristianos podemos leer en las Sagradas Escrituras (Hech. 11:26; 26:28; 1 Ped. 4:16), pero no de Testigos de Jehová, que es una secta moderna dirigida desde Brooklyn, Nueva York, EE.UU.

* * *

391. EL "MINISTERIO"

El mundo denominacional se refiere a la obra de predicación como "el ministerio". Claro es que las Escrituras no emplean el término "ministerio" es ese sentido profesional que se basa en el concepto de una supuesta distinción entre "clérigos" y "laicos," o, "seglares". La palabra bíblica "ministerio" significa sencillamente "servicio", sin ser limitada al servicio que se hace en la predicación del evangelio.

Las siguientes preguntas me fueron dirigidas por una persona denominacional de buena voluntad. Mis respuestas aclaran la confusión básica en el pensar de la persona.

\- \- \-

1. "¿Por qué entró usted en el ministerio"?

Entiendo que la pregunta en realidad es ésta: ¿por qué decidí yo ser predicador? (La palabra "ministerio" no se emplea en las Escrituras para referirse a la predicación como si fuera un oficio profesional. Desde la edad de niño yo había deseado ser predicador del evangelio debido al ejemplo que me ponía el predicador de la iglesia local a la cual asistía.

2. "¿Cómo le llamó Dios al ministerio?"

Dios no llama a nadie a predicar por medio directo. La pregunta se basa en un concepto falso, y no bíblico. Las Escrituras hablan de que Dios llama a la gente, pero eso lo hace a todo el mundo por medio de la predicación del evangelio. 2 Tes. 2:14 dice: "a lo cual os llamó mediante nuestro evangelio". Todos somos llamados por Dios por medio de la predicación del evangelio ("agradó a Dios salvar a los creyentes por la locura de la predicación", 1 Cor. 1:21).

3. "¿Cómo respondió usted al llamamiento?" El llegar yo a ser predicador no se debió a alguna respuesta a llamamiento especial y directo, como lo explico arriba. Llegué a ser cristiano debido a mi respuesta al llamamiento de Dios en el evangelio, pues lo obedecí.

4. "¿Tuvo dudas en cuanto al llamamiento al ministerio?"

No tuve dudas, concerniente a llamamiento, porque no hay tal llamamiento. Concerniente a dudas en cuanto a decidir dar mi vida a la predicación del evangelio, tampoco tuve dudas. Sencillamente comencé a prepararme para predicar, a vivir del evangelio (1 Cor. 9:14), y a predicar.

5. "¿Qué ayuda de parte de Dios recibió en su llamamiento?"

De nuevo la pregunta se basa en un concepto completamente falso concerniente a llamamiento directo y especial de Dios para que la persona sea predicadora. No existe tal "llamamiento", y por eso no proviene de Dios ninguna ayuda directa distinta de la ayuda que Dios proporciona a todo cristiano en su gran providencia. Ciertamente en mi vida de cristiano, y en mi vida de predicador, Dios me ha bendecido providencialmente en muchas maneras. Se derraman sus bendiciones sobre todos los que le sirven fielmente como cristianos. Los predicadores del evangelio no son una clase especial de cristiano. Son los hombres quienes han hecho distinción entre los llamados "clérigos y laicos".

6. "Cómo podía continuar conociendo la voluntad de Dios?"

Yo continuaba conociendo la voluntad de Dios en la misma manera en que cualquier cristiano continúa conociéndola: por medio de estudio dedicado de las Escrituras. El apóstol Pedro les dice a todos los cristianos que crezcan en la gracia y en el conocimiento de nuestro Señor y Salvador Jesucristo (2 Ped. 3:18). Como lo hacían los cristianos de Berea, hemos de recibir la palabra con toda solicitud, escudriñando cada día las Escrituras para ver si las cosas son así como se presentan (Hech. 17:11). Hemos de hablar según los oráculos o a las palabras de Dios (1 Ped. 4:11).

7. "¿Qué de desafíos en especial confronta usted?"

Los predicadores son sembradores de semilla (Luc 8:4-8; 1 Cor. 3:6). Los oyentes representan la tierra sembrada. Que haya fruto, o no, y la clase de fruto que vaya a ser, depende de la clase de corazón de los oyentes. No obstante, si hay algún desafío en particular que confronto yo, diferente de los desafíos de tiempos pasados, es que hay ahora un materialismo creciente en nuestra nación, y un avance hacia el egoísmo de parte de la humanidad en general, en lugar de un deseo genuino de volverse a Dios. Por eso, la gente de hoy en día es más indiferente hacia la predicación, y más interesada en la filosofía del humanismo.

8. "Respecto a su trabajo, ¿qué halla usted que

más gratifica?"

Lo que más gratifica para el predicador del evangelio es el gozo que tiene al saber que sus conversos anden en la verdad fielmente. Como Pablo se refería a los filipenses, así llamo yo a mis conversos fieles: "gozo y corona mía" (Filip. 4:1). El apóstol Juan dijo que no tenía mayor gozo que el de oír que sus conversos andaban en la verdad (3 Juan 4).

* * *

392. MATEO 10:42, "CUALQUIERA"

"Quisiera saber si en 10:42 la palabra "cualquiera" incluye a los mundanos, y de ser así, quisiera saber si Dios recompensa al mundano por hacer buena obra. O ¿de qué le aprovecha al mundano de hacer buena obra?"

- - -

1. Tenemos que guardar presente el contexto, al tratar de un dado versículo.

2. Los doce apóstoles en esta comisión limitada fueron enviados solamente a "las ovejas perdidas de la casa de Israel", y no al mundo en general (ver. 5,6). Estos judíos ya conocían a Jehová Dios y necesitaban el mensaje del ver. 7. A éstos se aplica la palabra "cualquiera" en el ver. 42.

3. Es ignorar el contexto aplicar el ver. 42 a los mundanos de hoy en día.

4. En otro contexto, vemos que el inconverso (hombre del mundo todavía no convertido en cristiano) es capaz de hacer buenas obras, con buenas consecuencias. Considérese el caso de Cornelio, Hechos 10.

* * *

393. PEDIR PRESTADO DE LA COLECTA

Un hermano anda desanimado porque según me cuenta el caso, este hermano que fuma fue con otro en la iglesia para pedir prestado de la colecta de la iglesia un dinero porque gana poco y tenía cierta necesidad, pero se alega que aquel hermano le dijo que dejara de fumar y que luego tendría el dinero necesitado. El que pedía el préstamo se enfadó, y los dos tuvieron unas palabras. Al día siguiente se afirma que el que se enfadó fue a la casa del hermano para pedirle perdón, pero que el hermano no le abrió la puerta, sino le dijo que estuvo muy ocupado. En el mismo día fue hasta cuatro veces y no le abrió la puerta.

El que me escribe, dice: "yo creía que estaba en lo cierto pero no veo verdad. Contésteme, hermano, estoy muy desanimado".

- - -

1. Referente al caso que me explica, la iglesia local no es un banco para prestar dinero. Hay bancos (y personas) para ello. La iglesia local tiene obra de benevolencia, y si el hermano sufría necesidades (de inconveniencias no hablo) debió, o debe, llamar una junta de los varones y presentar su caso. El hno. _____, ni nadie en particular, es la iglesia local.

2. Ahora, si el hno. _____ rehusó abrirle la puerta a un hermano que venía a pedirle perdón, no

actuó bien. En tal caso, el hermano que pedía prestado debió, o debe, llamar una junta de los varones y presentar su caso a ellos.

3. Eso de estar fumando, y a la vez pidiendo dinero prestado, no tiene sentido. Si la persona tiene dinero que quemar, no está necesitada, pues está quemando dinero. Le falta dominio propio, para administrar mejor sus ingresos. Pero aún así, no es correcto que otro le hiciera a la persona lo que usted dice que se le hizo. Debió haberle exhortado a dejar de fumar, enseñarle que la iglesia no hace préstamos (pues la colecta no es para eso), y que él trajera a la junta de los varones su caso de necesidad para decisión de la iglesia.

4. Que el hermano ofendido haga esto o no, ya que usted sabe del caso, le toca a usted traer el asunto al conocimiento de la reunión, o junta, de los varones, pues el caso tiene que ver con unos miembros de la iglesia local. Pero andar desanimado no soluciona a nada, sino da lugar al diablo a conquistarle.

5. (Al hno. _____ en particular no puedo juzgar sin haber primero oído su defensa. Tampoco sé si usted ya habló con él sobre el caso, o si su información es solamente de la boca del hermano que pidió un préstamo).

6. Espero que esto le ayude en su lucha espiritual.

* * *

394. ¿ES TODA REUNION DE LA IGLESIA "CULTO", O "SERVICIO", O "ADORACIÓN"?

"¿Toda reunión de la iglesia es 'culto', 'servicio', o 'adoración'? Ejemplo: Domingo—oración, canto, enseñanza, partimiento del pan, ofrenda. Cualquier otro día—oración, canto, enseñanza".

- - -

1. Puede haber un caso en que toda la iglesia se reúna para hacer una actividad como pintar el local, o limpiarlo. Puede suceder que cada miembro de la iglesia se reúna para un día de campo. En tales casos dichas reuniones no serían culto, servicio, o adoración.

2. Cuando la iglesia se reúne, por acuerdo mutuo, para adorar a Dios, no importando el día de la semana, su reunión es culto, servicio y adoración, porque lo que se hace en dicha reunión es para glorificar a Dios en la participación de los actos.

3. La palabra "culto" significa homenaje religioso. "Adoración" significa afección o amor extremo, con Dios por objeto.

4. La palabra "servicio" se emplea como sinónimo de culto o adoración, porque los actos de culto, o adoración, se hacen con Dios por objeto; se tributan sólo a Dios. A veces se usa la palabra "latría", que es una transliteración del vocablo griego, LATREIA.

Este vocablo se emplea en Rom. 9:4; 12:1; Heb. 9:1; (culto; en otras versiones, servicio).

5. Los tres términos son bíblicos. Nos reunimos como iglesia porque Dios nos lo manda y para ocuparnos en los actos que El ha especificado en su Palabra. Lo hacemos por el amor que tenemos hacia él y para glorificarle al obedecer su voluntad. Por eso toda reunión de esta categoría es culto, servicio, o adoración.

* * *

395. LA MUJER DE 1 COR. 11:5

"Según 1 Cor. 11, la mujer profetizaba u oraba? ¿En dónde lo hacía? ¿Es aplicable hoy día; o sea, puede la mujer orar?"

- - -

1. Según 1 Cor. 11:5, sí la mujer de este contexto, la profetisa, profetizaba y también oraba.

2. Lo hacía en la asamblea de la iglesia en Corinto.

3. No, no es aplicable hoy día porque ya no hay profetas ni profetisas.

4. Sí, la mujer hoy en día puede orar. Pero la mujer de hoy no es profetisa (no es la mujer de 1 Cor. 11:5), y por eso no puede orar en público, dirigiendo la oración. Puede orar, como puede cantar, pero no lo hace en capacidad de directora.

6. Para una investigación más completa del tema, se sugiere que sea consultado mi comentario sobre 1 Corintios, NOTAS SOBRE 1 CORINTIOS.

* * *

396. PARA TOMAR LA CENA, ¿TIEMPO ROMANO O JUDAICO?

"Para tomar la cena, ¿qué tiempo se debe respetar, el día de doce de la noche a doce de la noche (domingo de las cero horas, hasta las doce de la noche), como se cuenta actualmente, o el indicado en Génesis que sería de tarda a tarde (actualmente tarde del sábado, comienza del primer día de la semana a tarde del domingo, final del primer día de la semana)?

- - -

1. Dios no obligó a su iglesia observar tiempo judaico. No estamos bajo la ley de Moisés (Rom. 6:14).

2. Los romanos, y otros pueblos (egipcios, griegos) observaban el día de medianoche a medianoche.

3. Troas (Hech. 20:7) era una ciudad romana, no judaica, y observaba el tiempo romano. Los gentiles de aquel tiempo, como hasta la fecha, observan el día de medianoche a medianoche. En Troas, pues, los santos marcaban las horas del día según su costumbre gentil.

4. Los santos, según Hech. 20:7, se reunieron el primer día de la semana (no el sábado en la noche). Pablo estuvo con ellos y tuvo planes de salir al día siguiente, el lunes. En ese mismo primer día de la semana (el domingo) alargó su discurso hasta la medianoche. Después del suceso con respecto a Eutico, y de comer, Pablo continuó hablando hasta el alba. Ya era el día siguiente, o

sea, el lunes, y partió. Los hermanos en Troas, pues, se congregaron el domingo en la tarde, o noche, para tomar la Cena del Señor, Pablo predicó hasta la medianoche, con eso comenzó el día lunes, y después de alargar su discurso hasta el alba del segundo día, del lunes, partió en su camino el lunes por la mañana.

5. Jesús resucitó por la mañana el primer día de la semana, Mar. 16:9. Juan, narrando eventos del "primer día de la semana" (20:1), dice en el ver. 19, "cuando llegó la noche de aquel mismo día". Esto sería el domingo por la noche, cosa que prueba que Juan aquí emplea el tiempo romano.

* * *

397. DEUT. 22:13-21

"¿Tiene alguna aplicación Deuteronomio 22:13-21 para nosotros hoy en día? Si la casa de Jacob era una sombra de la Iglesia, y en estos versículos vemos que Dios es muy estricto para su pueblo, ¿no exigirá más hoy en día?"

- - -

1. No estamos bajo la ley (Antiguo Testamento), sino bajo la gracia (Nuevo Testamento), Rom. 6:14.

2. Si por ser la casa de Jacob sombra de la iglesia de Cristo los cristianos estamos sujetos a lo que dice este pasaje, la lógica demanda que estemos bajo toda la ley de Moisés.

3. Lo que Dios exige de su iglesia hoy en día, considérese estricto o más estricto, es lo que dice la ley de Cristo (Heb. 1:1,2; Mat. 17:5; Gál. 6:2; Sant. 1:25).

* * *

398. MATEO 26:26, ¿ESTO O ESTE?

"En Mateo 26:26 dice "esto" es mi cuerpo. ¿Por qué no dice "éste"? ¿Cómo está en el griego?"

- - -

1. No dice "éste" porque los traductores de la versión Reina-Valera escogieron la palabra "esto". Vemos la razón abajo.

2. Hay versiones muy buenas que sí dicen, "éste" (Besson, Nácar-Colunga, Biblia de Jerusalén, etcétera).

    a. En el texto griego la palabra "pan" (artos) es del género masculino, y la palabra "cuerpo" (soma) es del género neutro. El pronombre demostrativo "este" es masculino y "esto" es neutro.

    b. Bien, en el texto griego Jesús dice que "este es mi cuerpo" pero con referencia al pan. Por ser la palabra griega "soma" de género neutro se requiere en griego el pronombre demostrativo, esto, y Lacueva, la versión Valera 1960, etc. dicen "esto". Pero Cristo al decir "esto es mi cuerpo" se refiere al pan, que por ser "pan" en español palabra masculina se requiere en la traducción según el contexto el pronombre "éste".

    c. En español el pronombre "esto", por ser de género neutro, deja la impresión de algo en

general y no de algo específico.

3. La traducción que dice "esto" puede dejar una impresión incorrecta. "Esto" es del género neutro, y por eso dirige la mente no a una cosa en particular, sino a una situación o caso en general. Pero el texto español, ya que acaba de mencionar el pan, en seguida el pronombre demostrativo debe ser "éste", para referirse al pan en particular, y no a alguna situación en general.

4. Lo que Cristo está diciendo es que "éste", es decir, este pan, es mi cuerpo (en representación, por supuesto).

* * *

399. PROVERBIOS 31:19, HUSO

"En Proverbios 31:19 dice: 'Aplica su mano al HUSO…' ¿A qué se refiere, o qué quiere decir 'huso'? (huso no es uso)."

- - -

1. Es cierto; "huso" no es "uso".

2. Un buen diccionario nos contesta la pregunta. El huso es el pequeño instrumento (una vara) que sirve para hilar, para devanar la seda, o liar hilo en carrete.

3. El pasaje bajo consideración se refiere a la obra aplicada de la mujer virtuosa. Ella es trabajadora, y no perezosa. Hace hilo para después poder hacer ropa para su familia. La rueca es parte de la máquina para hilar.

* * *

400. INVOCAR SU NOMBRE (HECH. 2:21; 22:16; ROM. 10:13)

"Los evangélicos equivalen la expresión, "invocar su nombre", a la oración del pecador que, según ellos, se hace para que la persona sea salva. ¿Cómo se debe entender esta expresión hallada en Hech. 2:21; 22:16; Rom. 10:13?"

- - -

1. Equivaler el "invocar su nombre" a la oración es torcer las Escrituras (2 Ped. 3:16) en lugar de usarlas bien (2 Tim. 2:15).

2. Cuando Ananías dijo a Pablo las palabras de Hech. 22:16, Pablo ¡ya tenía días de estar orando! No fue necesario decirle que orara más.

3. Se le mandó a Pablo hacer tres cosas (levantarse, bautizarse, lava), ¡no cuatro (invoca)!. No se le mandó invocar el nombre del Señor. La palabra "invocando" (nótese que la palabra no es, "invoca", como si fuera mandamiento) es apositivo; es decir, es un participio que se posiciona en seguida de los tres mandamientos (levántate, bautízate, lava) para indicar lo qué se hace cuando se obedecen los tres mandamientos. En este caso, cuando la persona, que ya cree que Jesús es el Cristo y que se ha arrepentido de sus pecados, se bautiza, lo que hace es invocar el nombre del Señor. En los tres pasajes referidos la frase, "invocar su nombre", significa obedecer al evangelio.

Se deriva este significado de la frase porque

cuando la persona perdida invoca el nombre del que le puede salvar, hace de toda voluntad exactamente lo que el salvador le dice que haga para que le pueda salvar.

Cito de mi comentario, NOTAS SOBRE ROMANOS, 10:13:

"todo aquel que invocare". Esto no significa meramente implorar al Señor en oración, suplicando que le salve, como muchos lo aplican. Cristo niega tal interpretación, Mat. 7:21-23; Luc. 6:46. ¡No hay que pedirle a Dios que le salve! Él es quien nos pide a nosotros que seamos reconciliados con El, 2 Cor. 5:20. En el ver. 9 vemos que el que cree, será salvo. En el 13, el que invoca, será salvo. Pero creer es obedecer, porque en el 16 dice Pablo que no todos obedecen y como prueba cita Isaías quien dice que no todos habían creído. No creían porque eran 'rebeldes' (ver. 21), que es la misma palabra (APEITHEO) traducida desobedecer, o desobediente, en Juan 3:36 y Rom. 2:8, en esta versión. De este contexto deducimos que creer, invocar, y obedecer indican el mismo proceso porque traen el mismo fin, la salvación. Invocamos el nombre del Señor cuando, reconociendo nuestro estado perdido, y creyendo que El puede salvarnos, le obedecemos en sus mandamientos que nos prometen el perdón (salvación)".

4. Hech. 2:21 dice, invocar el nombre del Señor y "será salvo". Pedro en 2:38 dice, arrepentirse y bautizarse "para perdón de los pecados". ¿No se equivalen las dos frases entre comillas? Si son la misma cosa, entonces invocar el nombre del Señor equivale a obedecer al evangelio. ¿Acaso alguien dirá que la persona es salvada cuando ora a Dios, pidiéndole perdón, pero que todavía no tendrá el perdón de sus pecados, pues todavía no se ha bautizado? ¿Cómo podría eso ser cierto?

* * *

401. LUC. 2:52

"¿En qué manera crecía Jesús en cada área mencionada en esté versículo?

- - -

1. Lo que Lucas aquí en 2:52 nos está diciendo acerca de Jesús, después de narrar su nacimiento (versículos 1-20), unos eventos de su infancia (versículos 21-39), el hecho de su crecimiento normal como niño (versículo 40), un evento especial cuando tenía doce años de edad (versículos 41-50), la sujeción de Jesús a sus padres en el hogar (versículo 51), es que el hombre, Jesús, tuvo un crecimiento y un desarrollo normales, tanto mentales como físicos, al estado de adulto que es común en la humanidad, como que también su comportamiento general era tal que tuviera gracia o favor no solamente con Dios sino también con la sociedad en que se movía. Esto le trajo a la edad de treinta años cuando comenzó lo que se llama comúnmente su "ministerio personal" (3:23).

Lucas, ya que toma el papel de historiador, naturalmente trae al hombre Jesús desde su nacimiento hasta su edad de adulto, para presentarle en su papel de maestro y salvador.

2. Pero, al tocar este pasaje, siempre llamo la atención del lector a la observación de que el modernista siempre emplea este pasaje para promover el concepto erróneo que él llama "el concepto hombre íntegro". El con razón señala la verdad de que Jesús se desarrolló mental, física, religiosa, y socialmente, y luego, ignorando el contexto y el tenor de las Escrituras, trata de aplicar tal desarrolló del individuo a la obra de la iglesia, en lugar de aplicarlo al hogar, y así procura obligar a la iglesia a ocuparse en toda clase de actividades sociales (como por ejemplo, gimnasios, cocinas, comedores, centros de entretenimiento y de educación secular, personal de consejos, etcétera) que son diseñadas para producir el llamado "hombre íntegro".

Negando el modernista la existencia del Día de Juicio, con un cielo y un infierno como consecuencias eternas, no se le queda nada sino una perspectiva de esta vida solamente, y por eso trata de ocupar la iglesia en la política y el bienestar social, e ignora por completo el papel verdadero de la iglesia local que Cristo organizó, que es el de adorar colectivamente a Dios, de evangelizar al mundo, de edificarse en las Escrituras, y de hacer obra benévola limitada.

* * *

402. ¿EN QUE MOMENTO SE ESTABLECIÓ LA IGLESIA?

"La iglesia (o reino) del Señor vino con poder el día de Pentecostés. Específicamente, ¿en qué momento se estableció la iglesia? ¿al recibir los apóstoles el Espíritu Santo? ¿al ser bautizadas las 3000 mil personas?

"No estoy muy claro debido a que los 3000 fueron añadidos ¿a qué? (Los manuscritos confiables no dicen, aunque se infiere que es a la iglesia). Si los 3000 fueron añadidos a la iglesia, ¿ya existía la iglesia? ¿Acaso la iglesia fue establecida inicialmente sólo con los 12 apóstoles? Yo no creo esto, pero no sé con exactitud este asunto".

- - -

1. La pregunta exige, en su forma de hacerse, juntamente con ciertas preguntas y ciertos comentarios, una respuesta técnica, cosa que yo no puedo dar. Yo no sé más que lo que está revelado.

2. Sí, el reino (la iglesia) vino con poder el día de Pentecostés (Luc. 24:49; Hech. 2:1-4). Pero esa verdad solamente da énfasis al carácter milagroso del evento que Lucas narra.

3. Yo no sé de ninguna indicación bíblica de que los doce apóstoles fueran "bautizados en Cristo" (Gál. 3:27). Pero sí fueron capacitados milagrosamente por el Espíritu Santo para anunciar el evangelio por primera vez, y a consecuencia de su predicación, como tres mil personas fueron bautizadas en Cristo, así recibiendo el perdón de sus pecados; fueron salvas. (Los apóstoles no fueron más salvos después de recibir al Espíritu Santo que ante de recibirlo. La venida del Espíritu

Santo sobre ellos no tuvo el propósito de salvarles de sus pecados pasados).

4. Ahora que estas miles de personas estuvieron bautizadas, ya existía un grupo de salvos, y la palabra "iglesia" es uno de los términos novotestamentarios para referirse a los salvos. (Pero técnicamente hablando, ya había salvos con el bautismo de las primeras personas de las tres mil. ¿Por eso se debe concluir que la iglesia ya existía antes de bautizarse el resto de ese número? Tal no es el punto del historiador Lucas, y tal punto no nos debe concernir).

5. El texto griego, en el ver. 47, no dice "a la iglesia"; es cierto. Literalmente dice el texto griego, "el Señor añadía a los que iban siendo salvos cada día EPI TO AUTO". Esta frase griega (véasela en Mat. 22:34, "a una") se traduce en la versión de Besson, "en uno", y en la versión Hispanoamericana, "a ellos". La verdad que Lucas nos revela en este versículo es la sencilla verdad de que Dios diariamente iba salvando a personas, agregándolas así en uno; o en otras palabras, iba juntando a los salvos. Dios mira a los salvos como una colectividad, o cuerpo singular. (Por eso la Ver. Nácar-Colunga dice, "incorporando a los que habían de ser salvos".

El punto de Lucas en este versículo es sencillamente eso, y no que hubiera cierto grupo ya determinado a que los salvos fueran añadidos. Por eso lo juzgo mejor no tratar de hacer caso de lo que las Escrituras no hacen caso.

* * *

403. LA TRANSFUSIÓN DE SANGRE

"Un 'testigo de Jehová' me planteó el asunto que hace referencia a las transfusiones de sangre. Por naturaleza supe defender la para mí verdad, mas por conocimientos no pude. Si Ud. quisiera ayudarme a hacer desaparecer mi ignorancia al respecto, le quedaría sumamente agradecido".

\- - -

1. Por largo tiempo antes de la presidencia del Sr. Nathan H. Knorr , los Testigos de Jehová no enseñaban en contra de la transfusión de sangre. Pero en el año 1945, en La Atalaya, salió un artículo condenando el uso de transfusiones. ¿De dónde sacaron su nuevamente hallada revelación? ¿Por qué no estaba prohibida la transfusión de sangre antes de dicha fecha?

2. Los textos principales que los Testigos emplean para esta doctrina falsa son: Gén. 9:4; Lev. 3:17; 7:27; 17:10,11,14; Hech. 15:19,20, 28, 29; 21:25. Tales pasajes no tocan la cuestión a la mano. Notemos esto:

Gén. 9:3,4 trata de comida de carne de animal, y prohibía la comida de la sangre del animal. No trata de la transfusión de sangre humana.

Lev. 3:17 trata de la prohibición en contra de comer el judío la grosura o la sangre de animales. No trata de la transfusión de sangre humana.

Lev. 7:27 trata de comer la sangre de animales (ver. 26). No trata de la transfusión de sangre humana.

Lev. 17:10,11,14 es un pasaje que los Testigos emplean, pero con conveniencia omiten los ver. 12,13, los cuales explican que la sangre tratada en este pasaje es la del animal. La sangre no había de ser comida (Deut. 12:20-28; 1 Sam. 14:31-35). Este pasaje de Levítico no trata de la transfusión de sangre humana.

Hech. 15:19,20,28,29; 21:25. Estos pasajes tratan de comer la sangre de animales, al hacer los paganos sus sacrificios de animales a sus dioses. Los cristianos de entre los gentiles, estando habituados como paganos a tal práctica, necesitaban tal instrucción del Espíritu Santo. Tanto el Nuevo Testamento, como el Antiguo, condenan el comer sangre. La transfusión de sangre humana, a otro ser humano, ¡no es comer sangre!

Los Testigos falsamente definen la palabra "transfusión" como si fuera un acto de comer. Comer es ingerir substancias alimenticias por la boca, masticando y tragando. El comer involucra la digestión, pero no es así con la transfusión.

El comer sangre, sea de animal o de ser humano, requiere sacrificio de vida. La transfusión no requiere tal cosa, ni se perjudica la salud de la persona donadora, sino es sencillamente una transferencia de vida de persona a persona, para salvar la vida física de uno. Es aseveración dogmática afirmar que la transfusión de sangre es acto de comer sangre. Preguntamos: Si recibir una transfusión es comer, ¿es recibir el oxígeno en la sangre de la transfusión respirar? Otra vez preguntamos: Si una transfusión es comer sangre, ¿por qué no mandan los doctores, en un caso de necesidad de transfusión, que el paciente nada más coma sangre? ¡Obviamente la transfusión no es comer sangre!

Se argumenta que en Hech. 15:29 la frase "os abstengáis… de sangre" prohíbe el uso de transfusiones. Pero notamos que el mismo verbo griego, para decir "abstenerse", aparece en 1 Timoteo 4:3, "abstenerse de alimentos". En este último pasaje ¿se hace referencia a inyectar comida en la venas? ¡Claro que no! Hace referencia a prohibiciones de hombres en contra de que la persona coma por la boca ciertas comidas. Los dos pasajes tratan de no comer por la boca (no se puede comer de otra manera) sangre ni carne. Dios prohíbe la primera cosa por la boca, y el hombre la segunda cosa. Ni en Hechos ni en 1 Timoteo se trata de la transfusión de sangre.

Marcos 3:4. Salvar la vida es el propósito de la transfusión. Comer sangre tiene por propósito satisfacer el apetito carnal en la boca.

* * *

404. DESPOJARSE DE ATRIBUTOS

"….en la predicación dijo que Cristo en un momento se había despojado de todos sus atributos divinos y que por lo tanto había dejado de ser Dios, esto debido a que para cargar los pecados nuestros debía hacerlo ya que él como Dios no podía hacerlo pues Dios no tiene relación con el pecado…que como Dios no podía cargar el pecado, Dios lo había dejado solo (Mat. 27:46)".

- - -

1. El hermano está afirmando algo que no puede probar: a saber, que para cargar nuestros pecados, Cristo tuvo que despojarse de sus atributos de deidad. No es cierto. El lo supone, pero no lo establece. Tal deducción no es nada necesaria.

2. Isa. 53. Como Cristo "llevó nuestras enfermedades" (ver. 4), por medio de sanar milagrosamente (Mat. 8:17), y no por hacerse enfermo; llevó nuestras iniquidades (ver. 11,12), los cargó (ver. 6), por medio de morir en la cruz, dando su vida por nuestros pecados y para nuestra salvación (1 Ped. 2:24), y no por hacerse pecador.

2 Cor. 5:21, "lo hizo pecado". ¡No dice que lo hizo pecador! Lo hizo pecado en el sentido de que lo hizo ofrenda por el pecado (Heb. 10:12-14; Gál. 3:13,14; 1Ped. 2:24). Para poder ofrecer su vida por nosotros, los pecadores, que merecemos la muerte, Rom. 6:23), tuvo que ser libre de todo pecado; tuvo que ser perfecto (Heb. 7:26,27; 9:11-15,23-26; 10:10-14). Para poder morir Dios por nosotros, tuvo que hacerse hombre. Jesucristo era Dios con nosotros, Emanuel, Mat. 1:23. Jesús (ver. 21) es Dios (ver. 23).

3. La frase que el hermano emplea, "Dios no tiene relación con el pecado", tiene que ser definida. ¿Qué quiere decir él con ella? Claro es que Dios no peca; no es pecador. Pero, siendo justo, al mismo tiempo por medio del evangelio justifica al pecador (Rom. 3:26). Lo hace por medio de dar la vida de Cristo, el sacrificio perfecto por haber vivido sin pecado. Dios tiene relación con el pecador, pues ¡es su Salvador!

4. Fil. 2:7 dice que Cristo "se despojó a sí mismo", pero el hombre, y no Pablo, añade que "se despojó de sus atributos". Lo que Pablo dice, para definir la expresión "se despojó a sí mismo", se ve en las dos frases apositivos: "tomando forma de siervo" y "siendo hecho semejante a los hombres" (dos participios en el texto griego). Esto es lo que Pablo quiere decir con la expresión. No hay nada de "atributos" en el texto divino, ni en la explicación divina.

* * *

405. LUC. 21:11 Y LA ACTUALIDAD

"Estamos siendo invadidos de muchas especulaciones, debido a asuntos de la naturaleza, como los incendios forestales, y recientemente una erupción volcánica, que nos llenó de piedras de cenizas hasta de una pulgada, la cual ha sido motivo para los sectarios de intimidar a las personas, utilizando Luc. 21:11 y Mat. 24:7. ¿Cómo estarán para el día del Señor?"

- - -

1. Sí, son puras especulaciones de quienes tuercen las Escrituras, ignorando el contexto para aplicar los pasajes a su manera.

2. Los dos pasajes referidos arriba tratan de la destrucción de Jerusalén en 70 a. de J.C. No tienen ninguna aplicación a los tiempos presentes.

3. En cada generación, hay quienes se valen de las conmociones en la naturaleza para afirmar que el fin del mundo ya está a la mano, y acuden a tales pasajes como a éstos para presentar su llamada "prueba bíblica". ¿No saben estos que en diferentes lugares del mundo continuamente ha habido y que hay terremotos, erupciones volcánicas, incendios, guerras, hambres y pestilencias, etcétera? ¿Acaso creen que el Señor ya vino la segunda vez cada vez que estas cosas han acontecido? ¿Creen estos sectarios que desde el siglo primero, cuando Lucas y Mateo escribieron, hasta ahora que en México y en Centroamérica han acontecido incendios y erupciones volcánicas, no ha habido nada de tales acontecimientos? ¿Cómo determinan ellos cuáles de las erupciones volcánicas de todo el tiempo y de todas partes del mundo son las que van referidas en Luc. 21:11 y en Mat. 24:7? A ellos se deben dirigir estas preguntas. No las van a contestar a menos que dejen sus torcidas aplicaciones de las Escrituras y sus deseos de intimidar a la gente por medio de ellas.

* * *

406. APOC. 20:14,15

"Este pasaje habla del lago de fuego, pero dice que la muerte y el hades fueron lanzados al lago de fuego. Entiendo que fueron eliminados, pero también todas las personas que no se hallaron inscritos en el libro de la vida fueron lanzadas al lago de fuego. Sabemos que no fueron destruidas o eliminadas. ¿Cómo comprender o concordar la idea?"

- - -

1. El ser lanzado a un lago de fuego es lenguaje simbólico, indicando un castigo eterno (la segunda muerte, o separación de Dios eternamente). Véase también 19:20. No se trata de un lugar físico con cualidades o características físicas. Se trata de un cierto destino eterno.

2. Ahora la muerte física de cuerpos físicos dejará de existir porque en el día final ya no habrá cuerpo físico que muera físicamente (21:4; 1 Cor. 15:22,26). De igual manera se trata el Hades, que es un lugar, o estado, en que mora el espíritu del hombre ya sin cuerpo, pues murió físicamente, y esto hasta el día de la resurrección. Ese lugar dejará de existir por la simple razón de que ya no habrá más muerte física que separe el espíritu de un cuerpo físico de esta vida.

3. Pero el hombre como ser creado por Dios, con alma y espíritu, no es igual en naturaleza a la muerte (que es la realidad de separación) ni al Hades (que es un estado de morada de espíritus). Por eso no hemos de confundir el hombre con la muerte y el Hades. El hombre tiene un alma o espíritu que no deja de existir. Va a haber una resurrección de justos y de injustos (Hech. 24:15). Los justos y los injustos van a ser resucitados a un juicio (Jn. 5:28,29). Su destino será eterno (Mat. 25:46). Por eso sabemos que el alma del hombre no dejará de existir, hallándose o separado de Dios eternamente (Apoc. 20:15) o unido a Dios para siempre (21:3-7; 22:1-5).

* * *

407. 1 COR. 14:34,35 ¿HABLAR LAS MUJERES EN LAS CLASES?

"¿Cómo usted entiende este pasaje? Yo personalmente creo que este texto está hablando acerca de mujeres profetas, no de todas las hermanas. La razón por la cual le hago esta pregunta es porque oí a una hermana explicar este verso y diciendo que las hermanas no deben "PREGUNTAR" en las clases. Un punto bien importante que ella mencionó es acerca de que muchas Iglesias de Cristo tienen una creencia de decir "Clase Bíblica y Adoración." Yo la apoyo en eso porque no existe semejante enseñanza de "SEPARAR" estudios bíblicos "y" adoración.

Y con esa conclusión tanto en la clase como en la adoración (lo pongo así para que me entienda) no le es permitido a las hermanas "Literalmente PREGUNTAR" en la congregación. Eso fue lo que ella me dio a entender.

Ahora, yo he tratado de estudiar este pasaje (I Cor. 14:34,35) a la luz con I Tim. 2:11-12 y creo que ella tiene razón. Pregunto, ahora: ¿considera usted que eso sea correcto? Dirijo estas preguntas a usted porque creo que usted puede ayudarme a salir de esta duda".

- - -

1. El pasaje bajo consideración no trata de profetizas, al decir "vuestras mujeres", sino de las esposas de los profetas a los cuales aquí Pablo en particular se dirige (ver. 29-38).

2. Ahora, lo que aquí dice Pablo con respecto a dichas mujeres, lo aplica a todas las mujeres, cosa hecha obvia por la aplicación que él hace de "lo que dice la ley", y por lo que escribe en 1 Tim. 2:11,12. Por eso, no permitimos que la mujer participe públicamente en la adoración o culto de la asamblea.

3. No obstante, la hermana está confundiendo la asamblea (ver. 34, congregación) con una clase que no es la congregación o asamblea. El texto no dice "clase", sino asamblea, pero ella ignora esto y aplica el pasaje a algo que no está bajo consideración por el apóstol.

4. La queja de la hermana, de que "muchas Iglesias de Cristo tienen una creencia de decir Clase Bíblica y Adoración'", es una falsa representación del caso. La distinción que se debe hacer no es una entre una clase y una adoración, sino entre una clase y una asamblea en la cual la iglesia entera adora a Dios en los actos señalados en el Nuevo Testamento. A veces, hablando en breve y usando de pocas palabras, diremos: la clase bíblica y la adoración, queriendo decir la hora de la clase bíblica (que en un sentido es adoración porque en ella se honra la Palabra de Dios al estudiarla) y la hora de la asamblea entera de la iglesia con el fin de rendirle a Dios culto, o adoración, colectivamente.

Sí son dos cosas "separadas"; es decir, muy distintas. La una es una clase compuesta de algunos miembros de la iglesia local, y la otra es una asamblea de toda la iglesia. Los mismos principios bíblicos se aplican a las dos cosas. En ellas la mujer no debe "hablar" en el sentido del contexto que trata de no dirigir las mujeres las actividades en las cuales hay hombres presentes. La mujer puede cantar (que es en un sentido "enseñar", Col. 3:16, y es "hablar", Efes. 5:19) y al mismo tiempo no está "hablando" en el sentido del contexto, porque no está ejerciendo dominio sobre el hombre; no dirige el himno.

* * *

408. ¿BAUTISMO "EN" O "CON" EL ESPÍRITU SANTO?

"¿Los apóstoles fueron bautizados "en" o "con" el Espíritu Santo?"

- - -

1. En pocas palabras podemos decir que no hay diferencia. (Que algunos hagan alguna diferencia es otra cosa). Hay dos casos de bautismo en, o con, el Espíritu Santo: Hech. 2, el caso de los doce apóstoles, y Hech. 10, el caso de Cornelio y su casa. Considérese bien Hech. 11:15-17.

2. Que un dado pasaje diga "en" o "con" (el Espíritu Santo) depende de la versión usada.

3. A continuación doy una comparación de cuatro versiones diferentes, dos en español, y dos en inglés, y el lector puede ver la variación textual. Las abreviaciones usadas son las siguientes: LC = El Interlineal Lacueva; VR = Valera Revisión del '60; ASV = American Standard Version; M = El Interlineal Marshall.

Mat. 3:11
LC, **en** agua, **en** (o con) Espíritu Santo
VR, **en** agua, **en** Espíritu Santo
ASV, **en** (o con) agua, **en** (o con) el Espíritu Santo
M, **en** agua, **en** (el) Espíritu Santo

Luc. 3:16
LC, **con** agua, **con** (el) Espíritu Santo
VR, **en** agua, **en** Espíritu Santo
ASV, **con** agua, **en** (o, con) el Espíritu Santo
M, **con** agua, **con** el Espíritu Santo

Nótese que en Luc. 3:16 <u>sin preposición</u> aparece la palabra griega para decir "agua", pero la palabra está en el caso dativo, y esto indica indica instrumentalidad. (La lengua griega emplea el caso dativo a veces para indicar el instrumento usado para llevar a cabo la acción del verbo mencionado). Pero en Mat. 3:11 sí aparece la palabra "agua" con la preposición "en".

Nótese que Lacueva, en Mat. 3:11 donde aparece la preposición "en" con la palabra "agua", dice "en", y en Luc. 3:16, donde no aparece, ¡dice "con"!

Hech. 1:5
LC, **con** agua, **en** (el) Espíritu Santo
VR, **con** agua, **con** el Espíritu Santo
ASV, **con** agua, **en** (o con) el Espíritu Santo
M, **en** agua, **en** Espíritu Santo

Nótese que en Hech. 1:5, como en Luc. 3:16, aparece la palabra "agua" sin preposición, pero en el caso dativo. No obstante, Valera dice "con", pero en Luc. 3:16 dice "en". Marshall también dice "en" aquí, pero en Luc. 3:16 dice "con".

También es interesante notar que la versión en inglés, American Standard Version, la que uso cuando predico en inglés, porque es una versión bien apegada al texto griego, aunque en los últimos dos textos dice "con" agua, en Mat. 3:11 dice "en", pero sugiere en una nota al pie de la página que también cabe la traducción "con". En los tres pasajes, aunque da la traducción de "en el Espíritu Santo", sugiere que también cabe la traducción "con".

4. El significado de la frase "en el Espíritu Santo", o "con el Espíritu Santo", tiene que ser entendido según lo que dicen otras frases referentes a este bautismo especial. Hech. 2:4 dice, "fueron llenos del (VR, LC) Espíritu Santo", o "llenos con (ASV) el Espíritu Santo". Marshall dice "del", pero sugiere "con".

Hech. 10:44 y 11:15 dicen que "el Espíritu Santo cayó sobre todos los que oían el discurso". 11:17 dice, "les concedió el mismo don".

5. Conclusión: En estos dos casos singulares, en el de los apóstoles el día de Pentecostés, y en el de Cornelio y de su casa, los individuos fueron sumergidos (bautizados) en cierto elemento; a saber, en el Espíritu Santo. A la vez, el Espíritu Santo fue el agente de esta acción, y por eso se puede decir que fueron bautizados con el Espíritu Santo. Fueron llenos del Espíritu Santo, él cayó sobre ellos, y todo el asunto fue un don que Dios les concedió.

6. La preposición "en" rige el caso dativo. El caso dativo, con o sin la preposición "en", puede traducirse de manera que se indique "agencia". Por ejemplo, 1 Cor. 12:13, "Porque por un solo Espíritu fuimos todos bautizados en un cuerpo", emplea la frase preposicional, "en un Espíritu". Todos los corintios, dice Pablo, habían sido bautizados "en un Espíritu para un solo cuerpo" (dice literalmente el texto griego). La idea es que por la instrucción del Espíritu Santo los corintios supieron de la necesidad de bautizarse en agua para perdón de sus pecados, pudiendo así ser introducidos en el cuerpo singular que es el de Cristo. Por eso las versiones VR y M, como también otras, dicen, "por un Espíritu".

* * *

409. AMOS 5:23 ¿SALMODIAR ES TOCAR INSTRUMENTOS?

"Cuando en Amós 5:23 dice Dios, no escucharé la salmodia de vuestros instrumentos, ¿quiere decir que salmodiar es tocar instrumentos? Y, por tanto, cuando en Efesios y Colosenses se nos dice que debemos cantar con salmos, quiere decir que debemos salmodiar o sea tocar instrumentos?"

- - -

1. Con respecto a lo que enseña el pasaje referido, los instrumentos musicales habían sido introducidos por David y esto con aprobación de Dios (2 Crón. 29:25), pero en el tiempo de Amós esa música había sido profanada por la idolatría de la gente, y por eso Dios rechazó dicha música presentada por hijos apóstatas.

2. Dice la Versión Moderna, "Quita de delante de mí, oh Israel, el estruendo de tus cánticos, ni oiga yo la melodía de vuestras violas". La Versión Biblia de las Américas dice, "no escucharé la música de tus arpas". Según la Versión Nacar-Colunga, "no escucharé el sonar de tus cítaras". La muy buena versión en inglés, la American Standard Version, dice, "la melodía de vuestras violas", igualmente como lo expresa la Versión Moderna.

3. La palabra griega, PSALMOS, empleada aquí, significaba música, pero más tarde el uso vino a significar una música acompañada de un instrumental musical de cuerdas. Para en el tiempo del Nuevo Testamento, ya significaba un cántico sagrado o de devoción dirigido a Dios.

4. El cristiano no está bajo la ley de Moisés (Rom. 6:14), sino bajo la ley de Cristo (Gal. 6:2). La ley de Cristo, el Nuevo Testamento, autoriza el cantar, no el tocar de instrumentos musicales (Efes. 5:19; Col. 3:16). Toda versión reconocida dice "cantar"; ninguna dice, "tocar".

Ahora, si cantar salmos significa tocar instrumentos musicales, entonces toda persona que canta salmos ¡tiene que tocar algún instrumento de cuerdas! ¿Así es la práctica en las iglesias que emplean el instrumento musical? ¡No! sino una sola persona toca y los demás cantan, o toca una orquesta mientras la congregación general canta.

La historia de los primeros siglos de la era cristiana afirma el hecho de que la iglesia primitiva cantaba, y que no empleaba instrumentos mecánicos de música. La introducción de instrumentos en el culto sucedió muchos siglos después de los primeros.

La Iglesia Ortodoxa Griega no usa instrumentos en el culto, y ¿quién más que los griegos debe entender el significado de alguna palabra griega?

Estemos contentos con lo que el Nuevo Testamento enseña, sin añadir ni quitar. Que el rey David, del Antiguo Testamento, usara instrumentos para cantar salmos, o que diera el diezmo y guardara el sábado, no establece autoridad para lo que hoy en día deba practicarse.

* * *

410. ¿HAY SALVOS FUERA DE LA IGLESIA?

"¿Serán salvos todos los buenos de todas las iglesias? Ellos tienen muchas cosas en común con nosotros. Creen en Cristo, se arrepienten, se bautizan, incluso para perdón de pecados, como lo hacen los pentecosteses, y los mormones. Son moralmente buenos y hacen buenas obras. ¿Dios los condenará al infierno eterno, sólo por algunas diferencias doctrinales? ¿a pesar de que ellos viven su fe como han aprendido y no practican lo mismo que lo hace la iglesia de Cristo?

1. Primero contesto la primera de las tres preguntas presentadas con un sencillo "No". La salvación no se encuentra en base a "ser buenos", según perspectiva o medida humana. La salvación es en Cristo (2 Tim. 2:10) y "todas las iglesias" no se encuentran en él. Cristo estableció una sola iglesia; el denominacionalismo es de los hombres que rehúsan seguir la doctrina de Cristo (2 Juan 9-11). Los sectarios rehúsan abandonar sus doctrinas de hombres (Mat. 15:6-14). Promueven la división (la multiplicidad de iglesias) y no la unidad por la cual oró Cristo (Jn. 17:21). No son "buenos" porque no siguen a Cristo.

La moralidad no es la base de salvación. Si lo fuera, los "buenos", o "religiosos" de Hech. 2:5; 8:27; 9:11; 10:2; 16:14; etcétera habrían sido salvos sin el evangelio de Cristo. Ya eran buenos en sus religiones. Pero no estaban salvos (Hech. 11:14).

"Tener cosas en común con nosotros" no es la base de la salvación. Los católicos y aún los musulmanes tienen muchas cosas en común con la iglesia que es de Cristo, ¿y qué? Los mormones creen que Dios es de carne y sangre, y que Jesús era un polígamo. ¿Eso agrada a Dios? ¿Dios tiene que salvarles a pesar de tales doctrinas, solamente por que en la vista de los hombres son "buena gente"? Si es así, ¿para qué predicarles?

2. La respuesta a la segunda pregunta también es que "No". La condenación al infierno no es en base a "algunas diferencias doctrinales". Lo que condena al infierno es el pecado (Rom. 6:23), y el pecador que no obedece a Cristo en el evangelio no va a tener sus pecados lavados y por eso se condenará (Gál. 3:26,27; Rom. 8:1). Hay un solo cuerpo (Efes. 4:4), y ése es la iglesia de Cristo (Efes. 1:22,23). Las iglesias establecidas por los hombres son otros cuerpos religiosos y no hay ninguna salvación en ellas.

La pregunta del interrogador implica que la doctrina no importa. ¿Qué dicen tales pasajes como Mat. 15:9; Hech. 2:42; Rom. 6:17; 16:17; 2 Cor. 11:4; Col. 2:22; 1 Tim. 1:3; 4:1-4; 6:3; 2 Tim. 4:3; Heb. 13:9; 2Jn. 9-11; Apoc. 2:14,15?

3. A la tercera pregunta respondo que "No". Dios no va a condenar a nadie por tales razones como las que da el interrogador, sino porque el hombre ha pecado. La base de la salvación no consiste en "vivir su fe como han aprendido" los hombres, sino en obedecer al evangelio de Cristo, el evangelio que es uno. Hay que obedecer, no "su fe" de los hombres, sino "la fe de Jesús" (Apoc. 14:12), la de la cual Jesús es el autor. Hay que aprender la verdad, y no cualquier enseñanza (Jn. 6:44,45; Efes. 4:20, 21).

4. El interrogador admite que los sectarios "no practican lo mismo que hace la iglesia de Cristo". Pregunto yo: ¿por qué no lo hacen? La respuesta es que prefieren practicar lo que los hombres han establecido.

5. Al usar la frase, "lo mismo que hace la iglesia de Cristo", el interrogador evidencia una falta de comprensión en las cosas de Dios, y que está pensando humanamente. La cuestión no es de

lo que haga la iglesia de Cristo, como si fuera alguna organización humana con poder legislativo para determinar prácticas, sino de lo que Cristo, la cabeza de su iglesia, ha legislado. Lo que usted, y todos nosotros, debemos hacer es expresarnos según conceptos bíblicos, hablando, no de lo que la iglesia practique, sino de lo que Cristo manda. La pura verdad es que las iglesias humanas no practican lo que Cristo manda (Mat. 15:9).

* * *

411. LUC. 19:8, ROBAR Y DEVOLVER

"Hubo un hermano que cometió el pecado de robo, el confesó públicamente su pecado, oramos por él y quedó exhortado de que ya no sucediera lo mismo, pues el arrepentimiento indica cambio de mente. Lo que me preocupa es el Evangelio de Lucas 19:8. El robo es fraude. Pregunto: ¿basta con confesar su pecado? ¿No tiene que devolver su fraude. Hermano, quiero que me ayude a entender el versículo citado".

\- - -

1. No, no basta con sólo hacer confesión de pecado en el caso de robo. La restitución es la prueba de la sinceridad del arrepentimiento. ¿Por qué querría el arrepentido quedarse con lo que no el suyo? Apliquese la "regla de oro" aquí (Mat. 7:12).

2. El fraude demanda que haya devolución de lo robado, Filemón 18,19.

3. Considérense los siguientes pasajes: Exod. 22:1; Lev. 6:5; Núm. 5:7; 1 Sam. 12:2-5; Prov. 6:31; Ezeq. 33:15.

* * *

412. ¿SON LOS CINCO ACTOS ADORACIÓN?

"...entiendo que la adoración ceremoniosa es herencia judía o pagana (como se celebraba en el templo) en tanto que para el cristiano no es Servicio de Adoración (determinado tiempo), sino una vida dedicada al servicio de Dios en Adoración.

Si la reunión no es para adorar, ¿para qué entonces? Bien, hay que retener la fe, Heb. 10:23. considerarnos y estimularnos al amor y a las buenas obras, Heb. 10:24. ¿Cómo lograr esto? El Señor por inspiración al escritor dice:, ver. 25, no dejando de congregarse. Así que la reunión o asamblea es para EDIFICARNOS (1 Cor. 14:26; Efes. 4:11-14), o sea, prepararnos para adorar, no en 5 actos, ya que según Heb. 13:15 siempre con fruto de labios y siempre hacer el bien y la ayuda mutua".

\- - -

1. El interrogador me dirige sus comentarios, en vista de la respuesta que di a su pregunta en INTERROGANTES Y RESPUESTAS, #394. Se le invita al lector leer el #394 antes de continuar con éste interrogante, #412. El difiere de mi explicación sobre los términos adoración, culto y servicio, y con un espíritu bien correcto me vuelve a escribir y me pide que corrija cualquier error que él tenga. Es algo larga su carta y por eso no la cito

todo.

2. El afirma, citando cierto autor y obra, que el vocablo griego, PROSKUNEO, "es postrarse ante un objeto de veneración y requiere una majestad visible ante la cual el adorador se postra". ¿Será así? ¿No son muchos los textos que hablan de que adoramos (PROSKUNEO) a Dios, y de seguro Dios es Espíritu, y no objeto visible? El Sr. Thayer, reconocido lexicógrafo, no define la palabra así, sino dice que es homenaje rendido a personas de rango superior (sean hombres, por ej., Hech. 10:25, o sea Dios). Por supuesto Jehová Dios, como también Jesucristo en la carne, son el objeto de la adoración de muchas personas.

3. No afirmé en el INTERROGANTE #394 que no hay adoración de Dios sino solamente en la asamblea de la iglesia local. El individuo solo adora a Dios en muchos actos y esto puede ser diariamente. Pero también la iglesia colectivamente, al hacer lo que Dios manda que se haga en asamblea, adora a Dios. El individuo canta y ora, y esto es adoración (homenaje a Dios), Sant. 5:13; 1Tes. 5:17, pero también la iglesia colectivamente canta y ora, Efes. 5:19 (alabando al Señor); 1 Cor. 14:16. Si el acto de cantar y orar es adoración en el primer caso, lo es en el segundo. Lo que hace cierto acto en la asamblea adoración es lo que se hace, a quien se dirige, y el propósito de rendir homenaje, y no el sencillo hecho de que el acto se celebra en asamblea. Cuando en asamblea los cristianos colectivamente cantan, oran, conmemoran la muerte de Cristo en la Cena del Señor, ofrendan, y predican la Palabra, lo hacen con el propósito de rendir homenaje (adoración) a Dios en obediencia a sus mandatos.

El verbo griego, PROSKUNEO, se emplea con referencia al individuo, sí, pero también con referencia a la asamblea. Nótese este verbo griego en Juan 4:20,21; 1 Cor. 14:25 y en Apoc. 11:1 y 15:4. (Heb. 10:2 habla de quienes tributan culto con referencia a un acto en asamblea). No se afirma que los mismos actos referidos en estos pasajes se deben hacer hoy en día. Se afirma que PROSKUNEO se emplea en conexión con asamblea. No se puede limitar el acto de adorar solamente a acto de individuo solo.

4. Lo que se dice arriba acerca de PROKUNEO también se puede decir acerca de la palabra griega (LATREIA, LATREUO) que en español se traduce "servicio" o "servir" (en culto, o adoración). Esta palabra se emplea con referencia a adoración del individuo (por ej., Hech. 27:3), pero también con referencia a actos de adoración en asamblea. Tal uso de la palabra se ve en Rom. 9:4; Heb. 8:5; 9:9; 10:2; 13:10; Apoc. 7:15.

5. Las Escrituras no dicen explícitamente que "hay cinco actos de adoración o culto", pero tampoco dicen que "hay cinco pasos de obediencia al evangelio". Pero los actos que Dios manda que se hagan en la asamblea de la iglesia, el día del Señor, son cinco, y lo que Dios manda que el pecador del mundo haga para ser salvo son cinco pasos.

6. No se niega que parte del propósito de parte del culto en asamblea es que los hermanos reunidos se edifiquen (1 Cor. 14:3,5, con referencia específica a la profecía en la iglesia primitiva que ejercía dones espirituales). La predicación pública hoy en día, aunque no con inspiración, tiene en parte el propósito de edificar y exhortar, pero también al predicarse la Palabra de Dios, Dios es honrado y adorado. Se exalta Dios y su Palabra sobre cualquier sabiduría humana, y esta última cosa se expone como falsa por oponerse a la sabiduría divina.

7. Heb. 10:23 no dice que la asamblea es específica y exclusivamente para que retengamos la fe, considerándonos y estimulándonos al amor y a las buenas obras. Claro es que en la asamblea hay que exhortarnos (ver. 25), pero eso no es todo el caso. En la asamblea hay que hacer otras cosas. Al tomar la Cena del Señor en la asamblea no tenemos por propósito principal exhortarnos, sino recordar la muerte de Cristo, hacerlo en memoria de él.

8. El interrogador presenta Heb. 13:15, pero la palabra PROKUNEO no aparece allí. Este pasaje trata de la adoración del individuo, y no de la asamblea; es todo. No se afirma que la adoración es solamente en asamblea; ¡claro que no! Lo que se niega es que la adoración se limite a actos de individuos.

9. Conclusión: La adoración que se rinde a Dios es hecha por el individuo a solas, como también en asamblea juntamente con otros cristianos. La palabra griega, PROSKUNEO, no se limita al individuo.

Espero que estas explicaciones contribuyan a una comprensión mejor de las cosas bajo consideración.

* * *

413. ¿MENCIONAR NOMBRES EN EL SERMÓN?

"¿Será correcto que en el sermón del día domingo se mencionen nombres de hermanos o de personas no cristianas?"

- - -

1. La pregunta en la forma en que me llega no me da suficiente información específica para poder yo hacer mucho comentario específico.

2. El interrogador siempre tiene en mente un caso concreto sobre el cual formula su pregunta, pero yo de lejos no sé nada del caso en particular, y por eso en tales casos mi respuesta tiene que ser general (y en algunos casos tal vez inadecuada para el caso bajo consideración).

3. Hay quienes se aprovechan del púlpito para despacharse de quejas y criticar, o aun condenar, a otros presentes o ausentes. Esto es un abuso de la predicación; es una violación del propósito de la hora de la predicación. El que lo hace demuestra su carnalidad y completa falta de espiritualidad. A tal persona no se le debe conceder el púlpito, pues el púlpito no es para uso personal; no es propiedad privada.

Hay otros que en el púlpito mencionan nombres de personas presentes para humillarlos y avergonzarlos con el fin de obligarles a que hagan alguna confesión que se considere necesaria. Forzar a la persona, por medio de tales tácticas, no logra nada bien para la persona ni para la iglesia local.

4. Por otra parte, en la predicación (sea en día domingo, o en cualquier otro día, pues el día no importa) es todo bíblico mencionar nombres de hermanos y de no hermanos que son falsos hermanos o maestros. Considérense estos pasajes: 1 Tim. 1:20; 2 Tim. 1:15; 4:10,14; 3 Juan 9-12. Si no se exponen los errores de los falsos, muchos hermanos pueden ser seducidos por los tales y llevados tras el error (Hech. 20:29,30).

También es correcto mencionar el nombre de la persona que, después del proceso bíblico, por no haberse arrepentido ahora es descomulgada por la congregación.

5. Al subirse la persona al púlpito, que siempre guarde presente que está allí para predicar la palabra (2 Tim. 4:2), nada más. Esta predicación incluye la exhortación, y otras cosas relacionadas con la Palabra, pero no incluye cosas de índole totalmente personal.

* * *

414. LOS CUATRO EVANGELIOS, ¿DEL ANTIGUO TESTAMENTO O DEL NUEVO?

"Hay hermanos que cuando nombran los libros del Antiguo Testamento incluyen a Mateo, a Marcos, a Lucas, y a Juan, diciendo que Cristo vivió en la ley pasada".

- - -

1. Tales hermanos cometen el error de confundir el propósito y las fechas de composición de estos cuatros libros con la historia que ellos contienen. Claro es que Jesús vivió bajo la ley de Moisés, guardándola sin infracción alguna (Gal. 4:4; Mat. 5:17). Pero los libros que nos dan la historia de su vida sobre la tierra no fueron escritos hasta bien después del establecimiento de la iglesia, el día de Pentecostés (33 d. de J.C.). (Fechas aproximadas de ellos: Mateo, 50 d. de J.C., Marcos, 67 d. de J.C.; Lucas, 58 d. de J.C.; Juan, 85 d. de J.C.). El propósito de ellos se presenta en Jn. 20:30,31: producen fe en Jesucristo para que el hombre pecador puede ser salvo por medio del evangelio que ha de ser predicado a todo el mundo. El hombre pecador no puede creer en Cristo, para ser salvo, sin saber lo suficiente acerca de quién es El (Dios venido en la carne). Los cuatro Evangelios le dan esa información en forma innegable y hemos de predicar esa información hasta el fin del tiempo.

2. Malaquías es el último libro del Antiguo Testamento, y a ese libro siguieron cuatro siglos de silencio, hasta el principio de la época de los libros escritos bajo la dispensación cristiana. 1 Tesalonicenses es probablemente el primero, en orden cronológico, de los veintisiete libros que ahora componen las escrituras del Nuevo Testamento.

3. Si los cuatro Evangelios pertenecen al Antiguo Testamento, no hay nada en ellos aplicable hoy en día. Si es así, ¿cómo se explica lo de Mat.

18:15-18? ¿De dónde sacaremos la Gran Comisión (28:18-20; Mar. 16:15,16)? ¿Cómo podía la gente del Antiguo Testamento creer el contenido de estos cuatro libros, dado que no existía en el tiempo antes del día de Pentecostés, 33 d. de J.C.?

4. Los veintisiete libros del Nuevo Testamento, desde Mateo hasta Apocalipsis, tienen el propósito de informarnos acerca de las cosas del evangelio de Jesucristo, de su vida, su muerte, su coronación en el cielo para comenzar su reinado sobre su iglesia recién establecido, y de problemas en su iglesia y de cómo solucionarlos, y finalmente de consolar a la iglesia perseguida por los incrédulos. Todos estos libros son necesarios para que el hombre perdido, en esta última dispensación, pueda tener la información necesaria para ser salvo y para mantenerse salvo hasta el día de la segunda venida de Cristo. Quitar cualquier libro de los veintisiete equivale a quitar una porción del evangelio de Cristo.

* * *

415. ¿El LOCAL NO TIENE IMPORTANCIA?

"Un hermano dice que el edificio donde nos reunimos no tiene mucha importancia, que es como cualquier casa; que podemos hacer a un lado las bancas y sillas y comer y hacer convivios. Afirma que lo que interesa es el amor y la comunión entre hermanos. Este hermano tiene toda la línea de ser liberal".

- - -

1. Sin duda ese hermano es de la mentalidad de nuestros hermanos liberales, en cuanto a la cuestión de usar el local para actividades puramente sociales.

2. El hermano no presenta argumentos bíblicos para su posición; nada más expresa sus ideas. ¿Por qué no presentó textos bíblicos concernientes al uso correcto del local, y al propósito de las reuniones? El habla de lo que "interesa", pero ¿a quién? ¿a él o a Dios?

3. Dice que el edificio de reunión es como cualquier casa. Al decir esto, ¿habla él acerca de la composición de materiales de los dos edificios, o del propósito de uso que cada uno tiene? Claro es que no habla de la composición de materiales. Ahora, el propósito de la casa en que uno vive es el proveerle protección de los elementos físicos del mundo (el frío, la lluvia, el viento, etc.), y de la entrada de ladrones. Pero en cuanto al propósito del local, no es para actividades solamente sociales, porque la iglesia local no tiene autorización para tales actividades. Hay casas privadas para ellas (Hech. 2:46; 1 Cor. 11:22,34).

El local es una conveniencia para llevar a cabo el mandamiento de congregarnos para adorar a Dios (Heb. 10:25; 1 Cor. 11:20; 14:23; Hech. 20:7). La iglesia local gasta dinero de la colecta de cada domingo para proveerse un local en que congregarse, y para llevar a cabo su obra. Ahora, si emplea dicho local para otros propósitos, es culpable de malversar sus fondos, y actúa sin autorización bíblica.

4. La cuestión de "amor y comunión" no entra. Al hermano que está abogando por el uso incorrecto del local le falta amor hacia la Palabra de Dios.

La palabra "comunión" no se emplea en el Nuevo Testamento en el sentido de que la iglesia local provea comida, bebida, y entretenimiento para los asistentes. El mundo sectario sí la emplea en esta forma, y los hermanos liberales están imitando a los sectarios. La sabiduría humana dice que tal "comunión" sectaria tiende a juntar gente, y es cierto, pero es gente que busca "los panes y los peces" como en el caso narrado en Juan 6:26. También la comida agrada el apetito carnal de los mismos hermanos, y el entretenimiento les gusta. Pero todo esto no es adoración a Dios, y el local es para adorar a Dios, predicar su palabra públicamente y edificar a los santos.

* * *

416. LA AUTONOMÍA DE LA IGLESIA

"¿Cómo se define, o qué es, la autonomía de la iglesia?"

\- - -

1. Con frecuencia nos referimos a la autonomía de la iglesia local. La palabra misma es una transliteración de dos palabras griegas, autos (mismo) y nomos (ley). Significa, pues, ser ley a sí mismo; o sea, la libertad de gobernarse por sus propias leyes. Teniendo autonomía, uno mismo gobierna y esto con autoridad y sin intervención ajena. La iglesia local tiene, pues, autonomía.

2. El patrón (2 Tim. 1:13) que muestra el Nuevo Testamento enseña que cada iglesia local es independiente; es decir, tiene autonomía. Es dirigida por sus ancianos, o pastores, u obispos (tres términos que se refieren al mismo grupo de hombres dirigentes). Esto es lo que vemos en tales pasajes como Hech. 14:23; 20:17,28; Filip. 1:1; 1 Tim. 3:1-7; Tito 1:5-9; 1 Ped. 5:1-3.

3. Las Escrituras guardan silencio sobre gobierno centralizado, o federación de iglesias locales bajo la dirección de alguna mesa directiva de sabiduría humana, como guarda silencio sobre el bautismo de infantes, el culto rendido a María, o el uso de instrumentos mecánicos de música en el culto de la iglesia local. El silencio de las Escrituras no autoriza nada (Heb. 7:14).

4. Las Escrituras no hablan de otra cosa, en cuanto a gobierno, aparte de la iglesia local con la dirección de sus ancianos. De esta gran verdad sale el uso de la palabra "autonomía" para expresar este concepto bíblico.

5. Que tal palabra no se encuentre en el texto inspirado no es de importancia. (Tampoco la palabra "Biblia" se encuentra en la Biblia). Lo que importa es que, al hablar, usemos palabras que expresen conceptos bíblicos (1 Ped. 4:11).

* * *

417. EL PARALELISMO

"¿Por qué dice Isaías 2:3 que la ley saldrá de Sión y de Jerusalén la palabra de Jehová? ¿No es lo mismo ley y palabra de Jehová? ¿No es lo mismo Sión y Jerusalén?

\- - -

1. Sí, son lo mismo ley y palabra de Jehová, como también lo son Sión y Jerusalén.

2. En lugar de usar ritmo y rima en la poesía, los orientales usaban la forma en la que el segundo verso corresponde, contradice, o completa el primero. Muchas veces la misma verdad se expresa en las dos maneras. Se llama paralelismo.

3. Algunos ejemplos de paralelismo: Job 3:11; Sal. 32:1; Prov. 5:1, Cantares 8:7.

* * *

418. SE ARREPINTIÓ EL DOMINGO. ¿PUEDE ENSEÑARNOS EL MARTES?

"Entiendo que el pecador arrepentido no puede presidir o enseñarnos si él se arrepintió y se reconcilió domingo; creo yo que no puede enseñarnos el día martes. Tampoco hay mandamiento cuándo lo puede hacer, sino será cuando el lo decida. Hermano, ayúdeme por favor a tratar este asunto".

\- - -

1. El hermano que peca, y luego se arrepiente y hace confesión pública, ya no tiene pecado. Dios le perdonó y se olvidó del pecado cometido (Heb. 8:12). La sangre de Cristo le limpia de su pecado (1 Jn. 1:7-9).

2. Ahora, ¿hemos de tenerle los hombres como medio perdonado y como uno que no merece nuestra confianza? Estamos más limpios de pecado que él?

3. Cuándo él participe de nuevo en las actividades de la iglesia local es cuestión del acuerdo de los ancianos (o de los varones de la congregación, si no hay ancianos). En un dado caso, puede convenir que él no participe tan en seguida. Por ejemplo, si robó del tesoro de la iglesia, no conviene ponerle de tesorero de nuevo, y esto en seguida, o si robó un banco (cosa sabida del público en general), o si fornicó, puede ser que no convenga usarle de evangelista de tiempo completo, porque el público no tendría mucha confianza en él para escucharle. Pero en tales casos, la iglesia local decida sobre este caso de juicio humano.

En general, el hermano perdonado debe ser recibido y empleado en las actividades de la iglesia local como era el caso antes de su pecado.

* * *

419. MARCOS 16:16

"Los Testigos de Jehová dicen que Marcos 16:16 no se encuentra en los manuscritos más viejos y por lo tanto no sirve para apoyar la idea del bautismo inmediato luego de escuchar el evangelio. ¿Es cierto esto?"

\- - -

1. Es cierto que Marcos 16:9-20 no se encuentra en los dos manuscritos griegos más

viejos, pero sí aparece en todos los demás manuscritos.

2. Las verdades expresadas en esta sección son corroboradas por los escritos de Mateo, Lucas y Juan. La única cuestión es la de que si esta sección en realidad pertenece al libro de Marcos. Existe en todas las versiones (traducciones) antiguas de los manuscritos griegos. Estas versiones son tan antiguas que los dos manuscritos griegos que omiten esta sección. Varios comentaristas antiguos se refirieron a esta sección de Marcos en sus comentarios, probando así que en su tiempo ella era acepta como parte genuina del libro de Marcos.

3. Que el libro de Marcos termine con las palabras de 16:8 es muy extraño y no es nada normal. Sin los últimos doce versículos de Marcos 16, el libro no está completo. Los "libros" de aquel tiempo eran rollos, y es fácil creer que la última parte de un rollo fácilmente podría dañarse a tal grado que se perdiera.

4. No afirmamos que la persona debe ser bautizada "luego de escuchar el evangelio". Los requisitos para el bautismo son que la persona oiga el evangelio, crea que Jesús es el Cristo, se arrepienta de sus pecados, y haga con la boca confesión de esa fe. El bautismo debe seguir inmediatamente de cumplidos estos requisitos. La salvación no debe ser pospuesta. Si la persona muere en sus pecados, muere para la eternidad.

5. Marcos 16:15,16 no es el único pasaje para probar que el acto de bautismo no debe ser demorado. Si la verdad de la urgencia de la obediencia en el bautismo se enseña en otros pasajes, pasajes que los Testigos de Jehová sí aceptan como auténticos, ¿por qué no la acepta? El hombre actúa según su propia autoridad, que no es ninguna, al sujetar a la persona a una demora de tiempo para que se bautice.

* * *

420. ¿LARGO ESTUDIO NECESARIO ANTES DE BAUTIZAR A LA PERSONA? ARGUMENTOS DE LOS TESTIGOS DE JEHOVÁ PARA AFIRMAR QUE SÍ:

A. "Los judíos de Hech. 2 fueron bautizados luego de oír el evangelio por primera vez porque ya eran gente religiosa que tenía ya conocimiento de Dios".

1. Cornelio no era judío, sino un gentil, y fue bautizado el mismo día que oyó el evangelio (Hech. 10).

B. "Los que no eran samaritanos, judíos y prosélitos, como ser los gentiles paganos, y que sí se bautizaban inmediatamente lo hacían porque aparte de la predicación del evangelio veían milagros".

1. Los corintios eran paganos y fueron bautizados (Hech. 18:8). ¿Cuáles milagros vieron ellos?

2. Los milagros sirvieron el propósito de confirmar el mensaje del evangelio que se predicaba (Mar. 16:20). Ahora, nosotros hoy en día tenemos el mensaje confirmado y no hay necesidad

de milagros (Heb. 2:3,4). La gente primitiva, como la gente de hoy en día, obedece al evangelio porque cree el mensaje cuya divinidad ha sido probada.

C. "En aquella época sólo existía la verdadera iglesia de Cristo, pero en la actualidad es más difícil dar con la verdadera iglesia debido a la gran diversidad de 'falsas iglesias cristianas'. Entonces para no ser engañada en la actualidad, la persona debe estudiar para identificar la verdadera iglesia por Cristo establecida y luego ser bautizada".

1. El tiempo no ha cambiado nada. Siempre ha habido religiones falsas, sectas y divisiones. Satanás procura que siempre haya confusión en el mundo. Podemos identificar la verdadera iglesia de Cristo hoy en día de igual manera como se identificaba en aquel tiempo. Cuando se predica el evangelio en su pureza hoy en día, la identidad de la iglesia verdadera se echa de ver.

2. Cuando se predica el evangelio puro de Cristo Jesús, el oyente aprende en seguida que está perdido en sus pecados, que en Cristo hay salvación (remisión de pecados), que la fe, el arrepentimiento, la confesión, y el bautismo son los pasos para alcanzar el perdón de sus pecados, y que una vez bautizado, el Señor le añade a los demás salvos; o sea, a su iglesia. Todo esto no cuesta largo tiempo de meses, sino solamente cuestión de minutos. Los hombres usurpan la autoridad de Dios al requerir plazos establecidos de tiempo para que la persona llegue a ser lo que ellos consideran "cristiano".

D. "La persona, antes de bautizarse, debe considerar 'los gastos de ser un verdadero discípulo', y que para ello debe estudiar y aprender acerca de todas las responsabilidades que a un cristiano le compete".

1. ¿Cuánto tiempo se necesita para enseñar lo que Cristo enseñó en Luc. 14 en cuanto a "calcular los gastos" (ver. 28)? Pablo estuvo enseñando aun a cristianos que cuesta ser cristiano; hay que sufrir a veces la misma persecución (Hech. 14:22).

2. La posición falsa de los Testigos de Jehová no deja lugar para la confirmación de los santos (Hech. 14;22), ni para el crecimiento (2 Ped. 3:18).

3. El bebé recién nacido no sabe todo lo que es la vida sobre la tierra, pero ¡nació! Necesita de leche, no de comida sólida. Así es con el cristiano nuevo, recién bautizado en Cristo. Es bebé, y necesita leche espiritual. Compárese Heb. 5:12-14; 6:1,2.

E. "Juan 17:3. La única forma de llegar a conocerlos es por medio del estudio previo antes de bautizar, y que si primero no se conoce a quien se va a servir sería irracional bautizar a personas paganas movidas sólo por un arrebato emocional'".

1. Sí, la persona tiene que conocer (aprobar) a Dios antes de ser bautizada. ¿Quién lo niega? Por eso en una sola ocasión Pablo predicó a tales personas (no les dio una serie de estudios de muchos meses preparados por una Mesa Directiva de Brooklyn, Nueva York), y algunos de ellos fueron bautizados. Sus nombres se dan en Hech. 17:34.

2. Nada afirma que la base del bautismo es "el

arrebato emocional". Tal observación no tiene nada que ver con el asunto de la urgencia de bautizarse después de haber oído el evangelio para creerlo. Pero cuando la persona se bautiza, se regocija en gran manera (Hech. 8:39; 16:34).

3. Véase Interrogante #390.

* * *

421. SUPUESTAS CONTRADICCIONES EN LA BIBLIA SEGÚN LOS MORMONES

"Le escribo para molestarle por una consulta Bíblica, que salió de una conversación que sostuvimos con dos Mormones; sabemos que su doctrina esta equivocada y que se encuentran en el error, pero ellos nos han hecho la siguiente pregunta relacionado con que Dios se contradice en los siguientes textos bíblicos, relacionado con el arrepentimiento de Dios en ciertos hechos... Los textos son los siguientes: Génesis 6:6; Número 23:19; I. Samuel 15:29, 35; Salmo 110:4".

- - -

Primero cito los referidos textos:

1. Génesis 6:6, "Y se arrepintió Jehová de haber hecho hombre en la tierra, y le dolió en su corazón".

2. Núm. 23:19, "Dios no es hombre, para que mienta, Ni hijo de hombre para que se arrepienta. El dijo, ¿y no hará? Habló, ¿y no lo ejecutará?"

3. 1 Sam. 15:29,35, "Además, el que es la Gloria de Israel no mentirá, ni se arrepentirá, porque no es hombre para que se arrepienta. .... 35 Y nunca después vio Samuel a Saúl en toda su vida; y Samuel lloraba a Saúl; y Jehová se arrepentía de haber puesto a Saúl por rey sobre Israel".

4. Sal. 110:4, "Juró Jehová, y no se arrepentirá: Tú eres sacerdote para siempre Según el orden de Melquisedec".

1. Si los mormones tienen razón en su afirmación de que la Biblia contiene errores y contradicciones, entonces se sigue que tienen que rechazar el libro de 1 Samuel porque, si hay contradicción en 15:29,35, su autor no escribió con inspiración divina.

2. Además de eso, los mormones tienen que rechazar a Génesis como libro inspirado, a Números y a Salmos, porque según ellos en Génesis hay algo que contradice algo de lo que afirman Números y Salmos. ¿Cuáles de éstos rechazarán por completo? Su supuesta lógica les obliga a rechazar a unos o a otros.

3. Cristo, y hombres inspirados en el Nuevo Testamento, al citar a Génesis y a Salmos repetidas veces, dan autenticidad a estos libros. Los mormones tienen que aceptar la lógica de que, según el rechazo de ellos o de Génesis o de Salmos, ¡rechazan también a Cristo y a aquellos inspirados! No aceptan lo que Cristo y ellos aceptaron.

4. Si los mormones citan a otras supuestas contradicciones en la Biblia, tienen que rechazar los libros en los cuales van esas llamadas contradicciones, porque Dios no puede ser autor de libros con contradicciones. Se les obliga a los mormones darnos una lista de los libros de la Biblia en que según ellos no hay contradicciones y que por eso son libros inspirados de Dios. ¿Nos darán tal lista? Hasta la fecha han rehuido hacerlo.

5. Si responden ellos en un dado caso que no rechazan a todo el libro, que nada más afirman que hay errores en algunos de ellos, ¿en base a qué establecen cuál parte es errónea y cuál parte no? Esto no lo hacen; nada más menosprecian la Biblia, acusándole de contradicciones, ¡para hacer lugar para El Libro de Mormón, y para sus otros libros de autoridad!

===

Ahora, vamos a estudiar los referidos textos, y otros, y veremos que las llamadas contradicciones se desaparecen, pues en realidad ¡no existen! Existen solamente en las mentes de quienes desacreditan a la Biblia porque ella no respalda sus falsas doctrinas.

1. Hay pasajes que tratan del carácter de Dios que no cambia precisamente porque Dios es Dios.

Mal. 3:6, "Porque yo Jehová no cambio".

Sant. 1:17, "Toda buena dádiva y todo don perfecto desciende de lo alto, del Padre de las luces, en el cual no hay mudanza, ni sombra de variación".

Núm. 23:19, "Dios no es hombre, para que mienta, Ni hijo de hombre para que se arrepienta. El dijo, ¿y no hará? Habló, ¿y no lo ejecutará?"

1 Sam. 15:29, "Además, el que es la Gloria de Israel no mentirá, ni se arrepentirá, porque no es hombre para que se arrepienta".

Sal. 110:4, "Juró Jehová, y no se arrepentirá: Tú eres sacerdote para siempre según el orden de Melquisedec".

Heb. 13:8, "Jesucristo es el mismo ayer, y hoy, y por los siglos".

2. También hay pasajes que hablan de como Dios se arrepiente; es decir, varía su tratamiento del hombre según los cambios en carácter y en conducta de parte de los hombres.

Jer. 18:5-12, "Entonces vino a mí palabra de Jehová, diciendo: 6 ¿No podré yo hacer de vosotros como este alfarero, oh casa de Israel? dice Jehová. He aquí que como el barro en la mano del alfarero, así sois vosotros en mi mano, oh casa de Israel. 7 En un instante hablaré contra pueblos y contra reinos, para arrancar, y derribar, y destruir. 8 Pero si esos pueblos se convirtieren de su maldad contra la cual hablé, yo me arrepentiré del mal que había pensado hacerles, 9 y en un instante hablaré de la gente y del reino, para edificar y para plantar. 10 Pero si hiciere lo malo delante de mis ojos, no oyendo mi voz, me arrepentiré del bien que había determinado hacerle. 11 Ahora, pues, habla luego a todo hombre de Judá y a los moradores de Jerusalén, diciendo: Así ha dicho Jehová: He aquí que yo dispongo mal contra vosotros, y trazo contra vosotros designios; conviértase ahora cada uno de su mal camino, y mejore sus caminos y sus obras. 12 Y dijeron: Es en vano; porque en pos de nuestros ídolos iremos, y haremos cada uno el pensamiento de nuestro malvado corazón".

26:3,19, "Quizá oigan, y se vuelvan cada uno de su mal camino, y me arrepentiré yo del mal que pienso hacerles por la maldad de sus obras… ¿Acaso lo mataron Ezequías rey de Judá y todo Judá? ¿No temió a Jehová, y oró en presencia de Jehová, y Jehová se arrepintió del mal que había hablado contra ellos? ¿Haremos, pues, nosotros tan gran mal contra nuestras almas?

Ezeq. 18:19-32. "Y si dijereis: ¿Por qué el hijo no llevará el pecado de su padre? Porque el hijo hizo según el derecho y la justicia, guardó todos mis estatutos y los cumplió, de cierto vivirá. 20 El alma que pecare, esa morirá; el hijo no llevará el pecado del padre, ni el padre llevará el pecado del hijo; {18.20:-Dt. 24. 16.} la justicia del justo será sobre él, y la impiedad del impío será sobre él. 21 Mas el impío, si se apartare de todos sus pecados que hizo, y guardare todos mis estatutos e hiciere según el derecho y la justicia, de cierto vivirá; no morirá. 22 Todas las transgresiones que cometió, no le serán recordadas; en su justicia que hizo vivirá. 23 ¿Quiero yo la muerte del impío? dice Jehová el Señor. ¿No vivirá, si se apartare de sus caminos? 24 Mas si el justo se apartare de su justicia y cometiere maldad, e hiciere conforme a todas las abominaciones que el impío hizo, ¿vivirá él? Ninguna de las justicias que hizo le serán tenidas en cuenta; por su rebelión con que prevaricó, y por el pecado que cometió, por ello morirá. Y si dijereis: No es recto el camino del Señor; oíd ahora, casa de Israel: ¿No es recto mi camino? ¿no son vuestros caminos torcidos? 26 Apartándose el justo de su justicia, y haciendo iniquidad, él morirá por ello; por la iniquidad que hizo, morirá. 27 Y apartándose el impío de su impiedad que hizo, y haciendo según el derecho y la justicia, hará vivir su alma. 28 Porque miró y se apartó de todas sus transgresiones que había cometido, de cierto vivirá; no morirá. 29 Si aún dijere la casa de Israel: No es recto el camino del Señor; ¿no son rectos mis caminos, casa de Israel? Ciertamente, vuestros caminos no son rectos. 30 Por tanto, yo os juzgaré a cada uno según sus caminos, oh casa de Israel, dice Jehová el Señor. Convertíos, y apartaos de todas vuestras transgresiones, y no os será la iniquidad causa de ruina. 31 Echad de vosotros todas vuestras transgresiones con que habéis pecado, y haceos un corazón nuevo y un espíritu nuevo. ¿Por qué moriréis, casa de Israel? 32 Porque no quiero la muerte del que muere, dice Jehová el Señor; convertíos, pues, y viviréis".

Jonás 3:10—4:2, "Y vio Dios lo que hicieron, que se convirtieron de su mal camino; y se arrepintió del mal que había dicho que les haría, y no lo hizo. 4:1 Pero Jonás se apesadumbró en extremo, y se enojó. 2 Y oró a Jehová y dijo: Ahora, oh Jehová, ¿no es esto lo que yo decía estando aún en mi tierra? Por eso me apresuré a huir a Tarsis; porque sabía yo que tú eres Dios clemente y piadoso, tardo en enojarte, y de grande misericordia, y que te arrepientes del mal".

Rom. 11:22, "Mira, pues, la bondad y la severidad de Dios; la severidad ciertamente para con los que cayeron, pero la bondad para contigo, si permaneces en esa bondad; pues de otra manera tú también serás cortado".

En este sentido, Dios nunca se arrepiente antes de que el hombre haga algún cambio en los términos de las condiciones puestas por Dios sobre el hombre. En tales casos, se dice que Dios "se arrepiente", precisamente porque es **inmutable de carácter**, bendiciendo o castigando según la reacción del hombre involucrado en el pacto entre Dios y él. Del hombre depende el tratamiento que Dios le ofrezca, o de bendición o de castigo. Dios nunca se arrepiente de sus promesas, o de una cosa o de la otra, basadas en las condiciones estipuladas. Es el hombre que cambia, dejando de obedecer a Dios, o de desobedecer a Dios, y esto es lo que obliga al Dios justo y amoroso a tener un cambio de mente (arrepentimiento) hacia el individuo en particular con respecto a las promesas condicionales.

3. Dios siente emociones, también. El hombre puede causarle dolor (Gén. 6:6; Isa. 63:10; Efes. 4:30). Este dolor se expresa en tales pasajes como en Gén. 6:6 y 1 Sam. 15:11,35. Pero, nótese que antes de que Dios se arrepintiera, el hombre primero hizo algo de cambio en carácter o conducta, o por intercesión y mediación (como el en caso de Exodo, 32:10-14). **El carácter inmutable de Dios demanda que él responda correspondientemente**. El no cambia en carácter, pero responde a los cambios hechos por el hombre. **El hombre cambia; no Dios**.

4. No hay contradicción alguna en la Biblia, la palabra inspirada de Dios. Los mormones, y otros, juegan con las Sagradas Escrituras, no usándolas bien (2 Tim. 2:15), porque ellas están en su contra, y porque como incrédulos los hombres buscan lugar para su literatura de falsos profetas y para sus filosofías predilectas de origen humano.

* * *

422. ISAÍAS 45:18; ECLES. 1:4; SAL. 115:16; MAT. 5:5; Y LOS TESTIGOS DE JEHOVÁ.

"Yo estoy convencido de que nuestra esperanza es en los Cielos, y que la tierra será destruida (2 Ped.3:10-13), pero quiero tener mas argumentos para responderles a nuestros amigos 'testigos de Jehová'".

- - -

1. **Isa. 45:18**. El pasaje afirma que Dios creó la tierra con el propósito de que sea habitada, y ese propósito se está llevando a cabo. Pero el pasaje no dice que la tierra haya de ser la habitación eterna de los salvos por la sangre de Cristo. Los pecadores también habitan la tierra presente juntamente con los cristianos; preguntamos: creen los Testigos de Jehová que los pecadores habitarán la supuesta tierra renovada en el futuro?

El pasaje identifica a Jehová como el que creó la tierra para ser habitada. Ese es todo el punto del ver. 18. ¡El Gran Creador ha hablado!

Los Testigos de Jehová buscan textos bíblicos que a su juicio se presten para respaldar sus ideas humanas y que contradigan pasajes claros de la Palabra de Dios. Juegan con las palabras del texto e ignoran el contexto de él. Esta táctica es muy común entre las iglesias humanas.

2. **Ecles. 1:4**. La tierra siempre permanece, comparada con la duración muy limitada de una generación de hombres. Ese es el punto del texto.

La misma palabra aquí, "siempre", que indica "edad", se ve también en estos textos, donde se traduce "perpetuo": Exodo 27:21; 28:43; 29:28; Lev. 6:18; etcétera. ¿Dirán los Testigos de Jehová que las cosas perpetuas de estos pasajes han de durar por toda la eternidad? La palabra "siempre" quiere decir "por toda la edad, o todo el tiempo bajo consideración".

3. **Sal. 115:16.** Considérese el contexto. No hay nada de lo que afirman los Testigos de Jehová respecto a una supuesta habitación eterna en esta tierra física. El salmista habla de la vanidad de la idolatría y, por contraste, del poder de Jehová Dios quien creo los cielos para su habitación y la tierra para la de los hombres. Dios está ahora en los cielos, y nosotros sus criaturas aquí en la tierra. Ese es todo el punto.

4. **Mat. 5:5**. Los mansos son la clase de personas a que Dios bendice con las bendiciones de esta tierra física. Sal. 37:9 hace evidente que la frase, "heredar la tierra" es una expresión proverbial para decir "el colmo de bendiciones".

Cristo no está hablando de un futuro lejano, sino de lo que uno puede esperar si es manso; "heredará la tierra". ¿Cuándo? Cuando acepte ser persona mansa.

Lo que pasa es que los hombres originan sus doctrinas predilectas y luego fuerzan las Escrituras para que parezcan apoyarlas. Teniendo en mente que Dios va a renovar esta misma tierra física para una habitación después de la segunda venida de Cristo, con facilidad pueden hacer que las palabras de Cristo aquí parezcan respaldar sus ideas. Pero el apóstol inspirado, Pedro, nos dice que esta misma tierra va a ser quemada (2 Ped. 3:10). Siendo así el caso, Mat. 5:5 no puede enseñar lo que afirman los Testigos de Jehová acerca de este pasaje.

* * *

423. LA LLAMADA MADRE TERESA DE CALCUTA

"...hace poco murió y según lo que dice la Biblia para mí ella tiene definida su relación con Dios; mas mi hija opina que no se puede decir nada acerca de dicha condición de esta señora. Ella hizo muchas buenas obras, pero ¿y su fe? Mi hija dice, "muéstreme tu fe por tus obras". Necesito me aclare esto para poder decírselo a mi hija".

- - -

1. El destino de todo hombre que muere está sellado en el momento de su muerte (Luc. 16:22,23)

2. Ella murió católica, no cristiana. La Iglesia Romana Católica es una iglesia humana, producta de la gran apostasía predicha en 2 Tes. 2:3,4; 1 Tim. 4:1-3. Nunca era cristiana y por eso no murió en Cristo (Apoc. 14:13).

3. Nadie es salvado en base a sus buenas obras (Efes. 2:8,9; Tito 3:5).

4. Hay personas de todas las fes en el mundo, juntamente con personas que son ateas, que se ocupan en "buenas obras" de diferentes clases. ¿Todas éstas por eso van a ser salvas por toda la eternidad? ¿El hombre determina las condiciones de salvación, y no Dios?

Satanás nos tienta a ser llevados por nuestras emociones y sentimientos, y no por lo que ha dicho Dios. De esta manera Satanás logra que muchas personas no obedezcan al evangelio salvador. La hija está comentando, con respecto a la Sra. Teresa, en base a sus emociones y sentimientos.

Ella cita las palabras de Santiago 2:18, pero ignora a quiénes el versículo se dirige: Santiago dice, "hermanos míos" (ver. 14). Está escribiendo a cristianos, no a católicos; estos últimos ni existían por muchos siglos después del primero. Es un abuso de las Escrituras citarlas FUERA DE CONTEXTO, y hacer cualquier aplicación de ellas conveniente al argumento del momento. Santiago está condenando la clase de fe del cristiano que le permite pasar por alto sus deberes hacia sus hermanos necesitados. La Sra. Teresa nunca fue bautizada en Cristo; nunca llegó a ser cristiana. El caso de ella no entra en este pasaje como tampoco los casos de otras muchísimas personas en el mundo que se ocupen en "buenas obras" pero sin tener el perdón de los pecados y así ser miembros del cuerpo espiritual de Cristo, que es su iglesia.

Cornelio era un hombre "bueno", siendo muy dadivoso (Hech. 10:2) igualmente como lo era la Sra. Teresa. El hacía muchas limosnas al pueblo. Si hubiera muerto antes de ser bautizado en Cristo y llegar así a ser cristiano, ¿habría ido al cielo? Hech. 11:14 dice que no. Las "buenas obras" no son substituto por la obediencia al evangelio.

Mucha gente está confiando en sus sentimientos e ideas propiamente suyas. En el día del Juicio Final van a ver muy tarde que Dios no ha prometido salvar a nadie en base a ideas humanas. El ha hablado (Heb. 1:1,2,) y nos conviene escucharle para obedecerle. Como cristianos, ya nos ocupamos en las buenas obras que Dios preparó de antemano (Efes. 2:10).

* * *

424. IGLESIAS DE CRISTO LIBERALES

"Quisiera saber si fuera posible sobre las llamadas Iglesias de Cristo Liberales, como por ejemplo: ¿quiénes son, cómo surgieron, en que año aparecieron, en qué prácticas se diferencian de nosotros, son nuestros hermanos en Cristo, podemos tener comunión con ellos, podemos pedirles ayuda a ellos en materiales bíblicos, folletos, algún tipo de literatura?"

- - -

1. Véanse Interrogantes #176 y #315.

2. Decimos "hermanos liberales" (en los Estados Unidos también se suele decir "hermanos institucionales", y ellos se refieren a nosotros, si

hablan con respeto, como a los "hermanos no institucionales" – si hablan con desprecio, dicen, "los antis"), a los hermanos que practican la centralización de obra y fondos de muchas iglesias de Cristo en la dirección de los ancianos de la llamada "iglesia patrocinadora", que sostienen diferentes instituciones, como orfanatos e ciertas escuelas seculares, y que gastan fondos de la iglesia local en el recreo y entretenimiento, con cocinas y comedores, y canchas de baloncesto, campamentos, etcétera. Hay algunas iglesias más liberales que otras. Últimamente han surgido iglesias ultraliberales que están abandonando muchos puntos de doctrina novotestamentaria y están comulgando a los sectarios.

3. No podemos tener comunión con ellos a menos que queramos participar de sus malas obras (2 Jn. 9-11).

4. No les "pedimos ayuda" pero si podemos, como individuos o como iglesia, comprar literatura de ellos para uso local, suponiendo que la literatura en particular es bíblica, como podemos comprar una obra literaria de una librería evangélica. Podemos pedirles cualquier obra literaria que ofrezcan gratuitamente para consultarla. Pero no podemos donar a su obra literaria, cosa que sería cooperación con ellos en sus obras no bíblicas. Ellos tienen a iglesias locales en el negocio de imprimir y vender.

* * *

425. LA DISCIPLINA EN LA IGLESIA

Un hermano me pide que le conteste estas preguntas sobre "la disciplina en la iglesia. Contesto en breve porque ya he escrito algo sobre el tema de la disciplina en la iglesia en los interrogantes #100, 294, 319, y 374.

1. ¿Qué es la disciplina del Señor?
2. ¿A quiénes debe ser aplicada?
3. ¿Cómo debe ser aplicada?
4. ¿Quiénes deben aplicarla? ¿Debe ser aplicada solamente por la junta de varones o por la iglesia toda?
5. ¿Puede ser aplicada de la misma forma y con el mismo rigor a cristianos con varios años en la iglesia, como a cristianos que llevan solamente meses?
6. ¿Cuándo a un hermano se le aplica la disciplina del Señor? ¿cuál es el estado de este hermano? ¿Está bajo disciplina, o está excomulgado? ¿Cuál de estos términos es bíblico?
7. ¿Qué significado tiene el término "no tener comunión"? ¿Tiene que ver con participar de la Cena del Señor o va más allá? ¿Puede un hermano que ha sido disciplinado estar en las reuniones de la iglesia, o debe cortarse todo tipo de contacto con él?
8. ¿Puede una congregación recibir a un hermano que ha sido disciplinado en otra congregación, y que la congregación que lo recibe no cree violar la palabra de Dios porque ve que la disciplina aplicada al hermano en su anterior congregación no ha sido lo más bíblica, tanto en por qué se aplicó, sino también cómo fue aplicada al hermano?
9. ¿Qué es correcto si el hermano en cuestión cree que ha sido mal disciplinado en su congregación? ¿Puede el pedir su membresía en otra congregación? ¿Es bíblicamente correcta esta postura?
10. ¿Podemos correr el riesgo de una disciplina mal aplicada en una congregación "X" y otra congregación recibirle para que no se pierda este hermano que ha sido mal disciplinado? ¿Podemos aplicar en este caso, y en cualesquier otro caso parecido, la regla de oro, Mat. 7:12?"

- - -

A continuación respondo brevemente a las preguntas en el orden en que aparecen, usando la misma numeración y limitándome a la disciplina en la iglesia local:

1. La disciplina del Señor es la acción que se debe tomar para que el hermano pecador sea humillado y así se salve de su pecado (1 Cor. 5:5; 2 Tes. 3:14), y para que la iglesia no sea contaminada por el pecado en su medio (1Cor. 6: 6 y sig.).

2. Debe ser aplicada a todo hermano sin discriminación (1 Tim. 5:20,21).

3. Debe ser aplicada como ilustrado en 1 Cor. 5 y 1 Tes. 3.

4. Debe ser aplicada por la iglesia local (1 Cor. 5:4; 2 Cor. 2:6). En la ausencia de ancianos en la iglesia local, los varones de ella dirigen el proceso y hacen las decisiones con respecto a ello. Toman en cuenta cualquier información que necesiten las hermanas proporcionar, pero ellas no toman parte en las decisiones. Al actuar correctamente los varones en el asunto, actúa toda la iglesia.

5. Sí. El tiempo de haber sido cristiana la persona no tiene que ver con la disciplina. El pecado no se justifica en nadie.

6. (a) El estado de tal hermano es que ha sido excomulgado (es decir, la iglesia local "quitaron a aquel perverso de entre ellos", 1 Cor. 5:13; ya no se junta con él, ni para comer, ver. 11; le entregó a Satanás, ver. 5; se limpió de la mala levadura, ver. 7

(b) Está excomulgado. La frase "estar bajo disciplina" da a entender otra cosa. Para algunos hermanos, que emplean esta frase, la cuestión es de limitar la participación del excomulgado y castigarle con esta limitación por un tiempo que ellos mismos determinen. ¡Esto no es nada bíblico!

7. (a) El término tiene que ver con entregar a Satanás al hermano pecador, de no juntarse con él, de quitarle de entre los de la congregación, de exhortarle cuando hay oportunidad, pero en todo esto no se incluye el tenerle por enemigo.

(b) La Cena del Señor es solamente un acto de culto colectivo de varios. El hermano disciplinado (excomulgado) no puede tener participación (que es comunión) en ninguno de estos actos de adoración.

(c) No se le prohibe al excomulgado, como tampoco al inconverso, visitar la asamblea. Estando presente él, se da la oportunidad de exhortarle públicamente. No somos policías para estar en la puerta para ver que no entre cierta persona.

Pero casi nunca quiere el excomulgado visitar las asambleas, porque anda mal y lo sabe. Ahora, si se está arrepintiendo, puede ser que quiera visitar alguna asamblea.

8. La congregación tiene que investigar antes de recibir en su membresía a cualquier hermano que quiera poner su membresía. Considérese Hech. 9:26-28. Si se determina que el excomulgado que viene a poner su membresía tiene culpa, no se recibe. Si se determina que había sido disciplinado sin justificación, se recibe. Un hermano, disciplinado mal, va a tomar la iniciativa con la nueva congregación en suplir la información completa al respecto, porque respeta la pureza de la iglesia local.

9. Hay casos, aunque raros, en que la persona es excomulgada sin justificación. Viene siendo él víctima de una injusticia. El tal buscará poner su membresía en otra congregación. Pero más son los casos en que la persona ha sido excomulgada bíblicamente y en lugar de arrepentirse y hacer confesión pública ante la congregación de la cual era miembro, busca más bien correr a otra parte y tratar de hacerse miembro allí, y sin dejar su mal.

10. El hermano mal disciplinado no va a ser perdido. El sabe que es inocente de las acusaciones. El conoce las Escrituras y las respeta. No va a perderse sencillamente porque fue excomulgado injustamente. El con paciencia y tiempo necesario informará de su caso de tal grado y manera que otra congregación comprenderá y le recibirá. Si no, él seguirá fielmente al Señor y haciendo la obra de evangelismo comenzará otra congregación.

La "regla de oro", si entra aquí, entra solamente en que debemos ser justos con otros, y no condenar injustamente. Pero la "regla de oro" no nos dice que seamos sentimentales para recibir a un hermano bíblicamente disciplinado sencillamente porque él dice que es inocente, que él se puede perder, y que por todo esto mejor es que se reciba como miembro con nosotros.

Aparte de las preguntas, quiero comentar que debe ser excomulgado el hermano que, cuando la iglesia se da cuenta de su pecado, no acepta la exhortación de la congregación de que se arrepienta, y que haga confesión pública de su pecado, pidiendo que Dios y la iglesia le perdonen. Desde luego, si el hermano acepta la exhortación y se arrepiente, y hace confesión pública, no hay que excomulgarle, pues ya se ganó a Cristo. Ya abandonó su pecado. Si la iglesia tiene que cortarle la comunión, haciendo caso público de ello, cuando el hermano se arrepienta, entonces la iglesia tiene que perdonarle, consolarle, y confirmarle su amor (2 Cor. 2:7,8).

* * *

426. 1 COR. 7:14, "¿HIJOS INMUNDOS O SANTOS"?

Si "inmundo" significa "no acepto", según sus comentarios en NOTAS SOBRE 1 CORINTIOS, "entonces cuando la esposa o el esposo cristiano se

separa de su pareja incrédula, sus hijos son considerados inmundos, lo que es lo mismo, según usted, de no aceptos. Las preguntas entonces serían: ¿Qué es un hijo no acepto según Dios? ¿Significa que él no lo acepta o lo rechaza de alguna forma, por haberse separado la pareja?"

\- - -

1. Las dos preguntas ignoran el punto de Pablo en el contexto de 1 Cor. 7:14. Los hijos de la pareja mixta, en cuanto a conversión de parte de solamente uno de los dos, son legítimos. El cristiano no debe divorciarse del incrédulo. Dios acepta su relación; reconoce su matrimonio, y que son legítimos (aceptos) sus hijos.

2. Las dos preguntas arriba tienen que ver con el estado de un hijo de tal situación. Si Dios reconoce tal matrimonio, reconoce que el hijo es legítimo, y no bastardo (Heb. 12:8, un hijo que nació fuera del matrimonio). Si este hijo nació dentro de un matrimonio que Dios reconoce, entonces siempre va a ser un hijo legítimo, no importando lo que sus padres hagan en el futuro. O, ¿acaso un hijo legítimo llega a ser bastardo porque sus padres se divorciaron? ¡Claro que no! (El hijo bastardo siempre va a serlo, aunque su madre después se case legítimamente con un hombre).

3. Al decir "hijo acepto" no se trata del estado espiritual del hijo delante de Dios. Se trata, dentro del contexto de 1 Cor. 7:14, de un hijo de un matrimonio acepto. El hijo "acepto", como también el hijo bastardo, como individuos tienen su propia espiritualidad delante de Dios según su obediencia o su desobediencia al evangelio de Cristo. Cualquier persona, no importando la condición de sus padres en cuanto a matrimonio, si es pecador, para ser salvo (y acepto a Dios en cuanto a su espiritualidad) tiene que obedecer al evangelio. Hijos legítimos no por eso son cristianos, ni tampoco es pecador todo hijo bastardo. No hemos de confundir el estado espiritual del individuo con la condición en que naciera con respecto a los que le engendraron.

4. Dios rechaza solamente al pecador. Si dos hijos, uno legítimo ("acepto") y el otro bastardo ("no acepto"), siendo pecadores, no obedecen al evangelio, van a ser perdidos eternamente. ¿Por qué? ¿Por qué uno era "acepto" y el otro "no acepto"? No, sino porque los dos murieron en sus pecados. Si los dos obedecen al evangelio, serán salvos. ¿Por qué? ¿Porque uno era "acepto" y el otro "no acepto"? No, sino porque los dos obedecieron al evangelio de Cristo Jesús.

5. Véanse mis comentarios en NOTAS SOBRE 1 CORINTIOS, 7:14.

* * *

427. ¿"DISCÍPULO" SIGNIFICA CRISTIANO?

"¿Cómo podría explicarle a un Testigo de Jehová que aquí en Mat. 28:19 según el contexto 'discípulo' significa un cristiano, seguidor de Cristo? Es decir, aquella persona que sólo escuchó el mensaje mínimo que nos hace discípulos: oír, fe, arrepentimiento, confesión de fe, y luego el bautismo para perdón de los pecados?"

- - -

1. La palabra "discípulo" se emplea en las Escrituras en diferentes sentidos. Radicalmente significa uno que aprende (de la raíz, "math"—de la cual tenemos la palabra matemática – indicando pensamiento acompañado de empeño o esfuerzo).

2. De esto viene la idea de ser seguidor de cierto maestro, creyendo su enseñanza. Por eso leemos acerca de discípulos de Juan, de Jesús, de Moisés, etcétera. Los doce apóstoles fueron llamados "sus discípulos" (de Jesús). El verdadero discípulo de Cristo permanece en la Palabra de Cristo y lleva mucho fruto (Jn. 15:1-8). Esto describe al que llamamos "cristiano".

3. En Hechos aparece el término discípulo para decir "cristiano"; es decir, los discípulos de Cristo son cristianos (Hech. 6:1,2,7; 14:20,22,28; 15:10; 19:9). Hech. 11:26 nos dice que los discípulos eran llamados cristianos.

4. En la Gran Comisión Cristo envió a sus doce apóstoles a hacer discípulos; es decir, a hacer cristianos por medio de enseñarles lo que es necesario hacer para ser salvos, y luego de bautizarlos, seguir la enseñanza de cómo vivir la vida de cristianos. Para que la persona llegue a ser cristiano, tiene que aprender lo que Jesús enseña (Efes. 4:21). Aprendiendo y obedeciéndolo, llega a ser seguidor (discípulo) de Cristo; llega a ser cristiano. Como cristiano tiene que seguir creciendo en el conocimiento de Jesucristo (2 Ped. 3:18).

5. Los Testigos de Jehová afirman otra cosa. Para ellos sus "líderes" determinan un curso estipulado de estudios (de su doctrina humana y falsa) y éstos se presentan a "discípulos". Cuando estos llamados discípulos lo aprenden suficientemente bien, según el juicio de los maestros, luego se les permite el bautismo. Juntan un gran número de éstos y hacen una gran publicidad para bautizarlos en una ocasión muy especial para esto. Es una ceremonia muy impresionante, debido a la previa publicidad y el gran número de los bautizados en la ocasión. El mundo en general es grandemente impresionado por toda la grandeza de la ocasión. No es nada como la ocasión narrada en Hech. 16:33. Todo esto refleja ideas y sabiduría puramente humana y no halla nada de apoyo en las Escrituras.

* * *

428. ¿UNA SEGUNDA OPORTUNIDAD?

"Los Testigos creen que las personas que murieron sin escuchar el evangelio deben ser resucitadas para así tener otra oportunidad. Lamentablemente para ellos, la Biblia no hace mención ni por asomo a una segunda oportunidad tras la muerte. Ellos citan Fil. 2:9-11 y dicen que toda rodilla se debe doblar incluso de los que han muerto (los que están bajo tierra), demostrando con esto que los muertos que no escuchaban sobre Cristo, deben ser resucitados para que se les predique el evangelio, teniendo así todos la misma oportunidad de oírlo, y aceptarlo o rechazarlo. ¿Podría explicarme Fil. 2:9-11? ¿Existe algún texto en la Biblia que sugiera que los muertos que no escucharon sobre el evangelio de Cristo, tengan otra oportunidad? Ellos piensan que si los que murieron sin escuchar el evangelio se perdieran, entonces Cristo no murió por todos sino por algunos. ¿Cómo contestar?

- - -

1. Bien dice usted que la Biblia no hace mención ni por asomo a una segunda oportunidad de obedecer el evangelio para la persona que ya murió. Eso contesta la pregunta de que si existe algún texto en la Biblia que sugiere que los muertos tendrán otra oportunidad de obedecer el evangelio.

2. Si todo el mundo que en vida no oyó el evangelio predicado va a ser resucitado para que en una segunda oportunidad oiga el evangelio, ¿qué seguridad hay de que entonces todos ellos vayan a oír el evangelio? Tendrá que haber aún otra oportunidad para aquéllos que en la segunda oportunidad no oyeran el evangelio? ¿Cuántas veces van a ser necesarias para que por fin todo el mundo, sin excepción alguna, oiga el evangelio predicado? Si todo el mundo en la primera oportunidad no oyó en vida el evangelio predicado, ¿cómo hemos de esperar que en la llamada segunda oportunidad todos a una lo vayan a oír predicado? Estas preguntas revelan lo ridículo de la posición de los Testigos.

3. Fil. 2:9-11, en su contexto, habla de la súper exaltación de Jesús en su ascensión al cielo (Hech. 1:9-11) para sentarse a la diestra de Dios (Hech. 2:33), coronado de gloria y de honra (Heb. 2:9).Todo el mundo (incluso los ángeles) o voluntaria o forzosamente tienen que reconocer la grandeza de la autoridad y exaltación de Cristo Jesús. En esta vida la confesión es hecha de corazón (Rom. 10:9,10; Mat. 10:32,33; Hech. 8:37). En el juicio final, los que en la vida no le confesaron, tendrán que hacerlo (doblar la rodilla en reconocimiento de la autoridad de Cristo) forzosamente, tan grande es la exaltación de Jesús. Esto incluye a los vivos y a los muertos (los que están debajo de la tierra) y a los habitantes del cielo. La súper exaltación de Jesús lo demanda.

En seguida del ver. 11 dice Pablo, "Por tanto....". ¿Cuál es la conclusión, dado que toda persona va a doblar la rodilla forzosamente en el día del juicio final, si en esta vida no lo hizo de corazón? La conclusión es obvia: todo cristiano debe ocuparse en su salvación con temor y temblor, porque si no, en el día final tendrá que doblar la rodilla frente a Cristo y admitir que él es el Gran Salvador del mundo, a quien en esta vida no le obedecía.

El texto no dice que toda persona va tener **la oportunidad** de doblar la rodilla, sino que todos **la doblarán**. ¿Quiere decir esto, pues, que en la supuesta segunda oportunidad, todo el mundo va a ser salvo? Todos van a doblar la rodilla, según este texto. ¿Creen los Testigos de Jehová que todo el mundo, que en esta vida no oyó el evangelio, al oírlo en la "segunda oportunidad" va a ser salvo? ¡No lo creen, ni nadie lo cree! Si en esta vida no todo el mundo va a oír el evangelio, ¿cómo se puede esperar que en otra oportunidad todo el mundo lo vaya a oír?

No hay nada en este contexto de una "segunda oportunidad", ni de otras muchas oportunidades, para confesar a Cristo voluntariamente; es decir, en obediencia al evangelio. Para los que mueren sin obedecer a Cristo, mueren en sus pecados (Jn. 8:24). Mueren separados de Dios por toda la eternidad. Después de la muerte no viene otra oportunidad de creer en Cristo, sino solamente el juicio final (Heb. 9:27).

4. El hombre muere una sola vez (Heb. 9:27), no dos o más. Si en la supuesta "segunda oportunidad" la persona rechaza el evangelio, ¿tiene que morir otra vez? o, ¿vivirá para siempre?

5. Cristo murió por todos (1 Tim. 2:6), y no solamente por algunos; es cierto. Pero si Cristo no hubiera venido al mundo, ¿cuántos habrían sido salvos de sus pecados¿ ¡Ninguno! Si la persona oye el evangelio, o no, siempre está perdida en sus pecados, y si no cree que Jesús es el Cristo, morirá en sus pecados (Jn. 8:24). Para que todo el mundo oiga el evangelio, los cristianos tenemos que llevárselo. Por eso la Gran Comisión fue dada a los apóstoles. Que toda persona oiga el evangelio, o no, si muere fuera de Cristo, muere perdida como estaba en la vida.

6. Según los Testigos de Jehová, la muerte significa aniquilación. ¿Cómo puede una persona aniquilada volver a vivir sobre la tierra?

* * *

429. HEB. 9:27, ¿EL "JUICIO" NO SIGNIFICA CASTIGO SINO SOLAMENTE UN CASO PARA EXAMINAR LA INOCENCIA O LA CULPA DE LA PERSONA?

"Los Testigos dicen que en este texto la palabra "juicio" no significa castigo, sino que es como cuando una persona es este mundo está esperando ser juzgada por un tribunal humano para demostrar su inocencia o ser hallada culpable. ¿Cómo les podría demostrar que el juicio bíblico no es como un juicio humano (donde puede haber oportunidad de ser absuelto), sino condenación?"

\- \- \-

1. En este texto aparece la palabra griega, KRISIS, que significa "juicio" en el sentido de condenación, o castigo. Aparece también en este sentido en Mat. 23:33 (condenación); Jn. 3:19 (condenación); Sant. 5:12 (condenación); 2 Ped. 2:11 (juicio); Judas 9 (juicio).

2. El día del juicio final no es para determinar la inocencia o la culpabilidad de las personas. El destino de cada persona está sellado en su muerte (Luc. 16:22,23). El juicio final es para la vindicación pública de Cristo frente a todo ser creado por Dios (Fil. 2:11) y para hacer separación entre los salvos y los perdidos (Mat. 25:32,33; Jn. 5:28,29; 2 Cor. 5:10). El juicio final no es para

determinar el destino final de cada quien, y por eso la palabra "juicio" en Heb. 9:27 no puede tener el sentido que le dan los falsos Testigos de Jehová.

* * *

430. HEB. 9:15

"¿Existe algún pasaje que nos muestre que la muerte de Cristo, no solamente sirvió para los que vivieron luego de su muerte, sino también para los que ya habían muerto antes de su crucifixión?"

Sí, Heb. 9:15.

* * *

431. ROM. 2:12-16

"¿Significa Rom. 2:21-16 que los que vivieron sin ley, como aquellos que vivieron bajo ella, serán considerados justos (sin obedecer el evangelio de Cristo, por haber muerto antes que este llegara) de acuerdo si: 1o. los gentiles si tuvieron buena conciencia, 2o. los judíos si fueron respetuosos de la ley e hicieron todo lo posible para guardarla? ¿Podría explicarme dichos pasajes?"

\- \- \-

1. No, el pasaje no significa eso. La justicia viene de Dios por medio del evangelio de Cristo Jesús, y solamente por él (1:16,17; 3:21-26). Nadie es justo por su absoluta obediencia a alguna ley a la cual estuviera responsable. Ningún hombre ha vivido sin pecar. (Puede hacerlo, pero nadie lo ha hecho).

2. El capítulo uno de Romanos trata del caso del gentil. Estaba perdido en sus pecados y necesitado del evangelio. En el capítulo 2 Pablo se dirige al hombre (2:1) que es el judío (ver. 17), probando que él también está perdido y necesitado del evangelio. El judío condenaba al gentil y al mismo tiempo era culpable de los mismos pecados. Dios no hace acepción de personas (ver. 11) y por eso tanto el judío como el gentil estaban perdidos por haber pecado, el judío violando la ley de Moisés que le gobernaba, y el gentil estaba perdido por haber pecado, violando la ley que él tenía por la tradición desde esos tiempos remotos en que Dios hablaba a los patriarcas. El por naturaleza, es decir, por práctica establecida de largo tiempo, a veces guardaba muchas cosas legisladas en la ley de Moisés al igual que el judío bajo esa ley. Pero en los dos casos todos habían pecado y estaban destituidos de la gloria de Dios (3:23). Por eso estaban condenados y sentenciados a la muerte eterna. En Cristo Jesús, y su evangelio, tanto el judío como el gentil pueden ser salvos (3:29,30).

3. Rom. 2:12-16 no dice que algunos gentiles, o algunos judíos, guardaron la ley de Dios en medida absoluta; es decir, en obediencia perfecta. (Bien pudieron haberlo hecho, porque el hombre no tiene que pecar. Dios no le ha dado ningún mandamiento que el hombre no pueda obedecer). El punto de Pablo en esta sección de su carta es el de mostrar que tanto el judío como el gentil necesitan del evangelio porque no guardaron perfectamente bien las leyes que les gobernaban y que no hay perdón aparte del evangelio de Cristo.

4. Es cierto que había gente antes de la dispensación del evangelio que será salva eternamente (Heb. capítulo 11, ver. 39,40 en particular; Luc. 13:28; Rom. 4:3; Gal. 3:9) porque vivieron por fe y porque la sangre de Cristo les limpió de sus pecados (Heb. 9:15). No eran justos por sus obras de obediencia perfecta bajo alguna ley de Dios, sino fueron justificados por Dios en la sangre de Cristo, siendo condicionada su justificación en su vida de fe. Pablo usa el caso de Abraham para probar que Dios cuenta la fe para (griego, "eis"; no, "por") justicia, y Pablo y Santiago usan el caso de Abraham y el de Rahab para ilustrar el punto de que la fe que salva es la fe viva que obra (obedece) (Rom. 4:3; Sant. 2:21-26).

* * *

432. EL PECADO ORIGINAL

Sobre el tema del pecado original, un hermano pregunta: "¿Morimos por nuestros propios pecados, o por el de Adán y Eva? ¿De qué forma afectó el pecado de Adán y Eva a la raza humana, ya que existen las enfermedades hereditarias o defectos congénitos? ¿Son estos males consecuencia del pecado de los primeros padres? Hago estas preguntas porque un Testigo me dijo que el bautismo era en cierta forma para perdón de pecados personales, pero que no quitaba 'el pecado original o adámico', ya que de ser así no moriríamos luego del bautismo. ¿Cómo responder?"

- - -

Contestaré las preguntas en el orden en que aparecen:

1. La pregunta no define la palabra morir. En las Escrituras se usa en sentido físico y en sentido espiritual o figurado. Me supongo que el interrogador pregunta respecto a morir físicamente. Si es así, entonces la respuesta es que todo el mundo muere físicamente (Heb. 9:27) porque Adán y Eva pecaron (Gen. 3:17-19; 1 Cor. 15:21,22).

En Rom. 5:12 y sig. Pablo habla de la muerte espiritual que experimenta toda persona que peca. La culpa del pecado de Adán y Eva no se transmite a nadie (como tampoco la justicia de nadie se transmite a otro), Ezeq. 18:20.

El hombre no muere físicamente porque sea pecador (pues aun los pequeñitos inocentes mueren), sino porque Adán trajo al mundo la mortalidad, la muerte física. (Ahora los hombres mueren espiritualmente, debido a sus propios pecados, Rom. 5:12). Se equivocan grandemente todos los comentaristas que unen Rom. 5:12 y sig. con 1 Cor. 15:21,22. Estos pasajes representan dos contextos completamente diferentes.

Muchos tratan de meter en 1 Cor. 15:21,22, la muerte espiritual, afirmando que Pablo, al decir "en Adán todos mueren", dice que todo hombre hereda el llamado "pecado original". No obstante ignoran el uso en el contexto de la palabra "morir". Si la frase quiere decir que uno pecó y que por eso todos son pecadores, entonces se sigue que en el otro, en Cristo, todos van a ser salvos. Si una cosa es incondicional, ¡también la otra! Pero esto traería la salvación universal, cosa que estos falsos maestros rechazan.

2. Gén. 3:17-19; 1 Cor. 15:21,22; y Heb. 9:27 contestan la segunda pregunta.

3. Sí, estos males son consecuencia del pecado de Adán y Eva (Gén. 3:17-19).

4. La cuarta pregunta, "¿Cómo responder?", se contesta fácilmente. El bautismo quita los pecados personales porque no hay otra clase de pecado que tenga el hombre. El Testigo de Jehová supone que existe el llamado pecado original y luego edifica una doctrina sobre él, afirmando conclusiones basadas en su suposición.

Al decir el Testigo "el pecado original" no se refiere al hecho de que Adán y Eva pecaron en el principio y por eso se trajo a la humanidad la mortalidad. Quiere decir que por ese primer pecado todo el mundo nace pecador, heredando la culpabilidad de lo que hicieron Adán y Eva. Esto no lo puede probar; la Biblia desconoce tal doctrina. Luego él habla de que el bautismo no puede quitar tal pecado transmitido de Adán a la humanidad. Claro que no porque ¡tal pecado no existe!

Rom. 5:12, pasaje al cual siempre alude el falso maestro que aboga por la doctrina del llamado "pecado original o adámico", no dice lo que el falso quiere que diga. El quiere que el pasaje diga esto: "Por tanto, como la CULPA del pecado de Adán entró en el mundo, y por esa CULPA entró la muerte FISICA, así la muerte FISICA pasó a todos los hombres, por cuanto todos nacieron con esa culpa transmitida a ellos".

Lo que dice es que Adán introdujo el pecado en el mundo (por ser el primero que pecó), y por ese pecado introdujo la muerte espiritual (separación de la comunión con Dios). Ahora esa muerte espiritual pasó a todos los hombres por la sencilla razón de que ¡todos pecaron!

El Sal. 51 tampoco habla del pecado de Adán y Eva, sino de los pecados personales de David. Véanse los primeros cuatro versículos: "mis rebeliones, mi maldad, mi pecado, he pecado, he hecho". El no dice nada acerca del pecado de Adán y Eva. El ver. 5 no dice: "he nacido con la culpa del pecado de Adán", sino lo que significa que nació en un mundo caracterizado por la maldad y el pecado.

* * *

433. ¿ES MALO EL SORTEO?

"Quiero saber qué opina del aceptar rifas que los supermercados hacen para promocionar sus productos, ejemplo:

Por la compra de 10000 colones participe de la rifa de una plancha eléctrica. El motivo es que en estos dos últimos domingos toque el tema de la lotería, y en eso salió a discusión lo antes dicho. Yo creo y corríjame si estoy en un error que el hecho que la persona llene la boleta para participar en un sorteo es porque desea ganarse el premio, de lo contrario no lo enviaría. Y esto es una forma de codicia condenada por la Biblia. Lo considero una estafa, pues si usted no compra lo antes dicho (10000), no participa. ¿Qué diferencia hay con comprar un billete de lotería? El conducto es diferente pero el propósito es el mismo. Esto se lo expongo, porque alguien dice que es mi opinión y que es extremismo".

---

1. Los negocios a menudo ofrecen gratuitamente algún artículo de valor para promover clientela. Es un proceder legítimo. Hay mucha competencia entre los comerciantes y por eso tienen diferentes promociones. Si una tienda, para interesar a la gente a comprar con ella, anuncia cierta oferta gratuita a la persona cuyo boleto se escoja, y con tal que la persona haya comprado cierto valor de bienes en la tienda, en realidad ofrece algo gratuito. Nadie juega o apuesta. Nadie corre el riesgo de perder dinero sin recibir nada, como es el caso en la lotería. Ni es necesariamente caso de codicia. Si la persona es cliente regular de la tienda y de todos modos va a comprar al nivel del valor estipulado, o si cambia de tienda para hacer sus gastos donde hay tal promoción, no es codicia que se aproveche de la posibilidad de ganar el premio del sorteo. Lo he hecho un número de veces, sin perder nada y sin motivos de codicia. (Ahora si la persona gasta más que debe, solamente para gastar la cantidad estipulada, con el fin de posiblemente ganar el premio, entonces sí actúa en base a la codicia). No es correcto igualar este caso al de la lotería, cosa completamente diferente en operación y propósito.

2. Si la persona opina que en tal actividad no se debe participar, desde luego no debe participar en ella. Ahora, el extremismo entra solamente cuando la persona insiste en que todo el mundo se conforme a su opinión, ya que en este caso la actividad en sí no es mala. Es cuestión sencillamente de aprovecharse de una oferta gratuita que el comerciante ofrece para ganar clientela.

* * *

434. LA METAFÍSICA

"¿Qué es la metafísica? ¿Qué creen los metafísicos? ¿Por qué ellos dicen que Jesús es un metafísico?"

---

1. La palabra "metafísica" es una transliteración de dos palabras griegas, "después de" y la "física". La metafísica es una filosofía que propone llevar a la persona más allá de lo que ocurre diariamente, más allá de lo físico, más allá de las cosas mismas. Trata de estudios sobre la ontología (es decir, sobre el ser), sobre la deidad, y sobre la ciencia del conocimiento.

2. La palabra filosofía es compuesta de dos palabras griegas que significan "amar" y "sabiduría". El hombre ama la sabiduría pero el filósofo que excluye a Dios y a su revelación en las Sagradas Escrituras, al buscar la sabiduría y la inteligencia, yerra en gran manera porque solo no tiene la capacidad de profundizar la realidad. Por

eso hay tanta filosofía variante (Hech. 17:18-21).

3. La naturaleza revela la divinidad y el poder de Dios (Rom. 1:20), y las Escrituras revelan la mente de Dios (2 Tim. 3:16). Cuando el hombre ignora estas dos revelaciones de Dios, se deja en la tinieblas de su propia ignorancia (Efes. 4:17-19; Rom. 1:21).

4. Hay que guardarnos de las filosofías de los hombres (Col. 2:8-12, 20-23). Ellas se componen de puras ideas humanas, mientras que las revelaciones de Dios, probadas ampliamente, nos dirigen en la verdad, no solamente en cuanto a la vida presente, sino en cuanto al mundo del futuro y de los propósitos eternos de Dios con respecto al hombre. En la Biblia el Creador habla a la criatura, pero el filósofo habla a sí mismo de cosas más allá de él, y por eso anda mal (Jer. 10:23).

5. Muchas filosofías falsas han afirmado que Jesús de Nazaret era uno de los creyentes en ellas. Jesús ha sido llamado filósofo, comunista, rebelde, ascético, reaccionario político, etcétera. ¿Quién no ha sido representado mal? (Compárense Mat. 11:19.; Hech. 17:6,7). Pero, ¿qué prueba hay de que Jesús mismo haya dicho que era metafísico? Las Escrituras nos revelan a Jesús de Nazaret, pero muchos toman de esta información, la modifican y la adaptan a sus filosofías, mientras rechazan lo que esas mismas Escrituras afirman y enseñan en cuanto a los principios primeros, a la deidad de Dios, a la verdadera ciencia, y a Jesucristo mismo.

* * *

435. DIVIDIR LA MEMBRESÍA POR PROBLEMAS PERSONALES

"Se trata de uno que según otros hermanos no tiene opción a ser pastor porque no llena los requisitos según 1 Tim. 3:1-7 y Tito 1:5. El no es apto para enseñar. Se trata también de otro que no tiene paciencia para enseñar, que dice al público los problemas personales, y todavía no tiene sus requisitos. Las dos personas discuten en las reuniones, esto delante de amigos y recién creyentes. Estas actitudes han sido muy malas, hasta que últimamente terminan dividiendo la membresía, y algunos no saben a dónde o a qué grupo seguir. La pregunta es: ¿Puede un miembro dividir la membresía por algún problema tan grande que sea?"

---

1. Por desconocer el caso en particular, no puedo ser juez en el asunto, pero hablando en general, no es cualquier cosa que una iglesia que es de Cristo sea corrompida por los cristianos cuyas actitudes y actividades no son autorizadas. Léase el capítulo 3 de 1 Corintios, y el ver. 17 en particular.

2. Si alguno se promueve a sí mismo, principalmente en base a su tiempo en el evangelio, el tal muestra que durante sus muchos años de ser cristiano no ha aprendido casi nada. Si los requisitos bíblicos para ser anciano, o pastor, y obispo, no son respetados por la persona, ¿cómo podrá servir de anciano? ¿Respetará la obra del obispado (1 Tim. 3:1)? ¡Claro que no!

3. Los que simpatizan con la persona que no muestra gravedad en la congregación, mayormente siendo persona de años en el evangelio, también muestran carnalidad, porque siguen a los hombres en lugar de seguir a Cristo.

3. Muchas personas se consideran ser miembros de la iglesia de Cristo, pero por sus acciones lo hacen evidente que en realidad son miembros de una iglesia de hombres. Cristo en la cabeza de su iglesia, y solamente él da las órdenes. Cuando los hombres siguen a los hombres, evidencian el hecho de que no son de Cristo. La consecuencia de todo esto es el fracaso (Mat. 15:14).

4. Si algunos dividen la iglesia local en base a actitudes y acciones carnales, llevarán su culpa, pero los fieles no van a seguirles, cueste lo que cueste. Cada cual tiene que ejercer dominio propio y hacer sus decisiones sin hacer acepción de personas. Recordemos las palabras de Cristo en Mat. 10:34-39.

* * *

436. LOS CALENDARIOS JULIANO Y GREGORIANO

"El calendario gregoriano fue introducido para corregir al calendario juliano, ya que este último tenía un error de 10 días. Dionisio, ¿qué error cometía en el uso del calendario romano en cuanto al nacimiento de Cristo? ¿Pudiera ser difícil las fechas aproximadamente en qué año estamos?"

- - -

1. Para entender la cuestión bien, hay que consultar una buena enciclopedia. No tengo espacio aquí para presentar la cuestión ampliamente. A continuación cito lo que dice Larousse en su diccionario:

"El calendario romano debe su origen a Rómulo, quien estableció el año de 300 días, divididos en 10 meses. El año 708 de Roma, modificó Julio César el calendario para ponerlo de acuerdo con el curso del Sol; se da a esta modificación el nombre de 'reforma juliana'. Habíase agregado un día suplementario cada cuatro años, pero resultaba el año de este modo algo mayor que el verdadero, de suerte que en 1582 había retrocedido el equinoccio de primavera unos 10 días. El Papa Gregorio XIII ordenó que el 5 de octubre de aquel año se convirtiera en el 15 de octubre y suprimió tres de cada cuatro años bisiestos seculares, dejando sólo aquéllos que caen en decena de siglo. Dicha reforma, llamada gregoriana, ha sido adoptada por casi todos los pueblos del mundo".

2. Los diez días que faltaban al calendario juliano, y que fueron añadidos por el gregoriano, no faltaban en el tiempo de Dionisio, sino hasta el tiempo de la reforma gregoriana (1582). La falta de 10 días fue el resultado de 15 siglos de tiempo pasado.

3. No veo importancia en la cuestión de determinar con toda exactitud la fecha en que estemos, con respecto al nacimiento de Jesús. Es el hecho del evento que importa.

4. Hoy en día, cuando menos en los EE.UU., donde se acelera el humanismo ateísta, en lugar de usar la designación de "D. de J. C.", se está usando la designación de "E. C.", que significa "Era Común". En lugar de "A. de J.C.", se usa "A. E. C." Según esta práctica, que es antireligiosa, estamos en el año 1998 E. C.

* * *

437. JUAN 3:34, EL ESPÍRITU POR MEDIDA

"¿Qué es el Espíritu por medida?"

- - -

1. La palabra "Espíritu", en la expresión "Espíritu por medida" apunta al Espíritu Santo.

2. Jesucristo, afirma este versículo, fue enviado a este mundo por Dios, y éste habló las palabras de Dios. ¿Por qué habló las palabras de Dios (y no palabras de sabiduría humana)? Es porque Dios no le dio a él el Espíritu Santo por (griego, *de*) medida, o sea, escasamente.

3. Eso significa que las declaraciones de Jesús eran revelaciones en plenitud (o, sin medida) del Espíritu, cuyo papel era revelar la verdad de Dios. Aquí Jesucristo es presentado como completamente identificado con el Espíritu Santo.

* * *

438. "LA ESCATOLOGÍA CUMPLIDA"

"Quisiera que me enviara alguna información en cuanto a la nueva división dentro de la iglesia en sentido general; es decir, no sé de dónde salieron y se hacen llamar la 'teoría del 70' o 'Escatología Cumplida'".

- - -

1. Esta doctrina tuvo su principio en nuestra hermandad con la promoción de ella principalmente por el hermano liberal, Max King, a fines de la década 60 en el estado de Ohio. Publicó su libro sobre esta falsa doctrina en el año 1971, titulado "The Spirit Of Prophecy" (El Espíritu De Profecía). Tomó este título de las palabras de Apoc. 19:10, pero admite que el propósito de la frase "el espíritu de la profecía" es diferente del que él promueve con el uso de la frase, "espíritu de profecía".

2. En inglés a esta falsa doctrina de King se le llama "la vista preterista de la profecía". "Pretérito" significa pasado. De esto vemos que King considera toda profecía como cosa ya cumplida en el pasado. La nación judaica fue destruida por los romanos en el año 70 d. de J.C. Según la doctrina de King, a partir de esta fecha ya no hay nada futuro que cumplirse en cuanto a profecía. De esto en español sale la frase, "la teoría del 70".

3. La palabra "escatología" es una palabra transliterada de los vocablos griegos, "escatos", y "logos", que quieren decir "último" y "estudio". La escatología es un estudio de las cosas finales en la historia del mundo como por ejemplo la segunda venida de Cristo, la resurrección de los muertos, el

juicio final, y el cielo y el infierno. La doctrina de King, la "escatología cumplida", afirma que todas estas cosas ya se cumplieron para la fecha 70 d. de J.C. ¡No hay nada futuro de la fecha de hoy que haya de ser cumplido en cuanto a enseñanza bíblica! ¡Ya vino Cristo la segunda vez, ya todos se resucitaron, ya pasó el juicio final, y ya estamos en el cielo o en el infierno! El fin del mundo, según King, sucedió cuando vino Cristo la segunda vez, y él vino en la destrucción de Jerusalén. Afirma él que ya estamos en el mundo venidero. Ya estamos en el reino eterno, y en lugar de estar en los últimos días estamos en los días eternos, dice él. "No hay período de tiempo entre la caída del judaísmo y la segunda venida de Cristo".

4. En cuanto al cielo, el dice: "El cielo es parte de su vida ahora, y cuando usted muera, seguirá viviendo tiempo sin fin ...usted nunca se acercará más al cielo que a aquello que usted haga del cielo en su propia vida". Preguntamos a King: ¿Se acercará el pecador más al infierno que a aquello que él haga del infierno en su propia vida?

5. Ya que no hay nada que se espere en cuanto al futuro (pues según King toda la profecía está cumplida desde el año 70), preguntamos: ¿qué ha de pasar a este mundo físico en que vivimos? El responde: "Yo no sé qué haya de ser el destino de este mundo físico en que ahora estamos viviendo". No ayuda nada que le citemos a 2 Ped. 3:10,11, porque según él, el día del Señor fue el tiempo de la destrucción de Jerusalén, 70 d. de J.C.

6. En el año 1973 yo escribí (en inglés) ocho artículos para publicación en la revista TRUTH MAGAZINE, repudiando la doctrina de King y su libro, EL ESPIRITU DE PROFECIA. Unos años después él acordó debatir conmigo públicamente esta cuestión, prometiendo ponerse de acuerdo conmigo sobre las proposiciones y demás detalles. Pero hasta la fecha, no he tenido razón de él. Su doctrina se ha extendido a muchas partes de los EE. UU. y al parecer, ahora hasta la América Latina. La "fuerza" (que es aparente, pero no real) de su doctrina consiste en:

1- forzar pasajes literales en su molde de espiritualización

2- agrega palabras o frases, o cambia de palabras o frases, en sofistería sutil

3- Cita solamente una parte de una autoridad, la parte que aparente acuerde con lo que él está afirmando, y así deje una falsa impresión

4- Tiene fabricado un vocabulario especial, o una lengua propia suya, para apoyar su doctrina. (Esto lo tiene cualquier falso maestro)

5- El ignora el contexto de pasajes y luego los emplea a su manera. (Esto también lo hace todo falso maestro)

7. Sin la ayuda de King, nadie entendería que los autores inspirados estuvieran enseñando la "Teoría del 70" o "La Escatología Cumplida".

* * *

439. ROMANOS 8:26

"¿Nos ayuda el Espíritu Santo a orar?"

\- \- \-

1. Yo no diría que el Espíritu Santo nos ayuda a orar, sino que, según lo expresa el texto mismo, "El Espíritu mismo intercede por nosotros". No ayuda al cristiano a orar, pero sí le ayuda. Su ayuda tiene referencia a nuestra insuficiencia en cuanto a orar como debemos hacerlo. El de por sí, como una ayuda para los cristianos, hace intercesión a Dios por nosotros los cristianos. (La manera específica en que él lo hace no se nos define, pero el hecho de ello se nos revela).

No oramos al Espíritu Santo ni por medio de él. No oramos en su nombre. Hay un solo mediador entre el hombre y Dios, Jesucristo (1 Tim. 2:5). Por eso oramos en su nombre. Las dos cuestiones distintas no han de ser mezcladas.

El Espíritu Santo comprende las necesidades del cristiano y las expresa a Dios en lenguaje que no se expresa en lenguaje humano, y Dios, quien conoce los corazones, bien puede saber la mente del Espíritu.

Nuestra dificultad consiste en que no tiene el ser humano comprensión completa de la deidad, ni de cómo las personas divinas se interrelacionan. Pero el punto principal para nosotros es que, a pesar de nuestra insuficiencia, nuestras necesidades son claramente expresadas a Dios.

* * *

440. 1 TIMOTEO 3:16

"¿Qué hizo el Espíritu por Jesús, según este texto?"

\- \- \-

1. El texto no habla de haber hecho el Espíritu Santo nada.

2. La versión American Standard en inglés dice, "en el espíritu", como también varias versiones buenas en español. No se hace referencia al Espíritu Santo. (La versión de Valera 1960, al emplear la E mayúscula, da a entender que la referencia se hace al Espíritu Santo. Algunas versiones dicen: "justificado por el Espíritu", pero en esto ellas interpretan más bien que traducen.

3. El texto griego emplea solamente tres palabras; a saber, "justificado en espíritu", igual que en la frase anterior: "manifestado en carne".

4. Lo que dice Pablo en este pasaje es que como en la esfera de carne Cristo fue manifestado para sufrir y morir por el pecador, en la esfera de espíritu fue vindicado triunfalmente (Col. 2:15). Las frases "en carne" y "en espíritu" significan "en la esfera" de ellos.

5. La palabra "justificar" muchas veces significa *ser perdonado* (Rom. 4:2-8). Véase **Notas Sobre Tito,** 3:7, comentarios. Pero aquí significa *vindicar,* o ser respaldado (por Dios, en la resurrección, Rom. 1:4). Este sentido del verbo se ve en Mat. 11:19; Luc. 10:29.

Jesucristo fue vindicado con referencia a sus reclamaciones y a las falsas representaciones hechas en su contra. Los incrédulos rechazaron sus reclamaciones de ser Dios venido en la carne, pero él fue vindicado (justificado) en estas reclamaciones. Le acusaron repetidas veces de impostor y blasfemo, pero él fue vindicado (justificado) de estas acusaciones; se probó que él era libre de ellas. Véanse Hech. 2:36; 5:31.

Por haber sido justificado (vindicado), en las Escrituras se llama "el Justo". Véanse Hech. 3:14; 7:52; 22:14; 1 Jn. 2:1,29.

* * *

441. JUAN 20:22,23

"¿En qué se difiere este acto de lo que vemos en Hech. 2:1-4?"

\- \- \-

1. Lo que hizo Jesús en esta ocasión no fue nada diferente o separado, de lo ocurrido el día de Pentecostés, sino lo anticipó. Fue una repetición de la promesa que hizo a los apóstoles en Juan 14:16; 15:26; 16:7-14. La promesa fue cumplida el día de Pentecostés.

* * *

442. HECH. 4:31, LLENOS DEL ESPÍRITU SANTO

"¿A quiénes se refiere la palabra "todos", a los apóstoles o a los cristianos presentes?"

\- \- \-

1. Se refiere a los cristianos presentes, pero fueron "llenos" del Espíritu Santo pero no "bautizados" en el Espíritu Santo.

* * *

443. HECH. 5:32, ¿PROMESA A TODOS?

"¿Promete Dios dar al Espíritu Santo a todos los cristianos, o solamente a unos en particular?"

\- \- \-

1. Dios da al Espíritu Santo a toda persona que obedece al evangelio.

2. No obstante, este pasaje no ha de confundirse con Hech. 2:1-4 y 11:15. Hay solamente dos casos de bautismo en el Espíritu Santo (en el "principio", el día de Pentecostés, y luego en la casa de Cornelio).

3. El Espíritu Santo reside en todo cristiano (Rom. 8:9). Reside por su palabra inspirada que el cristiano va obedeciendo (Efes. 5:18 más Col. 3:16, pasaje paralelo).

4. La morada del Espíritu Santo en el cristiano no es la misma cosas que "dones del Espíritu Santo". No hay nada milagroso en la morada del Espíritu en la persona hoy en día.

* * *

444. HECHOS 6:1-8,10; 7:55; ESTEBAN, EL ESPÍRITU SANTO Y HACER MILAGROS

"Leemos en Hechos 6:1-8,10 ; 7:55, que Esteban estaba lleno del Espíritu Santo. ¿Es él ejemplo de persona capacitada para hacer milagros por medio de la imposición de las manos de los apóstoles?"

\- \- \-

1. Por la inferencia (conclusión, deducción) necesaria, decimos que sí.

2. Claro es que Esteban hacía milagros (6:8). Pero no fue bautizado en el Espíritu Santo. Ser persona "llena del Espíritu Santo" no significa necesariamente ser persona bautizada en el Espíritu Santo. Todo cristiano es persona llena del Espíritu Santo (Efes. 5:18), pero no ha sido bautizado en el Espíritu Santo.

3. Sabemos que los apóstoles imponían sus manos sobre diferentes cristianos del siglo primero y que eso les capacitó para hacer milagros (8:18; 19:6). De esta manera se repartían dones del Espíritu Santo.

* * *

445. HECHOS 9:17. ¿FUE BAUTIZADO PABLO CON EL ESPÍRITU SANTO?

"Sabemos que Pablo estaba lleno del Espíritu Santo (Hech. 13:9). ¿Fue bautizado en el Espíritu Santo como los demás apóstoles?"

\- \- \-

1. Las Escrituras no dicen explícitamente en ninguna parte que fue bautizado en el Espíritu Santo. Pero sabemos que el evangelio que él predicaba vino "por revelación de Jesucristo" (Gál. 1:12), y que ni su palabra ni su predicación "fue con palabras persuasivas de humana sabiduría, sino con demostración del Espíritu y de poder" (1 Cor. 2:4). El hacía milagros, "señales de apóstol" (2 Cor. 12:12), de igual manera como los demás apóstoles que podían hacerlos porque habían sido bautizados en el Espíritu Santo. Considérese 1 Tes. 2:13.

2. No se nos ha revelado la ocasión ni la manera cuándo y cómo recibiera su inspiración y poder para predicar y hacer milagros; solamente se nos revela el hecho de ello.

* * *

446. HECHOS 13:52, ¿CÓMO LLENOS?

"¿En qué sentido estaban llenos los discípulos del Espíritu Santo?"

\- \- \-

1. Los discípulos no fueron desanimados por la persecución que se levantó a causa del evangelio, sino que se llenaron de gozo por haber obedecido al evangelio, teniendo ya el perdón de sus pecados y la esperanza de la vida eterna. Tales consecuencias espirituales fueron el fruto de la obra del Espíritu Santo de revelar la verdad del evangelio. Al hallarse llenos de estos frutos, se hallaban "llenos de gozo y del Espíritu Santo". En este pasaje no hay nada de "llenar" milagroso.

* * *

447. 2 COR. 6:6

"¿Qué es el significado de la frase 'en el Espíritu Santo' en este versículo?"

\- \- \-

1. Repetidas veces Pablo emplea la frase "en...." en los versículos 4 al 7 para expresar la idea de "en conexión con" todas aquellas cosas

mencionadas. Los apóstoles se encomendaron a Dios "en conexión con el Espíritu Santo" en el sentido de en conexión con los buenos impulsos provocados en el corazón por medio de producir los frutos del Espíritu (Gál. 5:22,23).

* * *

448. GAL. 4:6 Y 4:29

"¿Qué significan estos dos versículos?"

\- - -

1. Léanse Rom. 8:9 y Fil. 1:19. El Espíritu Santo procedió de ambas personas, del Padre y del Hijo (Jn. 15:26). Los cristianos son hijos adoptados (Rom. 8:15). Esto les ha sido revelado por el Espíritu Santo y les hace que invoquen a Dios como a Padre. ("Abba" quiere decir, "Padre").

2. En Gál. 4:29, la palabra "Espíritu" (o, "espíritu") se yuxtapone con "carne", y el contexto lo hace claro que se hace contraste entre los que eran judíos (judaizantes en particular) en consideración de descendencia carnal, como lo era Ismael, y los que eran cristianos en consideración de un nacimiento espiritual (un nacimiento de arriba; o sea, por el poder de Dios solamente), como lo era el nacimiento de Isaac. Se contrastan los dos nacimientos, uno según la carne, y el otro según el espíritu.

* * *

449. 1 TES. 4:8, ¿QUÉ ES ESTO?

"¿A cuál evento en particular se refiere este acto de habernos dado Dios su Espíritu Santo?"

\- - -

1. El pasaje no habla de cierto evento histórico.

2. El nombre "Espíritu Santo", en este pasaje y en otros, por ser la CAUSA de algo, a menudo es puesto por los EFECTOS realizados por él. Por eso, se dice que Dios nos da el Espíritu Santo por medio de darnos la salvación y la comunión con la deidad, como revelada por el Espíritu Santo.

* * *

450. HEB. 6:4

"¿Cómo somos hechos partícipes del Espíritu Santo?

\- - -

1. No hay nada milagroso en esta frase según el contexto de este pasaje.

2. Los cristianos somos partícipes del Espíritu Santo en el sentido de que nos beneficiamos de las bendiciones que resultan de seguir las enseñanzas inspiradas por el Espíritu Santo.

3. El problema que muchos tienen, a consecuencia de enseñanzas falsas del pentecostalismo, es que siempre que ven una frase que incluye el nombre Espíritu Santo, ¡concluyen que se hace referencia al bautismo en el Espíritu Santo (o algo por el estilo), y que tiene que haber algo milagroso en ello!

* * *

451. NO TENER HIJOS

"Si un matrimonio decide no tener hijos, ya sea porque decide dedicar su vida al trabajo en el evangelio y no quiere tener algo que les pudiera atar a un lugar fijo, ya sea colegio para el niño, cuando el hijo es bebé no es prudente viajar por los cambios de clima etc. (estoy poniendo un caso extremo) ¿Este matrimonio estaría pecando? ¿Estaría pasando por sobre el texto de Génesis 1:27,28?"

\- - -

1. Yo dudo seriamente del motivo de la pareja que decida no tener hijos. Si una persona no casada, por querer dedicar su vida al evangelio y así hacerse "eunuco" por causa del reino de Dios (Mat. 19:12), decide no casarse y tener hijos, hace bien. Tiene esa libertad. Así hizo el apóstol Pablo. En cambio, si dos jóvenes deciden casarse, es evidente que lo hacen porque quieren formar un hogar y no porque quieren dedicarse al evangelio. Ahora el hogar existe para la procreación. Esto es lo que nos enseña Gén. 1:27,28. El papel de la mujer no es el de ser predicadora, sino el de dar a luz hijos (1 Tim. 2:15; 5:14; Tito 2:4,5). Poder cumplir con su papel, y rehusar hacerlo, es ignorarlo. ¿De esa manera podrá ser salva la mujer? Ahora, si una pareja, después de haberse casado, comienza a pensar en dedicarse al evangelio, lo puede hacer sin ignorar sus papeles divinos. El apóstol Pedro lo hizo; era hombre casado y con hijos (1 Cor. 9:5; 1 Ped. 5:1 más 1 Tim. 3:2-5). No lo puede hacer con la libertad de un soltero, pero lo puede hacer. Lo que pasa en la mayoría de los casos es que la pareja es egoísta y no quiere la responsabilidad de tener hijos y busca pretextos. Quieren ser casados y al mismo tiempo andar como solteros. Solteros o casados todos podemos hacer la voluntad de Dios sin ignorar nuestros papeles en la vida. Considérense 1 Tim. 2:15; 5:14; Gén. 3:16.

* * *

452. LAS DOCE TRIBUS DE ISRAEL

"Tengo cierta duda, porque cuando saqué en una hoja en blanco puse Números 13:4-16 y Apocalipsis 7:4-8" y las dos listas no salen iguales. "Es necesario conocer y saber respuesta".

\- - -

1. El hermano, en su lista de Núm. 13:4-16, da los nombres siguientes: Rubén, Simeón, Judá, Isacar, Efraín, Benjamín, Zabulón, José, Dan Aser, Neftalí, y Gad. Pero hay equívoco aquí; se omite el nombre de Manasés, y se incluye el nombre de José. Véase la misma lista idéntica en 1:4-15; y en el cap. 3.

2. Leví y José eran hijos de Jacob, y por eso de las doce tribus de Israel (Gén. Cap. 49). Pero Leví no recibió territorio en Canaán cuando la tierra prometida fue dividida en doce porciones. Para completar el número doce, la tribu de José fue dividida en dos. Léase en Josué 14:1-5; 18:7.

3. No hay, pues, ninguna contradicción entre las listas halladas en el Antiguo Testamento. La lista

dada en Apoc. 7:5-8 es una lista simbólica, y no técnica. Todo este libro es presentado en forma de signos (1:1), o símbolos.

4. En esta lista simbólica de las doce tribus de Israel, no aparecen los nombres de Dan y de Efraín. Pero sí aparecen los nombres de Leví, de José y de Manasés. Aunque técnicamente esto no concuerda con las listas del Antiguo Testamento, por no ser lista técnica, no hay problema. Es una lista simbólica, completa con doce nombres.

5. No sabemos por qué se excluyen los nombres de Dan y de Efraín. Se ha sugerido que se debe a que Efraín guió al puedo a la idolatría (véase 1 Reyes 12:25-33; Oseas 4:17) y Dan dejó su tierra heredada para irse al norte (Jueces cap. 18). No sabemos por qué se incluye el nombre de Leví, aunque era una de las doce tribus pero sin recibir herencia de tierra en Canaán.

6. El punto que guardar presente es que la lista técnica (en cuanto a herencias de tierra) es una, y la simbólica para propósito de signos es otra.

* * *

453. JOB 1:6 ¿QUIENES SON LOS "HIJOS DE DIOS" EN ESTE PASAJE?

"¿Por qué dice el texto que los hijos de Dios se presentaron delante de Jehová, y quiénes son ellos?"

- - -

1. Dios es Jehová; Jehová es Dios. No son dos personas distintas. Considérense los ver. 21,22.

2. Aparentemente los "hijos de Dios" tenían un tiempo definido en que se congregaban para cierta reunión con Dios. La referencia en 38:7, con el contexto de los versículos 1 al 6, indica que eran ángeles; es decir, seres celestiales.

3. En una de esas reuniones Satanás se hizo presente, y sigue la conversación entre Dios (Jehová) y Satanás que va registrada en los versículos siguientes.

* * *

454. ¿ES JECONIAS CONIAS?

"¿Jeconías (Mateo 1:11), ¿es Conías de Jeremías 22:28-30?

- - -

1. Sí, Jeconías, Conías (una contracción), y Joaquín son la misma persona. Tres veces Jeremías le llama Conías (22:24,28; 37:1). Es llamado Joaquín (2 Crón. 36:9), y en Mat.1:11 es llamado Jeconías. Véanse 2 Reyes 24:15; 25:27.

* * *

455. EL AYUNO

"¿Debe la Iglesia de Cristo enseñar el ayuno como doctrina?"

- - -

1. La pregunta, como expresada, deja una impresión incorrecta, pues la iglesia de Cristo, en el sentido universal, no enseña nada. Mejor es preguntar si el Nuevo Testamento, o la doctrina de Cristo, enseña así y así.

2. Claro es que el ayuno es parte de la doctrina que se registra en el Nuevo Testamento, pero sin duda el interrogador quiere saber si el ayuno es parte de la fe que debemos los cristianos obedecer obligatoriamente.

3. Bajo el Antiguo Testamento el único ayuno mandado por la Ley de Moisés fue el del día de la expiación (Lev. 16:29,30; afligir el alma = ayunar; el "dia del ayuno", Jer. 36:6; Hech. 27:9).
Con el paso del tiempo, el ayuno se iba asociándose con la aflicción, con la penitencia, con calamidades nacionales y con ansiedades hondas en lo personal (2 Sam. 12:15-23; Esdras 10:6; 2 Crón. 20:3,4; Joel 1:14; 1 Sam. 1:7-18). Los judíos de su propia autoridad establecieron algunos ayunos estipulados (Zac. 8:19). Aun otras naciones practicaban el ayuno (Jonás 3:5). Según Luc. 18:12, el ayuno para algunos fue observado dos veces a la semana.

4. En el Nuevo Testamento vemos que Jesús condenó el ayunó hipócrita (Mat. 6:16-18) y mostró que es una práctica privada. El, cuando menos en una ocasión, ayunó (Mat. 4:2), pero nunca legisló la práctica de ayunar, mucho menos para llamadas razones de "devoción". (Hoy en día algunas iglesias de Cristo liberales, promoviendo la llamada "unidad en diversidad", están innovando la práctica de "ayuno congregacional").
Los discípulos de Cristo no ayunaban como práctica señalada y regulada (Mat. 9:14,15).

5. En algunos casos el ayuno fue el resultado, no de alguna estipulada ceremonia religiosa, sino de falta de comida a la mano (Mat. 15:32-39; 1Cor. 4:11; 2Cor. 6:5; Fil. 4:12).

6. Hay pasajes en la Versión Valera 1960 en que se incluye la palabra "ayuno" o "ayunar", pero esta palabra se omite en las varias versiones muy apegadas al texto griego según los manuscritos más antiguos. En tales casos se considera que la palabra ha sido añadida al texto por algún copista. Véanse Mat. 17:21; Hech. 10:30, y compárense estos pasajes con la versión La Biblia De Las Américas, y con otras versiones buenas.

7. En dos pasajes (Hech. 13:2,3; 14:23) vemos que en ocasiones los discípulos propagaron la costumbre judaica de ayunar en algunas ocasiones de gran solemnidad.

8. Aunque no hay nada inherentemente malo en la práctica, tampoco se presenta en las Escrituras como mandamiento que el individuo o la iglesia colectivamente practique. Al contrario, Col. 2:20-23 expone la falsedad de cualquier estipulación de práctica de ayunar. El individuo queda libre para ayunar con tal que siga las instrucciones de Jesús (Mat. 6:17,18).

* * *

456. ¿ELIGE EL EVANGELISTA A LOS ANCIANOS, O LO HACE LA IGLESIA?

"Algunos hermanos me han dicho que el predicador es el que establece los ancianos. Me citaron Tito 1:5. Yo siempre he dicho que la iglesia es la que los elige. ¿Estoy yo en error?"

"También me argumentaron que el predicador tiene que exhortar a los ancianos. Me citaron 1 Tim. 5:19,20. Yo he dicho que la iglesia tiene que hacerlo. ¿Vuelvo a estar en error?"

- - -

1. Referente a la primera pregunta, cito de mi obra, NOTAS SOBRE TITO, 1:5: "Tito era *evangelista*, como Timoteo (2 Tim. 4:5), y no "supervisor", "encargado de iglesias", "superintendente", etcétera. Los comentaristas sectarios se refieren a Tito y a su obra con términos semejantes, porque están habituados al concepto de "clérigos", cosa desconocida en el Nuevo Testamento. Como predicador, o evangelista, corregiría por medio de predicación, enseñanza y ejemplo, y por medio de la instalación de ancianos. Esta última cosa no la haría arbitrariamente, sino con la cooperación de las iglesias, según el ejemplo apostólico hallado en Hech. 6:3, y 1:23-26. No hay nada de "control evangelístico" en este pasaje.

2. Referente a la segunda pregunta, cito de mi obra NOTAS SOBRE 1 TIMOTEO, 5:19,20,

"Hay que cuidar de recibir acusación contra los ancianos, quienes deben ser "irreprensibles" (3:2), y cuya obra es la de enseñar, guiar, y aún redargüir (Tito 1:9,10). El honor para con ellos lo demanda. La *naturaleza* de la obra de ellos es tal que siempre hay quienes (personas reprendidas, celosas, maliciosas) buscan casos contra ellos.

Timoteo, en su obra de evangelista, muy posiblemente recibiría tales acusaciones. Por estar en Efeso bajo mandato de apóstol, las personas tenderían a traer a él las acusaciones. Pero esto no indica que él sirviera de clérigo de más alta posición que los ancianos (como algunos comentaristas sectarios implican, o afirman). Era *evangelista* (2 Tim. 4:5), no "obispo diocesano" ....**A los que persisten en pecar** — El contexto apunta a los ancianos que pecan, y que por ser dirigentes públicos, ellos deben ser reprendidos públicamente.

No hay en el texto griego palabra para "persisten". Las ver. P.B. y ASV. dicen: "A los que pecan". Pero algunas versiones agregan la palabra "persisten", o "continúan" porque el vocablo griego es participio *presente*, y esto indica acción continua.

— **repréndelos** — La misma palabra griega para decir "reprende", **ELEGCHO**, aparece también en Efes. 5:11 (reprendedlas); 2 Tim. 4:2 (redarguye); Tito 1:9 (convencer) ,13 (repréndelos); 2:15 (reprende). Véase **Notas Sobre Tito**, 1:9, comentarios. (Pero en 5:1, el verbo "reprender" en griego es otra palabra. Véanse los comentarios allí).

Otras versiones dicen: "redarguye" (ASV), "censura" (N.M.), "corrígelos" (N.C.).

Hacer de otra manera no honra a Dios, sino a Satanás. Nunca conviene tapar el pecado; si no se abandona, tiene que ser reprendido.

— **delante de todos** — La frase quiere decir literalmente, "a la vista de todos", y de eso, públicamente. La palabra griega para decir "delante", **ENOPIAN**, aparece en el versículo siguiente, y en Gál. 1:20. La palabra "todos" aquí posiblemente se refiera a toda la iglesia.

— **para que los demás también teman** — Hay un propósito divino en estas instrucciones. Este propósito no debe ser ignorado. La disciplina correcta previene más pecado de lo mismo. Sirve de impedimento, o freno. Compárense Deut. 13:6-11; Hech. 5:10,11. Donde no hay disciplina apropiada, ¡no hay respeto a la autoridad!"

La frase "los demás" puede referirse a los demás ancianos, pero también a los demás cristianos en la iglesia local.

En lugar de "teman", otras versiones dicen de manera más fuerte: "tengan miedo" (P.B.), o "tengan temor" (N.M., ASV., Mod., B.A., H.A., 1977). Así se expresa el texto griego, con dos palabras. La gramática del texto griego da a entender esto: "puedan seguir teniendo temor" de la denuncia.

Agrego aquí que Pablo había dejado a Timoteo en Efeso para ciertas actividades importantes (1:3). Dado que le escribía a él, le mandó hacer ciertas reprensiones (5:20). Pero eso no quiere decir que otros no pueden reprender (Efes. 5:11). La iglesia, juntamente con el evangelista, deben reprender a los ancianos cuando el caso lo merece.

* * *

457. CASARSE SIN CONSENTIMIENTO DE LOS PADRES

"...tocamos el punto del matrimonio cuando un hombre tiene su novia, y se ponen de acuerdo y se van así no más sin consentimiento de los papás, pero ellos hicieron pacto entre sí para ser esposos. Pero los papás no están de acuerdo con ese matrimonio. El hermano dice que si no hay acuerdo de los papás, no es matrimonio, y que ellos aunque se casen por la LEY civil, eso es fornicación, porque el matrimonio tiene que ser público; tiene que saber la gente que se casaron. Me sacó el caso de Labán y Raquel, y de José y María, que sus matrimonios fueron públicos. Yo entiendo que si se hace pacto con ella para ser esposos, aunque no se casen por la ley civil, son esposos ante los ojos de Dios. Ahora, necesito que usted me informe más de esto".

- - -

1. Hay confusión en las diferentes declaraciones arriba. Aunque no soy juez en el caso específico que el interrogador tiene en mente, observemos los puntos siguientes:

2. El acuerdo de los padres no es requisito del matrimonio acepto delante de Dios. El matrimonio es un pacto entre el hombre y su mujer, y entre ellos y Dios. No es pacto entre los dos y sus padres. Claro es que normalmente los padres van a estar de acuerdo cuando sus hijos se casan con ciertas personas. Pero, su aprobación, aunque deseable, no es requisito.

3. Que una pareja "se va así no más" para comenzar a vivir como esposos no es correcto. Sin haber hecho públicas sus intenciones de formar un hogar (casarse), ¿cómo se sabe si son esposos o

fornicarios? ¿Qué hay de honroso en ese proceder? Tarde o temprano tendrán que hacer públicas sus intenciones, y por eso convino que lo hubieran hecho desde el principio. El cristiano es cuidadoso por "procurar hacer las cosas honradamente, no sólo delante del Señor sino también delante de los hombres" (2 Cor. 8:21). No hay razón por qué desde el principio la pareja no haga públicos sus pactos hechos de matrimonio.

4. Ahora que han hecho pacto entre sí de vivir como esposos, tienen que cumplir con los requisitos de la ley en cuanto a registrar su matrimonio *si la ley del país lo requiere* (Rom. 13:1). Muchos países no requieren el registro civil y nadie desobedece a Rom. 13 en el país donde no es requisito si no registra civilmente su matrimonio. Si en dichos países fuera requisito de la ley que la pareja registrara su matrimonio civilmente, habría multa o algún castigo civil por no registrarlo. En la ausencia de tal pena, obviamente no hay ley que cumplir.

5. El registro legal del matrimonio no es requisito de Dios para validar el matrimonio. En el país donde tal registro se exija, será requisito legal de los hombres. Si la pareja está casada delante de Dios antes de presentarse ante la ley, el cumplir con la ley no tiene que ver con validar su matrimonio.

* * *

458. VIVIR JUNTOS SIN TENER RELACIONES

"Hubo hace años dos hermanos que dejaron a sus cónyuges respectivamente y se unieron como pareja. Fueron exhortados y no se arrepintieron y se apartaron de la congregación a la que yo pertenezco. Ellos se fueron con los bautistas y actualmente se reúnen con los liberales. Pocas personas donde se reúnen conocen su situación, entre ellos el predicador y otros de la misma congregación.

"Tienen muchos años viviendo como pareja. Han tenido hijos, pero hace poco la mujer, o sea la hermana, le dijo al hermano que tenían que dejar de tener relaciones para poder tomar la cena, y así dicen ya están bien delante de Dios. Aún viven juntos. Se reúnen con los liberales y muchos de ellos desconocen la situación de esta pareja.

"¿Es posible que dos adúlteros sean justificados sólo por no tener relaciones y seguir viviendo juntos? ¿Cuál es la situación real de esta pareja?"

\- - -

1. Son varios los factores involucrados en este escenario. Los considero individualmente:
2. El que las dos personas ahora estén en el liberalismo es un error en sí. La centralización de obra y dinero en las manos de directores de una sola congregación, para hacer proyectos considerados como de la hermandad a lo largo, es violación del patrón bíblico para la iglesia local. Cualquier hermano debe apartarse de tal arreglo y hacerse miembro en una congregación fiel.
3. La razón por qué abandonar el pecado no es en sí el poder tomar o no la Cena del Señor. La persona debe abandonar el pecado para no perder su alma, punto y aparte. (De nada sirve que la persona tome la Cena del Señor si persiste en el pecado. La Cena no tiene poder mágico para arreglar todos los males en el mundo).
4. Estas dos personas, según la descripción de su caso que se me ha dado, han estado viviendo en adulterio. De eso tienen que arrepentirse, y desistir de vivir como esposos. Arrepentidos, tienen que hacer confesión pública de su pecado público (1 Jn. 1:9). Según se me relata el caso, ellos no lo han hecho. El día que lo hagan, para la salvación de su alma, declararán su pecado, confesándolo, y exhortando a otros a no seguir tal ejemplo malo de vida que ellos habían seguido. Todo el mundo sabrá de su arrepentimiento y confesión de pecado. No habrá personas en la membresía de la iglesia local que no tengan conocimiento de ello.
5. No les faltaba poder tomar la Cena del Señor; les faltaba (y parece que todavía les falta) arrepentirse y hacer confesión pública de su pecado.
6. El seguir viviendo juntos no conviene en nada. Al hacerlo, todo el mundo les tendrá como esposos, porque los únicos que deben vivir juntos son esposos. Aquí entra 2 Cor. 8:21. ¿Por qué vivir juntos? Si se contesta que para razones económicas, entonces entra el egoísmo, y no el espíritu de negarse a sí mismo, tomar su cruz, y seguir a Cristo (Mat. 16:24). Se busca la conveniencia, nada más. Eso no es servir a Cristo para la salvación del alma. Ellos están viviendo una mentira. Ahora, como dos seres humanos, puede ayudarse el uno al otro, pero no bajo el mismo techo como si fueran maridos legítimos.

* * *

459. ¿LA IGLESIA CATÓLICA ROMANA FUE INICIADA EN 311 D. de JC?

"¿En qué libro(s) podemos encontrar que oficialmente la Iglesia Católica Romana fue iniciada en el año 311 d. de J.C.?"

\- - -

1. Esto no se encuentra en ningún libro, porque el caso no es así.
2. Esa fecha pertenece a la cesación de la persecución de los cristianos de parte del imperio romano, cosa que comenzó con el emperador Nerón en el primer siglo d. de J.C.
3. La primera mención del oficio del Papa fue el año 606 d. de J.C.
4. Es imposible fijar cierto año para señalar el principio de la Iglesia Católica Romana, porque fue el resultado de una larga apostasía que tuvo su principio en el siglo primero (2 Tes. 2:3; 1 Tim. 4:1,2).
5. La controversia sobre el uso de imágenes en el edificio de la iglesia, o no, llegó a una conclusión para el año 1054 d. de J.C., cuando se dividió la Iglesia Católica en la Romana y la Griega (u Ortodoxa).
6. El desarrollo de la ahora Iglesia Católica Romana fue el resultado de la introducción de muchas prácticas y creencias no bíblicas a través de

los siglos. El sistema completo no se inició en cierta fecha fija.

* * *

460. LA ROSA DE SARÓN

"¿Qué es la Rosa de Sarón?"

\- - -

1. "Yo soy la rosa de Sarón, y el lirio de los valles" – Cantar de Cantares 2:1.

2. En este versículo habla la esposa, diciendo que ella es como la rosa de Sarón (la llanura entre Jope y el Monte Carmelo; también una región de Galilea cerca de Nazaret).

3. Las dos figuras, la Rosa de Sarón, y el Lirio de los valles, se han aplicado a Cristo Jesús. Este es el caso para quienes consideran este libro una alegoría entre Cristo y la iglesia (su esposa). Por eso, en algunos himnos hallamos referencias a Cristo como la Rosa de Sarón, y como el Lirio de los valles.

4. Mejor considerar este libro literalmente, como un poema que describe el amor entre un hombre y la mujer. Para algunos, hay dos personajes en el poema: Salomón y una pastora hermosa. Para otros hay tres personajes: Salomón, la pastora joven y un pastor joven. En este segundo caso, ella por fin decide aceptar el amor del pastor joven, y no el de Salomón.

* * *

461. ¿ANCIANOS UNGIR CON ACEITE?

"¿Deben los ancianos de la Iglesia de Cristo en siglo XX ungir con aceite?"

\- - -

1. No es cuestión de deber, sino de poder. No lo pueden hacer por la sencilla razón de que no hay dones milagrosos hoy en día. A continuación cito de mi obra NOTAS SOBRE SANTIAGO, 5:14:

"y oren… del Señor". Los ancianos habían de orar en conexión con el milagro que estaban a punto de efectuar. Compárense Marcos 9:29; Juan 11:41; Hechos 9:40.

La unción con aceite era como señal del milagro que seguiría, y servía, pues, para preparar al enfermo, a los ancianos, y a los que estuvieran presentes para dicho milagro. Era símbolo del poder que Dios ejercería por medio de los ancianos. Compárese Marcos 6:13. (Imponer manos, Marcos 1:41, y el uso de lodo, Juan 9:6, también eran símbolos del milagro que seguiría).

Esta unción (no la oración) había de ser hecha "en el nombre del Señor", o sea, por la autoridad de Jesucristo. Ungir al enfermo "en el nombre del Señor" le indicaría que el milagro para seguir sería obra del Señor Jesucristo.

Sabemos que el don de sanidad existía en la iglesia primitiva (1 Corintios 12:9,28). Era dado por la imposición de manos apostólicas (Hechos 8:14-19). Es muy probable que aquí se refiera a casos de tener los ancianos primitivos este don, y ejercerlo en caso de enfermedad física.

El aceite era ungido en tiempos del Antiguo Testamento ceremonialmente. Véanse 1 Samuel 10:1; 16:13. Era usado también para fines medicinales (Isaías 1:6; Jeremías 8:22; Lucas 10:34). Pero cabe mejor en este contexto el uso simbólico, como en Marcos 6:13. Este uso llamaba la atención de todos al poder del milagro.

Si la sanidad de este versículo no era milagrosa, ¿por qué, pues, hacer venir a los ancianos? La oración del enfermo mismo, o de otros hermanos, habría tenido la misma eficacia. Pero si los ancianos tenían el don de sanidad (¿a quiénes más habrían dado los apóstoles este don en cada iglesia?), con razón se les llamaría a venir al enfermo.

Con la muerte de los apóstoles cesó el impartir de dones milagrosos, y con la muerte de los que tenían tales dones, cesaron los milagros para siempre. Ya habían cumplido su propósito (el de confirmar la palabra predicada, Marcos 16:20; Hebreos 2:3,4). Santiago 5:14,15 no se aplica directamente al tiempo actual; de otra manera, ¡el cristiano nunca moriría, pues los ancianos seguirían levantándole de la enfermedad! Pero el hombre tiene que morir (Hebreos 9:27). Este pasaje sin duda es interpretado correctamente dentro del contexto de los milagros del primer siglo.

Seguramente el Señor oye las oraciones de sus hijos enfermos y bendice los medios empleados para su restauración física, pero no lo hace milagrosamente como en el tiempo de los milagros.

* * *

462. ¿DEMONIOS EN EL SIGLO 20?

"¿Los demonios están sueltos o están encarcelados (2 Ped. 2:4) en el siglo xx? ¿Si están sueltos, tiene la iglesia el poder de echarlos fuera como en el primer siglo?"

\- - -

1. Están encarcelados, como dice el pasaje indicado. Nadie echa fuera a demonios hoy en día por dos razones: No hay endemoniados hoy, ni dones milagrosos por los cuales se echaban fuera en el siglo primero.

2. En el primer siglo Dios permitió que demonios entraran en el hombre en ciertos casos, dando ocasión así a Cristo para probar su deidad, y a sus apóstoles para confirmar su mensaje en el evangelio (Luc. 11:20-22; 10:17,18) al echarlos fuera de los endemoniados.

3. Zacarías (13:2) profetizó que este fenómeno, como también el de profetizar, cesaría. 1 Cor. 13:8-10 nos instruye que la profecía (y los demás dones) cesaría cuando se completara la revelación de la verdad por medio de ellos. Para fines del siglo primero esta revelación ya estaba completa (Judas 3).

* * *

463. REGISTRAR EL MATRIMONIO.

"Aunque nosotros creemos que es conveniente que todos registramos el matrimonio para protección y orden de todos los involucrados, entendemos que no es deber "cristiano" sino de todos (cristiano o no cristiano casado, Rom. 13:1)

"El punto hermano es Registrar El Matrimonio. Pero en mi país lo que usted llama registrar el matrimonio es casarse (civilmente) y generalmente se registra algo (matrimonio) que todavía no existe según el Nuevo Testamento. Creemos que lo ideal para pedir registrar el matrimonio es casarse según establece Mateo 19:4,6 y entonces si se podrá registrar el matrimonio, Hechos 5:29; y todo esto a causa de las imperfecciones humanas. Ejemplo: Génesis 29:21-25. Si seguimos los procedimientos de hoy en día, se hubiera registrado el matrimonio de Jacob y Raquel, cuando en realidad fue el matrimonio de Jacob y lea Rom. 15:4".

- - -

1. Hay confusión en el asunto; a ver si podemos aclararlo.

2. El matrimonio acepto a Dios no depende de legislación humana. Dios es quien junta en el matrimonio, y solamente él puede apartar a uno de los votos que si hicieron en él.

3. Ahora, a todo el mundo se le manda obedecer las leyes del gobierno bajo el cual resida la persona como ciudadano. (Aquí entra Hech. 5:29, por supuesto). Las leyes civiles concernientes al matrimonio, si las hay, se varían de gobierno en gobierno. (En el caso de Jacob y Raquel, no había leyes civiles de registro que obedecer. Así puede ser el caso en algún país de hoy). A los gobiernos humanos no les importa que el matrimonio que se registra sea de conformidad a la Palabra de Dios, o no. Les importa solamente que haya registro para la protección y la justicia de todos los involucrados en la unión.

4. La pareja que quiere agradar a Dios va a someterse a la ley de Dios sobre el matrimonio, casándose solamente si están libres para casarse según dicha ley. Como ciudadanos de algún país, si hay leyes civiles que gobiernan el proceso de registro de su matrimonio, van a cumplir con ellas, y si no las hay, no falta nada más que cumplir. Dios los casa, no el gobierno.

5. El simple caso de que se casa una pareja, y que lo hace "civilmente", cumpliendo con las leyes del país de registro civil, no garantiza que su matrimonio sea acepto a Dios. Por el otro lado, la pareja que se casa, con la aprobación de Dios en cuanto a estar libres los dos para casamiento, pero que rehúsa cumplir con las leyes de país que exigen bajo pena de castigo el registro civil del matrimonio, es rebelde y debe arrepentirse de esa rebelión y cumplir con dichas leyes, porque Dios nos manda someterse a las potestades superiores (a las leyes civiles). Obedecer a las potestades superiores no es cuestión de conveniencia, o de ser ideal, sino de mandamiento de Dios.

6. En los países "católicos" (como es el caso de la mayoría de los países de habla española) es la costumbre tener primero el casamiento civil, y luego el religioso (según las creencias y las tradiciones de una dada iglesia). Todo esto procede del concepto humano de que el matrimonio es un "sacramento de la iglesia". Pero el matrimonio no es algo dotado por la iglesia ni validado por ella; es un pacto entre un hombre y una mujer, y entre ellos y Dios (Mal. 2:14; Prov. 2:17). Aunque no es nada malo que haya alguna clase de predicación en una reunión de la iglesia local, referente a la unión de la pareja en el matrimonio, no es requisito o mandamiento de Dios. La autenticidad de su matrimonio no depende de ella. Si Dios aprueba la unión de dicha pareja, en cuanto a ceremonia, a ellos no les falta nada que cumplir excepto un posible requisito o demanda civil.

7. En otros países (como por ejemplo en EE. UU.) usualmente hay una sola ceremonia (predicación) y se celebra a veces (no siempre) en el local de una iglesia, pero la pareja ya cumplió con los requisitos del gobierno en cuanto a sacar licencia, tomar un examen de sangre, etc., y ahora nada más falta que formalmente se pronuncien "hombre y mujer" por conducto del encargado de la ceremonia, uno reconocido por el gobierno (es decir, en este caso por conducto de algún "ministro", o sea predicador). En otros casos, en mi país, se casan cristianos (y otros) ante el Juez de Paz, porque él tiene autorización para ello, y no hay más de ceremonia. En algunos estados de los cincuenta es legal el llamado "matrimonio de ley común", ley que acepta el registro civil del matrimonio si se puede probar que la pareja lleve cierto número de años con apariencia pública de esposos que viven ante el público de veras como casados. Esta ley era común durante el período del país en que se movía la población hacia el poniente donde por mucho tiempo no existían cortes civiles en esas fronteras..

8. La iglesia, como tal, no tiene nada que ver con la autorización del matrimonio.

* * *

464. ARREPENTIRSE E IRSE

"Una iglesia cortó comunión con un hermano que se le acusó de ser infiel a las reuniones de la iglesia (no asistía ni los domingos). También se le acusó de ser rebelde a las leyes de la tierra (el no está registrado en matrimonio). Se le animó a que retornara a la iglesia; los hermanos le visitaron. El hermano se arrepintió. No pidió perdón porque dijo que no creía que tenía que pedir perdón a la iglesia. También se defendió, recordando un problema pasado que ya se había resuelto. En ese momento anunció el retiro de su membresía.

"La iglesia le dijo que por defenderse y recordar problemas resueltos, no le acepta su arrepentimiento, y que por anunciar su retiro la iglesia no puede perdonar el pecado de un hermano y luego el hermano irse.

"Otro caso: un hermano pide perdón; aprovecha para anunciar que retira su membresía. La iglesia le preguntó dónde iba a ser miembro; él dijo que se reuniría donde estuviera él en domingo. La iglesia no le aceptó ese arrepentimiento.

"¿Qué hay de correcto y de incorrecto en estos dos casos? Ahora estos dos hermanos están visitando otra iglesia local en la misma área".

1. En el primer caso, el hermano que se ausenta repetidas veces y sin justificación de los servicios de la iglesia de la cual es miembro, no solamente peca contra Dios sino también trae reproche sobre la iglesia con su mal testimonio de vida entre los del mundo de incrédulos. Si en verdad se arrepiente de ello, quiere que Dios le perdone. Por eso hace confesión pública de su pecado público, y esto ante los hermanos contra los cuales trajo reproche con su vida desordenada. Va a pedir que los hermanos oren por él a Dios para que Dios le perdone. Compárese Hech. 8:20-24. Al mismo tiempo reconocerá públicamente que hizo mal a la iglesia local por su vida desordenada y pedirá que los hermanos le perdonen también. Compárese 2 Cor. 2:7-10.

2. Ahora, si por casualidad pasa algo que le obliga al hermano arrepentido a que cambie de membresía (por ejemplo, si tiene que mudarse a otra parte, o si su trabajo requiere algún cambio de dirección), entonces como cosa aparte lo anunciará de igual manera como lo anunciaría si nada de vida desordenada hubiera pasado. Pero si el caso no es así, su retiro de membresía evidencia una actitud no apropiada y deja su arrepentimiento en duda. En esto no anda rectamente y la iglesia no puede aceptar su supuesto "arrepentimiento". ¿Cómo puede él esperar que la iglesia le perdone si no le pide perdón?

3. El hermano anda en pecado al no obedecer las leyes de la tierra (Rom. 13:1,2) *con tal que la ley de la tierra exija* que todo matrimonio se registre civilmente. En tal caso él debe corregir esta falta para no perder su alma.

4. El caso del segundo hermano es muy semejante. Él admite, siendo preguntado, que no sabe a dónde irá a poner su membresía. No tiene por qué cambiar de membresía. Si en verdad se arrepintió, va a ponerse a trabajar en la congregación como nunca. Va a querer ganar tiempo perdido. Va a probar la sinceridad de su arrepentimiento. Si públicamente confiesa sus culpas a Dios y a los hermanos, y pide perdón, no hay por qué cambiar de membresía a no sea que por vanidad y falta de humildad no quiere ahora estar de día en día con sus hermanos en la iglesia local.

5. Se me informa que estos dos hermanos están visitando otra iglesia local en la misma área. Si no cambian de actitud, con el tiempo tendrán el mismo problema que han tenido antes. El correr de problemas no soluciona nada.

6. Yo de lejos, y sin haber sido testigo del profesado arrepentimiento de los dos hermanos, no puedo juzgar la sinceridad de ellos. Yo no veo ninguna armonía entre su llamado arrepentimiento y su acción subsecuente de retirar su membresía a ninguna parte en particular. Pero los hermanos locales harían bien en tener mucho cuidado de no juzgar según las apariencias, sino juzgar justo juicio (Jn. 7:24).

* * *

465. CONFESAR POR CONDUCTO DE OTRO

"Por favor ayúdeme en lo siguiente. Ciertamente el cristiano que ha cometido pecado, siendo este público debe confesarlo, si este afecta a la iglesia debe confesarlo a la iglesia. La cuestión es cómo hacerlo.

"Mi opinión es el que va a confesar, no necesariamente debe pasar al frente (aunque es una buena práctica) pero no hay texto bíblico que obligue a hacerlo de esa forma, bien pudiera hacerlo de otro modo.

"¿Es posible (creo que sí) que un hermano pida a otro hermano que hable por él a la congregación? Se entiende que el hermano que ha pecado ha confesado su pecado al hermano al cual pedirá que hable por él en la congregación. Por cierto, yo no lo haría así, pero, hay miembros, principalmente las mujeres, que por su carácter no se atreverían a enfrentar a la iglesia para hacer confesión pública, y creo que hacerlo por medio de otro hermano es una práctica válida, al fin, es la confesión lo importante, no el medio por el cual se hace.

"¿Podría un hermano, confesar por carta de su pecado? Hermano, espero me ayude en este asunto, pues sobre este tema me han preguntado hermanos de otra congregación y quiero ayudarles".

\- \- \-

1.Concuerdo con usted el cien por cien en su razonamiento y juicio tocante al caso en general. (Claro es que pudiera haber en cierto caso circunstancias excepcionales que indicarían otro proceso exacto, pero el hacerse la confesión es el punto importante).

* * *

466. TATUAJES

"Quiero saber cuál es su opinión en cuanto a tatuajes en el cuerpo. Hago esta pregunta con referencia a una conversación con un hermano predicador el cual dice que debido a que el nuevo testamento no dice nada en cuanto a eso, pues no tenemos porque prohibirlo.

"Mi posición es que Dios no se agrada de eso, y creo firmemente que no debemos hacer tatuajes en nuestros cuerpos. Aunque fue prohibido en el Viejo Testamento a los israelitas por ciertas razones, y no está en vigencia hoy, creo que infiere el desagrado de Dios que hagamos eso en nuestros cuerpos, aunque no se especifique en el Nuevo Testamento. Espero su respuesta".

—

1.Concuerdo con usted sobre la cuestión de los tatuajes en el cuerpo. Hay cosas para las cuales es cuerpo no fue creado por nuestro Dios (1 Cor. 6:13). Nuestros cuerpos son propiedad del Señor y los tatuajes no sirven ningún propósito de él. Deshonran al cuerpo; no es natural pintarlo permanentemente (Rom. 1:24,26). Una cosa que aprendemos del Antiguo Testamento (Rom. 15:4) es que el pueblo de Dios no se asocia con mutilaciones del cuerpo (Deut. 14:1).

* * *

467. EL ORIGEN DE LAS RAZAS

"Hermano, ¿Me podría decir cuál fue el origen de las distintas razas, cuando unos se hicieron morenos, con ojos como los chinos, cabello güero, etc.?"

- - -

1. La tabla de las naciones se presenta en Génesis capítulos 10 y 11.

2. La migración de las razas primitivas, después del diluvio, necesitó la adaptación del cuerpo físico al clima nuevo que se encontrara, a resultado de los cambios en el mundo físico que causó el gran diluvio. La piel oscura resistiría el sol del clima caliente, y la blanca la congelación del clima frío. Dios hizo el cuerpo capaz de adaptarse a las exigencias de los climas nuevos que se encontraron, al dispersarse el hombre sobre la faz de la tierra.

* * *

468. ROM. 1:18-23, LA FUENTE DE LA FE

"Con respecto a Romanos 1:18-23 estoy oyendo a hermanos decir que la persona puede adquirirse fe por medio de las cosas creadas (la creación). Yo nunca he creído eso ni lo he enseñado. Rom. 10:17 enseña claramente que la fe viene por el oír. La única fuente de la fe es por oír la Palabra de Dios que nos ha sido revelada.

"Hay hermanos que enseñan que podemos orar por la fe, pero no hallo autoridad bíblica por tal enseñanza. Si el caso fuera como dicen ellos, Dios haría acepción de personas, dando fe a uno y no a otro. O afirmo que oramos en fe y no por fe. Lo que me da problema es lo doctrina de que las flores y los árboles nos dan conocimiento de Dios, y que en base a ello podemos creer en El"

- - -.

1. Hay quienes hablan de "las dos revelaciones": la física (la creación) y la escritural (la Biblia).

a. Sí, en cierto sentido, pero la voluntad de Dios para el hombre está revelada solamente en las Escrituras (1 Cor. 2). El evangelio, el poder de Dios para salvar, tiene que ser predicado para que dicha voluntad sea conocida por el hombre. El evangelio contiene el conocimiento necesario para la salvación del hombre (1 Tim. 2:4). Ese conocimiento no viene por medio de la observación no inspirada de la esfera de la naturaleza.

b. La naturaleza revela las cosas invisibles de Dios; a saber, su poder y su divinidad (v. 20). La creación natural (las cosas hechas) da a entender claramente que hay un Creador sobrenatural (divinidad) de poder inmenso.

c. La creencia en la existencia de Dios puede venir de la observación seria de la creación, pero la fe que salva puede venir solamente del oír el evangelio proclamado. Todo el mundo tiene que de ser enseñado por Jesús y aprender (Efes. 4:20,21). Dios no está lejos del hombre, pero el hombre tiene que buscarle y hallarle (Hech. 17:27). Este es hecho, no solamente por observar y estudiar la naturaleza (¡eso los atenienses ya lo habían hecho!), sino por oír la Palabra de Dios proclamada (1 Cor. 1:21).

2. El punto de Pablo en el pasaje es que Dios es justo al condenar al mundo gentil a causa de sus pecados porque se había manifestado a ellos en tiempos pasados, revelándoles su voluntad en la época patriarcal (Heb. 1:1). Los gentiles habían tenido conocimiento de Dios por medio de revelaciones de Dios (ver. 21), pero ellos rechazaron ese conocimiento al pasar el tiempo, y cayeron en toda forma de injusticia. El pecado es transgresión de la ley (1 Jn. 3:4), y los gentiles eran pecadores. Era sobre la base del conocimiento de la voluntad de Dios que ellos podrían acusarse o defenderse en sus acciones de vida (2:15).

3. La razón por qué los gentiles no tenían excusa (1:20), es que Dios les había revelado su voluntad a ellos en tiempos pasados, en diferentes medios y medidas, y esto por revelación directa. También aprendían cosas de Dios por medio del pueblo escogido de Dios. (Por ejemplo, el caso de Jonás y Nínive, una ciudad de gentiles). La única manera en que puede el hombre conocer la voluntad de Dios es por medio de oír un "Así dice Jehová".

4. Creer en Dios y creer a Dios son dos cosas distintas. Moisés aprendió esa lección (Núm. 20:12); él creía en Dios tanto que cualquier otro, pero no creyó a Dios cuando Dios le mandó hacer cierta cosa.

5. La fe que salva es la fe que es producida por la predicación (Mar. 16:15,16; 1 Cor. 1:21), y no por observar la naturaleza. Las flores y los árboles revelan que hay una Gran Mente Creativa para que ellos existan. La teoría de la evolución orgánica no puede explicar la complejidad, la belleza, el designio y el servicio de ellos. Las flores y los árboles no nos dicen qué hacer para ser salvos.

* * *

469. FALSOS MAESTROS

"Un hermano ha escrito: 'Lo que afirmo es que es identificado el falso maestro por medio de su carácter falso, y no por su falsa enseñanza. Es correcto exponer la falsedad de su doctrina, pero no es justo tildarle de falso maestro debido a su falsa doctrina'. Hay un hermano en la fe, muy influyente, que enseña mal sobre el matrimonio, el divorcio, y las segundas nupcias. Algunos, aunque no creen la falsedad de su doctrina, quieren comulgarle porque no tiene carácter reprensible. Dicen que no es justo decir que dicho hermano es 'falso hermano'".

- - -

1. Si el falso maestro no es falso maestro debido a su falsa doctrina, sino debido a su falso carácter, ¿por qué no llamarle "falso carácter"? ¿Cómo puede la persona inteligente argumentar que la falsa doctrina no tiene nada que ver con que sea la persona falso maestro?

2. Leemos acerca de "testigos falsos" (Mat. 26:60,61). ¿Se afirmará que un testigo falso no es falso debido a su testimonio falso, sino a su carácter no bueno? ¿Se nos permite comulgar a un testigo falso con tal que tenga buen carácter? Nótese que Mateo dice que ciertas personas eran testigos falsos porque dijeron algo falso respecto a la palabra de Jesús. No fue el carácter de aquellos dos testigos falsos, sino lo que dijeron, que Mateo les clasificara de testigos falsos.

3. Leemos acerca de falsos apóstoles (Apoc. 2:2). ¿Eran falsos debido a que habían robado bancos y matado a gente? Lo que les constituyó falsos apóstoles fue la falsa afirmación que hacían en cuanto a tener autoridad.

4. Leemos acerca de falsos hermanos (2 Cor. 11:26; Gál. 2:4). ¿Eran falsos hermanos porque eran mujeriegos? No, sino porque abogaban por la circuncisión como necesaria para la salvación de los gentiles, cosa que hermanos fieles no habrían afirmado por nada. No fue cuestión de carácter, sino de enseñanza.

5. Leemos acerca de falsos Cristos (Mat. 24:24). ¿Se les tilda de falsos Cristos porque vivían en la fornicación? No, sino porque decían ciertas cosas (ver. 23,26). Su carácter no entra en la fórmula.

6. Leemos acerca de falsos profetas (Mat. 24:24). In 1 Jn. 4:1, Juan habla acerca de los tales y los llama así debido a lo que ¡hablaban! El carácter personal de ellos no está bajo consideración. (Admito que hay pasajes que sí se dirigen al carácter malo de algunos; por ej. , Mat. 7:15).

7. El carácter de la persona no adhiere a la palabra griega, PSEUDO (falso). Si la persona, llamada falsa, tiene un carácter malo, eso se especifica (por ej., Judas 4).

8. ¿Dónde en todo el capítulo 15 de Hechos, o en el 2 de Gálatas, se presenta el caso del carácter de los falsos hermanos (los judaizantes)? Todo el punto tuvo que ver que lo que ellos afirmaban y reclamaban (Hech. 15:1,2,5,10,19-21,24,28; Gál. 1:8,9; 2:2,5,14,16). En cuanto a su persona, en Hech. 15:1 son llamados sencillamente "algunos".

9. 2 Ped. 2:1 habla de falsos hermanos. Es cierto que estos gnósticos en los versículos siguientes son descritos como teniendo un carácter muy malo, pero es un punto adicional al principal que es que abogaban por herejías al negar a Jesucristo. En cuanto a su carácter, Judas los llama "hombres impíos" (v. 4,15). Eso sí tiene que ver con carácter. También son llamados murmuradores y querellosos (v.16). Esas etiquetas tienen que ver con carácter, pero "falso maestro" tiene que ver con falsa doctrina.

10. Pablo afirma que bajo ciertas circunstancias él mismo sería un testigo falso (1 Cor. 15:15). ¿Por qué? ¿Porque era de carácter malo? No, sino por lo que ya había testificado.

11. Hech. 6:13 se refiere a "testigos falsos que decían". Aquí no se trata de carácter, sino de lo que ¡se decía!

12. Nos quedemos con Pedro y con Judas, llamando falsos maestros a los que enseñan falsas doctrinas, y hombres impíos a los de carácter malo.

470. ¿TENER LA IGLESIA DOS SERVICIOS AL MISMO TIEMPO?

"Hay congregaciones que, por ejemplo, el grupo de jóvenes decide tener un retiro espiritual y se van a una finca o un sitio alejado un fin de semana. Este grupo tiene también el servicio dominical en aquel lugar y ofrenda. ¿Es lícito o bíblico una congregación tener 2 servicios aparte al mismo tiempo?"

- - -

1. En primer lugar no es cuestión de tener la iglesia dos servicios al mismo tiempo (aunque superficialmente lo parezca). El caso es que algunos de los miembros de la congregación deciden ausentarse del servicio el domingo para estar en otro lugar (en el retiro) principalmente para razones de recreo, descanso y entretenimiento. (Si fuera principalmente caso de tener "servicio dominical", ellos se quedarían en la congregación local con los demás miembros). El llamado servicio dominical es de segunda importancia en este escenario.

2. Tal arreglo es motivado principalmente por el egoísmo, por el deseo de verse los jóvenes aparte como grupo especial para gozarse del aire libre y de lo bello de la naturaleza del campo. Para justificarse en ausentarse de la iglesia local, al tener su "retiro" en fin de semana, hacen arreglos para tomar la Cena y para ofrendar. Su motivo principal no es rendir culto a Dios con los demás hermanos (no jóvenes), reuniéndose todos juntos en la iglesia local. Más bien quieren hacer caso especial de cierta categoría de edad, en este caso de la juventud.

3. Hay manera de gozarse cierto grupo de hermanos, o todos los hermanos, en un día de campo, sin que las responsabilidades de la iglesia local tomen segundo lugar. Si las personas se olvidaran de su egoísmo, y pensaran más en rendirle a Dios el debido culto, no habría problemas. Hemos de buscar primeramente el reino de Dios (Mat. 6:33), y no el pasatiempo personal nuestro.

471. CLASES BÍBLICAS

"Una iglesia de Cristo en determinado lugar, celebra el culto cada domingo y una vez terminado el mismo, se dan cinco minutos, con el fin de descansar para que luego se inicie una clase bíblica para toda la iglesia, pero se sacan a todos los niños de los hermanos y visitas, de la clase, para que una hermana les dé una clase a ellos, ¿Es bíblico que se saquen a los niños de la clase de edificación general aparte, para una clase especial para ellos? ¿No sería esto caer en desorden, violando así la decencia y el buen orden que debe existir en esta clase bíblica como iglesia? ¿Es la iglesia la responsable de educar a los niños en los caminos del Señor, o los padres de éstos? Además, ¿no estaría la hermana encargada de dicha clase perdiéndose el estudio bíblico que se estaría dando a los miembros en general?"

- - -

1. La asamblea termina el servicio de culto. Por razones de conveniencia y oportunidad, la iglesia puede arreglar unas clases bíblicas diseñadas para diferentes edades y capacidades para aprender, y éstas son arregladas para seguir a la asamblea general. En algunos casos, las iglesias locales arreglan clases para antes de la asamblea. Tales arreglos, y otros que puede haber, son parte de la obra de la iglesia local de edificar por medio de clases bíblicas.

2. No es ningún desorden ni falta de decencia, pues es un arreglo para clases de diferentes rangos de edad, y ellas no son parte del culto de la iglesia en asamblea. Que haya 5 minutos entre la asamblea de culto y las clases bíblicas, o que haya 5 días entre ellas, no tiene que ver con nada. Son dos cosas distintas.

3. Los padres tienen la responsabilidad de educar a sus hijos en los caminos del Señor. También tienen la responsabilidad de educarse a sí mismos en ellos. Pero la iglesia puede contribuir a tal educación por medio de clases para adultos y para niños. Estas clases, si se arreglan, no tienen por propósito sustituir las responsabilidades del hogar.

4. La maestra de la clase de niños sí pierde la clase de adultos, como los adultos pierden la clase de los niños, pero en ambos casos los asistentes en las clases se aprovechan del material presentado. La maestra, para enseñar la clase de niños, tiene que hacer ciertos preparativos en el estudio de la Biblia que no hacen los adultos de la clase para adultos. Pero no por eso los adultos quedan fuera de provecho, pues ganan algo en la clase para ellos.

* * *

472. ¿TRES EVANGELISTAS EN LA OBRA?

"¿Puede haber en una obra 3 hermanos como evangelistas de la misma y que el resto de los varones trabajen en conjunto con ellos? ¿Están sujetos en términos generales los evangelistas al grupo de varones o viceversa? ¿Es bíblico todo esto hasta que hayan ancianos en la obra?"

- - -

1. Por no haberme definido la frase "en una obra", no estoy seguro de lo que el interrogador tenga en mente. Me supongo que se habla de actividades en una iglesia local. Un evangelista es una persona que predica tiempo completo; vive del evangelio (1 Cor. 9:14; 2 Tim. 4:5). Puede haber más de uno en una congregación por un tiempo (por ej., Pablo y Timoteo en Éfeso, 1 Tim. 1:3, o Pablo y Bernabé en Antioquía, Hech. 13:1,2).

2. Los evangelistas, por ser evangelistas, no tienen más autoridad que otros hermanos varones en la iglesia local. Usualmente tienen más experiencia en la Palabra y en la vida de iglesias locales, y eso debe ser apreciado y respetado, pero no existe "control evangelístico", como algunos lo llaman.

3. Si en esta consulta se trata de tres hermanos no

de tiempo completo en la congregación que se encargan de la predicación en ella, me pregunto: ¿los escogió la congregación para las predicaciones? En tal caso predican pero no pueden ejercer dirección sobre "el resto de los varones".

* * *

473. ¿SON LOS CUATRO EVANGELIOS DEL ANTIGUO TESTAMENTO?

"…(Él) anda enseñando que los cuatro evangelios son iguales al Antiguo Testamento y enseñando mal sobre el matrimonio…".

- - -

Véase Interrogantes #414

1. A continuación comento sobre la cuestión del evangelio según Mateo, Marcos, Lucas y Juan, de que si son libros del Antiguo o del Nuevo Testamento. Hay hermanos que afirman que estas cuatro narraciones inspiradas pertenecen al Antiguo Testamento, para evadir la fuerza de tales pasajes como Mateo 19:9 para nosotros hoy en día. No quieren que este pasaje se nos aplique hoy en día, porque no quieren dejar sus adulterios. Si estos cuatro libros pertenecen al Antiguo Testamento, entonces ¡pobres de los judíos! porque la Ley de Moisés fue clavada en la cruz de Cristo (Efes. 2:14-16; Col.. 2:14) y los "cuatro evangelios" no fueron escritos hasta bien después de ese evento. Los judíos no pudieron aprovecharse de estos libros, que según los falsos maestros, fueron escritos para ellos y para ser parte de su ley. Las fechas aproximadas de ser escritos estos cuatro libros son: Mateo, 50 d. de J.C.; Marcos, 67 d. de J.C.; Lucas, 58 d. de J.C.; y Juan, entre 85 d. de J.C. Jesucristo murió en la cruz muchos años antes de ser escritos estos cuatro libros (en el año 33 d. de J.C.). ¿Cómo pudieron haber sido escritos para los judíos del Antiguo Testamento? Estos falsos maestros no deben citar Jn. 3:5; Mat. 16:18,19; 28:20; Jn. 14:26; etcétera si son libros del Antiguo Testamento y que por eso no tienen aplicación para nosotros bajo la ley de Cristo. No vivimos bajo la Ley de Moisés.

* * *

474. BAUTIZAR EN EL NOMBRE DE JESUCRISTO

"(un amigo) me ha insistido sobre el bautismo por el cual ellos se bautizan en el nombre de Jesucristo nada más. Él me dice en qué nombre se debe uno bautizar ya que Dios no es nombre ni el Espíritu Santo, como Jesucristo sí es nombre. Él dice que en éste se debe uno bautizar".

- - -

1. Su amigo es de los pentecosteses que son unitarios, creyendo que hay una sola persona en la Deidad, y que esa persona es Jesucristo. Afirman bautizar "en el nombre de Jesucristo", pero no lo hacen. Lo que hacen es bautizar a la persona, pronunciando en voz alta una fórmula de palabras que consiste en éstas: "en el nombre de Jesucristo". No entienden que la frase bíblica, "en el nombre de

Jesucristo" (Hech. 2:38) no tiene que ver con ¡qué decir, sino con qué hacer!

2. Si la persona se molesta para repasar todos los textos del Nuevo Testamento que mencionan el acto de bautizar (consúltese una concordancia), verá que no hay un juego exacto y específico de palabras que siga al verbo "bautizar". Hay veces en que no hay nada de palabras enseguida del verbo "bautizar". Esto existe así porque no hay fórmula exacta de palabras qué pronunciar al bautizar. De hecho no hay que decir nada en el momento de sumergir la persona en agua. (Claro es que hay que hablar palabras un tiempo antes de bautizar para que la gente entienda por la autoridad de quién se va a ejecutar el acto).

2. La expresión bíblica, "en el nombre de Jesucristo" (Hech. 2:38), o sencillamente "en el nombre de Jesús", significa "por la autoridad de Jesús que es el Cristo. La expresión nos dice qué autoriza Jesús que hagamos; no dice cuáles palabras pronunciar al hacer algo. Compárese Luc. 9:1 con 10:17. Los discípulos echaron fuera demonios en el nombre de Jesús al hacerlo por su autoridad. (No andaban clamando en voz alta repetidas veces, "en el nombre de Jesús"). Una vez estuve presente en un servicio en que uno de estos pentecostés dirigía una oración y los demás de ellos seguidamente decían en voz alta, "en el nombre de Jesús". Pensaban que oraban "en el nombre de Jesús"). Compárese Ester 2:2. Cuando Mardoqueo reveló cierta cosa a Ester, ¿qué hizo ella? Por la autoridad de él lo declaró al rey. No andaba en la presencia del rey gritando, ¡Mardoqueo, Mardoqueo, Mardoqueo, Mardoqueo! Los cristianos todo lo debemos hacer por la autoridad del Señor Jesús; es decir, en su nombre (Col. 3:17).

4. Muchos hermanos en la fe entienden que al bautizar hay que pronunciar la frase, "te bautizo en el nombre del Padre, del Hijo, y del Espíritu Santo" (Mat. 28:19). No, el pasaje no dice qué decir, sino qué hacer. En este caso hemos de bautizar a la persona PARA (griego, la preposición "eis" que significa moción hacia cierto fin) que entre en comunión con el Padre, con el Hijo, y con el Espíritu Santo.

5. Para una explicación más detallada, consúltese **Sermones Y Artículos IV**, p. 18, por Wayne Partain.

* * *

475. ¿QUIÉNES ESTABLECEN ANCIANOS, Y LOS REPRENDEN, LOS EVANGELISTAS O LA IGLESIA?

"Me han dicho que el predicador tiene que establecer los ancianos; me citaron Tito 1:5. Yo he dicho que la iglesia debe de hacerlo. ¿Estoy yo en error? También me dijeron que los predicadores deben de reprender a los ancianos; me citaron 1 Timoteo 5:19,20. Yo he dicho que la iglesia debe de hacerlo. ¿Estoy otra vez equivocado? Gracias de antemano por la ayuda que me dé".

- - -

Véase Interrogante #456

1. De mi obra, NOTAS SOBRE TITO cito lo siguiente: "Tito era *evangelista*, como Timoteo (2 Tim. 4:5), y no "supervisor", "encargado de iglesias", "superintendente", etcétera. Los comentaristas sectarios se refieren a Tito y a su obra con términos semejantes, porque están habituados al concepto de "clérigos", cosa desconocida en el Nuevo Testamento. Como predicador, o evangelista, corregiría por medio de predicación, enseñanza y ejemplo, y por medio de la instalación de ancianos. Esta última cosa no la haría arbitrariamente, sino con la cooperación de las iglesias, según el ejemplo apostólico hallado en Hech. 6:3, y 1:23-26. No hay nada de "control evangelístico" en este pasaje. Compárese 2 Tim. 4:1-5, caso paralelo".

2. Con referencia al caso de reprender a los ancianos, cito de mi obra, NOTAS SOBRE 1 TIMOTEO: "Timoteo, en su obra de evangelista, muy posiblemente recibiría tales acusaciones. Por estar en Éfeso bajo mandato de apóstol, las personas tenderían a traer a él las acusaciones. Pero esto no indica que él servía de clérigo de más alta posición que los ancianos (como algunos comentaristas sectarios implican, o afirman). Era *evangelista* (2 Tim. 4:5), no "obispo diocesano".

3. El evangelista no obra unilateralmente en ninguna de las actividades de una congregación. En un caso de no haber evangelista, ¿quiénes van a reprender a los ancianos que persisten en pecar, si solamente el evangelista está encargado de esta obra? Si al evangelista (como Timoteo lo era) se le trae una acusación contra un anciano que persiste en pecar, seguramente, **habiendo hecha investigación**, le reprenderá. Pero los hermanos de la congregación harían la misma cosa, si estaban solos en cuanto a no haber evangelista a la mano.

* * *

476. EL SALUDAR A LA BANDERA

"¿Es pecado honrar la bandera y cantar el himno nacional como símbolos patrios? Los Testigos aseguran que sí y nos citan textos que condenan la idolatría. (En México se saluda a la bandera y se hace un juramento a la bandera durante el servicio militar)".

- - -

1. No, no es pecado honrar la bandera, saludándola, pues es acción sencillamente de respeto por lo que simboliza la entidad nacional de la cual somos parte como ciudadanos del país. El cristiano es el ciudadano más respetuoso y obediente (Rom. 13:6,7). El saludar a la bandera no es rendirle culto. Los Testigos están tan equivocados en esto como en el asunto de la transfusión de sangre, que no es comer sangre. Representan mal los hechos de los dos casos.

* * *

477. SI MARÍA TUVO MAS HIJOS

"Si Jesús tuvo más hermanos, ¿por qué antes de

morir encargó el cuidado de su madre al apóstol Juan (Jn. 19:26,27)? ¿Qué sucedió con José, esposo de María? Los amigos católicos, argumentando a favor de la 'perpetua virginidad de María' dicen que el no tener María otros hijos y estar viuda fue la razón de dicho encargo".

- - -

1. Vamos punto por punto. El pasaje referido nos enseña que Jesús encargó a Juan el cuidado de su madre. El pasaje no nos dice por qué lo encargó al apóstol Juan, y por eso las conclusiones que se sacan son inferencias, nada más. Tomando en cuenta otros hechos sabidos, yo concluyo que lo hizo porque los demás hijos de María en ese tiempo no eran creyentes y porque José estaría muerto.
2. No sabemos qué sucediera con José. La ausencia de referencias a él implican que ya no vivía.
3. Los amigos católicos afirman algo que no pueden probar; a saber, que María seguía siendo perpetuamente virgen. Que María tuvo otros hijos aparte de Jesús es cosa de revelación inspirada (Mat. 12:47 – estos hermanos no eran sus discípulos, ver. 49). Véanse Mat. 13:55,56 (hasta los nombres de los cuatro hermanos uterinos de Jesús los sabemos) como también Jn. 2:12 (notando nosotros que los hermanos de Jesús se distinguen de sus discípulos). Durante el ministerio personal de Jesús sus propios hermanos no creían en él (Jn. 7:25). Pero después de la resurrección de Jesús, vemos que ya creían (Hech. 1:14).
4. Si María en el tiempo de la crucifixión ya no tenía marido, y si sus demás hijos no creían en Jesús, ¿qué cosa más natural sería que Jesús encargara el cuidado de su madre en la carne al apóstol a quien amaba (Jn. 19:26)?

* * *

478. LA CONSUBSTANCIACIÓN

"¿Qué es la consubstanciación?

- - -

1. Es la doctrina de los luteranos de que en la Cena del Señor, al darse gracias por el pan y por la copa, la substancia misma del cuerpo y de la sangre de Jesús coexiste con la substancia del pan y del fruto de la vid. Se diferencia de la doctrina católica romana (la transubstanciación) que afirma que la substancia del pan y de la copa se cambia en la substancia misma del cuerpo y de la sangre de Jesús, quedando una sola substancia.
2. Las dos doctrinas son falsas; son invenciones de los hombres. Al instituir la cena del Señor, después de dar gracias Jesucristo por el pan y por la copa, vemos que los dos elementos eran siempre como antes, pan y fruto de la vid (1 Cor. 11:26 y sig.)

* * *

479. SI FUERON CRISTIANOS EDWARDS, SPURGEON, FINNEY, MOODY, WESLEY, ETC.

"¿Fueron cristianos Jonathan Edwards, Spurgeon, Finney, Moody, Wesley, etc.? Los amigos evangélicos los citan como cristianos ilustres que provocaron grandes avivamientos, cientos de miles de conversiones y una transformación radical de la sociedad en sus respectivos países (esto último reconocido incluso por historiadores seculares, según también los evangélicos). ¿Predicaron errores doctrinales? ¿A qué iglesia(s) pertenecieron?"

- - -

1. Según el Nuevo Testamento, un cristiano es un pecador que, creyendo que Jesús es el Hijo de Dios, se arrepiente de sus pecados, confiesa con su boca su fe en Cristo, y es bautizado para perdón de los pecados (Mar. 16:16; Hech. 2:38; Rom. 10:9,10). Si esto lo hicieron los hombres mencionados, entonces llegaron a ser cristianos. Pero, que yo sepa, no lo hicieron.
2. Los evangélicos representan diferentes denominaciones protestantes, con doctrinas y prácticas contradictorias. Básicamente hablando, podemos decir que su doctrina es que la salvación es por la fe sola. Esto no lo enseña la palabra de Cristo (véase Sant. 2:24).
3. Sí, para los evangélicos mismos, como para ciertos historiadores seculares, y en la vista de los hombres no inspirados, las referidas personas eran hombres ilustres y realizaron grandes avivamientos y conversiones. Pero el resultado de dichos avivamientos y conversiones no se comparan con los casos de conversión en el Nuevo Testamento.
4. Sí, predicaron errores doctrinales, mayormente la salvación por la fe sola. Promovieron el denominacionalismo, cosa desconocida en el Nuevo Testamento.
5. Wesley era metodista, Spurgeon bautista, Finney presbiteriano, y Moody animaba a gente a asistir la iglesia de su preferencia. Jonathan Edwards era calvinista.

* * *

480. LOS ADVENTISTAS Y LEV. 11

"Platicando con adventistas acerca de lo que ellos llaman la "Ley de la Alimentación" de Levítico 11, yo les cité 1 Tim. 4:1-5. Ellos replicaron diciendo que en el versículo 5 se menciona que la Palabra de Dios santifica los alimentos, y ya que la Palabra escrita que había cuando Pablo escribió esto era sólo el Antiguo Testamento, entonces se refiere a Lev. 11. Por eso el versículo 3 menciona que participan de esas viandas "los que han conocido la verdad"; o sea, los que conocían la "Ley de la Alimentación". ¿Cómo puedo responder a eso?"

- - -

1. La argumentación de los adventistas con quienes usted habló representa pura confusión y error.
2. Cuando Pablo escribió 1 TIMOTEO ya existían otras cartas novotestamentarias. No es cierto que sólo existían las Escrituras del Antiguo Testamento. Pero la verdad del evangelio ya se revelaba, no solamente por cartas, sino también oralmente (2 Tes. 2:15).
3. La ley de Moisés (incluyendo a Lev. 11) fue clavada en la cruz de Cristo, y el cristiano no está bajo dicha ley (Col. 2:14; Rom. 6:14).

4. La ley de Cristo en el evangelio del Nuevo Testamento existió aún antes de haber cartas escritas con referencia a ella (Mar. 16:15; 2 Tes. 2:15; 2 Cor. 10:11). La Palabra de Dios fue promulgada primeramente de manera oral, y luego escritural.

5. El pasaje 1 Tim. 4:1-5 no puede ser armonizado con las restricciones de Lev. 11. Los adventistas que siguen su llamada Ley de la Alimentación no siguen la ley de Cristo como entregada por el apóstol Pablo en 1 Tim. 4:1-5. ¡No pueden! Son dos leyes distintas. Considérese Heb. 7:12.

* * *

481. LOS TESTIGOS Y 1 PED. 3:18

"Nuestros amigos los Testigos de Jehová citan 1 Pedro 3:18, "vivificado en espíritu", para afirmar que Cristo resucitó "en espíritu", no físicamente. Yo sé que esto no es verdad, pero ¿qué significa esa afirmación de Pedro?"

- - -

1. A continuación cito de mi obra, NOTAS SOBRE 1 PEDRO, 3:18:

3:18 — "Porque". De nuevo Pedro explica con el presente versículo lo que acabó de decir anteriormente. La razón del ver. 17 se halla en el 18; el 18 respalda lo que dice el 17.

Pedro, para dar esperanza y consolación a los cristianos perseguidos injustamente, cita el ejemplo por excelencia: el del sufrimiento del Justo por los injustos y de la victoria y las glorias subsecuentes (ver. 18-22). La resurrección y la glorificación de Jesús, después de sufrir la crucifixión (Fil. 2:5:11), es prueba del hecho de que el cristiano, después de sufrir a causa de la justicia, recibirá bendiciones y premio.

—"también Cristo … a Dios". Sobre "una sola vez", véase Heb. 9:26,28.

En el texto griego no hay artículos definidos ante las palabras "justo" e "injusto". Es como dice la Ver. P.B., "Porque también Cristo una vez por los pecados padeció justo por injustos". Así se enfatiza la naturaleza de su sufrimiento. Cristo era justo (inocente), pero siempre tuvo que sufrir. ¡A veces los cristianos también tienen que sufrir injustamente!

Cristo era justo en su sufrimiento. Considérense Hech. 3:14; 7:52. Murió por pecadores (injustos) (Rom. 5:6; 2 Cor. 5:21; Heb. 9:28). Sufrió por otros; eso es amor. Por medio de su muerte en la cruz (Jn. 3:14; 12:32), Dios pudo mostrarnos misericordia, aunque merecíamos la muerte (Rom. 3:26).

Su muerte nos introdujo (Ver. P.B), trajo (Ver. B.A., margen), o condujo (Ver. N.M. y NTP) a Dios. Véanse Rom. 5:2; Efes. 2:13; Heb. 10:19.

—"siendo a la verdad … espíritu". El texto griego aquí presenta dos participios, y dos frases preposicionales, que se constituyen contrastes: literalmente, "habiendo sido muerto", "habiendo sido vivificado", y "en carne", "en espíritu".

Este Inocente que sufrió sin merecerlo, fue muerto, pero después fue vivificado (y glorificado en victoria). Esa es la historia de Jesucristo, y consuela al cristiano que sufre inocentemente.

Ahora explica Pedro las dos esferas en que estas dos verdades acontecieron: "en carne", y "en espíritu". Dios se hizo carne (Jn. 1:14; 1 Tim. 3:16; 1 Jn. 4:2; 2 Jn. 7). Heridas fueron infligidas en su carne, y murió (en la cruz); murió como hombre. La carne es de esta tierra, mortal.

Pero el espíritu es de Dios. Aunque Cristo sufrió la muerte física (de carne), esta experiencia le permitió ser vivificado en la esfera del espíritu; es decir, (por la resurrección, en que su espíritu entró de nuevo en el cuerpo crucificado) pasó a una nueva existencia espiritual y poderosa. No se implica que su espíritu murió, para después ser vivificado. Es "en carne" que uno es hecho muerto. El espíritu de Cristo, entre la crucifixión y la resurrección, estuvo en el Hades (Hech. 2:31). Pero en la resurrección Cristo entró en una nueva existencia; fue hecho vivo en la esfera del espíritu (y no en consideración de carne). Ya tenía un cuerpo glorificado, o espiritual.

El punto de Pedro, para animar y consolar a los cristianos en tiempo de persecución, fue mencionar el ejemplo de Cristo quien sufrió (aunque no lo merecía; era inocente), y a consecuencia de ese sufrimiento, en cuanto a carne experimentó la muerte, lo cual tuvo por fin una existencia nueva y viva en cuanto a espíritu. (Fin de la cita de NOTAS SOBRE 1 PEDRO).

2. El texto no dice "resucitó en espíritu" según la afirmación de los Testigos que niega la resurrección del cuerpo de Cristo. El cuerpo que ocupaba Cristo en la tierra no fue dejado en el sepulcro ni su alma en el Hades (Hech. 2:31). Cristo resucitó corporalmente (Luc. 24:39-43; 1 Cor. 15:12-19).

3. Si la muerte significa aniquilación, según los Testigo, entonces no puede haber resurrección. Es imposible resucitar lo que ya no existe. Pero Cristo fue resucitado (1 Cor. 15:20). La resurrección en el día final va a ser una de cuerpos (1 Cor. 15:35).

* * *

482. ¿CUÁNDO FUE ESTABLECIDA LA IGLESIA? Y MATEO 16:19

"Un amigo bautista me preguntó (hablando sobre cuándo fue establecida la iglesia) que si a Pedro le fueron dadas las llaves para abrir la puerta (Mateo 16:19) a judíos (Hch 2) y gentiles (Hch 10), cuando usó estas llaves por primera vez (el día de Pentecostés) ¿abrió desde adentro o desde afuera? Y si abrió desde afuera, ¿cuándo entró él y cómo? Obviamente decir que abrió desde adentro implicaría reconocer que la iglesia ya existía antes de ese día. ¿Cómo puedo contestar a esto?"

- - -

1. La pregunta del amigo bautista es ejemplo de las tácticas de la sabiduría humana para negar la verdad de las Escrituras. Es puro sofisma. La Iglesia Bautista afirma que la iglesia de Cristo ya existía antes del día de Pentecostés, y por eso el "amigo" se mete en el tecnicismo para negar que ella fuera establecida en ese día.

2. Las Escrituras no hablan de "desde adentro" o "desde afuera". Sencillamente dice Cristo que Pedro (y los demás apóstoles, Mat. 18:18) iban a tener la autoridad (simbolizada por el uso de "llaves") de proclamar los términos de entrada en el reino de Dios, la iglesia. (El amigo bautista toma este símbolo y le agrega ideas extrañas, eso de desde adentro o desde afuera).

3. Esto lo hicieron por primera vez el día de Pentecostés. A los creyentes se les mandó arrepentirse y bautizarse (Hech. 2:37,38).

4. La iglesia es compuesta de los salvos (Hech. 2:47). No pudo haber salvos antes de la muerte de Cristo. (Los bautistas tienen la iglesia ya establecida antes de la crucifixión de Cristo, y como tal tienen una iglesia sin la sangre de Cristo). El pecador es redimido por la sangre de Cristo (Efes. 1:7). Cristo derramó su sangre en la cruz, y resucitado, él mandó a sus apóstoles a esperar en Jerusalén hasta ser revestidos de poder para entonces poder predicar los términos de perdón (Luc. 24:49). Ellos lo hicieron (Hech. 2) y predicando el evangelio en realidad por primera vez, unas tres mil personas fueron bautizadas en Cristo. Con esto la iglesia quedó establecida. Cristo compró su iglesia con su sangre, y dicha sangre no fue derramada antes del Calvario (Ef. 5:23) y la compra no fue realizada sino hasta el día de Pentecostés (1 Ped. 1:18-19; Hech. 20:28) cuando la iglesia se estableció.

5. Ahora, ¿a cuál pasaje nos dirige el amigo bautista para que podamos leer acerca de La Iglesia Bautista? Podemos leer acerca de iglesias de Cristo (Rom. 16:16); ¿puede él leer acerca de iglesias bautistas?

* * *

483. ÉXODO 20:5

"Éxodo 20:5 dice que, visito la maldad de los padres sobre los hijos hasta la tercer y cuarta generación de los que me aborrecen. ¿Se puede explicar esto, como lo hizo un hermano, que quiere decir "que la hija de la prostituta será prostituta y que el hijo del borracho será borracho"? En mi corto conocimiento he pensado que se refiere al castigo de Dios sobre el que guardaba anatema o ídolos, como el caso del Libro de Josué capítulo 7 con Acán, por cuyo pecado fue muerta su familia , sus hijos todos. Pero en realidad ¿cuál es el significado de "visitar la tercera y cuarta generación?"

- - -

1. La Biblia no enseña que la culpa del padre se transmite a los descendientes. Véanse Ezeq. 18:20; Deut. 24:16. Ni la justicia, ni la injusticia, se transmite de persona a persona. Nadie nace pecador a consecuencia del pecado del padre, o de otro. El pecado no se hereda; se comete (1 Jn. 3:4)

2. La hija de una prostituta no tiene que llegar a llevar esa clase de vida pecaminosa. Cada cual lleva su destino en sus propias manos. Véase Ezeq. 18:5,10,14. Nadie tiene que pecar. Cada cual escoge sus propios pasos. El hijo del padre pecaminoso vio los pecados que su padre hizo y viéndolos, determinó no seguir su ejemplo, sino vivir una vida de justicia (ver. 14-17).

3. Pero sí el pecado puede traer consecuencias amargas para otros. ¿No sufren mucho los hijos de un padre que habitualmente se emborracha?

4. El libro de Jueces ilustra el punto de Éxo. 20:5, en que relata repetidos casos de sufrimiento que vino sobre los israelitas a consecuencia de la idolatría de sus padres. Sufrieron juicios nacionales hasta que se levantaría un juez que por la dirección de Dios salvara al pueblo sufrido. Estos casos ilustran la seriedad del pecado.

5. Es preciso siempre distinguir entre culpa y consecuencias. No son la misma cosa.

6. El mismo Dios que permite venir consecuencias del pecado sobre generaciones subsecuentes, según dice el versículo que sigue al texto referido, hace misericordia a millares, a los que le aman y guardan sus mandamientos.

* * *

484. APOC. 20:1-15

"¿Por qué entre nosotros mismos y con los sectarios hay controversia tocante a lo que dice Apocalipsis 20:1-15, que los que sean limpios serán arrebatados y reinaremos con Cristo mil años y después nosotros mismos juzgaremos al mundo, o sea a los que no fueron arrebatados y queden en el mundo?"

- - -

1. Los sectarios que son premilenarios, y los hermanos errados, literalizan este pasaje simbólico, y en esto consiste su gran error. Dejan simbólicos muchos puntos de este pasaje (por ej., llave, abismo, cadena, dragón, serpiente) y arbitrariamente literalizan el número 1000. Este número es tan simbólico como los demás asuntos mencionados arriba. De hecho, todo el libro es uno de signos (símbolos), 1:1 ("declaró", más bien se debe traducir, "significó").

2. Tocante a este reinado de mil años, preguntamos:

a - ¿Dónde acontece? Respuesta: ¡No en la tierra! Tienen tronos y el trono de Cristo, y los de ellos están en el cielo. Reinan "con Cristo". Juan vio almas reinando, no santos. Por "mil años" (el tiempo indefinido pero completo que en la mente de Dios durará hasta poco antes de volver Jesucristo) reinan estas almas. Después de la resurrección en el día final, los santos con sus cuerpos glorificados en la resurrección reinarán para siempre (22:5).

b - ¿Cuál es la naturaleza o el carácter de este reinado? Respuesta: es un reinado por asociación. Por su ejemplo de fidelidad hasta la muerte, condenan a todos los hombres que no dedican sus vidas al Señor. Es uno de vivir con Cristo. Han muerto en el Señor (14:13). Ahora el Señor les da reposo (6:11). Su obra como cristianos es perpetuada en la tierra en la persona del que sigue su ejemplo y defiende la Causa por la cual ellos han muerto.

c - ¿Quiénes participan en este reinado? Respuesta:

sobre todo aquellos cristianos del tiempo de Juan que se describen en 12:11. Su "un poco de tiempo" (6:11) había pasado. Secundariamente, participa todo cristiano que no reciba la marca de la bestia. En todo caso son almas, no cuerpos, las que reinan.

3. Si tiene mi comentario NOTAS SOBRE APOCALIPSIS, debe consultarlo para más información detallada.

* * *

485. EL HADES Y EL PARAÍSO

"Un hermano está enseñando públicamente algo diferente sobre Luc. 23:43; 16:23. Él enseña que el Hades y el Paraíso son dos lugares muy aparte y que Jesús nunca fue al Hades, y que los que así enseñamos estamos equivocados. El punto de él es que Jesús le dijo al ladrón, Hoy estarás conmigo en el Paraíso (Lucas 23:43), no dice, en el Hades. ¿Qué me puede decir usted?"

\- \- \-

1. El Hades, siendo el nombre dado al lugar, o al estado, de los muertos sin cuerpos, o sea, la morada de los espíritus fuera de los cuerpos que habitaban durante la vida sobre la tierra, incluye el estado o lugar llamado, Paraíso. Siendo el Hades la morada de todos los espíritus sin cuerpo, allí esperan todos los muertos, buenos y malos. Lucas 16 explica claramente que en la muerte tanto los malos como los buenos están en el Hades. Ahora, que cierto muerto esté en reposo (el Paraíso) o en sufrimiento, depende del caso.

2. Cristo en espíritu sí estuvo en el Hades (claro que no en el estado de sufrimiento); esto lo implica claramente Hech. 2:31. No ascendió al cielo al Padre al morir en la cruz, llevando al malhechor consigo (Jn. 20:17).

3. De NOTAS SOBRE APOCALIPSIS, 1:18, cito lo siguiente:

1:18 — y el que vivo, y estuve muerto; mas he aquí que vivo por los siglos de los siglos, amén. Y tengo las llaves de la muerte y del Hades —

— y el que vivo ... amén — Otra vez Cristo se identifica con Dios el Padre (Deuteronomio 32:40). Es caracterizado por la vida (Juan 14:6; 1 Juan 1:2). La muerte no pudo detenerle (Hechos 2:24). Tiene señorío completo sobre la muerte. Esto implica consolación para la iglesia perseguida.

— Y tengo las llaves ... Hades — Llaves simbolizan autoridad o poder. El **Hades** quiere decir "lugar invisible", y es la morada de las almas entre la muerte y la resurrección. Cristo, habiendo sido muerto y después resucitado, tiene poder sobre la muerte (20:13,14). Cristo, en su segunda venida, reunirá las almas y sus cuerpos por medio de la resurrección. Él tiene las llaves (poder) para esto (Juan 11:25).

La muerte siempre es seguida del Hades. La muerte es la separación del cuerpo y su espíritu, y luego el Hades reclama (recoge) al espíritu mientras que el cuerpo va al sepulcro.

La palabra Hades se encuentra en Mateo 16:18; Lucas 16:23; Hechos 2:27; Apocalipsis 20:13,14.

No ha de ser confundida con la palabra "infierno".

4. De NOTAS SOBRE 2 CORINTIOS, 12:4, cito lo siguiente:

12:4 — "que fue arrebatado al paraíso". Lo que Pablo en el ver. 2 llama "el tercer cielo" aquí lo llama "el paraíso".

La palabra griega para decir Paraíso, PARADEISOS, aparece en el Nuevo Testamento solamente aquí, en Luc. 23:43, y en Apoc. 2:7.

Esta palabra es de origen oriental, significando un parque encerrado como los que tenían los reyes persas y otros nobles. A la mente oriental significaba la totalidad de bienaventuranza. En el Antiguo Testamento, en la Versión de los Setenta, aparece en Gen. 2:8 y en 3:1,2 con referencia al huerto de Edén (como también en Ezeq. 31:8,9). Véanse también Neh. 2:8 (bosque); Ecles. 2:5 (huerto); Cantares 4:13 (paraíso).

En Luc. 23:43 la referencia se hace al lugar o estado (en el Hades, Luc. 16:22-26) en que las almas de los salvos, encomendadas al cuidado de Dios (Luc. 23:46), esperan el día de la resurrección. (Recuérdese que Cristo no ascendió al Padre aquel día; no fue al "cielo", Juan 20:17).

En Apoc. 2:7 la palabra griega PARADEISOS se usa figuradamente para indicar el lugar de supremo gozo y salvación para los redimidos. Es figura del cielo donde mora Dios.

—"donde oyó ... expresar". El uso que Pablo aquí hace de la palabra griega referida indica que fue arrebatado a la presencia de la Deidad, donde se le permitió ver y oír cosas que no conciernen al hombre mortal, por no ser parte de la revelación de Dios al hombre, y que por eso "a hombre alguno le es permitido proferir" (Ver. Hispanoamericana). Considérese 1 Jn. 3:2.

* * *

486. LA BENEVOLENCIA PARA LOS NO SANTOS.

Un hermano fiel recibió el siguiente mensaje por correo electrónico. Demuestra cómo algunos hermanos institucionales "razonan" (que en realidad es pura falta de lógica) y cómo se expresan tan carnalmente. Estas tácticas en sí exponen la falsedad de su contención.

"Su presencia en (Omito el nombre de la ciudad— BHR) es un vergüenza. Es por nada que ustedes dicen que la ofrenda es solamente por los santos. En primer lugar yo dudo que usted reciba sueldo solamente por la ofrenda del grupo. Si esta doctrina es verdad, usted no puede invitar pecadores a sus servicios públicos. Si ellos beben de la fuente o usan el baño, ellos van a gastar dinero de la iglesia que según su doctrina ES SOLAMENTE POR LOS SANTOS. ¿Por qué no deja de ser títere de Wayne Partain y Bill Reeves y seguir el patrón del Nuevo Testamento? Bryl Brockman"

\- \- \-

1. El visitante no está gastando el dinero de la iglesia al usar la fuente de agua, el baño, la luz

179

eléctrica, el asiento, etc. Es la iglesia que está gastando dinero para proveer esos artículos incidentales al predicar públicamente el evangelio al perdido. El no santo está gastando dinero de la iglesia cuando la iglesia le entrega dinero para sus necesidades físicas y luego él lo toma y va y lo gasta en compras consideradas como necesarias. Eso no lo practicamos como iglesia. (El individuo sí lo hace al tener la oportunidad, Gál. 6:10; Sant. 1:27).

2. Todos los pasajes bíblicos, con referencia a la benevolencia de parte de iglesias locales, especifican claramente que el objeto de tal acción es el santo. Ahora, en cuanto a la benevolencia en general, beneficiando a cualquier persona necesitada, las Escrituras enseñan que el cristiano, como individuo, debe ocuparse en ello al tener oportunidad.

3. Los hermanos institucionales tuercen las Escrituras, obligando a iglesias locales a ocuparse en la benevolencia general, porque buscan dinero de las iglesias locales para el sostenimiento de sus proyectos institucionales y para atraer a la gente inconversa por medio de bienes materiales. *Las Escrituras no autorizan el uso de la benevolencia para evangelizar.* Dios atrae a la gente a Cristo (Jn. 6:44) por medio de la enseñanza (ver. 45), y no por medio de la benevolencia. El poder de conversión está en el evangelio (Rom. 1:16), no en el recibir bienes materiales.

* * *

487. LA PERSONALIDAD JURÍDICA

"Yo tengo entendido por la Biblia que la iglesia de Cristo no puede sacar personalidad jurídica por ser universal y por tener la Cabeza en los cielos, y que las iglesias locales son autónomas, y al tener personalidad jurídica la iglesia local tendría que tener una directiva como lo tienen los liberales, o sea presidente, secretario, tesorero, etc. Hermano, quiero que me aclare este punto…"

\- \- \-

1. Ya le expliqué (en otra carta) que el asunto de la personalidad jurídica no tiene que ver con la iglesia en sentido universal. Se trata de que la iglesia local cumpla con las leyes del gobierno, con tal que éstas no contradigan la ley de Cristo. Al tener una iglesia local propiedad (solar y edificio), los gobiernos requieren que haya alguna forma de registro de ello. La iglesia local debe cumplir con aquello. Los nombrados como encargados de la propiedad no tienen por eso control alguno en los asuntos de la iglesia; nada más son quienes responden ante el gobierno para comprar y vender y negociar respecto a la propiedad, y esto según las decisiones de la iglesia. Los hermanos de la iglesia en la calle _____, al tener su personalidad jurídica, cumplen con la ley. En esto están en lo correcto.

2. La cuestión es puramente una de identificación y registro para el beneficio del bien público. Por eso muchos países tienen leyes para esto. La iglesia local puede identificarse con el gobierno de tal modo que no viole principio bíblico.

3. Algunos hermanos institucionales, aprovechándose de tales leyes, como "requisitos del gobierno", procuran **nacionalizar** las iglesias locales bajo de la directiva que ellos mismos formen, con su presidente y demás oficiales. Esto es centralización; es concepto nada bíblico. Podemos cumplir con las leyes del país sin violar las Sagradas Escrituras.

4. Todas las iglesias de Cristo en los Estados Unidos con propiedades (solar y edificio) tienen escogidos por las iglesias hombres llamados en inglés, "trustees" ("trust" significa confiar, confianza). Estos hermanos no tienen ninguna autoridad en los asuntos de la iglesia local. Son nombrados para representar a la iglesia ante la ley, y así actúan según la iglesia les diga en cuestiones de compra y venta relacionadas con la propiedad. Cuando la ley tiene ocasión de negociar con la iglesia local, se dirige a los "trustees", y éstos a la iglesia en conjunto. Así las iglesias cumplen con la ley del país y no violan ningún principio bíblico.

* * *

488. ¿CÓMO SERÁ EL INFIERNO?

"La Biblia enseña que es un castigo para los desobedientes e infieles y es eterno.   ¿Cómo será este infierno?
¿De fuego? Mateo 5:22
¿Horno de fuego? Mateo 13:42
¿Lago de fuego? Apoc. 19:20
¿Lago de fuego y azufre? Apoc. 20:10; 21:8
¿Tiene que ver con 2 Ped. 3:7-12? ¿El mundo se convertirá en horno o lago de fuego y de azufre? ¿Este mundo será envuelto en llama de fuego eterno?
Si lo que dice en Mateo 5:22; 13:42; Apoc. 19:20; 20:10; 21:8 es literal, ¿por qué en el mismo libro de Mateo dice: "echadle en las tinieblas de afuera; allí será el lloro y el crujir de dientes", Mateo 8:12; 22:13 y 25:30.
Aparte de 2 Ped. 3:7-12, ¿todos estos textos se refieren a lo literal o a lo figurado? Deseo que me ayude con este tema".

\- \- \-

1. Sí, es cierto. La Biblia enseña que el infierno es un castigo para los desobedientes e infieles y es eterno (Mateo 25:46). El castigo de los perdidos va a durar tanto tiempo que la vida de los salvos. La misma palabra "eterno" califica a los dos estados futuros.

2. Sobre 2 Ped. 3:10, véase Interrogante #236. Como Dios hizo uso del agua para destruir al mundo del tiempo de Noé, así en el día final hará uso del fuego para deshacerlo, siendo fundidos los elementos por dicho fuego. No, Pedro no habla aquí de "fuego eterno". Como el diluvio no fue eterno, sino que duró el tiempo necesario para llevar a cabo su propósito, así con el fin del universo: pasará con grande estruendo, al ser quemado con fuego.

3. Los textos citados por el interrogador y su variedad de expresiones dan énfasis al hecho de que Dios va a castigar eternamente a los perdidos

con intenso dolor sensible. Es una realidad innegable.

4. Ahora, que el fuego del castigo eterno sea literal, o no, no tiene importancia. Sabemos que el alma no es afectada por el fuego literal que es conocido por el hombre, pero Dios puede usar un "fuego" apropiado para castigar a un alma con su cuerpo espiritualizado después de la resurrección general y el juicio final. El Espíritu Santo nos ha revelado esta verdad de castigo eterno por medio de términos entendidos por nosotros en esta vida; a saber, el gusano que nunca muere, en llamas de fuego, de azufre, en un lugar de puras tinieblas, donde hay crujir de dientes.

5. Dios nos ha revelado la verdad del caso; ahora, dejemos a él la ejecución del evento conforme a su poder ilimitado para llevar a cabo sus propósitos.

* * *

489. MATEO 18:15-17

"¿Es Mat. 18:15-17 de aplicación general o personal? aunque sabemos que algunas versiones dicen 'contra ti', y eso en algunos manuscritos no está, pero sí está en el verso 21. Creo que cada caso tiene su pasaje que trata el asunto. Espero su respuesta".

- - -

1. Véase INTERROGANTE #340.
2. Obviamente es de aplicación personal.
3. Muchos yerran al aplicar este pasaje a casos en que hay error enseñado públicamente, o pecado cometido en público. Por ejemplo, si un hermano aboga por cierto error doctrinal, y otro le expone, muchos quieren condenar al que corrige, al acusarle de haber corregido al otro sin haber ido primero con él para hablar con él sobre el caso. Al hacer esto, ellos descubren su parcialidad a favor del que anda mal y su injusticia hacia el hermano que expone el error, y hacia la Palabra de Dios, pues la tuercen, aplicando mal a Mat. 18:15-17. Deben considerar el ejemplo de Pablo en Gál. 2:11-14.

* * *

490. ¿LA CENA DEL SEÑOR SOLAMENTE EN LA NOCHE?

"¿La cena del Señor debemos de hacerla solo en la noche, siguiendo el ejemplo de los siguientes textos? Marcos 14:16,27,30; Mateo 26:20,24; Lucas 24:29,30; Juan 13:30; 1 Cor. 11:23".

- - -

1. Véase Interrogante #372.
2. Todos los textos referidos, menos Luc. 24:29,30, no tratan de cuándo debe la iglesia local tomar la Cena del Señor, sino de cuándo ella fue instituida. (Luc. 24:29,30 trata de una comida común, como también en los ver. 41-43). Es cierto que la Cena del Señor fue instituida de noche.
3. Ahora, en cuánto a cuándo debe la iglesia local comer la Cena del Señor, y éste es el punto del interrogador, las Escrituras dicen: "el primer día de la semana" (Hech. 20:7). No hay otro pasaje que toque esta cuestión. La hora del día no ha sido especificada, y por eso se deja al juicio de cada congregación que sea a una hora o a otra, con tal que sea hora del primer día de la semana.

4. Las costumbres de hora de reunión en los diferentes países se varían, y esto es normal. Por ejemplo, donde hay esclavitud, los esclavos no encuentran facilidad de reunirse como iglesia, o con la iglesia, en las horas del día de luz, y por eso acostumbrarían reunirse en las tinieblas de la tarde. Donde se acostumbra usar mayormente transportación pública, va a haber normalmente una sola reunión el domingo, a mediados del día, pero donde la gente en general tiene transportación privada, casi siempre se acostumbra tener dos servicios el domingo (por haber facilidad de movilidad). Pero en todo caso, la Cena del Señor debe ser tomada "el primer día de la semana".

* * *

491. ¿FUE ABOLIDO TODO EL ANTIGUO TESTAMENTO, O SOLAMENTE PARTE DE ÉL?

"En la Iglesia de Cristo enseñamos que el Antiguo Testamento fue abolido, como dice en Hebreos capítulo 8. ¿Y entonces, por qué seguimos enseñando a los cristianos? Se supone que una enseñanza es para ponerla en práctica y si ya fue abolido el Antiguo, ya no debemos ponerlo en práctica. Además en Gálatas 3:10 dice maldito todo aquel que no permaneciere en todas las obras de la ley para hacerlas, y nosotros cumplimos parte del Antiguo Testamento y parte no. Por ejemplo, los 10 mandamientos menos el sábado los cumplimos. ¿Fue abolido todo el Antiguo Testamento o solo parte de el?"

- - -

1. En primer lugar aprendamos a expresarnos correctamente. No es cuestión de lo que enseñe la iglesia de Cristo, sino de lo que enseña la Biblia.
2. La Biblia enseña que el Antiguo Testamento fue abolido (2 Cor. 3:14; Efes. 2:14,15; Col. 2:14; Heb. 8; 10:9; etc.). La ley de Cristo (Gál. 6:2) es lo que nos rige a todos ahora (1 Cor. 9:21). Todo lo que se hace ahora en esta última dispensación tiene que hallar su autorización en la ley de Cristo (Col. 3:17).
3. No obstante, hay buenas lecciones que aprender y amonestaciones que recibir al leer las Escrituras del Antiguo Testamento (Rom. 15:4; 1 Cor. 10:11). El caso es así porque Dios en carácter nunca cambia (Mal. 3:6). Su manera de tratar las cosas bajo el Antiguo Testamento sirve de ejemplo para nosotros bajo circunstancias semejantes. Pero no por eso nos sujetamos a la legislación del Antiguo Testamento. Hagamos el mismo uso del Antiguo Testamento que Pablo hacía.
5. Los judaizantes querían imponer parte del Antiguo Testamento, la parte de la circuncisión, como obligatoria para los cristianos hoy en día, y dice Pablo que siendo así el caso, para ser consecuentes, ellos tenían que guardar toda la ley de Moisés (Gál. 3:10).

6. No cumplimos con parte del Antiguo Testamento para luego no cumplir con otra parte. El caso no es así. No cumplimos con ninguna parte del Antiguo Testamento. No estamos bajo él.

7. No estamos bajo los 10 Mandamientos, ni los cumplimos como tales. Nueve de esos Diez son mandados en el evangelio, la ley de Cristo, y al cumplir con la ley de Cristo, cumplimos con ellos. La observancia del Sábado no nos es mandada en el Nuevo Testamento, y por eso no lo observamos. No estamos bajo la Ley que lo mandaba.

8. Fue abolido todo el Antiguo Testamento, y no parte de él.

* * *

492. REGLAS DE INTERPRETACIÓN

"Las reglas de interpretación que utilizamos, el ejemplo aprobado, el mandamiento directo, y la inferencia necesaria, ¿son reglas que Dios nos ha dado para que interpretemos su palabra? ¿Qué le parece hermano estas reglas, si nos llevan realmente a la verdad y nada más que a la verdad, y a la doctrina pura del Señor?"

- - -

1. Interpretamos las Escrituras exactamente como interpretamos cualquier escritura. Cuando leemos el periódico de cada día, los escritores en él no nos dicen que tal y tal pasaje es simbólico, figurado, o literal. Nada más escriben. No hablan de verbos, sustantivos, adjetivos y modos, pero sí los emplean. De igual manera Dios se comunica con nosotros en su Palabra, sin necesidad de hablarnos de términos técnicos de interpretación.

2. Es cuestión de usar el sentido común. Sabemos lo que es mandamiento, pero a la vez sabemos que todos los mandamientos nos son para los hombres de hoy en día. (Por ejemplo, el mandamiento que dijo: "Hazte un arca de manera de gofer"). También sabemos lo que es ejemplo aprobado, y dado que se nos manda seguir lo apostólico (Fil. 4:9; Hech. 2:42; 1 Jn. 4:6), hacemos caso del ejemplo apostólico aprobado. Y diariamente decimos y leemos palabras que implican ciertas conclusiones y sabemos inferir dichas conclusiones. Es una manera más común de comunicarnos. ¿Qué problema hay, pues, que Dios se comunique con nosotros de la misma manera (por ejemplo, Mat. 12:5,6)?

3. Ahora, los hombres han dado nombres técnicos para estas maneras comunes de comunicación, diciendo: mandamiento directo, ejemplo apostólico aprobado, e implicación divina.

4. Nótese: Para esta última frase mencionada, comúnmente decíamos "inferencia necesaria", pero no es técnicamente correcto. La persona que habla o escribe implica, y la persona que oye o lee infiere. Dado que la cuestión tiene que ver con cómo establecer la autoridad de Dios, hablaremos de lo que Dios manda, de lo Dios da a entender por ejemplo, y de lo que Dios dice por implicación. Dios implica; nosotros inferimos o deducimos, concluimos.

5. Sí, estas reglas nos llevan realmente a la verdad y nada más a la verdad.

* * *

493. "ARREPENTIRSE" SIN PEDIR PERDÓN, Y LUEGO IRSE

"Una iglesia cortó comunión con un hermano que se le acusó de ser infiel a las reuniones (no asistía ni los domingos). También se le acusó de ser rebelde a las leyes de la tierra (él no está registrado en matrimonio). Se le animó a que retornara a la iglesia. Los hermanos le visitaron. El hermano regresó. Se arrepintió. No pidió perdón porque dijo que no creía que tenía que pedir perdón a la iglesia. También se defendió, recordando un problema pasado que ya se había resuelto. En ese momento anunció el retiro de su membresía.

"La iglesia le dijo que por defenderse y recordar problemas resueltos no le acepta su arrepentimiento y por anunciar su retiro la iglesia no puede perdonar el pecado de un hermano y luego el hermano irse.

"Otro caso: un hermano pide perdón, aprovecha para anunciar que retira su membresía. La iglesia le preguntó dónde él iba a ser miembro. El dijo que no sabía. Dijo que se reuniría dónde estuviera él en domingo. La iglesia no le aceptó ese arrepentimiento.

"¿Qué hay de correcto y de incorrecto en estos dos casos? Ahora estos dos hermanos están visitando otra iglesia local en la misma área".

- - -

1. Hay dos consideraciones distintas en este cuadro: el arrepentimiento y el retirar la membresía.

2. En el primer caso, no solamente se requería el arrepentimiento, sino también la confesión de pecado (1 Jn. 1:9). El arrepentimiento sin la confesión no es arrepentimiento genuino. Pecó aquel hermano públicamente al dejar de reunirse con los santos, y al arrepentirse, debió haber hecho confesión pública de su pecado. Se me dice que aquel hermano se arrepintió. Pregunto: ¿De qué se arrepintió? Bueno, de eso debió haber hecho confesión.

3. Al recordar un caso ya resuelto, el hermano dejó dudoso su arrepentimiento. Si se arrepintió, ¿por qué buscó defenderse? ¿De qué se defendía? Nadie debe buscar defenderse en el error, y si no está en error, ¿por qué "se arrepiente"?

4. En el segundo caso, el hermano, si en realidad se arrepintió, ¿por qué anunció su retiro de membresía de la iglesia donde era miembro? Al responder que no sabía dónde iba a poner su membresía nuevamente, dejó en duda su arrepentimiento.

5. El retirar la membresía es cosa tan libre que el ponerla. Como hay razones por qué poner la membresía en cierta iglesia local, de igual manera va a haber razones por qué retirarla y ponerla en otra. Si en un dado caso la persona comete un error, se arrepiente y lo confiesa, no por eso se le obliga seguir siendo miembro de la congregación local. Queda libre para poner la membresía en otra congregación. ¡Pero las dos cosas no pueden estar relacionadas! Sería un caso muy excepcional que,

después de arrepentirse y hacer confesión pública, la persona enseguida tuviera necesidad de cambiar su membresía, pero esto pudiera pasar. Pero faltando tal necesidad completamente apartada del problema, no habría por qué irse a otra congregación. Si el problema se resolvió en la iglesia local, entonces ¡adelante en la obra de siempre!

Lo que casi siempre pasa en los casos en que, después de "arrepentirse" y "confesar pecado", la persona cambia de membresía, es que en realidad no está arrepentida, o no quiere humillarse y seguir adelante. Deja que su vanidad y orgullo le conduzcan a retirarse para no seguir viendo cara a cara a los hermanos contra los cuales pecó. No muestra la humildad necesaria sin la cual nadie puede ser salvo.

* * *

494. ¿PUEDE EL VIUDO QUE VUELVE A CASARSE SERVIR DE ANCIANO EN LA IGLESIA?

"¿Prohíben las Escrituras que el viudo, que escrituralmente vuelve a casarse, sirva de anciano en la iglesia local?"

- - -

1. El texto griego en 1 Tim. 3:2, literalmente dice: "marido de una esposa". No dice: "marido de una sola mujer". Omítase, pues, la palabra "sola".
2. Tampoco dice el texto que el obispo "tiene que haber sido marido de una sola mujer". Tiene que ser marido de una mujer. Ahora, el hombre que se divorcia con razón bíblica (Mat. 19:9), y vuelve a casarse de manera bíblica, ya es marido de una mujer. ¿Acaso tiene dos mujeres? Si tiene dos, ¡es polígamo! ¿Quién afirmará que es polígamo? Es un hombre casado tan bíblicamente que el joven virgen que acaba de casarse. Ni el uno ni el otro tiene dos mujeres.
3. No todo lo que es lícito conviene (1 Cor. 6:12). Por eso, en un dado caso puede ser que el viudo, que se ha vuelto a casar y esto bíblicamente, prefiera no servir como anciano, pero tiene el derecho de hacerlo por la simple razón de que llena el requisito que dice: marido de una esposa. Si él ve que muchos en la iglesia, aunque mal informados ellos en cuanto a la verdad el caso, no seguirían su dirección como anciano, entonces del ejercer su derecho puede ser que no resultaría mucho bien.
4. Los que se oponen a que él sirva de anciano porque "ha sido" marido de otra mujer, de la cual ya se divorció bíblicamente, están añadiendo a la Palabra de Dios. El texto no dice ni enseña que en toda su vida el anciano no puede haberse casado más de una vez. Ellos no afirmarán que el viudo nuevamente casado es polígamo. No afirmarán que tiene dos esposas. Están de acuerdo de que es un marido de una mujer. Concuerdan, pues, con el requisito bíblico. No tienen razón, pues, al aplicar mal las Escrituras y al ejercer prejuicio basado en información incorrecta.

* * *

495. TRABAJAR EN UNA TABACALERÍA, O EN UNA CERVECERÍA

"¿Puede un hermano o hermana trabajar en una tabacalería fabricando puros, o en una cervecería? ¿Se pueden acaso aplicar estos textos: Efes. 5:7,-11,12; 1 Tim. 5:22?"

- - -

1. El tabaco tiene usos aparte de la fabricación de puros y de cigarrillos. Por ejemplo la nicotina se emplea en algunos insecticidas. Pero el puro se llama así porque es "tabaco puro", siendo nada más hojas de tabaco enrolladas. El fumar perjudica la salud del cuerpo, y el persistir en fumar muchas veces (no siempre) termina en cáncer. Por eso el hombre maltrata su cuerpo si fuma.

Ahora, si el cristiano, aunque no fume, gana la vida trabajando en una fábrica de puros, limita grandemente su influencia en los no cristianos, y les pone un ejemplo no digno del evangelio. Por eso yo por nada trabajaría en una tabacalería.

La misma cosa se puede decir en cuanto a la cervecería. Aunque el cristiano no tome, al trabajar en la cervecería, y aunque nada más barra pisos, su carácter va a ser juzgado por ser empleado en la cervecería, y dicha reputación la merecería.

2. Hay muchas maneras de ganar el pan de cada día. El pasaje que aquí cabe mejor es Efesios 4:28, "El que hurtaba, no hurte más, sino trabaje, haciendo con sus manos **lo que es bueno**....". No todo empleo es bueno; hay muchos que sí lo son. No tenemos que ser un Salomón para hacer la distinción.

3. Efes. 5:7, al decir "No seáis, pues, partícipes con ellos", tiene su aplicación directa a cosas como la fornicación, la idolatría, la avaricia, y cosas vergonzosas hechas en secreto (ver. 12). Véase el ver. 5 y sig.

Por extensión, se puede hacer aplicación a cosas de vicios como el fumar y el tomar, pero Pablo no tenía en mente tales cosas al escribir esas palabras del contexto. El cristiano procura "perfeccionar la santidad" (2 Cor. 7:1), porque sin ella no puede ver a Dios (Heb. 12:14). En lugar de procurar justificar su empleo en sitios donde se fabrican principalmente artículos dañinos para el cuerpo y para la mente del hombre, buscará otra forma de ganar la vida, aunque le rinda menos salario y otros beneficios puramente físicos. ¡Quiere ver al Señor!

4. 1 Tim. 5:22, al decir, "ni participéis en pecados ajenos" no toca nuestra pregunta directamente. Pablo exhorta a Timoteo a no hacerse cómplice con la persona que sin tener testigos acusa a un anciano. Solamente en sentido secundario se debe hacer aplicación del pasaje a nuestra pregunta.

La participación es comunión. El cristiano concienzudo va a evitar cualquier actividad que le asocie con la reputación mala.

* * *

496. ¿QUE SIGNIFICA EZEQ. 37:15-28?

"¿Qué significa Ezeq. 37:16-23?"

- - -

1. El pasaje es una profecía de la reunión del pueblo de Dios (en el tiempo de Ezequiel eran el reino del sur, Judá, y el reino del norte, Efraín o Israel, términos sinónimos) en Cristo, "un rey" (ver. 22), "David, un solo pastor" (ver. 24), "pacto de paz, perpetuo" (ver. 26; Heb. 13:20); "Dios… y pueblo" (ver. 27, 2 Cor. 6:16). Este pasaje tuvo su cumplimiento en la obra de Cristo y su evangelio. Cristo Jesús es el "David" espiritual. (El David literal ya tenía siglos de estar muerto cuando Ezequiel escribió estas palabras). Este pasaje, pues, es mesiánico.

2. Debe notarse que los mormones emplean este pasaje para afirmar que los dos palos son la Biblia y el Libro de Mormón, la Biblia siendo el palo de Judá, y el Libro de Mormón el palo de Efraín.
Pero no hay nada en el contexto que indique que los dos palos representen libros. La idea de libros no se ve en el pasaje. En base a la suposición de que aquí se trata de dos libros, los mormones pasan a suponer que el palo de Judá es la Biblia, y suponen que el palo de Efraín es el Libro de Mormón. ¡Es pura suposición o imaginación humana!

* * *

497. COLOSENSES 4:16

"Por qué no tenemos la carta a los Laodicenses en la Biblia?"

- - -

1. No sé. Dios en su Providencia no conservó dicha carta. Esta no es la única no conservada (1 Cor. 7:1). Dios conservó las necesarias para sus fines. Las que tenemos ahora bastan para darnos la información necesaria para la salvación eterna.
2. El libro Hechos no contiene todos los sermones predicados por los apóstoles, ni contiene nada de las obras de algunos de los doce apóstoles. Pero lo que contiene basta para las necesidades del hombre.
3. Cristo hizo más milagros que aquéllos narrados en el libro de Juan, pero los narrados bastan (Juan 20:30,31). Véase también 21:25.
4. La verdad que dicha carta contenía se encuentra en las escrituras que tenemos actualmente. El Espíritu Santo guió a los apóstoles a toda la verdad (Jn. 16:13), y esa verdad completa la tenemos en las escrituras apostólicas (2 Ped. 1:3; 3:2).

* * *

498. SALMOS 37:29

"Si nuestra herencia está en el cielo, ¿por qué dice Salmos 37:29 que los justos heredarán la tierra? ¿Y vivirán para siempre sobre ella? Vea también Salmos 37:9, 11,22,34".

- - -

1. Este Salmo trata de la seguridad de los que confían en Jehová y la inseguridad de los inicuos. Léase versículo por versículo para ver el contraste entre las bendiciones gozadas por el justo y la maldición que traen los pecadores sobre sí mismos. El ver. 28 explica el significado de la frase "heredar la tierra"; es que Dios no desampara a los suyos y los guarda en esta vida. No trata del estado de alguien en la eternidad después del Juicio Final.

2. La frase "para siempre" no siempre es sinónima con la palabra "eterna". Muchas veces significa un tiempo largo indefinido. Por ejemplo, Éxo. 12:14 habla de la fiesta de la Pascua como una perpetua, o para siempre (es la misma palabra como hallada en Sal. 37:29). El sábado había de ser observado para siempre, Éxo. 31:16,17. Ahora, sabemos que las ordenanzas del Antiguo Testamento duraron mucho tiempo, pero no eternamente. 2 Reyes 5:27 habla de la lepra que se pegó a Gieze para siempre, pero seguramente no por toda la eternidad. Compárese Éxo. 21:6. ¿Quiere decir Jer. 17:25 que la ciudad de Jerusalén sería habitada por toda la eternidad? ¡Claro que no!
Así que los manos "heredan" la tierra (Mat. 5:5) ahora, porque ahora Dios ve por ellos y los sostiene. Como explica Mar. 10:29,30, las bendiciones físicas de Dios que proporciona esta tierra son para ahora, y "en el siglo venidero la vida eterna". La "herencia incorruptible" (no física como la de esta tierra) está "reservada en los cielos" (1 Ped. 1:4).
3. Los materialistas ignoran el contexto del Salmo 37:29, y el tenor de las Escrituras sobre el asunto, y juegan con palabras para sostener sus afirmaciones. No usan bien las Escrituras (2 Tim. 2:15).

* * *

499. ABRAHAM Y EL DIEZMO

"¿Por qué diezmó Abraham a Melquisedec si el diezmo era solamente para la tribu de Leví, y esta tribu todavía no existía (Heb. 7:4-6)".

- - -

1. La pregunta supone que el diezmar no podía ser practicado por nadie sino los levitas. Pero la práctica del diezmo precedía el tiempo de la ley de Moisés. Existía en el tiempo de Abraham, y posiblemente desde el principio. Es razonable concluir que Abraham diezmó a Melquisedec conforme a algún mandamiento u ordenanza de Dios. Ahora Moisés, no originando el diezmar, dio ordenanzas nuevas con respecto a la práctica, haciendo obligatorio el diezmar para el beneficio físico de los levitas.
2. Véase Interrogante # 385.

* * *

500. ¿MINISTRO CON ESPOSA NO CRISTIANA?

"¿Puede ser ministro cuando sólo el esposo es cristiano, o tiene que ser toda la familia, esposa e hijos?

- - -

1. Se entiende que con decir "ministro" el interrogador tiene en mente a un predicador o evangelista. (La palabra "ministro", según el uso bíblico del término, no significa predicador, sino sencillamente siervo).
2. Cualquier cristiano tiene la libertad de anunciar las buenas nuevas de salvación (Hech. 8:4); puede

predicar el evangelio. Para predicar no tiene que tener esposa cristiana, ni hijos cristianos.

3. Ahora, si la pregunta incluye la idea de sostenimiento de iglesias para que la persona predique, no teniendo ella esposa cristiana, ni hijos cristianos, la situación cambia. No conozco ningún pasaje que toque este caso en particular, pero mi juicio me dice que si la persona no ha podido convertir a su propia esposa, no le conviene buscar sostenimiento de iglesias para dedicar su vida a la predicación. Para tener buen resultado y aceptación en su obra de predicar, le conviene vivir de su propio sostenimiento y predicar según tenga oportunidad. Todo cristiano va a hablar de Cristo (Hech. 8:4), y por eso este hombre con esposa incrédula va a hacer lo mismo, pero no conviene que reciba salario de iglesias para predicar a otros cuando no ha podido convertir a su propia esposa ni guiar a sus hijos a la verdad. En tal caso nadie le prestaría mucha atención. Debemos todos recordar que se puede predicar a Cristo sin que se reciba salario de iglesias.

* * *

501. ¿CÓMO SABER QUE TODO ESTÁ CORRECTO?

"¿Cómo saber que todo está correcto, todo lo que se cree que se está haciendo lo correcto?"

- - -

1. No estoy del todo seguro de que entienda la pregunta como expresada. Pero sí estoy seguro de lo que digo a continuación:

2. Dice Cristo que "conoceréis la verdad, y la verdad os hará libres" (Jn. 8:32). Podemos, pues, conocer la verdad. También dice Jesús, "El que quiera hacer la voluntad de Dios, conocerá si la doctrina es de Dios, o si hablo por mi propia cuenta" (Jn. 7:17). Además, Jesús nos dice, "Pedid, y se os dará; buscad, y hallaréis; llamad, y se os abrirá. Porque todo aquel que pide, recibe; y el que busca, halla; y al que llama, se le abrirá" (Mat. 7:7,8). La gente de Berea mostró su nobleza, al recibir la palabra apostólica con toda solicitud y al escudriñar cada día las Escrituras para ver si era así como Pablo lo predicaba (Hech. 17:11). "La verdad está en Jesús" (Efes. 4:21). Tenemos que escudriñar las Escrituras (Jn. 5:39). Juan y otros muchos conocían la verdad (2 Juan 1).

3. La persona que actúa como arriba descrito puede tener la seguridad de que está en lo correcto, porque va a estar en la verdad. ¿Quién no puede seguir el patrón bíblico en la conversión, en la organización, la obra y el culto de la iglesia? (2 Tim. 1:13). Todos podemos seguir la misma regla (Fil. 3:16). En ella hay seguridad de estar en lo correcto. Toda otra base es engaño y condenación; es adorar a Cristo en vano (Mat. 15:9).

* * *

502. LOS INTERESES BANCARIOS

"La iglesia está guardando la ofrenda en el banco, y estamos convencidos de que los intereses devengados no son ofrenda y que por lo tanto, como Iglesia no tenemos autoridad sobre lo que no es ofrenda, pues no fue ofrendado el primer día de la semana. Pregunto: ¿Cómo podemos usar legítimamente los intereses siendo que no son ofrenda?"

- - -

1. Obviamente hay confusión sobre la cuestión de intereses devengados a consecuencia de tener la iglesia dinero guardado en el banco que es una institución financiera. Esto es evidente porque si "la iglesia no tiene autoridad sobre los intereses", no hay que preguntar "cómo usarlos". Los intereses tendrían que dejarse para su uso en las manos del banco.

2. Pero el caso no es así. Para cuestiones de seguridad y como conveniencia, las iglesias que tienen la oportunidad (por existir donde hay bancos de cerca) de hacer uso de un banco comercial para el cuidado de su dinero, son sabias en guardar sus fondos monetarios en él. El guardar grandes cantidades de dinero en una casa particular no es nada seguro.

3. Hay casos en que la iglesia local quiere juntar dinero para comprar terreno y después erigir un edificio propio para sus usos. El banco comercial es el lugar más indicado para guardar los fondos crecientes para tal propósito. Estos fondos son apartados de los generales que son empleados para gastos corrientes y especiales en casos de emergencia. En este caso la iglesia tendría dos cuentas: la cuenta de ahorros, y la cuenta corriente o de cheques.

4. Los bancos son negocios, que prestan dinero a cierto rango de intereses, y para tener dinero que prestar, ofrecen interés a los que depositan dinero con ellos, pero obviamente la cantidad de interés es mucho menos que la cantidad que cobran para un préstamo. Todo esto es reconocido como comercio normal y justo. Véanse por ejemplo Mat. 25:27; Luc. 19:23. Nótese que el dueño del dinero esperaba recibir de vuelta no solamente el capital inicial, sino también el interés. El consideraba las dos cosas como suyas, y con razón.

5. El guardar el dinero de la iglesia en un banco que paga intereses, es una buena administración de los bienes de la iglesia. Al sacar el dinero (o parte de ella), tanto la cantidad depositada como el interés ganado, ¡ése es dinero de la iglesia! y la gastará a su juicio.

6. Ahora, en un dado caso puede entrar en el cuadro la cuestión de motivos. La iglesia local no existe con el fin de ganar dinero. Si deposita una gran cantidad de dinero en un banco, con el propósito de hacer su obra con nada más usar los intereses ganados, entonces viola el patrón bíblico de juntar dinero por medio de las ofrendas de cada domingo.

7. Mencioné las dos clases de cuentas que muchas iglesias tienen: la de ahorros para cierto proyecto de la iglesia, y la corriente para pagar sus gastos corrientes. En el primer caso, los bancos

siempre pagan un poco de interés porque los fondos depositados no son para ser sacados en porciones y a veces. Se quedan un tiempo con el banco, y el banco usa ese dinero (o el porcentaje de él según la ley permita). Cuando la iglesia llega a la cantidad necesitada para su proyecto, saca del banco toda la cuenta y ésta incluye los intereses pagados por el banco. Todo ese dinero es de la iglesia. En el segundo caso, muchas veces (cuando menos en los EE.UU.) los bancos no cobran por la cuenta de una iglesia, por razones de consideración (de que una iglesia no es negocio o empresa para ganancia). Al público en general sí cobra algo mensualmente por la cuenta de cheques). Raras veces algunos bancos aún pagan un poco de interés sobre las cuentas de cheques, con tal que el balance se mantenga en cierta cantidad algo alta. La iglesia local usa tal cuenta, o sea libre de costo, o sea con un poco de interés, para pagar sus gastos corrientes. En todo caso el dinero de la cuenta es dinero de la iglesia, para que lo use a su juicio.

* * *

503. ¿LA IGLESIA UNIVERSAL COMPUESTA DE CONGREGACIONES?

"...unos ancianos que están visitando aquí en el país....ellos enseñan que la iglesia de Cristo esta compuesta de CONGREGACIONES y en lo que quiero que me ayude es que uno de ellos me dijo algo que yo nunca había escuchado. El me dijo, '¿Ve este edificio? esa no es una iglesia pues tiene pocos miembros; dijo, es una congregación que pertenece a la iglesia universal y depende de la iglesia de donde somos ANCIANOS'".

\- \- \-

1. La iglesia de Cristo, en sentido universal, es compuesta de salvos, Hech. 2:47. Para ser salva, la persona tiene que bautizarse en Cristo, Hech. 2:38; Gál. 3;26,27. Ahora, si la iglesia en sentido universal no es compuesta de individuos, sino de congregaciones (iglesias locales), ¡hay que bautizar a congregaciones y no a individuos!

2. Los ancianos apacientan la grey que está entre ellos, y no a otros, 1 Ped. 5:2. Ustedes se constituyen una congregación aparte. Ni ustedes, ni nosotros aquí donde yo soy miembro, somos "ovejas" ¡entre ellos! Dios no puso ancianos, o pastores, sobre más de una sola "grey" o rebaño. Esos ancianos, de los cuales usted habla, quieren irse más allá de su autoridad. Si pueden supervisar la congregación donde usted es miembro, ¿qué les quita que no sean ancianos sobre otras diez mil congregaciones? Dígales que se queden en su grey, y que no traten de entremeterse en asuntos ajenos. Someterse a tales ancianos como aquéllos es someterse a dictadores espirituales, ignorantes en las cosas del Señor.

* * *

504. MATEO 24, ¿DÓNDE LA TRANSICIÓN DEL TEMA?

"¿En cuál versículo del capítulo vemos la transición del tema de la destrucción de Jerusalén al tema de la segunda venida de Cristo? Para mí es el ver. 44; otros dicen que el ver. 36.

Si decimos que los ver. 29-31 se refieren a la destrucción de Jerusalén, ¿en base a qué hacemos que 1 Tes. Cap. 4 y 5, y 2 Ped. 3, se aplican a la misma segunda venida de Cristo?

Si tomamos figuradamente las palabras de los versículos 29-31, ¿en base a qué insistimos en que la trompeta de 1 Tes. 4:16 ha de ser literal?

Yo no creo en la doctrina de la llamada "Teología Cumplida" del año 70 d. C., pero veo como tales maestros podría dar tal interpretación a los pasajes en Tesalonicenses y en Pedro".

\- \- \-

1. Yo siempre he entendido que el ver. 36 es la "línea divisoria" en Mateo 24, pero no soy dogmático en esta conclusión.

2. Yo veo las mismas figuras de oración siendo empleadas por Jesús con referencia a los dos eventos separados; a saber, la destrucción de Jerusalén en 70 d. C., y su segunda venida al fin del mundo. El primero es un preludio, o tipo, del segundo. Los dos requieren preparación. El mensaje es el mismo para las dos "venidas". Jesús, en Mateo 24, no indicó específicamente una "línea divisoria", sino usó la primera venida en juicio (ésa contra la economía judaica, porque los discípulos necesitaban esa lección, dada su interés exagerado en los edificios del templo, ver. 1) para prefigurar el juicio universal que ha de venir en el día final, porque las dos venidas requieren que el discípulo vigile en preparación. Esto es lo que enfatizo al enseñar sobre Mateo 24, y no dónde se encuentre la verdadera "línea divisoria", si en realidad una existe.

3. Tocante a alguna relación entre Mat. 24:29-31, y los pasajes 1 Tes. 4 y 5, y 2Ped. 3, no debe haber problema alguno. La semejanza de palabras y frases no indica necesariamente identidad de tema o cuestión a la mano. ¡El contexto determina eso!

Mat. 24:29-31 obviamente es lenguaje figurado y cae dentro de lo que pasaría en esa generación (ver. 34).

Otro es el contexto de 1 Tes. 4 y 5. En 4:13-17, Pablo habla de cuándo los cristianos estarán con el Señor para siempre. En 5:9,10, Pablo muestra que la ira y la salvación tratados tienen que ver con el infierno y con el cielo, y no es posible hacer aquí aplicación a la destrucción de Jerusalén, 70 d. J. C. En cuanto a los que abogan por la Escatología Cumplida, ¿dirán ellos que desde 70 d. J. C. no sigue el caso de algunos cristianos físicamente muertos y otros físicamente vivos? Los cristianos todavía están muriendo mientras que otros todavía viven, pero la venida de Cristo en este contexto es uno en que, después que él venga, tal situación ya no existirá (5:10)

Sobre la Escatología Cumplida, véase #438.

* * *

505. 2 TIM. 3:16-17

"Toda mi vida he oído a predicadores aplicar este pasaje a toda la Biblia. ¿No se refiere en particular a las Escrituras del Antiguo Testamento? Yo creo de todo corazón que la Biblia que tenemos hoy en día es la Palabra de Dios, escrita por hombres inspirados, pero no veo que este pasaje encierre completamente esta creencia".

- - -

1. En el texto griego del pasaje referido (2 Tim. 3:16) no aparece verbo para decir "es" en la frase, "es inspirada". El texto debe leerse, "Toda escritura inspirada".

2. Las "Sagradas Escrituras" del ver. 15 sin duda se refieren a las que componen el Antiguo Testamento. Estas son las que Timoteo oía leídas desde la niñez. Pero, en el ver. 16, la frase "toda Escritura" (no, toda la Escritura) incluye, aparte de las escrituras del Antiguo Testamento, también las del Nuevo Testamento ya existentes. Esta segunda carta de Pablo a Timoteo fue escrita durante su segundo encarcelamiento en Roma y poca antes de su muerte (y por consiguiente, fue la última de las epístolas de Pablo en el Nuevo Testamento).

3. Para ese tiempo ya había otras escrituras inspiradas en circulación. Nótese 2 Ped. 3:16. Véanse también Col. 4:16; 1 Tes. 5:27. Por eso la frase, "toda escritura inspirada" no ha de ser limitada a las del Antiguo Testamento.

4. Es correcto afirmar que Pablo, al decir, "toda la Escritura es inspirada por Dios", no tiene en mente precisamente los 66 libros de la Biblia.

* * *

506. ¿JUGO DE CUALQUIER FRUTA?

"La frase 'fruto de la vid' (Mat. 26:29), ¿se refiere exclusivamente al jugo de la uva, o puede referirse a jugos de otras frutas (por ejemplo, al jugo de la mora)".

- - -

1. En las Escrituras, la vid siempre se asocia con uvas (Apoc. 14:18,19), y nunca con otra fruta o flor.

2. Una palabra derivada del vocablo griego para decir "vid" se emplea con referencia a Baco, el dios griego del vino.

* * *

507. EN MATEO 26:29 ¿QUÉ SIGNIFICA "NUEVO"?

"¿En qué sentido lo bebería nuevo Jesús con sus discípulos? ¿Es ésta una participación espiritual y no una literal o real?"

- - -

1. El fruto de la vid sería "nuevo" cuando Jesús participara con sus discípulos en el reino venidero. (Aquí la frase, el fruto de la vid, es puesta por la cena del Señor completa).

2. Lo nuevo del "fruto de la vid" consistiría en su significado y aplicación nuevos. La fiesta de la Pascua, de la cual fue tomada la Cena del Señor, tendría un significado nuevo (1 Cor. 5:7). Su nuevo significado es que Cristo ha muerto por nosotros, y no un cordero del reino animal.

* * *

508. LA ADORACIÓN O CULTO

A. "Quisiera preguntarle acerca de la adoración de la iglesia. ¿El domingo la iglesia o sea todos los miembros que asisten ese día deben cumplir con los 5 actos de adoración?"

1. No hay razón porque no quieran los miembros de la congregación cumplir con la adoración pública de la iglesia local. Si la adoración, consistiendo en 5 actos, como solemos decir por hablar en breve, no es para los miembros de la iglesia local, ¿para quiénes es?

B. "¿Hay diferencia entre culto y clase?"

1. Siempre conviene definir términos. Ordinariamente entendemos que con "culto" se hace referencia a los actos de adoración en cualquier asamblea de toda la iglesia. Con "clases" damos a entender que hay agrupaciones de personas en clases distintas, según edad o capacidad, etc. Sí, obviamente hay diferencia entre las dos cosas.

C. "¿Cómo se estableció el culto de adoración?"

1. Se establece de la misma manera de que se establecen los cinco pasos en la conversión, la organización de la iglesia local, y su obra, etc. Hay que seguir el patrón bíblico (2 Tim. 1:13).

D. ¿Las reuniones que no son en Domingo no son culto de adoración?"

1. Véase el número 2 arriba. El día de la semana no determina si una asamblea es para culto, o no. (Sí determina cuándo se toma la Cena del Señor). Si la iglesia local se reúne en viernes, o en otro día, para rendir culto a Dios, se reúne para culto de adoración. (Claro es que en el culto no tomará la Cena del Señor si no es domingo). Lo que determina que una asamblea es para culto es lo que se haga en la asamblea. Si una dada asamblea (grupo de personas) es para tener una clase, con el formato en que todos los presentes pueden participar, bajo la dirección del maestro de la clase, dicha asamblea no es para culto sino para clase. En Hechos 19:39,41, hubo una asamblea (aquí la palabra griega es EKKLESIA, de la cual tenemos la palabra "iglesia"), pero no fue una para culto de adoración.

E. "¿Dónde hablan las mujeres y dónde no?"

1. No es cuestión de "dónde", sino de que si la asamblea es para culto de adoración (en este caso la mujer se calla), o si es un grupo de personas que componen una clase y se reúnen para estudiar. Y aún así, si el maestro de la clase no permite participación de parte de los alumnos en la presentación de la clase, ni la mujer ni el varón pueden hablar porque no hay permiso en tal formato. Sólo el maestro habla (enseña). Ahora, si el maestro solicita y permite que los alumnos participen en cuanto a preguntar y comentar, todo

hecho decentemente y con orden, entonces en este formato se les permite a la mujer y al hombre que "hablen", pero en tal caso no estarían dirigiendo la clase; el maestro hace eso.

* * *

509. MAT. 11:22,23; LUC. 12:48; DIFERENTES GRADOS DE CASTIGO

"¿Está usted de acuerdo que Mateo 11:22,23 y Lucas 12:48 dicen que hay diferentes grados de castigo? ¿Sufrirán algunos más que otros?"

- - -

1. Sí, estos pasajes indican que el castigo será conmensurado con las oportunidades que la persona haya tenido para conocer y hacer la voluntad de Dios. Entre más oportunidad tenga la persona para conocer la verdad, mayor será el castigo para ella si la rechaza. Todo pecador está perdido porque pecó y si muere fuera de Cristo, muere sin esperanza. Pero el pecador que, conociendo la verdad y siempre la rechaza, peca también contra las oportunidades que Dios le permitió tener para obedecerla. Entre más oportunidad, más culpa habrá al rechazar la verdad, y entre más culpa, más castigo habrá. Los pasajes referidos revelan la verdad de grados de castigo, pero la Biblia no revela a qué grado las diferencias serán medidas o en qué consistirán las diferencias.

510. ¿LA PASCUA GUARDADA POR CRISTIANOS?

"¿Cómo se responde al que toma la posición de que al cristiano se la manda guardar la Pascua (1 Cor. 5:6-8)? Tal es la creencia de un amigo mío que asiste una "sinagoga judaica de cristianos", un grupo que trata de guardar los dos testamentos al mismo tiempo".

- - -

1. Usted debe dejar que su amigo sea el remero, ya que él es quien afirma tal cosa; que él presente la prueba. Dígale que tome el pasaje y lo explique versículo por versículo. No basta que él nada más llegue a una frase en el pasaje ("celebremos la fiesta") y le dé una interpretación arbitraria. El apóstol Pablo no hizo tal cosa, ni puede su amigo. Hay que usar la frase dentro del contexto. ¡Ahí está la cuestión!

2. Es obvio que Pablo usó la frase figuradamente, y no literalmente. La fornicación en la congregación fue como levadura en la masa. El fornicario (la "levadura") tuvo que ser quitado, no dejado. A los cristianos en Corinto se les llama "nueva masa" (ver.7); ¿es esto también literal? ¿Somos masa los cristianos?

3. Se celebra la fiesta, sí; pero, ¿cómo? ¿Al celebrar una fiesta literal y ceremonial? El apóstol Pablo contesta: "con los panes sin levadura, de sinceridad y de verdad" y "no con la levadura de malicia y de maldad".

4. Esta fiesta celebrada es una de toda la vida en observancia diaria de vida en Cristo, y no en la mundanalidad.

5. Nótese el paralelo con la circuncisión. Su amigo y su iglesia ("sinagoga"), ¿practican la circuncisión según la ley de Moisés? Los cristianos son personas "circuncidadas" (Col. 2:11,12) porque han sido bautizadas en Cristo.

6. Otras formas y prácticas del Antiguo Testamento se emplean en el Nuevo Testamento. Por ejemplo: templo (1 Cor. 3:16,17), sábado (Heb. 4:9); altar (Heb. 13:10), etcétera. Tales cosas eran sombras o símbolos; en Cristo tenemos la realidad de las cosas prefiguradas por aquéllas (Jn. 1:17; Heb. 10:1).

* * *

511. ¿SE LE PERMITE A ELLA VOLVER A CASARSE?

"Una pareja se divorcia no por causa de fornicación. Más tarde, el marido decide volver a casarse mientras que la esposa divorciada se ha arrepentido del divorcio y ha buscado la reconciliación con su marido, pero él lo rechaza. Cuando él vuelva a casarse, ¿se le permitirá a ella volver a casarse, dado que él ahora estará en estado de adulterio?"

1. Si yo entiendo el caso presentado, es así: una pareja se divorcia, y por eso ahora están los dos separados de manera no bíblica (1 Cor. 7:10,11).

2. Su pecado (hasta ahora) es corregido por medio de arrepentirse de la separación, o divorcio, y luego ser reconciliados el uno al otro. Ella hace precisamente eso; se arrepiente y procura reconciliarse con su marido. No puede hacer más, porque su marido todo lo rechaza. Pero Dios le perdona; no perdona al marido. Ella ahora es tan inocente como la persona que acaba de bautizarse.

3. Ahora el caso llega a ser así: una esposa inocente es dejada por su marido quien va y se casa con otra. El ahora es adúltero. Legalmente se divorciaron más antes (cosa que Dios no reconoció), y por eso ella no puede divorciarse (legalmente) de él por la fornicación o adulterio, pero es el inocente en el caso y por eso se le permite repudiarle (rechazar sus votos hechos en el matrimonio) y volver a casarse.

4. Ahora, el caso puede ser diferente: si los dos se divorcian sin causa de fornicación, y luego él vuelve a casarse antes de que ella se arrepienta del divorcio y busque reconciliación, cambia el cuadro. En tal caso él necesita dejar a la segunda esposa (nunca tuvo derecho a ella), y si es posible, reconciliarse con su única esposa legítima, y ella necesita arrepentirse del divorcio y, si es posible, ser reconciliado con él.

5. Como digo con frecuencia, estoy comentando, no sobre un caso en particular conocido por el interrogador, sino generalmente en conexión con el caso hipotético.

* * *

512. ¿PUDO ADÁN PONER NOMBRE A LOS ANIMALES EN UN SOLO DÍA?

"Creo lo que el Espíritu Santo ha dejado revelado y por este motivo sé que Dios creó todo en 6 días literales. Inmerso en este estudio, llegué a Génesis 2, especialmente el versículo 19 y 20, los cuales narran que Adán puso nombre a todo animal del campo, "bestias y aves". Los evolucionistas teístas dicen que Adán no pudo hacer semejante trabajo en un día. Pero lo que he llegado a creer es que Adán no puso nombre a todo animal según su especie, sino según su género, lo que me parece lógico ya que Génesis muestra una diferencia en las palabras "GÉNERO" y "ESPECIE" (Génesis 1:21,24,25,11)".

- - -

1. La objeción de los evolucionistas, de que Adán no pudo haber nombrado en un día a todos los animales de la creación, no tiene base lógica, como usted observa. El proceso fue dirigido por Dios y con la ayuda de él, todo es posible.

2. No todos los animales de la creación fueron traídos delante de Adán para esta ocasión, sino solamente las bestias del campo y las aves, y muy posiblemente sólo los del huerto de Edén que ocupaba Adán y que circulaban alrededor de él. Parte del proceso tuvo como propósito el hallar ayuda idónea para Adán. Tal proceso no requeriría tanto tiempo.

3. Usted tiene razón al notar que Adán puso nombre a los animales involucrados según su género, y no según una subdivisión más pequeña (especie).

4. El texto de Valera Revisión 1960, en 1:24, dice "género" y "especie", pero las versiones Biblia de las Américas, American Standard Version (la que uso en inglés), y otras buenas, dicen género las dos veces en dicho versículo. La Biblia Hebrea que tengo en inglés dice "género" las dos veces. La Versión Septuaginta en 1:24 dice "género" las dos veces, pero en 1:11 agrega una frase al versículo que dice, (según su género) "y según su semejanza". La Versión Católica, Nacar y Colunga, dice "especie" en todos los pasajes de Gén. 1 donde nuestra versión dice "género", pero no distingue entre "especie" y otra cosa. Para mí, el caso más probable es que el texto original dijo solamente "género" en los varios versículos. Concuerdo con usted en la conclusión de que Adán fue dirigido por Dios a nombrar los animales solamente según su género, cosa que no costaría tanto tiempo para hacerse.

5. Los hombres incrédulos en este caso quieren juzgar las acciones de Dios y de Adán, dirigido por Dios, según normas, circunstancias, y maneras de hacer de hombres de hoy en día. Pero las imaginaciones de los hombres incrédulos no determinan la interpretación correcta de las Escrituras. Las Escrituras dicen que todo el relato sucedió en el día sexto, punto y aparte. Este día no ha de distinguirse, en cuanto a tiempo de duración, de los demás días de la creación.

* * *

513. ¿BAUTIZARSE DOS VECES?

"¿Puede una persona ser bautizada dos veces si duda?"

- - -

1. Usted me explica que cuando la persona se bautizó lo hizo por compromiso, porque se bautizaban otros y ella solamente por hacerlo otros lo hizo también, pero ahora que ya entiende mejor le da mucho temor y le pregunta a usted si tendría que ser bautizada de nuevo.

2. Juzgando el caso por las palabras de la persona misma, es evidente que ella no se arrepintió para ser bautizada por la razón bíblica, sino para agradar a otros. Con razón ella, ahora que entiende mejor, se siente mal.

3. Se pregunta que si puede "ser bautizada de nuevo." En realidad, hablando bíblicamente, ¡no ha sido bautizada ni la primera vez! Fue sumergida en agua una vez, y tendrá que serlo de nuevo, pero no ha sido bautizada en Cristo, porque no lo ha hecho según explican las Escrituras, sino por razones ajenas.

4. Sí, debe obedecer a Cristo al arrepentirse y ser bautizada en Cristo para perdón de los pecados. Lo que ella hizo en la primera ocasión no fue bautismo bíblico.

* * *

514. 1 CORINTIOS 11:33, ¿COMER QUÉ?

"La expresión comer ¿se está refiriendo a una comida común o a la cena del Señor?"

- - -

1. A continuación cito de mi comentario, NOTAS SOBRE 1 CORINTIOS 11:33,34:

"11:33 — Así que – Pablo llega a la conclusión del asunto.

— hermanos míos – Después de haber censurado a los corintios, se les dirige con esta expresión de ternura para que sintieran el amor que le impelía al corregir sus faltas.

— cuando os reunís a comer – La Cena del Señor es un acto congregacional. Debe ser comida en asamblea en una manera edificante y ordenada, guardando presente la naturaleza, el significado, y el propósito de ella.

El "comer" en este caso obviamente es el de la Cena del Señor. Es el único comer de la iglesia local en asamblea cada primer día de la semana. El comer social, que es para satisfacer el hambre físico, es un comer que corresponde a las casas de los individuos (ver. 22,34; Hech. 2:46). Seguramente no está diciendo Pablo aquí que se haga en la asamblea de la iglesia local, bajo el nombre de un supuesto "ágape", lo que ya ha limitado a las casas privadas, y que limitará en el versículo siguiente.

Judas 12 menciona los "ágapes". Véanse mis comentarios en NOTAS SOBRE JUDAS. Algunos, hasta hermanos en la fe, se valen de este pasaje para justificar sus comidas sociales, con todo y comedores, cocinas, gimnasios, y centros familiares. Pero el pasaje no les ayuda. Los ágapes eran comidas preparadas o pagadas por hermanos de medios, a las cuales eran invitados hermanos más pobres. No eran actividad de la iglesia local, pagada de su tesorería. No es nada malo, de hecho es cosa muy provechosa, el comer los hermanos juntos en actividad social (Hech. 2:46).

— esperaos unos a otros – El vocablo griego para decir "esperaos" es ekdechomai, que literalmente significa "recibir de". De esto viene la idea de "esperar".

Pablo ya condenó, como actividad en la asamblea de la iglesia local, la comida común. Así es que no dice que algunos esperen que otros lleguen, para comer una comida común. El "esperar", o recibir, de este versículo tiene que ver con la Cena del Señor. Al comer la Cena, que todos los corintios se recibieran de igual manera, para comerla juntamente, no adelantando algunos a otros. De esta manera no habría divisiones ni contenciones (ver. 19). Esperando unos a otros, y recibiéndose sin acepción de personas, la iglesia así podría comer la Cena de manera digna. La "mesa del Señor" (10:21) era, y es, propiedad común, y no de personas especiales. Todos deben ser esperados, o recibidos, de igual manera, y para rendir culto a Dios juntamente con una sola familia.

Véase ver. 21, comentarios sobre "se adelanta".

Algunos comentaristas sugieren que en Corinto los ricos llegaban a la asamblea primero, y que los pobres, hasta esclavos que tendrían que trabajar más tarde, llegaban más tarde. Ellos aplican el "esperar" de este versículo a tal situación. Esta deducción se basa en la frase del ver. 21, "se adelanta". Se cree que los ricos se adelantaban a comer, sin esperar que los pobres llegaran más tarde.

Pero esta inferencia no es necesaria. No es la única explicación del caso. A mi juicio todos los corintios, ricos y pobres, estaban presentes, pero los ricos no recibían como iguales a los pobres, y se adelantaba a comer su comida común, sin considerar a los pobres. Los primeros se saciarían de su abundancia, y los últimos se quedarían con hambre por su pobreza. Se formaban bandos de diferente rango social. Este era el mal del comportamiento de los corintios al celebrar su comida común. Pablo, después de limitar tal comida a las casas privadas, pasa a enseñar sobre la manera digna de comer la Cena del Señor, y en conclusión dice lo de este versículo: llegar todos a la asamblea para comer la Cena del Señor y recibir unos a otros, sin discriminación alguna. En otras palabras, comer la Cena juntamente, por haber "esperado", o recibido, el uno al otro.

11:34 — Si alguno tuviere hambre, coma en su casa – Véanse ver. 22, comentarios; Hech. 2:46.

- para que no os reunáis para juicio – La asamblea de la iglesia es para culto a Dios, y no para actividades sociales. Reunirse para hacer lo que toca al hogar privado es reunirse para juicio (culpa de pecado, o condenación). Véase ver. 29, comentarios).

— Las demás cosas las pondré en orden cuando yo fuere — No nos están reveladas esas otras "cosas", pero los corintios sí sabían de ellas. Pablo prefirió esperar hasta llegar a Corinto en persona para dar órdenes (mandamientos) al respecto, en lugar de dirigirse a esas cosas por carta".

* * *

515. EL NOMBRE "JEHOVÁ"

"¿El nombre de Dios es Jehová?"

- - -

1. Sí, es su nombre Gén. 2:4; Exodo 6:3; Sal. 83:18; pero no es el nombre propio de Dios Padre. Hay pasajes del Antiguo Testamento, en que se emplea el nombre "Jehová", pero que en el Nuevo Testamento se aplican a Jesucristo. Por ejemplo, lo que en Jer. 9:23 se atribuye a Jehová, en 1 Cor. 1:31 se atribuye a Cristo. Otro ejemplo se ve en Heb. 1:10, referente a Cristo, pero la cita es tomada de Sal. 102:25, donde a través del capítulo 102 se hace referencia a Jehová. (La Deidad o Divinidad de Jesucristo es presentada claramente en este pasaje. ¡Él es el Creador!)

* * *

516. 1 CORINTIOS 14:34,35, ¿CALLAR ABSOLUTO O RELATIVO?

"¿Se aplican estos versículos a la Iglesia de hoy en día? ¿Sí o no? Si son aplicables, el callar es absoluto o relativo?"

- - -

1. Para contestar estas preguntas, cito de mi comentario, NOTAS SOBRE 1 CORINTIOS, 14:34,35.

"**14:34** – (Como en todas las iglesias de los santos) vuestras mujeres callen en las congregaciones (o asambleas en Corinto, ver. 26); Pablo continúa dirigiéndose al problema de desorden en las asambleas de la iglesia en Corinto. Otro problema consistía en que ciertas mujeres (las esposas de los profetas) participaban en la confusión, al hacer preguntas a sus maridos respecto a sus profecías, y esto de manera pública, hablando delante de la iglesia sin autorización bíblica. Se entrometían en el culto público.

El texto griego no dice "vuestras" mujeres, sino "las mujeres". Al decir Pablo "las", tiene en mente un grupo particular de "mujeres", que según el contexto (ver. 35) eran esposas, pues tenían maridos. ¿De quiénes eran estas esposas? Otra vez reina el contexto. En los versículos anteriores (los 29-33) Pablo se ha dirigido a los profetas. Luego aquí en este versículo dice las esposas (de éstos), y enseguida vuelve a hablar acerca del profeta (ver. 35-37). Por eso Pablo tiene que estar hablando acerca de las esposas de los profetas, y nos informa que éstas causaban parte de la confusión al hablar públicamente en las asambleas, preguntando a sus maridos, en lugar de esperar para preguntarles en casa.

A estas mujeres (esposas) se les manda que callen en las asambleas. Aquí Pablo emplea el mismo verbo griego (sigao) que emplea en los vers. 28 y 30. Como en esos dos versículos el silencio mandado tiene que ver con no dirigirse al público en discurso, aquí también tiene el mismo sentido. A esas mujeres, las esposas de los profetas, se les manda callarse en el sentido de no participar en la presentación de discurso o plática en público. No es una prohibición que signifique no pronunciar palabra alguna bajo ninguna circunstancia.

— porque – Ahora Pablo da la razón de por qué esas mujeres (esposas) debían callar en las asambleas en lugar de participar juntamente con sus maridos, los profetas, en la presentación de discursos.

— no les es permitido hablar – El hablar que Pablo tiene en mente es el mismo hablar de los glosólalas y de los profetas; es decir, el acto de presentar discursos en público.

Esta prohibición no es absoluta. Claro es que tanto esas mujeres como también los glosólalas y los profetas podían "hablar" en el canto (Efes. 5:19), en el decir el Amén al final de las oraciones (1 Cor. 14:16), o en el confesar pecados públicos (Hech. 8:24). Ellas podían en voz baja corregir a sus niños. La Biblia no se contradice. No se trata del "hablar" de tales casos. El "hablar" y el "callar" del contexto tienen que ver con el presentar discurso público, o no.

— sino que estén sujetas – El texto griego aquí emplea la voz media, indicando así que el sujeto ejecuta la acción para sí mismo o por su interés. (Por ej., Me lavo las manos para comer). Notemos las versiones siguientes: "que se sujeten" (B.A.), "deben mantenerse sumisas" (NVI.), "les toca … vivir sujetas" (N.C.), "que se muestren sumisas" (ECU.). Esta sumisión tiene que ser voluntaria.

— como también la ley lo dice – La ley de Moisés lo dice en Génesis 3:16. Considérense también 1 Cor. 11:3; 1 Tim. 2:11-15; 1 Ped. 3:1,5,6; Efes. 5:21,22; Col. 3:18.

Las esposas de los profetas habían de callar (guardar silencio) mientras sus maridos ejercían el don de profecía.

14:35 — Y si quieren aprender algo, pregunten en casa a sus maridos – Las mujeres de este contexto, las esposas de los profetas, contribuían al tumulto en las asambleas, haciendo preguntas a sus maridos que profetizaban y posiblemente discutiendo sobre las respuestas. Todo esto se hacía en público, ante la iglesia reunida. Lo hacían bajo el pretexto de querer aprender algo. (No estaban justificadas en esto, aunque es cierto que aprender era uno de los propósitos de oír la profecía, ver. 31).

La solución para el problema estaba en que esas mujeres, respetando su sujeción al varón (ver. 34; 11:3), preguntaran a sus maridos en casa.

— porque – Sigue la razón de por qué debían las referidas mujeres preguntar a sus maridos en casa, en lugar de hablar en público en las asambleas.

— es indecoroso – El vocablo "indecoroso" traduce la palabra griega, aiskron, que aparece en 11:6, vergonzoso; Efes. 5:12, vergonzoso; Tito 1:11, deshonesta.

— que una mujer hable en la congregación – Esta verdad se aplica a toda mujer en cualquier época; sea durante el período de los dones milagrosos en el siglo primero, o sea ahora que ya no existen tales dones. En el texto griego no aparece artículo definido ante la palabra "mujer", dando a entender que se hace referencia a cualquier mujer.

Aunque no hay esposas de profetas hoy en día, por no haber profetas ahora, Pablo hace la aplicación a toda mujer de lo que dice a aquellas mujeres en particular (pues ellas eran quienes causaban un problema en particular). Esta prohibición tiene sus raíces en lo que Dios dijo en el principio (Gén. 3:16), cosa que Pablo por el Espíritu Santo repite en 1 Tim. 2:13,14, y no supuestamente en base a la cultura del día.

Se le prohíbe a una mujer hablar en la asamblea. Hay que guardar presente que de esto trata Pablo en este pasaje, y que al decir "hablar", trata de presentar discursos o palabras de dirección como si ella fuera varón. Véanse los comentarios sobre "hablar" en el ver. 34.

* * * * *

ALGUNAS OBSERVACIONES GENERALES:

1. En las iglesias humanas (católicas y protestantes) en los tiempos de la actualidad más y más se está introduciendo la mujer en la dirección de los cultos públicos y en la administración (el clero) de dichas iglesias. Esto se debe al modernismo clásico que controla a las denominaciones principales de hoy en día. Más y más iglesias de Cristo en los EE.UU. se están moviendo en la misma dirección anti bíblica.

2. Los modernistas acusan a Pablo, y a los que hoy en día abogamos por la doctrina apostólica (Hech. 2:42; 1 Jn. 4:1-6) de ser machistas o chauvinistas, mal representándonos de tener prejuicios en contra de la mujer, al no permitir que ella participe en el liderazgo de la iglesia local. Pero el caso es todo lo contrario: son ellos los que tienen prejuicios, teniéndolos en contra de la Palabra de Dios. ¡No temen a Dios, ni respetan su palabra! Ellos acusan a Pablo de prohibir a la mujer hablar en la iglesia (en el sentido del contexto que estamos comentando) porque era soltero, y no hombre casado. Tal argumento implica que las Sagradas Escrituras son la palabra de hombres ordinarios, y por eso nada inspirados por el Espíritu Santo. ¡Los modernistas niegan la inspiración de las Escrituras! Mis hermanos en la fe, que hacen los mismos argumentos que se basan en la cultura del día, revelan que están contagiados del modernismo. Tampoco respetan éstos la inspiración de las Escrituras. La cuestión del papel de la mujer en la iglesia no tiene nada que ver con la cultura del día.

3. Se nos objeta que si las mujeres de este contexto son específicamente las esposas de los profetas, entonces se sigue que las otras mujeres sí tienen permiso de hablar en público en las asambleas. Pero la evidencia demuestra que no es así, porque Pablo aplica la prohibición a toda mujer (ver. 35, comentarios sobre "una mujer"). 1 Tim.

2:12 también entra en el caso.

Los que aplican las mujeres de este contexto a todas las mujeres en general, comúnmente niegan que la mujer del 11:5 sea la profetisa con derecho de hacer exactamente lo que hacía el profeta.

4. No hay ninguna contradicción entre el profetizar en público la profetisa (véase 11:5, comentarios) y la prohibición de 14:34,35. La profetisa, por estar haciendo la misma cosa que el profeta, mostraba su sujeción al varón al llevar el velo cuando ejercitaba su don. Pero las mujeres de 14:34,35 no eran mujeres inspiradas; eran las esposas de los profetas, y no les tocaba hacer lo que el varón hacía. Hubiera sido cosa vergonzosa hacerlo. Esto es cierto en cuanto a cualquier mujer (ver. 35).

Hoy en día no hay profetisas, y por eso no debe hablar ninguna mujer en los servicios públicos de la iglesia. Véase 11:9, comentarios. Pablo no diría a la profetisa hacer algo en el cap. 11, para luego prohibírselo tres capítulos más tarde (en el 14).

5. Los hermanos anti clases bíblicas (los que se oponen a las clases) ignoran el contexto al aplicar la prohibición de Pablo a las mujeres que enseñen niños en clases bíblicas. Es obvio que Pablo trata de la asamblea y del culto público.

* * *

517. SALMO 119

"En el Salmo 119, ¿qué significan las palabras Alef, Bet, Guimel, Dálet, He, Vau, Zain, Chet, Tet, Yod, Caf, Lámed, Mem, Nun, Sámec, Ayin, Pe, Tsade, Cof, Resh, Sin, Tau, que veo antes de los diferentes versículos?"

\- - -

1. Este Salmo consiste en 22 partes, cada una de 8 versículos. Las palabras arriba referidas son los nombres de las letras del alfabeto hebreo. La primera letra de la palabra con que comienza cada sección, o parte, es la letra indicada según el alfabeto hebreo.

* * *

518. ISA. 65:20, NIÑO DE CIEN AÑOS

"Le suplico me dé orientación respecto a Isaías 65:20 acerca de que los niños vivirán 100 años".

\- - -

1. Toda esta sección de Isaías (65:17-25) es mesiánica, tratando pues del tiempo del evangelio de Jesucristo, de una nueva creación espiritual de Dios (Efes. 1:10; 2 Cor. 5:17). La Jerusalén espiritual es el pueblo salvado por la sangre de Cristo (Heb. 12:22,23), y Dios regocija con ella.

2. Toda esta sección es figurada, dando énfasis al gran gozo, a la seguridad y a la permanencia de parte del pueblo salvado por Dios. Como el ver. 25 (véase también 11:6-9) simboliza la paz y armonía en Cristo (Efes. 2:14-18), así

también el ver. 20 es simbólico, dando énfasis a que en el Nuevo Testamento todo cumple su misión según los propósitos de Dios. (No es cumplimiento de propósito que un niño muera de niño y no llegue a una vida larga, ni tampoco que un pecador escape su castigo aunque llegue a larga vida).

* * *

519. LA NAVIDAD, ETCÉTERA

A continuación cito una carta de un hermano y contesto sus preguntas con respecto a algo que yo escribí en mi obra, CIEN SERMONES. Cito por secciones, enumerándolas, y enseguida de dos guiones (—) doy mi respuesta.

\- - -

Hermano Reeves:

1. Dios sea con usted hoy y siempre. Le escribo con todo el respeto que un servidor del prestigio suyo merece y con todo el amor por la verdad que sé que abunda en usted.

—Gracias, hermano, por su respeto hacia mi persona.

2. Mi pregunta es referente a uno de sus sermones del libro CIEN SERMONES. Sobre el tema de la Navidad. Cuando al principio me pareció muy opuesto a tales prácticas, al final usted no ve problemas en el hecho de que los hermanos celebren "comidas especiales", "regalen", "adornen un árbol", etc. Los católicos disfrazan sus "intenciones" de idolatrar, al decir que no adoran al santo, que sólo lo veneran en una tercera categoría de veneración, pero estoy seguro de que usted no estará de acuerdo con que él se arrodille ante esa imagen (aunque él quiere cambiar el significado de esa práctica idolátrica). Pero noto que hay inconsistencia en usted al decir que podemos, "si queremos", hacer las cosas que mencionó como prácticas de trasfondo pagano (y así lo testifican las enciclopedias) sólo que lo hagamos con otros propósitos

—El trasfondo de muchas prácticas, creencias, y nombres es una cosa, y la utilización y la comprensión actuales de ellas muchas veces es otra.

—Por ejemplo, en inglés el día domingo se llama "Sunday" (día del sol), pero no hay uno en un millón de habla inglesa que al decir "Sunday" piense en el "sol" (y mucho menos en adorarlo). Lo mismo pasa en español con el segundo día de la semana, "lunes". Al decir "lunes', ¿quién piensa en la luna (y mucho menos en adorarla)?

—Considérese el caso con los nombres "martes" (día de Marte, dios romano de la guerra); "miércoles" (día consagrado a Mercurio); "jueves" (día de Júpiter); "viernes" (día aniversario de la muerte de Jesucristo); "sábado" (del hebreo shabbath, que significa descanso o reposo). Con el tiempo los significados atribuidos a diferentes nombres se pierden y los referidos nombres reciben una aplicación actual que pasa por encima a dichos significados originales.

3. Es cierto que adornar un árbol no es pecado en sí mismo, que regalar tampoco lo es y que hacer comidas especiales mucho menos.

—Este es todo el caso. Las prácticas en sí no son malas. Pueden ser hechas malas para alguno, dependiendo de la comprensión y las intenciones que tenga la persona. No era pecado en sí comer carne, ni lo es, (1 Tim. 4:3-5), pero para la persona que lo tiene por pecado, para él sí lo es (Rom. 14:14,23). Yo, que como carne, voy a respetar la conciencia del que se oponga a ello, no menospreciándole ni tratando de obligarle a hacerlo. Lo mismo hago en cuanto a las prácticas mencionadas arriba; no trato de convencerle a otro, de otro ambiente, trasfondo y comprensión. Pero, como dice Pablo, tampoco ha de ser juzgada mi libertad por la conciencia del otro (1Cor. 10:29). Con Pablo digo, "sí" (1 Cor. 8:13). Si bajo ciertas circunstancias mis libertades y derechos en Cristo contribuyen a que un hermano peque (violando su conciencia), no participaré en ciertas cosas ("no como carne"); y si no, entonces sí participo si quiero ("sí como carne").

4. Pero si yo las hago el día "del sol", el que instituyó la iglesia católica con fines religiosos y los días en que los paganos hacían lo que usted sabe que hacían, ¿cómo puedo yo como predicador de la verdad decirles a mis hermanos que no hay problema si lo hacen siempre y cuando no lo hagan con el propósito malo?

—Ya expliqué esto arriba en #2. Usted y yo y los hermanos hacemos muchas cosas en el "día del Sol" (Sunday, Domingo), como también en los demás días de la semana, que todos tienen nombres originados en creencias y prácticas paganas y religiosas, pero las hacemos sin hacer caso alguno a las referidas orígenes y prácticas.

5. ¿Acaso puedo yo portar una camiseta con símbolos satánicos sólo con decir que para mí no tiene esos significados?

—No, porque símbolos satánicos, por serlo en sí, no pueden tener otro significado para nadie de nuestro mundo actual. Su analogía no cabe en la cuestión; no es paralela. Hay cosas malas en sí, y en esta categoría cabe su ilustración. Pero la cuestión nuestra, por la propia admisión suya, trata de cosas no malas en sí (véase # 3 arriba).

6. ¿Por qué hacerlo ese día? ¿Por qué no adornar el árbol el 13 de Julio o el 1 de marzo?

—Si yo lo hago alguna vez, lo hago por varias semanas, comenzando antes del 25 de diciembre y continuando días más (según dure el árbol cortado). Lo hago así por ser así la tradición nacional, nada más. En mi país, los padres con hijos en la escuela pública usualmente toman sus vacaciones en el verano, y no en otro tiempo del año, por la simple razón de que es costumbre en el país que no haya escuela pública en el verano. Hay muchas cosas que todos lo hacemos por la simple razón de que así es la tradición nacional.

7. Debido a que la palabra Christmas significa "Misa de Cristo", no veo forma de desligar la intención de la fiesta de mis intenciones ¿no sería mejor sacar eso de mi vida e instar a los hermanos a hacerlo también? El ídolo nada es pero detrás del ídolo hay demonios y Dios no quiere que seamos partícipes con los demonios.

—Sí, es cierto que la etimología de la palabra inglesa, "Christmas", se traza a la idea de Misa de Cristo. Arriba en #2 vimos la etimología de los nombres de los días de la semana. Hermano, ¿por qué no cabe la pregunta con referencia a estos nombres? ¿No puede usted desligar la "intención" de las ideas originales de estos nombres de las "intenciones" de usted al pronunciar y usar estos nombres? De entre los de habla inglesa, no hay uno en mil (o más) que al decir "Christmas" piense en "misa de Cristo", y los hispanos, al oír esta palabra inglesa, piensan en "Navidad" (palabra que significa, no misa de Cristo, sino nacimiento). Hoy en día, aquí en los EE.UU., tan separada está la palabra "Christmas" de la idea de "misa de Cristo" que muchos denominacionalistas están implorando que la gente vuelva a "poner a Cristo en la Christmas". Para la mayoría de la gente en mi país, ¡Cristo ya no está en la llamada Christmas!

8. Hermano, no lo estoy desacreditando ni cuestionando ni desafiando; sólo le ruego me explique si le entendí mal o si estoy confundido con lo que creo es la verdad. Ayúdeme, por favor. Aquí en Panamá hemos sido muy enérgicos en cuanto a eso y la hermandad lo ha entendido y superado, gracias a Dios. Sin embargo, creo que en USA no es así ¿por qué?

—Le agradezco su muy buena actitud manifestada en su carta; merece imitación de parte de todos. Su país, en cuanto a la mayoría de sus ciudadanos, es católico. (La llegada de los españoles católicos tuvo mucho que ver con esto). El mío fue fundado mayormente por protestantes, y no católicos. Esto en gran parte explica la diferencia de manera de ver las cosas que tuvieron al catolicismo por originarios. Está bien que usted y otros en la hermandad sean enérgicos en superar cosas reconocidas por la mayoría de la gente como cosas puramente católicas. Al mismo tiempo es necesario reconocer que las circunstancias y aplicaciones de cosas no son necesariamente lo mismo en otras partes del mundo. Permítame citar aquí de mi obra NOTAS SOBRE 1 CORINTIOS, 8:7:

"**8:7** — Pero no en todos hay este conocimiento – Según el ver. 1, todos tenían conocimiento, y aquí se afirma que este conocimiento no lo tenían todos. Pero no hay contradicción. Véanse ver. 1,2, comentarios. Lo dicho en el ver. 1 era una verdad general, pero no universal, pues algunos tenían debilidad en su conciencia respecto al problema (ver. 7). Todos los cristianos en Corinto sabían que ningún ídolo (dios pagano) existe, y que existe solamente Jehová Dios, pero no todos comprendían todas las consecuencias de este conocimiento. (Hasta la fecha hay cristianos que saben que Dios todo lo controla desde el cielo, pero al mismo tiempo muestran a veces ciertas supersticiones).

— porque algunos, habituados hasta aquí a los ídolos, comen como sacrificado a ídolos – El hábito, o fuerza de la costumbre, es un amo poderoso en las vidas de algunos. Les afecta grandemente su mirada mental. El pagano convertido en cristiano tendía a traer consigo a la verdad del evangelio el fuerte hábito de siempre asociar con el comer comida sacrificada a ídolos la adoración a verdaderos dioses. No siempre aplicaba de lleno las implicaciones de la vida en Cristo. No le fue fácil librarse totalmente de sus sentidos e ideas supersticiosos. Tenía vestigios de creencia de que los dioses sí tenían ciertos poderes y controles sobre el hombre.

(Los judíos convertidos en cristianos también hallaban difícil dejar totalmente ciertas restricciones mosaicas que ya no valían bajo la ley de Cristo. Aunque ya como cristianos no habrían pecado al hacer ciertas cosas de esas prohibidas, como, por ejemplo, el comer carne de puerco, habituados a no hacerlas, se les hacía difícil hacerlas o aprobar a quienes las hicieren).

(Hay cristianos hoy en día, convertidos del catolicismo romano, que al parecer no pueden desasociar del catolicismo ninguna práctica identificada como de la llamada Navidad, aunque sea puramente una actividad de la temporada del fin del año y de día de fiesta nacional. Los que nunca fueron católicos no batallan nada, o no tanto, con este problema).

— y su conciencia, siendo débil, se contamina — El corintio, que sabía muy bien el hecho de que Dios es uno, pero tan habituado a siempre asociar el comer comida ofrecida a ídolos con la adoración de dioses paganos, tenía una debilidad en su conocimiento, lo cual conducía a su conciencia a condenar tal actividad. Al comer dicha comida violaba su conciencia mal informada, y por eso pecaba, porque "lo que no proviene de fe (conciencia) es pecado" (Rom. 14:23).

La conciencia en el hombre es esa parte de él que juzga lo correcto o lo incorrecto de cierto hecho Si ella está bien instruida en la verdad, es fuerte; si no lo es, se llama "débil". La débil o condena lo que en realidad es permisible, o no está segura de lo legítimo del caso.

Sea como sea la conciencia, tiene que ser respetada. Es pecado violarla. Una actividad en sí puede ser permisible, pero para el que la mira como pecaminosa, le es pecado si aún así la lleva a cabo. No peca porque hace la actividad, sino porque viola su conciencia que equivocadamente le dice que es malo hacerla. Su pecado consiste en la intención viciada, y no en el hecho mismo. Véanse ver. 11, 13; 10:25-29.

En realidad la comida no contamina al hombre (Mar. 7:18,19). Lo que contamina a la conciencia es el violarla por medio de hacer con intención cualquier acto que ella indique como pecaminoso. Le queda a la persona un sentido de culpa.

La conciencia no es guía; no establece la verdad en un dado caso. Tiene que ser educada. Su función verdadera es la de decir a su dueño si él está haciendo conforme a su conocimiento, o no. Considérense Hech. 23:1 más 26:9-11. Véase también 24:16".

9. Muchas gracias por su ayuda y por tomar el tiempo de leer este e-mail. Dios le bendiga y a los suyos. Su siervo, _____

— Me ha sido un placer dedicar tiempo a su carta electrónica. Espero que todos entiendan que no estoy tratando de persuadir a nadie a cambiar de costumbres ni de pensamiento, en este particular, como Pablo no trató de persuadir a comer carne al hermano cuya conciencia no le permitía comerla. Pero al mismo tiempo, el que no comía carne no debía juzgar (condenar) al que sí la comía sin asociación alguna con la idolatría del paganismo. Gracias, mi hermano, por su muy buena carta.

* * *

520. ¿LLAMAR "HERMANO" A SECTARIOS?

"¿Se puede decir HERMANO a personas de otras sectas, siendo que éstas no comparten la sana doctrina? Tengo entendido que el concepto de Hermano no es meramente un saludo sino que en el contexto involucra el concepto de familia, es decir que estamos unidos con un mismo espíritu, fe, amor y doctrina; es más, recuerdo el pasaje de la Biblia cuando 'Cristo estaba enseñando y alguien le interrumpe y le dice que su madre y sus hermanos le quieren ver, mas El dijo ¿quién es mi madre y mis hermanos?. El que hace la voluntad de mi Padre que está en los Cielos ese es mi padre, mi madre y mis hermanos'."

- - -

1. Sobre lo que usted afirma arriba, estoy de acuerdo. El término "hermano" no es un mero saludo, sino una indicación de comunión por haber nacido uno en la misma familia de Dios, su iglesia. Las sectas no son la iglesia de Cristo.

* * *

521. ¿LLAMARLE "HERMANO" O DECIRLE "SR.?

"Un hermano predicó acá en _____ y en su predicación, refiriéndose a los cristianos que se habían hecho infieles, dijo:

A estas personas no se les debe decir hermanos, sino solamente llamarles por su nombre, es decir, que si por alguna razón hubiera que tratar con ellos, no se les debe decir "hermano xxxxx" sino solamente Sr. xxxxxxx, porque, según él (el hermano que predicó) es un privilegio llamarse hermano, pero esto es solo para los fieles.

El hermano para afirmar su comentario citó 1ª. Corintios 5:13. (en el texto Pablo no le dice hermano). Al respecto, me parece que el hermano no estuvo bien, porque, si bien es cierto en el texto Pablo no le dice hermano a este individuo de 1ª Cor.5:13; sí lo hace en el contexto (verso 11).

Además, en muchos otros pasajes en dónde Pablo y otros, refiriéndose a hermanos fieles, no usan la palabra "hermano" para referirse a ellos, aún más, Pablo al final de su 2ª carta enviada a Timoteo se refiere tanto a fieles como a infieles sin anteponerles el apelativo de "hermanos" (2ª.Timoteo 4:9-22)

Creo hermano, que aun los infieles son nuestros hermanos; fueron engendrados espiritualmente tal como nosotros, por la Palabra, renacieron como nosotros, somos hijos del mismo Padre. La diferencia está en que ellos son "hijos" que están en desobediencia, por lo tanto, hermanos nuestros, que siguen siendo nuestros hermanos, que tenemos que seguir amándoles, pero que no podemos tener comunión con ellos.

En el caso de un servidor, somos ocho hermanos en la carne, si alguno de mis hermanos hubiese salido rebelde a nuestro padre (terrenal), seguiría siendo nuestro hermano, no podríamos sacar su sangre y reemplazarla por otra para sacar así el parentesco consanguíneo. Este hermano en la carne, aún en rebeldía seguiría siendo hijo de mi padre y por ende, mi hermano.

Todo esto se lo pregunto sencillamente porque yo enseñé que los infieles seguían siendo nuestros hermanos y teníamos que tratarlos como tales, aún cuando les quitáramos la comunión, y ahora, este hermano enseñó algo diferente, por supuesto, hubo alguna hermana que reparó en que no era lo que yo había enseñado.

Hermano Bill, por favor ayúdeme usted al respecto y deme su parecer sobre el caso a la mano, no quisiera haber enseñado una doctrina equivocada y de ser al contrario, no quisiera que los hermanos quedaran con una enseñanza errónea si es el hermano que predicó el equivocado.

- - -

1. Hermano: Gracias por su mensaje. Usted tiene toda la razón. Yo no podría explicar el caso más adecuadamente. Consulte INTERROGANTES Y RESPUESTAS #163, y # 315.

1Cor. 5:13 no dice "hermano", pero tampoco "Sr. Fulano". El ver. 11 sí hace referencia con el término "hermano". Considérense 2 Tes. 3:6,15; 1 Jn. 5:16.

El término "hermano" no se utiliza en las Escrituras para designar "privilegio" sino relaciones, o parentesco espiritual. Ahora, en cuanto a la fidelidad de la persona, se emplean adjetivos para esto. Hay hermanos fieles y santos (Col. 1:2; Heb. 3:12) y también hay falsos hermanos (Gál. 2:4). El término "hermano" se refiere a la relación de la persona a una familia, y los adjetivos describen la condición espiritual de la persona.

* * *

522. LA MORADA "PERSONAL" DEL ESPÍRITU SANTO

"Entendemos que el Espíritu Santo no mora en la Era Cristiana personalmente, pero ¿moró así alguna vez en algún patriarca o durante la Ley de Moisés? Yo creo que NO; que actuó directamente pero que no moró personalmente".

- - -

1. La idea básica de la creencia de que el Espíritu Santo mora en la persona personalmente, y aparte de la Palabra de Dios, es que toma control de la persona para dirigirle de manera sobrenatural. En este sentido el Espíritu Santo no ha morado nunca en ninguna persona.

2. Ahora, en tiempos del Antiguo Testamento a veces el Espíritu Santo inspiraba al profeta, revelándole porciones de la voluntad de Dios. En el tiempo del Nuevo Testamento había dones del Espíritu Santo (1 Cor. 12:4-11) que a veces podían ejercer ciertos cristianos primitivos, pero aun así, los profetas siempre mantenían control de sí (14:32).

3. A continuación cito de NOTAS SOBRE 2 PEDRO, 1:21: "La voluntad del hombre nunca dio origen o descubrimiento a las profecías de las Escrituras. Ahora, en el caso de los profetas falsos, ellos sí originan sus "explicaciones" (interpretaciones). "Pero" (sino que), dice Pedro, nunca ha sido así en el caso de la "palabra profética". Pedro pasa a decir cómo fue en el caso de los profetas de Dios.

—"sino que … Espíritu Santo". El texto griego de WESTCOTT y HORT dice, como se ve en la traslación de las Ver. ASV., y la H.A., "hombres hablaron de parte de Dios, impulsados por el Espíritu Santo". La Ver. B.A. dice lo mismo, si substituimos la palabra en el texto por la que se da en la margen ("inspirados" por "llevados, movidos"): "hombres llevados por el Espíritu Santo hablaron de parte de Dios". Hay manuscritos que dicen, como lo traduce nuestra versión, "santos hombres de Dios hablaron".

En el Antiguo Testamento hubo hombres (desde luego eran hombres santos) que fueron movidos por el Espíritu Santo, y así hablaron según Dios en ocasiones les dio palabras. Véase Neh. 9:20,30. Sus palabras eran DE DIOS; se originaron con Dios. El fue la fuente de sus palabras. Por eso dice Pedro en el versículo anterior que dichas palabras ("la palabra profética") no fueron de origen humano, de interpretación o explicación humana. En este versículo repite que el origen de ellas no es "la voluntad humana". Los profetas no hablaron de por sí.

Véanse 1 Cor. 2:1,13; 1 Tes. 2:13; 2 Tim. 3:16. Esto significa INSPIRACIÓN VERBAL.

Dado que las profecías (con respecto a Cristo en particular) no se originaron con la propia voluntad de los profetas, sino que fueron movidos por el Espíritu Santo a hablar las palabras que vinieron de Dios, cómo conviene, dice Pedro a sus lectores, estar atentos a esas profecías, como a una lámpara en la oscuridad (ver. 19), para no ser engañados por los falsos profetas, de los cuales ya está para hablar (cap. 2)".

* * *

523. BAUTIZARSE EN OTRAS IGLESIAS

"Sé que algunos están diciendo que debemos respetarle el bautismo de esas personas mientras sean para perdón de pecados no importa que hayan sido en las otras sectas se debe respetar. ¿Qué opinión tiene usted de esta muy novedosa idea?

- - -

1. Un bautismo, aunque sea para "perdón de pecados", si pone a la persona en una secta humana, no es el bautismo bíblico. Hech. 8:12 muestra que el bautismo es para personas que han oído predicación acerca del reino de Dios, que es la iglesia de Dios. Dicho evangelio del reino no se predica en las sectas humanas. Nadie puede entender mal el evangelio del reino y al mismo tiempo ser bautizado bien. No es cuestión de "respetar bautismos de otros", sino de reconocer que no todo llamado bautismo bíblico lo es. Hay muchos bautismos según las teologías humanas, pero hay solamente uno que Dios acepta (Efes. 4:5)

* * *

524. EL BAUTISMO EN IGLESIAS LIBERALES

"Sabiendo que la iglesia de Cristo liberal esta apartada casi totalmente de la sana doctrina; permitiendo a mujeres que participen del servicio del culto, habiendo problemas de fornicación entre otras cosas que usted sabe mejor que yo, ¿podemos reconocerles como hermanos?.

Si bien tienen el mismo bautismo que nosotros, no tenemos un mismo parecer frente a las cosas del Señor; es más, se transformaron en una secta igual que cualquier otra, por lo tanto en lo personal cuestiono su bautismo.".

- - -

1. La cuestión del bautismo y las iglesias de Cristo liberales es un asunto que requiere aplicación individual, según el caso. Si en un dado caso la iglesia de Cristo local se ha apostatado tanto que ya se considera como denominacional, entonces ella va a promover el denominacionalismo y las personas convertidas a ello no van a ser bautizadas en Cristo. Por ejemplo, ahora en los EE.UU. hay iglesias de Cristo que ya están quitando de sus letreros y anuncios la frase "iglesia de Cristo" y se anuncian como "La Iglesia Comunidad X". Para mí en tal caso no hay duda alguna con respecto al bautismo de alguna persona en tal cuerpo religioso. Pero la cuestión es relativa. Hay muchas iglesias de Cristo que predican el mismo evangelio, y con el mismo concepto bíblico, que yo, pero han permitido ciertos errores dentro de sus prácticas. Una persona bautizada entre ellos ha sido bautizada en Cristo, porque eso es lo que se le predicó y es la verdad. Son mis hermanos en Cristo. (Recordemos que había un fornicario entre los hermanos en Corinto). La cosa que hacer en tal caso es tratar de persuadir a la persona a dejar esas iglesias locales que practican cosas sin autorización bíblica.

* * *

525. LAS BRUJAS

"Mi pregunta es la siguiente: ¿Qué podemos decir bíblicamente sobre las apariciones y "testimonios" de que se han visto brujas (casas embrujadas), duendes y otras criaturas maléficas a altas horas de la noche. Aquí en Panamá estamos muy pocos del lado de la negación y muchos a favor de que sí se dan estos casos; hasta usan (tuercen) Efesios 6, "lucha con huestes de maldad".

- - -

1. Durante el tiempo de Jesucristo, y de sus apóstoles en la tierra, Dios permitía la aparición y obra de espíritus malos, dando así a Cristo ocasión para manifestar su deidad, al exorcizarlos y al dar a sus apóstoles el poder de hacerlo (por ejemplo, Mar. 5:2-20; Luc. 10:17-20).

2. El profeta Zacarías (13:1-6) profetizó acerca de la cesación de los espíritus inmundos en el mundo. Esto sucedió en la época apostólica. Ellos ya no poseen los cuerpos de los hombres.

3. Es cierto que los paganos, dado que andan en las tinieblas, la ignorancia, y la superstición (Efes. 4:17-19; Rom. 1:21-25), practican muchas formas de hechicería o brujería. (Claro es que el cristiano se aleja de tales carnalidades, Gál. 5:20; Hech. 8:9-13; 19:13,19). Pero sus actividades malvadas son "prodigios mentirosos" (2 Tes. 2:9) que engañan a otros (Apoc. 19:20; Hech. 8:11).

4. Efes. 6:12 no dice nada acerca de la aparición de espíritus inmundos (duendes o criaturas maléficas), ni en el siglo primero. Habla de la lucha espiritual que el cristiano sostiene al resistir las asechanzas y lazos del diablo. Cito de NOTAS SOBRE EFESIOS, por Wayne Partain, Efes. 6:20:

"No luchamos contra meros hombres, sino contra hombres inspirados por Satanás, contra hombres que son títeres e instrumentos del diablo, para llevar a cabo su obra en la tierra. Satanás entró en Judas (Luc. 22:3); entró en Ananías y Safira (Hech. 5:3); trabajó por medio de los judíos y romanos para crucificar a Cristo y para perseguir a los cristianos. Es el criminal principal, el jefe de todos los criminales en el mundo.

"Pero es el 'príncipe de este mundo' (Juan 12:31); es el 'dios de este siglo' (2 Cor. 4:4). Usa 'lazos' (1 Tim. 3:7; 2 Tim. 2:26), pero Cristo lo derrotó, e hizo posible la libertad para todos (Heb. 2:14,15). Esto demuestra que Satanás no tiene poder ilimitado. Podemos escapar de sus tentaciones (1 Cor. 10:13), y podemos resistirlo (Sant. 4:7; 1 Ped. 5:8,9)".

5. La hechicería y la brujería siempre prevalecen entre gente supersticiosa y dirigida por sus mentes entenebrecidas. Donde prevalece la ley de Cristo, tales cosas no se nombran. En los EE.UU., por ejemplo, donde hay un gran número de cristianos, la brujería no es problema alguno;

nadie cree en ella. Es triste que llamados cristianos apliquen mal tales pasajes como Efes. 6:12 para justificar las mentiras del diablo con referencia a la apariencia de espíritus malos en forma de criaturas maléficas en las horas tardes de la noche. ¿Por qué siempre en la noche? ¿Fue así en el tiempo de Cristo y de sus apóstoles? No.

* * *

526. EL DIVORCIO NO POR FORNICACIÓN Y LAS SEGUNDAS NUPCIAS

"He entendido que las personas que se divorcian no por fornicación y se separan no quedan libres para volver a casarse o unirse aun cuando uno de los dos ha unido su vida con otra persona ya que aun vive ligado a su cónyuge mientras este vive y el hecho que uno de los dos haya hecho vida marital con otro(a) esto no deja libre al otro que se divorció no por fornicación".

\- - -

1. Estoy de perfecto acuerdo con usted en su representación del cuadro.

2. 1 Cor. 7:10,11 nos enseña que los dos casados, si se separan (se divorcian), tienen dos opciones: quedarse sin casar, o reconciliarse. Ni el uno ni el otro tiene derecho a segundas nupcias, porque su divorcio (separación) no fue por causa de fornicación (Mat. 5:32; 19:9).

3. Si, mientras están divorciados, uno de los dos vuelve a casarse, peca. El otro de la pareja, si vuelve a casarse (aun después de las segundas nupcias del primero de los dos), peca porque no se divorció por causa de fornicación.

4. Los dos divorciados deben ser reconciliados y así seguir su vida matrimonial. Ni el uno ni el otro tiene derecho a segundas nupcias.

* * *

527. ESCUCHAR MÚSICA "EVANGÉLICA"

"¿Que opina de una persona que oiga música evangélica en su casa? ¿Peca delante de Dios o lo puede hacer como cosa personal?"

\- - -

1. Entiendo por "música evangélica" himnos y canciones espirituales acompañados de instrumentos mecánicos de música.

2. La razón de por qué escuchar tal música entra en el cuadro. Si es para entretenerse, es pecado porque el propósito de cantar salmos, himnos y canciones espirituales es alabar al Señor en nuestros corazones, y exhortarnos a nosotros (Efes. 5:19; Col. 3:16). No es para entretenimiento. Hay otras clases de música para ello.

3. Si es para aprender mejor la música de un dado himno o canción espiritual, o si es para aprender las palabras de él, entonces es otra la motivación. La persona escucha, pero no canta, y así aprende lo que desea aprender. Pero tal situación en realidad sería rara.

4. Al cantar la persona, acompañando la grabación de la "música evangélica", ella está haciendo una de dos cosas: o está adorando a Dios con el uso de instrumentación mecánica, cosa no autorizada por las Escrituras, o meramente está entreteniéndose con una clase de música que le gusta. En cualquier caso la persona peca.

5. Es de admitirse que en casi todo caso de comprar y usar "música evangélica", la persona lo hace para entretenerse. Esto ignora el propósito bíblico de cantar a Dios. Por otro lado, si la persona canta, acompañando la grabación de "música evangélica", adorando a Dios de corazón, comete el mismo error que hacen las iglesias sectarias que han metido en el culto de la iglesia una innovación sin autorización.

* * *

528. LA CREACIÓN Y MILLONES DE AÑOS

"Deseo saber si Dios en la creación de la tierra y las estrellas hubo algún largo tiempo de intermedio, porque platicando de esto con un hermano me decía que las estrellas fueron creadas por Dios millones de años antes de la tierra. Y la prueba que me dio es ésta: los científicos han descubierto que hay estrellas que se han apagado hace millones de años y que la tierra no tiene millones de años, y que la distancia de las estrellas de la tierra son de millones de anos de luz".

\- - -

1. Para contestar su pregunta sobre si hubo algún largo tiempo de intermedio, la respuesta es que no. La Biblia dice, Éxodo 20:11, "Porque en seis días hizo Jehová los cielos y la tierra, e mar, y todas las cosas que en ellos hay…". Salmos 33:6,9 dice, "Por la palabra de Jehová fueron hechos los cielos, y todo el ejército de ellos por el aliento de su boca ….Porque él dijo y fue hecho; El mandó y existió". Eso pone fin a la discusión para quienes creemos en la Biblia.

2. Dios hizo toda la creación en seis días. Cada día de éstas fueron días con su tarde y su mañana (Gén. Cap. 1). Fueron días de 24 horas exactamente como los días de Éxodo 20:8-11. Seis veces en este pasaje aparece la palabra día, o días, y seis veces son días literales. Hay algunos hermanos, enamorados de las especulaciones de científicos incrédulos, que se ven obligados a hacer figurada a una de las seis veces, la vez que dice, "en seis días hizo Jehová los cielos y la tierra, el mar, y todas las cosas que en ellos hay". Esta vez, afirman ellos, no son días de 24 horas, con su tarde y su mañana, sino seis largas épocas o edades geológicas. Al hacerlo, niegan lo que la Biblia dice claramente. Niegan que Dios habló y la cosa existió enseguida. Toman un pasaje y dentro de él cambian el sentido de cierta palabra repetida de literal a figurado, y esto sin justificación alguna.

3. Las estrellas son del cielo, y Dios hizo el cielo y la tierra, el mar, y todas las cosas que en ellos hay ¡en seis días! no en millones de años. Que ateos y teístas afirmen tal cosa lo podemos entender, pero que hermanos en la fe lo afirmen es increíble. Que ateos y teístas ignoren y se burlen de la Biblia, lo podemos entender, pero que hermanos en la fe traten de armonizar la Biblia con las teorías

y especulaciones de la falsamente ciencia (1 Tim. 6:20), es increíble.

4. Es cierto que se puede medir (a cierto grado de exactitud) la velocidad de la luz en un vacío (300,000 kilómetros por segundo). Pero se equivoca grandemente la persona que dice que la distancia de las estrellas de la tierra es de millones de años de la tierra. Los incrédulos, que reclaman creer en Dios y en su creación, que quieren meter eso de millones de años, tienen a Dios creando las estrellas en el espacio, y luego esas estrellas comienzan a propagar su luz que después de un tiempo muy largo llega a la tierra para verse. Ignoran el simple hecho bíblico de que Dios habló y fue hecho. Dios hizo los cuerpos celestiales con sus luces ya llegando a la tierra, exactamente como hizo a Adán, no como un bebé que tuviera que crecer por años para llegar a ser adulto, sino como hombre hecho. Así hizo los árboles y los animales, todo ya completo. Así hizo a Eva, ya adulta.

5. El gran error que cometen mis hermanos que andan tras las teorías de los incrédulos es que comienzan sus ideas en base a que las especulaciones de muchos científicos son inviolables (especulaciones que al paso del tiempo cambian), y luego tuercen las Escrituras Divinas para que se conformen a aquello. Como decimos en inglés: "tienen el carrito por delante del caballo". Deben comenzar con la Palabra inspirada de Dios y luego interpretar las evidencias naturales de conformidad con la Biblia. "Sea Dios veraz, y todo hombre mentiroso" (Rom. 3:4).

* * *

529. ¿POR QUÉ LAS TABLAS EN EL ARCA Y EL LIBRO, NO?

"Un grupo de Testigos de Jehová me preguntaron ¿por qué las dos tablas fueron introducidas en el arca del pacto y el libro fue dejado afuera?"

- - -

1. Dice Deut. 29:29, "Las cosas secretas pertenecen a Jehová nuestro Dios; mas las reveladas son para nosotros y para nuestros hijos para siempre, para que cumplamos todas las palabras de esta ley". Hay cosas sobre las cuales los hombres podemos hacer preguntas de curiosidad, pero lo que nos concierne saber son las cosas que Dios nos ha revelado. Vamos a ver de manera breve lo que Dios ha revelado sobre el particular:

2. El arca fue llamada el arca del testimonio (Ex. 25:22) porque Dios mandó que dentro del arca se colocaran las dos tablas del testimonio de Dios a los israelitas (ver. 16; 24:12; 31:18; 40:20; Deut. 9:9,15; 10:5; 1 Reyes 8:9; 2 Crón. 5:10; Heb. 9:5).

3. Moisés mandó que este libro de la ley (Deut. 28:58,61; 29:1,2,21,29) fuera puesto al lado del arca (31:24-26).

4. Esto es lo que no ha sido revelado, y con ello estemos contentos.

* * *

530. LA MASTURBACIÓN

"Además amado hermano quisiera que me explicase un tema que no he leído ni visto que alguien trate, cual es de la masturbación. Se lo consulto, pues. Amado, gracias por su respuesta".

- - -

1. En cuanto a la palabra misma, que no aparece en las Escrituras, ni el acto representado por la palabra, por el diccionario la persona puede saber que indica la autoexcitación de los órganos genitales por medio de manipulación (hasta el punto de orgasmo, o no).

2. Algunas obras, al tratar la palabra, incluyen la palabra "onanismo". Esto es del todo incorrecto. Génesis 38:8,9 menciona al hombre de nombre "Onán". Era una costumbre del tiempo (si no una ley de Dios de la era patriarcal, pues Dios le castigó con muerte por no haber cumplida con ella, ver. 10) que después llegó a ser parte de la ley de Moisés (Deut. 25:5-10; Mat. 22:24), que el hermano del difunto se casara con la viuda para que el difunto tuviera descendencia sobre su nombre. Onán, en este caso, al entrar a la viuda de su hermano, Er, a consumar el matrimonio, evitó concepción por medio de interrumpir el acto sexual para verter el semen en la tierra. No quiso que el hijo nacido de dicho matrimonio heredara a nombre de su hermano difunto en lugar del nombre suyo. Este fue el pecado de Onán y Dios le mató. La llamada masturbación no entra en este caso.

3. Dios dio al cuerpo físico sus zonas de sensación erótica, o de placer sensual. Al crecer, toda persona se da cuenta sola de estas zonas y es natural notar la sensación que el toque o el masaje que en estas partes se experimenta. El descubrimiento normal de estas partes no es malo en sí, pero el abuso y explotación de ello es otra cosa. Por eso, para mí la palabra "masturbación", considerada sola, no puede ser declarada en total ni buena ni mala, pues mucho depende de otros factores.

4. La palabra "masturbación", como término solo, no pinta todo el cuadro. Al usar uno la palabra, ¿se trata de acción de uno solo? ¿de uno a otro? ¿de acción entre esposos como caricias estimulantes? Se puede hacer más preguntas para aclarar: ¿Con qué propósito y con qué motivación de practica? ¿Con o sin excitación por medio de literatura pornográfica? ¿hasta el punto de orgasmo, o no?

5. El beso en sí, cosa que da una sensación placentera, no es abuso del uso de los labios, pero el beso puede ser en muchos casos cosa pecaminosa. Sin duda alguna, el hombre carnal emplea tanto el beso como la masturbación para fines carnales y la tentación para otros es de condenar las dos cosas con nada más oír los dos términos. Esto en lo absoluto no es razonable ni justo.

6. Notemos otros ejemplos de condenar sobre la base de ciertos términos solos, solamente porque muchas veces ellos involucran conceptos y circunstancias ciertamente malos.

a. Las animadoras (en inglés, "cheerleaders", que en nuestros tiempos se visten y actúan de manera bastante deshonesta para entretener durante un período mayor de descanso en los juegos de fútbol americano, etcétera) son muy populares hoy en día. Sus presentaciones incluyen movimientos vulgares del cuerpo femenino, cosa que agrada al hombre carnal. Pero, puedo declarar que cuando una hermana mía en la fe era alumna en cierta escuela privada, en un pueblo muy religioso, hace como 55 años, sirvió de "animadora" (cheerleader) en los juegos de baloncesto. Ella y su grupo de jóvenes en sus presentaciones se vestían honestamente delante de los aficionados y animaban al equipo local por medio de gritos y aplausos inocentes. No hubo nada de indecencia en el vestir, en los gestos del cuerpo, ni en las palabras sonadas. Ahora, sin esta explicación, si digo que cierta cristiana alguna vez era "cheerleader" ¿que va a pensar la persona hoy en día con respecto a ella? ¿Qué debe ser la respuesta correcta a la sencilla pregunta: ¿es permisible que la joven sea "cheerleader" (animadora)?

b. El baile, ¿es bueno o es malo? La respuesta depende de lo que la persona en particular tenga en mente al decir "baile". El diccionario dice, "mover el cuerpo en cadencia". En la Biblia leemos que "la virgen se alegrará en la danza" (Jer. 31:13), y que "la hija de Herodías danzó en medio, y agradó a Herodes"(Mat. 14:6). ¿Quién dirá que en los dos casos lo mismo sucedió? ¿Hubo pecado en los dos casos? No. Pero casi siempre que se trata el caso del baile, se entiende el baile moderno que es más que sencillamente mover el cuerpo en cadencia. Es de moverse dos cuerpos, uno masculino y el otro femenino, (casi nunca hombre con hombre ni mujer con mujer), y ellos estrechamente abrazados. El propósito singular del baile moderno es la satisfacción de la sensualidad. Por eso yo no voy a contestar con un sí o con un no la pregunta que se formule con estas palabras: ¿qué del baile, es bueno o malo? La palabra "baile", como término solo, no pinta todo el cuadro. Tiene que ser definida.

c. El pantalón en la mujer, como frase sola, ha sido tema de extensa discusión en la hermandad por muchos años. La Biblia no menciona tal artículo de vestuario. Algunos hermanos equivocadamente afirman que "el pantalón es ropa de hombre y que la falda es ropa de mujer", ¡pero la Biblia no dice eso! La Biblia no especifica qué artículo de ropa lleve el hombre, y qué la mujer. La Biblia especifica la honestidad, la modestia, sea lo que sea el vestuario acostumbrado. Se admite que en la gran mayoría de los casos el pantalón en la mujer es muy indecente y deshonesto, porque se lleva muy ajustado al cuerpo. No obstante, hay pantalón para la mujer que es floja y bastante amplia, y en nada es inmodesta. Ahora, pregunto: ¿es pecado el pantalón en la mujer? Es imposible contestar esa sencilla pregunta con justicia y con razón, por haber factores involucrados en el caso. Hay que definir el término.

7. Dios juzga el corazón. Esto es lo que nos debe concernir más que nada. Considérese Mar. 7:20-23. Recordemos Luc. 16:15, "Dios conoce vuestros corazones". **Dios no sufre el abuso de sus propósitos.**

8. Ahora, el lector, si sigue los principios de la Biblia, con nada más emplear el sentido común puede entender y hacer aplicación sobre el término "masturbación". De igual manera lo puede hacer con otros tales términos no mencionados por nombre en la Biblia (por ej., tabaco y fumar; cerveza, de cervecería; televisor y televisión; el cine; etc.). La Biblia en principio toca toda cuestión que pueda surgir en la vida del hombre.

* * *

531. LOS SALMOS

"¿Cuántos Salmos son de Moisés, cuántos son de David, y cuántos son de Asaf?"

- - -

1. Aunque no hay información definitiva sobre el asunto, en los títulos hebreos setenta y tres de los salmos son atribuidos a David.

2. Uno es atribuido a Moisés (el 90), y ocho a Asaf (el 50, los 73-80).

3. Otros son atribuidos a Salomón (el 72, el 127), y otros a los hijos de Coré (el 42, los 44-49, 84,85,87).

4. Según el texto hebreo, cuarenta y nueve de los salmos son anónimos.

* * *

532. EL JUICIO FINAL, ¿PARA QUÉ?

"El juicio final, ¿qué define? ¿el destino eterno de cada persona o solamente la vindicación publica de Cristo frente a todo ser creado solamente? La palabra griega traducida "juicio", ¿siempre es la misma en el Nuevo Testamento? La respuesta que creo es que el juicio final solamente será la vindicación publica de Cristo para "gloria de Dios padre", en cuanto a los destinos de las personas estarán determinados en su muerte, ya que esta sella el estado espiritual de la persona sea bueno o malo. ¿Está bien creerlo así?"

- - -

1. El Juicio final sirve el propósito, no de determinar el destino eterno del individuo (cosa realizada en la muerte, Luc. 16:19-31; Fil. 1:23,24 —de Isa. 45:22,23; Apoc. 14:13), sino el de vindicar públicamente delante de todo ser humano la justicia absoluta de la obra redentora de Cristo (Fil. 2:9-11). En el Juicio Final los justos y los malos serán sentenciados formalmente delante de los santos ángeles (Mat. 25:31-46), pero su destino eterno ya habrá sido determinado.

2. Sobre la palabra griega en el Nuevo Testamento, que se traduce "juicio", en muchos casos es KRISIS (sustantivo, que significa radicalmente separación, selección, o decisión sobre la justicia del caso) y KRINO (verbo). También se emplea el sustantivo, KRIMA, que

denota el resultado del acto de juzgar; es el decreto o sentencia del juez (por ej., Hech. 24:25; 1 Tim. 5:12; 2 Ped. 2:3; Judas 4). Sobre KRISIS, véanse Mat. 10:15; 12:41; 2 Tes. 1:5; Heb. 9:27; 10:27; Sant. 2:13; Judas 15. En 1 Cor. 7:40, el vocablo griego, GNOME, que significa un medio de conocer (de GINOSKO = conozco), se traduce "juicio". Así que, prácticamente hablando, la palabra juicio, o juzgar, traduce el mismo vocablo griego en una u otra forma.

* * *

533. COMPARTIR EL SALARIO UN PREDICADOR CON OTRO

¿Puede un predicador que recibe salario, compartir de éste con algún hermano predicador? El caso es que durante tres meses y mientras la iglesia buscaba la manera de dar sostenimiento a otro hermano, yo le apoyé con parte del mío y también daba para los pasajes de otro hermano cuando este se desplazaba a visitar otras congregaciones. ¿Me convirtió esto en una especie de sociedad misionera, o de canal de distribución? Ahora el acuerdo hecho con la iglesia es que yo sigo apoyando, pero no lo hago directamente con el hermano, sino que ofrendo (no todo el salario de este hermano) de manera que la iglesia pague al predicador. Por favor perdone mi ignorancia. Yo quiero ver a través de la Biblia (NT), si de lo que recibía Pablo es posible que él compartiera para las necesidades en algún momento de otros hermanos.

\- \- \-

1. Es una cosa sacrificarse de medida extra para poder dar de su salario a otro, y es otra cosa solicitar y recibir salario adicional a las necesidades de uno con el propósito de poder aportar dinero, poco o mucho, a otra persona para que él haga obra evangelística. En el primer caso la persona sencillamente expresa su bondad hacia otro, sacrificándose para poder hacerlo. En el segundo caso la persona sirve de una especie de sociedad misionera. Pablo habla de ayudar a otros (Hech. 20:34), pero con lo que ganaba con sus propias manos. El predicador no debe querer ejercer ningún control centralizado de fondos; no canaliza distribución de fondos. Si una persona quiere salir a predicar en un viaje que requiera fondos, que vaya a sus propias expensas, que consiga si es posible fondos para ello de parte de alguna iglesia, o iglesias, que acepte lo que otro por sacrificio personal quiera darle para ello, o que no salga a predicar así.

* * *

534. LOS TESTIGOS DE JEHOVÁ – HECH. 1:8; COL. 1:15

"Los Testigos de Jehová emplean Hech. 1:8 para mostrar que tienen un nombre bíblico, y citan Col. 1:15 para probar que Jesús fue creado".

\- \- \-

1. Si los Testigos de Jehová van a usar Hech. 1:8 para justificar el uso del nombre propio que se llevan, van a tener que cambiar su nombre a Testigos de Jesús, porque en este texto Jesús dice, 'me seréis testigos". Hech. 10:41 deja fuera a usted, a mí, y a los Testigos de Jehová, con referencia a los "testigos" referidos en Hech. 1:8.

2. Tocante a Col. 1:15, Salmos 89:27 es útil para mostrar que "primogénito" se emplea en las Escrituras figuradamente para significar "preeminente", porque David, quien es llamado "primogénito" por Dios, en realidad fue el último de los hijos de su padre (1 Sam.16:11).

3. Los Testigos de Jehová confunden el término "nacimiento" con el término "creación". Ser el primer nacido no significa primero creado. Los dos términos representan dos conceptos completamente diferentes. La preeminencia ("primogénito") de Cristo sobre toda la creación es establecida por el hecho de que él todo lo creó (Jn. 1:3).

* * *

535. ¿PUEDE UNA IGLESIA LOCAL DESCOMULGAR A OTRA?

"Puede la iglesia de Cristo en _____ apartarse de la iglesia de Cristo en _____? Te hago la pregunta, porque hasta el momento todo lo he venido haciendo a título personal, pues soy el directo involucrado con esta situación, aunque en cada uno de mis pasos dados la iglesia en _____ (donde soy miembro) está enterada de lo que me ha ocurrido con ellos y de las cartas que les he enviado".

\- \- \-

1. Para referirme a su pregunta, usaré el término "iglesia A" para indicar la iglesia donde usted es miembro, e "iglesia B" para indicar la iglesia en la otra parte. No hay conexión orgánica entre iglesias locales, que una tome acción formal u oficial contra otra (ni a favor de ella). Cada una es independiente. Por eso, la cuestión no es que la iglesia A formal y oficialmente corte comunión con la iglesia B. Una iglesia no pronuncia decisiones formales que afecten orgánicamente a otra iglesia.

2. En este caso que usted presenta, basta con que usted notifique a la iglesia B que por tales y tales razones usted ya no puede comulgarles. Si todos los hermanos de la iglesia A concuerdan con usted en esto, se puede decir, por lo que valga o importe a la otra iglesia, que los hermanos que forman la iglesia local A tampoco pueden tener comunión con la iglesia B, en el sentido de invitar a miembros de dicha iglesia a participar en el culto de la iglesia A, y de anunciar y animar con respecto a las actividades de la iglesia B.

3. Lo importante es hacer saber a los hermanos de la iglesia B que mientras ellos sigan con sus prácticas y creencias actuales, ni usted, ni otros hermanos (como los que forman la congregación A) pueden decirles, Bienvenidos (2 Jn. 9-11). Lo que importa es hacerles ver la gravedad de su situación, al promover el institucionalismo, e informar a otros hermanos en Cristo de otras partes que dicha iglesia anda en

doctrina falsa.

4. La cosa que olvidar y evitar es la idea de necesitar tomar acción oficial, formal y como autoritaria con respecto a otra congregación. La cosa que advertir es que ciertos hermanos andan en el error (Rom. 16:17,18).

* * *

536. LA ESCUELA FLORIDA COLLEGE

¿Es Florida College una institución para preparar predicadores?

\- - -

1. La pregunta implica propósito de existencia. No, Florida College no tiene el propósito de preparar predicadores para la iglesia de Cristo; es una escuela privada, establecida y manejada por individuos cristianos con el fin de dar al alumno un ambiente escolar controlado por la enseñanza de Cristo. Entre otros cursos o estudios académicos esta escuela provee estudios en la Biblia. Algunos jóvenes (y adultos) que quieren darse a la predicación de tiempo completo, o sencillamente para mejorar su conocimiento bíblico, asisten esta escuela y toman sus cursos, como parte de su preparación para su trabajo. Es dirigida por hermanos conservadores. Hasta la fecha es la única escuela de nivel de universidad en los EE.UU. que es dirigida por conservadores.

2. Lo que yo tengo entendido en cuanto al propósito de dicha escuela es lo que leo en su declaración pública y oficial referente a ello. Que otros afirmen que esta escuela existe con el propósito de "preparar predicadores" es cosa de falsa representación, pues tal afirmación niega y contradice la declaración oficial de la escuela.

3. El predicador (o el que anhela serlo) se aprovecha de varios medios para ganar experiencia en la Palabra. En primer lugar, se dedica a leer la Biblia detenidamente. Compra y lee libros escritos por hermanos en la fe (y por otros). Asiste debates, y series de servicios especiales sobre temas en particular. Visita y estudia con otros predicadores. Según sus oportunidades, asiste escuelas para mejorar su empleo de la lengua y habilidad de expresarse públicamente. La misma escuela pública (la educación en general) contribuye mucho a su capacidad general como predicador. Pero ninguno de estos medios es esencial para que predique la Palabra. Son conveniencias, nada más. El predicador acepto por el Señor es el que predica la Palabra (2 Tim. 4:2). Que tenga o no tenga diplomas de instituciones humanas no entra en el cuadro. Al mismo tiempo, no hay virtud en la ignorancia.

* * *

537. FLORIDA COLLEGE Y LOS "ANTI"

"Un hermano involucrado con el institucionalismo en Puerto Rico, de nombre Homero Shappley de Alamo, escribiendo sobre 'Buenos Administradores De La Multiforme Gracia De Dios' (1 Ped. 4:10), en la pág. 24 presenta un caso en que se le pregunta a un individuo que se introduce como predicador de la iglesia de Cristo: ¿estudió usted en alguna universidad o escuela para predicadores? El individuo contesta que sí, en Florida College, Tampa, Florida, Estados Unidos. Entonces dice el hermano que ya sabemos que ese individuo es parte de la división conocida como los anti".

\- - -

1. La cita de la obra de "Homero Shappley de Alamo" (en realidad su nombre es Homero Shappley, y como cosa aparte es de un pueblo en el estado de Tennessee de nombre, Alamo; es anglosajón, no hispano, Es como decir, Bill Reeves de Hopkinsville), en que se hace la pregunta de si la referida persona es "predicador de la iglesia de Cristo', y de si "estudió en alguna universidad o escuela para predicadores", revela dos errores sobresalientes de los hermanos institucionales.

2. La expresión, "predicador de la iglesia de Cristo", revela una mentalidad denominacional. La iglesia de Cristo, así en su sentido universal, no tiene ninguna organización mundial por la cual instituir, preparar, u ordenar a predicadores. Los hermanos institucionales, o liberales, tienen un concepto completamente equivocado con respecto a lo que es la iglesia de Cristo.

3. La pregunta sobre dónde estudió la persona, que se presente para ser aceptado como predicador capacitado, revela otro gran error en el pensar de nuestros hermanos errados. Ellos ignoran lo que dice 2 Tim. 2:2. (Véase NOTAS SOBRE 2 TIMOTEO, 2:2, comentarios). Piensan según conceptos denominacionales en cuanto a la formación de "predicadores de la iglesia de Cristo". Por eso establecen y mantienen instituciones para esto. Como de seminarios eclesiásticos salen los predicadores de las denominaciones, de igual manera salen de las "universidades y escuelas para predicadores" los "predicadores de la Iglesia de Cristo".

4. Si la persona preguntada, según Homero Shappley (que yo no diga, Homero Shappley de Alamo, porque su nombre propio no es tal), contestó como se presenta el caso, la persona o cayó a la trampa, o tiene conceptos también erróneos. Yo habría contestado que "no importa dónde estudié formalmente en la educación secular, o si haya estudiado o no en alguna parte con referencia a la educación formal; lo que importa es que si predico la verdad (2 Tim. 4:1-4)".

5. Es cierto que hay hermanos tildados de "antis" pero no son los culpables de la división. No son ellos sino aquéllos que introdujeron las prácticas de institucionalismo y centralización. Los llamados "antis" son quienes desde el principio hemos estado en contra (anti) de tales prácticas. (El hno. Shappley y su servidor tuvimos un debate público sobre esto en Puerto Rico hace muchos años).

* * *

538. FLORIDA COLLEGE Y LA OBRA EVANGELÍSTICA

"La Florida College, por el hermano encargado de relaciones públicas, anuncia que está involucrada en 'excursiones, en investigaciones arqueológicas, y en obra evangelística'. ¿Está involucrada esta escuela en la obra de la iglesia local, al hacer obra evangelística?"

- - -

1. El hermano encargado de relaciones públicas tiene que hablar por sí mismo referente a la pregunta.

2. Al decir la Página Web que la facultad, o profesorado, de Florida College "se involucra en obra evangelística extranjera", si yo entiendo la finalidad de esta declaración, los autores quieren dar a entender que como cristianos individuales, en tiempo libre, algunos de los maestros a veces se ocupan en predicar en diferentes lugares. Yo conozco a estos individuos y sé que no salen oficialmente apoyados por la escuela como si fueran empleados representantes de ella en alguna supuesta capacidad oficial. Todos los maestros de esta escuela son cristianos, y varios de ellos son predicadores. Algunos predican todos los domingos en iglesias locales del área, y durante los meses del verano (junio, julio, agosto), cuando está cerrada la escuela y ellos no están ocupados en dar clases en ella, a veces salen aun al exterior a predicar.

* * *

539. EL EJEMPLO APOSTÓLICO

"¿En cuanto a la autoridad y el ejemplo apostólico, ¿cuándo es obligatorio el ejemplo? ¿cuándo liga? Algunos dice que para ligar, tiene que tener adjunto un cierto mandamiento. Otros dicen que esto es una filosofía peligrosa".

- - -

1. Fil. 4:9 claramente afirma que el ejemplo apostólico ("lo que aprendisteis y recibisteis y oísteis y visteis en mí") es una regla divina para todos, pues es mandamiento ("esto haced") de Dios por medio de un apóstol inspirado. Al leer las Escrituras vemos cómo las iglesias primitivas, guiadas por el aprender, recibir, oír y ver del ejemplo apostólico,

a) se reunían cada primer día de la semana para partir el pan (Hech. 20:7),

b) constituyeron ancianos en cada iglesia (14:23),

c) cooperaron al enviar subsidio a santos necesitados (11:29,30; Rom. 15:26),

d) adoraban y obraban, etcétera (1 Cor. 11:17 y sig.; 14:23; Fil. 4:15,16).

Véanse también tales pasajes como Hech. 2:42; 1 Cor. 14:37; 2 Ped. 3:2. Esto se conforma con lo que Jesús dijo a sus discípulos en Mat. 10:40.

2. Con referencia a la reunión de la iglesia local todos los domingos, y solamente en domingo, para tomar la Cena del Señor, que el hermano institucional nos diga cuál pasaje presenta él al sectario que le demande un mandamiento adjunto al ejemplo apostólico hallado en Hecho. 20:7. ¿Cuál mandamiento adjunta? Hay mandamiento de tomar la Cena del Señor (1 Cor. 11:25), pero no de tomarla ¡en día domingo! Si siempre hubiera mandamiento específico para todas las cosas que han de ser hechas, y esto en detalle, ¡no habría ninguna necesidad de ejemplo apostólico! Hemos de mirar (en las Escrituras) para poder ver cómo los apóstoles llevaron a cabo su comisión, porque la llevaron a cabo por medio de dirección divina. Luego esto nos sirve de ejemplos para nosotros hoy en día.

3. ¿Dónde hay mandamiento de que la iglesia local tenga ancianos y diáconos, y nada más? ¿Es bíblico que tenga Papa, Presidente, o Mesa Directiva? Si no es bíblico, ¿por qué no? La única respuesta es la de Fil. 4:9, etcétera; o sea, el ejemplo apostólico (tal como el de Hech. 14:23; pues no hay mandamientos sobre el particular). ¿Cómo puede el hermano liberal condenar la existencia de Papas, Presidentes, etcétera? Para el gobierno de la iglesia local no hay mandamiento adjunto; hay solamente ejemplo apostólico.

4. Como el sectario no tiene autorización bíblica (en mandamiento, en ejemplo apostólico, o en inferencia necesaria) para su cuartel general para la iglesia en el sentido universal, tampoco tiene el hermano liberal autorización bíblica para su centralización e institucionalismo. Como el sectario no tiene autorización bíblica en el uso de instrumentos musicales en el culto de la iglesia, tampoco tiene el hermano institucional autorización bíblica en el uso de la benevolencia para promover el evangelismo. Todo aquello no se conforma al patrón bíblico (2 Tim. 1:13).

5. ¿Cómo explica el hermano liberal al sectario que no es bíblico su concepto diocesano de jerarquía? ¿Cuál mandamiento cita? Ninguno, pues no lo puede. El prueba que tal cosa es anti bíblica por medio de mostrar el ejemplo apostólico en el asunto y emplear la inferencia necesaria, al mismo tiempo citando tales pasajes como Hech. 20:17,28; Fil. 1:1; 1 Ped. 5:2. Nótese que Tito 1:5 ¡no es mandamiento en el modo imperativo! Es un ejemplo que vemos en un caso que involucra acción de parte de Pablo y Tito. Por la inferencia necesaria vemos lo que debe ser el caso para el tiempo nuestro, dado este ejemplo apostólico.

6. Es una cosa insistir (como lo hace el hermano liberal) en que el ejemplo apostólico no es obligatorio si no tiene adjunto un mandamiento, y es otra cosa siempre poder citar tal mandamiento como adjunto para lo que hacen en base a ejemplo apostólico. Su argumento suena muy bueno, pero ¿siempre se ejecuta? Esto lo hemos notado en el caso de haber ancianos, y solamente ancianos, en cada iglesia.

7. A veces algunos hermanos, a sabiendas o no, confunden cosas incidentales con cosas esenciales. (Por ejemplo, tratan de obligar el uso de un aposento alto para tomar la Cena del Señor, argumentando que es ejemplo apostólico (Hech. 20:7). Pero en esto yerran, porque hay otros pasajes

(como Jn. 4:20,21) que muestran que el lugar de reunión no ha de ser estipulado. El simple hecho de que en una ocasión los hermanos se congregaron en un aposento alto no puede ser ligado a todo cristiano en el mundo. Recordemos que "la suma de tu palabra es verdad" (Sal. 119:160).

* * *

540. COCINAS Y CONVIVIOS EN EL EDIFICIO, Y HECH. 2:46

"¿Se debe tener cocina en el edificio o en los hogares de los hermanos? ¿Se deben celebrar los convivios en el edificio o en los hogares? Algunos hermanos han comentado que debe ser en el edificio, ya que cuando inició la Iglesia se hacían en los hogares a causa de que no había o tenían edificio todavía, según nos habla Hech. 2:46".

\- \- \-

1. Véanse los #31, #318, #325.

2. El error de algunos hermanos en la fe en este caso consiste en suponer que actividades puramente sociales son de la obra de la iglesia local, y luego discuten la cuestión de tener, o no, cocinas y comedores en el edificio de la iglesia. En realidad, el edificio no entra en el cuadro. El punto de controversia tiene que ver con las actividades sociales mismas. Que cierta iglesia local se reúna en una casa particular, en un edificio alquilado, o en un edificio propio suyo, no toca la cuestión. Toda la cuestión tiene que ver con la obra de la iglesia local. Hasta que sea probado que las Escrituras autorizan obras sociales, tales como convivios, campamentos, retiros, juegos con todo y gimnasio, etc., como parte de la obra de la iglesia local, el asunto de dónde tener tales actividades no tiene caso.

3. Al hogar toca la responsabilidad de proveer actividades de recreo para sus hijos. A la iglesia local toca la responsabilidad de proveer evangelismo, edificación, y benevolencia para santos.

4. En cuanto a Hech. 2:46, los santos primitivos comían sus comidas comunes en sus casas porque para eso tenemos casas (1 Cor. 11:22). ¿De la imaginación de quién vino la idea de que comían en sus casas porque para comer como iglesia local no tenían edificio propio? De la misma imaginación puede sacarse la conclusión de que dormían en sus casas porque como iglesia no tenían un dormitorio propio para la iglesia local. ¿Jugaban sus niños en las casas porque la iglesia local no tenía gimnasio? ¿De dónde vino la idea de que el comer de Hech. 2:46 se refiere al llamado "convivio"? Según ellos, ¿cómo se expresaría el texto inspirado para referirse a la comida común?

5. La mente liberal tiene un solo propósito; a saber, adelantar sus proyectos predilectos, y no va a permitir que nada le detenga, ni la inspirada Escritura. Para tener un aparente apoyo bíblico, tuercen las Escrituras.

* * *

541. JUAN 1:12, POTESTAD DE SER

HECHOS

"Recibir a Cristo no basta; es que entonces tenemos que hacernos hijos. Cristo nos da el poder de venir a ser hijos por medio de la revelación del Espíritu Santo al decirnos las condiciones o requisitos que cumplir. El efecto de la potestad es hecha completa en nuestra obediencia".

\- \- \-

1. Me parece que usted está usando un argumento falaz para probar una cierta verdad. Yo mismo lo he hecho en tiempos pasados, porque yo oía la misma argumentación sobre el pasaje de parte de predicadores mayores en edad que yo.

En una ocasión yo servía de moderador para un hermano evangelista que estuvo en debate público con un predicador bautista. Mi hermano hacía el argumento que la fe sola no basta para alcanzar la salvación del pecador forastero. Se argumentó, con base en Juan 1:12, que la fe solamente da a la persona el poder de llegar a ser hijo de Dios, pero no le hace hijo de Dios. El bautista, porque no entendía el pasaje como tampoco mi hermano en la fe, dejó pasar el argumento, pero yo me quise esconder debajo de la mesa.

2. El problema es doble:

a) El pasaje, Jn. 1:12, al decir "creen en su nombre", no está usando la palabra "creer" en el sentido de "sólo creer". Está usándola en el sentido amplio o comprensivo, como en Jn. 3:16; Rom. 5:1; Efes. 2:8; etc. En tales pasajes el creer representa todo cuanto hace el hombre en el gran esquema de Dios de redención. No está siendo usado en el sentido específico de asentimiento o acuerdo mental (cosa que es la "fe sola"), como en tales pasajes como Jn. 12:42. Juan no está diciendo que la persona que solamente cree en Cristo (como en Jn. 12:42) ha tomado el primer paso, pero que hay pasos adicionales que tienen que tomarse para que la persona por fin llegue a ser hijo de Dios. "Creer" en este pasaje se emplea en el sentido comprensivo.

a) En lugar de decir "ser hechos hijos", la versión Pablo Bessón dice, "llegar a ser hijos". La frase "ser hecho", o "llegar a ser", puede sonar como algo del futuro, y por eso puede guiar a la persona a pensar que después de creer puede hacer otra cosa y así ser hecho algo. Juan no está diciendo esto.

3. Nótese el contexto:

a. Juan está hablando acerca del rechazo de Jesús de parte de los judíos en general (ver. 11).

b. No obstante, no lo rechazó todo judío (ver. 12). La palabra "Mas" (= pero) introduce un contraste con el ver. 11.

c. Dios no está obligado a dar (compárese Hech. 11:18, Dios da el derecho de que el hombre se arrepienta) a nadie el derecho de ser hecho hijo de Dios. Pero sí ha dado ese derecho. ¿A quiénes? ¿A gente llamada judíos solamente porque por quince siglos era el pueblo de Dios? No. Ha dado ese derecho a los que "reciben" a Cristo, cosa que los judíos en general rehusaban hacer.

d. Y, ¿qué de los que reciben a Cristo? ¿Quiénes son ellos? Son creyentes en su nombre.

e. ¿Qué más se dice acerca de estos que reciben, que creen? Son personas renacidas (ver. 13)

f. La palabra "recibir" en este contexto implica obediencia, como en Hechos 2:41. Los que reciben a Cristo hacen lo que Cristo manda, que entre otras cosas es el bautismo.

3. Así que lo que tenemos aquí en esta interrogante es un caso de enseñar la verdad (la de que no somos salvos por la fe sola), pero al mismo tiempo de usar un pasaje equivocadamente para probarlo. Juan no está hablando (en 1:12) de "la fe sola"; tampoco debemos nosotros hacerlo, al citar este pasaje.

* * *

542. LOS ANCIANOS E HIJOS CREYENTES

"¿Puede un cristiano ser anciano sin tener todos los hijos creyentes?, lo cumple todo pero no tiene los hijos creyentes, o solo tiene algunos, aunque están todos bajo sujeción".

---

1. Para contestar su pregunta en breve, la respuesta es que sí. El anciano ha de tener "hijos creyentes". Tito 1:6 no dice, "todos los hijos creyentes". Véanse mi comentarios sobre este punto en mi comentario NOTAS SOBRE TITO.

* * *

543. TITO 1:12, ¿QUIÉN ES ESE PROFETA?

"Ud. me ha enseñado (mediante sus estudios) que profetizar "nunca se presenta en la Biblia como enseñanza ordinaria y sin inspiración" (NOTAS SOBRE 1 DE CORINTIOS capítulo 11 versículo 4, página 98 párrafo segundo). Pero, ¿a qué se refiere Pablo cuando habla de ese "profeta" mencionado en Tito 1:12? ¿Es distinta la construcción griega? Quién era ese profeta de Creta?"

---

1. En cuanto a la palabra misma, "profeta", en el texto griego es la misma en 1 Cor. 11:4 y en Tito 1:12. Este punto no toca el caso.

2. La palabra griega, "prophetes", desde luego se usaba en la lengua griega antes del tiempo del Nuevo Testamento. Entre los griegos significaba un supuesto intérprete de oráculos de sus dioses. También significaba un poeta, si éste se consideraba como cantando bajo la dirección de una deidad. Éste es el caso del uso del apóstol Pablo de la palabra en Tito 1:12. Pero nótese que Pablo dice, "uno de ellos (gente pagana), su propio profeta". No le llama profeta del Dios Verdadero. ¡Era uno de ellos! Y ellos no eran de Dios. Aquel profeta, o poeta, Epiménides, no era hombre inspirado de Dios.

3. Lo que quise decir en 1 Cor. 14:4, al escribir, "Profetizar nunca se presenta en la Biblia

como enseñanza ordinaria", como el contexto indica, es que el profeta inspirado, al profetizar, no hablaba enseñanza ordinaria como la hablaría cualquier otra persona. Véase el párrafo 5. Desde luego en la Biblia se habla de profetas falsas, y del poeta pagano, Epiménides. Tales casos no tratan del uso bíblico, o aprobado de Dios, de la palabra "profeta".

* * *

544. LA MULTITUD DE APOC. 7:9

"… al leer el capítulo 6 y 7 sin otra cosa delante que la Biblia; pareciera que la GRAN MULTITUD mencionada en 7:9 en adelante es la misma que en el capítulo 6:10. Pienso que no se refiere a los santos en el cielo ya que según el contexto HABIAN SALIDO DE LA GRAN TRIBULACIÓN (todo indica que estaban en el Paraíso del HADES), y en un tiempo "futuro" luego del juicio recibirían la bendición mencionada en 7:15. Si Ud. lee el capítulo 7:9-17 hay un cambio en el uso de los tiempos verbales: "han salido" "han emblanquecido", etc., pero desde el versículo 15 en adelante: "extenderá", "no tendrán", etc. Mi duda ,como ve, es profunda y no deseo confundir a nadie y mucho menos usar mal la Escritura.

¿Cómo se ve este pasaje en otras versiones?

¿El tiempo verbal de mi versión REINA-VALERA 1960 es el mismo de los manuscritos griegos?

¿Puede referirse a un descanso en el PARAÍSO DEL HADES y la promesa a estos vencedores luego del juicio?

¿Puede referirse "el trono" a la presencia de Cristo y a su estrecha comunión luego de la muerte de estos mártires fieles? (2 de Corintios 5:8 y Filipenses 1:21-24)

---

1. El interrogador habla por todo alumno sincero de la Biblia al decir, "no deseo confundir a nadie y mucho menos usar mal la Escritura". Amén.

2. Como explico en mi obra, NOTAS SOBRE APOCALIPSIS, 6:9-11 trata en particular de los mártires, y 7:9-17 de los redimidos en el cielo en la eternidad (después del Juicio Final). No se puede decir "que la GRAN MULTITUD mencionada en 7:9 en adelante es la misma que en el capítulo 6:10", pues el pasaje 6:9-11 no menciona ninguna "multitud". Los dos pasajes representan dos cuadros distintos.

3. Con respecto a los tiempos de los verbos empleados en 7:14, la versión Moderna (1893) (como también la versión American Standard, 1901, la que uso al predicar en inglés) traducen exactamente el texto griego según los tiempos empleados en él. Dice así: "Éstos son los que salen de la grande tribulación, y lavaron sus ropas, y las emblanquecieron en la sangre del Cordero". "salen" es según el tiempo presente en el texto

griego, y "lavaron" y "emblanquecieron" son según el tiempo aoristo (pasado) en el texto griego. El punto es que éstos salen de la gran tribulación porque llegaron a ser cristianos (lavaron, emblanquecieron, tiempo pasado) y perseveran (tiempo presente) en lugar de negar la fe. La gran multitud simbolizada en este pasaje representa a las personas que obedecieron (tiempo aoristo, que indica acción puntual, o singular) al evangelio (un evento en el pasado), y al ser atribuladas y perseguidas por su fe en Cristo, salen (tiempo presente, indicando acción continua) victoriosas sobre la persecución porque perseveran. Estos son las personas que van a gozar de la vida eterna delante del trono de Dios. Ahora, los versículos 15-17 emplean verbos en el tiempo futuro sencillamente para dar énfasis a cómo ha de ser el caso por toda la eternidad, cosa todavía futura.

El interlineal griego–español de F. Lacueva en 7:14 emplea estos tres verbos: "vienen, lavaron, blanquearon".

4. No hay referencia a distinción entre una morada en el Hades, y después de una en el cielo. El punto de énfasis descansa en la razón ("por esto", ver. 15) dada de por qué están en el cielo; es porque en la vida obedecieron al evangelio y vivieron una vida de fidelidad a Cristo. Los cristianos fieles (que una vez en el pasado fueron bautizados en Cristo) en toda época están (tiempo presente) saliendo victoriosos sobre la persecución. Estos son representados por la gran multitud en el cielo que para siempre gozará (tiempo futuro) de las bendiciones de Dios.

5. No, la frase "el trono" no puede referirse a alguna estadía en el Hades de parte de cristianos muertos. En el ver. 15 no hay indicación alguna de cambio de estadía, o estancia, del Hades al cielo. Según este versículo, y el tiempo presente de verbos, estos redimidos simbólicos no solamente "están delante del trono de Dios", sino también "le sirven en su templo". Dicho templo representa al cielo, como en 3:12 y 15:5-8.

* * *

545. UNA VEZ MUERTA LA ESPOSA, ¿QUEDA LIBRE EL DIVORCIADO?

"tengo una pregunta para usted acerca del divorcio y las segundas nupcias. La surgió de lo que enseñó un hermano en una clase y con lo cual yo no estoy de acuerdo pero no sé quién de los dos sea el equivocado. Este es el caso: Un hombre le es infiel a su esposa, ésta lo repudia y pasado un tiempo se casa con otro; quedando el repudiado solo, sin derecho a nuevas nupcias… pero pasan 6 años después de este casamiento de la parte inocente y en un accidente de tránsito muere esa mujer. Al morir ella, ¿queda libre de la ley la parte culpable? ¿puede volver a casarse este repudiado? Romanos dice que "si en vida del marido se uniere a otro varón, será llamada adúltera", ¿implica esta expresión que una vez muerto el inocente, el culpable queda libre para casarse de nuevo? Cualquiera de nosotros dos que esté equivocado

pecará si no corrige esto, pero ¿cuál es la verdad acerca de este asunto? Si yo le digo al culpable que SI puede casarse y no es así, estaré desatando lo que Dios ató y si, por otro lado, él le dice que NO puede casarse estará atando lo que Dios desató. Por esta razón estoy muy preocupado y espero que en un espacio

de su agenda coloque este e-mail para salir pronto de esta duda".

- - -

1. Rom. 7:1-3 enseña claramente que Dios tiene a los dos casados obligados a respetar la ley que les liga por toda su vida. Durante su vida si uno de los dos se une en matrimonio con otro, adultera, porque viola esa ley con que Dios les unió. No obstante, el pasaje también enseña que si uno de los dos muere, el otro queda libre de dicha ley. Libre de esa ley que les unía, ya no adultera la persona si vuelve a casarse.

* * *

546. LA VIDA ANIMAL Y VEGETAL ANTES DE LA CAÍDA DE ADÁN

"Los animales del Paraíso antes de lo sucedido en el huerto ¿vivían perpetuamente? ¿por causa de la caída de la raza humana cayó asimismo la raza animal y vegetal?"

- - -

1. El pecado trajo muerte y maldición al hombre y a todo (Gén. 3:14-19; 1 Cor. 15:21; Rom. 5:12; 8:20-22).

2. Antes de entrar la muerte en el mundo, todo vivía; nada estaba sujeto a la muerte, pues la muerte ni existía. La palabra "perpetuamente" no cabe aquí porque el tiempo de la inocencia y continuación de vida fue breve. Dios en su presciencia sabía que el hombre pecaría y que así entraría la muerte en el mundo. Por eso el evangelio salvador data desde antes de la fundación del mundo (Rom. 16:25,26; 1 Cor. 2:7; Col. 1:26; 2 Tim. 1:9,10; Tito 1:2,3).

3. Los ateos (evolucionistas), los evolucionistas teístas, y algunos hermanos afirman que los dinosaurios (como otros animales) morían y llegaban a fosilizarse bien antes de la existencia del hombre sobre la tierra. Para afirmar esto tienen que negar lo que dice Dios en la Biblia; a saber, que Adán y Eva introdujeron la muerte (Rom. 5:12).

* * *

547. EL VELO, ¿MATERIA DE FE?

"Sobre el velo, ¿por qué algunas congregaciones de la Iglesia de Cristo lo imponen como materia de fe y en qué se apoyan"?

- - -

1. Antes de contestar la pregunta, me permito comentar sobre la frase "congregaciones de la Iglesia de Cristo". Tal frase exhibe un concepto erróneo acerca de la iglesia que Cristo fundó. Ella no está compuesta de congregaciones, sino de individuos que han obedecido al evangelio. Se bautizan individuos, no congregaciones. Es cierto que las denominaciones están compuestas de

iglesias locales, o congregaciones, pero la iglesia de Cristo no es una denominación. Las iglesias denominacionales practican la centralización (iglesias locales entregando dinero y obra a una especie de oficina central). La centralización, pues, es un concepto denominacional, y la frase "congregaciones de la Iglesia de Cristo" se presta para tal concepto. Debemos erradicar esa expresión de nuestra manera de hablar, y debemos evitar la centralización que resulta de expresarnos así.

2. El pasaje principal a que se apelan los hermanos (y no hermanos) que abogan por el velo en la mujer es 1 Cor. 11:4-7. Lo que dice este pasaje sí es materia de fe, pero la interpretación errónea, la que ignora el contexto, no es parte de la fe de Cristo (Apoc. 14:12). Es de la fe solamente de ellos. Ellos se apoyan en su interpretación incorrecta. Para hacerlo, tienen que:

a. ignorar que el contexto trata de profetas y profetisas, pues los dos grupos ¡hacían la misma cosa: oraban y profetizaban! Ellas hacían exactamente lo que aquellos hombres hacían.

b. ignorar, pues, que el contexto no trata de todo hombre y de toda mujer en el mundo, ni en la iglesia.

c. forzar la palabra "profetizar" para que signifique "enseñar sin inspiración".

d. forzar que la palabra "orar" en este contexto trate de "orar sin inspiración".

e. aplicar la enseñanza de este pasaje a cualquier situación de hoy en la asamblea, y en la casa, y en lugares públicos, en que se hagan oración y enseñanza ordinarias.

No hay profetas ni profetisas hoy en día.

* * *

548. ¿CÓMO ES UN BUEN NOVIAZGO?

"¿cómo se busca una mujer idónea sin ser cristiana y cómo es un buen noviazgo?"

- - -

1. Los cristianos deben buscar compañía decente, a gente moral o de buenas costumbres. Luego, formando una amistad más estrecha con la persona, el cristiano le habla del evangelio para convertirle en cristiano. Tiene cuidado de dos cosas mientras progresa el noviazgo; a saber, primero no permite que sus emociones cieguen su buen juicio, y cuida que la persona no finja una conversión solamente para "pescar" a un marido.

2. Si la persona no tiene interés sincero en el evangelio, o no se convierte, se pone fin a ese noviazgo con dicha persona. (Esto no se le hace difícil al cristiano si cuida de no involucrar sus emociones antes del tiempo en el proceso).

3. El cristiano siempre está procurando convertir personas, no importando lo malo que hayan sido. Si logra convertir a alguna, y con el tiempo se da cuenta de que la persona está llevando una vida ejemplar, puede el cristiano introducir con ella el asunto de noviazgo.

4. En todo caso, su meta principal es entrar en noviazgo serio solamente con persona cristiana, para asegurar que el casamiento futuro resulte en una unión de dos cristianos.

* * *

549. LOS DEMONIOS

"El motivo de la presente es requerir la contestación o diversas personas posturas sobre estas cuestiones que no tienen una línea definida, debido a diferencias de opinión dentro de la hermandad. Esperando que sean satisfechas a la brevedad, les dejamos las mismas.

Tema acerca de la Demonología (ayer y hoy)

— Cómo actuaron y actúa la cooperación demoníaca.

Basado en 1Re 22:19-23, este espíritu de mentira ¿era un demonio?"

- - -

1. En esta pregunta, y en las que siguen, la palabra "demonio" ha de entenderse como ángel malo bajo el servicio de Satanás (Mat. 9:34).

2. No, en este caso, un ángel (espíritu celestial) de Dios es el indicado en el ver. 21.

3. Las Escrituras hablan de hechos como de Dios lo que en realidad Dios permite que otros hagan (por ej., 1 Crón. 21:1 más 2 Sam. 24:1). Cuando la persona rechaza la revelada voluntad de Dios, Dios le entrega al mal (Rom. 1:24,26,28). Es porque Jehová tiene control supremo sobre todo el universo y sobre toda criatura, humana y celestial, que él puede lograr sus fines según su santidad y justicia. La comisión de este ángel de Dios indica este control absoluto que Jehová Dios tiene sobre todo ser y actividad humana.

4. Los profetas de Acab le mintieron porque permitieron ser llevados por las mentiras de Satanás (el padre de mentiras, Jn. 8:44). Pero Dios fue quien le envió esta "operación de error" (Ver. Hispanoamericana, 2 Tes. 2:11). Dios delegó poder a su ángel a ir al "espíritu de inmundicia" (Zac. 13: 2), al "espíritu de error "(1 Jn. 4:5), para permitir a esta personificación de revelación de mentira a que guiara a los profetas de Acab a engañarle. Satanás siempre, día y noche, está dispuesto a mentir a los hombres, pero no tiene poder ilimitado; Dios le permite según las circunstancias y su voluntad soberana.

* * *

"¿Cómo explicar este texto, 1Sam. 16:14-16? Este espíritu malo que indujo a Saúl al mal ¿era un demonio?"

- - -

1. Este "espíritu malo" se distingue del "espíritu de Jehová". Desde luego son dos espíritus distintos. Uno fue enviado por Dios (ver. 15); el otro era de Dios mismo.

2. Dios, que tiene en su universo el mando de todo, permitió que un espíritu malo afligiera a Saúl. Era un ángel de Satanás y por eso un "demonio".

3. Véase la explicación dada en la pregunta y respuesta anterior con respecto a hacer Dios lo que permite pasar. Satanás obra solamente el mal, pero no obra sin restricción (Job 1:12). Al ser permitido por Dios, Satanás siempre hace mal

al hombre, pues es su enemigo número uno (Apoc. 12:9; Mat. 13:39).

* * *

"¿Cómo se explica que éste se iba cuando David tocaba su arpa?"

- - -

1. Toda esto suceso fue de Dios. Había determinado que el reino sería tomado de Saúl y dado a David. Aunque la música generalmente puede servir de consuelo para la mente atribulada, no hay nada de milagro en esto. Pero el tocar de David contrarrestaba los efectos de la entrada del demonio en Saúl sencillamente por Dios lo hacía. ¡En todo Dios tiene el control!

* * *

"Si es un demonio ¿actúan de la misma manera hoy?"

- - -

1. "De la misma manera", no.
2. Tales sucesos del Antiguo Testamento tenían que ver con el desarrollo del plan de Dios de establecer el reino mesiánico, y ya que la iglesia de Cristo está establecida, ahora nos toca vivir la vida digna de ser ciudadanos en dicho reino. Dios sigue en control de todo, y si la persona no ama la verdad para ser salva, Dios le puede enviar un poder engañoso para que crea lo que prefiere creer y así sea perdida (2 Tes. 2:10-12). Pero Dios hoy en día no deja que demonios entren en el hombre y que la música de arpas quite demonios.

* * *

¿Cómo explicar este texto, Mt. 18:34-35. Estos verdugos mencionados en la parábola ¿son demonios? ¿Se refiere a una persona entregada a Satanás para la destrucción de la carne? ¿Cómo explicar ese texto? ¿Se puede comparar con 1Cor. 5:5?"

- - -

1. No, los verdugos de este pasaje no son demonios. No hemos de alegorizar a una ilustración sencilla de Jesús. El contexto habla de perdonar (vers. 21,22). Dios perdona al hombre más pecador (al que más le debe). Por eso yo he de imitar a Dios en esto (Efes. 4:32—5:1). Como en la ilustración el hombre que rehusaba perdonar ahora está sufriendo grandemente (atormentado por los atormentadores), de igual manera Dios castigará en el infierno a los que no muestran misericordia para perdonar a otros (Sant. 2:13; 5:11).
2. No hay referencia a nadie ni a nada ¡fuera del contexto! Los verdugos de la ilustración de Jesús eran hombres encargados de atormentar a ciertos reos de aquel tiempo. Como ellos atormentaron a aquél que rehusó tener misericordia de su prójimo, de igual manera Dios castigará al que no sabe perdonar ni tener misericordia.
3. Ya lo expliqué. No hay nada complicado en el caso.
4. No, 1 Cor. 5:5 es de otro contexto completamente distinto. La frase "destrucción de la carne" se refiere a sentir las consecuencias dolorosas de sus pecados y la tristeza de haberse perdido la comunión de sus hermanos en Cristo (2 Cor. 2:7).

5. La aplicación de la Iglesia Católica Romana de este pasaje (Mat. 18:34) al llamado purgatorio es en todo sentido ridículo porque ignora por completo la aplicación que Jesús mismo hace de su propia ilustración; a saber, que Dios no tendrá misericordia del que no perdona. La palabra "purgatorio" no aparece en ningún pasaje bíblico (ni en la Biblia católica), ni el concepto tampoco. A todo hombre está establecido que muera una vez y luego el juicio, no que entre en un llamado purgatorio transitorio (Heb. 9:27).

* * *

550. TOMAR LA CENA DEL SEÑOR TARDE

"Lo siguiente es un problema que se ha dado en la congregación. Una hna. llegó terminada la adoración (después de la adoración tenemos un estudio bíblico). Ella exigía que se le diera la Cena del Señor, nos opusimos a conceder este mal concepto que la hna., tiene de la cena, y le exhortamos llegar a la hora de inicio del culto. Esto levantó una polémica no pequeña, pues algunos hnos., nos acusan de no tener amor, dicen que la iglesia estaba reunida aun y que se podía dar la cena. Algunas iglesias de la zona tienen esa práctica, dar la cena del Señor a los miembros que llegan atrasados al culto. Para mí esto es un desorden y es poner la Cena como el mandamiento más importante que la adoración a Dios. Usted me puede ayudar en este conflicto, dándome alguna orientación".

- - -

Sobre el asunto de servir la Cena del Señor a la persona que llega tarde, no comento sobre este caso en particular en _____ porque ignoro detalles que pueda haber en él, pero sí digo lo siguiente:

1. La iglesia local debe hacer las cosas decentemente y con orden (1 Cor. 14:40). La puntualidad es parte de este buen orden y decencia. Los hermanos no llegan a sus trabajos, como tampoco los niños a la escuela, a cualquier hora, y según su conveniencia. La iglesia local no existe para la conveniencia de nadie. La iglesia local, por ser un acuerdo mutuo, tiene su horario, y los miembros, por ser miembros de ella, están de acuerdo con ese horario (y orden de actos de culto).
2. Ahora, si una persona llega a cualquier hora, no empleando dominio propio y solamente siguiendo su propia conveniencia, no tiene derecho a nada. No es correcto servirle la Cena del Señor, solamente para consentirle. Hay hermanos que no se disciplinan nada pero sí demandan atención especial. Los tales no aman la Causa de Cristo, como tampoco los hermanos que simpaticen con ellos.
3. Hay casos muy excepcionales, en que puede resultar que un miembro bien responsable y puntual, debido a una emergencia por el camino, llegue muy tarde a la asamblea. Si no hay sino un solo servicio el día del Señor, y por eso no podría tomar la Cena en un servicio subsecuente, sería justo servirle la Cena. Pero esto pasaría solamente raras veces.

4. La decencia y el buen orden, que las Escrituras demandan, eliminan la práctica en algunas partes de servir la Cena del Señor más de una vez en el culto, acomodando el servicio a hermanos nada espirituales por carecer ellos el uso de dominio propio, de cuidado por las cosas del Señor, y de actitud de prontitud. Si los tales siempre son consentidos en su descuido y falta de aprecio por el orden del servicio, nunca cambiarán, pues se sienten satisfechos en su negligencia. No se le da motivación para cambiar. Todos tienen que aprender a portarse varonilmente (1 Cor. 16:13). Tienen que aprender lo que dice Rom. 12:11, "En lo que requiere diligencia, no perezosos; fervientes en espíritu, sirviendo al Señor".

* * *

551. ATAQUES CONTRA GÉNESIS

"¿Por qué hay tanta controversia sobre Génesis cap. uno y la creación?"

- - -

1. Los evolucionistas ateos están en contra del relato de Génesis sobre la creación porque Génesis está en contra de su teoría predilecta sobre el particular. Los evolucionistas teístas supuestamente creen en la Biblia, pero se sienten obligados a conformar la enseñanza de la Biblia a una gran parte de la teoría de la evolución para que no contradiga la ciencia falsamente llamada (1 Tim. 6:20). Muchos hermanos en la fe, también demasiado impresionados por las afirmaciones jactanciosas de los evolucionistas, y deseando identificarse con la academia y la intelligentsia, aunque niegan ser evolucionistas teístas, siempre promueven argumentos de ellos que contradicen el relato de Génesis capítulo uno, y otros pasajes en Génesis y en el resto de la Biblia. Con el tiempo, ya cómodos con su rechazo del relato de Génesis 1, se les hará más fácil negar otras porciones de las Escrituras, al seguir su marcha hacia el modernismo.

2. El fundamento es de extrema importancia (Sal. 11:3; Luc. 6:48,49). ¿No es así? Bueno, el libro de Génesis es como fundamento de toda la Biblia. Una vez negada la enseñanza del dicho libro, con el tiempo caerá el resto del "edificio".

3. Se ha dicho que hay más de doscientas referencias en el Nuevo Testamento al libro de Génesis. Aunque hay solamente tres libros del Nuevo Testamento que no hacen referencia a Génesis (Filemón; 1 y 2 Juan), los autores de ellos sí hacen referencia a él. Sin discusión, Génesis es un libro fundamental. Con razón, pues, los enemigos de la Biblia tienen a Génesis en su línea de tiro, especialmente los primeros once capítulos del libro. Es triste ver a hermanos nuestros siguiendo las pisadas de los tales.

4. Si el mismo versículo 1 de Génesis es negado por la persona, ¿cómo puede creer en los demás milagros y maravillas de la Biblia (Heb. 11:3,6)? ¡Dios todo lo creó! ¡Lo hizo en seis días seriales, o consecutivos, de veinticuatro horas cada uno (Gén. 1; Éxodo 20:11; Sal. 33:6,9). Negar esto es procurar destruir el fundamento de la Biblia.

5. El apóstol Pablo, estando en Atenas, la sede de la intelligentsia, no procuró identificarse con los sabios e intelectuales de su tiempo, sino, tratando de rescatarles de su ignorancia, propagó estas verdades fundamentales (Hechos 17):

a. "Dios hizo el mundo y todas las cosas que en él hay" (ver. 24). Lo pudo hacer porque es el "Señor del cielo y de la tierra". La materia no es eterna, sino Dios; El es eterno (Sal. 90:2). La materia no hizo a la mente; Dios, la mente, hizo a la materia. La casa no hizo al carpintero; sino el carpintero a la casa (Heb. 3:4).

b. Dios creó la vida. "Él es quien da a todos vida, y aliento, y todas las cosas" (ver. 25). Esto es lo que afirma Génesis cap. 1. Que sea Dios veraz y todo hombre mentiroso (Rom. 3:4).

c. "De una sangre ha hecho todo el linaje de los hombres" (ver. 26). La palabra "sangre" no aparece en el texto griego. Dicho texto dice literalmente, "e hizo de uno toda nación de hombres". Ese uno es Adán, 5ún el relato de Génesis 1. Dice Jesucristo que Adán estuvo en el principio de la creación (Mar. 10:6). No hubo un supuesto intervalo de tiempo de millones de años entre Gén. 1:1 y Gén. 1:2. Los dinosaurios no quedaron extintos muchos millones de años antes de la entrada del hombre en la escena. ¡Adán y Eva estuvieron en el principio de la creación (si Jesucristo dijo la verdad)! Todo ser humano en la actualidad descendió de Adán por Noé.

Pero hay controversia en la hermandad hoy en día porque ciertos hermanos están atacando los fundamentos, para destruirlos, y lo ridículo es que tratan de justificarse al decir que todo esto es ¡cuestión de opinión! Tal es el lenguaje del modernista y es empleado por algunos hermanos que marchan tras el modernista.

* * *

552. "LA EDAD DE LA TIERRA" NO ES LA CUESTIÓN

"Hay hermanos buenos y honrados que no siempre llegan a las mismas conclusiones sobre el significado de todo pasaje bíblico, desde el tema del divorcio y las segundas nupcias, hasta el tema de la edad de la tierra".

- - -

1. La declaración arriba no me vino en forma de interrogante, pero sí deseo comentar sobre ella.

2. El hermano que hizo aquella declaración, aunque lo negaría, promueve la falsa doctrina de la unidad en la diversidad. El aboga por la comunión con escogidos hermanos que enseñan ciertos errores sobre el matrimonio, el divorcio, y las segundas nupcias, aunque él no está de acuerdo con dichos errores. De igual manera comulga con ciertos hermanos que promueven ciertos argumentos de los evolucionistas teístas, como por ejemplo el negar que los días de la creación, según Gén. cap. 1, fueron días literales y consecutivos de 24 horas de duración. Puede ser que él mismo niegue tal conclusión.

3. Pero la finalidad u objeto de mis comentarios sobre la declaración arriba es que los lectores reconozcan que "la edad de la tierra" ¡no es la cuestión! Los hermanos que se expresan así evaden la cuestión. Pintan una cuestión falsa. Tratan de distraer la mente de los hermanos de la cuestión verdadera. Es un truco, una treta, una apariencia engañosa. Dicen que "nadie sabe la edad de la tierra, si tiene tantos años o si más". Desde luego eso es cierto. Pero ¡nadie afirma que la tierra tiene tantos años exactos! ¡Esa no es la cuestión! y ellos lo saben.

Ellos saben que hay hermanos que creen (y puede ser que algunos de ellos mismos lo crean) que la tierra tiene billones de edad según la teoría de la evolución teísta. Esta doctrina se llama de "la tierra antigua". Para ellos los que creemos que los días de Gén. cap. 1 fueron días consecutivos de 24 horas, que no hubo brecha de millones o billones de años entre Gén. 1:1 y 1:2, que todos los dinosaurios no fueron fosilizados millones de años antes de la existencia del hombre, creemos en una "tierra joven".

¡Ésta es la cuestión! ¿Es la tierra "antigua" o "joven"? La cuestión no es la edad exacta de la tierra, sino si la edad de la tierra es "antigua" (de billones de años, según la ciencia falsamente llamada), o "joven" (de miles de años según las genealogías bíblicas y demás información bíblica). Adán estuvo en el principio de la creación (Mar. 10:6), y hay 75 generaciones entre Jesús y Adán (Luc. 3:23-38). La cuestión es ésta: ¿esas generaciones abarcan billones de años o miles? Las primeras 55 de esas generaciones nos llevan de Jesús a Abraham, y ¿quién no sabe que Abraham vivía apenas 2000 años antes de Jesús? Y, las otras 25 generaciones, ¿abarcan millones y billones de años?

Hermanos, nos enseñemos a analizar las declaraciones de los maestros, pues muchas veces escogen cierta fraseología para manipular mentes.

* * *

553. RECIBIR SALARIO DE IGLESIAS LIBERALES

"¿Que tan arriesgado es para un predicador conservador que reciba sostenimiento de iglesias liberales? ¿Será cierto que es como recibir ayuda de las iglesias bautistas? la ayuda ofrecida es de tres iglesia (pero liberales) que han ofrecido ayuda a un predicador conservador. ¿Debería aceptarlo?

1. No es cuestión de riesgo, sino de comunión. El recibir un predicador salario de iglesias locales para que, viviendo del evangelio, se dedique a predicar el evangelio, es una expresión de comunión. Léase Fil. 4:15,16; la palabra "participó" es la forma verbal de la palabra griega para decir "comunión".

2. Sí, es igual que recibir salario de iglesias bautistas, o aún de iglesias conservadoras. ¡Es comunión! La cuestión es ésta: ¿vamos a tener comunión con ciertas iglesias?

3. Se entiende que recibir salario de cierta iglesia, o iglesias, es comulgarles, y por eso dichas iglesias van a esperar que el predicador esté de acuerdo con ellas en sus creencias y prácticas. ¿Apenas sostendría una iglesia bautista a un predicador que predicara que el bautismo es para perdón de los pecados? ¿Sostendría una iglesia liberal a un predicador que predicara que el sistema de la llamada "iglesia patrocinadora" no es bíblico?

4. Hay quienes ofrecen salario para "comprar" al predicador y hay predicadores que "se venden". El verdadero siervo del Señor depende de Dios y no de ofrecidos salarios de quienes andan en el error. Hay "asalariados" y hay hombres de convicción. Hay quienes buscan agradar a los hombres, por interés material, y hay quienes buscan agradar al Señor (Jn. 10:12,13; Gál. 1:10). El hombre es conocido por sus frutos (Mat. 7:16).

* * *

554. CLINICA IGLESIA DE CRISTO

"Es correcto que una hermana que ha renunciado del liberalismo, este asistiendo a una clínica de nuestros hermanos liberales, argumentando que la ofrenda es para los santos y que por eso ella se siente con derecho de asistir a dicha clínica?

Yo creo que esto no es correcto, quiera que no la hermana tiene comunión (KOINONIA) con los hermanos liberales. Pablo dice (Efesios 5:11,12.) que no nos es permitido tener parte con el error si mas bien desenmascarar (como dice la versión de las Américas)".

1. Estas "clínicas" que patrocinan diferentes iglesias de Cristo son precursores de Hospitales Iglesia de Cristo. Son hospitales de grado menor, e ilustran el institucionalismo; o sea, sistema de hacer la obra del Señor por medio de instituciones humanas. Ofrecen atención médica al mundo en general (cosa no bíblica), y son utilizadas como medio de evangelización (otra cosa no bíblica). La ofrenda de las colectas de cada domingo es "para los santos". Utilizarlas para no santos es una violación del patrón bíblico, como bautizar no para perdón de los pecados, sino para otro propósito, es violación del patrón bíblico. El evangelio es el poder que Dios quiere que empleemos para convertir gente (Rom. 1:16), no el regalar "panes y peces" para comprar la buena voluntad de la gente.

2. La hermana dice que la ofrenda es para los santos; ¿dirá que no es para los no santos? Ahí está la clave del asunto. Si ella cree, como la Biblia enseña, que la ofrenda no es para los no santos, ¿irá a esa clínica para redargüir, corregir y exhortar (2 Tim. 4:2) a sus hermanos en Cristo por su mal uso de los fondos de la iglesia? Si lo hace, ¿cree ella que ellos seguirán atendiéndole?

3. Ignoro el caso en particular del cual usted me escribe, pero en general dichas clínicas no son una obra de una sola congregación local, sino son proyectos patrocinados por una congregación y pagados por los donativos de muchas iglesias locales. Son ilustraciones de la centralización de

obra y dinero de muchas iglesias locales en las manos de una iglesia patrocinadora. ¡La centralización no es bíblica! Es un elemento del denominacionalismo.

4. Todo el mundo busca algo gratuito, sin costo. Busca lo conveniente. La hermana, al recibir beneficios materiales de la referida clínica, da a entender a los hermanos liberales que ella está de acuerdo con ellos al recibir su ayuda. Eso es tener comunión con lo no bíblico. Como digo arriba, si ella fuera a corregir el error de los hermanos liberales, no le seguirían atendiendo. Ellos no disponen de fondos sin límite, para atender con medicamento a todo el mundo. Van a usar sus fondos disponibles para lograr lo máximo en sus planes de "convertir" gente.

5. Dios está en el cielo, y tiene control de todo. ¿Lo creemos? Entonces, que echemos en Él toda nuestra ansiedad, porque Él tiene cuidado de nosotros (1Ped. 5:7). La hermana debe buscar hacer la voluntad de Dios y dejar que Él le guíe a hallar la solución de su problema médico de manera bíblica. Comulgar a lo no bíblico no es del agrado de nuestro Dios.

* * *

555. ¿EL QUE PRESIDE HACE LA ORACION?

"Este hermano tiene la creencia de que el que preside el culto tiene que hacer la oración por los elementos, aunque se les de a otros que lo repartan, porque así lo hizo Jesús".

\- \- \-

1. El buen hermano está confundiendo dos cosas distintas; a saber, cosas esenciales y cosas incidentales. Está tomando una cosa incidental y la está haciendo una esencial.

2. Jesús estuvo instituyendo la Cena, y enseñando a sus discípulos a observarla. Por eso "se encargó" de todo el asunto.

3. El hermano admite, y con razón, que otros, a parte del que preside, pueden repartir la Cena, pero a la vez él toma la posición de que tenemos que hacer, en asuntos incidentales, exactamente como "lo hizo Jesús". Pero Jesús mismo repartió los dos elementos a los discípulos.

4. Para ser consecuente, el hermano tendría que insistir en que la Cena se observe solamente en la tarde, en un aposento alto, proporcionado por un cierto "maestro", con solamente 13 personas presentes, en la lengua griega, (etcétera, según otros detalles incidentales asociados con aquella ocasión en que Jesús instituyó la Cena).

5. No hemos de confundir cosas esenciales con cosas incidentales.

* * *

556. LA PRESENCIA EN LA JUNTA DE PERSONA DE OTRA CONGREGACIÓN

"El hermano _____ desea estar en la reunión de varones de la iglesia en _____; no lo creo conveniente. ¿Qué opina de eso?

\- \- \-

1. Bien dice usted, "conveniente" y "opina", porque tal es el asunto.

2. Bajo ciertas circunstancias, no sería incorrecto que algún hermano de otra congregación por invitación esté presente, y sin participación, en la reunión de varones (o en parte de ella), para observar y oír (y tal vez para ser preguntado sobre algo).

3. Que esto, en un dado caso, convenga o no, dependería de las circunstancias y del por qué la persona estuviera presente.

4. Bajo ninguna circunstancia es correcto que algún hermano de otra congregación participe en los negocios de la congregación discutidos en su junta o reunión de varones para la ocasión.

5. Si me pregunta sobre un caso en particular, explicándome los detalles del asunto, puedo darle mi "opinión", y sería solamente eso, una opinión (porque no soy miembro de la congregación bajo consideración y por eso no tengo voz en ella).

* * *

(Los números 557—559 no son propiamente preguntas, pero a mi juicio sí merecen comentario — bhr)

557. "ASOCIACION IGLESIA DE CRISTO"

"En los últimos años en mi provincia natal, han formado una Asociación de iglesia de Cristo (todos formados una mesa directiva de los hermanos de _____)... No sé si es una asociación de las iglesias mismas o solo de los hermanos y hermanas individualmente, pero los fondos son pedidos a las iglesias pocas veces, pero los hermanos mandan las cuotas acordadas individualmente... Esta asociación tiene una radio (cuando vi en internet es la red de Radio Mundial, y de esto parece que no saben nada los hermanos).

\- \- \-

1. Los hermanos liberales, o institucionales (véase Interrogante # 424), en muchas partes (pero no en los EE. UU.) han nacionalizada la iglesia del Señor; es decir, han formado organizaciones humanas que dirigen colectivamente los asuntos de las iglesias locales en los respectivos países. ¡Esto es institucionalismo (obrar las iglesias por medio de instituciones humanas)! Las iglesias locales no tienen autorización alguna por donar dinero a instituciones humanas.

2. El programa radial, World Radio, ilustra el plan no bíblico de donar dinero muchas iglesias (e individuos) a una sola iglesia, a la llamada patrocinadora , que luego evangeliza por radio a nombre de la iglesia de Cristo. Es caso de centralización.

3. El caso, de que muchos hermanos participantes en el programa de su provincia no saben que es parte de la red World Radio, ilustra la confusión que existe, a propósito o por ignorancia, en el actuar de muchos hermanos liberales.

* * *

558. LOS "ANTIS", ¿SON ANTICRISTOS?

"….escuché algunos comentarios sobre los llamados "antis" (que han sido ustedes hermanos en Cristo) , de que eran anticristos, etc., que habían ido a una iglesia y que estaban engañando con dinero.

Como individualmente y como iglesias acá son desconocidos sobre este tema, ya que parece que solamente dicen que son 'antis' todo".

- - -

1. Andando la persona como cristiana entre hermanos liberales no va a oír la verdad del caso respecto a los llamados "antis". No les conviene a los liberales hablar objetivamente sobre el tema; les conviene nada más usar de prejuicio para cegar las mentes de sus seguidores. Por eso hablan de ciertos hermanos en la fe como de quienes se oponen a toda cosa; les llaman "antis", y muchas veces dicen que son "anti todo".

2. El término "anti" significa oposición o contrariedad; da a entender que la persona llamada "anti" está "en contra" de algo. Sin contexto en que se use el término, el término solo no explica nada, sino muestra prejuicio de parte de quien así lo emplea.

3. Si ciertos hermanos están en contra de los llamados hermanos "anti", ¿por qué no son ellos mismos "anti"? ¿No serán hermanos "anti anti"?

4. La pura verdad es que todo el mundo está en contra de cosas. El más liberal se opone a algo.

5. Hay hermanos que estamos en contra de prácticas no autorizadas por la Biblia. Por ejemplo nos oponemos a la centralización de obra y de dinero de iglesias locales en las manos de la llamada "iglesia patrocinadora". Pero los hermanos que practican tal cosa no nos presentan como hermanos anti-centralización. Prefieren pintarnos mal, mintiendo al decir que estamos en contra de la cooperación.

6. He oído a hermanos de más de un solo continente llamarnos "anticristos". Esto sí es feo en extremo, porque muestra o ignorancia de las Escrituras sobre el punto (por ejemplo, en 1 Jn 2:18, que trata de quienes negaban la humanidad de Cristo), o gran odio. ¿Acaso afirmarán en debate público que yo, a quien llaman "anti" y "anticristo", digo que Cristo no vino en la carne? No lo debatirán porque saben que es mentira; saben que hablan solamente para predisponer mentes.

7. Usar de tal manera este término de prejuicio y odio revela táctica carnal. El que anda en la verdad no emplea tácticas carnales.

8. He oído decir en más de una parte que los aborrecidos hermanos "anti" "habían ido a una iglesia y que estaban engañando con dinero". Lo que nunca he oído es el nombre del hermano, o hermanos, ni de la iglesia en particular que supuestamente se involucrara en ese caso. ¿Quiénes son los dichos hermanos? ¿Cuál iglesia fue engañada? Yo quiero regañar a los referidos hermanos, y expresar a esa iglesia mi pena por haber tenido ella que sufrir tal injusticia. O, ¿será un caso imaginado? Los hermanos que propagan tal cuento o deben darnos los hechos del caso, con todo y nombres, o desistir de propagarlo. ¿Cuál harán?

* * *

559. LA VOZ ETERNA

"Era ignorante antes de tener sus escritos sobre la controversia que existe en la iglesia del Señor en la actualidad y del siglo pasado, porque nunca había llegado saber sobre el tema, aunque había leído en La Voz Eterna (editado por el hno. Harris Goodwin) algunos temas publicado del año pasado ya que solamente esta revista es conocida y leída por la hermandad hispana".

- - -

1. Los hnos. Harris Goodwin, Wayne Partain, y su servidor fuimos juntos a México en el año 1945 a aprender a predicar en español. Unos diez años después, se cristalizó una división en la hermandad sobre la centralización y el institucionalismo. El hno. Goodwin fue con los hermanos liberales.

2. Por varios años, a partir del año 1945, los tres publicamos juntamente una revista, La Vía de Vida (la que después pasó a la dirección del hno. Pedro R. Rivas). Luego el hno. Goodwin, andando ya con los hermanos liberales, comenzó su revista, La Voz Eterna.

3. Los lectores de esta revista nunca aprenderán la verdad sobre la controversia que ha habido en la hermandad, porque su páginas están cerradas a los hermanos a quienes representan mal; me refiero a tales como él que estas líneas escribe, llamándonos "anti" pero sin representar correctamente la cosa a que nos oponemos.

4. La táctica de todo maestro falso es la de mantener a sus seguidores en la ignorancia sobre los errores de él, y cuando se le obliga decir algo sobre la cuestión, representar mal a su oponente.

5. Sugiero al hno. Harris Goodwin que me permita presentar en las páginas de La Voz Eterna mi defensa de la posición que tomo respecto a la centralización y el institucionalismo, o si no le gusta la idea, le extiendo al hermano una invitación de debatir públicamente ante la hermandad la cuestión de la centralización y el institucionalismo.

* * *

560. LA LITERATURA Y LA COMUNIÓN

"Ya que ustedes hacen comentarios en sus tratados, es decir mencionan notas de las revistas, periódicos, libros, etc., de los hermanos innovadores, ¿cómo consiguen esos materiales, cuando no tienen comunión?

Ya que no es malo que uno compre los materiales a esas instituciones (por ejemplo, a World Wide Spanish Literature Ministry) sostenidas por las iglesias, suscribir a la revista (por ejemplo La Voz Eterna). Porque por ejemplo las Biblias de diferentes versiones y algunos libros escritos (ustedes también lo usan) compramos de las instituciones de los sectarios."

---

1. Conseguimos materiales de otros en una de varias maneras. Como usted mismo lo explica, a veces compramos ejemplares o aun subscribimos para recibirlos. Si algo está de venta, y creo necesitarlo, lo compro. Ésta es acción individual. (La cuestión en esta controversia tiene que ver con acción congregacional, o de la iglesia local. No hemos de confundir las dos cosas diferentes. Es una cosa que el individuo juegue pelota, pero es otra cosa que una iglesia de Cristo tenga un equipo de baloncesto).

2. También se consiguen materiales por medio de recibirlos regalados, o prestados. Pero hay gran diferencia entre conseguir y leer materiales escritos por otros y tener comunión con los autores de los escritos. (Una Escuela Para Predicares me ha pedido de mis comentarios sobre libros del Nuevo Testamento para usarse en sus clases bíblicas, pero seguramente los directores de dicha escuela no tienen comunión conmigo).

* * *

561. COMPRAR A LOS SECTARIOS

"Algunos amigos evangélicos me han preguntado, si usted es solamente cristiano (sin apodo) ¿por qué usan Biblias traducidas por los sectarios, himnos escritos también por ellos?"

---

1. La pregunta presupone alguna contradicción entre el ser solamente cristiano (sin apodo) y el comprar el cristiano obras preparadas por los que no son solamente cristianos, sino llamados cristianos con sus apodos. No hay ninguna contradicción. Como queda afirmado en la pregunta anterior, comprar los escritos de otros no es tener comunión con ellos. Si compro comida de un ateo, ¿comulgo al ateo?

2. Dios dejó al hombre la traducción y la impresión y distribución de biblias. Ellas son producidas por ciertas empresas y vendidas por otras empresas. Si quiero comprar una obra de una empresa, lo hago. No se implica ninguna comunión entre dicha empresa y yo, como tampoco, cuando un bautista compra una versión de la Biblia producida por los católicos se implica que comulgue con el catolicismo. Hay metodistas que han comprado la versión Nuevo Mundo, pero ciertamente no comulgan con los Testigos de Jehová.

3. Dios no autorizó a su iglesia que se constituyera casa de publicaciones. Autoriza que los cristianos individuales (Sant. 5:13) y la iglesia local (Efes. 5:19; Col. 3:16) canten himnos y cánticos espirituales. Ha dejado al hombre la creación de los cánticos, pero tienen que ser "espirituales", cosa que significa tener un mensaje que se conforma a la enseñanza inspirada por el Espíritu Santo. Si el himnario contiene cánticos espirituales, no importa quiénes hayan sido los autores.

4. Los "amigos evangélicos" nada más buscan alguna contradicción en nosotros. Si la hallaran,

¿eso probaría que ellos son bíblicos? Si el ateo hallara alguna contradicción en el evangélico, eso probaría que el ateísmo es la verdad?

* * *

562. ¿ES PECADO ESTUDIAR MATERIAL DE HERMANOS ERRADOS?

"He estado recibiendo cursos bíblicos de algunos hermanos, de escuelas bíblicas. ¿Es pecado seguir estudiando con ellos, sin meterme en el institucionalismo; es decir haciendo preguntas sobre tal controversia en la hermandad?"

1. No, no es pecado en caso alguno recibir cursos bíblicos de otros para estudiarlos.

2. Siempre es correcto y bueno hacer preguntas al que enseñe para comparar lo enseñado con lo bíblico (Hech. 17:11). Como él me hace preguntas a mí, las debe hacer a otros y por la misma razón. Usted busca la verdad, y Cristo le promete hallarla (Mat. 7:7,8).

* * *

563. ¿QUÉ DE DECIR CONSERVADOR Y LIBERAL?

"¿Es bíblico decir que yo soy cristiano conservador y el otro es cristiano liberal? porque he escuchado por la radio a los bautistas, diciendo que hay cristiano bautista liberal y cristiano bautista conservador.

---

1. Véase el índice, "Liberalismo".

2. El decir conservador y liberal ¡requiere que haya un contexto, o declarado o implicado! Por ser términos relativos, no dicen nada fuera de un contexto específico.

3. En general, el término "conservador" indica mantener las prácticas de antes y oponerse a innovaciones, mientras que el término "liberal" indica una actitud que profesa poder usar de libertad al hacer ciertos cambios en lo practicado anteriormente y al innovar prácticas nuevas.

4. Por cierto hay grados de conservadurismo y de liberalismo. La persona puede ser conservadora en cierto aspecto, y liberal en otro, y viceversa.

5. Frente a la cuestión de la centralización y del institucionalismo, si el cristiano se opone a ello es conservador; si lo aprueba, es liberal.

6. Pero, el hermano liberal en este contexto puede ser muy conservador en cuanto a cuestiones surgidas por hermanos ultra liberales (por ej., los que abogan por predicadoras y obispas en la iglesia local). También el hermano conservador, en cuanto a la centralización, puede ser liberal en cuanto a la cuestión del matrimonio, el divorcio, y las segundas nupcias.

7. Dado que los términos "conservador" y "liberal" expresan actitudes diferentes con respecto a ciertas cuestiones, es natural que entre los bautistas (como entre todo grupo religioso y político) haya conservadores y liberales.

* * *

564. LA DISCIPLINA CONTRA EL CASTIGAR

"Actualmente por oponerme a mandamientos y prácticas humanas me han quitado los privilegios de cantar y predicar. Pido sus consejos".

- - -

1. Los hermanos locales, dice usted, le "han quitado los privilegios de cantar y predicar" porque usted se opone "a mandamientos y prácticas humanas". Ellos hacen mal en esto; le están castigando. ¿Aceptan ellos que usted ofrenda de su dinero cada domingo? ¿Aceptan que tome la Cena del Señor? O tienen comunión con usted, o no lo tienen. Si le permiten participar (que es comunión) en uno de los actos de culto, que es la ofrenda, ¿cómo es que no le permiten participar en los demás actos de culto? Ellos le están extendiendo a usted media comunión, y negándole media comunión. ¿Esto es bíblico? Si la oposición de usted a ciertas prácticas no es bíblica, ellos deben sentarse con usted y enseñarle que está mal, si así es el caso. Luego, según la perspectiva de ellos, si usted no acepta la corrección, ellos deben descomulgarle (quitarle la comunión completa). Si usted tiene la razón en la controversia, y si ellos no aceptan la verdad, usted debe quitar su membresía de esa comunión, e irse a hacerse miembros en otra congregación, o no habiendo otra de cerca, formar una nueva en su propia casa. Lo que en realidad está pasando es que usted está diciéndoles que están mal en ciertas prácticas del liberalismo, y ellos le están castigando por ello. (Al mismo tiempo aceptan su ofrenda de cada domingo. Quieren su dinero pero no su exhortación). Usted no debe seguir sujetándose a ese castigo impuesto por hermanos carnales.

* * *

565. LA CRUCIFIXIÓN ¿EL JUEVES O EL VIERNES?

"¿Qué día fue crucificado Cristo, jueves o viernes?"

- - -

1. Según Mar. 15:42, Cristo fue crucificado el día que precedió al día sábado, el día que llamamos el viernes. Ese día, antes de ponerse el sol cuando comenzaría el día sábado, el cuerpo de Jesús fue sepultado por José de Arimatea (vv. 43-46). Dos mujeres fueron testigos de esto (v. 47).

2. Luego, durante el día de sábado, no hubo trabajo, y por esto no hubo actividad aquel día con respecto a ungir el cuerpo de Jesús (16:1). El día sábado terminó al ponerse el sol, y enseguida las mujeres compraron especias aromáticas para ungir el cuerpo de Jesús (16:1). Cuando llegó el amanecer del primer día de la semana (el día que llamamos el domingo), esas mujeres fueron al sepulcro y lo hallaron vacío (vv. 2-6).

3. No fue crucificado el jueves, sino el día que precedió al sábado, el que llamamos el viernes. (El jueves precede al viernes).

4. Las tres expresiones bíblicas, "al tercer día" (Mat. 16:21), "en tres días" (26:61), y "después de tres días"(27:63) se emplean en las Escrituras intercambiablemente. Expresiones bíblicas no han de ser entendidas según modismos modernos, sino según su uso en aquellos tiempos y lugares narrados. Nótese que en el mismo pasaje (Mat. 27:63,64) se emplean las frases "después de tres días" y "hasta el tercer día". Compárense Ester 4:16; 5:1, como también Gén. 42:17,18. Para nosotros hoy en día un "día" es de 24 horas, pero para los judíos del siglo primero cualquier parte de un día se contaba como un día.

5. El capítulo 24 de Lucas nos ayuda a entender la cuestión. El ver. 1 dice, "El primer día de la semana", el ver. 13 dice, "el mismo día", y el ver. 21 dice, "hoy es ya el tercer día". El viernes fue el primero de los tres días, el sábado fue el segundo de los tres, y el domingo fue el tercero de los tres.

6. Los que aplican a los tiempos bíblicos modismos de hoy en día no solamente hacen mal al hacerlo, sino también se dejan sin la conclusión que desean. Para salir con "tres días" (y tres noches) de 24 horas cada día, comienzan con la crucifixión como sucediendo el jueves en la tarde, pero según su plan de interpretación, la resurrección tendría que haber sucedido ¡el domingo por la tarde! Pero nadie afirma tal cosa. Fue "por la mañana, el primer día de la semana" (Mar. 16:9).

* * *

566. RUMORES DE LOS LIBERALES

"Vino por acá un hermano liberal de Texas llamado _____, con él que tuve la oportunidad de intercambiar impresiones, y me decía que usted y el Hno. Wayne Partain estudiaron en un instituto bíblico y que por alguna razón que él desconoce (ante mi insistencia tuvo que reconocer que tampoco los conoce a ustedes personalmente; es decir, solo maneja rumores) cambiaron de opinión y ahora se dedican a 'Santanizar las escuelas para predicadores'. También que participaron (ustedes) en una especie de protesta pública que incluso llegó a los periódicos, y por esa razón la hermandad los excomulgó (¿?) en alguna ciudad de Texas, hace muchos años.

"Me da mucha tristeza que en lugar de debatir con seriedad y defender bíblicamente sus pretensiones, los hermanos liberales se dediquen a esparcir chismes que sólo enrarecen más el ambiente y desagradan a Dios (Lev. 19:16a). Lo llevé (al hno. _____) con el hno. _____ y no quiso debatir públicamente. Le ruego que, de ser posible, me aclare qué tanto de verdad hay en esto (si es que hay algo)...."

- - -

1. Antes de comentar sobre esta petición de aclaración, sugiero que se consulten en el Índice los números de interrogantes bajo el título "**Escuela bíblica / seminarios**", como también bajo el título "**Institutos**".

2. El hermano liberal que vino de Texas ha sido mal informado y parece que no se le interesa

saber la verdad del caso. En esto no muestra sinceridad ni honestidad. Admite que no tiene información personal sobre el caso, pero está dispuesto a creer falsedades sin molestarse en averiguar lo que ha oído. Es como los que componían el Sanedrín a quienes Nicodemo regañó por su completa falta de justicia con respecto a la persona de Cristo (Jn. 7:45-52). El odio hacia Jesús les impelía a negarle juicio justo; le condenaban sin darle defensa alguna. Al mostrar tal prejuicio e injusticia, violaban la misma ley que pretendían representar. Pobre de nuestro hermano liberal que perpetúa tal carnalidad. ¿Querría él que otros le trataran como trata al hno. Partain y a su servidor? ¿Cree él en "la regla de oro" (Mat. 7:12)?

3. El hermano liberal confunde dos entidades completamente distintas. Los "institutos bíblicos" y las "escuelas para predicadores" no son la misma cosa. El hno. Partain y su servidor nos graduamos de una escuela privada (lo que el hermano liberal llama, "instituto bíblico"). Sí, esta escuela privada ofrecía clases bíblicas y tomamos algunas de ellas. Nunca asistimos ninguna "escuela para predicadores". ¿Es malo asistir una escuela privada? ¿Hemos condenado alguna vez la existencia de escuelas privadas? Son empresas privadas y cobran por sus servicios y los individuos que las asisten pagan por esos servicios educativos.

4. La "escuela para predicadores" es una obra de patrocinio de parte de alguna iglesia de Cristo. Cierta iglesia local, siempre de buena membresía y de buenos fondos, decide patrocinar un programa de preparación formal de predicadores, y establece su "escuela para predicadores", y luego solicita fondos a las iglesias de la hermandad para operar y mantener su proyecto. El hno. Partain y su servidor nunca asistimos a tal escuela y siempre nos hemos opuesto a tales proyectos de centralización.

5. Si el hermano liberal, al oponerse a algo no bíblico, "sataniza", entonces el hno. Partain y yo "satanizamos", pero si él no, entonces tampoco nosotros. Al usar tal término, "satanizar", el hermano liberal muestra malicia de corazón y gran prejuicio. El que aboga por la verdad no emplea tales tácticas carnales.

5. No tengo la menor idea de lo que el hermano tenga en mente al hablar de cierta "protesta pública....", cosa que, según él, pasó hace muchos años. Le desafío a que presente la prueba de lo que afirma. Si la cosa "llegó a los periódicos", no debe ser nada difícil documentar su difamación de nosotros. Si no puede hacerlo, que desista de hacer tal acusación falsa y pida perdón.

6. Al decir "la hermandad los excomulgó", el hermano demuestra su completa falta de comprensión respecto a la hermandad. El apóstol Pedro dice, 1 Ped. 2:17 (Versión Moderna), "Amad la hermandad". ¿Qué es la hermandad"? Es el conjunto de todos los hermanos en Cristo; es la iglesia de Cristo en el sentido universal. Ahora, ¿alguna vez todos los cristianos en el mundo nos descomulgaron? ¿Es posible tal cosa? ¡Qué ridiculez! Otra vez reto al hermano a que produzca la fecha y el lugar de tal acontecimiento. Si no

puede hacerlo, que desista de promover tal falsedad y pida perdón.

7. Hace años que oigo tales rumores feos y falsos en contra de nuestras personas, y parece que hermanos liberales de mayor edad siguen sembrando estas mentiras en las mentes de predicadores jóvenes a los cuales van entrenando en sus escuelas patrocinadas. El mentiroso tiene señalado su destino (Apoc. 21:8). El que oye una acusación fea contra otro hermano en la fe tiene la responsabilidad de averiguar la certeza de ello antes de andar afirmándolo a través del mundo.

* * *

567. MORADA ETERNA EN LA TIERRA

"Conversando con un amigo evangélico dice del Salmo 37:11; Mateo 5:5; y Apoc. 21:10, aquí dice descendía, según él, a la tierra, aunque el texto no dice a la tierra.

"Dice él que después de muertos vamos a morar en la tierra porque no hay un texto específico que diga que después de muertos les voy a llevar al cielo, sólo Cristo se fue al cielo porque él descendió del cielo.

"Le dije que leyera Heb. 11:13-16,39; 12:22,23; Fil. 3:20,21. Parece no le ayudo mucho, porque sigue insistiendo con su idea. Favor si es posible ayudarme con esta inquietud".

- - -

1. La verdad no ayuda al que no la busca ni la quiere. Hay quienes rehúsan creerla, no importando el número de pasajes bíblicos citados. Así que, no pierda tiempo con la persona de mente cerrada. Los pasajes que usted le citó convencerán a toda persona sincera.

2. Usted habla de "inquietud". ¿Cuál es? Usted manejó bien las Escrituras sobre el punto tratado. Seguramente usted queda convencido de la verdad de esos pasajes.

3. El amigo, que sin duda es premilenario (juzgándole por los pasajes que cita), afirma que "no hay un texto específico que diga que después de muertos les voy a llevar al cielo". Bueno, Jn. 14:2,3 es un texto específico, y dice: "En la casa de mi Padre muchas moradas hay; si así no fuera, yo os lo hubiera dicho; voy, pues, a preparar lugar para vosotros. 3 Y si me fuere y os preparare lugar, vendré otra vez, y os tomaré a mí mismo, para que donde yo estoy, vosotros también estéis". ¿Qué puede ser más claro?

4. Sobre Mat. 5:5 (como también Sal. 37:11) cito del comentario sobre MATEO del hno. Partain, pág. 30, "Los mansos recibirán la tierra por heredad; es decir, disfrutan ahora mismo las más grandes, las más ricas, bendiciones de la tierra. Son los únicos capacitados para hacerlo". Considérense Mar. 10:29, 30; 1 Cor. 3:20,21; 1 Tim. 4:8; 1 Ped. 3:10-12.

Esta tierra misma está destinada a la destrucción completa, 2 Ped. 3:10.

5. Sí, en Apoc. 21:10 se dice que "la gran ciudad santa de Jerusalén descendía del cielo, de Dios". Y eso, ¿qué significa? El amigo evangélico nada más

juega con palabras, pues solamente ve el tiempo futuro en el verbo "descendía". El no explica nada. Supone que se trata de bajarse algo a la tierra. Tiene que admitir que la palabra "Jerusalén" no es una ciudad literal, sino que simboliza a todos los salvos eternamente. El literaliza y simboliza, ¡al mismo tiempo!

El libro Apocalipsis es un libro de signos (1:1, en lugar de "declaró", otras versiones más pegadas al texto griego dicen "significó"). ¿Qué es significado en este libro de símbolos por la expresión "Jerusalén descendía"? La frase misma significa que el origen de este pueblo salvado es Dios, pues la salvación eterna es solamente de él. (Nótese que en 21:9 la figura, que enseguida es una ciudad, ¡es una esposa!). Los sectarios no "usan bien la palabra de verdad"(2 Tim. 2:15), sino solamente juegan con palabras según sus teologías.

Si seguimos leyendo esta descripción simbólica del pueblo redimido de Dios, hasta 22:5, vemos que los redimidos han de estar con Dios eternamente en el cielo.

Pregunta para el amigo evangélico: ¿Cree usted que los redimidos van a estar en el cielo antes de "descender" a la tierra para siempre? Según el apóstol Pablo, no ha de ser así, sino así: "Por lo cual os decimos esto en palabra del Señor: que nosotros que vivimos, que habremos quedado hasta la venida del Señor, no precederemos a los que durmieron. 16 Porque el Señor mismo con voz de mando, con voz de arcángel, y con trompeta de Dios, descenderá del cielo; y los muertos en Cristo resucitarán primero. 17 Luego nosotros los que vivimos, los que hayamos quedado, seremos arrebatados juntamente con ellos en las nubes para recibir al Señor en el aire, y así estaremos siempre con el Señor".

* * *

568. ¿DIOS ACEPTA ESTE MATRIMONIO?

"Si dos personas están unidas por el matrimonio de la ley común (es decir, viven juntos sin estar casados por la ley civil), la ley no acepta el matrimonio en lo civil por ser ella huérfana, sin tutor y menor de edad (naciendo de esta unión dos hijos) ¿es legítima esta unión a los ojos a de Dios y así poder convertirse en cristianos? ¿Podrían ellos seguir así en esa situación hasta que ella cumpla la mayoría de edad (21 años) y así poder casarse legalmente?"

\- - -

1. Hay dos consideraciones distintas en este caso: el matrimonio de la pareja y el estado civil de ella.
2. La ley civil, que varía en los diferentes países, no es lo que una a dos personas en el matrimonio. Dios es quien une dos personas en el matrimonio; la ley de los hombres (la civil) es lo que reconoce y registra la unión de dos personas. Dios es quien junta y separa, no el hombre. La ley civil puede reconocer el divorcio de dos personas y registrarlo, pero sólo Dios puede disolver un matrimonio.

3. Según se me cuenta el caso, esta pareja está casada a los ojos de Dios. Ya tiene familia. Viven como cualquier reconocida familia. Son fieles el uno al otro como en cualquier caso de matrimonio. Viven y se presentan al público como esposos. Nadie duda que los dos vivan según sus votos que tomaron cuando decidieron comenzar la vida matrimonial. A los ojos de Dios son esposos, no dos fornicarios.

4. Es la voluntad de Dios que los hombres vivamos obedientes a las leyes del país que nos gobiernen. En este caso, por ser la esposa huérfana, el gobierno del país en particular (Argentina) no le otorga el derecho al matrimonio civil hasta que ella tenga 21 años de edad. (Hay razones por qué tal ley esté en vigor, pero tales razones no establecen matrimonios a los ojos de Dios, sino solamente a los ojos de los legisladores de cierto país). La legalidad civil del matrimonio de la pareja bajo consideración tendrá que esperar hasta que la esposa huérfana alcance esa edad. La ley no permite otra cosa. Pudiendo hacerlo, la pareja cumplirá con la ley en la primera oportunidad si desea que el gobierno reconozca su matrimonio como Dios ya lo ha reconocido..

5. En cuanto a convertirse en cristianos, cualquier persona debe bautizarse en Cristo en el momento en que crea que Jesús es el Hijo de Dios, y se arrepienta de sus pecados pasados (Hech. 16:31-34; 19:4,5; 22:16). La razón para esto es que si no lo hace, morirá en sus pecados (Juan 8:24), y la muerte física muchas veces es cosa no esperada. El estado matrimonial civil no toca la cuestión, a menos que el caso sea uno de adulterio. En tal caso, no habría perdón de pecados porque no habría primero arrepentimiento del adulterio.

* * *

569. MARCOS 16:9-20, ¿AUTÉNTICO?

"Quiero hacerle presente algunas preguntas o interrogantes que he tenido luego de estudiar varios libros, en especial: "COMO NOS LLEGÓ LA BIBLIA " de Neil R. Lightfoot… El cual en el capítulo VI de su libro señala:

"El testimonio contra Marcos 16:9-20 se basa mayormente en los manuscritos SINAITICO Y VATICANO. Estos dos unciales del siglo IV son nuestros mejores manuscritos, y como testigos de texto se les reconoce suficientes por sí solos. Por eso nos encontramos frente al problema de que los manuscritos en los que más confiamos no tienen estos versículos finales de Marcos. Aun hay más en contra del testimonio de Marcos 16, y es el del manuscrito ANTIGUO SIRIACO…. A favor de Marcos 16 están el MANUSCRITO ALEJANDRINO, MANUSCRITO DE EFRAIN, EL CODICE DE BEZA Y OTROS… Además está la afirmación de IRENEO que muestra la existencia de Marcos 16 en el siglo II."

¿Qué pasa con el testimonio negativo de los manuscritos SINAITICO Y VATICANO? Aunque, si Lightfoot tuviera razón, esto no afectaría en nada nuestra fe, pero ¿Qué tan cierto es lo que dice?

¿Es un erudito reconocido como para hacer tales afirmaciones? ¿Qué me podría decir de la cuestión de los manuscritos en contra y a favor?

Por último, sé de varias fuentes, a parte de este mencionado libro, que existen varias versiones modernas que no incluyen como fidedigno los versículos que narran sobre Jesús y la mujer adúltera, ya que ningún manuscrito primitivo contiene esta narración, dicen que *"hay que recurrir a escritos posteriores al siglo VII para encontrar esta narración, sin contar el códice de BEZA, que es conocido por sus textos inconsistentes y peculiares.... ".* ¿Que tan cierto es eso? ¿Debería creer tal información?

\- - -

1. Hay tres testimonios con respecto a lo auténtico de un dado pasaje; a saber, los manuscritos existentes (copias de los originales, y copias de copias), las versiones (traducciones) de las Escrituras hechas en otras lenguas, y los escritos de los llamados "padres eclesiásticos". En este caso a la mano, los dos manuscritos más antiguos que existen actualmente (siempre existe la posibilidad de poder haber nuevos descubrimientos arqueológicos en el futuro), el Sinaítico y el Vaticano, datan de cerca de 350 d. J. C. Pero existen algunas versiones que son más antiguas que los dos referidos manuscritos, datando de fechas del siglo segundo. También hay testimonio de comentaristas más antiguo que esos dos manuscritos.

2. El testimonio de las versiones existentes, que son más antiguas que los dos manuscritos mencionados, atestigua a la autenticidad de los versículos 9-20 de Marcos 16. También lo hacen los comentarios de varios autores de los primeros siglos. A continuación cito de las notas al pie de la página que aparecen en la Versión Pablo Besson, con respecto a Mar. 16:9-20.

"El final, es decir, los vv. 9-20, se halla en casi todos los Mss. Mayúsculos (por ej.: D, L, W); en los minúsculos, en las versiones siriaca, egipcia, bohárica, itala y vulgata. Está citado en el Pastor (Sim. 9, 25), en Justino (Apol. 1, 2), en Ireneo (contra Haer, 3), Taciano (comentario de Efrem), en Actos de Pilato, Dídymo el ciego, Epifanio, Crisóstomo, Nestorio, Cirilo, y Teofilacto en las liturgias. Aunque quedó en blanco el espacio de la tercera columna en el Ms. Alejandrino, Eusebio de Cesarea (Quoest. Ad Marinum), tiene el final por auténtico. Igualmente Jerónimo, aunque conocedor de la variante (Diálog. Contra Pelagiano II, 13). Otro final apócrifo, atribuido a Aristón, no se halla sino en el Codex L (Regius), para suplir a la omisión".

3. Si el final hubiera sido originado bien después del siglo primero, seguramente las versiones de las Escrituras no lo contendrían, y no lo habrían comentado como parte auténtica de las Escrituras los varios comentaristas de los primeros siglos. Ha de recordarse que las versiones y los comentarios sobre el pasaje de parte de algunos, son más antiguos que los dos manuscritos que omiten el final.

Todas las versiones reconocidas como excelentes lo contienen (como por ej. La American Standard Version (en inglés), La Biblia De Las Américas, la de Valera Revisada 1960, la Moderna, la Biblia de Jerusalén, La Nacar-Colunga, ecétera. Esto es fuerte testimonio a la autenticidad del final.

4. Hay quienes (ciertos evangélicos que quieren negar lo esencial del bautismo para perdón de los pecados) hacen gran caso del asunto de que los dos manuscritos más antiguos no contienen este final. Pero no cuentan toda la historia. Pero, con o sin este final de Marcos 16, la verdad sobre lo esencial del bautismo para perdón de los pecados queda bien establecida en otros pasajes del Nuevo Testamento.

5. El trozo Jn. 7:53—8:11 representa otro caso distinto. Falta en muchas autoridades antiguas y las que lo contienen se varían entre sí. Pero todas las versiones que tengo incluyen este trozo en el texto mismo; sólo la Ver. Nuevo Mundo (de los Testigos de Jehová) lo omite, pero lo agrega al pie de la página, cosa que hace también con Mar. 16:9-20. Como digo dos párrafos arriba, todas las versiones reconocidas como excelentes contienen este trozo. Para mí allí resta el peso del asunto.

* * *

570. ¿QUIÉNES DEBEN NOMBRAR A LOS EVANGELISTAS?

"¿Deben ser nombrados los evangelistas por la congregación o que vengan de elección de sólo un grupo de 3 o 4 hermanos y que llegan de otro país ya nombrados?"

\- - -

1. La autonomía de toda congregación, no importando su tamaño en cuanto a número de miembros, tiene que ser respetada. Nadie, pero nadie, tiene palabra alguna en los asuntos de una congregación a la cual no pertenece; no es miembro.

2. El concepto de la llamada "Iglesia Patrocinadora", que es pura centralización, ha sembrado en la mente de muchos hermanos la idea de que los ancianos (comúnmente de iglesias grandes en otro país), ya que dirigen la iglesia que paga los salarios de evangelistas, y que dispensa fondos para otros proyectos, tienen algo de control sobre la iglesia (comúnmente en otro país) a la cual llega el evangelista de salario, o alguna clase de ayuda financiera. Tal concepto, que no es nada bíblico, deja anémicas a las iglesias metidas en este sistema denominacional. Ellas siempre llegan a depender de la gran iglesia patrocinadora, en lugar de ejercer su independencia y autonomía. "El dinero habla".

3. Otro mal que a veces se observa en las congregaciones es que "3 o 4" hermanos toman sobre sí la autorización de dirigir la congregación "a su manera". En tal caso hay dictadura, no de una sola persona, sino de varias. Si la congregación no tiene ancianos, hasta que pueda tenerlos la iglesia local dirige todos sus asuntos por medio de los varones. Para llevar las cosas con orden y

decencia, se reúnen ellos para tratar los asuntos de la iglesia local.

4. Ignoro los detalles del caso sobre el cual el hermano me escribe, pero lo que digo arriba se aplica a todo caso. Si un evangelista quiere trabajar con cierta congregación, que el asunto sea un acuerdo entre él y la iglesia local, sin intervención de parte de personas no miembros de dicha congregación. Además, el acuerdo tiene que ser departe de la iglesia entera, dirigida, si no por ancianos, por los varones de ella. Ningún hombre, con o sin otros, tiene el mando de la iglesia local.

5. Yo quitaría mi membresía de la iglesia que rehusara seguir el patrón bíblico solamente por interés material venido de otras partes, o por someterse a un grupo de dictadores dentro de la membresía.

* * *

571. APÓSTOLES MODERNOS

"¿Qué base tienen los sectarios para el ministerio del apostolado moderno, y cómo puedo refutarlo bíblicamente?"

- - -

1. Consúltese el Interrogante # 57.

2. Las iglesias, que promueven para hoy en día cierto "ministerio de apóstoles", ignoran la enseñanza del Nuevo Testamento sobre los apóstoles de Cristo. Ya no existen apóstoles vivos, ni existe necesidad de ellos. Los hombres que afirman hoy en día ser apóstoles de Cristo, o sucesores de los apóstoles originales de Cristo, mienten.

3. Los Papas de Roma afirman ser sucesores del apóstol Pedro, y la Iglesia De Jesucristo De Los Santos De Los Últimos Días (los mormones) afirman tener siempre apóstoles vivos. Puede haber otras iglesias que afirmen tener un "ministerio de apostolado moderno".

4. La observación más obvia de por qué no hay apóstoles VIVOS hoy en día es que no hay quien pueda hacer "las señales de apóstol" (2 Cor. 12:12). (Sí, hay quienes afirman poder hacer milagros, pero todos estos mienten al reclamarlo y verifican su mentira, rechazando todo desafío de que levanten algún muerto y o que cieguen a alguien (Mat. 10:8; Hech. 9:36-43; 13:11). Nadie hoy puede hacer verdaderos milagros. (Hay "poderes mentirosos", 2 Tes. 2:9. De éstos sí hay en abundancia).

5. Otra razón obvia de por qué no hay apóstoles VIVOS hoy en día es que uno de los requisitos para ser apóstol era que la persona hubiera sido compañero personal de Cristo en su ministerio y por eso testigo ocular del Cristo resucitado (Hech. 1:21,22). ¿Quién hoy en día puede reclamar tener esta calificación?

6. Los apóstoles que Cristo escogió y comisionó están sentados hoy (en el tiempo de la regeneración; es decir, en el tiempo del evangelio que hace "nuevas criaturas", 2 Cor. 5:17), en doce tronos figurados (Mat. 19:28), y están juzgando al Israel de Dios, la iglesia (Gál. 6:16) por medio de su doctrina (Hech. 2:42).

7. La iglesia de Cristo sí tiene apóstoles; son los mimos que Cristo comisionó. Por medio de sus enseñanzas, la iglesia tiene su fundamento (Efes. 2:20). A la iglesia, pues, no le faltan apóstoles.

* * *

572. LA ORACIÓN PERSONAL ANTES DE COMENZAR EL SERVICIO

"¿Es malo que un hermano, al llegar a la Casa de oración, haga una oración personal antes de que comience el servicio, o solamente es una oración dirigida por el director del servicio?

- - -

1. No tengo concepto claro de la situación en particular, por eso mi respuesta es hecha en términos generales.

2. Me parece que un hermano, al llegar a la asamblea, de manera audible hace una oración antes de que comience el servicio. Y pregunto, ¿al mismo tiempo que están haciendo los demás? ¿platicando? ¿meditando? Si el hermano está orando para ser oído de los demás, su oración es vana (Mateo 6:5,6). Si ora en voz baja, para no ser oído y visto de otros (Mat. 6:6), está en sus derechos tanto que los que pasan el rato platicando o charlando. ¿Es malo que el individuo dé gracias a Dios por haber llegado con bien a la asamblea? Por otro lado, si la costumbre de la congregación es que todos entren en el local y pasen el tiempo en meditación y silencio, la oración audible del hermano distrae y no tiene justificación. Todo depende de los motivos al actuar.

3. La oración es oración cuando es dirigida por el individuo o por el "director del servicio". La primera es para el beneficio del individuo; la otra para el beneficio de la asamblea. Cada una tiene su propósito y su lugar. No hemos de juzgar mal al inocente, pero tampoco distraer y causar confusión entre otros.

* * *

573. ¿EN ESE MOMENTO RESUCITÓ EL SEÑOR?

"Según Mateo 28:1-6, cuando el estruendo, ¿en ese momento resucitó el Señor?"

- - -

1. No hallo "estruendo" en el referido texto, pero sí aparece la palabra "terremoto" (v. 2). ¿Se hace referencia a ella?

2. No se nos revela el momento exacto en que resucitó el Señor aquel primer día de la semana.

3. El terremoto no anunció la resurrección de Cristo, sino la llegada del ángel para remover la piedra que cerraba el sepulcro (v. 2).

* * *

574. TRASLADARSE UNA IGLESIA A OTRA

"¿Es Bíblico que una iglesia local se fusione (se una) con otra iglesia local? ¿Es correcto ante los ojos de Dios? ¿Podrán los varones de una iglesia local decidir el traslado de esta iglesia donde son miembros hacia otra? Yo entiendo a la luz de la Escritura que Dios aprueba que un miembro de una determinada iglesia local decida trasladarse de forma individual a otra iglesia donde a él le convenga, pero no en que los varones de una iglesia local entera decidan trasladarse a otra iglesia local. Yo pienso que esto es violentar el derecho que como miembros individuales tenemos".

\- \- \-

1. La membresía en una iglesia local es totalmente decisión del individuo. (Ejemplos, Hech. 9:26; 18:27).

2. Los varones dirigen las actividades de la iglesia local. Trasladarse una iglesia a otra no es actividad de la iglesia local.

3. Si todos los miembros están de acuerdo, todos (como individuos) pueden poner su membresía en otra iglesia local. Si todos menos uno así deciden hacer, todos menos uno lo hacen.

4. Nadie tiene derecho sobre la conciencia de otro para obligar que sea miembro de cierta iglesia local.

* * *

575. LOS ESPOSOS EN DIFERENTES CONGREGACIONES

"Que piensa usted de un matrimonio que es miembro de determinada iglesia local y luego la esposa decide retirar su membresía de ésta? ¿Es correcto? ¿Hay libertad en esto? ¿Afecta la relación con Dios? ¿Tenemos aprobación de Dios?"

\- \- \-

1. Como vemos en el Interrogante anterior, el individuo rige su decisión de dónde poner su membresía.

2. Ahora, que en un dado caso sea correcto, todo depende de la razón por qué la esposa retire su membresía y el marido no. No es normal; no es natural. Pero en un dado caso puede haber circunstancias excepcionales.

3. El acto en sí es justificable, pero para que Dios lo apruebe no puede haber en el caso nada de motivos ni propósitos carnales. Si yo supiera de tal caso, mi pregunta sería ésta: ¿Por qué retiró su membresía y el marido, no? La respuesta determinaría mi reacción al caso.

* * *

576. LA LLAMADA DE PEDRO, ¿CUÁNDO?

"Pedro fue llamado antes o después de que Jesús fuera a Galilea? Porque los sinópticos ponen su llamado después y Juan lo pone antes. Si Pedro no fue llamado en 1:45 de Juan, ¿quiénes son "los discípulos" que le acompañaron a Galilea?".

\- \- \-

1. En cuanto a su pregunta, la confusión, creo yo, consiste en la frase de su pregunta, "Pedro fue llamado". Juan 1:35-42 no habla de ninguna "llamada" sino solamente de la primera vez que Pedro conoció personalmente a Jesús. Pedro, y otros, fueron llamados por Jesús en el Mar de Galilea (Mat. 4:18-22). La llamada al apostolado

fue aun más tarde (Mar. 3:13-19).

2. Juan 1:45 no menciona a Pedro, ni la palabra "discípulos". El ver. 43 indica que Felipe comenzó a ser discípulo (acompañante) de Jesús, como tal vez Natanael (ver. 49). Si Pedro siguió a Jesús en esta ocasión de irse el grupo a Galilea, no fue para acompañar a Jesús diariamente, porque en Mat. 4:18 vemos que Pedro y Andrés todavía están ocupados en su oficio, el de ser pescadores. En esta ocasión Jesús les llamó formalmente y desde entonces le siguieron continuamente.

* * *

577. LOS INGREDIENTES DEL PAN DE LA CENA DEL SEÑOR

"Le escribo para consultarle sobre un debate que he tenido con un hermano sobre los ingredientes del pan de la cena del Señor: El piensa que no importa el tipo de harina que lleve el pan mientras este no lleve levadura, por ejemplo:

1. harina de centeno integral, sal.

2. harina de centeno, harina de maíz y fructosa.

Yo según veo el asunto es que siempre en los textos se le denomina pan sin levadura, excepto en los que mencionan flor de harina y solo encuentro un texto en Éxodo 29:2 referente a la consagración de los sacerdotes que dice "las harás de flor de harina de trigo" con lo cual no quiero forzar el texto, aunque mi pensamiento sobre el uso de la harina es el trigo."

\- \- \-

1. El pan hecho de cebada era el pan de los pobres (Juec. 7:13; Juan 6:13).

2. El pan de costumbre para los hebreos fue hecho de trigo, como usted nota en Ex. 29:2. El trigo era común en Palestina.

3. La palabra hebrea, traducida "centeno" en Ex. 9:32; Isa. 28:25, y "avena" en Ezeq. 4:9, es una clase de trigo silvestre que era usado comúnmente para hacer comida para los animales. Ese "centeno" no era un ingrediente común del pan en el tiempo de Cristo.

4. Es notable que el pan hecho de harina de trigo era el pan común a través de Palestina y lo más probable como él usado en la institución de la Cena del Señor.

5. Dado que hay trigo accesible ahora en casi todas las partes habitadas del mundo, no hay por qué usar otra harina para el pan sin levadura. Se manifestaría espíritu de contención al insistir en que se use pan hecho de harina de centeno o de maíz, no habiendo por qué insistirlo.

6. No es sabio definir la palabra "pan", usada en las Escrituras, con definiciones de términos modernos, y luego sacar conclusiones de ello. Esto es lo que pasa al contender que el pan de la Cena del Señor no tiene que ser pan hecho de harina de trigo. La cosa que hacer es determinar cómo era usada la palabra "pan" en el tiempo en que Cristo instituyó la Santa Cena, y contentarnos con ello.

* * *

578. ¿BAUTIZADOS LOS APÓSTOLES SEGÚN MATEO 28:19,20?

"¿Por qué los apóstoles no fueron bautizados según el mandamiento de Cristo en Mat. 28:19,20?"

- - -

1. Yo entiendo que los doce apóstoles no fueron bautizados con el bautismo de la Gran comisión (Mat. 28:19,20), como tampoco fue bautizado Juan el bautista con el "bautismo de Juan" (Hech. 19:3), ni nacieron de padres Adán y Eva. Dios escoge a cierta persona, o personas, para que ellas inicien una dada operación.

2. No conozco ningún pasaje de que inferir que alguien hubiera bautizado a los apóstoles, ni que se bautizaran a sí mismos.

3. Como judíos fieles, seguramente los apóstoles fueron bautizados en el bautismo de Juan. Cristo los guardó y los comisionó para la obra de dar inicio y de llevar a cabo la obra del evangelio (Jn. 17:12; 20:21-23; Hech. 1:8).

* * *

579. ¿ERA CRISTO OMNIPRESENTE MIENTRAS ESTUVO EN LA CARNE (JN. 3:13)?

"¿Era Cristo omnipresente mientras estuvo en la carne? ¿Se refiere a tal atributo de la Deidad la frase "qué está en el cielo", de Jn. 3:13?"

- - -

1. Cito de NOTAS SOBRE EL EVANGELIO SEGÚN JUAN, Pág. 32 sobre 3:13, por Wayne Partain: "Dice el margen de LBLA que los mss. más antiguos no incluyen esta frase, pero a través del libro Juan enfatiza que Cristo es Dios y, siendo Dios, es omnipresente; es decir, estando en la tierra todavía estaba en el cielo".

2. Dios no puede dejar de ser Dios; es eterno. Dios se hizo carne (Jn. 1:14; Filip. 2:7,8) en la persona de Jesucristo. Sin duda, pues, Jesucristo nunca estuvo sin sus atributos de deidad. Véase Rom. 9:5. Dios es omnipresente.

* * *

580. "EL ÄVIVAMIENTO DE LA RISA", "EL EVANGELIO DE LA PROSPERIDAD"

"Hace algunas semanas vino a la ciudad un predicador Pentecostés proveniente de Canadá con una novedad llamada 'El Avivamiento de la Risa'; es decir, que según ellos la obra actual del Espíritu Santo es hacer reír a la gente. Hubo una mujer que rió sin parar casi 5 horas en uno de sus cultos. ¿De dónde surgió tal movimiento, llamado por ellos mismos 'El Avivamiento de la Risa'? ¿De dónde surgió y en qué consiste el llamado 'Evangelio de la Prosperidad".

1. El mundo siempre se enamora de novedades (Hech. 17:21) y se fascina con ellas (Gál. 3:1).

2. No importa quién haya sido la persona que iniciara la novedad, todo lo que carece de autorización bíblica es doctrina, tradición, y

mandamiento de hombre (Mat. 16:9; Col. 2:22; 2 Juan 9). Es "culto voluntario; o sea, culto de origen humano (Col. 2:23). Tales novedades se destruyen con el uso (Col. 1:22).

3. El uso correcto de los dones, que existían solamente en el siglo primero (1 Cor. 13:8), se explica en los capítulos 12, 13 y 14 de 1 Corintios. 14:3 especifica los propósitos de "edificación, exhortación y consolación". Se notará que no se incluye en la lista la locura de pura risa prolongada. Tal cosa sirve el propósito solamente de provocar en la mente de la gente la idea de que los que practican tal cosa están locos (ver. 23).

4. Hay mucho que se llama "evangelio", como por ejemplo el referido "Evangelio De La Prosperidad". Las Escrituras lo llaman "otro evangelio" o "evangelio diferente" (Gál. 1:6-9; 2 Cor. 11:4). No son del evangelio que es único, el que Pablo el apóstol predicaba (1 Cor. 15:1). Esto que falsamente es llamado evangelio produce perdición (Gál. 1:8).

* * *

581. PERDONAR A OTROS

"Tengo una pregunta sobre el perdonar. Las Escrituras dicen que tenemos que perdonar a otros para que Dios nos perdone a nosotros. Dicen que el pecador tiene que confesar sus pecados a Dios en oración. Dicen también que tiene que pedir perdón a Dios. Usted predicó una vez diciendo que hay muchas personas a quienes usted quisiera perdonar pero que ellas primero tienen que pedirle perdón. Muchos me han lastimado a mí y si yo no perdono a ellos Dios no me perdonará a mí. ¿No es así?"

- - -

Usted dice:

1. "tenemos que perdonar a otros para que Dios nos perdone a nosotros" Eso sí es cierto (Mat. 6:14,15).

2. "el pecador tiene que confesar sus pecados a Dios en oración". Sí, una de las condiciones de perdón de Dios es que el pecador confiese sus pecados a Dios (1 Jn. 1:9; Hech. 8:22). Si el pecador no se arrepiente de sus pecados, no va a confesar sus pecados, y Dios no le va a perdonar. (Yo no puedo perdonar a quien Dios no perdona).

3. "que tiene que pedir perdón a Dios". Sí, es correcto, como ya notado (Mat. 6:12).

Ahora, sus propias observaciones han contestado su pregunta. Si la persona peca contra usted (Mat. 18:15-18), ella no va a recibir perdón de su pecado si no cumple con las condiciones mencionadas arriba. Dios no le va a perdonar, y yo de seguro no puedo perdonarle por mucho que quisiera. Dios también quiere verle perdonada, pero hay condiciones.

En Luc. 17:3,4 Jesús nos dice lo que es nuestro deber hacia la persona que peca contra nosotros: reprenderle (no perdonarle, cosa que nos sería imposible). Si se arrepiente, perdonarle (ahora podemos perdonarle, porque se arrepintió). Si no se arrepiente, ¿de todos modos perdonarle? Imposible; hay condiciones de perdón.

Si la persona peca contra usted, se arrepiente y vuelve a usted, diciendo, "Me arrepiento", ¿qué debe usted hacer? ¡Perdonarle!

¿Qué pasa si en semejante caso yo no perdono? Entonces Dios no va a perdonarme a mí cuando me arrepiento y le pido perdón porque no estoy dispuesto a hacer por otros lo que pido a Dios que él haga por mí.

No hemos de confundir el guardar rencor con el no perdonar al que no se arrepiente. Si la persona peca contra me y rehusa arrepentirse y pedirme perdón, no puedo perdonarle, pero tampoco voy a guardar rencor contra él para buscarle mal. Al contrario voy a sentir lástima por ella porque está en pecado y si muere así, muere perdida eternamente. Eso me da pena.

Si la persona peca contra mí y no se arrepiente, no le perdono ¡porque no puedo! Tampoco Dios le perdona. Ahora, ¿he de ser acusado de guardarle rencor porque no le perdono? ¿Se atreve alguien a acusarle a Dios de lo mismo?

* * *

582. ¿QUIÉN ESTABLECIÓ LA IGLESIA EN ROMA?

"¿Quién estableció la iglesia en Roma? Si no fue Pedro ni Pablo, ¿quién fue?"

- - -

Para contestar la pregunta, a continuación cito de mi comentario, NOTAS SOBRE ROMANOS, Introducción:

"El origen de estas iglesias de Cristo en Roma es cosa no revelada. Cosa cierta es que Pablo no las estableció. En el tiempo de escribir esta epístola, nunca había estado en Roma (1:13), pero después de escribirla, supo que por fin iría hasta allí (Hech. 23:11). En cuanto a Pedro como fundador de ellas, no hay evidencia alguna de que él haya siquiera estado en Roma. Si Pedro hubiera estado en Roma, no habría necesidad de que Pablo (un apóstol) repartiera a ellos 'algún don espiritual', para confirmarles. Pedro era apóstol y pudo haber hecho esto. Además, es increíble que Pablo escribiera a los santos en Roma, saludando a muchos por nombre, y no mencionara el nombre de Pedro. Toda la evidencia apunta al establecimiento de iglesias de Cristo en Roma por algunos 'Romanos extranjeros' (Hech. 2:5-10, Ver. de Valera, 1909) convertidos el día de Pentecostés, por algunos cristianos 'esparcidos… por todas partes' (Hech. 8:4), o por convertidos viajando hasta Roma en el transcurso normal de sus negocios".

* * *

583. ¿HIJOS ANTES DE ABEL Y CAÍN?

"….me gustaría saber su opinión, cuando dice …ella será llamada Eva por cuanto es madre de todos los seres vivientes yo tengo la idea de que Eva tuvo hijos antes de Abel y Caín, mi base es cuando dice… es madre de todos lo seres vivientes y cuando dice… que aumentaré los dolores de tu parto, eso me dice que ella tuvo dolores de parto pero no eran tan fuertes como los que tuvo después de haber pecado, puedo estar equivocada. Espero tener su opinión".

- - -

1. Gén. 3:20 nos dice que Adán dio a su mujer el nombre de Vida (pues Eva significa "vida") porque ella había de ser, sería, o sencillamente "era" (así se expresan varias versiones hispanas), la madre de todo ser viviente. Desde la perspectiva de Adán, le dio ese nombre (vida) porque ella sería, o había de ser, la madre de todo ser viviente. Desde la perspectiva del historiador inspirado, Moisés, quien escribió Génesis, Adán le dio ese nombre porque "era" la madre de todo ser viviente. Según la Ver. Septuaginta, el texto original no contiene verbo en la frase final, sino que dice sencillamente, "porque madre de todos los vivientes". El verbo tiene que ser suplido. Una versión buena dice, "por ser la madre de todos los vivientes". (Ningún texto dice, "será llamada").

2. En el momento de darle ese nombre, Adán y Eva todavía no tenían hijos. El primer hijo nacido a ellos, Caín, nació después de ser ellos echados fuera del huerto de Edén (4:1). Por ser su primer hijo, ella dijo las palabras, "por voluntad de Jehová he adquirido varón".

3. Usted se expresa, diciendo, "aumentaré los dolores de tu parto, eso me dice que ella tuvo dolores de parto pero no eran tan fuertes como los que tuvo después de haber pecado". Es cierto que este verbo solo, "aumentaré", y sin contexto, es capaz de dejar tal sentido. Pero el texto original dice literalmente, "multiplicando, multiplicaré", un modismo que en español se expresaría, "haré que sean muchos los trabajos de tus preñeces" (Ver. Moderna). La Ver. Biblia De Jerusalén dice, "Tantas haré tus fatigas cuantos sean tus embarazos". Cuando Adán y Eva andaban en el Huerto de Edén, antes de pecar, no había nada de dolor o fatiga.

* * *

584. ARGUMENTOS DE SABATISTAS

Un hermano me escribió, enviándome un escrito de cierto sabatista, para que lo revisara. Le contesté, diciendo: "Mi obra, **La Cuestión del Sábado,** debe ser consultada para hallar mayor ayuda de parte mía. Pero con brevedad haré unas observaciones sobre el material que sigue, material que o ignora la cuestión o la representa mal. Mis comentarios irán en letra mayúscula".

- - -

¿DONDE ESTA LA VERDAD?

La palabra de Dios es la única fuente de verdad. Ella es la que debe servirnos para medir la verdad. ¡A la ley y al testimonio! Si no dijeren conforme a esto, es porque no les ha amanecido **(Isaías 8:20).** Consideremos a continuación, en forma de preguntas y respuestas, algunas opiniones muy generalizadas, para ver cuanto apoyo tienen en la Palabra de Dios.

Pregunta 1.

La mayoría de los cristianos guarda el domingo, primer día de la semana, en vez del sábado, o séptimo día, instituido por Dios, en el cuarto mandamiento. ¿Puede la mayoría estar equivocada en esto?

— NO, NO GUARDAMOS EL DOMINGO EN VEZ DEL SÁBADO. NO GUARDAMOS NINGÚN DÍA POR SER DÍA. PERO SÍ HAY CIERTOS ACTOS DE CULTO QUE CELEBRAMOS EL PRIMER DÍA DE LA SEMANA. (EL DOMINGO NO TOMÓ EL LUGAR DEL SÁBADO).

—LA MAYORÍA CREE QUE DOS MÁS DOS SON CUATRO. YO CREO QUE SON CINCO. "¿PUEDE LA MAYORÍA ESTAR EQUIVOCADA EN ESTO?" (HABLO CON LOCURA PARA EXPONER LO RIDÍCULO DEL ARGUMENTO DEL SABATISTA).

—EL AUTOR NO DICE QUE LA MAYORÍA ESTÁ EQUIVOCADA, SINO SOLAMENTE HACE UNA PREGUNTA. PREGUNTO YO: ¿LA MAYORÍA SIEMPRE ESTÁ EQUIVOCADA?

Respuesta:

Si la Biblia tiene razón, la mayoría está equivocada. La escritura dice: "Acuérdate del día de reposo, para santificarlo…El séptimo día será de reposo para Jehová tu Dios" (Éxodo 20:8,10)

—EL AUTOR NOS DICE LO QUE "LA ESCRITURA DICE". PERO LO QUE ÉL NO DICE ES QUE LA ESCRITURA DICE ESO A LOS JUDÍOS SACADOS POR DIOS DE EGIPTO Y NO A OTROS (DEUT. 5:2,3; MAL. 4:4). ¿EL AUTOR ES JUDÍO? ¿ES DE LOS JUDÍOS PRESENTES EN HOREB?

—"LA ESCRITURA DICE", HAZTE UN ARCA DE MADERA DE GOFER (GEN. 6:14). LA MAYORÍA NO HACE ARCAS DE GOFER; POR ESO "LA MAYORÍA ESTÁ EQUIVOCADA". EL AUTOR TAMBIÉN ESTÁ EQUIVOCADO PORQUE NO HACE ARCAS DE GOFER. (TAL ES LA FALSA "LÓGICA" DEL AUTOR).

"Entrad por la puerta estrecha: porque ancha es la puerta, y espacioso el camino que lleva a la perdición, y muchos son los que entran por ella. Porque estrecha es la puerta, y angosto el camino que lleva a la vida, y pocos son los que la hallan (san mateo 7:13,14).

Desde que entró el pecado en el mundo, nunca la mayoría estuvo de parte de la verdad.

Pregunta 2.

¿No es el domingo el día de reposo establecido en el Nuevo Testamento?

—EL AUTOR REPRESENTA MAL LA CUESTIÓN, Y LO HACE A PROPÓSITO. SOLAMENTE LA PERSONA MÁS IGNORANTE RESPECTO A LA BIBLIA DIRÍA QUE "EL DOMINGO ES EL DÍA DE REPOSO EN EL NUEVO TESTAMENTO". EL CULTO EN DOMINGO NO TIENE NADA QUE VER CON LA OBSERVANCIA DEL SÁBADO DE PARTE DE LOS JUDÍOS DEL PACTO ANTIGUO. EL NUEVO TESTAMENTO NO HABLA NADA DE OBSERVAR CIERTO DIA DE REPOSO. EL DOMINGO ES EL DÍA EN QUE SE REÚNEN CRISTIANOS PARA ADORAR A DIOS EN ESPÍRITU Y EN VERDAD. ESO DE "REPOSO" NO ENTRA NADA EN EL CASO.

Respuesta:

La palabra domingo no se encuentra en la Biblia, pero hay en el Nuevo Testamento ocho versículos que mencionan "el primer día", es decir, el domingo. Examinémoslos brevemente.

—EL AUTOR MALGASTA PALABRAS AL DECIR QUE LA PALABRA "DOMINGO" NO SE ENCUENTRA EN LA BIBLIA (COMO TAMPOCO SE ENCUENTRA LA FRASE "ADVENTISTAS DEL SÉPTIMO DÍA"). LUEGO ADMITE QUE EL PRIMER DIA ES EL DOMINGO.

1. Y la víspera (noche) del sábado, que amanece para el primer día de la semana, vino María magdalena, y la otra María, a ver el sepulcro (San Mateo 28:1) (VRV 1909)

En este texto no se habla de la santidad del domingo, ni se hace mención de culto alguno. El versículo dice solamente que en la madrugada del primer día de la semana las mujeres fueron a la tumba.

—HAY UN SINNÚMERO DE COSAS QUE NO SE HABLAN EN ESTE TEXTO. EN EL TEXTO HECH. 13:14 "NO SE HABLA DE LA SANTIDAD DEL SÁBADO, NI SE HACE MENCIÓN DE CULTO ALGUNO" ESE DÍA DE PARTE DE CRISTIANOS. Y, ¿QUE? LO QUE SE HABLA EN UN DADO PASAJE ES LO QUE EL AUTOR INSPIRADO DESEA REVELAR O ACLARAR.

2. " Y como pasó el sábado, María Magdalena y María madre de Jacobo, y Salomé, compraron drogas aromáticas, para venir a ungirle. Y muy de mañana, el primer día de la semana, vinieron al sepulcro, ya salido el sol (San Marcos 16:1,2) (VRV1909)

Estos pasajes nos indican ante todo que el primer día de la semana sigue al sábado, y además, que aquellas mujeres fueron al sepulcro para embalsamar el cuerpo del Señor, es decir, para trabajar, lo que no hubieran hecho si el domingo hubiera sido sagrado.

3. "Habiendo pues resucitado Jesús por la mañana, el primer día de la semana, apareció primeramente a María Magdalena , de quién había echado siete demonios. (San Marcos 16:9)

En este versículo tampoco se menciona un día de reposo. Sin duda alguna, si nuestro Señor hubiese deseado que el día de la resurrección fuera observado como día de reposo, lo habría dicho a sus discípulos, cosa que no hizo.

4. "El primer día de la semana, muy de mañana, vinieron al sepulcro, trayendo especies aromáticas que habían preparado, y algunas otras mujeres con ellas" (San Lucas 24:1)

San Lucas concuerda con los otros evangelistas acerca de las intenciones que animaban a las mujeres que fueron a la tumba: iban a trabajar.

5. "Y el primer día de la semana, María

221

Magdalena fue de mañana, siendo aún oscuro, al sepulcro; y vio quitada la piedra del sepulcro. (San Juan 20:1)

Este pasaje fue escrito como sesenta años después de la resurrección de Cristo. Sin embargo, no hay en el indicio alguno de que se hubiese producido un cambio en el día de reposo. El discípulo que había vivido tan cerca del Señor no parece haber oído hablar de conmemoración de la resurrección.

— ¿DE DONDE SACÓ ÉL ESO DE "CAMBIO EN EL DÍA DE REPOSO"? ¿Quién AFIRMA QUE "EL DÍA DE REPOSO" FUE CAMBIADO A ALGO DIFERENTE? LA OBSERVANCIA DEL SÁBADO PASÓ CON LA LEY QUE LE REGÍA (HEB. 7:12; 8:13; 10:9). EL DOMINGO NO TOMÓ EL LUGAR DEL SÁBADO, NI ES, COMO ALGUNOS SE EXPRESAN EQUIVOCADAMENTE, "EL SÁBADO CRISTIANO".

6. "Cuando llegó la noche de aquel mismo día, el primero de la semana, estando las puertas cerradas en el lugar donde los discípulos estaban reunidos por miedo de los judíos, vino Jesús, y puesto en medio, les dijo: Paz a vosotros (San Juan 20:19)

7. El primer día de la semana, reunidos los discípulos para partir el pan, Pablo les enseñaba, habiendo de salir al día siguiente; y alargó su discurso hasta la medianoche. (Hechos 20:7)

El apóstol Pablo estaba en viaje hacia Jerusalén. Su barco hizo escala en Troas, y allí reunió a sus conversos. Predicó hasta después de la medianoche y celebró con ellos el servicio de la comunión . Este hecho no convierte el primer día de la semana en día de reposo; con este criterio, tendríamos que deducir que el miércoles es el día de reposo porque el miércoles siguiente el mismo apóstol, encontrándose en Mileto celebró allí también una reunión. (Véase Hechos 20:14-18). Nuestro Señor instituyó la comunión el jueves de noche. Si la cena santifica un día ¿por qué no observamos el jueves como día de reposo? Además, la cena no está relacionada con la resurrección de Cristo sino que anuncia su muerte. En Hechos 2:46 leemos que los discípulos partían el pan todos los días. Pero ello no transformaba en día de reposo todos esos días.

— HAY TANTO ERROR EN EL PÁRRAFO ANTERIOR QUE ES DIFÍCIL NOTARLOS TODOS.

— "PREDICÓ HASTA DESPUÉS DE LA MEDIANOCHE Y CELEBRÓ CON ELLOS EL SERVICIO DE LA COMUNIÓN". NO, HECH. 20:11 NO HABLA DE NINGÚN "SERVICIO DE LA COMUNIÓN". NOS DICE LO QUE PABLO SOLO HIZO, QUE FUE COMER. ES EL VER. 7 EL QUE SE REFIERE A UN ACTO CONGREGACIONAL, QUE FUE EL DE TOMAR LA CENA DEL SEÑOR.

— NADIE AFIRMA QUE "LA CENA SANTIFICA UN DÍA". EL AUTOR FABRICA CUESTIONES Y LUEGO LAS DERRUMBA

— HECH. 2:46 SE REFIERE A COMIDA COMÚN EN LA CASA, Y NO A LA CENA DEL SEÑOR CELEBRADA POR LA CONGREGACIÓN EN REUNIÓN.

— NADIE HABLA DE TRANSFORMAR DÍAS EN DÍA DE REPOSO. TAL IDEA SALE DE LA MENTE PREDISPUESTA Y TORCIDA DEL AUTOR.

— EL PROPÓSITO DE LA CENA DEL SEÑOR (QUE ES ANUNCIAR SU MUERTE) Y EL DÍA EN QUE CELEBRARLA (EL PRIMER DÍA DE LA SEMANA; O SEA, DOMINGO) SON DOS COSAS DISTINTAS. EL AUTOR LOS CONFUNDE.

8. "Cada primer día de la semana cada uno de vosotros ponga aparte algo, según haya prosperado , guardándolo, para que cuando yo llegue no se recojan entonces ofrendas. (1 Corintios 16:2)

Las iglesias fundadas por San Pablo querían participar de una colecta en favor de los pobres en Jerusalén, y se dieron a los corintios instrucciones al respecto. El primer día de la semana, después de reposar el sábado, cada uno debía poner aparte, en su casa, aquello de que pudiese disponer. El apóstol escribió esa epístola en el año 59 de nuestra era, y sin embargo, no hay en sus palabras ningún indicio de que el primer día de la semana fuese un día sagrado.

—EL AUTOR SIGUE REPRESENTANDO MAL LA CUESTIÓN. ¿QUIÉN AFIRMA QUE EL PRIMER DÍA DE LA SEMANA ES UN "DÍA SAGRADO"? Y ¿QUÉ TIENE QUE VER CON LA CUESTIÓN LA FECHA DE HABERSE ESCRITO ALGUNA CARTA DEL NUEVO TESTAMENTO?

—LA FRASE "EN SU CASA" NO ESTÁ EN EL TEXTO GRIEGO DEL NUEVO TESTAMENTO.

—¿LOS SABATISTAS HACEN SUS OBRAS BENÉVOLAS SOLAMENTE DE FONDOS RECOGIDOS DE SUS MIEMBROS QUE EN SUS CASAS CADA DOMINGO Y SOLAMENTE EN DOMINGO PONEN ALGO APARTE? SI LOS SABATISTAS HACEN COLECTAS EN EL DIA SÁBADO, O EN OTRO DÍA, ¿CUÁL TEXTO CITAN PARA TENER AUTORIZACIÓN?

Pregunta 3.

¿Cómo deben conmemorar entonces los cristianos la resurrección de Cristo?

Respuesta:

La conmemoración de un gran acontecimiento no se hace una vez por semana. No hay mayores motivos para observar el domingo en memoria de la resurrección de Cristo de los que hay para observar el viernes, día de su muerte, o el jueves, día de su ascensión.

El apóstol San Pablo aclara que el bautismo es en la vida del cristiano el símbolo de la resurrección de Cristo.

"¿O no sabéis que todos los que hemos sido bautizados en Cristo Jesús, hemos sido bautizados en su muerte? Porque si fuimos plantados juntamente con él en la semejanza de su muerte, así también lo seremos en la de su resurrección.

(Romanos 6:3-5)

— EL TEXTO CITADO REFIERE EL BAUTISMO TANTO A LA MUERTE Y A LA SEPULTURA DE JESÚS COMO A SU RESURRECCIÓN.

— EL NUEVO TESTAMENTO NO HABLA DE "OBSERVAR EL DOMINGO EN MEMORIA DE LA RESURRECCIÓN DE CRISTO". HABLA DE CIERTOS ACTOS DE CULTO QUE EN DICHO DÍA DEBEN SER HECHOS EN CULTO A DIOS. EL AUTOR PERSISTE EN REPRESENTAR MAL LA CUESTIÓN, Y EN REPRESENTAR MAL A SUS OPONENTES.

* * *

585. ¿CONFESAR PECADOS NO PÚBLICOS?

"¿Se deben confesar públicamente (ante la iglesia) los pecados que no se hacen públicos — por ejemplo, codiciar, tener malos pensamientos, etc. — o basta solamente arrepentirse, confesar, y pedir perdón a Dios en oración en el nombre de Jesucristo, y cambiar?"

- - -

1. Basta.
2. El cambiar es imprescindible.

* * *

586. LOS TESTIGOS DEL ATALAYA, EL BAUTISMO Y EL CASO DE JESÚS

"Los 'Testigos del Atalaya' dicen que el bautismo no es para perdón de pecados. Pues si esto es así, entonces ¿por qué se bautizó Jesús, pues él no fue pecador?

- - -

1. Muchos, que afirman ser cristianos, niegan la sencilla verdad proclamada por Pedro en Hech. 2:38 de que el bautismo es para perdón de pecados. Cuando uno se bautiza, le son lavados sus pecados (Hech. 22:16). Dice el inspirado apóstol Pedro también que el bautismo nos salva (1 Ped. 3:21). Si el bautismo no es para perdón de pecados, las palabras de Cristo en Marcos 16:16 no tienen sentido.
2. Jesús no tenía pecados, es cierto. También es cierto que no fue bautizado para perdón de pecados, sino para cumplir toda justicia (Mat. 3:15). El propósito de Jesús al ser bautizado no fue el mismo con que nosotros somos mandados a ser bautizados.
3. Para mejor comprensión sobre este asunto, cito del INTERROGANTE # 29:

""Por qué, Jesús se bautizó a los 30 años"?

- - -

1. Bueno, pregunto yo: ¿hay algo de curioso en ello? Seguramente no se bautizó, como nosotros los hombres, para el perdón de pecados, que él se bautizara de joven. Su bautismo fue para su introducción en su ministerio personal, cosa que comenzó ya de adulto. Véanse Juan 1:19-34; Luc. 3:1-23; Mar. 1:1-11. Mateo cap. 3 debe ser leído, dando atención al propósito del bautismo de Jesús, 3:15.

2. Jesús nunca pecó (Heb. 4:15; 7:26; 2 Cor. 5:21; 1 Ped. 2:22). Su bautismo no fue para perdón de pecados. Ya adulto, y listo para entrar en su ministerio personal en la tierra, se presentó a Juan para ser bautizado, así cumpliendo toda justicia. Parte de la justicia de Dios consistía en que los judíos se presentaran para el bautismo de Juan, y Jesús se sometió al plan. También era la voluntad de Dios que el bautismo de Jesús fuera la presentación pública que Juan hiciera del Cristo (Juan 1:33,34). Jesús se sometió a la voluntad de Dios; o sea, cumplió la justicia de Dios en el asunto al cumplir con este mandato de Dios".

* * *

587. ¿TIENEN ESPÍRITU LOS ANIMALES, O SOLAMENTE EL HOMBRE? ¿CUÁL ES?

¿Tienen espíritu los animales, o solamente el hombre? ¿Cuál es?

- - -

1. Los dos tienen espíritu. Véanse Ecles. 3:21; Gén. 7:15,22. En cuanto a esta vida debajo del sol, los dos comparten el mismo destino temporal; los dos mueren, Ecles. 3:19,20.
2. Pero hay gran diferencia entre sus espíritus porque el hombre fue hecho a la imagen de Dios y conforme a su semejanza (Gén. 1:26,27. En cambio, el animal tiene vida (cuerpo y espíritu, Sant. 2:26) y es guiado por el instinto. No tiene conciencia ni sentido de moralidad. En la muerte el espíritu del animal no va en la misma dirección que va el del hombre (Ecles. 12:7).
3. Las Escrituras no existen para satisfacer la curiosidad del hombre con respecto a todo asunto. Nos basta saber que los hombres daremos cuenta a Dios en el juicio final (Rom. 2:5-11; 2 Cor. 5:10). Esto no se dice en cuanto al animal.

* * *

588. ACEPTAR EL HOMBRE ADORACIÓN

"Si los ángeles y los apóstoles del Nuevo Testamento no aceptaron la reverencia o adoración de los hombres en base a Éxodo 34:14 y Luc. 4:8, entonces ¿por qué David en 1 Sam. 25:23,24, etc., y Samuel en 1 Sam. 28:14 aceptaron tal reverencia o adoración? Pues el silencio de ellos lo indica, y también otros más. Comparar el caso de Pedro con Cornelio".

1. Véase Interrogante #235.
2. Es cierto que solamente a Dios pertenece la adoración (Luc. 4:8). Véanse Hech. 14:11-15; Apoc. 19:10; 22:8,9.
3. 1 Sam. 25:23,24 no dice absolutamente nada acerca de adorar. Era costumbre de los orientales, en ocasiones de gran emoción, postrarse hasta la tierra. Compárese 20:41. ¿Quiere alguien afirmar que David adoró a Jonatán?
4. 1 Sam. 28:14 enseña que Saúl usó de la costumbre del tiempo para mostrar gran respeto en la presencia de la persona de Samuel. Se postró y así mostró reverencia. Pero eso no significa adorar.

5. La fe viene por el oír (Rom. 10:17), y no por el silencio. El silencio en sí no prueba nada.

6. En cuanto al caso de Pedro en la casa de Cornelio (Hech. 10:25,26), vemos que Pedro no aceptó el acto de adoración de parte de Cornelio.

6. Hemos de notar que el vocablo griego, PROKUNEO, usado en Hech. 10:25 (como también en muchos pasajes del Nuevo Testamento, por ejemplo en Mat. 2:3; 4:9,10; Apoc. 3:9; 19:10; 22:8,9, etcétera) puede denotar un acto de reverencia pagada o a una criatura, o a Dios. Compárese Rom. 1:25. El contexto determina el uso específico del término. Por ejemplo, en Hech. 10:25,26 lo que intentó hacer Cornelio fue adorar a Pedro, y no sencillamente respetarle como ser humano, y por eso Pedro le dijo que los dos eran solamente hombres. En Apoc. 19:10 vemos que las palabras del ángel explican que lo que Juan iba a ser fue adorar, y no sencillamente mostrar gran respeto por la persona del ángel, pues dice, "adora a Dios". En Mar. 15:19 aparece el mismo término y el texto dice, "le hacían reverencias", burlándose de Jesús. Fingieron mostrarle gran respeto como a un rey.

Hay veces cuando conviene mostrar gran respeto, honor, o reverencia para la persona humana (Rom. 13:7; 1Ped. 2:17, y veces cuando no. Pero solamente Dios es digno de adoración rendida por todo ser creado (Apoc. 4:9-11; 5:8-14; 7:9-12; 11:16 -19; 15:2-4).

* * *

589. ¿FUERON DADAS LAS "LLAVES", Y EL PODER DE "ATAR' Y DE "DESATAR" SOLAMENTE A PEDRO (MAT. 16:19)?

"¿Cómo, y con qué argumento, trata usted con Mat. 16:19 respecto a haber recibido exclusivamente Pedro, o no, las llaves del reino y el poder de atar y de desatar?"

- - -

1. El versículo 19 fue dirigido a Pedro solamente porque fue sólo Pedro quien contestó la pregunta de Jesús. Por eso, Jesús tuvo algo que decir a Pedro.

Esta misma verdad, en otra ocasión (Mat. 18:18) cuando Jesús se dirigía a todos los apóstoles ("os / vosotros", ver. 19) en esencia les dijo lo que le había dicho a Pedro en 16:19.

2. El versículo 18 también fue dicho solamente a Pedro, y la Iglesia Católica Romana quiere hacer de Pedro el fundamento de la iglesia de Cristo. Pero la enseñanza inspirada de todos los apóstoles es el fundamento de la iglesia (Efes. 2:20), exactamente como la verdad acerca de Jesús, expresada por Pedro en el ver. 17, es la piedra fundamental de la iglesia (ver. 18). Es por eso que nadie puede poner otro fundamento que el que está puesto, el cual es Jesucristo (1 Cor. 3:11).

* * *

590. PEDIR O RECIBIR SALARIO

"¿Puede un miembro de la iglesia local pedir o recibir salario?

- - -

1. La pregunta, en la forma en que se presenta, me obliga a suponer el escenario correcto, pues no dice de quién pedir el salario ni para qué.

2. Me dirijo a la situación que supongo ser la actual: a la de que un miembro de la iglesia local pida salario de ella para dedicarse a predicar en las asambleas.

3. Cualquier obrero es digno de su salario (Mat. 10:9,10; Luc. 10:7). El Señor también ordenó que los que se dedican a predicar el evangelio (ya que al mismo tiempo no pueden dedicarse al trabajo secular) vivan del evangelio (esto significar recibir salario de iglesias para ello), 1 Cor. 9:14.

4. A veces Pablo trabajaba en lo secular (Hech. 18:1-3) y de esta manera sostenía a sí mismo y ayudaba a otros (20:34). Luego, con salario de algunas iglesias, podía dedicarse totalmente a la predicación (Hech. 18:5; 2 Cor. 11:9; Fil. 4:15,16).

5. Que la persona, pidiendo salario para predicar "tiempo completo" (como solemos decir), sea de la iglesia local o no, siempre tiene dicho derecho (1 Cor. 9:6). La iglesia o las iglesias, a las cuales se pida salario, no entran en el caso.

6. La pregunta siguiente se relaciona con ésta y debe ser considerada.

* * *

591. ¿QUÉ DE DEDICARSE A MEDIO TIEMPO Y RECIBIR MEDIO SALARIO DE LO QUE RECIBIRÍA EN SU TRABAJO?

"¿Puede, ya sea un miembro o alguien de fuera, dedicarse medio tiempo a la predicación y por lo tanto recibir medio salario del que recibiría en su trabajo?"

- - -

1. Hay varias consideraciones distintas en esta pregunta: el individuo, la iglesia local, y la cantidad de salario.

2. Primero, el individuo. No toda persona tiene trabajo que le permitiría seguir en ella a medio tiempo. Pero si el caso lo permitiera, la persona podría decidir usar la mitad de su tiempo en su trabajo secular, y la mitad en la predicación. Que reciba o acepte salario para su tiempo limitado en la predicación es decisión que sólo él puede hacer (1 Cor. 9:12-18). Si decide pedir y recibir algo de salario para su tiempo en la predicación del evangelio, tiene derecho de hacerlo. Puede explicar su caso a una o a más iglesias (inclusive a la iglesia local, o solamente a ella), y según haya un acuerdo entre él y la iglesia, o iglesias, así será el caso. Si algún obrero trabaja medio tiempo en alguna tarea, ¿no es digno de su salario (que naturalmente sería menos que el de un obrero de tiempo completo)? Si la persona trabaja medio tiempo en la predicación, ¿no merece algo de salario por sus labores? La respuesta en los dos casos es igual porque el obrero es digno de su salario, dice Cristo.

3. Entran en el cuadro las necesidades y la voluntad de la iglesia local. Si algún miembro de ella tiene talento y experiencia especial en la

predicación, y si desea y acepta dejar la mitad de su tiempo en el trabajo secular para usarlo en la preparación y presentación de sermones, y en otras actividades del evangelio, bien. Si la iglesia donde él es miembro está de acuerdo con ese arreglo, deseando ocuparle en esa capacidad, bien. Si por pobreza no puede proporcionarle como la mitad de su salario en el trabajo secular, y si él puede conseguirla entre otras iglesias locales para trabajar con ésta, bien.

4. La cantidad de salario para su tiempo limitado en la predicación depende de varios factores. Lo razonable sería que fuera igual a la cantidad que perdería al dejar la mitad de su tiempo en el trabajo secular. Pero si la iglesia local no pudiera pagarle tanto, y si él aceptara recibir menos, sería decisión entre él y la iglesia. Nadie debe buscar ventajas, ni la iglesia local ni el predicador. Todos debemos ser gente considerada (Mat. 7:12).

* * *

592. ¿DEJAR ESPOSAS DESPUÉS DE CONOCER EL EVANGELIO?

"¿Debe el hermano dejar a su segunda o tercera mujer e hijo(s) después de haber conocido el evangelio?"

\- \- \-

1. Nadie debe dejar a su esposa (1 Cor. 7:10,11) durante la vida (Rom. 7:1-3; 1 Cor. 7:39), a menos que sea por causa de la fornicación (Mat. 19:9). En un caso de fornicación, la ley universal de Cristo (para "cualquiera", cristiano o no, Mat. 19:9) permite al inocente de la pareja que se divorcie y vuelva a casarse. El culpable no tiene este permiso.

2. La pregunta, como formulada, no me informa de las circunstancias a la mano. Tengo que suponer que se pregunta que si un individuo llega a saber (a consecuencia de oír el evangelio predicado) que está viviendo en adulterio, si debe dejar de vivir con su cónyuge presente. Si así es el caso, la respuesta es que toda persona, cristiana o no, debe dejar el adulterio, si quiere salvar su alma (1 Cor. 618,:9-11). Seguir en una relación adúltera es "vivir en fornicación" (Col. 3:5-7). De nada serviría que la persona se bautice y luego siga viviendo en adulterio, o fornicación. El bautismo es para perdón de pecados arrepentidos y hasta que haya arrepentimiento por el adulterio, no hay perdón de dicho pecado.

4. Si la persona, después de bautizarse, sabe del adulterio en que vive y así se da cuenta de que vive en fornicación, si quiere que Dios le perdone tiene que dejar de vivir en fornicación, o adulterio. Como el mentiroso tiene que dejar la mentira, el borracho su tomada, y el polígamo su multiplicidad de esposas, así el adúltero tiene que dejar su adulterio.

5. Si el ahora hermano en Cristo, habiéndose bautizado, se divorció de la esposa de su primer matrimonio, y esto no por causa de fornicación, entró en el adulterio al casarse las veces siguientes (Mat. 19:9). No le era lícito tener a su "segunda o tercera mujer". Compárese Mar. 6:17,18.

6. El padre es responsable por el cuidado de sus hijos, sean ellos de matrimonios bíblicos o no (Gál. 6:5; Efes. 6:4). Ha de hacerlo según pueda, pero no dentro del pecado de adulterio. Ningún mandamiento de Dios es obedecido por medio del pecado.

7. Toda la cuestión gira sobre este sólo punto: el dejar de vivir en adulterio. Cómo se arreglen los asuntos de cuidado de mujeres e hijos es otra cuestión y tiene que ser atendida conforme a posibilidades y oportunidades que se presenten. En esto cada cual decide por sí mismo la manera en qué llevar a cabo sus responsabilidades.

* * *

593. MATEO 3:10

¿Qué significa la frase en Mateo 3:10 que dice, "bautismo para arrepentimiento".

\- \- \-

1. En Mat. 3:1-6 vemos que Juan predicaba que la gente se arrepintiera (v. 2). Mucha gente salía a Juan y confesando sus pecados arrepentidos (no se confiesa pecado antes de arrepentimiento) y siendo bautizada (v. 6).

LUEGO, hay un contraste en el párrafo que sigue. "PERO ….." (vv. 7-12). Juan dijo a aquellos Fariseos y Saduceos, que no llegaban dispuestos a arrepentirse, que mostraran su arrepentimiento (v. 8), en lugar de confiar en su descendencia física de Abraham. "Yo estoy bautizando en agua gente que mira hacia el arrepentimiento (para hacerlo)" (v. 11).

2. La preposición EIS, en griego, siempre mira para delante, o hacia cierto fin. En español, la palabra indicada es para, hacia, o a. Hacemos hincapié en esta verdad, y con razón, al tratar Hech. 2:38 con los bautistas. Les citamos Mat. 26:28. Aun ellos tienen que admitir que Cristo no derramó su sangre PORQUE ya tenía la gente remisión de pecados, sino para que tengamos perdón. Pero ellos responden que EIS no siempre mira para delante, citándonos Mat. 12:41, y preguntando: ¿se arrepintieron ellos para que hubiera predicación, o porque ya había habido predicación? (Es cierto que en Mat. 12:41 la preposición griega es EIS, como también en Hech. 2:38). Pero ellos ignoran que Cristo en 12:41 no está hablando de orden de eventos (que si la predicación de Jonás vino antes o después del arrepentimiento de los hombres de Nínive). Está diciendo que los de Nínive se arrepintieron (EIS) hacia la predicación de Jonás; es decir, mirando hacia o para ella, predicación que ya se les había hecho. Bien dice la Versión Valera, "a la predicación de Jonás". Eso significa que ellos al arrepentirse tenían ante su mirada esa predicación ya realizada. Ese es el punto de Cristo. Es cierto que se arrepintieron PORQUE Jonás ya les había predicado que se arrepintieran, pero tal no es el punto de Cristo.

3. De igual manera, en Mat. 3:11 Juan está diciendo a aquellos fariseos y saduceos que el bautismo que él administra mira hacia (EIS) el arrepentimiento (ya demandada, 3:2), y por eso si

225

no se arrepienten, para luego confesar sus pecados, de nada les sirve haber venido a su bautismo.

4. Seguramente Juan no les dice que se bauticen para recibir (de alguna manera) un arrepentimiento futuro y todavía no tenido.

* * *

594. ¿CÓMO ELEGIR A UN EVANGELISTA?

"Mucho se ha escrito sobre la manera de establecer ancianos en una iglesia (local)…. ¿Pero cómo debe ser elegido un evangelista? ¿Qué papel cumplen los miembros? ¿Qué requisitos debe cumplir?"

- - -

1. Debe recordarse que una iglesia local representa un acuerdo mutuo de parte de sus miembros (Hech. 9:26-28; 18:27; Fil. 1:1). Ahora, si un cierto evangelista quiere trabajar con una cierta iglesia local, debe proponerlo a la iglesia y ella decide sobre el asunto.

2. Si la referida iglesia tiene ancianos, éstos consultan con la membresía y luego hacen la decisión. Si los varones en sus reuniones dirigen los asuntos de la iglesia local, ellos hacen lo mismo.

3. Con respecto a requisitos que tenga el evangelista, las Escrituras no delinean una lista precisa y exacta. Las cartas de Pablo a Timoteo, y a Tito, dos evangelistas, nos revelan bien la obra del evangelista y el carácter que él debe mostrar. (Véanse por ejemplo 1 Tim. 1:3; 4:6,11-16; 5:1,2, 11,20-22; 6:11-14,17,20; 2 Tim. 1:8,13; 2:1-3, 14-16,22-24; 3:14; 4:2-5; Tito 1:5,13; 2:1,7-9,15; 3:1,8,9).

4. La necesidad que tenga la congregación de evangelista de tiempo completo, y la capacidad del individuo de poder servir esa necesidad, tienen que ver con la decisión hecha. Hay congregaciones que ocupan a un evangelista joven para darle experiencia en la proclamación pública de la palabra. Cada iglesia local decide por sí misma.

* * *

595. PROGRAMAS PARA HACER CRECER A LA IGLESIA LOCAL

"Si le es posible darme una orientación, pondría de todo mi esfuerzo para que iglesia de Cristo en donde me reúno tenga un crecimiento adecuado y además que salgan los ministerios necesarios para el engrandecimiento en numero y espiritualidad, si le es posible ayudarme en ese aspecto".

- - -

No hay "programa", que digamos, exacto o específico, que haga crecer especialmente a la iglesia local. Pero guárdense presentes dos puntos básicos:

1. Lo que hace que la iglesia (o el individuo) crezca ESPIRITUALMENTE es el estudio de la Palabra de Dios.

2. Lo que hace que la iglesia crezca NUMÉRICAMENTE es la predicación de la Palabra de Dios.

Sobre el número 1, cada miembro en su casa debe ser lector diario de la Biblia. En la iglesia local, las clases bíblicas son de suma importancia. Le voy a enviar mi juego de PREGUNTAS Y RESPUESTAS sobre cada capítulo de cada libro del Nuevo Testamento. Usted debe sacar copias de cada lección, empleando la hoja EJEMPLAR, para el número de personas en la clase bíblica. Usted solo se queda con las respuestas. Las hojas de preguntas deben ser repartidas en cierto día (por ejemplo, el domingo) y luego el alumno tiene una semana para buscar las respuestas. En la reunión siguiente a la semana de repartidas las hojas, se estudia el capítulo y los alumnos presentan sus respuestas según sus capacidades. En la hora de la clase el maestro ayuda a la clase a entender (pues él tiene mis respuestas) el contenido del capítulo estudiado. (POR NADA DEBEN SER MARCADAS O DAÑADAS LAS HOJAS ORIGINALES, pues de otra manera no habrá manera en el futuro de sacar más copias que se necesiten).

Sobre el número 2, hay dos cosas en particular que notar. (1) La predicación regular en la iglesia local debe ser dirigida en parte a los visitantes presentes, y no solamente a los miembros. También es útil que la congregación tenga dos o tres veces en el año (o según pueda) series especiales de predicaciones y para ellas se puede invitar a un evangelista de otra parte que venga a presentar los sermones (basándose la invitación en la capacidad o experiencia del evangelista para poder ayudar a la iglesia local en su serie). (2) El miembro individual de la iglesia local debe ser siempre activo en invitar a otros a venir a la asamblea para oír las predicaciones (y las clases bíblicas), y en promover clases bíblicas en su casa (o en la de otro) a que lleguen vecinos o colegas para estudiar informalmente las Escrituras. (Claro es que hay otras actividades singulares para promover la evangelización, como por ejemplo repartir folletos, escribir cartas, y hacer llamadas telefónicas).

* * *

596. PECADO DE MUERTE

"1 Juan 5:16,17 habla de que hay pecado de muerte y pecado que no es de muerte. ¿Cuál es el pecado de muerte del que habla Juan?"

Para contestar esta pregunta, cito de mi obra, NOTAS SOBRE 1 JUAN, 5:16,17:

"5:16 — Este versículo es una ilustración o ejemplo de lo que ya se ha expuesto en los versículos 14 y 15; es decir, que Dios da al cristiano que pide. Tenemos la seguridad de que Dios nos oirá, si pedimos por algún hermano que está pecando no a muerte, porque Dios le perdonará; le dará vida (espiritual). Sí nos oye Dios. Este es el punto del contexto. Ahora, dado que hay "pecado de muerte" (pecado a muerte, dice el texto griego), no hemos de pensar que Dios concederá nuestras peticiones hechas a favor de algún hermano pecando así. En tal caso no hay base de confianza respecto a que Dios nos oiga. Pero sí la hay en el primer caso propuesto.

Juan dice esto: Dios nos oye cuando oramos. Por ejemplo vimos (aoristo = acto singular en el pasado) a un hermano cometiendo un pecado que no tiende a muerte. Oramos por él. No digo, por cualquier hermano. Hablo de un caso en que es un hermano que esta pecando no con tendencias hacia la muerte. Si oramos por él, Dios nos oirá. Le perdonará a tal hermano. Ahora, hay otros casos en que están pecando algunos hermanos, pero por éstos no hemos de pedir nada, con la expectación de que nos oiga. ¿Quiénes son éstos? Pues son hermanos que están pecando con tendencias hacia la muerte. No tenemos razón por que confiar en que Dios les perdone. Pero, por los otros, sí les perdona. Por eso oramos por los tales y Dios nos oye.

El caso era tal que uno podía ver si valía orar por el hermano con la confianza de que Dios le perdonara. Los gnósticos estaban entregados a la sensualidad y así iban hacia la muerte espiritual eterna. Por nada se arrepentirían porque no admitían tener pecado (1:8). Orar por los tales no resultaría en su restauración. Pero al ver a un hermano pecando como en el caso tratado en 1:9; 2:1,2, si oramos por éste, Dios nos concederá nuestra petición (porque este hermano va a arrepentirse, confesar su pecado, y pedirle a Dios perdón). Su actitud en el pecado no es una de tendencia hacia la muerte.

El cristiano que peca puede ser perdonado, si confiesa sus pecados (1:9). Debemos confesar nuestros pecados y orar los unos por los otros (Santiago 5:16). No debemos pecar, pero si cometemos algún pecado o pecados, arrepentidos podemos pedirle a Dios perdón por Jesucristo (2:1,2). La actitud del cristiano débil, al verse en pecado o al verse culpable de pecado, es una actitud sana. Busca el perdón de Dios enseguida. Los demás cristianos pueden ver esta actitud en otros. Por eso al ver un caso semejante, debemos orar por los tales, con la confianza de que Dios dará respuesta a nuestra petición. Dará vida para los tales.

Pero "hay pecado de (a) muerte"; es decir, hay quienes tienen tal actitud que les llevará a la muerte espiritual eterna. Por los tales no hay que orar. No se nos prohíbe orar por ellos, pero tampoco podemos tener la confianza mencionada en el versículo 14. Los de tal actitud no pueden ser salvados, porque no van a arrepentirse y confesar sus pecados. Como los fariseos (Mateo 12:24-32), y los hermanos judaizantes apóstatas (Hebreos 6:4-6; 10:26-31) (véanse mis comentarios allí), aquí en 1 Juan se hace referencia a tales como los que irían tras los gnósticos, al negar la encarnación de Jesús y llevar vida mundana bajo el pretexto de tener "conocimiento" especial y comunión con Dios por medio del gnosticismo. Tal actitud en los hermanos sería una cosa visible y viendo tal caso, no valdría la pena pedir por los tales. No es cuestión de juzgar el corazón de otro, sino de actuar según vemos.

5:17 — "Toda injusticia es pecado". El pecado es anomia (3:4, comentarios). Toda injusticia es pecado (5:17). La palabra "justicia" en griego es dikaiosune. Ahora la palabra "injusticia" es adikia. Así vemos que con la letra "a" delante de la raíz de la palabra para decir "justicia", se forma la palabra para decir "injusticia". La "a" priva de la raíz de la palabra su sentido. Donde falta la justicia, allí está el pecado. Donde hay pecado, allí falta ley.

Los mandamientos de Jehová son justicia (Salmos 119:172). Todo pecado es violación positiva de esos mandamientos, o es actuar fuera de ley o de autorización.

Nótese: 3:4 define el pecado, o describe su carácter. 5:17 no es una definición del pecado, sino declara el principio que sirve de base para el pecado. Aquí, como en 3:4, Juan refuta la filosofía de los gnósticos que justificaban el pecado para quienes eran de su "gnosis". "pero hay pecado no de muerte". Véase el versículo 16, comentarios."

* * *

597. JUDAS 1:6, 2 PEDRO 2:4. ¿HAY CONEXIÓN CON GÉNESIS 6:1,2?

"En Judas 1:6 y 2 Ped. 2:4 se habla de ángeles que pecaron, que no conservaron su dignidad original. ¿Éstos son los ángeles de los cuales habla Génesis 6:1,2?"

- - -

Para contestar esta pregunta, cito de mi obra, NOTAS SOBRE JUDAS, 1:6:

"V. 6 — Es el segundo caso que presenta Judas para probar que serán castigados los inicuos. Véase 2 Pedro 2:4.

"los ángeles". Son seres creados morales. Pueden pecar (2 Pedro 2:4) y por eso son responsables por su conducta. Dios los ha empleado "para servicio a favor de los que serán herederos de la salvación" (Hebreos 1:14). Parece que no hay provisiones para su salvación cuando pecan (Hebreos 2:16). Fueron creados buenos o santos (todo lo que Dios cree es bueno, Génesis 1:31); algunos pecaron (pero no se ha revelado en qué en particular consistió su pecado); y Dios guarda a los que han pecado para el castigo eterno después del juicio final.

Algunos creen que Satanás es un ángel creado, que se rebeló en el cielo (Apocalipsis 12:7-9) y fue lanzado fuera y arrojado a la tierra porque se envaneció y buscó más poder (1 Timoteo 3:6). Se cita Isaías 14:12-15 para aplicarlo a la caída del cielo de Satanás. Pero todo esto es pura especulación. Se tuercen estos pasajes. Véanse mis notas sobre Apocalipsis 12:7-12. Isaías 14 habla de la caída del rey de Babilonia (véanse los versículos 4,22,25). Ezequiel 28:13-19 también se aplica a Satanás, pero el versículo 12 dice claramente que se hace referencia al rey de Tiro.

También es muy popular la idea de que el pecado de los ángeles aquí mencionados por Judas fue el de cometer fornicación con mujeres de la tierra, y se cita Génesis 6:2,3. Pero el contexto no habla de ángeles, sino de hombres, de seres humanos."La maldad de los hombres" (el versículo 6) es el punto del contexto.

Dice Pedro que estos ángeles pecaron, y dice Judas que "no guardaron su dignidad, sino que abandonaron su propia morada". Más de esto no sabemos. El punto de Judas, al mencionar el caso de los ángeles desobedientes, es que si los ángeles no escapan la venganza de Dios, cuanto menos escaparán los hombres como los falsos maestros referidos en el versículo 4.

* * *

598. ¿MATRIMONIO SIN SEXO?

"¿Es correcto decir que luego que un hombre se divorcia de su mujer, no por causa de fornicación, y se casa con otra, desde el mismo y preciso momento que firma el nuevo documento matrimonial YA es un adúltero? ¿Aún sin haber tenido sexo con ella? Comprendo que el adulterio, según lo definen todos los léxicos que tengo a mano, es una <u>actividad sexual</u> y no el firmar un documento. Ahora, si no es adúltero en ese momento que firma, entonces ¿cómo se le llama a alguien que se divorcia de su mujer, no por fornicación y luego se casa con otra, pero no tiene sexo con ella sino que se casó para que ella no tuviera problemas en la frontera; él no se casó para tenerla como mujer ni llegó a tener sexo con ella, ¿cómo se llama ese pecado?

\- - -

1. Un hombre que se divorcia de su mujer, no por causa de fornicación, peca (1 Cor. 7:10).

2. Un hombre que se casa con otra persona, en el solo sentido de cumplir con requisitos legales de matrimonio, y con el motivo de facilitar el traslado de fronteras, es un mentiroso de primer grado. Si los dos no se juntaron como esposos, por no considerarse esposos en realidad, los dos son mentirosos y engañadores. No son adúlteros.

3. Aquel hombre, si se arrepiente para salvar eternamente su alma, se divorciará legalmente de la segunda mujer, y volverá a la esposa que Dios le dio. Si no lo hace, al casarse otra vez cometerá adulterio.

4. El pecado de mentira es tan condenador que el pecado de adulterio (Apoc. 21:8).

* * *

599. ¿MATRIMONIO SIN SEXO? (#2)

"¿Qué sucede si el hombre se divorcia de su mujer porque ésta le fue infiel, luego va y se casa con otra pero por motivos de facilitar el traslado de fronteras de esta segunda? ¿Es eso un matrimonio ante Dios aunque ellos nunca lleguen a tener sexo en su vida? ¿O pueden disolver ese pacto"?

\- - -

1. La persona tiene permiso de Dios de divorciarse del esposo que comete fornicación. Lo que la persona haga después es otra cosa

completamente distinta.

2. La persona que "se casa" con otra, en el sentido de sólo cumplir con requisitos legales en cuanto a matrimonio, y esto con el solo motivo de facilitar a la otra en la cuestión de traslado de fronteras, está viviendo una mentira juntamente con la otra persona. Su pecado no es el de adulterio, sino de mentira. Mientras siga ese falso matrimonio, sigue la mentira.

3. No es cuestión de si "pueden disolver ese pacto" mentiroso (claro es que lo pueden hacer), sino de disolver ese pacto para disolver esa mentira y no perder sus almas eternamente. El arrepentimiento lo demanda.

4. Cruzar fronteras con documentos falsificados es desobedecer leyes nacionales y es pecado (Rom. 13:1-5; 1 Ped. 2:13). Si la "casada" cruzó así alguna frontera, no se arrepiente si no vuelve a su país.

5. Si el profesado cristiano se aprovecha de mentiras para lograr sus fines, ¿dónde está su fe en Dios para depender de él? ¿Podemos hacer males para que vengan bienes (Rom. 3:8)?

* * *

600. ¿MATRIMONIO SIN SEXO? (#3)
"(1) Si esa pareja que se casó por ayudar a uno de los dos a cruzar la frontera tienen un matrimonio falso <u>que se puede disolver</u>, entonces ¿Qué de aquellos que se casan por dinero, por obligación, por un embarazo, o por cualquier causa que no sea algo sincero? (2) ¿Pueden todos éstos disolver su pacto matrimonial y volverse a casar?, y (3) si es que el matrimonio depende del sexo para poder ser matrimonio entonces ¿Qué de aquellos ancianos que se casan aunque ya no pueden tener sexo? ¿No sería matrimonio? ¿Pueden disolverlo después? (4) O también, ¿no son casados los que ya han sido unidos por Dios a menos que, y no antes de que tengan relaciones sexuales?"

\- - -

Mis respuestas siguen la enumeración dada a las preguntas de arriba:

1. La pareja de la discusión ¡no se casó! Solamente mintieron los dos a las autoridades al sacar una licencia y aguantar una ceremonia de matrimonio. El matrimonio de Dios es más que papeles y ceremonias legales. Dos fornicarios pueden ocupar la misma casa y fornicar pero no sencillamente por eso son casados (en la vista de Dios). El matrimonio bíblico requiere el propósito, de parte de dos personas, de dejar padre y madre y unirse en una sola carne como esposos para toda la vida.

Lo que motive a dos personas a tener el pleno propósito y el sentido de responsabilidad de llegar a ser esposos (sea un embarazo u otra cosa la circunstancia que les motive) es una cosa, pero el propósito de unirse en matrimonio es otra cosa sin la cual no hay matrimonio. La pareja de la discusión no tuvo nada de este propósito en sus acciones. Lo que hicieron fue un juego mentiroso.

2. Los "éstos" de su pregunta representan personas casadas. Ningún casado puede volver a

casarse a menos que se haya divorciado y esto por causa de fornicación.

Nadie que esté "casado" según los registros de la ley puede contraer segundas nupcias sin que primero "se divorcie" para no ser culpable de poligamia. Por eso, la pareja de nuestra discusión, aunque los dos no están casados en la vista de Dios, está viviendo una mentira hasta que se divorcie legalmente (para borrar el registro de esa unión mentirosa).

3. La unión sexual es una parte integral del matrimonio (Gén. 2:24; Mat. 19:5; Efes. 5:31).

En cuanto a personas ancianas que se casan, sí están casadas y no pueden disolver su matrimonio excepto por causa de fornicación. A pesar de ciertas restricciones por razones de edad o de salud, siempre ejercen la misma intimidad sexual, caricias y unión limitada, como en los casos de casados jóvenes y de plena salud.

Los mencionados en esta tercera pregunta no representan nada a la pareja de nuestra discusión.

4. Si entiendo la pregunta, el interrogador supone que el matrimonio puede existir sin y antes de la unión sexual. Habla acerca de "los que ya han sido unidos por Dios". Si Dios ha unido a dos personas, es que esa pareja tuvo el pleno propósito de vivir como esposos, cumplieron con las leyes del país si hubo algunas, y luego llegaron a ser una sola carne. Eso es matrimonio en la vista de Dios, o según la institución divina de matrimonio (Gén. 2:24).

* * *

601. TOCAR HIMNOS EN EL PIANO EN LA CASA

"Dado que es mala la música instrumental para adoración, ¿sería pecado tocar el piano empleando un himnario?"

- - -

1. La música instrumental en la adoración a Dios queda sin autorización divina; por eso es mala. De igual manera es mala la adoración a Dios por medio de bailes y de otras muchas cosas. Las Escrituras ¡no las autorizan!

2. Lo que sería pecado es adorar a Dios con instrumentos de música en lugar de alabar al Señor en el corazón (Efes. 5:19). En el culto a Dios, el instrumento señalado es el corazón, y no el piano.

Tocar una pieza de música compuesta por el hombre no es en sí pecado. Es sencillamente tocar una pieza de música. Uno podría hacerlo por varias razones, entre ellas (1) para aprender la melodía para uso más tarde en el cantar congregacional, (2) o para el simple gozo de oír los sonidos de la melodía.

- - -

"¿Estando yo solo en casa y sencillamente porque me gustan las melodías?"

1. Esta declaración muestra el propósito de tocar en el piano una pieza hallada en el himnario; el propósito no es rendir culto a Dios.

- - -

"¿Y si de vez en cuando cante al mismo tiempo?"

1. Aquí el himno total, la melodía y las palabras, entra en la ecuación. Las palabras del himno se dirigen a Dios, y no hay manera de hablar dichas palabras sin adorarle con dichas palabras, o no adorándole tomar el nombre de Dios en vano.

2. Aunque cierto asunto sea lícito, no por eso siempre conviene (1 Cor. 6:12). Yo puedo tocar en el órgano en mi casa melodías halladas en un himnario, pero no lo haría necesariamente en otra casa, ni en la propia mía en la presencia de visitantes, porque se podría dar la impresión de que es escritural la música instrumental en culto a Dios.

3. Es pecado adorar a Dios con instrumentos mecánicos de música, no importando el lugar en donde se haga; sea en el local de la iglesia, o en la casa privada del individuo. Lo que determina lo pecaminoso del asunto no es el lugar de acción, sino el sencillo hecho de que carece de autoridad bíblica.

* * *

602. ¿BAUTIZARSE OTRA VEZ?

"En la congregación hay tres hermanas (en cuenta mi esposa), que tienen duda de su bautismo, dicen que por mucho tiempo eso les ha molestado; pero por preguntas que han hecho y por temas que han tenido al respecto, le han dado la espalda al asunto; pero luego, otra vez se presenta la duda, más que todo cuando se habla de la confesión del Eunuco o de los sincero que debemos ser al confesar a Cristo, en fin, el conocimiento que debemos tener sobre el reino y el perdón. _____ fue bautizada a los 10 años en la iglesia de _____ y ella me cuenta ahora, que fue por quedar bien con el grupo de jóvenes, a la vez, que tenía temor de negarse a bautizarse por causa de su madre. En su experiencia, hermano, ¿se le ha presentado casos similares?"

- - -

1. Sí ha habido muchos casos semejantes al de la hna. _____. Resulta que muchas veces la persona es sumergida en agua, pero no bautizada bíblicamente, por no ser según las condiciones del bautismo bíblico. La misma duda es prueba de que la persona no fue bautizada bíblicamente. Es cierto que un niño de 10 años no va a tener el mismo grado de aprecio por el evangelio que una persona de 30, pero sí es capaz de entender bien, bien si ha pecado y si quiere el perdón de sus pecados al obedecer al evangelio. Bien puede entender sobre el reino y el perdón.

* * *

603. ¿PROFECÍAS NO CUMPLIDAS?

"Algunos predicadores afirman que muchas profecías del Antiguo Testamento en cuanto a la restauración del pueblo de Israel no se cumplieron porque el pueblo judío no llenó las condiciones necesarias (santidad y obediencia) que les permitieran apropiarse de ellas. Sin embargo, siempre queda en la hermandad mucha inquietud al respecto. De mi parte, yo pienso que estas profecías tienen un cumplimiento en la iglesia, en la Era Cristiana pero no puedo responder cómo es esto en todos los detalles. De las profecías de Ezequiel capítulos 40 al 48 (ese templo que es descrito ahí, ¿a qué se refiere? ¿es literal? ¿es espiritual? ¿las dos cosas?) y la de ISAÍAS 65:20 ("El niño morirá de cien años…" y algunas otras cosas como: "el pecador de cien años será maldito". ¿Qué significado tienen esas expresiones?) y finalmente el capítulo 25 de ISAÍAS, específicamente el versículo 8, ¿Dónde y cuándo tienen cumplimiento estas palabras?"

- - -

1. Jesús dice claramente en Mat. 5:17,18 que él vino a cumplir la Ley de Moisés. ¿Hizo lo que vino a hacer? Todo se ha cumplido.

2. ¿De dónde vino la idea de que Dios no pudo cumplir con ciertas de sus profecías sin que el judío llenara "condiciones necesarias"? Es cierto que las promesas de Dios siempre han sido condicionales, pero no toda profecía. "La Escritura no puede ser quebrantada" (Jn. 10:35).

3. ¿Qué es esto de "la restauración del pueblo de Israel"? Los premilenarios enseñan que el Israel literal del Antiguo Testamento va a ser restaurado en los judíos de hoy y que el Jerusalén moderno de hoy va a ser el lugar del trono de Cristo cuando vuelva a esta tierra a reinar mil años literales. ¿Algunos hermanos se han convertido en premilenarios? ¡Que definan sus términos!

a. En Hech. 15:13-18 leemos que Jacobo citó a Amós 9:11,12 y afirmó que esa "restauración" se cumplió en la obra del evangelio.

b. La restauración de Hech. 3:21 tiene que ver con lo que logra la predicación del evangelio. Las profecías referentes a la obra del evangelio han sido cumplidas (ver. 18). Los profetas hablaron de "esos días" en que Pedro hablaba (ver. 24).

c. Cristo, en Mat. 17:11-13, habló de una obra de "restauración" y nos dice que se cumplió en la obra de Juan el bautista.

4. Sobre Ezeq., capítulos 40-48, el premilenario ve en esta sección un cumplimiento literal, inclusive la restauración de los sacrificios de animales y de los días festivos judaicos. Ezequiel habla de todas estas cosas, y no solamente de un templo.

a. Cristo es el sacrificio hecho "una vez para siempre" (Heb. 9:27). Ya no hay más ofrenda por el pecado, Heb.10:18.

b. Los sacrificios animales de la Ley de Moisés fueron abolidos (Heb. 7:18,19; capítulo 9).

c. Desde la cruz de Cristo la Ley de Moisés ya no rige. No estamos bajo la ley sino bajo la gracia (Rom. 6:17). La ley fue clavada a la cruz, y por eso ya no tienen propósito las fiestas judaicas (Col. 2:14-17; Rom. 7:1-4).

d. ¿Cómo puede haber en el futuro levitas literales sirviendo en el "templo" cuando no hay genealogías existentes necesarias para comprobar su linaje? Cristo mismo no pudo haber sido sumo sacerdote según la Ley de Moisés, porque era de la tribu de Judá y no de Leví. Tampoco puede la ley de Cristo coexistir con la Ley de Moisés. Véase Heb. 7:11-17.

5. Sobre Isaías 65:20. Los versículos 17-25 forman una profecía mesiánica, y por eso son figurados. Dios iba a crear algo nuevo (ver. 17) y no solamente restaurar algo viejo. La profecía tiene que ver con "mi santo monte" (ver. 25), que es la iglesia (2:2,3; 1 Tim. 3:15).

a. El ver. 20, siendo lenguaje figurado, apunta al hecho de que Dios no tiene que contar con el tiempo (compárese 2 Ped. 3:8). Dios mide sus logros no por el tiempo sino por el cumplimiento. En la iglesia creada por Dios cada miembro, o ciudadano en el reino, cumple su misión, no importando que haya vivido poco tiempo (como Estéban) o largo tiempo (como Juan el apóstol). El tiempo vivido en años no es lo importante, sino la plenitud de propósito vivida. Además, en cuanto al pecador, no importa que viva muchos años, siempre será maldito. Sufrirá las consecuencias de sus pecados, no importando cuándo fueran cometidos.

6. Sobre Isa. 25:8. Esta profecía mesiánica trata de bendiciones para los cristianos en la iglesia, el "monte de Jehová". Dios para los suyos no solamente provee "banquete" espiritual (ver. 6) y quita el "velo' de ignorancia y de endurecimiento de corazón (ver. 7), sino también destruye la muerte (1 Cor. 15:54; 2 Tim. 1:10).

* * *

604. EL LIBRO DE ENOC, JUDAS 14

"Algunos dicen que Judas citó un libro apócrifo, pero me cuesta mucho creerlo. Pero si puede me gustaría saber en qué fecha fue escrito dicho libro apócrifo y las razones que impiden que sea una cita de Judas de este libro. Realmente creo que es un mensaje inspirado y no una cita de un libro pagano".

- - -

1. Hay dos Libros de Enoc (I, II). El segundo data del siglo primero d. de C. Nos concierne el libro Enoc I, que se cree datar de 163 a 63 a. de C.

2. Enoc I es una versión etiópica de una obra escrita en griego que en cambio tradujo la obra original en hebreo. Es una colección de escritos por varios autores y fue circulado bajo el nombre de Enoc. La versión etiópica es la única existente que contiene todos los distintos libros de la colección. Hay creyentes en Cristo que opinan que Judas citó de esta obra. Yo no saco esa conclusión.

3. ¿De dónde sacó el autor del libro de Enoc la profecía de Enoc? Si existió alguna fuente de esa profecía, ¿no pudo haber tenido Judas también acceso a ella? Pablo menciona a "Janes y Jambres" (2 Tim. 3:8). Los escritos de Moisés no mencionan estos nombres. La tradición del tiempo de Pablo los mencionaba, pero no sabemos de qué fuente. Pero sabemos que Judas y Pablo escribieron por inspiración y por el Espíritu Santo fueron guardados de todo error (Jn. 14:26; 16:13). No dependían de fuentes no inspiradas.

4. No basta que la persona afirme que tal y tal libro existiera antes de Judas y que por eso Judas tuvo que haber citado de dicho libro que registra algo dicho por un antepasado remoto. Hay que decirnos la fuente de información de la cual los autores del libro sacaron su información para registrarla. Hecho eso, hay que comprobar que Judas no tuviera acceso a la misma fuente.

Si Judas citó a cierto libro no inspirado de tiempo anterior, ¿de dónde sacaron su información los autores de los libros y fragmentos titulados, El Libro de Enoc? ¡Ellos tampoco vivieron en el tiempo de Enoc! Tuvieron que haber tenido una fuente de información para sus escritos. ¿Hemos de negar la misma fuente a Judas?

5. Sobre todo, el incrédulo no acepta la inspiración verbal de las Escrituras y por eso le es conveniente plantear sus premisas de conjetura. Pero las muchas evidencias a favor de la inspiración verbal de las Escrituras no pueden ser ignoradas solamente por tener la persona su predisposición de no creer. Judas citó a Enoc, y no a algún libro de ese título escrito por hombres no inspirados.

* * *

605. GÉNESIS 22:12

"Favor de darme su entendimiento sobre Génesis 22:12, que dice, "porque ya conozco que temes a Dios", Dios hablando a Abraham quien estuvo a punto de matar a su hijo, Isaac. Sabemos que Dios todo lo sabe y que nada se le esconde. Sin embargo, ¿no escoge a veces no saber ciertas cosas? pues aquí dice Dios por su ángel que "ya conozco".

\- \- \-

1. Obviamente Dios es omnisciente. Siendo así el caso, Dios todo lo sabe. Sabe de nuestras necesidades aún antes de que se lo pidamos (Mat. 6:8; compárese también Dan. 9:23). El Salmo 139 habla mucho acerca de la omnisciencia y la omnipresencia de Dios. Así que la frase en Gén. 22:12 no niega estos atributos de Dios, ni los contradice.

Si Dios escoge no saber lo que vaya a ser la conclusión de un asunto, eso obra contra su propia naturaleza y le quita el atributo de omnisciencia.

2. La frase, "ya conozco" nos está diciendo que Dios ahora ha recibido conocimiento por experiencia del temor que Abraham tiene hacia Dios. Abraham tuvo que mostrar su fe (Sant. 2:18), y cuando lo hizo Dios vio en la experiencia lo que en su omnisciencia ya sabía. No hay nada que el hombre pueda hacer, pedir o decir para informar a Dios. El hombre sí puede hacer cosas que en la experiencia dan a saber a Dios nuestra verdadera relación a él.

La expresión bajo consideración tiene que ser entendida a la luz de los tratos de Dios con el hombre.

3. En la Versión Septuaginta, el verbo en la expresión, "ya conozco", es del tiempo aoristo, y no presente. El aoristo indicaría, "ahora supe". Bien dice la Versión Nácar y Colunga, "porque ahora he visto que en verdad temes a Dios." Dios está diciendo a Abraham que lo que siempre sabía acerca de él Abraham lleva a cabo de manera concreta, comprobando así que ese conocimiento de Dios es correcto.

No hemos de crear un "problema" aquí, atribuyendo la expresión al Dios omnisciente de la manera en que el ser mortal la usaría.

* * *

606. ESCUELA PARA PREDICADORES

"¿Cuál es la diferencia específica entre la Escuela para Predicadores baja la supervisión de los ancianos de la iglesia local y bajo la mesa directiva? ¿Localmente puede tener tal escuela con tal que no sea una institución aparte, con nombre propio, sino que sea para entrenar a los miembros como un programa de estudios bíblicos?

\- \- \-

1. Los ancianos de una iglesia local supervisan solamente la obra de la iglesia local. (Los hermanos liberales tienen a los ancianos locales supervisando a obras al nivel de la hermandad. Para esto no hay autoridad bíblica).

2. La Mesa Directiva es un grupo de personas (hermanos, ancianos, o no hermanos) que legalmente supervisan un establecimiento secular. La Mesa Directiva es compuesta de diferentes puestos, como Presidente, Vicepresidente, Secretario, Tesorero, etc. Lo no bíblico de esto consiste en que la Mesa Directiva solicite, reciba, y gaste dinero de iglesias de Cristo locales, supuestamente para hacer una obra por la iglesia en general. La iglesia local no tiene conexión alguna con instituciones humanas.

3. Localmente sí puede la iglesia tener un programa de entrenamiento para sus miembros en que se preparen personas para predicar públicamente. Tal actividad vendría siendo parte de la obra local de la iglesia, y no una institución aparte con nombre propio, y para servir a la hermandad en general.

* * *

607. ¿MESA DIRECTIVA, O JUNTA DE VARONES?

"¿Es lo mismo la junta de varones con su presidente, secretario, tesorero con la mesa directiva? Digo porque donde he sido miembro antes y ahora, cuando no tenía anciano tenía la mesa directiva".

\- \- \-

1. En la ausencia de ancianos en la iglesia local, los varones de la congregación toman la delantera de la obra local. Esto requiere que se junten para las deliberaciones. De eso, junta de los varones. En un sentido figurado, tales varones se constituyen una mesa directiva, pues dirigen la obra local. Puede ser conveniente que un hermano se seleccione para servir de tesorero para la iglesia (en

cuanto a la contabilidad), que otro se seleccione para escribir las minutas de las juntas, y que otro se seleccione para presidir por un tiempo las juntas. No hay necesidad de llamarlo una "Mesa Directiva", como cosa de autoridad, pues el asunto es sencillamente uno de hacer todas las cosas decentemente y con orden (1 Cor. 14:40).

* * *

608. LA PERSONERÍA JURÍDICA

"Entiendo que la personería jurídica sirve para legalizar los bienes de la iglesia. ¿Con ese documento puede la iglesia pedir la ayuda del gobierno materialmente? porque algunas iglesias practican eso".

- - -

1. Sí, la personería jurídica sirve para legalizar los bienes de la iglesia local, y puede haber casos en que sirva para identificación ante las autoridades.

2. No entiendo lo que se quiera decir con la frase, "pedir la ayuda del gobierno materialmente?" La única cosa que la iglesia puede y debe pedir a las autoridades es que haya justicia en un dado caso de demandas injustas de parte de otros. Pero la iglesia no tiene por qué pedir a las autoridades bienes materiales.

* * *

609. CAMPAÑAS O CONFERENCIAS

"Las iglesias donde he sido miembro antes y ahora, también otras que conozco, hacen series de estudios (comúnmente llamamos campaña o conferencia), pero hacen localmente y saben invitar a los miembros de las otras iglesias ¿es correcto esto?"

- - -

1. Es correcto que la iglesia local haga un esfuerzo especial por edificar a sus miembros o por llevar el evangelio a los inconversos. Las campañas o conferencias representan este esfuerzo especial. Conviene invitar a todo el mundo a asistir (inclusive miembros de otras iglesias de Cristo cercanas) y a aprovecharse de la enseñanza, pero la obra es parte de la iglesia local que hace la campaña.

2. No es correcto que la iglesia local trate de hacer una campaña o conferencia por todas las demás iglesias locales del área o región. La iglesia local no hace obra al nivel de la hermandad.

* * *

610. OBRAS DE LA CLASE BÍBLICA

"Actualmente estoy dando clases bíblicas a algunos hermanos y hermanas jóvenes cada semana, pero en esto nosotros juntamente todos los jóvenes hemos acordado comprar algunos materiales para estudiar como, mapas bíblicos, atlas, etc., para la iglesia, pero contribuyendo en lo económico voluntariamente en cada clase que tengamos, ya la ofrenda de la iglesia no alcanza

para todo (pagar luz, teléfono, arriendo, etc.). ¿Tal práctica es correcta? Usted, ¿cómo lo harías como miembro de la iglesia en esas condiciones?

- - -

1. La cuestión no tiene que ver con la condición económica de la iglesia. La cuestión es ésta: ¿se autoriza que la clase bíblica tenga algo de organización, reuniendo fondos para hacer obras (en este caso, compras para la iglesia local). Claro es que no hay autorización bíblica para esto.

2. ¿Qué haría yo? Yo exhortaría a los jóvenes a aumentar el mismo tanto a sus ofrendas de cada domingo, y a la iglesia a hacer las compras necesarias para el estudio de la Biblia en dichas clases (como también para otros usos de la iglesia local).

3. Ahora, si unos individuos, con o sin clases, quieren juntar fondos para comprar un libro para ser propiedad de los varios, está bien. Tal cosa sería una actividad de individuos. Pero su compra no sería para la iglesia, sino para sí mismos.

* * *

611. ANCIANOS SOSTENIDOS

"¿Hay que sostener a los ancianos económicamente la iglesia?"

1. Para contestar esta pregunta, cito de mi obra, NOTAS SOBRE 1 TIMOTEO, sobre 5:17,18.

5:17 — Los ancianos — Véase 5:1, comentarios, donde la palabra "anciano" se usa en el sentido ordinario de persona de edad. Aquí se usa en el sentido de "obispo", como en 3:2. Véanse los comentarios allí. El "anciano" y el "obispo" son la misma persona. Véase 4:14, comentarios sobre "presbiterio". Véanse Notas Sobre Tito, 1:5,7, comentarios; y Notas Sobre 1 Pedro, 5:1,2, comentarios.

Es interesante notar cómo la versión católica Torres Amat encabeza esta sección que comienza con el ver. 17. Dice: "Honor a los Sacerdotes", como al principio del cap. 3 dice: "Virtudes Sacerdotales". Con tales títulos fabricados se espera condicionar a la mente del lector para que piense más bien en el sistema católico romano de las cosas, en lugar de ver la forma sencilla de gobierno de la iglesia local que autoriza el Nuevo Testamento.

— **que gobiernan bien** — **La misma palabra griega para decir "gobiernan"** (PROISTEMI) aparece también en 3:4,12 (gobierne, gobiernen), Rom. 12:8 (preside) y 1 Tes. 5:12 (presiden). La iglesia local debe ser gobernada o presidida, no por llamados "pastores", "líderes", "encargados", "misioneros", "mesas directivas", "sacerdotes," etcétera, sino por *ancianos*.

— **sean tenidos dignos de doble honor** — La palabra "doble" no ha de ser entendida literalmente, sino en el sentido de "más" o "adicional". Los ancianos deben ser honrados por su obra (1 Tes. 5:13). Pero debe haber honor adicional (doble honor) para los que dedican tiempo completo a la predicación y enseñanza pública y privada. Véase la misma palabra griega para decir "doble" en Mat.

23:15 y Apoc. 18:6.

La palabra "honor," o "honrar," se usa aquí en el sentido de remuneración monetaria. Considérese la palabra "honorarios". Los siguientes pasajes en su contexto emplean la palabra así: Mat. 15:5,6; Hech. 28:10; 1 Tim. 5:3 (9,16). La palabra griega TIME se traduce "precio" en Mat. 27:6,9; Hech. 4:34; 7:16; 1 Cor. 6:20.

— **mayormente los que trabajan en predicar y enseñar** — Todo anciano, u obispo, enseña (3:2; Tito 1:9) y preside (1 Tes. 5:12; Heb. 13:7). Pero si dedica tiempo completo a la predicación y enseñanza es digno de sostenimiento de parte de la iglesia. (Se implica una tesorería en la iglesia local para dicho sostenimiento).

La misma palabra griega para decir "trabajan" aparece también en 4:10 (Pablo y otros), 1 Tes. 5:12 (ancianos). Compárese Heb. 13:7.

En lugar de "predicar y enseñar", el texto griego dice: "en palabra y enseñanza". Dice la Ver. P.B., "en la palabra y en la enseñanza". Pero es la palabra que se predica (2 Tim. 4:2). Compárese Tito 1:9-11.

No se trata de dos "órdenes" distintas de ancianos (los que solamente presiden y los que predican y enseñan). Es que algunos tienen que "vivir del evangelio" (1 Cor. 9:14), porque emplean su tiempo completo diariamente en la palabra y enseñanza, y por eso no pueden sostenerse con trabajo secular.

5:18 – Pues — Casi todas las versiones importantes dicen, "Porque". Este versículo da la razón por qué los ancianos que dedican su tiempo completo a la predicación y enseñanza (ver. 17) deben ser remunerados, y comprueba que la frase "doble honor" del ver. 17 apunta a salario o paga.

— **la Escritura dice: No pondrás bozal al buey que trilla** — La frase "la Escritura", así en forma singular, aparece en Juan 7:38,42; Hech. 1:16; 8:32,35; Rom. 4:3; 9:17; Gál. 3:8; etc., con referencia a un pasaje en particular. En plural se hace referencia al canon completo (del Antiguo Testamento) (Mat. 21:42; Luc. 24:32; Juan 5:39; etc.; compárese Rom. 15:4).

La Escritura (pasaje) aquí referida es Deut. 25:4. El buey, ya que trabaja, merece su comida. Se prohibía ponerle bozal que le impidiera comer mientras trabajaba. (Sobre la práctica antigua de trillar el buey el grano, consúltense Os. 10:11; Miq. 4:13). Pablo cita este pasaje de Deuteronomio también en 1 Cor. 9:9, haciendo la misma aplicación (ver. 9-14).

— **y: Digno es el obrero de su salario** — Ahora se cita otro pasaje *de la Escritura*: Luc. 10:7 (Mat. 10:10 es casi igual). Según 1 Cor. 9:14, es *ordenanza del Señor* que se le pague al obrero.

Pablo da dos referencias bíblicas, al decir "la Escritura dice". Estas son Deut. 25:4 y Luc. 10:7. Esto comprueba que *LUCAS* es libro inspirado de la Escritura. (*LUCAS*, pues, fue escrito antes que esta carta a Timoteo; o sea, antes del año 63 d. de J.C.); ya existía y Pablo lo conocía y lo reconocía como del canon del Nuevo Testamento. Compárese

Hech. 20:35, también escrito por Lucas.

El principio aquí tratado es que como los evangelistas, o predicadores, reciben salario por su trabajo en el evangelio ("vivir del evangelio"), 1 Cor. 9:14; 2 Cor. 11:8; Fil. 4:15, 16, también merecen salario los ancianos que también dedican tiempo completo a su obra.

El "salario" puede tomar diferentes formas: dinero en efectivo, cheques, uso de casa, comida, etcétera (Luc. 10:7,8; 2 Cor. 11:8).

(Fin de la cita)

2. La pregunta se presenta así: "¿Hay que sostener a los ancianos económicamente la iglesia?" La cosa no es obligatoria, porque son variables las circunstancias. Si un anciano tiene ingresos y medios de sostenerse solo, no va a "cobrar" dinero adicional a la iglesia sencillamente porque dedica tiempo completo a la obra de enseñar y predicar. Si no tiene manera de sostenerse solo, no puede vivir si dedica todo su tiempo a la enseñanza y la predicación, si la iglesia no le sostiene. Todo el mundo tiene que vivir. La cuestión tiene que ver con lo que merece el anciano que dedica todo su tiempo a la enseñanza y a la predicación. Si la iglesia local quiere que dedique su tiempo así, que vea, pues, que tenga manera de sostenerse.

* * *

612. LA OFRENDA, ¿DE DINERO SOLAMENTE?

"¿Las ofrendas dominicales en la iglesia primitiva eran solamente de dinero o también de materiales? Actualmente ¿los cristianos pueden ofrendar materialmente?"

\- \- \-

1. Los varios pasajes que tratan de la colecta para los santos (1 Cor. 16; Rom. 15; 2 Cor. 8,9   ) apuntan a ayuda en forma de dinero que mensajeros de las iglesias, juntamente con el apóstol Pablo, pudieran llevar a Jerusalén. El caso singular de benevolencia registrada en Hech. 11:29,30 indica dinero que podrían dos individuos, Pablo y Bernabé, llevar en su persona a un buen número de iglesias necesitadas. No podían haber llevado dos personas toda clase de bienes materiales, como por ejemplo, muebles, verduras y harinas, etc., para tanta gente.

2. Considérense los ejemplos de Hechos 4:37 y 5:2.

* * *

613. UNA IGLESIA REGALAR A OTRA

"Si una iglesia compra materiales para edificación y evangelización tales como folletos y Biblias, ¿puede regalar a otra iglesia tales materiales?"

\- \- \-

1. Regalar algo, que ya no necesite la iglesia local, a otra iglesia que pudiera utilizarlo, es una cosa, y patrocinar cierta obra de proporcionar Biblia, etc. a otras iglesias, es otra cosa

completamente distinta. No hemos de confundir las dos prácticas muy diferentes.

2. A veces pasa que una iglesia ya no necesita ciertas bancas o himnarios usados, y para no botarlos los ofrece a alguna iglesia que pueda utilizarlos. Hacer esto es cuestión de ser la iglesia buena administradora de los bienes de Dios.

2. Otra cosa es el presentarse una iglesia local como agencia de distribución de bienes materiales para todas las iglesias de cierta área o de la hermandad. En este caso ella solicita dinero de otras iglesias para comprar y distribuir a iglesias consideradas "necesitadas". Tal cosa es pura centralización de obra en las manos de los ancianos de la llamada iglesia Patrocinadora. Tal iglesia liberal busca justificar su obra centralizada al decir que si una iglesia puede regalar himnarios usados a otra iglesia que carezca de himnarios, entonces ella puede servir de centro de distribución de himnarios (etcétera) para otras iglesias. No se requiere mucha educación o inteligencia para ver la diferencia entre las dos cosas.

* * *

614. COOPERAR LAS IGLESIAS EN LA EDIFICACIÓN

"¿Cómo hay que cooperar bíblicamente las iglesias en la edificación?"

- - -

1. El patrón bíblico (2 Tim. 1:13) autoriza la cooperación entre las iglesias locales solamente en la benevolencia. En el evangelismo y en la edificación de sí misma, cada iglesia local hace su propia obra y es adecuada para ello. No hay ninguna conexión orgánica entre las iglesias locales. Cada una es independiente y autónoma. No hemos de pensar en obras colectivas de las iglesias.

* * *

615. ¿ES PECADO "REGALAR" A LOS TESTIGOS DE JEHOVÁ POR UNA BIBLIA?

"Anteriormente los testigos de Jehová vendían sus materiales y lo compraban personalmente algunos, pero actualmente solamente dicen que de ofrenda voluntaria por cada material (si no le da la ofrenda no le deja el material). Con este último sistema he conseguido la Biblia de la versión de ellos. ¿Estoy participando en la obra de ellos, ya que regalar es apoyar la obra?

- - -

1. No, no ha pecado al conseguirse una copia de la Biblia de ellos en la manera en que lo hizo.

2. Ellos juegan con palabras. Las denominaciones venden muchas cosas, pero no usan la palabra "precio", sino lo que es menos comercial en sentido, las palabras "donativo" u "ofrenda". Pero sale igual; si la persona no paga lo esperado, no recibe del producto.

3. Para comprobar que los Testigos de Jehová en realidad no quieren decir "ofrenda voluntaria", ofrézcales un centavo (de "ofrenda voluntaria") por una de sus Biblias; a ver si le presentan una copia.

Le conviene al sectario decir "ofrenda voluntaria' o "donativo" porque así espera recibir más que el valor intrínseco del objeto de venta.

4. Usted, hermano, no regaló nada a ellos. Usted no donó nada. Regalar y donar es dar sin recibir nada. Usted dio una cantidad de dinero (que ellos aceptaron) en cambio por un objeto de venta.

* * *

616. ¿"Biblia", o "biblia"?

"¿Es correcto escribir "biblia" a la palabra "Biblia"? porque en algunos folletos de los protestantes y de la hermandad lo he visto".

- - -

1. La gramática nos enseña que los nombres propios se escriben con la letra inicial en mayúscula. "Biblia" es el nombre propio de cierto libro.

2. Cuando la palabra BIBLIA se refiere a los libros literales de papel va con minúscula, "biblia."

3. Ejemplos: "La Biblia es la palabra de Dios y debemos prestarle mucha atención". "La Biblia registra la voluntad de Dios para el hombre". Por otro lado, "La hoja que busco debe hallarse en esa biblia". "Esas tres biblias son mías."

* * *

617. CONCILIO FEDERAL DE LAS IGLESIAS DE CRISTO

"En el Censo Religioso de 1936, de su obra, está que la Iglesia Cristiana es miembro del Concilio Federal de las Iglesias de Cristo, ¿qué ese concilio? ¿Es de la hermandad?

- - -

1. Ese concilio es una organización compuesta de varias iglesias denominacionales. No es de la hermandad.

2. Es interesante notar que cuando las denominaciones humanas, llevando cada una su propio nombre distinto, procuran juntarse en cierta federación, tienen que usar una designación bíblica (en este caso, "iglesias de Cristo", Rom. 16:16) para no ofender a ninguna de las participantes. Pero, en su vida diaria rehúsan llamarse "iglesias de Cristo".

3. Las denominaciones suelen hablar acerca de "la iglesia invisible" y la "iglesia mística". Para ellas la "iglesia de Cristo" es compuesta de todos los salvos de entre todas las denominaciones humanas. Tal concepto no es bíblico.

4. He visto un himnario metodista que en el prólogo se emplea la frase, "la iglesia de Cristo". He visto la misma frase en la introducción de cierta versión católica de la Biblia.
Pero los autores no usan la frase en sentido bíblico, sino en el sentido explicado arriba.

* * *

618. APOYAR A LA SEGUNDA GUERRA MUNDIAL

"¿Es cierto que las iglesias de Cristo de los Estados Unidos, a través del Concilio Federal apoyó a la segunda guerra mundial? Esto lo leí en un libro de los testigos de Jehová".

- - -

1. No, no hay nada de verdad en eso. El Concilio Federal De Iglesias de Cristo es una organización compuesta de denominaciones protestantes (iglesias llamadas evangélicas), todas modernistas.

2. Véase el Interrogante anterior, #617.

* * *

619. ¿PUEDE UN CRISTIANO MATAR POR SU GOBIERNO?

¿Puede un cristiano ser guardia de seguridad, policía, militar? Si lo es, ¿puede matar por su empleo?

- - -

1. El cristiano puede participar en cualquier empleo honesto que no le obligue a violar la ley de Cristo. Matar a otro es violación de esa ley.

2. En Rom. 13:1-8, vemos la distinción entre el cristiano y el gobierno ("vosotros" y "ellos"). Los gobiernos de los hombres sirven un propósito específico de Dios (por eso se les llama, "servidor de Dios", ver. 4), y el cristiano es el ciudadano mejor en cualquier gobierno humano, inclusive en el de alguna dictadura cruel. Obedece las leyes del país sobre la base de conciencia, ver. 5. (Para que obedezca, no tiene que haber un policía por encima de él).

3. Si el cristiano es llamado por el gobierno al servicio militar, debe hacerlo notorio que no rehúsa servir en cualquier actividad que no viole su conciencia. Por ejemplo, acepta servir de cocinero, de médico, o de cosa semejante. Acepta la tarea más humilde y difícil, pero no acepta matar a otro. (En el entrenamiento para servicio militar, muchas veces se le enseña al soldado aun a odiar al enemigo del país. Claro es que el cristiano no puede participar en tal enseñanza).

* * *

620. NO ASISTIR TODOS LOS SERVICIOS Y LA EXCOMUNIÓN.

"Hay un hermano que quiere saber de su propio puño y letra, si usted está de acuerdo en que cierto hermano que no venga a la reunión entre semana, habiendo sido una reunión escogida por mutuo consentimiento de la iglesia y bajo consideración de todos los miembros y sus posibilidades de asistencia.
Estando todos de acuerdo en que al menos debemos reunirnos una vez entre semana y pudiendo hacerlo, si el hermano fulano, no lo hace por pereza, apatía, por quedarse en casa viendo televisión o cosas semejantes. ¿Está pecando y por ende si no se arrepiente después de tratar de convencerlo de la mejor manera, se podrá cortar de comunión?
En "Interrogantes y Respuestas" #216 usted termina diciendo que, ¡Seguramente en esta persona no mora el Espíritu Santo! Pero no dice que peca y hasta puede llegarse al punto de cortarlo de comunión, si fuera el caso a causa de no venir un día que la Biblia no dice que tenga que venir.
El hermano necesita saber, si algo establecido justamente por la junta de varones y no cumplido por alguien, puede ser causa de corte de comunión, si algo establecido por la iglesia, y no obedecido por alguien, puede ser causa de corte de comunión.

- - -

1. El Interrogante #216 es bien claro. Allí no digo solamente que "en esta persona no mora el Espíritu Santo" (si el Espíritu Santo no mora en la persona, ¿es esa persona santa o pecadora?); digo que es un miembro rebelde y que no cumple con su palabra o promesa de andar según el acuerdo de la iglesia en la cual puso su membresía. ¿No es pecado mentir y ser rebelde? ¿No es andar desordenadamente (2 Tes. 3:6,7)? Yo no perdería cinco minutos con un hermano tan rebelde, mentiroso y desordenado que por quedarse en la casa a mirar televisión no asistiera un servicio concordado por la iglesia a la cual el libremente se hizo miembro. Debe ser excomulgado (ver. 14).

2. Se me dice que "El hermano necesita saber, si algo establecido justamente por la junta de varones y no cumplido por alguien, puede ser causa de corte de comunión, si algo establecido por la iglesia, y no obedecido por alguien, puede ser causa de corte de comunión". No, lo que necesita saber es si debemos los fieles tener comunión con la rebeldía y la mentira. El hermano hipotético bajo consideración pidió membresía en una iglesia local, sabiendo del plan de obra de dicha iglesia, y libremente aceptó andar ordenadamente dentro de ese plan. Públicamente declaró su acuerdo con dicho plan. Se hizo partícipe en él. Ahora, todo lo quiere ignorar y echarlo por el suelo, y decir: ¿Puede la iglesia en la junta de varones establecer leyes y cortar la comunión al que no se someta a ellas? Dicha persona no merece la comunión de nadie. Que vaya a buscar a alguna iglesia donde pueda practicar su rebelión, desorden y mentira, sin tener que sufrir las consecuencias, pero al hacerlo, no llegará a ninguna iglesia que merezca llamarse de Cristo.

* * *

621. EL AMOR DE DIOS, ¿ES INCONDICIONAL?

"Muchos se refieren al 'amor incondicional de Dios'. ¿Es cierto que es incondicional? ¿Ama Dios a todos los hombres, inclusive a los malos, al Diablo, y a sus ángeles?"

- - -

1. El amor nunca es condicional. Es sencillamente una actitud o disposición que busca el bien de la persona amada. Por eso al cristiano se le manda que ame aun a sus enemigos (Luc. 6:27). El amor no es una simple reacción emocional, sino una concertada disposición consciente de mejorar lo que es malo pero que sí se puede mejorar.

2. Sí, Dios ama a todos los hombres, incluyendo a los malos (Juan 3:16). Dios es amor (1 Jn. 4:16). El busca su bien, porque en esta vida

hay oportunidad y esperanza de mejoramiento y cambio.

3. En ninguna parte se dice que Dios ama al Diablo y a sus ángeles, porque no hay bien alguno que se pueda lograr para ellos. Han sido condenados al infierno eterno (Mat. 25:41). Véase 2 Ped. 2:4. No hay evangelio para ellos (Heb. 2:16). Lo mismo se puede decir referente a los hombres malos, no ahora, sino cuando estén en el Juicio Final (Mat. 25:41). Entonces su destino final habrá sido sellado.

* * *

622. ¿QUIÉNES ERAN ESTOS SOLDADOS?

¿Que soldados eran los mencionados en Lucas 3:14? ¿Eran oficiales romanos o los guardias del Templo?

\- \- \-

1. No hay manera de dar una respuesta dogmática sobre esto. Los romanos tenían la costumbre de inscribir soldados del país subyugado. Por eso es muy posible que estos soldados eran judíos empleados por los romanos. O bien pudieron haber sido soldados judíos mantenidos por Herodes y Arquelao, bajo el dominio de los romanos. No eran paganos; de otra manera Juan les hubiera aconsejado de manera diferente.

* * *

623. ¿ES EJEMPLO APOSTÓLICO PARA HOY?

"En Lucas 10:10-12 y Mateo 10:14-15 se nos habla de que los discípulos, a saber, los 70 y los 12 fueron enviados con la misión de predicar….. Si no los recibían debían irse y sacudir el polvo de sus pies… etc… Luego en Hechos 13:51 se ve lo mismo, pero ahora, luego del establecimiento del Reino… ¿Esto es ejemplo para nosotros hoy (1 Corintios 11:1 y Filipenses 4:9)? y si no ¿Por qué no?"

\- \- \-

1. Ese acto en particular fue un mandamiento que el Señor dio a los que comisionó a salir a predicar. Pablo actuó bajo ese mandamiento, recibiendo sus revelaciones directamente del Señor (Gál. 1:12). Nosotros hoy en día no nos movemos bajo tal comisión.

2. El judío entendería el significado de ese acto, ya que consideraba la tierra pagana como inmunda comparada con la tierra de su nación (Amós 7:17). Los judíos en Antioquía de Pisidia (13:45,50) sentirían mucho el acto de Pablo y Bernabé (13:51) porque indicaría que ellos se identificaban con los paganos. Tal acto hoy en día en las partes del mundo lejos del judaísmo no tendría tal significado; en sí no tendría ningún significado aparte de el de limpiarse los zapatos.

3. Ciertamente no es malo que de alguna manera el cristiano indique a otro que es indigno de la vida eterna (13:46) si, aparte de rechazar la verdad, abiertamente persigue al que le trae el evangelio. El principio se obtiene hoy en día en todas partes, pero no el acto específico. Un asunto que sirve de paralelo es el lavar los pies (Juan capítulo 13).

* * *

624. ¿QUIÉN ERA EL QUE ECHABA FUERA DEMONIOS?

"¿Quién era el que echaba fuera demonios? ¿Si no era discípulo del Señor, seria algún discípulo de Juan el Bautizador? (Mar. 9:38-40)"

\- \- \-

1. Para contestar la pregunta, cito de mi comentario, NOTAS SOBRE MARCOS, 9:38-40.

9:38 — Juan le respondió diciendo: Maestro, hemos visto a uno que en tu nombre echaba fuera demonios, pero él no nos sigue; y se lo prohibimos, porque no nos seguía — Parece que Juan relata este suceso en vista de lo que Jesús acabó de enseñar sobre el recibir a otros. En lugar de recibir a esa persona, los doce apóstoles le prohibían (estorbaban), porque no era de su compañía particular.

Esta persona no sencillamente afirmaba echar fuera demonios, sino en realidad lo hacía, como lo indica el versículo siguiente. Jesús había comisionado a otros a salir a obrar milagros (Luc. 10:1,9) que no eran de los doce apóstoles. La persona referida en este caso seguramente había sido investida de poder (compárese Luc. 24:49) para echar fuera demonios. (Nadie podía hacer tal cosa de por sí). Los doce sentían celos a ver a uno que no era de su grupo haciendo lo que podían hacer ellos solamente por delegado poder sobrenatural.

Este pasaje ha sido abusado por ciertos sectarios para afirmar que hay cristianos en diversas iglesias denominacionales y que en lugar de prohibir algunos a otros, más bien debe cada cual dejar que los demás vayan al cielo "por su propio camino". ¡Pero este pasaje no justifica el denominacionalismo! No se trata de cosas no autorizadas por Cristo, sino de lo que Cristo ha autorizada para los suyos, no importando en un dado caso cierta compañía o círculo de discípulos involucrado.

9:39 — Pero Jesús dijo: No se lo prohibáis; porque ninguno hay que haga milagro en mi nombre, que luego pueda decir mal de mí — Los discípulos hicieron mal en "prohibir" a aquel siervo de Cristo, investido para echar fuera demonios. Jesús da la razón de por qué no prohibir a los tales; es que hacen milagros por la autoridad de Jesús ("en mi nombre") y como tales no deben ser prohibidos como si anduvieran hablando mal del Señor. No son enemigos de Cristo.

Es una cosa hacer una señal, un prodigio, una maravilla (Hech. 2:22), por autorización de Jesús, y es otra cosa reclamar hacer cosas en el nombre de Jesús (Mat. 7:22,23). Estos últimos son "hacedores de maldad", frase que según el texto griego significa más bien, "hacedores de lo que carece de legalidad". Hacen sin ley divina; es decir, hacen por su propia autoridad y voluntad ("en culto voluntario", Col. 2:23).

Este pasaje no ilustra la popular filosofía de tolerancia para toda cosa religiosa, y tuercen las Escrituras (2 Ped. 3:16) quienes lo apliquen así. Cristo quiere que sus seguidores "todos sean uno", como él y el Padre son uno (Jn. 17:21), y que hablemos "todos una misma cosa" (1 Cor. 1:10). ¡El denominacionalismo no sirve a nuestro Señor!

9:40 — Porque el que no es contra nosotros, por nosotros es — Estas palabras del Señor dan la razón de por qué no prohibir a obradores de Cristo de la categoría descrita en el versículo anterior.

Estas palabras de Jesús no justifican nada la neutralidad o la indiferencia en asuntos espirituales. No justifican la tibieza (Apoc. 3:16). Tratan solamente de quienes activamente obran según la autoridad de Jesús; los tales no obran en contra de Jesús que otros discípulos deban prohibirles.

Por contraste, véase Luc. 11:23, o Mat. 12:30.

* * *

625. COMISIONES EN LA IGLESIA

"¿Puede la junta de varones formar comisiones, formadas de algunos hermanos que a consideración de la junta son los adecuados para realizar ese trabajo?

"Comisión espiritual: se encargan de problemas espirituales o situaciones delicadas.

"Coordinadores de clases: encargados de las clases, del rol de predicadores, de material, de cuidar la enseñanza, se hacen encuestas para conocer qué es lo que está mal o que hace falta en los predicadores.

"Comisión de mantenimiento: encargados del mantenimiento del edificio.

"Estas son algunas de las comisiones en las que hermanos son destinados para este trabajo, y todo esto es aprobado por la junta de varones que son los que toman las decisiones en cuanto a lo que se va a hacer, poner, quitar, arreglar, acomodar.

"Deseo me ayude en estas cuestiones ya que algunos hermanos se oponen a todo esto y que algunos de ellos nunca son tomados en cuenta para estos trabajos, porque así lo considera la junta de varones".

\- - -

1. En la ausencia de ancianos (pastores, obispos) en la congregación, los varones de ella se encargan de las actividades de ella.

2. Ahora, una "comisión" puede ser algo que tenga autoridad en sí, o sencillamente una persona o personas escogidas para cierta tarea que no requiera ejercicio de autoridad. Por ejemplo, la junta de varones puede escoger a dos hermanos que firmen los cheques a nombre de la iglesia, pero estos tesoreros no pueden solos decidir en qué gastar el dinero de la iglesia. Son nada más agentes de la iglesia ante el banco, autorizados para firmar cheques. Los tesoreros (conviene que haya dos y que los dos firmen los cheques) no tienen autoridad alguna. No hay por qué llamarles una "comisión".

3. Si se levanta algún "problema espiritual", los varones deben tratarlo y solucionarlo. Para lograrlo, en algún dado caso, puede convenir que dos o más personas, hombres o mujeres, escogidas por la junta, vayan a hablar con cierta persona, pero al volver con la información buscada, la junta debe considerar y determinar la acción que deba tomarse. Ninguna llamada "comisión" sola, aparte de la junta de varones, debe ejercer tal actividad.

4. La junta de varones consiste de varios hombres. No todos tienen experiencia en materiales para clases bíblicas, ni información sobre en dónde conseguir materiales. No todos tienen experiencia en arreglar un buen programa de enseñanza Bíblica para toda la congregación, si es algo grande. Los varones pueden escoger entre sí a quiénes tengan más experiencia en el asunto para que éstos delineen un buen plan. Luego la junta lo aprueba o tal vez lo modifique. Los escogidos para esta tarea (como en todo caso de tarea especial) no se constituyen una "comisión" con autoridad propia.

5. Con respecto al "rol de predicadores", la junta puede señalar a alguien que prepare el rol, incluyendo a todos los hermanos dispuestos a predicar. La persona no tiene autoridad para excluir o incluir según sus prejuicios. Una vez preparada la lista, la junta la aprueba o la modifica. Si hay duda sobre cierta persona en la lista, se discute la cuestión y se soluciona en la misma junta. Ninguna "comisión" goza de autoridad propia suya para manejar el asunto.

6. El hacer encuestas sobre los hermanos que predican puede prestarse para mucho abuso, y más bien sirve de competencia sobre la popularidad. Si algún hermano parece tener problemas al predicar, los demás deben buscar ayudarle a vencer a sus problemas y animarle en sus esfuerzos. Si resulta que no tiene capacidad para servir a la iglesia en este particular, se le puede animar a que haga servicio en otro particular. Pero todo hermano es de valor y puede ayudar en algún lugar de servicio. No todo hermano necesariamente debe estar en el púlpito.

7. Sobre el mantenimiento del edificio, basta que haya un rol en que todos los miembros que puedan pongan su nombre voluntariamente para tomar su turno en el aseo del edificio. Si la junta de varones concuerda en dar este trabajo a ciertas personas por un dado tiempo (tal vez para cambiar de grupo más tarde), está bien. Que este grupo se llame "comisión", o no, no tiene importancia. No ejerce autoridad, sino hace un trabajo necesario y que debe ser apreciado.

8. En cuanto a "lo que se va a hacer, poner, quitar, arreglar, acomodar", si requiere decisiones, la junta de varones todo lo atiende. Si requiere solamente tareas manuales, las personas autorizadas por la junta de varones bien pueden atenderlas sin que se les llame "comisión".

9. Cualquier arreglo, que delegue autoridad propia a un grupo especial de personas dentro de la congregación, llámese lo que se llame, es de origen sectario y es una violación de la dirección de la congregación de parte de los varones de ella.

* * *

626. ¿LOS NIÑOS PECAN?

"Le escribo para decirle de nuevo mi pregunta: ¿los niños pecan?

- - -

1. La palabra "niño" puede significar diferentes cosas a diferentes personas. Puede haber un niño de un año, como uno de doce. El de uno no distingue entre el bien y el mal; el doce sí lo puede hacer. El de uno no miente; el de doce puede hacerlo. Compárense Isa. 7:15,16; Gén. 8:21.

* * *

627. ¿OBEDECER A DIOS O AL HOMBRE?

"Si a un esclavo cristiano su amo le niega reunirse con la iglesia en los estudios y el primer día de la semana, ¿cómo respondería éste cuando Cristo venga?"

- - -

1. Tenemos que obedecer a Dios antes que a los hombres (Hech. 5:29). Es la voluntad de Dios que el cristiano cada primer día de la semana se reúna con los santos para rendirle culto a Dios en los actos especificados.

2. Ahora, hay circunstancias en la vida que a veces hacen imposible el cumplimiento de este deber (por ej., estar uno hospitalizado, o encarcelado injustamente). Como es el caso con los demás cristianos, el esclavo cristiano tiene que hacer todo esfuerzo posible por cumplir con su deber hacia el Señor el primer día de la semana, no importando los sacrificios personales. Pero si físicamente le es imposible estar presente en la reunión, entonces la persona (esclavo o no) pide a Dios que le ayude a hallar la solución. ¡Dios contesta oraciones!

3. "Los estudios" de la congregación local son reuniones extra, planificadas para quienes de la congregación puedan asistir según sus trabajos y otras circunstancias (por ej., el poder salir de noche) permitan.

* * *

628. ¿OBEDECER A DIOS O ESTAR SUJETA AL MARIDO?

"A la esposa cristiana su marido le prohíbe ir a los estudios y también el primer día de la semana. ¿Cómo saldría esta hermana con el Señor, pues la Palabra dice que debe estar sujeta a su marido".

- - -

1. Esta pregunta es igual en principio que la anterior (#627). Por eso la respuesta es igual que la dada en el #627.

2. Eso de "tener que estar sujeta a su marido" puede servir de pretexto conveniente. Si el marido manda que la esposa mate a alguien, o que tenga relaciones sexuales con otro, ¿hay quien cree que ella por eso debe hacerlo?

Aquí conviene recordarnos lo que dice Col. 3:24, "a Cristo el Señor servís".

Heb. 10:25, "no dejando de congregarnos".

* * *

629. DESEAR TENER UNA BUENA CASA

"Pecaría yo como cristiano si deseo tener un buen trabajo, tener una buena casa, o tener un buen auto?"

- - -

1. La cuestión de pecado entra, no en el asunto de tener cosas, sino en la actitud de corazón hacia las cosas materiales que nos conduzca en la vida.

2. Conviene la pregunta: ¿Por qué quiere la persona "un buen trabajo, una buena casa, o un buen auto"? ¿Para poder servirle al Señor de mejor manera? ¿Para gozar de lujo en esta vida? ¿Qué haría la persona si tuviera tales cosas? Complétese la frase: "Si yo fuera rico _____".

3. Lo que vale más que nada es "la piedad acompañada de contentamiento" (1 Tim. 6:6).

4. "Los que quieren enriquecerse caen en tentación y lazo, y en muchas codicias necias y dañosas, que hunden a los hombres en destrucción y perdición; porque raíz de todos los males es el amor al dinero, el cual codiciando algunos, se extraviaron de la fe, y fueron traspasados de muchos dolores" (1 Tim. 6:9,10).

5. Ahora, si Dios da a la persona riquezas, le convienen las exhortaciones de los versículos 17-19.

* * *

630. TOMAR CON LAS MANOS LAS SERPIENTES Y NO LO MUERDEN

"Conozco a un hombre que cura mordeduras de serpientes y toma con las manos las serpientes y no lo muerden. ¿Qué es lo que ese hombre tiene en sí?"

- - -

1. Por no conocer yo a dicha persona ni las circunstancias inmediatas, no puedo contestarle la pregunta.

2. La pregunta implica que esa persona tiene algún don sobrenatural en sí o que obra en él algún poder maligno. Pero sabemos que no hay repartimiento de dones milagrosos hoy en día; pues cumplieron su propósito en el siglo primero y fueron quitados (Efes. 4:13; 1 Cor. 13:8-10).

3. Puede ser caso de "prodigios mentirosos" (2 Tes. 2:9).

4. Puede ser caso de afirmaciones sin prueba.

5. Una cosa es cierta: ese hombre no es cristiano ni predica la verdad, si afirma tener un don milagroso.

6. El hecho de que no le muerden las serpientes puede ser debido a su sabia manera de manejarlas. (El cuerpo con el tiempo puede producir resistencia contra ciertos venenos, y en tal caso de las mordidas de ciertas serpientes venenosas no siempre resultaría la muerte, pero eso no indica que la persona "tenga algo en sí" de medida no natural. Esto lo digo en cuanto a ciertos casos en que sí muerde cierta serpiente).

7. Se afirma que este señor cura a personas mordidas de serpientes. Pregunto: ¿de qué clase de serpiente? ¿de las más venenosas? ¿sana sin fallar?

¿instantáneamente? ¡Esto no pasa! No hay milagros de Dios hoy en día. Eso de Mar. 16:18 se cumplió en los apóstoles en el siglo primero. No hay quien tenga esos dones hoy en día. Cumplieron su propósito y Dios los quitó como los dio.

* * *

631. CASO DE FORNICACIÓN, MENTIRAS, Y MATRIMONIO

"Quiero hacerle una pregunta bíblica de un caso que se está presentando en ____, resulta que un varón joven tenía noviazgo con la hermana ____ formalmente porque hasta el hno. ____ le acompañó el día que él fue a pedir el noviazgo a los papas, pero unos 6 meses después el dijo que ya rompía su noviazgo con la hermana, y al mes el presentó a otra hermana. Cuando la hermana ____ observó eso, ella dijo que estaba embarazada del hno. ____ y que él le había prometido matrimonio, resulta que los varones de ____ se reunieron con ambos y él aceptó la acusación de la hermana pero dijo que él le había prometido eso solamente para conseguirla, entonces concluyeron que era fornicación en base a que no hubo pacto. Pero este pecado está causando tropiezo a muchos hermanos y también a los inconversos. Los padres de la hermana hicieron que el hermano se casara con ella legalmente pero él ha abandonado su responsabilidad y está en planes de divorcio para hacer matrimonio con ____.

"Mi pregunta es: ¿Podemos aplicar Deuteronomio 22:28-29 y su paralelo Exodo 22:16 para este caso? Si usamos Génesis 2:24, Proverbios 2:17 y Malaquías 2:14 con autoridad, ¿podríamos usar los textos ya mencionados?

- - -

1. Si entiendo el caso, los dos jóvenes pecaron al fornicar. Al pecado de fornicación se le agrega al joven el pecado de mentiroso. Si la persona no se arrepiente de sus pecados perderá su alma eternamente. Los dos deben arrepentirse de su fornicación y de sus mentiras y confesarlo, y pedir que Dios les perdone. Este es el primer paso, sin el cual lo que se haga después no remediará el estado espiritual de los dos. ¿Por qué no disciplinó la iglesia a estos dos miembros a causa de sus pecados? ¿No admitieron su fornicación y él su engaño? ¿Se arrepintieron e hicieron confesión pública de todo eso?

2. Los dos se casaron. Ya están casados. Si él se divorcia de la esposa, no por causa de fornicación, cometerá adulterio al volver a casarse (y también lo hará la otra que se case con él). No hay salvación para el adúltero, ni se puede comulgar al adúltero.

3. No estamos bajo la Ley de Moisés (Rom. 6:14). No nos rige Deut. 22:28,29 como tampoco 22:16.

4. Hay principios eternos que de las Escrituras del Antiguo Testamento podemos y debemos aprender (Rom. 15:4). La naturaleza de nuestro Dios Eterno no cambia. Es por esta razón que a veces citamos pasajes del Antiguo Testamento, como los de Génesis 2:24, Proverbios 2:17 y Malaquías 2:14, para hacer hincapié en tales principios. Pero la autoridad para nuestras acciones de vida reside en el Nuevo Testamento.

5. Al parecer, las intenciones del joven son de ir de mujer en mujer, sin remordimiento de conciencia. Si es así, anda como cualquier hombre mundano, buscando placer carnal. En cuanto a la otra mujer, es tonta al tener tratos con ese hombre sin arrepentimiento.

* * *

632. HACER NEGOCIOS CON LIBERALES

"¿Es pecado hacer negocios (comprar y vender) con hermanos en disciplina o bien con hermanos liberales?"

—

1. No, porque comprar y negociar no implican comunión en lo espiritual. Si un cristiano comprar comida a un bautista, ¿se entiende que está comulgando con la doctrina bautista? Si compra gasolina en una gasolinera de un ateo, ¿comulga con el ateísmo?

2. Si en algún caso particular el excomulgado tomara el negociar con él como una expresión de comunión con sus errores, no convendría negociar con él.

3. Hay cosas lícitas, pero no por eso siempre convienen (1 Cor. 6:12; 10:23).

* * *

633. LA JUNTA DE VARONES Y LAS HERMANAS

Un hermano me envió las preguntas siguientes y las contesto en orden:

- - -

1— **"¿debe realizarse periódicamente una junta de varones?"** Sí, esto conviene para casos de común atención. A veces casos urgentes demandan que los varones se reúnan para tratarlos.

2— **"¿debe esta junta ser de toda la Iglesia?"** No necesariamente; no para casos ordinarios. Si surge un caso en que conviene consultar a las hermanas de la congregación, ellas pueden presenciar una junta para ello y con permiso expresarse. Luego los varones se juntan para hacer las decisiones. (El papel de la mujer no es el de liderazgo).

3— **"si es solo de varones, ¿como deben ser informados los acuerdos a las mujeres, o se le debe solicitar su opinión siempre antes de decidir sobre alguna materia?"** Los acuerdos de la junta de los varones se anuncian públicamente en las reuniones de alguna manera apropiada para que las hermanas estén bien informadas. El solicitar la opinión de las hermanas, si se juzga conveniente, o necesario (véase # 2), se hace antes de la junta de los varones en que se hace la decisión.

4— **"¿debe primar en último caso las decisiones de la junta de varones, por sobre las opiniones diversas que pudiesen haber de la**

Iglesia?" Dios ha dado al varón el papel de dirección, y a la mujer el de ayudante. La iglesia local es compuesta de hombres y de mujeres, y en la ausencia de ancianos, la inferencia necesaria nos dirige a lo que comúnmente llamamos la "junta de varones". Casi siempre va a haber diversidad de opiniones, pero una vez que la iglesia se exprese, los varones deben tomar la dirección al hacer las decisiones. (La iglesia local no es una democracia, que la votación u opinión de la mayoría prevalezca).

Consúltense Interrogantes #267 y #324.

* * *

634. LITIGIOS DELANTE DE LOS INCRÉDULOS

Si alguien llega a mi casa y me trata mal, ¿podría yo ir a la corte y hacérselo ver a un juez?

- - -

1. Sí, con tal que no sea caso de un hermano en Cristo (1 Cor. 6:1-8).

* * *

635. ¿QUÉ ME PASA SI ATROPELLO A ALGUIEN?

Si yo tuviera un accidente, guardando todas las reglas de tránsito, y atropello a una persona y muere, ¿qué pasaría conmigo?

- - -

1. La ley civil decidiría sobre su culpa o inocencia en el asunto, y determinaría cualquier multa o pena que fuera aplicable. Aunque estuviera inocente en el caso, como cristiano (un "buen samaritano", Luc. 10:33-35) usted trataría de socorrer al herido en todo lo posible. Si tuviera culpa en el asunto, se arrepentiría y pediría perdón a Dios. También sufriría cualquier pena que la ley civil le impusiera. Y siempre, teniendo oportunidad, haría bien al herido.

* * *

636. ¿QUÉ PASA AL MENTIROSO?

Yo soy locutor y paso un programa y viene una cuña de alguien que murió y yo digo, Descanse en paz, siendo yo cristiano. ¿Sería que mentí? ¿Qué pasaría conmigo?

- - -

1. Sí, mintió.
2. ¿Qué pasaría? Todo depende de que el mentiroso se arrepienta o no. Dios perdona al cristiano que se arrepiente y pide perdón, y perdona todos los pecados del que obedece el evangelio (arrepintiéndose y siendo bautizado). Pero el que muere en la mentira, sufrirá el destino descrito en Apoc. 21:8.

* * *

637. ¿POR QUÉ LOS HOMBRES ASESINAN?

¿Qué es lo que actúa en el hombre que asesina a otro?

- - -

1 Juan 3:11,12 contesta su pregunta.

* * *

638. MAS DE UNA CONGREGACIÓN EN LA CIUDAD

"¿Hay algún impedimento para que en una ciudad grande con varios repartos repletos de miles de inconversos puedan formarse más de una o dos congregaciones locales y autónomas? Aquí algunos hermanos conservadores piensan que esto es malo".

- - -

1- No, no es malo. Al contrario, en todo sentido es bueno que dondequiera existan iglesias locales, grandes y pequeñas en número de membresía.

Usted aclara que el objeto en formar otra congregación distante de las que ya existen no es para quitar miembros a las ya establecidas, y que toma en cuenta 2 Cor. 10:15,16. Todo hermano fiel debe gloriarse en que existan más iglesias locales dondequiera, porque eso indicaría más almas salvas de sus pecados pasados.

No hay razón por qué sentir celos de otras congregaciones locales que se establezcan en la ciudad. Con Pablo debemos gozarnos que Cristo sea anunciado en todo rincón del mundo (Fil. 1:18).

Había varias iglesias locales en la ciudad de Roma (Considérense los saludos de Romanos 16).

* * *

639. ¿QUÉ ES "INVOCAR EL NOMBRE DE JESÚS"?

"Hay hermanos que dicen que la oración debe ser dirigida a Jesucristo y no al Padre, ya que según ellos en Hechos se enseña que los discípulos INVOCABAN EL NOMBRE DE JESÚS, y en base a esto dicen que los primeros cristianos oraban a Jesús y no al Padre".

- - -

1. El error de los hermanos en este caso consiste en que no entienden la frase "invocar el nombre del Señor" (como en Hech. 2:21. Véanse también 22:16; Rom. 10:12-14).

La frase, "invocar el nombre," no tiene que ver con la oración. Significa apelar a alguien, al reconocer que puede socorrerle. Pedro citó a Joel (Hech. 2:16) y luego en su sermón dijo a la gente qué hacer para invocar el nombre del Señor; a saber, creyendo (ver. 37) arrepentirse y bautizarse (ver. 38). Al hacer lo que el Señor manda, ellos estarían "invocando el nombre del Señor".

Es lo que vemos en el caso de Saulo de Tarso. Después de que Ananías encontrara a Saulo bien arrepentido y dado a la oración, le mandó levantarse y bautizarse, "invocando su nombre" (de Jesús). Ananías no le mandó hacer tres cosas: a saber, levantarse, bautizarse y orar. Le mandó hacer dos cosas seguidas de la frase participial, "invocando su nombre". Es decir, hay dos verbos en el modo imperativo (levántate, bautízate), y uno en el participial (invocando). La frase de participio describe la acción de los dos verbos imperativos.

Cuando la persona hace lo que el Salvador le manda hacer, la persona está invocando su nombre; es decir, está reconociendo el poder salvador de Jesús y busca hallar la salvación por medio de obedecerle que sólo él puede ofrecer.

Esto es lo que efectivamente enseña Pablo en Romanos 10. Cito de mi obra, NOTAS SOBRE ROMANOS, 10:12,13,

"todo aquel que invocare". Esto no significa meramente implorar al Señor en oración, suplicando que le salve, como muchos lo aplican. Cristo niega tal interpretación, Mat. 7:21-23; Luc. 6:46. ¡No hay que pedirle a Dios que le salve! El es quien nos pide a nosotros que seamos reconciliados con El, 2 Cor. 5.20. En el ver. 9 vemos que el que cree, será salvo. En el 13, el que invoca, será salvo. Pero creer es obedecer, porque en el 16 dice Pablo que no todos obedecen y como prueba cita a Isaías quien dice que no todos habían creído. No creían porque eran "rebeldes" (ver. 21), que es la misma palabra (APEITHEO) traducida desobedecer, o desobediente, en Juan 3: 36 y Rom. 2:8, en esta versión. De este contexto deducimos que creer, invocar, y obedecer indican el mismo proceso porque traen el mismo fin, la salvación. Invocamos el nombre del Señor, cuando reconociendo nuestro estado perdido, y creyendo que El puede salvarnos, le obedecemos en sus mandamientos que nos prometen el perdón (salvación). (Véase Hech. 22:16; 2:21).

Este pasaje es citado de Joel 2:32. Pedro lo cita en Hechos 2:21, y Pablo lo aplica a Cristo Jesús, aunque Joel dice "Jehová". Esto establece la Divinidad y Deidad de Cristo. ¡Es Dios! (Véanse comentarios sobre 9:5)".

2. Las Escrituras enseñan que hay un Mediador entre Dios, a quien debemos dirigir las oraciones, y el hombre que debe orar. Algunas de éstas son las siguientes:

1 Tim. 2:5; 1 Jn. 2:1; Mat. 6:6,9; Luc. 11:2; Jn. 16:23,24; 2 Cor. 13:7; Filip. 4:6; Sant. 1:5; Rom. 10:1; Efes. 1:16,17; 1 Tes. 1:2; Filemón 1:4

* * *

640. REUNIÓN DE DOS IGLESIAS COMO VISITA EN PRIMER DÍA DE LA SEMANA

"¿Qué hay de malo en que dos iglesias se junten en primer día de semana como caso incidental 'visita'?"

- - -

1. La idea de visita de unos hermanos a otros no es mala en sí. Pero hay maneras de lograr esto sin que se haga caso omiso de la reunión de la congregación el Día del Señor, o se cause división entre hermanos.

2. A veces dos congregaciones no muy separadas de distancia tienen servicios entre semana en días diferentes. Unos pueden visitar a otros en los referidos días. A veces se celebra una serie de servicios de noche en noche, y en tales ocasiones hay amplias oportunidades para visitar.

3. Hermanos de dos congregaciones en lo individual pueden hacer visitas entre sí según deseen y tengan tiempo y siempre que las circunstancias lo justifiquen.

4. Pero la congregación local tiene su plan de obra y debe ser fiel en llevarlo a cabo. (En cuanto al evangelismo anuncia públicamente sus horas de servicio y si llega una persona interesada y halla cerradas las puertas del local, se pierde la oportunidad de enseñarle).

5. El percibido provecho de una visita no justifica el abandono de los deberes de la iglesia local de congregarse como iglesia local. El fin no justifica los medios (Rom. 3:8). Tampoco vale más que las buenas relaciones entre las congregaciones. ¿Para qué insistir en una práctica no necesaria a costo de corto de comunión entre hermanos?

6. Si se puede justificar tal actividad para un primer día de la semana, ¿qué quita que no se reúnan dos iglesias locales repetidas veces aun en el mes?

7. Aquí entra la enseñanza de Rom. 14:19.

* * *

641. COMPRAR LO ROBADO

"Si yo como cristiano compro algo robado, pero no lo sé, ¿peco yo?"

- - -

No, no peca a pagar el valor de algo de venta. Pero si después se da cuenta de que el artículo fue robado, entonces usted hará lo posible por ver que el dueño tenga de nuevo su artículo y dejará que la ley atienda al criminal. Hay que ejercer cuidado al comprar de fuentes dudosas.

* * *

642. ANUNCIAR LICORES Y CIGARRILLOS

"Si yo como cristiano me consigo un trabajo de anunciar licores y cigarrillos, pero yo sé que esto es dañino para la salud, ¿sería lícito para mí esto?"

- - -

No, no le sería lícito hacerlo. En primer lugar estaría violando su conciencia, cosa mala en sí (Rom. 14:23). En segundo lugar, no hemos de trabajar en lo malo, sino en el bien (Efes. 4:28).

* * *

643. DECIR, "DESCANSE EN PAZ"

"Si alguien muere sin haber obedecido al evangelio, y yo digo: 'que descanse en paz', ¿hago mal?"

- - -

Sí, hace mal, porque sabe que la persona que muere fuera de Cristo no descansa en paz, sino que sufre en el Hades (Luc. 16:23). Es mentir decir algo, sabiendo que no es cierto. Es ser hipócrita. Es malgastar la oportunidad de enseñar la verdad al vivo.

* * *

644. OBLIGADO A MENTIR

"Si trabajo de guardaespaldas y el jefe que

está para dormirse me manda decir a cualquier visitante que él no está casa, ¿que debo hacer?"

- - -

El cristiano no miente (Col. 3:9; Apoc. 21:8). Si cierto trabajo obliga que se mienta, entonces el cristiano busca otro empleo. El cristiano para su sostenimiento no depende del hombre, sino de su bondadoso Dios (Mat. 6:32-34; 1 Ped. 5:7). Si cierto trabajo le obliga que mienta, no lo acepta, sino que vuelve al Señor al buscar otro empleo.

* * *

645. UNA IGLESIA COMPUESTA SOLAMENTE DE MUJERES

"Hay una iglesia del Señor compuesta de tres hermanas, y una de ellas le habla el evangelio a alguien, y éste se quiere convertir, pero no hay varones. ¿Qué pasaría aquí? ¿Qué se podría hacer?"

- - -

Este cuadro representa un caso extremadamente raro, pero el caso es que dicho señor sea bautizado en Cristo. Se debe buscar al alguien que le sumerja en agua, en el nombre del Señor, para perdón de los pecados. La validez del bautismo no depende de la persona que bautice, sino de la fe, del arrepentimiento, y de la confesión de fe de la persona que es bautizada en Cristo para perdón de los pecados.

* * *

646. REUNIRSE MUJERES PARA ADORAR

"Esta misma iglesia no tiene varones. ¿Podrían las hermanas reunirse para estudiar y tomar la Cena del Señor?"

- - -

Si es una iglesia, ¿por qué no podría adorar a Dios? Claro es que dichas hermanas pueden reunirse y adorar a Dios. Considérese Hech. 16:13,14.

* * *

647. PRESTAR DINERO DE LA IGLESIA

"En esta iglesia de tres hermanas, una de ellas que guarda las colectas prestó dinero a su marido. Un hermano me dijo que no había problema, pues era su esposo. ¿Qué dice usted sobre esto?"

- - -

Digo que la iglesia local no es un banco para que preste dinero. Las colectas no son para hacer préstamos a nadie. La hermana tomó dinero no suyo y lo prestó a otro; hizo mal. ¿Se me permite a mí prestar dinero ajeno?

* * *

648. EL FRUTO DE LA VID EN BOTELLA

"Algunos hermanos nos condenan por utilizar el fruto de la vid envasado o en botella. Ellos creen que se debe ser exprimido el producto directo o de la uva".

- - -

1. Lo que Las Escrituras especifican es que se use "el fruto de la vid" (Mat. 26:29), frase que significa el jugo de uva.

2. Si las botellas que ustedes usan contienen solamente jugo de uva, entonces ustedes, al tomar la "copa" toman solamente jugo de uva.

3. Las Escrituras no dicen: "fruto de la vid frescamente exprimido de la uva." Como el agua es agua, si tomado del río mismo o de una botella, así es con el fruto de la vid.

4. No hay uva fresca universalmente en todo el año, sino solamente en su sazón. Hay que conservar el jugo de uva para que sea accesible a toda hora. Por eso se prepara en las fábricas de productos de frutas y se vende en botellas.

5. No hemos de imponer un detalle que la Palabra de Dios no impone.

* * *

649. ¿ES JESUCRISTO DIOS?

"Un amigo, que estudia con los Testigos de Jehová, me ha preguntado esto: '¿Por qué Jesús, siendo Dios, tuvo que demostrar diferencia, llamando a Dios Padre, orando a él como a otra persona, Jesús en la tierra y el Padre en el cielo? En Mateo 24:36, pues siendo él Dios, Jesús dice que sólo el Padre sabe el día y la hora. Entonces es mentiroso porque si él sabe todo, siendo el mismo Dios, ¿por qué señala que Dios es el único que sabe las cosas? El demuestra en los evangelios como diferencia; ¿por qué tuvo necesidad de demostrar diferencia?'"

- - -

1. Hay que guardar presente que los Testigos de Jehová son <u>unitarios</u> (que Dios es una sola persona). Afirman que Jesús fue creado y que el Espíritu Santo es nada más una influencia, y no persona. Por eso el amigo sale con esa clase de preguntas.

2. Hay tres personas en la Deidad, cada una jugando cierto papel en el plan de redención del hombre.

3. La segunda persona de la Deidad es el Verbo; es Dios (Jn. 1:1). Se hizo carne (ver. 14; Filip. 2:5-7). En el papel del "siervo sufrido" (Isa. cap. 53), Cristo se sujetó a la voluntad del Padre al llevar a cabo el sacrificio de sí mismo por los pecados del hombre. Solamente en ese papel hubo "diferencia".

4. Aun en su papel de Salvador aquí en el mundo, el Verbo no estaba sin sus atributos divinos. ¡Dios no puede dejar de ser Dios! (Véanse Interrogantes #147 y #149). Jesucristo en la tierra, siendo Dios encarnado, era omnisciente, pues conocía los pensamientos del hombre (Mat. 9:4; 12:25; Luc. 5:22; 11:17). Solamente Dios "conoce a todos", y sabe "lo que hay en el hombre", pero esto se dice de Jesús, Jn. 2:24.

Cristo es Dios (Jn. 1:1; 20:28; Mat. 1:23; Fil. 2:6; Col. 2:9; Rom. 9:5; Heb. 1:8; etcétera). El Espíritu Santo es Dios (Hech. 5:3,4). Cada uno tiene su papel en la redención del hombre perdido. (El papel del Espíritu Santo fue el de revelar la palabra, Jn. 14:26; 16:13).

(Los Testigos de Jehová han publicado un Interlineal griego/inglés. Consultando Rom. 9:5, que declara que Cristo es Dios, veo que la traducción (palabra por palabra) del texto griego es correcta, pues dice, "Cristo … Dios bendito…", pero en una columna aparte se da la traducción Nuevo Mundo, y en ella se hace un cambio arbitrario. Dice, "Cristo … (sea) Dios bendito ….," y así ellos tratan de cambiar de persona. Esto lo hacen por añadir al texto sagrado la palabra "sea". Saben que el texto griego no dice "sea" y su traducción literal del texto griego no contiene dicha palabra, pero en su Versión Nuevo Mundo agregan esa palabra al texto para tratar de quitarle a Cristo su Deidad. Son deshonestos).

Sobre lo que dijo Jesús en Mat. 24:36, cito de mi comentario, NOTAS SOBRE MARCOS, sobre el pasaje paralelo, 13:32:

"Dice Jesús que él no sabe de aquel día ni de la hora, ni tampoco los ángeles. Mateo (24:36) agrega que nadie lo sabe, "sino sólo mi Padre". Se sigue, pues, que el Espíritu Santo tampoco lo sabe. Obviamente Jesucristo y el Espíritu Santo son omniscientes. Pero no por eso tienen el mismo papel en el desarrollo del plan eterno de Dios (Efes. 3:11). Toca solamente al Padre saber, o revelar, el día y la hora del fin del mundo. (Aquí "saber" se emplea en el sentido de revelar. Compárese 1 Cor. 2:2 — Pablo sabía muchas cosas, pero una sólo cosa determinó allí "saber", o revelar en predicación). Cada una de las Personas de la Deidad tiene su propio papel".

Compárese Hech. 1:7. Solamente Dios el Padre va a revelar el día final al exhibirlo en realidad. No tocaba al Espíritu Santo, ni al Hijo, ni a los apóstoles, "saberlo"; es decir, revelarlo. Así se emplea la palabra "saber" en estos textos, como se emplea en 1 Cor. 2:2.

Las "diferencias" que Jesús demostraba en los evangelios fueron diferencias de papel que cada uno de la Deidad ejercía en la redención del hombre.

* * *

650. UNA DE LAS MEJORES VERSIONES

¿Cuál puede ser una de las mejores traducciones o revisiones de la Biblia? Si puede recomendarme una, se lo agradezco.

- - -

1. Puedo mencionar algunas versiones en español que yo considero buenas, pero ninguna que sea la mejor de todas.

Versión Moderna (1896)
Versión Hispanoamericana (NT, 1916)
Versión de Pablo Besson (NT, 1919)

2. Estas tres no se consiguen fácilmente en cualquier parte. No sé si todavía se publiquen.
3. La versión católica, de Nácar y Colunga (1966) tiene mucho mérito. La Versión Biblia de las Américas (1963) también tiene mucho mérito,

aunque me decepciona algo en algunos pasajes. Esta versión se vende en muchas partes del mundo.

* * *

651. ¿QUÉ SON EL NUEVO PACTO Y EL VIEJO PACTO?

"Hay hermanos que están afirmando que: (1) Dios hizo una promesa a Abraham de bendecir a través de su simiente a TODAS las naciones. (2) Israel, así que ahora caminaba la promesa juntamente con el pacto. Este pacto se termina cuando Cristo muere en la cruz del calvario. (3) Dios promete un nuevo pacto (Jeremías 31:31) con la casa de Israel y con Judá. En la cruz el primer pacto es abrogado, dando lugar al segundo pacto.

En base a esto sacan las siguientes conclusiones: (1) El nuevo pacto solamente involucra a los judíos y no a los gentiles. (2) El nuevo pacto comienza en la cruz, pero termina en el año 70 d. C. cuando Jerusalén es asolada y el templo destruido, según Mateo 24.

Lo que quiere decir que: (1) nosotros no fuimos alcanzados por el nuevo pacto del que habla Jeremías. (2) Somos salvos por la promesa hecha a Abraham y no por el nuevo pacto. (3) Muchas de las enseñanzas de Pablo, como la carta a Romanos, y Hechos fueron enseñanzas para los judíos y no para los cristianos.

Lo que necesitamos demostrar con las Escrituras son los siguientes puntos: "(1) Que el nuevo pacto involucra judíos y gentiles. (2) Que el nuevo pacto permanece hasta la venida del Señor. (3) Que la carta a Romanos y el libro de Hechos son para nosotros hoy."

- - -

1. El Interrogante #385 puede ser útil en la discusión a la mano.
2. Gálatas capítulos 3 y 4 en particular son útiles para aclarar el asunto. Pablo está tratando el caso de los hermanos judaizantes que querrían obligar a los hermanos gentiles a ser circuncidados (Hech. 15:1,2). En Cristo no hay distinción entre judío y gentil (Gál. 3:26-29).
3. Hebreos capítulos 3 al 10 en particular desmienten la falsa doctrina de esos hermanos en _____. La promesa hecha a Abraham (6:12) fue cumplida en el evangelio de Cristo Jesús (capítulo 8 en particular). El evangelio es para todo el mundo, judío y no judío (los gentiles), sin distinción alguna (Rom. 1:16; Mat. 28: 18-20; Mar. 16:15,16). La carta a los Hebreos termina, diciendo, "Saludad a todos los santos", sin distinción de razas.
4. Jer. 31:31. Sabemos el significado de una profecía por el cumplimiento inspirado hallado en el Nuevo Testamento. Sí, dijo Jeremías, "con la casa de Israel y con la casa de Judá", pero por el cumplimiento inspirado sabemos que se hace referencia a Israel y Judá espirituales (Heb. 8:8-12; 10:15-18; Rom. 2:28,29; 9:6-9; Gál. 3:29; 6:16; Col. 2:11,12; Heb. 2:16,17; Sant. 1:1; 2:1).
5. El Nuevo Pacto profetizado tuvo que ver con el perdón de los pecados (Jer. 31:34). Si se

excluyen los gentiles, ¿de dónde tendremos el perdón de los pecados? Véase Heb. 10:16-18 y 19-25. Luego, véase Mat. 26:28. ¿Debemos los gentiles tomar la Cena del Señor?

6. En el Nuevo Pacto, el Nuevo Testamento, no hay distinción de personas, Gál 3:26-29; Rom. 10:12 y sig.

7. Pedro dijo A JUDÍOS ¡lo de Hech. 3: 25,26!

8. Se afirma: "El nuevo pacto comienza en la cruz, pero termina en el año 70 cuando Jerusalén es asolada y el templo destruido, según Mateo 24". ¿Qué prueba se ofrece? ¿Dónde dicen las Escrituras eso? Esa pura aseveración.

9. Dicen: "Somos salvos por la promesa hecha a Abraham y no por el nuevo pacto". El Nuevo Pacto es el cumplimiento de dicha promesa, Gálatas capítulo 3; Hech. 3:25,26; Mat. 26:28; Hebreos capítulo 8; 12:24.

10. El evangelio, que es uno (Gál. 1:6-9) es igualmente para judíos como para gentiles, Rom. 1:16,17; Hech. 13:46; 17:30; 26:20-23; 28:28.

11. ¿Dónde en la promesa hecha a Abraham se les dice a los gentiles de hoy qué hacer para ser salvos? ¿Cuáles "enseñanzas de Pablo" son para los gentiles? ¡Especifíquense!

12. ¿Hay dos evangelios, uno para el judío y otro distinto para el gentil?

* * *

652. ¿TOMAR LA CENA DEL SEÑOR EL SÁBADO EN LA NOCHE?

"Estos hermanos dicen que el calendario que debemos usar para celebrar la cena es el calendario judío. Es decir, celebrar la cena del Señor el domingo a las 7:00 de la noche, ya es lunes y está uno fuera de la Biblia. Ellos pueden celebrar la cena en la noche del sábado, porque según dicen ya es el primer día de la semana.

Lo que necesitamos demostrar es lo siguiente: (1) Dios no dijo qué calendario utilizar para este mandamiento. (2) Una clara explicación profunda de Hechos 20:7-11. ¿Qué calendario se utilizó aquí?"

- - -

1. Siempre le toca al que afirma que compruebe lo que afirma. De otra manera nada más asevera. Si yo afirmo que soy Napoleón, ¿le toca a otro comprobar que no lo soy? ¡Claro que no! Me toca a mí comprobarlo. ¿Qué prueba ofrecen esos hermanos de que Dios ha demandado el uso de cierto calendario? ¡Ninguna! Nada más lo dicen; lo aseveran, imponiéndose.

2. La verdad es que en las Escrituras hay casos de referencia a tiempo judío como también a romano. Más de esto abajo.

3. Troas era una ciudad de gentiles, no de judíos. Era gobernada por gentiles. Los romanos, griegos y egipcios contaban el tiempo desde la medianoche, los babilonios desde la salida del sol, y los judíos desde la puesta del sol. Siendo Troas una ciudad de costumbres gentiles, el tiempo entre ellos se contaba de medianoche a medianoche. (Lucas, el historiador, era gentil). Los hermanos en

Troas (Hech. 20:7) se juntaron el domingo (el primer día de la semana) en la tarde, según el tiempo romano, y no el sábado en la tarde, después de puesto el sol, según el tiempo judío. Las costumbres judías no regían a los gentiles (en este caso, a los romanos). Tomaron la Cena del Señor, y Pablo prolongó su sermón hasta la medianoche. Luego al otro día (el lunes) continuó su viaje. Los hermanos errados dicen bien al decir, "celebrar la cena del Señor el domingo a las 7:00 de la noche, ya es lunes" si se sigue el tiempo judío. Pero también es cierto que en dado caso, el "día siguiente" (Hech. 20:7) seguiría siendo el mismo día, ¡el día lunes! (hasta la puesta del sol). Pero según el tiempo romano, los discípulos se reunieron el domingo en la tarde (por ejemplo, "a las 7 de la noche") y el día siguiente sería el lunes. El domingo es un día, y el lunes es el siguiente.

4. El apóstol Juan escribió la narración acerca de la vida de Jesús muchos años después de la muerte de Jesús, y desde donde vivía en Efeso, una ciudad gentil. Con referencia a la resurrección y las apariencias de Jesús, escribió, "Cuando llegó la noche de aquel mismo día, el primero de la semana, estando las puertas cerradas en el lugar donde los discípulos estaban reunidos por miedo de los judíos, vino Jesús, y puesto en medio, les dijo: Paz a vosotros" (Jn. 20:19). Aquí Juan emplea el tiempo romano, no el tiempo judío.

Jesús resucitó temprano el primer día de la semana (Mar. 16:9). Luego apareció a María, a Pedro y a dos discípulos que iban a Emaús. Luego "cuando llegó la noche de aquel mismo día, el primero de la semana," Jesús apareció a los doce, menos a Tomás quien no estuvo presente en esa ocasión.

Aquí Juan emplea el tiempo romano, pues fue imposible ser tiempo judío. Según el tiempo judío el día terminaba a la puesta del sol., y esta aparición de Jesús fue de noche. La palabra griega, OPSIOS, significa tarde, después de puesto el sol. Era ya de noche, pero todavía el primer día de la semana (el domingo).

El tiempo romano fue usado por Juan por inspiración divina. Otro ejemplo de esto lo vemos en Juan 19:14. Comparando este pasaje con Mat. 27:45; Mar. 15:25,33 y Luc. 23:44, vemos que Juan usó el tiempo romano, la hora sexta siendo las 6 de la mañana (6 horas desde la medianoche), al hablar de cuándo Jesús estuvo en presencia de Pilato.

5. Los hermanos que procuran ligar el tiempo judío, en todo el mundo del tiempo de hoy, actúan exactamente como los judaizantes del siglo primero que procuraban ligar la circuncisión con respecto a los gentiles (Hech. 15:1,2).

* * *

653. EL LLAMADO "PECADO HEREDITARIO"

"Ciertamente el pecado no se hereda (Ezequiel 18; Génesis 8:21; el corazón del hombre es malo desde su juventud, no desde su niñez).

¿Como responder a quien dice que: si el

pecado no es hereditario, como la consecuencia que sufrió Eva respecto a dar a luz los hijos con dolor es transmitida a todas las mujeres? (Gén. 3:16)

Según yo veo, el tema no toca el caso sobre el pecado hereditario. Favor ayúdeme con algún comentario amplio sobre el caso a la mano".

- - -

1. Hno. _____ : Tiene toda la razón al decir, "el tema no toca el caso sobre el pecado HEREDITARIO" (enfatizo, "hereditario"). La persona está confundiendo la culpa con la consecuencia. ¿Acaso es pecado dar a luz con dolor? ¿Es pecado morir? No obstante, las mujeres dan a luz con dolor, y todos morimos a consecuencia del pecado de Adán, en que por eso Dios quitó el acceso al árbol de la vida y todo hombre nace mortal (sujeto a la muerte física).

Los hijos del padre borracho, y la esposa de él, sufren muchas consecuencias malas (la vergüenza, la falta de dinero para comida y ropa, el abuso físico, etcétera) a causa del pecado de ese hombre, pero no tienen CULPA respecto a su borrachera.

Los que abogan por el pecado hereditario no aceptan que se herede la justicia. ¿Por qué no? Si una cosa se hereda, también la otra. La verdad es que ni una cosa ni la otra se heredan; !se cometen! Esto Ezeq. capítulo 18 lo enseña claramente (véanse los versículos 20,24). El pecador es el que peca (no el que nace; ¡no es pecado nacer!), y pecar es transgredir las leyes de Dios (1 Jn. 3:4).

David confesó sus propios pecados o transgresiones (Sal. 51:1,2,3,4), no los de Adán. Habló de lo que EL había hecho (ver. 4); no de lo que hiciera Adán. La persona que peca hace algo malo; es constituido pecador por lo que hizo, y no por lo que herede. La muerte (espiritual) pasó a todos los hombres, dice Pablo en Rom. 5:12, no porque Adán pecó, sino "por cuanto TODOS pecaron". ¿Dijo Cristo en Juan 8:24 que los que no creen en él morirán en el pecado de Adán, o en sus propios pecados? Dos veces dice Jesús: "vuestros pecados".

Dios, para subrayar la gravedad del pecado, visita la iniquidad de los padres sobre varias generaciones de ellos (Éxodo 34:7), no imputándoles la CULPA de la iniquidad, sino las CONSECUENCIAS de ella. Los judíos, que nacieron en la esclavitud de Babilonia de setenta años, no se encontraban allí a consecuencia de sus propios pecados, sino de los de sus padres y demás familiares anteriores. El ejemplo de esto se ilustra en los casos de Daniel y de Ezequiel.

* * *

654. ¿CUMPLIÓ JESÚS TRES DÍAS Y NOCHES EN LA TUMBA?

(Un hermano me ha enviado un tratado, titulado "EL TERCER DÍA", y me pregunta sobre el contenido. El autor del tratado niega que Jesús fuera crucificado el día viernes, para resucitar el día domingo. Afirma que Jesús fue crucificado el día miércoles y que resucitó el día sábado, después de 72 horas (3 días por 24 horas, total de 72 horas).

Según esta posición no bíblica, el domingo fue el día de apariciones y no de la resurrección).

- - -

1. Antes de comentar sobre algunos puntos específicos, me permito citar de mi obra, NOTAS SOBRE MARCOS, sobre 16:9:

"Lucas 24:1,7,13,21 quita toda la confusión sobre la discusión de las diferentes expresiones referentes al día de la resurrección: en tres días, al tercer día, y después de tres días (8:31, después de tres días; Mat. 12:40, tres días y tres noches; 16:21, al tercer día; Jn. 2:19, en tres días). Luc. 24:1 dice, "El primer día de la semana"; el ver. 7 dice, "al tercer día"; el ver. 13 dice, "el mismo día"; y el 21 dice, "hoy es ya el tercer día". Es obvio, pues, que las diferentes expresiones apuntan al mismo día, al primero de la semana, al que le llamamos domingo. Los judíos contaban una parte del día como día. Jesús fue crucificado el viernes en la tarde, y fue sepultado. Estuvo en el sepulcro el sábado, y parte del domingo; luego resucitó".

2. Mar. 16:9 dice claramente que Jesús resucitó "el primer día de la semana", no el sábado. El autor del tratado reconoce la fuerza de este pasaje y trata de deshacer su fuerza, diciendo: "Hermanos este texto si leemos cuidadosamente, nos dice que cuando se le apareció a María Magdalena el ya había resucitado; por otro lado aparece como si Jesús hubiera resucitado el primer día de la semana por la mañana". (Aquí me detengo para comentar: el primer día de la semana, tiempo judío, había comenzado desde la puesta del sol el sábado, y tiempo romano desde la medianoche antes de llegar María a la tumba. ¡Hubo amplio tiempo para que el Señor resucitara de los muertos muy de mañana "el primer día de la semana" antes de llegar María a la tumba!).

El autor del tratado sigue diciendo: "He ahí la confusión de muchos hermanos, pero como hemos visto, cuando las mujeres fueron a la tumba esta estaba vacía, por lo cual este texto no aprueba nada, al contrario este versículo no dice que Jesús resucitó el primer día de la semana, fíjese bien, dice que el primer día de la semana estaba resucitado, pues Marcos nos informa varias apariciones que hizo el señor ese día en los ver. 9-14 …. las palabras fueron inspiradas, por el Espíritu de Dios, no así los puntos y las comas, que fueron añadidas por los hombres en el siglo XV, por Aldus Manutions, poniendo los puntos y las comas donde él creía debían de ir, basándose en la lógica, así es de que poniendo la coma en la palabra **resucitó,** veremos el significado correcto de las escrituras."

Nuestro hermano quiere quitar la fuerza de este pasaje, moviendo la coma a su manera. P e r o no tenemos que depender ni del Sr. Manutions ni de nuestro hermano para saber dónde poner la coma. El texto menciona dos verbos y luego dos frases que los modifican: (1) "Resucitado." ¿Cuándo? "Muy de mañana, el primer día de la semana"(Ver. Hispanoamericana); y (2) "apareció." ¿Primeramente a quién? "primeramente a María Magdalena…". El verbo griego para decir "resucitado" (ANASTAS) es un participio del tiempo aoristo, y así se indica "habiendo resucitado" (y la frase siguiente nos dice cuándo eso sucedió). El hermano quiere que diga el texto: "Y cuando estando en condición de levantado (desde el día anterior) apareció a María Magdalena el primer día de la semana". Pero la gramática griega de este pasaje no permite tal traducción, con o sin comas.

¡Este versículo sólo destruye la posición errónea del hermano!

3. La confusión del hermano consiste en ignorar el caso de los modismos, o en hacer caso omiso de ellos. Cada lenguaje tiene ciertos modismos peculiares; éstos no siempre se pueden interpretar literalmente.

Por ejemplo, si la persona hace algo siempre el lunes al mediodía, en español se dice que lo hace "cada ocho días". Este modismo extraña al que es no de la lengua española, porque todo el mundo sabe que la semana tiene siete días, no ocho. Hay 168 horas en siete días, y 192 en ocho días. ¿Acaso el hermano autor del tratado cree que hay 192 horas en la expresión: "cada ocho días"?

En inglés, no se dice "cada ocho días" sino "cada semana" (pues hay siete días en la semana, no ocho). ¿Debe la persona de habla inglesa interpretar la frase española, "cada ocho días," como si fuera una semana más un día adicional (pues la semana tiene solamente siete días), o debe interpretarla según el modismo español y dar el significado de una semana?

El autor del tratado no sigue su propia regla, pues dice, "Como ya hemos visto que el tercer día, según la Biblia son 72 hrs." Ahora, si la frase, "el tercer día", cuenta con 72 horas, ¿no es de más horas un tiempo de "después de tres días"? Pero Mat. 27:63,64 nos hace ver que los modismos hebreos consideran como iguales las dos expresiones, "después de tres días" y "hasta el tercer día".

Considérese 1 Reyes 12:5,12. Según el autor del tratado, Jeroboam y los israelitas habían de volver "de aquí a tres días" (v. 5), a las 72 horas, ¿verdad? Pero volvieron "al tercer día". ¿Dirá el autor del tratado que volvieron exactamente a 71 horas, 59 minutos, 59 segundos, más un segundo? Si volvieron a cualquier hora dentro de aquel tercer día, ¿no volvieron según las instrucciones?

El infante judío había de ser circuncidado "de edad de ocho días' (Gen. 17:12). Ocho días tienen 192 horas. Una pregunta para nuestro hermano errado: ¿Tenía que tener el infante judío exactamente 192 horas de vida para ser circuncidado ("de edad de ocho días")? Al ser circuncidado "al octavo día" (Luc. 1:59; Fil. 3:5), ¿fue en la hora 192 de su vida? Si fue circuncidado a las 191 horas de su vida, ¿se hizo mal? ¿Durante el día octavo de su vida no podía ser circuncidado si no tenía completas las 192 horas de vida?

Los judíos, en su manera de expresarse (sus modismos) contaban una parte del día como un día entero. Por eso, las expresiones "tres días y tres noches" (Mat. 12:40),"resucitar al tercer día", o "el tercer día"(Mat. 16:21), "resucitar después de tres días" (Mat. 27:63), y "en tres días" (Mat. 27:40),

todas dicen la misma cosa. No era cuestión de horas exactas, aunque en realidad, en cuanto a horas enteras, un día tiene 24.

Es ignorancia interpretar un modismo ajeno por el sentido literal de las mismas palabras de otra cultura y lengua.

Conviene notar varios ejemplos de modismos hebreos que hemos de entender según el uso de los hebreos y que deben ser expresados o entendidos de una manera algo diferente en nuestra lengua. Doy tres.

1- "Amar, Aborrecer" (Rom. 9:13, La idea es sencillamente la de escogimiento. Dios no escogió al primogénito, sino al que nació segundo; Luc. 14:26, aborrecer a los padres en el sentido de amarles menos que a Cristo). Es imposible honrar a los padres (Efes. 6:2) y al mismo tiempo literalmente aborrecerles. Pero sí es todo posible honrar a los padres y al mismo tiempo amarles menos que a Cristo. Entendiendo la expresión según nuestra manera de hablar en español, ella nos extraña. Pero es un modismo hebreo.

2- "No, sino". Algunos pasajes en que se usa este modismo:

1 Ped. 3:4,5. Cito de mi obra, NOTAS SOBRE 1 PEDRO. "Este versículo, juntamente con el siguiente, nos presentan un ejemplo de un hebraísmo, o sea de un modo de hablar característico de los judíos. Dice Pedro: "no sea eso, sino esto". Ese modismo hoy en día se expresaría, usando la palabra "solamente"; es decir, "no sea eso solamente, sino esto (en particular). Considérese Jn. 6:27, "Trabajad, no por la comida que perece, sino por la comida que a vida eterna permanece". Claro es que la Biblia nos manda trabajar por el pan de cada día (Gén. 3:19; 2 Tes. 3:10). La idea es que no debemos trabajar solamente por el pan material, excluyendo así el pan espiritual, porque éste último importa más. Otro ejemplo de este modismo se encuentra en Luc. 14:12,13, "no llames a tus amigos, mas cuando hagas banquete". No se prohíbe invitar a familiares, etcétera a una comida, pero sí se nos prohíbe hacer eso solamente, excluyendo el invitar a veces a gente de veras necesitada de comida. Este modismo de "no, sino" también aparece en 1 Tim. 2:9,10. Allí se contrastan el exhibirse exteriormente y el adornarse (KOSMEIN) con pudor y modestia".

Este modismo debe entenderse como diciendo "no solamente eso, sino también esto".

3- "Hijo de". Sabemos lo que es un hijo, pero ¿el trueno tiene hijos? Dos de los discípulos fueron llamados, "hijos del trueno" (Mar. 3:17), tal vez por su celo ardiente. Este modismo significa identidad o asociación con algo, o semejanza a él. Notemos algunos pasajes en que aparece este modismo: Mar, 9:12, la identidad de Dios con el hombre; Luc. 20:36, personas identificados con la resurrección a la vida eterna por ser hijos de Dios; Mat. 8:12; 9:15 (los que están de bodas, pero literalmente, "hijos del tálamo"); Mat. 11:19; Luc. 16:8; 20:34; Gál. 3:7; Efes. 2:2; 1 Jn. 3:10.

* * *

655. ¿PARTICIPAR DOS MARIDOS QUE NO CUMPLEN CON LA LEY SOBRE EL MATRIMONIO?

"Hay dos hermanos que tienen sus esposas que no son creyentes. Les he hablado algunas veces acerca del matrimonio, pero ellos no hacen caso a cumplir con las leyes establecidas por Dios como dice el Apóstol Pablo a los romanos, Mi pregunta es ¿Los hermanos pueden seguir así? ¿Ellos pueden participar, dirigiendo cuando hacemos las reuniones los días domingos? ¿O darles un plazo para que arreglen su situación?"

- - -

1. Ignoro las leyes en particular a que el hermano se refiere. Pero según el interrogador cuenta el caso, y suponiendo yo que él tiene razón en el caso referido, estos dos hermanos andan desordenadamente (2 Tes. 3:6) y deben ser disciplinados. Se afirma que ellos rehúsan cumplir con las leyes del país (Rom. 13:1; 1 Ped. 2:13,14). ¿Cómo pueden ellos pararse delante de la congregación, para dirigir en el culto, cuando ellos mismos no ponen un buen ejemplo de la vida del cristiano? ¿Cómo podrían enseñar el libro de Romanos, o de 1 Pedro, y rehusar obedecer lo que enseñarían?

2. Que se les dé un plazo de tiempo para arreglar su situación depende del juicio de la congregación. Si rehúsan obedecer las leyes del país, que sean disciplinados para su propia salvación (1 Cor. 5:5). (Repito, mis comentarios se basan en la suposición de que en realidad como cristianos, y según su caso matrimonial, deben cumplir con alguna ley del país).

3. Ningún hermano desordenado debe tener el honor de dirigir la congregación, pues al tomar la delantera representa a toda la congregación. ¿Quiere la congregación ser representada por un rebelde?

4. Ahora, como he aludido al punto arriba, mis comentarios se basan en la realidad de que la ley del país requiere registro de todo caso de matrimonio. Si no es así la ley, ¿cuál ley están desobedeciendo ellos? ¿Es infracción de la ley del país que un hombre y una mujer vivan como esposos sin haber tenido ceremonia civil de matrimonio? Las leyes de los diferentes países varían mucho, y desde luego no las conozco todas. Una pregunta que ayuda en este caso: ¿La ley referida en este caso en particular prohíbe que dos personas vivan como esposos a menos que registren su matrimonio civilmente? Si no, entonces en este caso no hay falta de cumplimiento de ley. El matrimonio que Dios instituyó y que aprueba no es validado por acción civil.

* * *

656. EL "LEGALISMO"

"espero que el hermano liberal con el cual estoy estudiando, me aclare el termino 'el legalismo en las iglesias'."

- - -

1. En el sentido clásico, y como usado entre los denominacionalistas (los sectarios), el término "legalismo" significa un sistema de salvación por medio de adherencia estricta de la ley; es decir, por medio de siempre hacer lo bueno y nunca pecar. El legalismo para la salvación deshace la necesidad del evangelio de Cristo. El modernista está muy dado a usar la tilde, "legalista" y "legalismo".

2. Pero en nuestro caso a la mano, la cuestión no trata de sectarios, sino de hermanos liberales. Los liberales (término relativo) siempre tildan de "legalista" al conservador (también término relativo); es decir, a la persona que no acepta sus posiciones que carecen de autoridad bíblica sino persevera en la doctrina de Cristo (2 Jn. 9-11).

3. Pero el mismo liberal es tildado de "legalista" por el que es aun más liberal. Resulta que el que llama "legalista" a otro, ¡a él mismo se le llama "legalista"! Es una táctica carnal que expone la debilidad de la posición abogada. Es un subterfugio y táctica evasiva. Trata de dirigir la atención lejos de la persona que actúa sin autoridad bíblica y dirigirla hacia la persona que se opone al liberalismo del otro.

4. El "liberal" quiere ejercer libertad en los asuntos de su creación y gusto, asuntos que en realidad violan los límites de la autorización bíblica. Viendo que otros de sus hermanos en Cristo no le siguen, sino retienen "la forma de las sanas palabras", él les llama "legalistas".

5. Si por retener la forma de las sanas palabras (2 Tim. 1:3), retener las instrucciones tal como Pablo las entregó (1 Cor. 11:2), no pensar más de lo que está escrito (1 Cor. 4:6), estar firmes y retener la doctrina que hemos aprendido (2 Tes. 2:15), y persevera en la doctrina de Cristo (2 Jn. 9), uno es "legalista", ¡que así sea! Pero no es así. Dicha persona es conservadora, pues procura conservar lo que la doctrina de Cristo autoriza. Es siervo fiel, procurando hacer la voluntad de su Maestro, y no la propia suya.

* * *

657. ¿PECA EL CRISTIANO?

"Peca el cristiano? Sabemos que no tenemos licencia para pecar, pero es posible que el cristiano peque? Algunos dicen que sí, otros que no".

- - -

1. Sobre este punto el apóstol Juan se expresa muy claramente en 1 Jn. 2:1:

"Hijitos míos, estas cosas os escribo para que no pequéis; y si alguno hubiere pecado, abogado tenemos para con el Padre, a Jesucristo el justo".

2. El cristiano fiel no anda en el pecado, no peca de continuo, no practica habitualmente el pecado. No es descrito por la frase que en inglés se oye con frecuencia de parte de algunos cristianos, que dice, "somos débiles y a menudo pecamos". Pero, sí puede pecar. Juan le dice qué hacer si resulta que alguna vez peque.

3. Pero ¿no dice 1 Jn. 3:9 de otra manera? ¿No contradice lo antes afirmado? No, ¡en ninguna

manera! La lengua griega emplea el tiempo aoristo para indicar acción singular, o de una sola vez. Emplea el tiempo presente para indicar acción continua o habitual. En este pasaje Juan usa el tiempo presente.

4. En 1 Jn. 2:1, Juan dice que escribe a los hermanos para que ellos no pasen a cometer un pecado (tiempo aoristo, modo subjuntivo). Luego dice que si pasara que algún hermano cometiera un pecado …. (tiempo aoristo, modo subjuntivo).

5. En 1 Jn. 3:9, Juan emplea el verbo (practicar) en el tiempo presente y el modo indicativo; es decir, el cristiano, siendo persona nacida de Dios, no va cometiendo habitualmente el pecado. No es su costumbre el estar siempre practicando el pecado (como lo hacía el gnóstico de quien Juan en contexto está tratando). Juan pasa a decir que el cristiano "no puede pecar", empleando el verbo "poder" en el tiempo presente. El sentido es, pues, que el cristiano no puede estar pecando continuamente. Literalmente dice, "no está pudiendo pecar".

6. Resumen: El cristiano sí puede cometer un pecado (1 Jn. 2:1), pero seguramente no anda habitualmente pecando (3:9). Pedro cometió un pecado (Gál. 2:11 y siguiente), pero más tarde escribió lo que dice 2 Ped. 3:11.

* * *

658. 1 COR. 14:32 Y 1 JN. 4:1, ¿ESTÁN RELACIONADOS LOS DOS PASAJES?

"En I Corintios 14:32 encontramos: Y los espíritus de los profetas están sujetos a los profetas; (palabra tomada de la Biblia Thompson, versión Reina-Valera revisión de 1960) a la par de este versículo encontramos como referencia el versículo en I de Juan 4:1 que dice así: Amados, no creáis a todo espíritu, sino probad los espíritus si son de Dios: porque muchos falsos profetas han salido por el mundo. Mi pregunta es: un versículo está relacionado con el otro? y ¿de qué manera?

- - -

1. Hay que tener cuidado con las referencias dadas en las distintas ediciones de la Biblia. Muchas veces la única conexión entre un versículo y otro es que en los dos aparece la misma palabra por traducción. En cuanto a contexto, o punto tratado, muchas veces no hay conexión alguna.

2. En este caso, en 1 Cor. 14:32, como también en 1 Jn. 4:1, aparecen las palabras "espíritus" y "profetas". Pero los contextos son distintos.

3. En 1 Cor. 14:32 se hace el punto de que los profetas en la asamblea en Corinto podían hablar o callar, y tomar turnos según las instrucciones de Pablo. No había excusa por qué el profeta perdiera control de su propia voluntad al ejercer el don de profecía.

4. En 1 Jn. 4:1, Juan usa la palabra "espíritus" en el sentido de maestros religiosos. Se llaman "falsos profetas" en este mismo versículo.

5. Las referencias muchas veces pueden ser muy útiles, al dirigirnos a otros pasajes relacionados cuando menos a cierto grado. Pero el caso no siempre es así.

* * *

659. EL CRECIMIENTO Y LOS NÚMEROS

"¿Es la multitud de personas en el templo, símbolo de que el Espíritu de Dios está con ellos? ¿Es un síntoma negativo el que la Iglesia no crezca, como otras que hacen alarde de su crecimiento?"

- - -

1. Hay dos partes en esta pregunta: la presencia del Espíritu Santo, y el crecimiento.

2. Respecto a la presencia del Espíritu Santo en un dado lugar de reunión (templo), si la grandeza del número de personas reunidas lo determina, entonces un millón de musulmanes reunidos en la mezquita de Medina comprueba que el Espíritu Santo está en medio de ellos. Los Testigos de Jehová anualmente celebran una gran conferencia en que se reúne una gran muchedumbre. ¿Eso prueba que el Espíritu Santo también está con ellos? Recientemente la visita del Papa de Roma a su tierra de Polonia (agosto 2002) atrajo una enorme multitud de católicos en asamblea formal. ¿Qué comprueba eso con respecto a la aprobación del Espíritu Santo?

3. El Espíritu Santo está presente en la asamblea que esté respetando la Palabra que el Espíritu Santo reveló, sea grande o pequeña dicha asamblea con respecto a números. Ser "llenos del Espíritu Santo" (Efes. 5:18) equivale a morar "la palabra de Cristo en vosotros" (Col. 3:16).

4. Se pregunta que si es un síntoma negativo el que la iglesia local no crezca. En todo caso de cualquier discusión se requiere la definición de términos. ¿En qué consiste el crecimiento? ¿Estamos tratando de crecimiento desde la perspectiva humana, o la divina? ¿Hemos de juzgar las cosas según mira Dios o según miran los hombres (1 Sam. 16:7; Isa. 55:8,9).

5. ¡El crecimiento bíblico no es determinado por números! En una ocasión el número de discípulos de Cristo se disminuyó rápidamente (Jn. 6:66). ¿Fue eso un síntoma negativo para Cristo? Cuando se practica la disciplina bíblica en la iglesia local (por ej., Rom. 16:17; 1 Cor. 5:5; 2 Tes. 3:6,14) el número de miembros se baja, pero ¡eso es crecimiento! La iglesia local que no practica la disciplina bíblica es la que no crece (excepto en números, cosa que en sí no tiene importancia). La persecución diezmó la iglesia en Jerusalén (Hech. 8:1), pero a causa de ello la palabra del evangelio llegó a otras muchas partes (Hech. 11:19). ¡Eso fue crecimiento!

6. El verdadero cristiano se ocupa, no en números de por sí, sino en crecer en la gracia o favor de Dios (2 Ped. 3:18). Procura que haya crecimiento de fe y de conocimiento de la palabra de Dios (1 Ped. 2:2; Efes. 2:21; 4:15; 2 Tes. 1:3). ¡Eso es crecimiento!

7. Dejemos a los musulmanes, a los católicos, a los Testigos, y a otras religiones humanas que se gloríen en números solos y así hagan alarde de su concebido crecimiento. Nosotros nos gloriaremos

en la verdad que liberta (Jn. 8:32; Gál. 6:14).

8. Debe notarse de paso que sí puede haber caso de falta de crecimiento en una iglesia local y que la poca asistencia lo indica.

* * *

660. LA ESCUELA BÍBLICA

"Según entiendo una escuela bíblica no es el problema, sino su organización (ancianos) y su financiamiento (ofrendas de varias congregaciones) ahora (1) ¿Cómo se podría una escuelita bíblica sin caer en estos errores?

(2) ¿Como recaudar fondos para algunas actividades, como una biblioteca bíblica para todas las congregaciones, compras de equipo como proyectores, cañones, etc. Sin caer en centralismo?

(3) ¿Como era el sistema general de las escuela bíblica donde usted estudió?

(4) ¿Pueden hermanos de varias congregaciones hacer proyectos juntos sin cometer errores de centralismo, institucionalismo o iglesia patrocinadora? ¿Cómo?"

- - -

1. Hay que definir el término "escuela bíblica". Ese término significa diferentes cosas a las diferentes personas. Una "escuela bíblica", como empresa privada, que igual que cualquier negocio, vende servicios al público, tiene derecho de existir. Los padres si gustan pueden enviar hijos a tal escuela y pagar los gastos de la educación ofrecida por la escuela. No hay problema. El problema entra cuando tales instituciones humanas comienzan a meter su mano en las tesorerías de las iglesias locales, solicitando y recibiendo donativos de las iglesias. En tal caso hay institucionalismo; es decir, las iglesias están tratando de hacer una obra por medio de instituciones humanas.

2. Esta pregunta no me es clara. ¿Recaudar fondos quiénes o qué? Las empresas privadas recaudan fondos por medio de vender productos. Las iglesias locales recaudan fondos por medio de las colectas de cada domingo.

¿Qué es esto de recaudar fondos para "una biblioteca bíblica para todas las congregaciones". Jamás he oído de tal cosa. Todas las congregaciones no tienen biblioteca común, ni otra cosa semejante. Una dada iglesia local puede arreglarse una biblioteca bíblica, si tiene los recursos para hacerlo, como puede tener su propia casa de reunión si tiene la fuerza financiera para obtenerse una.

¿Qué o quiénes están comprando equipo como proyectores, etc.? ¿Las empresas privadas o las iglesias locales? Sea como sea, la empresa, la iglesia local, y el individuo, se limitan en sus compras a su poder financiero para hacerlo.

La centralización es la filosofía o proceso en que una agencia central solicita, recibe y distribuye fondos y obra para toda la hermandad. Esto carece de autoridad bíblica, sea de parte de una iglesia llamada "patrocinadora" o sea alguna institución humana.

3. Yo asistí dos escuelas privadas, llamadas "escuelas bíblicas" en general, aunque en realidad eran dos escuelas privadas de categoría universitaria. Por tener una facultad de cristianos solamente, y por ofrecer cursos bíblicos juntamente con los demás cursos ordinarios de universidad, se consideraban como "escuelas bíblicas". Yo mismo pagué los gastos de educación en esas dos escuelas. Aparte de cursos bíblicos, estudié materias de matemática, historia, ciencia, lenguas, gramática, etc.

Bien después de graduarme de ellas, comenzaron a solicitar y recibir fondos de iglesias de Cristo. Se volvieron ellas totalmente liberales, como lo son hasta la fecha.

4. Hermanos como individuos (siendo miembros de diferentes congregaciones o de la misma, no importa) pueden asociarse en la formación de cualquier empresa o negocio (aún de una escuela privada). El mal consiste en que una empresa privada trate de servir de centro de operaciones para iglesias de Cristo en tal y tal proyecto, solicitando y recibiendo fondos de las iglesias para llevar a cabo los proyectos considerados como de la iglesia en el sentido universal.

* * *

661. MATEO 5:17

"¿Qué quiso decir Jesús en este texto: Mateo 5:17?"

- - -

1. Los enemigos de Jesús trataban de presentar a Jesús como si estuviera en contradicción a la ley de Moisés. Pero Jesús no hacía competencia con dicha ley. No vino a destruir la ley; vino a cumplirla.

2. La Ver. Valera 1960 dice, "No penséis que he venido para abrogar la ley o los profetas; no he venido para abrogar, sino para cumplir". En lugar de "abrogar", la Ver. American Standard dice, "destruir". El vocablo griego en este caso es KATALUO, que según W. E. Vine significa, "destruir totalmente, derribar completamente". Véase este vocablo griego en Mat. 26:61, "Este dijo: Puedo derribar el templo de Dios, y en tres días reedificarlo".

Algunas versiones dicen, "abolir".

3. Jesús dice que no está en contra de la ley de Moisés. Al contrario, dice que ha venido para cumplirla.

4. Debe notarse que no dice Jesús que ha venido para perpetuar la ley de Moisés. ¡Cumplir no significa perpetuar!

5. Jesús en este pasaje habla de la certeza del cumplimiento de la ley de Moisés. Compárense Luc. 24:44; Hech. 1:16; 3:18; 13:27, donde aparece el mismo vocablo griego (PLEROO) que en Mat 5:17.

* * *

662. FIJARSE Y APARTARSE, ROM. 16:17

"¿Hay diferencia entre fijarse y apartarse como aparecen en Rom. 16:17?"

- - -

1. La versión Valera 1960, que aquí dice "os fijéis", en Fil. 3:17, donde se emplea el mismo vocablo griego, dice "mirad". (Otras versiones dicen "vigiléis", "estéis alerta", o "marcar"). Tenemos que tomar nota de quienes causan divisiones en contra de la doctrina de Cristo.

2. En seguida de hacerlo, tenemos que apartarnos de ellos, quitándoles nuestra comunión. No podemos comulgarles en sus errores.

3. Son dos acciones distintas en los significados de los dos verbos, pero representan una acción unida.

* * *

663. MATEO 25:34

"¿Son los que están a la derecha, los que han obtenido el favor de Dios aquí" en la tierra por medio de su fe en el Señor Jesús?

El Reino: ¿Es el que fue a preparar Jesús? ¿Es este celestial? ¿O es terrenal, quizá con Jesús aquí?"

- - -

1. Pregunta #1. Sí

2. Pregunta #2. Juan 14:2 dice que Jesús iba a preparar "un lugar". Ese lugar es el "reino preparado" en la mente de Dios desde la fundación del mundo. El reino ha existido desde el principio de la iglesia (desde el Día de Pentecostés, Hechos capítulo 2); los dos términos se emplean intercambiablemente. Cristo había dicho (Mar. 9:1) que algunos de los presentes no morirían hasta ver venir el reino con poder. Cristo había predicado que el reino se había acercado (Mar. 1:15). Pablo dijo a la iglesia en Colosas que ellos habían sido trasladados al reino de Cristo (1:13). Los santos del siglo primero ya habían recibido el reino (Heb. 12:28). Juan era participante en dicho reino (Apoc. 1:9). La iglesia de Cristo en Tesalónica había sido llamada al reino (1 Tes. 2:12).

Pero aunque el reino existe ahora (es la iglesia de Cristo, voluntariamente sujeta al Rey Jesús), hay un aspecto eterno del reino; es decir, el pueblo de Dios visto como ya en el cielo con Dios por toda la eternidad. Se hace referencia a él con la frase "el reino eterno" (2 Ped. 1:11) y "su reino celestial" (2 Tim. 4:18).

Sí, el reino de Cristo es espiritual (Jn. 18:36). Cristo reina en corazones; no ha de reinar en ninguna región geográfica.

No, el reino de Cristo no es terrenal. (Jn. 18:36). No hay pasaje alguno que diga que Jesús volverá a plantar los pies en esta tierra. En su segunda venida (Heb. 9:28), en la resurrección, los salvos recibirán al Señor en el aire y así estarán siempre con el Señor (1 Tes. 4:17). El premilenarismo es una doctrina falsa. Es puro materialismo, cometiendo el mismo error de los líderes judaicos que en el siglo primero esperaban a un Mesías en una forma de caudillo político con

grandes poderes físicos. Dios no tiene nada especial para la raza judaica de hoy en día. El Israel de Dios ahora es la iglesia de Cristo (Gál. 6:16; Rom. 2:28,29; Col. 2:11-17).

* * *

664. APOCALIPSIS Y CUMPLIMIENTO

"¿Tiene el libro de Apocalipsis cosas que no se han cumplido?"

- - -

1. El mismo versículo 1 del capítulo 1 nos dice que se tratan cosas que deben suceder pronto. Véase también 22:10. El propósito del libro no fue revelar cosas del siglo veinte o veintiuno. ¿De qué provecho habría sido eso para las siete iglesias de Asia del siglo primero para su consolación?

2. No obstante, en los últimos tres capítulos se habla del Juicio Final (cosa todavía futura) y se nos presenta un cuadro simbólico de la felicidad de los salvos en el cielo eternamente.

3. Los premilenarios y todos los sensacionalistas afirman hallar en este libro el cumplimiento de cosas de la actualidad, pero la historia sigue y siempre les expone como falsos.

* * *

665. LA CENA DEL SEÑOR Y EL PECADO

"Hay hermanos que piensan que si un hermano ha pecado no puede tomar la Cena. ¿Qué piensa usted de esto?"

- - -

1. La pregunta en su presente forma no aclara la situación. Se dice que el hermano ha pecado, pero no se nos revela lo que haya pasado en seguida. ¿Se arrepintió e hizo confesión de su pecado? ¿No se arrepiente? ¿Rehúsa arrepentirse? ¿Insiste en tomar la Cena a pesar de su pecado no confesado? ¿Pecó hace diez años, y en seguida se arrepintió e hizo confesión de su pecado, pero ahora hay hermanos que dicen que no debe tomar la Cena porque alguna vez pecó?

2. Todo cristiano, al tomar la Cena del Señor, tiene que probarse primero (1 Cor. 11:28). Si la persona está en pecado, y no quiere arrepentirse, al tomar la Cena del Señor hace burla del acto. Si la iglesia ve que tal hermano no se arrepiente de su pecado, debe disciplinarle. No es cuestión de sencillamente ver que no tome la Cena.

* * *

666. LLAMAR "HERMANOS" A LOS SECTARIOS

"¿Por qué los hermanos liberales les dicen hermanos a los sectarios? He escuchado casi a todos y aun a los predicadores decirles hermanos a estas personas de otra iglesia".

- - -

1. Hay varias razones posibles. Una es el deseo de congraciarse con los sectarios para tener más influencia entre ellos.

2. Hay quienes creen que hay cristianos en

otras iglesias, aparte de la de Cristo, y por eso les es natural decirles "hermanos". Los tales revelan que no saben lo que es la iglesia de Cristo, pues seguramente no es compuesta de miembros de denominaciones humanas.

3. La popularidad impele a muchos hermanos liberales y ellos saben que les cae bien a los sectarios que ellos les llamen "hermanos".

4. Al hacerlo, la persona no es motivada por la doctrina de Cristo, sino por la sabiduría humana. Los sectarios no son parte de la familia de Dios y por eso sus miembros no son miembros del cuerpo de Cristo, su iglesia. No han nacido de nuevo en la familia de Dios para que sean nuestros hermanos en Cristo. Rehúsan ser bautizados para llegar a ser hijos de Dios (Gál. 3:26,27).

* * *

667. ¿OTROS LIBROS PARA INTERPRETAR LA BIBLIA?

"Los católicos dicen que necesitamos otros libros para interpretar la Biblia. ¿Es cierto eso?
- - -
1. No, no es cierto. Si fuera cierto, entonces se tendría que afirmar que Dios no pudo hablarnos de manera entendible, y que el hombre tiene que aclarar lo que Dios nos ha dicho.

2. El clero católico quiere imponer su propia voluntad en la palabra de Dios. La Biblia condena al catolicismo, como a toda iglesia humana, y por eso los líderes religiosos procuran pintar la Biblia como incapaz de explicarse bien sin la ayuda de ellos.

3. Todo obrero aprobado por Dios es capaz de usar bien la palabra de verdad (2 Tim. 2:15).

4. 2 Tim. 3:16,17, "Toda la Escritura es inspirada por Dios, y útil para enseñar, para redargüir, para corregir, para instruir en justicia, 17 a fin de que el hombre de Dios sea perfecto, enteramente preparado para toda buena obra." Ella es útil para todo esto.

4. Las Escrituras fueron circuladas entre las iglesias de Cristo en el siglo primero (Col. 4:16; Apoc. 1:11). Eran leídas por la gente común. Cada quien, teniendo oído, es responsable por oír lo que el Espíritu dice a las iglesias a través de las Escrituras (Apoc. 2:7).

5. Dios ha hablado (Heb. 1:2). ¿No puede hablar claramente? ¿Dios depende del hombre falible para hacer conocer su voluntad? ¿Es tan incapaz nuestro Dios?

* * *

668. EL BAUTIZADO DE ONCE AÑOS

"Tenemos una pregunta con respecto a un bautismo. En la congregación _____ tenemos como miembro a un niño de 11 años que fue bautizado en el _____. El se esta congregando, cenando, y participando de todo lo demás. ¿Cómo debemos de tratarlo? ¿Cómo a hermano? Porque hay un hermano que se opone a ese bautismo, porque el dice que ese bautismo no es bíblico, que

es una doctrina humana, y por este motivo el hermano y su familia han dejado de congregarse, Hermano Bill por favor colabórenos con esta respuesta para solucionar este problema, considerando al niño, y al hermano afectado".
- - -
1. Con respecto a su pregunta, el hermano y su familia han hecho mal en dejar de congregarse sobre el caso. ¿Dos males equivalen un bien? Si el joven de once años no está bautizado bien, ¿está bien que ellos dejen de congregarse? ¿El dejar de congregarse corrige males?

2. ¿Por qué me pregunta usted si el joven es hermano? Usted y yo fuimos bautizados en Cristo; ¿no somos hermanos? Yo tenía once años de edad cuando fui bautizado. ¿Qué dice la Biblia sobre la edad correcta en qué uno se bautice? Los mormones dicen que a los 8 años? ¿Qué dice el hermano que dejó de congregarse? La respuesta de los mormones carece de respaldo de libro, capítulo, y versículo. Y ¿qué del hermano que dejó de congregarse? ¿Tiene ese respaldo? ¡Qué vergonzoso que los hermanos se porten así! ¿Se están portando varonilmente (1 Cor. 16:13)? ¿O como niños mismos?

La única consideración válida en este asunto del niño o joven bautizado es ésta: ¿Creyó que Jesús es el Cristo, se arrepintió de sus pecados, y confesó su fe en Cristo? Si la respuesta es que sí, entonces su bautismo fue válido. Y solamente el joven puede contestar la pregunta. Otro no la puede contestar por él.

* * *

669. LOS LUGARES CELESTIALES, EFES. 1:3,20; 2:6; 3:10; 6:12.

"Una persona de nacionalidad _____, me ha estado enviando algunas notas,
todas en contra de la Iglesia de Cristo. Me he tomado la libertad de copiar el contenido de una de ellas, si no es mucho pedir, por favor dígame que opina". (La nota sigue, bhr):

"¡USTED YA ESTÁ RESUCITADO Y SENTADO EN LOS LUGARES CELESTIALES CON CRISTO! TEXTO CLAVE DE HOY: EFESIOS 2:6,7 DICE PABLO: "Y juntamente con él NOS RESUCITÓ, y asimismo nos HIZO SENTAR EN LOS LUGARES CELESTIALES CON CRISTO JESÚS"

COMENTARIO:
Tome nota que SAN PABLO dice que ya resucitamos y que ya estamos sentados en
los lugares celestiales con Cristo Jesús. Le pregunto, ¿Es eso literalmente cierto? ¿Es acaso posible que usted esté sentado con Jesús en el cielo en estos momentos? ¡Por cierto que no es literalmente verdad esto! Entonces, ¿cómo interpretarlo? Mi opinión es que HOY ESTAMOS CON CRISTO GLORIFICADOS POR LA FE, Y EN ESPERANZA. Es decir, para Dios, nosotros ya estamos con su Hijo resucitado y glorificados, pero no como un hecho real, concreto, y consumado. ¡Es sólo para Dios, quien mide el

tiempo de manera muy diferente que nosotros! Es como estar inscritos en el libro de la vida por adelantado, aunque podemos ser borrados de ese libro si no permanecemos fieles hasta el fin. Para Dios estamos en su libro de la vida, pero no es algo definitivo, inalterable, y concreto. Hay que vencer primero para ganar la vida. Estamos resucitados y sentados con Cristo a la vista de Dios, quien ve en pasado, el presente y el futuro como un eterno presente! La verdad inobjetable es que seremos resucitados, glorificados, y trasladados al reino con Cristo en la parousía o segunda venida — ¡y no antes! (Mateo 25:31,34).   MARIO

Ahora bien, note ahora lo que vuelve a decir SAN PABLO mismo en colosenses 1:13. Este pasaje dice ALGO SIMILAR: "y nos ha librado de la potestad de las tinieblas y TRASLADADO AL REINO DE SU AMADO HIJO".

COMENTARIO:

Si lo que dice Pablo en Efesios 2:6 no hay que tomarlo literalmente y al pie de la letra, ¿por qué los Campbelitas sí toman literalmente y al pie de la letra sus declaraciones en Colosenses 1:13? ¿Por qué esta nueva arbitrariedad en su exégesis bíblica?"

- - -

1. El amigo está confuso sobre la frase "en los celestiales" que aparece cinco veces en EFESIOS. También muestra su prejuicio y mala voluntad hacia quienes llama "campbelitas". Les acusa de "tomarlo literalmente y al pie de la letra" (con respecto a Col. 1:13), porque no quiere admitir que el reino de Cristo ya está en la tierra. Le pregunto: Amigo, no hay nada literal en las Escrituras? Usted citó Mateo 25: 31,34; ¿es literal? Lo toma literalmente y al pie de la letra? ¿Es una nueva arbitrariedad en su exégesis bíblica?   ¿Es usted Campbelita?

2. Es fácil tildar a otro de manera despreciable, pero es otra cosa "usar bien las Escrituras" (2 Tim. 2:15).

3. La frase "en los celestiales" (la palabra "lugares" se agrega pero no aparece en el texto griego) aparece cinco veces en la carta de Pablo a los efesios. Vamos a notarlas:

a. En 1:3, se hace referencia a la iglesia de Cristo. Todas las bendiciones espirituales de Dios son para los cristianos, los que componen la iglesia de él. La iglesia es compuesta de personas con ciudadanía en los cielos (Fil. 3:20); tiene por "madre" a la "Jerusalén de arriba" (Gál. 4:25,26). (En este mundo los cristianos son "extranjeros y peregrinos", 1 Ped. 2:11).

b. 2:6 también hace referencia a la iglesia. El amigo (premilenario) quiere que la frase, "juntamente con él nos resucitó", sea de tiempo pasado, pero la frase que sigue, "asimismo nos hizo sentar en los celestiales en Cristo Jesús", sea de tiempo futuro. Pero Pablo dice que Dios logró las dos cosas a la vez. Los efesios habían estado muertos en sus pecados (ver. 5), pero cuando obedecieron al evangelio Dios les resucitó de la muerte espiritual y los hizo partícipes del honor de

Cristo. Los que componen la iglesia de Cristo están en "lugares celestiales" ahora, porque ahora participan en el reino de los cielos del cual Cristo es el Rey.

c. En 1:20 la frase ha de entenderse localmente y en sentido literal. Cristo resucitó de los muertos y ascendió a los cielos. De esta manera Dios mostró su gran poder.

d. También en 3:10 se emplea la frase en sentido local. Los seres celestiales, al contemplar la existencia de la iglesia de Cristo, observan la multiforme sabiduría de Dios.

e. En 6:12 la frase se refiere a la esfera en la cual accionan Satanás y sus aliados (espíritus malos o ángeles caídos), dando énfasis a la naturaleza sobrenatural del gran enemigo del hombre.

En los cinco casos vemos que la frase es muy adecuada para manifestar la naturaleza de la cosa así representada. Esa naturaleza tiene que ver con los cielos.

4. Claro es que hay pasajes que se interpretan literalmente, y los hay que se interpretan espiritual o figuradamente. Sea como sea el caso en particular, ¡se revelan verdades! El amigo cita Efes. 2:6, a mediados de la frase completa.   Vamos a comenzar por donde Pablo comenzó (en el ver. 4), diciendo que Dios hizo tres cosas: a saber, "nos dio vida", "nos resucitó", y "nos hizo sentar en los celestiales". Pablo no dice que Dios hará algo (en el futuro), sino que Dios lo hizo. Ahora, literalmente Dios no dio vida (física) a los efesios, pero sí los dio vida (espiritual). No los resucitó literalmente porque no estaban muertos físicamente (sino "muertos en pecados"), pero sí los resucitó de su muerte espiritual. No los sentó en sillas literales en ninguna parte, pero sí "al pie de la letra" los sentó "en los celestiales". El amigo niega que Dios "al pie de la letra" los sentara en los celestiales. ¿Niega que Dios los diera vida y los resucitara? ¡Dios hizo (tiempo pasado) las tres cosas! Los dio vida espiritual para su muerte espiritual, los resucitó para andar en novedad de vida (Rom. 6:4), y los hizo sentar con Cristo al asociarles con el reinado de Cristo desde los cielos.

5. El amigo no quiere admitir que el reino de Cristo (que es su iglesia) está en vigencia ahora, porque es premilenario y así espera la venida de un reino literal sobre la tierra, con Cristo sentado en un trono literal en Jerusalén, y esto por mil años literales. Es tan materialista que los judíos del tiempo de Cristo en la tierra que esperaban el establecimiento nuevamente de un reino terrenal como el del tiempo del rey David. Por eso él niega lo que Pablo revela en Col. 1:13.

De nuevo notamos, comenzando con el versículo 12, que Pablo afirma que Dios hizo tres cosas. No dice Pablo que Dios las hará, sino que ya las hizo. A los efesios dijo: "nos hizo aptos para participar de la herencia de los santos en luz", y también "nos ha librado de la potestad de las tinieblas". Además dice que Dios nos ha "trasladado el reino de su amado Hijo". Ahora, preguntamos al amigo: ¿cree usted que Dios hizo esas tres cosas, o que hizo solamente las primeras dos y que en el futuro hará la tercera cosa? Yo creo que Dios hizo las tres cosas conforme a la revelación inspirada que Pablo da en este pasaje. Cuando los colosenses obedecieron al evangelio, Dios los hizo participantes en la herencia eterna, los libró de la potestad de las tinieblas porque los perdonó sus pecados, y que los trasladó al reino de Cristo porque los añadió a la iglesia de él (Hech. 2:47).

Al amigo le dejamos su "nueva arbitrariedad en su exégesis bíblica", y nos conformamos con la explicación divina que nos da el apóstol Pablo. (Seguramente el amigo no acusará a Pablo de ser "campbelita").

Nota explicativa: Alejando Campbell y su padre, Tomás Campbell, en Escocia eran presbiterianos. Una vez establecido Alejandro en los EE.UU., aprendió de los bautistas que el bautismo no es acto de rociar agua sobre la persona, sino que es inmersión. Pero después aprendió que el bautismo, que es inmersión, es para perdón de los pecados, y no una ordenanza de la iglesia para cristianos. Por eso dejó a los bautistas. (Todo esto pasó en el siglo 19). Desde entonces por burla y mofa llaman "campbelitas" a quienes afirman que el bautismo es para la remisión de pecados. Pobre del apóstol Pedro, porque es lo que él por inspiración afirmó en Hech. 2:38. ¿Hemos de llamarle "campbelita"?

* * *

670. LOS SALMOS, "CÁNTICO GRADUAL"

"Tengo una duda que me gustaría que despejara. En el libro de Los Salmos, algunos capítulos tienen por titulo, ''Cántico Gradual''.

\- \- \-

1. Los Salmos 120 a 134 forman un grupo bajo el titulo de "Cántico Gradual". No se sabe hoy en día exactamente por qué se le dio este titulo. Hay varias especulaciones al respecto, pero no hay seguridad. Pero hubo una razón cuando primero se le fijó el titulo a la sección, cosa que designó esos salmos como de una sola categoría. La frase, ''cántico gradual'', puede ser un termino musical, pero esto es una teoría, nada mas.

* * *

671. ¿CUÁNTOS APÓSTOLES HUBO?

"Hay un hermano que esta enseñando que hubo 16 apóstoles. ¿Bernabé fue apóstol? ¿Cuantos apóstoles hubo?"

\- \- \-

1. A Bernabé sí se le llamó "apóstol" (Hech. 14:14; véase 13:3) pero no era uno de los "doce apóstoles" (Mat. 10:2).

2. Jesús de entre todos sus discípulos escogió a doce en particular y para un propósito particular (Mar. 3:13-19, "los doce," 6:7).

3. Cuando uno de éstos se suicidó, otro fue escogido de entre los calificados para tomar su lugar (Hech. 1:21-26).

4. Pablo fue escogido por Jesús también para ser de los apóstoles especiales (Gál. 1:1), "como a un abortivo" (1 Cor. 15:7-9), y fue enviado por Jesús a predicar a los gentiles (Hech. 26:16-18).

5. Hay que entender que la palabra griega, APOSTOLOS, significa "uno enviado, mensajero". Por transliteración la palabra griega viene siendo "apóstol", pero por traducción, "mensajero".

6. Cualquier persona enviada viene siendo un "apóstol" (por transliteración). Por eso a Jesucristo se le llama "apóstol" (Heb. 3:1), porque fue enviado por Dios (Jn. 17:8). Ananías, fue enviado (Hech. 9:17) a dar un anuncio a Saulo de Tarso (a Pablo). El verbo griego para decir "enviar" es APOSTELLO. Pero no le llamamos "apóstol," como si fuera uno de "los doce." El Espíritu Santo había de ser enviado a los apóstoles (Luc. 24:49), pero no se le llama "apóstol".

7. El vocablo griego, APOSTOLOS, aparece unas 79 veces en el Nuevo Testamento, pero no siempre hemos de entender que las referencias siempre se aplican al mismo grupo de enviados. Por ejemplo, en 2 Cor. 8:23 algunos hermanos fueron enviados (escogidos para esto por las iglesias, ver. 19) con Pablo a llevar el dinero a los santos necesitados en Jerusalén. Por eso aparece allí el término APOSTOLOS, pero aparece en la forma traducida de "mensajeros". ¿Eran "apóstoles"? Sí, por ser enviados, pero no eran de los "doce apóstoles".

8. Es ridículo, y expresión de falta de comprensión, discutir sobre "¿cuántos apóstoles hubo?".

* * *

672. PERDONAR AL QUE PIDE PRESTADO

"Dios manda perdonar las faltas, ofensas, deudas a otros al momento de orar. ¿Qué hay cuando alguien nos pide prestado dinero o algún bien o utensilio, y no hace la devolución en la fecha acordada? ¿Debemos olvidar la deuda al orar a Dios (Perdonad si tenéis algo contra alguno, cuando estéis orando), o debemos olvidar la deuda aun antes de la fecha tope, al orar ese mismo día del préstamo?

Digo esto hermano porque nunca he tenido ese valor para exigir a otro que me pague porque entiendo que no sería armónico con este versículo".

\- \- \-

1. Me supongo que el interrogador tiene en mente el pasaje, Mar. 11:25. El caso a la mano, el de haber prestado a otro según cierto acuerdo, no toca la cuestión del pasaje. En este pasaje, como en Mateo 6:14,15; 18;21-35, se nos enseña que tenemos que estar dispuestos y prontos para perdonar a quienes pecan contra nosotros si queremos que Dios nos perdone los pecados nuestros. (Obviamente, como tenemos que arrepentirnos y pedir perdón para que Dios nos perdone, también tiene que hacerlo la persona que peca contra nosotros, Luc. 17:3,4).

2. Pero el caso a la mano no tiene nada que ver con pecar contra otro. Tiene que ver con un acuerdo

entre el que pide prestado y el que presta. El que pide prestado no está pidiendo regalo. Pide, dando su palabra de devolver en cierta fecha. Hace una promesa, un voto, un compromiso, un convenio, una obligación contraída. Si pudiéndolo no cumple con ello, ¡miente! Apoc. 21:8 nos habla del destino eterno de "todos los mentirosos" que en esta vida no se arrepienten. Véase también Ecles. 5:5.

3. La cultura es determinada por la costumbre de la mayoría de la gente, y dado que casi todo el mundo (menos el cristiano) miente, la cultura nos dice que es malo exigir que el deudor cumpla con su palabra de pagar lo pedido prestado en la fecha acordada. La cultura, pues, nos pone presión a hacer caso omiso de la promesa del deudor y sencillamente que suframos la pérdida de lo que prestamos. ¡Qué conveniente para el mentiroso! ¿Cómo es que el que presta, mostrando misericordia hacia el necesitado, tiene toda la responsabilidad y el que es mentiroso no tiene ninguna?

4. Mat. 18:21-35 habla de otro caso distinto al que nos presenta el interrogador. El primero de los dos deudores, que debía dinero, no puede pagar a la fecha acordada, y pide misericordia *prometiendo pagarlo todo*. El rey sencillamente perdona a aquel siervo. El segundo deudor también, no pudiendo en el tiempo acordado pagar la deuda, pide misericordia, prometiendo, *"yo te lo pagaré todo"*. El siervo, que había sido perdonado por el Rey, ya no quiere mostrar la misma misericordia hacia el consiervo. Este pasaje no toca el caso a la mano, el de "olvidar la deuda en el momento de orar". ¿Dónde dicen las Escrituras tal cosa?

5. Olvidar y perdonar no son la misma cosa. Si en un caso de pedir prestado alguno, con todo y acuerdo de pagar para cierta fecha o según se pueda, el que presta tiene que olvidarse del préstamo (y de la promesa del deudor) en el primer momento de orar a Dios, entonces los que piden prestado ¡nunca tienen que pagar nada! ¡Qué conveniente para los mentirosos!

6. Hay gran diferencia entre el prometer la persona pagar un préstamo, y pudiendo (desde luego con posibles sacrificios) hacerlo, rehúsa hacerlo, y el no poder cumplir con la promesa según el acuerdo entre los dos interesados. En el segundo caso, si el deudor pide misericordia, siguiendo sinceramente con su promesa de pagarlo todo, el que presta debe usar de misericordia hacia el que debe.

7. Hay un predicador en mi hermandad que me pidió centenares de dólares y, aunque me escribió más de una vez para pedir el préstamo, después de recibir el préstamo tiene como cinco años que me ignora. Le escribo y no recibo respuesta. (Una sola vez me escribió, prometiendo darme alguna razón en otra carta, pero nunca la recibí, y él sabe que nunca me ha pagado). Ha tenido amplia oportunidad para avisar del caso, pedir misericordia, y mantener comunicación conmigo sobre el asunto, pero me ignora por completo. Es un mentiroso, que ocupa el púlpito para ¡predicar a Cristo! Está perdido. Hizo una promesa y no tiene

intenciones (hasta la fecha) de cumplir con su palabra. La cultura dice: ¡olvídese del préstamo; perdone al deudor de dinero sin que él se arrepienta! Cristo no dice tal cosa. La cultura siempre simpatiza con el mentiroso, no con el que procura hacer bien. El apóstol Pedro en parte llama la cultura "nuestra vana manera de vivir recibida de nuestros padres" (1 Ped. 1:18), y dice que el cristiano ha sido redimido de ella. Por eso no me someto nada, pero nada, a esa parte vana de la cultura, sea hispana, anglosajona, u otra.

8. Dios no manda en ninguna parte "perdonar las faltas, ofensas, deudas a otros al momento de orar". Dios pone condiciones. En el caso de haber *pecado cometido*, que el pecador se arrepienta y pida perdón (Luc. 17:3,4), y en tal caso, que se le perdone. El caso de pedir y recibir prestado, con todo y acuerdo entre el deudor y el bienhechor, *no es caso de pecado*. Puede llegar a ser caso de pecado, si el deudor no cumple con su palabra, no teniendo intenciones de pagar la deuda. Mentir es pecado, ¿no? ¿Dónde dicen las Escrituras que uno se olvide de la mentira, y que al mentiroso se le debe nuestra comunión?

9. Mi hermano, ignore la presión de la cultura mundana, inclinada a favorecer al mentiroso, y exponga el pecado del pecador, y al mismo tiempo tenga misericordia del que tenga problemas con el cumplir con su obligación que honradamente hizo. Si necesita más tiempo, ya que llegó la fecha acordada, tenga misericordia de él. Siendo persona de honor, y no de mentira, cumplirá con su palabra en el tiempo oportuno. O bien le puede cancelar la deuda; pero la obligación de cumplir con la palabra es responsabilidad del que hizo la promesa.

* * *

673. ASAMBLEA DE MUJERES SOLAMENTE

"Aprovecho también para hacerle una pregunta: Si en un día de culto no llegan los varones de la congregación, ni un solo varón cristiano y todas las que llegan son hermanas y entre ellas llega también el esposo de una de ellas que es inconverso, ¿pueden ellas dirigir la reunión o suspenderla? ¿Y si primero están solas y empiezan ellas mismas pero luego llega el inconverso? ¿Y si llegan algún o algunos varones cuando ya una de ellas está enseñando? ¿Qué se haría en situaciones de esa índole?"

\- \- \-

1. Las situaciones descritas arriba raramente acontecerían. Pero si alguna vez acontecieran, se aplicarían los principios bíblicos concernientes al rol de la mujer en el plan de Dios.

2. 1 Tim. 2:12 prohíbe que la mujer enseñe sobre el hombre. La mujer cristiana, pues, habiendo varones en la asamblea, no va a tomar el rol de maestra o predicadora.

3. Un grupo de mujeres puede reunirse y adorar a Dios juntamente (Hech. 16:13), sin que viole el pasaje dado arriba. Pero tal asamblea no sería pública.

4. Si quiere entrar un varón en su asamblea no pública, las mujeres cristianas le pueden pedir que no entre, explicándole que no es reunión pública, y que en otra ocasión como individuas podrían enseñarle o dirigir a algún hermano varón que le fuera a enseñar (por ej., Hech. 18:26).

5. Las mujeres de esta suposición no tienen que suspender su reunión privada, pero sí tienen que ver que el varón no se quede en ella, pues no le toca estar en ella; no es para él.

6. Si en un caso muy raro el varón no saliera de la reunión de las mujeres, ellas siempre podrían optar por continuar con su culto de adorar a Dios, diciendo explícitamente que su asamblea es solamente para mujeres y que ellas están ignorando por completa su presencia de él. El punto es que él no pueda pensar que la mujer esté predicando públicamente a hombres y a mujeres.

* * *

674. ¿DEJAR LA CONGREGACIÓN Y FORMAR OTRA?

"Me decían los hermanos que en el lugar donde viven hay algunas congregaciones de cristianos cuyos líderes (sé que ésta no es una palabra bíblica, pero entiendo que los hermanos se refieren a los predicadores, evangelistas o ancianos en dichas congregaciones) son auténticos lobos rapaces, caracterizados por un despego casi absoluto de la vida de santidad que debiera ser lo común en un cristiano. Al haber observado ellos que nada de lo que predican está respaldado por el testimonio de sus vidas, decidieron empezar a reunirse en su propia casa (sólo su familia), con la esperanza de iniciar allí una nueva obra. Ahora, quiero preguntarle si el proceder de los hermanos es bíblico, pues me quedé francamente preocupado por su bienestar espiritual. Me quedé con la idea de lo que Jesús le dice a la Iglesia de Tiatira. en donde a pesar del falso liderazgo que ejercía Jezabel, el Señor nunca les pide que abandonen ese lugar. Bueno, como le decía, desearía un consejo de su parte para ver más claramente la solución de éste caso".

- - -

1. No puedo juzgar sobre el caso en particular, por no tener suficiente información. No digo que la pareja hace bien, o mal. No sé. La decisión que ha hecho es de su propio juicio y conciencia. Si el caso es como ellos lo describen, y si hicieron lo posible por rescatar a los hermanos tan mundanos, entonces no les quedó otro remedio que apartarse de los desordenados.

2. Una congregación local es una comunión de determinados hermanos. Cuando entra el pecado en ella, tiene que haber disciplina para corregir el mal. Si no se corrige, hay que excomulgar. Si no se ejerce la debida excomunión, no le queda al hermano fiel otro remedio que el de apartarse de la congregación infiel (Rom. 16:17,18; 1 Cor. 5; 2 Tes. 3:6-15; Efes. 5:11; 2 Tes. 3:6-15; 1 Tim. 5:20; Tito 1:9-13; 3:10; 2 Jn. 9-11).

3. En cuanto al caso de la iglesia en Tiatira,

Apoc. 2:18-29, Jesús no dijo absolutamente nada con referencia a abandonar, o no, la congregación. No tocó ese punto, ni de lejos. Más bien exhortó a los fieles a retener lo que tenían de servicio fiel al Señor (versículos 25,26). La fidelidad al Señor no se ejerce en la comunión con pecadores. Para cumplir con el mandamiento de 2 Cor. 7:1, a veces se requiere lo que dice 6:17. El hermano fiel no participa en las obras infructuosas de las tinieblas (Efes. 5:11).

Cristo, en su carta a la iglesia de Tiatira, dice a los fieles qué hacer, no dónde reunirse.

* * *

675. LA SALVACIÓN DE RAHAB

"¿Fue salvada Rahab del ataque de los israelitas, o en el sentido de ser perdonada de su pecado?"

- - -

1. Vamos a leer lo que dicen las Escrituras:

"Mas Josué salvó la vida a Rahab la ramera, y a la casa de su padre, y a todo lo que ella tenía; y habitó ella entre los israelitas hasta hoy, por cuanto escondió a los mensajeros que Josué había enviado a reconocer a Jericó." — Josué 6:25

"Por la fe Rahab la ramera no pereció juntamente con los desobedientes, habiendo recibido a los espías en paz." — Heb. 11:31

"¿No fue justificado por las obras Abraham nuestro padre, cuando ofreció a su hijo Isaac sobre el altar? 22 ¿No ves que la fe actuó juntamente con sus obras, y que la fe se perfeccionó por las obras? 23 Y se cumplió la Escritura que dice: Abraham creyó a Dios, y le fue contado por justicia, y fue llamado amigo de Dios. 24 Vosotros veis, pues, que el hombre es justificado por las obras, y no solamente por la fe. 25 Asimismo también Rahab la ramera, ¿no fue justificada por obras, cuando recibió a los mensajeros y los envió por otro camino? 26 Porque como el cuerpo sin espíritu está muerto, así también la fe sin obras está muerta." — Sant.2:21-26

2. Por las Escrituras vemos que Rahab fue salvada del ataque de los israelitas. Por ellas también vemos que Dios le justificó (perdonó de sus pecados) porque fue creyente (Rom. 4:1-8).

Pablo en Romanos 4 enseña que la salvación no es por las obras de la ley de Moisés sino por la fe en Cristo Jesús. Santiago, en el capítulo 2, enseña que la clase de fe que justifica al pecador es la que obra.

* * *

676. ¿POR QUÉ DESTRUYÓ DIOS A LOS CANANEOS CUANDO LOS ISRAELITAS POSEYERON SU TIERRA?

"¿Por qué destruyó Dios a los cananeos cuando los israelitas poseyeron su tierra? ¿No fue eso desperdicio de vida sobre la tierra? ¿No fueron ellos en un sentido el pueblo de Dios por creación?"

- - -

1. Si la persona consulta Gén. 15:12-21 y Lev. 18:19-30; 20:23, comprenderá que el desposeimiento de la tierra de los cananeos fue acto de castigo de parte de Dios por las iniquidades de ellos.

* * *

677. ¿DISCIPLINA O PENITENCIA?

"Este asunto se relaciona con la manera que una iglesia está aplicando la disciplina. Me preocupa, porque ya ha habido desacuerdos entre los miembros de esa iglesia, y yo he platicado con el predicador de esa congregación y él afirma que están actuando correctamente. La situación es la siguiente:

En esa congregación, ha habido dos casos de fornicación. En los dos casos las dos jóvenes aceptaron su pecado ante la iglesia, pidiendo perdón, pero la iglesia les puso la condición de asistir por un tiempo, sin participar de la santa cena. Ellos dicen que el caso de 1ª Cor. 5 exige que el miembro que peca debe ser excomulgado aunque acepte su pecado. Ellos determinan el tiempo en que el hermano (a) pueda regresar a la comunión. Durante ese tiempo, nadie de la congregación debe saludar el excomulgado. En este último caso la hermana resultó embarazada unos meses después de su matrimonio. Actualmente ella está cumpliendo con el tiempo que la iglesia le asignó. El predicador dice que esta manera es correcta porque la primera jovencita ha cambiado mucho después de que ellos le aplicaron la disciplina."

\- \- \-

1. ¡Qué grande es la arrogancia del predicador que se ponga por encima de la autoridad de las Escrituras, para imponer reglamentos suyos en cuanto a la disciplina! ¿Quién le dio a él la autoridad de ser legislador? ¿No es único el Legislador (Sant. 4:12)?

2. El predicador cita 1 Cor. 5. ¿Dónde en ese pasaje lee él que aquel fornicario se arrepintió y que luego Pablo mandó que le excomulgaran? El debe tener una Biblia muy extraña. No hay paralelo alguno entre 1 Cor. 5 y el caso de las dos jóvenes.

3. ¿De dónde saca él eso de ni aun saludar a la persona excomulgada?

4. Lo que él impone no es excomunión sino castigo, según el concepto falso del catolicismo romano de penitencia. El actúa como si fuera algún clero sectario, decidiendo él sólo la duración del tiempo de la pena que él mismo impuso. Repito: ¡qué arrogancia! ¿Se cree mayor que Cristo mismo, quien es la cabeza de su iglesia?

5. Se les niega a las dos jóvenes tomar la cena. ¿Se les permite cantar? ¿orar? ¿ofrendar? ¿oír la predicación? Si pueden participar en algo, en algo hay COMUNIÓN. ¿Hablan las Escrituras de "comunión a medias"?

6. Las hermanas no hacen bien en someterse a preceptos de hombre (Col. 2:20).

7. El predicador se jacta de que su plan trabaja (logra buenos resultados). Su plan tiene "a la verdad reputación de sabiduría" (Col. 2:23). De igual manera se jacta mucho en el mundo denominacional de que sus planes trabajan para atraer numerosa membresía, etcétera. Pero no debemos ser engañados por tales filosofías humanas (Col. 2:8).

8. El perdonado no tiene pecado. ¿Dónde en las Escrituras se enseña que el justo sea castigado? ¿Quiere el predicador que Jesús le castigue a él por sus pecados ya perdonados?

9. El mismo predicador debe ser disciplinado por su altivez de espíritu y su dictadura sobre la congregación. Si no se arrepiente, debe ser excomulgado. Si esto pasa, no dejen ustedes de saludarle, que no se le trate como si fuera enemigo (2 Tes. 3:15).

* * *

678. LOS PADRES RESPETAR A LOS HIJOS

"Los padres se merecen todo el respeto y obediencia de parte de los hijos; en esto estamos de acuerdo. Pero quiero saber si los padres 'deben' respetar a sus hijos en sus intimidades, en cosas personales, etc."

\- \- \-

1. Sí, es cierto que los padres merecen el respeto y la obediencia de sus hijos.

2. El respeto se debe a toda persona, inclusive al hijo, y mayormente al hijo ya de edad y que está entrando en el estado de adulto. El joven no debe ser tratado como si fuera un niño pequeño. Aquí entra la llamada "regla de oro" de Jesús que nos enseña a hacer con otros de la misma manera (Mat. 7:12) que queremos que otros hagan con nosotros. Si quiero que otros me respeten, que sepa yo respetar a otros. El padre sabio reconoce la individualidad de su hijo y sabiamente influye en el desarrollo de su hijo.

3. Ahora, en cuanto a las "intimidades y cosas personales" del hijo, dado que la frase puede aplicarse ampliamente en cuanto a detalle, no puedo hablar definitivamente. Seguramente el hijo no debe esconderse detrás de lo que él llame "intimidades y cosas personales" para encubrir algo indebido. Por otro lado, el padre no debe introducirse sin tocar al cuarto del hijo joven, ni tomarse la libertad de leer sin permiso alguna carta recibida de su hijo. El padre no es dictador que él invada la vida privada de su hijo joven, sin mostrarle ningún respeto como individuo. La "regla de oro" siempre rige y es lo que promueve la paz en el hogar, como también en todo círculo de la vida humana. El padre puede recordarse de cómo era él cuando era joven, y ahora que es padre de jóvenes, si es sabio, y si desea agradar a su Creador y Salvador, va a actuar con sabiduría, respetando la individualidad de sus hijos como respetaría la de los jóvenes de otra familia.

* * *

679. EXCOMULGAR AL ARREPENTIDO

"¿Se debe excomulgar a un hermano por faltas inmorales (fornicación), aunque este se haya arrepentido?"

---

1. Si un hermano es confrontado con su pecado de fornicación, y no se arrepiente, debe ser excomulgado. Si después se arrepiente y confiesa su pecado, debe ser perdonado porque Dios le perdona.

2. Si un hermano es confrontado con su pecado, o aun sin que haya sido confrontado, si de por sí admite su pecado, y lo confiesa, y pide perdón a Dios, debe ser perdonado. Dios le perdona. Una vez perdonado, ya no es pecador. Véase 2 Cor. 2:5-11. ¡No se excomulga al no pecador!

3. Hay hermanos, habituados al sistema católico de "penitencia", piensan en castigar en alguna forma a la persona perdonada como consecuencia de su pecado arrepentido y perdonado. Creen equivocadamente que la excomunión es para ello. La penitencia católica y la excomunión bíblica son dos cosas muy distintas.

* * *

680. ÉXODO 31:16, EL SÁBADO, "PACTO PERPETUO"

"Los sabatistas toman este versículo para probar que el día sábado debe ser guardado hoy por la palabra 'perpetuo' ¿Cómo puedo contestar este argumento?"

---

1. A ver si los sabatistas aplican su "lógica" a otras prácticas "perpetuas" de la ley de Moisés.

a. La Pascua, Ex. 12:14, "Y este día os será en memoria, y lo celebraréis como fiesta solemne para Jehová durante vuestras generaciones; por estatuto perpetuo lo celebraréis."

b. El quemar incienso, Ex. 30:8, "Y cuando Aarón encienda las lámparas al anochecer, quemará el incienso; rito perpetuo delante de Jehová por vuestras generaciones."

c. Una ofrenda perpetua, Ezeq. 46:14, "Y con él harás todas las mañanas ofrenda de la sexta parte de un efa, y la tercera parte de un hin de aceite para mezclar con la flor de harina; ofrenda para Jehová continuamente, por estatuto perpetuo."

d. La purificación del inmundo era un estatuto perpetuo, Núm. 19:20,21.

2. La palabra "perpetuo" se emplea para indicar todo el tiempo que rigiera la dispensación mosaica ("por vuestras generaciones").

* * *

681. VOTAR EN LAS ELECCIONES DE PARTIDOS POLÍTICOS

"¿Puede un cristiano votar en las elecciones de partidos políticos?"

---

1. El ciudadano que en su país tiene la libertad de votar en elecciones puede ejercer esa libertad para extender su influencia para el bien. Los elegidos en una democracia determinan la dirección del país en cuanto a la formulación de leyes, y el cristiano va a hacer su parte para que gobiernen los hombres juzgados más apegados a la moralidad que Dios enseña en su Palabra.

2. Seguramente el cristiano no depende de elecciones de hombres no cristianos para la extensión del Reino de Dios, su iglesia. Pero sí puede contribuir su granito de influencia para ver que rijan los hombres más dirigidos por principios de Dios.

* * *

682. ¿QUIÉN RESUCITÓ A JESÚS?

"¿Fue Cristo que resucitó con su poder, o fue Dios quien lo resucitó con su poder, o los dos tienen parte en esto?"

---

1. Las Escrituras hablan de este acto como siendo de las dos personas divinas. "Yo y el Padre uno somos" (Jn. 10:30).

Jn. 10:18, respecto a su vida, dice Jesús: "Nadie me la quita, sino que yo de mí mismo la pongo. Tengo poder para ponerla, y tengo poder para volverla a tomar."

Col. 2:12, "sepultados con él en el bautismo, en el cual fuisteis también resucitados con él, mediante la fe en el poder de Dios que le levantó de los muertos".

Algunos hermanos (y otros) niegan el hecho de que Jesús se levantó a sí mismo. ¡Negarlo es negar la deidad de Jesús!

* * *

683. ¿DOS ÁNGELES, O SOLAMENTE UNO?

"Mateo 28:2 y Lucas 24:4. ¿Por qué Mateo presenta a un ángel, y Lucas presenta a dos varones, en la resurrección de Cristo?"

---

1. Mateo dice, "ángel," como también Juan (20:12). Marcos (16:5) dice, "un joven". Lucas dice, "varones". Los ángeles son seres sin sexo (Mat. 22:30, por implicación). Cuando Dios quería enviar al hombre un ángel, a este ser espiritual le hacía manifiesto como hombre. La forma que tomaba siempre era la de un hombre. Las Escrituras no hablan de ángeles mujeres, ni de ángeles niños.

2. Mateo y Marcos mencionan solamente a uno de los dos ángeles, al ángel que habló, aunque hubo dos presentes. Ellos tratan solamente del que pronunció las palabras a las mujeres.

* * *

684. ¿ES EL SOL O LA TIERRA EL CENTRO DE NUESTRO SISTEMA PLANETARIO?

"En la escuela se enseña que es la tierra la que da vuelta alrededor del sol. Pero en la Biblia he encontrado que el sol es el que da vuelta alrededor de la tierra. Lea por favor Jos. 10:12,13; Ecle. 1:5; Sal. 104:5. ¿Qué dice usted de eso?"

---

1. La Biblia no dice que el sol vuelta alrededor de la tierra. Los textos referidos arriba no afirman

tal cosa.

2. El sol es el centro de nuestro sistema planetario, como el hombre lo ha descubierto y probado.

3. Todo el mundo, inclusive hombres científicos y la misma Biblia, emplean lenguaje figurado y acomodadizo, diciendo, por ejemplo, que el sol se pone y sale. También se dice que el hombre "vuela," pero no es pájaro.

4. Antes de Copérnico (astrónomo polaco, 1473-1543) se creía que el sol daba vuelta alrededor de la tierra. Amigos de la Biblia en su ignorancia se oponían, y hasta perseguían, a quienes comenzaban a enseñar la verdad de que el sol es el centro del sistema planetario.

5. La Biblia no contradice la verdadera ciencia, como ésta no contradice a la Biblia.

* * *

685. ¿PUEDE UN CRISTIANO SER POLICIA, SOLDADO, VIGILANTE, PRESIDENTE, O ALCALDE?

"Puede un cristiano ser policía, vigilante, presidente, o alcalde?

- - -

1. El cristiano puede ocupar cualquier oficio que no demande que haga lo que Cristo le prohíba hacer (Hech. 5:29).

2. Algunos gobiernos permiten que el soldado se ocupe en servicio militar no de combate vivo. Hay policías que no andan armados. Lo mismo se puede decir en cuanto a vigilantes. Lo que el cristiano evita es que, para cumplir con su oficio, tenga que matar a otros en ciertos casos.

3. Es casi imposible que el presidente (de una nación) o el alcalde (de una ciudad) puedan cumplir con sus obligaciones sin que participen en actividades negativas y prohibidas para el cristiano. Pero si en un dado caso tal oficio le permite a la persona llevar a cabo sus deberes sin que se ocupe en lo prohibido, entonces no hay problema.

* * *

686. ¿DÓNDE OFRENDAR?

"Le envío saludos a la vez que quisiera consultarle si por ejemplo yo tengo mi membresía en la comunidad de _____, pero por razones de salud o predicar el evangelio tengo que trasladarme a _____ cada fin de semana, ¿yo puedo guardar mi ofrenda para que cuando yo pueda regresar a la congregación de _____ entonces dar todo lo que he propuesto en mi corazón pero en los lugares que estoy asistiendo no ofrendo? Le quisiera pedir si me pudiera ayudar con un estudio ya que sabemos que se debe ofrendar cada primer día de la semana".

- - -

1. El ofrendar es un acto de culto de parte de los miembros de una dada congregación.

2. Usted dice que es miembro en la comunidad de _____. Si así es el caso, debe ofrendar allí.

3. Usted se refiere a "los lugares que estoy asistiendo," y a "cada fin de semana". ¿Esto quiere decir que siempre está ausente los domingos en la congregación de _____ donde tiene su membresía? Si siempre está en otros lugares, predicando, ¿cómo puede tener membresía en una congregación que nunca asiste los domingos? La membresía no es determinada por el lugar en que uno tenga su residencia entre semana.

4. Si la persona es miembro en cierta congregación, allí asiste normalmente y allí ofrenda. Si va a visitar en otra parte en otra congregación, deja su ofrenda en la congregación donde es miembro, porque dicha iglesia depende de su ofrenda para la obra local.

5. Si la persona anda de evangelista, se hace miembro donde trabaja por un tiempo y allí ofrenda. Cuando cambia de lugar, ofrenda nuevamente en el lugar donde ahora trabaja y se congrega.

6. La palabra "membresía" no es algo por decirlo. Indica participación en todo lo que dicha membresía requiere. Donde uno asiste regularmente y trabaja como miembro activo, allí va a ofrendar, porque la ofrenda es parte del culto de la iglesia local.

* * *

687. ¿DAR LA OFRENDA A UN NIÑO?

"Mi pregunta es que si la ofrenda es para los santos como dice la palabra de Dios ¿se debe dar la ofrenda para la enfermedad de un hijo (por ej., hasta los 12 años del niño) de un hermano o para alguna necesidad del hijo antes de que sea joven ya que en la juventud comienzan los malos pensamientos?"

- - -

1. La ofrenda, en cuanto a usarla en la benevolencia, es para los santos (Rom. 15:26; 1 Cor. 16:1; 2 Cor. 8:4; 9:1,12).

2. Un santo, que es padre de un niño enfermo de tal grado que el padre no puede darle la atención médica necesaria, viene siendo objeto de la benevolencia de la iglesia local. El padre tiene que proveer para los suyos (1 Tim. 5:8), y en este caso no lo puede hacer sin ayuda ajena. El dinero es dado al padre, no al niño. El dinero es para un santo necesitado, no para una persona no santa.

3. En un dado caso de un niño enfermo de padres no santos, la colecta no es para dichos padres. Los santos en lo individual, como siendo "buenos samaritanos" (Luc. 10), deben procurar ayudar en el caso.

* * *

688. "LA PARTE SUPERIOR DEL HADES"

"Quiero hacerle una pregunta sobre dónde se encuentra la parte superior del Hades, porque dice Lucas 16:23 que el rico alzó sus ojos? ¿Lázaro estaba más alto que él?"

- - -

1. La idea de que el Hades tiene dos compartimentos, el inferior y el superior, no se

origina en las Escrituras, sino en la mente fértil de hombres que desean hacer lugar para la conversión y salvación de personas que en esta vida no tuvieron la oportunidad de ser salvos.

2. La frase, "alzó los ojos," no presta apoyo para tal idea. Era una frase de uso común entre los hebreos para significar "mirar." Considérense Gén. 13:10; 18:2; 31:10; Dan. 8:3; Mat. 17:8; Luc. 6:20; etc. (Si alguno alza la voz, Luc. 11:27), ¿habla al techo?). No hay nada de "compartimientos" en estos pasajes. La idea sencillamente es la de mirar, fijando la atención en algo.

3. Sobre el Hades, véase el índice.

* * *

689. ¿USAR JUGO FERMENTADO EN LA CENA DEL SEÑOR?

(El interrogador no cree que se deba usar jugo fermentado en la Cena del Señor. Me envía algunos argumentos de algunos hermanos en la congregación que sí creen en usarlo, y me pide que comente sobre ellos. Entre comillas y por número cito los argumentos, y luego hago mis comentarios).

- - -

1. "algunos comentarios que tratan de la celebración misma en tiempos de Jesús, todos estos han sido valiosos ya que no entendíamos bien el contexto histórico y cultural de aquella celebración en Israel en el siglo primero. El problema radica en que según varios comentaristas la pascua judía se celebraba con vino (fermentado naturalmente, es decir con un grado alcohólico) el cual se mezclaba con agua para bajar el nivel alcohólico…"

- - -

Los comentaristas sectarios reflejan la práctica en sus iglesias de emplear vino (destilado) en sus servicios en la celebración de la Cena. Comentan sobre el uso de "vino" en la Pascua, pero no presentan prueba de que fuera vino en el sentido de la palabra de hoy en día. La palabra griega, OINOS, en sí no significa jugo de uva fermentado. El contexto determina si la palabra en un dado caso indica jugo natural o fermentado. Además, la palabra "vino" no aparece en los textos que tratan la Cena del Señor.

2. "_____ y otros hermanos dicen que esta frase (fruto de la vid) la usaban los judíos para referirse al vino."

- - -

Sí, el jugo de la uva es fruto de la vid. Pero muchos suponen lo que no pueden comprobar, que es que la palabra OINOS (que ni aparece en los textos) en un dado caso tiene que ser jugo fermentado. La cuestión no tiene que ver con la palabra "vino," sino con el significado de la palabra OINOS. Hoy en día la palabra "vino" siempre implica una bebida alcohólica, producto de las destilerías. Tal es el "vino" que emplean las iglesias sectarias, basándose en que los judíos "usaban vino en la Pascua."

3. "Jesús no fue contra esta costumbre."

- - -

¿Cuál costumbre? Se supone que la costumbre era la de usar jugo de uva fermentado. ¿Y la prueba? No basta con decir, "vino," porque la palabra en sí no requiere la idea absoluta de fermentación. Véase por ejemplo Mat. 9:17; "vino nuevo" equivale a jugo de uva.

4. "Los judíos usaban vino fermentado, el cual mezclaban con agua, ya que era muy espeso (citan libros escritos por arqueólogos y eruditos en la materia)."

- - -

Lo que tiene que comprobarse es que se usara tal "vino" en la Pascua que Jesús y sus discípulos celebraron. No se niega que los judíos en muchos casos usaran tal vino.

5. "Además dicen que es una creencia reciente el uso de jugo y no vino."

- - -

¿Qué comprueba esto (si se puede comprobar)? El punto es que las Escrituras dicen así y así, y es lo que se debe hacer hoy en día, no importando lo que se haya hecho en tiempos pasados, o recientes o remotos. La vejez de cierta práctica no demuestra nada para la persona que procura seguir las Escrituras inspiradas.

6. "también está el argumento que los corintios se embriagaban (1 Corintios 11:21), por lo tanto dicen: se usaba vino fermentado en la cena del Señor en el primer siglo…Pablo corrigió este error de comilona pero no les dijo que usaran fruto de la vid…"

- - -

La persona que hace este argumento no está leyendo con cuidado. Algunos corintios "se embriagaban," no por haber tomado la cena del Señor, sino por haber tomado "su propia cena."

Sobre la frase "embriagarse," se puede entender que Pablo habla figuradamente. El punto de Pablo es que los corintios más ricos traían en abundancia para comer y beber, mientras que los más pobres quedaban con hambre, y así, al no considerar los unos a los otros, su conducta era vergonzosa. Pablo dice que los corintios tenían casas en que comer y beber (ver. 22), y seguramente no daría a entender que tenían casas en que comer y emborracharse.

Pablo no solamente "corrigió este error de comilona," sino la práctica entera que algunos corintios habían metido en el culto. ¿Acaso corrigió el error de comilona, pero no el de embriagarse?

Pablo "no les dijo que usaran fruto de la vid," ni tampoco que usaran jugo fermentado. Les dijo (enseñó) lo que había recibido del Señor (versículos 23-25), y lo que dijo el Señor fue "fruto de la vid" (Mat. 26:29; Mar. 14:25; Luc. 22:18).

* * *

690. BAUTIZADOS POR EL MISMO MOTIVO

"Aquí en la congregación estamos pasando por un problema con unas personas que tienen un rato asistiendo, pero aún no se han bautizado en la iglesia de Cristo, pero alegan que fueron bautizados en la Iglesia Bautista y de la misma forma en la que nosotros lo hicimos, aunque hemos planteado citas relacionadas al respecto. Sigue la polémica. El asunto trasciende al grado de que a uno de ellos (matrimonio), al varón le han permitido orar en la congregación y también toman la cena del señor. Aunque se ha hablado con ellos, alegan que ya fueron bautizados por el mismo motivo (cumplimiento del evangelio). No quieren bautizarse en la iglesia de cristo."

- - -

1. El problema en la congregación consiste más bien en la falta de comprensión de parte de algunos de los miembros, que ellos animen a los perdidos a continuar en sus errores, comulgándoles, en lugar de enseñándoles la verdad que liberta (Jn. 8:32).

2. El bautismo que es uno (Efes. 4:5) no es uno "por motivo." El bautismo que pone la persona en una iglesia humana (la Iglesia Bautista) no es el bautismo bíblico. Ese matrimonio no ha sido bautizado en Cristo (Gál. 3:26,27). La iglesia de Cristo es el cuerpo espiritual de Cristo (Efes. 1:22,23) y el bautismo bíblico nos pone en Cristo y así Dios nos añade a su iglesia (1 Cor. 12:13; Hech. 2:47). No se puede ser enseñado mal y bautizado bien.

3. Ese matrimonio nunca va a obedecer a Cristo mientras los hermanos les comulguen, dejándole participar en el culto como si fueran cristianos (en lugar de bautistas).

4. Yo no seguiría siendo parte de tal falta de respeto por la doctrina de Cristo (2 Juan 9-11). Si la congregación sigue con el asunto, yo me quitaría de ella para no perderme con ella. Es obvio que algunos de los hermanos tienen más consideración por la amistad de quienes están perdidos en el error sectario que por la pureza de la doctrina de Cristo y la verdadera salvación de almas perdidas.

* * *

691. HECHOS 8:22

"Tengo algunas preguntas que para mi son muy importantes, le agradecería mucho que me ayudara con ellas, y que me pudiera dar toda la información posible en cuanto a esto:

"Respecto al pasaje de Hechos 8:22 donde dice *"Arrepiéntete pues de esta tu maldad, y ruega a Dios, si quizá te sea perdonado el pecado de tu corazón."*

(Luego sigue una serie de preguntas que contesto una por una, bhr).

1. "¿En este pasaje se puede justificar que un hermano que ha cometido pecado, y si esta arrepentido, pueda orar por si mismo a Dios para que le perdone? ¿Dios lo escucha?, o se requiere que otro hermano ore por el para que Dios lo pueda perdonar?"

1. Claro es que Dios escucha al cristiano que peca, se arrepiente y pide a Dios en oración que le perdone. Es lo que dice el apóstol Pedro.

2. "En Juan 9:31 dice que *Dios no oye a los pecadores*, ¿este pasaje se puede aplicar a un hermano que ha pecado? ¿A él Dios no lo oye?, ¿Es cierto que cuando uno peca, el pecado forma una barrera entre nosotros y Dios de manera que ÉL no nos oye?"

1. No, este pasaje no se aplica al caso. Trata de la evidencia de que Jesús no habría podido obrar milagros si hubiera sido un pecador del mundo.

2. Dios no oye al pecador del mundo para salvarle por la oración, pero Dios si oye las oraciones del pecador del mundo para ver que dicha persona tenga la oportunidad de oír el evangelio que salva (Hech. 10:4; 11:14).

3. El pecado forma barrera entre el pecador y Dios, pero no entre Dios y el pecador arrepentido que busque el perdón de sus pecados. ¿No mandó Pedro a Simón que orara a Dios?

3. "En Santiago 5:16 dice*: "Confesaos vuestras ofensas unos a otros y orad unos por otros"* ¿Este pasaje ayuda para decir que cuando pecamos debemos buscar a otro hermano para que ore por nosotros?"

1. No, no quiere decir que sin la oración de otro no puede haber perdón de pecado. El perdón de pecado para el individuo no está en las manos de otras personas.

2. Simón pecó. Pedro le mandó arrepentirse y orar. Simón confesó su pecado a otros, al pedir que Pedro y Juan oraran por él. Cuando una persona dirige una oración, ¡todos están orando, y dicen el "amén"! Simón obedeció el mandamiento de Pedro al pedir (implicando su arrepentimiento) que otros oraran por él, dirigiendo Pedro la oración de todos los involucrados.

* * *

692. ¿EL ARCA REPRESENTA LA IGLESIA?

"En una ocasión un hermano decía que el arca de Noé representa la iglesia. Quisiera que me pudiera ayudar ya que en lo que sé tal información no es la correcta".

- - -

1. Yo también en veces pasadas usaba esa similitud de que el arca representa a la iglesia, pero no es del todo correcto. Es cierto que Noé y los suyos tuvieron que entrar en el arca para no ser llevados por el agua, y es cierto que la persona tiene que hallarse en la iglesia para ser de los salvos, pero lo que dice Pedro (1 Ped. 3:20,21) es que Noé fue salvo, no del agua, sino por agua. No dice el texto que fue salvo por el arca. Somos salvos por Cristo y el salvo se halla en el cuerpo de Cristo, que es su iglesia, pero la iglesia no salva. El arca no salvó a Noé, pero él tuvo que estar dentro del arca para ser salvo "por agua" porque el agua le

llevó en el arca a un mundo libre de pecado.

* * *

693. PECADO A MUERTE

"En su folleto sobre el pecado original usted hace mención un pasaje de 1 Juan 5 en que el pasaje dice que hay pecado de muerte y pecado no de muerte. ¿El pecado de muerte se refiere cuando nuestro Señor Jesucristo dice que la blasfemia contra el Espíritu Santo no hay perdón?

- - -

1. Para esta pregunta cito de mi obra, NOTAS SOBRE 1 JUAN, 5:16:

5:16 — Este versículo es una ilustración o ejemplo de lo que ya se ha expuesto en los versículos 14 y 15; es decir, que Dios da al cristiano que pide. Tenemos la seguridad de que Dios nos oirá, si pedimos por algún hermano que está pecando no a muerte, porque Dios le perdonará; le dará vida (espiritual). Sí nos oye Dios. Este es el punto del contexto. Ahora, dado que hay "pecado de muerte" (pecado a muerte, dice el texto griego), no hemos de pensar que Dios concederá nuestras peticiones hechas a favor de algún hermano pecando así. En tal caso no hay base de confianza respecto a que Dios nos oiga. Pero sí la hay en el primer caso propuesto.

Juan dice esto: Dios nos oye cuando oramos. Por ejemplo vimos (aoristo = acto singular en el pasado) a un hermano cometiendo un pecado que no tiende a muerte. Oramos por él. No digo, por cualquier hermano. Hablo de un caso en que es un hermano que está pecando no con tendencias hacia la muerte. Si oramos por él, Dios nos oirá. Le perdonará a tal hermano. Ahora, hay otros casos en que están pecando algunos hermanos, pero por éstos no hemos de pedir nada, con la expectación de que nos oiga. ¿Quiénes son éstos? Pues son hermanos que están pecando con tendencias hacia la muerte. No tenemos razón por qué confiar en Dios que les perdone. Pero, por los otros, sí les perdona. Por eso oramos por los tales y Dios nos oye.

El caso era tal que uno podía ver si valía orar por el hermano con la confianza de que Dios le perdonara. Los gnósticos estaban entregados a la sensualidad y así iban hacia la muerte espiritual eterna. Por nada se arrepentirían porque no admitían tener pecado (1:8). Orar por los tales no resultaría en su restauración. Pero al ver a un hermano pecando como en el caso tratado en 1:9; 2:1,2, si oramos por éste, Dios nos concederá nuestra petición (porque este hermano va a arrepentirse, confesar su pecado, y pedirle a Dios perdón). Su actitud en el pecado no es una de tendencia hacia la muerte.

El cristiano que peca puede ser perdonado, si confiesa sus pecados (1:9). Debemos confesar nuestros pecados y orar los unos por los otros (Santiago 5:16). No debemos pecar, pero si cometemos algún pecado o pecados, arrepentidos podemos pedirle a Dios perdón por Jesucristo (2:1,2). La actitud del cristiano débil, al verse en

pecado o al verse culpable de pecado, es una actitud sana. Busca el perdón de Dios en seguida. Los demás cristianos pueden ver esta actitud en otros. Por eso al ver un caso semejante, debemos orar por los tales, con la confianza de que Dios dará respuesta a nuestra petición. Dará vida para los tales. Pero "hay pecado de (a) muerte"; es decir, hay quienes tienen tal actitud que les llevará a la muerte espiritual eterna. Por los tales no hay que orar. No se nos prohíbe orar por ellos, pero tampoco podemos tener la confianza mencionada en el versículo 14. Los de tal actitud no pueden ser salvados, porque no van a arrepentirse y confesar sus pecados. Como los fariseos (Mateo 12:24-32), y los hermanos apóstatas (Hebreos 6:4-6; 10:26-31) (véanse mis comentarios allí), aquí en 1 Juan se hace referencia a tales como los que irían tras los gnósticos, al negar la encarnación de Jesús y al llevar una vida mundana bajo el pretexto de tener "conocimiento" especial y comunión con Dios por medio del gnosticismo. Tal actitud en los hermanos sería una cosa visible y viendo tal caso, no valdría la pena pedir por los tales. No es cuestión de juzgar el corazón de otro, sino de actuar según vemos.

* * *

694. AYUNAR EN HUELGA

"Que dice usted si por ejemplo aquí en _____ se está en paro del magisterio y en esta semana se ha decidido hacer una huelga de hambre en protesta al gobierno y con la finalidad de sensibilizar al gobierno de que atienda a nuestras peticiones. Será válido ante Dios exponer nuestra salud física de esa manera? Le pregunto ya que hace 4 años participé en una huelga de hambre en la cual estuvimos 11 días en la que al final se solucionó el problema.

- - -

1. El ayuno no es para razones políticas, no importando los bienes materiales que se realicen a consecuencia de emplearlo. Yo por nada participaría en tal actividad. El cristiano no emplea tácticas carnales para lograr bienes materiales (Rom. 38).

* * *

695. TRABAJAR EN DÍA DOMINGO

"Mi amado, conozco a un hombre (como dice Pablo) que es uno de los predicadores de una iglesia del Señor aquí en mi ciudad, esta casado y tienen tres hijos. En general son una familia de buen testimonio. El trabaja como gerente de una empresa y su esposa tiene un negocio de venta de productos para peluquerías, (salas de belleza) allí le ha dado empleo a dos hermanos de la iglesia (muy necesitados) y desde que comenzó con el negocio no había abierto los domingos, lo cual era reclamado por muchos clientes, pues ese día es muy productivo (aun mejor que entre semana).

Recientemente comenzó a abrir de nueve a dos de la tarde, turnándose para trabajar un domingo cada uno. La pregunta del millón: la esposa del predicador podría exigirle a sus empleados (hermanos en la fe) laborar el correspondiente domingo (uno al mes) y faltar al culto a causa del trabajo? Ella podría faltar un domingo al culto y que esto no sea motivo de censura para ella o el predicador? (pues tengo entendido que la esposa del predicador no debe trabajar y menos un domingo)."

---

1. El único motivo para abrir el negocio en día domingo es para ganar más dinero (por ser, en este caso, el día en que hay más demanda que durante la semana). Ahora el mal que puede haber no existe en que haya negocio el día domingo, porque el primer día de la semana no es "día de descanso" como lo era el día sábado bajo la ley de Moisés. Es el día en que los cristianos nos congregamos para rendir culto al Señor. El mal consiste en que se abra el negocio en horas que hagan conflicto con la hora del culto de la iglesia local, obligando así al empleado cristiano a perder el culto.

2. El amor al dinero (1 Tim. 6:10) es la raíz de muchos males. En lugar de depender de Dios para las necesidades de la vida, y estar contentos con lo que Dios nos provee, a veces hay hermanos que lo creen sabio depender más bien de su propio brazo de fuerza y de su buen sentido de negocio para mejorar la vida físicamente.

3. El problema se soluciona fácilmente si los involucrados ponen por obra Mat. 6:33.

* * *

696. ¿SON TODOS LOS HIMNOS ALABANZA A DIOS?

"Se dice que todos los himnos que cantamos en la iglesia no son para adoración a Dios por que no mencionan alabanza a Dios como por ejemplo el himno de Palestina que está dirigida a una ciudad y no a Dios así como otros himnos. Me gustaría que me ayude en esta pregunta si todos son adoración a Dios o hay que hacer una selección de himnos."

---

1. No conozco el cántico titulado, Palestina, pero según me cuenta el caso, no parece ser himno ni canción espiritual. Por eso no puedo juzgar en este caso en particular.

2. Efes. 5:19 y Col. 3:16 nos dicen qué cantar en las asambleas; a saber, salmos, himnos y cánticos espirituales. Con ellos hemos de alabar al Señor, enseñarnos y exhortarnos.

3. Un "cántico espiritual" es uno que presenta un mensaje conforme a la enseñanza del Espíritu Santo hallada en el evangelio de Cristo.

3. Los himnarios son de muchos diferentes editores y contienen una gran variedad de cánticos. Si el himnario que se usa en la iglesia local no ha sido editado por un hermano fiel en la fe, muy posiblemente contenga enseñanza sectaria, o denominacional.

4. Es posible usar algunos himnarios editados por sectarios, pero en dicho caso es necesario usar de selección cuidadosa para no estar usando un cántico con enseñanza incorrecta.

5. Todo cántico espiritual no tiene que ser propiamente diseñado para servir de alabanza directa a Dios. Para ello son los himnos y algunos de los salmos. Algunos buenos cánticos espirituales tienen el propósito de amonestar o exhortar los unos a los otros.

6. Como alude usted, la palabra clave es la palabra "selección."

* * *

697. Sal. 37:9-11,22,29,34, HEREDAR LA TIERRA

"Ella me citó Salmos 37... ¿Puede decirme a qué se refiere cuando dice que heredarán la tierra?"

---

1. El Salmo 37 en su totalidad contrasta la seguridad de quienes confían en Dios, y la inseguridad de los inicuos. Los versículos 9,11, 22,29, y 34 que emplean la frase algo proverbial, y no literal, "heredarán la tierra," no dicen más que lo que el ver. 3 explica: "Confía en el Señor, y haz el bien; habita en la tierra, y cultiva la fidelidad."(Versión Biblia de las Américas). Así dice la Versión Septuaginta (El Antiguo Testamento en griego).

2. Jesús empleó la misma frase en Mat. 5:5. Ahí Jesús habla de las bendiciones materiales de Dios que los mansos ahora reciben en esta vida. Compárese el ver. 6.

El judío entendía por esa expresión el recibir la cima de las bendiciones de Jehová Dios. Desde el punto de vista de una vida completa en la tierra, es obvio que el inicuo no permanece, pero la Providencia de Dios mira por el manso que confía en él.

El judío por dicha expresión pensaría naturalmente en las bendiciones de la tierra de Palestina, por ser la tierra que le fue prometida (Gén. 15:7,8; 28:4; Exodo 32:13; Lev. 20:24; Deut. 16:20; Sal. 25:13; 69:35,36; Isa. 57:13; 60:21; 65:9; Ezeq. 33:23-29).

3. El contexto del salmo, y de lo que Jesús dice en Mat. 5:5, no trata de ningún mundo futuro que supuestamente será otra tierra física pero renovada. No hay nada de esto en estos dos pasajes, ni en el resto de la Biblia. Esto lo suponen los Testigos de Jehová, y luego interpretan mal el Salmo 37.

4. La vida eterna de los manos salvos por Cristo va a ser en el cielo, y no en la tierra (Jn. 14:3; 1 Ped. 1:4; Luc. 6:23; Col. 1:5; Mat. 6:20; Fil. 3:20).

5. Los Testigos de Jehová son materialistas.

* * *

698. 2 COR. 11:29, YO ME QUEMO

" ... el estarse quemando, de lo que Pablo habla, ¿se refiere solo a las fornicaciones (según el contexto) o también las llamadas 'masturbaciones'?"

Para contestar su pregunta, cito de mi obra

11:29 — "¿Quién enferma, y yo no enfermo?" Más exacta es la palabra "débil" que "enfermo", según el texto griego. "¿Quién es débil sin que yo sea débil?", Versión Biblia de las Américas, y la Versión Moderna. "¿Quién está débil, sin que me sienta débil también?", Nueva Versión Internacional. Pregunta Pablo: ¿quién está débil (en sus sentimientos y convicciones acerca de cosas legales) y no tengo compasión de él, sintiendo la misma debilidad? Pablo comprendía y deseaba ayudar al débil. Se identificaba con la debilidad (mientras que los falsos apóstoles se gloriaban en cosas de fuerza). ¿Hay actitud más conforme a Cristo (Isa. 53:3; Mat. 9:36) que ésta? Compárese 1 Cor. 9:22.

—"¿A quién se le hace… indigno?" ¡Qué grande era la compasión que Pablo siempre tenía hacia el caído! Si un hermano había caído en pecado, las emociones de Pablo ardían, sintiendo de corazón el mal del que causó el tropiezo y la vergüenza que tuvo que sufrir el que cayó. De día en día Pablo experimentaba esto, y era parte de sus cargas mentales. ¡Que grande era el corazón de este siervo de Dios!

Notemos la traducción de otras versiones:

"¿A quién se le hace pecar (margen, tropezar), sin que yo no me preocupe intensamente? (margen, Lit.,… y yo no me quemo)", Versión Biblia de las Américas.

"¿A quién se le hace tropezar, sin que yo arda en indignación?", Ver. Moderna.

"¿Quién es incitado a pecar, sin que yo esté interiormente en ascuas"?, Nueva Versión Internacional.

El texto griego usa la palabra "tropezar" y la frase "yo me quemo".

* * *

699. 1 COR. 5:11, LLAMÁNDOSE HERMANO

" **…**le comento que estaba leyendo su comentario de 1a. Corintios y en el 5:11 en relación con la frase "con ninguno que, llamándose hermano" no comenta nada y me gustaría mucho tener un comentario suyo sobre esa frase."

- - -

1. La frase, "llamándose hermano," significa una persona que lleva el nombre de hermano en Cristo y que así se reconoce.

2. En esta sección Pablo distingue entre los que están fuera con los que están dentro (versículos 12,13). La persona que en este caso había de ser disciplinada fue una de "dentro" de la comunión y membresía de la iglesia en Corinto. Siendo cristiano y miembro de la iglesia, pero que ha caído en uno de los pecados mencionados, ahora debe ser juzgado como culpable de tal y quitado de la comunión de la iglesia ("Quitad, pues, a ese perverso de entre vosotros." — ver. 13). Antes este hermano en Cristo era miembro de la iglesia en plena comunión con los demás miembros; ahora es un hermano en Cristo que se ha quitado de la comunión de la iglesia local.

3. Sigue siendo hermano (y no uno "de este mundo," ver. 10), y no debe ser tenido por enemigo, sino exhortado o amonestado como hermano (2 Tes. 3:15). No deja de ser hermano por su pecado; de otra manera, para ser restaurado, tendría que ser bautizado de nuevo (para llegar a ser hermano en Cristo). El que necesita ser restaurado es un hermano que ha pecado (Gál. 6:1). Un hijo perdido (Luc. 15: 24) no deja de ser hijo; para ser restaurado ¡no tiene que nacer otra vez de su madre! Para ser hijo salvado, y no seguir siendo hijo perdido, necesita arrepentirse y hacer confesión de su pecado.

4. La disciplina en la iglesia tiene por fin, no solamente el mantener limpia la reputación de la iglesia local (1 Cor. 5: 7), sino también la salvación del hermano perdido en pecado (5:5). La disciplina de aquel fornicario en la iglesia en Corinto resultó en su restauración (2 Cor. 2:5-11). Pero siempre era hermano.

* * *

700. TRABAJAR DE JUGADOR PROFESIONAL

"También quería preguntarle si uno podría trabajar como jugador profesional ya que según lo que puedo entender no puede ya que hay tres formas de conseguir dinero: trabajando al prestar servicio a cambio de dinero, cambiando o regalado; pero el jugador ¿qué servicio presta? También aquí hay campeonatos de básquetbol amateur (en las cuales he participado antes) y cobran entradas para ingresar al coliseo para mirar los encuentros deportivos. ¿El cristiano podrá pagar una entrada a ese espectáculo o para ingresar a un circo?

El miércoles se estudiaba y se comentaba que el cristiano está privándose de comprar para la comida o para algo útil y por lo tanto no puede asistir a un estadio de fútbol para mira un encuentro de fútbol profesional."

- - -

1. El deporte profesional es un negocio de entretenimiento. Así que el que trabaja de jugador profesional gana su vida en esa profesión. La profesión en sí no es mala, y por eso el trabajo del jugador es legítimo.

2. Es difícil, si no imposible, que el cristiano gane su vida en tal profesión, sencillamente porque las exhibiciones son citadas para el domingo, al igual que a cualquier otro día. Otro problema consiste en que el jugador siempre está de viaje a diferentes lugares de exhibición y difícilmente puede tener una vida familiar y congregacional.

3. No es correcto gastar el dinero en nada que prive al individuo de comida, cosa esencial para la vida (1 Tim. 6:8). (Aparte de la comida, hay otras varias consideraciones). Pero lo que se califique de "útil," según la pregunta, es otra cosa. Lo que para uno es "útil," para otro puede calificarse de otra manera. Cada persona decide para sí misma si le conviene gastar algo razonable y con medida en

algo de entretenimiento. Todos nos entretenemos, pero cómo y cuándo, y con qué gasto de dinero si alguno, son asuntos personales y cada uno dará cuenta a Dios por sus decisiones. No le toca a cierta persona legislar a los demás sobre el asunto.

* * *

701. ¿ES EL HNO. BILL METODISTA, BAUTISTA, ADVENTISTA, O QUÉ?

Un lector de mi Página Web (billhreeves.com), sin saber quién soy ni de qué iglesia, me escribió lo siguiente: "Gracias por la página Web, considero que es muy provechosa. Me gustaría saber si la filosofía del Hermano Bill tiene alguna corriente en particular, con esto me refiero que si es Metodista, Bautista, Adventista o qué? He tratado de averiguarlo por medio de la página pero no me fue posible. Gracias. "

\- \- \-

Estimado amigo: Le agradezco mucho su mensaje y sus palabras de aprecio por la página Web.

Con gusto contesto su pregunta, dando como prefacio este comentario sobre su uso de la palabra "filosofía". Creo que entiendo el sentido en que la emplea, pero en realidad no es cuestión de filosofía (pensamiento humano) sino de seguir la sabiduría que es de lo alto (Sant. 3:17, los pensamientos de Dios). En el sentido común de la palabra, no tengo ninguna filosofía. Procuro apegarme al patrón apostólico (2 Tim. 1:13; 1 Cor. 11:2; 2 Tes. 2:15), y predicar la Palabra (2 Tim. 4:2); nada más.

Me explica que se refiere a que si soy metodista, bautista, adventista (o de otra denominación semejante). No soy metodista, ni bautista, ni adventista, ni de ninguna denominación humana, sino soy solamente cristiano. Como tal, soy miembro del cuerpo de Cristo, su iglesia (Efes. 1:22,23), que es uno (4:4) y no dividido en muchas denominaciones humanas, porque fui bautizado en el cuerpo de Cristo (1 Cor 12:12,13; Gál. 3:36,27). Cristo prometió establecer su iglesia (que no dijera, iglesias); es decir, prometió hacer posible la salvación del hombre pecador (Mat. 16:18). La compró con el precio de su sangre (Hech. 20:28). Siendo la iglesia del Señor el conjunto de los salvos (Heb. 12:23), cuando obedecí al evangelio, Dios me añadió a su iglesia porque me salvó (Hech. 2:47). Con esto estoy más que contento. No me hace falta juntarme a otra institución adicional, porque ella tendría que ser de origen humano. Ya soy ciudadano en el reino de Cristo (Mat. 16:18,19; Mar. 9:1; Col. 3:13; Heb. 12:28; Apoc. 1:9); Cristo es mi Rey. Por nada en cosas espirituales me haría súbdito de ningún clero humano. Si no hubo sino solamente cristianos en el siglo primero (Hech. 11:26; 26:28; 1 Ped. 4:16), y si yo hice en obediencia a los términos del evangelio lo que hicieron aquellos cristianos primitivos, ¿no llegué yo a ser cristiano igualmente como ellos? Saulo de Tarso es nuestro ejemplo de la conversión bíblica (1 Tim. 1:16). El creyó en Cristo Jesús, se arrepintió y fue bautizado para perdón de los pecados (Hech. 22:10; 9:9; 22:16; 2:38). En esto imité a Pablo (1 Cor. 11:1).

No pertenezco a ninguna asociación de iglesias, ni a ninguna alianza ministerial. No me someto a ningún credo humano. Soy un miembro entre otros en una iglesia de Cristo local en el pueblo llamado Hopkinsville, estado de Kentucky, EE.UU. (aquí tiene su casa). Leemos en las Escrituras de iglesias de Cristo (Rom. 16:16), pero no de ninguna denominación moderna ni antigua. El denominacionalismo no sirve a nuestro Señor Jesucristo sino solamente a las preferencias y predilecciones humanas. Dios quiere la unidad (Juan 17:21) y no la división. Si todos seguimos la unidad de la cual el Espíritu Santo es el autor (Efes. 4:3), no habrá divisiones (1 Cor. 1:10).

No quiero cansarle, pero sí contestar su pregunta. Mucho me gustaría saber algo acerca de usted en cuanto a lo espiritual. Si desea hacerlo, por favor me informe también acerca de su nación y pueblo, pues he predicado en muchos países hispanos y por casualidad posiblemente yo haya predicado en el suyo, si no en su pueblo. Mi petición se basa nada más en la curiosidad y por eso no tiene gran significado.

De nuevo, doy las gracias por su interés en escribirme. Me despido, esperando sus líneas cuando tenga la oportunidad de mandármelas. Suyo, Bill H. Reeves

* * *

702. ¿ES CORRECTO USAR LA OFRENDA PARA CONSTRUIR TEMPLOS?

(Se me envió el artículo siguiente)
1. El Nuevo Testamento dice que los primeros cristianos se reunían en casas (Romanos 16:5; 1 Corintios 16:19; Colosenses 4:15; Filemón 2)
2. El uso de edificios, como lugar de reunión de la Iglesia, se usaron recientemente: "..Constantino mandó construir en Roma tres enormes basílicas cristianas: San Pedro, San Pablo Extramuros y San Juan de Letrán… Inició la edificación de basílicas de planta cruciforme, estructura que adoptaron generalmente las iglesias de Europa occidental durante la Edad Media." (Enciclopedia Británica)
3. El dinero de la ofrenda no se usó para construir "templos". El uso de las ofrendas, según el Nuevo Testamento, consistía en suplir las necesidades que la obra de la Iglesia tenía: El Nuevo Testamento muestra que a través de la ofrenda se lleva a cabo la obra de la Iglesia: Evangelismo (Filipenses 4:15-18) Edificación (1 Corintios 9:11; 1 Timoteo 5:17, 18) Benevolencia (1 Corintios 16:1-4; Romanos 15:25-27).
4. Si se desea tener un edificio para uso exclusivo de la Iglesia, esto debe hacerse con la cooperación de los individuos, pero no de la ofrenda. La comodidad de cada edificio es un costo que cada individuo debe pagar, pero esta no debe ser pagada con la ofrenda, la cual, es para uso de la obra de la Iglesia y no para esta clase de gastos.
5. ¿Implica Hebreos 10:25 la construcción de

"templos" o "lugares" de reunión?. No, el texto sencillamente manda que "no dejemos de congregarnos", sin especificar dónde; sin embargo, el hecho de que no se especifique el "lugar" donde la Iglesia se puede reunir, esto no cambia la verdad de que la ofrenda no se usaba para construir o alquilar lugares de reunión. El punto no es dónde nos podemos reunir, sino el uso de la ofrenda, la cual, y según lo muestra el Nuevo Testamento, es para la obra de la Iglesia, y la obra de la Iglesia no es construir lugares de reunión para ella.

6. Aun hermanos conservadores, que están en contra del uso de ofrendas para instituciones, lugares de recreo, escuelas, etc., están a favor de que la ofrenda se use para construir o alquilar un local para la reunión de la Iglesia, pero si la ofrenda nunca se uso para el sostenimiento de instituciones, escuelas o lugares de recreación, tampoco se usó para construir o alquilar lugares de reunión para la Iglesia.

7. ¿Se puede clasificar como una "necesidad" el construir o alquilar un lugar de reunión con la ofrenda? Bueno, ¿no le parece extraño que la Iglesia primitiva no clasificó tal cosa como una "necesidad"? ¿Por qué? Cristo enseñó: ".. Nuestros padres adoraron en este monte, y vosotros decís que en Jerusalén es el lugar donde se debe adorar. Jesús le dijo: Mujer, créeme, que la hora viene cuando ni en este monte ni en Jerusalén adoraréis al Padre. Vosotros adoráis lo que no sabéis; nosotros adoramos lo que sabemos; porque la salvación viene de los judíos. Mas la hora viene, y ahora es, cuando los verdaderos adoradores adorarán al Padre en espíritu y en verdad; porque también el Padre tales adoradores busca que le adoren. Dios es Espíritu; y los que le adoran, en espíritu y en verdad es necesario que adoren .." (Jn. 4:20:21-24) Y también Pablo dijo: ".. El Dios que hizo el mundo y todas las cosas que en él hay, siendo Señor del cielo y de la tierra, no habita en templos hechos por manos humanas, ni es honrado por manos de hombres, como si necesitase de algo; pues él es quien da a todos vida y aliento y todas las cosas.." (Hechos 17:24, 25) Por tanto, y como muestra el Nuevo Testamento, las necesidades así clasificadas son, el evangelismo, la edificación y la benevolencia, pero no construir o alquilar lugares de reunión con las ofrendas.

8. Repetimos, no se está en contra de construir o alquilar lugares de reunión de la Iglesia, sino el usar el dinero de la ofrenda para ese fin.

- - -

Hermano, con gusto tomo tiempo para comentar brevemente sobre el artículo arriba. Gracias por darme la oportunidad.

1. Sabemos que en algunos casos iglesias primitivas se congregaban en casas privadas; es cierto. Que se reunieran solamente en casas privadas no es cosa cierta. La iglesia de Jerusalén desde el primer día contaba con muchos miembros (miles). Usaban en parte el templo mismo en Jerusalén en que congregarse (Hech. 2:46). No sabemos dónde se reunieron los domingos para culto, si en alguna otra parte.

Hech. 19:8,9 narra el caso del uso de una sinagoga para reunirse, y luego Pablo separó a los discípulos de allí para usar una escuela para reuniones. Es una equivocación o error suponer que las iglesias primitivas usaban exclusivamente casas privadas en que reunirse.

2. Sí, el dinero de la iglesia debe usarse para las tres obras de ella, que son la edificación, el evangelismo, y la benevolencia limitada. La obra de edificación requiere un lugar en dónde hacerla. El congregarse para culto (1 Cor. 11:17) y para edificación implica un lugar y lo que haga la iglesia local para proporcionarse un lugar es cosa del juicio de ella. Decir que el dinero de la iglesia no es para construir templos es igual a decir que no es para hacer compras (de jugo de uva, de himnarios, biblias, de servicios de agua, luz, calefacción, de contratos con estaciones de radio, etc.) Hay que entender que hay autoridad genérica para tales cosas.

3. Afirmar que la adquisición de un edificio en que reunirse la iglesia es responsabilidad del individuo es afirmar sin prueba; es una aseveración, nada más. ¿Al individuo le toca también proporcionar jugo de uva y pan sin levadura para que la iglesia pueda celebrar la Cena del Señor? ¿Qué de himnarios? ¿de luz y agua? ¿de biblias?

4. "¿Implica Hebreos 10:25 la construcción de 'templos' o 'lugares' de reunión?" No, pero ese pasaje sí da autoridad genérica para conseguir un lugar apropiado para sus reuniones, sea por medio de rentar, comprar o construir, porque la iglesia no puede obedecer este mandamiento sin lugar en qué reunirse. Tampoco implica el pasaje que el lugar tiene que ser una casa privada. Dios ha dejado la cuestión al juicio de la iglesia local, y el hombre no tiene autoridad de imponer restricciones o juicio humano.

5. La razón por qué "hermanos conservadores, que están en contra del uso de ofrendas para instituciones, lugares de recreo, escuelas, etc., están a favor de que la ofrenda se use para construir o alquilar un local para la reunión de la Iglesia," es que la obra de la iglesia local no incluye actividades de recreo, ni de educación secular, pero sí incluye la obra de culto y edificación, y esto requiere un lugar para ello. La Biblia no especifica dónde ni cómo adquirirse un sitio para ello.

6. El pasaje, Jn. 4:20:21-24, no toca la cuestión, pues él enseña que no hay cierto lugar geográfico en dónde el culto a Dinos tiene que ofrecerse. Cuando primero la iglesia fue establecida, por un tiempo usaba el templo en Jerusalén para reuniones.

7. Tampoco entra en el caso el pasaje, Hechos 17:24, 25, porque nadie afirma que Dios habita en algún edificio ("templo") de alguna iglesia local. (¿Habitaría en un edificio comprado con dinero de individuos?). El caso tiene que ver con dónde reunirse la iglesia local para adorar al Dios que no habita en templos hechos de manos humanas.

* * *

703. ¿SATANÁS TIENE UN CUERPO FÍSICO ESPIRITUAL?

"Señor Reeves quisiera hacer una pregunta y quisiera una respuesta satisfactoria. ¿Satanás tiene un cuerpo espiritual o puede tener un cuerpo físico espiritual? todo esto basado en las palabras de Pablo que dice que hay cuerpos celestiales y terrenales porque leyendo un comentario del portavoz para ser exacto me hizo pensar así pues antes de leerlo yo tenía la idea de que podía ser espiritual físico no de físico como nosotros si no de alguna otra sustancia y aquí en el comentario me lo afirma. Yo sé que esta pregunta no va a cambiar en nada mi fe y mi manera de creer en mi señor pero me urge saber pues no he encontrado a nadie que me pueda dar una respuesta satisfactoria."

- - -

1. Satanás es un ser celestial creado, y por eso tiene que ser un ángel caído (Judas 6; 2 Ped. 2:4) de rango grande, pues tiene ministros (2 Cor. 11:14,15) o aliados espirituales (Apoc. 12:9).

2. Sobre la frase de "que hay cuerpos celestiales y terrenales," (1 Cor. 15:40), cito de mi obra, NOTAS SOBRE 1 CORINTIOS:

– El ver. 41 explica que los cuerpos celestiales son tales como el sol, la luna, y las estrellas. (Obviamente Pablo no habla aquí de ángeles u otros seres que habiten el cielo. De la diferencia de gloria de parte de ellos el hombre no tiene conocimiento). Los cuerpos terrenales son como los del ver. 39. El punto de Pablo es que hay diversidad de cuerpos; ¿es extraño, pues, que el cuerpo de la resurrección sea diferente del cuerpo que es sembrado en la tierra cuando muere?

* * *

704. EL VOTO DE JEFTÉ, JUECES 11:30 Y SIGUIENTE

"¿Qué del voto de Jefté?"

- - -

1. Al hacer su voto, Jefté no tenía en mente ofrecer a Dios en holocausto cualquier cosa, no importando que fuera animal o humana. Esto es obvio, porque es abominación a Dios que se le haga un sacrifico en fuego a un hijo (Deut. 12:31; etcétera). (¿No había venido el Espíritu sobre Jefté, versículo 29?). Jefté no haría un voto de ofrecer a Dios sacrificio de un ser humano, como tampoco habría prometido a Dios, al recibir de él victoria sobre los amonitas, maldecirle o llegar a ser homosexual. Jefté temía a Dios, como es evidente por lo del versículo 11, y por eso no habría actuado como los amonitas que adoraban a su dios, Moloc, obligados a ofrecerle holocausto de niños vivos.

2. En aquel tiempo y lugar se cuidaban animales en las casas y era cosa común ver a un animalito salir de la casa de uno. Jefté había jurado que, regresando victorioso de los amonitas, ofrecería a Dios en holocausto a cualquiera que saliera de su casa a recibirle. Esto lo hizo por medio de sacrificar a su hija, que era su única, no matándola y quemándola sobre un altar, sino por

dedicarla al servicio de Dios perpetuamente (compárese Éxodo 38:8; 1 Sam. 2:22) en lugar de darle en matrimonio.

3. Su hija se puso de acuerdo, y fue a llorar su virginidad (versículos 37,38). Ella fue dedicada a la virginidad perpetua.

4. Jefté no pudo haber hecho un holocausto de su hija sin la mediación de un sacerdote levítico, y ningún sacerdote tal habría hecho eso.

5. El versículo 39 nos dice que Jefté, al dedicar a su única hija a la virginidad perpetua, cumplió con su juramento. El hacerlo esto con su única hija fue un gran sacrificio de parte de Jefté, como de su hija.

6. Es también evidente, por el versículo 35, que Jefté, al hacer su juramento, no tenía en mente un posible sacrificio en holocausto de una persona de su familia. De otra manera él no se habría sentido abatido.

* * *

705. MATEO 21:16

"Quiero entender mejor el pasaje".

- - -

1. El texto dice, "y le dijeron: ¿Oyes lo que éstos dicen? Y Jesús les dijo: Sí; ¿nunca leísteis: De la boca de los niños y de los que maman perfeccionaste la alabanza?"

2. Vemos que en el versículo anterior "los principales sacerdotes y los escribas, viendo las maravillas que hacía (Jesús), y a los muchachos aclamando en el templo y diciendo: ¡Hosanna al Hijo de David! se indignaron."

3. Los muchachos con sus palabras de corazones inocentes y sinceros alababan al Señor con palabras que confesaban que Jesús era el Mesías. Al hacerlo, cumplieron la profecía de Salmos 8:2. La alabanza perfecta es la que procede de corazones sinceros y honestos. En este caso la alabanza procedía de la sinceridad de los muchachos. Los sacerdotes y los escribas, siendo hipócritas, no quisieron oír tales alabanzas dirigidas a Jesús y por eso implicaron que él callara a los muchachos. Jesús no los calló, porque le daban alabanza perfeccionada.

* * *

706. MATEO 1:17

"En la genealogía que narra Mateo, dice que son en total 42 desde Abraham hasta Cristo, pero cuando las cuento me falta una, según lo narra Mateo. ¿Qué me puede decir de ello?"

- - -

1. En la tercera lista de 14 nombres, hay solamente 13 nuevos. Pero Mateo la comienza con el nombre de Jeconías, repitiéndolo de la lista anterior, y de esta manera la tercera lista contiene 14 nombres.

* * *

707. GÉNESIS 3:16, "EL SE ENSEÑOREARÁ DE TI"

"¿A qué cree usted se refiera Génesis 3:16 en la sentencia para EVA exactamente cuando le dice, *tu deseo será para tu marido?*"

- - -

1. Eva había sido creada para servir a Adán de ayuda idónea (2:18); ahora, por castigo Dios da a la mujer la sentencia de sujeción al hombre (1 Tim. 2:12-14). Su deseo, o voluntad, ahora está sujetado a la dirección del marido. Esto implica que antes de haber pecado, la relación entre Adán y Eva era una de perfecta armonía, Eva ayudando a Adán al darle compañía, pero no había papel de sujeción. Ahora el papel de los dos es uno de cabeza y el otro de sujeción (Efes. 5:24).

* * *

708. ¿ES EL LOCAL UNA NECESIDAD?

"La compra de terreno o construcción del local de reunión: ¿Es una necesidad de las que deben ser cubiertas con el uso de las ofrendas?"

El autor sigue con varias preguntas y las contesto en el orden de presentación, pero primero comento sobre esta pregunta — Un local propio para las reuniones de la iglesia local no es una necesidad; es una conveniencia. Ninguna iglesia local, bajo el pretexto de "estar necesitado de un local," tiene autorización bíblica para solicitar dinero a otras iglesias con el fin de conseguirse un edificio propio para reuniones. Al mismo tiempo, si una iglesia local decide conseguirse un local, según su capacidad de hacerlo, puede usar de las colectas para esto como una conveniencia en su obra de predicar el evangelio y de edificarse. De la misma manera una iglesia local puede tener un programa radial, si tiene el poder financiero de hacerlo, tomando dinero de la tesorería para pagar los gastos y así alcanzar mucha gente con la predicación del evangelio. Pero el programa de radio de no es una "necesidad" que la iglesia pida dinero a otras iglesias para tener los fondos necesarios para pagar el programa.

- - -

1. "¿La ofrenda mandada por el Espíritu Santos a través del Apóstol Pablo en I Corintios 16:1,2, tuvo por finalidad que la Iglesia tuviera un local de reunión?"

Respuesta: De igual manera se puede preguntar: "¿La ofrenda mandada por el Espíritu Santos a través del Apóstol Pablo en I Corintios 16:1,2, tuvo por finalidad que la Iglesia pagara salario al predicador, o comprara himnarios y jugo de uva para el uso de los servicios de culto?" El punto tratado en 1 Cor. 16:1 y sig. es la benevolencia para los santos necesitados en Roma, y dijo Pablo que la manera de recaudar fondos para ello fue hacer una colecta cada primer día de la semana. Por tal pasaje se nos presenta el patrón bíblico para recaudar fondos para la obra de la iglesia local. Por otros pasajes (como por ej., 2 Cor. 11:8; Fil. 4:14-16; 1 Tim. 5:9,16) sabemos de otros gastos que tiene la iglesia local aparte de la obra de ocasional benevolencia limitada.

2. "Otra pregunta: Suponiendo que ya existían iglesias antes de ser ordenada la ofrenda y que algunas iglesias ya satisfacían sus necesidades, y que el Apóstol Pablo y otros evangelistas ya recibían ayuda de hermanos de otras iglesias o de estas como tales, todo esto antes de haber sido mandado ofrendar cada primer día de la semana. ¿Aparte de sus casas, algunas iglesias tenían locales de reunión destinados específicamente a este fin?"

Respuesta: No sabemos cuándo se dio por primera vez el mandamiento de hacer una colecta cada primer día de la semana. Pablo dice que ya había dado tal orden a las iglesias de Galacia (ver. 1). No es lógico suponer que existieran iglesias por largos años antes de salirse un mandamiento apostólico sobre la colecta. La iglesia nuevamente establecida en Jerusalén participaba en la **comunión** (equivale a tener bienes en común para aliviar necesidades físicas de hermanos, (Hech. 2:42. Véase 4:37, una tesorería común). — Véase mi obra, NOTAS SOBRE 1 CORINTIOS, 16:1,2. — La pregunta dice, "¿Aparte de sus casas…?" Algunas iglesias no tenían casas, pero sí hay casos mencionados en las Escrituras de iglesias que se reunían en casas privadas o particulares. También hay casos mencionados de iglesias que usaban edificios públicos en que reunirse (por ej., Hech. 2:46; 19:8,9). No hay mención de caso de iglesia con su propio local.

3. Otra pregunta: "¿Qué clase de necesidad actual puede ser bíblicamente considerada del mismo tipo que motivó la ofrenda? ¿Puede ser cualquier clase de necesidad, con tal únicamente que se trate de un santo, lo que nos justifique a tomar de la ofrenda mandada por el Apóstol Pablo en I Cor. 16:1,2?"

Respuesta: La pregunta, tal como se ha formulado, presupone que no hubo colecta antes de lo referido en 1 Cor. 16:1,2. Esto no es cierto. El punto es que la iglesia local tiene más obra que hacer que el suplir las necesidades de santos necesitados. El patrón bíblico (2 Tim. 1:13) nos enseña que para las obras de la iglesia local las finanzas son recaudadas por medio de la colecta de cada primer día de la semana. Otras formas de recaudar fondos carecen de autorización apostólica.

4. "¿Puede hacerse colectas distintas a las de I Cor. 16:1,2, para fines específicos, como sería el comprar el terreno y construir el local de reunión?"

Respuesta: Mi respuesta dada arriba a la pregunta # 3 basta para dar contestación a ésta la # 4.

5. "Pienso que en las preguntas anteriores está comprendida la cuestión que nos ocupa, porque nuestra congregación de apenas 11 personas, no tiene local de reunión y si nos gastamos la ofrenda en esto y luego tenemos un hermano en necesidad grave, nos veríamos en el caso contrario de previsión oportuna de fondos que estableció el Apóstol Pablo y nos preocupa que esto pueda ser pecado, por esto le consulto."

Respuesta: Si la congregación mencionada puede satisfacer sus necesidades, en cuanto a suplir un lugar dónde reunirse, usando la casa de algún hermano con facilidades para eso, bien. Al crecer en número (como la iglesia en Jerusalén), la iglesia tendrá que hacer otros arreglos, ya que no habría casa suficientemente grande para las necesidades a la mano. Las Escrituras nos enseñan que la iglesia local tiene una tesorería. El dinero en ella, que iría creciendo en cantidad cada domingo si no se hiciera gasto en otra cosa aparte de la benevolencia, no ha de ser reservado para la posibilidad de que haya algún día un caso de hermano necesitado que no pueda proveer por sí mismo. La iglesia local tiene más obra que la benevolencia. Si para alcanzar más gente con el evangelio conviene tener un lugar amplio, para acomodar gente interesada en oír el evangelio predicado, entonces puede usar parte de la tesorería para ello. Si un caso de verdadera benevolencia (no todo caso de ello es responsabilidad de la iglesia; por ej., 1 Tim. 5:8,16) surge, y si hay poco saldo en la tesorería al momento, entonces se sacrifican los hermanos y ofrendan según sus posibilidades (fuerzas, 2 Cor. 8:3) para que pueda la iglesia atender al caso. En un caso de extrema necesidad, no pudiendo la iglesia local socorrer a los suyos, se pediría a otras iglesias a que cooperaran en el caso (Por ej., Hech. 11:29). (Vale mencionarse que la colecta no existe para que todo hermano le mire como fuente para pagar todos sus gastos incurridos).

6. "Por último, ¿El uso de la ofrenda es cuestión de opinión en cuanto a los fines de su inversión o debe cubrir alguna clase especial de necesidades?"

Respuesta: Las Escrituras señalan las obras de la iglesia local, que son: el evangelismo, la benevolencia limitada, y la edificación. En esto no entra la opinión. No es bíblico que el hombre agregue alguna obra adicional a estas tres. (Por ej., la obra social de comidas y entretenimiento). Ahora, dentro de estas tres obras, la inversión de la ofrenda sí es cuestión de juicio de parte de la iglesia colectivamente. Cada iglesia local concuerda en gastar la colecta en estas tres obras.

* * *

709. DANZAR Y APLAUDIR EN LA ADORACIÓN

"¿Es pecado danzar para Cristo en la adoración, así como aplaudir?"

- - -

1. Muchos han convertido la adoración a Dios en una ocasión de pura expresión de emocionalismo personal. Por eso emplean la danza y el aplaudir.

2. Cristo nos declara que Dios busca una cierta clase de adoradores; estos son "verdaderos adoradores" (Jn. 4:23,24). Es Dios quien busca; el hombre y lo que él busque para adorar a Dios no entra en el cuadro a ningún grado. La adoración a Dios tiene que ser según busca él, y no según lo que agrade al hombre.

3. Si la adoración no es según la verdad (del Nuevo Testamento), no es aceptada por Dios por no ser de su voluntad, y viene siendo "culto voluntario" de la voluntad del hombre (Col. 2:23).

4. "Pero quiero expresar mi alegría en mi actos de adoración a Dios, y por eso danzo y aplaudo." Sí, se entienden los motivos de la persona, pero Dios no ha dejado la adoración a los motivos del hombre. Lo que tiene que concernirnos ¡es lo que Dios busque!

5. La verdad del Nuevo Testamento no autoriza la danza y el aplauso como actos de adoración aceptable.

* * *

710. SOBRE EL HNO. LARRY WHITE

"¿Conoce al hermano Larry White? ¿Qué me puede decir de él, ¿Es cierto que usted le contestó una carta?"

- - -

1. El hno. White es un hermano mío en la fe que aboga por la centralización. Me llama un hermano peligroso y me acusa falsamente de división.

2. En el año 1984 él envió a los ancianos de una iglesia de Cristo en El Salvador dos cartas en las cuales les exhortó a que yo y otros como yo fuéramos "rechazados tajantemente en El Salvador y cualquier otro lugar al cual lleguen con su engañosa manera de introducir la división." Nos acusó en sus cartas de "actitudes anti-cristianas que sirven el propósito de Diablo."

3. Aquellos ancianos, que me habían conocido personalmente, me enviaron una copia de dichas cartas, y yo les respondí con mis comentarios al respecto. Envié al hno. White una copia de lo que envié a los dos ancianos. Nunca recibí palabra de él.

4. Si me lo solicita, le envío una copia de mi respuesta a estas dos cartas del hno. White.

* * *

711. LA LIMPIEZA CONTINUA DE LOS PECADOS, 1 JN. 1:7

1. "¿Los cristianos son limpiados de sus pecados a continuo?"

- - -

Sí y no. Sí lo son porque la sangre de Cristo "limpia" (tiempo presente) al cristiano en base a estar andando él en la luz y confesando su pecados, 1 Jn. 1:7,9. No, no se le limpian sus pecados al cometerlos en base a cierta llamada paraguas de gracia sobre él y sin que confiese sus pecados. 1 Jn. 2:1,2 enseña que al leer la Biblia sabemos acerca del pecado y por eso no tenemos que pecar. La ignorancia no disculpa (Hech. 3:18,19).

2. "¿Hay tantos pecados de comisión y de omisión que la persona en verdad no sabe si ha cometido algo por ignorancia y que por eso tiene culpa?"

No. Dios contesta las oraciones, y debemos orar por dirección y conocimiento, pidiendo, buscando, y llamando (Mat. 7:7,8). Dios nos hará saber de cualquier pecado de ignorancia que haya en nuestras vidas para que podamos abandonarlo.

Yo una vez pregunte a cada uno de un grupo de predicadores: "¿Qué pecado hubo que usted practicara en el pasado en ignorancia, que habiendo sabido usted que era pecado, lo abandonara en arrepentimiento, y pidiera perdón a Dios por dicho pecado?" Después de meditarlo un tiempo, nada contestó nada, sino una sola persona que dijo que en el pasado practicaba el institucionalismo en ignorancia. Bueno, le dije, usted aprendió la verdad y abandonó el error. Dios le había bendecido.

Pero al oír a ciertos hermanos hablar, uno pensaría que todos nosotros, predicadores y no predicadores, ¡estamos pecando en ignorancia diariamente!

¿No tenemos las Escrituras para que no pequemos (1 Jn. 2:1)? No es pecado no haber alcanzado cierto nivel de conocimiento y experiencia en la Palabra en un dado caso; el pecado consiste en el no estar creciendo (2 Ped. 3:18).

3. "¿Qué significó Pablo al decir que ya no era perfecto (Fil. 3:12)?"

Bueno, ¿qué significó cuando tres versículos después se refirió y a sí mismo y a otros hermanos como "perfectos?"

En el ver. 12 Pablo habla de una perfección absoluta que es la meta del premio del supremo llamamiento de Dios en Cristo Jesús (ver. 14). Dado que no había alcanzado esa perfección o terminación, Pablo proseguía. Pero en cuanto a madurez de cristiano, ¡sí era perfecto! Por eso pidió a los filipenses que le imitaran en ello (ver. 17).

El decir, "Nadie es perfecto," con la idea de justificación en ser pecadores diarios (en llamados "pecados de ignorancia y de debilidad"), es totalmente sin aprobación bíblica. La solución para la ignorancia es el conocimiento, no excusas; el "ignorante" necesita estar creciendo (2 Ped. 3:18; Hech. 17:11). El "débil" necesita fortalecerse (1 Cor. 16:13; Efes. 6:10; 2 Tim. 2:1; 1 Jn. 2:14). Déjense las excusas.

4. "¿Tienen que arrepentirse los cristianos de todos los pecados y pedir perdón por ellos antes de que reciban perdón?"

Sí; así se nos enseña en 1 Juan 1:7,9, y en todos los pasajes que demandan el arrepentimiento. Considérese Luc. 17:3,4.

* * *

712. LA MÚSICA INSTRUMENTAL

"Le quiero hacer algunas preguntas relacionadas con la música instrumental:

"1. ¿Es verdad que la palabra griega "oda" implica instrumentos musicales, tomando en cuenta que los diccionarios seculares dicen que se trata de "un poema de genero 'lírico'?"

No, no es cierto. El sustantivo griego, ODE, significa canción; el verbo, ADO, significa cantar. Aparte de Efes. 5:19 y Col. 3:16, ODE aparece en Apoc. 5:9; 14:3; y 15:3. En 14:3 y 15:3 aparecen los dos vocablos: ADO y ODE, cantar la canción. Lo mismo se encuentra en Éxodo 15:1, cantar la canción. Cantaron, no tocaron.

"2. Algunos nos acusan de ser inconsistentes, ya que, dicen que desaprobamos la música instrumental en la adoración, citando Efesios 5:19, sin embargo, dicen, si hacemos un estudio exegético de todo el capítulo, tales instrucciones se aplican a toda nuestra vida, por consiguiente, no debemos escuchar ningún tipo de música instrumental, ¿que tan cierto es esto?"

¡Astutamente cambian de términos! Cantar y escuchar no se equivalen. La cuestión no tiene que ver con usar de instrumentos, sea en tocarlos o escucharlos. Tiene que ver con culto a Dios en asamblea. Efes. 5:19 no dice "hablando uno solo," sino "hablando entre vosotros." Col. 3:16 dice "enseñándoos y exhortándoos unos a otros." Los dos pasajes no tratan de acción individual en la casa.

Aun en la casa, y privadamente, no es correcto usar un instrumento para tocar una canción espiritual y cantar. Yo tengo en mi casa varios instrumentos musicales. Casi diariamente toco el órgano, pero no toco himnos o canciones espirituales. Al rendirle culto a Dios, cantemos.

"3. Dicen que la música instrumental fue rechazada por los cristianos primitivos y años posteriores, no porque Dios la haya rechazado, sino por dos razones:

a. La influencia de la sinagoga, ya que, en ella no se usaban instrumentos musicales, por tanto, y tomando en cuenta que la iglesia comenzó con judíos, se estableció como costumbre adorar a Dios sin instrumentos."

Curiosa es esta manera de razonar, debido a que se apela a los Salmos para justificar el uso de instrumentos en el culto a Dios, y los judíos más que nadie apreciaban los salmos. Se le acusa a la iglesia primitiva de no hacer lo que según ellos Dios aprobaba.

"b. La actitud de la iglesia hacia las religiones paganas de su tiempo, ya que, los cultos paganos relacionaban mucho la música instrumental con su idolatría e inmoralidad, por tanto, los cristianos primitivos, así como en años posteriores, no querían ser identificados con los tales."

Estas son puras aseveraciones sin prueba. Si la palabra "'oda' implica instrumentos musicales" entonces, según el argumento de estos maestros falsos la iglesia primitiva, al no usar instrumentos musicales (debida a los judíos y de los paganos), era rebelde hacia Dios ¡por no hacer lo que "oda" significa!

"4. Que la división en los Estados Unidos entre iglesias de Cristo a capela y las no a capelas, se debió más a la guerra civil que a razones teológicas."

Ésta es otra aseveración humana sin prueba alguna.

Es cierto que la parte noreste de los Estados Unidos siempre ha sido mucho más liberal que la parte del sur, por ser el centro de las primeras universidades en el país. Esta diferencia sigue hasta la fecha. Antes y después de la Guerra Civil las iglesias en el sur (donde siempre más han abundado) han sido más conservadoras, mientras que las más pocas del norte siempre han sido más liberales. A eso se debe la cuestión de los instrumentos en el culto y la oposición a ello.

* * *

713. EL SOSTENIMIENTO DEL PREDICADOR

"Nuestro predicador recibe ayudas económicas de hermanos o iglesias de fuera de nuestro país, creo que es de hermanos, no se la cantidad recibida y creo que la mayoría de la iglesia local tampoco (específicamente de USA) y además nosotros como iglesia local acordamos un arreglo salarial con el. Se que es bíblico que el predicador reciba ayuda de fuera si el arreglo de la iglesia local no es suficiente.

"Pregunta 1: ¿La iglesia local debe saber cuanto (que cantidad de dinero) y de quienes proviene esta ayuda que le llega al predicador? Esta pregunta la hago porque ¿cómo saber si necesitamos apoyarlo con más dinero localmente o si por el contrario esta recibiendo más de lo que debiera. Creo que el orden de las cosas es que la iglesia local debe en lo posible ser autónoma y esto involucra apoyar económicamente al predicador."

\- - -

1. La iglesia local y el evangelista deben ponerse de acuerdo sobre un salario. Si la iglesia no puede proporcionarle todo el salario acordado, él puede pedir el resto de otra parte. La iglesia no tiene que saber de dónde venga ese "resto," pero el evangelista, "procurando hacer las cosas honradamente, no solo delante del Señor, sino también delante de los hombres" (2 Cor. 8:21), compartirá con la iglesia los hechos del caso y así evitará censura (8:20). Yo recibo un salario, parte de la iglesia pequeña con la cual trabajo, y parte de otras tres iglesias. Las cuatro iglesias saben qué tanto proporciona cada iglesia. No hay secretos.

\- - -

Pregunta 2: Ahora bien si el predicador recibe ayuda económica de fuera y con el transcurrir del tiempo la iglesia local puede apoyarlo con mas dinero, ¿es deber del evangelista y/o de la iglesia solicitar al que envía este dinero que disminuya el monto o que no lo siga enviando?

\- - -

1. Es el deber del evangelista notificar a las iglesias o individuos que le envían partes de su salario de cualquier cambio en la transacción. Cuando la iglesia local donde soy miembro y con la cual trabajo como evangelista, puede proporcionar más al salario mío que se acordó, yo informo a las tres iglesias del asunto y dejan de enviar ese tanto.

\- - -

Pregunta 3: ¿Puede el predicador decidir si prefiere seguir recibiendo la ayuda económica de afuera a cambio de no recibir nada de la ofrenda local a la cual pertenece? ¿Estaría bien, o debe ser

una decisión de los pastores o en su defecto una decisión conjunta con la iglesia? ¿Es un deber ante Dios ser cada vez menos gravoso a los hermanos o iglesias que pudieran estar ayudando para esto?

\- - -

1. El predicador decide sobre el recibir salario de otras iglesias o individuos, las iglesias o individuos deciden sobre el enviarle dinero, y la iglesia local donde predica el predicador decide sobre el asunto de recibir o no sus predicaciones. Pero toda la idea de pedir y recibir dinero de afuera es que la iglesia local con la cual trabaja el predicador no puede sola sostenerle. Ninguna iglesia local, siendo una iglesia responsable, va a permitir que otros sostengan al predicador, pudiendo ella sostenerle. Ninguna iglesia va a sostener a un predicador de otra parte si la iglesia con la cual trabaja el predicador puede sola sostenerle.

\- - -

Pregunta 4: En caso que nuestro predicador pertenezca a nuestra iglesia local y reciba todo la ayuda económica de afuera y nada de nuestra ofrenda, es derecho da la iglesia local a la cual pertenece saber de todas formas que cantidad recibe y de quienes, es decir que tenga control sobre estos dineros?

\- - -

1. Esta pregunta va contestada en la #3. No, la iglesia local no tiene control alguno sobre un arreglo entre un predicador y las otras iglesias le envíen dinero. Pero ninguna iglesia responsable, pudiendo sostenerle, aceptaría tal arreglo. El predicador, no importando de dónde venga su sostenimiento, al ser miembro de la iglesia local está sujeto a las decisiones de ella, como lo es cualquier otro miembro. El no recibir dinero de la iglesia local no le otorga libertad de la dirección de la iglesia local de la cual es miembro. Mientras sea miembro de ella, será tan responsable ante la membresía como cualquier otro miembro. El salario no entra en el caso.

* * *

714. ¿SE APLICAN AL EVANGELISTA LOS REQUISITOS DEL ANCIANO?

"Agradeceré infinitamente su opinión y recomendación para el siguiente caso:

En la primera carta del apóstol Pablo a Timoteo capítulo 3 se mencionan los requisitos que deben de cumplir los líderes o los que presiden la iglesia local. Entre otras cosas, se pide que tanto los ancianos como los diáconos deben ser maridos de una sola mujer (no haberse casado por segunda vez) y gobernar bien sus hijos y sus casas, teniendo a sus hijos en sujeción con toda honestidad. Las preguntas son:

¿Aplican estos dos requisitos (maridos de una sola mujer, y teniendo a sus hijos en sujeción con toda honestidad), por inferencia, también al evangelista casado y sirviendo en congregaciones donde no hay ancianos?

¿Puede un hermano divorciado por causa de

fornicación de su ex-esposa, vuelto a casar con una cristiana, y con sus hijos del primer matrimonio viviendo desordenadamente, ser un predicador o evangelista?"

- - -

1. El término "líderes" hoy en día se aplica a veces a ciertas personas que no son ancianos, u obispos, o pastores en la iglesia local. Al predicador, o evangelista, a veces se le llama "líder," pero no es correcto. No es substituto por anciano en la iglesia local.

Los que "presiden" son los ancianos (1 Tes. 5:12). El evangelista no ejerce control sobre la iglesia local; es un miembro entre miembros.

2. No, los requisitos de 1 Tim. 3:1-13 se aplican solamente a los ancianos y a los diáconos, respectivamente. Ni por inferencia se puede concluir tal cosa, porque no hay nada en el texto que lo implique.

3. La frase, "marido de una sola mujer" no significa "no haberse casado por segunda vez." El texto griego no contiene la palabra "sola" en este pasaje. De mi comentario NOTAS SOBRE 1 TIMOTEO, cito lo siguiente:

"No puede ser polígamo, sino de una mujer, y no más. El polígamo no es de una mujer; es de varias, como también el que tiene concubinas. Ciertamente el pasaje no quiere decir algo que implique que los demás cristianos sí pueden ser polígamos, pero el obispo, no. Ningún cristiano puede ser polígamo (Mat. 19:4-6). La frase, pues, quiere decir que el obispo tiene que ser hombre casado con una mujer. Eso es lo que dice, y ése es el sentido normal y ordinario. El es fiel a una mujer (a su esposa), y no tiene relaciones con otras. El viudo que vuelve a casarse, y el divorciado y que ahora está nuevamente casado, todo según el permiso bíblico (Mat. 19:9), son maridos "de una mujer", no de varias. Tienen una sola mujer. Llenan este requisito."

Si el evangelista repudió a su primera esposa por causa de fornicación, entonces tuvo permiso divino de volver a casarse (Mat. 19:9ª). No está mal casado. No es marido de dos mujeres, sino de una sola. Dios le libró de sus votos hechos con la primera.

4. La cuestión de tener uno hijos desordenados es una cosa aparte. Hay desorden en cualquier casa por la simple razón de no haber disciplina adecuada en ella. Esto debe ser corregido. Si el predicador no lo corrige, debe ser despedido como predicador, porque de otra manera no podrá predicar lo bíblico sobre la disciplina, ni querrá hacerlo. La iglesia sufre ante los incrédulos cuando la familia del predicador anda desordenadamente. No le conviene tomar el púlpito.

* * *

715. FALTAR A REUNIONES DE ENTRESEMANA

"Yo sí estoy de acuerdo con las clases bíblicas que se acuerdan en la iglesia y trato de asistir a ellas. Los hermanos han enseñado que es pecado si uno llega a fallar a una de las clases. Yo pregunto: ¿Están en pecado los hermanos y hermanas que trabajan o estudian y por ello no pueden asistir?"

- - -

1. La iglesia local se pone de acuerdo sobre reuniones de entre semana, sabiendo que posiblemente en algunos casos habrá hermanos que no podrán asistirlos todos, dado a horarios de trabajo, clases escolares programados ya, la vejez del individuo, debilidades físicas, y otros factores semejantes. En tales casos no es pecado no asistirlos; es caso de no poder hacerlo. Debe saberse de antemano que ningún día y hora de entre semana puede convenir a todo miembro de una iglesia de gran número de miembros, mayormente siendo una iglesia urbana. Ahora, no hablo del caso en que la persona falte a algún servicio de entre semana, dado a desinterés,
flojera, y falta de espiritualidad. El hermano concienzudo procurará asistir a toda reunión de la iglesia local.

* * *

716. PREDICAR CON TÍTERES

"Los hermanos de _____ trajeron títeres para presentación al público como un medio de evangelización....hubo más acogida en _____ ya que se presentaron en el parque con temas bíblicos: El Buen Samaritano y El Pastor Mentiroso. Hubo bastantes niños y mayores."

- - -

1. Solamente la verdad liberta (Jn. 8:32), y si ella no atrae a la gente a Dios, mucho menos puede otra cosa lograrlo. Dice Pablo que cuando llegó a Corinto, "no fui con excelencia de palabras o de sabiduría. Pues me propuse no saber entre vosotros cosa alguna sino a Jesucristo, y a éste crucificado." (1 Cor. 2:1,2).

2. El uso de títeres, bajo el pretexto de predicar el evangelio, es usar de "sabiduría" humana, porque tal presentación dramática tiene la fuerza de atracción de la atención del público, una atracción solamente momentánea.

3. El patrón bíblico, referente a la predicación del evangelio, es el ejemplo registrado en las Escrituras, mayormente en Hechos, que es el de abrir la boca y proclamar la verdad. Escuchando la gente, o se convence de la verdad o la rechaza (Hech. 17:32-34). Pero el empleo del drama es según la sabiduría humana, tratando de atraer a la gente con lo que se admite ser solamente entretenimiento. Una vez pasado el evento dramático, se va la atención de la gente. El evangelio no es para jugar. El uso del drama rebaja al evangelio, disminuyendo su seriedad.

* * *

717. EL DIEZMAR

"El diezmo, bíblicamente hablando, ¿lo debemos dar los cristianos si ya no estamos en la ley?"

- - -

1. El acto de diezmar existía aun antes de la institución de la ley de Moisés. Véanse Gén. 14:20; 28:22.

2. El diezmar era ley bajo la dispensación mosaica (Núm. 18:21; Lev. 27:32). Véase también Heb. 7:1-10.

3. Con el cambio del sacerdocio, del levítico al de Cristo nuestro Sumo Sacerdote, vino también el cambio de ley, de la mosaica a la de Cristo (Heb. 7:12). El cristiano no está bajo la ley que mandaba el diezmo.

4. El cristiano está bajo un pacto mejor (Heb. 7:22; 8:13).

5. El cristiano en su servicio a Dios, no practica el diezmo como tampoco las otras ordenanzas de la ley de Moisés (como por ejemplo la circuncisión, la guarda de las tres fiestas anuales, el sacrificio de animales, y la observancia del sábado).

6. En cuanto a ofrendar a Dios se somete a la ley de Cristo en el particular. 1 Cor. 16:1, ofrenda en el primer día de la semana. 2 Cor. 9:7, ofrenda según su propia determinación, y no según alguna ordenanza humana que estipule la cantidad qué dar).

* * *

718. LA IMPOSIBILIDAD DE APOSTASÍA

"Algunos amigos me refutaban que uno siendo cristiano puede perder la salvación. ¿Es eso así? porque por lo que yo he estudiado la Biblia me dice que no."

- - -

1. La doctrina de la Imposibilidad de Apostasía, que afirma que una vez salva la persona siempre sigue salva y que no puede pecar de tal manera que se pierda eternamente, es uno de los puntos doctrinales del calvinismo, pero no del Nuevo Testamento de Cristo Jesús.

2. Muchos son los pasajes que desmienten esta falsa doctrina calvinista. Considérense estos:

Ezeq. 18:24; Jn. 15:6; Mat. 25:14-30; Luc. 8:13; Hech. 8:13-24; 1 Cor. 9:27; 10:1-12; Gál. 5:4; 2 Tes. 2:3; 1 Tim. 1:19; 4:1; Heb. 2:1-3; 3:7–4:1; 6:4-8; 10:38,39; 2 Ped. 2:20-22; Apoc. 2:5,16.

3. Si el cristiano no puede perderse eternamente, ¿para qué sirven las muchas advertencias de Jesús y de sus apóstoles respecto a la apostasía? Véanse Mat. 7:15-20; 24:24; Hech. 20:28-31; 1 Jn. 4:1; 2 Ped. 2:1-3. Judas Iscariote, uno de los doce apóstoles, se suicidó. ¿Qué dijo Jesús acerca de él? Jn. 17:12.

* * *

719. ESCOGER, ¿NOSOTROS A DIOS O ÉL A NOSOTROS?

"¿Nosotros escogemos a Dios o el Señor nos escoge?"

- - -

1. Sin contexto, la pregunta no me queda clara. No obstante, tres cosas por las Escrituras sí son claras:

a. **Dios** es quien escoge salvar (Jn. 15:16,19; 2 Tes. 2:13; 2 Ped. 3:9; Ezeq. 18:31, 32). Ha escogido salvar a los que le obedecen en el evangelio (Efes. 1:4; Heb. 5:9; 7:25).

b. La salvación es **condicional**, y por eso el hombre tiene que escoger obedecer a Dios para ser salvo (Deut. 30:19; Jos. 24:15; Luc. 10:42; Jn. 6:68). En este sentido se dice que el hombre se salva a sí mismo (Hech. 2:40; 1 Ped. 1:22; Hech. 22:16; Fil. 2:12; Heb. 10:39; 1 Tim. 4:16).

c. El hombre no reconcilia Dios consigo mismo, sino se reconcilia con Dios (2 Cor. 5:20).

* * *

720. HEBREOS 10:1, SOMBRA O TIPO

"Busco una manera simple en la cual pueda explicar esta verdad bíblica. No sé cómo hacerlo, me puede dar una explicación con algunos **ejemplos** que puedan darme a entender esto con más facilidad.

Dice Heb. 10:1 que el Antiguo Pacto o sea La Ley es la **sombra** o **tipo** del verdadero, refiriéndose al Nuevo Pacto (Testamento Heb. 8:1)."

- - -

1. Para comentar sobre el particular, cito de mi obra, NOTAS SOBRE HEBREOS, 10:1:

"**10:1** — Este versículo se conecta con 9:14.

—"Porque la ley" = toda la economía judaica.

—"teniendo la sombra". La palabra griega es SKIA. Véase 8:5, comentarios. Una sombra promete la presencia cercana de la sustancia, pero no es la sustancia; nada más apunta a ella. La repetición continua de los sacrificios bajo la ley de Moisés indica la naturaleza insustancial de la economía judaica.

—"de los bienes venideros". Véase 9:11, comentarios.

—"no la imagen misma de las cosas". La palabra griega para "imagen" es EIKON. Significa la sustancia misma o la incorporación completa de la cosa. Aunque tenía la Ley una mera intimación, el evangelio tiene la presentación verdadera o de hecho de estos bienes. La Ley con sus sacrificios, representaba en general (como lo hace una sombra a la sustancia que la proyecta) las bendiciones futuras que se tendrían después en el evangelio.

—"nunca puede, por los mismos sacrificios que se ofrecen continuamente cada año". Se hace referencia a la expiación anual, Lev. 16, que sucedía en el décimo del mes séptimo. Esos sacrificios levíticos cumplieron el propósito de Dios de apuntar al gran sacrificio de Cristo en la cruz que había de venir. (Véase 9:23). Pero no podían "hacer perfectos" a los del pueblo judaico (ni a nadie).

—"hacer perfectos a los que se acercan". Véanse 7:11, comentarios; 9:9, comentarios. 10:4 presenta la razón por qué no podía la Ley hacer perfecto a nadie. La Ley no podía salvar al creyente."

* * *

721. Heb. 7:19, LA LEY NO PERFECCIONÓ

"También las escrituras nos enseñan que la ley no perfecciona (Heb. 9:8-9; 7:18-9); sin embargo el Nuevo Pacto si perfecciona (Heb. 7:18-19; 9:13-14). ¿Cómo es que la ley no perfecciona a la persona? ¿En que sentido lo dice? Quizás se esté refiriendo a los pecados que no eran perdonados."

- - -

1. Para comentar sobre el particular, cito de mi obra, NOTAS SOBRE HEBREOS, 7:18,19 :

"**7:18,19** — Mejores son las versiones Hispanoamericana y Moderna en estos dos versículos. Dicen así: "Porque resulta, por un lado, la abrogación del mandamiento precedente, por su flaqueza e inutilidad (pues la Ley nada perfeccionó); y por otro, introducción de mejor esperanza, por medio de la cual nos acercamos a Dios", y "Hay por una parte, la abrogación del mandamiento anterior, a causa de su flaqueza e inutilidad (porque la ley no llevaba nada a su perfección), y por otra, hay la introducción de una promesa mejor, por medio de la cual nos acercamos a Dios".

El punto es que por una parte sucede que la Vieja Economía fue hecha a un lado (ver. 12), porque tenía deficiencia, y que por otra parte la Nueva es introducida, por la cual nos acercamos a Dios para salvación eterna.

La ley de Moisés no perfeccionaba (ver. 11; 8:7; Rom. 8:3; Gál. 3:21). Si hubiera perfeccionado, no habría venido Jesús a morir en la cruz (Gál. 2:21). Ahora la ley de Cristo (Gál. 6:2; Rom. 8:2; 1Cor. 9:21; Sant. 4:12) ha sido introducida como la esperanza mejor (porque quita el pecado, 2:14), por la cual sí puede el hombre ser justificado y el plan de Dios llevado a cabo (a perfección). Por el evangelio el hombre se acerca a Dios, o tiene acceso a él (4:16).

Contrástese 9:14 con la debilidad de la ley de Moisés para perfeccionar. Sí era buena la Ley (Rom. 7:12), pero no tenía provisión para perdón de pecados. Sirvieron la Ley y el sacerdocio levítico para un propósito *temporal*, como un tipo de lo que después sería introducido. ¡Qué locura sería para los hermanos hebreos volver a poner su esperanza en una ley y en un sacerdocio abrogados!"

* * *

722. LA PREDESTINACIÓN Y LA SALVACIÓN POR FE

"Quisiera preguntarles sobre la congregación donde usted sirve y con quienes se identifican. Lo que me motiva a escribirle es el tema de la predestinación. Si bien es cierto la Biblia habla de ella, también es cierto que la Biblia habla de la salvación por fe y a mi parecer estas doctrinas chocan en algún punto, contradiciéndose. Por un lado los que creen en la predestinación afirman que solo los elegidos son salvos y los que creen en la Salvación por fe afirman que todos los que creen en Jesucristo son salvos. Lo complicado para el creyente es que todos exponen la escritura para afirmar una cosa y contradecir la otra."

- - -

1. Predico en la iglesia de Cristo Skyline en Hopkinsville, Kentucky, EE.UU. ("Skyline" es el nombre de una calle, e identifica la localidad del edificio en que se reúne la congregación).

2. Sí es cierto que la Biblia habla de la predestinación (Rom. 8:29,30; Efes. 1:5,11).

3. Me permito citar de mi obra, NOTAS SOBRE ROMANOS, 8:29,30:

"El propósito de Pablo en toda esta sección es mostrar lo que hace el evangelio para el hombre, como se expresa en el versículo anterior. Ahora en el 29 todo el propósito de Dios, respecto a la redención del hombre, se presenta en un cuadro completo, vista como ya realizado, y así se prueba que "todas las cosas ayudan a bien" al hombre redimido. Tan ciertos son los planes y promesas de Dios, que se presentan como realizados ya, aunque en parte son futuros todavía. Así es que Pablo aquí presenta todo el proceso de redención obrado en Cristo Jesús. El hombre es *antes conocido* (aprobado de antemano, véanse para ejemplos de este uso de la palabra "conocer," Sal. 1:6; Mat. 7:23; 1 Cor. 8:3; 2 Tim. 2:19). Es aprobado (conocido) según su obediencia a Dios. Este hombre, así aprobado, es *predestinado* (u ordenado de antemano) a ser hecho, después de la resurrección, conforme a la imagen de Cristo. Este hombre, así predestinado, es *llamado* por el evangelio (2 Tes. 2:14). Obediente al evangelio este hombre llamado, es *justificado* o sea, perdonado por la sangre de Cristo. Este es el hombre que en el día final será *glorificado* (versículos 18,21).

Todas las cosas ayudan al bien del cristiano para que este glorioso propósito de Dios en él se realice finalmente. De esto habla Pablo en estos versículos, y no de la predestinación calvinista, que es una de **individuos** escogidos **incondicionalmente**. Pablo habla de una *clase* o *categoría* de gente, y no de ciertos *individuos*.

—"conformes a la imagen de su hijo." Considérense 2 Cor. 3:18; Fil. 3:21; Col. 3:10; 1 Jn. 3:2.

—"primogénito entre muchos hermanos." La palabra, "primogénito" (= el nacido primero), se usa figuradamente para indicar *preeminencia*. Véase Col. 1:15,18. Aunque David no fue el primero nacido en su familia, se llama "primogénito" en Sal. 89:27 por haber sido hecho *el más excelso* de los reyes de la tierra. Cristo es el preeminente de entre los cristianos porque, resucitado de los muertos, resucitará a ellos en el día final. Es el primogénito de entre los muertos (Col. 1:18) porque no volverá a morir y resucitará a los muertos."

4. En Efesios, el mismo apóstol, dirigiéndose al mismo plan de salvación que Dios tiene en el evangelio, se refiere en 1:5 a este evangelio que Dios predestinó para que el hombre pecador sea hecho hijo de Dios por adopción (y no por naturaleza y sin el evangelio). "Nos predestinó," dice Pablo, en que Dios determinó de antemano el

destino del pecador obediente al evangelio. Estos, así predestinados, eran los efesios que "habían oído la palabra de verdad," el evangelio, y que lo habían creído (obedecido), ver. 13. Hechos capítulo 19 habla de la conversión de estos efesios, en los versículos 1-22. Como en todo caso de conversión registrado en Hechos, ellos creyeron que Jesús es el Hijo de Dios, se arrepintieron de sus pecados, confesaron su fe en Cristo, y fueron bautizados para el perdón de sus pecados.

5. El evangelio habla de la salvación por la fe, en el contexto de no ser por la ley de Moisés. (No habla de "la fe sola," excepto para condenar tal cosa, Sant. 2:24). Dios determinó de antemano (la predestinación) salvar a los creyentes en Cristo. Por eso, dijo Cristo: "El que creyere y fuere bautizado será salvo" (Mar. 16:16). El que obedece al evangelio (Rom. 6:17. Heb. 5:8,9; 2 Tes. 1:8; 1 Ped. 1:22) deja que su fe actúe, y Dios le perdona por la sangre de Cristo.

6. No hay ninguna contradicción entre la predestinación bíblica y la salvación por la fe obediente. La primera frase enfatiza la gracia de Dios en el plan de salvación, y la segunda enfatiza la parte que el hombre juega en su salvación. Por fe obedece. En este sentido Pedro dijo a la gente, "Sed salvos" (Hech. 2:40).

7. La Biblia sí contradice la predestinación calvinista que es una **incondicional** (es decir sin que el hombre haga nada en su salvación). Según esta falsa doctrina el hombre está tan depravado que ni puede creer; la fe tiene que serle regalada por Dios. Pero la Biblia niega eso, diciéndonos que la fe viene por el oír, y el oír por la palabra de Dios (Rom. 10:17; Hech. 15:7).

8. "Lo complicado" viene cuando el hombre no usa bien la palabra de verdad (2 Tim. 2:15).

* * *

723. CARTA DE UNA CONGREGACIÓN A OTRA

"Tenemos dos hermanos nuevos en la congregación y cuando se requirió de su apoyo en un caso en que tratamos de comunicar por carta a una diversa Iglesia local que debía apoyar y respetar la disciplina de excomunión impuesta por nuestra congregación a una hermana (con quien algunos hermanos de esa congregación comulgan), los nuevos miembros de nuestra congregación se opusieron a que se enviara la carta porque piensan que no debemos entrometernos en asuntos de otra congregación."

- - -

No hay conexión orgánica entre las congregaciones, pero sí existe una gran **hermandad** (1 Ped. 2:17, Versión Hispano Americana) y los hermanos de una congregación quieren que los de otra vecina sepan de un caso de disciplina para que ellos no sean afectados por la llegada de la persona disciplinada y no arrepentida. Por eso ustedes quieren informar a la otra congregación de su acción disciplinaria hacia cierta persona.

1. Informar no es "entrometerse en asuntos de otra congregación." Si ustedes van a tener una conferencia, o serie de servicios, especial, ¿no van a informar a la otra congregación para que puedan sus miembros también aprovecharse de la serie? ¿Sería eso "entrometerse" en asuntos de otra congregación?

2. Al informar a la otra congregación de la disciplina ejercitada en la de ustedes, ustedes no deben pedir que la otra "apoye y respete" la excomunión que ustedes impusieron, sino nada más informarles de la acción para el propio bien espiritual de esa otra congregación. (No es cuestión de dar órdenes a otra congregación, sino de solamente informar). Sus amados hermanos en la otra congregación deben estar alertas a la situación para no ser engañados por la persona disciplinada que fuera a la otra congregación como si nada hubiera pasado.

3. Lo que la otra congregación haga con la carta de ustedes, es cosa de ella. Si aceptara a la persona disciplinada, entonces ustedes no seguirían teniendo contacto con ella, porque estarían apoyando al que anda mal.

4. A los dos hermanos, que se oponen a que se le informe a la otra congregación de la acción de disciplina tomada por ustedes, se les puede preguntar: ¿Quieren ustedes que la otra congregación ignore lo que ha pasado y por eso sea engañada por la persona disciplinada cuando llegue para poner su membresía allí? ¿Es pecado informar a otros según convenga el caso? ¿No hemos de amar la hermandad? Si alguien les avisa de algo de importancia, ¿por eso necesariamente se está entrometiendo en sus asuntos?

* * *

724. LOS INSTRUMENTOS MUSICALES EN EL ANTIGUO TESTAMENTO

"soy una mujer cristiana que cree en Jesucristo y cuando estaba leyendo acerca del matrimonio, y el divorcio decía que no era permitido usar instrumentos en el culto, si en el Salmo 150 lo certifica me gustaría que me explicara eso porque yo realmente me gozo en la alabanza y en la adoración y esta escrito que se alabe con arpas, trompetas, arpas, etc."

- - -

Gracias,_____, por su mensaje. Con gusto comento sobre el punto tratado. Me supongo que usted ha estado leyendo material que aparece en mi página Web. Si es así, sugiero que en ella consulte la serie de Interrogantes y Respuestas. Aquí cito el #491 que en esencia trata la cuestión que usted presenta.

491. ¿FUE ABOLIDO TODO EL ANTIGUO TESTAMENTO, O SOLAMENTE PARTE DE ÉL?

"En la Iglesia de Cristo enseñamos que el Antiguo Testamento fue abolido, como dice en Hebreos capítulo 8. ¿Y entonces, por qué seguimos enseñando a los cristianos? Se supone que una enseñanza es para ponerla en práctica y si ya fue abolido el Antiguo, ya no debemos ponerlo en práctica. Además en Gálatas 3:10 dice maldito todo aquel que no permaneciere en todas las obras de la ley para hacerlas, y nosotros cumplimos parte del Antiguo Testamento y parte no. Por ejemplo, los 10 mandamientos menos el sábado los cumplimos. ¿Fue abolido todo el Antiguo Testamento o solo parte de el?"

---

1. En primer lugar aprendamos a expresarnos correctamente. No es cuestión de lo que enseñe la iglesia de Cristo, sino de lo que enseña la Biblia.

2. La Biblia enseña que el Antiguo Testamento fue abolido (2 Cor. 3:14; Efes. 2:14,15; Col. 2:14; Heb. 8; 10:9; etc.). La ley de Cristo (Gál. 6:2) es lo que nos rige a todos ahora (1 Cor. 9:21). Todo lo que se hace ahora en esta última dispensación tiene que hallar su autorización en la ley de Cristo (Col. 3:17).

3. No obstante, hay buenas lecciones que aprender y amonestaciones que recibir al leer las Escrituras del Antiguo Testamento (Rom. 15:4; 1 Cor. 10:11). El caso es así porque Dios en carácter nunca cambia (Mal. 3:6). Su manera de tratar las cosas bajo el Antiguo Testamento sirve de ejemplo para nosotros bajo circunstancias semejantes. Pero no por eso nos sujetamos a la **legislación** del Antiguo Testamento. Hagamos el mismo uso del Antiguo Testamento que Pablo hacía.

4. Los judaizantes querían imponer parte del Antiguo Testamento, la parte de la circuncisión, como obligatoria para los cristianos hoy en día, y dice Pablo que siendo así el caso, para ser consecuentes, ellos tenían que guardar toda la ley de Moisés (Gál. 3:10).

5. No cumplimos con parte del Antiguo Testamento para luego no cumplir con otra parte. El caso no es así. No cumplimos con ninguna parte del Antiguo Testamento. No estamos bajo él (Rom. 6:14).

6. No estamos bajo los 10 Mandamientos, ni los cumplimos como tales. Nueve de esos Diez son mandados en el evangelio, la ley de Cristo, y al cumplir con la ley de Cristo, cumplimos con ellos. La observancia del Sábado no nos es mandada en el Nuevo Testamento, y por eso no lo observamos. No estamos bajo la Ley que lo mandaba.

7. Fue abolido todo el Antiguo Testamento, y no parte de él.

Las iglesias humanas, o en ignorancia o a propósito, confunden los dos testamentos. "Quita lo primero, para establecer esto último," Heb. 10:9. Ya no está en vigor la ley de Moisés, la que fue dada solamente a los judíos. Cristo la clavó en la cruz, Col. 2:14. Sirvió hasta la muerte de Cristo quien estableció el nuevo pacto con todo el mundo (Gál. 3:18-29). Tratar de justificarse por prácticas del Antiguo Testamento es, para el cristiano, caerse de la gracia (Gál. 5:4). La Iglesia Católica Romana saca del Antiguo Testamento para su culto el quemar incienso, pero la Iglesia Bautista deja eso y saca el instrumento mecánico de música. La Adventista del Séptimo Día saca la observancia del

sábado, pero la Presbiteriana deja eso pero saca la membresía infantil, diciendo que el bautizar a los infantes toma el lugar de la circuncisión del varoncito. Cada grupo saca de su gusto, y deja lo demás. La verdad consiste en que ya no está nadie sujeto a la ley de Moisés; ella hace dos mil años no está en vigor. No rige a nadie. Hoy en día todo lo tenemos que hacer por la autoridad de Cristo (Col. 3:17), y en cuanto a la música para el culto de la iglesia local Cristo en su Palabra manda que cantemos, no que toquemos (3:16; Efes. 5:19). El cristiano fiel no va más allá de la doctrina de Cristo (2 Jn. 9-11), más allá de lo que está escrito (1 Cor. 4:6). Siga estudiando.

* * *

725. EL NOMBRE "HEBREO"

"Deseo que me aclares el por qué al pueblo de DIOS en el antiguo pacto se le llamaba hebreo. ¿De donde nace ese gentilicio por así llamarlo?"

---

1. El nombre "Hebreo" aparece en la Biblia por primera vez en Gén. 14:13, con referencia a Abraham. El nombre significa "cruzar del otro lado." (Considérense Gén. 12:5; Jos. 24:2,3). Los descendientes de Abraham, por Isaac y Jacob eran llamados hebreos (Gén. 40:15; 1 Sam. 4:6). En el Nuevo Testamento vemos que el apóstol Pablo era hebreo (2 Cor. 11:22; Fil. 3:5).

* * *

726. ¿TIENEN LOS ÁNGELES SEXO?

"¿Los ángeles son sin sexo? Según _____ los ángeles son todos masculinos ya que el artículo con el que se señala viene siempre en masculino y no en femenino o neutro."

1. Es cierto que el texto bíblico emplea el género masculino para expresar la palabra "ángel," o sea (por traducción) "mensajero."

2. Pero los mensajeros celestiales (los ángeles) no tienen sexo, ni masculino ni femenino. El sexo es parte de la naturaleza humana, para el propósito de procreación, ya que hay muerte física en esta vida mortal.

3. En el cielo (en la vida eterna) no habrá muerte y por eso no habrá necesidad de sexo para procreación. Erraban grandemente los saduceos, ignorando el poder de Dios para crear un cuerpo celestial para el redimido, cuerpo que no morirá (Mat. 22:29,30). De igual manera yerran los mormones y los musulmanes que abogan por matrimonio celestial y la continuación del sexo en la vida eterna.

4. Por inferencia necesaria, concluimos que los ángeles no tienen sexo porque ahora lo tenemos en esta vida mortal, y dice Jesús que en la resurrección seremos diferentes en naturaleza, siendo como los ángeles que no mueren y por eso no fueron creados con sexo para perpetuar su existencia.

* * *

727. ¿POR QUÉ EXISTEN LAS RAZAS?

"Tengo un hermano de sangre que siempre me hace una pregunta que no le tengo respuesta: el me dice ¿por qué existen las razas si Adán y Eva eran una sola raza, me dice ¿por que hay chinos, negros, blancos, etc.? y me dice que no es por la torre que estaban construyendo por que allí solamente se dividieron las lenguas y no razas. ¿Será lo mismo?"

- - -

1. El capítulo 10 de Génesis nos habla del principio de las diferentes naciones después del diluvio del tiempo de Noé.

2. No, las lenguas y las razas no son la misma cosa.

3. Dios dispersó las diferentes naciones al confundir su lengua común, para que se cumpliera el propósito de Dios de que el hombre llenara la tierra (Gén. 1:28; 10:1-9). Cada grupo de lengua común se dispersó por toda la tierra (Gén. 11:8,9) y habitar aparte.

4. Los diferentes climas a que fueron en dicha dispersión obraron en los cambios del tono de color de la piel. Los blancos de climas fríos o menos calientes no necesitaban tanto pigmento en la piel, mientras que los habitantes dispersados hacia climas calurosos desarrollaban la pigmentación necesaria para tales climas de mucho sol. Dios de su manera y conforme a las leyes de su creación obró en el hombre los necesarios cambios en la piel para la habitación del hombre en sus diferentes climas.

5. Es natural que a través de los siglos un pueblo, casándose entre los suyos, desarrollaran rasgos semejantes, mientras que otras naciones o pueblos desarrollaran los suyos.

6. Todos estos cambios realizados en el hombre moderno representan variaciones naturales. No cambian en nada el hecho de que todos los hombres siguen siendo nada más hombres.

* * *

728. ENSEÑAR LA MUJER PÚBLICAMENTE

"¿Cuál debe ser la actividad o trabajo de la mujer en la obra del Señor? ¿Debe una mujer dar a conocer el evangelio de la salvación, o eso está destinado a los hombres? Mi pregunta es por lo siguiente: Estoy yendo a una casa de asistencia social (en la cual hay hombres y mujeres), y aparte de ayudar económicamente, comparto el evangelio de la salvación con todos los que ahí se hospedan, orando al final por ellos. ¿Estoy actuando mal al hacerlo?"

- - -

1. Por supuesto la mujer puede estar activa en "dar a conocer el evangelio de la salvación." Pero,

2. El papel de la mujer no es el de dirigir públicamente (1 Tim. 2:12-15); no es ser predicadora (1 Cor. 14:34,35).

3. Puede enseñar a niños y a otras mujeres (Tito 2:3,4). Puede ayudar a su marido en una situación privada (Hech. 18:26).

4. Si entiendo bien la situación que me describe en su carta, no debe estar predicando públicamente en ese lugar mencionado por haber hombres en su auditorio. Un hermano hombre debe estar dirigiéndose a ese auditorio.

5. La cosa que evitar es ejercer autoridad sobre el hombre, cosa que usted, hermana, está haciendo en la situación a la mano.

* * *

729. EL TERCER CIELO

"Tengo una pequeña pregunta sobre el cielo ya que el Apóstol Pablo habla en Corintios sobre el tercer cielo. Necesito que explique cual es el primer cielo y el segundo cielo."

- - -

1. Según el pensar judaico, y su modo de expresarlo, el primer cielo era el lugar del aire en el cual vuelan las aves (Gén. 2:19), el segundo el espacio donde están el sol, la luna y las estrellas (Mat. 24:29), y el tercero el lugar de la habitación de Dios (Mat. 5:16, que comúnmente decimos, el cielo). Pablo fue arrebatado al cielo, al lugar de la presencia de Dios.

* * *

730. MATEO 27:46; MARCOS 15:34

"1. Hermano, he oído esto: Dios se separa del que peca; esto es muerte espiritual. Como Dios dijo a Adán que el día que comiera del fruto prohibido moriría, algunos dicen que Dios se separó de Jesús al llevar él nuestros pecados a la cruz porque Jesús se hizo pecado. Dios es luz y aparta su rostro del pecador."

- - -

1. Jesús nunca pecó (1 Ped. 2:22). Se hizo pecado (2 Cor. 5:21) en el sentido de que fue hecho sacrificio por el pecado (Isa. 53:6,10; Heb. 7:27; 9:12,14,24-28). Isa. 59:1,2 no dice solamente que el pecado hace división entre Dios y el pecador, sino que Dios no oye al pecador, pero sí oyó a Jesús (Heb. 5:7) porque Jesús ¡nunca pecó! Lo que usted ha oído de otros no tiene que ver nada con la expresión, "¿por qué me has desamparado?" (Mar. 15:34).

"2. Entiendo que Jesús tuvo que morir para expiar nuestros pecados, pero ¿es cierto que fue separado de Dios porque llevó nuestros pecados?"

- - -

2. Vamos a quedar con lenguaje bíblico. En ninguna parte se escribe que Jesús "fue separado de Dios." Lo que dijo Jesús en la cruz fue, "¿Por qué me has desamparado?" Éste es el lenguaje que analizar. (Más sobre esto hacia el final de mis comentarios).

"3. Si es así, si literalmente llevó todos los pecados nuestros, entonces ¿se aumenta sobre él de manera retroactiva el peso del pecado?"

- - -

3. El pecado no tiene peso literal. La idea de "peso del pecado" no es concepto bíblico. El llevó nuestros pecados en el sentido de morir por los pecadores.

"4. Yo siempre he entendido que el sacrificio de Jesús hizo posible que todos tengan el perdón de sus pecados, que él abrió la puerta para nosotros, que pagó el precio de muerte física, no espiritual."

- - -

4. Esto es correcto.

"5. Oí a un hermano oró, diciendo que Jesús fue rechazado por Dios, y no sé si eso es un equívoco, pero eso parece resultar de esta idea de que Jesús fue separado o desamparado debido a la suciedad de nuestro pecado sobre él. Pero yo nunca saqué esa idea de las Escrituras, y en 25 años de ser cristiano nunca oí tal idea hasta hace 18 meses".

- - -

5. Usted tiene razón; esa idea no viene de las Escrituras. Ellas no hablan en ninguna parte de "rechazar Dios a Jesús."

"6. Luego leí que esta doctrina es calvinista, que tuvo su origen con Agustín. ¿Qué opina usted sobre esto?"

- - -

6. ¡Es calvinista! Agustín sí la propagó, si no la originó. Lo que las Escrituras sí dicen está registrado en Mar. 15:34 y Mat. 27:46. Cumple Sal. 22:1.

La declaración de Jesús ha de ser entendida a la luz de la enseñanza de las Escrituras tocante al pecado y la muerte de Jesús por el pecado del mundo (Jn. 1:29). Esta declaración es una expresión de la honda agonía que Jesús siente en la cruz al llevar la iniquidad del mundo que Dios cargó en él (Isa. 53:6). El Dios justo tiene que abandonarle para que Jesús, quien es totalmente inocente en cuanto al pecado, muera con esa carga (figurada) sobre él.

Esta declaración, aunque pregunta, no pide información, sino es un reconocimiento de que Dios, quien es justo (Rom. 3:26) tiene que demandar la muerte por el pecado (6:23), y que siendo justo no permite que el justo muera por los pecados de otro. Para que el justo muera por los pecados de otro, Dios tiene que "abandonarle," y así aceptar la muerte del inocente por la del culpable. De esta manera Jesús dio su vida en rescate por muchos (Mat. 26:28).

Dios el Padre, al "desamparar" a Jesús, en realidad le puso como propiciación (Rom. 3:25); en realidad dio su Hijo (Jn. 3:16), mostrando así su amor y gracia por un mundo perdido de sus criaturas.

Al "desamparar" a Jesús (que es permitir que el totalmente inocente muera por otros totalmente pecadores), Dios mostró su amor por el mundo perdido, y al mismo tiempo, su justicia al demandar la muerte por el pecado (Rom. 3:26; 5:8-11; 8:32).

Así que aquí "desamparar" sencillamente muestra que Dios justo, quien demanda la muerte por el pecado, y quien no condena a la muerte al inocente, tiene que permitir algo que no es según la justicia, pero que sí satisface las demandas de la justicia mientras se manifiestan su sacrificio extremo, amor y gracia. Esto se expresa bien en Rom. 3:26.

Al decir Jesús "desamparar" no mostraba ninguna idea de rechazamiento de su persona y su muerte en la cruz. Al contrario, las Escrituras revelan abundantemente que la muerte de Jesús en la cruz fue ¡hecho de Dios! (Rom. 8:32).

* * *

731. ¿SALARIO PARA ANCIANOS?

"Vemos en 1 Timoteo 5:17-18 que los ancianos tienen derecho a un salario y en Hechos 11:29 vemos que los ancianos son los encargados de la administración del dinero, PREGUNTA 1: Los ancianos mismos determinan la cantidad de su salario? PREGUNTA 2: el salario de los ancianos debe ser de conocimiento de la iglesia? así como la administración del dinero?

"En la iglesia donde nos congregamos no hay aun ancianos ni diáconos. El manejo del dinero se determina en la reunión de varones, pero se publica mensualmente un reporte para información de toda la iglesia."

- - -

1. El anciano (obispo, pastor) en la iglesia local no tiene derecho a salario sencillamente porque es anciano. El pasaje trata del anciano que dedica su tiempo completo al oficio de anciano.

2. Los ancianos dirigen, como el pastor a sus ovejas. Si las ovejas no siguen, el pastor no guía. Conviene, pues, que en un dado caso de determinar el salario para el anciano, o ancianos, de la iglesia local, los ancianos propongan a la congregación un salario para el indicado, y luego de consultada ella, se haga una decisión de mutuo acuerdo, todo basado en el poder financiero de la iglesia y los demás factores que entren. Así, los ancianos proponen el salario, basándose en la consideración de todos. De esta manera de mutua consideración dirigen y son seguidos.

3. Como explicado, el salario acordado viene siendo del conocimiento de toda la iglesia. Los ancianos guían; no son déspotas. Son directores espirituales que evitan censuras (2 Cor. 8:20, 21); no son avaros (1 Tim. 3:3). Son prudentes (ver. 2).

* * *

732. ¿DECISIÓN DE TODA LA CONGREGACIÓN? HECHOS 6:1-6

"En Hechos 6:1-6 vemos que los doce convocaron a la multitud (supongo que fue a todos los creyentes hombres y mujeres) y les dijeron: buscad, pues, hermanos, de entre vosotros a siete varones .... Y agrado la propuesta a toda la multitud; y eligieron a ..... a los cuales presentaron ante los apóstoles "PREGUNTA 1: Esta decisión de escoger estos hombres (varones hermanos) fue, según veo una decisión o participación de toda la congregación, hombres y mujeres con la aprobación finalmente de los apóstoles, ¿cierto ?

"En Hechos 15:22 vemos que les pareció bien a los apóstoles y a los ancianos, con toda la iglesia, elegir de entre ellos varones y ...... PREGUNTA 2: la decisión de escoger a estos varones hermanos fue del parecer de toda la iglesia, podríamos decir al igual que la pregunta anterior, que toda la iglesia (hombres y varones) participaron de la escogencia de estos hombres con la aprobación muy seguramente de los ancianos? ¿o seria una escogencia o decisión de únicamente los ancianos?

"PREGUNTA 3: ¿Podríamos concluir que para la escogencia de hombres (varones hermanos) para un servicio especial siempre debe estar involucrada toda la iglesia, hombres y mujeres? Obviamente cuando se escogen ancianos debe así serlo, pero cuando ya los hayan en la iglesia, la escogencia de diáconos debe ser una participación y aprobación de toda la iglesia bajo la aprobación de los ancianos?"

- - -

1. Consúltense los Interrogantes #324, y #633.

2. Las tres preguntas arriba involucran varios vocablos distintos, como "decisión, escoger, participación, elegir, escogencia," etc. Estas palabras sugieren distintas ideas y por eso distintas observaciones.

3. Pregunta #1. Sí, se consultó toda la iglesia pero los varones toman la delantera en la obra de la iglesia local, y por eso se infiere que la decisión sobre las personas escogidas fue hecha por los varones.

4. Pregunta #2. Como en el caso de Hech. 6, aquí en el 15 si se consultó toda la iglesia, fueron los apóstoles y los ancianos quienes decidieron sobre los dos hombres escogidos. Toda la iglesia estuvo sumisa a la decisión. La carta que se compuso y fue dirigida a los gentiles de los lugares mencionados no fue de la iglesia, sino de los apóstoles y los ancianos (ver. 23). Obviamente ellos tomaron la delantera en este asunto.

5. Sí, hay casos en que debe estar involucrada toda la iglesia. Pero "involucrar" no significa "decidir." Siempre los varones de la iglesia deciden, porque decidir implica dirigir. El rol de la mujer no es el de dirigir.

6. Si la congregación ya tiene ancianos, la selección de diáconos es asunto de toda la iglesia, y por eso la iglesia debe ser consultada. Pero la decisión sobre los nombres determinados es decisión de los ancianos que dirigen la congregación.

* * *

733. LUCAS 2:23

"¿Porqué las versiones católicas (Biblia) omiten "ABRIERE MATRIZ"? Dicen en Lucas 2:23 (versión católica) ...... todo varón primogénito será consagrado al Señor y la Reina Valera dice: ...... todo varón que ABRIERE MATRIZ será llamado santo al Señor.

"Yo creo que si Lucas, inspirado por el Espíritu Santo escribió las palabras ABRIERE MATRIZ, pues son las que deben de estar en la Santa Biblia. No veo la razón o la lógica de omitirlas. Por lo menos es lo que yo así entiendo. Gracias por su contestación."

- - -

1. Primero notemos que el Nuevo Testamento no fue escrito originalmente en español, sino en griego. En cuanto a lo que el Espíritu Santo inspiró a Lucas a escribir, tenemos que mirar al texto griego, y no a cierta versión (traducción).

2. El texto griego dice: "todo varón que abra matriz." Diferentes versiones en español y en inglés dicen de esa manera. Varias versiones (no católicas) dicen: "Todo varón primogénito" (Ver. Hispanoamericana), o "Todo varón primer nacido" (Ver. Moderna). La Ver. Reina Valera, revisión de 1990, dice: "Todo varón primogénito."

3. No es cuestión de que cierta versión haya cambiado lo que las Escrituras enseñan. Es que algunas versiones dan una traducción literal del texto griego (abrir matriz), mientras que otras (protestantes como católicas) usan la palabra "primogénito," dando así el sentido del pasaje según lo indicado en los pasajes del Antiguo Testamento que revelan la ley de Dios sobre el particular. Consúltense Éxodo 12:11,12,15; 22:29; 34:19,20.

4. La versión buena es la que siempre traduce el texto griego literalmente, hasta ser posible sin perder el sentido original del texto griego. Algunas versiones son más bien comentarios que traducciones.

5. En este caso en particular, la traducción literal es preferible, aunque la variación que dice "primogénito" no contradice la verdad del caso. El "varón que abre matriz" es el "primogénito."

* * *

734. CONVIVIR EN LA CASA DE ORACIÓN

"Yo me congrego en la Iglesia de Cristo, pero se tiene la costumbre de que cada fin de mes CONVIVIMOS en la Casa de Oración. Lo que yo no veo bien, es que COMAMOS dentro de la casa de Oración. A mí me parece: Falta de Respeto al Señor, Falta de reverencia en su Casa de Oración. Ya que al final del Convivio queda bastante sucio el Edificio y durante el cual hay demasiado bullicio: Carcajadas, etc."

- - -

1. Consúltese el Interrogante # 540, y otros.

2. El convivio, o confraternidad, es una actividad puramente social, y tal actividad no es parte de la obra de la iglesia local. Ella pertenece al hogar. Tenemos casas en que comer y beber (1 Cor. 11:22,34).

3. El local no existe para actividades sociales, sino espirituales. Es una conveniencia para llevar a cabo la obra de la iglesia local que es triple: la adoración, la edificación, y la benevolencia limitada (a los santos). Usarlo para actividades ajenas es apropiar mal el dinero de la iglesia con que se consiguió el local.

4. El bullicio y la suciedad dejada en el local testifican al hecho de que lo que se celebró en el local fue solamente algo de naturaleza social, y nada espiritual.

5. No podemos comulgar tales apostasías de la doctrina de Cristo. La iglesia local donde usted es miembro debe desistir de realizar tales convivios, y dejar tales cosas a los hogares de los hermanos. El local no es una conveniencia para las actividades de los hermanos en su vida social.

6. Hay iglesias de Cristo liberales de entre los de habla inglesa que ahora tienen hasta gimnasios para baloncesto y llamados Centros Para Vida Familiar. Todo comenzó con el sencillo convivio.

* * *

735. MATEO 1:25, "HASTA"

"Decimos que María no tuvo hijos "hasta" que dio a luz, es decir, que después sí tuvo hijos (Mat. 1:25); sin embargo, se dice que el "hasta" no quiere indicar tal cosa, ya que, en 2 Samuel 6:23, dice que Mical no tuvo hijos "hasta" su muerte, ¿quiere decir que después de muerta si tuvo hijos? (Véase también Salmos 110:2 "hasta") ¿Me podrían ayudar a explicar estos tres usos de la palabra "hasta"?

- - -

1. "Hasta" apunta al término o fin de la cosa. En los tres pasajes es la misma idea; a saber, que cierta cosa pasaba o no pasaba durante el tiempo antes del fin señalado. (No hay tres usos de la palabra; es uno y el mismo).

2. Mat. 1:25 nos dice sencillamente que durante el tiempo señalado y hasta el fin de él, José no tuvo relaciones sexuales con María. El texto no dice nada de lo que pasara después del fin especificado. No dice que nunca tuvo relaciones con ella; no dice que sí. Sabemos que sí tuvieron hijos después del nacimiento de Jesús por lo que revelan las Escrituras (Mat. 12:46-50, donde Jesús distingue entre hermanos y discípulos; 13:55,56, donde se nombran los cuatro hermanos varones de Jesús, aparte de sus hermanas. Véanse también Jn. 2:12; Hech. 1:12-14; Jn. 7:3-5).

* * *

736. EL EVANGELIO DEL REINO DE DIOS

"¿Cuál es el evangelio del reino de Dios?"

- - -

1. Por preguntar por cuál es, y no por qué es, se me implica que el interrogador quiere saber que de todos los "evangelios" en el mundo religioso, ¿cuál considero yo ser el que sea del reino de Dios?

2. Ciertamente hay un evangelio del reino de Dios, Mat. 4:23.

3. Es verdad que hay otros evangelios (2 Cor. 11:4; Gál. 1:6). Estos otros son diferentes del evangelio de Cristo, que es único (Gál. 1:7-10).

4. Entiendo que el interrogador quiere saber cómo determino yo cuál es el evangelio verdadero. La respuesta es sencilla: yo hago lo que debe hacer todo el mundo para diferenciar entre algo verdadero y algo falso y diferente del verdadero. Consulto la doctrina de los apóstoles (Hech. 2:42). Es cuestión de oír a los apóstoles de Cristo, y no a los hombres nada inspirados con sus credos e invenciones religiosas (1 Jn. 4:6).

5. La palabra "evangelio" significa "buenas nuevas." Ellas son acerca de haber venido un Salvador (Luc. 2:10,11) y de lo que él ha hecho por el hombre (1 Cor. 15:1-8). Este evangelio ha de ser predicado (Mar. 16:15) y tiene que ser obedecido (ver. 16; 2 Tes. 1:8; Rom. 10:16; 1 Pet. 4:17). Dios llama al hombre por medio del evangelio (2 Tes. 2:14). Agrada a Dios salvar al hombre por medio del evangelio predicado (1 Cor. 1:21), y Lucas in Hechos registra varios casos de conversión a Cristo por medio de la predicación del evangelio del reino de Dios.

6. Considerando estos casos de conversión, tanto de judíos como de gentiles, vemos que para llegar a ser perdonadas de sus pecados y llegar a ser cristianos, las personas tuvieron que oír el evangelio predicado (Hech. 18:8; 19:5), creer que Jesús es el Hijo de Dios (Hech. 8:37; 16:30,31), arrepentirse de sus pecados (Hech. 2:38), confesar su fe con su boca (Rom. 10:10,11), y ser bautizados en agua para perdón de los pecados (Hech. 2:38; 22:16).

7. Cualquier otro plan de salvación no es el evangelio del reino del Dios por no ser según la forma de las sanas palabras que han de ser retenidas, y no abandonadas por "evangelios diferentes" (2 Tim. 1:13).

* * *

737. ¿EL REINO DE DIOS ENTRE VOSOTROS?

"¿Usted puede explicarme en un párrafo que el reino de Dios está entre vosotros?"

- - -

1. El autor de esta pregunta es el mismo que de la anterior. Por eso en un párrafo le contesto en base a lo que contesté en la pregunta anterior. (El lector debe servirse leerla).

2. Mi párrafo: Si por "vosotros" usted se refiere a los hermanos en la fe con quienes yo tengo comunión, le explico que el reino de Dios está entre nosotros (en ser un reino espiritual, Luc. 17:20,21), y nosotros nos hallamos trasladados a él (Col. 1:13), y lo hemos recibido (Heb. 12:28) porque hemos obedecido el evangelio de la misma manera que gente del siglo primero lo obedeció y llegó a formar iglesias de Cristo (Rom. 16:16).

3. Sería interesante saber cuál "evangelio" usted obedeció (si alguno), el plan de salvación (condiciones de obediencia) del dicho evangelio, y a cuál iglesia su obediencia le hizo miembro. (No le limito a un párrafo para contestar).

4. En una sola frase podemos todos declarar que Jesucristo salva a los que le obedecen (Heb. 5:8,9).

* * *

738. HABLA LA MUJER EN EL CULTO

"Llevamos un tiempo, en el que en algunas de nuestras iglesias, las hermanas están orando, y hablando en los cultos. Tengo que admitir que llevo 18 años de creyente y acostumbrada a que la mujer no hable en los cultos, se me hace un poco raro oírlas ahora. Yo no lo tengo muy claro, de si la mujer debe orar y hablar en la iglesia o no, y me hago una pregunta que de momento nadie me contestó, y es que si el Señor quiere que la mujer hable en los cultos, ¿porque el Señor no tomó como apóstol a ninguna mujer?"

- - -

1. Su pregunta, tocante a apóstoles mujeres, representa una buena inferencia o deducción.

2. Pero la razón por qué no debe la mujer dirigir la palabra (predicación) o la oración es que ¡no se autoriza! Tenemos que someternos a la autoridad de Cristo (2 Juan 9; Hech. 2:42; Luc. 10:16; 2 Tim. 1:13).

3. Desde luego la mujer puede "hablar" (pues cantando himnos ella habla – Efes. 5:19) y "ora" (participa en la oración pública diciendo el Amén – 1 Cor. 14:16). Pero la cuestión a la mano tiene que ver con hablar en el sentido de ocupar el púlpito para predicar y dirigir públicamente la oración en la asamblea.

4. Sobre el caso cito del Interrogante #88: "En cuanto a dirección publica, no es lícito que la mujer hable en la congregación (1 Cor. 14:34,35). No se le permite (en ninguna parte) que enseñe ni ejerza dominio sobre el hombre (1 Tim. 2:11,12); su papel en esta vida no es tal. Pero sí hay mucho que la mujer puede hacer para "servir al Señor" sin que ella tome parte pública en la congregación. Servir y dirigir no son términos sinónimos.

* * *

739. ¿MURIÓ A FAVOR O EN LUGAR DE?

"¿Murió Cristo 'por,' es decir, á favor,' y no en lugar mío?"

- - -

1. Dios no imputó nuestros pecados a Cristo para que como pecador él muriera como substituto nuestro. Tal es enseñanza calvinista. En ese sentido Cristo no murió en lugar de nosotros. Notemos estas observaciones:

2. La preposición HUPER aparece en Rom. 5:6, "Porque Cristo, cuando aún éramos débiles, a su tiempo murió por (HUPER) los impíos." HUPER básicamente significa "sobre." Si una persona está "sobre" otra persona u objeto, se da a entender que hace algo *a favor* de la otra o del objeto. Lacueva dice "a pro de".

3. Pero hay autoridades en la lengua griega que afirman que HUPER puede significar *en lugar de.* El Sr. Thayer, lexicógrafo reconocido, afirma que, aunque la preposición ANTI más exactamente significa *en lugar de* que la preposición HUPER, algunos consideran que las dos preposiciones (HUPER y ANTI) se emplean alternativamente, y dan 2 Cor. 5:14,15,21 y Gál. 3:13 (pasajes en que aparece HUPER) como ejemplos de ello. Thayer añade Filemón 13, donde la frase "en lugar tuyo" (Valera 1960) traduce la frase griega, HUPER SOU.

4. La preposición ANTI aparece en Mat. 20:28, "como el Hijo del Hombre no vino para ser servido, sino para servir, y para dar su vida en rescate por (ANTI, *en lugar de*) muchos."

5. En Mateo 26:28, "porque esto es mi sangre del nuevo pacto, que por muchos es derramada para remisión de los pecados," la palabra "por" traduce la preposición griega, PERI = tocante a, o concerniente a.

6. En Gál. 1:4 es obvio que Cristo no murió en lugar de (HUPER) nuestros pecados.

7. La muerte de Cristo fue el sacrificio necesario para la redención del hombre pecador; no fue una muerte "substitutiva". La frase "por nosotros lo hizo pecado" en 2 Cor. 5:21 significa que Dios le hizo el sacrificio por nosotros (Heb. 10:12-14; Gál. 3:13,14; 1 Ped. 2:24). Dios le dejó llevar nuestros pecados con su culpa y consecuencias (Isa. 53:6)

* * *

740. ¿BAUTIZARSE DE NUEVO?

"¿Necesito ser bautizado nuevamente, si ya fui bautizado en una iglesia de Cristo que usa instrumento?"

- - -

1. No somos bautizados en una iglesia local, sino en el cuerpo de Cristo (Gál. 3:27; 1 Cor. 12:13); tampoco hay varias iglesias de Cristo universales, una con instrumentos y otra, no. (El autor de la pregunta no se expresa correctamente al formular su pregunta).

2. Sólo usted puede decidir si fue bautizado en Cristo o en una denominación humana. (He conocido personalmente iglesias de Cristo locales que se distinguen de otras iglesias de Cristo solamente en la práctica de usar instrumentos mecánicos de música en sus cultos. Tal práctica es errónea, pues carece de autorización divina). Hay una denominación, llamada La Iglesia Cristiana, que juntamente con otras prácticas falsas emplea el instrumento en la música en su culto. Tocante a tal denominación este problema del interrogador no tiene aplicación.

3. Si usted fue bautizado en Cristo, y no en una denominación humana, y si reconociendo el error del uso de instrumentos musicales en el culto, usted salió de ese grupo que emplean tales instrumentos, entonces hizo bien y lo que hizo no tiene que ver con la validez de su bautismo. Entran prácticas no bíblicas en algunas iglesias de Cristo, y si el individuo no puede lograr una solución bíblica respecto al problema, no le queda acción aparte de salir de tal comunión. Pero no tiene que ser bautizado de nuevo.

4. Usted es el único que puede decidir si fue bautizado en el cuerpo de Cristo, que es uno (Efes. 4:4), o en una denominación humana. Usted sólo sabe cuál fue su comprensión al ser bautizado.

5. Ahora, hay casos obvios en que la persona es bautizada, habiendo sido instruida mal y bautizada para ser miembro de una denominación humana, y más tarde, al aprender la verdad del evangelio, ahora insiste en que fue bautizada bíblicamente. Pero su presente comprensión no es la que tenía antes de ser bautizada. Por eso, ahora que entiende bien la enseñanza bíblica, debe ser bautizada en Cristo.

* * *

741. CONVIVIOS — INDIVIDUOS Y EL LOCAL

"¿Podemos, como individuos, costear y organizar un convivio, aunque se lleve a cabo en el terreno o en el lugar de reunión? Y ¿pueden los varones de la iglesia, en su junta, planear y organizar tal actividad, aunque no se pague con las ofrendas de la iglesia?"

- - -

1. Individuos sí pueden costear y organizar "convivios."

2. El local no pertenece a individuos, sino a la iglesia (la colectividad de los santos de la congregación local).

3. Una actividad social de parte de individuos es una llevada a cabo por arreglos hechos por individuos y proporcionados por individuos.

4. El local es conseguido por medio de fondos de la iglesia local y existe solamente para usos de la iglesia local según la obra bíblica que a ella Dios ha señalado. La actividad puramente social no es una de esas obras.

5. Por ende los varones no tienen autorización para prestar el uso del local para casos de entretenimiento. Fue con las ofrendas de la iglesia que se pudo conseguir el local.

6. Véase Interrogante # 540.

* * *

742. EL PREDICADOR PROBLEMÁTICO

"Si una congregación que no cuenta con mucha madurez, tiene problemas con el predicador, en el sentido de que este no se prepara para su obra, ni les motiva a servir, ni les enseña cómo hacerlo, ¿qué pueden hacer como iglesia, especialmente si tienen miedo de él? ¿Qué pueden hacer otros evangelistas, especialmente si la congregación pide de su ayuda, aunque el evangelista local no esté enterado o conforme con eso?"

- - -

1. Una congregación, llevada por miedo de una persona, no va a hacer nada para corregir un problema. Ella tiene que aprender a hacerse responsable de sus obligaciones como iglesia local y a no temer al hombre.

2. La iglesia escoge a su evangelista, o hace el acuerdo con que él puede trabajar con ella como evangelista. Si no cumple con sus deberes como evangelista, y si no acepta exhortación para mejor su estado, la iglesia le despide. El no es dictador de la congregación, ni de nada. Su trabajo como evangelista en la congregación es según el acuerdo que existe. Ese acuerdo puede ser cancelado.

3. La iglesia local puede pedir ayuda (consejos) a otros evangelistas, o a quienquiera, pero cualquier decisión hecha será actividad solamente de la iglesia y no de otros. Otros no tienen palabra alguna en una congregación de la cual no son miembros. Dan sus consejos y es todo; no dictan a iglesia ajena.

4. No hay por qué no informar al evangelista del plan de pedir consejos espirituales a otros. ¿No es miembro también de la congregación?

5. Si el evangelista es rebelde debe ser disciplinado por no andar ordenadamente (2 Tes. 3:6,14,15).

* * *

743. PREDICAR UN EVANGELISTA EN OTRA CONGREGACIÓN

"¿Es correcto que un evangelista se congregue con otra congregación, tomando en cuenta que donde es miembro, solamente tienen servicios el domingo una vez por la mañana? Y si puede hacerlo, ¿qué puede hacer en la otra congregación a la que asiste por la tarde? ¿Puede, como evangelista, predicar y enseñar una clase, por invitación de los varones de otras congregaciones de la misma ciudad, las cuales no tienen evangelista, aunque ya es miembro de una?"

- - -

1. Una congregación queda libre en su autonomía para invitar a un evangelista a venir a predicarles, o darles una clase bíblica, estando libre el evangelista de otras obligaciones del momento. Desde luego él viene en capacidad de visitante, y no para participar en decisiones como si fuera miembro de la referida congregación.

2. La última pregunta se contesta como en el caso de las primeras dos preguntas. Un evangelista fiel y concienzudo va a usar su tiempo al máximo, predicando en toda oportunidad, aquí y allí. Pero su membresía en una congregación no le permite funcionar como miembro en las congregaciones que visite. No las visita sino para predicar a la gente.

* * *

744. REUNIÓN CENTRAL DE VARIAS CONGREGACIONES

"¿Pueden las congregaciones de una ciudad, tener reuniones juntas? Es decir, ¿se reúnen en un solo lugar, cantan y escuchan una predicación, aunque no se recogen ofrendas, ni se toman decisiones para todas ellas, y al final se tiene un convivio? ¿Cuál es la forma correcta de que los hermanos de varias congregaciones tengan convivencia?"

- - -

1. Si varias congregaciones de una ciudad pueden reunirse en una sola asamblea, ¿por qué no son una sola congregación?

2. El contexto de la pregunta hace claro que el

propósito principal de tal reunión es impresionar y gloriarse de números y gozar de actividades sociales (convivios).

3. Las Escrituras no autorizan sino la congregación local. Una reunión de varias para actuar como si fuera una sola carece de autorización bíblica. Tal arreglo requiere alguna clase de organización extra-bíblica para que tal reunión se organice y se efectúe.

4. Tal reunión es un paso hacia la formación de algo más grande que la iglesia local y los promotores de ello son culpables de "iniquidad" (Mat. 7:23, maldad, Valera 1960 – pero la palabra griega significa "iniquidad; " o sea, literalmente, andar sin autorización de ley).

5. Si un cristiano, o varios, quieren invitar a cristianos miembros de otras congregaciones, a que vengan a participar en algo de diversión y comida, ¡qué les inviten, vean por los arreglos y paguen los gastos! ¿En qué consiste el problema?

6. Sobre los convivios, véase el Interrogante #741.

* * *

745. LA BODA, ¿CÓMO SE HACE?

(Se me hace una serie de preguntas. Las contestaré una por una):

1. "Dos jóvenes cristianos se van a casar, quieren hacer una boda con vestido blanco, anillos, arras, lazo, etc., ¿es incorrecto que se haga todo eso?"

No, no es incorrecto. Dios no especifica cierta ceremonia para llevar a cabo un casamiento. Las cosas mencionadas en sí no son malas.

2. "Desde luego, ellos entienden que tal acto es solamente tradicional, y entienden que es Dios quien los casa, bajo los términos en su Palabra, y legalizan su matrimonio ante la ley civil, pero aún así, a causa de la familia, les gustaría llevar a cabo lo mencionado. ¿Cómo se lleva a cabo esa clase de actos?"

Es bueno que la pareja entienda como usted lo señala.

El legalizar su matrimonio es cosa opcional en cuanto a la realización de su matrimonio en la vista de Dios. Ahora, si la ley del país demanda que cada matrimonio se legalice, la pareja cristiana va a obedecer las leyes del país, pero su matrimonio no está en las manos de paganos. El papel de la ley es registrar el matrimonio para razones de protección de derechos civiles, etcétera. No conozco país que castigue a una pareja que, viviendo fielmente como esposos, no legalice su matrimonio. (Pero al mismo tiempo carecerán de derechos civiles como esposos).

Dios es quien une o junta en matrimonio (Mat. 19:6), no el hombre.

Ahora, la manera de llevar a cabo "esa clase de actos" será según la conveniencia, la decencia y el buen orden. Empleando un sitio familiar o público para las actividades, puede haber hasta música instrumental, canciones seculares, y comida. Lo importante es que los dos individuos públicamente declaren el uno al otro sus votos de ser cónyuges fieles hasta que la muerte les separe (Rom. 7:2,3).

3. "¿Puede haber cantos cristianos? ¿Una predicación? ¿Cómo se hace?"

Pregunto yo: ¿Dónde se llevará a cabo lo mencionado de actividades? La predicación de la Palabra de Dios conviene a todo tiempo y en todo lugar (2 Tim. 4:2). Lo mismo se puede decir de cánticos espirituales (mejor expresado que "cantos cristianos"). Si todo sucede en una casa familiar o pública, todo lo que es decente se puede emplear.

Pero si el interrogador tiene en mente el uso del local de la iglesia, lo único que se autoriza para actividades en él es la predicación y la edificación. Queda fuera cualquier música no autorizada, como comidas y otras actividades semejantes. Que la mujer se vista de blanco (o de negro) no importa; Dios no especifica el color de la vestidura para la asamblea en el local. Pero sí por implicación especifica el uso correcto del local.

En muchos casos se quiere usar el local de la iglesia porque es conveniente como sitio amplio para los invitados a las bodas y porque es gratuito; ¡se ahorra dinero! Tal actitud manifiesta egoísmo y falta de respeto por las enseñanzas de las Escrituras.

Si se emplea el local para la reunión, que todo se limite a predicación (exhortación), a oraciones, y a canciones espirituales, al declarar ante todos los presentes cada uno sus votos de amor y dedicación de vivir como esposos hasta la muerte les separe.

Usualmente los interesados no se contentan con esto, y por eso la solución sencilla consiste en que se emplee un sitio de reunión aparte del local de la iglesia. Pero luego algunos se oponen a esto, porque ¡les va costar más dinero!

* * *

746. ¿SE ARREPIENTE DIOS?

"¿Por qué piensa usted que dice en la Biblia que DIOS no es hijo de hombre para arrepentirse y luego dice que DIOS se arrepintió de haber hecho al hombre?

- - -

1. Esta pregunta alude a Núm. 23:19 y a Gén. 6:6.

2. La palabra arrepentirse significa cambiar de mente. Lo que cause este cambio es otro tema distinto. Hay textos que dicen que Dios se arrepintió (Deut. 32:36; Jer. 18:8; etc.). Hay textos que dicen que no se arrepiente (Núm. 23:19; 1 Sam. 15:29; Sal. 110:4; Jer. 4:28; etc.). A veces, cuando dicen las Escrituras que Dios se arrepintió, la palabra se usa en el sentido antropomorfo (esto significa "forma de hombre"; es decir, se le atribuyen a la Divinidad características humanas).

3. En Gén. 6:6 la frase no quiere decir que sintió Dios que las cosas resultaran de manera no esperada. ¡En ningún sentido! Significa, como lo expresa el resto del versículo, que le dolió a Dios que el hombre se volviera tan depravado. Esta frase

aquí describe pues la reacción divina a la condición depravada del hombre. Dios, siendo amor (1 Jn. 4:8), siente hondamente los pecados de sus criaturas. ¿No es así con todo padre amoroso? Pero con decir la Biblia que Dios se arrepintió eso no significa ninguna variación de *propósito*, o de carácter. Dice la Biblia que "Yo Jehová no cambio" (Mal. 3:6), y que "en el cual no hay mudanza, ni sombra de variación" (Sant. 1:17). En cuanto a sus propósitos y su carácter, la Biblia afirma repetidamente que Dios no se arrepiente. "Dios no es hombre, para que mienta, ni hijo de hombre para que se arrepienta" (Núm. 23:19). En todo caso (sin excepción alguna) en que se dice que Dios se arrepintió (es decir, cambia su curso de acción, no sus principios), ¡primero hizo el hombre algún cambio! Esto es evidente de tales pasajes como Jer. 18:8; 26:3,13; Jonás 3:9, 10. (Considérese el contexto, cosa que el falso maestro — y todo modernista en particular — rehúsan hacer). Pero todo texto bíblico, referente a cosas o situaciones en que el hombre no jugaba papel, afirma que Dios no se arrepiente; nunca cambia su curso de acción. Nunca cambia su promesa. Por ejemplo, véase Salmo 110:4. El establecimiento del sacerdocio de Jesucristo no podía depender en nada de la voluntad o acciones del hombre; por eso Dios no se iba a arrepentir sino que llevaría a cabo su propósito. "Jehová no se arrepentirá", y ¡no lo hizo!

Siempre que dice un texto que Dios se arrepintió se ve que primero el hombre cambió de actuar al no seguir las condiciones del acuerdo.

* * *

747. LA PALABRA "SALMOS" EN EFES. 5:19 Y COL. 3:16

"Porque en Col 3.16, y Efesios 5.19 el apóstol Pablo incluye la palabra salmos como algo que uno debe ofrecer en la adoración a Dios."

- - -

1. La razón más sencilla es que la incluyó Pablo en los dos pasajes referidos porque así fue guiado por el Espíritu Santo a hacerlo.

2. Los Salmos, que se encuentran en el libro de los Salmos (Hech. 1:20), fueron escritos por diferentes de autores, entre ellos David el Rey.

3. Dice Wayne Partain, en NOTAS SOBRE COLOSENSES, pág. 44, "Los *salmos* (p. ej., los de David) alaban a Dios, exaltando su nombre, poder, atributos y obras. Los salmos nos instruyen; Jesús y sus discípulos los citaban, para enseñar y para comprobar lo que enseñaban."

4. No dice Pablo que cantemos solamente de los Salmos que se encuentran en el Antiguo Testamento, sino que cantemos *salmos*.

5. Los salmos, himnos y canciones espirituales son tres clases de música vocal, expresando alabanza a Dios y exhortación y enseñanza espiritual para los que cantan en adoración a Dios.

* * *

748. AFIRMACIÓN DE ATEOS

"Dicen que Dios no existe, que existe solo para que la humanidad no peque tanto y se degeneren en extremo y ese mismo argumento se diría con respecto a la existencia del infierno y el temor a el. Por favor tenga la bondad de ayudarme y orientarme; esto esta afectando mi fe."

- - -

1. Sal. 14:1, "Dice el necio en su corazón: No hay Dios."

2. ¿Qué prueba ofrece el ateo al hacer su aseveración? ¡Ninguna! Nada más lo asevera. De igual manera yo podría afirmar: "Yo soy Napoleón."

3. El ateo sabe que tiene espíritu porque no está muerto. ¿Cómo puede saber acerca del mundo espiritual para afirmar con certeza que Dios no existe?

4. Si Dios no existe, ¿qué mal hay que el mundo peque tanto y se degenere? ¿Pecan los animales y se degeneran? ¿Asustan los animales a otros animales con la idea de un infierno? Si no somos responsables ante Dios, ¿quién es el ateo para que salga con sus razones tan ridículas?

5. El ateo está sin excusa al negar la existencia de Dios (Rom. 1:20) porque las evidencias de su poder y divinidad están por todas partes. Niega la existencia de Dios porque así espera escapar su responsabilidad ante su Creador.

6. Si Dios no existe, "comer y beber que mañana morimos"(1 Cor. 15:32). Dice Pablo, "No erréis; las malas conversaciones corrompen las buenas costumbres"(ver. 33). A la medida que el mundo no cree en Dios se degenera y se corrompe. El ateo da el ejemplo número uno.

7. No sea usted movido por puras aseveraciones de necios.

* * *

749. APOCALIPSIS 20:2,3

"¿Estamos viviendo el milenio o el poco de tiempo? ¿Satanás está suelto o encadenado?"

- - -

Para contestar sus preguntas, cito de mi comentario NOTAS SOBRE APOCALIPSIS sobre 20:2,3:

"20:2 — Y prendió al dragón, la serpiente antigua, que es el diablo y Satanás, y lo ató por mil años —

— Y prendió ... Satanás — Véase 12:9, comentario (donde se definen éstos términos).

— y lo ató — Ser atado el diablo significa el triunfo de la Verdad sobre el Error. El triunfo de Cristo sobre Satanás es presentado en tales pasajes como Mateo 12:29; Lucas 11:17-22; Juan 12:31,32; Efesios 4:8; Colosenses 2:15; Hebreos 2:14. Todo el punto es que la obra del evangelio "ata" al diablo, porque los hombres pueden salir de las tinieblas del error y engaño, y andar en la luz de la verdad (Mateo 4:16; Hechos 26:18; Colosenses 1:13). Siguiendo a Cristo, el diablo no les puede tocar (Santiago 4:7; 1 Corintios 10:13; Juan

10:27,28). La predicación del evangelio logra que el diablo no pueda engañar libremente a las naciones, como antes lo hacía.

Siendo Satanás espíritu, la única "cadena" que le puede atar es la Palabra de Dios. Cristo "ató" a Satanás con un "escrito está" (Mateo 4:1-11). Cuando la Palabra de Dios tiene curso libre en el hombre, puede él protegerse de las maquinaciones del diablo. Cuando el hombre tiene el derecho de usar esa protección voluntariamente, se halla "atado" el diablo en la única manera que es consecuente con la naturaleza del hombre.

Estar atado el diablo no significa la destrucción de todo el mal. No está atado en todo sentido. El y sus ayudantes persiguen y engañan, pero la Palabra de Dios le ata para con los que siguen esa Palabra. El evangelio libra al hombre del dominio de Satanás. En ese sentido ata a Satanás.

Dado que Satanás es espíritu, y que por eso no le puede atar ninguna cadena literal, tenemos que buscar alguna cadena espiritual. En Hechos 20:22, dice Pablo, "ligado yo en espíritu voy a Jerusalén". (En el texto griego, "ligado" es la misma palabra que "atado" en Apocalipsis 20:2). El ser Pablo prisionero romano no restringía o limitaba a la palabra de Dios; seguía predicando. Ser atado, figuradamente hablando, quiere decir ser restringido, como no atado (suelto) quiere decir no restringido. ¡La Palabra de Dios restringe a Satanás! El evangelio del Nuevo Testamento es una gran cadena alrededor de Satanás que hace imposible que él engañe al que escudriña las Sagradas Escrituras. Satanás le quiere engañar, pero no puede; está atado. Véase Santiago 4:7.

No está atado en el sentido de no poder seguir siendo lo que es por naturaleza. Véanse 1 Pedro 5:8; 2 Corintios 2:11. Pero la obra de Cristo en el evangelio le "ha atado".

— por mil años — Este número simboliza un período largo, indefinido pero completo. En Éxodo 20:6, Versión Moderna, leemos, "y que uso de misericordia hasta con la **mil**ésima generación…". Pero Dios usa de misericordia literalmente con todos y cada uno de los que le aman y obedecen, y no solamente hasta cierta generación para después no usar más de misericordia. El número "mil" representa la infinidad. En Salmos 50:10, Versión Moderna, leemos, "porque mía es toda fiera del bosque, y los ganados que pacen sobre mil colinas". Y los ganados que pacen sobre otras colinas aparte de esas mil, ¿no son de Dios?

Hemos visto a través de este libro el uso simbólico de números (3, 7, 10, 12, 144,000). Este también es simbólico; todo el pasaje es simbólico. De hecho, ¡esa es la naturaleza de todo el libro! (véase 1:1, comentario).

Dejo los comentarios sobre el significado simbólico del número mil para el versículo siguiente.

20:3 — y lo arrojó al abismo, y lo encerró, y puso su sello sobre él, para que no engañase más a las naciones, hasta que fuesen cumplidos mil años; y después de esto debe ser desatado por un poco de tiempo —

— **y lo arrojó … años** — Sobre el abismo, considérese Lucas 8:31. Ya no puede el diablo andar "libremente" en su control sobre las naciones y en su aparente victoria sobre los santos. Ha sido arrojado a su propia habitación, y el abismo ha sido "sellado" (símbolo de asegurar). Aquí está restringido hasta que sean cumplidos los mil años simbólicos.

El diablo no estaba restringido durante los 3 años y medio (o 42 meses, o 1260 días, o el "poco tiempo" de 12:12), o sea durante el período de la persecución romana. Véanse 11:2 y 13:5, comentario. Por esto concluyo que el período simbólico de mil años comienza con la derrota de Satanás en la caída de la Roma pagana (en el tiempo de Constantino, 325 d. de J.C.), y terminará poco antes de la segunda venida de Cristo en el fin del mundo.

Algunos aplican el período simbólico a toda la dispensación cristiana, desde el día de Pentecostés, año 33, hasta el fin del mundo, exceptuando un poco de tiempo.

— **y después … tiempo** — Este "poco de tiempo" sigue a los "mil" años, pero el "poco tiempo" de 12:12 precede a ellos. No se refieren al mismo período simbólico. Hemos notado lo que significa el simbolismo de ser atado Satanás; ser desatado simboliza lo contrario: la influencia restringente del evangelio no estará evidente, y esto será poco antes de la segunda venida de Cristo. Véase el versículo 7, comentario."

* * *

750. LA VARA DE MOISÉS, ÉXODO 4:17

"¿La vara que utilizó Aarón en Éxodo 7:10 era de él, o era la vara de Moisés también llamada vara de Dios (Éxodo 4:17,20)?

- - -

1. Sí, la vara de Moisés (que llevaba en su mano como pastor) se llama también la vara de Dios porque Dios le dio el poder de hacer milagros (capítulo 4).

2. Más tarde (capítulo 7) Moisés pasó la vara a Aarón y él hizo milagros con ella. Es evidente que se trata de una sola vara, comparando en el capítulo 7 los versículos 15 y 17 con los 19 y 20. En 17:5 se dice que Moisés con su vara golpeó el río, pero lo hizo por medio de Aarón (7:17,19), su agente (4:10-17). En 17:9 otra vez se llama la vara de Dios porque él dio poder a ella para hacer milagros.

* * *

751. ¿EN LOS EE.UU. HAY IGLESIAS DE CRISTO ANTI-COPITAS?

Aquí en _____ hay una secta, si es que son sectarios; estos son los anticopitas. ¿Son nuestros hermanos? Ellos dicen que de Estados Unidos vinieron unos hermanos y los bautizaron. Yo no había escuchado de una secta así. ¿Usted nos puede ayudar en esto?

- - -

Sí, hay algunas iglesias de Cristo en los EE.UU. en que al servir el fruto de la vid en la cena del Señor no se emplean copitas individuales, sino un solo contenedor. Son hermanos errados en el asunto, pues confunden la copa (el fruto de la vid que está en el contenedor o vaso) con el contenedor mismo. Hemos de tomar la copa, pero no el contenedor. La copa se bebe (1 Cor. 11:26); se reparte o divide (Luc. 22:17). Claro es que el contenedor mismo no se bebe, ni se reparte. La palabra "copa" se usa en estos pasajes, empleándose metonimia, que es poner una cosa por otra por estar las dos estrechamente unidas. No es pecado que se sirva el fruto de la vid en un solo contenedor, o en varios. El pecado consiste en torcer las Escrituras y dividir la iglesia sobre ideas chuecas; esto es lo que hacen estos hermanos. No son una secta, propiamente hablando, pero si han causado mucho daño en la hermandad.

* * *

752. TOMAR LA CENA EN UNA IGLESIA LIBERAL

Hay hermanos que por vacaciones o por situaciones de estadía mas largas van a un estado donde no hay una iglesia fiel, y deciden ir a alguna iglesia "liberal" que si hay en este lugar, para tomar la cena con ellos, ¿esta bien ante Dios hacer esto?

- - -

1. Aquí entra la cuestión de comunión. No hemos de comulgar a los hermanos institucionales, o liberales. Asistir a sus asambleas y participar en el culto que ellos rinden es hacerse partícipe en lo suyo. Si se permite tomar la Cena del Señor con ellos, se permite participar en los demás actos de culto con ellos. Si todo este se puede, entonces hay comunión con ellos.

2. Antes de planificar vacaciones debemos tomar en cuenta la posibilidad de reunirnos con iglesias fieles, y si esto no es posible en ciertos dados lugares, entonces hacer planes diferentes. Las "vacaciones" no superan a nuestros deberes de reunirnos con los santos el día del Señor.

Si no es posible evitar una estadía en domingo lejos de una iglesia fiel, debemos pasar un buen tiempo en adoración al Señor. El participar de la cena del Señor es un acto colectivo en asamblea; no es acto a solas.

En ese dado caso, si hay una iglesia liberal de cerca, no sería malo visitarla para buscar una oportunidad de hablar con nuestros hermanos y exhortarles a dejar el liberalismo (pero no para comulgarles en su culto).

* * *

753. LA DECISIÓN DE DEJAR PREDICAR

El predicador de donde me congrego está diciendo que la decisión de dejar predicar a algún otro hermano fiel depende de él y no de la junta de varones, argumenta que esto es porque Pablo le dice a Timoteo en 2 Timoteo 2:2 que "lo que has oído de mi ante muchos testigos, esto encarga a hombres files que sean idóneos para enseñar también a otros", y también argumenta que el no ve un ejemplo de junta de varones en la Biblia.

- - -

1. Aquí tenemos un caso de un Diótrefes (3 Juan 9) en la iglesia local. Con razón se opone a la junta de varones porque ve en ella una oposición al control absoluto que él quiere ejercer sobre la iglesia. No quiere competencia.

2. Existe en muchos predicadores la idea de control del evangelista ("control evangelístico"). Se cree que por recibir salario para predicar tiempo completo por eso tiene control de la iglesia local. El viene siendo un dictador en lugar de un servidor; quiere enseñorearse en lugar de colaborar. Véase 2 Cor. 1:24. ¿Quién autorizó a él a hacer decisiones para toda la iglesia?

3. Este predicador local dice que "no ve un ejemplo de junta de varones en la Biblia." ¿Ve él un ejemplo en la Biblia de "control del evangelista," excepto en caso de ejemplo negativo (3 Juan 9)?

4. Las cosas en la iglesia local han de ser llevadas decentemente y con orden (1 Cor. 14:40), y los hombres son los indicados para hacerlo (ver. 34). De esto se infiere que en la ausencia de ancianos los varones llevan la delantera de la iglesia local. Esto es lo que llamamos comúnmente la junta de varones. El evangelista, o predicador, que es miembro en una iglesia local es solamente un miembro entre otros, ni más ni menos.

5. 2 Tim. 2:2 no toca la cuestión a la mano, ni de lejos. El predicador no ha hallado pasaje que respalde su contención. Ignora por completo el contexto del pasaje aludido. Pablo está mandando a Timoteo a ocuparse en el trabajo de preparar obreros por el Señor por medio de enseñarles lo que él mismo había aprendido de Pablo. Pablo no encargó a Timoteo a enseñorearse de la iglesia local; le encargó un trabajo: el de enseñar a otros.

En este pasaje Pablo se refiere a la sucesión de *enseñanza*, y no de *magisterio* o de *administración*! Los sectarios aplican mal este pasaje para justificar sus sistemas de clérigos ("reverendos") y de administradores de jerarquía. Muchas veces pasa que hermanos, convertidos del sectarismo, traen consigo esa idea sectaria de control de "clérigos."

6. Otro texto que emplean los hermanos que abogan por el control del predicador de tiempo completo (el evangelista en la iglesia local) es Tito 1:5. Véase INTERROGANTE # 475. Tito era evangelista, no administrador.

7. Sobre el evangelista, véanse INTERROGANTES 489, 570, y 594.

8. Aquí cabe tratar una práctica prevaleciente en muchas congregaciones. Me refiero a la práctica de que el predicador (evangelista) asalariado (de tiempo completo, que vive del evangelio—1 Cor. 9:14) alterne o se turne con otros hermanos en la congregación en la predicación a la iglesia local en la asamblea del domingo. ¿De dónde viene esta idea? Un predicador de tiempo completo, que recibe salario para predicar, debe estar predicando, y no sentándose en la audiencia para oír a otro predicar. Si hay otros hermanos en la congregación aptos para enseñar, entonces que el evangelista vaya a otra parte a predicar, pero qué esté predicando, no sentándose a escuchar a otros. Por ser evangelista de tiempo completo se implica que tiene pleno conocimiento del evangelio y experiencia en la palabra, y por eso debe estar ejerciendo su talento y experiencia en la iglesia local, o irse a otra parte. No se le paga para que señale a otro a predicar mientras él se sienta a escuchar.

Desde luego puede enseñar a otros a predicar, dándoles clases para esto y ocasiones especiales para que ellos ganen experiencia en hablar públicamente. Pero el domingo, que se congrega toda la congregación, con visitantes en el auditorio, es tiempo de que él predique para que los oyentes reciban la necesaria enseñanza y exhortación. Por eso recibe salario, para que predique. ¿O es para que nada más señale a otros a predicar y él nada más manda y escucha? ¡Si otros van a predicar, que éste dé su salario a ellos!

* * *

754. ¿PREDICAR EL HERMANO VISITANTE?

"¿Se le obliga a la iglesia local siempre permitir predicar a cualquier hermano visitante por ser hermano y visitante?"

\- \- \-

1. La respuesta es sencillamente que no. En muchas partes he visto que existe la costumbre de siempre invitar al hermano visitante, mayormente si es predicador de tiempo completo. Esta costumbre existe en base a las demandas de la cultura, no de las Escrituras. Tan fuerte es esta idea que si en un dado caso no se le invita a predicar, se toma ofensa. Claro es que la iglesia local queda libre para invitar a predicar al que escoja para ello, pero estamos hablando de la *obligación* de la iglesia de siempre invitar a predicar a todo hermano de visita, que convenga a la iglesia local o no.

2. Muchas veces la iglesia local tiene cierto programa de predicación para cierto domingo, o está tratando cierto problema local, y no conviene que el proceso se rompa, solamente para dar a un visitante la oportunidad de predicar aquel domingo. Lo que importa es la obra y el bien de la iglesia local, y no el satisfacer el deseo de un visitante, o el cumplir con las demandas de la cultura.

3. Hay cultura que demanda que se le haga caso especial al visitante, ofreciéndole el púlpito. Pero la cultura no es la autoridad en la iglesia local, sino la palabra de Dios. (Hay hermanos que hacen más caso de la cultura que del bien de la iglesia del Señor).

Una vez sucedió donde yo predicaba que llegó cierto hermano visitante de lejos, y no le invitamos a predicar en esa ocasión. ¿Por qué no? Porque yo había preparado un sermón aplicable a las necesidades del momento de la iglesia. Además, el visitante no vino preparado para predicarnos ni pidió permiso para hacerlo. Sencillamente no nos convino invitarle para esa vez. (Si le hubiéramos invitado, habría aceptado porque la cultura dice que si no aceptamos la invitación, se entenderá que no somos capaces, y el orgullo no nos permite admitir eso. Por eso la persona siempre se pone a hablar, pero no dice nada. Nada más habla por hablar). Y ¿qué pasó? Un hermano en la congregación se excitó mucho, y comenzó a criticarnos por no haber invitado al hermano visitante a predicar. Por su contención él dio a saber que más le importa la cultura que el bien espiritual de la iglesia. Que la iglesia local se prive de una buena predicación preparada no le importaba; le importaba solamente el no "ofender" al visitante.

Hermanos, superemos a la cultura. ¡Jehová es nuestro Dios, no ella!

* * *

755. GÉNESIS 1:14

"Génesis 1:14 La Biblia nos dice que Dios hizo dos lumbreras la mayor y la menor, una para señorear en el día y otra en la noche. ¿Por qué dice dos grandes lumbreras? ¿Por qué no dice el sol y la luna? ¿Quién las nombró sol y luna?"

\- \- \-

1. Génesis 1:14-16 nos relata lo que Dios hizo, y para qué, y no lo que nombró.

2. La primera vez que aparece la palabra "sol" en la Biblia es en Gén. 15:12. "Sol" es la traducción de la palabra hebrea que aparece en dicho texto.

3. Sal. 136:7-9 habla del propósito de estas grandes lumbreras que Dios hizo.

* * *

756. ¿POR QUÉ "HIJO DE DIOS?"

"¿Por qué a Jesús le es declarado y dicho en la Escritura Hijo de Dios?"

\- \- \-

1. En pocas palabras la frase, "Hijo de Dios," con referencia a Jesucristo, le identifica con Dios en naturaleza. El posee los mismos atributos (Jn. 5:21); hace las mismas obras (Mat. 9:2; Jn. 5:24-29); merece el mismo honor que merece el Padre (Jn. 5:23); es igual que Dios (Filip. 2:6).

2. La frase, "hijo de….," es un hebraísmo para indicar identidad. Nótese su uso en varios pasajes bíblicos como Luc. 10:6; Hech. 4:36; 2 Tes. 2:3; Mar. 3:17; etc.

* * *

757. ¿ES PECADO TODO DIVORCIO?

"Mi consulta es, porque nuestro pastor nos dijo que si se rompe el pacto de matrimonio con el divorcio, es un pecado que no tiene perdón de Dios, que es el único pecado que Dios no perdona nunca. Quisiera saber si es así y en que parte de la Biblia está ese versículo. No es mi caso en especial sino el de uno de mis hijos que se acaba de separar de su esposa, y está muy asustado porque el pastor le dijo que a partir de ese momento lo dejaba en manos de Satanás, que le quitaba toda protección, y que le podía suceder a partir de ese momento cualquier desgracia. Incluso le dijo que lo ataba al pecado. "

- - -

1. Estimada amiga: Gracias por escribirme. Sobre el caso que usted menciona, no puedo comentar definitivamente porque no sé la razón por qué su hijo se separó de su esposa.

2. Dios da una sola razón como base para repudiar al cónyuge y volver a casarse, que es la fornicación (Mat. 19:9a). Si la persona se divorcia de su compañero por cualquier otra razón peca (1 Cor. 7:10,11) y si vuelve a casarse, comete adulterio (Mat. 19:9a). Si el repudiado, no por causa de fornicación, vuelve a casarse, también comete adulterio (19:9b). (Al repudiado por fornicación no se le permiten las segundas nupcias).

3. Ahora, su hijo sabe POR QUÉ se separó (o se divorció legalmente), y sabe si lo hizo por causa de fornicación. Si lo hizo por eso, y si era marido fiel a sus compromisos y pacto de matrimonio (Prov. 2:17; Mal. 2:14), Dios le suelta del yugo de matrimonio, y su hijo queda libre para segundas nupcias. Si no lo hizo así, debe ser reconciliado con su esposa o vivir célibe. Véase también Rom. 7:2,3.

* * *

758. EDIFICIOS PARA REUNIÓN

(Se me envió el artículo siguiente)

1. El Nuevo Testamento dice que los primeros cristianos se reunían en casas (Romanos 16:5; 1 Corintios 16:19; Colosenses 4:15; Filemón 2).

2. El uso de edificios, como lugar de reunión de la Iglesia, se usaron recientemente: "..Constantino mandó construir en Roma tres enormes basílicas cristianas: San Pedro, San Pablo Extramuros y San Juan de Letrán… Inició la edificación de basílicas de planta cruciforme, estructura que adoptaron generalmente las iglesias de Europa occidental durante la Edad Media." (Enciclopedia Británica).

3. El dinero de la ofrenda no se usó para construir "templos". El uso de las ofrendas, según el Nuevo Testamento, consistía en suplir las necesidades que la obra de la Iglesia tenía. El Nuevo Testamento muestra que a través de la ofrenda se lleva a cabo la obra de la Iglesia: Evangelismo (Filipenses 4:15-18), Edificación, (1 Corintios 9:11; 1 Timoteo 5:17, 18), Benevolencia (1 Corintios 16:1-4; Romanos 15:25-27).

4. Si se desea tener un edificio para uso exclusivo de la Iglesia, esto debe hacerse con la cooperación de los individuos, pero no de la ofrenda. La comodidad de cada edificio es un costo que cada individuo debe pagar, pero esta no debe ser pagada con la ofrenda, la cual es para uso de la obra de la Iglesia y no para esta clase de gastos.

5. ¿Implica Hebreos 10:25 la construcción de "templos" o "lugares" de reunión? No, el texto sencillamente manda que "no dejemos de congregarnos", sin especificar dónde; sin embargo, el hecho de que no se especifique el "lugar" donde la Iglesia se puede reunir, esto no cambia la verdad de que la ofrenda no se usaba para construir o alquilar lugares de reunión. El punto no es dónde nos podemos reunir, sino el uso de la ofrenda, la cual, y según lo muestra el Nuevo Testamento, es para la obra de la Iglesia, y la obra de la Iglesia no es construir lugares de reunión para ella.

6. Aun hermanos conservadores, que están en contra del uso de ofrendas para instituciones, lugares de recreo, escuelas, etc., están a favor de que la ofrenda se use para construir o alquilar un local para la reunión de la Iglesia, pero si la ofrenda nunca se usó para el sostenimiento de instituciones, escuelas o lugares de recreación, tampoco se usó para construir o alquilar lugares de reunión para la Iglesia.

7. ¿Se puede clasificar como una "necesidad" el construir o alquilar un lugar de reunión con la ofrenda? Bueno, ¿no le parece extraño que la Iglesia primitiva no clasificó tal cosa como una "necesidad"? ¿Por qué? Cristo enseñó: ".. Nuestros padres adoraron en este monte, y vosotros decís que en Jerusalén es el lugar donde se debe adorar. Jesús le dijo: Mujer, créeme, que la hora viene cuando ni en este monte ni en Jerusalén adoraréis al Padre. Vosotros adoráis lo que no sabéis; nosotros adoramos lo que sabemos; porque la salvación viene de los judíos. Mas la hora viene, y ahora es, cuando los verdaderos adoradores adorarán al Padre en espíritu y en verdad; porque también el Padre tales adoradores busca que le adoren. Dios es Espíritu; y los que le adoran, en espíritu y en verdad es necesario que adoren .." (Jn. 4:20:21-24). Y también Pablo dijo: ".. El Dios que hizo el mundo y todas las cosas que en él hay, siendo Señor del cielo y de la tierra, no habita en templos hechos por manos humanas, ni es honrado por manos de hombres, como si necesitase de algo; pues él es quien da a todos vida y aliento y todas las cosas.." (Hechos 17:24, 25). Por tanto, y como muestra el Nuevo Testamento, las necesidades así clasificadas son, el evangelismo, la edificación y la benevolencia, pero no construir o alquilar lugares de reunión con las ofrendas.

8. Repetimos, no se está en contra de construir o alquilar lugares de reunión de la Iglesia, sino el usar el dinero de la ofrenda para ese fin.

- - -

Hermano, con gusto tomo tiempo para comentar brevemente sobre el artículo arriba. Gracias por darme la oportunidad.

1. Sabemos que en algunos casos iglesias primitivas se congregaban en casas privadas; es

cierto. Que se reunieran solamente en casas privadas no es cosa cierta. La iglesia de Jerusalén desde el primer día contaba con muchos miembros (miles). Usaban en parte el templo mismo en Jerusalén en que congregarse (Hech. 2:46). No sabemos dónde se reunieron los domingos para culto, si en alguna otra parte.

Hech. 19:8,9 narra el caso del uso de una sinagoga para reunirse, y luego Pablo separó a los discípulos de allí para usar una escuela para reuniones. Es una equivocación o error suponer que las iglesias primitivas usaban exclusivamente casas privadas en que reunirse.

2. Sí, el dinero de la iglesia debe usarse para las tres obras de ella, que son la edificación, el evangelismo, y la benevolencia limitada. La obra de edificación requiere un lugar en dónde hacerla. El congregarse para culto (1 Cor. 11:17) y para edificación implica un lugar y lo que haga la iglesia local para proporcionarse un lugar es cosa del juicio de ella. Decir que el dinero de la iglesia no es para construir templos es igual a decir que no es para hacer compras (de jugo de uva, de himnarios, Biblias, de servicios de agua, luz, calefacción, de contratos con estaciones de radio, etc.). Hay que entender que hay autoridad genérica para tales cosas.

3. Afirmar que la adquisición de un edificio en que reunirse la iglesia es responsabilidad del individuo es afirmar sin prueba; es una aseveración, nada más. ¿Al individuo le toca también proporcionar jugo de uva y pan sin levadura para que la iglesia pueda celebrar la Cena del Señor? ¿Qué de himnarios? ¿de luz y agua? ¿de Biblias?

4. "¿Implica Hebreos 10:25 la construcción de 'templos' o 'lugares' de reunión?" No, pero ese pasaje sí da autoridad genérica para conseguirse un lugar apropiado para sus reuniones, sea por medio de rentar, comprar o construir, porque la iglesia no puede obedecer este mandamiento sin lugar en qué reunirse. Tampoco implica el pasaje que el lugar tiene que ser una casa privada. Dios ha dejado la cuestión al juicio de la iglesia local, y el hombre no tiene autoridad de imponer restricciones o juicio humano.

5. La razón por qué "hermanos conservadores, que están en contra del uso de ofrendas para instituciones, lugares de recreo, escuelas, etc., están a favor de que la ofrenda se use para construir o alquilar un local para la reunión de la Iglesia," es que la obra de la iglesia local no incluye actividades de recreo, ni de educación secular, pero sí incluye la obra de culto y edificación, y esto requiere un lugar para ello. La Biblia no especifica dónde ni cómo adquirirse un sitio para ello.

6. El pasaje, Jn. 4:20:21-24, no toca la cuestión, pues él enseña que no hay cierto lugar geográfico e n d ó n d e e l c u l t o a D i o s t i e n e que ofrecerse. Cuando primero la iglesia fue establecida, por un tiempo usaba el templo en Jerusalén para reuniones.

7. Tampoco entra en el caso el pasaje, Hechos 17:24, 25, porque nadie afirma que Dios habita en algún edificio ("templo") de alguna iglesia local. El caso tiene que ver con dónde reunirse la iglesia local para adorar al Dios que no habita en templos hechos de manos humanas. (¿Cree el autor del artículo que Dios habitaría en el edificio de la iglesia local que los individuos hubieran pagado y construido?)

* * *

759. LA INCINERACIÓN

"¿Qué opina usted sobre la incineración de una persona cuando muere?"

\- \- \-

1. La incineración del cuerpo muerto produce ceniza inmediatamente. La sepultura en tierra del cuerpo muerto también con el tiempo produce ceniza. La diferencia es cuestión de tiempo, nada más.

2. No haya nada en el Nuevo Testamento que prohíba la incineración. Ella no produce problema para la resurrección final, pues en los dos casos Dios resucitará al cuerpo muerto de los elementos a los cuales habrá llegado en la muerte.

3. La sepultura del cuerpo en tierra es el proceso más frecuentemente mencionado en las Escrituras para la disposición del cuerpo muerto. Un caso excepcional se encuentra en 1 Sam. 31:12,13 en que los israelitas quemaron los cuerpos de Saúl y de sus hijos para que no cayeran en manos del filisteo, y sepultaron los huesos. Otro caso de quemar cuerpos se encuentra en Lev. 20:14; 21:9, y parece que tal disposición de cadáveres privaba a los muertos de sepultura considerada honrosa. Compárese Gén. 38:24.

4. Dios no especifica debido proceso para la disposición del cuerpo muerto. Dice que el cuerpo es tomado del polvo de la tierra, y que a él volverá (Gén. 3:19). La incineración produce el efecto con más prisa.

5. Lo que importa es que la sepultura del difunto sea con honor y respeto. Compárese Hech. 8:2.

* * *

760. LA DONACIÓN DE ÓRGANOS

"¿Qué opina usted sobre la donación de órganos?"

\- \- \-

1. La donación de órganos después de la muerte del donador es caso de hacer bien y de salvar vida (Marcos 3:4; Lucas 6:9). La pregunta de Jesús implica que sí es lícito hacer bien y de salvar vida, no solamente en día sábado, sino en cualquier tiempo.

2. Puede haber asuntos ilícitos en conexión con la práctica, pero si la persona quiere donar órganos después de su muerte, para hacer bien a otra persona que moriría sin el trasplante del órgano necesario para la vida, actúa motivado por amor y deseo de salvar la vida física de otro.

* * *

761. GÉNESIS 3:1-5, ¿LITERAL O SIMBÓLICO?

"Necesito una respuesta respecto al literalismo o simbolismo del diálogo entre la mujer y la serpiente de Génesis 3."

- - -

1. Los modernistas niegan la realidad del relato de Pablo en 2 Cor. 11:3, porque niegan toda forma de lo sobrenatural. Para ellos ese relato es mitología, representando la presencia del mal en el mundo ("simbolismo"). Pero el apóstol Pablo, inspirado por el Espíritu Santo, lo trata como verídico ("literalismo").

2. Apoc. 12: 9; 20:2 hace claro que Satanás es identificado como la serpiente antigua.

3. Jn. 8:44 identifica al diablo como mentiroso y padre de mentira. Su obra consiste en engañar.

4. Cuando Satanás quiso tentar a Eva, siendo espíritu (Efes. 2:2), entró en el animal del campo más astuto de aquél tiempo (Gén. 3:1), para poder aparecer a ella en forma visible y hablarle. Le engañó, porque ella creyó la mentira (2 Cor. 11:3; Jn. 8:44).

5. A consecuencia de ella, Dios maldijo a aquel animal y se convirtió en seguida en serpiente (Gén. 3:14,15).

6. El modernista niega lo sobrenatural, la plena inspiración verbal de las sagradas Escrituras, la profecía, el milagro, el nacimiento virginal de Jesús, la Deidad de Jesús, la resurrección corporal de él, el Juicio Final, y la existencia del cielo y del infierno en sentido literal. El deja a la Biblia como libro sencillamente de origen humano y lleno de mitos con aplicaciones solamente simbólicas. Es de los peores enemigos de la Biblia.

* * *

762. EL OBISPADO

"Tengo las siguientes interrogantes:

1-¿Es vital que todos los hijos, sean fieles cristianos?

2-¿Puede haber ancianos y no diáconos?

3-¿Que sucede si la congregación pide ancianos y las personas que cualifican se niegan?

4-¿Es faltar a la voluntad de Dios el que hayan hermanos calificados para el cargo y no quieran aceptarlo?

5-¿Que sucede si un hijo (del hermano calificado para el cargo) es bautizado (tiene 12 años) y el otro es muy niño (10 años) y todavía no es bautizado? ¿Los dos tienen que ser bautizados?"

- - -

Contesto o comento sobre sus preguntas:

1. Es preciso que todos los hijos del anciano se tengan en sujeción; en ese sentido, sí fieles. (1 Tim. 3:4).

2. Sí. (Hech. 14:23).

3. Todo depende del caso a la mano. El obispado tiene que ser deseado, anhelado. (1 Tim. 3:1).

4. Una de las cualidades para el obispado es que la persona anhele ser obispo. Si la persona no lo desea, no es calificada. Dios es el juez sobre el no haber deseo en la persona. La congregación no puede empujar u obligar a la persona a ser obispo.

5. No todos los hijos de la persona tienen que ser bautizados. Uno de ellos puede ser infante o niño. Pero si sus hijos de edad para ser bautizados lo están, es evidente que la persona gobierna y educa bien su casa en ese particular.

Le recuerdo que sus preguntas son basadas en un caso local sobre lo cual no tengo yo personalmente información completa. Mis respuestas, pues, son generales.

* * *

763. HEBREOS 5:12

"Que temas podemos catalogar como alimento sólido y que temas son la leche según Hebreos 5:12?"

- - -

1. Pablo no hizo una lista de temas catalogados como de alimento sólido como tampoco una como de leche. Desde luego tampoco no lo hago yo.

2. El punto de Pablo es que los hermanos en general no estaban en la debida condición (versículos 11,12) para entender asuntos como el sacerdocio de Cristo según el orden de Melquisedec. Los hermanos no estaban de debida madurez; sus sentidos no estaban bien ejercitados. Con razón no entendían bien el asunto importante que Pablo les presentaba.

3. Pablo no puso "capítulo 6," sino siguió exhortando a los hermanos a dejar ciertas cosas (como las que alista o enumera, versículo 1,2) para ir adelante a la madurez o perfección.

4. Las cosas descritas como de leche son los principios del evangelio que necesita el inconverso para obedecer al evangelio y las cosas para su nueva vida en Cristo. Las cosas descritas como alimento sólido son las que emplea el hermano de experiencia que ahora puede ser buen maestro de "la palabra de justicia," pudiendo discernir del bien y del mal (5:13,14). 6:4,5 en parte describe a tales maestros (del siglo primero). El pasaje describe al maestro maduro de hoy en día, menos la posesión de dones milagrosos.

* * *

764. SALUDOS DE NO CRISTIANOS

"Cuando alguna persona que no es miembro del cuerpo de Cristo, nos dice ¡Qué Dios te bendiga!, es una costumbre muy común en las denominaciones de por aquí, ¿Qué debemos responder? Si puede comentarme al respecto le agradecería."

- - -

1. No hay que responder nada, o puede uno responder, diciendo "gracias."

2. Es bueno que cualquier persona sinceramente desee que Dios bendiga a otro. No hace ningún mal al expresarse así.

3. Ahora, si uno quiere aprovecharse de la

oportunidad para enseñar a la persona algo del evangelio, mejor. Siendo miembro de alguna denominación humana, la persona naturalmente cree que está bien con Dios. Se le debe enseñar que su confianza de ella está mal basada, pues el denominacionalismo no sirve a Dios, sino solamente al deseo del hombre de andar libre en sus propias preferencias.

4. La ocasión puede servir de oportunidad para enseñar a la persona, pero no hay obligación de responder en el momento de oír una expresión de buen deseo.

* * *

765. PELO CORTO EN LA MUJER

"si la mujer se corta el pelo bien corto, peca?"

\- - -

1. Para atender a su pregunta, le cito de mi comentario NOTAS SOBRE 1 CORINTIOS, 11:14,15.

11:14 — La naturaleza misma ¿no os enseña que al varón le es deshonroso dejarse crecer el cabello? — Ahora Pablo da la segunda razón por qué la profetisa debe cubrirse con el velo al ejercer su don en público: lo que la naturaleza enseña.

Aquí se personifica la naturaleza; ella enseña algo. Lo que enseña es lo que dice la frase que sigue, y la primera frase del versículo siguiente.

El vocablo griego para decir "naturaleza" es PHUSIS. Se emplea en el sentido objetivo, indicando así las leyes que gobiernan el universo por ej., en Rom. 1:26; 11:24), y también en el sentido subjetivo, indicando sentido nativo de lo que es bueno y apropiado, influenciado esto por el hábito y la costumbre (por ej., en Rom. 2:5. En Efes. 2:3, costumbre confirmada por la práctica de largo tiempo). Yo entiendo que la palabra se emplea en el segundo sentido; es decir, en sentido subjetivo, pues según las leyes de la naturaleza el hombre puede dejar crecer el cabello de igual manera que la mujer (Núm. 6:5; 2 Sam. 14:25,26). Las leyes del universo no dan pelo corto al hombre y pelo largo a la mujer. Pero la naturaleza, en el sentido de la práctica de largos siglos, enseña que es deshonroso que el hombre deje crecer el cabello; es decir, tener pelo largo, borrando así la distinción natural entre el hombre y la mujer. En este pasaje, pues, la palabra "naturaleza" no significa las leyes físicas ni las ideas con que el hombre nazca.

El texto no dice que "Dios enseña que al varón le es deshonroso dejarse crecer el cabello". No dice que "la Biblia enseña ....". (A la madre de Sansón se le mandó que no cortara su cabello, Jueces 13:5. Véanse 1 Sam. 1:11; Núm. 6:1-20). Lo que el texto dice es que "la naturaleza misma enseña … ". La costumbre de larga práctica, o bien el sentido nativo de lo que es apropiado, (la "naturaleza") enseñaba a los corintios que al varón era deshonroso dejarse crecer el cabello, y que a la mujer dejarse crecer el cabello le es gloria (véase el versículo siguiente).

(Nótese: no había problema con el cabello no cortado en el hombre con el voto de nazareo, porque todo el mundo sabía que tenía dicho voto por un tiempo. Al llegar a su fin ese tiempo, siempre se cortó el pelo. Obviamente los hombres se cortaban el pelo, porque al hombre del voto de nazareo, para guardar bien ese voto, tenía que evitarlo. El representaba un caso excepcional).

11:15 — Por el contrario, a la mujer dejarse crecer el cabello le es honroso — Muchas versiones (P.B., B.A., H.A., B. J., NVI., N.M., L.A., etc.) hacen que la pregunta del ver. 14 termine al final de esta frase. Se lee así: "empero la mujer si lleva cabellera gloria para ella es?"— Lacueva. Así se lee el interlineal Marshall, en inglés. (Por otra parte, la versión en inglés que uso, la ASV., se lee como esta versión de Valera, 1960, terminando la pregunta al final del ver. 14. No hay gran diferencia entre las dos formas de traducción).

El texto griego no dice, "le es honroso", sino "para ella es gloria". Así se expresan, en palabras semejantes, las versiones ASV., N.M., NVI., Mod., H.A., L.A., B.A., H.A., B.J., etcétera.

La razón por qué la mujer debe llevar pelo largo es que la naturaleza (el sentido natural de decoro, la costumbre de largo tiempo) enseña que es cosa de gloria (lo opuesto de deshonroso, ver. 14) . Es gloria para ella que se deje crecer el cabello, distinguiendo así su sexo del sexo del varón. Esta distinción de los dos sexos Pablo la ha venido argumentando desde el ver. 3.

El texto griego, en este versículo, y en el anterior, emplea un verbo, KOMAO, que significa usar o llevar cabellera, dejarse crecer el cabello; es decir, tener pelo largo. En este versículo, el 15, se emplean tanto el verbo, KOMAO (usar pelo largo), como el sustantivo, KOME (el pelo largo, o cabellera), en la frase siguiente (el cabello). Algunas versiones, como la ASV., traduce el vocablo, "tener pelo largo".

(Alguno preguntará, "¿Qué tan largo es "largo", y qué tan corto es "corto"?, queriendo basarse en tecnicismos al ser contencioso. Basta contestar que el punto del pasaje es que el hombre no parezca mujer, ni la mujer, hombre; que no tenga él lo que tiene ella).

— porque en lugar de velo le es dado el cabello — La palabra "velo" en nuestra versión aquí no es de la misma palabra griega que se emplea en el ver. 5. Véanse los comentarios allí sobre KATAKALUPTO, cubrir con velo.

Aquí la palabra es PERIBOLAIOU, que significa literalmente una envoltura (de "alrededor" y "arrojar"). Se emplea en Heb. 1:12 (vestido), o manto. La cabellera (pelo largo) envuelve la cabeza; para esto le es dada a la mujer y por eso es para ella gloria.

La frase "en lugar de" traduce la palabra griega, ANTI, que tiene varios significados, entre ellos, "por", "para", y "en lugar de". La Ver. Mod. dice, "cabellera … le es dada para cubierta". La B.A. y la N.C. dicen, "el cabello le es dado por velo". La S.A. dice, "los cabellos le son dados a manera de velo para cubrirse". La ASV en inglés dice, "for a covering", que puede traducirse, "por cubierta", o, "para servir de cubierta" (Esta última frase es la definición y uso de la palabra según el Señor Thayer, con referencia a 1 Cor. 11:15, pág. 49, en inglés). Aquí entiendo que la palabra griega, "anti", se usa como en Juan 1:16, "gracia por ("anti") gracia"; es decir, "gracia sobre gracia".

La cabellera en la mujer es una envoltura gloriosa. Es una cubierta natural. Corresponde al velo artificial.

Si la cabellera, cosa que envuelve a la cabeza, es gloria para la mujer, y le es dada para ese fin, seguramente la mujer cristiana no echaría de sí el velo artificial en una situación en que debería estar señalando sujeción, y modestia, según el significado dado al velo por la costumbre, como no echaría de sí la cabellera, quedándose rapada y así en vergüenza (ver. 5,6), y sin gloria (ver. 15). Con razón la mujer (en este caso, la profetisa) tenía orgullo en su cabellera y por eso no debería sentir vergüenza en llevar el velo artificial (cuando era requerido, ver. 5), pues en Corinto, siglo primero, era la manera de costumbre para mostrar modestia, pudor y sujeción al hombre. La profetisa no violaría esa costumbre, al orar o profetizar, quitándose dicho velo.

Si vale la traducción "en lugar de velo", ha de entenderse que el "velo" en consideración es el velo artificial, o de tela. En este caso, como el velo cubre la cabeza y desciende para abajo, y se lleva para mostrar sujeción y modestia o pudor, así también la cabellera es una envoltura para la cabeza y es dada a la mujer para cubierta. La mujer tiene dos cubiertas; una natural (la cabellera), y otra artificial (el velo de tela). Pero la persona no ha de valerse de esta traducción ("en lugar de velo") para concluir que con tal que la mujer tenga pelo largo no tiene que hacer uso del velo artificial bajo ninguna circunstancia. Todo el punto de Pablo es que la mujer de este contexto (la profetisa) ¡no debe orar ni profetizar no cubierta con velo! (ver. 5) En los ver. 13,14 él da dos razones: lo inapropiado de ello, y la enseñanza de la naturaleza. ¿Cómo, pues, se puede concluir que la cabellera sustituye al velo artificial y que no hay que hacer caso alguno de él?

* * *

766. MATEO 27:46; Marcos 15:34

"¿Qué de la pregunta, '¿Por qué me has desamparado?'?" ¿Cree usted que Jesús fue abandonado de Dios? ¿Se hace referencia al Salmo 22? Si Jesús fue abandonado de Dios, ¿fue porque Jesús cargaba en la cruz el pecado del mundo. Esto ha sido enseñado aquí por unos hermanos en dos ocasiones, y no creo yo que esto sea el caso porque Jesús no fue culpable de los pecados del mundo. No es posible que la Deidad sea dividida."

\- - -

1. El Salmo 22 es mesiánico.
2. Jesús nunca tuvo pecado (1 Ped. 2:22), y por eso no pudo haber muerto a causa del pecado. La única manera en que él pudiera morir por los

pecados de otros es que Dios se pusiera a un lado y lo dejara pasar; es decir, "abandonarle." Mejor la palabra "abandonar" (como dicen varias versiones muy buenas) en lugar de "desamparar."

3. Cito de mi comentario, NOTAS SOBRE MARCOS, 15:34,

"En una fuerte voz de agonía Jesús expresa el peso del pecado que siente sobre sí mismo y el abandono del Padre para que él muera con esa carga puesta en él (Isa. 53:4-6,10,12; 1 Ped. 2:24; 2 Cor. 5:2; Gál. 3:13). La pregunta de Jesús no pide información, sino es un reconocimiento de que Dios, para ser justo, tiene que demandar la muerte por el pecado (Rom. 6:23), y siendo Dios justo, no deja que el inocente muera por pecados no cometidos. Para que muera el inocente por el pecado, Dios tiene que abandonar al tal, y así aceptar la muerte del inocente por la muerte del culpable. Jesús dio su vida en rescate por muchos (Mat. 20:28). Al "abandonar" a Jesús, Dios manifestó su amor hacia el mundo pecador (y al mismo tiempo su justicia, Rom. 3:26; 5:8-11; 8:32).

"Marcos primero da las palabras de Jesús en arameo, y luego las traduce en griego. Son el cumplimiento de la profecía de Sal. 22:1."

* * *

767. GÉNESIS 15:7-21, EL PACTO QUE HIZO DIOS CON ABRAM

1. "¿Qué significa que Abram haya puesto una mitad enfrente de la otra? ¿No daba igual cómo se colocaran?"

\- - -

1. Era costumbre del tiempo para hacer un pacto entre dos personas partir los animales y ponerlos en dos filas, y luego pasar las personas entre ellas. (Este acto no era sacrificio; nada se quemó).

2. "¿Por qué Abram tuvo temor de una grande oscuridad? ¿No era normal que oscureciera?"

\- - -

1. La oscuridad del versículo 12 y la del 17 no eran la misma oscuridad. El 12 no dice que sencillamente hubo oscuridad (ya puesto el sol), sino se habla del "TEMOR de una grande oscuridad" que cayó sobre Abraham, ya sobrecogido él de sueño. Dios produjo la visión que Abraham experimentó en esta ocasión, y el temor de una gran oscuridad cayó sobre Abraham, debido a la obra de Dios, no del sol. La palabra "oscuridad" describe el grado de temor que cayó sobre Abraham, ya que Dios le iba a hablar.

3. "¿Existe alguna específica relación el verso 13 con el anterior?"

\- - -

1. ¡Claro que sí! Los versículos 13 y 14 revelan el mensaje que Dios quiso dar a Abraham en la referida visión.

4. "¿Abram encendió el horno (humeante) o

fue Dios? ¿Qué significaba que la antorcha de fuego pasara entre los animales divididos?"

- - -

1. El versículo 17 describe lo que Abraham vio en la visión. La antorcha de fuego representó la presencia de Dios, y el pasar entre los animales divididos fue el acto que dio a entender que Dios hacía el pacto con Abraham.

5. "Versículo 18, ¿qué relación específica existe entre éste versículo y el anterior?"

- - -

1. Este versículo hace resumen del pacto que Dios hizo con Abraham por medio de la costumbre humana de aquel tiempo, en esas partes del mundo, para hacer pactos, inclusa la visión que Dios dio a Abraham, como relatado todo en los versículos anteriores desde el versículo 9.

* * *

768. PEDIR QUE OTROS OREN POR UNO CUYO PECADO NO ES PÚBLICO

"Entiendo que el pecado de Simón fue notorio (público) por los apóstoles, y en la medida de la amonestación de los apóstoles el pidió que orasen por el a Dios. Veo que el solicita que oren por el. Cosa que cualquiera de nosotros pudiésemos pedir a otros, que oren por uno que ha pecado sin expresar totalmente el pecado, la diferencia que veo es que el pecado de Simón fue conocido PERO si aquel que ha pecado y su pecado no es público, ¿deberá pedir a otros que oren por el? Es mi pregunta.

- - -

1. Considérese Sant. 5:16. Los verbos griegos, aquí traducidos "confesaos" y "orad," son del imperativo presente. Esto significa que son mandamientos que se deben cumplir habitualmente.

2. Si el pecado no es público, luego no se hace confesión pública, pero pedir a nuestros hermanos en Cristo que oren por nosotros es otra cosa. Considérense estos pasajes que hablan de hermanos que oraban por otros hermanos (Hech. 12:5; Fil. 1:3; Col. 1:3; 2 Tes. 3:1).

* * *

769. APOCALIPSIS 20:3, EL MILENIO, EL POCO TIEMPO

"Quiere que me aclare y ayude sobre Apocalipsis 20:3. La pregunta es: ¿Estamos en el período del milenio aún? O ¿estamos en el período de un poco tiempo?"

- - -

1. Para contestar las dos preguntas, cito de mi obra, Notas Sobre Apocalipsis, 20:3:

"20:3 — **y lo arrojó al abismo, y lo encerró, y puso su sello sobre él, para que no engañase más a las naciones, hasta que fuesen cumplidos mil años; y después de esto debe ser desatado por un poco de tiempo —**

— y lo arrojó … años — Sobre el abismo, considérese Lucas 8:31. Ya no puede el diablo

andar "libremente" en su control sobre las naciones y en su aparente victoria sobre los santos. Ha sido arrojado a su propia habitación, y el abismo ha sido "sellado" (símbolo de asegurar). Aquí está restringido hasta que sean cumplidos los mil años simbólicos.

El diablo no estaba restringido durante los 3 años y medio (o 42 meses, o 1260 días, o el "poco tiempo" de 12:12), o sea durante el período de la persecución romana. Véanse 11:2 y 13:5, comentario. Por esto concluyo que el período simbólico de mil años comienza con la derrota de Satanás en la caída de la Roma pagana (en el tiempo de Constantino, 325 d. de J.C.), y terminará poco antes de la segunda venida de Cristo en el fin del mundo.

Algunos aplican el período simbólico a toda la dispensación cristiana, desde el día de Pentecostés, año 33, hasta el fin del mundo, exceptuando un poco de tiempo.

— y después … tiempo — Este "poco de tiempo" sigue a los "mil" años, pero el "poco tiempo" de 12:12 precede a ellos. No se refieren al mismo período simbólico. Hemos notado lo que significa el simbolismo de ser atado Satanás; ser desatado simboliza lo contrario: la influencia restringente del evangelio no estará evidente, y esto será poco antes de la segunda venida de Cristo. Véase el versículo 7, comentario."

* * *

770. LA EDAD DE JACOB A CASARSE

"Un hermano me dice que Esaú se casó a los 40 años y que Jacob se casó a los 84 años … Pero lo que yo creo y veo en la Biblia que Jacob se casó a los 47 años cuando fue con su tío Labán y trabajo 7 años para casarse con Raquel pero Labán le dio a Lea … Pero el hermano dice que en Génesis 27:1 pasan 37 años y es cuando mandan a Jacob con Labán y que Jacob ya tenia 77 años y trabajo 7 años y se casó."

- - -

1. José tenía 30 años de edad cuando se presentó delante de Faraón (Gén. 41:46) y tenía pues 39 cuando Jacob llegó a Egipto con la edad de 130 años (Gén. 47:9). Cuando nació José su padre, Jacob, pues, tenía 91 años de edad. Jacob había vivido 20 años en Padam-aram (Gén. 31:38-41). 91 menos 20 son 71. Esta sería la edad de Jacob cuando huyó de la presencia de su hermano Esaú.

* * *

771. EL LUNES, EL PRIMER DÍA DE LA SEMANA

"Si por ejemplo el gobierno de _____, cambiara el día domingo para el lunes, dejando establecido entonces, que el primer día de la semana es el lunes, ¿debemos aquí en _____ seguir la iglesia reuniéndose los lunes los cuales pasaron a ser los primeros días de la semana en este país?

- - -

1. Si entiendo bien la pregunta, la cuestión es de llamar a lunes el primer día de la semana en lugar de llamar así al domingo.

2. En mi país (si no en otros) ya se llaman el sábado y el domingo "el fin de semana," y el lunes se considera "el principio de semana" (el primer día comercial de la semana). Pero el sábado es el fin de la semana, y el domingo el principio de una semana nueva. Es cierto que el lunes es el principio de una nueva semana de trabajo secular, pero no es el primero de la semana nueva, sino la segunda. Pero en realidad el calendario indica que el domingo es el primer día de la semana en cuanto a orden de días.

3. Los calendarios reconocen que el domingo es el primer día de la semana, colocando al domingo a la izquierda como el primer día para aparecer. (Ya están saliendo unos pocos calendarios con el lunes a la izquierda; son obras de incrédulos).

4. El sábado por milenios ha sido el séptimo día, y el fin de la semana. El día que sigue, llámese como se llame, es el primero de la semana nueva.

5. Por todo el mundo el domingo se reconoce como el primer día de la semana. El hecho de que un solo país en el mundo comience a llamar a al día lunes el primero de la semana no cambiaría en nada el asunto. El domingo sigue siendo el primero de la semana. En un dado caso los fieles se reunirían el día domingo, porque es el primero de la semana. Como antes lo era, siempre seguirá siéndolo por naturaleza. Llamar a la cerveza leche no cambia la cerveza en leche, ni puede el cristiano tomarla por llamarla leche. La cerveza es lo que es; también la leche. El día que llamamos "domingo" es el día que principia la semana; es por eso el primero de la semana.

6. Los diferentes nombres que el hombre da a los días de la semana (e.j., Sunday = día del sol; Domingo = del Señor) es una cosa; el orden de los días es otra. El orden no cambia por alguna legislación civil del hombre.

7. Si se estableciera que en el calendario correcto el día que hoy en día llamamos el miércoles fuera en realidad el primero de la semana, entonces todo el mundo pondría el domingo en el lugar que antes equivocadamente se considerara el miércoles. En ese caso los fieles se reunirían el día domingo a pocos días de haberse reunido en el domingo previo.

8. La Escrituras enseñan a reunirse el primer día de la semana, no el día que cierto grupo individual decidiera llamarlo el primero de la semana.

9. La pregunta se basa en una suposición no real. Ningún país va a hacer semejante cosa para hallarse en confusión con respecto al resto del mundo. Pero sí ya existe la práctica de referirse al lunes como "el primer día de la semana" **del trabajo secular**. Pero eso no equivale a considerar que el lunes sea el principio de una semana nueva, como tampoco que el domingo sea el séptimo día de la semana. En el secularismo en los E.E.U.U. el trabajo es de lunes a viernes, y el sábado se

considera el "fin de la semana." Si el sábado es el fin, el domingo tiene que ser el principio.

10. Se les puede llamar al sábado y domingo "el fin de la semana," pero dos días no pueden ser el último día de siete. Si uno (el sábado) es el fin de la semana, es el séptimo y último (porque la semana tiene siete días), y el otro (domingo) tiene que ser el principio de la semana nueva, o sea, el primer día de la semana, no importando el nombre que se le dé.

* * *

772. INACTIVO EL DIABLO

"¿Es verdad, según Apocalipsis 20:1ss, que el diablo está inactivo durante el milenio, es decir, la era cristiana? He leído en un libro, titulado: "Cartas y estudios I", en el capítulo sobre "Demonología", que parece que da a entender que, efectivamente, el diablo está inactivo, así como los demonios, los cuales, según la 2 Pedro 2:2, los demonios están encerrados ahí en el Seol, junto con Satanás, el cual está encadenado en el abismo (Cf. Judas 6)."

- - -

1. El diablo está bien activo en su obra de ser el padre de la mentira (Jn. 8:44). Es como león rugiente buscando a quien devorar (1 Ped. 5:8).

2. Pero el punto de énfasis en Apoc. 20:2,3 es que el evangelio ha triunfado sobre el error. El evangelio "ata" a Satanás porque los hombres pueden salir de las tinieblas del error y engaño y andar en la luz de la verdad. Siguiendo a Cristo, el hombre no puede ser tocado por el diablo (Sant. 4:7). No es así con el no cristiano. El ser "atado" Satanás no significa la destrucción de todo el mal.

Los demonios están confinados y Satanás limitado pero Efes. 6:12 nos relata la lucha con el mal que el hombre continúa teniendo.

3. Para una explicación más amplia, véase mi obra, NOTAS SOBRE APOCALIPSIS.

* * *

773. LA FIRMA DE PAPELES PARA REALIZAR EL MATRIMONIO

"¿Es verdad que si una pareja no firma los papeles de matrimonio, no están casados? Parece que tal punto es muy fuerte en ____. Me gustaría conocer si esto es correcto o no."

- - -

1. No, no es correcto.

2. El matrimonio es institución de Dios, no cosa determinada por las cortes de los hombres inconversos.

3. Las leyes de los hombres se varían en los distintos países, pero en general la ley civil sirve para registrar la verdad del casamiento de la pareja, y esto para razones de protecciones legales que se otorgan a la pareja y a los hijos que nazcan de ella.

Para *legalizar* el matrimonio, sí es necesario "firmar los papales" requeridos por la ley del país. Pero Dios es quien junta en el matrimonio (Mat. 19:6), y no el hombre pagano.

4. Muchos, habituados a las prácticas del

Catolicismo (con sus siete sacramentos, y entre ellos el matrimonio) y los requisitos de leyes civiles *para el registro de matrimonios,* creen que hay que haber matrimonio *por la iglesia y por lo civil.* De estas ideas equivocadas sale mucha confusión.

Lo que Dios ha dicho es que para el matrimonio haya "dejar y unirse" (Gén. 2:24), y pacto (votos) entre los dos (Mal. 2:14) y con Dios (Prov. 2:17). Dios junta a los tales (Mat. 19:4-6) con tal que tengan derecho al matrimonio.

5. No todas las sociedades han tenido leyes civiles respecto al matrimonio, pero donde existen ellas conviene que la pareja se aproveche de ellas para razones de protección legal en caso de haber necesidad de ella en el futuro. Pero tal paso no tiene que ver con la realidad de su matrimonio delante de Dios. Considérese el caso de Isaac y Rebeca, Gén. 24, versículo 67 en particular y como conclusión.

6. Que yo sepa, ninguna ley civil requiere que los esposos se casen civilmente. Ninguna pareja es encarcelada por haber vivido por un tiempo como esposos en sentido bíblico sin tener registro civil de su matrimonio. No hay violación de la ley que dos personas vivan como esposos sin registro civil de su matrimonio. Lo que la ley sí requiere es que, *para razones de protección civil,* tiene que haber un registro formal del matrimonio en la corte.

* * *

774. CONSUMANDO EL MATRIMONIO

"¿Es verdad que el matrimonio se "consuma" hasta el acto sexual de los casados, el cual, y haciendo un paralelismo con los pasos de la salvación, no puede efectuarse antes de la firma del documento legal para casarse, como tampoco se puede uno bautizar sin creer?"

\- \- \-

1. Hay confusión en el "paralelismo" de arriba.

2. Vuélvase a leer Mat. 19:5,6.

3. Como queda explicado en el Interrogante anterior (#773) "la firma del documento legal" no afecta el matrimonio; Dios es quien junta, quien efectúa, no el hombre. Lo que hace la referida firma es causar que se *registre legalmente* el matrimonio para la protección *civil* de la pareja casada y de los hijos que nazcan de ella.

4. Es cierto que no vale el bautismo sin la fe que debe precederlo, pero para que haya un paralelismo se tiene que decir que no vale el matrimonio sin la aprobación de Dios. La pareja tiene que tener derecho al matrimonio, y tiene que "dejar y unirse," haciendo los pactos señalados (Mal. 2:14; Prov. 2:17; Ezeq. 18:6). Luego Dios los une en matrimonio. Que el gobierno tenga registro civil del dicho matrimonio es otra cosa. Eso también se puede lograr si se desea, pero ya son unidos en matrimonio por Dios.

* * *

775. ¿PUEDE LA DIVORCIADA REPUDIAR?

"¿Puede una persona repudiar a su ex cónyuge después de un divorcio legal? Muy común se ha hecho hoy día el argumento de que una persona que fue divorciada por su cónyuge y si esta persona le imploraba que no lo hiciera, cuando el cónyuge que la divorció se vuelva a casar, que la divorciada ahora lo puede repudiar "mentalmente" (no lo puede hacer legalmente porque ya se hizo) y tener el derecho de volverse a casar lícitamente. Este argumento se basa en un juego de palabra entre el divorciar y repudiar. Argumentan que el divorciar y el repudiar son cosas distintas, y que el repudio es el válido para volverse a casar lícitamente, y que el repudio tiene que ser por adulterio, no importando si sucede después divorcio legal.

\- \- \-

1. Esta pregunta como expresada no merece una respuesta absoluta de sí o no, porque la respuesta depende de otros factores no mencionados.

2. El único cónyuge a quien se le da el permiso divino de repudiar a su esposo es el inocente y fiel que ahora tiene la causa de fornicación contra su esposo.

3. La acción de cortes civiles de hombres incrédulos o paganos no anulan o cancelan este derecho divino. Un permiso divino no está en las manos de una decisión humana. ¡Los hombres no controlan a Dios!

4. Repudiar es rechazar o renunciar. Como cada uno de los dos esposos hizo sus votos o promesas al iniciar su matrimonio, los dos pueden negar sus votos, o rechazarlos. Esto es repudio. Como uno no puede hacer votos por los dos, tampoco puede uno controlar el repudio del otro. Cada uno de los dos hace sus votos y puede de igual manera rechazar o negarlos. Que lo haga con aprobación divina depende del caso.

5. El texto griego emplea la palabra griega, APOLUO, y la traducción común en español es "repudiar." No hay nada, pero nada, de corte civil, abogados y jueces en la palabra APOLUO. Literalmente significa dejar suelto de, desligar; de esto, rechazar o negar.

6. La palabra "divorciar" en sí significa "separar." Por ejemplo, se puede decir que fulano se divorció de sus malos hábitos. Se apartó o se separó de ellos. Claro es que la palabra "divorciar" en su sentido radical, o básico, no implica nada de acción legal en las cortes de los hombres. Ahora *en sentido legal* sí significa un proceso legal en que se hace registro de la separación de dos esposos. En este sentido la palabra "divorciar" no traduce el término griego, APOLUO. El interrogador en sus comentarios emplea la palabra "divorcio, divorciar" solamente en el sentido legal.

7. Lo que pasa es que las versiones (y las personas) que emplean la palabra "divorciar" en lugar de "repudiar" tienden a dar a entender que se trata de acción *legal*, y esto no es cierto. Esto crea confusión. Repito: No hay nada de cortes, abogados y jueces en la palabra "repudiar," y repudiar es la traducción correcta del vocablo griego, APOLUO. Cristo, al usar la palabra APOLUO

en conexión con el matrimonio, daba a entender la idea de rechazar, y no la de ir a la corte humana para pedir separación *legal* de un esposo.

8. Si la persona considera todos los textos en que aparece la palabra griega, APOLUO, verá que según el contexto se traduce dejar, despedir, enviar, libertad, libre, perdonar, poner, retirar, y soltar. Pero no se traduce en ninguna parte divorciar o divorcio *en sentido legal.* Algunos predicadores y otros llegan a conclusiones falsas debido a su insistencia en usar la palabra "divorciar, divorcio," en lugar de repudiar, para dar a entender acción en las cortes de los hombres paganos. ¡Éste es un gran equívoco! A menos que puedan probar que la palabra que usó Cristo, APOLUO, signifique acción civil en las cortes de los hombres de cualquier país y cultura, no se justifican en usar por traducción una palabra que en sí signifique tal acción. Es por esto que muchos de ellos evitan usar la palabra "repudiar," e insisten en usar la palabra "divorciar," sabiendo que esta última lleva el pensar a cortes, abogados y jueces civiles.

9. El caso de haber sido divorciada legalmente la persona no tiene que ver con el permiso, o falta de él, de repudiar. El permiso divino para repudiar se concede solamente al cónyuge inocente que ahora tiene la causa de fornicación contra su esposo. Cristo en Mat. 19:9 empleó solamente tres palabras en el texto griego: *no por fornicación.* La versión común en español dice: "salvo por causa de fornicación." El hombre no tiene derecho de añadir a esas palabras otras suyas, diciendo que salvo que no sea persona divorciada en las cortes de los hombres. Se espera que los sectarios añadan a la Palabra de Dios, pero no hermanos en la fe.

10. Los hermanos conservadores que acusan a otros conservadores de creer que "puede repudiar 'mentalmente'" acusan *falsamente* (a menos que tengan en mente hermanos que toman la posición de que después del divorcio legal los dos cónyuges quedan libres para segundas nupcias, tanto el fornicario como el inocente, posición obviamente falsa).

Estos hermanos que nos acusan falsamente han tenido amplia evidencia de que tal acusación se niega terminantemente. Apoluo es un verbo de *acción.* En cualquier caso el repudiar <u>precede</u> al divorcio legal; la persona <u>rechaza</u> al cónyuge y luego pasa a iniciar acción legal contra él. Repudiar y divorciar *en sentido legal* no son la misma acción. Son dos acciones distintas pero son acciones y ninguna de las dos es cosa puramente mental. Los hermanos que así representan falsamente a sus propios hermanos en la fe lo hacen para predisponer las mentes de otros. Pagarán por su pecado, al causar injustamente prejuicio en los hermanos en contra de otros hermanos. No obstante muchos continúan acusando a sus hermanos fieles de "divorcio mental." ¡Qué vergüenza!

La táctica de estos hermanos errados consiste en usar la palabra "divorciar" (solamente *en sentido legal)*, en lugar de "repudiar," y luego concluir que una vez que la acción *legal* ha sido consumada, no se puede más "divorciar" (legalmente). Claro es que no se puede tomar la misma acción civil dos veces, pero es error que por eso quede solamente la posibilidad de acción *mental.* Como ya explicado, el vocablo griego, APOLUO, es verbo de acción. Cristo enseña que el cónyuge inocente, teniendo la causa de fornicación contra su esposo, puede tomar acción (repudiar) respecto a él, pero Cristo no especifica cierto proceso que tomar para repudiarle. El hermano errado sí especifica el proceso, afirmando equivocadamente que el proceso tiene que ser *legal.* Luego pasa a concluir que cualquier otra cosa tiene que ser mental.

Es común oír esta pregunta: "Después de haber proceso civil, ¿qué más puede la divorciada hacer ya que el matrimonio ha sido disuelto?" Respuesta: La repudiada injustamente puede hacer lo que el marido injusto hizo; a saber, repudiar. El repudió (rechazó, negando sus votos), a ella, y ella, si él es culpable de fornicación, puede hacer la misma cosa: puede repudiarle a él por su fornicación y por eso negar sus votos hechos a él. Repudiar no es ir a la corte de los hombres para lograr resultados.

11. Cristo no puso límite de tiempo en cuanto a cuándo se cometa la fornicación. Dio la *causa*, la fornicación. Algunos hermanos quieren categorizar a la fornicación, llamando a ciertos casos de fornicación como fornicación "fuera del caso," "no relevante," o "insignificante." "No cuenta," dicen. Cristo no hizo tal cosa, y ellos lo saben. Ellos admiten el caso de fornicación, pero solamente en cierto caso. Admiten la causa bíblica pero solamente según las condiciones que ellos imponen. <u>Categorizan</u> a la fornicación, pero Cristo dijo sencillamente "fornicación."

* * *

776. MARCOS 10:11

"Se dice que la preposición 'contra' en este pasaje se puede traducir 'con' para probar que el hombre comete adulterio (no contra la primera esposa sino) con la segunda mujer. ¿Qué me dice sobre esto?"

- - -

1. En las 27 versiones en español que tengo, todas dicen "contra;" ninguna dice "con."

2. El contexto siempre rige. Los fariseos preguntaron al Señor con respecto a la esposa si era "lícito al marido repudiar a su mujer" (Mar. 10:2) "por cualquier causa" (Mat. 19:3). Dice Cristo que el hombre que lo hace al volver a casarse comete adulterio contra ella, *la esposa que repudia.* Los fariseos no preguntaron sobre una segunda mujer del caso. La segunda (la "otra" del versículo 11) se menciona solamente para completar la idea de un segundo casamiento de parte del marido.

3. Compárese Jer. 3:13,25. Israel pecó contra Jehová (su marido espiritual), no contra los extraños.

4. El marido del contexto comete adulterio <u>contra</u> su esposa (y naturalmente <u>con</u> la otra a quien

no tiene derecho). Los hermanos errados en este asunto cambian la palabra "contra" a "con," y aplican la palabra "ella" equivocadamente a la palabra "otra." Esto lo hacen para que la esposa legítima del marido, ya teniendo el adulterio cometido contra ella, no pueda tener la causa bíblica con que actuar al repudiar al marido fornicario. Insisten en que el adulterio no es cometido por el marido contra la esposa con la cual Dios todavía le tiene ligado, sino con la segunda mujer.

5. No obstante, no hay uno en cien de ellos que dirá en sentido absoluto que la traducción de "contra" es incorrecta y que la de "con" es la única correcta. Suelen decir que la traducción puede ser de cualquier manera. No se atreven a decir que la preposición griega en este pasaje forzosamente tiene que ser traducida "con." Al mismo tiempo, ya que para ellos la fornicación cometida después del divorcio civil (del cual Cristo no dice nada) no cuenta, no es relevante, no pueden admitir lo que Cristo aquí dice, que el marido al repudiar a su esposa y volver a casarse con otra, comete adulterio contra su esposa que Dios le dio.

6. El pasaje Mar. 10:11 da mucho problema a la posición errónea de los hermanos que privan a la esposa inocente, contra quien el adulterio ha sido cometido, de ejercer el permiso divino de repudiar al marido fornicario y volver a casarse si quiere.

* * *

777. ¿QUÉ DE AYUDAR EL PARIENTE A LA FORNICARIA?

Un hermano predicador me ha hecho varias preguntas sobre un caso en que una joven cristiana está embarazada a consecuencia de haber fornicado. El lo sabe porque la madre se lo dijo a él y otro hermano. A continuación siguen las preguntas y mis respuestas.

- - -

1. "¿Qué hacer con tal persona que estuvo en acto de adulterio?"

Hay que exhortar al cristiano que peca a que se arrepienta, haga confesión de su pecado, pidiendo a Dios perdón (Hech. 8:22).

2. "¿Es partícipe su madre del pecado si ayuda en la responsabilidad que viene del bebe y de su hija?"

Si la madre reprende a su hija por su pecado y le exhorta a hacer lo bíblico en el caso, es bien claro que ella no participa del pecado de la hija. Ahora como "buen samaritano" (Lucas 10) la madre le ayudará en las necesidades de su hija. Eso le hará benévola, no participante en pecado.

3. "¿Si la persona se arrepiente cómo se procede en la Iglesia si esto va a ser notorio por su embarazo?"

Si la persona se arrepiente va a hacer confesión pública de su pecado ante la iglesia, y de esta manera la iglesia se dará cuenta, con o sin evidencia física de embarazo.

Ya que varios ya han sido avisados del problema, las noticias de esto seguramente estarán volando por toda la congregación.

4. "¿Si la persona no se arrepiente y para evitar las malas murmuraciones por la ausencia de la hija de la hermana cómo se debe avisar o explicar a la congregación ya su ausencia?"

No es cuestión de avisar o explicar a la congregación, ni de murmuraciones. El pecado de la hermana joven ya es conocido. Después de la exhortación, si ella no se arrepiente y hace confesión pública, la iglesia debe disciplinarle, cortándole la comunión.

5. "¿Es pecado de muerte tal acto conociendo la palabra de Dios, con toda conciencia y premeditación sostuvo relaciones por varias ocasiones con este hombre inconverso y adúltero pues es casado y con familia?"

No, el caso no es el de 1 Juan 5:16.

6. "¿Cómo informar a la congregación de modo que no se vea afectada la congregación?"

La pregunta no aclara la idea de "afectada la congregación." Lo que hacen los miembros de la congregación, sea de bueno o de malo, siempre afecta la congregación, o para bien o para mal. 1 Corintios capítulo 5 enseña claramente qué hacer la congregación en un caso en la membresía de fornicación no arrepentida. Si la hermana está arrepentida y confiesa públicamente su pecado, la congregación debe orar por ella y confirmarle su amor (2 Cor. 2:7,8). Si no, debe excomulgarle y no tenerle comunión hasta que se arrepienta.

* * *

778. MARCOS 10:11,12 ¿SEGUNDAS NUPCIAS PARA EL REPUDIADO FIEL QUE TIENE LA CAUSA DE FORNICACIÓN CONTRA SU CÓNYUGE?

El interrogador me hace varios argumentos para respaldar su posición relativa a este pasaje, y luego me dice: "Hay hermanos que piensan que si existe separación por cualquier causa y uno de ellos es fiel a los votos matrimoniales y es fiel en su matrimonio, guardándose fiel, y la esposa contrae nuevas nupcias y comete infidelidad, éste ahora tiene permiso de repudiar y queda libre para volverse a casar. Pienso que no por las razones antes expuestas que Cristo presenta en los versos ya citados. Espero de usted una sabia repuesta."

A continuación cito (entre comillas) su argumentación por párrafos y comento sobre cada uno de ellos.

"Mar 10:11 Y él les dijo: Cualquiera que se divorcie de su mujer y se case con otra, comete adulterio contra ella; y si ella se divorcia de su marido y se casa con otro, comete adulterio."

1. En lugar del verbo "divorciar," la versión Valera 1960 dice "repudiar."

2. Las versiones que emplean el verbo "divorciar," en lugar de repudiar, pueden contribuir a la confusión sobre el tema, porque para casi todo el mundo la palabra "divorciar" lleva en sí la idea de transacciones o procesos en las cortes de los hombres; es decir, acción legal mediante abogados y jueces.

Radicalmente hablando, el verbo "divorciar" significar separar. Viene del vocablo latino, *divertere*, que significa divertir, separar, apartar. Por ejemplo se dice que fulano se divorció de sus malos hábitos; es decir, se separó de ellos. La raíz de la palabra "divorciar" significa **separar**, sin connotación alguna con respecto a acción legal en cortes humanas.

Si la persona lee las versiones que emplean la palabra "divorciar," ignorando la connotación común de acción legal, y pensando en el sentido radical de separación, no hay problema. Pero dudo que siempre sea así; al oír o ver la palabra "divorciar," más común es para muchos la idea de acción legal para repudio en las cortes humanas.

La palabra griega en el texto bajo consideración es APOLUO, y ese vocablo griego no tiene en sí nada de acción legal. La acción legal sencillamente no se adhiere al vocablo griego, APOLUO.

El Sr. Thayer, reconocido lexicógrafo, para la palabra APOLUO da en inglés la definición de "to dismiss, to repudiate," que traducido viene siendo "despedir, repudiar." Si nos quedamos en nuestros intercambios de estudio con el verbo "repudiar," no cometemos el error de argumentar en base a una connotación equivocada respecto al verbo. Repudiar es rechazar y este es el sentido del verbo APOLUO, el que emplea Jesús en éste y los otros pasajes respecto al matrimonio, el divorcio y las segundas nupcias (Mateo 1:19; 5:31,32; 19:3,7,8,9; Mar. 10:2,4,11,12; Luc. 16:18).

El interrogador cita a Mar. 10:11, pasaje que trata de repudio *sin* la fornicación en evidencia, pero el problema tratado es un caso en que ahora *la fornicación sí está en evidencia.* El error que se comete aquí es el tomar una conclusión sacada de un pasaje de cierto escenario y aplicarla a otro escenario completamente distinto. (Véase el primer párrafo de este interrogante 778).

- - -

"Hermano entiendo que este versículo está hablando sobre la consecuencia de la separación de romper el vínculo matrimonial si la causa Bíblica registrada únicamente por Jesús en Mateo 19:9, Y yo os digo que cualquiera que se divorcie de su mujer, salvo por infidelidad, y se case con otra, comete adulterio."

1. Otra vez caben aquí los comentarios que acabo de hacer arriba. El interrogador no emplea la versión de Valera 1960, pues ésta no dice "divorciar" sino "repudiar." Repito: la versión que dice por APOLUO "divorciar" debe entenderse como hablando de *separación*, y no de *acción legal* en las cortes de los hombres incrédulos.

2. Concuerdo con el hermano al decir él que el texto "está hablando sobre la consecuencia de la separación" (de romper el vínculo matrimonial). Pero él agrega, "si la causa Bíblica registrada únicamente por Jesús en Mateo 19:9." Debe decir, "si la separación no es por causa de fornicación." (Tal vez quiso decir "sin la causa Bíblica….," en lugar de "si la causa…").

3. Los fariseos habían preguntado a Jesús sobre el caso de lo lícito al marido de repudiar a su esposa por cualquier causa (versículo 3). Cristo responde que no; no es lícito, y da las consecuencias de hacerlo y luego volver a casarse; a saber, se comete adulterio. Que todos guardemos presente que éste es el caso tratado: no habiendo causa bíblica, no hay permiso de repudiar. El que repudia a su cónyuge, sin tener la causa bíblica, al casarse de nuevo está viviendo en adulterio. Ahora, habiendo causa bíblica, es otra cosa. No confundamos los dos escenarios distintos, ni dejemos que otros nos confundan al cambiar de escenarios. En el escenario que Jesús trata no hay causa de fornicación en evidencia, y por eso hay adulterio cometido. Otro distinto es el escenario en que el esposo fiel e inocente sí tiene la causa bíblica contra su cónyuge infiel. En tal caso al repudiarlo no comete adulterio si se casa de nuevo.

4. El interrogador emplea la frase, "romper el vínculo matrimonial." Debe notarse que Dios es quien junta y por eso es quien desata o libra al casado fiel del vínculo matrimonial si tiene la causa de fornicación contra su cónyuge infiel. *No es el hombre, ni la fornicación, lo que rompa el vínculo matrimonial*. Sólo Dios hace esto. Y si Dios no libra a uno de los dos casados, ellos siguen siendo esposos, con o sin el divorcio legal que los hombres otorguen o confieran. (Herodías seguía siendo la esposa de Felipe aunque estaba divorciada de Felipe y casada con Herodes, Mar. 6:17)

- - -

"Hermano, ¿que sucede si un matrimonio se separa por cualquier causa y luego uno de ellos comete adulterio contra su esposa? ¿Esta es libre para repudiarlo y contraer nuevas nupcias? En lo personal creo que no ya que la separación hermano no es por la salvedad que Cristo dice en Mateo 19:9, ya que si ésta y el que repudió cometerían adulterio, Luc. 16:18: Todo el que se divorcia de su mujer y se casa con otra, comete adulterio; y el que se casa con la que está divorciada del marido, comete adulterio."

1. Si entiendo bien lo que se me quiere decir en el párrafo arriba, el caso es sencillamente uno en que "un matrimonio se separa por cualquier causa." Hasta aquí me paro para comentar que en este caso, al parecer, hay repudio por mutuo acuerdo, y si es así, los dos pecan. Por ser el repudio sin la causa de fornicación en evidencia, ni el marido ni la esposa tiene derecho divino de contraer segundas nupcias. (Se notará que el interrogador sencillamente dice que "si un matrimonio se separa;" no dice explícitamente que el marido repudió a su esposa. Esto da a entender repudio de consentimiento mutuo. Ahora si tiene en mente un caso en que el marido repudia a su mujer, no lo expresa bien, pues dice, "si un matrimonio se separa").

2. Cristo da al cónyuge fiel e inocente el derecho de repudiar al compañero fornicario y de volver a casarse (Mat. 19:9a). Pero en el caso a la mano, si entiendo al interrogador, ni el uno ni la otra es cónyuge fiel e inocente. Estando separados sin permiso divino, que uno de los dos ahora cometa fornicación o no, ellos no tienen derecho a

segundas nupcias. No hubo repudio por fornicación, sino por mutuo acuerdo. (No puedo adivinar lo que el interrogador tenga en mente; tengo que limitarme a las palabras y expresiones que él emplea).

3. Lucas 16:18 no trata tal escenario, sino el de repudio por el marido sin causa de fornicación en evidencia, y las consecuencias en tal caso para dos hombres: para el *marido* que lo hace, y *el hombre* que se casa con la repudiada sin haber habido causa bíblica en el caso. Las consecuencias *para los dos* es adulterio.

4. Otra vez vemos que la versión empleada por el interrogador dice, "el que se casa con la que está divorciada del marido, comete adulterio." El error que algunos hermanos cometen es el de ignorar el contexto y, valiéndose de la traducción que dice "divorciada," concluyen que en todo caso el adulterio se comete cuando alguien se casa con una mujer divorciada (legalmente hablando).

Tales hermanos errados construyen como si fuera una caja titulada "mujer divorciada," y ponen en ella cualquier mujer repudiada, inclusive la inocente repudiada que ahora tiene la causa de fornicación contra el cónyuge. Ignoran el contexto de Lucas 16:18, que trata de repudiar sin causa de fornicación en evidencia, y todo lo aplican al caso en que *sí hay* causa de fornicación en evidencia. Hacen absoluta la declaración en la parte "b" de Lucas 16:18 ("y el que se casa con la repudiada del marido, adultera"). Al mismo tiempo con falta de consecuencia no hacen absoluta la declaración de la parte "a" de Lucas 16:18 ("Todo el que repudia a su mujer, y se casa con otra, adultera"). Dicen que así es con toda mujer repudiada pero no con todo marido que repudia, pues si él repudia a su mujer por fornicación, y vuelve a casarse, ¡no adultera! Por ignorar el contexto del pasaje, pervierten en texto. La verdad es que en contexto las dos partes del versículo son absolutas, porque Cristo aquí trata el caso en que no hay fornicación en evidencia. En tal caso los dos hombres, el marido y el otro hombre, cometen adulterio. Estos hermanos errados necesitan aprender a quedarse con el contexto. Si van a hacer absoluta la segunda parte, tienen que hacer absoluta también la primera parte. Tienen que construirse dos cajas, y no solamente una: es decir, una para "la divorciada," y otra para "el que divorcia." Si la primera parte de Luc. 16:18 no es absoluta, tampoco la es la segunda parte, y viceversa.

5. Si el interrogador habla de un caso en que el marido injusto repudia a su mujer por cualquier causa, siendo ella fiel e inocente, tratando de logar el arrepentimiento y la reconciliación del marido injusto, y después pasa él a cometer adulterio, ahora cambia la situación y se aplica lo que enseña Mat. 19:9a, que es que al cónyuge inocente y fiel, teniendo la causa de fornicación contra su marido, se le permite divinamente repudiar al fornicario y, queriendo hacerlo, contraer segundas nupcias.

6. El interrogador dice, "En lo personal creo que no ya que la separación hermano no es por la salvedad que Cristo dice en Mateo 19:9." La

separación no bíblica no afecta en nada el vínculo matrimonial que sólo Dios controla. Estamos de acuerdo en que la separación no bíblica no logra el permiso divino de repudiar y contraer segundas nupcias. Pero tampoco anula o cancela la separación no bíblica el permiso de Dios para separación en base a la fornicación cometida por el cónyuge fornicario. El problema que estamos tratando (vuélvase a leer el primer párrafo de este interrogante 778) tiene que ver la validez de la separación *del cónyuge fiel e inocente* que ahora tiene la causa bíblica contra su marido fornicario.

Cuando la persona habla de cierta separación, yo siempre me pregunto: ¿de parte de quién es la separación referida? La separación que vale para el permiso divino de repudiar y volver a casarse es la separación, no del cónyuge injusto al separarse no por causa de fornicación, sino del inocente y fiel que ahora por causa de la fornicación del cónyuge infiel le repudia y puede volver a casarse.

- - -

"Ya que están todavía ligados, unidos en matrimonio según Rom 7:2, Pues la mujer casada está ligada por la ley a su marido mientras él vive; pero si su marido muere, queda libre de la ley en cuanto al marido. Rom 7:3, Así que, mientras vive su marido, será llamada adúltera si ella se une a otro hombre; pero si su marido muere, está libre de la ley, de modo que no es adúltera aunque se una a otro hombre."

1. Sí, es cierto que en un caso de repudio por mutuo acuerdo, los dos cónyuges siguen ligados o unidos en matrimonio porque Dios no libra del yugo o vínculo matrimonial cuando no hay caso de fornicación en evidencia.

2. Y aún en el caso en que uno de los dos maridos repudia al otro, civilmente o no, pero sin la causa bíblica, los dos cónyuges quedan esposos y están todavía ligados por el yugo o vínculo matrimonial, porque Dios no libra o desata a ninguno de los dos por no haber habido causa de fornicación en evidencia. La corte humana puede registrarlos como divorciados, y por eso ya no casados, pero quedan según Dios sujetos todavía a sus votos. Dios los tiene todavía unidos al vínculo matrimonial que los juntó en el principio. Ya no están casados (1 Cor. 7:11), porque ya no viven como una sola carne, pero sí siguen siendo esposos que necesitan la reconciliación.

Esto lo enseña claramente Rom. 7:2,3.

- - -

"Cuando Pablo habla en 1Co 7:10, A los casados instruyo, no yo, sino el Señor: que la mujer no debe dejar al marido 1Co 7:11 (pero si lo deja, quédese sin casar, o de lo contrario que se reconcilie con su marido), y que el marido no abandone a su mujer." Según Pablo no hay permisibilidad para que la mujer deje al marido y esposo abandone a su mujer. Pero si este caso sucediere por supuesto que el que lo hace peca, desobedeciendo el mandamiento de Dios ya que no es la voluntad de Dios que haya separación en el matrimonio por cualquier causa, Mat 19:4: Y respondiendo El, dijo: ¿No habéis leído que aquel que los creó, desde el principio LOS HIZO VARON Y HEMBRA, Mat 19:5 y añadió: "POR ESTA RAZON EL HOMBRE DEJARA A SU PADRE Y A SU MADRE Y SE UNIRA A SU MUJER, Y LOS DOS SERAN UNA SOLA CARNE? Mat 19:6, Por consiguiente, ya no son dos, sino una sola carne. Por tanto, lo que Dios ha unido, ningún hombre lo separe."

1. Es cierto que el matrimonio es permanente; Dios aborrece el repudio (Mal. 2:16). 1 Cor. 7:10,11 prohíbe que el casado se separe del cónyuge, o lo abandone, no teniendo él la causa bíblica por qué hacerlo. Cuando sucede el repudio, o rechazo, de lo que resulta la separación o abandono, dado que no hubo fornicación en evidencia, peca el cónyuge que lo hace, y tiene que quedarse sin casar, o reconciliarse con el esposo dejado injustamente.

2. Debe notarse que el mismo verbo griego empleado en el versículo 10, para decir "separar" (Valera 1960) que es CORIZO, se emplea también en Mat. 19:6, "separar." (En este pasaje, la versión empleada por el interrogador dice "dejar," en lugar de "separar." Pero en Mat. 19:6 dice "separar").

3. Todos los pasajes relativos hablan de que está prohibido el nuevo matrimonio de personas que se separan y que son separadas ilegítimamente, no habiendo habido causa de fornicación en evidencia.

- - -

"Hermano, Marcos 10:11-12 no habla que si el inocente tiene permisibilidad a contraer nuevas nupcias; tampoco habla la razón del repudio pero si es por cualquier causa pienso que ambos no están permitidos ante Dios a contraer nuevas nupcias; es lo que dice Mat. 5:32, Pero yo os digo que todo el que repudia a su mujer, a no ser por causa de infidelidad, la hace cometer adulterio; y cualquiera que se casa con una mujer repudiada, comete adulterio."

1. Marcos 10:2-12 es pasaje paralelo a Mat. 19:3-12. El contexto trata de repudiar a la esposa por *cualquier causa* (Mat. 19:3; Mar. 10:2). Mateo y Marcos relatan el mismo evento o acontecimiento.

2. Es violar el contexto aplicar su lenguaje a un escenario en que sí hay en evidencia *la causa específica de fornicación*. El hacerlo es confundir dos escenarios completamente distintos.

3. Es cierto que Mar. 10:11,12 no trata de permiso de contraer nuevas nupcias. De tal cosa *no preguntaron* los fariseos, y por eso Cristo en su respuesta *no trata tal escenario*.

4. Es cierto que en el contexto de Mar. 10:11,12 "ambos no están permitidos ante Dios a contraer nuevas nupcias." La razón, repito, es porque *no hay fornicación en evidencia en el repudio*. Sin la causa bíblica para el repudio, no hay permiso divino para segundas nupcias para ninguno de los dos cónyuges. La razón *no es* que la esposa "divorciada" ya se encuentre en la caja titulada, "Mujer divorciada," o "Mujer repudiada."

5. Mat. 5:32 prohíbe al marido repudiar a su esposa "a no ser por causa de fornicación." Si lo hace, "hace que ella adultere" porque viéndose ella necesitada de mantenimiento de esposo, se vuelve a casar sin que Dios le haya librado de su vínculo matrimonial. Además, el hombre que llega y se casa con la repudiada (no por causa de fornicación), también adultera porque se casa con la mujer de otro. En el caso a la mano Dios no libró al marido ni a la esposa de su vínculo matrimonial. Ni él ni ella quedan libres para nuevas nupcias. Siguen siendo esposos en la vista de Dios.

La supuesta "caja de divorciadas" no existe y por eso no tiene que ver con el caso. El caso tiene que ver con el existir o no *causa de fornicación* que sirva de permiso divino para repudiar y volver a casarse. Decir, como lo dijo un hermano americano de buena reputación en la hermandad americana, "no hay autorización para que la repudiada vuelva a casarse," es una declaración absoluta que no tiene justificación bíblica. La razón bíblica por qué no puede una persona volver a casarse no es por ser persona repudiada, sino por ser persona sin la causa bíblica contra su cónyuge. (¿Por qué no dice el hermano también, para ser consecuente, que "No hay autorización para el 'repudiador' que vuelva a casarse"?) Eso de "persona repudiada" es tomado de un contexto tratando de repudio por cualquier causa, y algunos hermanos lo están aplicando a un contexto diferente, contexto en que sí hay en evidencia la fornicación que sirve de causa bíblica con que el cónyuge fiel e inocente puede ejercitar el permiso divino.

- - -

"Hay hermanos que piensan que si existe separación por cualquier causa y uno de ellos es fiel a los votos matrimoniales y es fiel en su matrimonio, guardándose fiel, y la esposa contrae nuevas nupcias y comete infidelidad, éste ahora tiene permiso de repudiar y queda libre para volverse a casar. Pienso que no por las razones antes expuestas que Cristo presenta en los versos ya citados. Espero de usted una sabia repuesta."

1. Eso de "existe separación" no aclara la situación. Hay que especificar *quién* hace la separación. Creo que el interrogador quiere contar el caso así: "Si una esposa se separa por cualquier causa de su cónyuge, siendo el cónyuge fiel a los votos matrimoniales y es fiel en su matrimonio, guardándose fiel, y dicha esposa contrae nuevas nupcias, cometiendo así adulterio, el marido inocente ahora tiene permiso de repudiarle y queda libre para volverse a casar." El dice que algunos hermanos creen esto, pero que él no piensa así.

2. El interrogador dice que no cree que tal esposo o marido tiene tal permiso divino, pero da por razón lenguaje que él encuentra en pasajes de Cristo en que no hay en evidencia nada de fornicación en el repudio tratado. Pero en este caso que él plantea, ¡sí hay fornicación (adulterio) en evidencia! Es otro escenario completamente distinto. El en su mente confunde dos escenarios diferentes. Este es un equívoco común entre algunos hermanos. No todos los confunden a

propósito, pero de todos modos es confusión de escenarios. Lo que dijo Cristo sobre el tema es absoluto **dentro del contexto** en que habló, pero cuando cambiamos el contexto, lo absoluto pierde su absolutismo.

3. Recuérdese que en el escenario a la mano ha habido fornicación cometida por la esposa que repudió a su marido por cualquier causa y volvió a casarse. (La comete ya que dejó que otro hombre se uniera a ella). Según Mar. 10:11,12 ella comete adulterio **contra** el marido fiel e inocente. Ese marido ahora tiene la causa bíblica que le da permiso divino de repudiar a la esposa pecadora y, si quiere, de volverse a casar.

4. Hay hermanos que ven la fuerza de lo que dice Cristo en Mar. 10:11,12 en cuanto a cometerse adulterio **contra** el cónyuge inocente y fiel. Estos no quieren que el fiel e inocente tenga la causa bíblica que le permite que repudie al cónyuge fornicario, y por eso comienzan a argumentar que la palabra "contra" aquí puede ser traducida "con" (es decir, con la segunda mujer). Pero de 27 versiones diferentes en español que tengo, ninguna dice "con." Todas dicen "contra." ¿Cómo sabemos que la palabra "contra" tiene referencia a la esposa legítima del marido? ¡De eso habla el contexto! "¿Es lícito al marido repudiar **a su mujer**?" (Mar. 10:2). El contexto trata de la mujer del marido, y no de otra mujer extraña.

5. Uno dirá: "Entonces, ¿por qué no dijo Cristo en Mar. 10:11 que ya que el marido cometió adulterio contra su esposa repudiada, la esposa fiel puede repudiarle a él y volver a casarse?"

Hay dos razones: Primero, Cristo estuvo contestando la pregunta de los fariseos (10:2), y no ésta pregunta diferente propuesta por algún hermano de hoy en día. Segundo, no hay necesidad de que diga Cristo tal cosa porque ya implica, por lo que dice según Mateo 19:9, que, teniendo la causa de fornicación el fiel e inocente, tiene permiso divino para repudiar y volver a casarse.

6. Otra objeción común entre los hermanos errados en este punto es que "las Escrituras no hablan de dos repudios; la repudiada no puede repudiar," dicen. Pero, ¿no hay dos repudios en Mar. 10:11,12, el del marido y el de la esposa? Las dos personas pueden repudiar. Como los dos hicieron votos al casarse, los dos pueden repudiar o deshacer sus votos.

Las Escrituras sí hablan de un solo repudio **por persona**, y por causa o sin causa. Si una persona repudia no por causa de la fornicación y el cónyuge por fornicación, no son dos repudios ¡**de la misma clase**! El marido puede rechazar a su esposa, y ella seguir fiel a sus votos de matrimonio, tratando de lograr que él se arrepienta y se reconcilie con ella. En este caso hay repudio, sí. Si él se arrepiente y es reconciliado con su esposa, bien; el matrimonio se salvó. Pero si pasa a cometer fornicación, ella con esta causa divina contra él puede rechazar sus votos de matrimonio de fidelidad a él y repudiándolo volver a casarse. ¿Quién le da permiso para esto? Cristo, en Mat. 19:9a, "salvo por causa de fornicación." Esa

excepción divina se le concede al cónyuge inocente y fiel, no importando que haya sido colocado o no en una "caja de divorciados," hecha por hombres.

Sí, las Escrituras hablan de un solo repudio, y no de dos, de parte de una sola persona y hablan de repudio de una sola clase. ¿Quién dice de otra manera? Una persona puede hacer un repudio injusto; otra persona puede hacer un repudio bíblico, pero no son dos repudios de la misma clase, ni por una sola persona. Tengamos mucho cuidado del lenguaje de falso maestro, para no ser llevados por sus palabras suaves y lisonjas (Rom. 16:18), y frases que suenan persuasivas pero que no representan la realidad.

7. A veces se expresa oposición, diciéndose, "Ya que una vez ha habido divorcio, no hay más que se puede hacer." En este caso el oponente se vale del vocablo "divorcio, divorciar," dando a entender acción legal tomada en las cortes de los hombres. Por supuesto la corte no permite sino un solo divorcio legal para los dos cónyuges; no hay necesidad de dos registros del mismo caso. (Con razón la oposición no se expresa, diciendo, "Ya que una vez ha habido repudio, no hay más que se puede hacer," porque la palabra "repudio" no lleva en sí la connotación de proceso civil en las cortes humanas como la lleva la palabra "divorcio").

Pero Cristo no habló de acción legal en las cortes de los hombres. La oposición prefiere el vocablo "divorciar" porque sugiere acción legal, y luego dice que una vez habiendo divorcio, el divorciado inocente no puede tomar más acción; "no hay más que se pueda hacer."

La sentencia de un tribunal, o de un juez, no determina matrimonio, ni repudio. El matrimonio es de Dios; no de los hombres. Dios es quien junta o une y es quien libra de la unión matrimonial. La sentencia del juez no anula lo que Dios junta. El permiso divino, de repudiar y de segundas nupcias, tampoco está bajo el control de cortes paganas.

El papel de la corte humana (leyes civiles) es sencillamente el de registrar formalmente el matrimonio y el divorcio, para razones de derechos civiles. Pero la ley humana no determina el matrimonio ni el repudio. Ellos son de Dios según las leyes de él.

- - -

Concluyo haciendo estas dos observaciones:

1. El permiso divino de repudiar al cónyuge fornicario y de segundas nupcias no está sujeto a la acción de un casado que repudia injustamente a su compañero matrimonial. Lo que él hace, al repudiar sin causa bíblica, no controla ese permiso divino. El hombre no controla a Dios; Dios no está sujeto a acción humana. Dios concede cierto permiso, y las cortes humanas no lo pueden cancelar.

2. El escenario controversial, de ¿qué se puede hacer cuando un cónyuge fiel e inocente es repudiado y que ahora tiene la causa de fornicación contra su compañero matrimonial? no se trata directamente en las Escrituras. Nadie nunca preguntó a Cristo sobre esto, y por eso Cristo nunca se dirigió a tal escenario. ¿Qué hacer, pues? No hay problema porque ¿no son suficientes las Escrituras

para todo escenario? ¡Claro que sí (2 Ped. 1:3; 2 Tim. 3:16,17)!

La respuesta es sencilla: nos apelamos al principio dado en Mat. 19:9a, al que implica que Dios concede el derecho al cónyuge inocente y fiel de repudiar al esposo fornicario y de volver a casarse. Cuando la situación es así, el inocente y fiel tiene permiso divino de actuar según ese principio. Lo que haya pasado anteriormente, de parte del esposo, referente a repudio no bíblico, no tiene que ver con el permiso divino, y seguramente no cancela el permiso divino. Algunos hermanos sí quieren cancelar tal permiso en base a cambiar de escenario y citar palabras de Cristo a este caso que Cristo no trató directamente. El trató en todo pasaje relativo al tema en general el caso en que *no hubo fornicación en evidencia*, y estos hermanos tratan este otro caso, el en que *sí hay fornicación en evidencia* y que sirve de la causa bíblica sobre la cual el cónyuge inocente y fiel puede tomar acción con permiso divino.

¿Todos los hermanos conservadores aceptamos la inferencia necesaria de que Jesús concede al cónyuge inocente y fiel el derecho de repudiar al marido fornicario y de volverse a casar? ¡No! Yo sí lo acepto, pero hay hermanos que no lo aceptan *a menos que se les permita agregar su salvedad* de que el inocente y fiel no puede hallarse en su "caja" de divorciados civilmente. Aceptan el permiso divino *a condición de que* su salvedad se agregue a lo que enseñó Jesús en Mat. 19:9a. ¿Es necesario decir que el permiso divino no está sujeto a salvedades humanas? ¿No sabemos que no podemos añadir a la Palabra de Dios? Cristo dio una sola excepción, pero algunos hermanos han agregado otra; a saber, la suya que dice que el cónyuge fiel e inocente no puede ser a la vez persona hallada en la fabricada caja de divorciados.

* * *

779. INSTRUMENTOS EN EL CULTO DE ADORACIÓN

"Tengo algunas preguntas que necesito me ayude ya que son argumentos a favor de los instrumentos en el culto de adoración."

- - -

A continuación entre comillas cito cinco argumentos que el interrogador ha recibido y luego siguen mis comentarios sobre ellos.

"La palabra ODA en griego significa un cántico con acompañamiento o sin acompañamiento y que por eso se pueden usar o no instrumentos en la adoración."

1. El que hace tal argumento debe producir la autoridad lingüística que así lo afirme. O ¿es que nada más se supone tal conclusión?

2. El reconocido lexicógrafo Thayer dice que la palabra griega, ODE, es "en las Escrituras un cántico que alaba a Dios o a Cristo." Se emplea en Efes. 5:19; Col. 3:16; Apoc. 5:9; 14:3 y 15:3.

3. Los tres pasajes en Apocalipsis todos especifican que *cantan* el cántico. 15:3 se refiere a Exodo 15:1, y allí dice que cantaron el cántico. Ahora, ¿cuál pasaje dice que alguien *tocó* un cántico? ¡Cánticos se cantan!

- - -

"Los textos de Efesios 5:19; Colosenses 3:16 y Santiago 5:13 no dicen que la alabanza a Dios sea en la iglesia por lo tanto, uno puede usar instrumentos dentro y fuera de la reunión de la iglesia."

1. El oponente ignora los contextos de los tres pasajes. Efesios 5:19 y Colosenses 3:16 tienen que ver con acción congregacional porque el texto inspirado habla de "entre vosotros," y de "unos a otros," y no de uno solo. Santiago 5:13 habla de "alguno," que es singular. Un individuo no es una congregación.

2. El amigo supone lo que no puede probar (ni intenta probar) que es que los verbos empleados por el Espíritu Santo en los tres pasajes referidos se pueden traducir como "tocar instrumentos musicales." Pero Sant. 5:13 dice "cante," no "toque." Efesios 5:19 dice "hablando, cantando y alabando," no "tocando." Colosenses 3:16 dice "enseñándoos," "exhortándoos," y "cantando," no "tocando." ¿Puede él producir para estos pasajes una versión reconocida que diga "tocando"? Si pudiera lo haría. Sería igual que otro, siguiendo la falta de lógica del amigo, dijera que "por lo tanto, uno puede bailar dentro y fuera de la reunión de la iglesia." Cantar no es bailar, ni tocar.

- - -

"Santiago 5:13 enseña que uno puede usar instrumentos según el estado de ánimo."

1. Le preguntamos: "¿Santiago 5:13 enseña que uno puede bailar según el estado de ánimo?" Recordamos al amigo que la parte del pasaje referido no dice nada acerca de nada excepto del cantar. El no se contenta con lo que estos tres pasajes dicen porque quiere introducir algo no autorizado por las Escrituras. En esto no se difiere de los demás sectarios en el mundo. Le falta una buena aplicación de 2 Juan 9-11.

- - -

"que el significado de música en el primer siglo significaba dos cosas cantar y tocar y que fue hasta después que se hizo la separación de vocal e instrumental."

1. Astutamente el amigo introduce una cuestión ajena; a saber, la de "música." Los tres pasajes que él propone no dicen nada, pero nada, acerca de *música*. Dicen cantar.

2. Asevera, pero sin darnos prueba alguna, que en el primer siglo no se distinguía entre cantar y tocar, que solamente se decía hacer música. Tal argumento es ridículo. En el siglo primero, y antes, existían las palabras cantar y tocar, como hasta la fecha ellas existen. Al cantar la persona la música hecha con la voz es "vocal." Al tocar la persona la música hecha en un instrumento es "instrumental." Siempre ha sido así.

3. El "instrumento," hablando figuradamente, que el Espíritu Santo manda que se emplee en la alabanza de la iglesia al Señor, es el corazón (Col. 3:16), no el piano o el órgano. Mucho menos es

todo un combo.   4. Al hombre le gusta mucho el entretenimiento de la música instrumental y lo va a tener a toda costa, no importando lo que agrade al Señor según su bendita Palabra.

- - -

"que las cartas de Efesios, Colosenses, Santiago no hablan de la adoración en la iglesia sino de la vida diaria por que la palabra PERIPATEO significa "vivir o llevar una vida" y que no hay algo que diga que el cantar cánticos, himnos y cánticos espirituales sea en la iglesia."

1. Este vocablo griego sí puede significar "vivir" o "andar (llevar una vida)," ¿y qué? No se emplea en los tres textos bajos consideración. De hecho, no se encuentra en el libro de Santiago.

2. Hay un sinnúmero de verbos griegos que se pueden citar, que se emplean en los tres libros referidos del Nuevo Testamento, pero lo que el amigo necesita hallar es autorización bíblica por el uso de instrumentos mecánicos de música, de parte de uno o de solamente unos cuantos en la asamblea para adoración a Dios, mientras que no toquen los demás en la congregación, sino solamente cantan. Esto es lo que los sectarios practican, pero no pueden hallar autoridad bíblica para ello.

3. El amigo dice, "las cartas de Efesios, Colosenses, Santiago no hablan de la adoración en la iglesia sino de la vida diaria." Ya hemos notado que Sant. 5:13 no trata de acción en la asamblea, pero Efes. 5:19 y Col. 3:16 tratan de acción de unos a otros, cosa que indican plenamente acción congregacional. Ahora, si Efes. 5:19 y Col. 3:16 "no hablan de la adoración en la iglesia sino de la vida diaria," el amigo se queda sin pasaje alguno que autorice el cantar congregacionalmente. ¿Cuál pasaje usará? ¿Será que él y los suyos cantan en la congregación sin autoridad bíblica? ¿Qué otra cosa se puede hacer en la congregación sin autoridad bíblica? ¿Qué de bailar?

- - -

Conclusión:

1. Los sectarios, que emplean en sus cultos de adoración congregacional diferentes instrumentos mecánicos de música (que no son solamente de aquéllos que se tocan), siempre se apelan a ciertas palabras griegas (mayormente a PSALLO), pero luego practican otra cosa. Si PSALLO significa tocar un instrumental musical, el único que está obedeciendo lo que la palabra significa ¡es el que está tocando el instrumento! Los demás, que solamente están cantando, ¡no están obedeciendo lo que palabra dice! Para ser consecuentes con su argumento todos tendrían que estar tocando algún instrumento en la congregación. ¿Cabrían tantos pianos en su casa de reunión?

2. El culto a Dios no es de preferencias y gustos humanos. Dios sabe lo que quiere y nos ha dicho qué hacer en cuanto a la música; a saber, que cantemos. Los que desean agradar a Dios en el culto van a hacer precisamente eso: van a cantar, haciendo música en las cuerdas de su corazón.

3. Cualquier otra cosa es culto voluntario (Col. 2:23).

* * *

780. ¿USAR INSTRUMENTOS FUERA DE LA ASAMBLEA PARA CANTAR HIMNOS?

"Ya que no usamos instrumentos en la adoración en la iglesia, ¿lo podemos hacer fuera cuando cantamos himnos?"

- - -

1. No, no podemos adorar a Dios con algo que Dios no ha autorizado. El lugar de practicar algo no autorizado en culto a Dios no tiene que ver; no es la cuestión a la mano. ¿Podemos bautizar a infantes en la casa, pero no en el lugar de reunión?

2. Dios ha dicho que cantemos al alabarle (Efes. 5:19; Col. 3:16; Heb. 2:12; Sant. 5:13). Nos contentemos con la voluntad de él.

* * *

781. SABER EL HIMNO SIN HACER USO DEL INSTRUMENTO MECÁNICO DE MÚSICA.

"¿Como podemos saber la nota o la manera en que un himno se canta si no usamos instrumentos para ello?"

- - -

1. Si nadie en la congregación sabe música, ni la melodía del himno, ese himno en particular no se canta; se cantan himnos conocidos.

2. Si alguien sabe música, y puede leer las notas y así sacar la melodía, luego la enseñará a los demás.

3. Si alguien no sabe cantar las notas, pero sí sabe tocarlas en un instrumento, puede sacar así la melodía y enseñarla a los demás. Pero no se usa instrumento mecánico en el culto.

4. La pregunta es una táctica del falso maestro para implicar que no podemos hacer lo que Dios nos manda sin que hagamos algo que Dios no ha autorizado. Tal truco no me engaña.

* * *

782. ¿DEJAR A LA CONCIENCIA DE CADA QUIÉN EL USO DE INSTRUMENTOS EN EL CULTO?

"También le diré que otros de los argumentos que dan es que ellos dicen que no defienden los instrumentos pero dejan a conciencia de cada quién y según su estado de animo llevar o no instrumento."

- - -

1. No es cierto, porque ellos tratan de probar por el significado de cierto vocablo griego que el instrumento se adhiere al vocablo. Siendo así, no se puede hacer lo que ese vocablo dice sin que se toque algún instrumento.

2. Pregunto yo: ¿Se deja a la conciencia de quién? Cuando usan el instrumento en sus cultos públicos, ¿se consulta primero las conciencias de los presentes? Su argumento es ridículo. ¿Qué más en el culto se deja a la conciencia de los hermanos? El culto de adoración a Dios se deja a lo que Dios ha especificado, y no a la conciencia del hombre.

* * *

783. ¿SON CASADOS O COMETEN FORNICACIÓN?

"Si una pareja que ya esta comprometida en matrimonio tiene relaciones sexuales ¿esta practicando fornicación?, solo la muchacha es cristiana, y el chico no lo es, pero él conoce la biblia, y los 2 piensan que no lo cometen porque tienen en su mente vivir como marido y mujer, incluso ya se presentan así en algunas ocasiones, pero no viven juntos ni han ido al civil para firmar el acta de matrimonio."

- - -

1. Tener en mente hacer algo, y el estar haciéndolo no son la misma cosa.

2. No son esposos. Lo que lo hace obvio es que no viven juntos. Esposos viven juntos. Si conocen la Biblia, como se me dice, ellos saben lo que es matrimonio y lo que es fornicación.

3. Están cometiendo fornicación.

* * *

784. LA FORNICACIÓN, EL DIVORCIO, EL BAUTISMO, ¿QUÉ HACER?

"Le escribo para preguntarle de un caso en específico. Resulta que a una hermana de la congregación su marido inconverso le fue infiel, tuvo una relación con otra mujer por aprox. 6 años teniendo ya una pequeña niña y hasta hace 4 meses que su esposa (la hermana) se dio cuenta y ella por un principio lo despidió de su casa.

"Luego paso el tiempo y ella hablo con el y ha querido perdonarle. El ha estado asistiendo a las reuniones para que escuchar la palabra de Dios y ha visto que ha estado muy mal su vida.

"Pero los problemas continúan en casa pues la hermana se ha vuelto muy desconfiada, se exalta demasiado, lo echa de casa por varias veces luego vuelve a recibirlo pidiéndole perdón.

"He estado llevándoles la palabra de Dios por 1 mes en su casa pero esta última semana tuvieron una discusión fuerte pues ella solicito querer ver a la mujer para que le quedará claro que su marido estaría con la hermana pero se exaltó demasiado y discutió de una manera impropia.

"Debido a los problemas que han pasado estas últimas semanas ya que la hermana es la que no tiene confianza y quiere que su esposo sea más cariñoso, más atento etc. pues, han discutido bastante.

"Las preguntas son:
La hermana después de haberlo recibido nuevamente en su casa y haberle dicho que lo perdonaría, ¿ha perdido su derecho de repudiar a su marido por adulterio?"

- - -

1. Si la hermana perdonó la fornicación de su marido, él quedó perdonado de su pecado. Ya no era fornicario. Claro es que ella no puede divorciarle por algo de lo cual no es culpable.

"El esposo pregunta que si él puede obtener su salvación aún si se separa de su mujer (separación por mutuo consentimiento no carta de divorcio)."

1. Todo el mundo puede ser salvo de sus pecados y por la gracia de Dios gozar de la vida eterna. Pero se logra en base a hacer la voluntad de Dios, y no a condiciones que ponga el hombre.

2. La separación, cuando no hay causa bíblica (la fornicación) por qué hacerlo, es pecado (Mat. 5:32). La separación por mutuo consentimiento es pecado de parte de los dos esposos. No tiene en nada aprobación de Dios. Que los esposos ni piensen en hacerlo.

"¿Si él se bautiza para su salvación y su esposa le da carta de divorcio por su infidelidad, él se puede volver a casar ya que en el bautismo Cristo le perdono sus pecados, o tiene que quedarse sin casar por toda su vida?"

1. Si la esposa le perdonó su fornicación, no es culpable de dicho pecado. Si después de ser perdonado, ha fornicado de nuevo, la esposa le puede repudiar por esa causa.

2. Si el marido es culpable de fornicación ahora, el bautismo no le lava de ese pecado no arrepentido. El bautismo es para perdón de los pecados arrepentidos (Hech. 2:38). El bautismo no cambia relaciones domésticas.

3. El que es repudiado por su fornicación no tiene permiso divino para segundas nupcias. Solamente al esposo fiel e inocente se le concede tal permiso.

4. El repudiado por la fornicación para salvarse eternamente tiene que quedar célibe. ¿Por qué? Porque no tiene permiso divino para segundas nupcias.

"Si él se bautiza y está separado únicamente de su esposa por palabra (no por carta de divorcio), ¿tendrá que quedarse?"

1. Como explicado arriba, el bautismo es una cosa y para cierto propósito, y el repudio por fornicación, y las consecuencias de él, son otra cosa.

2. El repudio de lo cual habla Cristo no involucra acción civil. (La acción civil tiene que ver con el registro formal por el gobierno de la separación, y es para razones de seguridad de derechos civiles). Si la esposa repudia a su marido le despide, retrayendo ella los votos de fidelidad que le hizo cuando se casaron. Con eso él queda repudiado, y por ser el culpable de fornicación, no tiene derecho a segundas nupcias.

* * *

785. 1 COR. 13:8, CUANDO VENGA LO PERFECTO

Un hermano está estudiando con su amigo, quien argumenta que hay profecías y milagros hoy en día hasta que venga Cristo la segunda vez. Se basa en 1 Cor. 13:8, y en que tenemos "conocimiento" hoy en día. El amigo dice que a la gente de la iglesia primitiva se les decía cómo conducirse al profetizar y hablar en lenguas, y que muchos hoy todo lo ponen a un lado como fuera del caso. El hermano me pide una ayuda en este particular.

- - -

1. El amigo esencialmente está diciendo sí y

no al mismo tiempo: quiere creer que hay profetas y milagros hoy en día pero no acepta los de los pentecostales (mormones, católicos, etc.). Pero ellos citan por prueba el mismo pasaje, 1 Cor. 13:8, que él cita y le dan la misma interpretación incorrecta.

2. El y otros muchos están confusos sobre la palabra "conocimiento," pensando en el conocimiento ordinario que el hombre tenga. Ignoran el contexto, error común entre los sectarios. Pablo en contexto (1 Cor. capítulos 12-14) habla de dones milagrosos, entre ellos el don de conocimiento (por inspiración del Espíritu Santo, y no por indagación humana), 1 Cor. 12:8). Pregúntele: ¿Qué es el "conocimiento" de 12:8?

3. Si ignoramos el contexto, como él lo hace, 13:8 está enseñando que en el futuro cuando Cristo vuelva ¡no conoceremos nada, pues el conocimiento se habrá pasado! Es más, no habrá lenguas y por eso no podremos hablar nada. Tal idea es ridícula. El conocimiento del pasaje es tan milagroso que la lengua y la profecía. Si existen profecías (inspiradas por el Espíritu Santo) hoy en día, entonces todavía existen lenguas y conocimiento milagrosos. ¿Cree él que los pentecostales, u otros, hablan otras lenguas milagrosamente? No, admite que no lo cree.

4. El, y otros, ignoran lo que dice 13:8. No dice, "cuando **Cristo** venga," sino "cuando venga **lo perfecto**." Cristo es una persona (**él**), no una cosa de género neutral, "**lo**." Lo perfecto del contexto tiene que ver con la completada revelación de la verdad por el Espíritu Santo, la cual no fue entregada en una sola porción, sino en partes, 13:9. Los nueve dones milagrosos (12:7-10) duraron hasta que la revelación de la verdad del evangelio fue completamente hecha. Efesios 4:8-16 es pasaje paralelo. Pregunte a _____ si él cree que hay apóstoles hasta la fecha. Los profetas, apóstoles, evangelistas y los pastores o maestros de este pasaje eran todos hombres inspirados.

5. El amigo admite que tiene problema con las muchas iglesias diversas que reclaman tener hoy en día revelaciones, milagros, sueños, visitas de ángeles, etc. Los musulmanes reclaman que un ángel habló a Mahoma, los mormones dicen lo mismo respecto a José Smith, la iglesia católica reclama que se han hecho milagros por invocar nombres de llamados santos y de María la madre de Jesús, y los pentecostales reclaman tener el don de lenguas, etc. Todos éstos son falsos, y él lo sabe. No obstante confunde las Escrituras de igual manera como los sectarios.

6. No, no fue a "la gente de la iglesia primitiva" que Pablo escribiera sobre "cómo conducirse al profetizar y hablar en lenguas," sino a los mismos profetas y a los con el don de lenguas. Ya que estos dones pasaron, esas instrucciones particulares no están en vigor, aunque los principios de 1 Corintios capítulo 14 sí todavía se aplican. Me refiero a que todo se haga para la edificación de la iglesia y que todo se haga decentemente y con orden (versículos 5,12,40). Dios sigue siendo Dios de paz y no de confusión (versículo 33).

* * *

786. SEPARACIÓN — BAUTISMO — DIVORCIO — SEGUNDAS NUPCIAS

"Quisiera preguntarle acerca de un caso en específico sobre Matrimonio y segundas nupcias: Un hermano de la congregación antes de conocer el evangelio se separa de su esposa por los constantes problemas matrimoniales, después comienza a escuchar el evangelio y se bautiza; también comienza el tramite de divorcio necesario por la infidelidad de la esposa, la esposa se va a los Estados Unidos y se une a otra pareja de la cual nace un hijo.

El hermano durante el trámite de divorcio necesario conoce a una hermana en la congregación aun en trámite de divorcio necesario y tienen una relación de noviazgo.

Al concluir la disolución del matrimonio el hermano le está pidiendo que se case la hermana con él en estas fechas. El hermano ya concluyó con su divorcio legal.

Pregunta: Al efectuarse este matrimonio ¿es legal ante Dios este matrimonio?"

- - -

Me parece que el orden de eventos es así:

— El marido se separa de la esposa por razones exceptuando la fornicación.

— Ya separado de la esposa, él obedece al evangelio.

— Luego ella comete fornicación.

— Ahora de cristiano él comienza el proceso de divorcio a causa de fornicación.

— Ella se une con otro hombre y tienen un hijo.

— El divorcio que inició el marido ya se concluye, y ahora él pide matrimonio con otra mujer.

1. Si entiendo bien el caso, el marido se separó de su esposa, no por fornicación, sino "por los constantes problemas matrimoniales." En esto pecó (Mat. 5:32). Al hacerlo, expuso a su esposa al adulterio. Si después la abandonada cometió adulterio, el ahora hermano, el marido, no puede divorciarse de ella en base a fornicación, pues él mismo le expuso a ella. Ella no se justifica en su adulterio (ya se ha casado de nuevo en los Estados Unidos), ni él en separarse de ella inicialmente. La única solución es que él y ella se reconcilien y vivan como antes en el matrimonio como aprobado por Dios.

2. La segunda mujer, ni nadie, tiene derecho al hermano para casamiento, porque él no queda libre para casarse con otra. Se deshizo de su esposa legítima no por fornicación, y su bautismo no le lavó ese pecado, porque no se arrepintió de él.

3. Muy posiblemente el ahora hermano no sabía del pecado que Cristo expone en Mat. 5:32, pero la ignorancia del hombre no cambia las leyes de Cristo.

4. Ahora que es cristiano, más que nunca debe buscar agradar a su Salvador y no promover

segundas nupcias sin permiso divino.

* * *

787. ¿LOS HURACANES ESTÁN MOSTRANDO ALGUNA SEÑAL?

"Los desastres naturales que han afectado a la humanidad en los últimos meses y días, según la Palabra de Dios, a la cual usted muy bien conoce, ¿estarán mostrando alguna señal, quizá algo parecido a los acontecimientos de Mateo 24, sucedidos antes de la destrucción de Jerusalén?"

\- - -

1. Primero, tengamos presente que no hay comparación entre los acontecimientos mencionados por Cristo en Mateo 24 y los desastres naturales que hoy en día nos afectan. No hay señales hoy de la segunda venida de Cristo. Cristo reveló a su generación (versículo 34) que ciertos eventos precederían a la destrucción de Jerusalén, pero no dio señal alguna de su segunda venida (36-39).

2. Ha habido huracanes, terremotos, diluvios, hambres, y cosas semejantes a través de los siglos en todas partes del mundo, y si el tiempo sigue, los habrá todavía. Los de antes no eran señales específicas, y no lo serán los futuros.

3. Los desastres naturales demuestran el gran poder de Dios en su creación. Deben hacer a todos los hombres que, viviendo en rebelión a Dios, reconozcan este poder y se arrepientan (Apoc. 9:21). Pero muchos no lo hacen; más bien blasfema de Dios.

4. En cuanto a los santos, se les ha revelado que Dios los disciplina (Heb. 12:5-13). Aunque el hecho del caso se nos ha revelado, el "modus operandi" (el modo de operar) de Dios no ha sido revelado. Por eso no podemos apuntar a cierto evento y concluir con certeza que es un acto de Dios para castigar a ciertas personas. Hay justos también entre los hombres dañados por los desastres naturales.

5. Dios hace salir su sol sobre malos y buenos y hace llover sobre justos e injustos (Mat. 5:45). Dios ha sido bueno aun hacia los malos, "dándonos lluvias del cielo y tiempos fructíferos, llenando de sustento y de alegría" a sus corazones (Hech. 14:17). ¿Hemos de concluir que hay tiempos buenos porque todo el mundo es tan bueno? ¡Claro que no!

6. Es cierto que Dios en tiempos bíblicos hizo uso de su gran creación al emplear diluvios, hambres, pestilencias, terremotos, etc. para disciplinar y castigar a sus criaturas en ocasiones específicas y para destinatarios específicos. Dios todavía controla su gran creación e interviene en los asuntos del hombre. Todos debemos reconocer esta gran verdad y vivir con temor reverendo (Heb. 11:7). Pero no nos toca tomar el papel de Dios y concluir definitivamente que en cierto evento en la vida que Dios está detrás del asunto para un cierto propósito.

7. Hay cosas malas que pasan al justo sencillamente porque es justo (Heb. 10:32-36). No son castigos de Dios, sino eventos en la vida a consecuencia de ser fieles hijos de Dios. Al mismo tiempo hay cosas (desastres naturales) que el justo sufre juntamente con los injustos. Lo que para los injustos puede ser un castigo de Dios para los justos puede ser una prueba de su perseverancia y fe.

8. Nos basta temer a Dios, reconocer su grande e ilimitado poder, y conformarnos a su voluntad, aceptando los sucesos de la vida diaria sin quejarnos, pidiendo que Dios nos proteja y que siempre se haga la voluntad de él. Pues, "horrenda cosa es caer en las manos del Dios vivo" (Heb. 10:31).

* * *

788. MATEO 5:32, ¿DE LA LEY DE MOISÉS O DE LA LEY DE CRISTO?

"El motivo de la presente es para consultarlo sobre el tema del divorcio y segundas nupcias. Una hermana enseñó en la clase de mujeres acerca de lo que las solteras deben de fijarse al momento de buscar un prospecto para marido, mencionó puntos positivos y puntos negativos a considerar y dentro de estos mencionó que se debería dejar al "partido" inmediatamente si éste había sido casado antes y no había tenido un divorcio bíblico con referencia a Mateo 5:32. Lo que me platicó que sucedió después me sorprendió, me dijo que el predicador (no hay ancianos) de su congregación le había llamado la atención, pues en la escrituras no existe el DIVORCIO BÍBLICO, que en Mateo 5:32 Jesús estaba explicando la Ley de Moisés, pero que en el NT se manda a todo cristiano a permanecer en el matrimonio para toda la vida y que no hay ninguna causa justificada por Dios para poder divorciarse.

Otro argumento que dio el hermano es que cuando un matrimonio se disuelve por adulterio, ambos son culpables ya que regularmente es porque uno de los 2 no llenó por completo todas las necesidades ya sea físicas o emocionales, uno por no satisfacer y el otro por cometer el acto mismo de adulterio.

También cuando una cristiana se casa con un divorciado le es difícil saber toda la verdad de la causa de la separación de éste y por lo tanto su culpabilidad, en consecuencia una cristiana no se puede casar con un divorciado definitivamente aunque éste haya sido el ofendido con fornicación aparentemente.

De lo anterior expuesto deseo me ayude con las siguientes preguntas si su tiempo se lo permite, estimado hermano:

1. ¿Se puede llamar Divorcio Bíblico según Mateo 5:32?

2. ¿Cuales son los argumentos más fuertes para quitar la idea de que en Mateo 5:32 solo se estaba explicando la Ley de Moisés?

3. ¿Es justo condenar a una hermana como culpable después de que su esposo la engañó con otra? (considerando que la infidelidad se da cuando no se llenan la necesidades mutuas en la relación

matrimonial).

4. ¿Hay o se puede establecer LEY de que ningún cristiano o cristiana se case con divorciados? (ya que finalmente el divorciado jamás va a aceptar que él fue el culpable del adulterio de su esposa)

Creo que quizás el hermano tiene buena intención pues trata de enseñar que el matrimonio es indisoluble, pero pienso que se equivoca al negar Mateo 5:32 como aplicable a cristianos, al igual pienso que es recomendable no casarse con divorciados pues se ganan problemas si es que éste ya tiene hijos, pues le consumiría tiempo, recurso económico, etc. pero pienso que no se puede establecer una ley y en forma tajante decir que ningún divorciado por causa de fornicación se puede volver a casar y mas cuando el hermano condena a ambos como culpables.

Hermano, me interesa animar a la hermana pues le afecto mucho que se le reprendiera, que de paso le diré que no fue con amor, pues prácticamente una hermana le dijo que estaba enseñando doctrina falsa, ella se va incorporando a esa congregación es foránea y no quisiera que se retirará, pues es muy trabajadora en la obra. Como siempre de antemano le agradezco sus atenciones."

- - -

1. Lo que dijo Cristo en Mat. 19:9ª claramente implica que el que repudia a su esposa por causa de fornicación ¡no comete adulterio al volver a casarse! Esto no se puede negar. Esto es bíblico.

2. Mateo 5:32 no es enseñanza de la ley de Moisés, sino de la ley de Cristo para el Nuevo Testamento (juntamente como Jn. 3:3,5; Mat. 18:17; Mar. 16:16; etcétera). Lo que dice Cristo en Mat. 5:32 se contrasta con lo que decía la ley de Moisés (versículo 31). Lo que Jesús dijo respecto a la ley sobre el matrimonio es desde el principio del mundo, y no solamente referente a la ley de Moisés (Mat. 19:4).

Si los libros Mateo, Marcos, Lucas y Juan contiene enseñanza solamente con referencia a la ley de Moisés, ¿por qué fueron escritos muchos años después de ascender Cristo al cielo cuando la ley de Moisés ya no estaba más en vigor? ¿Qué necesidad tenían los cristianos de libros que estarían destinados solamente a gente bajo una ley ya quitada?

3. El marido o la esposa que no cumple con 1 Cor. 7:3-5 está pecando y en realidad repudiando al cónyuge. El que lo hace expone al cónyuge a la fornicación (Mat. 5:32). No hay inocencia en esto. El esposo que promueve la tentación de fornicación en el otro no puede usar la fornicación cometida a consecuencia de ello como razón para poder repudiarle y volver a casarse, sabiendo que promovió la tentación en el otro.

4. No, nadie tiene derecho de establecer leyes; uno es el legislador, Cristo (Sant. 4:12). El que repudia a su cónyuge por fornicación tiene permiso divino de volver a casarse. La persona que se casa con él no comete adulterio.

Es cierto que la persona puede mentir, pero es cierto que también puede decir la verdad. Si la persona dice que cree que Jesús es el Hijo de Dios, y le bautizamos, basándonos en esa confesión, ¿puede estar mintiéndonos, diciendo esas palabras por motivos ajenos? ¿No debemos bautizar porque hay posibilidad de mentira de parte de la persona?

Es una cosa expresar una opinión sobre el no ser sabio casarse con un repudiado, pero es otra cosa implantar una ley humana sobre ello.

La falsa doctrina siendo enseñada no es la de la hermana maestra de las mujeres, sino es la del predicador y de la mujer que acusó a la hermana maestra.

* * *

789. EL ANCIANO Y SUS HIJOS

"¿Puede un hermano calificado según los requisitos de 1 Tim 3 y Tito 1 ser anciano de la iglesia teniendo solo un hijo y siendo este fiel? ¿Si tiene más hijos, deben ser todos fieles al evangelio?"

- - -

1. Para contestar la primera pregunta, cito de mi obra, NOTAS SOBRE TITO, 1:6 —

—"y tenga hijos creyentes". Véanse 1 Tim. 3:4,5; Efes. 6:4. Su familia tiene que ser familia de conversos, para que sirvan de ejemplo. Unos entienden que la traducción de arriba es la correcta, y que por consiguiente el anciano tiene que tener hijos ya cristianos. Otros entienden que la traducción, "tenga hijos fieles" es la correcta, y que los hijos del anciano no tienen que ser cristianos, sino solamente estar sujetos a él. Yo favorezco mucho la primera traducción e interpretación.

El término plural, "hijos", incluye el singular. Gén. 21:7 sirve de ejemplo. Sara dijo "dar de mamar a hijos", cuando en realidad tuvo un solo hijo. También Efes. 6:4, referido arriba. El padre de un solo hijo, ¿no tiene que criarlo en disciplina y amonestación del Señor? El anciano, pues, que tiene un solo hijo, y éste es cristiano, cumple con el requisito de "tener hijos creyentes".

2. Para contestar la segunda pregunta, cito de mi obra, NOTAS SOBRE 1 TIMOTEO, 3:4 —

3:4 — que gobierne bien su casa — Compárese 3:12. El verbo aquí aparece en 5:17 (gobiernan) en forma de participio. Este verbo aparece en Rom. 12:8 (preside); 1 Tes. 5:12 (presiden). Esta persona emplea en la dirección de su familia, la autoridad, y la disciplina tanto positiva como negativa (castigo). Esto lo hace *bien*. ¿Qué será de la iglesia del Señor en el futuro cercano, si los ancianos (obispos, pastores) son seleccionados de entre los que ahora son hijos consentidos, según los está produciendo la familia moderna? Hay gran falta de dirección bíblica en los padres modernos. No son debidamente respetadas la autoridad de padres y la disciplina correctiva en la mayoría de los hogares modernos.

Obviamente la palabra "casa" significa "familia", como en Hech. 16:15,34. El gobierna la familia, porque como padre él es la cabeza de la casa.

— que tenga a sus hijos — El texto griego

dice sencilla, y literalmente, "teniendo hijos en sujeción". Tiene que tener a todos sus hijos, grandes o menores, en sujeción. Este es el fruto de gobernar bien su casa.

Ahora, el pasaje en Tito 1:6 agrega el punto adicional de que entre estos hijos tiene que haber hijos creyentes. Véanse los comentarios en **Notas Sobre Tito**, 1:6.

— **en sujeción** — La misma palabra griega para decir "sujeción" aparece también en 2:11 (sujeción); 2 Cor. 9:13 (obediencia); Gál. 2:5 (someternos).

La sujeción de los hijos en la familia es el fruto del buen gobierno de los padres que produjo el respeto a la autoridad. (Los niños consentidos no aprenden esto).

El obispo es "anciano". Siendo hombre de edad, ha tenido tiempo para probar su habilidad de "cuidar de la iglesia de Dios" (ver. 5), y esto por medio de haber gobernado bien su casa.

* * *

790. LA CAUSA BÍBLICA PARA REPUDIAR

"¿Es lícito que una mujer pueda repudiar a su esposo por andar adulando mujeres por Internet?"

1. La única causa que Cristo da para repudiar al cónyuge es la fornicación (Mat. 19:9). Lo que está haciendo el marido en este caso es pecado, como también es carnalidad hacer otras muchas cosas (Marcos 7:21), pero no es la causa especificada por Cristo para que la esposa tenga el permiso de repudiarle.

* * *

791. EDIFICIOS DE LA IGLESIA LOCAL

Hay mucha confusión en la argumentación que sigue (aunque sin duda se expresa un corazón sincero y que busca la verdad). Enumero sus párrafos y en seguida yo comento número por número.

1. "Hermano, ¿es lícito guardar las ofrendas en bancos como si quisiéramos ganar intereses deshonestamente? Mi pregunta es porque a veces hay hermanos necesitando una ayuda en fin de semana y los bancos están cerrados y el hermano tiene que pasar su necesidad ¿cree usted que esto este bien?"

- - -

Que la iglesia local tenga una cuenta bancaria en que guardar las ofrendas no es cuestión de ganar intereses deshonestamente. Es sabio guardar las ofrendas en lugar seguro. Que un banco en particular pague intereses o no es cosa aparte. Por varias razones muchas iglesias no tienen la opción de usar cuentas bancarias y por eso guardan las colectas en la casa de algún hermano.

Si el caso de tener "necesidad" un hermano es tan grave y sucede en el fin de la semana, hay muchas maneras de arreglar la emergencia por dos o tres días hasta que se abra el banco de nuevo. Este escenario no es nada real.

2. "También hay ocasiones que no son ayudados porque la están recogiendo para la construcción de un templo magnífico y por eso no los ayudan. Yo siento que acá en _____ no se si es el caso en todas las Iglesias están cometiendo pecado con el manejo de las ofrendas, ya que 1 Cor. 16:1-2 dice que es para los santos. Siempre he entendido que es para las necesidades de los santos."

- - -

Hay dos puntos diferentes que notar aquí: Primero, el hermano dice, "templo magnífico." ¿Por qué agrega el adjetivo "magnífico"? ¿Está bien el caso si el edificio planificado no es "magnífico"? Segundo, hay que definir la palabra "necesidades." Hay llamadas "necesidades" en la casa de todo el mundo, inclusive en las casas de ricos. ¿Tiene en mente el hermano la necesidad de pagar la luz y el agua, habiendo en la misma casa televisores, juguetes, Coca Cola y otras cosas no necesarias? 1 Cor. 16:1,2 no trata el caso de mala administración de bienes de parte de la persona que resulte en la falta de dinero para pagar la luz y el agua. ¿Quién no puede decir que "necesita" algo? Las Escrituras definen la necesidad como de dos cosas: comida y ropa (1 Tim. 6:8).

3. "Ahora se que necesitamos reunirnos en un lugar digno pero no majestuoso tanto que nos haga olvidar las palabras del Señor que dice que seremos peor que un incrédulo si no ayudamos a los de la familia de la fe."

- - -

Las palabras del Señor registradas en 1 Tim. 5:8 no son dirigidas a iglesias locales con sus colectas, ¡sino a individuos!

Es cierto que no necesitamos lugares "majestuosos" en qué reunirnos. No obstante, el mandamiento de no dejar de reunirse (Heb. 10:25) implica la necesidad que tiene la iglesia de proporcionar un lugar en que reunirse, y eso muchas veces cuesta dinero.

4. "Hermano, si en una congregación hay más ofrendas que en otras ¿usted no cree que las que más tienen deberían preocuparse por las demás Iglesias y ayudarles a obtener su terreno para que puedan reunirse aunque sea bajo un techo amplio y las bancas?"

- - -

No, no creo tal cosa. Un terreno en que erigir un "techo amplio y las bancas" no es una necesidad, sino una conveniencia. La iglesia local puede reunirse a adorar a Dios sin poseer un terreno para la construcción de un edificio. Si tiene con que comprar y erigir, bien; si no, no debe procurar ir más allá de su habilidad financiera. Para hallar justificación bíblica, es preciso hacer más que simplemente tildar el proyecto de "necesidad."

5. "Cuando leo en Hechos 2 dice que los primeros cristianos tenían todo en común y ninguno tenia necesidad; ¿por que razón los últimos cristiano tenemos que tener otro sentir?"

- - -

¿Cuál es el "otro sentir" a que se hace referencia?

El caso representado en Hech. 2:44,45 fue excepcional. Muchos habían venido de lejos a Jerusalén para la fiesta anual de Pentecostés, y habían sido convertidos a Cristo. Se hallaban lejos de su casa y necesitados de lo necesario para la vida, ya que se quedaban para aprender más del evangelio. Cristianos individuales compartían con ellos para suplir sus necesidades.

Baja semejantes circunstancias así se hace hoy en día.

"Tener todo en común" no apunta en nada al comunismo político en que nadie tiene propiedad privada. Considérese Hech. 5:4.

6. "Nuestro HERMANO Pablo iba de ciudad en ciudad viendo las necesidades de las Iglesias para después recoger de las diferentes congregaciones las ofrendas para llevar solución a las demás. Eso es lo que siempre he entendido en 1Cor.16:1-2."

- - -

Si eso es lo que el interrogador siempre ha entendido tocante a 1 Cor. 16:1,2, entonces ha entendido mal. Pablo no andaba "de ciudad en ciudad viendo las necesidades de las Iglesias," para llevarles solución, sino entre las iglesias de Macedonia, de Acaya y de Galacia andaba animando a los hermanos a enviar subsidio a los santos pobres en una sola ciudad, en Jerusalén (Rom. 15:26).

7. "Todos los años se hacen grandes gastos en campañas en diferentes lugares pero se deja solas a esas congregaciones que aun son niñas en cuanto a doctrina y verdadero temor de Dios los cuales al principio no comprenden porque deben ofrendar. ¿No cree usted que está habiendo un fallo en estas actividades donde se invierte tanto dinero?"

- - -

Lo malo de tales llamadas "campañas" es que son proyectos patrocinados, lo que es centralización, y que atraen a la gente inconversa con bienes materiales en lugar de con el evangelio. Cristo y sus apóstoles ¡nunca empleaban la benevolencia para evangelizar!

8. "Además creo yo es mi opinión que no deberían hacerse esas giras medicas se invierte demasiado dinero y a veces el resultado no se ve quizás se debe regalar vestimenta ya que hay muchas personas necesitadas en cuanto a esto pero en las giras medica son atendidas personas que no tienen ninguna enfermedad solo van para aprovechar la oportunidad. Mientras que hay congregaciones que no tienen un local propio de reunión. Esto parece una ironía pero es mi manera de ver como se invierte dinero me parece a mi infructíferamente."

- - -

Es cierto que en las referidas campañas mucha gente asiste, no porque necesitan de ropa y comida, sino para aprovecharse de la oportunidad de conseguirse bienes materiales. Pero el mal no consiste en que se ignore en las referidas campañas que hay iglesias que no cuentan con un local propio de reunión. El mal consiste en emplear la benevolencia de manera no bíblica. El "local propio de reunión" no es una necesidad, sino una conveniencia que se suple según el poder financiero de la iglesia para proporcionárselo.

* * *

792. ADULTERAR EN EL CORAZÓN

"Cuando la Biblia dice que con solo desear uno en su corazón, ya sea a un varón o una mujer, ya adulteró, ¿se está refiriendo a un hombre o mujer que están casados o es generalizado? Como se adultera, sólo haciendo uso de los genitales o también deseando?

- - -

1. La pregunta hace referencia a Mat. 5:27 28.

2. Ya que las palabras dc Cristo en el versículo 28 responden al caso de adulterio mencionado en el versículo 27, es lógico que Cristo diga adulterio y no fornicación.

3. El adulterio es relación sexual ilícita entre un casado y otro.

4. Según Cristo el casado no tiene que tener contacto físico con el otro para que cometa adulterio; lo comete con nada más mirar a la persona para codiciarla. El codiciar es deseo pecaminoso. Tal deseo puede expresarse con diferentes pensamientos y empleando o no ciertos objetos. Lo que Cristo condena es la mirada con el deseo no ordenado. Somos responsables por nuestros pensamientos. Véase Fil. 4:8.

5. Como el versículo 29 se puede aplicar a casados y a no casados (pues todos tenemos ojos), el punto tratado por Cristo se puede aplicar a cualquier persona, y no solamente a la persona casada.

* * *

793. ¿QUÉ DE MI SITUACIÓN MATRIMONIAL?

"Tengo mucho interés en el matrimonio hermano, mi intención no es justificarme sino saber en qué estado me encuentro. Le voy a contar mi situación. Yo compartí con una mujer por tres años mas o menos techo, mesa, cama o sea me case pero sin licencia civil. No tuvimos hijos. Nosotros nunca hicimos un pacto delante de nadie, familia y DIOS. Yo la repudie por sus embriagueces. Al tiempo ella se casó con otro hombre con licencia pero volvió a fracasar. Yo en ese tiempo me hice cristiano. Yo sé que Dios me perdonó todos mis pecados, pero como quedó mí situación en el matrimonio? Le ago la pregunta porque pregunté mí situación y escuché cada cosa. Hermano no quiero encontrarme sorpresa en el día del juicio. Lamentablemente muchos hermanos se van a encontrar con sorpresa por su carnalidad."

- - -

1. Cada uno tiene que hacerse aplicación de la enseñanza de Cristo sobre el divorcio y las segundas nupcias. Yo no puedo hacerlo por otro, porque no sé en detalle el caso en particular.

2. Usted, que me parece ser una persona muy concienzuda, admite que se casó con la referida

mujer. Dice textualmente: "Yo compartí con una mujer por tres años mas o menos techo, mesa, cama, o sea me casé pero sin licencia civil." El matrimonio en la vista de Dios no requiere licencia civil.

3. No solamente se casó con ella, sino también admite haberle repudiado (por embriagarse ella).

4. La única razón que permite Dios para que el casado repudie a su compañero de matrimonio es la fornicación. La embriaguez no es fornicación.

5. Cuando se arrepintió de sus pecados, Dios le perdonó en el bautismo, pero el bautismo no sirve el propósito de arreglar relaciones matrimoniales.

6. El que deja su cónyuge tiene que quedarse sin casar o ser reconciliado (1 Cor. 7:10,11).

7. Usted mismo puede hacer la aplicación de lo que estos datos demandan.

* * *

794. ¿EL DÍA DE PENTECOSTÉS EN DÍA DOMINGO?

"Cómo es que se puede saber que el día de Pentecostés, Hechos 2, cae en día domingo?"

\- - -

1. Con consultar Lev. 23:11-16 y Deut. 16:9-12, uno puede ver que el día de Pentecostés fue el día después de ciertas siete semanas cumplidas. Siete por siete son 49, más uno son cincuenta.

2. En griego, la palabra "pentecostés" significa quincuagésimo; es decir, el día 50.

3. Ese día cincuenta siguió al último sábado de los siete. El día que sigue al sábado es el domingo.

* * *

795. LAS SETENTA SEMANAS, DANIEL 9

"Quiero preguntarle, ¿cómo se puede explicar gráficamente lo de las siete semanas de Daniel capítulo 9?"

1. Para contestar su pregunta, cito de mi obra NOTAS SOBRE DANIEL, páginas 53-59.

Las setenta semanas

Daniel ya se ha dado cuenta del decreto de los setenta años de cautiverio; ahora Dios le va a dar otro decreto, involucrando setenta hebdómadas, concerniente a la terminación total de la comunidad o economía judaica, y de toda profecía, pues el Mesías vendrá a establecer su reino eterno, el fin de las profecías.

Antes de comentar los versículos del 24 al final del capítulo, notemos que hay tres interpretaciones principales de esta sección: la cronológica (la tradicional; una semana representa con sus siete días a siete años, un año por día), la simbólica (cada semana representa a un período de tiempo indefinido pero completo) y la premilenarista (que es cronológica pero tiene un gran intervalo de tiempo entre las semanas sesenta y nueve y la setenta). Las presento en forma abreviada:

1. La premilenarista.

Del libro DANIEL Y EL REINO MESIÁNICO, por Evis L. Carballosa, pág. 202, cito: "La interpretación premilenarista considera que las setenta semanas equivalen a un período de 490 años literales. Sesenta y nueve de esas semanas tuvieron su cumplimiento poco antes de la crucifixión de Cristo. También mantiene la posición premilenarista que entre la semana sesenta y nueve y la setenta hay un intervalo de tiempo en el que Dios está cumpliendo su propósito durante esta edad presente. La última semana, la número setenta, aguarda un cumplimiento futuro que se corresponderá con los juicios de la tribulación y la aparición del Anticristo, culminando con la segunda venida de Cristo para establecer su reinado de gloria".

Esta interpretación comienza con la fecha 445 a. C. (tomada de los eventos narrados en Nehemías, capítulo 2). Para llegar al tiempo inmediatamente antes de la crucifixión de Cristo, se agrega a la fecha de 445 a. C. un total de 483 años (producto de 69 por 7), llegando así al año 37 o 38 d. C., o sea como una semana de años en demasía. Esto se arregla con nada más emplear años "proféticos" de 360 días cada uno, y no años solares de 365 días. De esta manera uno llega a una fecha muy cerca de la entrada triunfal de Cristo en Jerusalén, y la crucifixión subsecuente. El premilenarismo tiene a Cristo cortado o muerto al final de las sesenta y nueve semanas, y que con su muerte el "reloj profético" para, y no continúa hasta que comience la última semana de años con el llamado Rapto de la iglesia, cosa todavía futura para nosotros los vivos de hoy. El tiempo de este gran intervalo se llama la edad o época de la iglesia, y hasta la fecha ha durado ¡casi dos mil años!

Sustrayendo 49 años (la primera hebdómada) de la fecha 445 a. C., se llega al año 396 a. C., pero según Nehemías, la obra de restauración de la ciudad de Jerusalén fue completada cerca del año 432 a. C.

Sobre el llamado intervalo de tiempo entre las sesenta y nueve semanas, y la setenta, se puede decir que obviamente esto es una fabricación conveniente. ¿Cómo es que no hay nada de intervalos de tiempo durante sesenta y nueve semanas, pero de repente hay uno de más de dos mil años entre las primeras sesenta y nueve y la última? Hasta la fecha, el intervalo de los premilenaristas (su llamada "Teoría Paréntesis") ha durado ¡cuatro veces más que todo el plazo de tiempo de las setenta hebdómadas!

Se afirma que Dios paró el reloj profético con la entrada triunfal de Jesús en Jerusalén y antes de la crucifixión, que desde entonces ya no gobernaba él a los judíos, que ya no estaban los judíos en su tierra, y que dicho reloj no comenzará a andar de nuevo hasta que venga el llamado Rapto en el futuro. La pura verdad es que después de la crucifixión de Cristo, los judíos sí continuaban en su tierra hasta el año 70 d. C. Es más: ¿cómo es que Dios gobernaba a los judíos durante su cautiverio en Babilonia y durante el reinado de los persas, griegos y romanos sobre ellos, hasta el tiempo de Cristo, pero que ya no gobernaba a ellos durante el tiempo de los apóstoles (bajo dominio romano), tiempo subsecuente a la entrada triunfal de Jesús en Jerusalén? Si Dios gobernaba a los judíos por siglos, aunque no tenían tierra propia, desde el cautiverio en Babilonia, hasta el tiempo de Cristo, ¿cómo es que ya no los gobernaba desde la crucifixión de Cristo, aunque continuaban en la tierra como nación hasta la destrucción de Jerusalén el año 70 d. C.? Pero nos dicen que el tiempo de los gentiles comenzó con la destrucción de Jerusalén por Nabucodonosor. Si es así, ¿quién o quiénes gobernaban por seis siglos? Si eran los gentiles, entonces Dios no. Pero si no era Dios, ¿cómo dejó Dios de gobernar a los judíos a consecuencia de crucificar los judíos a Jesús?

2. La cronológica, que es la tradicional, y que toma a un día por un año, comienza con una de cuatro fechas; a saber, el año del decreto de Ciro (539 a. C.), el de Darío (reanudando el decreto de Ciro, 518 a. C.), el del decreto de Artajerjes I Longímano (458 a. C., en el tiempo de Esdras), y el del decreto del mismo en 445 a. C. (en el tiempo de Nehemías). Vital para esta interpretación de las setenta semanas es el "terminus a quo"; o sea, el punto de partida en cuanto a fecha para el comienzo de las hebdómadas.

a. El decreto de Ciro fue profetizado por Isaías (44:26-28; 45:1,13). Fue anunciado en el primer año de Ciro (539 a. C.; Esdras 1:1 y sig. Véase 6:1-5). Sustrayendo 49 años (siete hebdómadas) de la fecha 539, uno llega a 490 a. C. Pero el tiempo de la restauración del templo y de la ciudad incluyó el tiempo y obra de Esdras y Nehemías, cosa que no permite la fecha de 490 a. C. Según esta interpretación, faltarían años para llegar a 432 a. C. (aproximadamente el tiempo del retorno de Nehemías a Jerusalén y de la terminación de la obra de reconstrucción de la ciudad). Comenzando con este "terminus a quo" (el año 539 a. C.), el plazo de 490 años (7 por 70) nos trae a la fecha de 49 a. C., bien antes del nacimiento de Jesús.

b. El decreto de Darío I Hystaspes salió el año 518 a. C., y fue una renovación del decreto de Ciro, pero en él se menciona solamente la obra referente al templo (Esdras 6:3). No incluyó la restauración de la comunidad de Israel. Sustrayendo 483 años (sesenta y nueve hebdómadas; o sea, 7 por 69 equivale a 483) de la fecha 518 a. C., uno llega al año 35 a. C., que no combina nada con los hechos del caso referente a Jesús y a su ministerio.

c. El decreto de Artajerjes el año 457 o 458 a. C. fue hecho a favor de Esdras, el escriba y sacerdote (Esdras 7:12), quien recibió autoridad para establecer un gobierno en el Israel repatriado (7:25,26). Este edicto no solamente tuvo que ver con el templo y los muros de Jerusalén, sino también tuvo que ver con la comunidad de Israel como nación. Restando 49 años (siete hebdómadas) de la fecha 458 a. C., uno llega a 409 a. C. Esta fecha parece muy tarde para la terminación de la obra de Nehemías cerca de 432 a.

C., pero se argumenta que el edicto cubrió más que el asunto del templo y de la ciudad; que la obra de establecer la comunidad de Israel también va incluida (Esdras Cap. 7; véase en particular ver. 14). Aquí termina la primera combinación de siete hebdómadas.

Restando 483 años de la fecha 458, uno llega al año 25 o 26 d. C., el tiempo del bautismo de Jesús y el comienzo de su ministerio en la tierra (tomando en cuenta que hay un error de cuatro años en nuestro calendario actual, cosa que pondría la fecha del bautismo de Jesús en el año 30 d. C.; véase Luc. 3:23). Usando el "terminus a quo" del año 458 a. C., aquí termina la segunda combinación de hebdómadas, las sesenta y dos, un total de 434 años (de 408 a. C. a 26 d. C.).

A mediados de la semana setenta (la tercera combinación de hebdómadas) Cristo sería muerto, habiendo ministrado por 3 años y medio; o sea, la mitad de la hebdómada setenta. Esto pondría la crucifixión en el año 33 d. C.

Según esta interpretación, el decreto salió el año 458 a. C. Sesenta y nueve hebdómadas más tarde (483 años, año 26 d. C.; corregida la fecha al agregar cuatro años, entonces el año 30 d. C.) Jesús fue bautizado y comenzó su ministerio. Luego, a mediados de la hebdómada setenta (la mitad de siete años; o sea, 3 años y medio) el Mesías fue muerto.

d. El decreto del mismo Artajerjes el año 445 a. C. fue dado a Nehemías. Este fue a Jerusalén a ayudar a Esdras y cumplió su tarea de terminar la construcción de los muros en 52 días (Neh. 6:15). Sobre este decreto, véase arriba **1. La premilenarista**.

3. La simbólica afirma que las hebdómadas no son días ni años literales, sino períodos definidos de tiempo necesarios para llevar a cabo las tres divisiones presentadas en la visión; a saber, siete hebdómadas, sesenta y dos hebdómadas, y luego una, un total de setenta. Dado que hay problemas con cada uno de los diferentes "terminus a quo" (los cuatro discutidos arriba), al tratar de combinar el número de años con los hechos bíblicos e históricos, algunos comentaristas (inclusive hermanos en la fe; véase la obra, SERMONES Y ARTÍCULOS, páginas 116-118, por Wayne Partain) aceptan la interpretación simbólica de este pasaje, Dan. 9:24-27.

El número siete y unidades de siete se emplean en las Escrituras en abundancia para indicar lo completo, lo realizado, lo terminado y la conclusión de asuntos. Los pasajes siguientes ilustran el punto: Gén. 4:24; Dan. 4:16,23,25; Ezeq. 8:11; 39:9,14; Mat. 18:21,22; Apoc. 1:4; 2:1; etcétera.

En vista del uso del número siete en las Escrituras, parece apropiado ver las hebdómadas de Daniel Cap. 9 de la misma manera: las setenta semanas describen un período completo de tiempo en que Dios culmina su plan divino, con el establecimiento del reino de Cristo y la terminación de la economía judaica. La primera etapa de unidades de siete (que son siete unidades) comienza con el decreto de Ciro (539 a. C.), la segunda etapa de unidades de siete (que son sesenta y dos unidades) nos trae al principio del ministerio de Cristo (30 d. C.), y la última etapa de unidades (que es de una sola unidad) tiene que ver con el ministerio de Cristo. A mediados de esta última etapa Cristo es crucificado. Luego, se agrega la destrucción de Jerusalén, cosa que pone fin a la comunidad judaica.

- - - -

La interpretación cronológica emplea dos pasajes para justificar el poner un año por un día, que son: Núm. 14:34 y Ezeq. 4:4-6.

La interpretación simbólica responde que así es en esos dos pasajes porque específicamente así se explica. Se argumenta que sin tal explicación no es justificable dar tal interpretación.

De las interpretaciones descritas arriba, para mi la "cronológica" que emplea como "terminus a quo" el decreto de Artajerjes el año 457 tiene fuerza, y es la única de las cronológicas que se puede combinar, de manera algo justificable, con los hechos históricos y el calendario. Ese edicto incluyó autorización para el establecimiento de gobierno en Israel, dando así estado de nación al pueblo de Dios de aquel tiempo. Sin embargo, la simbólica está libre del problema de conflictos de fechas, y por eso es la más segura.

Véanse los tres dibujos lineales al final de los comentarios sobre este capítulo

- - -

9:24 — Setenta semanas están determinadas sobre tu pueblo y sobre tu santa ciudad — Setenta hebdómadas, o unidades de siete (y de esto, setenta semanas), están determinadas para que se cumplan los planes de Dios referentes a Israel y su economía representada en la ciudad capital de ellos, Jerusalén. Estos planes tienen que ver con la redención del hombre pecador por medio de la muerte del Mesías, según las profecías de hombres de Dios a través de las Escrituras del Antiguo Testamento (Heb. 1:1; 1 Ped. 1:10,11; 2 Ped. 1:21).

— para terminar la prevaricación – En lugar de "prevaricación", dicen otras versiones buenas (las ASV, BLA, RVA, MOD) "transgresión". La ASV dice: "para terminar transgresión", y luego en una nota al pie de la página, sugiere: "restringir la transgresión".

Hay dos interpretaciones principales respecto a esta frase:

1. Las transgresiones de los judíos llegaron a su colmo con la crucifixión del Mesías (Hech. 2:36; 3:14), al final de las setenta unidades de siete (490 años, si la interpretación cronológica es la correcta). Esto fue la culminación de todos sus pecados. Véanse Mat. 21:33-45; 23:29-38; 1 Tes. 2:16. La medida plena de las transgresiones de Israel todavía era cosa futura en el tiempo de Daniel.

Las naciones acumulan su culpa hasta el colmo y luego son cortadas (Gén. 15:16; Dan. 8:23; Mat. 23:32; Rom. 2:5; 1 Tes. 2:16; Apoc. 18:5).

La idea no es que con la crucifixión de Jesús los judíos dejaron de pecar, sino que fue la culminación de sus pecados lo que trajo por fin la destrucción de su economía política. 2. La frase "terminar transgresión" indica simbólicamente perdonar pecados, pues el contexto tiene que ver con el acto de sellar, cubrir, o sencillamente perdonar el pecado. Se apela a Isa. 53:5, "Mas él herido fue por nuestras rebeliones, molido por nuestros pecados". Según la versión ASV, los versículos 5,8 y 12 emplean la palabra "transgresión" (o, transgresores), los versículos 10 y 12 mencionan el pecado, y los 5,6 y 11 usan la palabra "iniquidad".

— y poner fin al pecado — (otro texto dice, sellar al pecado). Con la muerte de Cristo en la cruz, el efecto del pecado es deshecho; ya no puede condenar. Por su gracia Dios conquista al pecado y por su fe el pecador lo vence. Véanse Rom. 3:21-30; 2 Cor. 5:17; Heb. 2:14-18; 7:27; 9:11-22,28; 10:12; 1 Jn. 3:8; Apoc. 2:7, 11,17,26; 3:5,12,21.

— y expiar la iniquidad – Cristo es la propiciación, o la causa por qué Dios puede mostrar misericordia (Jn. 3:16) al hombre pecador. Véanse Rom. 3:21-26; 5:11; Col. 1:20,22; Heb. 7:27; 9:25-28; 10:12,14,18; 1 Jn. 2:2. Heb. 9:5 habla del "propiciatorio", la cubierta del arca, tipo de Cristo en que él es quien cubre nuestros pecados (Rom. 4:6-8). Cristo nos reconcilia a Dios (2 Cor. 5:18-21). Véase Isa. 53:5-12.

Las tres frases, "terminar la prevaricación, poner fin al pecado, y expiar la iniquidad", constituyen un juego triple de bendiciones de aspecto negativo.

— para traer la justicia perdurable – La obra de Cristo introdujo la justicia, la que Dios imputa al pecador al perdonarle, y la que el redimido practica de día en día. Véanse Rom. 1:16,17; 3:21,22; 4:3,6-8; 8:33; 14:17; 1 Cor. 1:30; 2 Cor. 5:21; Efes. 2:10. Compárese Jer. 23:5,6.

Cuando Dios perdona al pecador, el pecador llega a ser hombre justo porque ya no tiene pecado (1 Jn. 3:7).

Esta justicia es perdurable, pues tiene resultados eternos. Concierne al Israel espiritual, y no al físico (Gál. 6:16).

El premilenarista aplica esto al futuro, cuando según él Cristo establezca su reino mesiánico en este mundo.

— y sellar la visión y la profecía – Al llevar a cabo Dios su plan de redención, por medio de la muerte de Cristo en la cruz, la profecía referente a ello quedó cumplida, confirmada, y acabada; por eso quedó sellada. Ya no tenía propósito de uso. Véanse Luc. 24:44; Hech. 3:22-26; 1 Ped. 1:10,11. Compárese Apoc. 10:7. Considérese Mat. 11:13.

Las sectas, que hoy en día reclaman recibir profecías, ignoran esta gran verdad y mienten a la gente. No hay profetas ni profetisas hoy en día. No hay necesidad de ellos.

Los premilenaristas, que reclaman que hay profecías todavía no cumplidas, aplican la referida frase al futuro cuando venga Cristo por segunda vez, y según ellos establezca su reino.

— **y ungir al Santo de los santos** – Al emplear la "S" mayúscula (Santo), nuestra versión deja la impresión de que se hace referencia a Cristo, el Santo (Hech. 3:14). La VNC dice, "ungir el santo de los santos". La RVA dice, "ungir el lugar santísimo". La ASV dice, "ungir el santísimo". El texto original no lleva artículo definido (el) delante de la palabra "santo". Dice literalmente, "ungir a santo de santísimos". (La BLA dice: "para ungir el *lugar* santísimo". La palabra "lugar" aparece en letra cursiva para indicar palabra interpolada).

La referencia puede ser a la persona de Cristo como el Santo de los santos. En Hech. 10:38 se emplea la frase "ungir" en conexión con Cristo. Véanse Luc. 4:18; Isa. 61:1 y sig. Su persona cabe bien en el contexto concerniente a la obra del evangelio según los planes eternos de Dios. Véase Heb. 1:8,9. Cristo es el centro en el versículo siguiente. Fue ungido por el Espíritu Santo en su bautismo (Mat. 3:16,17).

Si la referencia es a un lugar llamado (el) santo de santísimos, entonces esta parte de la visión dada a Daniel apunta a la obra de Cristo en el establecimiento de su iglesia, y Heb. 10:19-26 aquí cabe muy bien, juntamente con los versículos 3,6,12,14.

Las tres frases, "para traer la justicia perdurable, sellar la visión y la profecía, y ungir al Santo de los santos", constituyen un juego triple de bendiciones de aspecto positivo.

Las seis cosas que se mencionan en este versículo, el 24, según atestiguan la historia secular y la enseñanza del Nuevo Testamento, todas fueron cumplidas en el tiempo de Cristo en la tierra con su primera venida, al cumplir su "apostolado" o misión (Heb. 3:1: Jn. 19:30: 17:4). Véase Heb. 10:12-14.

El premilenarismo afirma que "esos seis aspectos del programa de Dios para con Israel" se cumplirán en sentido cabal cuando Cristo en su segunda venida establezca un reino aquí en la tierra. Pero las cartas a los gálatas, como a los hebreos, dicen bien claro que volver a la ley de Moisés y a sus sacrificios equivale a apostasía (Gál. 5:4). Su segunda venida no será con relación al pecado (Heb. 9:28). Cristo es el fin de la ley (Rom. 10:4), su testimonio es el espíritu de la profecía (Apoc. 19:10), y todas las promesas de Dios son en él Sí (2 Cor. 1:20).

Las seis cosas del ver. 24 son mesiánicas, hallando su cumplimiento en la primera venida de Cristo. Cuando él ascendió a los cielos, y vino el Espíritu Santo sobre los apóstoles, todas ellas quedaron cumplidas. Siendo así el caso, el período de las setenta hebdómadas (semanas) llegaron a su "terminus ad quem" (fecha de terminación) en la obra redentora de Cristo con su primera venida.

La semana setenta siguió inmediatamente a las sesenta y nueve anteriores. No hubo nada de "paréntesis" o "intervalo" entre ellas. El premilenarismo yerra en gran manera al afirmar que la semana setenta se cumplirá al final del curso presente de este mundo.

9:25 — Sabe, pues, y entiende, que desde la salida de la orden para restaurar y edificar a Jerusalén — Véase la sección "**Las setenta semanas**" (que sigue a los comentarios sobre el ver. 23), **2. La cronológica, c.** De las interpretaciones cronológicas, a mi juicio ésta es la única que tiene fuerza.

— **hasta el Mesías Príncipe, habrá siete semanas, y sesenta y dos semanas** — Los primeros dos grupos de hebdómadas (el de siete semanas, y el de sesenta y dos semanas, un total de sesenta y nueve) nos traen a Cristo, el Mesías quien comenzó su ministerio enseguida de su bautismo y tentación por el diablo (Mateo 3 y 4). Si seguimos la interpretación simbólica, o si seguimos la cronológica que usa como "terminus a quo" el del año 458 a. C., de todos modos llegamos al principio de la era cristiana. Según Luc. 3:23, Cristo comenzó su ministerio a la edad de treinta años. Esto nos trae a la fecha de 30 d. C. Las sesenta y nueve semanas, pues, llegan a su fin en esta fecha y con este evento. El último grupo de hebdómadas o semanas comienza con la obra de Cristo en la tierra.

Con la información de este versículo el judío del tiempo de Daniel podía determinar cuándo vendría el Mesías. Compárense Mat. 11:3; Luc. 2:25,38; 23:50,51; Jn. 11:27.

Véase el "príncipe" mencionado en el ver. 26. Allí es otro.

— **se volverá a edificar la plaza y el muro en tiempos angustiosos** – Cuando volvieron los judíos (como 50,000 de ellos; véanse Esdras, Cap. 2 y Nehemías, Cap. 7) a su tierra, hallaron a los samaritanos, y a otros, ocupándola y éstos fueron causa de gran conflicto para los judíos, pues no quisieron abandonar la tierra que habían poseído por largo tiempo. Véase Esdras 4:4-6 y sig.

En lugar de "la plaza y el muro", otras versiones dicen: "plaza (o, calle) y foso" (BLA); y "calle y foso" (ASV, MOD). La expresión indica restauración completa.

9:26 — Y después de las sesenta y dos semanas se quitará la vida al Mesías – Véanse Isa. 53:8; Hech. 8:32,33. Debe notarse que según Daniel la muerte de Cristo acontecería después de que se cumplieran las sesenta y dos semanas (que seguirían a las primeras siete semanas, un total de sesenta y nueve semanas), y por eso sucedería durante la setenta. Pero el premilenarismo tiene la semana setenta como del tiempo todavía futuro, y por eso tiene que afirmar que el Mesías fue muerto después de las sesenta y nueve semanas pero antes de la setenta, o sea durante un supuesto lapso de tiempo entre las dos secciones de hebdómadas. Este inventado "paréntesis", con respecto al tiempo, es vital para el premilenarismo.

Cristo fue muerto "a la mitad" de la semana setenta, cuando en su muerte clavó en la cruz la ley de Moisés con todo y sus sacrificios ceremoniales. Esta sencilla verdad pone fin a la reclamación premilenaria de que la semana setenta es todavía futura.

Isaías predijo la crucifixión de Cristo (53:8) y el rechazo de él de parte de los judíos (ver. 3). Al comenzar su ministerio personal, Jesús dijo que el reino de Dios se acercaba (Mar. 1:14,15) y que se acercaba la cruz de calvario (Luc. 24:25-27). Dado que la iglesia de Cristo fue comprada con el precio de la sangre de Cristo (Hech. 20:28), la profecía acerca de la cruz de Cristo implicaba el establecimiento de la iglesia. Los profetas no eran ignorantes de la iglesia predicha (Hech. 3:18; 4:28; Luc. 22:22; 1 Ped. 1:20; Efes. 3:8-12).

—mas no por sí – Notemos cómo otras versiones se expresan en esta frase: "y no tendrá nada" (ASV; BLA; RVA), o "no habrá nadie que le pertenezca", o, "no tendrá a nadie" (según anotaciones); "y no será (más) suyo (el pueblo)" (MOD); "sin que tenga culpa" (VNC).

Por quince siglos los judíos eran el pueblo del Mesías Príncipe (ver. 25), pero como nación le rechazaron terminantemente (Mat. 21:33—22:14; Hech. 13:46). Ahora por la crucifixión ellos fueron cortados por él completamente, y ya no le pertenecían más. A partir de la cruz de Cristo y el establecimiento de la iglesia de Cristo en el Día de Pentecostés (Hechos 2), el pueblo de Dios es el Israel espiritual y no el literal (Gál. 6:16; Rom. 2:28,29; 9:6-8).

— y el pueblo de un príncipe que ha de venir destruirá la ciudad y el santuario – Consideremos estas dos interpretaciones principales:

1. El "príncipe" es Cristo, como en el ver. 25, y su pueblo son los judíos. Los romanos sitiaron a la ciudad de Jerusalén en el año 66 d. C., y los judíos siendo atrapados y apretados por el hambre, comenzaron a destruirse a sí mismos. Más grande fue la destrucción causada por ellos que aquélla causada por los romanos cuando por fin tomaron la ciudad el año 70 d. C..

2. El príncipe es el general Tito (hijo del emperador, Vespasiano, y el pueblo son los soldados romanos. Fueron enviados a sofocar una rebelión de parte de los judíos, y de esto resultó la toma y destrucción completa de Jerusalén en el año 70 d. C. Para mí esta interpretación cabe mejor en el contexto, pues el "desolador" del ver. 27 es sin duda Tito, el general del ejército romano.

Jesús confirmó esta profecía (Mat. 24:15-28; 23:38; Luc. 21:20). Josefo, el famoso historiador judío contemporáneo, escribió acerca de la destrucción de Jerusalén, mencionando entre otras cosas la muerte de muchos de los habitantes de la ciudad debido a enfermedades, hambres, pestilencias, y homicidio. El tomó este gran evento como cumplimiento de la profecía de Daniel.

Véase ver. 27, comentarios sobre "abominaciones".

— y su fin – Nunca fue la voluntad de Dios que Israel literal como nación, y la ley de Moisés que la dirigía, permanecieran perpetuamente. Considérense Isa. 65:17; 66:22; Jer. 31:31-34 (Heb. 8:7-13); Gál. 3:15-29; Heb. 7:11-28. Pablo en 1 Tes. 2:16 habla de la ira de Dios que viene sobre Israel literal. Esto seguramente halló su cumplimiento en la destrucción de Jerusalén en el año 70 d. C.

— será con inundación – Esta frase es una figura de destrucción total que la guerra de los romanos contra Israel traería. Considérense Luc. 19:41-44; 21:20-24; Mar. 13:14-20; Mat. 24:15-28.

— y hasta el fin de la guerra durarán las devastaciones — Esto se refiere al fin venidero del judaísmo. Otras versiones dicen: "aun hasta el fin habrá guerra; las desolaciones están determinadas" (BLA, ASV); "y hasta el fin de la guerra están decretados asolamientos" (MOD); "hasta el fin de la guerra está decretada la desolación" (RVA).

- - -

Los premilenaristas agregan un gran lapso de tiempo entre el ver. 26 y el 27, llamado "paréntesis" y "edad eclesiástica" (es decir, la edad de la iglesia, o la edad presente). El ver. 27 concierne a la semana setenta, que supuestamente es asunto todavía futuro, según ellos. Pero Daniel dice "setenta semanas", y los premilenaristas, que interpretan esas semanas en sentido cronológico (véase la sección titulada, **Las Setenta Semanas**, enseguida de los comentarios sobre el ver. 23), al mismo tiempo ignoran la cronología y meten dos mil años, hasta la fecha, entre las primeras sesenta y nueve semanas y la última. Además de esto, dice Daniel que el Mesías fue cortado, o muerto, después de haber pasado las primeras sesenta y nueve semanas, y por eso durante la setenta, pero el premilenarismo tiene al Mesías cortado entre las sesenta y nueve y la setenta, que según ellos es todavía futura. Véanse los comentarios sobre el ver. 26, primer párrafo. Finalmente, notemos que si la semana setenta es todavía futura, las seis bendiciones del ver. 24 todavía no han sido realizadas, y resulta que estamos todavía en nuestros pecados y el reino todavía no ha sido establecido. ¿Cómo es, pues, que los cristianos colosenses ya se hallaban en el reino (1:13)? ¿Cómo es que ya tenemos el perdón de pecados (Efes. 1:7; Hech. 2:38)?

9:27 — Y por otra semana (o, por una semana, versiones ASV, BLA, etcétera).

Nuestra versión y otras suplen la palabra "por". El texto hebreo dice literalmente, "él hará firme un pacto con muchos una semana". Viendo que parece convenir suplir una palabra antes de la frase, "una semana", ¿por qué no suplir la palabra "durante", tomando en cuenta el contexto (ver. 24-27) y la enseñanza completa del Nuevo Testamento sobre el tema? Así se expresa la versión Popular, "Durante una semana más", y la de Nácar-Colunga dice, "durante una semana". Pero en realidad, la idea de duración no se obtiene en la expresión; el punto de énfasis es que la semana setenta es designada para los grandes eventos asociados con el Nuevo Pacto y la cesación del Pacto Viejo.

— confirmará el pacto con muchos –

Ciertamente Cristo no confirmó su pacto (Mat. 26:28) por una sola semana, pero sí lo confirmó durante la semana setenta de la profecía de Daniel 9. Cristo confirmó las promesas hechas a los padres judíos. Compárense Rom. 15:5-13 más Gál. 3:26-29. Esperaba que los judíos entendieran estas cosas y le recibieran como el Mesías mediante tales profecías (Luc. 24:25-27; 24:44-47). Dios no hace acepción de personas (Hech. 10:34); el Nuevo Pacto incluye tanto a gentiles como a judíos (Rom. 1:16,17; 9:22-33).

Durante esta semana final, la setenta, Cristo estableció su Pacto, o lo hizo firme, con muchos (con los primeros cristianos de entre los judíos, según la interpretación cronológica, o con los cristianos de cualquier nación, judíos y gentiles, según la interpretación simbólica) al hacer posible la remisión de pecados (Heb. 8:7-13; 9:15-22; 10:15-18). Considérese Gál. 3:15-22.

La versión griega del Antiguo Testamento, la Septuaginta (versión de los setenta), dice aquí, "Y una semana establecerá el pacto con muchos". Como la sección previa de la profecía presentó actividades de las primeras sesenta y nueve semanas, ésta ahora presenta lo que ha de suceder durante la semana número setenta; a saber, la venida del Mesías, su muerte por los pecadores, el establecimiento del Nuevo Pacto (véase Jer. 31:31-34) , y la cesación del sacrificio y la ofrenda según la ley de Moisés. Es un pacto eterno (Heb. 13:20). Es para todo ser humano (Rom. 15:8-12; Mar. 16:15). Pero el contexto (véase ver. 24) nos obliga a considerar que la palabra "muchos" se refiera a los cristianos judíos en particular, convertidos en los primeros años del evangelio predicado.

— a la mitad de la semana hará cesar el sacrificio y la ofrenda —

El libro Hebreos establece sin duda alguna que los sacrificios y las ofrendas judaicas de la ley de Moisés fueron puestos a un lado cuando Cristo murió en la cruz, pues ya cumplieron su propósito de servir de figura, sombra y tipo. Véanse Heb. 7:11-28; 8:13; 9:24-26; 10:1-14. Considérense Efes. 2:11-22; Col. 2:14; 2 Cor. 3:6-11; Rom. 7:1-6. Es cierto que entre los judíos incrédulos las ceremonias judaicas continuaron después de la crucifixión de Jesús, y hasta la destrucción de Jerusalén en año 70 d. C., pero ya no tenían eficacia porque hubo cambio de ley (Heb. 7:11-28). Cristo no pudo ser nuestro sumo sacerdote mientras la ley de Moisés y sus ceremonias estaban en vigor (Hebreos, Cap. 7); por eso sabemos sin duda que "el sacrificio y la ofrenda" no duraron hasta el año 70 d. C. Terminaron con la muerte de Cristo en la cruz.

Si las setenta semanas son tantos años (490), entonces la frase, "a la mitad de la semana", indica a la mitad de siete años; o sea, a los 3 años y medio. Esto concuerda con el hecho de que el ministerio de Jesús duró tres años y medio (desde 30 d. C. hasta 33 d. C.). Si el caso es así, entonces la destrucción de Jerusalén, en el año 70 d. C., viene siendo un punto adicional a las seis cosas de

las setenta semanas, como alistadas en el ver. 24. El ver. 26 menciona dos cosas que han de suceder después de las sesenta y nueve semanas; a saber, el Príncipe será muerto, y la destrucción de Jerusalén. La muerte de Cristo sucedió a la mitad de la semana setenta, pues fue crucificado a los 3 años y medio de haber comenzado su ministerio personal. En este caso, la destrucción de Jerusalén no fue parte de la semana setenta, sino acto subsecuente, como consecuencia del rechazo de Cristo de parte de los judíos en la crucifixión de Jesús. El versículo 25 permite esta argumentación. No requiere que la destrucción de Jerusalén ocurra durante la semana setenta.

Si las setenta semanas simbolizan ciertos períodos de tiempo, entonces la muerte de Cristo y la destrucción de Jerusalén ocurrieron durante la semana setenta. La primera cosa no ocurrió propiamente a la mitad de la semana, sino solamente durante ella, y la segunda cosa al final de la semana.

Algunos toman la posición de que la destrucción de Jerusalén va incluida en el período de la semana setenta; la interpretación simbólica lo requiere. Si se sigue la interpretación cronológica, con el año 457 a. C. como terminus a quo, la semana setenta termina tres años y medio después de la crucifixión de Cristo, y aunque los versículos 26 y 27 mencionan la destrucción de Jerusalén, dicha destrucción vino a *consecuencia* del rechazo terminante de Jesús de parte de los judíos, al crucificarle, pero el *cumplimiento* de ella (en el año 70 d. C.) no fue parte de la semana setenta. Ni tampoco fue parte de las seis cosas profetizadas en el ver. 24. No es necesario, pues, tomar la destrucción de Jerusalén como parte de los eventos de la semana setenta. La crucifixión de Cristo sucedió a la mitad de la semana setenta, tres años y medio después de comenzar Jesús con su ministerio personal, pero la destrucción de Jerusalén no sucedió tres años y medio después de la crucifixión. Esta profecía dada a Daniel de las setenta semanas no atribuye ningún suceso a la última mitad de la semana setenta (sean años o nada más parte de un período definido de tiempo) y por eso no veo necesidad de hallar nada que corresponda a dicho período de tiempo. Sin embargo, especialmente en cuanto a semana de años, si algo se puede atribuirle es que en la segunda mitad de la semana setenta el evangelio se predicaba exclusivamente a los judíos (Hech. 1:8; 11:19,20; Rom. 1:16). Luego el evangelio se comenzó a predicar a los gentiles, Cornelio siendo el primero de los conversos de entre los gentiles.

El premilenarismo, que tiene la semana setenta como evento completamente futuro con respecto al tiempo presente, y que tiene la muerte de Cristo como evento ocurrido al final de las sesenta y nueve semanas, se imagina que dicha semana de siete años literales precederán a la segunda venida de Cristo para establecer un reino milenario en esta tierra. Para este sistema falso, la semana setenta no sigue cronológicamente a las primeras sesenta y nueve, sino que hay un gran intervalo de tiempo entre ellas, tiempo que hasta la fecha ha alcanzado como cuatro veces más (2000 años) que el total de tiempo de las setenta semanas enteras (490 años). Pero es de singular interés notar que si la semana setenta todavía no ha llegado, no han llegado las bendiciones espirituales del ver. 24, inclusive la bendición de perdón de pecados.

— **Después con la muchedumbre de las abominaciones** – Consideremos estas versiones: "Sobre el ala de abominaciones" (ASV, BLA); "sobre el ala de las abominaciones" (MOD); "sobre alas de abominaciones" (RVA).

Dicen las versiones RVR y la NRV, "y en el ala del templo estará la abominación horrible", y "Y sobre el ala del templo uno ejecutará la abominación asoladora". Así se expresa también la versión Septuaginta (el Antiguo Testamento en griego).

Dado que Cristo clavó en la cruz la ley de Moisés, confirmando su nuevo pacto y terminando las ceremonias de la ley de Moisés, era tiempo de poner fin a la economía o comunidad judaica una vez y para siempre. Esto sucedió en la destrucción de Jerusalén. Véanse Mat. 24:15; Mar. 13:14, que emplean la frase "abominación desoladora". Compárese Luc. 21:20.

A esto se refiere esta frase de este versículo 27.

— **vendrá el desolador** – Véase ver. 26, comentarios (sobre destruir). Sin duda es Tito, el general del ejército romano. Los soldados romanos, bajo la dirección militar de Tito, entraron en Jerusalén, hasta en el templo, robando lo que fue de valor, y quemando la ciudad, tumbando sistemáticamente las grandes piedras de los edificios y los muros y dejando todo desolado. Su misma presencia en el templo fue una abominación para los judíos (Mat. 24:15).

— **hasta que venga la consumación, y lo que está determinado** — Otras versiones dicen: "hasta que una destrucción completa, la que está decretada..." (BLA); "hasta que la ruina decretada"(VNC); "hasta que la aniquilamiento que está decidido" (RVA); "hasta un fin completo, y eso determinado" (ASV).

La completa destrucción de la economía judaica no fue nada accidental, sino fue el resultado de lo que Dios había decretado que pasara. Tito pensaba estar haciendo la voluntad del imperio romano, pero en realidad fue instrumento en las manos de Dios para poner fin a Israel como nación. En la destrucción de Jerusalén fueron destruidos todos los registros sacerdotales y hasta la fecha ha sido imposible determinar la distinción de tribus israelitas. Si alguno hoy en día se levantara, reclamando ser el Cristo, no podría probar que sea de la tribu de Judá (Heb. 7:14), cosa esencial para el mesianismo. El judío moderno, al esperar al Mesías, no puede esperar a ninguna persona, sino solamente a una era o época de paz y buena voluntad.

— **se derrame sobre el desolador** – El desolador de este contexto es el ejército romano. Considérense Mat. 24:15; Luc. 21:20-24. Pero el "fin completo" de este contexto, que Dios determinó, fue para la economía judaica, y no para el imperio romano. Por eso, en lugar de "sobre el desolador", mejores son las versiones que dicen así: "sobre lo desolado" (ASV); "sobre el *pueblo asolado*" (MOD); "sobre la desolación" (Septuaginta).

Véase Mat. 23:38, "vuestra casa os es dejada desierta". De esto mismo, pues, Cristo profetizó. El ángel revela a Daniel que Jerusalén, entonces en ruinas, será reedificada (ver. 25), pero que en la consumación del plan de Dios para el Mesías, el Redentor y Salvador, Jerusalén por fin y totalmente será destruida.

- - -

El fin de Roma ya fue profetizado en 7:26.

Si la frase "sobre el desolador" (según nuestra versión, RV 1960) es la traducción correcta, entonces se profetiza aquí, como cosa decretada por Dios, la completa desolación de Roma, el poder desolador.

(fin de la cita de NOTAS SOBRE DANIEL)

En mi comentario, Notas Sobre Daniel, aparece un gráfico de los Setenta Semanas

* * *

796. LOS ÁNGELES QUE PECARON, Y SATANÁS

A continuación cito de una carta que un hermano en la fe escribió a otros y a mí, y doy contestación a su escrito, poniendo mi sigla BHR antes de cada párrafo mío y usando otra clase distinta de tipo de letra (Arial).

"Estimado hermano Bill…. Este correo lo he enviado a otros hermanos también por eso está incluido su comentario sobre el tema. ¡Que Dios les bendiga mucho!

El motivo de este correo es por una pregunta que le hizo la hermana ____ a ____ sobre un sermón….. sobre el tema de los ángeles y que te mando bajo el título de 'los ángeles que pecaron'…. La pregunta que le hizo a ____ la hermana fue la siguiente: ¿los ángeles pecaron? Porque el comentario que ha predicado ____ da a entender que los ángeles no pecaron.

Y así es, según yo he podido leer y comprender según este hermano en el pasaje dice que no se está refiriendo a ángeles sino a hombres mensajeros, y que no encuentra ningún pasaje bíblico donde haga referencias o diga que los ángeles pecaron, pero según el comentario del hermano Bill Reeves sobre Judas dice el hermano que sí que los ángeles pecaron. Y esta es la contrariedad que se ve en estos comentarios. ¡Ojo! Lee bien el comentario adjunto.

Otra duda que se observa en algunos hermanos es lo referido a Satanás. El hermano ____ dice que el pasaje de Isaías 14 se refiere a Satanás, también cuando en Génesis 6 habla de las hijas de los hombres que se juntaron con los hijos de Dios, estos hombres "hijos de hombres" dice que cree que se refiere a ángeles también que tuvieron relación con las hijas de los hombres. ¿Pero los ángeles tienen sexo? Le pregunté yo. Y me dijo que según la historia de Lot cuando los ángeles se presentaron en su casa, los hombres querían tener relación con ellos, por tanto se deduce que tenían sexo.

BHR -Isa. 14:1-27 — No Bill Reeves sino Isaías mismo dice que habla acerca del rey de Babilonia y los suyos (versos 4,22,25 en particular). _____ y otros ignoran el contexto y juegan con palabras a su manera.

Los ángeles no tienen sexo (deducido de Mat. 22:30; no habrá matrimonio en el cielo y por eso no habrá necesidad de distinción de sexo). Los salvos, pues, serán como los ángeles.

Los pecadores de Sodoma veían en los ángeles hombres y por eso deseaban usarlos sexualmente. Gén. 19:5 dice que los pecadores del pueblo pidieron la presencia de hombres, no de ángeles. No sabían que eran ángeles. Lo que ellos veían eran hombres.

También el hermano _____ en su libro "Carta de Jesús a un gnóstico" menciona que el pasaje de Ezequiel 28 se refiere a Satanás, pero otra vez el hermano Bill dice que este pasaje se refiere al rey de Tiro, y así también lo cree el hermano Jerry cuando estudiamos Ezequiel con él.

Hermano favor de ayudarme a esclarecer esta cuestión y que podamos ayudar a nuestra hermana _____ de ____. ¡Que Dios le bendiga!

BHR - Ezeq. 28:-19 — No Bill Reeves, sino Ezequiel mismo dice que habla acerca de rey de Tiro (versos 2,12 en particular). _____ y otros ignoran el contexto y juegan con palabras a su manera.

Los Ángeles Que Pecaron. "Y a los ángeles que no guardaron su dignidad, sino que abandonaron su propia morada, los ha guardado bajo oscuridad, en prisiones eternas, para el juicio del gran día" (Judas 6; véase también 2 Pedro 2:4).

¿Estos ángeles que pecaron eran ángeles celestiales que se volvieron descontentos con su estado o eran hombres que dejaron su propia obra de mensajeros de Dios? Creo que la evidencia está fuertemente en favor de la última.

BHR - El pasaje no dice que los mensajeros "dejaron su propia obra de mensajeros de Dios." Esto lo asevera el autor del artículo; Judas dijo otra cosa distinta.

La palabra traducida "ángeles" es encontrada muchas veces en el Nuevo Testamento.BHR - La palabra "ángel" no es traducción, sino transliteralización del vocablo griego, "aggelos." Traducido, viene siendo "mensajero." A l g u n a s veces es usada con referencia a los ángeles o mensajeros celestiales. Véase tales pasajes como Mateo 1:20,24. Algunas veces es usada con referencia a los ángeles o mensajeros del Diablo. Véase Mateo 25:41; 2 Cor. 12:7. Algunas veces es usada con referencia a hombres que son mensajeros. Véase Mateo 11:10; Marcos 1:2; Lucas 7:24,27; 9:52; Santiago 2:25. La única forma para determinar a quien se refiere en cualquier pasaje es por el contexto. El contexto en que la palabra es usada en nuestros dos pasajes indica que es usada

con referencia a hombres que eran mensajeros. El punto que cada escritor estaba haciendo era que los hombres de tal carácter como el que ellos estaban discutiendo fueron "destinados para esta condenación" (Judas 4) o "la condenación no se tarda" (2 Pedro 2:3). Para hacer hincapié en este punto, cada uno de los escritores usa tres ilustraciones. Judas usa a los Israelitas, que desobedecieron después de salir de Egipto, a los ángeles y a Sodoma y Gomorra. Pedro usa a los ángeles, el diluvio y Sodoma y Gomorra. Ahora, ¿usaron ellos dos ejemplos de hombres desobedientes y un caso de ángeles (celestiales) desobedientes para probar que los hombres desobedientes están destinados para condenación? O, ¿usaron tres ejemplos de hombres que fueron rebeldes y desobedientes para hacer su punto? Parece más razonable para mí que ellos estaban usando ejemplos de hombres para hacer su punto con referencia al juicio de los hombres. No creo que los ángeles en el cielo jamás pecaron o tuvieron inclinación al pecado. "

BHR - El autor supone que de las tres ilustraciones ninguna con razón puede representar a mensajeros celestiales. Le preguntamos: ¿Por qué no? Con más fuerza se hace el argumento si hasta para los mismos mensajeros celestiales hay castigo plenario debido a desobediencia a Dios. El autor da su "razonable" y su "creo" pero no comprueba su conclusión.

En Lucas 16:26 es declarado que hay "una gran sima" de manera que nadie puede "pasar" desde donde Abraham estaba hasta donde el rico estaba. ¿Pasaron los ángeles por la sima impasable?

BHR - Luc. 16:26 — El autor ignora lo que el pasaje está diciendo. Nadie afirma que los ángeles puedan pasar del tormento del Hades a alguna parte. La cuestión tiene que ver con dejar los mensajeros celestiales su propia morada y ser entregados por Dios a prisiones por su desobediencia. Toda desobediencia produce castigo de Dios.

No hay pasaje que claramente enseñe que los ángeles celestiales pecaron y fueron arrojados. Si es así, yo no lo he encontrado. Los dos pasajes bajo consideración no prueban esto, porque ellos son los que están bajo la pregunta.

BHR - Pedro dice que ciertos mensajeros pecaron (2 Ped. 2:4) y Judas describe su pecado (ver. 6). ¿Cuál hombre jamás ha cometido el pecado descrito por Judas? Pedro y Judas obviamente hablan de mensajeros celestiales; o sea, ángeles.

Isaías 14:12 no lo prueba, porque el contexto claramente muestra que el "Lucero" de ese pasaje era Babilonia. Además, no creo que los ángeles que son seres especialmente creados para esperar alrededor del trono de Dios, se volvieran descontentos con su posición y obra. ¿Qué pudo haber en el cielo que hiciera que los ángeles se volvieran descontentos?

BHR - La pregunta presupone que los ángeles del cielo no tienen libre albedrío, sino que son incapaces de pensar por sí. Los hombres son tentados por Satanás y pecan, pero los ángeles no necesitan tal cosa para que pequen. A continuación el autor admite que los hombres y los ángeles no son la misma cosa; o sea, de la misma naturaleza y creación.

El pasaje no dice que "volvieron descontentos." El autor agrega palabras al texto inspirado. ¿No puede el mismo orgullo y vanagloria impulsar a uno a dejar su propia morada, o solamente lo induce el estar descontento?

Nuevamente, aun cuando no hay pasaje que enseñe que los salvos se convertirán en ángeles, Mateo 22:30 dice que los salvos serán "como los ángeles". Ahora, si yo creyera que los ángeles se volvieron descontentos en el cielo y fueron arrojados, también tendría que creer que cuando el salvo llegue al fin que desea y sea "como los ángeles", uno podrá volverse descontento y ser expulsado. Pero esto es contrario a toda la enseñanza Bíblica. Si uno vive y muere en lo correcto, su destino eterno está asegurado. Uno no tendrá que preocuparse acerca de hacer lo incorrecto en el cielo y ser arrojado.

BHR - Después del juicio final no habrá en el cielo ningún Satanás que tiente a pecar. El caso con el hombre no es así en esta vida.

Los ángeles que fueron arrojados en nuestros pasajes fueron arrojados para ser reservados "al juicio" (2 Pedro 2:4) o para "el juicio del gran día" (Judas 6). En el juicio de ese gran día, Dios juzgará al mundo (Hechos 17:31); juzgará a todos los que están en los sepulcros (Juan 5:28-29); juzgará a los hombres por las cosas hechas en el cuerpo (2 Cor. 5:10). Pero ¿dónde hay indicación en la Biblia de que ese día es un día para juzgar a los ángeles celestiales?

BHR - Pregunto yo: ¿De dónde fueron arrojados los mensajeros referidos en 2 Ped. 2:4? "Dónde hay indicación en la Biblia de que" el hombre pecador al pecar es arrojado de alguna parte a otra? Este lenguaje es especial, aplicado al mensajero celestial porque del cielo es arrojado al abismo.

El autor contesta su propia pregunta con citar 2 Ped. 2:4. Nadie afirma que el referido día será exclusivamente "para juzgar a los ángeles celestiales," pero ellos serán incluidos en el juicio de aquel día.

Los otros tres pasajes que el autor cita tratan de la participación del mundo de seres humanos en el Juicio Final. Como el primer pasaje citado no trata de seres humanos, los otros tres no tratan de seres celestiales.

En la traducción literal de Robert Young se lee como esto en Judas 6: "Los mensajeros que no guardaron su dignidad, sino que dejaron su propia morada, para el juicio del gran día, en prisiones eternas, bajo oscuridad los ha guardado".

El Traduce 2 Pedro 2:4 como esto: "Porque si a los mensajeros de Dios que pecaron no les tuvo misericordia sin que con cadenas de espesa oscuridad, habiéndolos arrojado al Tártaro, los entregará para el juicio, que había sido reservado".

Ahora, si la palabra ha sido traducida "mensajeros" en lugar de ángeles como en la versión de Rey Jaime, Reina-Valera y otras (como ellos la traducen en muchos otros pasajes), uno no habrá estado tan apto para haber pensado que estos eran ángeles celestiales en estos pasajes. No, yo no estoy diciendo que estos dieron una mala traducción de la palabra. Hasta donde yo se, "ángeles" o "mensajeros" es una traducción correcta. Yo estoy diciendo que el hecho de que ellos la tradujeron "ángeles" no prueba que los seres celestiales estaban bajo consideración en estos pasajes.

BHR - Ángeles y mensajeros ¡no son "una traducción correcta." La palabra "mensajero" sí es traducción, pero la palabra "ángel" es transliteración y no traducción. Los traductores, al llegar a la palabra griega "aggelos" (en griego, la doble g se pronuncia como ng; por eso, "angelos") la dejaron en forma transliteralizada al pensar que la referencia tendría que ver con mensajeros celestiales, y la tradujeron al pensar que la referencia tendría que ver con seres humanos.

Solamente indico que los traductores así lo piensan. Uno podría decir que ninguno de los cinco argumentos que he presentado conclusivamente prueba que estos pasajes están hablando de mensajeros terrenales antes que celestiales. Estoy de acuerdo en que los argumentos del uno al cinco muestra la posibilidad. Estoy de acuerdo que el argumento número dos solamente indica que la posición que he tomado es correcta. Pero me parece que los argumentos tres y cuatro hermosamente lo prueban. De cualquier manera, la evidencia acumulada no deja duda en cuanto a mí. (Gospel Anchor, Vol. 5, pág. 310, Jesse G. Jenkins). Traducido por Jaime Restrepo.

COMENTARIO DEL HMNO. BILL

v. 6 — Es el segundo caso que presenta Judas para probar que serán castigados los inicuos. Véase 2 Pedro 2:4, "los ángeles". Son seres creados morales. Pueden pecar (2 Pedro 2:4) y por eso son responsables por su conducta. Dios los ha empleado "para servicio a favor de los que serán herederos de la salvación" (Hebreos 1:14). Parece que no hay provisiones para su salvación cuando pecan (Hebreos 2:16). Fueron creados buenos o santos (todo lo que crea Dios es bueno, Génesis 1:31); algunos pecaron (pero no se ha revelado en qué consistió su pecado); y Dios guarda a los que han pecado para el castigo eterno después del juicio final.

Algunos creen que Satanás es un ángel creado, que se rebeló en el cielo (Apocalipsis 12:7-9) y fue lanzado fuera y arrojado a la tierra porque se envaneció y buscó más poder (1 Timoteo 3:6). Se cita Isaías 14:12-15 para aplicarlo a la caída del cielo de Satanás. Pero todo esto es pura especulación. Se tuercen estos pasajes. Véanse mis notas sobre Apocalipsis 12:7-12. Isaías 14 habla de la caída del rey de Babilonia (véanse los versículos 4, 22, 25). Ezequiel 28:13-19 también se aplica a Satanás, pero el versículo 12 dice claramente que se hace referencia al rey de Tiro.

También es muy popular la idea de que el

pecado de los ángeles aquí mencionados por Judas fue el de cometer fornicación con mujeres de la tierra, y se cita Génesis 6:2,3. Pero el contexto no habla de ángeles, sino de hombres, de seres humanos. "La maldad de los hombres" (el versículo 6) es el punto del contexto.

Dice Pedro que estos ángeles pecaron, y dice Judas que "no guardaron su dignidad, sino que abandonaron su propia morada". Más de esto no sabemos. El punto de Judas, al mencionar el caso de los ángeles desobedientes, es que si no escapan la venganza de Dios los ángeles, cuanto menos escaparán los hombres como los falsos maestros referidos en el versículo 4.

* * *

797. CASADA CON UN ADÚLTERO, ¿QUÉ HACER?

"Una joven se caso con un adúltero y no sabía nada sobre el tema, y el predicador dice que el adúltero tenía que divorciarse de su primera mujer y luego casarse con la joven legalmente (según dice él). ¿Qué opina usted al respecto, eso es así? ¿Qué se podría hacer en esa situación?"

- - -

Falta información más clara para que yo pueda comentar inteligentemente sobre este caso, pero en general diré lo siguiente:

1. La joven necesita dejar al adúltero porque Dios no junta a nadie a adúlteros.

2. No se me explica por qué el hombre es adúltero. Si repudió a su esposa no por fornicación, al casarse con la joven comenzó a cometer adulterio (Mat. 19:9). En tal caso necesita el hombre reconciliarse con su esposa o quedarse sin casar (1 Cor. 7:10,11).

3. No veo nada de razón en el consejo del predicador. Si el adúltero repudió a su esposa por fornicación entonces tenía derecho a segundas nupcias. Pero en tal caso, no sería adúltero. Pero dado que es adúltero, no tiene derecho alguno a la joven por esposa.

* * *

798. SOLTERO CASADO CON UNA REPUDIADA

"¿Si un soltero se casa con la repudiada comete adulterio significa que su matrimonio es valido? y si no ¿por qué se dice que comete adulterio?"

- - -

1. El interrogador no me da información sobre la repudiada. No todo caso de matrimonio con una repudiada es adulterio. Cristo en Mat. 19:9 (y otros textos) habla del caso de repudiar a una esposa por cualquier causa excepto por fornicación, y nos dice que el que se casa con tal repudiada comete adulterio.2. Pero si una esposa fiel es repudiada injustamente por su marido, y luego el marido va y se casa con otra, o si va y comete adulterio, la repudiada fiel tiene la causa bíblica contra su marido, Mar. 10:11, (quien nunca fue librado por

Dios de su votos de matrimonio) y ella puede repudiarle a él y volver a casarse.

3. Si un soltero o un casado tiene relaciones sexuales con una esposa de otro, comete adulterio, porque el adulterio es tal relación en conexión con persona casada.

4. Ningún matrimonio es válido si las dos personas no tienen derecho bíblico de juntarse como esposos.

* * *

799. REUNIRSE LA IGLESIA EN LA CASA DE UNA HERMANA INFIEL

"¿Es pecado o propio que un grupo de hermanos se reúnan como iglesia en la casa de una hermana que es infiel? Yo hablé con el predicador de esa congregación y me decía 2 Tes. 3:6:14-15; además hablé con él sobre 1 Corintio 5."

- - -

1. La pregunta trata dos cuestiones distintas; a saber, el lugar de reunión y la comunión con una hermana infiel.

La iglesia local escoge dónde reunirse. Puede ser en una sinagoga, en una escuela secular, en una casa privada (Hech. 19:8,9; Filemón 2), o en su propio edificio.

Todo lugar es lícito pero por ciertas circunstancias puede ser que no convenga reunirse en cierto lugar (1 Cor. 6:12). Aquí entra el juicio de la iglesia local. Es lícito que la iglesia se reúna en un edificio usado también por mundanos, pero eso no significa necesariamente comunión con mundanos.

Desde luego no se puede tener comunión con hermanos infieles y el interrogador cita pasajes apropiados. Si el uso de la casa por la iglesia se toma como expresión de comunión con la hermana infiel, entonces la iglesia hace mal en congregarse en dicha casa. Si no es así, el lícito que la iglesia se congregue allí pero puede ser que no convenga. Si la iglesia no paga a la hermana infiel por el uso de su casa, difícilmente puede haber un acuerdo con ella que no sea expresión de comunión con ella, especialmente de parte de ella. Puede ser que ella ofrezca su casa a la iglesia para que la iglesia no le condene en su pecado.

Si yo tuviera más detalles tal vez podría hacer una sugerencia, pero a fin de cuentas toca a la iglesia local decidir usar o no dicha casa. El juicio es de la iglesia, no de otros. Pero lo que tiene que ser obedecido sin excepciones es la prohibición de comulgar hermanos infieles.

* * *

800. DEL PANGEA

"Me surgió una duda en una campaña juvenil en Diciembre del año pasado sobre el tema del Pangea. Un hermano estaba predicando y mencionó que en alguno de los libros de Reyes hay un texto donde confirma esta teoría, solo que el hermano que estaba predicando no dio la cita, solo dijo que confirma lo que se nos dice en la escuela sobre este tema."

- - -

1. La palabra Pangea es compuesta de dos griegas, PAN significando "todo" y GE significando "tierra." La proposición de que originalmente la tierra era una sola masa (pangea) es pura conjetura e imaginación de incrédulos, dada la necesidad, según ellos, de unos 200 millones de años para el desarrollo de lo que suponen.

2. La Palabra de Dios, la Biblia, nos dice que "en seis días hizo Jehová los cielos y la tierra, el mar, y todas las cosas que en ellos hay." Eran días consecutivos de 24 horas cada uno (Génesis capítulo 1, cada uno con su tarde y mañana. No eran "días" de edades geológicas largas, cosas que no tienen tarde y mañana). Según Cristo, el Creador (Jn. 1:3), Adán y Eva estuvieron en el principio de la creación (Mar. 10:6). Según Luc. 3:23-38, hay 75 generaciones entre Adán y Jesús. 50 de las 75 generaciones nos llevan de Jesús (en la tierra) hasta Abraham (quien se admite vivía como 2000 años antes de Jesús), quedando solamente 25 generaciones para llegar a Adán. Tomando en cuenta que los antiguos vivían centenares de años (véase Génesis capítulo 5), aún así no podemos calcular más de unos pocos miles de años entre Abraham y Adán. Agregando los 2000 años de Jesús hasta nosotros, el total de años para la edad de la tierra (aún del universo), de la humanidad, y de los animales, no puede pasar de seis a diez mil años.

3. La presente superficie de la tierra se debe a los resultados de un año de diluvio universal o global en el tiempo de Noé (Génesis 6-8). Sin duda dicho diluvio global obró grandes cambios en la apariencia física del mundo, pero los incrédulos no pueden admitir la gran catástrofe o cataclismo que la Biblia relata.

4. Sobre el pasaje en 1 Reyes no puedo comentar hasta verlo para considerarlo.

* * *

801. EL EXORCISMO

"quiero preguntarle sobre el tema del exorcismo, es que acá en _____ hace poco acaban de pasar una película (el exorcismo de Emily Rose) y acá la juventud tiene dudas sobre el tema si existe el exorcismo o no. ¿Que me puede decir al respecto?"

- - -

1. El exorcismo es la creencia de que por el conjuro de ciertas personas se puede echar fuera del hombre el demonio. Se emplea conjuro, o mando solemne; es decir, el suplicar con instancia. Compárese Hech. 19:13-16.

2. El catolicismo romano, el mahometismo, o islamismo, y algunas sectas protestantes, creen en el exorcismo. El exorcista no es cualquier persona, sino se afirma que solamente ciertas personas tienen el poder de exorcizar, o echar fuera a demonios.

3. Es cierto que en tiempos bíblicos se echaban fuera demonios. El Nuevo Testamento revela varios casos de esto. Pero fue profetizado que Dios cortaría de la tierra el espíritu de inmundicia, Zac. 13:2. Los espíritus malos ya no habitan cuerpos físicos.

4. Jesús vino a destruir las obras del diablo, Mat. 12:22-28; Jn. 12:31-33; Col. 2:14,15; 1Jn. 2:8.

5. El echar fuera demonios era una señal milagrosa que tenía el propósito de confirmar la deidad de Jesús y la divinidad del mensaje de los apóstoles. Véanse Mar. 16:15-20; Heb. 2:3,4. Estas señales cesaron después de cumplir su propósito. Compárese 1 Cor. 13:8-10.

6. En tiempos del Nuevo Testamento los demonios confesaron que Jesús de Nazaret era el Cristo de Dios (Mar. 1:23,24; 3:11), pero en los supuestos casos de exorcismo hoy en día los llamados espíritus inmundos blasfeman y maldicen.

7. En tiempos del Nuevo Testamento, el poder divino dado a los apóstoles para echar demonios fue usado para confirmar la verdad del evangelio (Mar. 16:16-20), pero hoy en día los llamados exorcistas predican todo menos el evangelio, o palabra apostólica (Gál. 1:6-10).

8. El exorcismo moderno es una falsedad. Que nadie sea engañado por él (Col. 2:8).

* * *

802. ¿PELO LARGO O CORTO?

"somos unas hermanas que tenemos una gran duda acerca de la medida del pelo, ciertas hermanas de nuestra congregación opinan que si lleva el pelo corto pierdes la salvación, ellas llevan el pelo corto pero dicen que su medida es la correcta, nosotras preguntamos:
¿Cuál es la medida de pelo para salvarse?"

- - -

1. No hay cierta "medida de pelo para salvarse." Las Escrituras no especifican cierto número de centímetros de longitud para el pelo.

2. Los términos "largo" y "corto" son términos relativos; por eso no especifican ciertas medidas en centímetros. Nadie tiene derecho de poner regla al pelo del individuo.

3. El hombre y la mujer llevan dos papeles distintos en la vida; el hombre es el dirigente, y la mujer está sujeta a esa dirección. Por eso en cuanto al pelo (como al vestuario y a otros asuntos) que el hombre no parezca mujer, ni la mujer hombre.

4. Véase Interrogante 765, donde cito de mi obra NOTAS SOBRE 1 CORINTIOS, 11:14,15.

* * *

803. 1 COR. 7:11, DIVORCIARSE PERO NO VOLVER A CASARSE

"Actualmente estoy tratando un caso en que la esposa quiere divorciarse y emplea 1 Cor. 7:10,11 como base de justificación. Ella afirma que está bien divorciarse con tal que no vuelva a casarse y usa el pasaje como prueba. Dice que ha oído a varios predicadores decir lo mismo; a saber, que está bien divorciarse pero sin nuevas nupcias. Digo yo que ella está equivocada al dar tal interpretación al pasaje por las siguientes razones:

"1) Este pasaje dice: 'Que la mujer no se separe del marido.' En otras palabras, dice que 'El Señor ha mandado: ella no ha de divorciarse.' Por lo tanto al divorciarse ella de su marido (o viceversa), la persona ha violado un mandamiento específico de no hacer cierta cosa. Por eso vemos infracción; es decir, pecado (1 Jn. 3:4).

"2) La frase 'y si' (*el texto griego dice, Pero si de veras, Pero si también, o Pero y si — bhr*) es dada para que se evite que el pecado del versículo 10 se empeore. Ella ha pecado al divorciarse pero si de veras lo hace entonces que ella quede sin casar o que se reconcilie si quiere estar casada.

"a) Creo que Mateo 5:32 (sin la parte de excepción) se aplica aquí también. Su búsqueda y adquisición del divorcio le abre a ella una puerta de tentación para el marido, como para ella misma. Ella reconoce que su divorcio no es por causa de fornicación y reclama con énfasis que con gusto quedará sin casar. Pero un pensar más sobrio ve por delante gran problema en lo que la mujer sugiere. No ve una "excepción" sino pecado en lo que ella propone.

"b) También veo en el lenguaje de 1 Cor. 7:11 un paralelo a 2 Jn. 2:1. Juan escribió para que la gente no pecara, sin embargo, si se comete pecado (véase también 1 Juan 1:5-10), entonces tenemos un abogado, Jesús, para ayudarnos cuando nos arrepentimos. 1 Juan 2:1 no es licencia para pecar; es decir, que 'Está bien pecar con tal que uno se acuerde que puede volverse a Jesús como su Abogado.' De igual manera Pablo no está enseñando a la gente en 1 Cor. 7:10,11 que está bien divorciarse. Es pecado cuando uno se divorcia por cualquier causa, exceptuando la de fornicación. Sin embargo, si la persona pasa a pecar en esto, que se pare y quede allí y no empeore el caso (agregando pecado a pecado) por medio de casarse luego con otro.

"3) También pienso que ella se equivoca al amontonar a predicadores, diciendo que "si todos éstos dicen que está bien hacerlo, entonces debe estar bien hacerlo.

"De todos modos, enséñeme mi error en mi interpretación del pasaje, si en algo me equivoco. Gracias por su ayuda."

---

1) Querido hermano: Yo mismo no hubiera podido explicarlo mejor.

2) Otro paralelo a la expresión "y si" en 1 Cor. 7:11 se encuentra en Rom. 11:18, "y si" (*el texto griego dice, Pero si" — bhr*). ¿Estaba bien que el gentil se gloriara con tal que reconociera tal y tal cosa? También Santiago 3:14, "Pero si" (*el texto griego es idéntico al de Rom. 11:18*) ¿Está bien tener celos amargos con tal que la persona no se jacte ni mienta contra la verdad? Hacer lo que Cristo prohíbe es pecar.

3) Algunos usan 1 Cor. 7:11 para justificar el dejar el cristiano al cónyuge abusivo, pero el hacerlo es abusar del pasaje, sacándolo totalmente del contexto. Tal uso es caso de enseñar la verdad pero con pasaje no aplicable. La justificación para huir de la persecución es hallada en otra parte. Jesús mandó a los cristianos, que estarían en Jerusalén al acercarse el ejército romano, huir a los montes (Mat. 24:16). Es posible que esto incluyera casos de cristianos casados con no cristianos que tendrían que separarse de sus esposos. Pablo huyó de la persecución con la ayuda de cristianos compañeros (Hech. 9:24,25), y nosotros hemos de imitarle (Fil. 4:9). Las Escrituras no prohíben que el cristiano huya de la persecución, pero 1 Cor. 7:11 no es el pasaje indicado.

* * *

804. VINO EMBOTELLADO CON OTROS INGREDIENTES PARA LA CENA DEL SEÑOR

"Quería preguntarle si es correcto usar el vino que botella ya que en el vino que compramos dice los siguientes ingredientes jugo de uva azúcar perganmanato de potasio (preservante para que no se dañe) ya que algunos hermanos dicen que hay ingredientes incluidos y no sería correcto. Que opina usted?

---

1. En primer lugar las Escrituras, en cuanto a la cena del Señor no dicen vino sino el fruto de la vid (Mat. 26:29). La palabra "vino," como usada hoy en día, dirige la mente a un producto de destilación y por eso de mucho alcohol.

2. El jugo de uva que se vende en botella puede traer algo de preservativo pero no cambia el jugo de uva en otro producto; sigue siendo jugo de uva. Sí, es correcto usarlo en la cena del Señor por ser simplemente jugo de uva.

3. El que se opone a su uso debe decirnos qué usar cuando la uva natural no está en su sazón y donde no existe por el clima que no se presta para la uva. El jugo de uva embotellado puede conseguirse dondequiera y cuando quiera.

* * *

805. ¿QUÉ HACER LA ESPOSA GOLPEADA?

"Hay cosas que son clarísimas respecto a lo que dice el texto de 1 Cor.7:10,11 el Señor manda que no se separe ni la mujer ni el marido, pero que si llegará la separación (acto desaprobado por Dios) que no se añada aun más mal casándose con otra persona, sino que se busque la reconciliación con su cónyuge. Ahora la duda que me viene asaltando durante la preparación de este estudio es la siguiente ¿Que hay del caso cuando hay maltrato, pegar, y etc.? Los cristianos nunca deberían llegar a esto, pero dado el tiempo que corre donde en este país la violencia en el hogar es cada día más grande, creo que hay que tener las cosas muy claras en el tema. También he pensado en que una mujer puede denunciar a su marido "cristiano" por pegarle, pero me viene el texto de 1 Cor.6:1-7, concretamente el v. 7 en que ya es una falta estar en ese estado que encima recurrir al juez de los incrédulos.

---

1. Usted tiene razón respecto a 1 Cor. 7:10,11. El contexto trata de una situación que prevalecía en Corinto en que debido a la conversión a Cristo de personas de un pueblo dado a la idolatría, algunos dirían que el ser cristiano obligaba al convertido a dejar el cónyuge inconverso. El inspirado apóstol dice que no.

2. Pablo no habla de un contexto distinto en que existiera el caso de persecución o abuso físico. En tal caso vemos la solución en la enseñanza de Cristo de huir de la persecución (Mat. 24:16 y sig.), y en el ejemplo de Pablo (Hech. 9:23,-25) que hemos de seguir (Fil. 4:9).

3. En un caso semejante, la mujer no debe "denunciar a su marido" (sea él cristiano o no). No renuncia sus votos hechos a él en el matrimonio. Sencillamente huye. Deja la presencia de la persecución. No está violando Mat. 19:6. Esto no es divorcio o separación legal. Es huir de la persecución. Ella ni piensa en segundas nupcias. La perseguida no se considera ya libre de marido. La separación física es sencillamente para poner distancia entra ella y él.

4. Si ella llama a la ley no es para que la ley juzgue entre ella y su marido cristiano. 1Cor. 6:1-7 habla de juzgar en pleitos o litigios judiciales. Ella, si llama a la policía, es nada más para tener protección contra el abuso físico.

* * *

806. HUIR LA ESPOSA DE AMENAZA DE GOLPES DE PARTE DE SU MARIDO

"Si la mujer huye de la presencia de su marido, para no ser golpeada por su esposo (por ejemplo a casa de sus padres) y no decide volver con su marido por que no ve un cambio de actitud en lo relacionado a la agresión, sería lícito, ¿no?"

- - -

La persona huye de la persecución por el tiempo que dure la persecución. La mujer que usted menciona tiene que evitar la tentación de valerse del maltrato pasado de parte de su marido para nunca volver a él. Ella sigue siendo la esposa de él y tiene obligaciones de esposa (1 Cor. 7). Debe estar procurando rescatar a su marido de su mal para la salvación eterna de él. Se le tienta a vengarse de él por nunca volver a él. Esto sería pecado. La persecución no es la causa divina para repudiar al cónyuge.

* * *

807. EL CASAMIENTO Y LO CIVIL

"Si me permite nuevamente, quisiera me respondiera y comentara lo siguiente:"

(Mis respuestas van en tipo Arial y precedidas con mis iniciales—BHR)

1. Dios es quien une en matrimonio, y es Él quien desliga al cónyuge inocente de sus votos matrimoniales, permitiéndole las segundas nupcias (Génesis 2:24-25; Mateo 19:9; Romanos 7:2-3).

2. El registro civil deja constancia de la unión matrimonial pero no une a la pareja, ya que no está en las manos de los gobiernos incrédulos la unión matrimonial de las personas; sabemos que Dios liga y desliga, es decir, Dios une en matrimonio a quienes cumplen con los principios presentados en su palabra para que exista tal relación, y permite al cónyuge inocente, es decir engañado por la fornicación de su cónyuge adúltero, casarse nuevamente sin pecar, o perdonar al cónyuge fornicario…

3. Para que exista unión matrimonial y no fornicación entre un hombre y una mujer:

— Ambos deben decidir, es decir tener la intención de unirse en matrimonio, llegando a unir sus voluntades y sus vidas (Génesis 2:24; Mateo 19:4-6).

— Además, el hombre deja a sus padres para unirse en matrimonio con su mujer, llegando, ambos, a ser una sola carne al consumar su matrimonio en la primera relación sexual (Mateo 19:4-6; Génesis 2:24).

— Tenemos pues, a esta pareja que tiene derecho al matrimonio, y ha decidido casarse, ambos han hecho un pacto ante Dios, haciendo públicos sus votos y luego uniéndose como esposos (Malaquías 2:14; Proverbios 2:17; Génesis 2:24; Mateo 19:4-6).

— Entonces están casados…

BHR - Todo lo de arriba es correcto.

4. Por años creí que la pareja que no legalizaba su matrimonio pecaba por desobedecer a la ley civil (así fui enseñado). Pero resulta, que la ley civil "une" (reconoce) en matrimonio a adúlteros, y a los que en realidad han vivido como esposos por años no les condena por no "legalizar" su situación. Pero si se establece en el registro civil que es "conveniente" legalizar la situación civil de los ciudadanos por motivos de beneficios legales para el matrimonio y los hijos nacidos de tal relación, los bienes que adquieran los esposos, etc…, en este caso sería responsable la pareja unida en matrimonio que vela por el bienestar familiar de esta manera, legalizando su situación…

BHR - Es correcto.

5. Algunos casos hipotéticos, pero necesarios de considerar:

¿Cuándo los esposos no han legalizado su situación ante el civil, cual sería su pecado en este caso?

BHR - No es violación de la ley en su país (que yo sepa) que el matrimonio no sea legalizado (es decir, registrado. Véase punto 4 arriba). Hay hermanos que hablan de unión libre, cuando en realidad están casados pero sin presentarse ante el registro civil, en este caso se le da un énfasis inadecuado a la unión "legal", luego usan la palabra divorcio en un sentido legal pero no escritural… Este punto no me está del todo claro. Si no hubo casamiento legal, no puede haber divorcio legal.

BHR - Pero sí puede haber separación (que es el significado radical de la palabra divorcio).

o ¿Deben legalizar su situación antes de ser bautizados para el perdón de sus pecados los cónyuges inconversos? Si los cónyuges inconversos son esposos en la vista de Dios, no tienen pecado en su matrimonio que afecte el bautismo. Deben ser bautizados para perdón de sus pecados. Si no están unidos por Dios, deben separarse del matrimonio ilícito para que el bautismo les quite ese (y otros) pecados.

o ¿Se puede ir al civil después de haberse casado, unos días después, por ejemplo...? Es lícito, porque es Dios quien une en el matrimonio, no el civil, pero no siempre conviene todo lo que sea lícito.

o ¿Se puede ir al civil luego de haberse bautizado... unos días después, por ejemplo? Comúnmente hay que sacar hora con anticipación para llegar a legalizar una unión en el registro civil... Si la pareja inconversa está casada en la vista de Dios, debe bautizarse sin demora. Que legalicen su matrimonio otro día es otra cosa.

o ¿Es necesario ir al civil antes de unirse ante Dios como marido y mujer...? No es necesario (Dios no lo requiere); que convenga es otra cosa (2 Cor. 8:21). Esta es la costumbre cultural; en este caso la cultura "conservadora" de varios les impulsa a hacerlo así, aunque ellos piensan que la ley les casa... A mí me parece correcta la costumbre de ir al civil primero, y luego de esto consumar el matrimonio. En este caso, la legalización de la unión matrimonial constituye la expresión pública de los votos matrimoniales ante la ley, pero no la unión misma: ¿Es correcto creerlo así a la luz de la verdad de Cristo? Yo pronto me casaré, Dios mediante, y creo que lo correcto es ir al registro civil primero. No existe bíblicamente casamiento eclesiástico. La iglesia ni universal ni local casa. Por eso es incorrecto pensar en dos casamientos: uno "en la iglesia," y otro "civil." No es malo que la iglesia local, o solamente un grupo de familiares y amigos, se junte para oír los votos de matrimonio de una pareja, pero en ese caso con su pacto hecho, ya están casados. En cuanto a su matrimonio, ¡nunca tendría la pareja que irse ante la ley para legalizar su matrimonio! Pero si lo van a hacer, conviene hacerlo luego para cumplir con la expectación del público que está habituado al matrimonio civil. O bien puede la pareja olvidarse de "casamiento eclesiástico" e irse directamente con el civil para casarse, cumpliendo a la vez los requisitos de Dios y los de la ley civil. Lo que se debe evitar es el concepto incorrecto de que "hay que casarse en la iglesia" (para el agrado de Dios).

BHR - En mi país, la ley permite que "la iglesia" formalmente case a la pareja y luego nada más se entrega a la ley la licencia ya firmada que se sacó de la ley. Entonces la ley nada más registra el evento. En otros países la ley no reconoce sino la ceremonia que ella misma estipula. Yo ignoro la situación en _____.

Al decir usted, "creo que lo correcto es ir al registro civil primero," implica que algo se piensa hacer después de ir al registro civil primero. ¿Qué es ese algo? Si lo civil les casa, están casados (habiendo hecho ustedes los dos sus votos ante testigos, etc.). Si con la palabra "primero" tiene en mente la consumación de su matrimonio, usted tiene razón porque no se consuma el matrimonio antes de ser los dos casados, y el casamiento en este caso se celebra públicamente ante la ley.

Lo que yo sugiero (pero es la conciencia suya lo que rige) es que los dos vayan ante la ley, con sus familiares, amigos y hermanos en la fe, etc. para ser casados civilmente, y luego celebren, si gustan, actividades sociales para celebrar su nuevo matrimonio, o bien salir en un viaje de luna de miel. Olvídense de "casamiento eclesiástico." No se van a casar dos veces.

Espero que esto le sea útil

* * *

808. JUDAS 4, Y "UNICIDAD"

"Hablando de quienes son los falsos maestros que habla Judas, parece que eran los gnósticos. Los mismos que eran sin ley, que convertían la gracia de Dios en un libertinaje, en una excusa para sus inmoralidades.... Pero ellos también "negaban a Dios y a Jesucristo" (V. 4). Si Judas habla acerca de nuestro único Soberano Dios, los falsos maestros cuestionaban la UNICIDAD (único, sin otro de su especie) de Dios. EL PUNTO DE LA CONSULTA TIENE QUE VER CON LA UNICIDAD...Un hermano sostiene que la "Unicidad" es una palabra sectaria, que no podemos tomarla los cristianos.

¿Qué involucra, que argumenta la UNICIDAD? Tal vez no es aplicable en la introducción a la epístola de Judas. En lugar de esa palabra ¿podríamos usar otra palabra que hable de la creencia de los gnósticos en cuanto a la unicidad de Cristo como único mediador?"

- - -

1. Sí, Judas habla acerca de los gnósticos.

2. Según el versículo 4 en el texto griego, los gnósticos hacían dos cosas: a saber, (1) convertían en libertinaje la gracia de nuestro Dios, y (2) negaban a nuestro único maestro y señor, Jesucristo. (La palabra "mediador" no está en el texto original y por eso no entra en este punto tratado).

3. La palabra "único" en el texto griego se aplica a "nuestro maestro y señor Jesucristo." El es nuestro único maestro y señor; no hay otro (Hech. 4:12). Pero esto es lo que negaban los gnósticos. (Sobre los gnósticos, véase la introducción a mi comentario, NOTAS SOBRE I JUAN).

4. La palabra "unicidad" aparece en el diccionario Larousse y significa "calidad de único." Es correcto usar esta palabra para indicar tal calidad. Los gnósticos negaban la unicidad de Cristo como el único maestro y señor porque ellos abogaban por muchos mediadores (demonios).

* * *

809. MATRIMONIO MENTAL

"Mis preguntas son las que siguen. Algunos hermanos hablan del "matrimonio mental." No he oído antes ese término. Esto es por el problema que tiene un joven aquí en _____ que convivió por 3 años con una mujer y el declara estar casado ante Dios. Cosa que yo comparto."

- - -

1. Toca a la persona que usa la frase definirla, diciéndonos lo que quiera decir con ella.

2. Sin duda alude a algo contrastado con matrimonio civil (algo controlado por las cortes de los hombres).

3. Todo acto del hombre debe ser precedido por el pensar (compárense Hech. 26:9,10; Mat. 1:19,20). Todo matrimonio, sea civil o no, es la consecuencia de actividad mental. Seguramente nadie se casa sin que primero haya pensado en casarse.

4. Desde el principio del tiempo, y hasta la fecha en muchas partes del mundo, hombres y mujeres son unidos por Dios en matrimonio sin que haya participado en ello las cortes humanas. La ley humana no une en matrimonio; Dios es quien junta o liga. La ley humana registra matrimonios pero no los establece o determina.

5. No se me dice qué es el problema que tenga el joven. Si él y la mujer tuvieron derecho al matrimonio según las leyes de Dios, e hicieron votos de matrimonio, para vivir hasta la muerte, fieles el uno al otro en el matrimonio, y esto ante testigos, Dios los unió en matrimonio. Si hay algún problema, está por otra parte.

* * *

810. ANCIANATO SUSPENDIDO

"La otra es una pregunta que me hace un joven de una iglesia que tiene dos ancianos. Dice que uno de los ancianos, por trabajo, se fue ya hace 7 meses, viene una ves por mes a ver a su familia y no se le ve en la iglesia, la iglesia suspendió el ancianato mientras regresa el referido anciano. ¿Puede volver a constituirse el ancianato una vez vuelto el anciano? ¿y si vuelve a partir?

- - -

1. Según la poca información que se me concede, el individuo referido no tiene las cualidades necesarias para ser anciano en la iglesia local. El ancianato no es una mera conveniencia en la iglesia local para cuando ciertos hombres no estén de ausencia larga.

2. La descripción que se me da del referido individuo no demuestra la espiritualidad necesaria para que sea obispo en la iglesia local. Ni se congrega con la iglesia cuando está en casa.

3. Nadie puede exhortar con sana enseñanza y convencer a los que contradicen (Tito 1:9), si anda lejos de la iglesia local por largo tiempo. No puede cuidar de la iglesia de Dios (1 Tim. 3:5) si no está presente con ella. ¿Acaso puede un pastor cuidar de las ovejas si está bien lejos de ellas por un tiempo extenso, y que volviendo a donde las ovejas ni las ve?

4. El ancianato se establece cuando hay hombres con las cualidades estipuladas en las Escrituras para servir de ancianos. El se quita cuando no los hay. No existe bíblica y automáticamente solamente cuando estén presentes ciertas personas que en cualquier momento pueden decidir ausentarse.

* * *

811. CONTROL EVANGELÍSTICO

"He estado estudiando su comentario en torno a Tito 1:5. Y de allí me surge la inquietud de ocupar su tiempo para preguntarle:

1. ¿Quiere decir este pasaje que una persona, en este caso un evangelista tiene la potestad para formar el cuerpo de ancianos de una congregación?

2. ¿Significa esto que la Iglesia está supeditada a las decisiones de un evangelista?

3. ¿Esta diciendo este texto que el evangelista incluso puede auto designarse como anciano y evangelista al mismo tiempo?

4. Si un evangelista puede designar todo un cuerpo de ancianos en una congregación, ¿podríamos decir que la Iglesia es gobernada por un solo hombre?"

- - -

En breve contesto sus preguntas y luego comento algo sobre el tema.

1. No.

2. Sí, si el caso fuera así, pero no es así.

3. No.

4. Sí, y eso sería anti bíblico.

Tito cumpliría con la tarea asignada por Pablo al ser evangelista, que es uno que predica el evangelio. Lo haría por medio de enseñanza apostólica, y no por dictadura o ejercicio de un supuesto "control de evangelista." La obra del evangelista (2 Tim. 4:5) se resume en el versículo 2; a saber, predicar, redargüir, reprender y exhortar con toda paciencia y doctrina. Su obra no es la de ejercer un puesto de dictador espiritual.

Véanse los Interrogantes #456, 475.

* * *

812. SUEÑOS Y VISIÓN

"Estoy realizando un estudio sobre "Nuestro futuro como iglesia". En este estudio hablo de la necesidad de tener "Sueños y Esperanza". Sueños de mirar más allá, al futuro, de tener visión. Nehemías nos enseña el poder de un sueño (Nehemías 2:11-18). Me podría dar su punto de vista en este tema. ¿Por qué la iglesia de Cristo no tiene visión de ver más allá? ¿Por qué muchas iglesias no tienen ancianos a pesar de existir 10, 20 años como iglesia? ¿Qué está sucediendo, donde está el problema?

- - -

1. Al parecer se está usando las palabras "sueño" y "visión," no en sentido literal, sino en el sentido de deseo de alcanzar éxito en el ejercicio de ciertos deberes. Sí, es cierto que el cristiano hace con sus fuerzas todo lo que le venga a la mano para hacer (Ecles. 9:10). Debe estar siempre firme y

constante, creciendo en la obra del Señor siempre (1 Cor. 15:58). Debe esforzarse (1 Cor. 16:13).

2. Pero eso de "sueños y visión" puede ser peligroso, si el punto de énfasis es solamente efectuar ciertos logros considerados como exitosos. Fácilmente puede uno irse más allá de lo que está escrito (1 Cor. 4:6).

3. "¿Por qué la iglesia de Cristo no tiene visión de ver más allá?" Esta pregunta, como expresada, condena a todo cristiano en el mundo, porque la iglesia de Cristo es compuesta de todos los salvos. La iglesia en sentido universal no obra colectivamente como una entidad, sino obra distributivamente al obrar cada miembro de ella. Ahora si cierto cristiano no está obrando en la Viña del Señor como es digno, debe ser exhortado a hacerlo.

Se afirma que la iglesia del Señor "no tiene visión de ver más allá." Pregunto: ¿Más allá de qué? ¿Qué es lo que ella debe estar mirando, pero que no lo ve?

4. "¿Por qué muchas iglesias no tienen ancianos a pesar de existir 10, 20 años como iglesia?" Ahora, esta pregunta especifica algo. Es cierto que hay muchas iglesias locales que después de 10 o 20 años todavía no tienen ancianos. Yo no puedo dar respuesta a la pregunta como formulada, porque no sé las circunstancias en esas "muchas iglesias." Ciertamente no es correcto nombrar a ancianos sencillamente para que haya ancianos en esas "muchas iglesias." Hay cualidades que considerar. De nada sirve tener a hombres que nada más se llamen ancianos, pero sin las cualidades bíblicas. El anciano bíblico es uno que ha deseado serlo (1 Tim. 3:1). Si no hay deseo, no puede haber anciano bíblico.

5. "¿Qué está sucediendo, donde está el problema?" Si alguno ve en un dado caso que en cierta congregación de muchos años de existencia que no hay ancianos, y que parece que por las circunstancias debe haberlos, entonces debe hallar la solución por medio de enseñanza y exhortación bíblicas. Debe hacerla ver que falta la organización bíblica en dicha iglesia, y si es por falta de educación en el asunto, que los hermanos aprendan lo que es la voluntad del Señor en el asunto y que ciertos hermanos hombres deseen llenar los requisitos para ser ancianos.

No es cuestión de sueños y visión, sino de negligencia de parte de ciertos hermanos en sus deberes, hermanos que deben sentir vergüenza (1 Cor. 6:5; 15:34).

La solución para todo problema espiritual es la enseñanza y la exhortación bíblicas.

* * *

813. JUAN 13, Y EL EJEMPLO APOSTÓLICO

"Algunos citan los pasajes de Juan 13 para decir que si son necesarios los ejemplos apostólicos aprobados como determinantes para establecer la autoridad de Cristo, entonces tendríamos que seguir cada o ejemplo o en especial el de lavar los pies.

Sabemos que los que tales argumentan lo hacen para menospreciar el ejemplo apostólico aprobado en cuanto al uso de la ofrenda y la obra de la iglesia local etc., mas sin embargo déjeme saber su apreciación sobre este punto en particular. Lo he analizado pero deseo saber su opinión."

- - -

1. Primero, me permito corregir una expresión, la de "establecer la autoridad de Cristo." En realidad no la establecemos; ella existe, que el hombre la reconozca o no. Pero sí establecemos cómo determinar lo autorizado por Cristo, o determinamos lo que Cristo autoriza. Lo que queremos decir es que la autoridad de Cristo es manifestada en diferentes maneras, entre ellas por medio del ejemplo apostólico aprobado. De igual manera los hijos en la familia aprenden en parte lo que los padres autorizan por medio de fijarse en los ejemplos de ellos. Los padres guían al hijo y él sigue el ejemplo dejado por ellos.

2. Juan 13:4-17 narra el evento en que Jesús, por medio de lavar los pies de sus discípulos, les enseñó una lección que necesitaban aprender: a saber, que tenemos que ser humildes y procurar servir y no ser servidos. Les dejó esta lección por medio de hacer un acto que normalmente no es hecho por el señor al siervo, sino viceversa. No es el medio que sea mandado, sino la actitud correcta al actuar.

3. El hermano institucional entiende bien, como también nosotros, el punto de Cristo en la lección de Juan 13:4-17. El sabe por qué el lavamiento de los pies no es mandamiento que deba observarse en la iglesia local en el culto rendido a Dios. Pero comete un gran equívoco al concluir que por eso no hay ejemplo apostólico alguno que observar hoy en día. Es más; es muy inconsecuente al seguir ciertos ejemplos apostólicos. ¿Cómo puede él mostrar el error del sectario que practica la observancia de la Cena del Señor en día viernes, en lugar de solamente en el primer día de la semana? El sectario le diría que no hay mandamiento de que se observe solamente en día domingo, y el hermano le contestará que el único día autorizado por Cristo para su observancia es él presentado (por ejemplo apostólico) en Hechos 20:7. El hermano sigue el ejemplo apostólico en esto, y el sectario rehúsa hacerlo. Al mismo tiempo sale el hermano institucional con la misma argumentación, que el sectario emplea contra él, para justificarse "en cuanto al uso de la ofrenda y la obra de la iglesia local, etc."

4. Considérese el Interrogante # 539.

* * *

814. OFRENDAR ÉL, PERO ELLA NO

"Un matrimonio, miembro de la iglesia, son fieles hermanos pero se observa que solo él ofrenda. Cuando se le pregunta sobre el por qué no ofrenda su esposa, él da la siguiente respuesta: Mi esposa no trabaja y al no recibir sueldo ella no ofrenda porque el ofrendar está condicionado a la prosperidad material. Además, agrega, hemos acordado que solo yo ofrendaré de acuerdo a mis ingresos.

"El hermano en cuestión es un hermano muy generoso y hace el bien a los hermanos. Pero mantiene su posición en cuanto a no ofrendar su esposa.

"Esto ha levantado una controversia entre los hermanos. Unos dicen que la hermana peca al no cumplir con el mandamiento de la ofrendan, otros dicen que realmente la ofrenda está condicionada a la prosperidad monetaria.

"Usted me orientaría para ver cómo puedo ayudar a mis hermanos en esto."

- - -

1. 1 Cor. 16:2 enseña claramente que el acto de ofrendar ha de ser de parte de la persona que en su trabajo gana un dinero, cosa que es su prosperidad.

2. Si la persona que prospera algo es esposa, debe ofrendar, no porque es esposa, sino porque prospera. Toda persona, ganando dinero, u otra clase de bienes, está sujeta a este mandamiento del Señor, no importando quién sea la persona en cuanto a su relación matrimonial. Si el cristiano es hijo en la casa de sus padres, y gana un dinero, debe ofrendar, no porque es hijo, sino porque gana dinero. Si no gana nada, no ofrenda nada, pues no tiene qué ofrendar.

3. La veracidad del acto de ofrendar no consiste en que la persona sencillamente eche un dinero en una canasta o plato que se pase en la asamblea. Consiste en que la persona que prospera algo aparte una porción de esa ganancia material para echarla a la colecta.

- - -

815. LA VASECTOMÍA

"Mi esposa tuvo un embarazo bastante malo; unas 8 veces la he llevado a urgencias con dolores y dos veces quedó ingresada, pero gracias a Dios que el parto ha sido normal y a su tiempo.

"Esto me ha hecho pensar en hacerme la vasectomía, ¿pero es esto una mutilación según la Biblia? Tiene que ver con Levítico 21:18, ¿nos afecta a nosotros los cristianos, este versículo? Hermano la verdad que mi temor a Dios me hace dudar si esta operación me haría pecar. Por eso necesito que usted me aconseje en esta decisión. También le digo que mi esposa teme volverse a quedar embarazada porque verdaderamente ha tenido mucho sufrimiento en este tercer embarazo y yo deseo bienestar para ella y que nuestras relaciones sean lo mejor en nuestro matrimonio. La verdad estoy mas inclinado por la vasectomía, pero también necesito la opinión de un hermano mas estudiado en las escrituras, como usted."

- - -

1. Primero, aclaro que no decido por otro en casos semejantes.

2. Lev. 21:18 no entra en este caso. Considérense otros defectos mencionados en el pasaje que no son causados por determinada operación en el cuerpo.

3. Una operación para salvar la vida de otro no es pecado. Si la vasectomía es para salvar la vida de la esposa es una cosa, pero si es para que ella no sufra a causa de embarazo, es otra cosa. Dios no ha prometido embarazo sin dolor (Gén. 3:16), como todos sabemos. La conveniencia es una cosa; la necesidad es otra. Temer a la muerte es una cosa; temer a mucho sufrimiento es otra.

4. Dios conoce el corazón de cada uno; nuestros motivos son conocidos por él (Jer. 17:10). Por eso la conciencia del individuo en este caso es vital.

* * *

816. UNIÓN LIBRE; ¿TIENEN QUE CASARSE?

"yo tengo una pregunta es sobre el matrimonio, si una pareja vive en unión libre antes de conocer a Cristo, se bautizan pero ambos siguen igual es decir no se casan… claro son pareja, como si fueran esposos, ¿es correcto o tienen que casarse? ¿que dice la Biblia al respecto? Me habían dado un texto, en donde lo justificaban, algo así que como llegaron a Cristo así permanezcan… no me acuerdo muy bien… pero bueno algo así…"

- - -

1. Hay varios factores en este cuadro que considerar. Vamos uno por uno.

2. Sea el caso "antes de conocer a Cristo," o después de ello, si cierta pareja tiene derecho al matrimonio puede entrar en el matrimonio y vivir como esposos.

3. Si con "unión libre" se significa matrimonio sin registro legal, siempre es matrimonio. La ley civil no determina el matrimonio; Dios es el autor del matrimonio y es quien lo gobierna. El es quien junta (Mat. 19:6), no los hombres.

4. El bautismo no tiene por propósito legalizar matrimonios, o no. Es para el perdón de los pecados arrepentidos. Si la pareja referida tenía derecho a ser esposos y se casaron pero sin registro legal, y luego se bautizan para perdón de sus pecados, Dios les perdona. Llegan a ser cristianos.

5. "¿Tienen que casarse?" Ya están casados. No viven "como si fueran esposos," sino son esposos. Los casados no "tienen que casarse." La pregunta se basa en la idea incorrecta de que no hay matrimonio fuera de participación directa de leyes civiles.

6. Supongo que el pasaje buscado sea 1 Cor. 7:20, "Cada uno en el estado en que fue llamado, en él se quede." Este pasaje no entra en el caso a la mano. Cito de mi obra, NOTAS SOBRE 1 CORINTIOS, 7:20,

"El ser convertido uno en cristiano no requiere que se hagan grandes cambios en las diferentes relaciones exteriores de la vida. Existían en Corinto doctrinas falsas que fomentaban tales cambios como esenciales para quienes se convirtieran a Cristo. Desde el ver. 8 y hasta el final de este capítulo, Pablo está discutiendo la cuestión. El célibe está bien; no tiene que casarse. El casado está bien; no debe divorciarse del esposo. Si se divorcia, debe quedarse sin casar. Si el incrédulo se divorcia del creyente, el creyente debe dejárselo y no negar su fe para ir tras el incrédulo. El circuncidado debe quedarse circunciso. El no circuncidado no debe circuncidarse. En los versículos siguientes Pablo seguirá con el mismo pensamiento referente a otros y a sus condiciones o circunstancias de vida.

Desde luego Pablo habla de casos en que las relaciones en sí no son pecaminosas. Claro es que no habla de que el homosexual, el polígamo, o el estafador, se queden en sus relaciones y actividades pecaminosas. (El arrepentimiento requiere que se abandonen completamente tales relaciones y actividades). Hay algunos hermanos en la fe que tuercen este pasaje para que diga que la pareja, que vive en el adulterio, debe quedarse en esa relación pecaminosa. Voluntariamente ignoran el contexto en que Pablo ha dicho las palabras de este versículo.

Ahora, si un carpintero es llamado por Dios por medio del evangelio (2 Tes. 2:14), ya que es cristiano puede cambiar de oficio, y llegar a ser mecánico o pintor. Pero, ¡no lo puede hacer por ser cristiano! Ser cristiano no requiere tales cambios. Pablo no está hablando de casos de mejoramiento en las condiciones financieras de la vida. No está hablando de que los solteros no puedan casarse. (En los versículos siguientes habla de algunos cambios posibles). Está hablando en este contexto de no hacer cambios como requisitos de la conversión a Cristo."

* * *

817. ¿QUÉ HACER CON LOS ILEGALES?

"Seguro muchos ya conocen el conflicto en mi país por un nuevo decreto sobre inmigración que esta esperando aprobación por el senado. El problema que se enfrenta la Iglesia de Cristo, especialmente en áreas de alta población Hispana, es que seremos considerados criminales por ayudar a familias que han entrado ilegalmente, algo que nos hemos acostumbrado a hacer atreves de los años.

"Muchos argumentan que dejar estas familias sin ninguna ayuda económica, sin ofrecerles un lugar en donde vivir, sin ayudarles a conseguir trabajos para poder darle comida a sus hijos, que por cierto muchos son estadounidenses, es un acto inhumano.

"Pero por mas inhumano que sea, si la ley lo prohíbe, no lo podemos hacer. Así que tendremos que actuar en contra de nuestros propios familiares, amigos, y hermanos en Cristo. ¿Que piensan que debería hacer la Iglesia? ¿Sucumbirse a la ley, o practicar la misericordia que tanto se nos ha enseñado?"

- - -

1. La costumbre de muchos años no establece autoridad bíblica. Tal argumento ni debe entrar en la mente del cristiano. La pregunta que hacer es la que hizo el apóstol Pablo, "¿Qué dice la Escritura?" (Rom. 4:3). La Escritura dice que obedezcamos las leyes civiles (Rom. 13:1; Tito 3:1; 1 Ped. 2:13,14). Que el mundo ignore la ley de Dios no es maravilla, pero que el cristiano lo haga es otra cosa. Algunos cristianos procuran más bien buscar la prosperidad material de un tiempo breve que obedecer a Dios y salvar su alma eternamente.

2. El problema que se enfrenta es que mucha gente ha violado la ley, al entrar ilegalmente para aprovecharse de los bienes del país sin derecho a ellos.

3. No, nadie se va a considerar criminal "por ayudar a familias que han entrado ilegalmente," sino por ocupar de obrero a tales, escondiendo lo ilegal del asunto como si tuvieran derecho de estar en el país. No hemos de mal representar a la ley.

La ayuda que el cristiano puede prestar a los tales es el consejo de que vuelvan y procuren entrar legalmente como tienen que hacer otros muchos que también desean vivir en este país.

4. "Muchos argumentan que dejar estas familias sin ninguna ayuda económica, sin ofrecerles un lugar en donde vivir, sin ayudarles a conseguir trabajos para poder darle comida a sus hijos, que por cierto muchos son estadounidenses, es un acto inhumano." Sí, muchos argumentan así porque ignoran la cuestión misma, que es la de legalidad, y se basan en puros sentimientos. Los tales argumentan que el fin justifica los medios, pero Pablo dice que es calumnia acusar al cristiano de seguir tal filosofía (Rom. 3:8). Todo el mundo quiere justificarse con esa filosofía de Robin Hood (la persona ficticia que robaba a los ricos para dar a los pobres).

Ningún cristiano deja a nadie con hambre, pero ése no es el caso. Podemos ayudar a ilegales a comer mientras salen del país y hacen las cosas legales. Pero lo que pasa es que violan las leyes de la frontera de un país, entra la esposa a dar a luz a un hijo aquí, no tienen que pagar los gastos del hospital (por ser muy pobres), y luego yo voy al hospital y tengo que pagar dos o tres veces más que justo para cubrir los gastos del que no paga nada. (No hay nada gratis en este mundo; todo cuesta, y alguien tiene que pagar. Pero, ¿qué importa esto al ilegal?). Lo mismo pasa con otros gastos que los legales tenemos que llevar porque otros no son responsables por sí mismos. Los millones de ilegales en el país han puesto una carga tremenda sobre los legales que estamos cumpliendo con las leyes.

Los políticos liberales quieren que los ilegales esten en el país, porque saben que los ilegales votarán a favor de ellos y así ellos mantendrán su poder en el gobierno.

5. "Pero por mas inhumano que sea, si la ley lo prohíbe, no lo podemos hacer. Así que tendremos que actuar en contra de nuestros propios familiares, amigos, y hermanos en Cristo." No es cuestión de ser inhumanos (argumento que apela a puros sentimientos); es cuestión de ver que todos los ciudadanos del país (sea el nuestro, el mexicano, o el de otra gente) se protejan contra cualquier invasión ilegal. Hay manera legal de hacer las cosas. Nadie entra en México ilegalmente

sin consecuencias, y así debe ser, no solamente en otros países sino también en éste. Todos los países tienen fronteras y para razones obvias. Todos los países tienen sus leyes (requisitos) para entrada legal; el cristiano las respeta; el mundo, no.

La cuestión no consiste en escoger entre obedecer las leyes del país (de cualquier país) y el actuar en contra de alguien, sino consiste en hacer lo legal nosotros y en ayudar a los demás a ser gente legal en sus acciones.

6. "Que piensan que debería hacer la Iglesia? ¿Sucumbirse a la ley, o practicar la misericordia que tanto se nos ha enseñado?" La pregunta presume que no hay otra opción. Si un hombre que roba el banco tiene hambre, ¿tenemos que escoger entre "sucumbirnos" a la ley y entregarle, o practicar la misericordia por medio de darle de comer? ¿Es la única manera de ayudarle justificación de su robo de bancos? No, si tiene hambre le damos de comer y le entregamos a la ley por ser criminal. Cualquier persona que viola la ley es criminal. ¿No lo soy si cruzo ilegalmente a otro país?

Las Escrituras hablan de someternos a la ley del país, no de sucumbirnos a ella.

7. Entra en el caso la parcialidad, el respeto por personas. Si el caso tuviera que ver con puros ilegales chinos, ¿habría tanta preocupación entre los hispanos? ¿Hay acepción de personas? Las leyes de Dios son para todo el mundo, y Dios no es parcial; tampoco lo podemos ser nosotros.

8. Muchos no hacen caso de la legalidad en este problema porque no respetan debidamente la ley de Dios, ni la del hombre. Todo se basa en el materialismo, en el bien material del individuo, haga lo que haga y como le dé la gana. Por otro lado hay quienes abogamos por el hacer las cosas legalmente, como Dios nos manda, y exhortamos a todo el mundo a hacer así (Rom. 13:1), en lugar de violar a Rom. 3:8.

* * *

818. APOC. 20:2,3

"La duda era sobre Apocalipsis, 20:2,3. Sabemos que el número mil es simbólico, y que representa algo completo e indefinido; pero entonces surgieron varias preguntas.

1ª- Los demonios que están en el abismo, ¿están atados para siempre sin poder salir?

2ª- ¿Ya se ha cumplido el tiempo indefinido, en que Satanás ha sido liberado?

3ª- Y si ya ha sido liberado, ¿con qué intención?

4ª- ¿Es lo mismo Hades que Abismo?"

- - -

1. El pasaje simbólico no menciona a demonios en particular, sino solamente al Diablo. Seguramente el evangelio, que libra al hombre pecador del poder de Satanás, de igual manera le libra de cualquier poder de los demonios, seguidores de Satanás. Esta es una inferencia necesaria.

2. No sé, ni nadie sabe, porque Dios no tiene intenciones de revelar tal información al hombre. Al hombre le basta el evangelio para que Satanás no le gane (1 Jn. 5:18,19).

3. La naturaleza del Diablo no cambia; sus intenciones no cambian, pues busca devorar al hombre (1 Ped. 5:8).

4. Hades es el nombre dado a la morada de los espíritus sin cuerpo; el abismo de este pasaje es simbólico.

A continuación cito de mi obra, Notas Sobre Apocalipsis, 20:1-3 —

20:1 — Vi a un ángel que descendía del cielo, con la llave del abismo, y una gran cadena en la mano —

— Vi a un … abismo — En 9:1 Satanás tenía la llave y abrió. Ahora la llave está en el poder del ángel que descendió del cielo y encierra al diablo en el abismo.

— y una cadena en la mano — La cadena es símbolo de refrenamiento o limitación. Ya que ha habido victoria sobre él, por medio de la obra de Cristo y la paciencia (perseverancia, constancia) de los santos, Satanás no puede controlar libremente a las naciones, ni controlar al hombre contra su voluntad (Romanos 7:23, el control de Satanás sobre el inconverso).

¿Quién dirá que son **literales** la llave, el abismo, y la cadena? ¿Dónde es este abismo? ¿Cómo puede el diablo caber en él, si tiene una cola que alcanza las estrellas (12:4)? Nadie afirma que son literales estas cosas, como otras muchas en este libro. No obstante, para sostener la falsa teoría del premilenarismo, los defensores de esa doctrina tienen que hacer literales ciertas partes de este pasaje. Lo hacen arbitrariamente y según su conveniencia, pero al hacerlo muestran su inconsecuencia.

20:2 — Y prendió al dragón, la serpiente antigua, que es el diablo y Satanás, y lo ató por mil años —

— Y prendió … Satanás — Véase 12:9, comentario (donde se definen éstos términos).

— y lo ató — Ser atado el diablo significa el triunfo de la Verdad sobre el Error. El triunfo de Cristo sobre Satanás es presentado en tales pasajes como Mateo 12:29; Lucas 11:17-22; Juan 12:31,32; Efesios 4:8; Colosenses 2:15; Hebreos 2:14. Todo el punto es que la obra del evangelio "ata" al diablo, porque los hombres pueden salir de las tinieblas del error y engaño, y andar en la luz de la verdad (Mateo 4:16; Hechos 26:18; Colosenses 1:13). Siguiendo a Cristo, el diablo no les puede tocar (Santiago 4:7; 1 Corintios 10:13; Juan 10:27,28). La predicación del evangelio logra que el diablo no pueda engañar libremente a las naciones, como antes lo hacía.

Siendo Satanás espíritu, la única "cadena" que le puede atar es la Palabra de Dios. Cristo "ató" a

Satanás con un "escrito está" (Mateo 4:1-11). Cuando la Palabra de Dios tiene curso libre en el hombre, puede él protegerse de las maquinaciones del diablo. Cuando el hombre tiene el derecho de usar esa protección voluntariamente, se halla "atado" el diablo en la única manera que es consecuente con la naturaleza del hombre.

Estar atado el diablo no significa la destrucción de todo el mal. No está atado en todo sentido. El y sus ayudantes persiguen y engañan, pero la Palabra de Dios le ata para con los que siguen esa Palabra. El evangelio libra al hombre del dominio de Satanás. En ese sentido ata a Satanás.

Dado que Satanás es espíritu, y que por eso no le puede atar ninguna cadena literal, tenemos que buscar alguna cadena espiritual. En Hechos 20:22, dice Pablo, "ligado yo en espíritu voy a Jerusalén". (En el texto griego, "ligado" es la misma palabra que "atado" en Apocalipsis 20:2). El ser Pablo prisionero romano no restringía o limitaba a la palabra de Dios; seguía predicando. Ser atado, figuradamente hablando, quiere decir ser restringido, como no atado (suelto) quiere decir no restringido. ¡La Palabra de Dios restringe a Satanás! El evangelio del Nuevo Testamento es una gran cadena alrededor de Satanás que hace imposible que él engañe al que escudriña las Sagradas Escrituras. Satanás le quiere engañar, pero no puede; está atado. Véase Santiago 4:7.

No está atado en el sentido de no poder seguir siendo lo que es por naturaleza. Véanse 1 Pedro 5:8; 2 Corintios 2:11. Pero la obra de Cristo en el evangelio le "ha atado".

— **por mil años** — Este número simboliza un período largo, indefinido pero completo. En Exodo 20:6, Versión Moderna, leemos, "y que uso de misericordia hasta con la **mil**ésima generación…". Pero Dios usa de misericordia literalmente con todos y cada uno de los que le aman y obedecen, y no solamente hasta cierta generación para después no usar más de misericordia. El número "mil" representa la infinidad. En Salmos 50:10, Versión Moderna, leemos, "porque mía es toda fiera del bosque, y los ganados que pacen sobre mil colinas". Y los ganados que pacen sobre otras colinas aparte de esas mil, ¿no son de Dios?

Hemos visto a través de este libro el uso simbólico de números (3, 7, 10, 12, 144,000). Este también es simbólico; todo el pasaje es simbólico. De hecho, ¡esa es la naturaleza de todo el libro! (véase 1:1, comentario).

Dejo los comentarios sobre el significado simbólico del número mil para el versículo siguiente.

20:3 — y lo arrojó al abismo, y lo encerró, y puso su sello sobre él, para que no engañase más a las naciones, hasta que fuesen cumplidos mil años; y después de esto debe ser desatado por un poco de tiempo —

— **y lo arrojó … años** — Sobre el abismo, considérese Lucas 8:31. Ya no puede el diablo andar "libremente" en su control sobre las naciones y en su aparente victoria sobre los santos. Ha sido arrojado a su propia habitación, y el abismo ha sido "sellado" (símbolo de asegurar). Aquí está restringido hasta que sean cumplidos los mil años simbólicos.

El diablo no estaba restringido durante los 3 años y medio (o 42 meses, o 1260 días, o el "poco tiempo" de 12:12), o sea durante el período de la persecución romana. Véanse 11:2 y 13:5, comentario. Por esto concluyo que el período simbólico de mil años comienza con la derrota de Satanás en la caída de la Roma pagana (en el tiempo de Constantino, 325 d. de J.C.), y terminará poco antes de la segunda venida de Cristo en el fin del mundo.

Algunos aplican el período simbólico a toda la dispensación cristiana, desde el día de Pentecostés, año 33, hasta el fin del mundo, exceptuando un poco de tiempo.

— **y después … tiempo** — Este "poco de tiempo" sigue a los "mil" años, pero el "poco tiempo" de 12:12 precede a ellos. No se refieren al mismo período simbólico. Hemos notado lo que significa el simbolismo de ser atado Satanás; ser desatado simboliza lo contrario: la influencia restringente del evangelio no estará evidente, y esto será poco antes de la segunda venida de Cristo. Véase el versículo 7, comentario.

* * *

819. LA DESNUDEZ DENTRO DE LA FAMILIA

"salió la conversación sobre la desnudez dentro de la familia o sea ¿qué si un padre o madre puede ver desnudo a su hijo o hija o viceversa los hijos a los padres? pues parece que ha alguno no le representa nada malo ver a su hijo/a desnudo, otros dicen que la escritura dice que no descubrirás la desnudez de tu padre o madre, hermana, hija, etc. (Lev.18). Casualmente estoy preparando un sermón sobre la desnudez, (casi cada año toco algo de esto cuando llega el verano pues _____ como país turístico, siempre es bombardeado con todo lo sensual) y estudiando y consultando, he encontrado unas líneas en unos libros que compré en la sinagoga judía de _____ (la torah. hebreo-castellano) y dice sobre la desnudez en Lev. 18 que se refiere a descubrirla en el equivalente de una relación sexual y no con el hecho de solamente ver."

- - -

1. El hermano que no ve nada malo en que los padres vean la desnudez de sus hijos, y viceversa, ¿pone él límite de edad en el asunto? ¿Afirma él

que el padre puede ver la desnudez de su hija de quince años, y viceversa? ¿Qué de la hija casada? (Si fuera así, todo el mundo podría andar completamente desnudo todo el tiempo).

¿Por qué limitar el asunto a "la familia"? ¿Por qué sería justo que el hombre vea la desnudez de su hija crecida e injusto que vea la desnudez de cualquier muchacha joven en la playa? ¿Está el hermano en contra de la vergonzosa desnudez en la playa, o busca justificación para deleitarse allí con la mirada sensual?

¿Se está distinguiendo entre ver y mirar? ¿Se usa "ver" en la pregunta con el fin de pasar al asunto de "mirar"? La discusión no tiene que ver con accidentalmente ver alguna desnudez, sino de mirarla con gusto y placer carnal.

La pregunta del interrogador tiene que ver con el contexto de la llegada del verano y toda la desnudez que lo acompaña de entre los mundanos. ¿Hemos de mirarla a propósito, frecuentando las playas y otros tales centros de desnudez, o no? Allí prácticamente está la cuestión.

2. ¿Con qué propósito sano querría uno mirar la desnudez de sus hijos desarrollados, o mirar ellos a sus padres desnudos? Si no son sensuales sus propósitos, ¿qué son? Considérese Mat. 5:28.

3. Dios quiere cubierta la desnudez (Gén. 3:21); el hombre carnal quiere descubrirla. Véase Ezeq. 16:8.

4. El argumento del hermano referido arriba aprobaría la acción de Cam y criticaría la acción de Sem y de Jafet, pero Noé maldijo a Cam (Gén. 9:22-25).

5. La desnudez es vergonzosa (compárense por ejemplo Apoc. 3:18; 16:15; 17:16; Lam. 1:8; Isa. 47:3); Dios quiere que los desnudos se cubran; no que se miren gustosamente (Ezek. 18:7; Is. 58:7; Mat. 25:36).

6. Es cierto que Lev. 18 en gran parte trata de tener por fin relaciones sexuales (y no solamente para mirar la desnudez), pero lo vergonzoso del asunto consistió en descubrir la desnudez de la mujer a quien no hubo derecho divino para matrimonio (véase ver. 18), o nada más para fornicar.

7. Lev. 20:17, aunque el propósito del individuo fuera tener relaciones con la otra persona, la vergüenza del asunto consistió en ver la desnudez de la persona.

8. El argumento del hermano referido arriba no condenaría lo que Dios condenó en Ex. 20:26. Véase 28:42.

9. El hombre carnal procura ver la desnudez de otro (Hab. 2:15). "Ay de" aquél, dice Dios. La mujer mundana, por su modo de vestirse, revela mucha de su desnudez con el fin de atraer la atención del hombre. Así es el mundo (1 Jn. 2:15-17), y los tales se hacen enemigos de Dios (Sant. 4:4). El hermano en la fe que aprueba tal concupiscencia no es nada espiritual y si no abandona su carnalidad, perderá eternamente su alma.

* * *

820. APOCALIPSIS 20:4-6, EL SUPUESTO REINO DE CRISTO POR MIL AÑOS SOBRE LA TIERRA

"Si alguien usara Apoc. 20:4-6 para enseñar el reinado de Cristo sobre la tierra por mil años, ¿cómo respondería usted?"

---

1. En primer lugar, el reinado de Cristo comenzó el día de Pentecostés después de su ascensión al cielo cuando fue establecida su iglesia. El premilenarista afirma que el reino de Cristo es todavía cosa futura.

2. Su reino se había acercado en sus días sobre la tierra (Mat. 3:2; 4:17, 23; Mar. 1:15). El reino iba a venir con poder durante los días de algunos vivos en el tiempo de Cristo sobre la tierra (Mar. 9:1). Se les mandó a los apóstoles que esperaran en Jerusalén hasta ser revestidos de poder (Luc. 24:49), y ese poder vino el día de Pentecostés (Hechos 2:1-4). Desde entonces se hablaba del reino como ya en existencia (Col. 1:13; Heb. 12:28; Apoc. 1:9).

3. El libro Apocalipsis comienza en su primer versículo dándonos a entender que su mensaje (revelación) se presenta bajo signos. "Y la declaró," dice Valera 1960, pero mejor son las versiones que emplean el verbo "**sign**ificar;" es decir, presentar en **signos** o símbolos.

4. El premilenarista hace literal lenguaje simbólico. Apoc. 20:1-4 emplea varios signos o símbolos: llave, abismo, cadena, sello, bestia, marca, frentes, mano, mil años. Pero el premilenarista toma a uno de estos varios símbolos y lo hace literal; a saber, los mil años. Para el ¡todo es simbólico menos sus mil años! La verdad es que **todo** es simbólico, inclusive los mil años. Este período simbólico de tiempo representa un largo lapso de tiempo indefinido.

5. El premilenarista es materialista. Quiere que Cristo vuelva a esta tierra para reinar mil años exactos, sentado en un trono literal situado en Jerusalén.

a. Ignora todos los pasajes que hablan del reino ya en existencia.

b. Afirma que Cristo vino a establecer su reino pero que los judíos frustraron sus planes y por eso Cristo tuvo que dejar establecida la iglesia como institución secundaria hasta que él vuelva la segunda vez para establecer su reino. Preguntamos: Si falló la primera vez, ¿qué seguridad tenemos de que no falle en su segunda venida?

c. Hace que la iglesia sea algo de segunda importancia, pero Dios dice que Cristo es la cabeza de ella, que es su cuerpo, la plenitud de Aquel que todo lo llena en todo (Efes. 1:22,23). Cristo habló de su iglesia y su reino como siendo la misma cosa (Mat. 16:18,19).

d. La Cena del Señor se celebra en el reino (Mat. 26:29), ¡y se celebra hoy en día! ¿Por qué celebran hoy la Cena del Señor los premilenaristas si el reino todavía no ha sido establecido?

e. Cristo en su segunda venida no

establecerá un reino, sino el reino existente lo entregará al Padre (1 Cor. 15:24) porque habrá venido el fin.

f. El premilenarista interpreta Apoc. 20:4-6 falsamente para promover su doctrina materialista.

* * *

821. EX. 4:24-26; 24:1-11; GÉN. 15:9-17; EL CONCUBINATO

"1. En Ex.4:24-26 ¿por qué quiso Dios dar muerte a Moisés?

2. Gén.15:9-17 ¿cual es el significado de este holocausto y por que no se queman los cuerpos de los animales sino hasta la noche?

3. Ex. 24:1-11 ¿que apariencia tendría aquí Dios, como se manifestó como hombre?

4. Amplíeme el tema del concubinato. Hoy día ¿quién tiene concubina?

1. Porque Moisés no había circuncidado a su hijo.

2. Era costumbre del tiempo para hacer un pacto entre dos personas partir los animales y ponerlos en dos filas, y luego pasar las personas entre ellas. Este acto en sí no era sacrificio de holocausto. Por eso las personas (humanas) no los quemaron. Pero el paso de la antorcha entre los animales representó la presencia de Dios, al hacer aquél pacto con Abraham.

3. Los datos dados en Ex. 24:1-11 sobre la presencia de Dios en aquella ocasión es toda la información que tenemos y no hay provecho en especular sobre detalles no dados.

4. La concubina era una mujer que yacía con el hombre sin estar casada con él, como en el caso de esclavas. Bajo la ley de Moisés algunos tenían concubinas como mujeres secundarias y hubo regulaciones al respecto, pero bajo la ley de Cristo es fornicación tener a una mujer fuera del matrimonio.

* * *

822. ¿ESCUCHA DIOS LAS ORACIONES DEL PECADOR?

"¿Dios escucha las oraciones de los impíos, de los pecadores? Un hermano esta afirmando que sí por el caso de Cornelio, Hechos 10:1-4. Al hermano se le hace ver que hay textos como Juan 9:31; I Pedro 3:12; Proverbios 28:9. El hermano dice que existen textos que aprueban su argumentación pero no los cita. Además basa su punto en la misericordia de Dios, su amor y compasión. ¿Qué comentarios puede dar usted?"

- - -

1. Lo que en este caso pasa es que hay confusión de puntos. Uno es el punto de que si Dios hace caso de las oraciones de una persona que busca hacer la voluntad de él; es otro el punto de que si Dios oye las oraciones de cualquier persona para salvarle porque le ora. En este caso hay discusión sobre puntos completamente distintos.

2. Dios tomó nota de Cornelio porque era un hombre que procuraba agradar a Dios (Hech. 10:2,22) y por eso vio que Cornelio tuviera la oportunidad de oír el evangelio para ser salvo (Hech. 11:14). No fue salvo por la llamada "oración del pecador."

3. Por otra parte si la persona no procura hacer la voluntad de Dios (el pecador del mundo) aunque ore a Dios él no hace caso de su oración. Dios no obra por pecadores. Tampoco es la oración el medio de salvación.

4. Conclusión: Dios sí oye la oración (y toma nota de otros aspectos) del que busca hacer la voluntad de Dios, pero no le salva por su religiosidad. Dios no oye la oración como base de salvación y no hace caso de la oración dc la persona que no hace su voluntad. Tales oraciones no llegan más alto que el cielo de la casa.

5. El medio de salvación es el evangelio (Rom. 1:16), no la oración.

* * *

823. ¿DISCIPLINAR A ÉSTE QUE FUMA?

"Hay un hermano que tiene el vicio de fumar desde hace años, una hermana de la congregación lo vio, y ella expresó que no cree que una persona que fuma pueda ser digno de estar en el púlpito, el hermano al oír esto decidió dejar de predicar, dirigir y de repartir la santa cena, al ver que el no participaba en nada por culpa del comentario (el hermano lo hizo por no ofenderla a ella), esta hermana le exhortó a solas para que el hermano no consintiera en el vicio, pero el hermano aun continúa fumando, aunque nunca falta las reuniones, no da mal ejemplo..... nuestra duda está en que esta hermana quiere que al hermano se le discipline por fumar, entonces preguntamos:

¿Es pecado fumar? ¿Es justo en este caso utilizar la disciplina?"

- - -

1. El hecho de que el hermano hizo algo por no "ofender" (lastimar los sentimientos de la hermana, no hacerle tropezar a que comenzara a fumar ella también) a la hermana que le exhortó, y que no ha dejado de asistir a las reuniones, expresa cierta nobleza de parte de él.

2. Pero el hecho de que continúa fumando evidencia que él aprecia más ese vicio que el tomar parte pública en el culto a Dios, ya que ha dejado de "predicar, dirigir y de repartir la santa cena." Eso no es nada noble. Honrar a Cristo primero, y no a los gustos personales. Si hay algo que dejar, que sea lo predilecto nuestro, y no el servicio noble a Cristo.

3. Los pasos que tomamos en la vida evidencian quién es nuestro maestro y señor. Si abandonamos una cosa o persona por otra, nos decimos a cuál apreciamos y amamos más. En este caso el hermano muestra que su amo es el tabaco. Por nada lo va a dejar; al servicio de hermano fiel y responsable sí lo deja, pero al fumar, no. Sus propios hechos muestran de quién es siervo, esclavo.

4. El fumar es dañino al cuerpo (como también otros vicios lo son, como el comer demasiado, engordándose). No debemos hacer mal al cuerpo físico, pues es templo del Espíritu Santo que mora en el cristiano (1 Cor. 6:19,20). Hemos de glorificar a Dios en nuestro cuerpo.

5. Los hermanos, y no la hermana sola, deben exhortar al hermano que fuma, recordándole de lo que expreso arriba. Me parece que el hermano, por respetar los sentimientos de la hermana, y por no dejar de reunirse con los santos, es un buen hermano que aceptará la realidad de lo que está haciendo, respecto al fumar, y que lo abandonará. A mi juicio es tiempo de exhortación y no de disciplina pública.

6. España (y otros países) está totalmente entregada al fumar. Para la gente es tan normal que respirar. Pero al que de veras ama a Cristo y que en todo quiere agradarle a él, no le cuesta nada abandonar el vicio de fumar. Lo hará porque en todo (y no solamente en el fumar) quiere glorificar a Dios en su cuerpo. El cuerpo del cristiano ha sido comprado por Cristo y él es el dueño de él, no la persona misma.

7. Mi respuesta (por ahora): con paciencia trabajen todos los hermanos con el que fuma, motivándole, no con amenazas, sino con las Escrituras, para que vea lo sabio y necesario que es dejar todo vicio que maltrate el cuerpo físico.

* * *

824. ¿QUIÉNES DEBEN PARTICIPAR EN LA JUNTA DE VARONES?

"¿Quiénes deben participar en la Junta de Varones? ¿Es propio que un recién bautizado esté en la Junta de Varones? ¿Deben ser cualificados los hermanos que participan en la Junta? Me refiero a que si deben ser espirituales, Gál. 6:1; hombres fieles, dignos de confianza, fiables, como en 1 Tim. 1:12. También deben de ser de buena reputación, llenos del Espíritu Santo y de sabiduría, Hechos 6:3. Llenos del Espíritu Santo; es decir, estar bajo la influencia del Espíritu, o sea la palabra, Ef. 6:17. ¿Peca una congregación si en ella hay 20 varones y en este sólo dos o tres hermanos se reúnen para llegar a acuerdos y llevar a cabo la obra y luego plantear a la congregación los acuerdos en que llegaron?"

- - -

1. Deben participar en la Junta los varones de la congregación.

2. El recién bautizado es tanto miembro de la congregación como cualquier otro. Que su juicio en la Junta tenga el mismo peso que el de los hermanos veteranos en la fe, es otra cosa. Todo depende de las circunstancias. Por ejemplo, un bautizado de 12 años no tiene conocimiento ni juicio de un hermano de mayor edad.

3. Todo miembro de la congregación debe mostrar las buenas cualidades mencionadas. Si alguno no las muestra, necesita exhortación y corrección.

4. No, no es correcto que haya hermanos irresponsables en la congregación. Éstos deben ser exhortados y corregidos.

* * *

825. ¿POR QUÉ NO ENTRAR EN LA TIERRA PROMETIDA?

"¿Qué le impedía al pueblo judío penetrar a la tierra prometida? ¿Qué obstáculos habían, que los israelitas no podían entrar a Canaán? ¿Por qué si estaban a unos pasos de la tierra prometida, no podían cruzar simplemente y habitar la tierra?"

- - -

1. La razón es sencilla: Dios no lo permitió. Heb. 3:7-19 trata el caso a la mano. Dice el ver. 19, "no pudieron entrar a causa de incredulidad." Dice 1 Cor. 10:5, "Pero de los mas de ellos no se agradó Dios; por lo cual quedaron postrados en el desierto." Véanse Número 14; Deut. 32; Sal. 95, y Deut. 1:32-40.

* * *

826. CONFRATERNIDAD NACIONAL

"Hno. mis preguntas son las siguientes: Acá en _____, algunas iglesias de Cristo de 15 a 20, llevan a cabo cada año una reunión llamada "confraternidad nacional", durante 4 noches y 3 días. Durante este tiempo se celebran diversas actividades espirituales, sean cultos, estudios, etc. y han sido muy provechosos en cuanto a que aproximadamente se convierten al Señor de 30 a 80 almas.

…Ahora bien cada iglesia invitada lleva una ofrenda para sostener dicha actividad, que costea: Alimentación, dormitorio, aseo, luz, local, etc. A veces con anticipación el representante de cada iglesia lleva o manda con otro la ayuda destinada.

… Hubo un hermano de _____, que oí decir que no es bíblico costear tal actividad con la ofrenda de la iglesia, por lo que no participo más en dicha actividad. … ¿Que opinión le merece todo lo anterior hermano? ¿Es correcta tal actividad? ¿O como se puede realizar de una manera adecuada?"

- - -

1. Consúltense los Interrogantes # 31, 318, 325, 540, 734, y 741.

2. Estas llamadas "confraternidades," o convivios, comenzaron como actividad junta de unas pocas iglesias regionales. Ahora la cosa ha llegado a nivel nacional. Seguirá a nivel internacional al pasar el tiempo. Los proyectos de centralización de los hermanos liberales nunca se sacian. El sistema congregacional de Dios no les satisface; prefieren su sistema de centralización.

3. El hecho de que hay conversos durante la confraternidad basta para estos hermanos para justificar su proyecto. Deben leer de nuevo Rom. 3:8. El fin no es justificado por el medio. La Sociedad Misionera de la ahora Iglesia Cristiana en su principio también hizo muchos conversos, pero era y es una organización aparte de la iglesia de Señor. Es ilustración del principio de centralización.

4. Los hombres que promueven sus proyectos primariamente sociales siempre miran a la tesorería de las iglesias locales para los fondos necesarios para llevarlos a cabo. No han aprendido que la iglesia local no existe para obras sociales y de entretenimiento.

5. Si ciertos individuos quieren promover algo decente de naturaleza social, bien; que lo hagan de sus propios gastos, y no estén metiendo la mano en los fondos de las iglesias locales.

* * *

827. EL CUERPO MINISTERIAL

"Otra pregunta surge de la misma actividad (de las confraternidades —bhr) .... Cada mes o dos meses se realizan reuniones de los predicadores o líderes de las iglesias participantes. Y han formado "un cuerpo ministerial". Según el decir es para presentar legalmente inscrita a la iglesia ante las autoridades y no para tener dominio sobre las congregaciones. ... Pero: ellos eligen quienes predicaran y enseñaran. Y en la recién pasada confraternidad me comentaron que uno de ellos literalmente PARO la predicación de un Hno. por considerar errada la enseñanza. Lo cual causó confusión y molestia entre varios líderes.... Hace unos 4 años un predicador nos estuvo visitando de apellido _____ . Al saber esto el llamado cuerpo ministerial, amenazó con venir a disciplinar a los predicadores locales por estar recibiendo a tal hno. Más después reconocieron que se estaban saliendo de los límites, queriendo tomar una autoridad que no les correspondía.... Unos apoyaban a que se permitiera al hno. _____ predicar y otros no. Lo cual llevó a la división. Y así que hoy aparte de la confraternidad normal, se lleva a cabo otra en la que participan los que se dividieron apoyando al hno _____, haciéndose llamar iglesia del Cristo -o- iglesia del Mesías. El primer grupo le llama "la secta del Mesías". Todo esto lo he visto y da pena y a la vez enojo por los resultados nefastos ocurridos.... ¿Que tan necesario es que se forme un grupo para obtener la personería jurídica de la iglesia? ¿Cuales son los límites de tal grupo? ¿Ha visto situaciones similares hermano? ¿Como evitar caer en error al querer hacer lo correcto en pro de la obra?"

— — —

1. Sobre la Personería Jurídica, consúltense los Interrogantes # 487 y 608.

2. Lo que usted cuenta respecto a que cierto hermanó de la Personería Jurídica "paró" a otro que no siguiera predicando, muestra claramente la autoridad que éstos toman para sí sobre otros porque creen que su invención les otorga autoridad.

3. La iglesia local escoge, no otros, quién les va a predicar. Si algunos quieren dejar predicar a un falso maestro, y por serlo otros le niegan permiso, de esto resulta división. Los culpables de la división es el grupo que insistió en que el falso predicara en la iglesia en particular. Es imposible evitar que falsos hermanos dividan la congregación.

4. La frase "iglesia del Mesías" no es frase bíblica. Si se usa como nombre propio de la iglesia del Señor, es puro error.

5. La última pregunta: "¿Como evitar caer en error al querer hacer lo correcto en pro de la obra?" se contesta fácilmente: No ir más allá de lo que está escrita (1 Cor. 4:6), sino quedarse dentro de la doctrina de Cristo (2 Juan 9-11). Siempre la persona honesta se pregunta: "¿Qué dice la Escritura?" (Rom. 4:3).

* * *

828. ¿CUÁNTOS AÑOS ENTRE ABRAHAM Y JESUCRISTO?

"¿Cuántos años transcurrieron desde los tiempos de Abraham hasta Jesucristo? Aunque salen las genealogías de Cristo en Lucas 3, el tiempo es difícil de estimar, para lo cual necesito otras fuentes de información (fuente cronológica y arqueológica)."

1. Según la cronología del texto Masorético, Abraham nació en Ur de los caldeos cerca de 2160 a. de J. (Diccionario Bíblico Unger's). Sabemos que la ley de Moisés vino 430 años después del pacto que hizo Dios con Abraham (Gál. 3:17; Gén. 12:1-4)), y Moisés nació cerca de 1520 a. de J. (según historiadores antiguos). La ley de Moisés fue dada cerca de 1440 a. de J. Según estos datos Abraham nació cerca de 1950 a. de J.

2. Los 50 generaciones entre Jesús y Abraham (Luc. 3:23-38) no pueden abarcar más de unos 2000 años.

* * *

829. DAR CLASES LAS MUJERES SI UN HOMBRE ESTÁ PRESENTE

"... resulta que hace varias semanas que nos visita un chico que esta muy interesado en las cosas de nuestro Señor, y varias hermanas decidieron estudios con él, ya que ningún varón se ofreció ni lo quería hacer, el caso es que un chico que es neófito en la cosas de la Biblia se apuntó a la clases que hacíamos, todo muy bien hasta que un varón de la congregación dijo que las hermanas no podían dar las clases si había un varón (aunque sea neófito); nuestra duda es:

¿Es licito que las hermanas den las clases en estas circunstancias? porque claro si este varón es neófito y tiene ganas de estudiar y aprender y colaborar en la clase bíblica, no hemos encontrado textos bíblicos y por eso hemos recurrido a usted."

- - -

1. Primero debo aclarar que la cuestión a la mano no es una de ser la persona neófita. Este punto puede ser omitido completamente. No tiene que ver con el punto de controversia.

2. Tampoco es cuestión de "las hermanas no podían dar las clases si había un varón" presente. Una clase arreglada por hermanas y para hermanas no invita a varones a la clase, pero tampoco debe

prohibir a un varón que quiera entrar y escuchar. En tal caso las hermanas le ignorarían, pues el no sería parte de dicha clase. Después de la clase, como individuas las hermanas le platicarían y tratarían de arreglar manera de enseñarle el evangelio para su salvación. Pero la cuestión no tiene que ver sencillamente con estar presente un varón en una clase de mujeres.

3. Me sorprende que un hermano, ignorando su deber de enseñar el evangelio a un hombre interesado, y no queriendo hacerlo, sea tan celoso por las cosas de Dios que critique a las hermanas por lo que están haciendo con referencia al varón que visita la clase.

4. Las hermanas en este caso deben limitar su clase para hermanas a las hermanas mismas. Si el varón visitante entra (no solicitado, ni invitado, porque la clase no es para varones) las hermanas deben continuar su clase como antes y no hacerle caso públicamente. Después de la clase pueden, y deben, fomentar el interés que él muestra al entrar y escuchar. Esto lo harán como mujeres individualmente, y no como maestras de clase bíblica (para mujeres).

5. Como individuos, todos, hombres y mujeres, debemos procurar enseñar la Palabra al que sea. 2 Tim. 2:2 dice, "Lo que has oído de mí antes muchos testigos, esto encarga a hombres fieles que sean idóneos para enseñar también a otros." El griego tiene dos palabras para decir "hombre:" ANER = hombre en el sentido de varón, y ANTHROPOS = hombre en el sentido de ser humano, varón o hembra. La primera enfatiza el sexo, la segunda persona de la humanidad. El Espíritu Santo, por Pablo, en este pasaje emplea la palabra ANTHROPOS, palabra que no hace distinción entre los dos sexos. Por eso sabemos que las mujeres, tanto como los varones, tienen el deber de enseñar a otros las cosas del evangelio. Priscila ayudaba a su marido en la enseñanza de Apolos (Hech. 18:26); la esposa enseña la palabra a su marido (1 Ped. 3:1).

6. Lo que las Escrituras prohíben es que la mujer enseñe "sobre el hombre" o ejerza autoridad o dominio "sobre el hombre" (1 Tim. 2:12). Ella no toma ningún liderazgo sobre el hombre.

7. Si un hombre hace una pregunta bíblica a una cristiana, ella no ejerce dominio sobre aquel hombre al contestarle su pregunta. Ella puede aclarar puntos, y enseñar verdades sin que ejerza dominio sobre el hombre.

7. Una hermana puede explicar cosas al "chico" referido, e invitarle a las asambleas y clases bíblicas de la iglesia, para que aprenda más y más. Puede arreglar una clase especial para el "chico" en que algún varón se encargaría de la enseñanza.

8. Lo que la mujer hace como individuo, al enseñar a un varón, sin ejercer dominio sobre él, es lo que dice en parte 2 Tim. 2:2. Ella es de los ANTHROPOS especificados en el texto referido.

* * *

830. BAUTISMO POR ROCIAMIENTO

"Hubo un varón al cual estuve visitando y hablándole de la Palabra, exponiéndole las condiciones para salvación de sus pecados. El enfermo y cuando lo visité nuevamente me dijo que deseaba bautizarse y servir al Señor, cuando Dios le levantara de su enfermedad. Lamentablemente a los días de mi visita el fue internado en el hospital y ya no lo vi. Sucede que el falleció, y sus familiares me lo hicieron saber. Ellos me cuentan que unos miembros de una iglesia pentecostés le visitaron en el hospital y el pidió su bautismo. No pudiendo sacarlo de allí únicamente llevaron agua y le rociaron la cabeza. Ahora sus familiares se sienten mejor creyendo que si lo hizo de corazón Dios le salvo.

A este muchacho le expuse el propósito del bautismo bíblico, aunque no se bautizó bíblicamente, por su estado. ¿Como puedo responder a esta condición, en la cual el fue bautizado?"

- - -

1. La realidad de las consecuencias de estos hechos bajo las circunstancias mencionadas está en las manos de Dios, y no de nosotros. No tenemos que responder nada a nadie sobre ello; sino solamente tenemos que decir a todo el mundo lo que dicen las Escrituras respecto al bautismo bíblico.

2. Las Escrituras están bien claras sobre lo que es el bautismo bíblico, y es lo que vamos a predicar a todo el mundo. Los vivos deben hacer caso de ello, y no de lo que supuestamente haya pasado en el caso de uno como el contado arriba. ¿Qué importa al vivo lo que Dios haya hecho con otro? Lo que importa es lo que Dios ha dicho en su Palabra (Rom. 4:3). ¿Cómo podría valerse el sano de lo que pasara en el caso de un moribundo? ¿Nada más busca justificarse en un acto nada bíblico?

* * *

831. QUIERE BAUTIZARSE PERO SE LE ACUSA DE ADÚLTERO

"En una familia que visito, el padre de familia desea bautizarse. Y le digo que no hay ningún impedimento para su bautismo, excepto que no crea de todo corazón, Hech. 8:36-39. Pero el cree que debe abandonar a su esposa por cuanto ella en sus papeles aparece casada con otro varón. Ellos tienen más de 30 años de vivir como marido y mujer, con dos hijos. Les acusan de adúlteros por esta causa. ¿Cómo puedo ayudarles con la Palabra de Dios, para que tengan paz y esperanza en el Señor?"

- - -

1. Hay dos factores distintos en este caso, según se me cuenta: El deseo de bautizarse en Cristo, y la acusación de adulterio.

2. Dado que el arrepentimiento precede al bautismo bíblico (Hech. 2:38), si la persona está viviendo en adulterio, y no lo deja, el bautismo no le limpiará de ese pecado.

3. La primera cosa que hacer es determinar el caso matrimonial de esta persona: ¿está en

adulterio, o no? El número de años de estar en unión con la referida mujer, y el número de hijos, no tiene nada que ver con el caso.

4. ¿Por qué el hombre, después de treinta años de vivir con la mujer como esposos ya de repente decide que ella está casada con otro hombre? ¿Por tantos años no descubrió este hecho? ¿Quiere deshacerse de ella y por eso sale con la acusación contra ella, o acaba de descubrir el hecho? ¿Admite la mujer que todavía está casada con otro hombre? La acusación de adulterio es la cosa que primero debe ser aclarada.

* * *

832. ¿BAUTIZARSE UNA PAREJA SEPARADA DE SUS CÓNYUGES ORIGINALES?

"Sucede que estamos estudiando las escrituras con una pareja quienes viven en unión libre, en la cual el varón es separado de su primera esposa. Él nos comentó que la causa de su separación fue la incomprensión y el mal carácter de la señora y a pesar de que intentaron, no pudieron convivir lo que obviamente no les permitió llevar un hogar como Dios quiere.

Definitivamente la causa que los separó no tuvo nada que ver con infidelidad, sino por lo que acabo de comentarle.

Ya en la actualidad, los dos se encuentran establecidos con otras personas y están haciendo cada uno su propia vida.

Puedo decir respecto de la nueva pareja con quienes estudio la Biblia que se nota estabilidad emocional y manifiestan que se aman, se comprenden y llevan un "hogar ejemplar", ellos a su vez han sido bendecidos con dos hijos varones.

Lo importante es que ellos expresan un deseo ferviente de trabajar en la obra del Señor, tanto que en su casa tienen un salón que prestan a la comunidad de la Iglesia para hacer las reuniones y actualmente tienen una pequeña congregación de la Iglesia Carismática Integral pero posiblemente si siguen estudiando con nosotros podrían aceptar la doctrina correcta de La Iglesia de Cristo.

La pregunta es que si ellos en las condiciones actuales podrían hacerse Cristianos con nosotros en la iglesia y ser salvos, seguir viviendo como pareja, casarse, legalizar su unión y seguir sirviéndole al Señor en su Obra. Tenga la amabilidad Hermano _____ de orientarme en este caso y aconsejarme que podemos hacer al respecto.

Entre otras cosas le comento que la mamá del varón mencionado ya se bautizó en nuestra iglesia y es deseo de ella que su hijo con su nueva familia también se integren a la Iglesia de Cristo.

\- - -

1. Hay varios puntos sobre los cuales es preciso hacer comentario. Los notaré uno por uno.

2. El hombre no tuvo la causa bíblica para repudiar a su esposa, que es la fornicación. Por eso ahora vive en adulterio con la segunda mujer, y ella también está en adulterio (Mat. 19:9). Si quieren llegar a ser cristianos, tienen que arrepentirse de

dicho adulterio, abandonarlo, y luego bautizarse para perdón de sus pecados (Hech. 2:38).

3. Se afirma que "a pesar de intentaron, no pudieron convivir, lo que obviamente no les permitió llevar un hogar como Dios quiere." No, es que no quisieron convivir, y no quisieron llevar un hogar como Dios quiere. El hombre dice, No puedo, cuando la verdad del caso es que no quiere. Cada quien puede llevar su vida en santidad, pero el hombre carnal no lo quiere.

4. Se habla del presente "hogar ejemplar," etcétera, pero es todo menos hogar ejemplar. Es hogar adúltero. Sí, en la vista del hombre todo va bien en dicho hogar, pero Dios tiene otra manera de mirarlo (Isa. 55:8,9).

5. Es noble que esta pareja se preste para proporcionar un salón de su casa para las reuniones de la iglesia (aunque hasta la fecha no hay iglesia de Cristo ocupando dicho salón), pero eso no es "lo importante." Lo importante es que ella deje el adulterio para poder salvar su alma eternamente.

6. Se hace referencia a "la doctrina correcta de La Iglesia de Cristo." En realidad la iglesia de Cristo no tiene doctrina, ni correcta ni incorrecta. ¡La doctrina es de Cristo (2 Juan 9)! La iglesia de Cristo es el conjunto de salvos de Cristo y ella guarda la fe de Cristo (Apoc. 2:13; 14:12).

7. Sí, es posible legalizar la presente unión adúltera, porque las leyes de los hombres no están sujetas a la doctrina de Cristo, pero eso no ayudará nada en este caso. Las "condiciones actuales" representan adulterio, y hasta que eso se abandone, no hay esperanza de nada que valga en vista de la eternidad.

8. Se dice que cierta persona se bautizó "en nuestra iglesia." ¡No tenemos iglesia! Cristo, sí. Algunos forman una congregación y el bautizado sin duda se hizo miembro de ella, pero no tenemos iglesia. La iglesia es de Cristo.

9. "Es deseo de ella que su hijo con su nueva familia también se integren a la Iglesia de Cristo." Tal es el deseo de todos nosotros, y para que este deseo se realice es necesario que ese hijo, y los de su familia adúltera, obedezcan al evangelio. Esto requiere el arrepentimiento, no una mera inmersión en agua como si el bautismo solo salvara. ¡El bautismo es para perdón de los pecados arrepentidos!

10. Los que forman la pareja bajo consideración "han sido bendecidos con dos hijos varones." Los padres de ellos, aunque no esposos legítimos en la vista de Dios, y que deben abandonar su adulterio, de todos modos son responsables por estos dos hijos para su bienestar y crianza. Esto no requiere el continuar en el adulterio, pero sí el buen cuidado de los hijos que han traído a este mundo.

* * *

833. LA NIÑA BAUTIZADA SIGUE SIENDO NIÑA

"El pasado mes una niña de 11 años que prácticamente nació dentro de la iglesia, sus padres son creyentes desde hace mucho tiempo…. decidió bautizarse para perdón de sus pecados; hasta aquí ningún problema, todo lo contrario, mucha alegría.

El problema surge cuando algunos hermanos y hermanas dicen que la niña debería quedarse los domingos en los estudios que se hacen después del culto, en vez de ir a las clases dominicales que se hacen para niñas de su edad. Ellos argumentan que ella ya es parte de la iglesia y por lo tanto tiene que estar donde esta la iglesia, también dicen que si ella ha alcanzado la madurez para dar el paso de bautizarse ya es madura para estar en las clases de mayores. La niña quiere seguir asistiendo a las clases dominicales porque ella se encuentra más cómoda.

Mi pregunta es: ¿es cierto que en este caso la niña desde el momento que es bautizada ya no puede ir a las clases dominicales con los otros niños de su edad? ¿A que edad se tiene que acabar entonces las clases dominicales para niños?

En el caso de que el argumento de que ella es parte de la iglesia y tiene que estar con la iglesia reunida, ¿las maestras entonces hacen mal en dar las clases porque no están con la iglesia reunida?

Algunos hermanos comentaron que esa niña necesita crecer espiritualmente, pero mi duda es…. ¿acaso no aprenden nada en las clases bíblicas? Yo he sido maestra de clases bíblicas para niños y yo les he dado material a su nivel e incluso les he exigido más para que se esfuercen.

Surgió otra duda: recientemente se han añadido una familia cubana que se acaban de bautizar hace un par de meses, los hermanos y hermanas dicen que si ellos pueden estar en el estudio la niña de 11 años también. Yo les comenté que no es lo mismo la capacidad de una persona de 40 que una de 11, pero dicen que eso es igual."

- - -

1. Usted, hermana, que me solicita una ayuda en este particular, tiene la razón. El bautismo en agua para perdón de los pecados no cambia una niña en una adulta de un momento a otro. No cambia instantáneamente el nivel de comprensión del niño a una comprensión de adulto. El bautismo cambia la <u>relación</u> de la persona bautizada con Dios, y con el estado de pecado en que antes andaba. Una niña bautizada ahora ya no sigue siendo pecadora, pero sí sigue siendo niña. Era niña en pecado; ahora es niña en santidad. Pesa lo que pesaba antes del bautismo; tiene el mismo nivel de comprensión después de bautismo como antes. Lo que cambió fue su relación con Dios.

2. Es cierto que la referida niña ahora es miembro de la iglesia, porque la iglesia es compuesta de salvos y ella ahora es salva. Pero decir que ella debe estar donde la iglesia (es decir, en el salón donde están estudiando los adultos) es ignorar que la iglesia no está unida en reunión para culto, sino en una clase bíblica. Por eso hay adulto, o adultos, también miembros de la iglesia local, que están enseñando a la vez clases de niños y tal vez de otros, como los jóvenes, y dichos maestros desde luego no están en la clase de adultos por estar enseñando clases.

3. Me pregunta: "¿es cierto que en este caso la niña desde el momento que es bautizada ya no puede ir a las clases dominicales con los otros niños de su edad?" Contesto: No, no es cierto que "ya no puede ir a las clases dominicales." Puede ir a la clase de adultos o puede quedarse en la clase de niños. Nadie tiene derecho de hacer legislación sobre este particular. Los argumentos que usted, hermana, me da, de parte de quienes insisten en que esta niña ya bautizada forzosamente tiene que dejar la clase de niños para asistir la clase de adultos, no son válidos. Todo debe ser dejado al juicio de la niña y de sus padres.

4. Yo soy miembro ahora de una congregación que tiene unas 250 personas presentes el domingo por la mañana. Antes del culto de la mañana, la iglesia local se divide en clases bíblicas y yo enseño una de las varias clases de adultos. Hay como diez clases distintas, según el nivel de comprensión de las personas en las clases, y según el tema presentado, y hay maestros para todas estas clases. No todos los miembros de la iglesia local están en las clases de adultos, porque los maestros, hombres y mujeres, que también somos de la iglesia local, estamos enseñando las clases. Todos están en clases, según el nivel de comprensión de cada clase, o tema bajo estudio. (Hay algunos adultos que están en diferentes clases de adultos según su interés personal en el tema bajo estudio). Los niños están en sus clases según sus edades y niveles de comprensión.

5. Me pregunta: "¿A que edad se tiene que acabar entonces las clases dominicales para niños?" Contesto: Nadie puede fijar cierta edad para que de esa edad en adelante el niño deje de asistir una clase para niños. No es la edad sola sino otros factores que entran en la decisión en un dado caso de cuándo ya conviene que la persona ya comience a asistir una clase de jóvenes o de adultos.

6. Usted tiene la razón en cuanto a la analogía falaz que algunos presentan, referente a la pareja cubana. No hay comparación. Claro es que si los hermanos cubanos "pueden estar en el estudio, la niña de 11 años también." No es cuestión de poder, sino de ser exigente.

7. Repito: la confusión consiste en que algunos ignoran lo que el bautismo logra. Logra un gran e importante cambió de relación, pero no cambia una niña en una persona de mayor comprensión, como no cambia lo físico de la niña. Ella sigue siendo lo mismo en lo físico y en lo mental, pero ahora goza de un gran cambio espiritual.

8. Los hermanos deben procurar seguir en paz y no en insistir en que se haga cambio de clases solamente a base del sencillo hecho de haber habido caso de bautismo.

* * *

834. ¿SUJETARSE A LA DECISIÓN DE LA REUNIÓN DE LOS VARONES?

"Gracias por su contestación, me ha sido de ayuda, lo he expuesto a los hermanos pero ha surgido otro altercado. Me dicen los hermanos que si en una reunión de varones un tema de opinión se decide hacer como ellos acuerdan (el caso de la niña de once años, si la reunión de varones decide que tiene que estar en la clase con los adultos), aunque algunas mujeres no estén de acuerdo, dicen que las hermanas se tienen que sujetar y que si no se sujetan están pecando. ¿Es esto correcto? ¿Es cierto que tenemos que aceptar esa decisión aunque no lo entendamos? ¿No se está abusando del papel que les pertenece como varones y buenos ministros de la obra?"

- - -

1. Lo que los varones deciden en las juntas de varones debe ser empleado por la iglesia entera en cuestiones de opinión. Los miembros no deben ser rebeldes.

2. Ahora, en este caso en particular, decidirse que la niña bautizada forzosamente tiene que estar en la clase con los adultos, y no en la clase para niños, manifestaría de parte de los varones algo de chovinismo o machismo, porque ellos no tendrían otra razón por qué demandar tal arreglo que la de querer que se haga la voluntad de ellos, sin considerar en nada el deseo de la niña y de su madre. Los varones seguramente no afirmarán que una persona, siendo niña en el momento en que entra en el agua para ser bautizada, al salir del agua ya es adulta y que por eso ahora debe asistir la clase de adultos. O, ¿afirmarán que el bautismo cambia niños en adultos auto e inmediatamente?

Si ella, que según ellos sería ya adulta, quisiera casarse, ¿estarían los mismos varones de acuerdo? ¿No dirían que todo adulto es de edad para el matrimonio?

La iglesia local arregla clases para diferentes niveles de comprensión, y para lograr ciertas metas en la educación espiritual. Pero la asistencia a las clases debe ser dejada al juicio y opinión del individuo, que de otra manera la aplicación de obligación quita la buena voluntad del individuo para aprender, y la aplicación de obligación en sí no logra ningún bien. Seguramente los varones no quieren nada más ejercer autoridad por ejercerla.

Espero que los varones sean personas consideradas y sabias, viendo que todo individuo procure hacer la voluntad de Dios de corazón y no por obligación. Siendo cuestión de opinión, la opinión del individuo vale mucho si se espera que la persona haga todo de su propia voluntad y no como súbdito de una dictadura arbitraria.

* * *

835. ¿ASISTIR A UNA COMIDA QUE CELEBRA UN CASAMIENTO O EL BAUTISMO DE UN NIÑO?

"Si algún familiar u otra persona inconversa se casa o bautiza a un niño y hace una comida e invita a dicha comida a un cristiano, ¿es pecado asistir a esa comida?"

- - -

1. Considérense Mat. 9:10-13; Luc. 15:1,2. Jesús comía con gente pecadora pero no solamente para tener relaciones sociales con ella, sino para enseñar a los tales, para serles médico, porque estaban enfermos espiritualmente.

2. El cristiano fiel busca oportunidades para enseñar la verdad a la gente. Si se le presenta tal oportunidad en una comida como la descrita arriba en la pregunta, entonces asistirá y se aprovechará de la oportunidad para enseñar la verdad del evangelio, o para corregir errores doctrinales. El cristiano siempre actúa de "medico" para curar a los "enfermos." Siempre conviene enseñar la verdad a la gente perdida. Compárese Luc. 14:1-24.

3. Lo que no se debe hacer es asistir la comida y como cobarde espiritual (considérese 2 Tim. 1:7) no abrir la boca para condenar lo malo en la gente presente. El silencio implica aprobación.

* * *

836. ¿ENTRAR EN LOS EE.UU. COMO TURISTA Y QUEDARSE A TRABAJAR?

"¿Hay algún tipo de visa que permita trabajar en Estados Unidos? Si no la hay, y algún cristiano obtiene una visa de negocios, compras y turismo ¿puede quedarse a trabajar como un empleado por algún tiempo en E E.UU.?"

- - -

1. Sí, hay manera legal de entrar en EE.UU. para trabajar. El hombre que quiere agradar a Dios, obedeciéndole, tomará los pasos legales para conseguir permiso de entrar al país a trabajar.

2. La persona que entrar en los EE.UU. con "una visa de negocios, compras y turismo," y luego se queda ilegalmente a trabajar, ¡está mintiendo! Es un falso. Vivir una mentira tiene la consecuencia revelada en Apoc. 21:8.

* * *

837. HACER COSAS DE CORAZÓN

"¿Qué significa hacer las cosas de corazón?"

- - -

1. El término "corazón" se emplea en las Escrituras para indicar la sede de la comprensión y de las emociones. Es el centro del ser humano.

2. Obedecer al evangelio de corazón (Rom. 6:17) significa obedecer por fe, porque con el corazón el hombre cree (Rom. 10:10).

3. Hacer las cosas de corazón significa, pues, hacer las cosas por fe en lo que Dios ha mandado que se haga. Se hacen, no por obligación, sino voluntariamente, porque la voluntad del hombre es su pensar en el corazón.

4. Se puede consultar una buena concordancia para ver los muchísimos pasajes en que aparece la palabra "corazón." Se describe con varios calificativos diferentes.

* * *

838. VACACIONES Y LA CENA DEL SEÑOR

"Cuando un matrimonio miembros de una congregación local, se van de vacaciones una semana y no pueden estar el domingo en su congregación, ¿es correcto que al estar ellos reunidos tomen el pan y el fruto de la vid, en el lugar donde estén?

¿Están justificados delante de Dios al haber participado de la cena del Señor?"

Es una práctica en algunas congregaciones de España, y es tropiezo para algunos hermanos. ¿Qué se debe hacer?

- - -

1. Decir que "no pueden estar el domingo en su congregación" no representa la realidad del caso. Sí podemos estar en la congregación local si queremos, porque las vacaciones son arreglos personales como cualquier otra actividad que el hombre escoja hacer. La Biblia no manda vacaciones, ni puede el cristiano verdadero ponerlas como si fueran derechos innegables para el cristiano, aún a costa de dejar la iglesia local el domingo. El cristiano verdadero no busca primeramente las vacaciones, sino el reino de Dios (Mat. 6:33).

2. Las vacaciones son buenas, si son usadas sabiamente (y no como si fueran Dios mismo, que todo lo demás tome segundo lugar), pero su bien tiene límites. Muchas veces en lugar de ser ocasión de descanso (Mar. 6:1), la persona regresa de sus vacaciones más cansada que nunca, y más empobrecida de tanto gasto en el camino.

3. El cristiano sabio puede cumplir con sus deberes en la iglesia local y siempre, teniendo la oportunidad, tomar algo de vacaciones (en el sentido de buscar un descanso). Las vacaciones, como comúnmente se toman, son cosa primeramente de placer, pero la responsabilidad individual en la iglesia local es un deber espiritual. ¿Cuál vale más? El individuo decide por sus acciones.

4. En cuanto a la cena del Señor, es un acto llevado a cabo en la iglesia local (1 Cor. 11:20,33). Claro es que si la persona no puede estar presente en la congregación (por estar enfermo, o cuidando a un enfermo, etcétera), no puede celebrar ese acto juntamente con los hermanos. Es un acto en reunión. Pero cuestiones de placer no justifican a la persona a no estar presente en la asamblea para tomar la cena del Señor.

5. Es fácil (si no es según el deseo carnal de la persona) arreglar las dos cosas: tomar la cena del Señor y tomar algo de vacaciones para descansar. No hay pasaje bíblico que obligue al cristiano que viaje lejos y largamente en vacaciones. Si la persona lo hace, lo hace por el gusto de hacerlo. El hacerlo viene siendo su mayor interés. Pone primero su placer, antes de todo. Sigue el pensar del mundano que considera sus vacaciones como un derecho innegable que no permite ningún obstáculo para su realización.

6. ¿Qué hacer, pues, en el caso a la mano? Estar en la reunión el día del Señor, y tomar la cena del Señor, cosa de mayor importancia, y entre semana tomar algunos días de descanso, que es de poca importancia. Por otro lado, si el cristiano a propósito se ausenta de la reunión el domingo por el placer de irse demasiado lejos y quedarse muchos días en su placer físico, y toma consigo fruto de la vid y pan sin levadura para cumplir con algo como si fuera un sacramento o rito exterior, evidencia su falta de espiritualidad; seguramente no cumple con Mat. 6:33. Si todos tomaran tales vacaciones al mismo tiempo, ¿qué sería de la iglesia local? ¿No tienen todos los mismos derechos?

* * *

839. ¿CORITOS O HIMNARIO?

"En nuestra congregación y otras de España utilizamos un libro de coritos y un himnario para alabar a nuestro Dios, y la pregunta que se plantea aquí es la siguiente; ¿Es correcto utilizar del libro de coritos dichos cánticos?

Esta pregunta se plantea porque hay hermanos que dicen que en el libro de coritos hay muchos que son de los evangélicos, y que lo correcto es utilizar el himnario con los himnos y no cánticos elaborados por otras denominaciones.

En las iglesias no hispanas, ¿se utilizan también otros cánticos elaborados por otras denominaciones, o sólo se aferran al uso exclusivo de himnos de un himnario?

- - -

1. Las preguntas aparentemente se basan en la idea de que el himnario empleado en las iglesias en España es constituido de himnos escritos exclusivamente por hermanos en la fe, mientras que el libro de coritos contiene por autores a evangélicos.

2. Hay himnarios editados por hermanos en la fe, y contienen algunos himnos escritos por cristianos, pero a la vez la mayoría de los himnos tienen por autores a evangélicos. No conozco a himnario que tenga autores exclusivamente cristianos.

3. El himnario en español más conocido entre las iglesias hispanas, Cantos Espirituales, ha sido editado por un cristiano, pero en gran parte contiene himnos traducidos del inglés y de autores no cristianos. (La verdad es verdad, no porque sea expresada por sectario y por cristiano, sino porque se conforma a la Palabra de Dios—Jn. 17:17). El evangélico expresa muchas verdades, como también el católico. Pero si alguien dice la verdad, es verdad por conformarse a las Escrituras inspiradas, y no por la conexión religiosa de la persona.

4. Los libros de coritos contienen cánticos que especialmente son diseñados para niños. Si tienen alguna utilidad provechosa, es para clases de niños. Casi todos estos cánticos tienen por autores a sectarios. En general, no son para el uso de toda la congregación en la adoración pública.

5. Lo que importa, o en el caso del himnario, o en el caso del libro de coritos, es que la letra en el cántico exprese un mensaje que se conforme a la enseñanza inspirada por el Espíritu Santo. Eso es lo que hace que el cántico sea "cántico espiritual" (Efes. 5:19; Col. 3:16).

6. Aun en el caso de un himnario editado por hermano en la fe (y en los EE.UU. hay varios de éstos, y no todas las iglesias en el país, que son miles, emplean el mismo himnario), hay casos en que cierto himno puede emplear una frase o expresión no totalmente bíblica; el editor es humano y no siempre capta tal cosa. Por eso hay casos en que una congregación evita usar tal himno, pues hay otros muchos entre los cuales escoger. No hay que botar el himnario por eso.

7. El himnario es una composición no inspirada, como lo son los sermones míos. Tenemos que probar a los espíritus (maestros) (1 Jn. 4:1), sea en su predicación o en el himno que componga. Lo mismo se puede decir respecto al libro de coritos.

8. En lo personal he visto muy poca colección de "coritos para niños" que yo apruebe, dado los errores que se expresan en ellos. Pero no por eso son malos todos los libros de coritos. Al mismo tiempo yo tengo mucho cuidado con ellos.

* * *

840. GAYO, DE 3 JUAN 1 Y DE HECH. 20:4

"La pregunta es: En la segunda Carta que habla de Gayo, ¿es el mismo que se refleja en el Espíritu Santo en Hecho 20.4, y en otros textos bíblicos? Solo quería saber si es el mismo Gayo."

- - -

1. Aparece este nombre en 3 Juan 1 y también en Hech. 19:29; 20:4; Romanos 16:23 y 1 Corintios 1:14. No se puede saber si el Gayo mencionado en 3 Jn. 1 fuera uno de los dos o tres mencionados en estos pasajes.

* * *

841. ¿ES NECESARIO QUE UNO SEPA DE HOMILÉTICA, HERMENÉUTICA, ETC. PARA PODER ENSEÑAR A OTROS?

"¿Cree usted que es necesario que un predicador sepa tanto de exégesis, homilética, hermenéutica, etc. para poder enseñar bien a los hermanos? Yo no conozco mucho de esto pero trato de hacer la voluntad de Dios lo más que pueda. Eso me lo dijo un hermano graduado del Instituto Baxter y a la verdad que casi me desanima pero recordé que en el principio los apóstoles no sabían tanto de eso y demás escritores, ¿o sí?

- - -

1. Lo que uno necesita saber para poder enseñar a otros es la palabra del evangelio (2 Tim. 4:2). El maestro bíblico sigue la instrucción de 2 Tim. 1:13. Aprende de otros (2 Tim. 2:2).

2. No había "institutos" como el Baxter en el primer siglo, ni son necesarios. Tales escuelas, y otras, pueden ser útiles en el proceso de informarse la persona en las ciencias concernientes al hablar públicamente, pero no son *necesarias*.

3. Usted tiene razón al recordar que "en el principio los apóstoles no sabían tanto de eso." No existían institutos humanos para licenciar a predicadores. Hermanos fieles enseñaban a otros fieles (2 Tim. 2:2), y así se perpetuaba la

predicación del evangelio por todas partes. Considérese Hech. 8:4; ¿eran éstos graduados de institutos como el Baxter?

* * *

842. ¿TOMAR LA CENA DEL SEÑOR SOLAMENTE EN LA NOCHE?

"¿La cena del señor solo debemos de hacerla en la noche? Acá un hermano dice que se debe de hacerse la cena sólo en la noche porque el Señor la realizó de noche y que los ejemplos bíblicos nos enseñan que fue en la noche. Por ejemplo en Hechos 20:7, y dice que toca regirse a lo que está escrito.

- - -

1. Lo que dicen las Escrituras es que la Cena es tomada el "primer día de la semana," (Hech. 20:7). No especifican en qué parte del día se tome.

2. El ejemplo hallado en Hech. 20:7 no es obligatorio por la misma razón que no es obligatorio celebrar la reunión para tomar la cena en aposento alto. ¿Nos es obligatorio el ejemplo de predicar el evangelista hasta la medianoche, y luego, después de comer él, seguir hablando largamente hasta el alba, todo esto después de haberse tomado la Cena del Señor?

3. Las Escrituras especifican el día, no la hora o el lugar.

4. Véase el Interrogante # 490.

* * *

843. EL PECADO DE DAVID AL CENSAR, 1 CRÓN. 21:2

"¿Por qué motivo hizo mal el rey David al censar al pueblo en 1 Crón. 21:2?"

- - -

1. Véase el relato también en 2 Samuel, capítulo 24.

2. No se nos revela explícitamente el motivo con que David hizo este pecado, pero sí se mostró de parte de él cierta desconfianza en la promesa de Dios de multiplicar a Israel. David estaba pensando en la confianza humana que resulta de grandes números de guerreros para hacer sus planes políticos. En esto no dependía de Dios. Actuó sin autorización de Dios.

* * *

844. ¿OFRENDAR UNA VEZ AL MES?

"Hay una persona en la congregación que ofrenda una ves por mes, aludiendo que recibe un salario mensual y que separa su ofrenda cuando es prosperado y la pone el domingo siguiente a su pago en la ofrendera. Esto ha creado una controversia en la hermandad. Hay hermanos que dicen que tal hermano debe dividir la ofrenda en los domingos que traiga el mes. Otros creen que hace bien, pues la orden es ofrendar según haya prosperado y tal hermano es prosperado una ves por mes. La pregunta que se me hace: ¿Peca el hermano al no ofrendar cada domingo? Algunos hermanos dicen que es mal ejemplo. Personalmente creo que debería ofrendar, tal hermano, cada domingo pero no podemos obligarle en esto. Hermano, su orientación me será muy útil en este asunto.

- - -

1. Véase Interrogante # 264.

2. El pasaje aludido es 1 Cor. 16:2, "según haya prosperado." Esta frase no toca la cuestión. La cuestión tiene que ver con cuándo ofrendar, no con la cantidad de la ofrenda. El texto dice "según haya prosperado", y no según el tiempo de recibir su salario. Es cuestión de cantidad, no de tiempo de recibir el salario.

3. El versículo dos dice "cada primer día de la semana." Este es el tiempo de hacerlo.

4. Algunos agricultores reciben ganancia una vez al año al vender su cosecha. Otros reciben ingresos con frecuencia. Pero todos ahorran de sus prosperidad para cumplir con sus deberes diarios, semanales, y mensuales.

5. Cuando por ejemplo llega el día 15 del mes en que se paga la cuenta de luz, hay fondos ahorrados y apartados para hacer el pago. De igual manera cuando llega cada domingo, debe haber fondos guardados y apartados para cumplir con ese deber del cristiano.

6. Conviene, para su enseñanza, que el hermano referido conteste la pregunta: ¿Dice Dios "cada primer día de la semana" o "cada vez, sea mes o año, que yo reciba salario?"

7. El hermano no hace bien al no ofrendar "cada primer día de la semana." 1 Cor. 16:2 indica un mandamiento semanal que el cristiano obediente, como es, cumplirá semanalmente.

* * *

845. JUAN EL BAUTISTA LLENO DEL ESPÍRITU SANTO

"En el estudio del evangelio de Lucas, un hermano me preguntó ¿En qué sentido Juan el bautista fue lleno del Espíritu Santo desde el vientre de su madre? (Luc. 1:15). ¿Como lo podemos entender a la luz de Efesios 5:18?"

- - -

1. En nuestra versión de Valera en los dos textos la fraseología es igual en que se exprese así: "lleno del" (Espíritu, o Espíritu Santo). Pero el texto griego emplea frase preposicional diferente.

2. En el caso de Juan el bautista Dios en su presciencia escogió al individuo Juan aun desde el vientre de su madre, y el Espíritu Santo estuvo con él para guiarle en su trabajo de adulto en su comisión divinamente escogida.

3. Efes. 5:18 trata otra situación completamente diferente. Al cristiano se le manda hacer algo, no embriagarse con vino sino "embriagarse" (llenarse) del Espíritu por medio de dejar que la palabra de Cristo more en su corazón en abundancia (pasaje paralelo, Col. 3:16).

4. Luc. 1:15 trata de lo que hizo Dios, y Efes. 5:18 trata de lo que debe estar haciendo el cristiano.

* * *

846. EL LLAMADO "DIVORCIO MENTAL"

"Me interesa estar informado al respecto "divorcio mental".

- - -

1. Algunos hermanos conservadores acusan a otros conservadores (por ejemplo, a su servidor) de creer en el llamado "divorcio mental." Entre éstos, hay algunos que cortan comunión a cualquier persona que según ellos crea tal cosa. (No todos hacen de la cuestión asunto de comunión).

2. En la presente controversia en la hermandad sobre las segundas nupcias, la frase "divorcio mental" es una gran representación falsa de muchos hermanos fieles. Como resultado algunos evangelistas fieles han tenido canceladas sus series de servicios de predicación (o, conferencias), y otros han sido marginados por estos hermanos que quieren obligar a otros a someterse a sus escrúpulos.

3. Yo y otros muchos hemos negado creer en esta mentira del diablo y practicarla, el llamado "divorcio mental." No obstante, estos hermanos siguen con insistencia u obstinación esta falsa representación.

Alguien preguntará: "¿En qué, pues, consiste la falsa representación?" A continuación contesto, dando la explicación sencilla:

a. Jesús, en los pasajes de la presente controversia (Mat. 5:32; 19:9; Mar. 10:11,12; Luc. 16:18), empleó la palabra griega, Apoluo. Ella tiene dos partes: APO = de, desde, y LUO = suelto, desligo. Este es el sentido básico. Por aplicación tiene otros sentidos, entre ellos "perdonar" (Luc. 6:37). Pero en cuanto al divorcio, significa despido o repudio. Los que predicamos en español, al usar los pasajes mencionados al principio de este párrafo, usamos la palabra "repudiar," porque ésta es la palabra que la versión de Valera emplea. (Hasta últimos años los de habla inglesa hemos acostumbrado usar la frase, "put away," que literalmente significa poner a un lado, o despedir).

Pero en las últimas décadas han salido algunas versiones que ahora emplean la palabra "divorciar" en lugar de "repudiar," o "put away." Hoy en día la idea común asociada con la palabra "divorciar" es la de acción civil en alguna corte legal. La persona oye o lee la palabra "divorciar" y no piensa en el sentido radical de la palabra, que es el de "separar," sino en abogados, jueces y determinaciones legales hechas en la casa de la corte.

b. Ningún experto en el griego pone acción o procedimiento en la corte civil en la palabra "Apoluo" (repudio). Pero esto muchos hermanos lo han hecho y sobre esta premisa falsa ellos han fabricado su falsa representación de otros. Ellos favorecen versiones de la Biblia que emplean la palabra divorcio en lugar de repudio. (El significado primario de la palabra "divorcio" es separación, y por eso es una traducción aceptable de la palabra griega "apoluo." Pero los que representan mal a sus hermanos emplean la palabra "divorcio," no en su sentido radical o primario, sino en un sentido aplicado, el cual es de acción civil en la corte de los hombres. (El divorcio **legal** reconoce y registra la separación marital). Tal sentido aplicado no está por nada en la palabra griega, "apoluo." Que estos hermanos injustos citen algún erudito reconocido en la lengua griega que ponga acción en la corte civil en la palabra referida. No pueden hacerlo.

c. Así es que estos hermanos que falsamente tildan a otros de "divorciadores mentales" se mueven de *repudiar* a *divorciar (¡en su sentido legal solamente!)*. Estos hermanos saben que, una vez que haya acción legal en la corte civil y el martillo del juez suene, *no hay otra tal acción legal que se pueda tomar* por cualquier de los dos esposos involucrados en el divorcio legal. (En realidad, ahora los dos esposos son considerados por el juez como personas divorciadas). Así que ¿qué le queda al cónyuge fiel hacer, cuyo esposo ha cometido adulterio y le ha divorciado legalmente? Nos responden: "Nada, excepto algo solamente mental." De esto salen con "divorcio mental."

d. Dado que dos personas hacen votos el uno al otro en el matrimonio, ¡cada uno puede hacer lo que "apoluo" significa: ¡repudiar! Sobre Mar. 10:12, concerniente a "aploluo," dice el erudito Thayer, autorizado en el griego y reconocido así por todos, "una esposa que abandona su esposo," o le "repudia." Estos hermanos que insisten en mal representar a otros, no emplean la frase "repudio mental;" eso no les ayudaría en su agenda. De necesidad tienen que usar la palabra "divorcio" en su sentido **legal** y no bíblica para poder tener un caso. Así que con monotonía tiran la etiqueta de "divorcio mental" contra sus hermanos buenos, descomulgándoles y animando a otros que hagan lo mismo.

e. Las palabras que empleó Jesús en Mat. 19:9 implican que el marido, al repudiar su esposa por fornicación, no comete adulterio al volver a casarse. ¿Estamos de acuerdo todos los que estamos involucrados en esta controversia? Uno pensaría que sí, pero ¡el caso no es así! Estos lanzadores de la etiqueta, "divorcio mental," están de acuerdo **con tal que** su salvedad esté incluida, la de que la persona no puede ser una divorciada legalmente.

Repudiar ¡no es asunto puramente mental! Es verbo de acción; es rechazar. La separación física resulta del repudio, y puede ser que siga algún proceso legal, pero la acción ya se realizó cuando el esposo rechazó a su compañero de matrimonio, negando y abandonando sus votos.

Los que lanzan la etiqueta de "divorcio mental" ¿creen en un divorcio libre de la mente? Toda acción de parte de persona sana es precedida por el pensar de la mente. Considérese Hech. 26:9,10 ("yo en verdad pensaba…..lo cual también hice"— versión Moderna, y otras). "Apoluo" es verbo de acción y significa repudiar o despedir. Los dos cónyuges pueden hacer esto, sea con aprobación de Dios, o sin ella. Decir "divorcio mental" es una falsa representación.

Tiemblo a pensar en el destino de predicadores que en años recientes han lanzado en voz fuerte la falsa representación de "divorcio mental" contra otros. Yo no quisiera estar en sus zapatos (como se expresa en inglés) en el Día del Juicio Final. Estos tendrán que dar cuenta a Dios por haber caracterizado falsamente a hermanos en Cristo. Estarán en la compañía de tales como los que cuelgan por el cuello de hermanos la etiqueta de "campbelistas," o "antis." Que desistan de emplear tales tácticas carnales mientras hay tiempo para hacerlo.

Para ayudar a hermanos a entender el significado de lo que dijo Jesús al usar la palabra, "apoluo," hágales considerar el escenario siguiente:

Un esposo que ha cometido fornicación con otra mujer declara a su esposa fiel que ya le rechaza, así ya no respetando sus votos que hizo con ella cuando se casaron, porque ya no le ama. Le dice que le abandona, dejándole, y que va a divorciarle legalmente. Se separa de ella, dejando la casa, y ella ya no le ve más. El llama a un abogado y hace una cita con él para la semana que entra, para iniciar el divorcio legal para que se pueda casar con su amante. Antes de llegar la fecha de la cita con el abogado, el marido de repente muere de un ataque de corazón.

La pregunta siguiente, expresada de diferentes maneras, demanda una respuesta:

¿Repudió este marido a su esposa, sí, o no?

¿Le rechazó, sí o no?
¿Le "apoluo" de ella, si o no?
¿Le divorció, sí o no?

A estas preguntas yo contesto de modo inequívoco que **sí**. ¿Cómo las contestará mi hermano demasiado escrupuloso? Ese marido ciertamente repudió a su esposa. Ciertamente le rechazó. Le "apoluo" a ella al hacer lo que Cristo prohíbe, a menos que haya **causa** de fornicación para hacerlo. Le divorció porque básicamente la palabra divorciar significa separarse de. (No pregunté que si le divorció *legalmente*. El murió antes de poder hacer eso).

"Apoluo" es un verbo de acción, y la traducción correcta de ese verbo también es verbo de acción. Repudiar significa rechazar, y rechazar no es proceso sencillamente mental sino es verbo de acción. La etiqueta de "divorcio mental," con prejuicio lanzado a otros, es una falsa representación cruel e injusto de otros. Qué mis buenos hermanos no pierdan sus almas por medio de tal táctica carnal.

El uso de etiquetas de prejuicio es asunto de carnalidad. Considérese esto:

¿Por qué nos llaman los bautistas "campbelistas?" Respuesta: para predisponer las mentes de otros contra nosotros los cristianos. Es táctica carnal.

¿Por qué nos llaman "antis" hermanos institucionales? Respuesta: para predisponer las mentes de hermanos contra nosotros los conservadores. Es táctica carnal.

¿Por qué nos tildan de "divorcio mental" los hermanos demasiados escrupulosos hasta el punto de dividir la hermandad? Respuesta: para predisponer la mente de hermanos en nuestra contra. Es táctica carnal.

Una pregunta que se debe hacer a estos hermanos que lanzan la etiqueta de "divorcio mental":

¿Es "repudiar," verbo dado como definición de "apoluo" por el Sr. Thayer, un verbo de **acción,** o verbo que indica **solamente algo mental**, como el verbo "pensar?" Se demande una respuesta de ellos de sí o no. No se les permita evadir la pregunta. Yo contesto de modo inequívoco que es verbo **de acción.**

A mis buenos hermanos equivocados pido que abandonen su lenguaje de prejuicio. Que ellos sigan su conciencia en esta cuestión en la hermandad. Si no pueden otorgarse el permiso divino que Jesús da en Mat. 19:9 al esposo fiel, sencillamente porque alguna corta pagana ha decretado un divorcio legal contra ellos, entonces que no se lo otorguen. Pero que no traten de imponer su escrúpulo sobre otros, a grado de excomulgar a otros, dividiendo así la hermandad.

Detalle:

La frase "divorcio mental" fue originada hace muchos años, mayormente por predicadores por la costa occidental de los EE.UU. Ellos afirmaban (o afirman) que cuando dos personas se ponen de acuerdo para divorciarse por cualquier causa, y después uno de ellos comete adulterio al volverse a casar, luego el otro con nada más pensar en su mente que ya tiene causa contra su compañero de matrimonio, puede irse y casarse de nuevo. Esto lo llamaban ellos "divorcio mental." Esto sí es en realidad el "divorcio mental." Todos nosotros en la presente controversia rechazamos terminantemente tal idea. Así que cuando hoy en día en la presente controversia uno salga con que conoce a algunos que admiten creer en el "divorcio mental," y que por eso es legítimo usar la frase, tiene en mente a aquellos predicadores de hace mucho tiempo, o a alguno de ellos que viva todavía, pero bien sabe que eso no tiene aplicación a nosotros en la presente controversia porque hemos dicho repetidas veces que no creemos tal cosa. Pero siempre hay hermanos que siguen aplicando la frase erróneamente, y a sabiendas.

* * *

847. DE CAUSA A PROCEDIMIENTO EN EL ASUNTO DE REPUDIAR

"Jesús en Mat. 19:9 habla de causa; eso lo entiendo. Pero me parece que algunos ignoran eso de causa y más bien hacen que todo el caso sea de procedimiento. ¿No es así?"

———

1. Sí, usted tiene razón. ¡O que todo el mundo pudiera ver el caso tan claramente!

2. Mateo (5:32; etcétera) registró en griego que Jesús empleó la palabra **apoluo** (repudio, despido). En la presente controversia sobre el matrimonio, el divorcio y las segundas nupcias, todos los hermanos conservadores estamos de acuerdo que **apoluo** no es algo hecho solamente en

un estado mental. Es verbo de acción, significando repudiar o despedir. Por eso mis hermanos errados o equivocados no hablan comúnmente de "repudio mental." Con constancia hablan de "divorcio mental."

3. Pero el famoso lexicógrafo, el Sr. Thayer, nos dice que **apoluo** se traduce correctamente con la palabra **repudiar**. Repudiar, pues, tiene que ser verbo de acción, y así es. Repudiar es rechazar (a pesar del proceso empleado para lograr el rechazamiento).

Sin embargo algunos hermanos siguen representando mal a otros hermanos que contendemos por el derecho divino que se le otorga al cónyuge inocente y fiel a sus votos de repudiar al esposo fornicario y de volver a casarse si gusta. Este verbo de acción, repudiar (en griego, la palabra que Jesús usó, **apoluo**), no es simplemente un pensamiento de la mente, y ningún diccionario lo define así. Pero, solamente porque la acción de rechazamiento no es algún **proceso legal en una corte de la tierra,** se les acusa falsamente a hermanos fieles de abogar por lo que estos tachadores llaman "divorcio mental."

4. Así que, de la **causa** para repudiar, la cual se presentó a Jesús en Mat. 19:3 y Mar. 10:2, y a la cual él respondió, estos hermanos equivocados hacen virar a cierto **proceso,** a la de acción legal en la corte de la tierra. Aún teniendo el esposo fiel e inocente la **causa divina** para repudiar, si no puede seguir ese **proceso legal,** o no lo hace, ese esposo, y los que le defienden, serán cortados de comunión si dicho esposo pasa a repudiar al fornicario y vuelve a casarse.

De **causa,** de que habló Jesús, estos demasiados escrupulosos, pasan a **proceso,** cosa de que Jesús no habló. Es triste que tales hermanos estén dividiendo la hermandad con su escrúpulo, en lugar de seguir su conciencia en su aplicación personal de la cuestión, sin forzar sobre otros su escrúpulo.

* * *

848. PREGUNTAS SOBRE CAMBIO DE MEMBRESÍA

"1. ¿El cambio de membresía cómo es? ¿Puede la iglesia o el evangelista prohibir u oponerse a que alguien se cambie?

"2. ¿Si algún hermano o hermana que es miembro en una iglesia local quiere cambiar su membresía porque el evangelista sale mucho y deja a cargo a dos varones que aún no están preparados; y uno de ellos al predicar no se le entiende y no hay edificación, puede hacerlo?

"3. Cuando en una iglesia local hay un evangelista que es muy hábil para cubrir sus mentiras y para culpar a otros, y es una persona que siempre busca la manera de aparentar tener siempre la razón; si hay algún hermano que quiere cambiarse por este motivo, pero tiene temor de que cuando avise de su cambio este evangelista se ponga a debatir pidiendo explicaciones o razones del por qué quiere cambiarse, ¿qué se puede hacer?

"4. Si algún hermano miembro de una iglesia local no se siente cómodo ni tiene la confianza con el evangelista de dicha iglesia donde es miembro, y quiere tener un estudio en su hogar, pero no quiere que dicho evangelista se lo de, y en la ciudad hay otro evangelista que incluso es su cuñado, ¿puede pedirle a él que le de ese estudio que desea? Y si el evangelista se opone ¿qué hacer?"

- - -

Contestando las cuatro preguntas del hermano, una por una, digo lo siguiente:`

1. Como la persona **pone** su membresía voluntariamente (y no por intervención del evangelista), también es así cuando la persona decide **quitar** su membresía para ponerla en otra congregación.

2. Hay muchas razones diferentes por qué la persona desee cambiar de membresía. Pero ella sola hace la decisión. Yo no me quedaría como miembro en una congregación que tuviera en sí el cuadro aquí pintado por el interrogador.

3. Cuando una persona, por las razones que tenga, decide cambiar de membresía, ¿qué hacer? ¡Lo hace! No debe respuesta a nadie sobre su decisión, pero si puede dar su razón, aunque no por obligación que le ponga otra persona.

4. Si algún hermano desea tener un estudio bíblico en su casa, escogiendo cuál predicador dirija el estudio, es cosa de él y no de otros. Que el escogido para dirigir la clase sea cuñado, abuelo, o tío no tiene nada que ver con el caso. Ni el evangelista de la iglesia local, ni otro alguno, tiene señorío sobre las decisiones del individuo en su propia casa. Se debe ignorar lo que haga un Diótrefes (3 Juan 9,10), uno que nada más busca la preeminencia y el ejercicio de dictador. Jesucristo es nuestra Cabeza, no un ambicioso evangelista que no sabe cuál es su papel en ser evangelista.

* * *

849. ROM. 8:37, MAS QUE VENCEDORES

"¿cual es la palabra en griego que se usa para decir MAS QUE VENCEDORES? Le agradezco de antemano su ayuda."

- - -

La palabra griega para la frase en Rom. 8:37, más que vencedores, es:

hupernikomen. Esta palabra es verbo, 1 persona plural, tiempo presente. Es compuesta de dos partes: huper = sobre, y nikao = vencer. Literalmente el texto dice: **estamos más que venciendo.**

* * *

850. HACER COMENTARIOS UNA MUJER EN UNA CLASE

"Sé perfectamente que la mujer debe de estar sujeta a su marido y sé la posición que mi marido y todo varón como es su responsabilidad debe de asumir en la congregación, pero a parte de todo esto es ¿puede la mujer exponer cuando un varón está dando una clase un comentario o guiarlos a un pasaje que enlace con el tema, sin dirigir por supuesto la clase bíblica pues me refiere cuando un varón la esta dirigiendo. Voy a exponer un ejemplo: fuera de la congregación con un varón que quiere aprender del evangelio mi marido concierta una clase, yo le puedo acompañar. ¿Puedo aportar comentarios, y recordar algún pasaje bíblico en este caso en concreto?"

- - -

1. Sí, hay manera correcta en que la mujer puede participar con su marido en la enseñanza de otra persona. La pareja Aquila y Priscila da ejemplo de esto (Hech. 18:25,26).

2. El punto que recordar es que la mujer siempre haga su parte de participación en la enseñanza con sujeción, pues es el hombre que dirige la enseñanza, y no ella.

3. La hermana puede levantar la mano para indicar el deseo de contribuir algún comentario útil o señalar algún pasaje bíblico que enlace con el tema, o de otra manera sacar permiso del maestro para participar debidamente en la actividad.

4. Lo que la mujer debe evitar es la apariencia de dominar la enseñanza o la interrupción de la enseñanza, hablando sin permiso. El que dirige es el hombre, pero la mujer en sujeción al seguir, y no dirigir, siempre participa y contribuye a la buena enseñanza.

* * *

851. PREGUNTAS SOBRE CAMBIO DE MEMBRESÍA

"1. ¿El cambio de membresía cómo es? ¿Puede la iglesia o el evangelista prohibir u oponerse a que alguien se cambie?

"2. ¿Si algún hermano o hermana que es miembro en una iglesia local quiere cambiar su membresía porque el evangelista sale mucho y deja a cargo a dos varones que aún no están preparados; y uno de ellos al predicar no se le entiende y no hay edificación, puede hacerlo?

"3. Cuando en una iglesia local hay un evangelista que es muy hábil para cubrir sus mentiras y para culpar a otros, y es una persona que siempre busca la manera de aparentar tener siempre la razón; si hay algún hermano que quiere cambiarse por este motivo, pero tiene temor de que cuando avise de su cambio este evangelista se ponga a debatir pidiendo explicaciones o razones del por qué quiere cambiarse, ¿qué se puede hacer?

"4. Si algún hermano miembro de una iglesia local no se siente cómodo ni tiene la confianza con el evangelista de dicha iglesia donde es miembro, y quiere tener un estudio en su hogar, pero no quiere que dicho evangelista se lo de, y en la ciudad hay otro evangelista que incluso es su cuñado, ¿puede pedirle a él que le de ese estudio que desea? Y si el evangelista se opone ¿qué hacer?"

- - -

Contestando las cuatro preguntas del hermano, una por una, digo lo siguiente:

1. Como la persona **pone** su membresía

voluntariamente (y no por intervención del evangelista), también es así cuando ella decide **quitar** su membresía para ponerla en otra congregación.

2. Hay muchas razones diferentes por qué la persona desee cambiar de membresía. Pero ella sola hace la decisión. Yo no me quedaría como miembro en una congregación que tuviera en sí el cuadro aquí pintado por el interrogador.

3. Cuando una persona, por las razones que tenga, decide cambiar de membresía, ¿qué hacer? ¡Lo hace! No debe respuesta a nadie sobre su decisión, pero sí puede dar su razón, aunque no por obligación que le ponga otra persona. Lo que debe es que avise que está quitando su membresía como avisó que quiso ponerla en el principio.

4. Si algún hermano desea tener un estudio bíblico en su casa, escogiendo cuál predicador dirija el estudio, es cosa de él y no de otros. Que el escogido para dirigir la clase sea cuñado, abuelo, o tío no tiene nada que ver con el caso. Ni el evangelista de la iglesia local, ni otro alguno, tiene señorío sobre las decisiones del individuo en su propia casa. Se debe ignorar lo que haga un Diótrefes (3 Juan 9,10), uno que nada más busca la preeminencia y el ejercicio de dictador. Jesucristo es nuestra Cabeza, no un ambicioso evangelista que no sabe cuál es su papel al ser evangelista.

* * *

852. ROM. 8:37, MAS QUE VENCEDORES

"¿cual es la palabra en griego que se usa para decir MAS QUE VENCEDORES? Le agradezco de antemano su ayuda."

- - -

La palabra griega para la frase en Rom. 8:37, más que vencedores, es: **hupernikomen.** Esta palabra es verbo, primera persona plural, tiempo presente. Es compuesta de dos partes: huper = sobre, y nikao = vencer. Literalmente el texto dice: **estamos más que venciendo.**

* * *

853. ¿PREDICAR EN UNA IGLESIA NO COMULGADA?

"Quisiera que usted me aconseje con respecto a una invitación para predicar en una Iglesia con la cual no tenemos comunión. ¿Es correcto que asista? ¿Cuál debería ser mi actitud en la adoración?"

- - -

1. Predicar el evangelio dondequiera y participar en adoración colectiva son dos cosas distintas.

2. Si hay invitación de predicar, entonces ir y predicar para informar, educar y exhortar.

3. Si no hay comunión con la iglesia que extiende la invitación, entonces no participar en el culto de dicha iglesia, para no comulgar el error.

4. ¿Qué haría yo si fuera invitado a predicar en una iglesia católica, o metodista, o de mormones? Con gusto iría y predicaría el evangelio, pero no participaría en sus actos de culto.

5. El simple hecho de invitar a uno a predicar en general indica una buena actitud hacia el predicador invitado y le sirve al predicador invitado de "puerta abierta" para el evangelio (1 Cor. 16:9; 2 Cor. 2:12; Col. 4:3). Debe aprovecharse de la oportunidad. En tal caso la predicación debe dirigirse a los puntos de diferencia entre dicha iglesia y el predicador, para que se busque la solución conforme al patrón bíblico (2 Tim. 1:13). Hecho esto la iglesia va a entender por qué el predicador no participó en el culto de la iglesia en dicha ocasión. Si predica sobre cualquier tema no de la controversia actual entre ellos, y participa en el culto, es hipócrita o cobarde, o las dos cosas. Recuérdese 2 Tim. 4:2, "a tiempo y fuera de tiempo." Siempre conviene predicar la palabra pero no comulgar el error.

* * *

854. EFES. 6:16, ¿CUÁL FE ES EL ESCUDO?

"¿Cual fe es la que nos sirve como escudo, Hebreos 11:1; o Judas 3?"

- - -

1. La palabra "fe" se emplea en las Escrituras en dos sentidos distintos: la fe subjetiva (Heb. 11:1) y la objetiva (Judas 3); es decir, la fe que el sujeto ejerce, y la fe que sirve de objeto para ser creída o no creída.

2. El contexto de Efes. 6:16 trata de lo que el cristiano debe hacer de su propia iniciativa (versículos 13 al 18). Por eso la fe tratada aquí es la fe subjetiva.

3. Nadie puede contender eficazmente por la fe objetiva (Judas 3) sin ejercer su propia fe.

* * *

855. PERDER EL CRISTIANO AL ESPÍRITU SANTO

"¿Puede el cristiano perder al Espíritu Santo? ¿Lo que quiero decir es si el Espíritu Santo viene y se va al pecar yo? o ¿puede Dios quitarme el Espíritu Santo?"

- - -

1. Las Escrituras no se expresan, diciendo "perder al Espíritu Santo." Sí dicen que el cristiano puede contristar al Espíritu Santo, y que el inconverso puede resistir al Espíritu Santo (Hech. 7:51) y blasfemar contra él (Mat. 12:31).

2. No, el Espíritu Santo no "va y viene" al pecar el cristiano y luego arrepentirse. Tal expresión no es bíblica. Cuando el cristiano peca por cierto en eso no es guiado por el Espíritu Santo, pero Dios le da tiempo para que se arrepienta (Apoc. 2:21). Si lo hace, Dios le perdona.

3. David pecó contra Dios al tomar a Betsabé en adulterio, confesó su pecado y pidió perdón a Dios, diciendo en oración lo de Salmo 51. Véanse los versículos 11 y 12. En lugar de ser echado de delante de Dios y tener al Espíritu Santo quitado de él, David pidió que Dios le volviera el gozo de la salvación de Dios. Eso se logró por medio de su

arrepentimiento, confesión, y petición de perdón.

* * *

856. CASARSE SIN AMAR AL INDIVIDUO CRISTIANO

"Si la doctrina para los hijos de Dios indica no unirse en yugo desigual con los incrédulos, lo que aporta ya un gran factor para determinar lo que es la voluntad de Dios o no respecto a con quien relacionarse para contraer matrimonio,

"¿Es una buena decisión elegir casarse con un hijo o hija de Dios aunque no se ame a esta persona? Sin embargo esta persona es hija(o) de Dios y fiel a Dios, considerando que por espacio de más de treinta años no se ha dado la bendición de Dios de reciprocidad afectiva con otra persona cristiana.

"La pregunta viene de un hijo de Dios profesional, con cierta madurez como tal, que por espacio de 30 años ha pedido a Dios en oración por este tema (uno de los más importantes para un hijo de Dios "sin el don de continencia"). Serán muy bien recibidos comentarios los más concisos posibles para fundamentar su respuesta."

- - -

1. Primero notamos que la frase "no unirse en yugo desigual con los incrédulos" alude a 2 Cor. 6:14 y siguiente. Es error creer que el pasaje trate de que el cristiano no se case sino con cristiano. El matrimonio no entra en el contexto de este pasaje. El punto tratado es acerca del judaizante o cualquier otro falso maestro, de que no sea el cristiano partícipe en lo de ellos.

2. Aunque en general no es sabio que el cristiano se case con el no cristiano (sino debe obrar en pro de la conversión del no cristiano antes de casarse con él), este pasaje no prohíbe el hacerlo. Aquí Pablo habla de un yugo del cual el cristiano debe salir de en medio, cosa que no se permite en cuanto a uno casado con una persona no cristiana porque la única causa para repudiar a un cónyuge es la fornicación.

3. El matrimonio sirve varios propósitos, uno de ellos siendo el evitar la fornicación (1 Cor. 7:2). La persona que no tiene el don de continencia (como Pablo sí la tenía), necesita buscar con quien casarse para no estar andando en la fornicación.

4. En un dado caso si hay la oportunidad de que un cristiano se case con otra que también es cristiana, que no haya amor *romántico* de parte de uno para el otro no es de gran importancia al principio. Pero el marido que agrada a Dios va a amar a su cónyuge según las instrucciones de Efes. 5:25-31. Así que, al andar juntos los dos en noviazgo por un buen tiempo, viendo ellos que se necesitan el uno del otro, un amor sincero y hondo se cría. Al contrario, casarse sin amar al cónyuge es en sí un pecado o desobediencia a Dios. El amar es imprescindible; el amor romántico no lo es.

* * *

857. ¿TIENE DERECHO A CASARSE DE NUEVO?

"Una mujer es repudiada por cualquier causa por su marido, ella permanece fiel a su votos, PERO al cabo del tiempo el hombre después de un proceso legal se divorcia de la primera mujer y se CASA con otra" Mi pregunta es: ¿Tiene la mujer repudiada derecho a casarse de nuevo y no cometer adulterio?"

- - -

1. En este caso así presentado el derecho otorgado por el Señor es el de *repudiar* al cónyuge fornicario, y si lo hace, no comete adulterio se vuelve a casar. Esto es lo que necesariamente se infiere de lo que Mat. 19:9 implica.

2. Los fariseos preguntaron a Jesús sobre la cuestión de **causa** para repudiar (Mat. 19:3). La respuesta de Jesús afirma que si el esposo fiel a sus votos tiene dicha causa contra el cónyuge, si le repudia y vuelve a casarse no comete adulterio. Hay hermanos que no están contentos con lo que Jesús enseñó. Quieren pasar el tema de **causa** a tema de **procedimiento,** y así poner su salvedad a lo que Jesús enseñó.

3. Jesús no dijo que la fornicación cometida tiene que ocurrir dentro de cierto espacio de tiempo. Hay hermanos que equivocadamente afirman que la fornicación no tiene nada que ver si acontece después de un divorcio legal. También afirman que no tiene que ver si el cónyuge fornicario gana la carrera a la corte y así logra divorciar legalmente al esposo fiel antes de que el inocente y fiel pueda divorciar legalmente al culpable. Para ellos todo es cuestión de **procedimiento.** Tal doctrina hace caso omiso de la fornicación en varios escenarios. Para ellos es sin consecuencia. ¿Esto es lo que enseñó Jesús?

4. Jesús dio permiso divino, no a cierta categoría de persona, sino al inocente y fiel a sus votos para repudiar al cónyuge fornicario. Que el fornicario haya hecho esto o aquello no anula ni afecta en nada ese permiso divino. La legislación de Dios no está sujeta a acciones injustas de hombres carnales. Mis hermanos equivocados han formulado una categoría de persona (la llaman "la mujer divorciada") y luego concluyen que una vez que la esposa se encuentre en dicha categoría, ya no tiene derecho para nada. Según ellos se le quita el permiso divino y según su posición la repudiada tiene que mantenerse unida en su matrimonio a un fornicario. Según ellos Dios no le libra del yugo matrimonial.

5. La respuesta a la pregunta es sencilla: la esposa fiel a sus votos, teniendo **causa de fornicación** contra su marido, tiene permiso divino para repudiar al fornicario y para segundas nupcias sin cometer adulterio. ¿Por qué es así? Porque Dios libra del yugo matrimonial al inocente que repudia a su cónyuge fornicario, y estando así libre, no comete adulterio al volver a casarse. Los hermanos equivocados cancelan este permiso divino si el inocente no gana la carrera a la corte para lograr el divorcio legal antes que su compañero infiel lo logre. Una vez perdiendo la carrera, la infeliz inocente queda categorizada por estos hermanos de "mujer divorciada" que no puede hacer nada sino

quedarse célibe aunque ligada todavía a un fornicario.

6. La pregunta estipula esto: "Tiene la mujer **repudiada** derecho?" ¿Por qué agregar "repudiada?" Lo que Jesús enseño es que la mujer, o el marido, que tiene la causa de fornicación contra su compañero matrimonial tienen permiso divino para repudiar y volver a casarse. Que la mujer haya sido repudiada injustamente por el cónyuge no afecta el permiso divino. ¡Dios no está sujeto al hombre!

7. Los hermanos equivocados sacan su clasificación de "mujer repudiada" (o, "divorciada") de Mat. 19:9b, "el que se casa con la repudiada, adultera." Pero la "repudiada" de este pasaje no es la "repudiada" de la pregunta que estamos considerando. Los hermanos equivocados confunden las dos, muchos de ellos a sabiendas porque este punto les ha sido clarificado muchas veces. La repudiada de la cual habló Jesús fue repudiada sin haber causa de fornicación para poder hacerlo. Fue repudiada (hipotéticamente) por cualquier razón, menos la fornicación, y por eso Dios no desligó al marido del yugo matrimonial, ni a la esposa tampoco. ¡Por eso ni él ni ella quedaron libres para segundas nupcias! No fue por ser ella ahora una repudiada, sino porque no hubo **causa bíblica** para el repudio que él hizo de ella. Ahora, la "repudiada" de la pregunta sí tiene **causa bíblica** con que ahora puede repudiar al fornicario y si quiere, puede casarse de nuevo sin cometer adulterio. ¿Por qué lo puede? Porque Dios, que junta en el matrimonio, desliga a ella porque tiene la **causa de fornicación** contra su marido y le repudia.

* * *

858. EL ANCIANO Y SUS HIJOS

"Es requisito que un Anciano de la Iglesia tenga a sus hijos en sujeción e hijos creyentes. 1 Tim 3:4 y Tito 1:6.

1. ¿El anciano debe tener algunos hijos creyentes y otros no?

2. ¿Se queda sin derecho a ejercer el ancianato, aquel que cuando sus hijos eran solteros estaban en sujeción y eran creyentes, pero ya después de casados son rebeldes o se vuelven al mundo?

3. ¿Esto es lo mismo para con los diáconos?

- - -

1. El anciano "debe tener" hijos creyentes, sí, pero puede tener hijos no creyentes. Por ejemplo, si de cuatro hijos los dos mayores son cristianos, los otros dos menores, como niños, naturalmente no lo van a ser. No es cuestión de si debe tener hijos no creyentes.

2. Al tener hijos creyentes en su casa el anciano da las evidencias necesarias para probar que puede dirigir bien la casa de Dios (la congregación local). Una vez probando eso de 1 Tim. 3:4,5, queda probado. La conversión a Cristo y el buen comportamiento de sus hijos prueban que él sabe dirigir bien su propia casa. Lo que resulte en la vida de sus hijos ya que están fuera de la casa de su padre, y ya establecidos en sus propios hogares, es otra cosa. El requisito de saber dirigir bien su propia casa lo tiene aún después de salir sus hijos de la casa porque lo comprobó al tener sus hijos en sujeción en casa como menores. Esa cualidad nunca se le quita, y por eso no deja de ser bien cualificado si bien después sus hijos, ya aparte de la familia del anciano, salgan mal en sus propias vidas.

3. Los diáconos no son ancianos de edad, y por eso, siendo más jóvenes sus hijos serían demasiados menores para ser cristianos necesariamente. Pero sí tienen que ser hijos obedientes y bien disciplinados. Lo que lleguen a ser después de ser adultos fuera de la casa de su padre, no tiene que ver con que el diácono siga sirviendo en la congregación local.

* * *

859. ¿LA EDAD DE JOSÉ CUANDO MURIÓ ISAAC, SU ABUELO?

"Tengo una pregunta. ¿Qué edad tenia José, el soñador, cuando murió Isaac, su abuelo?"

- - -

Según información sacada de un buen diccionario bíblico, tenía como 29 años de edad (Isaac murió como en 1881 A. de J.C., y nació José como en 1910 A. de J.C.).

* * *

860. ISAÍAS 53:2

"Pregunto: ¿Por qué dice que le veremos mas sin atractivo para que le deseemos? ¿Cómo puede desearse a alguien que no tiene atractivo?

- - -

El hombre del mundo tiende a desear lo hermoso y atractivo en la persona, su buen parecer corporal, en lugar de ser atraído a la persona por su honestidad, moralidad y buen carácter. A propósito la apariencia física de Jesús no fue atractiva, físicamente hablando, para que el hombre no le siguiera por la atracción de hermosura física. Jesús no fue fotogénico. Si la persona seguía a Jesús durante su ministerio personal, lo hizo a pesar de su parecer físico, y en base a atracción espiritual. Una persona con la verdad en palabra y hecho es muy atractiva para con los que aman la verdad aunque en lo físico la persona no sea nada atractiva.

Considérese el caso del apóstol Pablo (2 Cor. 10:10).

* * *

861. COMENZAR UNA NUEVA CONGREGACIÓN

"Es bíblico que un hermano retire su membresía de una iglesia local e irse a otra localidad dentro de la misma ciudad para evangelizar comenzando solo él, sin ningún hermano, y sin ser sostenido por ninguna iglesia, invitando a gente inconversa a su casa y comenzar la obra esperando que alguien se convierta. El domingo no se congregará ya que por ahora no tiene con quien hacerlo, solo está él."

- - -

Son varios puntos aquí que considerar:

1. Sí es lícito que la persona, como pone su membresía en una congregación, también la retire. No está sujeto a control ajeno en el asunto. Claro es que como puso su membresía de manera decente también la quitará de igual manera. Pero queda libre para hacerlo. (Hay casos de vez en cuando en que algún "Diótrefes," 3 Juan 9, trata de enseñorearse de cierto miembro, prohibiéndole que quite su membresía, o trata de ponerle condiciones si la quita, y todo bajo amenaza de excomunión).

2. Todo cristiano queda libre para irse a cualquier lugar para evangelizar (Hech. 8:4). Que vaya con o sin sostenimiento de iglesia no tiene que ver con el hecho. Que haya ya una congregación establecida en la misma ciudad no tiene que ver tampoco. Por cierto, si hay buena comunión entre él y la ya establecida congregación, procurará tomar en consideración la obra de ella en la misma ciudad. Si no, hará su trabajo en el evangelio como si la otra no existiera.

3. No entiendo la parte donde se dice que "el domingo no se congregará ya que por ahora no tiene con quien hacerlo, solo está él." ¿Por qué no se congrega como antes en la iglesia ya establecida si todavía no tiene otra congregación establecida?

a. Si tiene buenas relaciones con la congregación actual, debe ir a predicar en la nueva localidad pero siempre seguir adorando al Señor los domingos en la congregación donde ha tenido su membresía, y esto hasta convertir gente en la nueva localidad. Entonces comenzar cultos en la nueva localidad.

b. Si por algo no puede comulgar a la iglesia ya establecida de tiempo, debe retirar su membresía y procurar ir (aunque con sacrificios) a reunirse los domingos con otra congregación fiel.

c. Si eso es totalmente imposible (no digo inconveniente), no le queda otra alternativa que la de pasar tiempo los días domingo adorando a Dios a solas, hasta convertir a alguien. Luego los dos, o más, podrán reunirse como iglesia local.

* * *

862. INTERVENCIÓN DE LAS HERMANAS EN LOS ASUNTOS DE LA CONGREGACIÓN

"Esta es mi pregunta: ¿Deben las hermanas sugerir qué varones deben estar predicando o enseñando las clases en las reuniones de la iglesia?

Yo pienso hermano, que las mujeres no deberían intervenir en este asunto en concreto, porque la responsabilidad es de los varones. El varón debe estar preparado para tomar esta responsabilidad y ser honesto en su actitud, a no ser que las mujeres observen algo irregular en la predicación y lo demuestren bíblicamente, indicando los errores, pero creo que este no es el caso.

En los demás casos concerniente a la Iglesia estoy de acuerdo en que las mujeres intervengan en todo. Quiero aclarar esto, no siendo necesaria la intervención de la mujer en las responsabilidades de los varones si éstos lo llevan bien, un servidor lo entiende así, por favor hermano corríjame si me equivoco."

- - -

1. Si los varones preparan una lista de maestros para las clases y de quiénes van a predicar en señaladas ocasiones, y si no hay objeción de parte de alguna hermana de la congregación a la obra que ya está en vigor, todo va bien.

2. No fuera malo el plan de someter ante la congregación la lista de maestros y predicadores propuesta por la junta de los varones, y luego, no habiendo objeción llevar a cabo el proyecto.

3. Parece que todos estamos de acuerdo que los varones son los responsables para llevar a cabo la obra de la iglesia local. Habiendo objeción de parte de alguna hermana, o al plan proyectado o a la persona ya haciendo su obra de enseñar o predicar, luego es necesario atender debidamente a la objeción. El proceso para esto no es cosa especificada en las Escrituras. El buen juicio de los varones es suficiente. La objeción o va a ser legítima, o no. Los varones lo determinarán con consideración debida.

4. Usted escribe: "En los demás casos concerniente a la Iglesia estoy de acuerdo en que las mujeres intervengan en todo." Si "en todo," entonces es el asunto aquí tratado también, en una de las dos maneras mencionadas arriba en #1 y #2. No es cuestión de que los varones pidan permiso a las hermanas antes de hacer algo, pero si deben tomar en cuenta el juicio de ellas en algunos casos y en otros casos es cuestión de sencillamente considerar alguna objeción que surja de parte de ellas.

5. No se debe soportar ninguna "dictadora" en la congregación, como tampoco ningún "dictador".

* * *

863. CULTOS, ¿QUÉ SON?

"Entre las falsas religiones, hay una subclasificación conocida como cultos. ¿Qué significa la palabra "Culto"? ¿El Cristianismo practica el culto? Al decir ¡Vamos al culto! ¿Qué estamos diciendo? ¿Cómo podríamos ayudar a tantas personas que están involucradas en "cultos" religiosos falsos?"

- - -

1. La palabra "culto" viene del vocablo latín, "cultus," que significa **adoración** o cuidado. Pero tiene una variedad de definiciones y aplicaciones hoy en día. A continuación doy algunas:

a. Un grupo pequeño de seguidores ávidos con onda dedicación a cierta mentalidad religiosa según el pensar del líder del grupo.

b. Un grupo religioso ferviente, contrastado con las denominaciones y sectas ya establecidas y reconocidas.

c. Una pequeña organización religiosa de reciente creación dirigida por un líder considerado carismático y que promueve ciertas innovaciones.

    d. Algunos consideran como "cultos" a los mormones y a los testigos de Jehová.

    e. Algunos consideran como "culto" cualquier grupo religioso que se extravía de las creencias del protestantismo histórico.

    f. Un grupo religioso en que el líder emplea técnicas de control sobre la mente de sus seguidores. Manipula la membresía, captura su fidelidad y a los miembros los reduce a un estado de autómata o robot. A veces el grupo acumula armas para una esperada guerra final con el mal.

A veces un movimiento religioso considerado como culto con el tiempo se desarrolla al estado de denominación completa. La Iglesia de Jesucristo De Los Santos De Los Últimos Días (los mormones) es un ejemplo de esto.

2. El llamado "cristianismo" sí practica culto en el sentido básico de adoración. Los cristianos rendimos culto u homenaje a Dios en los servicios de adoración de la iglesia local, como también individualmente..

3. Al decir, "Vamos al culto," estamos diciendo sencillamente que vamos a la reunión de la iglesia local para rendirle **adoración** a Dios. En este uso básico de la palabra no hemos de pensar en sentido negativo de ella, sentido de esos mencionados arriba en a.——f.

4. Los cristianos ayudamos a personas que están involucradas en "cultos" religiosos falsos por medio de nuestro ejemplo de vida y la predicación del evangelio.

* * *

864. ¿DOS IGLESIAS EN UNA?

"Hermano existe una iglesia que no tiene local donde reunirse pero estos dejan de reunirse como iglesia y trasladarán su membresía a otra iglesia local. Lo harán como individuos pero ellos mantienen un acuerdo de reunir dinero de manera personal para comprar su local. Ellos establecerán membresía por dos años. El acuerdo es que ellos, 14 miembros, tendrán que irse a la otra localidad para cumplir el acuerdo de recoger un dinero mensual y comprar su local.

"Además estos hermanos tienen un fondo común como iglesia y acordaron congelar la ofrenda y durante el periodo de los dos años con lo recogido mensual lo juntarán y comprarán su local. Hermano pido que usted me ayude a juzgar este caso tal como lo planteo."

- - -

1. Un local donde reunirse no es requisito para que exista una iglesia local. Es una conveniencia, nada más. No es esencial.

2. Si estos catorce miembros dejarán de reunirse, se admite que ya se reunían en un tiempo pasado. Deben seguir reuniéndose sin local hasta juntar los fondos necesarios para conseguirse un local propio.

3. No existe tal cosa como dos iglesias en una. Si los catorce "trasladarán su membresía a otra iglesia local," llegarán a ser miembros allí y tendrán que dedicar todos sus esfuerzos en la nueva congregación al igual que los demás miembros de ella. No pueden hacer dos colectas u ofrendas, como tampoco los demás miembros.

4. Recoger en dos años fondos necesarios para la compra de un local requiere grandes sacrificios, y podrán los catorce hacerlo solamente por no dedicar sus esfuerzos en la nueva congregación.

5. Al parecer, estos catorce, aunque con buenas intenciones, en realidad piensan usar la membresía en la nueva congregación como una conveniencia suya, por el plazo de dos años, y no con el motivo debido de ser miembros responsables en ella. Su meta como miembros en la nueva congregación no va a ser el hacer todo posible para que ella prospere en su obra local, porque estarán dedicando mucho de su poder financiero en su plan de conseguirse un local propio a qué volver más tarde.

6. Este plan impropio de los catorce es debido a su perspectiva incorrecta de lo necesario de haber local propio en que reunirse. Lo importante es la reunión para culto y no el lugar en que hacerlo.

* * *

865. ¿ES INVADIR LA AUTONOMÍA DE LA IGLESIA LOCAL?

"¿Pueden miembros de una congregación local, compartir la palabra del Señor con otros hermanos de otra congregación local para animarles y estimularles y encaminarlos si fuera oportuno por algún concepto errado? ¿Se invade la autonomía si se actúa así?

- - -

1. Antes de contestar las preguntas, explico que algunos hermanos tienen la idea de que la autonomía de la iglesia local es una frase mágica que les otorga derecho de controlar las actividades de personas de otra congregación. Creen poder gobernar también las actividades personales de miembros de la misma congregación en que ellos se consideran "líderes." Los tales emplean la palabra "autonomía" para sus propias ambiciones.

2. La palabra "autonomía" significa el derecho de la congregación de gobernarse a sí misma en sus actividades colectivas, sin controles ajenos. No significa que las actividades personales de los miembros de la congregación están sujetas a controles o restricciones de algún "Diótrefes" (3 Juan 9) en la congregación.

3. Sí, "pueden miembros de una congregación local, compartir la palabra del Señor con otros hermanos de otra congregación local para animarles y estimularles y encaminarlos si fuera oportuno por algún concepto errado," con tal que los "otros hermanos" así lo deseen. Acaso ¿Dios ha nombrado a alguien en la congregación que prohíba tal actividad?

4. No "se invade la autonomía si se actúa así." La autonomía de la iglesia local ni entra en la cuestión. Tal intercambio de estudio bíblico entre hermanos en Cristo, sean de una o de varias congregaciones, es asunto de actividad individual.

347

En esto nadie está tratando de controlar las actividades congregacionales, cosa que sería violación de su autonomía.

5. El Islam controla las actividades personales de sus miembros, hasta casos de amenazar con muerte si alguno de ellos cambia de religión. Otras religiones procuran dominar las actividades personales de sus miembros, actuando como policías sobre las actividades personales de ellos en eso de tener contacto con religiones ajenas.

6. ¿Por qué gritaría uno "violación de la autonomía de la iglesia local" al ver a dos personas de distintas congregaciones estudiando la Biblia juntamente? La razón es obvia: alguien no quiere que uno de los miembros de su congregación esté escuchando a hermano de otra congregación que no esté de acuerdo con él que así grita. Es una táctica carnal. Se trata de atemorizar a otro.

7. Todo cristiano tiene la libertad de predicar la palabra a tiempo y fuera de tiempo (2 Tim. 4:2). No hay que contar con el permiso de algún "Diótrefes" para hacerlo.

* * *

866. REINO DE DIOS, REINO DEL CIELO

¿Cuál es la diferencia entre reino de Dios y reino de los cielos?

- - -

1. En lo práctico, no hay diferencia.
2. El término "reino de Dios" enfatiza que Dios es el autor de él y lo posee. El término "reino del cielo" enfatiza el origen de él, y la naturaleza de él. No es reino terrenal o material, sino espiritual (Luc. 17:21; Jn. 18:36).
3. El reino también es de Cristo (Luc. 22:30 más Mar. 14:25; 23:42; Jn. 18:36; Heb. 1:8; Mat. 16:28; 20:21; Col. 1:13; Apoc. 11:15).
4. El reinado de Dios es el control y dirección de él en su gran creación (Dan. 4:17), pero la iglesia de Dios es el reino de Dios en el sentido de que es el único pueblo que voluntariamente se somete a la dirección espiritual de Dios en sus vidas (Mat. 16:18,19; Mar. 9:1; Col. 1:13).
5. Juan el bautista y Jesús comenzaron a anunciar la venida del reino (Mat. 3:2; 4:17) en el sentido del establecimiento de la iglesia o reino de Cristo el día de Pentecostés después de su resurrección.
6. En la resurrección Cristo entregará el reino a Dios. Hasta entonces Cristo está reinando ahora, 1 Cor. 15:23-28.

* * *

867. ¿AL MORIR LA ETERNA RETRIBUCIÓN?

"¿Como es que la Biblia dice que los muertos resucitaran en el día final, pero según entiendo la parábola de Lázaro y el rico dice que el que muere parte al instante hacia la eternidad para recibir su retribución?"

- - -

1. Sí, los muertos resucitarán en el día final (Jn. 5:28,29; Hech. 24:15). Seguirá el Juicio Final (Mat. 25:31-33).

2. El Juicio Final no tiene por propósito la determinación de parte de Dios de los seres humanos respecto a la eternidad. (No usará básculas para pesar el bien y el mal del individuo). Será una ocasión en que el Salvador Jesucristo será vindicado y vengado, pues forzosamente toda rodilla que esta vida rehusaba hincarse delante de Cristo en aquel día lo hará (Fil. 2:9-11; 1 Ped. 2:12; Mat. 25:41-46). Véase Mat. 10:32,33. Será día de glorificación para Cristo y los suyos (1 Ped. 4:13; 5:1; Mar. 10:37; 2 Tes. 1:10).

3. Luc. 16:19-31 habla del Hades, la morada de los espíritus fuera del cuerpo. El pasaje no dice que al morir la persona que "parte al instante hacia la eternidad para recibir su retribución." Dice que Lázaro al morir se encontró llevado de los ángeles al reposo ("el seno de Abraham", expresión idiomática de los judíos) (Apoc. 6:11; 14:13), y el rico se encontró en tormentos. Pero el Hades no es el Infierno. Es cierto que el destino del individuo es sellado en el momento de morir, pero la eternidad no comienza hasta el día de la resurrección.

* * *

868. LA CONVIVENCIA Y LA COMUNIÓN CON LIBERALES

"¿Como seria la convivencia entre familiares y hermanos que sean liberales, no comer juntos o no tomar una gaseosa juntos o regalar alguna prenda, etc.…? Cual sería su comentario bíblico u opinión?

- - -

1. No puedo comentar sobre un dado caso en particular, por no saber detalles importantes.

2. Pero sí puedo decir que no podemos comulgar con el liberalismo. Cualquier acto que se considere expresión de comunión con el error tiene que ser evitado. A veces en un cierto caso conviene preguntar al individuo liberal si él considera cierto acto expresión de comunión con él. Si dice que sí (y esto pasó una vez en la experiencia personal mía), entonces se debe evitar tal acto.

3. Hay relaciones domésticas que en realidad no expresan comunión con ciertas creencias y prácticas. Las actividades en tales relaciones se pueden emplear sin que haya problema. Por ejemplo, si el marido ha sido excomulgado por la congregación local, la esposa sigue siéndole esposa al comer y dormir con él. (Claro es que ella al tener oportunidad va a exhortarle a que se arrepienta y vuelva al Señor). El marido disciplinado bien entiende que ella, aunque come y duerme con él, no comulga con su error no arrepentido.

4. La cosa que guardar presente es que nunca hagamos nada que se tome por expresión de comunión con el error. Aunque en un dado caso en realidad la actividad no expresa comunión con el error, no conviene hacerlo si la persona errada quiere verlo como expresión de comunión con él en su error.

* * *

869. ¿UTILIZAR EL CASSETE EN UN ESTÚDIO?

"En el local donde nos reunimos tenemos unos estudios de filminas y audio desde hace muchos años, y es para enseñar a los visitantes o a los recién convertidos ya que tratan temas básicos. El problema surge cuando un hermano dice que esos estudios están fuera de orden, porque se dan en audio y dice que la persona que habla en ese audio es evangélica. Pero todo lo que se expone en el estudio está dentro de lo que las escrituras dicen. Nuestra pregunta es: ¿Es cierto que no se puede utilizar el cassete en un estudio? En este caso en concreto, creemos que no pasa nada, pero el hermano insiste aunque el tampoco lo tiene claro.

Espero que nos pueda aclarar el tema, ya que nuestra intención es siempre la de adorar de forma totalmente aceptable a nuestro amado Señor."

- - -

1. Es lícito usar medios de comunicación para predicar y enseñar (micrófonos, altoparlantes o altavoces, proyectores, grabadoras, etcétera). Son conveniencias para llevar a cabo la obra de predicar y enseñar.

2. Aunque el uso es legítimo, no necesariamente es siempre conveniente (1 Cor. 6:12).

3. Según se me informa, alguien se opone al uso de cierto medio de comunicación por dos razones:

a. Los estudios se dan en audio. Esta objeción no tiene validez. —— ¿Se opone el mismo hermano a que le llegue la comunicación a sus oídos por altavoz y desde un micrófono?

b. La grabación es hecha por uno no cristiano. —— Esta objeción tampoco tiene validez. —— ¿Se opone el mismo hermano a que se canten himnos escritos por evangélicos? La mayor parte de los himnos en nuestros himnarios tienen texto compuesto por evangélicos. Lo que importa es el mensaje, o la enseñanza del himno; ¿es bíblico él?

c. No es justo que un hermano que no tiene claro cierto asunto insista en su objeción. Debe primero llegar a la claridad del asunto para luego tomar una posición definitiva.

4. El deseo de la congregación de querer "adorar de forma totalmente aceptable a nuestro amado Señor" es una intención noble y la que debe caracterizarnos a todos los cristianos en todas las congregaciones.

* * *

870. CASAMIENTO CIVIL Y EL DIVORCIO

"¿Una persona que se ha casado únicamente por civil y no religioso puede divorciarse?"

- - -

1. No hay bíblicamente hablando casamiento "religioso." La Biblia no enseña lo que comúnmente se llama "casarse por la iglesia." La iglesia en sentido universal no casa, ni tampoco la iglesia en sentido local. (Tenerse en la iglesia local algún servicio de enseñanza sobre el matrimonio, juntamente con oraciones e himnos, para exhortar e instruir a una pareja que va a hacer votos de matrimonio, ¡no es acto de casarla!)

2. La persona casada, con o sin intervención civil, que tiene permiso divino para segundas nupcias es la que repudia al cónyuge por causa de fornicación.

3. Si la persona se casó civilmente, tiene que divorciarse civilmente para poder legalmente según la ley de la tierra volver a casarse.

4. Cuando dijo Cristo "repudiar," no habló de acción civil en las cortes de los hombres incrédulos. Repudiar es rechazar. El único que tiene permiso divino de hacerlo es el casado que ha guardado fielmente sus votos de matrimonio y quien ahora tiene la causa de fornicación contra su cónyuge.

* * *

871. NO CONSUMAR EL MATRIMONIO Y EL DIVORCIO

"Una pareja se casa pero nunca llegaron a consumar el matrimonio teniendo relaciones sexuales por causa de una enfermedad; ¿puede divorciarse?"

- - -

1. La pregunta no me proporciona mucho detalle. Por eso comento solamente en general.

2. Si la pareja se casó, está ahora casada. Ya hicieron sus votos o promesas el uno al otro de vivir como esposos. Se casaron con el fin de ser una sola carne en el matrimonio.

3. Si alguna enfermedad impide el acto sexual, cuando haya alivio de la enfermedad entonces se cumplirá la relación sexual.

4. No hay por qué pensar en el divorcio.

* * *

871. SEPARADOS POR CAUSA DE ADULTERIO, ¿PUEDEN VOLVER A CASARSE?

"Los que se separan por causa de adulterio, ¿pueden volver a casarse?"

- - -

Si entiendo el caso (según la carta que se me escribió), los dos cónyuges están cometiendo adulterio. No hay entre los dos cónyuge inocente y fiel. Siendo así el caso, lo que se debe hacer es cesar de adulterar y pedir perdón el uno al otro.

1. No, porque Mat. 5:32 lo prohíbe.

2. Si los dos cónyuges se concuerdan en separarse, los dos pecan mutuamente el uno contra el otro.

3. Al hacerlo, cada uno expone al otro al adulterio, y si se casan los dos pecan. En tal caso cada uno es responsable por el pecado del otro.

4. La separación mutua en este caso es repudio mutuo, y por no haber cónyuge inocente y fiel que repudiara por causa de fornicación no hubo razón bíblica por qué hubiera separación o repudio.

5. Ahora si la pregunta tiene que ver con

permiso de parte de casados inocentes y fieles de repudiar a cónyuges fornicarios, si hay permiso divino para hacerlo (Mat. 19:9).

* * *

872. ¿DIVORCIO POR CAUSA DE MALTRATAMIENTO?

"¿Puede una hermana que sufre constante violencia física de su marido divorciarse, o tiene que soportar esos maltratos, y que si la mata?

- - -

1. Nadie tiene que someterse libremente a la persecución física que amenaza con muerte. Tenemos ejemplo apostólico de huir de tal persecución (Hech. 9:23-25). En tal situación no entra el divorcio o rechazo de votos. La persona casada, así perseguida, no deja de amar al cónyuge ni de serle fiel en los votos hechos al ser esto posible, pero sí huye por su vida para no ser muerta por el cónyuge amenazador. Pasado el problema y arrepentido el agresor, se vuelven reconciliados y no hubo nada de divorcio.

2. "Y si la mata." Bueno, ya muerta no le importa nada de cosas de esta vida. Ya está en el Hades y el cuerpo fue sepultado. El que tiene problema ahora es el asesino.

* * *

873. ADULTERIO, SEPARACIÓN Y PERDÓN

"¿Una pareja en adulterio (actualmente con un hijo) tiene que separarse? ¿Tiene perdón de Dios? Esto NO es el pecado imperdonable. Aun así ¿cual es la solución? ¿Cómo podría aconsejarles?

- - -

Contesto las preguntas en orden:
1. Sí. Nada puede continuar en el pecado y esperar salvarse eternamente (Rom. 6:1,2; 1 Cor. 6:9-11; Col. 3:5-11).
2. Sí, con tal que se arrepientan y dejen su pecado.
3. Véase # 2.
4. Con la Biblia en la mano, citándoles referencias o pasajes pertinentes.

* * *

874. BAUTIZARSE DE NUEVO

"Por favor me podría usted ayudar a clarificar una controversia. ¿Es necesario que se bauticen de nuevo un grupo de hermanos que se salieron de la Iglesia Cristiana y se reúnen ahora en la Iglesia de Cristo? Hay un grupo de hermanos que están escandalizados y molestos porque se les aceptó sin bautizarse de nuevo. En mi opinión no se les debe exigir nada y se les debe dejar en paz de acuerdo a su conciencia. Pues ellos fueron bautizados para el perdón de pecados, en el nombre del Padre, del Hijo y El Espíritu Santo, el bautismo practicado por La Iglesia de Cristo. ¿Que argumentos y citas Bíblicas podrían ayudar a poner fin a esta controversia que está causando ser piedra de tropiezo a estos nuevos miembros que llegaron de

la Iglesia Cristiana?

- - -

1. La fraseología empleada por el interrogador muestra algo de falta de entendimiento respecto a principios de la doctrina de Cristo. (El no está solo en esto). Así que antes de atender a su pregunta misma, me dirijo a esta falta.

a. El interrogador dice que "un grupo de hermanos que se salieron de la Iglesia Cristiana y se reúnen ahora en la Iglesia de Cristo." La Iglesia Cristiana es una *denominación*; por "se reúnen en *la* Iglesia de Cristo" se entiende "en *una* iglesia de Cristo *local.*" Pero los cristianos nos se reúnen en "la Iglesia de Cristo" en sentido universal; se reúnen en una iglesia local.

b. El interrogador se refiere al "bautismo practicado por La Iglesia de Cristo." No es cuestión de práctica de la iglesia de Cristo sino de práctica autorizada por Cristo. La iglesia de Cristo no tiene prácticas, como si fuera una denominación determinando qué practicar y qué no practicar. La pregunta qué hacer es ésta: ¿Se bautizaron las personas indicadas según la práctica enseñada en la doctrina de Cristo? Cualquier lector sectario, al leer la fraseología del interrogador, pensaría en un problema causado por cambiarse algunas personas bautizadas ¡de una denominación a otra!

1. El interrogador se refiere a un "grupo de hermanos que se salieron de la Iglesia Cristiana." Al llamar "hermanos" a este grupo (y bien lo puede ser) él supone que fueron bautizados según la doctrina de Cristo. Pero éste es el punto que decidirse. No son "hermanos" si no son de la familia de Dios, que es la iglesia de Dios, de Cristo.

2. La pregunta que yo hago a tales personas en semejante caso es ésta: ¿"Qué es la Iglesia Cristiana, y por qué se llama así?" La Iglesia Cristiana hoy en día es una denominación. ¿Qué otra respuesta se puede dar? ¿Cómo contestarán ellos?

3. Hay varias iglesias que afirman bautizar para perdón de los pecados. ¿Por eso es bíblico su bautismo que pone a la persona en dichas iglesias humanas?

4. De igual manera hay iglesias humanas que al bautizar emplean la fórmula de "en el nombre del Padre, del Hijo, y del Espíritu Santo," fórmula en sentido de agrupación de palabras. Pero lo que dice Cristo en Mateo 28:19 es bautizar para poner a la persona en comunión con quienes son el Padre, el Hijo, y el Espíritu Santo. No es cuestión sencillamente de decir cierta fórmula de palabras.

5. Hay denominaciones más cerca de la verdad que otras, en cuanto a número de prácticas y creencias no bíblicas. Pero ¡siempre son denominaciones! Tienen jerarquías y organización central. Desde luego llevan nombres no bíblicos.

6. En un caso aislado puede haber un grupo de cristianos que por ignorancia se refiera como "la Iglesia Cristiana." No tendría conexión alguna con la denominación La Iglesia Cristiana. Solamente en dado caso se podría decir que son hermanos que han sido bautizados en Cristo. Pero tal grupo no estaría usando instrumentos de música en su culto,

350

como tampoco quemando incienso ni dejando que prediquen públicamente las mujeres, etcétera. Tales prácticas hoy en día salen de las denominaciones.

7. El interrogador dice: "En mi opinión no se les debe exigir nada y se les debe dejar en paz de acuerdo a su conciencia." Pero la cuestión consiste en más que mera conciencia de la persona. Si se sabe que en este caso en particular el grupo salió de una denominación humana, hay que hacerles ver la realidad del asunto, y que si, al bautizarse, se hicieron ellos miembros de dicha denominación, ¡no fueron bautizados bíblicamente! El bautismo bíblico no pone a nadie en una denominación humana. La persona bautizada por un mormón es bautizada para perdón de los pecados, y se dice que en el nombre del Padre, y del Hijo, y del Espíritu Santo, pero a la vez ese bautismo hace mormona a la persona, poniéndole en la Iglesia de Jesucristo de los Santos de los Últimos Días.

8. Estando yo de lejos no me hago juez en este caso en particular que se me presenta en pregunta. Pero de cerca yo querría saber de cierto en cuanto a la llamada Iglesia Cristiana de la cual salió el grupo bajo consideración, para poder servirles mejor. Si esa iglesia tiene comunión con otras muchas iglesias locales del mismo nombre no bíblico, es evidente que ella es parte de una denominación humana. Siendo así el caso, hay más de práctica no bíblica aparte del uso de instrumentos musicales en el culto.

* * *

875. REQUISITOS PARA SER EVANGELISTA

"¿Hay o no hay requisitos para ser un Evangelista? ¿Si un hermano recibe dinero por hacer algo en la obra, esto le hace ser un Evangelista? ¿O cualquier varón que participa de la obra puede considerarse evangelista?"

- - -

1. Para ser evangelista, el requisito es que uno esté ocupado en evangelizar (en predicar las buenas nuevas de salvación). La palabra "evangelista" aparece tres veces en el Nuevo Testamento (Hech. 21:8; Efes. 4:11; 2 Tim. 4:5).

2. La frase "hacer algo en la obra" no me dice mucho. El sencillo hecho de recibir dinero para que la persona se dedique a la predicación en sí no le hace evangelista. Lo que le hace evangelista es que se dedique a evangelizar, recibiendo dinero para ello o no.

Es bíblico que el evangelista viva del evangelio (1 Cor. 9:14). Pero a veces Pablo se hallaba evangelizando sin recibir dinero de iglesias para hacerlo (versículos 12-18). El dinero en sí no es determinante para el ser evangelista.

Sí, es cierto que ha habido personas recibiendo dinero de iglesias, o de individuos, para que se dediquen a evangelizar y no son dignos de su salario, pues no se dedican a evangelizar, sino a nada más vivir del evangelio (más bien, aprovecharse de iglesias o individuos) y para ello nada más hacen algo mínimo en la obra local de la iglesia.

3. La obra de la iglesia local consiste en varias actividades. Cualquier varón puede participar en las referidas actividades pero eso en sí no le hace evangelista. Si no fuera así, todo miembro varón en la iglesia local posiblemente sería evangelista. El que puede considerarse evangelista es el que se dedica a predicar el evangelio (con o sin salario).

4. Contestadas las preguntas, paso a llamar la atención a lo que dice Pablo al evangelista Timoteo en 2 Tim. 4:1-5.

a. Solemnemente le encargó a que **predicara** la palabra (el evangelio, la doctrina de Cristo, 2 Jn. 9). El evangelista, pues, es predicador. A eso se dedica y en eso se ocupa a continuo (principal y diariamente). Véase 1 Tim. 4:13-16.

b. El evangelista, al evangelizar, hace uso de redargüir, de reprender, y de exhortar, según la necesidad. Compárense 1 Tim. 5:20; Tito 1:9.

c. Al hacer su obra tiene que hacer uso de la paciencia y de la **enseñanza** (versículo 2). Es, pues, maestro de la palabra.

d. Así vemos que un evangelista es uno que, como el apóstol Pablo, Timoteo, Tito, Felipe, etcétera, se ocupa en predicar y enseñar la palabra de Dios. Repito: se ocupa.

e. Pablo era evangelista (1 Cor. 1:17, la frase "predicar el evangelio" en el texto griego es una sola palabra, "evangelizar"). Ciertamente Pablo no era sencillamente un varón entre varios en una congregación, nada más participando a veces en "la obra." El abundaba en sus trabajos de evangelista (2 Cor. 11:23), y él dice a todos los evangelistas, "sed imitadores de mí," 1 Cor. 11:1.

f. He conocido muchos casos en que un hermano recibe salario para predicar a tiempo completo, pero a veces ocupa asiento mientras otro hermano local predique a la asamblea. Existe la costumbre de que los varones tomen turnos para predicar, y cada uno tiene mucho celo por su turno. Resulta que el llamado evangelista no predica, sino ocupa asiento. En tal caso se ocupa, no en predicar, sino en sentarse. Si la iglesia local tiene hermanos capaces para predicar, que el evangelista vaya a donde pueda dedicar su tiempo completo a predicar y así convertir almas a Cristo.

También existen casos en que el que recibe salario para predicar (se supone que a tiempo *completo)* se considera como algún dictador en la congregación, él insiste en que su opinión valga más que la de cualquier otro de entre los varones. ¿Por qué? Porque recibe salario para predicar. Predica a veces (con salario, y por eso no tiene que trabajar en lo secular) pero deja que otros varones también prediquen; él nada más se considera "el evangelista." Tal hermano está engañando a la iglesia, o iglesias, que le sostienen *¡para predicar!*

* * *

876. SOLICITUD PARA MEMBRESÍA EN LA IGLESIA LOCAL

"¿Qué necesita un cristiano fiel para establecer membresía en otra congregación? O mejor dicho,

¿Qué parámetros deben usar los varones de una iglesia para tratar la solicitud de membresía de algún hermano?"

- - -

1. Las dos preguntas conciernen dos temas completamente diferentes.

2. En cuanto al que quiere hacerse miembro en una dada congregación, "necesita" nada más hacer del conocimiento de la congregación que tal es su deseo. Véase Hech. 9:26, el caso de Pablo ya recién convertido en cristiano. A veces conviene hacer uso de la recomendación de otro (versículo 27). Véase también Hech. 18:27. Esto da confianza a la iglesia respecto a la fidelidad del hermano.

3. En cuanto a parámetros que usar de parte de la iglesia a que la persona desea juntarse, los hermanos querrán saber si la persona es hermano fiel y si va a estar de acuerdo con el plan de trabajo que la iglesia ya tiene en vigor. Por ejemplo, si la iglesia trabaja con el plan de reuniones para domingo, martes y jueves, y la persona rehúsa ser partícipe en ello, diciendo que nada más los domingos puede la iglesia contar con ella, la iglesia no debe recibirle en la membresía, ni puede. La iglesia local es <u>un acuerdo mutuo</u> entre sus miembros, y el que no esta de acuerdo no va a poder ser miembro de ella. Nadie puede forzar a una congregación a que le reciba en su membresía. Tal cosa destruiría el acuerdo mutuo que representa la iglesia local.

Desde luego los varones de la congregación, con o sin evangelista de tiempo completo con todo y salario, son quienes deciden por la iglesia sobre un caso en que la persona procura poner su membresía en la iglesia local. El evangelista es uno entre otros de los varones de la congregación. Su buena experiencia en la palabra de Dios puede capacitarle para dar consejos y exhortaciones sabios a los varones en un dado caso, pero él no tiene señorío sobre nada ni nadie que trate de dominar decisiones a su gusto. Si es evangelista, es evangelista y no dictador. Si es evangelista, que evangelice; no dicte, ni domine, ni se enseñoree. Su salario de iglesias no es insignia de autorización para dictar.

* * *

877. MATEO 19:13-15

"En Mateo 19:13-15 el Señor está enseñando que es de los niños el reino de los cielos o como explica en Marcos 10:13-16 que de los TALES. Por favor dígame si el Señor está afirmando que de los niños es el reino de los cielos y si debemos entender que si llegan a morir en su niñez a donde irían al cielo o al hades (lugar de consuelo). Si hay en la escritura su confirmación es decir si podemos probar a donde van si al cielo directamente o primero al hades y esperan el juicio igual que todos los muertos."

- - -

1. Viendo Jesús que los discípulos estuvieron reprendiendo a los que le presentaron los bebés, se indignó. Esto implica que los discípulos no

actuaban solamente en ignorancia, sino con malos motivos.

Jesús se aprovecha de la oportunidad para enseñar sobre la naturaleza del reino venidero y de los que lo van a componer. En su reino no hay lugar para la ambición carnal y el sentido de superioridad unos sobre otros. El niño ilustra la humildad y la sumisión necesarias para todo ciudadano del reino del cielo. Jesús ya había tocado este punto. Véase 9:36,37.

Ahora, si según el calvinismo el bebé nace totalmente depravado, habiendo heredado la culpa del pecado de Adán, entonces la lógica nos obliga a concluir que el reino de Dios es compuesto de personas pecadoras. Pero si el niño o bebé es inocente, puro, sumiso y humilde, con razón se puede decir que el reino de Dios es compuesto de personas del carácter del niño.

Jesús no dice que el reino de Dios es compuesto de niños, sino de "los tales" como ellos. Estos tales han sido bautizados en un cuerpo (1 Cor. 12:13), que es la iglesia de Cristo (Col. 1:18). El bautismo es para quienes han creído en Cristo, se han arrepentido de sus pecados, y han hecho confesión de su fe en Cristo; es para pecadores. Los niños de brazos no nacen pecadores, ni cometen pecado; por eso el bautismo no es para ellos. Pero ellos representan el carácter que tiene que poseer todo ciudadano en el reino de Dios.

2. Ni el niño, ni nadie, al morir va directamente al cielo. (No hay gente santa en el cielo esperando la llegada de "nosotros," como se expresan varios himnos conocidos). Jesús dice claramente que "vendrá hora cuando **todos** los que están en los sepulcros oirán su voz, y los que hicieron lo bueno saldrán a resurrección de vida; mas los que hicieron lo malo, a resurrección de condenación" (Juan 5:28,29). Pablo en 1 Tes. 4:13-18 explica que en el día de la resurrección los **muertos** serán resucitados primero, y luego los vivos serán cambiados (1 Cor. 15:52) para ser todos presentados ante el trono de juicio de Cristo.

Aunque el niño pequeño (sin pecado) no está perdido (en el pecado), sino es inocente, sí muere y todos los muertos van a ser resucitados al mismo tiempo en una sola resurrección. De eso inferimos necesariamente que al morir el niño, su espíritu va al Hades (al reposo) de igual manera como el de cualquier muerto al Hades va, o para reposo o para tormentos (Luc. 16:23).

* * *

878. ¿ALMA DIFERENTE DEL ESPÍRITU?

"Cuando el hombre muere dice la escritura que el cuerpo vuelve al polvo de donde fue tomado y el espíritu vuelve a Dios que lo dio pero no dice que pasa con el alma. Pregunto esto buscando claridad ya que cuando se toca este tema Dios menciona que el ser está compuesto de cuerpo, alma y espíritu, 1Tes. 5:23. ¿Cómo debemos entender dónde se va el alma, si está junto con el espíritu o muere con el cuerpo (Heb 4:12). Nuevamente menciona que el alma es diferente al espíritu."

---

1. 1 Tes. 5:23 se expresa así (espíritu, alma, y cuerpo) para dar énfasis al ser **completo.** Pero a veces los términos "espíritu" y "alma" se usan intercambiablemente.

Ejemplos:

Mat. 10:28, el alma y el cuerpo

1 Cor. 5:3; 7:34, cuerpo y espíritu

Mat. 26:38 emociones asociadas con el alma; pero en Jn. 13:21, con el espíritu.

2. Las Escrituras hablan del espíritu como el principio de vida en el cuerpo (Sant. 2:26), y del alma como la vida resultante de la combinación de cuerpo y espíritu (Mat. 2:20, buscando el alma del niño; Hech. 20:10, el alma de él está en él; Apoc. 12:11, no amaron su alma. En estos pasajes aparece la palabra griega, psuche = alma. La Versión Valera 1960 no hace evidente esta verdad).

3. Véase Gén. 2:7, cuerpo (formado el hombre del polvo), sopló aliento de vida, fue alma viviente. La palabra "aliento" es del vocablo griego que es de la misma raíz que "espíritu."

* * *

879. EL PREDICADOR PASA POR ALTO LAS DECISIONES

"¿Que significa cuando un predicador pasa por alto las decisiones de la junta de varones en la que el estuvo plenamente de acuerdo. Ya se lo ha exhortado por esta causa en ocasiones anteriores."

---

1. Esto significa que él anda desordenadamente y que debe ser disciplinado (2 Tes. 3:11-15).

2. El predicador no es caso especial, a menos que piense que es un Diótrefes, 3 Juan 9; es miembro entre miembros en la congregación, nada más. No es dictador que piense ignorar las decisiones de la junta de los varones.

3. El predicador está sujeto al plan de obra de la congregación al igual que cualquier otro miembro.

* * *

880. MATEO 11:12

"Desde los días de Juan el Bautista hasta ahora, el reino de los cielos sufre violencia, y los violentos lo arrebatan."

El interrogador me envía cinco preguntas respecto a este pasaje. Las preguntas como formuladas están basadas en una comprensión equivocada al respecto. Primero explico el sentido del pasaje y luego contestaré las cinco preguntas una por una.

El lector debe consultar Luc. 16:16 y Juan 6:15. Cristo se refiere al esfuerzo que hacían algunos por ver establecido el reino antes del tiempo y hacerle a Cristo rey de una vez. Pensaban entrar en un reino materialista que quitaría de encima el yugo de los romanos y que traería de nuevo la gloria del reino como en el tiempo de los reyes David y Salomón. Esperaban inmediatamente tal reino de su propia imaginación (Luc. 19:11; Hech. 1:6). No pensaban en el reino espiritual que Cristo iba a establecer, que es la iglesia de Cristo, y por eso su mente carnal les conducía a arrebatar (que es arrancar o coger con precipitación y furor) el reino según sus propias ideas mundanas. Estaban intentando controlarse del reino por medio de emplear tácticas carnales basadas en su pensar equivocado respecto a la verdadera naturaleza del reino que Cristo vino a establecer.

El reino de Cristo es la iglesia de Cristo, el conjunto de los salvos en cuyas vidas reina Cristo por medio de su palabra. Dios traslada a él a los que obedecen al evangelio (Mat. 16:18,19; Hech. 2:42; Col. 1:13; Efes. 2:5-10).

Ahora, a contestar las cinco preguntas:

1. ¿Quiénes son los violentos que arrebatan el reino de los cielos?

La pregunta correcta es ésta: ¿Quiénes **eran** los violentos que **arrebataban** el reino de los cielos? La respuesta es que eran aquéllos judíos materialistas del tiempo de Cristo en la tierra y antes del día de Pentecostés.

2. ¿El reino de los cielos es el cielo a donde vamos los que creemos en Jesús?

No. El reino referido en Mat. 11:12 es la iglesia que Cristo vino a establecer. Pablo en 2 Tim. 4:18 en otro contexto se refiere a la morada en el cielo como el reino celestial, porque el reino de ahora, la iglesia, será preservada para el aspecto eterno del reino de Cristo, si es fiel hasta la muerte.

3. ¿Por qué se produce que los violentos arrebatan el reino de los cielos?

Lo que produjo (no, produce) que los violentos referidos por Cristo arrebataran (no, arrebatan) el reino de los cielo fue sus ideas totalmente carnales del reino que Jesús vino a establecer. Ellos deseaban más bien un reino terrenal victorioso sobre los romanos.

4. ¿Por qué sufre violencia el reino de los cielos?

Cristo, al hablar las palabras en Mateo 11:12 no se dirigía a nuestros tiempos de ahora, sino a aquella época de su ministerio personal en la tierra entre los judíos. Hablaba del tiempo antes del establecimiento de su reino el día de Pentecostés.

5. ¿No contradice esto al hecho de que de los humildes es el reino de los cielos? Entonces, ¿cómo es que los violentos lo arrebatan?

Las dos pregunta están basadas en una interpretación incorrecta de Mateo 11:12. El reino (la iglesia) sí es compuesto de gente humilde (Mat. 5:3-12) y con la inocencia de niños (Mat. 18:3; 19:14), pero el arrebatamiento que Jesús mencionó fue algo que precedió al establecimiento de la iglesia.

* * *

881. ÉXODO 3:14

"Yo siempre he encontrado en el texto bíblico que Dios es un ser tripersonal y triuno, pero aquí en _____ hay unos hermanos que dicen: 'Son abrumadoras las pruebas que hay en el Nuevo Testamento, en el sentido de que el Padre, el Hijo y el Espíritu Santo son Seres distintos, individuales, de naturaleza parecida.'

"Yo he entendido de que: 'En el principio existía la Palabra, y la Palabra existía junto a Dios, y Dios era la Palabra' (Juan 1:1). 'Nadie ha visto jamás a Dios; el Unigénito Dios que está en el seno del Padre, El lo dado a conocer' (Juan 1:18). Pero lo más polémico está aquí: 'Y dijo Dios a Moisés: Yo seré el que seré. Y añadió: Así dirás a los hijos de Israel: el Ser me ha enviado a vosotros" (Exodo 3:14). Aunado con lo que dice tanto Deuteronomio 6:4, Mateo 28:18-20 y Juan 14: 9-11, yo he concluido, Dios es un SER TRIUNO Y TRIPERSONAL ¿Usted que me puede decir?"

El texto bíblico de Exodo 3:14 yo lo traducí directamente del hebreo, pues, en el texto Sagrado no aparece la palabra "anoki" que se traduce 'yo soy', pues, la idea del texto hebreo es de un ser."

— — —

1. El Padre, el Hijo y el Espíritu Santo son Seres distintos, individuales, pero no de "naturaleza parecida." Son uno en naturaleza o divinidad. ¡No es cuestión de "parecida"!

2. Muchos (los mahometanos, y otros) acusan de politeísmo la enseñanza bíblica sobre las tres Personas de la Deidad. Pero el politeísmo es un sistema de varios dioses competidores de distintos propósitos de existencia, naturalezas, y procederes de acción. Estos dioses obviamente son el producto del pensar humano. En la Deidad hay unidad perfecta y absoluta.

3. La Versión Septuaginta, la traducción griega del Antiguo Testamento, la que usaban Cristo y sus apóstoles al citar pasajes del Antiguo Testamento, en Éxodo 3:14 sí dice "yo soy" (ego eimi). Literalmente dice el texto Septuaginta, "Yo soy el que es (o, existe; es participio presente = siendo)." La palabra "soy" en la frase es del verbo *eimi* que quiere decir "ser." La palabra "es," o "existe," (literalmente, "está siendo") es el participio presente del verbo *eimi.* Una buena traducción, pues, es "Yo soy quien soy," o "Yo soy el que soy."

La misma frase, "ego eimi," se encuentra en Jn. 8:58, "yo soy." Esto enfatiza la eternidad del Cristo, el Verbo.

La frase griega "ho on," (el que es, el que existe) empleada en Éxodo 3:14, aparece también en Apoc. 1:4, de "el que es," significando la eternidad e inmutabilidad de Dios. Dios es El que existe siempre, eternamente. En Heb. 11:6 vemos este verbo en la tercera persona singular, tiempo presente, crea que le "hay," crea que "existe"(Ver. Moderna; Ver. Nácar Colunga). Para agradarle a Dios, tenemos que creer que El es (siempre). Es de eterna existencia.

* * *

882. HEBREOS 1:8

"Quiero que me ayude a analizar Hebreos 1:8.

¿Por qué algunas versiones traducen "Dios es tu trono" o "Tu trono es Dios," evitando de esta manera la deidad de Cristo, no solamente la versión de los llamados testigos de Jehová sino que otros traductores están de acuerdo en esas traducciones, porque supuestamente son gramaticalmente posibles tales traducciones? ¿Como se puede reargumentar en contra de tales traducciones?"

— — —

1. El texto griego dice literalmente: "El trono de ti Dios hasta la edad de la edad." No existe verbo en esta frase.

2. En cuanto a posibilidades gramaticales, la frase puede ser traducida "Tu trono (es) Dios," pero la misma fraseología se encuentra en Sal. 45:6 donde se admite que la traducción debe ser "tu trono Dios" para siempre, y no "tu trono (es) Dios" para siempre.

3. Todo el contexto de Hebreos capítulo 1 exalta a Cristo; es eterno (versículos 10-12); por eso es Dios. La traducción que dice, "Tu trono es Dios" hace todo menos exaltar a Cristo.

4. Solamente los llamados testigos de Jehová y los modernistas de entre los llamados cristianos, por negar la Deidad de Jesucristo, insisten en traducir la frase así, "tu trono es Dios." No pueden admitir que ¡Jesucristo es Dios!

5. Varios son los pasajes que establecen la Deidad de Jesucristo. Entre ellos son Jn. 1:1,2; 20:28; Rom. 9:5; Tito 2:13; 2 Ped. 1:1; 1 Jn. 5:20.

* * *

883. EL LESBIANISMO

"Quiero saber qué dice la Biblia acerca del lesbianismo, si no se hace por promiscuidad sino por amor. He tenido una pareja, pero la dejé por temor a Dios y me es muy difícil olvidarme de ella. Necesito una respuesta."

— — —

1. El lesbianismo (la homosexualidad entre mujeres), como toda carnalidad o pasión de deshonra y vergüenza) queda plenamente condenado en las Escrituras. (Con razón la interrogadora la dejó "por temor a Dios"). Es una forma de fornicación, el término que indica toda clase de sexualidad ilícita. Véanse Rom. 1:26,27; 1 Cor. 6:9-11; 1 Tes. 4:5; 1 Tim. 1:10; Lev. 18:23-25. Muchas mujeres paganas han practicado aberraciones homosexuales, como también la bestialidad en particular. (Los hombres han practicado, y practican, la sodomía, Deut. 14:24; 23:17; 2 Reyes 23:7).

2. No se puede pecar y al mismo tiempo temer a Dios. Es por el temor a Dios que dejamos de pecar. Véase el capítulo 6 entero de Romanos. El temor a Dios conduce a la persona a salir de medio de lo pecaminoso, 2 Cor. 6:14—2 Cor. 7:1. Véanse Hech. 10:35; Judas 23; Apoc. 14:6,7.

3. El cristiano aborrece, no ama, el pecado, como Dios aborrece lo malo (Sal. 97:10; Prov. 6:16; Amós 5:15; Rom. 12:9; Heb. 1:9). ¿Es lícito amar el robar bancos si es por amor al dinero? ¿Es

lícito mentir por amor a la falsedad? ¿Es lícito tener cópula carnal con un animal por amor al perro de casa? ¡Es ridículo hablar de pecar por amor!

4. El hecho de que la persona deja el lesbianismo "por temor a Dios" prueba que tal relación es ilícita y pecaminosa. De otra manera, ¿por qué dejaría la persona "por temor a Dios" una actividad sana y lícita?

5. ¿Cómo es que la persona, que por temor a Dios deja el pecado, no puede olvidarse de lo que Dios aborrece y que condena a la persona al infierno? El cristiano *muere* al pecado (Romanos 6); ¿No está olvidado el muerto de lo que hacía en la vida? El cristiano olvida lo que queda atrás y prosigue al premio de la vida eterna (Fil. 3:13,14). Pensemos bien en Col. 3:1-4.

* * *

884. MATEO 25:27, LUCAS 19:23, LOS BANCOS

" ... me atrevo a comunicarle una inquietud que aunque parezca frívola, creo que es válida. Resulta que en la parábola de los talentos de Mateo y Lucas, dice El Señor: al que le dio 5 le devolvió diez, al de 2 le devolvió 4 pero al que le dio 1 le devolvió 1 por lo tanto es un siervo malo más le habría valido a su Señor dar ese dinero a los bancos que al menos le hubieran dado intereses por él... La parábola es muy edificante e instructiva. Ahora bien, la duda es que se habla de los bancos, e incluso usted las usa para responder a un interrogante sobre la iglesia y los intereses, resulta que tengo algún conocimiento sobre finanzas y la banca y su historia, y hasta donde sé y he averiguado, las instituciones bancarias como tales no nacieron hasta el año 1.200 de nuestra era en adelante y eso con los caballeros templarios, no había por tanto en la época de Nuestro Señor, agiotistas como tal o instituciones bancarias como tales que reditaran intereses, incluso creo que en Ezequiel 18, se condena la usura como tal. Puedo estar equivocado en historia, pero si no, podría ser este un caso un tanto oscuro en el nuevo testamento. ¿Pudo ser este versículo introducido después para complementar el contexto de la parábola? ¿Fue algún error de transcripción o de algún copista? Estoy casi seguro de la fiabilidad de la Biblia aún en casos mucho más polémicos que el que le consulto. Le ruego y pido el favor de que me de luces sobre el tema."

- - -

1. El problema aquí es más aparente que real; de hecho, no hay problema.

2. El punto clave en este caso es el sistema de bancos *como los conocemos hoy en día*. ¡De él no hablan las sagradas Escrituras! Como el interrogador se expresa, "las instituciones bancarias *como tales* no nacieron hasta el año 1.200 de nuestra era en adelante y eso con los caballeros templarios, no había por tanto en la época de Nuestro Señor, agiotistas *como tal* o instituciones bancarias *como tales* que reditaran intereses" (énfasis mío, bhr).

3. Notemos los pasajes siguientes:

Mat. 25:27, "debías haber dado mi dinero a los banqueros" (griego, TRAPETIZES, de TRAPEZA = mesa). Estos "banqueros" eran "cambistas" de dinero, sentados a sus mesas para el propósito de cambiar monedas.

Luc. 19:23, "¿por qué, pues, no pusiste mi dinero en el banco" (griego, literalmente, ¿por qué no pusiste mi dinero sobre una mesa? TRAPEZA).

Juan 2:14,15 " ... y a los cambistas allí sentados. Y haciendo un azote de cuerdas, echó fuera del templo a todos, y las ovejas y los bueyes; y esparció las monedas de los cambistas, y volcó las mesas" (TRAPEZA).

Marcos 11:15, " ... entrando Jesús en el templo, comenzó a echar fuera a los que vendían y compraban en el templo; y volcó las mesas (TRAPEZA) de los cambistas, y las sillas de los que vendían palomas."

4. Así vemos que lo que en algunos pasajes las diferentes versiones dicen "banco, banqueros, cambistas," el texto griego se refiere sencillamente a las mesas y a quienes se ocupaban en cambiar monedas sobre sus mesas, cobrando por el servicio. No hay referencia alguna al sistema de bancos modernos que son corporaciones grandes que se ocupan en varios negocios de prestar y guardar dinero por un precio.

5. Ezequiel 18 menciona "prestar a interés y tomar usura" (versículos 8,13,17). Así vemos que siglos antes del tiempo de Jesucristo existía la práctica de cobrar intereses sobre los préstamos. No existían bancos modernos (con todo y Mesa Directiva y Agente Ejecutivo Principal, pero sí existían individuos que negociaban con el dinero, cobrando intereses. Lo que la ley de Moisés prohibía fue que el judío cobrara interés a otro judío, pero al gentil sí se le permitía (Deut. 23:19,20), y también prohibía el cobrar intereses sin consideración de la pobreza del individuo (Éxodo 22:25).

6. Habiendo explicado el caso, vemos que no tiene nada que ver con algo "después para complementar el contexto de la parábola," o con "algún error de transcripción o con algún copista."

7. Los bancos de hoy en día, grandes empresas compuestas de numerosos directores e inversionistas de capital, no existían en tiempos bíblicos, pero sí la práctica individual de negociar con la moneda y otros bienes.

* * *

885. 1 CORINTIOS 6:3

Quiero "consultarle acerca de I Corintios 6:3, si se refiere a ángeles caídos, o ¿cuál es el sentido de este texto?"

- - -

1. Para contestar su pregunta, cito de mi obra NOTAS SOBRE 1 CORINTIOS.

6:2 —— ¿O no sabéis que los santos han de juzgar al mundo? —— Esta pregunta retórica de Pablo implica que los corintios estaban sin excusa en sus pleitos, unos hermanos contra otros, delante de jueces no cristianos, porque sí sabían que los santos han de juzgar al mundo en el juicio final. Sabiendo esto, sabrían que eran capaces ahora de juzgar casos temporales entre hermanos.

Véase Apoc. 2:26,27 (también, 3:21). Los cristianos fieles reinan en el sentido secundario por medio de sus ejemplos (Rom. 5:17; 1 Cor. 4:8). En su reinado el cristiano juzga, o condena, al mundo pecador con su vida y su predicación, como lo hizo Noé (Heb. 11:7; compárese Mat. 12:41). Como los apóstoles juzgan a la iglesia por su palabra inspirada (Mat. 19:28; Hech. 2:42), así los cristianos juzgan por sus vidas y ejemplos conformados a la doctrina de Cristo.

Todo esto quiere decir, pues, que participamos con Cristo en su gran reinado espiritual ahora. Véanse Sal. 2:7-9; Hech. 4:25-28; Hech. 13:33; Rom. 1:4; Heb. 1:5 —— el reinado de Cristo en su iglesia después de su resurrección. Los cristianos reinan con él ahora: Mat. 16:18,19; Col. 1:13; Heb. 12:28; Apoc. 1:6,9; 5:10 (reinamos debe decir, no reinaremos); 20:4; y reinarán con él para siempre, 22:5. Asociados con Cristo, el Gran Rey, participaremos con él en el juicio del mundo pecador.

Considérense 1 Tes. 3:13; Judas 14.

—— Y si el mundo ha de ser juzgado por vosotros —— Esta premisa los corintios la tuvieron que aceptar como cierta, como cosa sabida. En base a esta premisa, sigue la conclusión implícita en la siguiente pregunta:

—— ¿sois indignos de juzgar cosas muy pequeñas? El mundo es muy grande, mientras que un caso entre dos hermanos es relativamente pequeño. El que es capaz de juzgar un asunto de mayor importancia, seguramente puede hacerlo en juicios triviales de importancia temporal.

Este juicio del mundo no es el mismo de 5:12,13, "a los que están fuera". Aquí es el juicio final de hombres y ángeles, pero el caso de 5:12,13 tiene que ver con que la iglesia local juzgue para razones de disciplina. Tal juicio no se extiende más allá de la membresía de la iglesia local.

6:3 —— ¿O no sabéis que hemos de juzgar a los ángeles? —— Pablo intensifica su represión (2 Tim. 3:16; Tito 1:13) de los corintios, al recordarles de que sabían que también han de juzgar a los ángeles. La respuesta a esta pregunta retórica implica la respuesta de la que sigue.

Los ángeles también han de ser juzgados en el día final (2 Ped. 2:4; Judas 6).

—— ¿Cuánto más las cosas de esta vida? —— El evento del juicio final, para el mundo y para los ángeles, ha de ser tremendo en cuanto a números involucrados y consecuencias eternas. Si los cristianos han de juzgar en tan majestuoso evento en el día final, ¿no pueden atender a juicios concernientes a cosas presentes de esta vida? ¡Sí lo pueden! Estas preguntas dirigidas a los corintios llevan en sí mismas sus propias respuestas.

Toda pregunta retórica es ejemplo de la implicación, de la cual el oyente, o lector, deduce, o

infiere, la conclusión. En los versículos siguientes Pablo continúa haciendo uso de la pregunta retórica.

* * *

886. TENER CULTO LAS HERMANAS

"…No hay iglesia de Cristo allí. _____ me pregunta si puede ella reunirse con sus hijas cada domingo y realizar el culto."

- - -

1. La situación es que una madre y sus hijas fueron bautizadas recientemente y luego el marido inconverso (pero interesado en el evangelio) por motivo de su empleo va a mover la familia a un lugar bien lejos donde no hay iglesia local nada de cerca. De esto sale la pregunta.

2. Este mismo escenario no se trata en las Escrituras del Nuevo Testamento. Por eso tenemos que aplicar a él los principios que sí se presentan.

3. Los cristianos se congregan en asamblea cada primer día de la semana para culto colectivo, conmemorando la muerte del Señor en dicho día (Hech. 20:7; 1 Cor. 11:20,33; 16:2).

4. Las hermanas bajo consideración son cristianas y por eso quieren juntarse para rendirle a Dios culto el primer día de la semana. En este caso no hay cristianos hombres que puedan estar presentes.

5. Al llevar a cabo su culto, estas hermanas no estarán ejerciendo autoridad sobre hombre (1 Tim. 2:12) porque en su asamblea están solas.

6. Si entrara en su asamblea algún hombre (cosa no muy probable por no haber ellas anunciado su culto, ni haber usado lugar público para él), se le diría que esperara hasta después del culto para ser atendido individualmente para información y enseñanza. Como individuas y fuera de asamblea estas hermanas pueden enseñar a cualquier individuo que se interese en el evangelio (Luc. 2:38). En esto no estarían ejerciendo autoridad sobre el hombre.

7. Al haber algún converso hombre que quiera ser parte de la congregación nuevamente formada por ellas, entonces él se encargará de dirigir el culto.

* * *

887. CAMBIAR DE MEMBRESÍA

"¿Si en una iglesia X existiera un hermano IDOLATRA y los varones o ancianos
que dirigen la iglesia no aplicaran disciplina y estuvieran envanecidos (como los corintios) y además esto no lo comunicaran a toda la congregación, podría un miembro cualquiera solicitar (comunicándoles a los varones o ancianos que dirigen la iglesia y a toda la congregación) dejar de ser miembro de esta iglesia X para comenzar a reunirse en otra iglesia por
ejemplo, de la misma ciudad o de otra ciudad?

Lo anterior basándose en lo que Pablo dice en el capitulo cinco versículo once: "no os juntéis", "con el tal ni aun comáis". Porque el versículo 11

trata de no tener comunión con hermanos pecadores y este miembro decide
dejar su membresía porque ha esperado un año que la iglesia aplique disciplina y no lo ha hecho, ha tolerado el pecado de este hermano IDOLATRA y que por sus actos se da cuenta uno que no le interesa cambiar (arrepentirse)."

- - -

1. En el caso como descrito arriba, es evidente que ningún cristiano fiel puede seguir como miembro de tal congregación.

2. Nadie tiene que **solicitar** de dejar de ser miembro de la congregación. La membresía se pone y se quita. Uno llega a una congregación y ofrece poner su membresía en ella (Hech. 9:26; 18:27). Si la congregación le recibe, entonces llega a ser miembro de ella. Como con libertad pone su membresía, cuando desea la quita para ponerla en otra congregación. No es cuestión de solicitar o pedir permiso. Nadie tiene señorío sobre el alma de otro para estorbarle en su poner y quitar de membresía.

3. Ha habido casos en que ciertos hombres (comúnmente el evangelista) han tratado de control la membresía de cierta persona. Actúan como si fueran un Diótrefes (3 Juan 9,10). Los tales deben ser disciplinados. Andan desordenadamente (2 Tes. 3:6). Tienen la mentalidad de dictadores. Ni los apóstoles ejercían señorío sobre las almas de otros (2 Cor. 1:24).

* * *

888. ¿DEBE SER APARTADO O CORREGIDO Y ANIMADO?

"La cuestión es la siguiente: si una persona cristiana desea y le gusta cierto cometido, este cometido es una obra para el Señor, es decir dentro de la congregación y para la congregación como puede ser: predicar, enseñar a los jóvenes, etc. y que la persona se sienta útil al Señor si esta persona se equivoca en ese trabajo y ese trabajo durante un tiempo ha evolucionado positivamente. ¿Debe ser la persona apartada de esa labor, o por el contrario debe ser corregida y animada a seguir? Bueno hermano si tiene usted alguna respuesta más se lo agradecería, si no me he explicado bien no dude en preguntarme.

- - -

1. Usted sin duda hace referencia a un caso en particular. No puedo comentar sobre él por no saber detalles del caso.

2. En general si el caso es sencillamente uno de haberse cometido algún error y luego se sigue alguna exhortación y la corrección necesaria, la persona sigue su cometido. Si la persona se opone a la corrección es de esperarse que se le quite su cometido.

3. Debemos tener paciencia unos con otros y ayudarnos a crecer en el conocimiento de la palabra de Dios. Pero a veces cierta situación demanda acción positiva para mejorar la obra de la iglesia local.

* * *

889. DANIEL 5:31, "EL REY FANTASMA"

"Estuve leyendo el comentario sobre los profetas menores que ha publicado en su sitio web en formato pdf, y en la página 44, donde se habla del Rey Ciro, dice que él designó a "un rey fantasma". Hermano, ¿qué se entiende por "rey fantasma"? ¿Qué no existió dicha persona, la cual es identificada como "Darío el medo"? O que sí existió, pero no era su nombre real, sino un ¿subordinado a Ciro?"

- - -

1. La obra sobre Los Profetas Menores que aparece en mi sitio web tiene por autor al Sr. Homer Hailey; yo nada más traduje la obra. El es quien habla del "rey fantasma."

2. Para contestar sus preguntas, cito de mi obra, NOTAS SOBRE DANIEL.

5:31 —— Y Darío de Media tomó el reino, siendo de sesenta y dos años —— La identidad de esta persona ha sido el objeto de mucha discusión y comentario. Lo más probable del caso es que Ugbaru (el mismo que Gobryas), con el ejército de Ciro, conquistó a Babilonia en octubre de 539 a. C., y que al mes murió en batalla. Fue nombrado un cierto Gubaru, un medo, para ser el gobernador de Babilonia bajo Ciro, y que éste es el Darío de Media mencionado en este versículo. Este Gubaru estuvo en Babilonia cuando a los diecisiete días de ser conquistada Babilonia, entró por primera vez en la ciudad Ciro mismo, llamado Ciro el Grande.

Nuestra versión dice que Darío "tomó" el reino, pero mejor es la traducción de otras versiones muy buenas que dicen que "recibió" el reino. Se le dio; el fue nombrado rey de Babilonia por otro (sin duda, por Ciro el Grande).

Media y Persia (6:8, etc.) formaron un solo imperio, caso de unidad en dualidad. El medo, Darío, comienza a gobernar como virrey de Babilonia y sus derredores (la provincia), y Ciro es el rey sobre todo el imperio.

* * *

890. HECHOS 15:29

"Necesito que me ayude en cuanto a lo de hechos 15:29 Mi gran duda es que si es pecado comer pez y todo los mariscos (mi duda nace de que el pez no es degollado, yo creo que es ahogado)."

- - -

1. Respecto a su pregunta, comúnmente el pescado es degollado y abierto para limpieza antes de ser cocinado. Si es cocinado con cuerpo entero, y sin ser cortado y abierto para limpieza, entonces al ser comido se come la sangre del pez. Yo no conozco tal costumbre, pero puede existir. Cuando el pescado primero es sacado del agua, muere por falta de oxígeno (si no es mantenido vivo hasta el tiempo de preparación para ser cocinado). Ser ahogado es ser muerto por falta de respiración. El pez respira, sacando oxígeno del agua, pero no puede sacarlo del aire como lo hace el ser humano.

Por eso, una vez sacado del agua, el pescado pronto muere. Claro que no es pecado comer pescado (Jn. 21:9-14; 6:9-11); es pecado comer sangre (Hech. 15:29).

* * *

891. ESPOSO ABUSADOR

"Qué sucede con la mujer que su marido la prostituye, si ella puede divorciarse de su marido por esta causa. Supongamos que su marido a parte de golpearla la obliga en prostitución con sus amistades y con no amistades."

- - -

1. La mujer que se respeta a sí misma por nada permite que su marido le obligue a prostituirse. Pelearía fuertemente para que no le tocara ningún hombre no siendo su marido. Ya que le golpea su marido (u otro) huirá de tal persecución (que no es dejar su marido según 1 Cor. 7:10,11). No rechazaría sus votos de matrimonio, pero sí huiría de la persecución.

2. La única causa bíblica para repudiar al cónyuge es la fornicación. Si él no fornica, la esposa no rechaza sus votos (que es repudiar), pero los golpes del marido sí le llevan a la esposa perseguida de su presencia del marido. Al arrepentirse el marido y confesar su pecado de persecución física, pidiendo a Dios y a ella perdón, ella volverá porque nunca rechazó sus votos.

* * *

892. MATEO 28:19, "EN EL NOMBRE DEL PADRE, DEL HIJO Y DEL ESPÍRITU SANTO"

"¿Que significa bautizar en el nombre del Padre, del Hijo y del Espíritu Santo? Si una persona se bautizó en base a Hechos 2: 38 sin base en Mateo 28- 19, o sea sin tomar en cuenta lo que ordena el Señor allí en Mateo, en el nombre del Padre, Hijo, y el Espíritu Santo, ¿debería de bautizarse nuevamente en base a Mateo 28? Yo entiendo que el Señor mandó bautizar en el nombre de la deidad completa, Padre, Hijo y el Espíritu Santo."

- - -

1. La pregunta así formulada indica una comprensión incorrecta del tema. No es cuestión de escoger uno entre dos pasajes bíblicos, como si uno fuera lo correcto y el otro, no.

2. Contesto las preguntas:

a. Significa bautizar a la persona para entrar en la comunión que representa la Deidad. La preposición griega en este caso no es "en el nombre," sino "para el nombre." Es la misma preposición hallada en Hech. 2:38, "para" perdón de los pecados. Es EIS, no EN.

b. Es imposible bautizarse "en base a Hechos 2:38 sin base en Mateo 28:19." Si la persona se bautiza sobre (preposición griega EPI, no EN) el nombre de Jesucristo para perdón de sus pecados, lo hace porque lo hace sobre la base de quien es Jesucristo; es él Señor Dios que nos

manda hacerlo. Jesús ordenó a sus apóstoles a bautizar a la gente para entrarla (preposición griega EIS, no EN) en comunión con quienes son las tres personas de la Deidad (Mateo 28:19).

Si la persona es bautizada según la doctrina falsa de los "solo Jesús,"o pentecostales "apostólicos," no ha sido bautizado bíblicamente, sino con un bautismo sectario. Este sí debe ser bautizada correctamente, no con cierta <u>fórmula de palabras</u> dichas a él cuando en el agua, sino para que ella, teniendo el perdón de sus pecados entre en comunión con la Deidad.

3. Para información adicional, sugiero que el lector consulte mi Página Web

<u>billhreeves.com</u>

pasando a la sección titulada DEBATES, y a la obra NOTAS PARA DEBATE SOBRE SOLO JESÚS. A continuación cito una parte de esa obra, en que se refutan ciertos argumentos de los Solo Jesús. Aquí está el tercero de sus argumentos, y mi refutación:

"3. Mateo 28:19 más Hech. 2:38 más Lucas 24:47. En Mat.28:19, la palabra "nombre" es singular. No dice el texto, "en los nombres de."

Salieron los apóstoles a predicar, según mandados por el Señor. ¿Obedecieron bien cuando bautizaron? ¡Seguro! Bueno, ¿Qué bautizaban? Solamente en el nombre del Señor Jesús.

Refutación: l) Pasaje similar: Mat. 18:16, "en boca de dos o tres testigos conste toda palabra." ¿Tienen tres testigos literalmente una sola boca? "Boca" es singular, pero aquí quiere decir "en la boca de cada uno de los dos o de los tres." En Mat. 28:19 la frase "en el nombre del Padre, y del Hijo y del Espíritu Santo" significa bautizar "para entrar en comunión con quienes son los que aquel nombre especifica."

2) El oponente cree que la eficacia del bautismo consiste en pronunciar ciertas palabras. Nótese Hech. 19:13. Aquellos judíos creyeron que con nada más pronunciar ciertas palabras podrían echar fuera demonios. Cometieron el mismo error que el oponente. El oponente, en realidad, <u>no bautiza en el nombre del Señor Jesucristo</u>, aunque repite esas palabras al sumergir a uno en agua, porque él no cree que Jesús sea <u>el Hijo de Dios</u>.

3) El oponente cree que yo y mis hermanos afirmamos que la eficacia del bautismo consiste en decir: "en el nombre del Padre, y del Hijo, y del Espíritu Santo." ¡No señor! No es cierto. Mat. 28:19 registra lo que el Señor mandó que los apóstoles <u>hicieran</u>. Ahora, ¿Qué les dijo Cristo que <u>dijeran</u> al bautizar a uno? Desafío al oponente que tome la Biblia y nos enseñe cuáles palabras en particular, cuál fórmula de palabras, usaron los apóstoles al bautizar a la gente. Todos los textos en Hechos que el oponente cita no dicen qué fue <u>dicho</u>, sino lo que fue <u>hecho</u>. La eficacia del bautismo no consiste en una ceremonia de tantas y cuantas palabras. No consiste en recitar una cierta serie de palabras.

4) Bautizar en el nombre del Padre, y del Hijo, y del Espíritu Santo es la cosa que ha de

ser <u>hecha</u>. El oponente no sabe distinguir entre **hacer** y **decir**. El no hace <u>nada</u> en el nombre de Jesucristo, porque no cree que Jesús sea el Hijo de Dios. Señor oponente, ¿Qué dijo Pedro cuando bautizaba en el nombre de Jesucristo? ¿Cuáles palabras exactas pronunciaba? ¡Dígame! No me puede decir, porque no sabe, ni nadie sabe. No importa saber.

5) "En el nombre de," según el diccionario THAYER, la frase griega que es traducida en español, "en el nombre de," en general significa hacer algo por la autoridad o mandamiento de alguien, o accionar por él, promoviendo la causa de él. Además el <u>nombre</u> es usado en vez de todo lo que el nombre cubre. Por el bautismo uno reconoce la dignidad y autoridad de la persona en cuyo nombre es bautizado.

6) En los tres pasajes, que el oponente cita, la traducción española, "en el nombre," representa *tres frases preposicionales distintas* en el texto griego. Mat. 28:19 dice "eis," Hech. 2:38 dice "epi," y Luc. 24:47 dice "en." (Véase el estudio detallado sobre esta frase al final de estas Notas).

7) Si según el "apostólico" el nombre de Jesús es el Padre, el Hijo, el Espíritu Santo, y si hemos de bautizar solamente en el nombre de Jesús, ¿por qué al bautizar no usa el "apostólico" el nombre de Jesús que según él es el Padre, el Hijo, el Espíritu Santo? Pero al bautizar rehúsa decir, "te bautizo en el nombre del Padre, del Hijo, y del Espíritu Santo." Es inconsecuente."

(fin de la cita)
* * *

893. LA TRINIDAD NO ES POLITEÍSMO

"¿El Padre es un Dios, el Hijo es otro Dios, y el Espíritu Santo es otro?"

- - -

Véase **Interrogante** # 41 (en mi Página Web, billhreeves.com) para información más completa sobre la *Trinidad*.

1. No, hay un solo Dios verdadero, Jehová Dios. Hay tres personas en la Deidad y Jehová es su nombre. Véanse **Interrogantes** # 157, 245 y 515 (en mi Página Web, billhreeves.com).

2. El politeísmo es creencia en una pluralidad de dioses. Es doctrina puramente humana. El haber tres dioses implica tres seres sobrenaturales en competencia y de naturaleza, voluntad y obra completamente distintas.

3. No hay otros dioses en realidad (1 Cor. 8:5,6).

4. Pero el Padre es Dios, el Hijo es Dios, y el Espíritu Santo es Dios, porque los tres componen la Deidad (Hech. 17:29; Rom. 1:20; Col. 2:9). Dios es uno, porque la Deidad es una. Las tres personas son uno (Jn. 17:22) y no tres dioses competidores.

5. Los Testigos de Jehová representan mal el caso porque son unitarios. También hacen lo mismo los mahometanos que de igual manera son unitarios. Rechazan la Deidad de Jesucristo y el Espíritu Santo.

* * *

894. REPUDIO EN ACUERDO MUTUO

"Si un matrimonio se separan por cualquier causa y no por adulterio, en acuerdo mutuo, y luego uno de los dos comete adulterio, ¿puede el ofendido volverse a casa?"

- - -

1. Mat. 5:32 contesta su pregunta. El pasaje enseña que si el cónyuge repudia sin causa de fornicación, hace que su compañero de matrimonio cometa adulterio (si vuelve a casarse).

2. En el caso de repudio mutuo LOS DOS cometen este pecado, y por eso ninguno de los dos tiene permiso a segundas nupcias, no importando lo que después acontezca.

3. Siendo el caso así, la respuesta a su pregunta es que ¡no! El llamado "ofendido" en este caso no es inocente, sino culpable de haber repudiado sin la causa de fornicación.

* * *

895. ¿EN CUÁL CONGREGACIÓN PEDIR PERDÓN?

"Si una hermana dejó de reunirse por más de un año y luego desea volver a ser fiel y a perseverar pero en otra iglesia de Cristo local de la ciudad, ¿puede hacerlo o es necesario que vaya a donde era miembro? ¿Es necesario que vaya a donde era miembro y pida perdón ahí y diga que se va a reunir en otra iglesia local?

- - -

1. Hay dos cosas distintas tratadas aquí: hacer confesión pública y poner membresía. No hayan de ser confundidas.

2. Si una persona anda desordenadamente (2 Tes. 3:11) como miembro de una iglesia local, peca. Arrepentida debe hacer confesión de su pecado donde pecó.

3. Ahora, si vuelta a su primer amor (Apoc. 2:4) desea por alguna razón justificable poner su membresía en otra congregación, queda libre para hacerlo. Si lo hace para evitar hacer confesión pública de su pecado en la congregación original, en realidad no está arrepentida.

* * *

895. JUAN 20:17, "MI DIOS"

"¿A qué se refiere cuando Jesús dijo, 'mi Dios,' Jn. 20:17? ¿Cómo se explica este pasaje?"

- - -

1. Más de una vez vemos algo semejante. Nótense Mar. 15:34; Apoc. 3:2; Rom. 15:6.

2. Jesús no dijo "nuestro Dios," como sí lo dijo en Mat. 6:9 al enseñarnos a nosotros a orar. Nosotros decimos "nuestro Dios," pero al decir Jesús "mi Dios" dio a entender que se identificaba con la Deidad. María Magdalena en ese momento miraba a un ser humano, pero era Dios en la carne. El y el Padre son uno (Jn. 17:21).

3. Por decir Jesús "mi Padre" (no nuestro

Padre, Jn. 8:54; véase también 10:29) y que él y el Padre son uno (10:30), los judíos incrédulos bien entendían que Jesús se hacía Dios (10:33). Bien entendían los judíos que al decir Jesús que era el Hijo de Dios que afirmaba que era igual que Dios (Jn. 19:7). Véase Jn. 5:18.

* * *

896. ¿BAUTIZAR AL QUE TIENE DUDAS?

"Si a una persona se le explica el plan de salvación pero tiene muchas dudas sobre otros temas, ¿se le debe disipar todas sus dudas que tiene antes de bautizarla?

Si una persona que ya escuchó sobre el cómo ser salvo y luego expresa ciertas ideas falsas sobre algunos puntos doctrinales, no sobre el plan de salvación, entonces se le explica esos puntos conforme a la Biblia pero no lo acepta y pide que se le bautice, ¿se le debe bautizar? o ¿qué hacer en tal caso?"

- - -

1. Concerniente a la primera pregunta, hay que definir la palabra "dudas." Es sabio aclarar puntos de confusión o de ignorancia, al estudiar con la persona que está para bautizarse. Pero si la persona entiende el plan de Dios de salvación, y arrepentido confiesa su fe en Cristo, debe ser bautizada de una vez (Hech. 16:33). Una vez salva, la persona sigue creciendo en el conocimiento del Señor (2 Ped. 3:18). Ahora si sus "dudas" tienen que ver con la Deidad de Jesús, o de la inspiración de las Escrituras, etcétera, tal persona no pediría el bautismo bíblico. Nadie puede ser mal enseñado y bien bautizado.

2. Respecto a la segunda pregunta, también necesita definición la frase "ciertas ideas falsas sobre algunos puntos doctrinales." Hay puntos de doctrina que al crecer la persona, los va entendiendo y aceptando. Pero si la persona por ejemplo rechaza la enseñanza bíblica sobre la iglesia de Cristo que es una, o sobre la adoración a Dios colectivamente como miembro de una iglesia de Cristo local, no es probable que insista en ser bautizada. El bautismo solo no es cosa mágica que todo lo arregle.

3. Para ser bautizado nadie debe esperar hasta que entienda perfectamente bien todo lo que ha de ser aprendido respecto al Nuevo Testamento. Hay leche y hay comida sólida (Heb. 5:11-14). Pero si la persona rechaza con espíritu de dureza y obstinación cosas básicas del evangelio, no es probable que quiera ser bautizada para perdón de los pecados.

* * *

897. 1 COR. 7:14, ¿INMUNDOS LOS HIJOS NACIDOS DE "MATRIMONIOS ADÚLTEROS?"

"Estudiando 1 Corintios 7:14, entiendo que el marido incrédulo es "santificado" en la mujer creyente, en el sentido de que Dios "acepta" tales matrimonios mixtos. Ahí mismo Pablo presenta una razón de ello, es decir, la santidad de los hijos nacidos en estos matrimonios. Los hijos no son inmundos, sino santos, luego, el matrimonio mixto es aceptado por Dios. Ahora le planteo mi pregunta, que sin duda sé que alguien me la hará a mí también: Si un hombre repudia a su mujer, no por fornicación, y se casa con otra, vive en adulterio. Bien se puede decir que tal "matrimonio", aunque aceptado por los hombres y aún por las leyes, Dios no lo acepta (Lo contrario de 1 Cor. 7:14). Es un matrimonio inmundo delante de Dios, es pecaminoso. Pero, ¿qué hay de los hijos? ¿Son inmundos los hijos que nacen de "matrimonios adúlteros"? ¿Por qué no?"

- - -

1. El contexto trata del problema a la mano; a saber, la cuestión de que si la conversión a Cristo requería que el cristiano dejara de vivir con un inconverso dispuesto a vivir con el cristiano. Pablo manda que el cristiano no deje de vivir con el cónyuge inconverso. En tal caso Dios acepta el hecho de que los dos cónyuges han formado un hogar y que los hijos por eso tienen padre; no son bastardos (hijos sin padre casado o conocido). Pablo dirige el pensar del que estaría dispuesto a dejar de vivir con un inconverso, por ser inconverso, al hecho de que la consecuencia de tal pensar sería que sus hijos son ilegítimos o inmundos.

2. La pregunta del interrogador pertenece a otro contexto. No tiene nada que ver con el problema surgido en Corinto, siglo primero.

Un matrimonio entre dos personas que no tienen derecho el uno al otro por causa de ser uno o el otro adúltero, siempre es matrimonio (Mar. 6:17, griego, "se casó con ella") y los hijos que proceden de este matrimonio no son bastardos por tener ellos padre y madre casados ante el público. Son hijos legítimos de dicho matrimonio según las leyes del país. Que sean cristianos o no es otra cosa distinta. Son "santos" en el sentido radical de la palabra, que es el sentido de separado o dedicado. Son hijos separados de la bastardía o indignidad; son hijos dedicados de padres casados civilmente. Hay registro civil de sus nacimientos. El bastardo muchas veces ni sabe quién es su padre.

Sobre el sentido radical de la palabra "santo," véanse mis comentarios en NOTAS SOBRE 1 CORINTIOS (7:14).

3. La última pregunta del interrogador arriba, "¿Por qué no?" implica que en el caso descrito los hijos serían "inmundos." Aunque lo fueran en algún sentido, y fuera del contexto de 1 Cor. 7:14, ¿eso tendría algo que ver con su estado delante de Dios? Hijos de matrimonios pecaminosos no son afectados espiritualmente por tales consideraciones. Pueden, estando de edad, obedecer a Cristo y ser salvos, o rechazar hacerlo. Son individuos que como tales tienen que decidir sobre sus propias vidas. Ante las leyes del país son hijos legítimos porque sus padres son legítimos. No hay problema alguno.

4. Es error aplicar lenguaje de un contexto a otro completamente distinto. Pablo no dice que el

matrimonio bajo discusión es hecho santo porque los hijos de él son santos. Dice que el ahora cristiano no debe dejar al cónyuge inconverso, pensando que su matrimonio ahora es malo. Tal pensar le obligaría a aceptar la conclusión de que sus hijos son inmundos (y por eso malos delante de Dios, y que también tendrían que ser abandonados como el marido inconverso es abandonado). Tal conclusión no es necesaria porque Dios acepta el matrimonio en tal caso. Ahora, en otro contexto aparte y distinto, la cuestión de ser santo o inmundo el hijo de tal y tal matrimonio no es tocado por el pasaje 1 Corintios 7:14. Si el matrimonio tiene legalización ante la ley los hijos de él no son bastardos, sino legítimos con todo y registro. En los dos casos, la relación a Dios de los hijos no depende del matrimonio en que se encuentren, o no se encuentren (como, por ejemplo, hijos abandonados al nacer). Son personas que ya de edad como pecadores necesitan obedecer al evangelio para ser salvos.

* * *

898. ¿TOMAR LA CENA EN LOS DOS CULTOS EL DOMINGO?

"Si la cena del Señor es un acto de adoración como los demás que se llevan a cabo los domingos, y si se tienen dos cultos en domingo, por qué no tomar la cena en los dos cultos también?"

\- \- \-

1. La cena del Señor (1 Cor. 11:20) es un acto de adoración en que pudiendo hacerlo cada cristiano participa. Lo hace en la asamblea (versículos 18,20,33), verdad que apunta a *lugar* y no necesariamente a *acción simultánea*. (Si fuera cosa de acción simultánea, todos y cada uno tendría que tragar el pan y tragar la copa al mismo instante). 1 Cor. 14:26-27 muestra cómo los cristianos pueden reunirse y participar en una práctica sin que hagan la misma cosa al mismo tiempo.

2. El número de veces de reunirse la iglesia el domingo es una cosa; celebrar la cena del Señor es otra. Hay iglesias en los EE.UU. que se reúnen tres veces el domingo. Hay otras muchas en distintas partes que solamente una vez. La cena del Señor es un acto que el cristiano celebra una vez en la semana, en el día domingo. Se le enseña que lo celebre una vez cada domingo. Nadie le puede forzar a hacerlo más de una vez. Si quiere tomar la cena dos o más veces el domingo, no peca, pero hace más que lo requerido.

La colecta se hace cada domingo también. ¿Se le obliga al cristiano ofrendar dos veces el domingo si hay dos servicios?

"Cuando se tienen dos reuniones y en ambas se da la cena del Señor, y un solo hermano o dos no pudieron asistir en el primer culto y tomar la cena pero los demás sí; luego en la tarde este uno o dos hermanos toman la cena solos, puesto que los demás ya lo hicieron, ¿es esto correcto, puesto que no se está participando colectivamente?"

\- \- \-

1. La cena del Señor debe ser ofrecida a todo miembro de la congregación el día domingo.

2. En algunos lugares hay la situación dominante de que los obreros trabajan por turnos durante las 24 horas. Hay otras situaciones que hacen apropiado que haya dos servicios el día domingo. En tales casos las iglesias celebran dos servicios el domingo para dar a cada miembro la oportunidad de asistir uno de ellos y en él participar en el culto del domingo. Es común en iglesias de mucha membresía que haya casos en que un miembro de la familia necesita quedarse en casa para cuidar de un inválido, y luego otro miembro lo hace, dando al primero la oportunidad de estar en el culto el domingo. El que asiste en el segundo servicio toma la cena y ofrenda. Los que pueden asistir los dos servicios, y que en el primero tomaron la cena y ofrendaron, no vuelven a tomar la cena y ofrendar, sino acompañan a estos otros en espíritu, meditando en el significado de estos actos del servicio.

3. Las Escrituras no dicen "participar colectivamente," sino "reunidos como iglesia" (texto griego, reunidos en asamblea). La iglesia está reunida cuando cada miembro de ella toma la cena (y ofrenda) en la primera, la segunda, o la tercera reunión del día domingo. No conozco a ningún hermano que insista en que la colecta se haga "colectivamente" en el sentido de que cada uno tiene que ofrendar dos veces el domingo si hay dos servicios.

* * *

899. CULTO SOLAMENTE CUANDO VISITE UN VARÓN QUE DIRIJA

"Si en un lugar hay dos hermanas y un hermano pero este no puede dirigir un culto por razones de enfermedad crónica, y por esto no tienen culto; y cuando un hermano va a visitarlos no mucha frecuencia y tiene culto con ellos y toma la cena con ellos, ¿es esto correcto puesto que solo en esas veces se reúnen?"

\- \- \-

1. Ignoro datos adicionales referentes a este caso, y por eso no comento sobre él en particular. La frase "razones de enfermedad crónica" no me informa sobre los límites exactos que tenga el hermano que no pueda dirigir el culto colectivo.

2. Un caso en que hay hermanas y solamente un hermano *totalmente* incapaz de dirigir el culto es caso en que puede y debe haber reunión y culto cuando menos el día domingo.

3. Las hermanas al dirigir dicho culto no estarían ejerciendo dominio *sobre el hombre* (1 Tim. 2:12) porque no habría presente hombre con dominio y autoridad que ejerciera. La prohibición del pasaje no trata de pura presencia de varón, sino de que la mujer no procure tomar el papel del hombre que es el de ejercer dominio o autoridad.

* * *

900. EL EXCOMULGADO INSISTE EN QUE SE LE SIRVA LA CENA DEL SEÑOR

"Si un hermano, que sido excomulgado en una iglesia local, pide que se le de la cena e insiste en ello, ¿qué hacer? ¿Sería tener comunión con él al dársela?"

- - -

1. La pregunta se contesta sola: si hay excomunión, ¡no hay comunión! No importa lo que alguien insista, no tendremos comunión con quienes excomulgamos.

2. La persona referida quiere hacer caso omiso de la disciplina de la iglesia al insistir en que se le sirva la cena del Señor. El solo empeora su caso espiritual. No está nada arrepentido. Quiere pecar y luego actuar como si no hubiera pecado.

3. Lo que la iglesia debe hacer no es acceder a su insistencia desordenada sino insistir en que él se arrepienta y pida a Dios perdón. ¿Quién es él que demande una cosa tan fuera de orden e ignore la enseñanza bíblica sobre la excomunión?

* * *

901. POR EL TRABAJO FALTAR UN DOMINGO

"Si un hermano que viaja mucho por razones de trabajo y a veces le es necesario estar un domingo en un lugar donde no hay iglesia o no puede asistir en ese lugar porque su trabajo no se lo permite, ¿es justificado delante de Dios por esa falta de no reunirse ese domingo, puesto que es por trabajo?"

- - -

1. No hay respuesta fija que se aplique en todo caso semejante. Se involucran la motivación de la persona y las circunstancias de momento.

2. Surgen casos en que la persona no puede asistir un dado domingo, como por ejemplo por la enfermedad, una emergencia, o la obligación de trabajar. Cada persona responde al caso en particular y dará cuenta a Dios por su respuesta. El es el juez en el caso, y no los hermanos a lo largo. El sabe sus motivos.

3. Si se sabe que el trabajo de la persona exige que trabaje a veces aun domingos en lugares donde no hay cristianos con quienes reunirse para culto a Dios, la persona espiritual no va a aceptar tal trabajo o continuar en él si ya está ocupada en tal trabajo. Aprecia más la seguridad de su alma que el dinero que cierto trabajo le pueda asegurar. Buscará otro empleo.

4. Si el caso es excepcional, él y Dios saben todo referente a motivos y posibilidades y en tal caso la persona juzga por sí mismo. Debe orar mucho que Dios le guíe en sus decisiones. Es imprescindible que todos busquemos primeramente el reino de los cielos, sabiendo que Dios nos proporcionará todo lo necesario para la vida (Mat. 6:33).

* * *

902. LA TENTACIÓN DE LA SERPIENTE,

¿VERDAD HISTÓRICA O ANALOGÍA Y MITOLOGÍA?

"Cuando la serpiente engañó a Eva, ¿ésta estaba realmente dominada por el diablo o solamente es una analogía la que se hace? ...
Mi conclusión es la siguiente:
En Génesis dice ... pero la serpiente era astuta, más que otro animal .... y le habla a Eva, haciéndole preguntas capciosas tales como ¿Te dijo Dios que no comas de ningún árbol? respondiendo Eva que no, que solo fue del árbol de en medio del huerto etc. ... La serpiente le dijo .. Sabe Dios que no morirás sino que cuando de el comieres serán abiertos vuestros ojos y serás como él, sabiendo el bien y el mal.... Entonces mi conclusión es que en Génesis no dice que la serpiente estaba dominada por Satanás. Además la serpiente no mintió a Eva, ni le dijo que comiera del fruto, sino que fue la codicia de Eva al ver que el fruto era agradable a la vista. Es por ello que yo creo que fue la serpiente la que engañó a Eva y no Satanás por medio de la serpiente porque:
- dice que la serpiente era astuta, mas que los otros animales
- no dice que Satanás entró en la serpiente o algo por el estilo
- la serpiente no mintió sino que solo le dijo la verdad a Eva (se le abrieron los ojos y fue como Dios sabiendo el bien y el mal, no murió en el instante). Creo que si hubiese sido Satanás este habría empleado la mentira.
- la muerte espiritual no fue por culpa del fruto sino que por causa del pecado.
- fue la codicia de Eva la que la llevó a comer del fruto sabiendo las consecuencias.
- y por ultimo (esto solo es una creencia personal) Dios no seria justo al castigar a todas las serpientes eternamente si hubiese sido una victima de la manipulación del diablo."

- - -

1. En otra parte de su carta la persona expresa el deseo de no quedarse en una duda sobre el caso a la mano, y yo aprecio mucho su buena actitud al plantear la duda que tiene, y al buscar una aclaración. Dice que desea interpretar bien las Escrituras.

2. No, lo que revela Génesis 3 no es alegoría ni analogía. Es una revelación acerca de la entrada del pecado en el mundo que Dios había creado. ¡Es histórica! Cito de mi obra, NOTAS SOBRE 2 CORINTIOS (11:3):

"Con razón Pablo temía, pues esos falsos maestros en Corinto procuraban corromper la buena obra en el evangelio que este apóstol de Cristo había hecho en convertir los corintios a Cristo solo.

"Pablo se refiere al caso histórico que Moisés registró en Génesis 3. (Los modernistas niegan la realidad de ese relato, porque niegan toda forma de lo sobrenatural. Para ellos ese relato es mitología, representando la presencia del mal en el mundo. Pero el apóstol Pablo lo trató como verídico).

"Satanás engañó a Eva. Engañar es su obra

principal (Apoc. 12:9; Juan 8:44). Opera por medio de su palabra, sus instituciones y de toda persona que se preste a su servicio. Los falsos maestros en Corinto se prestaban a su servicio, persuadiendo en parte a los hermanos (extraviando sus pensamientos) para que su sincera fidelidad hacia Cristo no fuera total. El texto griego no dice nada de "fidelidad", sino emplea una sola palabra, APLOTES. Algunas versiones dicen "sencillez". Véase 8:2, donde se emplea la misma palabra griega, y mis comentarios sobre dicho pasaje. Como la esposa no debe tener fidelidad parcial o dividida hacia el marido, tampoco debe el cristiano tenerla hacia Cristo, sino tener una mente sencilla (singular) hacia él. Los falsos en Corinto iban ganando parte de la lealtad de los hermanos, y esto es lo que provocó a Pablo.

"Satanás usa de astucia para ganar sus fines. Muchos hermanos en Cristo aparentemente ignoran las maquinaciones que él emplea (2 Cor. 2:11), y se dejan engañar. Véase Rom. 16:18. Por eso es necesario que los más experimentados en la palabra adviertan a los hermanos menos experimentados en ella."

3. Usted dice, "La serpiente le dijo .. Sabe Dios que no morirás sino que cuando de el comieres serán abiertos vuestros ojos y serás como él, sabiendo el bien y el mal." Pero no dijo eso; no dijo que "Sabe Dios que no morirás."

4. Moisés nos dice que la serpiente habló a la mujer (Gén. 3:2) y Pablo el apóstol nos dice lo mismo (2 Cor. 11:3). Juan el apóstol nos revela que Satanás es esa "serpiente antigua" "el cual engaña" (Apoc. 12:9). Satanás entró en el animal más astuto (hecho así por Dios en la creación) porque de sus maquinaciones (2 Cor. 2:11) es la astucia. El emplea tal táctica.

5. La serpiente (la forma visible de Satanás para Eva) sí le mintió. La mentira engaña; es sutil. Dios había revelado que el día que Adán y Eva comieran del árbol prohibido morirían, y el diablo (hablando en la serpiente astuta) mintió, diciendo que no morirían. La muerte es separación, y aquel mismo día de pecar, Dios les separó de su comunión en el Huerto de Edén. Véase Rom. 5:12. Murieron espiritualmente aquel mismo día.

6. Satanás, apareciendo en forma de animal visible, sí engañó (la mentira) a Eva (2 Cor. 11:3 más Apoc. 12:9. La mentira es de él (Jn. 8:44).

7. Es incorrecto decir que "la serpiente no mintió sino que solo le dijo la verdad a Eva." No, la serpiente (Satanás por él) dijo: "no moriréis," y murieron aquel mismo día (Gén. 3:23,24; la muerte significa separación). Eva admitió que la serpiente le había engañado (Gén. 3:13).

8. Sí es cierto que "fue la codicia de Eva la que la llevó a comer del fruto sabiendo las consecuencias." Cedió a la tentación de Satanás. Fue engañada por él.

9. Sobre la idea de que "Dios no seria justo al castigar a todas las serpientes eternamente si hubiese sido una victima de la manipulación del diablo," la indicación es que la bestia, que llegó a ser serpiente como la conocemos hoy en día, a cierto grado participó en la tentación de Eva, porque Dios le dijo, "por cuanto esto hiciste maldita serás." De todos modos, si no tuvo culpa en el asunto, la serpiente sufrió las consecuencias del asunto, como el hombre es hecho mortal por haber pecado Adán y Eva. No llevamos la culpa de ellos, pero si llevamos las consecuencias físicas de lo que hicieron. Somos mortales, y la serpiente sobre su pecho anda.

* * *

903. ¿NEGAR LA CENA AL DISCIPLINADO?

"Se le puede negar participar de la cena del Señor a un hermano que está disciplinado? Me refiero a que estando en estado de disciplina cuando se pasan el jugo y el pan se le puede negar participar."

\- \- \-

1. El que está disciplinado, y que no se ha arrepentido para perderle a Dios perdón, confesando su pecado, no está en condiciones para recordar la muerte de Cristo en el acto de tomar la Cena del Señor. ¿Para qué quiere uno tomar la Cena del Señor si no quiere hacer la voluntad del Señor respecto al arrepentimiento, confesión de pecado, y petición por perdón?

2. Los Bautistas practican la llamada "comunión cerrada," pero la iglesia que es del Señor no practica tal cosa. Por eso no es correcto ofrecer a sabiendas a un hermano excomulgado, pero tampoco se le niega a cualquier persona (hasta el visitante inconverso) que desee tomar la Cena.

3. Ahora, si tal persona, al ver el pan y el fruto de la vid pasados por donde él, los toma, no se debe hace caso de ello. De nada le sirve que los tome, pero ya que está perdido en su pecado no arrepentido no se vuelve más perdido al tomar la Cena del Señor. A veces pasa que el visitante no cristiano toma la Cena al verla pasar por donde él, pero si tal persona está a solas, no se le pasa la Cena a propósito.

4. Antes de servir la Cena del Señor, y mayormente cuando se sabe que hay visitantes o hermano excomulgado presentes, conviene que se haga una explicación sobre para quiénes es la Cena. Esto tiende a evitar problemas y confusión sobre el caso.

5. Aunque la iglesia no ofrece a propósito la Cena del Señor ni al visitante inconverso ni al hermano excomulgado, a fin de cuentas cada uno se debe examinarse a sí mismo antes de tomarla (1 Cor. 11:28) y es responsable delante del Señor en cuanto a su condición espiritual y su manera de tomarla.

6. La iglesia no da permiso a cierta persona ni niega permiso a ella al observar la Cena del Señor. Lo que hace es explicar para qué es, para quiénes es, y cómo debe ser tomada y luego la ofrece al auditorio. De allí para allá el individuo es responsable por sus acciones.

* * *

904. SOSTENIMIENTO PARA EL EVANGELISTA

"En la Iglesia no tenemos evangelista a tiempo completo y los hermanos me han elegido para realizar este trabajo, he hablado con un predicador de otra iglesia local y me manifestó que ellos están dispuestos a colaborar en parte del sostenimiento económico, también hay una hermana deseosa de dar un aporte económico aparte de la ofrenda y yo aportaría un porcentaje de mi trabajo ya que tengo ingresos de la agricultura. Como soy relativamente nuevo en esto y reconociendo su trayectoria y experiencia, me gustaría que me diera algunos consejos."

- - -

Hermano, es todo bíblico lo que me plantea. Véanse 2 Cor. 11:8 y Gál. 6:6.

* * *

905. INVITADO A PREDICAR EN UNA IGLESIA CON QUE NO HAY COMUNIÓN

"Quisiera que usted me aconseje con respecto a una invitación para predicar en una Iglesia con la cual no tenemos comunión. ¿Es correcto que asista? Pregunto: ¿Cual debería ser mi actitud en la adoración?"

- - -

1. El evangelista predica dondequiera; el evangelio es para todos. El siempre busca "puerta" de oportunidad (1 Cor. 16:9; 2 Cor. 2:12; Col. 4:3). Si una iglesia de cualesquier me invita a predicar a su gente, lo acepto. Pero, predicando voy a tocar los puntos de diferencia entre ella y la verdad, para que abandone el error. Si predico sobre un tema de acuerdo mutuo, la iglesia con razón concluirá que la comulgo.

2. Predicar es una cosa; asistir es otra. No es correcto nada más asistir a una iglesia con la cual no comulgamos para participar en su culto, pero sí es correcto asistir para predicarla la verdad.

3. La actitud correcta en este asunto es la de hacer saber a la gente visitada, y a la cual se le predica, que no hay comunión con ella debido al error en que anda, pero que se busca su salvación del error por medio de la predicación de la verdad. Por eso usted no va a participar en el culto de la iglesia referida, pero sí acepta su invitación de predicar en la ocasión.

* * *

906. GÉNESIS 1:1,2

"Si la Biblia afirma que Dios es un Dios de orden ¿porque creó la tierra "desordenada?"

- - -

1. Dios ciertamente es Dios de orden (1 Cor. 14:40; Tito 1:5; Isa. 44:7; Sal. 37:23. La palabra "cosmos," que se emplea para indicar el universo (Mat. 13:35; Heb. 4:3), es del vocablo griego, "kosmos" que significa "orden."

2. La declaración de Gén. 1:2 apunta solamente al principio del proceso de la creación.

La condición de "desordenada" fue solamente una etapa o fase de la creación como acto completo. Gén. 1:31 es el versículo que describe el estado de la creación en su totalidad: "era bueno en gran manera."

3. No hubo ningún lapso de tiempo de millones o billones de años (como afirman algunos, hasta hermanos en la fe) entre lo dicho del versículo 2 y lo del 3. Éxodo 20:11 declara que "en seis días hizo Jehová los cielos y la tierra y todas las cosas que en ellos hay." El hombre Adán y su esposa Eva estuvieron en el principio de la creación (Mar. 10:6). El universo no tenía un gran lapso de tiempo de billones de años entre la condición de "desordenada" y la de "bueno en gran manera." Adán y Eva no llegaron a vivir en un mundo de existencia ya de millones de años.

4. Hubo más en la creación de Dios que los cielos y la tierra ("sin forma y vacía," Ver. Moderna). En cuanto a pura materia física, Dios creo los cielos y la tierra. Juntamente esto con la creación de la luz (el día) es lo que Dios hizo el primer día de los seis. Luego comenzó a adornar esta condición caótica, y a crear cuerpos celestiales, animales, y humanos, haciendo "todas las cosas que en ellos hay" (Exodo 20:11). Terminada la creación (que no "evolucionó" por edades geológica, sino que vino a existir por la palabra hablada de Dios, Sal. 33:6,9), Dios la pronunció como buena (Gén. 1:31). La creación de Dios cuenta con **seis** días, no con uno.

* * *

907. ¿SEGUNDAS NUPCIAS PARA EL FORNICARIO?

"En su artículo sobre FALSAS DOCTRINAS TOCANTE AL MATRIMONIO, AL DIVORCIO, Y A LAS SEGUNDAS NUPCIAS, usted dice: Mat. 19:9 enseña claramente que el inocente tiene el derecho de repudiar al cónyuge infiel (fornicario), y en tal caso Dios disuelve el vínculo del matrimonio para el inocente. Es elegible para las segundas nupcias, si así escoge hacer.

Yo estoy de acuerdo con usted pero mi duda es.

Si un hombre que tiene este derecho dado por Dios (EL DERECHO DE DIVORCIARSE Y VOLVER A CASARSE POR LA INFIDELIDAD DE SU ESPOSA), en lugar de DIVORCIARSE empieza a FORNICAR con muchas mujeres, VIVIR POR UN TIEMPO con alguna de ellas y TENER HIJOS, Y después de mucho tiempo dice que va a DIVORCIARSE DE SU ESPOSA QUE LE FUE INFIEL, alegando que tiene el derecho dado por Dios, ¿Puede este hombre considerarse INOCENTE, OFENDIDO, y Divorciarse según Mt. 19:9 para VOLVER A CASARSE?"

- - -

1. Sí es cierto que "Mat. 19:9 enseña claramente que el inocente tiene el derecho de repudiar al cónyuge infiel (fornicario), y en tal caso Dios disuelve el vínculo del matrimonio para el

inocente. Es elegible para las segundas nupcias, sí así escoge hacer."

2. Se notará que el caso trata del permiso divino para el "inocente." El esposo descrito en su duda no es nada inocente, sino es uno entregado a la fornicación. Cristo no otorga al fornicario tal permiso. Es ridículo que un esposo fornicario (y en esta duda en repetidos casos) se considere "inocente y ofendido." No hay por qué tener dudas sobre esto.

3. Si la esposa que cometió fornicación se arrepintió y pidió perdón a Dios (y a su marido), cuando menos Dios le perdonó y no sigue siendo fornicaria. Es ahora esposa inocente. Si el marido no le perdonó, Dios no va a perdonarle nada a él (Mat. 6:15). Si ella no se arrepintió, ni él ni ella tienen permiso divino para repudiar y volver a casarse, por la simple razón de que no son inocentes; son fornicarios.

* * *

908. DOS ADÚLTEROS PIDEN SER BAUTIZADOS

"___X___ se divorció de su primera esposa por razones de que él mantenía una relación extramatrimonial con la sra. __Y__ quién a su vez tuvo una hija. La niña tiene ahora __ años. Luego de divorciado siguió con la relación y después de 10 años se separó de __Y__ para casarse legalmente con su actual esposa la señora __Z__. Son los dos (X y Z) los que están pidiendo bautizarse, y ahora, ¿que hacemos? ¿Podemos bautizarlos para el perdón de sus pecados si es que ellos siguen juntos como esposos? Los dos quieren bautizarse para el perdón de sus pecados y si les decimos que deben separarse porque por lo menos él esta en adulterio y claro la arrastró a ella también, pero no saben acerca de la voluntad de nuestro Dios en este caso. ¿Debemos impedir el agua hasta que se arrepientan y se separen?, sé que será muy difícil y seguro que no se bautizan."

- - -

Para contestar sus preguntas en orden

1. La cosa que hacer es enseñarles que si hay divorcio de parte del esposo, sin la causa de fornicación contra el cónyuge, al volverse a casar, el que divorcia comete adulterio (Mat. 19:9). Dios no desliga de los votos de matrimonio a ningún esposo que no tenga la causa de fornicación para servir de razón por qué divorciar. Desde luego el permiso divino es solamente para el inocente fiel a sus votos de matrimonio. Claro es que no es para el fornicario.

2. Podemos sumergir en agua y así mojar el cuerpo de la persona no arrepentida, llamándolo bautismo, pero no será para perdón de pecados, porque Dios perdona solamente al arrepentido de sus pecados (Hech. 2:38). El arrepentido no continúa en el adulterio. El y la presente mujer con quien está casado civilmente no tienen derecho el uno al otro. Viven en adulterio. ¿Solución? Dejar de hacerlo.

3. Deben hablarles de cómo Dios odia, aborrece, el repudio (Mal. 2:16). El adulterio es obra de la carne (Gál. 5:19). Si la persona no quiere abandonar su pecado, no se gana nada hablándole del bautismo.

4. "sé que será muy difícil y seguro que no se bautizan." No es difícil dejar el pecado condenador si la persona quiere salvar su alma del infierno. Lo difícil es dejar el pecado mientras la persona quiera seguir en el pecado. No ha aprendido a aborrecer lo que Dios aborrece y no piensa salvar su alma en el Juicio Final.

No es seguro que, enseñándole bien, él no quiera arrepentirse, abandonar su adulterio y bautizarse pero admito que es probable. Pero no nos toca adivinar resultados, sino predicar la verdad para que la persona que quiera sea salvada eternamente. La decisión de obedecer al Señor, o no, es del individuo. Sembramos la semilla de verdad en la tierra del corazón, y la buena cosecha depende de la clase de tierra (Mat. 13:3-23; Mar. 4:1-20; Luc. 8:4-15).

* * *

909. CELEBRAR LA CENA EN CASA

"¿Pueden dos cristianos celebrar la Cena del Señor en su casa por tener problemas con sus niños pequeños, hasta que estos crezcan y no estén tan vulnerables al frío?; la ofrenda lo llevan a la congregación donde pertenecen pero se reúnen en su casa."

- - -

1. No conozco el caso en particular, y la frase, "vulnerables al frío," no me explica mucho.

2. Dios todo lo conoce y entiende perfectamente bien, pues conoce nuestros corazones (1 Sam. 16:7; Heb. 4:12). Si el caso de salud demanda que la persona no salga de la casa, entonces Dios no espera que ella esté en la asamblea pública. Pero que en un dado caso la situación sea razón, y no excusa, es decisión que la persona tiene que hacer en vista del conocimiento pleno de Dios.

3. Dios no espera lo imposible, pero llamarse imposible un cierto caso no lo hace necesariamente imposible. Tengamos cuidado.

* * *

(Más tarde el interrogador añadió esta clarificación) ——

"¿pueden dos hermanos (marido y mujer) celebrar en su casa la Cena del Señor el primer día de la semana, así como ofrendar, entonar himnos, orar y escuchar la prédica hecha por el esposo y luego llevar la ofrenda a la congregación donde usualmente se reúnen y que por razones de salud de sus menores hijos no pueden hacerlo? hasta que cambie el clima y los niños sean mas obedientes y no hagan tanto ruido que mortifique a la hermandad, ya que los hermanos manifiestan fastidio por la inquietud de los niños."

- - -

1. Ahora sale la verdad más claramente. El caso no es solamente cuestión del tiempo frío de la época, ni es la cuestión principal. Hay manera de

vestirse para el frío; todo el mundo lo hace y seguramente estos padres sacan a veces de la casa a sus hijos en días no domingo. O ¿los mantienen dentro de la casa hasta para meses (los del frío) sin que salgan ni un día durante toda la temporada debido a estar sus hijos "vulnerables al frío?"

2. El problema principal sin duda es el del desorden completo de los hijos nada disciplinados. El clima cambia de por sí, pero el hijo consentido, egoísta y por eso desobediente no cambia a menos que los padres hagan un cambio. ¿Son tan insensatos los padres que crean que con nada más crecer (en tiempo, en años) los niños que eso solo va a cambiarles de rebeldes a respetuosos y obedientes en todo? Si todos los padres con niños pequeños hicieran como estos padres ahora referidos, ¿qué sería de la congregación?

3. Yo tuve ocho hijos, por un tiempo dos de ellos en pañales. Ocupamos mi familia toda una banca en el local. Los hijos no abrían la boca para hablar entre sí, no hacían ruido ni mortificaban a la hermandad. Se paraban cuando la congregación se paraba, tomaban sus himnarios y cantaban cuando los demás cantábamos, inclinaban las frentes cuando para orar los demás hacíamos eso, y **participaban** como los demás, inclusos los bebés de brazo. La madre, o yo, tomábamos el dedito del pequeño y lo apuntábamos para enseñarle como iba el himno en el himnario. (Hoy en día los seis varones saben bien la música y dirigen himnos). Se portaban bien por una simple razón: **en la casa se les enseñó a obedecer a sus padres. Fueron disciplinados.**

4. Los padres referidos en esta pregunta obviamente están engriendo o mimando sus hijos, y por eso los niños son insoportables. Estos padres o ignoran las enseñanzas de Dios sobre la crianza de los hijos, o no aman a Dios y odian a sus hijos. ¿Exagero? Bueno, leamos Prov. 13:24, "El que detiene el castigo, a su hijo aborrece; Mas el que lo ama, desde temprano lo corrige." El diablo por la influencia de la cultura mala ha convencido a estos padres de una mentira, la de que Dios está equivocado, que no sabe que los hijos deben ser dejados a sus propios caprichos.

5. Si estos padres de veras aman a sus hijos y a Dios se fijarán en la enseñanza de Dios sobre la crianza de los hijos. Sugiero que lean (¡y pongan por práctica!) Prov. 13:24; 19:18; 22:15,16; 23:13; 29:15; Efes. 6:1-4. Con razón los padres están avergonzados en la congregación a causa de sus hijos consentidos, y por eso prefieren quedarse en casa para no ser responsables como padres amorosos hacia sus hijos.

6. Este caso no merece simpatía. Si los padres no comienzan a disciplinar a sus hijos con amor y volver a las asambleas, deben ser excomulgados porque en realidad actualmente no son miembros activos de la congregación, y por eso no deben ser contados como tales. ¡La iglesia no ha de consentir a estos padres! No ha de cometer el mismo error que ellos cometen con sus hijos.

* * *

910. LAS BENDICIONES DE DIOS, PREGUNTAS AL RESPECTO

Se me han hecho las siguientes preguntas respecto a las bendiciones de Dios:

"¿Las bendiciones materiales que Dios da se limitan al sustento y abrigo o incluye salud física, casa propia, carros, televisiones, dinero en abundancia, etc.?"

\- \- \-

1. Respuesta: 1 Tim. 6:17

\- \- \-

"Hay quienes dicen que Dios no bendice materialmente, sino que todo lo que tenemos se debe a nuestro propio esfuerzo. ¿Tiene alguna relación nuestro esfuerzo y las bendiciones de Dios?"

\- \- \-

1. Respuesta: Deut. 8:17,18; Ecle. 5:19; 6:2; Sant. 1:17; 1 Tim. 4:3; Fil. 4:19.

\- \- \-

"¿Cómo saber cuando es bendición de Dios o el resultado del esfuerzo propio?"

\- \- \-

1. No es cuestión de ser o de Dios o del hombre exclusivamente.

2. Dios manda que el hombre trabaje por su pan diario, y provee lo necesario para que el hombre lo tenga (Gén. 3:19; Efes. 4:28; 2 Tes. 3:10-12; Mat. 6:9; Mal. 3:10).   Véanse 1 Sam. 2:7,8.

\- \- \-

"¿Qué medios utiliza Dios para bendecir a sus hijos?"

\- \- \-

1. Dios no ha revelado los medios en particular (el "modus operandi" o procedimiento) con que bendice, o retiene bendiciones. Nos ha revelado el **hecho** de que todo lo controla en este mundo (Dan. 4:34-37; 2:47; Jer. 27:5-8; Job 42:10-17; Sant. 5:11; Jonás 3:5-10). Dios tiene el mando de todo. Considérese Deut. capítulo 28. Los múltiples casos específicos de bendecir o de retener bendiciones narrados en las Escrituras nos dan paciencia y consolación (Rom. 15:4) al saber que Dios sí cuida y si castiga con los sinnúmeros medios que tiene disponibles.

2. Dios envía el sol y las lluvias, y las sazones diferentes (Gén. 1:14,30; Hech. 14:17; Mat. 5:42; Jer. 5:24; Sal. 147:8). Así él hace posible que las labores del hombre produzcan su comida y sostén. Véase también Mat. 5:45.

3. Dios contesta oraciones y por ello bendice al hombre (1 Jn. 5:14,15), o retiene sus bendiciones según el caso.

4. No vienen de Dios diariamente revelaciones directas para decirnos en dados casos: "Sepa usted que ésta es una bendición mía."

\- \- \-

"Hay cristianos que tienen más que otros. ¿Es porque Dios bendice más a unos que a otros? O ¿a qué se debe?"

\- \- \-

1. ¿Hay algo de malo que algunos en este mundo tengan más que otros? La pregunta puede implicar que sí. Si no, ¿por qué hacer tal pregunta?

2. Hay diferentes dones en las personas; somos diferentes (1 Cor. 7:7; 1 Ped. 4:10; Rom. 12:4). Hay diferencia de habilidades (Mat. 25:15). Pero Dios llama a cuentas, y a quien mucho es dado, mucho se espera (Luc. 12:48). Cada quien es responsable delante de Dios por lo que tenga de bienes materiales, etcétera (Luc. 16:1-13). Cada quién produce en diferente porcentaje de ganancia (Mat. 13:23). Dios reparte a las personas en diferentes medidas según las habilidades de cada una, pero espera de todas la más ganancia posible. Considérese Mat. 25:14-30. Considérese tambíen Luc. 19:12-26.

3. Algunos tienen más que otros porque son mejores administradores de los bienes de Dios (Mat. 13:12). Cuidan y conservan en lugar de malgastar y desperdiciar.

- - -

"¿Bendice Dios a los inconversos o a qué se debe que tengan bienes materiales e incluso más que muchos cristianos?"

- - -

1. Sí, bendice a los inconversos, Mat. 5:45.
2. Léase el Salmo 73.

- - -

"La Biblia enseña que Dios castiga, disciplina a sus hijos. ¿Cómo lo hace? Y ¿cómo saber que es una disciplina o castigo de Dios?"

- - -

1. Sí, la Biblia lo enseña (Heb. 12:4-13). Las persecuciones servían de disciplina para los hermanos hebreos que iban apostatándose de la fe. Dios iba haciendo uso de ellas para castigar y disciplinar. Véanse mis comentarios sobre este pasaje en NOTAS SOBRE HEBREOS. Se puede consultar mi Página Web, billhreeves.com.

2. Como digo arriba respecto a la tercera pregunta, Dios no nos dice directamente en revelación, "Sepa usted que ésta es una disciplina y esta otra cosa es un castigo." Sabiendo por las Escrituras en múltiples casos cómo Dios ha actuado para castigar y disciplinar a su pueblo, debemos considerar toda adversidad en la vida y preguntarnos: ¿Dios está poniendo mi fe a prueba para beneficiar mi fe, o está castigándome por alguna falta? En el último caso, debo reflexionar sobre mi vida y servicio a Dios, a ver si en algo falto. Yo sé si ando bien delante de Dios, o no.

* * *

911. ¿CÓMO TIENTA SATANÁS AL HOMBRE, Y CÓMO SE SABE?

"La Biblia enseña que Satanás tienta. ¿Cómo lo hace? Y ¿cómo saber que es una tentación de Satanás?"

- - -

1. Cuando Adán y Eva comieron del árbol de la ciencia del bien y del mal, así desobedeciendo a Dios, entonces ya se abrieron los ojos de su entendimiento y ya sabían el bien y el mal (3:6,22).

2. Desde entonces Satanás, por medio de su "ministros" (siervos) (2 Cor. 11:15) que en ejemplo de vida y tácticas de persuasión tratan de conducir al hombre a pecar. Siendo él "padre de mentira" (Jn. 8:44), el engaño es su herramienta principal. Los que no aman la verdad se dejan creer la mentira y eso les condenará (2 Tes. 2:10).

3. El hombre no tiene que pecar (1 Jn. 2:1); puede resistir al diablo (Sant. 4:7; 1 Ped. 5:8,9). Es tentado a pecar solamente cuando permite que su *propia* concupiscencia le atraiga y seduce (Sant. 1:14). Si rehúsa tener deseos desordenados no se rinde a la tentación. Por eso Cristo nunca pecó.

4. Satanás no opera directamente en el hombre, sino por sus ministros o siervos. La Biblia nos enseña lo que es pecado (1 Jn. 3:4), Revela las obras de la carne (Rom. 1:28-32; 1 Cor. 6:9,10; Gál. 5:19-21; 2 Tim. 3:2-4; etc.). Advierte contra el engaño (Mat. 7:15-20; Col. 2:8; etc.). No hay excusa, pues, por el pecado.

5. Toda tentación a pecar es de Satanás. El quiere acusar a los justos de pecado para que pueda condenarles al infierno al cual él está destinado (Apoc. 12:9,10; etc.; Mat. 25:41).

* * *

912. TRABAJAR EN LOS EE.UU.

"Con la visa de turismo, compras y negocios, ¿se podría trabajar temporalmente en algún trabajo donde no se hagan derechos americanos? El término "negocios," ¿a qué tipo se refiere o cómo se toma esta palabra en los EE.UU.?"

- - -

1. No conozco "visa de turismo, compras y negocios," y por eso no puedo comentar sobre ello. Dudo que tal visa exista. Jamás he oído de tal visa para que el extranjero entre en los EE.UU.

2. Hay manera legal para entrar en los EE.UU. para trabajar temporalmente. La información sobre esto se consigue en el Consulado Americano. Yo no soy el indicado para esto.

3. Que yo sepa el término "negocios" se refiere en los EE.UU. de igual manera que en los demás países. Se refiere a trabajos para hacer ganancias. El turista no es trabajador, sino visitante para paseos y diversión.

Raro es que tantos extranjeros hablen mal de los EE.UU. pero todo el mundo quiere entrar en él. Si es tan malo, ¿por qué no hay más bien una muchedumbre que esté procurando salir del país? Los empleados por sus fronteras ¿están muy ocupados en ver que la gente no salga del país?

* * *

913. HECHOS 23:5

"Si nos puede ayudar con Hechos 23:5 donde dice que Pablo no sabia que era el sumo sacerdote, si nosotros sabemos que Pablo era anteriormente miembro de los fariseos (sanedrín) por tanto conocía la ropa que vestía el sumo sacerdote, el lugar que ocupaba al sentarse… y ahora dice: hermanos, no sabia …"

1. No hay nada qué explicar en este caso. Pablo lo dijo y era hombre que no mentía (Rom. 9:1; 2 Cor. 11:31; Gál. 1:20; 1 Tim. 2:7).

2. Las tres circunstancias mencionadas arriba pueden ser ciertas (no es hecho establecido que Pablo hubiera sido miembro del Sanedrín) ¿pero quién puede probar que ellas rigieran en este caso? Pablo había tenido mucho tiempo fuera de Jerusalén y había habido muchos cambios (este Sumo Sacerdote no era él de los "evangelios," y Pablo no lo conocía en persona), y ahora los romanos juntan al concilio (Sanedrín). No se indica que la reunión aconteciera en sitio ordinario. No sabemos si en esta ocasión se llevara la ropa ordinaria como para una reunión llamada por el Sanedrín mismo. En ningún sentido fuera ocasión ordinaria. Pablo, que estuvo presente, fue testigo de las circunstancias que nosotros de lejos ignoramos. El dijo sus palabras bajo las circunstancias que se le presentaban a él en esa ocasión, y algunos de los hombres de la actualidad quieren juzgar mal sus palabras, ignorando ellos esas circunstancias. No hemos de juzgar según apariencias (Jn. 7:24). Las suposiciones nos pueden guiar mal (ejemplo, Hech. 21:29, suponían o pensaban, pero no era cierto).

* * *

914. LOS DONES ESPIRITUALES

(Las siguientes preguntas vienen de uno recién convertido del pentecostalismo)

"Los dones espirituales, 1 Cor. 12:4-11, son nueve en total. Cuando llegó lo perfecto cesaron los dones. La pregunta es: ¿Cesaron los nueve dones? ¿Porque 1 Cor. 13:8,9 sólo habla de tres dones que cesaron?

"¿Por qué pregunto esto? Porque existen algunos que están saliendo del pentecostalismo, y ellos aseguran que pusieron las manos sobre un niño, o una persona grande y éstas en un rato quedaron sanas. Todo esto se presta a confusión.

"La profecía de Joel 2:28-32, habla de profecía, sueños y visiones. ¿Estas también se cumplieron en la etapa de la iglesia primitiva del primer siglo?

"En Hechos 8:4, Felipe que no era apóstol, era un evangelista, hacia señales milagrosas. Pregunto: ¿Quiénes podían hacer las señales de Marcos 16:17-18, solamente los apóstoles o alguien más?"

- - -

1. Sí, ya pasaron los nueve dones milagrosos. Claro que cesaron los dones milagrosos porque llegó en el siglo primero la perfección de la revelación de la verdad. Es lo que afirma Judas 3. Los tres mencionados en 1 Cor. 13:8 son representantes de los nueve; Pablo no tuvo que mencionarlos todos. En el versículo 9 menciona solamente dos. Según el versículo 13 son tres las cosas que permanecen, pero en el versículo 8 se menciona solamente una.

2. No solamente los pentecostes, o pentecostales, dicen obrar milagros, sino también los mormones, católicos (por invocar a vírgenes) y tal vez otros. De éstos el uno no acepta los llamados milagros del otro. ¿Por qué no? ¿No dicen todos ellos que han logrado sanidades milagrosas? Pero sabemos que Dios no obra por iglesias humanas y falsas. En realidad estos grupos no hacen milagros hoy en día. ¿Por qué dicen que sanan milagrosamente, pero no pueden ejercer los demás dones milagrosos? El don de sanidad no era el único don milagroso.

3. Referente a Mar. 16:17,18, si solamente los apóstoles o también otros, podían emplear las señales allí mencionadas, cito de mi comentario, NOTAS SOBRE MARCOS:

"——— seguirán a los que creen ——— (Nota: La explicación sobre esta frase que sigue se varía algo de la que apareció originalmente cuando preparé y publiqué este comentario sobre Marcos ———bhr, 01-12-07). ¿A quiénes fueron prometidas estas señales (o milagros)? Los pentecostes, los neopentecostes, y los carismáticos aplican esta promesa a sí mismos sencillamente porque se consideran "creyentes". La versión Valera 1960, al traducir la frase griega "a los que creen" (tiempo presente, modo indicativo, que indica acción continua o habitual), deja una idea errónea, como si dijera Cristo que esas señales seguirían a personas de fe, o a gente creyente en algún sentido general, para todo el tiempo. Pero el texto griego no expresa tal idea. No habla de personas que estuvieran creyendo entonces y de quienes que estén creyendo en Cristo hasta la fecha. Emplea un participio de tiempo **aoristo**. El tiempo aoristo indica acción de tiempo indeterminado, y acción singular o puntual. Indica cosa hecha y ya. Bien lo expresan varias versiones buenas, incluso la Valera 1990, al decir "a los que crean" (modo subjuntivo, indicando alguna acción necesaria y posible pero no de la actualidad). Para que fuera correcta la traducción de "a los que creen," el texto griego no hubiera empleado participio de tiempo *aoristo*, sino el verbo de modo indicativo y de tiempo *presente*.

Quedándonos dentro del contexto, tenemos que concluir que fueron prometidas solamente a los apóstoles. Cristo se dirigió directamente a ellos. Les había reprochado por su incredulidad respecto a su resurrección (versículos 11,13,14). Tendrían que creer el testimonio de esos testigos oculares de la resurrección de Cristo, cosa que hasta entonces rehusaban creer, para que Dios obrara por ellos en las referidas señales. Estas señales seguirían a los apóstoles con tal que aceptaran el hecho de su resurrección. Literalmente dice Cristo, según la gramática del texto griego, que las señales prometidas seguirían "**a los** (de entre ellos, los apóstoles) que **crean** (de una buena vez)" el hecho de su resurrección. Sin creerlo, no les seguirían. Para poder hacer milagros con poder divino tenían que ejercer su fe. Compárese Mat. 17:16,17. Ahora, para que las señales prometidas siguieran a los apóstoles, tendrían que venir a aceptar la veracidad de la resurrección, creyéndola ya de una vez.

El propósito de estos milagros fue la confirmación del mensaje inspirado que ellos, los apóstoles comisionados, estarían predicando por todo el mundo (Mar. 16:20; Heb. 2:3).

Considérese con cuidado el contexto:

1. ver. 11, Ellos (los **apóstoles**, ver. 10) cuando oyeron que vivía, y que había sido visto de María Magdalena (ver. 9), *no lo creyeron*. No creyeron el testimonio ocular acerca de la resurrección de Jesús. Véase Luc. 24:11.

2. ver. 12,13, Jesús apareció a dos discípulos y el testimonio ocular de ellos *no fue creído* por los **apóstoles**.

3. ver. 14, Jesús se apareció a los once **apóstoles** mismos y les reprochó su *incredulidad*.

4. ver. 15-17, Después de comisionar a los **apóstoles** para ir a todo el mundo con el evangelio, prometió darles a ellos el poder de obrar señales (milagros) con tal que creyeran en lugar de seguir en la incredulidad del pasado inmediato.

5. ver. 19, En seguida de hablar directamente a los **apóstoles** y acerca de su promesa para ellos (con tal que creyeran de una vez el testimonio ocular acerca de su resurrección, en lugar de seguir en su incredulidad), el Señor ascendió a los cielos.

6. ver. 20, Luego salieron los **apóstoles** predicando el evangelio y el Señor les ayudaba (véase Mat. 28:20) con las señales *que a ellos* les había prometido. Ya que las señales prometidas seguían a los apóstoles, es evidente que dejaron su incredulidad y aceptaron una vez para siempre (tiempo aoristo) la realidad de la resurrección de Jesús.

¡El contexto siempre rige!

Alguien preguntará: Si la frase "a los que creen" del ver. 17, que es de la tercera persona, se refiere a los apóstoles, ¿por qué dice Jesús en el ver. 15 "Id," que es de la segunda persona. La respuesta es sencilla. En el ver. 15 Jesús se dirige al grupo entero, diciéndoles "vosotros id." En el ver. 17 les dice lo que seguirá a los individuos de entre ellos que crean (acepten de una vez para no continuar en la incredulidad respecto a la resurrección). El ver. 20, con referencia a los apóstoles, emplea la tercera persona ("ellos") porque Marcos está registrando lo que ellos salieron a hacer. Nadie está dirigiéndose a ellos directamente (con la segunda persona).

Es cierto que algunos cristianos primitivos del siglo primero recibieron por la imposición de manos apostólicas diferentes dones milagrosos (1 Cor. capítulos 12,13, y 14). En Hechos 8:12 vemos que hombres y mujeres de Samaria creyeron y fueron bautizados, pero que por un tiempo no habían recibido el Espíritu Santo (los versículos 15-17). Habían recibido el "don del Espíritu Santo" cuando fueron bautizados en agua (Hech. 2:38; considérese también Hech. 5:32), pero solamente por la imposición de manos apostólicas "se daba el Espíritu Santo" (Hech. 8:18). (El "don del Espíritu Santo" no es, pues, la misma cosa que "dones espirituales." El don del Espíritu Santo es lo que él ha prometido que es la justicia, Hech. 2:39; Gál. 3:14,21). Véanse también Hechos 19:1-6 y 2 Timoteo 1:6. Esto fue por un tiempo limitado y según el propósito de los dones espirituales; a saber, la revelación de la Palabra y la edificación de la iglesia (1 Cor. 14:1-4)). Sin la imposición de manos apostólicas, los samaritanos, los efesios, y Timoteo, nunca habrían recibido estas señales. Pero tales cristianos del siglo primero no van incluidos en la frase "a los que creen," o "crean," según Mar. 16:17. *No son parte del contexto.*

Estas señales no fueron prometidas a todo creyente para todo el tiempo. La prueba está en la sencilla observación de que todo creyente hoy en día no las puede hacer. Ni todo pentecostal afirma hacerlas todas, y muchos de éstos no profesan tener ninguna de las cinco señales; no obstante, dicen que son creyentes.

Si una de estas señales (el hablar nuevas lenguas) es para todo creyente por todo el tiempo, entonces *todas* estas señales son para él. ¿Es justo el glosólogo (el que reclama hablar en lenguas desconocidas para él) con este pasaje? Los glosólogos tienen reuniones para ejercer el don de "nuevas lenguas;" ¿por qué no las tienen para el don de "beber cosas mortíferas?"

—— **En mi nombre** —— Véase 9:37,38,41, comentarios. Aquí la frase significa "por la autoridad de Cristo". En Luc. 10:17 vemos que los setenta hicieron milagros "en tu nombre" porque Jesús les había dado autoridad (ver. 18). En Luc. 9:1 vemos que Jesús dio autoridad a los apóstoles para obrar milagros. Ester 2:2 ilustra cómo hacer algo en el nombre de una persona es hacerlo por la autoridad de ella.

—— **echarán fuera demonios** —— Véase 3:15, comentarios. Los apóstoles ya habían ejercido este don y ahora Jesús les promete que éste es uno de los dones que les seguirá en su obra de predicar el evangelio en la Gran Comisión (ver. 15). Vemos un caso de esto en Hech. 8:7

—— **hablarán nuevas lenguas** —— Véanse Hech. 2:4; 19:6.

Hay dos palabras griegas para decir "nuevo": NEOS y KAINOS. Neos significa "nuevo" en el sentido de tiempo; tiene poco tiempo, es reciente, joven. Kainos significa "nuevo" en el sentido de no acostumbrado, o sin uso, o de otra naturaleza. Este texto aquí en Marcos emplea la palabra KAINOS. Algunos argumentan que las lenguas aquí referidas eran nuevas en el sentido de no ser humanas ni usadas en siglos pasados. Pero el texto griego está en contra de su afirmación. Eran nuevas en el sentido de que no eran lenguas a las cuales estuvieran acostumbrados los apóstoles (de habla griega). Estas no serían las primeras veces que estas lenguas se hablaran, pero sí fueron de una cualidad "nueva" para los apóstoles y para los otros cristianos primitivos con el don de hablar lenguas, porque nunca las habían hablado.

Las "nuevas lenguas" de este pasaje son las mismas que las "otras lenguas" de Hechos 2:4. Hechos capítulo 2 es un comentario inspirado sobre estas nuevas lenguas.

Marcos 16:17,18 "prueba" demasiado para los pentecosteses y neopentecosteses, porque habla de más que lenguas sencillamente. ¿Qué de tomar en las manos serpientes (compárese Hechos 28:3-5), y de beber cosa mortífera, y de echar fuera demonios

(Hech. 8:7). Muchos de los pentecosteses y los carismáticos no quieren nada de este pasaje excepto lo de lenguas. Su texto de prueba ¡prueba demasiado!

La razón por qué dos de estas cinco señales son más populares hoy en día, entre gente crédula o mal informada en las Escrituras, es que se pueden falsificar más fácilmente. Los pocos grupos pentecosteses, que de vez en cuando tienen reuniones especiales para manejar serpientes y tomar veneno, no convencen al mundo incrédulo, porque siempre los practicantes sufren gran daño, y a veces la muerte. Pero la mayoría de entre los pentecosteses ignoran estas actividades, y se contentan con algo que más fácilmente puede impresionar (y engañar) a la gente; es decir, con las llamadas sanidades y con las lenguas (que no son lenguas, sino pura habla extática).

Los glosólogos se contentan con sus lenguas porque,, de las cinco señales de este pasaje (ver. 17,18), la de hablar "nuevas lenguas" es la que más fácilmente pueden fingir hacer. No sería fácil engañar a la gente con su glosolalia si la gente no fuera tan ignorante de la enseñanza bíblica respecto a estas señales."

(fin de la cita)
* * *

915. ¿CUÁNDO ENSEÑAR AL ADÚLTERO QUE DEJE EL MATRIMONIO ILÍCITO, ANTES O DESPUÉS DEL BAUTISMO?

"¿Qué dicen las Escrituras acerca de cuándo debemos enseñar a la persona casada no bíblicamente que se arrepienta (que comience a vivir solo) ya que pide que se le bautice? ¿Debemos enseñarle acerca del arrepentimiento antes o después del bautismo? Nuestro predicador acaba de enseñar en la clase bíblica que es mejor esperar hasta que la persona sea cristiana y tenga el apoyo de la congregación y de Cristo para que ella haga este cambio difícil en su vida, y no antes del bautismo.

"Esto ignora la enseñanza de Hecho. 2:38. Yo creo que uno tiene que arrepentirse de sus pecados para que el bautismo los lave. Yo no conozco el corazón de nadie, pero en nuestra congregación, lamento decirlo, hay varios casos de matrimonios no autorizados por nuestro Dios, y me pregunto si nuestro predicador, que comienza a predicar la verdad sobre el matrimonio, el repudio, y las segundas nupcias, se resiste a provocar agitación entre las demás personas mal casadas en la congregación. El dice que su filosofía es que trabaje con lo que tenga por delante."

- - -

1. Antes de tocar la cuestión de cuándo enseñarle que deje de vivir en el adulterio, comento sobre lo que usted dice, "que comience a vivir solo." No siempre es el caso uno de tener que comenzar a vivir solo. Por ejemplo, si un virgen se casa con una mujer que no tiene derecho a marido nuevo, y después él se da cuenta de su error, repudia ese matrimonio no bíblico y queda libre

para casarse porque no fue ligado por Dios a dicha mujer. Otro ejemplo: si el marido está adulterando, debe dejar su adulterio, pedir perdón a su esposa, y si le perdona y quiere seguir casada con él, en lugar de repudiarle por su fornicación, bien. El marido entonces deja su adulterio pero no tiene que vivir solo. La cuestión es de que siempre, pero siempre, es necesario que la persona deje de vivir en el adulterio.

2. El tiempo de predicar la Palabra sobre cualquier tema es ahora; nadie tiene garantía de otro día de vida (2 Cor. 6:2; 2 Tim. 4:2).

3. La persona que es bautizada para el perdón de sus pecados, pero que no se ha arrepentido de su adulterio, no puede esperar remisión de pecados. Así ¿de qué sirve que uno siga en sus pecados?

4, ¿Qué quiere el predicador decir al expresarse así: "tenga el apoyo de la congregación y de Cristo?" La congregación no puede apoyarle mientras él siga en su pecado, y es cierto que Cristo no lo hará. La suposición del predicador es que una vez que se bautice el adúltero llega a ser miembro de la iglesia, y que ahora la iglesia le puede "apoyar" con exhortación de que deje su adulterio (que Cristo también le apoyará). Pero el ser bautizado uno sin el arrepentimiento no pone a nadie en la iglesia (el conjunto de los salvos).

5. ¿Por qué no puede la iglesia darle apoyo ahora, animándole a que abandone su adulterio, arrepintiéndose, y que se bautice en Cristo para que no se pierda eternamente a causa de su pecado? El apoyo que darle es la enseñanza bíblica sobre el caso.

* * *

916. EL ANTICRISTO

"¿De qué nacionalidad piensa usted que será el anticristo? ¿Podrá ser judío o gentil?"

- - -

1. Las preguntas se basan en una premisa errónea. No es una dada persona del futuro, que fuera de cierta nacionalidad o raza.

2. A continuación cito de mi obra, NOTAS SOBRE 1 JUAN, 2:18:

"Véanse 2:22; 4:3; 2 Juan 7. Estos pasajes le describen. Es mentiroso, engañador, y negador de la deidad de Jesús y de la humanidad de Cristo. Véase Introducción, VIII.

"Anti" en griego puede significar "en contra de", o "en lugar de." Los falsos cristos (Mateo 24:5,24) y el "hombre de pecado, el hijo de perdición" (2 Tesalonicenses 2:3-10, sin duda el papado romano en particular) se han puesto en lugar de Cristo (como usurpadores), más bien en contra de él (en el sentido de negarle). Los gnósticos se pusieron en contra de Jesucristo, negando sus reclamaciones divinas. Según lo que dice Juan en la descripción de los anticristos, me parece que la referencia principal es en cuanto a los gnósticos. El "anticristo" no es una dada persona, sino el principio de falsedad y de oposición a Jesucristo, gobernando a personas en la historia de la iglesia.

Es la colectividad de tales oponentes. En el tiempo de Juan, y en particular, eran los gnósticos. El espíritu de error (4:6) dirigía a tales profesores falsos. El papado romano ha sido a través de muchos siglos la gran oposición a Jesucristo, pero ha habido otras muchas manifestaciones de "anticristo." Por ejemplo, el modernismo de nuestro tiempo niega la deidad de Jesús y así se opone a Jesucristo tanto como los gnósticos de los primeros siglos. Los Testigos de Jehová y los Pentecostes de Solo Jesús también niegan la verdadera persona de Jesucristo.

—— "así ahora han surgido muchos anticristos;" La forma plural (anticristos) se refiere a las personas gobernadas por el "espíritu del anticristo" (4:3).

—— "por esto conocemos que es el último tiempo." Compárese 2 Timoteo 3:1. Tenían los anticristos las características de los que, según las predicciones divinas, tendrían los de la dispensación final. Juan no está diciendo que la aparición de éstos significaba que el mundo ya llegaba a su fin, sino que está el mundo en la última dispensación."

3. Para más información sobre los Gnósticos, véase la Introducción de la obra citada, NOTAS SOBRE 1 JUAN. Todos mis comentarios bíblicos aparecen en mi Página Web, billhreeves.com

* * *

917. ¿DEBEMOS CORTARLA DE COMUNIÓN?

"1. ¿Que debemos hacer en el caso que una hermana denuncie a su esposo (cristiano, predicador) aludiendo que este hermano le indujo a: 1) caer en el pecado de oler pegamento. 2) a cometer adulterio 4 veces, 3) entre otras cosas, tomando base también la escasez económica, problemas, etc. De hecho, hermano, nosotros tomamos el argumento de los dos y cuando consultamos al hermano que es un buen predicador, tiene buenos antecedentes, buen testimonio, ha trabajado arduamente por la fe etc., RECHAZA ESAS ACUSACIONES. Si fuera cierto que el hermano la empujo a esto ¿QUE DEBEMOS HACER?

2. Es el mismo caso de arribo, la hermana confesó este pecado, pidió perdón al hermano y a la iglesia, a lo cual como iglesia la hemos perdonado, y el hermano también, pero sucede que ayer …. se presenta al lugar de reunión y cuando ve al hermano, va y reclamarle cosas. Nosotros creemos que esto puede causar malestar en la iglesia con otros hermanos débiles en la fe. Estamos pensando con algunos hermanos maduros "cortarla de comunión", pues aunque pidió perdón por todo, no hay muestras de un verdadero arrepentimiento.

¿Tenemos la autorización de Dios para no permitirle su MEMBRESÍA EN LA IGLESIA LOCAL, AUNQUE HAYA PEDIDO PERDÓN?"

- - -

1. El hecho de que la hermana confesó su pecado, y luego después sigue acusando a su marido, muestra que sigue andando desordenadamente, y debe ser disciplinada 2 Tes. 3:6.

* * *

918. ¿ES CORRECTO ESTE BAUTISMO?

"Si alguien se bautiza para el perdón de pecados, para recibir el don del Espíritu Santo, para salvación, pero creyendo que Jesús al venir a la tierra se limitó de sus poderes y que todos los milagros que hacía era por el Espíritu Santo, ¿es correcto este bautismo?"

- - -

1. Si la persona cree que Jesús es el Cristo, el Hijo de Dios, y arrepentida de sus pecados hace confesión de dicha creencia, y luego es bautizada para perdón de los pecados, sí es correcto su bautismo.

2. Si está equivocada en cuanto a ciertas verdades respecto a Cristo y a su obra, debe arrepentirse de dichos errores y pedir perdón a Dios, para andar ahora en la verdad.

3. Como cristianos vamos creciendo en el conocimiento de la verdad (2 Ped. 3:18).

* * *

919. LA IGLESIA LOCAL Y UNIVERSAL

"¿Se habla de la iglesia en sentido universal y local en la Biblia? ¿Podría mencionar los textos donde se menciona cada uno o donde se nota esta distinción?"

- - -

1. El contexto indica en cuál de los dos sentidos se emplea la palabra "iglesia." Obviamente la palabra se emplea en 1 Cor. 1:2 en el sentido de la iglesia local, mientras en Mat. 16:18 es obvio que se hace referencia a la iglesia en sentido universal.

2. En cada caso el contexto rige.

* * *

920. ¿ES CORRECTO DEJARLO Y QUEDARSE SOLA?

"Si una hermana tiene un marido que la maltrata y ella se ha ido de la casa varias veces y ha vuelto, pero su marido no cambia, así que esta hermana se va de la casa y ya no quiere volver aunque su marido le insiste otra vez a que vuelva. ¿Es correcto esto? ¿Puede dejarlo la hermana por esto aunque tenga que quedarse sola?"

- - -

1. No hay límite de veces de perdonar al que pide perdón (Luc. 17:4). Obviamente el que pide perdón no puede valerse de un arrepentimiento fingido y conveniente.

2. Si el marido es abusivo y no abandona el maltratamiento de su esposa, ella puede huir de la persecución. Consúltese el Interrogante # 891. Tendría que volver a vivir con el marido cuando el se arrepintiera.

3. El arrepentimiento produce frutos de

arrepentimiento.

* * *

921. UNA PAREJA SEPARADA NO BÍBLICAMENTE

"Tenemos un caso en la congregación de _____, una pareja de hermanos legalmente casados y con dos niñas producto del matrimonio han decidido no convivir mas, y se han separado, después de muchas charlas, concejos, exhortaciones y demás, su decisión es la que no manda la Biblia, como lo es la separación por cualquier causa. ¿Deben estos hermanos ser expulsados de la iglesia?"

- - -

1. Esos esposos están pecando. Por ser una separación mutua, los dos violan a Mat. 5:32, como también a 1 Cor. 7:5,10,11.

2. Si uno de los dos, o los dos, cometen adulterio, cada quién será responsable por el pecado del otro.

3. Por estar ellos en pecado, y si no aceptan las exhortaciones de la iglesia, no le queda a la iglesia qué hacer sino cortarles la comunión. No es cuestión de "expulsarles de la iglesia,"sino de no comulgar con pecadores.

4. Los dos esposos deben reconciliarse, volver a vivir según los votos de su matrimonio, y pedir perdón a Dios y a la iglesia, para no perder sus almas.

* * *

922. 1 JUAN 3:9

"Hermano, la pregunta tiene que ver con una discusión que tengo con un bautista calvinista. El afirma que un "verdadero cristiano" no "practica el pecado", y que si hay hombres que dicen ser cristianos, pero que "han vuelto atrás" o que "practican el pecado", es que en realidad no eran salvos, no eran predestinados a la vida eterna. Él cita el texto de 1 Juan 3:9 como prueba de su afirmación.

Tengo entendido que el cristiano no "debe" practicar el pecado, pero la realidad es que hay hermanos que practican algún pecado, y que si no se arrepienten de ese pecado, se perderán. Ahora hemos entrado a un círculo donde yo digo que si hay cristianos que practican el pecado, y que deben arrepentirse por ello, pero que si no se arrepienten, perderán su salvación. El bautista dice que no, que no pierden nada porque nunca han sido salvos, pues los verdaderos cristianos "no practican el pecado".

- - -

1. Los dos, usted y su amigo calvinista, están tropezándose sobre la frase de 1 Jn. 3:9 que dice "no practica el pecado."

2. El tiene razón al decir que el cristiano "no practica el pecado," según el significado de dicha frase en 1 Jn. 3:9, pero la aplica mal. Usted dice que "que si hay cristianos que practican el pecado" pero usted emplea el verbo "practicar" en sentido fuera del contexto de 1 Jn. 3:9.

3. El apóstol Juan trata la cuestión de los anticristos (los gnósticos) que negaban la existencia del pecado, afirmando que la carne en sí era mala y por eso las cosas carnales eran en realidad cosas normales, no pecaminosas. Ellos practicaban el pecado *habitualmente* como cosa normal. Desde luego el cristiano no vive diariamente en el pecado. No practica el pecado continua y habitualmente.

4. El amigo bautista calvinista aplica mal la frase "practica el pecado" como si Juan quisiera decir que el cristiano nunca *comete ningún pecado*. Usted usa el verbo "practican," (tiempo presente, que en la afirmación de Juan significa cosa continua y habitual) en el sentido de "cometer" (una cosa de evento singular).

5. El tiempo presente en la lengua griega indica acción habitual, mientras que el tiempo aoristo indica acción puntual, o de una vez aislada. El cristiano "no practica el pecado" (tiempo presente), pero sí a veces comete pecado ("hubiere pecado," tiempo aoristo), 1 Jn. 2:1.

6. El cristiano no anda de día en día pecando (no practica el pecado), pero si alguna vez comete algún pecado y si se arrepiente y pide a Dios perdón, Jesucristo es su abogado para con Dios (1 Jn. 2:1). Un caso bíblico de esto lo hallamos en Hech. 8:13-24.

A continuación cito de mi obra, NOTAS SOBRE 1 JUAN 2:1:

"—— **"estas cosas os escribo"** Es decir, las cosas del final del capítulo 1, respecto a abandonar el pecado.

—— **"para que no pequéis;"** Expresa un propósito negativo. Aquí advierte el apóstol contra el cometer algún hecho pecaminoso.

—— **"si alguno hubiere pecado,"** Y si alguno pecare, dice la Versión Moderna. La palabra "si" indica la posibilidad de pecar. El verbo es el aoristo segundo del subjuntivo, indicando un solo hecho cometido en lugar de acción continua en ello. La idea es ésta: Si pasa que, en realidad uno comete un pecado, entonces puede pedir perdón a Dios por el abogado que tenemos en Cristo Jesús.

No se halla en el hombre la perfección absoluta (véase 1:8-10, comentarios), pero eso no estorba para que no se arrepienta cuando peca y confiesa a Dios su pecado por Jesucristo. El no ser absolutamente perfectos —— como Dios lo es —— no nos justifica en pensar ligeramente acerca del pecado, y por eso entregarnos a él, ni porque la sangre de Cristo limpia o perdona, podemos vivir en el pecado. El perdón de Dios es condicional. Tenemos que abandonar el pecado, pero si pecamos, no hemos de desesperarnos, entregándonos a una vida de pecado, sino arrepentidos confesar el pecado cometido, porque tenemos un abogado en Jesucristo, quien intercede por nosotros ante el Padre. Lejos de justificarnos en pecar solamente porque no somos absolutamente perfectos y porque hay perdón, debemos "andar como él anduvo" (versículo 6).

—— **"abogado tenemos para con el Padre, a Jesucristo el justo."** Véanse Romanos 8:34;

Hebreos 7:25; 9:24; 1 Pedro 3:18. Aquí aparece el mismo vocablo PARAKLETOS que aparece en Juan 14:16,26; 15:26; 16:7, donde se aplica al Espíritu Santo. La palabra griega quiere decir literalmente, "uno llamado al lado de otro" para ayudarle o consolarle. Se aplicaba a los que ahora son llamados abogados porque defendían al acusado ante el juez. En este sentido particular se aplica a Jesucristo en este versículo. En el sentido más extenso de uno llamado al lado de otro para ayudarle se emplea en los pasajes del evangelio según Juan, referente al Espíritu Santo.

Cristo, siendo justo (Hechos 3:14; 7:52; 22:14), puede abogar por el injusto ante el Padre. En 1:9 Dios es llamado 'justo.'"

Ahora cito de la misma obra, 3:9:
"**3:9** —— Véase 5:18. Compárelo con Juan 8:34.
—— **"Todo aquel que es nacido de Dios,"** Compárense 2:29; 5:1. Más preferible es la Versión Moderna, "engendrado de Dios", porque no es apropiado atribuir nacimiento de una personalidad masculina. De todos modos, se hace referencia a los hijos espirituales de Dios.
—— **"no practica el pecado,"** (JARMARTIAN OU POIEI) = pecado no hace. Véanse los comentarios sobre el versículo 6. Aquí como allí se hace referencia a acción habitual. Bien expresa la idea esta versión de Valera, al decir, "no practica." Otras versiones (por ejemplo, la Versión Hispanoamericana y la Versión Moderna) dicen, "no peca" o "no comete pe-cado," así dejando la impresión de que se trata de un solo acto.

En 2:29 dice el texto griego, "todo el que hace (practica) justicia es engendrado de él," y aquí "todo el que es engendrado de Dios no hace (practica) el pecado." Los dos versículos enseñan la misma verdad.

El verbo POIEO, que aparece en este versículo, también aparece en el versículo 4 ("comete" e "infringe la ley." Véanse los comentarios sobre esta frase), en el 7 ("hace") y en el 8 ("practica").
—— **"porque la simiente de Dios permanece en él;"** No practica el pecado habitualmente el hijo de Dios porque la Palabra de Dios (la simiente de Dios, Lucas 8:11) mora en él (Colosenses 3:16), gobernando su vida. Véanse también 1:10; 2:5,7,14 —— la palabra; 1:7 —— la luz; 1:8 y 2:4 —— la verdad; 1 Pedro 1:23; Santiago 1:18; 1 Corintios 4:15. El caso no es así con aquel en quien la Palabra de Dios no mora (Juan 5:38). La Palabra de Dios permanece en quien permanece en él (versículo 6).
—— **"y no puede pecar,"** Según la gramática griega, el infinitivo (pecar) en el tiempo presente indica acción habitual. El del aoristo se emplea para indicar el mero hecho de acción. El texto griego aquí dice, "no puede pecar habitualmente."

Véanse los comentarios sobre el versículo 6, "no peca." Véase también Salmos 119:11. Pablo, en Romanos 6:1-6, enseña lo mismo que Juan; es decir, que el cristiano no ha de continuar viviendo en pecado (como lo hacían algunos g n ó s t i c o s,

afirmando que esto no les hacía daño). Al contrario, si somos hijos de Dios, debemos ser gobernados por la palabra de Dios para no estar pecando.

Este versículo no trata la cuestión de la imposibilidad de cometer el cristiano un solo acto pecaminoso. ¡Juan no habla de un dado acto de pecado! En cuanto a ello, ya nos ha dicho qué debe hacer el cristiano cuando comete un solo acto de pecado (1:8,9; 2:1).
—— **"porque es nacido de Dios."** La frase "nacido de Dios" en el texto griego es del tiempo perfecto e indica acción en el pasado pero con consecuencias presentes. Quiere decir, "llegó a ser hijo de Dios y continúa siéndolo." Este versículo describe al que ha sido engendrado de Dios."

7. El amigo bautista calvinista aplica mal el pasaje 1 Juan 3:9, ignorando el contexto y la cuestión misma que Juan trata. El toma esta frase, "no practica el pecado," y concluye falsamente que el cristiano no puede pecar para ser perdido. Aunque es cierto que el cristiano no anda habitualmente practicando el pecado, sí puede pecar y si no se arrepiente y pide perdón, será perdido eternamente.

¿Qué dirá el amigo acerca de Simón el mago? La Biblia dice que creyó y que fue bautizado, y Cristo dijo que el que cree y es bautizado será salvo. ¿Fue salvo Simón? ¡Por supuesto! ¡Claro que sí! Después ¿pecó? Sí. ¿Ahora estuvo así en condición de perdición? Sí. ¿Pudo hallar perdón? Sí.

8. El amigo calvinista ha sido engañado por el quinto punto del calvinismo que afirma que una vez salva la persona no puede ser perdida; o sea, la imposibilidad de apostasía. Su mente debe ser dirigida a los muchos textos que exponen la falsedad de tal posición. Entre ellos hay éstos: Gál. 5:4; 1 Cor. 10:12; Luc. 8:13; 2 Ped. 3:20-22; Heb. 6:5; Sant. 5:19.20; Heb. 3:12-14; 2 Ped. 1:10; etcétera.

* * *

923. 1 TESALONICENSES 4:4,5

"¿Que significa tener a su esposa en santidad y honor, no en pasión de concupiscencia (1 Tes. 4:4,5)?"

- - -

1. La Versión Valera 1960 dice "esposa," y otras versiones dicen "cuerpo" (Versión Moderna), pero las palabras "esposa" y "cuerpo" no son traducciones del término griego empleado aquí, sino *interpretaciones*. El texto griego dice SKEUOS que significa "vaso" (vasija). Ejemplos: Mar. 11:16; Luc. 8:16; Jn. 19:29; 2 Cor. 4:7; 2 Tim. 2:20; Apoc. 2:27. La Versión Biblia de Las Américas dice "vaso" (como también la versión en inglés (American Standard Version) que siempre empleo al predicar en inglés. La cuestión a la mano es ésta: ¿Qué significa Pablo al decir "vaso?"

2. A mi juicio la interpretación "cuerpo" cabe mejor en el contexto. No solamente los varones con

esposas deben mantenerse puros y honrosos en la sexualidad, evitando toda pasión de concupiscencia, sino todo hombre y las mujeres también. Todos tenemos cuerpos y todos somos exhortados a mantenernos limpios y puros en el ejercicio de ellos (Heb. 12:14).

* * *

924. ¿QUÉ DEL CASO MATRIMONIAL DE ESTE HERMANO?

"En una pareja de casados el hermano se fue al mundo y se divorció de su esposa. Pasado el tiempo la esposa se casó con otra persona. Pero sucede que ahora el hermano que se fue al mundo se ha reconciliado y tiene otra hermana por novia y para casarse, ¿que tiene que decir (usted) con relación a esto?"

- - -

1. El hermano pecó al divorciarse de su esposa sin causa bíblica (Mat. 5:32; 19:9).

2. Si la esposa, siendo persona fiel a sus votos matrimoniales, no repudió por causa de fornicación a su marido, que se fue al mundo y le divorció sin causa bíblica, al volver a casarse ella cometió adulterio (Mat. 19:9). La única causa bíblica por qué divorciarse y contraer segundas nupcias es la fornicación. Por otro lado, si ella tuvo causa de fornicación contra su marido que se fue al mundo, y le repudió por esa causa, tuvo derecho a segundas nupcias.

3. El hombre debe arrepentirse de su pecado de repudiar sus votos de matrimonio. Por no haber divorciado a su esposa por fornicación, no tiene derecho divino de contraer segundas nupcias. Si no puede reconciliarse con su esposa, tiene que vivir célibe el resto de su vida. Dios no otorga derecho de segundas nupcias al que repudia su matrimonio sin causa bíblica, sino solamente al cónyuge fiel en el matrimonio que repudia por causa de fornicación.

4. Se me explica que "ahora el hermano que se fue al mundo se ha reconciliado," pero ¿qué quiere decir la frase "se ha reconciliado?" ¿Con quién se ha reconciliado? No con la esposa original, pues ella está ya casada con otro hombre. Si la frase significa que se arrepintió de haber repudiado su matrimonio sin causa bíblica, bien; ha hecho bien. Pero eso no quiere decir que pueda ahora andar de novio y próximo a casarse con otra mujer.

5. La novia que es cristiana no tiene derecho de casarse con un hombre a quien Dios no ha desligado de su matrimonio. El sigue siendo hombre ligado en el matrimonio. (Dios desliga solamente al cónyuge fiel en el matrimonio cuando éste tiene causa de fornicación contra el esposo). Si ella se casa con él, estará viviendo con marido de otra, que es adulterio.

6. Si la primera esposa hizo mal al volver a casarse, debe dejar de vivir en adulterio y los dos esposos originales pueden "reconciliarse" el uno con el otro y seguir en el matrimonio en que Dios los juntó. Si ella hizo bien en su segundo matrimonio, él tiene que guardarse célibe si quiere salvar su alma eternamente. Si vuelve a casarse otra vez, él y la persona con quien se casa estarán viviendo en adulterio y destinados a la condenación eterna. ¡Nadie quiere eso!

* * *

925. CONTROL NATAL

"¿Qué dice la Biblia en cuanto al control natal; es decir, puede una pareja cristiana decidir cuántos hijos tener, o debe tener hijos por toda la vida sin importar que puedan o no mantenerlos?"

- - -

1. Sugiero que el lector lea el Interrogante # 451.

2. Nunca se nos olvide que Dios conoce el corazón de cada uno de nosotros (1 Sam. 16:7; 2:3; 1 Crón. 28:9; Luc. 16:15). Dios no puede ser burlado (Gál. 6:7); por eso no juguemos con Dios, pretendiendo causas y razones cuando en realidad el caso es diferente.

3. Si una familia está cumpliendo con el propósito y desarrollo del hogar que Dios le ha señalado, y se juzga sabio no tener más hijos por no poder en realidad mantener más hijos, entonces debe pedir en oración que Dios le guíe en su consideración de usar control natal.

4. Lo que casi siempre pasa es que la familia decide no tener más hijos por no tener que sacrificarse del nivel de vida que les gusta, en cuanto a la economía, pues les costaría dinero tener y mantener más hijos, y no quiere emplear su dinero limitado en ello.

5. A veces surgen casos en que la salud de la esposa se pone en crisis si entra en otra preñez. Tal situación tendría que tomarse en cuenta al decidir sobre el usar control natal.

6. Sal. 127:3-5, "He aquí, herencia de Jehová son los hijos; cosa de estima el fruto del vientre. 4 Como saetas en mano del valiente, Así son los hijos habidos en la juventud. 5 Bienaventurado el hombre que llenó su aljaba de ellos; No será avergonzado cuando hablare con los enemigos en la puerta."

* * *

926. ¿PECA EL CRISTIANO TODOS LOS DÍAS? 1 JUAN 1:8,10

"… sabemos que el pecado es la infracción de la ley de Dios, 1 Juan 3:4, pero últimamente he escuchado a los cristianos decir que todo los días hay que pedir perdón a Dios porque todos los días pecamos, porque a veces pecamos inconcientemente. Citan 1 Juan 1:10 (cosa que yo no creo porque cuando pecamos lo hacemos muy conciente). Cuando decimos que el cristiano no peca, 1 Juan 3:6, los hermanos saltan diciendo: todos somos pecadores; así todos pecamos y el que dice que no peca es un mentiroso, citando 1 Juan 1:8. El diccionario dice que pecador es el que tiene falta y también el que está sujeto al pecado, Pequeño Larousse. (Aunque yo sé que el cristiano puede caer en pecado). Un evangelista dice: crean en la palabra de Dios, no en mis palabras, porque yo soy un pecador y un hombre malo. Cuando yo escucho esto me pregunto: ¿Que transformación ha hecho el evangelio de Cristo en este hermano? Muchos citan a aquel texto de cuando viene un hombre a Jesús y le dice maestro bueno y Jesús le dice bueno solo Dios. Con esto concluyen que el hombre es malo y por eso somos malos. Sé que los textos como 1 Jn. 1:8,10 son textos que se utilizaron para refutar a los agnósticos que no creían en el pecado pero después de la regeneración el cristiano verdadero no peca, 1 Juan 3:6 y que el que peca es del diablo, 1 Juan 3:8. La gran influencia del calvinismo, del modernismo y el humanismo están entrando a nuestras iglesias. Yo estoy conciente que hay deseos carnales que son nuestra mayor lucha pero debemos ser objetivos en la aplicación de las escrituras y no subjetivos en su aplicación. Muchos han dicho para aplicar lo que Jesús dice hay que salir de este mundo. Creen que el cristiano debe acomodarse a los tiempos pero estos tiempos no son a tecnología sino en relación al pecado. Me gustaría sus comentarios."

- - -

1. En gran parte usted ha respondido bien a esta controversia.

2. 1 Jn. 1:8 se refiere a la reclamación del gnóstico de que el pecado no existe y que por eso no tenía pecado. Por eso la verdad no estaba en él. Muchos hermanos ignoran el caso que presentaba el gnosticismo en el siglo primero.

3. El evangelista que dice "yo soy un pecador y un hombre malo," debe dejar de predicar hasta que se arrepienta de sus pecados.

4. Los que citan Mat. 19:17 para probar que los cristianos no somos buenos, sino malos, ignoran el contexto del pasaje y muestran su ignorancia respecto a las Escrituras. En lo absoluto solamente Dios es bueno, y al decir esa persona "Maestro bueno," sin reconocer y admitir la deidad de Jesús (pues solamente Dios es bueno), exhibió su inconsecuencia. El cristiano fiel es un siervo bueno (Mat. 25:21); es de corazón bueno y recto (Luc. 8:15).

5. Los cristianos, como Pablo el apóstol, debemos ser personas perfectas (Fil. 3:15). Debemos haber vencido al maligno (1 Jn. 2:13). El cristiano por su fe ha vencido al mundo (1 Jn. 5:4). No tenemos que salir del mundo para ser buenos, rectos, perfectos; al contrario, Cristo murió para tener ahora un pueblo santo y sin mancha (Efes. 5:27). Sin la santificación ahora nadie va a ver a Dios (Heb. 12:14). El cristiano debe saber tener su vaso, o cuerpo, en santidad y honor (1 Tes. 4:4, no esposa sino vaso), no en pecado diario.

6. El cristiano no "se acomoda a los tiempos," sino se transforma por medio de la renovación de su entendimiento (Rom. 12:2). Su vida es un "sacrificio vivo, santo, agradable a Dios" (ver. 1).

7. Una gran parte de la hermandad está afectada por el calvinismo que afirma que hay algo malo en el hombre que hereda al nacer. Pero eso de "la naturaleza pecaminosa" es de Juan Calvino, no

Jesucristo y sus apóstoles. Los hermanos afectados deben dejar atrás esa doctrina falsa.

* * *

927. ¿EVANGELISTAS, O "PASTORES VITALICIOS?"

"¿Cómo podríamos ser comprometidos a la Organización de la Iglesia? en muchas iglesias no ven la necesidad de mirar al futuro, de tener una visión de establecer un liderazgo fuerte y bíblica en la Iglesia. Algunas iglesias esperan 10 años, 20 años recién para tener sus ancianos. ¿A que se debe que esperan tantos años para escoger hombres para la iglesia?

¿Es solo suficiente llegar a establecer ancianos y diáconos en las iglesias? Digo, esto, ya que muchos al llegar a ser ancianos o diáconos, ya no quieren soltar "su puesto". Quieren ser pastores vitalicios (de por vida) y no quieren dar la oportunidad a otros hombres para que sean los futuros lideres. Usted sabe hermano que todos somos pasajeros, y un día necesitamos pensar en la gente que seguirá nuestros pasos como es ser líder en una congregación.

¿Cómo cambiar esta manera de ver las cosas en las iglesias hispanas?"

- - -

1. El interrogador describe una situación en muchas iglesias hispanas que es lamentable. Se debe a varios factores, entre ellos el descuido de parte de iglesias referente a corregir lo deficiente y establecer ancianos en cada ciudad donde haya iglesia local (Tito 1:5). Véase Hech. 14:23. Ellas no están dando atención a la voluntad del Señor en el particular. Deben promover estudios sobre las cualidades del anciano (pastor, obispo, tres términos que bíblicamente se refieren al mismo individuo) para preparar hombres para este puesto tan importante en la iglesia local, según la voluntad del Señor.

2. Otro factor, como dice el interrogador, es que hay dictadores en algunas iglesias que no quieren soltar su imaginado puesto de dueños de las congregaciones. Claro es que ellos no van a promover la instalación de ancianos en la iglesia local para no perder ellos el habituado control que han ejercitado por largo tiempo. Los tales son como Diótrefes en 3 Juan 9,10. Deben ser excomulgados por la congregación si no se humillan y hacen su trabajo de evangelista en lugar de dictador.

3. La manera de cambiar este desorden en cualquier congregación, hispana o de otra, es enseñar lo que el Nuevo Testamento dice sobre el particular, y habiendo hombres preparados para servir de ancianos, establecerlos en las congregaciones. Al hacerlo, cualquier diótrefes que haya debe ser quitado de en medio.

4. Hágase la voluntad del Señor (Efes. 6:6; Hech. 21:14; Mat. 7:21; 12:50; etc.).

* * *

928. CAMBIAR DE MEMBRESÍA EN LA IGLESIA LOCAL

"En Interrogantes y Respuestas, particularmente en el caso que tiene que ver con la pregunta número "895", en el punto 3 de su respuesta, dice: "...Ahora, si vuelta a su primer amor (Apoc. 2:4) desea POR ALGUNA RAZÓN JUSTIFICABLE poner su membresía en otra congregación, queda libre para hacerlo..." (Énfasis agregado).

(Luego siguen las preguntas del interrogador ——bhr):

1. ¿Cuáles serían razones injustificables para cambiar membresía?

- - -

Muchas veces la razón de por qué cambiar de membresía de una congregación a otra es para evitar el confrontarse con el problema a la mano, y muchas veces la culpa en el asunto es del que cambia de membresía. Esto no es justificable, porque no resuelve problemas. Si hay humildad y amor por la verdad, la persona involucrada en problemas siempre llega a la solución bíblica y ni piensa en cambiar de membresía durante la situación.

- - -

2. ¿Cuáles serían razones justificables para cambiar membresía?

- - -

Hay varias situaciones en la vida que pueden hacer conveniente el cambio de membresía. Si la persona ya pensaba en cambiar de membresía, debido a distancias de viajar para llegar a la asamblea, ya que resuelve cierto problema a la mano, de una vez hace el cambio. O si ve en otra congregación mejores oportunidades de servir activamente en los servicios de culto, puede optar por hacer un cambio. A su juicio puede ser un buen tiempo para comenzar una nueva congregación en distinta área. Su empleo le puede obligar moverse a otra ciudad y por eso tendría que buscar dónde poner su membresía en la nueva localidad. A fin de cuentas, la membresía es decisión voluntaria del individuo y él no tiene que contar con la aprobación de otros.

- - -

3. ¿Quién "juzga" si tales razones son justificables o no?

- - -

Solamente el individuo que cambia de membresía. Si él es quien decide poner su membresía en cierta congregación, es quien puede decidir quitarla. Nadie puede forzar a la persona a poner su membresía en cierta congregación, ni tampoco a que no la quite.

- - -

4. Y si no son "justificables", ¿cómo se debe proceder?

- - -

Si el individuo sabe que no se le justifica cambio de membresía, no la quita (a menos que viole su conciencia). La pregunta como formulada puede implicar que otros deciden sobre la justificación del asunto, pero el caso no es así. En un dado caso toda la congregación puede juzgar de no justificable el cambio de membresía de parte del individuo, pero la congregación no tiene poder sobre el asunto. Haciendo bien, o haciendo mal el individuo, la responsabilidad en el asunto es de él, y él dará cuenta a Dios quien conoce el corazón de toda persona.

- - -

5. En el comentario se implica que si no son justificables las razones para cambiar membresía, no queda libre para cambiarla, ¿Cómo se ilustra esto en la práctica?

- ——

Véase la respuesta a la pregunta # 1.

- - -

6. Si una persona no tiene "razón justificable" para cambiar membresía, ¿peca al cambiarse?

- - -

Si la persona no tiene razón justificable para cambiar membresía, actúa sin justicia; sí peca. Deja de ser miembro responsable en la congregación, porque la abandona sin razón.

- - -

Y si es así el caso, ¿Se le debe exhortar a que no lo haga?

- - -`

Si es así el caso, ¡el lo sabe! porque la decisión sólo queda en él. El sabe si hace bien o mal al cambiar membresía. Si el admitiera que pensaba hacer algo malo, sí, se le debería exhortar a que no lo hiciera. Si para él hay razón justificable para cambiar membresía, otros no hacen mal al pedirle que no lo haga porque es apreciado en la congregación y que la congregación no quiere perder un miembro tan necesitado. Pero si siempre decide salir, la congregación debe desearle bien en su nueva etapa de vida como cristiano.

- - -

¿Es malo que, bajo este contexto, lo haga el evangelista?

- - -

No es malo que nadie exhorte a uno a que no deje la congregación, porque cada miembro de la congregación ha de ser persona activa y fiel. Si el evangelista cree que la persona hace mal al cambiar su membresía a otra parte, tiene que ser que crea que la persona tiene algún mal que corregir. Corregido el mal, la persona queda libre para hacer su propia decisión sobre el asunto de cambiar membresía. Otros pueden tratar de persuadirle a que no se vaya, pero nadie puede obligarle a quedarse, ni condenarle si sale. El poner y el quitar de membresía es asunto totalmente personal del individuo, y no de control ajeno.

- - -

Es otro punto aparte, pero aquí conviene que yo (bhr) explique esto sobre la membresía:

1. Cuando alguno quiere poner su membresía en la congregación, no lo puede hacer sin la aceptación de la congregación. No se le obliga a la congregación a recibirle de miembro. La persona no tiene control sobre la congregación para que ella

forzosamente tenga que recibirle. En un dado caso, puede ser que la congregación no le considere hermano fiel. Si la persona, oyendo el plan de obra de la congregación, no está de acuerdo con dicho plan, no puede ser miembro de ella porque la congregación representa un acuerdo mutuo. No puede decir que sí pone su membresía en la congregación pero que no piensa asistir todos los servicios anunciados de ella por no verlos necesarios. Si no está de acuerdo con la congregación ya en función, que se haga miembro en otra parte.

2. La persona pone su membresía, y la congregación le acepta si hay acuerdo mutuo. Considérense Hech. 9:26-28; 18:27.

3. Como la congregación no puede obligar a la persona a poner su membresía en la congregación, tampoco puede ella obligarle a que no la quite.

4. Como el individuo queda libre para poner su membresía en cierta congregación (y puede ser que esté viniendo de otra congregación), con tal que la congregación le acepte, queda libre para quitarla. La decisión de poner y quitar la membresía es del individuo, y el aceptarla es de la congregación. El individuo no puede obligar a la congregación, ni ella a él.

* * *

929. LOS MANUSCRITOS UNCIALES Y LA PUNTUACIÓN

"Sabemos hermano que la Biblia en sus orígenes no traía los signos de puntuación conocidos hoy sobre todo en occidente. Mi pregunta es: sabe usted hermano qué reglas ortográficas se usaban en ese momento? Lo pregunto porque si la puntuación fue puesta de acuerdo al acomodo de los traductores entonces cabe la posibilidad de que el sentido en algunos apartes de la Biblia halla cambiado, no que dude de ella sino que me gustaría tener argumentos para responder a esta pregunta ya que me la han formulado."

\- - -

1. Los manuscritos de la Biblia originales todos eran unciales; es decir, escritos solamente en letra mayúscula y sin espacio entre las palabras. No se empleaban signos de puntuación. Pero esto no traía problema insuperable en cuanto al sentido correcto del texto.

2. El material en que escribir en aquel tiempo (en pergaminos, o pieles de oveja o de cabrita, o en papiro, o "papel" hecho de una planta) era muy escaso y costoso, y por eso no se dejaba espacio entre las palabras, en los márgenes de la hoja usada, ni entre las líneas. Se empleaba toda la hoja del material en que escribir por razones de economía.

2. Tal era el estilo de comunicación al escribir en aquel tiempo para todo el mundo, no solamente en cuanto a textos inspirados (la Biblia) sino también en *todo* escrito, fuera escrito legal, literario, o personal, o documento de contrato. Todo el mundo entendía lo escrito (sin espacios y signos de puntuación) porque entendía el orden de palabras en las frases *habladas*, y las *escritas* seguían la misma forma. Un ejemplo en español de este estilo de escribir es el siguiente:

VOYACOMERESQUETENGOHAMBRE

(Voy a comer. Es que tengo hambre.)

3. Es posible a veces dividir la serie de letras de modo que se entiendan dos palabras distintas. Por ejemplo SEDAR (calmar) puede separarse como "se dar," que son dos palabras distintas, pero eso no tendría sentido en un dado contexto. SERIA puede dividirse como "se ría." Pero el contexto y la sintaxis (la manera de juntar palabras para formar frases) siempre rigen, o determinan la separación correcta de las letras seguidas en el escrito. Como entendía la gente al oír palabras habladas en cierto orden común, entendía al verlas escritas aunque sin espacios entre ellas.

4. Si la gente usaba ese estilo de comunicarse en lo escrito en todas sus transacciones diarias en el mundo de habla griega de aquel tiempo, sin tener problema especial de interpretar correctamente lo escrito, tampoco hay problema hoy en día para los traductores que saben tan bien la lengua griega. (Para el indocto en la lengua griega sí se le presentaría problema).

5. Recuérdese que el mismo supuesto problema que presente el oponente a las Escrituras, por haberse escrito ellas originalmente de tal estilo, él tiene que presentarlo igualmente a los escritos diarios del mundo en general, y argumentar que nadie de aquel tiempo podía interpretarlos con exactitud. De eso se tendría que concluir que en el mundo griego de aquel tiempo había pura confusión en la comunicación por escrito.

* * *

930. ¿ERA ABEL PROFETA?

"Está bien que uno diga que Abel el hermano de Caín fue el primer profeta basándose en Lucas 11:50-51? Si es no, porqué no?"

\- - -

1. Considérese también el pasaje paralelo en Mat. 11:35.

2. El contexto en que está hablando Jesús trata del rechazamiento del pueblo judío de hombres justos que en vida obedecían a Dios y así eran portavoces de la voluntad de Dios en palabra y en hecho (compárese Heb. 11:4). El rechazamiento de parte del pueblo judío rebelde llegó hasta el derramar la sangre de estos justos.

3. Los profetas hablaban por Dios y en este sentido general Jesús habla de todos los justos muertos por su fe en Dios como profetas. Que Abel hubiera sido profeta en el sentido específico de alguna comisión especial, para revelar un dado mensaje de Dios al pueblo, no podemos decir con exactitud. Tal no es el punto de Jesús en sus palabras de Mateo 23:35 y Lucas 11:51. El punto trata del rechazamiento de muchos hombres justos que con sus vidas, si no con comisiones específicas, anunciaban la voluntad de Dios y a consecuencia de ello sufrieron la muerte a manos de los judíos

rebeldes y de otros que afirmaban ser pueblo de Dios.

* * *

931. ¿QUE PUEDE EXIGIR LA IGLESIA AL EVANGELISTA SOSTENIDA EN OTRA PARTE?

"Bíblicamente, ¿qué es lo que una iglesia o un individuo que sostiene a un predicador puede exigirle?

Existe la idea, o por lo menos lo practican, que el asalariado debe reportarle todo lo que pasa en la iglesia en donde es miembro, aún los asuntos personales entre hermanos, en qué gasta la congregación la ofrenda, etc. y quitarle el salario si no lo hace.

Para un servidor, esto es una tendencia al liberalismo cuyas ideas, por lo menos en esta región son:

a. Construyen el local y lo ponen a nombre de una asociación.

b. Nombran un predicador "de escuela", normalmente de la escuela bíblica de Torreón o de Monterrey. Los que no tienen "escuela" no son considerados predicadores.

c. Si los miembros no están de acuerdo con sus reglas, les quitan el local y los corren.

Un servidor entiende que el obrero:

a. Es digno de su salario.

b. Debe hacer su trabajo de evangelista de acuerdo a lo que dicen las Escrituras y reportar al que lo sostiene, y claro, si no hace su trabajo, se le debe quitar el salario.

c. Él es parte de la iglesia local, en ella trabaja y los problemas que tenga, debe resolverlos allí mismo. No debe ventilarlos hacia afuera."

- - -

1. La iglesia, iglesias, o individuos que envían dinero al predicador para que pueda vivir del evangelio (1 Cor. 9:14) y dedicar su tiempo a la predicación del evangelio, pueden exigir de él una sola cosa; a saber, ¡que predique el evangelio (2 Tim. 4:2)!

2. No le toca a nadie que no sea miembro de la iglesia local entremeterse en los asuntos de ella, ni la llamada y no bíblica "iglesia patrocinadora" como tampoco una iglesia fiel, conservadora.

3. A veces pasa que una iglesia fiel, al enviar sostenimiento a un evangelista, y para asegurarse de alguna manera que el evangelista está ocupándose totalmente en la predicación del evangelio, le envía un formulario que llenar que pregunta sobre casos de bautismo que haya habido, la cantidad de la colecta y el número de miembros, etcétera. El motivo en esto no es el de entremeterse en asunto ajeno, sino solamente el de determinar por medio de tales datos si el evangelista parece estar ocupándose bien en su tarea. Algunas de estas preguntas no son apropiadas, ni necesarias. En un dado caso, el evangelista puede avisar a la iglesia que envía el formulario que prefiere enviar su propio reporte mensual (si el sostenimiento llega mensualmente). Esto lo he hecho yo en el pasado.

4. Los comentarios que acompañan la pregunta son bien hechos, a los cuales agrego el amén.

* * *

932. ¿ACCIÓN INDIVIDUAL O COLECTIVA?

"Me dirijo a usted para que me dé usted una explicación bíblica, si esto fuese posible, acerca de la división que usted hace entre iglesia e individuo. Le hago esta pregunta por las siguientes razones:

1. He tratado de ver en la Biblia esta división y no la encuentro.

2. Si usted entiende este asunto como, por ejemplo, mandamientos a Tito o Timoteo, entonces estas cartas no son aplicables a la iglesia porque son escritos dirigidos a individuos.

3. Si existiera en realidad esta división en la Biblia, ¿debo hacer una "Biblia con mandamientos para la iglesia" y lo demás desechar?

4. Si existiera esta división, ¿significaría que en algún momento, porque no estamos congregados, dejamos de ser iglesia y existen sólo individuos?"

- - -

1. No solamente es posible, sino muy fácil, darle una explicación bíblica acerca de la distinción entre acción individual y colectiva, con nada más citar 1 Tim. 5:16. ¿Nunca ha leído usted este pasaje? Hay situaciones a que el individuo ha de atender, y que la iglesia local no debe tener que atenderlas. La persona, al leer este pasaje, que no puede ver la distinción bíblica entre acción del individuo y acción colectiva (la iglesia local), no puede con la vista penetrar una ventana de vidrio claro y limpio. Ahora, hay personas que cierran los ojos a la verdad, pero para éstos no hay esperanza.

2. Las cartas a Tito y a Timoteo sí fueron escritos a dos individuos; es cierto. ¿Eran ellos iglesias locales o individuos? Eran evangelistas individuales con instrucciones divinas para individuos y para la iglesia local, las dos cosas. Pablo dejó a Timoteo en Efeso (1 Tim. 1:3), donde él predicaba en la iglesia local (Hech. 20:17). Mandó a Timoteo que diera instrucciones a individuos (por ej., 5:16; 2 Tim. 4:11) y a la iglesia como colectiva (3:15; 4:6; 5:9; 2 Tim. 2:14; 4:1-4). Lo mismo mandó a Tito (a individuos, 2:1-10, y a las congregaciones en Creta, 1:5 y sig.; 3:1). Pablo escribió cartas dirigidas a iglesias locales (por ej., 1 Cor. 1:2; 2 Cor. 1:1; Gál. 1:2), pero en ellas hay instrucciones para el individuo como para la iglesia local. ¿Quién no entiende esto? ¿Es necesario dar ejemplos? ¿No puede cualquier persona honesta y sin prejuicios o posiciones falsas que defender leer estas cartas, y otras, y ver esta verdad?

3. La tercera pregunta ("Si existiera en realidad esta división en la Biblia, ¿debo hacer una 'Biblia con mandamientos para la iglesia' y lo demás desechar?") evidencia ignorancia en cuanto al tema, si no prejuicio contra la verdad. Expresa una ridiculez. No hemos de rechazar nada de las escrituras inspiradas, sea la parte dirigida en

particular al individuo o en particular a la congregación como colectiva. La iglesia local, no el individuo, hace una colecta cada primer día de la semana (1 Cor. 16:1) pero ella no puede practicar la circuncisión (Gál. 5:3) aunque el individuo sí lo puede hacer. ¿Es difícil entender esto? La iglesia toma la cena del Señor (1 Cor. 11:33) aunque al ejercer la congregación este acto de culto, el individuo tiene que examinarse al comer el pan y tomar la copa (ver. 28). Si algún miembro tomar la cena de manera indigna, la iglesia no tiene culpa colectiva.

4. No, la distinción entre acción individual y colectiva no significa tal cosa. Cuando el miembro de la congregación no está en asamblea para culto colectivo no deja de ser miembro de ella pero actúa en capacidad de individuo. (Pablo escribió "a la iglesia de Dios que está en Corinto," 1:2, pero en 11:20 dice, "cuando, pues, os reunís"). Los cristianos en Corinto componían la iglesia de Dios allí, antes y después de reunirse. En asamblea el individuo gasta dinero en la ofrenda el domingo, pero fuera de la asamblea el dinero que gasta lo hace en capacidad de individuo. El dinero que gasta en la ofrenda llega a ser dinero de la iglesia para la obra de la iglesia, y deja de ser de él, pero el dinero que le queda es para los gastos que como individuo necesita hacer. La conducta del miembro de la iglesia está sujeta a la disciplina de la iglesia de cual es miembro. Así que si como individuo en casa fornica, la iglesia le disciplina (1 Cor. 5:1 y sig.), y cuando disciplinado se arrepiente, la iglesia le perdona (2 Cor. 2:6,7). Pero la iglesia no fornica.

5. Ahora como he contestado sus preguntas, puedo esperar que conteste algunas mías. Al hacerlo usted, tendrá una comprensión mejor del tema.

a. ¿Puede la iglesia local hacer cualquier obra que haga el individuo? El individuo puede trabajar en lo secular para ganar dinero (Efes. 4:28; 2 Tes. 3:10; 1 Cor. 9:6). ¿Se le permite a la iglesia local hacer obras seculares para ganar dinero?

b. El individuo puede ocuparse en el recreo o los juegos (1 Cor. 9:25; 1 Tim. 4:8; Marcos 6:31). ¿Se le permite a la iglesia local organizar y operar equipos de béisbol o edificar salones para patinar?

c. El miembro de la iglesia local puede casarse; ¿puede la iglesia local casarse? Puede él ser circuncidado; ¿lo puede ser la iglesia?

d. El contexto de Gálatas 6:1-10 claramente habla de actividades del individuo. Considérese el sujeto de la frase en cada versículo ("si alguno,""el que," "cada uno," etc.). En el ver. 10 los pronombres en los verbos "tengamos" y "hagamos" ¿se refieren a individuos o a iglesias locales?

e. El contexto de Sant. 1:19-27 trata de individuos ("todo hombre," "si alguno," "guardarse sin mancha," etc.). En el ver. 27, ¿se trata de benevolencia ("visitar a los huérfanos y a la viudas en sus tribulaciones") de parte de individuos o de iglesias locales?

f. El individuo puede donar dinero a la Cruz Roja. ¿Cuál pasaje autoriza que la iglesia local done a ella?

g. ¿Cual pasaje emplea usted para justificar la práctica de las iglesias liberales que contribuyen dinero de la colecta de cada domingo a instituciones benévolas para la obra de cuidar de huérfanos que no son de las iglesias donadoras?

* * *

933. ¿ES PECADO AIRARSE?

"Santiago 1:19 dice que el hombre debe ser tardo para la ira. Efesios 4:26 dice airaos pero no pequéis. Mi pregunta es: etimológicamente hablando airarse y enojarse ¿son lo mismo? Si es así entonces airarse ¿es o no pecado? ¿Qué palabra griega se traduce en estos pasajes como ira?

- - -

1. La misma palabra griega (orge, ira) aparece en los dos pasajes: Sant. 1:19 (sustantivo; Valera emplea verbo, airarse)) y Efes. 4:26 (verbo). En Sant. 1:20, "ira" (Valera) es la misma palabra griega que en 1:19 (sustantivo). Según Valera tenemos a "ira" y a "airarse" haciendo la traducción del mismo término griego (verbo y sustantivo) En Efes, 4:26 es el mismo término griego, pero ahora en verbo (airaos).

2. No es pecado airarse o tener ira (enojarse, sentir indignación) respecto a lo que es indigno o pecaminoso (por ej., Dios, 1 Reyes 11:9; Rom. 12:19; Efes. 5:6; Jesús, Mar. 3:5; Apoc. 6:16). Lo que es pecado para la persona es que su ira o indignación pierda control y deje que "el sol se ponga sobre su ira." Ella debe expresarse respecto a la cosa indigna o pecaminosa y luego dejarlo allí. Debe procurar solucionar la cosa mala, si es posible, sin demora, porque si no, pasando el tiempo ("puesto el sol") puede perder control de su ira.

* * *

934. ¿ESTÁ BIEN EL BAUTISMO DEL ADVENTISTA?

"¿Puedo yo jugar en contra de la conciencia de alguien? En este caso de alguien que se rehúsa a ser bautizado por alegar que él en la Iglesia Adventista fue bautizado para el perdón de los pecados. Se le ha explicado todo en cuanto a la diferencia de doctrinas y también comparando su caso con el de Hechos 19, y el escudándose con el caso de Apolos. ¿Puedo yo con certeza decirle que no es mi hermano y no dejarle participar de la cena del Señor?"

- - -

El adventista, aunque sumergido en agua y según él para perdón de los pecados, no fue bautizado en el reino de Cristo, su iglesia. Según Hech. 8:12, para ser bautizada bíblicamente la gente, ella tiene que ser instruida en el reino de Dios, que es la iglesia de Dios. Esto no pasó en el caso del adventista. El se hizo miembro de una denominación humana. Las denominaciones humanas tienen algunas prácticas bíblicas, pero siempre son iglesias humanas, y la gente que obedece la doctrina de ellas entiende que es para hacerse miembros de ellas. Nadie puede ser enseñado mal y bautizado bien. El todavía no es nuestro hermano en Cristo, y por eso no se le ofrece la Cena del Señor. El reino de Dios, de Cristo, no está dividido en muchas denominaciones humanas.

* * *

935. DE DESACUERDO CON LO ACORDADO EN LA REUNIÓN DE LOS VARONES.

"La iglesia acordó realizar reuniones los domingos por la tarde, para ayudar a un hermano que le era imposible asistir a la reunión de la iglesia en la mañana. Esto se acordó en la reunión de varones y se anunció en la iglesia. Un hermano que manifestó no estar de acuerdo ha estado animando a otros hermanos a no apoyar la reunión en la tarde, pues él no está de acuerdo. Esto ha traído problemas y discordia. Hemos enfrentado al hermano pero no tiene argumentos bíblicos para su actitud de no apoyar la reunión de la tarde. Entiendo que no se debe exigir a nadie un servicio que no quiere dar al Señor pero es molesto que este hermano esté siempre manifestando su descontento con la reunión de la tarde y animando a otros hermanos a no asistir. Este hermano que se opone cree que el hermano que no puede reunirse por la mañana debe renunciar a su trabajo."

- - -

1. Una congregación representa un acuerdo mutuo entre los que componen la membresía.

2. Por eso la membresía se pone voluntariamente (Hech. 9:26) y se quita de la misma manera. Ningún ajeno tiene control sobre ello.

3. La iglesia local sin ancianos es dirigida en sus asuntos de juicio humano por los varones de ella. Ya que las decisiones tienen que ver con conveniencias de la congregación, con juicios humanos, a veces va a haber diferencia de opinión, pero todos deben conformarse con la decisión casi unánime.

4. El hermano de este caso a la mano por sus acciones negativas en realidad declara que no es miembro de la congregación porque no está de acuerdo con ella. Si no quiere conformarse, debe retirar su membresía. Recuérdese: una congregación es un acuerdo mutuo de hermanos, y él no está de acuerdo ni quiere estarlo.

5. O que esté de acuerdo con la decisión y trabaje en armonía con la congregación, o se retire de la congregación. Si sigue de espíritu negativo sobre el asunto, que se discipline, porque anda desordenadamente (2 Tes. 3:6).

6. No se debe tolerar a ningún "diótrefes" en la congregación. Ella no ha de ser molestada por un espíritu de desacuerdo y egoísmo.

* * *

936. LAS INFERENCIAS NECESARIAS

"Hermano, he visto algunas discusiones de hermanos conservadores con liberales, con respecto a los "requisitos mínimos de comunión". Los liberales dicen que la comunión entre hermanos y con Dios, se basa únicamente en los "mandamientos" de Cristo, y no en "inferencias". Ellos niegan que las inferencias tengan la misma autoridad que los "mandamientos", ¿qué argumentos bíblicos se podrían presentar contra tales ideas?

* * *

1. La razón por qué los hermanos liberales rechazan la inferencia necesaria (como también el ejemplo apostólico, véase Interrogantes # 539) como maneras de conocer la voluntad revelada de Dios, es que quieren comulgar con sectarios (y también con hermanos que practican cosas no autorizadas por Dios) que actúan sin autoridad bíblica.

2. Primero debemos notar la diferencia entre inferencia e implicación. El que habla, o escribe, *implica* (por medio de lo que expresa) mientras el oyente, o lector, *infiere* o deduce en base a lo que se le expresa. Dios, al revelar su voluntad, a veces empleó la implicación. Toca al lector de las Escrituras inferir lo que Dios le ha dicho por implicación. La autoridad de Dios es establecida por medio de mandamientos o declaraciones directas, como también por medio de ejemplos apostólicos e inferencias necesarias.

3. La autoridad para la Cena del Señor bien ilustra el caso. Tomamos la Cena porque Dios lo ha <u>mandado</u> así (1 Cor. 11:24). El tiempo (el día de la semana) en que tomarla es autorizada por el ejemplo apostólico de Hech. 20:7. No hay autorización, pues, para tomar la Cena en otro día de la semana (y no podemos actuar sin autoridad divina). La frecuencia de tomar la Cena es determinada por la inferencia necesaria, pues se tomaba cuando la iglesia se reunía semanalmente el primer día de la semana (1 Cor. 11:20; 16:2) y toda semana tiene su primer día.

4. Cristo reprendió a ciertos hipócritas por no emplear la inferencia (o deducción; o sea, sacar una consecuencia de una cosa), Luc. 12:54-59.

5. Cristo enseñaba mucho por medio de la implicación. Ejemplos: Mat. 21:42 ("¿Nunca leísteis?"); Luc. 10:26 ("¿Cómo lees?"); conclusión: ver. 37; Mat. 4:7 ("Escrito está también").

6. Al usar parábolas Cristo enseñaba por implicación. Al entender, percibir, o deducir la verdad del caso, la persona infería (por ej., Mat. 22:45; Mar. 7:18).

7. Cristo reveló a Pedro cierta verdad por medio de una visión que implicaba cierta conclusión, y Pedro la percibió (Hech. 10:34).

8. Cristo hacía a sus discípulos responsables de sacar la inferencia necesaria (Mar. 8:15-21).

9. ¿Cómo se puede entender correctamente Mat. 8:22 sin hacer uso de la inferencia necesaria?

10. Preguntas retóricas demandan respuestas por medio de la inferencia necesaria (la deducción o conclusión necesaria). Ejemplos: 1 Cor. 9:4-14;

15:12; Mat. 21:28-32,45; 11:7,8; Rom. 6:3.

11. Dios señaló a Pablo y a sus compañeros a dónde ir a predicar en cierta ocasión por medio de una visión, dejando que ellos sacaran la conclusión (Hech. 16:6-10, "dando por cierto" = inferencia necesaria).

12. Heb. 7:14, "manifiesto es" = implicación de que Cristo en la tierra no pudo ser Sacerdote.

13. Jn. 7:31, ejemplo de usar la inferencia necesaria muchos de la multitud. Compárese 3:2.

14. 1 Cor. 15:14-19, enseñanza por implicación.

15. Cristo contestó una pregunta directa por medio de enseñanza que implicaba la respuesta, Mat. 11:3-6.

16. Ejemplo de enseñanza por implicación de parte de Jesús y la inferencia correcta de parte de algunos oyentes, Juan 9:39,40.

17. Sin la inferencia necesaria, la deducción que sacamos del contexto, ¿cómo se puede probar que 2 Cor. 12:2,3 se refiere al apóstol Pablo? Seguramente no por declaración directa o explícita.

18. ¿Cómo podemos "retener la forma de las sanas palabras (2 Tim. 1:13)," ya que no hay declaración directa en todo caso diciendo, "esto es de la forma de las sanas palabras?" Tenemos que hacer nosotros aplicaciones de lo que las Escrituras enseñan por medio de mandamientos, declaraciones directas, ejemplos apostólicos y las conclusiones nuestras que Dios espera que hagamos.

19. Algunas verdades que comprendemos, no por mandamiento o declaración directa, sino por implicación e inferencia:
———————————— La iglesia fue establecida en día de Pentecostés después de la resurrección de Jesucristo. (¿Dónde hay pasaje que en tantas y cuantas palabras diga esto? ¿Por eso no es cierto?)
———————————— La membresía en la iglesia local.
———————————— La autonomía (palabra ni hallada en el N.T.) de la iglesia local.
———————————— La providencia de Dios.
———————————— Los ancianos en la iglesia local no pueden ser diocesanos.
———————————— La tesorería de la iglesia local.

Objeción posible: "La palabra 'inferencia' no se halla en la Biblia." Respuesta: Todo depende de la versión empleada. Yo tengo una versión que en Hech. 16:10 dice que "infirieron." Las palabras concluir, percibir, entender, deducir, y la frase, dar por cierto, dicen la misma cosa que inferir.

Hay casos de implicación y de inferencia necesaria en casi todas las páginas del Nuevo Testamento.

* * *

937. USURA, COBRAR INTERÉS

"¿Puede el cristiano prestar dinero y cobrar intereses del 10% al 20% por ciento del dinero que presta? ¿Un ejemplo: presta 100 dólares y cobra de intereses 10 dólares. Entiendo que la única manera de proveer para los suyos es a través de trabajar según Efesios 4:28. ¿Es un medio de trabajo en las Escrituras prestar dinero? ¿Se puede considerar un medio de usura? Entiendo que en el antiguo testamento Dios prohibía la usura y que si alguien del pueblo prestaba dinero a su hermano, no se podía portar con el como logrero ni le pondrás usura, Exodo 23:25. Ezequiel 18 menciona "prestar a interés y tomar usura" (versículos 8,13,17). ¿Que nos dice el nuevo testamento? ¿Se puede considerar pecado prestar dinero con intereses?"

- - -

1. Considérese Interrogante # 884, donde digo: "Ezequiel 18 menciona 'prestar a interés y tomar usura' (versículos 8,13,17). Así vemos que siglos antes del tiempo de Jesucristo existía la práctica de cobrar intereses sobre los préstamos. No existían bancos modernos (con todo y Mesa Directiva y Agente Ejecutivo Principal, pero sí existían individuos que negociaban con el dinero, cobrando intereses. Lo que la ley de Moisés prohibía fue que el judío cobrara interés a otro judío, pero al gentil sí se le permitía (Deut. 23:19,20), y también prohibía el cobrar intereses sin consideración de la pobreza del individuo (Éxodo 22:25)."

2. No es pecado en sí cobrar interés de dinero. Bajo la ley de Moisés sí había restricciones y condiciones, pero la ley de Cristo no las contiene. Dos veces en el Nuevo Testamento vemos que Cristo justifica la usura (Mat. 25:27 y Luc. 19:23) como principio de ganancia justa y esperada.

3. No, no es pecado que el cristiano preste dinero, cobrando interés. Es pecado no ser considerado hacia la persona necesitada. Yo he prestado dinero sin cobrar intereses, he prestado cobrándolos (a grado mucho más bajo que los intereses cobrados por los bancos), he perdonado préstamos, y he sido engañado por hermanos en la fe que me pidieron préstamo y que nunca me pagaron lo debido. (Sal. 37:21 les describe). ¡Entre ellos ha habido hasta predicadores!

* * *

938. 1 JUAN 5:16

"Pregunto acerca de 1 Juan 5:16. ¿Cual es el pecado que no es de muerte? ¿Cual es el pecado que es de muerte?"

- - -

1. Para contestar las preguntas cito de mi obra NOTAS SOBRE 1 JUAN:

"Si alguno viere a su hermano cometer pecado que no sea de muerte, pedirá, y Dios le dará vida; esto es para los que cometen pecado que no sea de muerte. Hay pecado de muerte, por el cual yo no digo que se pida." Este versículo es una ilustración o ejemplo de lo que ya se ha expuesto en los versículos 14 y 15; es decir, que Dios da al cristiano que pide. Tenemos la seguridad de que Dios nos oirá, si pedimos por algún hermano que está pecando no a muerte, porque Dios le perdonará; le dará vida (espiritual). Sí, Dios nos oye. Este es el punto del contexto. Ahora, dado que hay "pecado de muerte" (pecado a muerte, dice el texto griego), no hemos de pensar que Dios concederá nuestras peticiones hechas a favor de algún hermano pecando así. En tal caso no hay base de confianza respecto a que Dios nos oiga. Pero sí la hay en el primer caso propuesto.

Juan dice esto: Dios nos oye cuando oramos. Por ejemplo vimos (tiempo aoristo = acto singular en el pasado) a un hermano cometiendo un pecado que no tiende a muerte. Oramos por él. No digo, por cualquier hermano. Hablo de un caso en que es un hermano que está pecando no con tendencias hacia la muerte. Si oramos por él, Dios nos oirá. Le perdonará a tal hermano. Ahora, hay otros casos en que están pecando algunos hermanos, pero por éstos no hemos de pedir nada, con la expectación de que nos oiga. ¿Quiénes son éstos? Pues son hermanos que están pecando con tendencias hacia la muerte. No tenemos razón por qué confiar en que Dios les perdone. Pero, por los otros, sí les perdona. Por eso oramos por los tales y Dios nos oye.

El caso era tal que uno podía ver si valía orar por el hermano con la confianza de que Dios le perdonara. Los gnósticos estaban entregados a la sensualidad y así iban hacia la muerte espiritual eterna. Por nada se arrepentirían porque no admitían tener pecado (1:8). Orar por los tales no resultaría en su restauración. Pero al ver a un hermano, pecando como en el caso tratado en 1:9, 2:1,2, si oramos, por éste, Dios nos concederá nuestra petición (porque este hermano va a arrepentirse, confesar su pecado, y pedirle a Dios perdón). Su actitud en el pecado no es una de tendencia hacia la muerte.

El cristiano que peca puede ser perdonado, si confiesa sus pecados (1:9). Debemos confesar nuestros pecados y orar los unos por los otros (Santiago 5:16). No debemos pecar, pero si cometemos algún pecado o pecados, arrepentidos podemos pedirle a Dios perdón por Jesucristo (2:1,2). La actitud del cristiano débil, al verse en pecado o al verse culpable de pecado, es una actitud sana. Busca el perdón de Dios en seguida. Los demás cristianos pueden ver esta actitud en él. Por eso al ver un caso semejante, debemos orar por los tales, con la confianza de que Dios dará respuesta a nuestra petición. Dará vida para los tales.

Pero "hay pecado de (a) muerte;" es decir, hay quienes tienen tal actitud que les llevará a la muerte espiritual eterna. Por los tales no hay que orar. No se nos prohíbe orar por ellos, pero tampoco podemos tener la confianza mencionada en el versículo 14. Los de tal actitud no pueden ser salvados, porque no van a arrepentirse y confesar sus pecados. Como los fariseos (Mateo 12:24-32), y los hermanos judaizantes apóstatas (Hebreos 6:4-6; 10:26-31) (véanse mis comentarios allí en NOTAS SOBRE HEBREOS), aquí en 1 Juan se hace referencia a tales como los que irían tras los gnósticos, al negar la encarnación de Jesús y llevar vida mundana bajo el pretexto de tener "conocimiento" especial y comunión con Dios por medio del gnosticismo. Tal actitud en los hermanos sería una cosa visible y viendo tal caso, no valdría la pena pedir por los tales. No es cuestión de juzgar el corazón de otro, sino de actuar según vemos."

* * *

939. CARTAS DE PABLO DESDE LA CÁRCEL EN ROMA

"Quiero preguntarle acerca de Pablo. ¿Que evidencia hay en la Biblia o extrabíblica con referente a su primer encarcelamiento donde se dice que escribió, Efesios, Filipenses y Colosenses?"

---

1. Las cartas Efesios, Filipenses, Colosenses y Filemón fueron escritas desde la cárcel en Roma durante el primer encarcelamiento narrado en Hechos 28. (De este encarcelamiento Pablo esperaba ser libertado, pero no del segundo que se menciona en 1 Tim. 4:6)

2. La evidencia interna se ve en estos pasajes entre otros:

Efesios 3:1; 6:20
Filipenses 1:13; 2:24; 4:22
Colosenses 1:24; 4:3,10
Filemón 1:1,10,22

* * *

940. LA IGLESIA "COMUNIDAD"

"El motivo de la siguiente es para preguntarle acerca del concepto "The Community Church." He leído algunas notas en inglés que es un nuevo modelo. ¿En que consiste? ¿Es asociación con las denominaciones? ¿Es solo un cambio en el nombre en los edificios? ¿Como está afectando a la obra hispana?"

---

1. La Iglesia Comunidad (Community Church, en inglés) es un nuevo fenómeno. No es propiamente una denominación. Por estar perdiendo miembros, debido a la insatisfacción de la gente en general con doctrina y el conservadurismo general, algunas iglesias bautistas en particular, y también de otras denominaciones, y últimamente algunas iglesias de Cristo, han quitado de sus letreros o rótulos los nombres denominacionales que antes usaban, y ahora ponen tal y tal "iglesia comunidad."

2. Emplean técnicas de mercado para saber lo que la gente más quiera, y luego emplean los medios apropiados para atraer a la gente. A consecuencia de esto, han logrado en poco tiempo grandes números de miembros.

3. Tales iglesias ponen énfasis, no en la doctrina tradicional de sus iglesias, sino en el entretenimiento y bienes sociales. Su doctrina principal es la de salvación por la fe sola. Suelen expresarse en tales frases como éstas: "Predicamos acerca de un Salvador, no un sistema; de una persona y no de un patrón; de un hombre, no de un

plan."

4. No están en contra de las denominaciones formales, sino apelan a los "sin iglesia;" o sea, a los que en la actualidad no profesan ser miembros de ninguna iglesia. No quieren identificarse con ninguna iglesia o creencia en particular, y por eso han adoptado el término "iglesia comunidad." Sus membresías representan personas que antes fueran de diferentes iglesias evangélicas, o de ninguna.

5. Su popularidad consiste en ofrecer sencillamente lo que la gente quiere. Lo que sus miembros crean no importa, con tal que se acepte que Dios es amor y que en algún sentido crean en Cristo Jesús.

6. Algunas iglesias de Cristo han quitado el término "Iglesia de Cristo" de sus edificios y anuncios y en su lugar han puesto algo que no les identifica con cierta creencia esencial. Algunas han introducido el drama, el entretenimiento, la música instrumental, predicadoras y ancianas, y obras de bienestar y asistencia social. Son populares porque sencillamente son del pueblo, y ya no de Cristo.

* * *

941. ¿ES FALTAR A LAS REUNIONES PERDER COMUNIÓN CON DIOS?

"¿Cuando un hermano deja de venir a la reunión de la iglesia por 3 o 4 semanas, ¿ha perdido comunión con Cristo? I Corintios 10:16

¿De qué depende nuestra comunión con Dios? I Juan 1:6-7 dice que depende en andar en luz o sea practicar la verdad.

¿Todo pecado nos separa inmediatamente de nuestra comunión con Dios? Si la repuesta es no ¿por que? ¿Qué pecado nos separa de Dios?

Cuando un hermano está desanimado y no se congrega, ¿peca, pierde su comunión con Dios? ¿El desanimo es pecado?

Cuando un hermano falta por un mes a la reunión de la iglesia, ¿este tiene que confesar su falta como dice santiago 5:16 y pedir la oración de los justos?

Si el hermano no lo hace, ¿está bien ante Dios? ¿Puede éste llegar a oración a Dios? ¿Podemos justificar la práctica de abandonar la reunión de la iglesia con Hebreos 10.25 cuando dice que es una costumbre dejarse de congregarse? ¿Pierde éste su comunión con Dios?

\- - -

1. Los pecados nos separan de Dios (Isa. 59:2).

2. Dios da tiempo para que la persona se arrepienta (Apoc. 2:21). No es cuestión de estar la persona constantemente saliendo de la gracia de Dios al pecar, y entrando de nuevo en ella al arrepentirse y confesar su pecado, y esto mecánicamente. El pecado es malo y Dios no lo acepta, pero no quiere que nadie se pierda y por eso es bondadoso, dando tiempo para el arrepentimiento (Rom. 2:4).

3. El desánimo no es virtud; no caracteriza al que sigue al Señor. Pero no es el desánimo lo que sea pecado sino lo que él produce, que es el pecado

de no congregarse con los santos (Heb. 10:25; 1 Cor. 11:18; Hech. 20:7).

4. Cuando un hermano falta por un mes a la reunión de la iglesia, y esto por negligencia y falta de amor por Cristo, seguramente peca y necesita arrepentirse y confesar públicamente este pecado que públicamente ha cometido.

5. Heb. 10:25 no dice que dejar las reuniones está bien por ser una costumbre, sino que algunos por costumbre dejan de reunirse y que no debemos seguir su ejemplo tan malo. El autor dice no hacer según la costumbre de algunos, sino exhortarnos en cuanto a ser fieles en las reuniones. No la primera cosa, sino la segunda.

6. "¿Puede éste llegar a oración a Dios?" El que persiste en su pecado no será oído de Dios cuando ora (1 Ped. 3:12). Si se arrepiente, debe orar a Dios y pedirle perdón (Hech. 8:22).

* * *

942. ¿CUÁNTOS AÑOS EN EL HUERTO DE EDÉN?

"¿Hay certeza alguna de cuánto tiempo pasó desde que Dios hizo al hombre hasta cuando lo sacó del edén?

¿Vivió 130 años desde su creación o desde su expulsión del edén? Si la respuesta que los vivió desde su creación ¿donde esta entonces   el concepto de eternidad con que Dios creó al hombre (sabiendo que eternidad se entiende como un espacio donde el tiempo no se cuenta)? o ¿son erradas las enseñanzas de algunos hermanos que nos enseñan que el hombre fue creado como para vivir eternamente?

Si en realidad el hombre fue creado para vivir eternamente entonces ¿los 130 años se contarían desde la salida de edén? Si esto es así entonces ¿quien podría determinar cuántos años tiene la tierra? Creo que nadie siendo así no podríamos entrar en la discusión si de la edad de la tierra porque ser miles, millones de años los que el hombre pudo estar en el edén."

\- - -

1. No, no hay certeza alguna de cuánto tiempo pasó desde que Dios hizo al hombre hasta cuando lo sacó del Edén. Entiendo que Eva concibió en seguida del mandamiento de Dios hallado en Gén. 1:28 porque Adán y Eva eran obedientes. Pero el nacimiento de Caín se registra en 4:1, sin duda en el tiempo fuera del huerto de Edén (según el contexto del capítulo 4). Esto demandaría una estancia en el huerto, de parte de Adán y Eva, de menos de un año. (Sobre esto no soy dogmático; es nada más la conclusión mía, la inferencia no necesaria, frente a los hechos revelados).

2. Otros hijos nacieron a Adán y Eva cada año según la implicación de 1:28, como también a los hijos de ellos, etcétera. La raza humana proliferó rápidamente. En el huerto Adán y Eva vivían para no morir (es decir, "eternamente") porque tenían acceso al árbol de la vida. Cuando fueron desterrados del huerto, ya no tenían más acceso a él (3:22-24) y ahora se hallaban sujetos a la muerte

(3:19).

3. Los años de vida de Adán se marcan desde su creación (5:1-5). Dice 5:5 que *"todos* los días que vivió Adán" fueron "novecientos treinta años." El texto no dice que después de ser echado del Edén que *envejeció* tantos años.

4. Dios creó a Adán y a Eva capaces de vivir para siempre por medio de comer del árbol de la vida. Mientras eran obedientes (sin pecado) no estaban sujetos a la muerte porque comían del árbol de la vida, juntamente con los demás árboles para sostener la vida sobre la tierra (Gén. 2:16; 3:22). Dios por su omnisciencia sabía que el hombre pecaría, pero hasta que pecara el hombre iba viviendo "para siempre" (3:22).

5. Adán y Eva fueron creados en el principio de la creación de Dios (Mar. 10:6). Duraron poco tiempo en el huerto de Edén. La historia del hombre sobre la tierra, y el tiempo de la existencia del universo físico, cuentan con unos seis mil años (contando las generaciones narradas en Gén. capítulos 5 y 11, y tal vez hasta diez mil, agregando posibles omisiones de algunas personas), no más. La creación de Dios es relativamente joven comparada con los supuestos billones de años de la ciencia falsamente llamada de la evolución orgánica.

6. Nadie sabe cuántos años tiene el universo (y el hombre sobre la tierra desde la creación), pero sabemos que no es cuestión de billones y millones para ellos. El universo es muy joven comparado con la falsa teoría evolucionista que le atribuye una edad muy antigua de billones de años. La cuestión que discutir no es de "cuántos años (exactos) tiene el universo" (cosa que no lo sabe nadie, ni el evolucionista), sino si es relativamente joven o antiguo. La Biblia dice que joven; el incrédulo dice que antiguo.

7. Frente a la pregunta: "Cuántos años tiene el universo y el hombre sobre la tierra?" no me da ninguna pena tener que contestar que "No sé," pues tampoco sabe el incrédulo; nadie lo sabe. Pero sí sé por la palabra de Dios que entre Adán y Cristo (Luc. 3:23-38) no hay suficientes generaciones para sumar millones de años; hubo 75 generaciones mencionadas. Yo puedo meter unos miles de años en 75 generaciones; ¿puede el incrédulo meter muchos millones en ellas? Mat. 1:1-17, narrando el tiempo entre Abraham y Jesús, da tres series de catorce generaciones, y no hubo más de dos mil años entre Abraham y Jesús. ¿Cómo pudo haber habido millones de años entre Abraham y Adán? Si más de la mitad de las 75 generaciones cubren apenas dos mil años, aun tomando en cuenta que los antiguos vivían vidas muy largas (Gén. 5), ¿cómo puede uno hacer caber 4.5 millones de años (según los evolucionistas) en las demás generaciones? Yo no sé cuántos años (exactos) tiene el presidente de los EE.UU., pero sí puedo afirmar que ¡no tiene millones de años!

* * *

943. PERDÓN DE PECADOS BAJO EL ANTIGUO TESTAMENTO

"Antes de que Jesucristo viniera, ¿cómo eran salvos los creyentes?"

\- \- \-

1. Respecto a su pregunta sobre la salvación de personas fieles del Antiguo Testamento, la sangre de Cristo fue derramada para la remisión real de sus pecados, como para los de los hombres que hemos vivido desde la cruz de Cristo hasta la fecha. Véase Heb. 9:15. Los pecados cometidos antes de la cruz de Cristo fueron perdonados a los fieles solamente de manera típica. Nótense Heb. 9:22; 10:4.

* * *

944. JUGAR FÚTBOL, EJERCICIO FÍSICO

"¿Será que es deshonroso que un cristiano juegue fútbol en los ratos libres, estoy diciendo que como se dice aquí en Guatemala una "chamusca" lo cual no es nada formal?

\- \- \-

1. No conozco la palabra "chamusca" pero no es deshonroso que el cristiano se divierta, jugando fútbol simple; es decir, nada formal. Para una discusión más amplia sobre el recreo o juego honesto, cito de mi comentario, NOTAS SOBRE 1 TIMOTEO, 4:7,8 ————————

"———————————— Ejercítate ———————————— Esta palabra aparece en Heb. 5:14; 12:11; 2 Ped. 2:14. El vocablo griego, GUMNADZO, significa "(hacer ejercicio) desnudo", o sin ropa (exterior). De ella viene la palabra española, "gimnasio", pues los griegos se entrenaban sin ropa exterior para prepararse para los juegos olímpicos. Ellos se ejercitaban para una corona corruptible (1 Cor. 9:24, 25); el cristiano se ejercita para una incorruptible (1 Cor. 9:25).

Aquí Pablo habla de ejercitarse espiritualmente (como en el ver. 10, sufrir oprobios), como en el versículo anterior habló de nutrirse espiritualmente. Este ejercicio tiene por meta la piedad.

Debe notarse que la palabra griega aquí está en modo imperativo presente, significando hacerlo continuamente. "Sigue ejercitándote", dice Pablo. Es acción continua.

El texto griego comienza esta frase con DE (= pero, y, por otra parte). Nuestra versión ignora esta palabra. Dice la ver. ASV., "y ejercítate"; la NVI., "Más bien ejercítate"; la N.M., "por otra parte ve entrenándote". Otras versiones también hacen caso de esta palabra griega en el texto. Pablo está diciendo: "Timoteo, rechaza las fábulas, pero por otra parte sigue entrenándote con respecto a la piedad".

———————————— para la piedad ———————————— Aquí la preposición griega no es EIS (para, como en Hech. 2:38), sino PROS (hacia, con respecto a, en vista de). Por eso otras versiones dicen, "en la piedad" (Mod., P.B., N.C., NTP., NVI., etcétera). La N.M. dice, "teniendo como mira la devoción piadosa".

Debemos siempre ejercitarnos en las cosas que promueven la piedad en la vida, y al mismo tiempo debemos evitar doctrinas y filosofías ridículas que conducen a tales prácticas como el ascetismo, cosas abogadas por maestros engañadores.

4:8 ——————————————— porque el ejercicio corporal para poco es provechoso ——————————————— Aquí se trata del ejercicio del cuerpo. Sobre "ejercicio", véase el ver. 7, comentario. La palabra griega aquí traducida "corporal" aparece en forma adjetival en Luc. 3:22, y en forma adverbial en Col. 2:9.

La frase "para poco" aparece en el texto griego en forma idéntica en Sant. 4:14, donde se traduce, "un poco de tiempo". En Heb. 12:10 a la misma frase sigue la palabra "días", y la frase se traduce, "por pocos días".

Pablo no está diciendo que el ejercicio corporal no vale nada; no dice que no importa nada, ni que debemos hacerle caso omiso. Ya había dicho "Ejercítate para la piedad" (ver. 7), y ahora pasa a contrastar lo poco de provecho que tiene el ejercicio corporal con el provecho para todo que tiene el ejercicio en la piedad. Como fin en sí, el ejercicio corporal tiene provecho de poca duración, pues tiene que ver solamente con la vida física. Pero el ejercicio en la piedad aprovecha ahora (en cuerpo, también, y no solamente en espíritu), y para siempre. Aquí es donde se debe poner todo el énfasis.

(Al mismo tiempo el cuerpo es para el Señor, y es templo del Espíritu Santo, 1 Cor. 3: 13,19. Jesús tomó tiempo para recreo, Mar. 6:31,32. Es correcto disciplinar el cuerpo para su óptima salud. La cosa que recordar es que el ejercicio corporal no debe considerarse como un fin en sí)."

* * *

945. SANTIAGO 5:14-16

"En Santiago 5, dice que si alguno está enfermo llame a los ANCIANOS de la Iglesia, para que oren por el, ungiéndole con aceite en el nombre del Señor, y la oración de fe sanará al enfermo y el Señor lo levantará, y si hubiere cometido pecados les serán perdonados.

1-Bueno, que pasa si en una congregación NO HAY ancianos, si el mandato Bíblico es claro y dice ANCIANOS, no dice predicadores, evangelistas, maestros o diáconos.

2-En el N.T. es el único mandato especifico y práctico acerca de la sanidad para los creyentes enfermos, y es LA ÚNICA esperanza para los tales, sobre todo para los que tienen enfermedades incurables y no tienen posibilidades económicas de un tratamiento, ya que como el texto no dice o especifica qué enfermedades, se trata entonces de cualquier enfermedad, que según este mandato va a ser sanada si se obedece al tal. ¿Es una enfermedad solamente espiritual o solamente es física? En todo caso si es espiritual, no habría ninguna esperanza para el creyente enfermo físicamente, y si ese mandato ya no está vigente ya que algunas iglesias de Cristo no la practican totalmente o la practican parcialmente, tampoco hay esperanza, solo queda

morir a un creyente enfermo. ¿Es así o no?

3-¿Es necesario ungir CON aceite? Si el mandato es así, no dice con otro elemento, ya que no hacerlo o hacerlo con otro elemento es desobedecer el mandato bíblico.

4-¿Dónde queda la medicina secular si el mandato bíblico para sanar a creyentes es este? ¿Se debe usar, o se debe complementar como dicen algunos, si o no?

\- \- \-

1. Para responder a esta serie de preguntas, cito de mi obra, NOTAS SOBRE SANTIAGO, 5:13-16.

5:14 ——————————————— "¿Está alguno enfermo entre vosotros?" La enfermedad aquí referida es física, no espiritual (pues la mención de posibles pecados aparte de la enfermedad, versículo 15, lo confirma). Santiago ya había mencionado la aflicción (versículo 13), que es sufrimiento general; aquí es específico.

La enfermedad misma no es siempre resultado del pecado. Véanse Lucas 13:1-5; Juan 9:1-3. Ella viene a todos los hombres. Considérense los casos de Pablo, Timoteo, Epafrodito, y Trófimo (2 Corintios 12:1-10; 1 Timoteo 5:23; Filipenses 2:26,27; 2 Timoteo 4:20).

———————————————"Llame a los ancianos de la iglesia". La iglesia aquí referida es la local (2:2). Los ancianos gobernaban solamente iglesias locales (Hechos 14:23; Filipenses 1:1). No estaban sobre distritos geográficos.

Según la enseñanza del Nuevo Testamento, el anciano es la misma persona que el obispo, o pastor. Lucas dice que Pablo hizo llamar a los ancianos de la iglesia de Cristo en Efeso (Hechos 20:17), y luego Pablo los llamó obispos (versículo 28), diciendo que apacentaran (fueran pastores de) la iglesia. En el texto griego la palabra para decir apacentar es la que significa pastorear (ser pastor). Varias versiones dicen "pastorear", en lugar de apacentar.

Vemos la misma verdad delineada en 1 Pedro 5:1-4. Pedro habla de los ancianos, diciéndoles que apacienten (sean pastores de) la grey de Dios y que cuiden (sean obispos, supervisores) de ella. El texto griego hace claro que los tres términos, anciano, obispo, y pastor, se refieren a la misma persona.

En Tito 1:5,7, vemos que el anciano (versículo 5) es el mismo que el obispo (versículo 7).

No dice Santiago que se llamen los sacerdotes, o los llamados "pastores" (es decir, los ministros modernos), como tampoco a los "sanadores". Los católicos romanos apelan a este versículo para justificar su doctrina de la Extrema Unción (uno de sus siete sacramentos). Pero Santiago no habla de caso de uno a punto de morir; no dice llamar a los sacerdotes; no dice nada de sacramentos. Además, el enfermo del caso de Santiago no muere; ¡siempre sana! (versículo 15). Los protestantes que tienen campañas de llamada sanidad divina ¡no tienen ancianos bíblicos a quienes llamar! Este pasaje no tiene nada que ver con prácticas católicas y protestantes, llamadas extrema unción y sanidad divina.

—————————————————"y oren … del Señor". Los ancianos habían de orar en conexión con el milagro que estaban a punto de efectuar. Compárense Marcos 9:29; Juan 11:41; Hechos 9:40.

La unción con aceite era como señal del milagro que seguiría, y servía, pues, para preparar al enfermo, a los ancianos, y los que estuvieran presentes para dicho milagro. Era símbolo del poder que Dios ejercería por medio de los ancianos. Compárese Marcos 6:13. (Imponer manos, Marcos 1:41, y el uso de lodo, Juan 9:6, también eran símbolos del milagro que seguiría).

Esta unción (no la oración) había de ser hecha "en el nombre del Señor", o sea, por la autoridad de Jesucristo. Ungir al enfermo "en el nombre del Señor" le indicaría que el milagro para seguir sería obra del Señor Jesucristo.

Sabemos que el don de sanidad existía en la iglesia primitiva (1 Corintios 12:9,28). Era dado por la imposición de manos apostólicas (Hechos 8:14-19). Es muy probable que aquí se refiera a casos de tener los ancianos primitivos este don, y de ejercerlo en caso de enfermedad física.

El aceite era ungido en tiempos del Antiguo Testamento ceremonialmente. Véanse 1 Samuel 10:1; 16:13. Era usado también para fines medicinales (Isaías 1:6; Jeremías 8:22; Lucas 10:34). Pero cabe mejor en este contexto el uso simbólico, como en Marcos 6:13. Este uso llamaba la atención de todos al poder del milagro.

Si la sanidad de este versículo no era milagrosa, ¿por qué, pues, hacer venir a los ancianos? La oración del enfermo mismo, o de otros hermanos, habría tenido la misma eficacia. Pero si los ancianos tenían el don de sanidad (¿y a quiénes más habrían dado los apóstoles este don en cada iglesia?), con razón se les llamaría a venir al enfermo.

Con la muerte de los apóstoles cesó el impartir de dones milagrosos, y con la muerte de los que tenían tales dones, cesaron los milagros para siempre. Ya habían cumplido su propósito (el de confirmar la palabra predicada, Marcos 16:20; Hebreos 2:3,4). Santiago 5:14,15 no se aplica directamente al tiempo actual; de otra manera, ¡el cristiano nunca moriría, pues los ancianos seguirían levantándole de la enfermedad! Pero el hombre tiene que morir (Hebreos 9:27). Este pasaje sin duda es interpretado correctamente dentro del contexto de los milagros del primer siglo.

Seguramente el Señor hoy oye las oraciones de sus hijos enfermos y bendice los medios empleados para su restauración física, pero no lo hace milagrosamente como en el tiempo de los milagros.

5:15 —————————————————— "Y la oración … enfermo". La fe aquí referida es la de los ancianos. Aunque tenían el don de sanidad, su propia fe tenía que ver con el milagro. Compárese Mateo 17:19,20.

Notemos que el crédito del milagro se atribuye a la fe (que obra en la oración), y no al aceite (o aun a la oración sola).

Los "sanadores" modernos, que promueven llamadas campañas de sanidad, tratan de disculparse en no poder hacer milagros de sanidad, diciendo que al enfermo le falta fe. Pero las Escrituras exponen la mentira de ellos, pues hay casos de sanados que no tenían fe en Cristo Jesús. Por ejemplo, el ciego de Juan 9, después de sanado (versículo 7), quiso saber quién era Jesucristo para poder creer en él (versículos 35,36). Véase también Hechos 3:5 y 16 (la fe de Pedro y de Juan). ¿Tenían fe los muertos que fueron resucitados (por ej., Hechos 9:36-41)?

La palabra "salvar " debería ser "sanar " (como dicen muchas versiones), o "restaurar " (Versión La Biblia de las Américas). La palabra "salvar" sugiere la idea de salvación de pecados (pero los pecados no entran todavía en la discusión). La versión que estoy empleando dice sanar en Hechos 14:9 (y debería decirlo en Marcos 5:34 y en Lucas 8:48).

—————————————————"y el Señor lo levantará". El Señor es Jesucristo, como lo es en el versículo anterior. El Señor levantaría al enfermo de su lecho de enfermedad. Compárese Marcos 1:31. (No se trata aquí de la resurrección final de los muertos).

—————————————————"y si … serán perdonados". Cuando uno está enfermo, tiende a pensar en su estado espiritual también. Si el enfermo de este pasaje había cometido pecados, arrepentido (esto va por supuesto, pues es condición bíblica, Hechos 8:22), confesaría sus pecados (versículo 16). La oración de fe de los ancianos incluiría sus pecados, y no solamente sanaría de su enfermedad, sino también tendría sus pecados perdonados. El perdón de los pecados es condicional.

5:16 ————————————————— "Confesaos … seáis sanados". Varias versiones agregan la palabra "pues" ("Confesaos, pues…"). La Versión La Biblia de las Américas dice, "Por lo tanto, confesaos". Hay una obvia conexión entre este versículo y los dos anteriores. La confesión y la oración aquí son mandadas como requisitos para la sanidad del enfermo que había pecado.

Los verbos "confesaos" y "orad" aparecen en imperativo presente, y por eso significan "estar confesándose (u orando) de continuo", o "habitualmente". Es un deber diario que tienen los cristianos de estar confesando sus pecados (al cometerlos) unos a otros, y de estar orando unos por otros. Compárese Hechos 8:24; 1 Juan 5:16. Véanse también Hechos 12:5; Filipenses 1:3; Colosenses 1:3; 2 Tesalonicenses 3:1. No hay nada de "confesión auricular" aquí en este pasaje (como tampoco en ningún otro). En la confesión auricular los unos se confiesan a otro, pero el "otro" ¡no se confiesa a ellos!

El verbo seáis sanos en este versículo es otro (en el griego) que ése que se encuentra en el versículo anterior (salvar, o sanar), pero tiene la misma aplicación. Este pensamiento vuelve a hacer

386

conexión con los versículos 14 y 15. El hermano enfermo, con pecados no perdonados, sería sanado con tal que estuviera arrepentido y que hiciera confesión de sus pecados. Entonces los ancianos podrían ungirle con aceite y orar por él, y se le aseguraba que la oración lograría su fin deseado.

————————————————"La oración … puede mucho". Más bien, "súplica" o "ruego". El justo es el hombre (como los ancianos de las iglesias) que está haciendo la voluntad de Dios (1 Juan 2:29; 3:7). Sus oraciones de súplica logran mucho en su actividad de importunar a Dios. "La súplica del justo, puesta en acción, tiene gran poder" (Versión J. T. de la Cruz, Versión Hispanoamericana). "El ruego del hombre justo, cuando está en acción, tiene mucho vigor" (Versión Nuevo Mundo). El justo sigue suplicando. Véanse Lucas 11:5-8; 18:1-8; Mateo 15:21-28. Dios quiere que estemos haciéndole nuestras peticiones y súplicas de continuo. El justo lo hace, y Dios le concede las peticiones de su corazón."

* * *

946. LA PACIENCIA Y LA DISCIPLINA

"Amado hermano, cuando la Biblia nos habla de la paciencia de Dios nos dice que ésta es para salvación, 2 Pedro 3:15. Pero también nos dice que es para arrepentimiento, 2 Pedro 3:9; Romanos 2:4. También la Biblia nos habla de la paciencia que debemos tener los cristianos unos con otros y esta por supuesto debe de ser la paciencia que Dios tiene con nosotros. I Tes 5:14 nos habla de la paciencia para con todos y esta paciencia es para los hermanos de poco animo, los débiles, y tenemos que amonestar a los ociosos.

Luego de hacer este planteamiento hermano deseo saber hasta cuándo hay que tener paciencia con aquellos hermanos que siempre están persistiendo en abandonar las reuniones de la iglesia después que se les ha enseñado o sea se ha practicado con ellos la disciplina instructiva. La pregunta es: ¿Hasta cuándo hay que soportar a hermanos rebeldes en la iglesia? ¿Dios tiene límite en su paciencia? ¿La iglesia debe tener límites con hermanos que después de una y otra amonestación persisten en su pecado? Hay hermanos que justifican la práctica de tales hermanos diciendo que Dios es paciente y que él no vino para perder las almas sino para salvar."

- - -

1. La paciencia de Dios es grande pero tiene límites. Su paciencia no significa que nunca llamará a cuentas al pecador. Dios da tiempo para que el hombre se arrepienta (Apoc. 2:21), pero si no se arrepiente Cristo promete venir pronto contra él (2:16).

2. Sí, la iglesia local tiene que poner límite a la paciencia con referencia a los rebeldes, porque la disciplina tiene por meta la salvación del rebelde (1 Cor. 5:5; 2 Tes. 3:14,15). Usar de la paciencia sin límite obra mal para el que anda mal.

3. El débil, al ser exhortado, debe dejar la debilidad y hacerse fuerte (1 Cor. 16:13). Si no lo hace, sino persiste en buscar abrigo en la debilidad, debe ser amenazado con la disciplina. Si no se corrige, debe ser excomulgado.

4. Usted tiene razón al decir que hay "hermanos que justifican la práctica de tales hermanos diciendo que Dios es paciente y que él no vino para perder las almas sino para salvar." Lo que ignoran estos hermanos es que la paciencia de Dios no es para que el rebelde nunca deje su rebeldía, y que Cristo vino a buscar y a salvar al que se arrepiente pronto y no al que persiste en su error. De los tales dice Jesús, "vosotros sois los que os justificáis a vosotros mismos" (Luc. 16:15). Estos no procuran por medio de la disciplina la salvación de quienes andan mal, sino su perdición al no llamarles nunca al arrepentimiento. Exaltan la sabiduría humana sobre la divina.

* * *

947. LA AUTONOMÍA DE LA IGLESIA LOCAL

"Necesito me ayude si está a su alcance, pues no entiendo mucho el tema de la autonomía de la iglesia y tengo duda ya que he oído que una Iglesia local que no tiene ancianos y que solo está guiada por la junta de varones no es autónoma. Así que cualquier comentario me ayudaría mucho."

- - -

1. La palabra "autonomía" (de la iglesia local) no aparece en las Escrituras, pero el concepto, representado por dicha palabra, sí se presenta en ellas.

2. La palabra es compuesta de dos palabras griegas, mismo y ley; es decir, gobernarse solo, o independiente. Significa dirigirse solo sin intervención de control ajeno.

3. La iglesia local es la única unidad de acción autorizada en las Escrituras para obras colectivas. Considérense Hech. 20:17,28; 15:22; Rom. 16:16; 1 Cor. 11:18; Fil. 4:15; 1 Tim. 5:16; 1 Ped. 5:2,3; Rev. 1:4. Las Escrituras del Nuevo Testamento no conocen a ninguna clase de jerarquía humana sobre las iglesias locales. Por eso la iglesia local es autónoma o independiente, no importando su tamaño en cuanto a número de miembros, ni su localidad, sea en ciudad principal o en el campo.

4. Una iglesia local es iglesia con o sin ancianos. Para cuando es tiempo de nombrar ancianos para la iglesia local, la iglesia ya está en existencia, Hech. 14:23. Toda iglesia, pues, con o sin ancianos es autónoma.

5. Tomar la posición de que la iglesia local sin ancianos no es autónoma demanda la conclusión de que algo aparte de iglesia local (como una forma de jerarquía humana) controla a ella (pero tal jerarquía no existe), o de que ella no es iglesia (porque Pablo constituyó ancianos en *iglesias* que antes no las tenían.

6. Hombres ambiciosos y que no respetan la autoridad de las Escrituras siempre buscan control sobre otras iglesias. Se les reta a los tales que produzcan un pasaje bíblico que muestre a una iglesia dominando y controlando a una sin

ancianos, o una forma de jerarquía humana dominando y controlando a ella.

7. Cada iglesia es autónoma por institución del Señor y debe ejercerla con responsabilidad.

* * *

948. ¿DIOS SANA POR ARTE DE MAGIA?

"Deseo contarle algo acerca de algunas personas que no creen en la medicina como un medio que Dios le ha dado al hombre para aliviar sus dolores, sino que enseñan que Dios les tiene que curar así como por arte de magia. Lo que yo creo según la Escritura es que Dios nos ha provisto la medicina y los médicos para nuestro alivio y también el nos puede ayudar de otra manera."

- - -

1. Las Escrituras condenan la magia negra, mentiras y engaños de Satanás (Hech. 19:19). El cristiano no tiene nada que ver con ello, pues sería confiar no en Dios sino en Satanás. Como los creyentes efesios quemaron los libros de magia que antes les habían sido de gran valor monetario, los cristianos de hoy se libran de tales cosas como amuletos, horóscopos y talismanes a los cuales la gente pagana atribuye poder sobrenatural. Pero todo ello es adivinación pretendida, nada más.

2. El cristiano se vale de las medicinas descubiertas. Pablo exhortó a Timoteo a que no descuidara de su salud física, diciéndole que usara un poco de vino y que no usara solamente agua (1 Tim. 5:23), ya que padecía de "frecuentes enfermedades."

3. Timoteo padecía de una condición crónica que requería esta receta de Pablo. Por eso no le convenía a Timoteo beber solamente agua, debido al agua comúnmente contaminada, sino tomar a la vez algo de vino. No lo había de tomar para el gusto del efecto de alcohol, sino para remediar o aliviar su condición de mala salud. En ese tiempo no había otro remedio mejor para su mal.

4. El cristiano enfermo no depende solamente de medicinas descubiertas por el hombre, sino, empleándolas siempre va a Dios en oración, echa su ansiedad sobre el Padre (1 Ped. 5:7), y Dios cuida de él. Véanse Sant. 5:13-15; 1 Jn. 5:14,15. Dios bendice el esfuerzo del hombre obediente y fiel.

* * *

949. 1 CORINTIOS 1:2, "DE ELLOS Y NUESTRO"

"En su comentario de la primera carta a los Corintios 1:2 al final dice que Nácar Colunga escribe "de ellos y nuestro." Si alguien me dijera que se refiere al lugar en que viven ellos y donde nosotros vivimos y no al Señor de ellos y nuestro, sería correcto contestarles que decir esto es un pleonasmo ya que sería como decir bájate para abajo o súbete para arriba, ya que el texto aclara "en cualquier lugar," ¿estaría yo en lo correcto?"

- - -

1. Sí, estaría en lo correcto.

2. El punto del apóstol Pablo en el contexto no tiene que ver con lugares en sí, sino con la verdad de que el Señor es *uno*, y por eso es el Señor de "*todos* los que invocan" su nombre, no importando dónde vivan. Véase Efes. 4: 5. Por vivir los santos "en cualquier lugar" no hace que haya una pluralidad de Señores. Compárese 1 Cor. 12:4.

* * *

950. ROMANOS 4:13, HEREDERO DEL MUNDO

"¿Esta bien usar 1 Cor. 3:21 para refutar el mismo argumento que usted discute en Rom. 4:13 en cuanto a 'heredar este mundo'?"

- - -

1. Al parecer alguien ve contradicción entre lo que dice 1 Cor. 3:21 y lo que explico al comentar sobre Rom. 4:13 en cuanto a la frase, "heredar este mundo." El interrogador no informa sobre lo que la persona afirme respecto a 1 Cor. 3:21.

2. No hay ninguna contradicción entre los dos pasajes bien interpretados según sus contextos. A continuación cito de mis dos obras, Rom. 4:13 y 1 Cor. 3:21, y veremos perfecta armonía entre los dos pasajes.

Sobre Rom. 4:13 escribo: "**4:13** ——————————————— "no por la ley," más bien dicho, según el texto griego y la línea de argumentación de Pablo en esta sección, "no por ley." Es decir, Abraham no recibió la promesa a causa de haber guardado perfectamente alguna ley. La promesa no le fue hecha a consideración de observar ley, sino de justificación por fe.

——————————————"heredero del mundo." Este texto es usado por muchos para enseñar que este mismo mundo, aunque renovado, dicen, va a ser poseído como la "tierra nueva" (2 Pedro 3:13; Apoc. 21:1). Tal interpretación, no solamente ignora por completo el contexto sino también contradice los muchos textos bíblicos que enseñan que la tierra o patria que el cristiano poseerá es *celestial* (Heb. 11:14-16). Además, 2 Pedro 3:13 y Apoc. 21:1 hablan de un nuevo orden de cosas, y no literalmente de este mismo mundo en forma renovada. (Véanse más comentarios sobre Apoc. 21:1 en mi obra, NOTAS SOBRE APOCALIPSIS).

En las promesas dadas a Abraham (Génesis 12, 13, 15, 17, 22), no vemos ninguna expresada en esta forma, "heredero del mundo." Pero sabemos que no se hace referencia a la promesa de la tierra de Canaán, porque la promesa tenía que ver con el *mundo*, no con una pequeña porción de él. Gén. 12:1-3 muestra que Dios prometió a Abraham que en él serían benditas todas las familias de la tierra. Pero en 22:18 vemos que en la simiente de el (en Cristo, Gál. 3:16) serían benditas todas las naciones de la tierra. Concluimos que todo el mundo es bendecido (espiritualmente) en Abraham porque en la simiente de él (en Cristo) es bendecido. La iglesia de Cristo, compuesta de todas las naciones, es la totalidad de los hijos de Abraham por la fe (Gál. 3:29; Rom. 4:16). Abraham heredó al mundo como sus hijos espirituales. En Cristo el hijo de Abraham (cristiano) tiene toda bendición espiritual (Efes. 1:3). Todo cristiano es parte de la iglesia de Cristo, la casa de Dios (1 Tim. 3:15). La iglesia se compone de todas las naciones, y sus miembros son hijos de Abraham por la fe, porque a Abraham se le prometió que él sería "padre de muchedumbre de gentes."

Haciendo resumen, vemos que Abraham iba a heredar el mundo. Lo "hereda," no en sentido de poseerlo literalmente, sino en venir a ser el padre de muchas naciones y que en él serían bendecidas todas las naciones de la tierra. Esto se refiere a las bendiciones espirituales que los hijos de Abraham por la fe tienen como miembros de la iglesia de Cristo, la cual iglesia es compuesta de gentes de todas las naciones. Todo el contexto de Romanos 4 trata de la promesa de justificación (perdón de pecados) para todas las naciones, según la promesa hecha a Abraham. La promesa era espiritual, y Abraham hereda el mundo espiritualmente. Véase el versículo 17."

Además escribo: "Los herederos." Como Abraham heredó el mundo, también sus hijos espirituales lo "heredan." La descendencia en la carne de Abraham heredó la tierra de Palestina, pero la descendencia por la fe (los cristianos, sean judíos o gentiles) hereda el mundo. ¿Cómo? ¡En Cristo! Todo el mundo iba a ser bendecido en la simiente de Abraham (Gén. 12:1-3; 22:18). Cristo es esa simiente (Gál. 3:16). Dios constituyó a Cristo "heredero de todo" (Heb. 1:2). Esto lo profetizó David (Sal. 2:7,8, "te daré por herencia las naciones"). Es cumplido en el reinado de Cristo ahora en su reino, la iglesia, y los cristianos participan en este reinado. (Véase mi obra, NOTAS SOBRE APOCALIPSIS, Apoc. 2:26, 27, comentarios). Los cristianos heredan el mundo en sentido espiritual, como también Abraham. Heredan las bendiciones espirituales en Cristo, que son para todo el mundo, para todos los hijos espirituales de Abraham (Gál. 3:7,8). Como cristianos heredamos la justicia (Heb. 11:7), la gloria (Rom. 8:16,17), la vida eterna (Tito 3:7), el reino eterno (Sant. 2:5; Mat. 25:34; 2 Ped. 1:11). ¡La herencia es espiritual, no material!"

Sobre 1 Cor. 3:21 escribo: "**3:21** ——————————— A s í q u e ——————————— Con esta frase Pablo llega a la conclusión de su argumento en este capítulo, de que los predicadores son únicamente servidores, colaborando con Dios; que son responsables por su construcción sobre el fundamento ya puesto, que es Jesucristo; que destruir con la división y la contención el templo santo de Dios trae de Dios destrucción para quienes lo hacen; y que la sabiduría de los hombres, que contradice la sabiduría divina, es insensatez y vanidad. Siendo así el caso, la conclusión obvia es la declaración siguiente:

——————————— ninguno se g l o r í e e n l o s h o m b r e s ——————————— Se trata de gloriarse en la relación particular que la persona sostiene con ciertos hombres, como si esa relación fuera la consideración más importante (ver. 4). Ningún hombre tiene algo de interés peculiar para el cristiano para que éste se gloríe por llevar una relación con él. Todo gloriarse queda excluido (1:29).

——————————— porque todo es vuestro ——————————— Ahora sigue la razón de por qué no gloriarse en los hombres, como perteneciendo a ellos. Si todos los beneficios espirituales que ellos pueden proporcionar a otros son nuestros, si ellos entonces en realidad pertenecen a nosotros, no tiene sentido procurar pertenecer nosotros a ellos. En este sentido aun los ángeles son nuestros (Heb. 1:14). Todo lo que es de Dios es para el beneficio del pueblo de Dios (Rom. 8:28).

Decir "soy de Pablo, etcétera" equivalía a decir "soy siervo de él, soy suyo de él", pero en realidad ¡él es nuestro! Decir "soy de él" equivaldría a poner la confianza en él, mientras que toda nuestra confianza debe estar basada en Dios, y los hombres son nada más servidores de Dios que nos benefician por medio de sus servicios."

* * *

951. LA CENA DEL SEÑOR Y LOS ÁGAPES (1 COR. 11:20-34 Y JUDAS 12)

"El motivo de mi escrito es volver a enviarle unos estudios, que ya le envié en una anterior ocasión, pero usted tenia problemas con los datos adjuntos de su correo y vuelvo otra vez a enviárselos.

Le agradecería los revisara y estudiara, ya que es un tema que me interesa y quiero saber su opinión.

Como añadidura a estos estudios le diré sin rodeos que realmente me han impresionado y hace que muchas preguntas se formen en mi mente y cuestione otras.

A parte de los cuatro estudios adjuntos le escribo unas líneas que me han hecho reflexionar:"

= = =

"En cuanto a la cena del Señor de los Corintios se sabe por fechas históricas que desde que la instauró el Señor Jesucristo hasta que Pablo escribe a los Corintios han pasado 20 años en los cuales las iglesias celebraban la cena del Señor correctamente y sólo es después de 20 años a la única iglesia de Corintio que se les llama la atención por su mal uso, lo cual nos dice que las demás lo hacían correctamente y que en 1ª de Corintios Pablo no está dando un ejemplo apostólico para todas las demás iglesias pues no tenían necesidad puesto que y a l l e v a b a n m u c h o s a ñ o s h a c i é n d o l o correctamente. El caso de 1ª Corintios es una corrección a un caso determinado en particular y no un ejemplo apostólico a seguir en cuanto a la cena del Señor por las demás iglesias a no ser que las demás iglesias incurran en los mismos errores que los Corintios.

Pablo les dice a los Corintios que no dejen de tener sus ágapes en las que se incluye la cena del

Señor, lo que les está diciendo es como prevenir los abusos que es que los hambrientos que no tienen paciencia ni miramiento con los más pobres o con aquellos que llegaban más tarde quizás debido por sus trabajos, coman en sus casas para así no venir tan hambrientos y poder esperar a los demás formándose así la comunión del cuerpo de Cristo a la cual ellos estaban incumpliendo.

Nótese también que si leemos en:
Mateo 26:17-26 la cena del Señor se celebró dentro de una comida, la Pascua, no fue ni antes ni después.

Marcos 14:22, dice: 'y mientras comían, Jesús tomó pan y bendijo y lo partió y les dio, diciendo tomad esto es mi cuerpo;' otra vez se nos vuelve a decir que fue en medio de una comida.

Lucas 22:17-20: nos dice que Jesús primero repartió en medio de la cena pascual el jugo de la vid pero de momento no lo tomaron solo fue repartido, después cogió el pan, lo bendijo y lo repartió y lo tomaron, todo esto en medio de la comida pascual y al final de la comida pascual tomaron el jugo de la vid, que anteriormente se había repartido. Aquí estamos viendo que el pan se reparte en medio de la cena y el jugo se toma al final. Estos dos elementos no se toman en su conjunto, uno detrás de otro seguidamente sino separados por el tiempo que duraría la cena, como ya he dicho antes uno en mitad y otro al final del tiempo de la duración de la cena y no los dos juntos seguidos como un acto aislado o separado de la cena. Lo cual nos dice que la cena del Señor, Jesús la instituyó para que se tomara en o durante un ágape de comunión entre los hermanos.

También en 1ª Corintios 11:25 nos confirma lo que hemos venido diciendo anteriormente, que la copa fue tomada después de haber cenado dejando un tiempo largo entre el pan y la copa y no tomando los dos elementos en su conjunto en un momento determinado, ni les mandó que lo hiciesen en un acto tomándolos uno inmediatamente detrás del otro como algo separado o fuera del entorno de un ágape.

1ª Corintios 11:33 nos dice como mandamiento de Pablo: 'Así que hermanos míos cuando os reunís a comer, esperaos unos a otros'. Pablo nos está confirmando que la iglesia de Corintio y por inferencia también el resto de las iglesias se reunían el primer día de la semana para comer un ágape, que en medio de él se daba la cena del Señor. Pablo no anula el comer el ágape sino regula la forma como se debe hacer que es esperándose unos a otros para que el ágape en el cual está incluida la cena del Señor sea verdaderamente la comunión del cuerpo de Cristo que es la comunión de los hermanos. Y 1ª Corintios 11:34 nos dice Pablo que el que tiene hambre y por causa de su hambruna no se puede esperar que coma en su casa antes de reunirse para que así no este tan hambriento y se pueda esperar a los demás hermanos y participar de una verdadera comunión tomando dignamente la cena del Señor de esta manera.

Hoy día hay muchas iglesias en que la participación de la cena del Señor parece más a la atmósfera de un funeral. Las cabezas de las personas son agachadas mirando hacia abajo, los ojos cerrados y la gente en silencio introspectivamente buscando en sus almas un pecado inconfesado. La bandeja de pan se coloca sobre una pequeña mesa, cubierto por un paño blanco, como si fuera un cadáver que es lo que seria durante un funeral. ¿Es esto realmente en consonancia con la tradición de los apóstoles acerca de la Cena? Recuerde que es indigna la manera en que Pablo criticó en 1ª de Corintios 11:27, y no el pueblo o los miembros de la iglesia indignos. Indigno, esa manera consiste en el abuso del alcohol en la mesa del Señor, a no comer juntos, a que los pobres van a casa hambrientos y humillados. Si estos abusos no se dan entre nosotros, podemos llegar a la comida sin temor a la sentencia y disfrutar de la comunión de la cena del Señor como el verdadero banquete de bodas que tiene la intención de ser."

(fin de la cita)

Hermano _____: Gracias por escribirme y presentarme esos pensamientos sobre la cena del Señor. Hay varios errores en el pensar; hay presuposiciones que conducen a conclusiones equivocadas. Los noto a continuación, comentando por los ocho párrafos suyos dados arriba. Si usted me los presenta para ver si tienen respuesta, bien. Veremos que hay varias falacias en ellos y espero que usted deje de ser impresionado por ellos.

1. "En cuanto a …."
"Pablo no está dando un ejemplo apostólico para todas las demás iglesias"

Lo que Pablo escribió a la iglesia en Corinto sí es ejemplo para todos nosotros hasta el fin de la dispensación cristiana. El escribió lo que es para toda iglesia local (1 Cor. 4:17; 7:17; 14:33,34). Su enseñanza para la iglesia en Corinto era para toda iglesia de Cristo. Las cartas apostólicas eran circuladas (Col. 4:16); ¿Por qué si no para la instrucción apostólica? Cristo mandó a Juan que el libro que escribiera, referente a diferentes problemas en diferentes iglesias locales, fuera enviada a las diferentes iglesias (Apoc. 1:11). Unas aprenden de otras. La doctrina apostólica (Hech. 2:42) es para toda iglesia de Cristo en toda época. La forma de las sanas palabras (2 Tim. 1:13) es constituida de las escrituras inspiradas en su totalidad. El autor supone lo que no puede probar, que es que solamente la iglesia en Corinto tenía problemas con la observancia de la cena del Señor. Aun él admite que 1 Corintios 11 se aplica si "las demás iglesias" incurren "en los mismos errores que los Corintios."

2. "Pablo les dice a los Corintios…"
Según Thayer, el lexicógrafo famoso, los ágapes antiguamente fueron celebrados *antes* de la celebración de la cena del Señor. (Thayer supone que 1 Corintios 11 ilustra el caso). El autor niega esto y tiene una fiesta de ágape celebrándose en Corinto en la iglesia, y que *dentro de ella* se está celebrando la cena del Señor. El autor dice: "Lo cual nos dice que la cena del Señor, Jesús la

390

instituyó para que se tomara en o durante un ágape de comunión entre los hermanos." También dice: "Pablo les dice a los Corintios que no dejen de tener sus ágapes en las que se incluye la cena del Señor." Para él lo importante era el ágape y la cena del Señor era algo metido dentro del ágape, o como parte integral del ágape.

El autor de este párrafo (y otros sectarios) supone que el comer de este pasaje era el "ágape" de Judas ver. 12 pero no lo puede probar, ni trata de hacerlo; nada más supone y luego argumenta sobre su suposición. Judas 12, al referirse al ágape, trata de actividades sociales de parte de individuos y el comer de 1 Corintios 11 trata de algo hecho como acto del culto de la iglesia colectivamente al observar la cena del Señor. Pablo no dice nada acerca de "ágape." Todo lo que dice el autor acerca de hambrientos, paciencia y pobres, referentes a su supuesto "ágape," es pura suposición.

Los ágapes eran comidas, arregladas y pagadas por los hombres, y en sí como actividad puramente social no eran malas, pero si se introducían dentro del culto público de la iglesia, o antes o después de la celebración de la cena del Señor, o como parte integral de ella, carecían de autorización divina. Cristo, al instituir su cena, en conexión con ella no autorizó ninguna comida nada más social para satisfacer el hambre y la sed físicas.

Dios mandó (para los judíos del Antiguo Testamento) la comida de la Pascua; ¿Quién mandó el ágape? ¿Quién mandó "su propia cena" (ver. 21)? ¿Qué más se le permite al hombre no inspirado que meta en el culto público de la iglesia local el primer día de la semana y esto sin autorización divina?

Una de las razones por qué los corintios no podían comer la cena del Señor con aprobación de Dios (ver. 20) era que intentaban hacerlo, corrompiéndola con alguna clase de comida común, en la cual vemos por el ver. 21 que hubo acepción de personas o discriminación entre ellas.

Pablo no habla de "abusos" de algo autorizado. Esa comida misma carecía de autorización bíblica, como parte de la asamblea de la iglesia para culto a Dios. Tal clase de comida pertenecía a las actividades en las casas (ver. 22, 34). Pablo no manda a nadie que coma en casa para que llegando a la reunión para tomar la cena del Señor no tenga hambre al meter en la cena del Señor algo de comer social.

Pablo hace distinción entre "su propia cena" (ver. 21), y "la cena del Señor" (ver. 20). El comer la cena propia de la persona pertenece a la casa (ver. 22), y no al lugar de reunión de la iglesia para tomar la cena que es del Señor (ver. 18). La comida común pertenece al hogar, no a la reunión de la iglesia para culto a Dios. El comer socialmente tiene por propósito satisfacer el hambre, y para ello hay casas privadas (ver. 22, 34). Considérese Hech. 2:46, el comer en casa de cada día (y no el comer la cena del Señor en reunión solamente el primer día de la semana). La cena del Señor no es para satisfacer el hambre del hombre, sino para servir de conmemorativo de la muerte del Señor. No hay nada en una comida común o social que conmemore la muerte de Cristo.

3, 4. "Nótese también que si leemos en: …. Marcos 14:22, dice: …"

El autor emplea dos pasajes, Mat. 26:17-26 y Mar.14:22, "dentro de una comida…ni antes ni después…mientras comían," para probar la necesidad de haber una comida social asociada con la cena del Señor que ¡preceda en parte a la observación de la cena del Señor! Se equivoca grandemente con su razonamiento. La frase "mientras comían" significa que Jesús usó de la ocasión de la Pascua, teniendo a la mano pan sin levadura y el fruto de la vid, para luego instituir la cena del Señor. Después de instituirla, no seguían comiendo la Pascua, sino **cantaron un himno y salieron del lugar** (Mat. 26:30; Mar. 14:26). La Pascua pasó con el paso de la ley de Moisés y ninguna cena social (la Pascua no fue tal cosa) fue agregada por el Señor a su cena. Fueron los corintios los que la agregaron; Pablo les instruyó que comieran tales comidas sociales ¡en casa!

La frase "mientras comían," se refiere a comer Cristo y sus discípulos **la Pascua**, y no a una cena referida en 1 Cor. 11 como "su propia cena."

El autor tiene a la iglesia en Corinto comiendo socialmente, no solamente *antes* de la cena del Señor sino también *después* de ella, con la cena del Señor celebrada por en medio. El autor cita Luc. 22:17-20 para concluir así: "Lo cual nos dice que la cena del Señor, Jesús la instituyó para que se tomara en o durante un ágape de comunión entre los hermanos." El pasaje ¡no enseña tal cosa! El ver. 20 nos relata dos cosas que hizo Jesús de la misma manera, y esto al concluirse la observancia de la Pascua, "después que hubo cenado."

Según la argumentación falsa del autor, hoy en día, para tomar la cena del Señor, la iglesia local debe primero comenzar a celebrar una comida común, cada quien y **no la iglesia propiamente** proporcionando "su propia cena". Luego, debe haber una pausa para tomar el pan de la cena del Señor. Después los hermanos deben seguir con su propia comida común. Deben dejar pasar un largo tiempo para luego tomar la copa de la cena del Señor. Entonces han de seguir con su propia cena común para luego terminarla. ¡Créalo quien pueda!

5. "Lucas 22:17-20: nos dice …"

Respecto a Luc. 22:17-20, notamos varios puntos:

a. Lucas agrega el detalle no mencionado por Mateo y Marcos de que Cristo dio la copa a sus discípulos, mandando que la repartieran entre ellos. Ahora cada quien tiene la copa (fruto de la vid) a la mano. En seguida Cristo tomó el pan y lo bendijo, lo partió y se lo dio a ellos (pero Lucas no incluye el mandamiento de "comer" el pan, sino dice "hacer esto." ¿Hacer qué? Mateo nos contesta: "comer" el pan. Marcos dice: "tomarlo." En seguida de esto tomó la copa y les explicó su significado. Mateo agrega el detalle de que les mandó que bebieran de la copa, y Marcos nos dice que lo hicieron. La suma de lo que se nos revela en

Mateo, Marcos, Lucas y 1 Corintos capítulos 10 y 11 nos da la verdad del caso: al instituirse la cena del Señor los discípulos comieron el pan y bebieron la copa (el fruto de la vid). ¡Punto y aparte!

b. Dice el autor del artículo: "Estos dos elementos no se toman en su conjunto, uno detrás de otro." Al contrario, según Mateo, Marcos y Lucas la copa (una vez dividida entre los discípulos) fue tomada en seguida de comido el pan. Es ridículo negarlo. Cristo instituyó dos actos: comer el pan y beber la copa, y no cuatro: dividir la copa, comer el pan, seguir comiendo un supuesto "ágape," y por fin tomar la copa. Eso no se lee en Mateo, Marcos, Lucas, y 1 Corintios. Pero el hombre carnal no está satisfecho con la revelación de Dios; quiere lo propio suyo metido dentro del divino.

c. Aquí conviene mencionar que lo que pasa hoy en día en muchas iglesias (entre ellas sectarias y también del Señor) no es "ágape," sino son comidas pagadas por la iglesia local misma, y no por individuos, cocidas ellas en cocinas y comidas ellas en comedores erigidos y mantenidos por la iglesia misma. No hay comparación alguna entre los ágapes de Judas 12 y las actividades puramente sociales de las iglesias que se han metido en el negocio de "restaurantes." Tales iglesias tratan de justificarse, al apelar a los ágapes, pero no hay comparación alguna entre las dos cosas. (En la mayoría de los casos en las iglesias sectarias, y aun en algunas iglesias de Cristo liberales, la cena del Señor ni entra en la ocupación de tales actividades sociales de comer y beber).

d. El ver. 19 nos relata la primera cosa de dos que hizo Jesús al instituir su cena, y el ver. 20 nos relata la segunda de las dos que hizo de la misma manera, y esto al concluirse la observancia de la Pascua, "después que hubo cenado."

6. "También en 1ª Corintios 11:25 ...."

"la copa fue tomada después de haber cenado dejando un tiempo largo entre el pan y la copa y no tomando los dos elementos en su conjunto."

Pablo escribió a los corintios lo que hizo "el Señor la noche que fue entregado" (ver. 23). Lo que él hizo esa noche, después de terminar de celebrar la Pascua (no una comida común, o "propia" cena) fue bendecir el pan y luego la copa de la cena del Señor (Mat. 26:26,27; Mar. 14:22,23). Una cosa y la otra fueron hechas de igual manera, y esto después de haber cenado (1 Cor. 11:25; Luc. 22:20). Lo que narran Mateo y Marcos (tomando los dos elementos en su conjunto) explica la expresión "de igual manera después que hubo cenado" narrada en Luc. 22:20. La forzada interpretación del autor, de un "tiempo largo entre el pan y la copa y no tomando los dos elementos en su conjunto," no se armoniza nada con lo que Mateo y Marcos expresan. Al contrario presenta la cena del Señor como un acto que ha de ser interrumpido dos veces por una comida común de cada quien. Eso es pura confusión.

El autor con astucia dice: "ni les mandó que lo hiciesen en un acto tomándolos uno inmediatamente detrás del otro." Le preguntamos:

¿Mandó que lo hiciesen en dos actos bien separados con algo de comida social por en medio? ¿Lo mandó Cristo? No es cuestión de mandamiento específico, sino de instrucción divina por medio de lo explicado en el texto inspirado de Mateo, Marcos, Lucas y Pablo.

7. "1ª Corintios 11:33 nos dice ...."

El autor se contradice, pues afirma que la copa fue dada por Cristo al final de la cena (Pascua) ("la copa fue tomada después de haber cenado"), y ahora que toda la cena del Señor es comida en medio del supuesto ágape ("comer un ágape, que en medio de él se daba la cena del Señor"). Es contradicción, pero así es con doctrinas humanas presentadas como inspiradas.

El "comer" en este caso (11:33) obviamente es el de la cena del Señor, y no de un supuesto "ágape." Es el único comer de la iglesia local en asamblea cada primer día de la semana. El comer social, que es para satisfacer hambre física, es un comer que corresponde a las casas de los individuos (versículos 22 y 34; Hech. 2:46). Seguramente no está diciendo Pablo aquí que se haga en la asamblea de la iglesia local, bajo el nombre de un supuesto "ágape", lo que ya ha limitado a las casas privadas, y que limitará en el versículo siguiente, el 34. El ver. 33 sigue a un buen número de versículos concernientes a comer la cena del Señor. El comer del ver. 33 es el mismo de los varios versículos inmediatamente anteriores. La frase "así que" conecta el ver. 33 al tema y a la argumentación de los versículos anteriores sobre comer la cena del Señor.

El vocablo griego para decir "esperaos" es EKDECHOMAI, que literalmente significa "recibir de". De esto viene la idea de "esperar".

Pablo ya condenó, como actividad en la asamblea de la iglesia local, la comida común. Así que no dice que algunos esperen que otros lleguen, para comer una comida común. El "esperar", o recibir, de este versículo tiene que ver con la cena del Señor. Al comer la Cena, que todos los corintios se recibieran de igual manera, para comerla juntamente, no adelantando algunos a otros. De esta manera no habría divisiones ni contenciones (ver. 19). Esperándose unos a otros, y recibiéndose sin acepción de personas, la iglesia así podría comer la cena de manera digna. La "mesa del Señor" (10:21) era, y es, propiedad común, y no de personas especiales. Todos deben ser esperados, o recibidos, de igual manera, y para rendir culto a Dios juntamente como una sola familia.

Algunos comentaristas sugieren que en Corinto los ricos llegaban a la asamblea primero, y que los pobres, hasta esclavos que tendrían que trabajar más tarde, llegaban más tarde. Ellos aplican el "esperar" de este versículo a tal situación. Esta deducción se basa en la frase del ver. 21, "se adelanta". Se cree que los ricos se adelantaban a comer un "ágape," sin esperar que los pobres llegaran más tarde.

Pero tal inferencia es errónea. Todos los corintios, ricos y pobres, estaban presentes para supuestamente comer la cena del Señor (ver. 20).

Esto implica que el propósito de la reunión de los corintios había de ser el comer la cena del Señor según el plan del Señor explicado por Pablo en los versículos 23-26, pero "al comer" (ver. 21) el comer la cena del Señor se convirtió en "su propia cena." Los corintios no agregaron otra cena aparte de la del Señor, sino corrompieron la del Señor con la suya. De esta manera faltaban en observar la cena del Señor según los versículos 23-26.

El autor dice: "el ágape en el cual está incluida la cena del Señor sea verdaderamente la comunión del cuerpo de Cristo." El supone y afirma lo que no ha probado, ni puede probar; a saber, que la cena del Señor está incluida en algún ágape. Su empleo de la frase "comunión del cuerpo de Cristo" (tomada de 1 Cor. 10:16) ¡no dice absolutamente nada acerca de ágapes o comidas comunes! Eso él lo agrega al texto inspirado.

El autor no dice que el ágape está incluido en la cena del Señor, sino que la cena del Señor está incluida en el ágape. Para él, ¿cuál es el asunto importante? Si el caso es según dice el autor, al instituir Cristo su cena (Mat. 26:26-29; Mar. 14:17-25; Luc. 22:14-20; 1 Cor. 11:23-33) ¿por qué no mencionó en nada el gran ágape tan importante? (Recuérdese que la Pascua no era ágape en ningún sentido, y que la Pascua pasó con el paso de la Ley de Moisés. Cristo cumplió lo que en tipo era la Pascua; ninguna comida humana lo cumple ahora).

8. "Hoy día hay muchas iglesias…"

El autor se ocupa en mal representar la verdad del caso, referente a prácticas en muchas iglesias de Cristo al celebrar la cena del Señor, hasta se ocupa en la burla. Dice: "Hoy día hay muchas iglesias en que la participación de la cena del Señor parece más a la atmósfera de un funeral. Las cabezas de las personas son agachadas mirando hacia abajo, los ojos cerrados y la gente en silencio introspectivamente buscando en sus almas un pecado inconfesado. La bandeja de pan se coloca sobre una pequeña mesa, cubierto por un paño blanco, como si fuera un cadáver que es lo que seria durante un funeral."

La celebración de la cena del Señor es un acto de culto, recordando la muerte de Cristo; ¿no debe ser seria? Hay que tomarla, cada quien examinándose y probándose, para no tomarla indignamente y no hallarse así culpado del cuerpo y de la sangre del Señor. Hay que discernir el cuerpo del Señor para no ser castigados. Con razón hay atmósfera de seriedad. No es atmósfera de funeral, pero ¡tampoco ocasión de alegría y gusto, al comer y beber socialmente como si la ocasión fuera dirigida principalmente al gusto del individuo para sentirse lleno y satisfecho de comida y bebida! ¡Qué lejos de la verdad anda el autor con su burla de otros!

El autor dice: "Las cabezas de las personas son agachadas mirando hacia abajo, los ojos cerrados y la gente en silencio introspectivamente buscando en sus almas un pecado inconfesado." ¡Mentiras! Si algunos inclinan las cabezas es para pensar *sin distracción* acerca de lo que fue la muerte del Señor. Comer la cena del Señor es para "hacer esto en memoria de mí," dice Cristo (ver. 24). Se recuerda el acontecimiento más importante en toda la historia humana, pues trae perdón de pecados y la esperanza de la vida eterna. Por eso hay silencio para meditación grave. ¿Quiere el autor frivolidad, bullicio y alboroto al meditar en la horrible muerte del Señor?

Tampoco estamos buscando un pecado inconfesado en el alma. El autor se equivoca grandemente con tal declaración. Al parecer no sabe que el texto divino dice "dignamente," ver. 27, (manera de tomar la cena del Señor) y no "dignos" (sin pecado "inconfesado" al tomarla).

Sigue con su burla, diciendo "La bandeja de pan se coloca sobre una pequeña mesa, cubierto por un paño blanco, como si fuera un cadáver que es lo que seria durante un funeral." Le preguntamos:

1. ¿Está bien que se coloque la bandeja de pan sobre una mesa grande, y no pequeña?

2. ¿Dónde la coloca él y en qué tamaño de mesa, si es mesa? ¿Dónde dice Pablo que se coloque?

3. ¿Está bien si no se cubre la bandeja de un paño blanco, sino de uno negro? ¿O sin paño alguno? ¿Qué información inspirada puede él darnos sobre cubrirla o no, y de qué si de alguna cosa? ¿Qué practica él sobre el asunto, y ¿por qué? Si lo supiéramos, tal vez podríamos nosotros también burlarnos de él.

4. ¿Desde cuándo y con qué lógica debe una muerte ser celebrada por medio de puro entretenimiento, risa de alegría, y promoción de regocijo por medio de comer y beber "su propia cena?" Siguiendo el consejo de este autor habrá de lo que Pablo llama "enfermos y debilitados entre vosotros y muchos duermen" (espiritualmente hablando), ver. 30. El desorden y la carnalidad de los corintios en su abuso, no de algún "ágape," sino de la misma cena del Señor, es lo que causaron la referida enfermedad y muerte espirituales. Esto resulta de lo que aboga el autor cuyo material ahora estamos repasando.

Ahora dice el autor: "Recuerde que es indigna la manera en que Pablo criticó en 1ª de Corintios 11:27, y no el pueblo o los miembros de la iglesia indignos. Indigno, esa manera consiste en el abuso del alcohol en la mesa del Señor, a no comer juntos, a que los pobres van a casa hambrientos y humillados." El autor no lee con cuidado; es muy pobre como intérprete de las Escrituras. Pablo explica lo que quiere decir con comer el pan y beber la copa de la cena del Señor de manera indigna, y es lejos de la explicación del autor. Pablo se explica, comenzando con el ver. 28, diciendo "por tanto," para introducir qué hacer para no tomar la Censa del Señor indignamente. Tomar la cena del Señor indignamente consiste en no probarse cada uno a sí mismo (ver. 28), en no discernir el cuerpo del Señor (ver. 29), y en no examinarse a sí mismo (ver. 31). ¿Dónde en el texto divino halló el autor eso de "abuso del alcohol en la mesa del Señor?"

Termina el autor diciendo: "Si estos abusos no se dan entre nosotros, podemos llegar a la comida sin temor a la sentencia y disfrutar de la comunión de la cena del Señor como el verdadero banquete de bodas que tiene la intención de ser." Eso de que la cena del Señor sea "verdadero banquete de bodas" no sale de la Biblia, sino de su imaginación fecundativa y deseo de convertir la cena del Señor en algo carnal y de satisfacción del vientre. La Biblia presenta la cena del Señor como comunión del cuerpo de Cristo y de su sangre de la crucifixión (1 Cor. 10:16) con el propósito, no de celebrar **bodas**, sino de anunciar la **muerte** del Señor hasta que él venga la segunda vez (11:26). Ahora, el comer dignamente la cena del Señor contribuye a la participación del cristiano en el día final de la "cena de las bodas del Cordero" (Apoc. 19:9). El pobre autor no sabe distinguir entre funeral y bodas.

CONCLUSIÓN

Jesús **no instituyó** una comida común para instituir la cena del Señor. La Pascua ya era observada por los judíos hacía siglos, y Cristo es el antitipo de ella (1 Cor. 5:7).

La Pascua no fue tipo del ágape instituido por el hombre. El ágape no tomó el lugar de la Pascua. (Los sectarios lo hacen así, pero no el Señor Jesucristo). Cristo tomó el pan sin levadura, y el fruto de la vid, de la Pascua y con ellos instituyó su cena, la cena del Señor. La Pascua pasó con el paso de la ley de Moisés. Cristo, no el ágape, la cumplió. Los hombres, no Cristo, pusieron la comida común en la cena del Señor, así corrompiéndola.

La reunión de los hermanos en Corinto era para tomar la cena del Señor (ver. 20), pero no lo estaban haciendo porque la corrompían con su propia cena. Pablo les dice que coman su comida común en casa, y que coman la cena del Señor exactamente como el Señor la instituyó la noche que fue entregado. Esa noche Cristo no instituyó una comida común que acompañara a su Cena divina, ni otorgó permiso de que el hombre trajera su propia cena para agregarla a la Cena divina. Cristo dio el pan y la copa y dijo a sus discípulos para qué eran los dos elementos, y Pablo enseñó la manera correcta en qué comer ese pan y tomar esa copa.

El pan que Jesús tomó y bendijo entonces fue partido en doce piezas para sus discípulos. Una parte duodécima de una barra de pan apenas bastaría para servir de comida completa que satisficiera el hambre física de la persona, pero el pan de la cena del Señor no tiene por propósito el satisfacer el hambre física. Es para conmemorar el cuerpo del Señor que fue crucificado por nosotros. La copa que los discípulos dividieron o repartieron entre sí mismos (Luc. 22:17) no dejó suficiente líquido para servir a cada uno lo ordinario de líquido que tomaría en una comida común y completa. Pero no fue para eso. Fue de cantidad suficiente para que la persona al tomarla pensara en la sangre de Cristo derramada para remisión de pecados. Sencillamente no hubo nada de comer comúnmente en la institución de la cena del Señor, ni en la celebración de ella en la iglesia primitiva.

* * *

952. LA MANERA DE VESTIR UNO PARA PREDICAR

"Le escribo para preguntarle acerca de un caso en especial, y quiero ilustrarlo de la siguiente manera:

Tenemos un joven de la congregación que quiere participar dirigiendo los cultos en la enseñanza, ya lo ha hecho apenas unas tres veces.

En todas estas, fue elocuente en la explicación de los textos que él citaba y la congregación entendió los estudios. Sin embargo el evangelista (único evangelista que tenemos por ahora) le llamó la atención porque el joven en un culto del jueves en la noche pasó al frente a enseñar, vestido de la siguiente manera: usaba Tenis, sudadera, y un buso.

El evangelista exige de él que vista con pantalón y camisa, a lo cual el joven acudió y obedeció, sin embargo a aquel joven le llamaron la atención nuevamente porque se dejó la camisa por fuera del pantalón y no se la metió por dentro.

El evangelista le dijo que si no se vestía de la manera en que él lo dice, no le permitirá que participe de nuevo en la enseñanza del culto. Que puede venir y sentarse a escuchar pero no dirigir ni enseñar.

Yo quiero saber si la posición en la que se encuentra el evangelista es la correcta ya que para el evangelista el joven está "mal presentado" en cuanto a su forma de vestir y con esta actitud desanima a jóvenes que también quieran participar mas adelante en el culto; puesto que lo que hemos aprendido en cuanto a la forma de vestir es a que "no se descubra la vergüenza de tu desnudes" a lo cual el joven del cual le hablo NO HA FALTADO, simplemente fue vestido de la manera antes mencionada pero sin salirse de los parámetros que la Biblia exige del cristiano en cuanto a vestir."

\- \- \-

1. Hay varios puntos que notar al respecto. Primero, la cuestión no tiene que ver con que alguien, evangelista u otro, mande que otro se vista "de la manera en que él lo dice." Nadie tiene derecho de imponer reglas específicas sobre otro. Pero sí es responsabilidad de todo hermano serio y espiritual insistir en que la persona se vista digna de la ocasión que es la reunión para adorar a Dios.

2. Tampoco es cuestión de desanimar a otros jóvenes. Lo que los jóvenes necesitan no es que hagan según les dé la gana, sino que se les ponga un ejemplo digno de imitarse. La manera original de vestirse del joven que predicaba o enseñaba fue sin atención o respeto por la gravedad de la ocasión.

3. Al vestirse de camisa y pantalón, pero con la camisa fuera del pantalón, el joven no se presentó digno de la hora de culto. El por nada se presentaría así en unas bodas, o servicio funerario, o para visitar el presidente del país. (Si lo hiciera, no se recibiría con aprecio, pues estaría manifestando gran falta de respeto por la persona o personas visitadas). ¿No merece nuestro Dios todo el respeto posible de parte nuestra?

4. El joven no "acudió y obedeció" al vestirse

siempre sin atención y respeto por la hora de culto. Nadie va a hacer caso del mensaje bíblico presentado por uno vestido con descuido. El joven no se vistió así por pobreza, sino por descuido. Escuchamos con atención al más pobremente vestido si no tiene ropa mejor, pero siempre puede estar bañado y arreglado según sus mejores capacidades.

5. Dios es el objeto de nuestro culto o adoración en la asamblea, y todos debemos mostrarle lo mejor de nuestras personas porque le amamos, tememos y respetamos. Seguramente el hombre no merece mejor atención de parte nuestra que el Gran Creador del universo.

6. Cuando yo voy a la asamblea me visto lo mejor posible, nada diferente que en una ocasión de actividad puramente humana que demandaría respeto de parte mía.

7. La cuestión no es una de sencillamente cubrir la desnudez, o ¿es así con referencia a presenciar la persona sus propias bodas o ser invitada a la casa del presidente del país? La cuestión tiene que ver con mostrar gran respeto cuando es debido. Nótense Rom. 13:13; 1 Ped. 2:17. Estos pasajes tratan del honor debido a hombres; ¿no merece Dios lo mismo o aun mejor? Considérese Apocalipsis capítulo 4.

8. El vestir del cristiano siempre debe exhibir modestia y honestidad, pero en la asamblea para adoración a Dios debemos cuidar de mostrar gran respeto y temor en nuestra manera de vestir, en lugar de buscar vestirnos sin atención por estar así nosotros más cómodos. El vestido de sport o poco serio conviene para un día de campo o un juego de béisbol, pero no para adorar a Jehová Dios. Considérese el ejemplo del rey David, 2 Sam. 12:20, y el de Jacob, Gén. 35:2.

* * *

953. LA FRECUENCIA DE HACER REPORTES EL EVANGELISTA

Referente a un evangelista que no recibe salario de la iglesia local, sino de fuentes foráneas, se me pregunta sobre la frecuencia y manera de hacer él reportes a tales fuentes.

"¿Una vez en la vida? ¿Dos veces al año? ¿Nunca? ¿Será suficiente que reporte su trabajo por e-mail, correo postal, video conferencia, teléfono, etc.? Y si dicho predicador no se siente tan comprometido con la congregación, debido a su sostenimiento foráneo, ¿se exime de rendir cuentas a la iglesia local, e incluso, que la iglesia local (ancianos, junta de negocios), a raíz de que la misma no se ocupa del sueldo del evangelista? ¿La iglesia local puede reportarlo a los anciano(s) o iglesia(s) que lo sostienen como última medida?"

- - -

1. El evangelista honrado va a hacer acuse de recibo de cada envío de sostenimiento, sabiendo que la iglesia, las iglesias, o los individuos que envían el dinero necesitan saber si siempre llegó a las manos del evangelista. La frecuencia, pues,

depende de la frecuencia de recibir el dinero. Ahora, es cierto que en un caso excepcional pueda existir un acuerdo entre él y la fuente de su sostenimiento para una frecuencia diferente.

2. La iglesia local, ya que no contribuye al sostenimiento del evangelista en este caso, no puede demandarle que haga público la cantidad de dinero que reciba; es asunto entre él y la fuente de sus ingresos. Al mismo tiempo puede convenir que él haga del conocimiento de la iglesia local la cantidad de salario que recibe. El no tiene obligación de satisfacer curiosidad, pero tampoco procura limitar su buena influencia en la congregación.

3. Hay evangelistas que resisten enviar reportes regulares, pero éstos siempre quieren saber qué pasa si un cheque no le llega. Entonces sí se pone en contacto con la fuente de su dinero. De repente ahora importa que haya correspondencia entre él y las fuentes.

4. La iglesia que envía sostenimiento a un evangelista en otra parte quiere saber si sus envíos están llegando correctamente, para no estar perdiendo dinero del Señor. Para esto tiene que recibir un mensaje del evangelista para confirmar recibo de él. La iglesia que no recibe reporte regular del evangelista que recibe regularmente no puede tener confianza en él y debe dejar de enviarle. La manera de hacer el reporte el evangelista, si por correo ordinario o electrónico, etcétera, no es punto de controversia; lo importante es que haga reportes regulares. Si la fuente de sus ingresos requiere cierto tipo de reporte, el evangelista puede o conformarse con ello o rechazar el sostenimiento.

5. La iglesia local es autónoma; determina la estancia del evangelista para hacer predicaciones, enseñanzas y obra personal, no importando de dónde venga su salario. Si el evangelista ha perdido la confianza de la congregación, puede escoger portarse como un "diótrefes" (3 Juan 9,10), imponiéndose sobre la congregación, o hacer sabiamente, cambiándose para otra parte para hacer su obra de evangelista. Si yo viera que la congregación ya no estaba bien contenta conmigo, no esperaría que me despidiera, sino de una vez me apartaría de ella, respetando así a mi propia persona.

6. En cuanto a "rendir cuentas a la iglesia local," en esto no entra el salario que el evangelista reciba de fuentes foráneas. Desde luego él es miembro entre otros en la congregación y es responsable, como los demás, de su conducta diaria. En este sentido, él y los demás rinden cuentas de sus actividades como miembros de la congregación. Si el evangelista no se dedica a su obra de evangelista (2 Tim. 4:5), debe ser disciplinado debidamente.

7. La iglesia local puede y debe reportar "a los ancianos o iglesia(s) que lo sostienen" cualquier problema con el evangelista que él no corrija para que dichas iglesias no estén gastando mal dinero del Señor en el sostenimiento de un evangelista indigno. Lo que dichas iglesias decidan hacer es

negocio de ellas, pero la iglesia local se encarga de decisiones sobre qué hacer con el evangelista.

* * *

954. POR EL TRABAJO FALTAR UN DOMINGO

"Si un hermano que viaja mucho por razones de trabajo y a veces le es necesario estar un domingo en un lugar donde no hay iglesia o no puede asistir en ese lugar porque su trabajo no se lo permite, ¿es justificado delante de Dios por esa falta de no reunirse ese domingo, puesto que es por trabajo?"

- - -

1. No hay respuesta fija que se aplique en todo caso semejante. Se involucran la motivación de la persona y las circunstancias de momento.

2. Surgen casos en que la persona no puede asistir un dado domingo, como por ejemplo por la enfermedad, una emergencia, un viaje necesario, o la obligación de trabajar. Cada persona responde al caso en particular y dará cuenta a Dios por su respuesta. El es el juez en el caso, y no los hermanos a lo largo. El sabe sus motivos.

3. Si se sabe que el trabajo de la persona exige que trabaje a veces aun domingos en lugares donde no hay cristianos con quienes reunirse para culto a Dios, la persona espiritual no va a aceptar tal trabajo o continuar en él si ya está ocupada en él. Aprecia más la seguridad de su alma que el dinero que cierto trabajo le pueda asegurar. Buscará otro empleo.

4. Si el caso es excepcional, él y Dios saben todo referente a motivos y posibilidades y en tal caso la persona juzga por sí mismo. Debe orar mucho que Dios le guíe en sus decisiones. Es imprescindible que todos busquemos primeramente el reino de los cielos, sabiendo que Dios nos proporcionará todo lo necesario para la vida (Mat. 6:33).

* * *

955. CASADA CON UN HOMOSEXUAL, ¿PUEDE VOLVER A CASARSE?

"Estimado Hermano: Ayúdeme a salir de esta duda conforme a la palabra de nuestro Dios. Me casé hace 21 años, tuve una hija (la cual es cristiana) y me separé, ya que a mi marido le gustan los hombres y pronto me repudio. Duramos 6 años separados; él se fue a Estados Unidos ese tiempo. Cuando el regresó a los 6 años, yo decidí tener otro hijo pero enseguida me volví a separar ya que él persistía en esa mala acción. Yo tengo 46 años, y ahora pretendo casarme con una persona a la cual engañaron hace 40 años, y tiene 37 de divorciado, él esta asistiendo a la iglesia y pretende ser bautizado, solo que le están predicando y dando clases para que cumpla con los requisitos que esto amerita. Por favor dígame si según la palabra de Dios puedo volver a casarme.

- - -

1. La homosexualidad es fornicación; es inmoralidad sexual. Es la causa bíblica que da permiso divino para que el cónyuge fiel a sus votos matrimoniales repudie al esposo culpable.

2. Usted no lo dice explícitamente, pero se supone que usted le perdonó cuando usted decidió tener otro hijo por él (es decir se reconciliaron y comenzaron a vivir de nuevo como esposos fieles). Si así fue el caso, sus pecados anteriores fueron perdonados (suponiendo otra vez que él se arrepintiera de ellos).

3. En todos estos sucesos usted tiene que haber sido fiel a sus votos de matrimonio para tener ahora derecho de repudiarle por sus fornicaciones actuales y volver a casarse. Dios no otorga permiso divino a ningún esposo infiel.

4. Sobre el casarse posiblemente con la persona que usted me indica, no puedo servir de juez porque no conozco el caso de él. Si él repudió a su esposa por fornicación, sin haber tenido él parte en que ella hubiera adulterado, sino haber sido él siempre fiel a sus votos de matrimonio, tiene derecho divino para segundas nupcias. Pero le advierto que si usted siempre decide que tiene derecho divino para segundas nupcias, y si decide casarse con él, tenga seguridad de que él también tenga el derecho divino para no caerse en otro matrimonio malo.

5. Todo el mundo puede convencerse de que un dado suceso fue así y así, pero eso no garantiza que así en realidad fuera la verdad ante los ojos de Dios quien conoce el corazón de cada quien (Sal. 33:13-15; Heb. 4:13; Gál. 6:7). Por eso es preciso que toda persona sea honesta con sí misma al contemplar si tiene permiso para repudiar y volver a casarse.

6. Lo que dijo Jesús en Mat. 19:9 implica que el cónyuge fiel a sus votos de matrimonio que repudia a su esposo por fornicación no comete adulterio al repudiar al esposo fornicario y volverse a casar. Usted tiene que decidir sobre este punto, y luego, si decide que actúa con razón bíblica al repudiar a su marido y que va a casarse otra vez, tiene que decidir también sobre la validez de la reclamación de la persona con quien piense casarse de que en la vista de Dios ella tiene derecho al matrimonio.

* * *

956. PREDICAR LA MUJER POR RADIO

"¿Es correcto desde el punto de vista bíblico el que las hermanas prediquen por radio o cualquier otro medio como periódicos etc.?"

- - -

1. El papel de la mujer no es el de predicar públicamente, ejerciendo así dominio sobre el hombre (1 Cor. 14:34,35; 1 Tim. 2:12), y actuando así como si fuera varón.

2. La mujer ciertamente tiene la obligación de enseñar (Tito 2:3; 1 Ped. 3:1) y puede ayudar al marido en manera correcta a enseñar a otros individuos (Hech. 18:26). Cuando canta en la congregación, enseña (Col. 3:16), pero no públicamente, dirigiendo los himnos como si fuera

hombre.

3. Si una mujer pagara de su propio dinero un programa de radio para dirigirse solamente a mujeres, o si contribuyera artículos a un periódico para dirigirse solamente a mujeres, no estaría violando la prohibición bíblica en cuanto a enseñar la mujer. Pero jamás he oído de caso en que una mujer predicara por radio, siendo el caso uno solamente de esfuerzo individual y personal, y dirigido solamente a mujeres. Esto no pasa. Pero sí pasa mucho que la mujer predique general y públicamente por radio en programas pagadas por iglesias, y esto está fuera de su papel que Dios le ha dado.

4. La mujer que teme a Dios y respeta el papel que Dios le ha dado (véase 1 Tim. 2:15; 1 Cor. 11:3) no va a presentarse en caso en que el mundo en general le tenga como si estuviera haciendo lo que haría cualquier varón. Ninguna mujer piadosa va a aparentar el papel del varón.

5. Hay casos en la hermandad en que la mujer contribuye artículos para ser publicados en revistas manejadas por hombres, pero en una sección denominada "para mujeres." El contenido de sus artículos siempre se limita a enseñanza explícitamente para mujeres. Pero la mujer cristiana no publica revistas y periódicos para enseñanza pública.

* * *

957. JOB 2:9

"¿Por qué en la versión antigua de la Biblia dice en Job 2:9, 'Bendice a Dios y muérete,' y en las demás versiones dice en Job 2:9 'Maldice a Dios y muérete'? Hay un abismo entre bendecir y maldecir y no creo que los traductores se hayan equivocado. ¿Qué paso entonces?"

- - -

1. La palabra hebrea bajo consideración, BARACK, significa básicamente arrodillarse, alabar, saludar, bendecir (y maldecir, según el caso). Se encuentra más de 300 veces en el Antiguo Testamento.

2. Aunque la definición radical del vocablo es *bendecir*, puede ser usado con modo de eufemismo para expresar con suavidad y decoro cierta idea contraria u opuesta. Se emplea así en Job 2:9. A veces la palabra BARACK se empleaba para decir "maldecir" (como en 2:9), no conforme al significado radical de la palabra, sino porque los antiguos consideraban la palabra "blasfemar" tan abominable que en lugar de decir blasfemar o maldecir a Dios usaban de eufemismo, o decencia de hablar, diciendo más bien "bendecir a Dios."

3. La misma palabra hebrea se encuentra en 1:5 (blasfemado, Valera Antigua y Valera 1960), 1:11 (blasfema, Valera Antigua; y Valera 1960), 2:5 (blasfema, Valera Antigua; Valera 1960), y en Sal. 10:3 (bendice, Valera Antigua; Valera 1960).

4. Obviamente los traductores de Valera Antigua no eran consecuentes en sus traducciones. En los textos Job 1:5,11; 2:5,9 el contexto hace claro que la idea es de blasfemar o maldecir, pero

en 2:9 escogieron la palabra "bendice," usando la definición radical de dicha palabra hebrea, y no el sentido con modo de eufemismo como en los otros pasajes. En la versión del 1960 hay consecuencia de traducción (según el contexto).

5. La versión hebrea JPST dice "blasfemar."

* * *

958. 2 PEDRO 3:10

"Le escribo para hacerle una pregunta acerca de 2 Pedro 3; este es un texto que yo usaba comúnmente para refutar la doctrina de los "testigos de Jehová" acerca del "reino milenario en la tierra"; puesto que el ver. 10 dice que "la tierra será destruida" y que las obras que en ella hay "serán quemadas" y que vendrán "cielos nuevos y tierra nueva, según sus promesas".

Lo que pasa es que vi un estudio de un hermano que afirma que este texto no se aplica al fin del mundo sino que más bien estaba dirigido a los cristianos del primer siglo y de los hechos que acontecerían en la destrucción de Jerusalén en el 70 D.C. cuando Roma la invadió. Dice que los cielos y tierra que EXISTEN AHORA; o sea que no pueden ser los literalmente cielos porque los que existen ahora son los mismo que en los tiempos de Noe; el contexto pone en contraste el mundo que pereció en agua al mundo que esta reservado para el fuego.

Los argumentos presentados por el hermano son fuertes y tienen base tanto histórica como bíblica. El afirma que los cielos y la tierra que serán destruidos no son los literalmente "globo terráqueo," sino los gobiernos y altos mandos de aquel tiempo, igual que en Mateo 24.

Afirma que los "nuevos cielos y nueva tierra en donde mora la justicia" son el nuevo gobierno de Dios en su iglesia; y que éste es una alusión a Isaias 65, puesto que dice "según sus promesas," o sea lo prometido por Dios en el libro de Isaias.

Otro argumento: 2 Pedro 3.1 dice que "esta es la segunda carta que os escribo…" o sea que lo que está a punto de decir complementa lo dicho en su primer carta y que en la primera carta en el cap. 4 dijo, "el fin de todas las cosas SE ACERCA" y que se acerca no quiere decir que han pasado 2 milenios y no ocurrió nada. Afirma que esto indica que era para la era apostólica los eventos y que al igual que en 2 Pedro 3 se aplica de la misma manera. Puesto que también dice "el señor no retarda su promesa" y que al pasar dos mil años ya la retardó.

Estimado hermano, yo estoy un poco confuso en cuanto a este tema; este texto lo usaba yo para refutar a los testigos, y ahora resulta que no se puede usar porque no es aplicado al fin del mundo sino al fin de Jerusalén.

Quiero saber si la posición del hermano que escribió el tratado sobre 2 Pedro 3 está en lo correcto o si no.

Yo he leído y releído este estudio y le hallo la razón en gran parte, pero me nacen interrogantes en cuanto a Pablo donde dice en 2 Tesalonicenses que el día del Señor vendrá después de la apostasía y la apostasía según tengo entendido OCURRIÓ

DESPUÉS DE QUE JERUSALÉN FUESE DESTRUIDA.

No se si ambos textos traten de la misma venida del Señor en el día final o si sean dos venidas diferentes. Me gustaría que me ayudara en este asunto para tener la luz de la verdad."

- - -

1. Es importante que antes de seguir con mis comentarios siguientes, primero lea con cuidado el Interrogante #236.

2. Al decir usted que "los argumentos presentados por el hermano son fuertes y tienen base tanto histórica como bíblica," es evidente que usted ha sido algo persuadido por el error. En 2 Pedro cap. 3 Pedro sí habla del fin del mundo. El simple hecho de decir Pedro que es la segunda vez que escribe a los hermanos (ver. 1), no quiere decir que todo lo que escribió en la primera carta nada más ahora se repite, ni que 3:8-12 trata del mismo evento que 1 Ped. 4:7. No son del mismo contexto. El "hermano" citado nada más supone, pero no prueba su afirmación respecto a los dos pasajes. Al citar Pedro las palabras de 3:1 él implica que es el autor de las dos cartas referidas y que los recipientes originales de las dos son los mismos. El objeto común de Pedro en las dos cartas era el exhortar a pureza de vida en vista de eventos pendientes (3:14).

3. No, "los cielos nuevos y tierra nueva" de 3:13 no son los de Isa. 65, profecía que se cumplió con la venida de la dispensación del evangelio el día de Pentecostés. Aquí Pedro habla de algo todavía futuro; a saber, la eterna salvación reservada para los cristianos en el cielo (1 Ped. 1:3-9).

4. 1 Ped. 4:7 trata de la destrucción de Jerusalén, evento que se les acercaba a los recipientes originales de la primera carta de Pedro.

5. La segunda venida de Cristo y la destrucción del universo por fuego todavía no sucede, y argumentar que han pasado dos milenios y que por eso Dios sí ha retardado su promesa, es cometer el mismo error que cometían los burladores del tiempo de Pedro (3:3-9). El hecho de que no sucede todavía la destrucción por fuego de la cual Pedro aquí habla significa una sola cosa: no tardanza de parte de Dios sino paciencia y amor hacia el pecador, dándole tiempo para arrepentirse. Al hablar la persona de "2 milenios," piense bien en 3:8.

6. El mundo de antes del diluvio de Noé y el de ahora, reservado para fuego, no son los mismos. El diluvió cambió completamente la superficie de la tierra y produjo cambios de clima y de longitud de vida del hombre sobre la tierra. La tierra perdió su forma primitiva y la atmósfera fue alterada. Dios usó de agua para lograr sus propósitos en aquel entonces, y dice Pedro que usará de fuego para lograr sus fines al fin del tiempo.

7. Usted tiene razón al referirse a lo que escribe Pablo en 2 Tes. 2:1-3. Véase también 1 Tim. 4:1. La gran apostasía referida siguió desarrollándose bien después de la destrucción de Jerusalén.

8. Pedro en 3:16 dice que Pablo también escribió en sus epístolas acerca de la segunda venida de Cristo, de la destrucción del mundo, y del juicio final. Algunos pasajes de Pablo sobre estos temas, y temas relacionados: Rom. 14:10; 1 Cor. 15; 2 Cor. 5:10; Fil. 3:20,21; 1 Tes. 3:13; 4:13-18; 5:1-4; 2 Tes. 1:6-10; Tito 2:13; Heb. 4:9; 12:14. Pablo habló de la longanimidad de Dios en Rom. 2:4; y en Heb. 10:37 habló de no tardar el Señor.

9. Para más información detallada sobre 2 Pedro cap. 3, véase mi comentario NOTAS SOBRE 2 PEDRO, que aparece en mi sitio Web, billhreeves.com

* * *

959. LA BENEVOLENCIA Y LA NECESIDAD

"Quiero por favor me ayude con las siguientes interrogantes:

1) Para que un hermano haga uso de la ofrenda, tendrá que ser en caso de hambre (Hech. 11:28) o pobreza como ocurrió en Jerusalén (Rom. 15:26)?

2) Bíblicamente ¿que debe entenderse por "necesidad." ¿Qué deba ser cubierta con la ofrenda?

- - -

1. La obra de benevolencia es parte de las responsabilidades de la iglesia local. Las Escrituras nos dan ejemplos de ello, como los de los dos pasajes que usted menciona (Hech. 11:28; Rom. 15:26).

2. La tesorería de la iglesia local no es un banco que preste dinero a los miembros, ni fuente para pagar gastos de luz y agua y otras cuentas ordinarias. Hay miembros que viven más allá de sus ganancias, y hay quienes malgastan como malos administradores de lo que han ganado, y luego miran a la iglesia local para que puedan pagar sus deudas. La iglesia no debe emplear los fondos para tales cosas. Cada quien llevará su propia carga, Gál. 6:5. El individuo tiene sus responsabilidades (1 Tim. 5:8,15).

3. Hay casos de emergencia que surgen de vez en cuando y la iglesia local los considera según su poder financiero para ayudar en tales casos. La enfermedad y los accidentes no son cosas planificadas, sino acontecen. En esto entran las calamidades naturales como los diluvios, los terremotos, los incendios, etcétera. Pero la mala administración de bienes, de parte del individuo, no justifica que se le pida a la iglesia local que rescate al individuo de sus apuros.

4. El hombre tiende a llamar "necesidad" lo que en realidad es nada más caso de conveniencia. Las Escrituras dicen que lo necesario son la ropa y la comida (1 Tim. 5:8; Sant. 2:15).

5. No debe ser problema distinguir en un dado caso si el santo de veras está necesitado o si sencillamente quiere aprovecharse de la bondad de la hermandad.

* * *

960. EDUCAR EN UN COLEGIO MASÓN

"¿Está bien, como cristiano, educar a nuestros hijos en un colegio masón?"

- - -

1. Si la pregunta tiene que ver con la educación secular, no es malo educar a los hijos en instituciones de los hombres. La educación principal para el hijo es la que le guía en el camino de Dios, y esta tarea toca a los padres.

2. En un dado caso la educación secular en una escuela privada del denominacionalismo puede superar a la de la escuela pública. Pero en cualquier caso los padres sabios van a cuidar que sus hijos estén bien informados acerca de los errores doctrinales y prácticas anti bíblicas de cualquier escuela de los hombres, privada o pública.

3. No es sabio que los padres dejen los hijos a la dirección moral de nadie, sino siempre ver por ella ellos mismos.

4. En este caso en particular solamente los padres pueden determinar lo sabio de educar sus hijos en un colegio de los masones. Si los padres no están informados en los errores de los masones, deben informarse de una vez, o no entregar sus hijos de edad impresionante a la dirección de la masonería.

* * *

961. ARRENDAR PROPIEDAD PARA VENTA DE PORNOGRAFÍA Y CIGARILLOS

"1. Todos sabemos que la pornografía es fruto de la carne, extremadamente maligna, ciertamente un cristiano no podría promover la pornografía, consumir pornografía, ni participar de dicha actividad. ¿Qué sucede cuando un cristiano arrienda un local en donde se venden revistas explícitas de pornografía? Yo considero esto extremadamente serio a la luz de las Escrituras, las revistas en dicho local se ven desde lejos, pues están a la vista de los transeúntes. El hermano (que arrienda dicho local) podría argumentar, "yo solamente estoy arrendando el local" pero el dilema es que se sabe que este hermano es el dueño, pues va a cobrar el dinero, si no manda a un familiar a hacerlo.

2. Todos sabemos que el cigarrillo nos quita la salud para servir a Dios, es un vicio esclavizante. Los juegos de azar, son pecaminosos porque son una forma de avaricia en donde se procura ganar dinero de manera ilícita a los ojos de Dios. Un predicador tiene un local en donde vende tales artículos (cigarrillos, juegos de azar, es el mismo dueño del otro local de la primera pregunta) el podría argumentar "yo no consumo tales cosas" pero aún las promueve y aprueba su consumo por los del mundo. Hay grupos sectarios muy celosos en esta materia, la verdad del evangelio se ve manchada por la venta de tales artículos. ¿Cómo tratar este asunto a la luz de la Biblia?"

- - -

1. Usted proyecta bien el caso y no puedo añadir mucho a ello. Estoy de perfecto acuerdo con usted. Puedo sugerir que lea mi Interrogante #475, si no lo ha hecho ya. Rom. 12:17 y 2 Cor. 8:20,21

se aplican mucho al caso. Nuestra influencia es de suma importancia porque nuestra manera de vida influye mucho en otros (1 Tim. 4:12). Hemos de adornar la doctrina de Dios (Tito 2:10), no dejar que el mundo blasfeme del camino de la verdad (2 Ped. 2:2). Los cristianos somos la luz del mundo, no participantes en actividades asociadas con la carnalidad ("cosas semejantes a éstas," Gál. 5:21).

* * *

962. LOS HORARIOS Y LA ASISTENCIA EN LA IGLESIA LOCAL

"Le escribo para solicitarle ayuda sobre dos temas, el primero tiene que ver con los horarios de la iglesia.

Algunos hermanos dicen que no tiene nada de malo reunirse en sus casas, el mismo día y un poco después de la hora en la cual la iglesia ha decidido reunirse, que tenemos la libertad de hacerlo y que si hay alguna emergencia espiritual (un hermano que quiere hablar con otro) que uno puede hacer esto.

El otro problema es sobre las reuniones de la iglesia. La iglesia decidió desde hace ya más de 15 años reunirse dos veces el domingo. Esto se debe a que algunos hermanos trabajan los domingos y por esa razón se decidió hacer esto. En las dos reuniones se hacen los 5 actos de adoración, claro está que los que lo hicimos en la mañana, ya no lo hacemos en la tarde, pero sí nos reunimos y hacemos los demás actos. También nos reunimos el miércoles para estudio.

El problema es que hoy en día algunos hermanos han estado diciendo que aunque uno pueda venir a las dos reuniones, uno puede decidir a cuál venir; que lo importante es que uno cumpla 5 actos de adoración y que hasta uno puede hacer unos en la mañana y otros en la tarde, ya que según argumentan fue un acuerdo hecho por los hermanos hace mucho y que ahora cada uno decide cuándo venir, y que el Miércoles no es importante; es de que si uno tiene ganas."

- - -

1. La membresía en la iglesia local es un acuerdo mutuo de parte de quienes componen la congregación. En cuanto a la primera pregunta de arriba, es evidente que alguien quiere actuar independientemente de la iglesia local, y al hacerlo hace evidente que no intenta ser miembro de ella. La iglesia local "se reúne" para adoración como iglesia (Hech. 20:7; 1 Cor. 11:17,20,33). La familia que se queda en casa para su propia adoración está ignorando sus responsabilidades como miembros de la iglesia local. Si persiste en ello, debe ser disciplinada.

2. El otro problema es similar: algunos miembros de la congregación están oponiéndose al acuerdo mutuo al cual llegó la iglesia local. No lo respetan; son miembros rebeldes. Procuran hacer su propia voluntad, y no la de iglesia local de la cual han sido miembros en el pasado. Si no respetan el acuerdo mutuo, no deben ser tratados como miembros fieles de la iglesia, sino disciplinados. El argumento de que "cada uno decide cuándo venir"

es pura admisión de rebelar contra el acuerdo mutuo. Si la iglesia concuerda en reunirse dos veces el domingo y el miércoles entre semana, todo miembro de ella procura estar en todos los servicios. Los que no pueden, no lo pueden, pero ningún miembro ignora a propósito el acuerdo mutuo del cual él es parte. Actuar en base a decisión personal para conveniencia propia es rebeldía que debe ser disciplinada.

4. El hombre carnal siempre se gloría en su propia voluntad y de esa manera menosprecia el plan de Dios para su iglesia local. "Lo importante es" que cada miembro sea responsable ante el acuerdo mutuo del cual él es parte.

5. Si alguno ve la necesidad de lograr un cambio en el acuerdo mutuo, hay manera decente en la cual hacerlo. Pero la rebeldía no es la manera.

* * *

963. 1 COR. 6:1-8, JUICIOS ANTE LOS INCRÉDULOS

"Quiero por favor me ayude con las siguientes interrogantes:

1) Según 1 Cor. 6:1-8 no debemos tener juicios ante los incrédulos. Pero tratándose de un hermano que ha sido excomulgado por su mala conducta ¿podemos acudir a los jueces para protegernos de las amenazas verbales de esta persona?

2) Esta persona nos amenaza con demandarnos ante la ley, pues reclama la devolución de lo que ofrendó durante el tiempo que estuvo congregándose con nosotros. ¿Podemos defendernos ante los tribunales."

- - -

1. El pasaje prohíbe que el cristiano, teniendo pleito contra su hermano, acuda a los tribunales humanos para resolver el caso. Acudir a la ley humana para obtener la protección que la ley otorga al ciudadano no es violar este pasaje.

2. Si un hermano, como el de este caso, lleva la iglesia ante las cortes humanas, la iglesia tiene que cumplir con los requisitos de la ley y presentarse. El hermano en este caso es quien viola la ley de Cristo, no respetándola en nada. El busca provecho para sí mismo (en este caso, dinero) y apela a la ley civil por ello. Esto es lo que viola el pasaje bajo consideración. Pero la iglesia en este caso no está llevando ante la ley ninguna causa contra el hermano ni buscando ninguna solución de parte de incrédulos.

* * *

964. ¿CUÁNDO CONSTITUIDO EL MATRIMONIO?

"Cuando uno se junta a una persona específicamente para convivir como pareja o sea la toma como su esposa pero no habiéndose casado aun, pregunto ¿desde cuándo es un matrimonio constituido, desde que la toma como su esposa y convive con ella o desde que se casa?

Porque si es hasta que se casa entonces cualquiera puede juntarse con cualquier mujer y

después dejarla y decir que nunca tuvo nada por que nunca se casaron

Quiero que me dé una explicación a cerca de Malaquias 2:14. Este texto yo entiendo que dice que uno primeramente hace un pacto con su pareja teniendo como testigo a Dios y para mí desde ese momento estas dos personas ya están formando una pareja de marido y mujer."

- - -

1. Su confusión consiste en usar la frase "se casa" solamente en sentido legal de registro civil del matrimonio. Cuando "uno se junta a una persona específicamente para convivir como pareja o sea la toma como su esposa" (los dos haciendo sus votos de matrimonio), eso es ¡casarse con ella! Si después legalizan su matrimonio, cumplen con requisitos para el registro formal de su matrimonio para gozar de protecciones civiles otorgadas por la ley humana.

2. Que el hombre se junte "con cualquier mujer" no es matrimonio; no es casarse. El hombre de su primer punto no es el del segundo, sino ellos representan dos casos completamente distintos. El segundo hombre nada más está cometiendo fornicación.

3. Su comprensión de Mal. 2:14 es correcta en cuanto a no ser imprescindible alguna acción civil para validar el matrimonio, y si se entiende que sus votos no son secretos, pues tales votos no establecen el matrimonio. Hay quienes afirman que los "votos solos" constituyen el matrimonio, y por conclusión afirman que dos personas pueden hacer votos entre sí y luego sin más nada cohabitar. El hacer las cosas decentemente y con orden demanda que los votos sean hechos públicamente.

* * *

965. TRES LEYES, ¿MORAL, CEREMONIAL, CIVIL? (SABATISTAS)

"Hermano, resulta que estamos debatiendo con unos Adventistas del Séptimo Día. El problema es este: ellos alegan que las escrituras están divididas en tres leyes a saber: Moral, Ceremonial y Civil. Nosotros sabemos que ningún versículo de la Biblia habla de eso; lo que necesito hermano, es saber su argumento de cómo refutarle esa falsa doctrina a estos señores."

- - -

1. Lo que ellos alegan no lo pueden probar. Yo puedo afirmar que soy Napoleón, pero ¿lo puedo probar? Todo el mundo asevera, y luego quiere argumentar sobre su aseveración.

2. La ley de Moisés era una. Algunos de los preceptos hallados en ella eran de naturaleza moral, otros de naturaleza civil y otros de ceremonial, pero siempre era la misma ley.

3. Esa ley fue quitada (Efes. 2:15; Col. 2:14; Heb. 7:12; 10:9,10; 8:13; Rom. 6:14; Gál. 3:23-25).

4. Los adventistas del séptimo día fabrican una diferencia que bíblicamente no existe. Afirman que la llamada "ley moral" es de Dios, y que la "ley ceremonial"(y la civil) era de Moisés. Aseveran que la ley de Dios sigue en pie y que solamente la ley

de Moisés fue quitada. Pero al considerar las Escrituras tal distinción se desvanece:

a. Luc. 2:22,23. La ley de Moisés y la ley del Señor ¡eran la misma!

b. Neh. 9:13,14; 10:29; 2 Crón. 34:14; Esdras 7:6,12. Dios fue el autor de la ley y Moisés fue el dador de ella, pero fue la misma ley.

c. Mar. 7:9,10. Lo que Moisés decía era el mandamiento de Dios.

d. Mat. 22:36-40. Este "gran mandamiento en la ley" ¡no es de los Diez Mandamientos! llamados por los adventistas "la ley moral."

e. 2 Crón. 31:3. Según los adventistas, este pasaje debe decir "escrito en la ley de Moisés," pero dice "en la ley de Jehová."

f. 2 Crón. 35:26. Según los adventistas solamente los Diez Mandamientos componen "la ley de Jehová."

5. En ninguna parte de la Biblia se puede leer las frases "ley moral" y "ley ceremonial." Pero los adventistas no pueden hablar sin emplear dichas frases.

6. Para más información consulte mi obra NOTAS PARA DEBATE SOBRE EL SÁBADO, en mi sitio web, billhreeves.com

* * *

966. ISAÍAS 44:6, "SU REDENTOR"

"Quiero pedirle el favor para que me ayude en la interpretación de Isaías 44.6, donde el adjetivo y pronombre "SU" -Redentor, Jehová de los ejércitos- se encuentra en tercera persona. Quisiera confirmar si se trata de un segundo Jehová o se refiere al mismo "Jehová rey de Israel" (Versión Reina-Valera 1960). En mi análisis preconcluyo que se trata de dos Jehová (una sola deidad), Jehová Padre y Jehová Hijo (Jesucristo)."

- - -

1. El contexto no habla acerca del Mesías, sino solamente acerca de Jehová como el único Dios. No veo dos personas de la Deidad en este pasaje. (Sí hay pasajes mesiánicos en Isaías en que se hace referencia a Jehová el Mesías, pero éste no es uno de ellos).

2. La Versión Septuaginta (el Antiguo Testamento en griego) no contiene en el versículo el pronombre personal, "su." Emplea el participio, "redimiéndolo" (a Israel). Jehová es tanto el rey de Israel como también su redentor (de Israel); o sea, el que lo redime. Véase 43:1.

3. La Versión Moderna bien lo expresa: "Así dice Jehová, el rey de Israel, y su Redentor, Jehová de los ejércitos…" Jehová es el Redentor de Israel. (El Mesías no es Redentor de Dios Padre).

4. La Versión Valera 1990 dice: "Así dice el Señor, el Rey de Israel, su redentor, el eterno Todopoderoso…"

5. La Versión Serafín de Ausejo dice, "Así habla el Señor, rey de Israel, y su Redentor, el Señor de los ejércitos…." Jehová Dios es el único Dios y es él que ha sido ambos rey y redentor de Israel.

6. La Versión Nácar-Colunga dice, "Así habla Yahvé, el rey de Israel, su redentor, Yahvé de los ejércitos."

* * *

967. ¿TRABAJAR CON REVOLVER?

"Hermano: yo trabajo como vigilante en uno banco en mi ciudad. Muchos hermanos y hasta personas religiosas mi acusan por trabajar con revolver, diciendo que una persona que es cristiano no puede trabajar con arma. Como debo contestarlos, hermano?"

- - -

1. Véase el Interrogante # 619.

2. El hecho de que "muchos hermanos y hasta personas religiosas" dicen "que una persona que es cristiano no puede trabajar con arma," basta para indicarle que le es mucho mejor buscar otra clase de empleo, para no perder su buena influencia de cristiano entre la gente con quien tiene contacto diariamente.

* * *

968. 1 JUAN 5:7

"Leyendo uno de los comentarios de los que usted y el hermano Wayne muy amablemente han puesto a disposición de todas las personas en Internet (formato e-Sword), encontré que en la carta de 1 Jn 5:7 aparece un texto aparentemente fraudulento (RV60); lo que me inquieta en su comentario es que usted hace alusión a los MSS. de más autoridad y manuscritos griego uncial (en la referencia), quiero saber qué son estos documentos y cuál es la diferencia con los textos o manuscritos que se utilizan en la actualidad para realizar las traducciones (Textus Receptus). Además me interesa saber por qué en la mayoría de las versiones en castellano sí aparece este versículo, pude notar que en la versión King James también aparece, aún en el interlineal griego español, y en el nuevo testamento en griego también aparece. Le agradecería mucho si usted pudiera aclararme estas dudas.

Nota: A continuación le suministro una copia de su comentario para que le quede más claro la consulta que le hago."

5:7 —————————————— "Porque tres son los que dan testimonio en el cielo; el Padre, el Verbo y el Espíritu Santo; y estos tres son uno."

Las palabras que componen el versículo 7, según la Versión Valera Revisión de 1960 (la que estamos empleando en estas Notas), deben ser omitidas, como es el caso según la Versión Hispanoamericana. En la Versión Moderna las palabras del versículo 7 van entre corchetes, y la nota explicativa dice, "El texto entre corchetes no se halla en MSS. de más autoridad." Sin duda estas palabras han sido intercaladas por algún escribano no inspirado. No aparecen en ningún manuscrito griego uncial, ni tampoco en ninguna versión de los primeros siglos. (Las versiones son traducciones en otras lenguas). Los llamados "Padres Eclesiásticos" no citan estas palabras en sus comentarios y otras obras sobre las Escrituras, ni aun cuando discuten el asunto de la Trinidad. Toda la evidencia, pues, apunta a la conclusión de que no pertenece este versículo al texto inspirado.

No obstante, la verdad encerrada en este referido versículo se presenta abundantemente en otros pasajes de la Biblia, y el ser espurio este versículo no ayuda nada al antitrinitario. Por otra parte, nosotros que enseñamos la verdad sobre el punto no ganamos nada al emplear lo que es sin duda espurio.

- - -

1. Hay tres puntos distintos que tratar en este caso: los manuscritos unciales, el textus receptus, y las primeras versiones en español y en inglés.

2. Un manuscrito es un libro escrito a mano. Los manuscritos griegos de los primeros siglos de los libros del Nuevo Testamento fueron escritos con pura letra mayúscula, sin espacios en las palabras, y sin signos de puntuación. En cambio los manuscritos cursivos de dichos libros no aparecieron hasta el siglo noveno. Cursivo se dice de la escritura rápida o corriente, empleando letra minúscula.

3. El nombre "Textus Receptus" (latín) significa texto recibido. Su nombre es derivado del simple hecho de que cuando salió a luz la edición del texto griego compuesto originalmente por Erasmo en el año 1516, fue recibido universalmente, y vino a ser la base de las versiones de Martín Lutero, William Tyndale, los traductores de la versión King James (1611) y de Reina (1569) y Valera (1602). Para el tiempo de Erasmo el manuscrito griego más antiguo descubierto fue el Vaticanus, hecho en el siglo IV. El Vaticano permitió a Erasmo a investigarlo pero no a llevarse copia. Más tarde un cierto Estefanus en 1550 compiló la edición que ya sin duda se consideraba el Texto Recibido. (Las diferentes versiones basadas en el Texto Recibido emplean 1 Jn. 5:7 como aparece en nuestra versión de Valera, 1960).

Años después se descubrieron más manuscritos griegos de libros de la Biblia. Entre ellos los dos más antiguos (del siglo IV) fueron el Manuscrito Sinaiticus y el Alexandrinus. (Estos dos no contienen a 1 Jn. 5:7). Estos dos, más otros muchos fragmentos de manuscritos, las citas de los "Padres" griegos y latinos, y las traducciones antiguas de los primeros siglos d. de J.C., ayudan para establecer el texto original de los libros del Nuevo Testamento.

En el año 1881 dos eruditos ingleses, B. F. Westcott, y F. J. A. Hort, publicaron una edición completamente revisada del texto del Nuevo Testamento. Esta edición no dependía, como en el caso del Texto Recibido, casi totalmente del Vaticanus, sino en gran parte del Alexandrinus más recién descubierto pero de igual gran antigüedad. Versiones principales en inglés, en español (por ej. la Ver. Moderna, por H. B. Pratt, año 1893), y en otras lenguas ya comenzaban a emplear el texto de Wescott y Hort, en lugar del Texto Recibido. La Versión American Standard (1901) que uso yo al predicar en inglés, es según el texto de Westcott y Hort. Otra edición del texto griego que hoy en día ha recibido buen acogimiento, dado que es basada en el estudio e investigación crítica de muchos eruditos en los manuscritos más recién descubiertos, es la edición de Eberhard Nestle. En gran parte el interlineal de F. Lacueva sigue la edición de Nestle.

* * *

969. EL ADULTERIO Y LA GRACIA DE DIOS

"Hermano, me casé a los __ años de edad, y __ años después lo dejé a mi esposo por haber cometido adulterio, pues no podía perdonarlo, por no haber sido nacida de nuevo aun. Luego viví una vida de adulterio, al no ser divorciada. Subsecuentemente fui salvada por El Señor y soy sierva de Dios. Me casé nuevamente. Al haber formalizado mi nueva unión nunca sentí culpabilidad por este casamiento, hasta no leer sus notas en este día. Ahora temo haber sido traicionada por mi engañoso y perverso corazón. Presentemente estoy esperando un hijo. Por otro lado quería saber si no opina usted que el amor cubre las faltas de la humanidad frente a las leyes, siendo que el amor y la misericordia supera aun las leyes. Si hoy estamos en periodo de gracia, y Jesucristo no solamente ha cubierto nuestros pecados, sino que los ha lavado y abolido por completo con su perfecta obra con su bendita sangre en la cruz del calvario."

- - -

1. Hermana, no puedo decir más que lo que implica la declaración de Jesús en Mat. 19:9; a saber, que si el cónyuge fiel a sus votos de matrimonio tiene la causa de fornicación contra su marido, se le permite repudiarlo y volver a casarse con otro. Al infiel no se le otorga tal permiso divino.

2. Según los datos que me da sobre el caso suyo, no veo repudio, o divorcio, por fornicación hacia su marido. Usted dice que lo dejó. Luego me dice que usted misma iba cometiendo adulterio por un tiempo. Para casarse legalmente con el segundo hombre, primero tuvo que divorciarse legalmente del primer marido. No me dice que lo divorció legalmente por fornicación cuando "lo dejó." No me dijo nada acerca de inocencia de parte suya, respecto a sus votos de matrimonio, antes de eso de dejarlo. No me dijo que no contribuyó nada a la infidelidad de su primer marido. Tampoco me dice si el marido adúltero le pidió perdón, habiéndose arrepentido de su adulterio. Sencillamente no puedo juzgar definitivamente los méritos de su caso; sólo usted lo puede hacer frente a la enseñanza de Cristo en Mateo 19:9.

3. El simple hecho de que usted ahora teme "haber sido traicionada por (su) engañoso y perverso corazón," expresa duda respecto a su condición espiritual en vista de ser ahora cristiana. Con esa duda (y yo la comparto aunque no soy su juez) yo por nada continuaría en el presente matrimonio. Mejor vivir célibe para no arriesgar su

alma.

4. Me pregunta sobre "si no opina usted que el amor cubre las faltas de la humanidad frente a las leyes, siendo que el amor y la misericordia supera aun las leyes." El amor de Dios se manifiesta en perdonarnos los pecados <u>condicionalmente</u>. Dios no hace leyes para luego amar tanto que sus leyes no valgan nada. Las leyes de Dios (condiciones de perdón) son parte del amor de Dios. No podemos separar el amor de Dios de las condiciones de perdón que Dios en su amor ofrece al hombre. Considérese Luc. 13:3.

5. Sí, estamos bajo gracia ahora, y no bajo la ley de Moisés (Rom. 6:14), pero esa gracia tiene un mensaje (Hech. 20:32), o enseñanza (Tito 2:11,12) que nos instruye. Muchos quieren la gracia de Dios sin las instrucciones de esa gracia, pero tal gracia no existe. Muchos alaban la gracia de Dios y al mismo tiempo quieren quedarse en sus errores predilectos.

6. "su perfecta obra con su bendita sangre en la cruz del calvario" es la base sobre la cual Dios en su amor puede darnos las condiciones de perdón. Dios lava los pecados, sí, cuando el hombre con fe y arrepentimiento es bautizado en Cristo para perdón de sus pecados (Mar. 16:16; Hech. 2:38; 1 Cor. 6:11 más Hech. 18:8). No hemos de confundir la base de la salvación (para Dios) con las condiciones de Dios de perdón (para el hombre).

7. Le alabo por su deseo de informarse sobre el caso suyo. Esto me indica que en realidad procura salvar su alma eternamente. Dios le bendiga en su esfuerzo por seguir la voluntad de él.

* * *

970. ¿PODEMOS JURAR LOS CRISTIANOS?

"¿Podemos jurar los cristianos? Esta consulta se refiere a todo aspecto de la vida."

- - -

Para contestar su pregunta cito de mi obras NOTAS SOBRE SANTIAGO:

5:12 ———————— "Pero sobre todo" equivale a "especialmente", o "lo más importante". Algunas versiones dicen, "ante todo". Así dice esta versión (Versión Valera Revisión de 1960) en 1 Pedro 4:8, donde aparece la misma expresión en griego (PRO PANTON). Pero la idea de Santiago aquí, como de Pedro allí, es la de importancia, y no de primera cosa que hacer.

——————————————"no juréis". Literalmente, "dejad de ju-rar", o "desistid en jurar". La Versión Nuevo Mundo dice: "dejen de jurar". Véase Mateo 5:33-37. Aquí Santiago "repite" las palabras de Jesús, nada más que en forma más breve. La clase de juramento prohibido, según este contexto, es especificado en la frase siguiente.

——————————————"ni por el cielo, ni por la tierra". Los judíos sabían que el Tercer Mandamiento prohibía tomar el nombre de Dios en vano (Éxodo 20:7), y por eso evitaban juramento que incluyera el nombre de Dios. Al mismo tiempo afirmaban que jurar por el cielo o por la tierra,

etcétera, no les obligaba a cumplir con sus juramentos. Jesús en Mateo 5:33-37 les dijo por qué jurar con tales nombres comunes era igual que jurar por el nombre de Dios, y en Mateo 23:16-22 les condenó como culpables de profanación (pues decían que en ciertos juramentos uno no era deudor).

El Primer Mandamiento prohibía tener otro dios; el Segundo, hacer uso de fabricación humana para acercarse a él; y el Tercero, la irreverencia respecto a su nombre. Los judíos profanaban su nombre con su uso de juramentos, afirmando que técnicamente no pronunciaban el mismo nombre de Dios en sus juramentos.

Ahora Santiago dice a los hermanos, muy dados a la práctica de jurar, que dejen (de una vez por todas, pues así significa la gramática griega en este versículo) de jurar (con los juramentos de este contexto).

——————————————"Ni por ningún otro". La palabra "otro" puede venir de una de dos palabras griegas. Aquí viene de la que significa otro de la misma clase. Santiago no prohíbe del todo el juramento, sino todo juramento de esta clase.

Aun al decir Jesús en Mateo 5:34, "No juréis en ninguna manera", no prohibía terminantemente toda clase de juramento. La frase, tomada juntamente con los versículos siguientes, significa, "En ninguna manera juréis por el cielo, por la tierra, por Jerusalén, o por la cabeza". (Un paralelo aparece en Lucas 9:3, "No toméis nada para el camino, ni bordón, ni alforja, ni pan, ni dinero; ni llevéis dos túnicas". La palabra "nada" aquí es limitada a las cosas mencionadas. Podían tomar una túnica para el camino y al mismo tiempo obedecer el mandamiento de "no tomar nada".) Jesús mismo juró en una ocasión (Mateo 26:63,64; contestó bajo juramento; Marcos 9:1, "de cierto os digo," prácticamente la misma construcción gramatical griega que aparece en Hebreos 6:13,14, "juró por sí mismo diciendo, de cierto te…").

No es condenable usar el nombre de Dios en juramento. Hay ejemplos bíblicos aprobados de esto (2 Timoteo 1:16; Romanos 1:9; 2 Corintios 1:23; Gálatas 1:20; Filipenses 1:8; Apocalipsis 10:5,6). Pero lo que Jesús y Santiago condenan es el profanar cosas santas con juramentos. ¡Es igual que usar el nombre de Dios de manera ligera o impertinente!

——————————————"sino que vuestro sí … no". La ley permitía juramentos que no incluían el mismo nombre de Dios (como también los que sí lo incluían), pero demandaba que uno cumpliera con ellos (Levítico 19:12; Números 30:2). Era condenable distinguir entre éstos, para cumplir con los que llevaban el nombre de Dios y no cumplir con los otros (Mateo 23:16-22). Jesús dio las razones.

Ahora los dos, Jesús y Santiago, enseñan al cristiano que deje por completo estos juramentos (que no incluían el nombre de Dios), que el Antiguo Testamento permitía, pero que conducían a la profanación, y que diga sencillamente "sí" o

"no".
_____"para que no caigáis en condenación". Véase Mateo 5:37. Uno se condena como cul-pable de profanación si hace tales juramentos, considerándolos como si no fueran juramento (pues no los cumple). El diablo es quien promueve la profanación.

Las palabras de uno constituirán parte de la base del juicio final (Mateo 12:36,37).

* * *

971. ¿SEPARAR LA VIDA ESPIRITUAL Y LA TERRENAL?

"¿Puede un cristiano separar la vida espiritual y la vida terrenal? Hago esta pregunta porque hay hermanos que para mi forma de ver están mal porque para lo espiritual quieren andar de una forma y la manera de vivir en la vida terrenal totalmente diferente."

\- \- \-

1. La supuesta separación referida es una ridiculez en sí. La vida terrenal es el *donde* de vivir, y la espiritual es la *manera* de vivir. O somos espirituales o somos carnales en nuestro vivir sobre la tierra el tiempo que Dios nos da (1 Cor. 3:1-3. Véanse Rom. 8:1-17; Jn. 15:19; Gál. 5:16-26; 1 Jn. 2:15-17).

2. Con esta supuesta distinción que algunos fabrican esperan justificarse en su carnalidad.

* * *

972. UTILIZAR LAS OFRENDAS PARA COMPRAR UN LOCAL

"¿Puede una congregación utilizar las ofrendas para comprar un nuevo local cuando ya se han cubierto las necesidades de sus miembros? Puesto que es de mucha necesidad ya que como le conté en una carta anterior piensan desalojarnos del edificio."

\- \- \-

1. La iglesia local tiene que arreglar un lugar para sus reuniones (Heb. 10:25 lo implica). Dios no ha mandado cierta clase de lugar para ellas. Vemos en las Escrituras ejemplos de iglesias congregándose en casas particulares, en sinagogas, en aposentos altos, y en escuelas.

2. El asunto se queda al juicio de la iglesia local. Si tiene fondos suficientes para comprarse un local para sus reuniones, y así lo desea, tomando en cuenta sus demás responsabilidades, está dentro de sus derechos de autonomía hacerlo. Es cuestión de juicio.

* * *

973. ROM. 12:8, ¿DONES MILAGROSOS O NO?

"Los dones mencionados en Romanos capítulo 12, los cuales usted menciona en su comentario que son individuales, ¿son aplicables a hoy? Por favor, si le es posible me gustaría saber, por qué NO o por qué SI. Es que le he dado vuelta a su comentario y

no me indica si están o no vigentes, por ejemplo yo diría que el de profecía no, pero no tengo una explicación real. Me interesa mucho esto, porque me gustaría explicarlo con fundamento cuando se me presente la oportunidad, además de tenerlo claro para mí."

\- \- \-

1. Gracias por su mensaje y palabras de aprecio. Acabo de leer de nuevo mis notas en Romanos 12:1-8 y no veo el problema que se le presenta a usted. Sobre el ver. 8 escribo: " L o s versículos 6 al 8 nombran cuatro dones espirituales: el de profetizar, el de servir, el de enseñar, y el de exhortar. En el texto griego cada una de estas cuatro frases comienza con la palabra griega eite, que quiere decir, "o si." Ahora Pablo deja de introducir las frases con esta palabra y menciona otras tres actividades: el repartir, el presidir, y el hacer misericordia. Parece que estas últimas tres no son actividades milagrosas, o hechas con ayuda sobrenatural. Pero siempre Pablo enseña que los que se ocupan en estas funciones se dediquen totalmente a ellas, cada uno según la suya."

2. Los primeros cuatro dones mencionados son espirituales (dados por el Espíritu Santo) pero los últimos tres no parecen ser milagrosos porque hoy en día los cristianos sin necesidad de dones milagrosos nos ocupamos en repartir (Efes. 4:28, compartir, pero es la misma palabra griega en los dos casos), en el hacer misericordia (Sant. 2:13, la misma palabra griega), y al servir de ancianos en la congregación en presidir (1 Tes. 5:12) o al dirigir el marido la casa en gobernar (la misma palabra griega en cada caso). La aplicación es para hoy.

Pero obviamente nadie obra hoy en día con dones milagrosos pues ya sirvieron su propósito (mayormente de revelación) y fueron quitados. Espero que esto le resuelva su duda.

* * *

974. 1 COR. 11:24; MAT. 26:26, PARTIDO POR

"Hay hermanos que enseñan que en 1 Corintios 11:24 el apóstol Pablo está enseñando que el pan de la cena del Señor tiene que ser partido por la congregación después de orar porque es lo que enseño Jesús en Mateo 26:26 y que no se puede entregar el pan partido, tiene que ser entero.

Hermano entiendo que la palabra vosotros es un pronombre personal, refiriéndose a los apóstoles que están con el Señor cuando estaba instituyendo la cena y que la palabra partido se entiende que por vosotros es dado o entregado. Me gustaría su ayuda y sus comentarios sobre estas dos palabras; ayúdeme por favor con las palabras originales del griego. También enseñan que en la participación de la cena tiene que ser un solo pan; no se puede poner dos, sólo uno."

\- \- \-

1. Nunca es sabio causar controversias sin primero haber hecho una investigación profunda. Es evidente que algunos hermanos están basando su conclusión equivocada sobre una frase en

español ("por vosotros es partido") capaz de cierta interpretación si no fuera por el contexto y los hechos del caso.

2. En el caso de 1 Cor. 11:24, primero es notable que la frase, "es partido," no se encuentra en los manuscritos mejores, y por eso no aparece en buenas versiones como las mencionadas en NOTAS SOBRE 1 CORINTIOS 11:24 (consúltese mi sitio Web). La versión de Valera 1960 es basada en una edición del texto griego de muchos siglos pasados (el Textus Receptus), antes del descubrimiento de muchos manuscritos muy antiguos y fieles en que se basa la edición Nestle. El interlineal de Fco. Lacueva no incluye la referida frase. La versión en inglés que empleo en mis predicaciones en inglés (la American Standard Version) no la incluye. La Biblia de las Américas no la incluye, como tampoco varias otras.

3. En español, la preposición "por" puede indicar agencia ("El libro es escrito por fulano;" es decir, fulano es quien escribió el libro), pero también puede indicar "a favor de," como en el ejemplo: "Cristo murió por nosotros" (Rom. 5:8). Pero el griego emplea la preposición UPO para decir "por" en sentido de agente. Por ej., 1 Cor. 10:10, "perecieron por el destructor." Pero en 1 Cor. 11:24 la preposición no es UPO, como tampoco en Rom. 5:8, sino **UPER** que significa "a favor de." Fco. Lacueva en su interlineal de 1 Cor. 11:24 dice, "a favor de vosotros." La Biblia de las Américas dice, "Esto es mi cuerpo que es para vosotros." Aun el Textus Receptus, en 1 Cor. 11:24, emplea la preposición griega UPER y no UPO, indicando "a favor de," o "para."

4. Es bien claro que el texto griego habla de algo que es para alguien, y no algo hecho por alguien. No es cuestión de quién parta algo, sino de ser algo para ciertas personas.

5. Para que el hermano equivocado tuviera algo de argumento en este caso, tendría que enseñar que en el texto griego, o del Textus Receptus, o de Nestle, la preposición de la frase es UPO (por) y no UPER (a favor de, para). Esto no lo puede hacer; nada más argumenta de cierto sentido que él da a la frase española, "por vosotros es partido." Si él consultara otras versiones buenas en español, vería que el texto no habla de que la congregación parta el pan, sino de que Cristo bendijo el pan, lo partió, y lo dio a sus discípulos, diciendo, "Esto es mi cuerpo el (cuerpo) a favor de vosotros."

* * *

975. EL SINGULAR DE LA PALABRA DIOS.

"Hermano si la palabra Dios está escrita en plural, ¿cuál es el singular de la palabra Dios?"

- - -

1. El singular es El; el plural, Elohim.

2. Los antiguos agregaban un adjetivo a la palabra El para enfatizar cierto aspecto del carácter de Dios. Por ejemplo, Gén. 17:1, El-Shaddai, Dios Todopoderoso; Gen. 14:18, El-Elión, Dios Altísimo.

3. Gén. 1:1, aunque emplea la forma plural de la palabra, Elohim, el verbo no es plural (crearon) sino singular, "creó."

4. Lo plural del nombre de Dios implica pluralidad de personas en la Deidad, pero no pluralidad de dioses. Gén. 1:26, "Hagamos al hombre a nuestra imagen," y luego el versículo siguiente, "Y creó Dios al hombre a su imagen."

5. El politeísmo (pluralidad de dioses) presenta a varios dioses competidores y de distintos carácter, poder y propósitos. Jehová Dios es uno, las tres personas de la Deidad siendo de unidad absoluta. Es falsa la acusación de que la Deidad represente politeísmo.

* * *

976. EL DIEZMO, ¿OBLIGATORIO HOY?

"1) La Biblia dice que Melquisedec recibió de Abraham los diezmos de todo. Entonces no existía el pueblo de Israel, por lo tanto el diezmar fue un principio desde antes de Israel, por lo que sería correcto plantear que esto del diezmo debería ser un principio aplicable a la iglesia, pues fue un principio de gratitud y adoración a Dios antes de que Dios instruyera el diezmar de las 11 tribus a los levitas, Génesis 14:20.

2) Además Jacob prometió a Dios dar los diezmos de su bendición en Betel, Génesis 28:22. Y todavía Dios no instruía a Israel respecto de diezmar (no era pueblo todavía).

Este es un tema en extremo importante dentro de la obra del señor, por lo que le ruego su ayuda con dedicación. Solicito de usted y/o hermanos colaboradores una respuesta de primer nivel, que responda lo específicamente detallado, pues se va a tener con un grupo importante de hermanos una reunión para hablar exclusivamente de este tema. Otras consideraciones como que el diezmo era exclusivamente para los levitas (lo cual es correctísimo), o que la instrucción de Pablo a la iglesia de Antioquia es la única que se encuentra para la iglesia (lo cual también es correctísimo), no se requiere, pues se ha planteado ya bastante bien y con aceptación ese tema. Lo que se requiere es fundamento bíblico respecto al punto 1) Melquisedec y 2) Jacob, para mantener la posición de que el diezmo no sería aplicable a la iglesia, ya que es este el fundamento que los hermanos partidarios del diezmo obligado en la iglesia usan para su posición. Lo anterior, recalco es para sostener una reunión con hermanos de mucho conocimiento bíblico, que han manifestado interés real de aclarar el punto 1) y 2) detallado al principio."

- - -

1. Consúltese INTERROGANTE # 717.

2. Es cierto que el diezmo se practicaba durante la dispensación patriarcal. ¿Por eso se debe practicar en la iglesia obligatoriamente hoy en día? Tal posición es ridícula. ¿Qué más de la dispensación patriarcal se debe practicar hoy en día como obligación? ¿El sacrificio de animales (Gén. 4:4)? ¿La circuncisión (Gén. 17)? ¿El levantar altares literales (Gén. 8:20; 12:7)? ¿La poligamia

(Gén. 4:19)?

3. La iglesia del Señor no es de la dispensación patriarcal, como tampoco de la mosaica. Hoy en día Dios ha hablado por su Hijo (Heb. 1:1,2; Mat. 17:5). Al oír a sus apóstoles escogidos y divinamente inspirados la persona escucha a Cristo mismo (Mat. 10:40). Por eso hallamos en la palabra apostólica (Hech. 2:42) las instrucciones para la iglesia hoy, y no en dispensaciones pasadas que ya no están en vigor. Si retenemos la forma de las sanas palabras que hemos oído de los apóstoles de Cristo (2 Tim. 1:13), entonces en cuanto a la colecta nos contentamos con las instrucciones de 1 Cor. 16:1-4; 2 Cor. capítulos 8 y 9.

4. El diezmo, como otras muchas prácticas de dispensaciones pasadas, ¡no es del evangelio de Cristo! Es increíble que hermanos "de mucho conocimiento bíblico," ignoren la distinción entre las tres dispensaciones bíblicas, tratando de obligar a cristianos a someterse a cosas patriarcales y mosaicas. El maestro que no se sujeta solamente a la doctrina de los apóstoles es maestro falso (1 Jn. 4:1-6).

* * *

977. MATEO 11:11-15

"¿Que quiso decir mi Señor Jesús en Mateo 11:11-15, que no ha nacido otro como Juan el Bautista, que el mas pequeño en el reino de los cielos, y que el reino de los cielos sufre violencia?"

- - -

1. Por ser Juan siervo tan fiel Jesús le elogió con las palabras de 11:11. No obstante, no hay grandeza para el hombre mayor que el de participar del reino de los cielos, cosa que Juan no pudo hacer en su vida, pues el reino no fue establecido hasta después de su muerte. El reino en este caso es la iglesia, y la iglesia no fue establecida en los días de Juan el bautista.

2. No hay preeminencia mayor que la de contarse como miembro de la iglesia de Cristo. Por eso en Heb. 12:23 leemos acerca de "la congregación (o iglesia ——————————————ekklesia) de los primogénitos." La palabra "primogénito" vino a significar figuradamente preeminencia, pues el primer nacido en la familia judía gozaba de preeminencia. (En este sentido figurado Cristo es llamado "el primogénito de toda creación," pues tiene preeminencia sobre la creación por haber creado todas las cosas, Jn. 1:3).

3. El cristiano, pues, aunque sea persona insignificante en esta vida, al ser miembro del reino de los cielos, goza de privilegios y exaltada preeminencia que no tenía Juan el bautista, y en ese sentido es mayor que él. No se trata carácter, sino privilegios.

4. Cito del comentario de Wayne Partain:
"11:12 —————————————— Desde los días de Juan el Bautista hasta ahora, el reino de los cielos sufre violencia, y los violentos lo arrebatan. – Esto se explica en el texto paralelo en Luc. 16:16, "La ley y los profetas eran hasta Juan; desde entonces el reino de Dios es anunciado, y todos se esfuerzan por entrar en él". Algunos querían entrar en el reino antes de que Dios abriera las puertas. Luc. 19:11, "Oyendo ellos estas cosas, prosiguió Jesús y dijo una parábola, por cuanto estaba cerca de Jerusalén, y ellos pensaban que el reino de Dios se manifestaría inmediatamente". Jn. 6:15, "Pero entendiendo Jesús que iban a venir para apoderarse de él y hacerle rey, volvió a retirarse al monte él solo". Desde luego los tales ignoraban la verdadera naturaleza del reino de Cristo, pensando que sería otro reino terrenal como el de David (compárense Mat. 20:21; Hech. 1:6, etc.).

Jesús emplea la ilustración de poner sitio a los muros de una ciudad fortificada. De esta manera la gente estaba agitada, inquieta, ansiosa, contendiendo, preguntando, discutiendo con respecto a Juan y Jesús, debido a su gran deseo de ver el reino del Mesías. Querían que el reino de Israel dominara el mundo entero como en los días de David y Salomón. Los judíos querían aprovecharse de la popularidad de Juan y de Jesús, para establecer el reino y levantar un movimiento contra Roma. Muchos judíos querían tomar control del reino. Querían crear el reino en su propia imagen. Querían los honores, privilegios y poderes de un reino terrenal. Recuérdese la contienda entre los apóstoles (Mat. 18:1-3; 20:20,21). Por lo tanto, Jesús quería evitar las multitudes, y dijo a los que sanaba que no lo contaran a nadie. Le sobraba fama."

* * *

978. LA BULIMIA

¿En su experiencia le ha tocado ayudar a alguna hermana o hermano con problemas de bulimia? ¿Cómo ayudar a un hermano o hermana con problemas de bulimia?"

- - -

1. La bulimia (de dos palabras, buey y hambre) es una condición de tener un hambre insaciable.

2. No tengo experiencia personal respecto a esta condición.

3. A lo mejor es una condición médica que requiera atención médica. Pero al grado de ser caso de falta de control de sí, la persona tiene que ejercer dominio propio (Gál. 5:23, templanza; 2 Tim. 1:7; Tito 1:8, dueño de sí mismo; 2 Ped. 1:6). El individuo dará cuenta a Dios de su propia vida (Rom. 14:12; Gál. 6:5). Todo el mundo tiene mucho control sobre su condición física y no hay excusa por qué no ejercer ese control.

* * *

979. EL CRISTADELFIANO

"... yo conocí a unos norteamericano y canadienses, diciendo pertenecer al movimiento de restauración 'campbellistas,' pero éstos dicen ser un poco diferentes. Yo pregunté cómo se llaman y dicen, 'Cristadelfianos.' ¿Quiénes son ellos?"

- - -

1. Según la información que he encontrado

sobre el tema, la secta religiosa de nombre Cristadelfianos (= "hermanos de Cristo") fue fundada por un cierto Juan Thomas, hijo de un ministro inglés de la Iglesia Congregacionalista. Emigró a los Estados Unidos en el año 1832. Por un tiempo andaba asociado con los del llamado Movimiento de Restauración en el cual figuraba Alejandro Campbell. Pero los dejó, por no estar de acuerdo en muchas de las creencias de ellos.

2. El nombre "Hermanos de Cristo" fue cambiado en el año 1848 a "Cristadelfianos." Thomas visitó a Inglaterra en los años 1862 y 1869, y el movimiento quedó bien establecido allí, contando con más miembros que en otras partes del mundo.

3. Aunque afirman que hay un solo Dios y que la Biblia es la palabra infalible de Dios y sin error, no obstante niegan la trinidad, que Jesús existiera antes de su encarnación, que fuera Dios en la carne y que muriera por los pecados del mundo, que el Espíritu Santo sea Dios, y que exista el infierno y el castigo eterno.

4. Afirman que Jesús tenía una naturaleza pecaminosa, y que su muerte fue un ejemplo pero no un sacrificio para el pecado. Otras afirmaciones: El pecador tiene que ser bautizado y que luego debe ser aprobado por buenas obras. El infierno no existe, pero hay una tierra futura para los salvos. El salvo puede ser perdido (no alcanzar la tierra futura).

5. Las iglesias de Cristo fieles no han de ser engañadas por los evangelistas de esta secta que llegan reclamando pertenecer al Movimiento de Restauración. De esta manera quieren dejar la impresión de que hay poca diferencia entre ellos y las iglesias fieles.

* * *

980. 2 TIM. 2:2, ANTROPOS = HOMBRE

"2 Tim. 2:2, Y lo que has oído de mí en la presencia de muchos testigos, eso encarga a hombres fieles que sean idóneos para enseñar también a otros. Sabemos que Pablo utiliza aquí el griego, ANTROPOS, el cual se usa para generalizar hombres y mujeres. Mi pregunta es: ¿hay algún texto donde ANTROPOS no se use como genérico?

"Con base en esto, ¿podría una mujer repartir (no dirigir) la copa y el pan de la cena, o pasar recolectando la ofrenda?"

- - -

1. Es cierto que el vocablo ANTROPOS se emplea para decir "hombre" sin distinción de género; es decir, una persona (por ej., Juan 16:21, hijo o hija, una persona nacida). (La palabra griega para decir "hombre," en sentido de género masculino, es ANER). Nótese Luc. 5:10, personas (seres humanos como distinguidos de peces, pero no hombres distinguidos de mujeres).

2. Contextualmente hablando, el vocablo griego puede indicar un hombre como distinguido de la mujer (Jn. 7:22), pues es cuestión de circuncisión. El texto dice "hombre" y no "varón" porque la identidad de la persona no es parte del contexto.

3. El vocablo griego se emplea para referirse a alguien, o a cierta persona, cuya identidad no importa o no es sabida (Mt. 17:14; 21:28; Mar. 12:1; etc.). Por eso no se emplea el vocablo para decir "varón," aunque en estos casos las personas son varones y no mujeres.

4. El vocablo griego se emplea cuando lo que se dice se aplica tanto a hombres como a mujeres; es decir, significa "uno." Nótense Rom. 3:28; 1 Cor. 4:1.

5. El vocablo griego se emplea para decir "gente" en general.   Véanse Mat. 5:13,16; 6:5; 16:13.

6. El vocablo griego se emplea para referirse en particular a evangelistas y a profetas (1 Tim. 6:11; 2 Tim. 3:17; 2 Ped. 1:21).

7. Conclusión. Aquí en 2 Tim. 2:2 el vocablo ANTROPOS no indica varón o hembra, sino sencillamente persona. En este contexto la palabra "hombres" no incluye a mujeres, que ellas enseñen públicamente como hacen los varones. Las Escrituras prohíben que la mujer predique o tome el lugar de dirección (1 Tim. 2:12; 1 Cor. 14:33-35).

Es incorrecto concluir que siempre que aparezca el vocablo ANTROPOS en las Escrituras se incluyan mujeres tanto como varones.

8. En cuanto a la segunda pregunta, el pasaje, al decir "hombres" (ANTROPOS), se refiere a hombres en el sentido de personas no especificadas en cuanto a identidad personal pero que se ocupan en la actividad del contexto, que es el de enseñar (actividad pública que pertenece al varón y no a la mujer———————————véanse los pasajes arriba).

Recoger la colecta y pasar los elementos de la cena del Señor son actividades ante la congregación y por eso son de la dirección pública del servicio. Son casos de ejercer autoridad; no quienquiera lo puede hacer según su propia preferencia. No se le permite a la mujer tomar tal delantera en el servicio.

A veces se oye la defensa que se apoya en la frase que en algunas partes comúnmente se expresa, "servir la mesa." Entonces se argumenta que siendo "servicio," al repartir los elementos de la Cena la mujer no está tomando la delantera, sino solamente "sirve." Pero el argumento no tiene base, pues todo lo que se hace en la dirección pública del servicio de la iglesia local es "servicio" en un sentido, aún la predicación, la oración, la colecta, y la dirección de himnos. Los varones ejercen autoridad al "servir" en los distintos actos de culto, tomando la delantera del servicio según acuerdos de los ancianos o de la junta de varones. A nadie, ni a hombres, se le permite levantarse y espontáneamente comenzar a tomar la delantera del servicio bajo el pretexto de querer "servir."

* * *

981. LA CENA DEL SEÑOR ¿TOMARSE TODOS LOS DOMINGOS? ¿SOLAMENTE CON PAN SIN LEVADURA Y MOSTO?

<Dado que el siguiente artículo es algo largo, prefiero comentar en seguida de los párrafos de él. Usaré letra distinta (y las signas, BHR) para distinguir mis comentarios del texto del autor entre comillas —————————— bhr>

"Al Sr. Reeves, o a otro hermano. Quisiera saber su opinión acerca de las conclusiones a las que he llegado, analizando la enseñanza acerca de la cena. Todo viene de la forma de establecer autoridad, pienso. La autoridad es por mandamiento, ejemplo de apóstol aprobado, y por inferencia necesaria."

BHR - Es cierto. Hay que admitir que las Escrituras del Nuevo Testamento nos presentan un patrón que retener (2 Tim. 1:13). Ese patrón es determinado por la suma de la enseñanza inspirada. Compárese Sal. 119:160, *La suma de tu palabra es verdad*. Dicho patrón no es dejado al sofisma de los hombres.

"En cuanto a la cena, entiendo que **el mandamiento** está claro, 1 Corintios 11:23-26. No hay comentarios."

BHR - De acuerdo.

"La periodicidad empieza a no encajarme. Enseñan que se toma el primer día de la semana: Hch 20.6-7; 1 Co 16.1-2. En Hechos y 1ª Corintios, se mezcla el ejemplo aprobado, y la inferencia "necesaria" (¿por qué es necesaria?). Pienso que las conclusiones que se pueden extraer de estos textos no son las que la Hermandad (¿con mayúscula?) enseña."

BHR - 1. No es cuestión de mezclar sino de emplear las dos formas de reconocer lo que Dios ha autorizado y que por eso es parte del patrón bíblico. Dios no está sujeto a expresar su autoridad en una dada manera que quiera demandar el hombre.
2. Una inferencia legítimamente se llama "necesaria" cuando no admite otra conclusión. Ninguna inferencia es necesaria solamente porque alguien declare que lo sea.
3. Que la hermandad, con o sin mayúscula, enseñe esto o aquello no tiene nada que ver con la realidad del patrón bíblico. Dios no ha dado a la hermandad ningún patrón que retener que no sea clara de identificación.

"Ciertamente, la tomaron (la cena) el primer día de la semana, pero... ¿puedo concluir que se tomaba la cena <u>cada</u> primer día de la semana?"

BHR - Sí lo puede concluir si sigue el patrón bíblico.

"Yo veo el desatino en la palabra <u>cada</u>. Quizá me equivoque, pero creo que ustedes se apoyan en el "cada" de 1 Corintios 16:2. Si es así, tengo dos puntos que están en contra de esa posición:"

BHR - 1. Por ser esta palabra clave en establecer el patrón bíblico, usted la mira como desatino. La mira así porque ella está en contra de lo que quiere establecer.
2. Sí, nos apoyamos en lo que dicen las Escrituras. ¿Hay mal en eso? ¿En qué se apoya usted?
3. Al contestarme, por favor me indique quiénes son los "ustedes" con quienes me identifica. Al mismo tiempo quisiera saber quiénes son los "ustedes" con quienes usted se identifica. Tengo idea, pero es mejor ser claros al expresarnos.

"Pablo dice: *"...para que cuando yo llegue no se recojan entonces ofrendas." (1 Co 16.2);* Está claro que se dejarían de recoger ofrendas cuando llegase Pablo. Por la misma regla de tres, si por recoger las ofrendas cada primer día de la semana, deducimos que tomaban la cena cada primer día de la semana, juntando este texto con Hechos 20:7, lo lógico sería inferir que al dejar de recogerse las ofrendas cada primer día de la semana, también se dejaba de tomar la cena cada primer día de la semana. Personalmente, pienso que ni el primero, ni el segundo, son silogismos correctos."

BHR - 1. Usted no me representa justamente al formular su silogismo y por eso su conclusión no tiene validez. No afirmo que "por recoger las ofrendas cada primer día de la semana (deduzco) que tomaban la cena cada primer día de la semana." Usted ha erigido el famoso "hombre de paja" para luego destruirlo fácilmente.
2. 1 Cor. 16:2 nos hace claro que la iglesia en Corinto hacía asamblea cada primer día de la semana. En dicha asamblea se hacía más que recoger una colecta para los santos (o, ¿dirá usted que al terminarse esa obra de benevolencia en particular la iglesia en Corinto dejaba de reunirse cada domingo?). El patrón bíblico enseña que la iglesia debe reunirse cada domingo. El patrón bíblico enseña que entre otras cosas hechas en asamblea, la iglesia tomaba la cena del Señor (1 Cor. 11:18,20,33; Hech. 20:7). De esta manera el patrón bíblico establece **"La periodicidad"** de tomarse la cena del Señor.
3. Ya que Pablo en 1 Cor. 16:1 especifica que ahora trata un punto en particular, la colecta para los santos necesitados en Jerusalén, y no trata en esta parte de su carta otras obras de la iglesia local que requieran fondos, él enseña a los corintios que una colecta sea hecha CADA domingo. Con eso queda claro que el patrón para juntar fondos para las obras de la iglesia local es por medio de colectas en asamblea cada primer día de la semana. (Pero muchos no están contentos con este patrón o modelo; prefieren establecer los propios suyos).

"Otro punto es que en la Reina-Valera de 1909 la ofrenda se debe apartar cada primer día de la semana hasta llegue Pablo, pero *en casa*. Entonces, ¿debemos tomar la cena en casa *cada uno* de nosotros?"

BHR - 1. Amigo (que no diga, hermano, pues se dirige a mí, diciendo Sr., y no hermano), en primer lugar la palabra "casa" no aparece en este pasaje en el texto griego. Usted pierde tiempo formulando un argumento sobre algo que ni está en el texto inspirado. Esto indica carestía de argumentación de parte suya.

2. ¿Usted aboga por ausencia de colecta en la asamblea de la iglesia cada domingo? ¿Usted aboga por colectas hechas solamente en casa? Si no es así, ¿por qué, pues, procura hacer un argumento en mi contra en base a lo que usted mismo no aceptaría como conclusión? ¿Afirmará que la palabra "casa" debe aparecer en 1 Cor. 16:2? ¿Sí, o no?

"He comentado el mandamiento, y la periodicidad. Por último, lo haré con la **composición de los elementos**, el pan y el fruto de la vid. Con el mandamiento no hay problema, la inferencia necesaria queda en entredicho, a no ser que me demuestren que lo que expongo arriba no es cierto, y ahora el ejemplo aprobado de los apóstoles entra en tela de juicio."

BHR - Usted en este caso pone y deja la inferencia necesaria en entredicho (censura, prohibición), pero ella no queda allí porque he expuesto la falacia de su argumentación "arriba." Tampoco entra en tela de juicio el ejemplo apostólico. Aseverar o afirmar no es probar.

"Pan sin levadura y fruto de la vid. ¿Por qué ha de ser exclusivamente pan sin levadura, y zumo? No digo que se puedan cambiar por peras y coca-cola, digo que hay pan con levadura, y vino, que también es fruto de la vid, y no parece que me salga del texto bíblico."

BHR - 1. Ha de ser exclusivamente pan sin levadura y zumo (jugo de uva) porque es lo autorizan las Escrituras; es lo que se conforma al modelo o patrón de ellas. Como usted dice al principio de su artículo, "Todo viene de la forma de establecer autoridad, pienso." Es cierto. Pero usted no se satisface con la autoridad de las Escrituras, sino quiere justificar prácticas basadas en el silencio de ellas.

2. Sí, hay pan con levadura, pero no es el pan que Jesús usó para instituir su Cena, y usted lo sabe (y más tarde lo admite).¿Por qué, pues, abogar por algo diferente?

3. Sí, hay vino que es jugo de uva fermentado, y el vino moderno, producto de la destilería con un nivel de alcohol bien subido sobre el del vino producto de la fermentación sola. Pero las Escrituras referentes a la cena del Señor no dicen "vino" sino ¡fruto de la vid! ¿Por qué no puede estar contento con ello?

4. La cuestión que usted levanta en su artículo no se somete al parecer suyo ni al mío. ¿Por qué no le parece que sale del texto bíblico cuando aprueba pan con levadura y vino (de los modernos de alto porcentaje de alcohol, producto de la destilería), cosas que el texto bíblico no menciona?

"Si estoy en lo cierto se basan en *1 Corintios 11:23-26* para dogmatizar que son pan sin levadura y mosto. Pero el texto no describe la naturaleza de los elementos, dice pan y fruto de la vid. Sólo veo una manera de encontrar el ejemplo que se necesita para afirmar esta doctrina, y es que el texto dice: *"... el Señor Jesús, la noche que fue entregado, tomó pan; v. 2"*

BHR - 1. Su uso aquí de la palabra "dogmatizar" es para crear prejuicio en contra mía. De igual manera y espíritu podría un oponente suyo decir que usted "dogmatiza" que peras y Coca Cola no pueden ser usadas con autoridad bíblica en la cena del Señor.

2. Sí, dice 1 Cor. 11:23 que el Señor "tomó pan" y las Escrituras también nos dicen que el pan que tenía a la mano, en esa noche en que instituyó su Cena, era ¡pan sin levadura! Esto lo admite en seguida. Con admitirlo su argumento queda vencido.

"En efecto, la noche que Jesús fue entregado, el pan era sin levadura, pues celebraban la pascua de los judíos. También el fruto de la vid era zumo de uva, o mosto, como se conoce por estos lares" (¿lugares? —————————— bhr).

BHR - 1. Bueno, ¿por qué no estar satisfecho con esto y no buscar irse más allá de ello? Su única defensa es concluir que las Escrituras no dicen que no se usen pan con levadura y vino moderno altamente cargado de alcohol.

"Ahora voy a usar la inferencia. Si el único texto al que me puedo remitir para afirmar que el pan es sin levadura, y el fruto de la vid zumo de uva, excluyendo cualquier otro pan y otro fruto de la vid, es el que narra cuando Jesús celebró la pascua con los apóstoles, ¿Por qué no puedo tomar la cena en jueves (o viernes, no sé bien qué día fue)?"

BHR - 1. Usted usa la inferencia, pero no usa inferencia *necesaria* ni *lógica*. Una inferencia es una deducción, pero el simple uso de deducciones no es establecer autoridad bíblica.

2. Su falta de lógica aquí consiste en, como algunos lo expresamos comúnmente, "mezclar manzanas con naranjas." Usted confunde (mezcla) los elementos de la cena del Señor con el día en que el Señor quiere que se celebre dicha Cena. ¿Por qué no argumentar que la Cena puede ser celebrada solamente en Jerusalén, porque allí es donde Jesús la instituyó?

3. En su párrafo anterior admite que el pan sin levadura y el zumo (jugo de uva) eran los elementos que Jesús y sus discípulos usaron al celebrar la Pascua, y usted y yo y todos sabemos que éstos son los elementos que Jesús uso para instituir su Cena para la iglesia.

4. Toda la argumentación suya en este asunto es sobre lo que las Escrituras ¡no dicen! No está contento con lo que dicen.

"Agradecería intentaran aclarar estas discrepancias."

BHR - Con gusto lo he hecho. Las únicas discrepancias que han surgido son las suyas creadas por no contentarse con lo que autorizan las

Escrituras. Quiere irse más allá de ello y como consecuencia usted cree ver discrepancias.

"Para concluir, ¿de dónde sacan que recoger la ofrenda sea un mandamiento? Si es del pasaje de arriba, ya ven que fue algo temporal. Pablo dio mandamiento de cómo recogerla hasta que él llegara, no mandamiento de que la administración de la congregación local fuese a través de la ofrenda."

BHR - 1. Para contestar su pregunta, 1 Cor. 16:1, ¡ordenanza! Cito de mi obra NOTAS SOBRE 1 CORINTIOS, 16:1, "——————————— de la manera que ordené en las iglesias de Galacia – El asunto tratado en este pasaje es uno de orden apostólica. Pablo emplea el vocablo griego, DIATASSO, que significa "ordenar, determinar, o mandar". En nuestra versión, este vocablo se traduce "mandar" en estos pasajes: Luc. 8:55; 17:9; Hech. 18:2; 24:23; Tito 1:5. Aparece en estos otros pasajes: 7:17; 9:14; 11:34; Mat. 11:1; Hech. 7:44; 23:31; 20:13; Gál. 3:19.

Véase 7:17, comentarios.

Es preciso notar que en este pasaje Pablo está mandando que todas las iglesias sigan cierto plan de recoger fondos para la obra de la iglesia local. ¡No es cuestión de opción!"

2. Es cierto que la colecta para los santos necesitados en Jerusalén fue algo temporal, pero el pasaje nos enseña el patrón para recoger la iglesia local fondos para *toda* su obra.

3. La iglesia en Corinto tenía una tesorería. Cito de mi obra, NOTAS SOBRE 1 CORINTIOS, 1 Cor. 16:2, "——————————— guardándolo – Es importante notar el vocablo griego, que es THESAURIZON. Aquí en este pasaje es un participio, "atesorando". (En castellano nuestra palabra "tesoro" se deriva por transliteración de dicho vocablo). La persona pone junto a sí mismo la cantidad de dinero que propone ofrendar y lo echa al tesoro de la iglesia cada domingo."

4. Usted admite que Pablo dio mandamiento pero no acepta que es parte del patrón que tenemos que retener (2 Tim. 1:13). El mandamiento y el ejemplo apostólico para una colecta para la obra de la iglesia en Corinto en cuanto a benevolencia, viene siendo patrón para la colecta para la iglesia local en cuanto a sus obras de edificación y evangelismo.

Sería interesante ver su prueba bíblica para que la iglesia local reúna dinero para la edificación y el evangelismo por medio de ventas, comidas y diversos negocios. Según su artículo cualquier acción queda autorizada con tal que la Biblia no la condene específicamente. En tal caso el patrón que retener viene siendo nada más el silencio de las Escrituras. (Dado que las Escrituras no condenan en tantas y cuantas palabras el bautismo de infantes, se autoriza el hacerlo. ¿Es eso lo que usted propondría?)

"Gracias por su paciencia y disculpen mi osadía."

BHR - Agradezco su interés en someter sus conclusiones a mi consideración y comentarios. No veo nada de osadía que usted tenga que pedir disculpas. Siempre es provechoso el estudio de la Palabra de Dios. Le exhorto a que esté (y estemos) contentos con lo que revelan las Escrituras, y se conforma al modelo o patrón bíblico, y a que no vayamos más allá de ello. Gracias a usted por recibir mi escrito.

* * *

982. ¿ES IGLESIA LIBERAL O NO?

¿Cuándo una iglesia es liberal? ¿Qué pasa cuando una iglesia tiene 50 miembros y sólo 10 conocen los temas y estos son predicadores, los 40 no son predicadores y sus predicadores nunca han enseñado sobre estos temas? ¿Podemos decir que es una iglesia liberal porque los que la dirigen son predicadores liberales o sostenidos por liberales?

¿Qué de la iglesia en _____? Hermanos Wayne y Bill, ustedes la conocen y siempre se ha dicho que es una iglesia liberal pero hay miembros que no saben del tema y de otros temas. He visto que no tienen conocimiento de la autonomía de la iglesia. ¿Podemos decir que es una iglesia liberal porque sus predicadores lo son?

- - -

1. Una iglesia es liberal (en el contexto de la controversia sobre la centralización y el institucionalismo) si como iglesia participa en proyectos de estos males o si comulga solamente con iglesias que en ellos participan. (Hay también otros males en que una iglesia puede identificarse como liberal). Es liberal, no porque sus predicadores lo son, sino porque practica el liberalismo o cuando menos comulga solamente con iglesias y predicadores liberales.

2. La ignorancia de ciertos miembros respecto a los males en que la congregación participa no quita de dicha iglesia el liberalismo.

3. En dados casos de la referida ignorancia, se debe hacer esfuerzos por informar y enseñar a los miembros carentes del conocimiento bíblico acerca de las prácticas no bíblicas de la congregación. Enseñados ya tomarán las acciones apropiadas, o dejarán la referida congregación, que si no, seguirán al error a sabiendas.

4. Es responsabilidad de cada cristiano crecer en el conocimiento de la verdad (2 Ped. 3:18), y al hacer esto se va a informar de prácticas no bíblicas y procurará corregirlas o quitar su membresía de las iglesias dirigidas malamente por dirigentes desobedientes.

* * *

983. QUE LA IGLESIA GASTE LA COLECTA PARA PAGAR LA LUZ, EL AGUA, ACCESORIOS DE LIMPIEZA, ETC.

"Leí el artículo que usted escribió sobre el uso de la ofrenda para construir templos, todo lo entiendo bien. Quisiera que me comentara, por ejemplo en la Iglesia donde me reúno de la ofrenda se paga la luz, el agua, el jugo de uva, el pan sin levadura y accesorios de limpieza / pizarrones. ¿Qué textos podría consultar para tocar este tema con los varones de la congregación donde soy miembro; para que todo sea de acuerdo a la luz de la palabra de Dios? Necesito una orientación respecto a esto."

- - -

1. El Nuevo Testamento nos enseña un patrón o modelo divino (2 Tim. 1:13) qué retener al llevar a cabo la obra de la iglesia local.

2. Esta obra es triple, consistiendo en la edificación de sus miembros, la benevolencia limitada a santos, y el evangelismo.

3. El modelo para la recaudación de fondos para esta obra es la colecta de cada domingo (1 Cor. 16:1,2).

4. La iglesia local ha de reunirse para culto colectivo (1 Cor. 11:18,20; Hech. 20:7) y esto requiere un lugar. El patrón no señala cierto lugar o clase de lugar, y por eso se deja al juicio de cada congregación determinar dónde y en qué clase de lugar reunirse. Puede erigirse un lugar de reunión, rentar uno, emplear un sitio público, o congregarse en una casa privada, o debajo de un árbol. Siendo obra de la iglesia local puede gastar de su tesorería para el lugar y para los accesorios pertinentes al culto de la iglesia.

5. Ya que los servicios pueden durar una hora o más, la iglesia puede proporcionar una fuente de agua y servicio sanitario, como puede proporcionar un techo para protección contra el sol y la lluvia. Pero no se justifican gastos para erigir cocinas y comedores (hay casas en que comer, 1 Cor. 11:22,34), ni gimnasios y centros de diversión (que no son obras de la iglesia local).

6. Las Escrituras revelan autoridad específica y autoridad general. El primer día de la semana es según la autoridad específica para cuál día de la semana en que se tome la cena del Señor, pero es según la autoridad general cualquier hora en dicho día para que se tome ella. De igual manera la autoridad específica manda que la iglesia se reúna, pero la general autoriza el lugar y clase de lugar que la iglesia escoja según su fuerza monetaria y buen juicio.

7. Las cosas como pizarrón, la luz, el agua, etcétera se autorizan bajo la autoridad general porque pertenecen a la actividad específica de reunión para culto público. Hay que cuidar que no se introduzcan cosas consideradas como de autoridad general que no quepan bajo la autoridad específica. Ejemplos de esto serían gimnasios y centros de diversión, cocinas y comedores, y orquestas y coros.

8. Primero se determinan las obras de la iglesia por autoridad específica, y luego dentro de esas obras la autoridad general entra en la decisión respecto a las cosas convenientes para llevar a cabo dicha obra. La conveniencia entra solamente en lo que se autoriza específicamente (1 Cor. 10:23). Si la obra no es especificada, ni pensar en cosas consideradas "convenientes." El liberalismo procura meter como "convenientes" cosas y prácticas que no son de lo lícito. La actividad tiene que ser lícita para que entren cosas llamadas convenientes.

* * *

984. ROMANOS 12:6 DON DE PROFECÍA ¿SIN IMPOSICIÓN DE MANOS APOSTÓLICAS?

"En cuanto a la curiosidad que tengo es con relación al pasaje de Romanos 12:6, es que estudiando sobre "el don del Espíritu Santo", de un pronto a otro me puse a pensar que si sólo con la imposición de manos apostólicas se daban estos dones milagrosos, ¿cómo es que en este pasaje antes citado habla de al menos un don milagroso, el de profecía? esto tomando en cuenta que ningún apóstol había estado aquí en Roma para cuando Pablo escribe esta epístola, y aun Pablo deseaba ir para confirmarlos con algún don Romanos 1:11.

Se dice que posiblemente algunos convertidos el día de Pentecostés llevaron el evangelio a Roma, a esta suposición ¿se le podría añadir que también estos mismos habían recibido la imposición de manos apostólica antes de ir a Roma?

Es que no me acuerdo en todo lo que he leído haber visto algo relacionado a esto que le pregunto, y quería saber si usted ha oído o comentado algo al respecto."

- - -

1. No, yo no he comentado sobre este punto en tiempos pasados. Aprecio sus comentarios sobre el particular.

2. Los hechos del caso son que:

Los apóstoles impartían dones milagrosos (Rom. 1:11; Hech. 8:17; 19:6; 1 Tim. 1:6); otros no.

Había profetas en Roma (Rom. 12:6). También es cierto que Pablo deseaba visitar a los hermanos en Roma, en parte para impartirles algún don milagroso. Los profetas mismos en Roma, en el tiempo de recibir la carta de Pablo a ellos, no podían impartir dones milagrosos. Pablo podría hacerlo y por eso su visita entre ellos sería de provecho para ellos.

Es razonable y creíble que los profetas en Roma habrían sido de entre los romanos residentes (Hech. 2:10 presentes el día de Pentecostés), aunque no es deducción o inferencia necesaria. Pero lo cierto es que recibieron en alguna parte el don de profecía por la imposición de manos de algún apóstol.

Aquila y Priscila habían sido compañeros de Pablo en el evangelio (Hech. 18) y ahora están en Roma (Rom. 16:3). Aquila pudo haber recibido de Pablo el don de profecía.

Además, Adrónico y Junias (Rom. 16:7), residentes ahora en Roma, por ser muy estimados entre los apóstoles, cosa que indica conexión íntima con ellos, pudieron haber recibido de algún apóstol el don de profecía.

Rom. 12:6 sencillamente indica la presencia en Roma en ese tiempo de profetas. Eso no tiene nada que ver con cómo o cuándo recibieran ese don. El hecho de que no se nos ha revelado cuándo recibieron ese don no refleja nada sobre lo que el patrón bíblico (2 Tim. 1:13) dice respecto al recibimiento del don de profecía.

* * *

985. DISCIPLINAR POR TOCAR EN UN GRUPO DE "MÚSICA?"

"Un hermano fue 'disciplinado' por la iglesia a causa de su trabajo. El caso es que el hermano 'disciplinado' (y escribo entre comillas, pues solamente le dijeron que no podía dar una clase y orar, pero toma la cena del Señor y conviven con él socialmente), se dedica a tocar en un grupo de 'música'. Cada cierto tiempo atiende algunos contratos donde se le contrata a él y el grupo. ¿Es correcto que un hermano tenga un trabajo de ese tipo? Hay algunos hermanos diciendo que no es malo, que es un "trabajo", y otros que sí es malo, por la "naturaleza de dicho trabajo". Bueno, hermano, espero su consejo en este asunto. Por cierto, lo olvidaba, una hermana estuvo en una de esas fiestas, y trabajó ahí también preparando el banquete de la fiesta, y algunos hermanos estuvieron en la fiesta cenando, pero disfrutando del concierto, y a ellos no se les llamó la atención en lo absoluto, ¿deben también ellos ser exhortados?"

- - -

1. Ignoro mucho detalle respecto al caso de disciplina en particular que se menciona, y por eso no puedo servir de juez sobre lo correcto o incorrecto de la causa que ha servido de base de disciplina. "Tocar en un grupo de 'música'" no es malo en sí, pero las circunstancias que rodeen la actividad sí pueden ser censurables. La frase "un trabajo de ese tipo" no me explica mucho. Puede ser en sí algo ilícito, o puede ser algo lícito o permisible pero no conveniente (1 Cor. 6:12).

2. Es evidente que la referida iglesia no entiende bien lo que es la disciplina congregacional según el patrón bíblico. La disciplina bíblica no es sencillamente "castigar" al individuo, quitándole parte en el culto público. Si esa iglesia local convive con él socialmente ¡no le ha disciplinado (1 Cor. 5:11)!

3. Si otros hermanos, aparte del disciplinado, participan en las actividades que se han consideradas malas en sí, no solamente deben ser exhortados, sino también cortados de comunión (disciplinados) si no se arrepienten. Si ellos merecen solamente exhortación, el disciplinado también merece solamente la exhortación y no la disciplina (excomunión).

* * *

986. ¿ESCUCHAR COROS APOSTÓLICOS CON INSTRUMENTOS MECÁNICOS?

"Qué de los himnos, canciones, salmos, y cantos, que nosotros cantamos, pero que los apostólicos, bautistas, pentecostales y otros cantan con instrumentos mecánicos de música? ¿El cristiano puede escucharlos? ¿Podemos simpatizar con esos coros? Muchos jóvenes hoy en día de la iglesia del Señor simpatizan con ellos y me gustaría que me ayudara para poder decirles en un estudio y hablarles de ese tema… A veces les pregunto cuál es el propósito de escucharlos y me dicen unos que nada más por escucharlos como un género musical… Otros me dicen y me argumentan diciendo que si escuchamos las canciones de artistas, ¿por qué mejor no escuchamos estos coros que hablan de Dios y Cristo?"

- - -

1. Los llamados evangélicos (protestantes) suelen usar en sus iglesias la música instrumental en conexión con los cánticos o canciones espirituales. Hacen grabaciones de ellos y los tocan por medio de diferentes avenidas. Pecan al alabar al Señor de una manera que él no ha autorizado. Prefieren ir más allá de lo que está escrito (1 Cor. 4:6; 2 Jn. 9). Es igual que hacer como los católicos, al quemar incienso en adoración al Señor, o hacer cualquier otra cosa que no es según la autoridad de Cristo (Col. 3:17). Cristo especifica el corazón como el instrumento qué usar al alabarle con salmos, himnos, y canciones espirituales (Efes. 5:19). Pero el hombre no está satisfecho con esto; prefiere oír la instrumentación mecánica y el efecto estética de ella. Peca al añadir a la Palabra de Dios (Apoc. 22:18).

2. El que de preferencia y gusto escucha a tal música, aun pronunciando las palabras del himno al escucharlo, participa (tiene comunión con) en esas malas obras (2 Jn. 11). ¿Iría un cristiano a una iglesia sectaria y participaría en su culto, cantando con acompañamiento instrumental? Si no lo haría, ¿cómo puede justificar la misma cosa, nada más que en privado?

3. ¿Puede el cristiano agradar a Dios, escuchando a canciones sucias e inmorales, nada más por escucharlas como un "género distinto de música?"

4. El argumento que dice que "si podemos escuchar las canciones de artistas, ¿por qué mejor no escuchamos estos coros que hablan de Dios y Cristo?" no es nada válido. No es cuestión de "escuchar las canciones de artistas," o no; es cuestión de escuchar las canciones seculares decentes, con o sin acompañamiento de instrumentos mecánicos de música.

Las canciones de artistas no son himnos de alabanza a Dios. Si son decentes en sí, no es malo escucharlas, que sean acompañadas de instrumentos musicales o no. Hay artistas decentes, y las hay que son muy mundanos.

5. No confundamos la cuestión. Hay canciones seculares, y hay espirituales. Las espirituales alaban al Señor y nos enseñan y exhortan; deben ser cantadas. Las seculares son otra cosa. Si son decentes el cristiano puede emplearlas; si no, no.

* * *

987. LOS 144,000 DE APOC. 7:4-8 Y 14:3-5 ¿QUIÉNES SON?

"Los 144,000 mencionados en Apocalipsis, ¿me puede dar una explicación sobre ellos?"

- - -

1. Para explicar el significado de este número simbólico cito de mi obra NOTAS SOBRE APOCALIPSIS, primero sobre 7:4-8 y luego sobre 14:3-5.

2. **Apoc. 7:4-8**

"Esta sección enfatiza el aspecto judaico de la iglesia de Cristo.

——————————— **ciento cuarenta y cuatro mil** ——————————— Este número es el resultado de multiplicar doce por doce por mil. Sabiendo que los sellados son los salvos de los dos Testamentos, el primer doce (12) representa a las doce tribus de Israel. El segundo doce (12) representa a los doce apóstoles de Cristo del Nuevo Testamento. El número mil (1000) es un número para indicar lo indefinido, o sea una gran cantidad. Este simbolismo (el número simbólico) sugiere que los sellados (los salvos y reconocidos por Dios y por Cristo) son un gran número de personas de las dos dispensaciones (la ley de Moisés, y la ley de Cristo).

En 21:12,14, "la gran ciudad santa de Jerusalén" (que es el pueblo redimido de Dios) tiene doce puertas con los nombres de las doce tribus de Israel escritos en ellas, y doce fundamentos con los nombres de los doce apóstoles escritos en ellos. El número "144" viene, pues, de multiplicar 12 por 12, y simboliza el pueblo de Dios de los dos Testamentos. En 21:17 vemos que el muro de la santa ciudad medía 144 codos. Estos números simbólicos bien representan al pueblo de Dios de todo el tiempo.

——————————— **de todas las tribus de los hijos de Israel** ——————————— Los versículos 5 al 8 dan doce nombres de las tribus de Israel, y cada nombre representa doce mil. Multiplicando doce mil por doce, tenemos el número de 144,000. Claro que es simbólico todo el pasaje, pues de otra manera los 144,000 serían todos **judíos**. ¿Qué clase de consolación sería ésta para los cristianos perseguidos del siglo primero a los cuales escribió Juan esta carta? La verdad es que el pueblo de Israel (formado de doce tribus) del Antiguo Testamento era **tipo** del pueblo de Dios en Cristo. Es decir, Israel (los judíos) era tipo de la iglesia (los cristianos de todas las naciones). La iglesia es el **antitipo.** En el Nuevo Testamento la iglesia de Cristo es presentada como el Israel espiritual (Romanos 2:28,29; 9:6,7, 27,28; Gálatas 3:7-9, 26-29; 6:16; Santiago 1:1).

Según 14:1-4, los 144,000 son los "comprados de entre los hombres por primicias para Dios y para el Cordero". La palabra "comprados" es de la palabra griega AGORADZO, la cual se encuentra en los textos siguientes: 1 Corintios 6:20; 7:23; 2 Pedro 2:1 y Apocalipsis 5:9. Estos textos se refieren a los cristianos, que figuradamente han sido comprados por Cristo para ser propiedad o posesión de él (Tito 2:14). Además, vemos que las "primicias" son los cristianos (Santiago 1:18). Los 144,000, por eso, son los salvos de Dios de todas las naciones (5:9; 7:9; 14:3,4). Véase 5:9, comentario.

En conclusión, vemos que (1) los 144,000 son los "comprados", 14:3; (2) los "comprados" son "de todo linaje y lengua y pueblo y nación", 5:9 (véanse también Mateo 28:19; Marcos 16:15,16; Hechos 1:8; Gálatas 3:26-28). (3) Se sigue que los 144,000 son los salvos de todo el tiempo. ¡El número es figurado!

Además, los 144,000 son los mismos que la gran multitud (nada más vistos bajo otra figura para enfatizar otro aspecto de su condición espiritual). Considérense estos hechos: (1) la gran multitud de toda nación, 7:9; (2) los comprados de toda nación, 5:9; (3) los 144,000 comprados, 14:3; (4) por lo tanto, la gran multitud y los 144,000 son los mismos."

3 - **Apoc. 14:3-5**

"Los redimidos cantan este cántico de victoria y redención. Es un cántico "nuevo" (según el griego, "nuevo" en categoría). La experiencia de haber sido redimidos por la sangre de Cristo era completamente nueva; por eso, un cántico **nuevo**.

La palabra "aprender" se usa aquí en el mismo sentido en que se usa en Hebreos 5:8. Cristo "aprendió" la obediencia, no en el sentido de llegar a saber lo que era en realidad (como el alumno en la escuela aprende datos nuevos), sino en el sentido de **experimentar** la obediencia. Claro es que el que no experimenta la salvación en Cristo no va a cantar el cántico que celebra ese gran evento.

Sobre "redimidos de entre los de la tierra", véase 7:4-8, comentario.

14:4 ——————————— **Estos son los que no se contaminaron con mujeres, pues son vírgenes. Estos son los que siguen al Cordero por dondequiera que va. Estos fueron redimidos de entre los hombres como primicias para Dios y para el Cordero** ——————————— Hay cuatro descripciones simbólicas de los 144,000:

(1) Son vírgenes. Como la idolatría se presenta en las Sagradas Escrituras como "adulterio" o "fornicación" (por ej., Jeremías 3:9), así la virginidad sugiere lealtad a Cristo (2 Corintios 11:2). (Ahora, como esto de "vírgenes" no es para tomarse literalmente, tampoco es literal el número 144,000).

"No contaminarse con mujeres" significa no cometer fornicación espiritual, (por ej., no adorando a la bestia ——————————— 13:15); no ser idólatras o mundanos en otros aspectos. Esto describe a **todo** cristiano.

(2) Siguen al Cordero. Es otra descripción de **todo** cristiano, y no de solamente unos 144,000, en sentido literal, según enseñan los Testigos de Jehová. Sobre la figura de "seguir al cordero", véanse Juan 10:27,28 ("oyen mi voz ... me siguen"); Mateo 16:24; 1 Pedro 2:21. Los cristiano fieles siguen a Cristo, mientras que los mundanos se maravillan "en pos de la bestia" (13:3).

(3) Fueron redimidos. Esto también describe a **todo** cristiano. Véase 7:4-8, comentario.

(4) Como primicias. Compárese Santiago 1:18. Aquí se simboliza la consagración, pues los judíos consagraban a Dios sus primicias, o sea sus primeros frutos de la cosecha, como sacrificio especial, siendo lo mejor. Véanse tales pasajes como Éxodo 13:11-16; Números 18:12,13; Deuteronomio 18:4.

Nótese: si los 144,000 son un número literal de personas, esas personas son literalmente tantos judíos, todos varones, y además solteros. ¿Quién lo puede creer?

14:5 ————————————————— **y en sus bocas no fue hallada mentira, pues son sin mancha delante del trono de Dios**
————————————

Este versículo da otro punto de descripción, que también pertenece a **todo** cristiano: es persona de pureza de vida.

Estos no mentían; no negaban la supremacía de Cristo (2:13); estaban sin mancha. Compárense 1 Juan 1:7; Judas 24; Efesios 5:26,27.

El número simbólico de 144,000 representa el conjunto de los salvos de todo tiempo."

* * *

988. ¿LOS DIEZ MANDAMIENTOS PARA HOY?

"Los mandamientos mencionados en Éxodo 20, ¿que papel juegan hoy en día para nosotros?"

- - -

1. Considérese el Interrogante # 584
2. Los diez mandamientos de Éxodo 20:1-17 y Deut. 5:6-21 no juegan papel hoy en día, ya que el Nuevo Testamento está en vigor, como ¡tampoco cualquier otro mandamiento del Antiguo Testamento! Ninguna parte de una ley quitada puede ser obligada para la gente bajo una ley actual, que en este caso es la de Cristo, el Nuevo Testamento. Considérense tales pasajes como Heb. 7:12; 8:7,13; cap. 9; 10:9,19-25; Efes. 2:11-22; Col. 2:14-19; Rom. 6:14; etcétera.
3. Alguien dirá: "Si no están en vigor hoy en día los Diez Mandamientos, entonces está bien matar, mentir y adulterar." Tal argumento nada lógico supone que tales actos son prohibidos solamente por los Diez Mandamientos del Antiguo Testamento, pero el caso no es así. De los Diez nueve son dados en el Nuevo Testamento, todos menos el cuarto, que es el de guardar el sábado:

El Primero: Mat. 4:10; Jn. 17:3; véanse también Hech. 14:8-15; 17:23-31; Rom. 1:23-25; 1 Cor. 8:4-6; Efes. 4:6; Apoc. 4:10,11; 22:9.

El Segundo: Hech. 15:20; 1 Jn. 5:21; véanse también 1 Cor. 10:14; 2 Cor. 6:16,17; Gál. 5:20; Efes. 5:5; Col. 3:5; 1 Tes. 1:9; Apoc. 1:8; 22:15.

El Tercero: Mat. 5:33-37; Sant. 5:12.

El Cuarto: ¡Ni un mandamiento para el cristiano que guarde el sábado, el séptimo día de la semana!

El Quinto: Efes. 6:1-3. Nótese que es "el primer mandamiento con promesa," no el quinto.

El Sexto: Rom. 13:9; 1 Jn. 3:15; Apoc. 21:8.

El Séptimo: 1 Cor. 6:18; Heb. 13:4; véanse también Rom. 13:9; Gál. 5:19; Efes. 5:3,5; Col. 3:5; 1 Tes. 4:3; Apoc. 22:15.

El Octavo: Efes. 4:28; 1 Cor. 6:10; Rom. 13:9.

El Noveno: Rom. 13:9; Col. 3:9 (Nota: ¿Por qué no miente el cristiano? ¿Porque los Diez Mandamientos lo prohíben? No, sino porque se ha despojado del viejo hombre con sus hechos).

El Décimo: 1 Tim. 6:10; Efes. 5:5; véanse también Rom. 7:7; 13:9; Col. 3:5; Heb. 13:5.

No le importaba a Cristo, ni a los apóstoles, el orden de los Diez Mandamientos. Por ejemplo, Cristo en Mateo 19:18,19 citó a cinco de los Diez, pero en este orden: 6, 7, 8, 9, 5. Pablo en Romanos 13:9 presentó cinco de los Diez en este orden: 7, 6, 8, 9, 10. Los autores del Nuevo Testamento, aunque obligan a los cristianos que obedezcan la enseñanza de nueve de los Diez Mandamientos, lo hacen porque es parte del Nuevo Testamento, y no porque es parte del Antiguo Testamento.

4. Algunos sectarios tratan de justificar la observancia del Cuarto Mandamiento, afirmando que el domingo tomó el lugar del sábado, y que por eso el domingo es el "sábado cristiano." Tal aseveración carece de prueba novotestamentaria. Lo dicen ellos por decirlo, pero sin autorización de la ley de Cristo. El sábado literal del Antiguo Testamento era figura del descanso eterno en los cielos (Heb. 4:9-11). El primer día de la semana, nuestro domingo, es el día apartado por Dios para que en él los cristianos rindan culto a Dios, incluyendo la celebración de la cena del Señor. Son dos propósitos completamente separados y distintos. El llamado "sábado cristiano" ¡no existe!

5. Los Diez Mandamientos son parte de la ley de Moisés. Gál 5:4, "De Cristo os desligasteis, los que por la ley os justificáis; de la gracia habéis caído."

6. La confusión sobre la cuestión de los Diez Mandamientos consiste principalmente porque la gente no distingue entre el Antiguo Testamento y el Nuevo (Heb. 8:7-13).

* * *

989. EL TESORERO E INFORMES

"Usted menciona en una de sus respuestas sobre el tema de la ofrenda que el Tesorero es un contador de la Iglesia. Un contador es muy detallado en sus ingresos y egresos. ¿Debe serlo igual en la Iglesia? Es decir, llevar el control de ofrenda de CADA UNO, tal y como lo dice 1 Cor.

16:2. Doy a entenderle que CADA UNO al depositar la ofrenda debe ponerla en un sobre identificando de quien pertenezca para que el tesorero en base a esto, haga el registro. Lo otro sería los egresos. Tengo la idea que deben existir facturas claras indicando montos y razones del egreso. Me gustaría saber la forma bíblica de presentar un informe del tesorero a la Iglesia."

- - -

1. Sí, el tesorero debe ser muy detallado en sus reportes a la iglesia, pero no lleva control de la ofrenda de otros. Cada uno propone en su corazón la cantidad qué dar en su ofrenda de cada domingo (2 Cor. 9:7) y la da, y esto no es negocio de otros. Es cosa entre él y Dios. El tesorero no tiene que saber quién dio qué tanto para saber la suma de la colecta para el domingo en curso. El tesorero cuenta la ofrenda (y conviene que otro cuente con él, para evitar sospechas y equívocos) y luego la guarda según el plan de los ancianos o de la junta de los varones. Si se deposita en un banco, él ve por el depósito de la ofrenda y guarda los recibos.

2. I Cor. 16:2 no habla de lo que haga el tesorero, sino de cada uno de los miembros. El pasaje no dice que el tesorero tenga que saber la cantidad de ofrenda de cada miembro. El control limitado que él tiene es sobre la ofrenda una vez que se ha hecho.

3. El tesorero es siervo de la iglesia, no director de las finanzas de la iglesia. El no determina en qué se gasten los fondos ni las cantidades. Administra el registro de los fondos; sí "deben existir facturas claras indicando montos y razones del egreso." Si la iglesia tiene cuenta en un banco, él es el autorizado para hacer los cheques para pagos según indiquen los ancianos o la junta de los varones.

4. El dinero de la iglesia no es dinero del tesorero. No tiene libertad en cuanto a prestarse dinero "por mientras." Si los fondos de la iglesia se guardan privadamente, no han de ser tocados por nadie ni por nada, sino sencillamente guardados para el tiempo y el uso autorizados. El tesorero es siervo para administrar los fondos según órdenes.

5. Al contarse la colecta cada domingo, el tesorero es responsable por el registro exacto de cantidades y debe hacer públicos sus registros y presentar un reporte financiero con la frecuencia determinada por los directores de la iglesia. La iglesia debe tener acceso a toda hora a la información respecto a las finanzas de la iglesia.

6. El tesorero hace su servicio guardando presente el principio presentado en 2 Cor. 8:19,20.

7. La Biblia no especifica cierta forma exclusiva de presentación de "un informe del tesorero de la iglesia." Rige lo práctico según las circunstancias y la honestidad en todo. El dinero ofrendado por los miembros viene siendo dinero de la iglesia para el uso de la iglesia según determinado por los ancianos o la junta de varones. El tesorero es simplemente un siervo para registrar ingresos y egresos y hacer pagos, todo según órdenes que reciba.

8. Por lo que valga, donde soy miembro y predico regularmente el tesorero, con un ayudante, cuenta la colecta después de terminado el servicio y en seguida indica la cantidad ofrendada en una tabla en la pared en frente de la congregación. (Toda la acción se ve públicamente). Luego en la junta de varones una vez al mes presenta a los varones un reporte mensual de todos los ingresos y todos los gastos autorizados en el mes pasado, juntamente con el saldo para el mes. Tiene guardados en un lugar apropiado todos los recibos para servir de comprobantes. 2 Cor. 8:19,20 se guarda con todo cuidado.

* * *

990. OFRENDAR, NO CUMPLIR CON ELLO

"Si un miembro de la Iglesia no cumple con su deber de ofrendar y la iglesia identifica esa falla, ¿se le debe exhortar, o es problema del miembro de la iglesia y Dios?"

- - -

1. El miembro de la iglesia que es de Cristo, por ser él miembro del cuerpo de Cristo (1 Cor. 12:27), tiene que estar sujeto a Cristo la Cabeza. Cristo manda por la doctrina apostólica que el cristiano ofrende cada primer día de la semana (1 Cor. 16:1,2). Si no lo hace, siéndolo posible, peca.

2. Sí, debe ser exhortado por la iglesia, y si es necesario, disciplinado por no corregir su falla. Si rehusara cantar en el canto congregacional (Efes. 5:19; Col. 3:16), siendo esto posible, también estaría en rebelión y sujeto a la disciplina. No hay justificación en rehusar hacer en el culto público de la iglesia lo que Cristo en su palabra ha señalado para cada miembro de ella.

3. Lo que se hace en el culto público de la iglesia no es asunto privado solamente entre el individuo y Dios. Lo que es público es notable ante la congregación y cualquier falla debe ser atendida para la salvación del miembro errado.

* * *

991. LOS DIEZMOS Y LOS PASTORES

"¿Qué podría opinar usted sobre los pastores, (los llamo así porque es el nombre común en este país, tengo clara su observación al respecto de pastor), que les dicen a sus congregaciones, que todos los diezmos, los cuales ellos enseñan, son para ellos? Es muy común esto en los pentecostales. He visto que esto genera riqueza para ellos y pobreza para la Iglesia. Me gustaría su comentario al respecto."

- - -

1. Como usted nota, el llamado "pastor" en las iglesias humanas no es pastor bíblico, pues ni afirma ser obispo y anciano. Pero bíblicamente hablando, el pastor, el anciano y el obispo es la misma persona. Los tres términos señalan la naturaleza de su trabajo de guiar a la congregación juntamente con otro, u otros, como él.

2. Algunos sectarios obligan a las iglesias a dar el diezmo, pero al hacerlo obligan lo que no es de la autorización del Nuevo Testamento. Diferentes iglesias sacan del Antiguo Testamento a su gusto, el

católico el incienso, el sabatista el guardar el sábado, varias iglesias el instrumento mecánico de música, y luego el diezmo. Algunas sacan una cosa y dejan las demás, y otras sacan otras cosas y dejan las demás. Cada iglesia escoge y deja a su gusto. Pero la verdad es que no estamos bajo la ley de Moisés en nada, sino bajo la gracia del Nuevo Testamento (Rom. 6:14; Gál. 5:4; Heb. 7:12; 10:9; 2 Cor. 3:6,11).

3. Sí, es cierto que los llamados pastores se enriquecen, demandando el diezmo y luego guardando los ingresos para sí mismos. Es un buen negocio, el que ellos tienen. Son avaros y pagarán las consecuencias de su avaricia.

4. El predicador según el Nuevo Testamento recibe **salario** de la iglesia o iglesias, no los diezmos del Antiguo Testamento (2 Cor. 11:8; Fil. 4:15,16). Los sectarios no están contentos con la norma de las sanas palabras oídas de predicación apostólica (2 Tim. 1:13).

* * *

992. EL SUICIDIO Y LA MUERTE DE CRISTO

"¿Cómo se refuta el argumento de que se justifica el suicidio porque Jesús mismo entregó su propia vida (Jn. 10:18)? ¿Qué diferencia hay entre el suicidio y lo que hizo Jesús?"

1. La diferencia entre el suicidio y lo que hizo Jesús es que Jesús no se mató a sí mismo, sino fue muerto por otros. Si el bombero es muerto en su servicio, tratando de rescatar a gente atrapada en un incendio, entrega su vida por otros pero no comete suicidio. Entregar la vida por otros no es suicidio; es amor: Jn. 15:13; Rom. 5:7; 1 Jn. 3:16. Hay gran diferencia entre entregar (vida) y tomar (vida).

2. La premisa de dicho argumento tiene gran defecto: el suicidio no es entregar la vida por otro. Es por plena intención tomar la vida propia con el propósito expreso de evitar la vida en la continuación de alguna circunstancia no deseada. Es rechazar a propósito la vida que Dios da a la persona. El bombero en la ilustración arriba entrega su vida por otros; no entra en el fuego con el propósito de matarse y no seguir siendo bombero. No comete suicidio, y nadie describiría su caso como de suicidio. Da su vida; no la quita. No desea la muerte, pero el que se suicida desea la muerte tanto que se quita su propia vida. Por definición el suicidio es quitarse la vida, no entregarla por otro. La manzana no es naranja.

* * *

993. DIRIGIR LA ORACIÓN LA ESPOSA

"En la clase bíblica salió el tema de la oración, y hay hermanos que dicen que en el hogar, cuando oran dando gracias por los alimentos, le dan participación a la hermana para que ella se dirija a Dios en oración. ¿Es correcto esto? Según vemos en 1 Tim. 2:8, dice que el varón ANER "oren en todo lugar" yo pienso que esto no se limita tan solo a la asamblea pública."

\- \- \-

1. Hay dos puntos distintos tocados en la presentación del problema. Trataré de aclararlo.

2. Primero, la participación en ocasiones de parte de la esposa en la acción de gracias en la mesa de la casa antes de comer.

El hombre es la cabeza de la familia. Si él en ocasiones y por razones que él tenga decide ofrecer a la esposa la pronunciación de las palabras de la oración para dar gracias, ella lo hace bajo la dirección del marido y no como usurpando autoridad. (Lo mismo se puede decir respecto a hacerlo uno de los hijos de la familia). La mujer no ha de ejercer dominio sobre el hombre, 1 Tim. 2:12. Lo que se hace con el permiso del dirigente no es usurpación de autoridad.

3. En segundo lugar, y como punto aparte, 1 Tim. 2:8 sí dice que los hombres oren en todo lugar, pero la cuestión a la mano no tiene que ver con el lugar sino con el permiso para cierta persona. Claro es que el hombre ha de orar en la mesa, como en todo lugar. Pero 1 Tim. 2:8 no dice que siempre que haya oración, tiene que ser el hombre la persona que dirija la oración. Los niños pueden orar, y también la esposa. Nadie niega que ellos puedan orar. La cuestión tiene que ver sencillamente con que la esposa dirija en ocasiones la oración habitual en la mesa antes de comer. 1 Tim. 2:8 no entra en esta cuestión.

4. En una ocasión el médico me mandó no usar la voz en nada por dos semanas (para que las cuerdas vocales se sanaran solas). Durante ese plazo de tiempo por insistencia mía la esposa dirigía las oraciones en la mesa. Al hacerlo, no usurpaba ninguna autoridad. Al contrario, se sujetaba a mi dirección, obedeciéndome.

5. Que la mujer, o los niños, de por sí dirijan la oración en la mesa, estando presente el marido y sin permiso de él, es cosa de rebeldía; es pecado. Pero el caso a la mano tiene que ver con *darle participación* a la esposa, cosa de permiso de parte del dirigente.

* * *

994. LO RECIENTE DE LAS "COPITAS"

"Con relación a los anticopitas ¿es cierto que la practica de las copitas es mas reciente que el de la una copa?"

\- \- \-

1. Los anticopitas confunden a propósito (porque saben que lo hacen, porque ha habido muchos estudios y debates públicos sobre el particular) la copa según las Escrituras (el fruto de la vid) con la copa en sentido de vaso, contenedor, o recipiente. Cuando ellos salen con afirmaciones o preguntas respecto a la "copa," pregúnteles si hablan del vaso mismo o de lo que contiene el vaso. La copa de la cual hablan las Escrituras ¡se bebía (1 Cor. 11:26) y se repartía! (Luc. 22:17) pero seguramente no se tomaba ni se repartía un vaso de vidrio o barro. Se bebía y se repartía el fruto de la vid (Mat. 26:29).

2. Es cierto que en los EE.UU. (un país

relativamente joven) el uso de recipientes individuales, por razones de higiene, es más reciente que el de uno o dos recipientes (copas, vasos). En el principio de las iglesias de Cristo en mi país se acostumbraba usar una o dos recipientes grandes para la congregación, como también en algunas partes se acostumbraba hacer una partición en el lugar de reunión, sentándose los hombres en un lado, y las mujeres en el otro. Pero siempre han sido pocas las iglesias confundiendo la copa bíblica con el recipiente, siendo este último uno, varios, o muchos.

3. No sé cuántos recipientes se acostumbraban a usar las iglesias en el principio de esta nación, si solamente uno o varios, pero no fueron individuales. Pero el "anticopitas" no puede probar lo que asevera, que es que se usara sola y exclusivamente un recipiente por entender que el recipiente fuera la "copa" mencionada en las Escrituras.

4. La verdadera innovación en las iglesias de Cristo fue la contención de los "anticopitas," como también la de los "anti-clases bíblicas." La gran mayoría de las iglesias desde el principio en mi país no abogaban por anti-clases bíblicas como tampoco por el uso de un solo recipiente en la cena del Señor.

5. Las iglesias rurales en el principio del país no tenían agua de tubería, y todos bebían de un cubo o balde de agua, todos usando el mismo recipiente, pero no a causa de confusión sobre "la copa." Lo mismo pasaba al tomarse la cena del Señor. Para contener el fruto de la vid, muchas iglesias pobres empleaban vasos usados en que venían rapé, jalea, etcétera. No había otra cosa que usar. La conveniencia regía la situación. Lo que regía en un área no regía en otra. Pero la contención de los anticopitas en gran escala no se conocía.

6. ¿Qué importa el número de recipientes que se usen en la cena del Señor, si las Escrituras no hablan de recipientes, sino de "copa" con referencia al fruto de la vid en el recipiente?

7. Véanse los Interrogantes # 30 y # 751.

* * *

995. 1 CORINTIOS 7:11

"Deseo hacer una pregunta respecto al texto de 1 Corintio 7 verso 11 cuando dice, y si se separa, quédese sin casar, o reconcíliese con su marido; y que el marido no abandone a su mujer. ¿Aquí está autorizando la separación o fue un caso particular? ¿Me podría ayudar? Yo creo que fue un caso aislado por las costumbres. ¿Usted, que me aconseja? Hay algunos conceptos que Dios permite el divorcio."

- - -

1. Para contestar las preguntas basta cita de mis comentarios en NOTAS SOBRE 1 CORINTIOS, 7:11

"7:11 ——————————— y si se separa, quédese sin casar, o reconcíliese con su marido – Esta frase es una entre paréntesis,

insertada entre las palabras del ver. 10, y las que siguen en este ver. 11: "que la mujer no se separe del marido, y que el marido no abandone a su mujer".

El verbo aquí, "se separa", es el mismo (CHORIZO) que en el ver. 10 se describe. Consúltense mis comentarios allí. Pablo habla de un caso supuesto o hipotético en que la mujer se divorcia de su marido. Lacueva, en su Interlineal, traduce la frase así: "Si empero se separase". Esta traducción expone el caso subjuntivo que el texto griego emplea aquí. Considérense estas buenas traducciones: "y si se apartase" (P.B., ASV., JTD.); "y si llegase a separarse" (B.M.).

En tal caso ella debe quedarse "no casada" (dice el texto griego). Aquí aparece la misma palabra (AGAMOS) que vimos en el ver. 8, "solteros". Si la esposa sale de la casa y ya vive separadamente, ella representa un caso de divorcio (sea según los registros legales del país, o no), ahora tiene que quedarse como la persona que en realidad es; a saber, una persona no casada.

El verbo, "quédese", en el texto griego es un imperativo presente, y esto significa que ella permanezca indefinidamente en el estado de no casada. No tiene derecho a segundas nupcias. Su divorcio no fue por causa de fornicación. Hay hermanos en la fe que afirman que toda persona tiene derecho a las segundas nupcias, pero Pablo (y Cristo) dice aquí que no. Las leyes del país pueden permitirle otro matrimonio, pero el hombre no tiene autoridad sobre Dios, para que permita algo que Cristo prohíbe. Los hombres con sus leyes pueden legalizar el juego de dinero, la poligamia, el aborto, y las segundas nupcias para todos, pero no por eso va a obedecer el cristiano al hombre antes que a Dios (Hech. 5:29).

Algunos enseñan que está bien que la mujer deje a su marido con tal que no vuelva a casarse. Pero Pablo no está con ellos. El dice (en el ver. 10) que no deje a su marido. ¡Es un mandamiento de Cristo! Hacer lo que Cristo prohíbe es pecar. Ahora, si siempre comete tal pecado, divorciándose de su marido, que no complique el caso, casándose de nuevo, y llegando así a adulterar, sino que permanezca no casada. Unos casos paralelos a este pasaje lo encontramos en (1) Rom. 11:18, "no te jactes contra las ramas; y si te jactas, sabe que no sustentas tú a la raíz, sino la raíz a ti". (¿Está bien que el gentil se jacte con tal que sepa tal y tal cosa?). (2) 1 Jn. 2:1,2, "...para que no pequéis; y si alguno hubiere pecado, abogado tenemos…". (¿Está bien pecar, si reconocemos que Cristo es nuestro abogado e intercede por los cristianos?). (3) Sant. 3:14, "Pero si tenéis celos amargos y contención en vuestro corazón, no os jactéis, ni mintáis contra la verdad". (¿Está bien tener celos amargos y contención en el corazón con tal que no nos jactemos ni mintamos?).

La única alternativa que tiene la mujer que se ha divorciado de su marido es que se reconcilie con él, para volver a vivir como casados. Casarse con otro sería caso de adulterio, porque no se divorció del marido por causa de fornicación (Mat. 19:9).

—————————————— y que el
marido no abandone a su mujer – No hay doble
regla con Dios. Lo que se prohíbe a la esposa,
también se prohíbe al marido, y viceversa.
Compárese Maros 10:11,12.

Aquí el verbo, "abandone", es APHIEMI.
Según el Sr. Thayer, el reconocido lexicógrafo, este
verbo tiene varios significados, entre ellos
"despedir", como en Mat. 13:36 (despedida), y se
emplea en este versículo, como también en los ver.
12 y 13, en el sentido de despedir o repudiar al
cónyuge. Se usa en el sentido de divorciarse."

* * *

996. MAT. 28:19, EL BAUTISMO EN EL NOMBRE DEL PADRE, DEL HIJO, Y DEL ESPÍRITU SANTO

"Recientemente participé en un estudio sobre el
bautismo. Basándose en la fraseología de Mateo
28:20, el hermano que dirigía el estudio dijo que
tenemos que ser bautizados en el nombre del Padre,
del Hijo, y del Espíritu Santo. Según él, sin esto no
recibiremos al Espíritu Santo. Todos estamos de
acuerdo que se trata sencillamente del "don" del
Espíritu Santo y no de "dones" del él (el hablar en
lenguas, el interpretar lenguas, etc.), ya que esos
dones ya no existen.

Como respaldo él ha citado varios textos en
Hechos en que se dice que la gente fue bautizada en
el nombre de Jesús y más tarde (o más antes como
en el caso de Cornelio y su familia) recibió al
Espíritu Santo. Yo creo que recibimos al Espíritu
Santo cuando creemos y somos bautizados. El
bautismo es un pacto entre el individuo y Dios, y
que tiene muy poco que ver con el predicador quien
le bautice. En otras palabras, cuando seguimos el
plan de Dios de salvación nuestra fe, juntamente
con el bautismo, nos salva y que el Espíritu de Dios
vive dentro de nosotros desde entonces.

Mis preguntas tocante al bautismo son éstas:

1. Si la persona no es bautizada en el nombre
del Padre, del Hijo, y del Espíritu Santo, ¿es válido
su bautismo, o debe ser bautizado de nuevo?

2. ¿Cuándo recibe el cristiano al Espíritu
Santo?

3. ¿Puede darme versos para respaldar su
respuesta?"

- - -

1. Hay mucha confusión en lo escrito arriba.
Al parecer el hermano que dirigía el estudio está
afirmando que si no se cita cierta fórmula de
palabras al sumergir a la persona en el bautismo,
que dicha persona no recibe al Espíritu Santo. En
esto está equivocado al pensar que Jesús en el
referido pasaje esté mandando a los apóstoles qué
decir, o cuáles palabras exactas deben pronunciar al
bautizar a la gente. Jesús manda en el pasaje lo que
debe ser HECHO, no dicho

2. Ahora contesto sus tres preguntas:

a. La persona que no es bautizada para
entrar en, o hacia, el nombre del Padre, del Hijo, y
del Espíritu Santo no ha sido bautizada
bíblicamente. Puede ser que haya sido bautizada

por inmersión en agua, pero no según las
Escrituras. Sí, necesita ser bautizada correctamente.

Pero que sea entendido que el texto original
(en griego) dice "bautizar EIS," no EN, preposición
que siempre indica moción hacia o para cierta
finalidad o propósito. Fco. Laccueva en su
interlineal, dice en una nota referente a Mat. 28:20,
"EN EL NOMBRE. Lit. hacia el nombre. La
preposición indica una dedicación a la Trina
Deidad." Cristo está diciendo a los apóstoles qué
HACER, que es bautizar a las personas hacia, o
para entrar en, una relación con la Deidad,
bautizándoles para entrarles en comunión con
quiénes son el Padre, el Hijo, y el Espíritu Santo.

La versión excelente en inglés que empleo al
predicar en inglés, la ASV (American Standard
Version) en Mat. 28:20 dice "into" (= entrando en),
no "in" (= en, o dentro de). Hay en griego una
preposición para decir "in" en inglés, o "en" en
español; es EN. Pero aquí la preposición es EIS,
que siempre indica moción hacia cierto propósito,
cosa o persona.

Nótese Col. 3:17, hacer todo EN EL
NOMBRE del Señor Jesús. En este pasaje la
preposición es EN, no EIS, aquí significando el
pasaje que todo lo dicho y hecho sea dentro de lo
que autoriza Jesucristo. Ahora si "en el nombre de"
significa sencillamente pronunciar las palabras, "en
el nombre de," entonces la persona podría hacer
cualquier cosa de su propia voluntad con nada más
decir la frase, "lo hago en el nombre del Señor
Jesucristo." Y ¡esto es lo que en realidad hace todo
sectario! Pero la frase "en el nombre de" significa
en conexión con quién es la persona.

2. La persona recibe al Espíritu Santo cuando
obedece al evangelio. El hermano maestro de la
clase "como respaldo él ha citado varios textos en
Hechos en que se dice que la gente fue bautizada en
el nombre de Jesús y más tarde (o más antes como
en el caso de Cornelio y su familia) recibió al
Espíritu Santo."No, ellos más tarde recibieron
DONES del Espíritu Santo, pero cuando fueron
bautizados recibieron el don del Espíritu Santo que
es la justificación (Gál 3:8,14,21). La promesa del
Espíritu Santo (Hech. 2:39) es la remisión de
pecados (cuando los creyentes se arrepienten y son
bautizados para entrar en comunión con la Deidad),
que es la justificación (1 Cor. 6:11).

3. Sí lo puedo, Hechos 2:38 y 5:32.

* * *

997. HECH. 2:38, EL DON DEL ESPÍRITU SANTO

"Voy a tener un diálogo con un predicador
pentecostal, y deseo tener bien en claro mi
comprensión sobre Hechos 2:38, pues, como bien
sabe, ellos creen que el "don" del Espíritu Santo
tiene que ver con el Bautismo en el Espíritu Santo."

1. La frase "don del Espíritu Santo" ¿cómo se
entiende? ¿Es el Espíritu Santo el "don", o el "don"
es algo que da el Espíritu Santo?

2. En el verso 39 dice, "porque para vosotros es
la promesa"; y si el 38 indica que el "don" es algo

que otorga el Espíritu Santo, ¿representa dicha "promesa" el "don" del 38?

3. ¿Es "metonimia de la causa" la frase "Espíritu Santo", indicando que la "promesa" o el "don" que da el Espíritu Santo, es conocido por la "Palabra inspirada", y por consiguiente, obtenido tras la obediencia del evangelio?

4. Hay hermanos que creen que el "don" del Espíritu Santo, es el "Espíritu Santo" mismo, indicando "comunión" con él, como en Mateo 28:19. ¿Es correcta tal proposición?

---

1. El historiador Lucas en el ver. 38 acaba de decir que al creyente arrepentido y bautizado para perdón de los pecados se le promete el don del Espíritu Santo. Luego en seguida dice (ver. 39) "porque" (Gr., gar), palabra que introduce una afirmación, razón o conclusión. El ver. 39 demuestra lo que se dice en el 38. El Espíritu Santo promete a tal obediente al evangelio el don de perdón de los pecados; es así porque eso es lo que ha sido prometido por el Espíritu Santo.

2. En Gálatas capítulo 3 se trata la cuestión de la justicia, no por la ley de Moisés sino por "el oír de fe," el evangelio de Cristo, el Nuevo Testamento. Abraham es un ejemplo de haber recibido la justicia por la fe (ver. 6). Continuando hasta el ver.14, vemos que recibir la justicia es recibir por la fe la promesa del Espíritu. Lo que el Espíritu promete es la remisión de los pecados para hallar así en Cristo la justicia que es por la fe. La promesa tratada tiene que ver con la herencia (ver. 18). Los versículos 21,22 dan el resumen de la cuestión de la promesa que es la justicia (perdón de los pecados, justicia o salvación en Cristo que el cristiano hereda).

3. Para contestar directamente una por una las cuatro preguntas que se me han hecho:

a. El don referido es el don que da el Espíritu Santo.

b. Sí, como lo he explicado.

c. La justicia de Dios (el perdón de los pecados) es lo que se promete al hombre obediente al evangelio.

d. Aunque es cierto que el obediente al evangelio recibe al Espíritu Santo mismo para morar él en el cristiano (Hech. 5:32; Rom. 8:9), tal no es la idea del pasaje bajo consideración, como el caso de la palabra "porque" (griego, gar) claramente indica, pues al principio del ver. 39 Pedro dice "gar," para conectar lo dicho en el ver. 38 con la fuerte afirmación de ello en el 39.

4. Sobre la posición del pentecostal debe notarse que Pedro no cambió de tema entre los versículos 38 y 39, para hablar de algo de bautismo en el Espíritu Santo. Dijo lo del 38 y en seguida dice "porque" para dar una fuerte afirmación de ello, diciendo "gar" = es así; que lo prometido en el 38 es para todo creyente tanto judío como gentil. Pedro dijo a aquellos judíos creyentes del ver. 37 que al hacer lo mandado en el 38 recibirían lo que el Espíritu Santo promete (el perdón de los pecados, que resulta en la justicia).

El predicador pentecostal mismo no cree que el "don del Espíritu Santo" es el bautismo en el Espíritu Santo, porque no cree que TODO PENTECOSTAL (o sea, según él toda persona obediente a Hech. 2:38) haya sido bautizado en el Espíritu Santo, cosa evidenciada por el hablar en lenguas, pero la promesa de Hech. 2:38 es para todo judío y gentil obediente a 2:38 según dice 2:39. No todos los pentecostales reclaman o afirman poder hablar en lenguas.

---

998. ¿BAUTIZAR UNA MUJER?

"Tuve un encuentro con un hermano con posición institucional, y me planteó un supuesto, que es el siguiente: 'Un grupo de hermanas se encuentren de paseo y van acompañadas de alguna incrédula, le predican el evangelio y la mujer decida obedecer inmediatamente, pidiendo ser bautizada, pero no hay un varón de la iglesia con ellas para realizar el acto (y no pueden o no han podido contactar a ninguno).' ¿Tendrían ellas que esperar hasta la reunión del domingo para que la mujer pueda ser presentada a la iglesia y sea bautizada por algún varón, o puede alguna de ellas bautizar a la mujer penitente? ¿Puede una mujer cristiana realizar bautismo en casos excepcionales como éste? ¿Se puede hacer sobre la base de Mateo 28:19 (autoridad genérica) y Hechos 8:1,4 (implicación)?"

---

1. Sugiero que se consulte en el Índice de Tópicos el tema "bautismo," que allí hay varias preguntas semejantes en cuanto a la validez del administrador del bautismo. La pregunta actual tiene que ver con dicho punto.

2. No, no hay que esperar que llegue el día domingo y la reunión de la iglesia para atender al deseo de la persona de ser bautizada. No tiene que ver el día de semana que sea, ni el ser presentada la persona a la iglesia.

3. En el caso supuesto, la mujer debe ser sumergida en agua para el perdón de sus pecados, y esto sin demora, siendo posible el hacerse en seguida, no importando que no haya hombre presente para el acto de sumergir.

4. La base de la conclusión no es ni Mateo 28:19 ni Hechos 8:1,4 (autoridad genérica e implicación) sino el simple hecho de que el bautismo bíblico es un acto entre el individuo y Dios, sin que el administrador del bautismo sea indicado especificadamente. La validez del bautismo no depende del administrador.

5. Sería caso extremadamente raro que un cristiano varón no estuviera presente cuando una persona bien instruida deseara ser bautizada. Pero dado que las Escrituras no atribuyen al administrador del bautismo ningún significado o importancia, no podemos atribuirlo nosotros.

* * *

999. ¿OCUPÓ CRISTO NUESTRO LUGAR EN LA CRUZ?

"Tengo una pregunta que me gustaría saber su opinión: ¿Ocupó Cristo nuestro lugar en la cruz? Si no fue así, ¿cómo fue posible nuestra redención?"

\- \- \-

1. La Escrituras no hablan de haber Cristo ocupado nuestro lugar en la cruz, como si nuestros pecados hubieran sido imputados a él. Eso de la imputación o transferencia de pecados, o de justicia, de una persona a otra, es del calvinismo, no de la Biblia.

2. Las tres partes de la imputación calvinista son (1) la imputación del pecado de Adán al hombre, (2) la imputación de los pecados del hombre a Cristo, y (3) la imputación de la justicia de Cristo al hombre.

3. El calvinismo pervierte el pasaje 1 Ped. 2:24, afirmando que nuestros pecados fueron imputados a Cristo y que él los llevó personalmente sobre la cruz. De eso viene la idea de "ocupar Cristo nuestro lugar en la cruz."

4. Para aclarar el asunto, a continuación cito de mi obra, NOTAS SOBRE 1 PEDRO 2:24:

"**2:24** —————————————— "quien llevó ... en su cuerpo". Véanse Isa. 53:4,10-12; Heb. 1:3. Cristo "llevó" nuestros pecados en que se ofreció a sí mismo por nosotros. No llegó a ser pecador; nuestros pecados no le fueron imputados (según la doctrina calvinista de imputación). Es que él se puso en el lugar nuestro (Mat. 20:28; Mar. 10:45; 1 Tim. 2:6). En 2 Cor. 5:21, la frase "lo hizo pecado" quiere decir que Dios hizo a Jesucristo una ofrenda por el pecado (Heb. 10:12-14). Sencillamente, "por todos murió", ver. 15. Véase Gál. 3:13,14. La frase en este versículo es lenguaje figurado, como lo es en Isa. 53:6, "mas Jehová cargó en él el pecado de todos nosotros". En este pasaje no hay imputación literal a Cristo de los pecados personales nuestros; es lenguaje figurado para indicar que El "llevó" nuestros pecados (Isa. 53:12 y 1 Ped. 2:24) en el sentido de ofrecerse a sí mismo por nosotros, al morir en la cruz. "Cargó" nuestros pecados en el mismo sentido (figurado) en que "cargó" o "llevó" nuestras enfermedades (Isa. 53:4); es decir, se identificó con las enfermedades físicas del hombre al sanarle milagrosamente (Mat. 8:17). (Seguramente nadie diría que las enfermedades físicas del hombre fueron *imputadas* a Cristo, ni que literalmente llegó a ser hombre muy enfermo).

El calvinismo aplica mal este pasaje de 1 Pedro, como también 2 Cor. 5:21 e Isa. 53:6, "por cuya herida fuisteis sanados". En lugar de "herida", algunas versiones dicen "llaga". (La herida, o llaga, apunta a la muerte de Cristo en la cruz). Se hace referencia, en este pasaje figurado, no a sanidades físicas, sino a espirituales. Pedro se refiere a Isa. 53:5, que dice, "Por su llaga fuimos nosotros curados".

Nótese que Isa. 53:4 ("llevó nuestras enfermedades") se cumplió en los milagros de sanidad que hizo Jesús (Mat. 8:17), y que 53:5 ("por su llaga fuimos nosotros curados") se cumplió en la muerte de Cristo en la cruz. Los pentecostes y carismáticos ignoran estas verdades, aplicando Isa. 53:5 ("curados") a curaciones supuestamente milagrosas, que se-gún ellos se efectúan hoy en día como parte de la promesa de Cristo en el evangelio. La "curación" de Isaías 53:5 ¡es espiritual, no física! Cristo quiere "sanar" al hombre (Mat. 13:15); es decir, salvarle espiritualmente. Para esto se requiere, no que se le haga algún milagro de sanidad, sino que él mismo abra los ojos y los oídos, entienda con el corazón, y se convierta. ¡Así dice Cristo!"

Ahora cito de mi obra NOTAS SOBRE 2 CORINTIOS, 5:21:

"**5:21** ————————————— "Al que no conoció pecado". Véanse Jn. 8:46; Heb. 4:15; 7:26; 1 Ped. 1:19

—————————————"por nosotros lo hizo pecado". El calvinista ve en este versículo imputación de pecado a Cristo, como también imputación de la justicia personal de Cristo, la con que vivió en este mundo, al creyente. Pero no hay nada de imputación en este pasaje. Cristo nos fue hecho un sacrificio por el pecado, pues Dios le trató a El como si fuera pecador. Véanse Isa. 53:6; Gál 3:13; 1 Ped. 2:24. Cristo murió por todos (v.14,15), o en lugar de todos (los pecadores). Se ofreció a sí mismo por nuestros pecados (Heb. 7:27; 9:12,14,24-28).

—————————————"para que ... en él". Con sus pecados lavados en la sangre de Cristo (Apoc. 1:5), el que antes era pecador ahora es hombre justo. Dios le justifica (Rom. 8:32-34); le hace hombre justo. El calvinismo dice que Dios le declara justo, pero que en realidad no es justo. Sí lo es (1 Jn. 3:7); es justo porque no es pecador. No es pecador porque Dios le perdonó sus pecados. Esta justicia es de Dios; es la que El da (Rom. 1:17; 3:21). Es por el evangelio. Como Dios justificó a los corintios, cuando fueron lavados en el bautismo (1 Cor. 6:11; Hech. 18:8), así justifica a quienquiera que obedezca al evangelio (Mar. 16:16; Heb. 5:9). Dios es justo, y por eso no ignora el pecado en el hombre; pero en la sangre de Cristo Dios puede perdonar al pecador, y así justificarle (Rom. 3:26). ¡Dios sí le justifica! Ya es hombre justo."

* * *

Made in the USA
Columbia, SC
29 December 2019